FAISS/GIEBLER/LANG/NOTHEIS/SCHMID

Kommunales Wirtschaftsrecht in Baden-Württemberg

# Kommunales Wirtschaftsrecht in Baden-Württemberg

## – Systematische Darstellung zur Finanzwirtschaft der Kommunen –

von

Konrad Faiß
Professor an der Fachhochschule Ludwigsburg,
Hochschule für öffentliche Verwaltung und Finanzen

Manfred Lang und Klaus Notheis
Professoren an der Fachhochschule Kehl,
Hochschule für öffentliche Verwaltung

Professor Hansdieter Schmid
ehemals Fachhochschule Ludwigsburg

und

Professor Peter Giebler
Lehrbeauftragter an der Fachhochschule Ludwigsburg,
Hochschule für öffentliche Verwaltung und Finanzen

Mitherausgeber bis zur 6. Auflage
Professor Friedrich Faiß,
ehemals Fachhochschule Kehl

7., neubearbeitete Auflage, 2002

RICHARD BOORBERG VERLAG
Stuttgart · München · Hannover · Berlin · Weimar · Dresden

*Die Deutsche Bibliothek - CIP-Einheitsaufnahme*

Kommunales Wirtschaftsrecht in Baden-Württemberg : systematische Darstellung zur Finanzwirtschaft der Kommunen / von Konrad Faiss ... - 7., neubearb. Aufl. - Stuttgart ; München ; Hannover ; Berlin ; Weimar ; Dresden : Boorberg, 2002
ISBN 3-415-02887-9

Satz: Utesch GmbH, Hamburg
Druck und Verarbeitung: Druckhaus „Thomas Müntzer" GmbH, Bad Langensalza

www.boorberg.de

# Vorwort zur 7. Auflage

Das kommunale Wirtschaftsrecht hat in der Praxis und in der Ausbildung in Baden-Württemberg zu Recht einen hohen Stellenwert. Vor allem die Beamten des gehobenen Verwaltungsdienstes nehmen als Fachbeamte für das Finanzwesen oder als Bürgermeister, Beamte des gehobenen und mittleren Dienstes als Beauftragte für den Haushalt und in anderen Funktionen wichtige Aufgaben auf diesem Gebiet wahr.

Die Verfasser haben sich das Ziel gesetzt, der kommunalen Praxis, den Auszubildenden und den Studierenden ein übersichtliches Werk an die Hand zu geben, das einen Gesamtüberblick über das Gemeindewirtschaftsrecht und gründliche Einblicke in wichtige Einzelbereiche vermitteln soll.

Die 7. Auflage aktualisiert das Werk auf den Stand Jahresbeginn 2002. Im Abschnitt „Kommunale Finanzverfassung" wurden die Abschaffung der Gewerbekapitalsteuer und die Beteiligung der Gemeinden an der Umsatzsteuer kommentiert sowie die Haushaltsstrukturdaten auf den neuesten Stand gebracht. Nachdem sich nahezu alle Gemeinden und Landkreise, aber auch die staatlichen Stellen mit der Einführung der Budgetierung, der Darstellung des Ressourcenverbrauchs und der Einführung von Kosten- und Leistungsrechnungen befassen, haben die Autoren diese Teilbereiche in der Neuauflage besonders berücksichtigt. Die Ausführungen zum Vergaberecht wurden entsprechend den vielfältigen zwischenzeitlich erlassenen Rechtsvorschriften (Vergaberechtsänderungsgesetz und Vergabeverordnung) sowie der dazu ergangenen Rechtsprechung und unter Berücksichtigung der Neuregelungen der Verdingungsordnungen 2000 (VOB, VOL und VOF) angepasst und aktualisiert. Das Gleiche gilt für die haushaltsrechtlichen Änderungen, insbesondere im Bereich des 3. Abschnitts der GemHVO.

In das Werk wurde am Beispiel der Abwasserbeseitigung eine vollständige Gebührenkalkulation aufgenommen. Der Teil „Unternehmen und Beteiligungen" war als Folge wesentlicher Rechtsänderungen völlig neu zu bearbeiten. Im Teil „Kassenwesen" wurden die Änderungen der Gemeindekassenverordnung vom 21.8. 2001 (Zulassung der elektronischen Geldbörse und der Entgegennahme von Zahlungen mittels Debitkarten und Kreditkarten zur Begleichung von Forderungen der Kommunen sowie die Einführung der Euro-Münzen und der Euro-Banknoten) berücksichtigt und im Teil „Kreditwirtschaft" die Möglichkeiten der US-Leasing-Transaktionen beschrieben. Nur am Rande erwähnt wurden die vorgesehenen Änderungen bezüglich der Einführung eines doppischen

Rechnungssystems. Diese Änderungen lassen sich noch nicht im Detail voraussehen.

Dem Lernenden soll das Buch die Einarbeitung in die komplexe und zum Teil schwierige Materie erleichtern. Dabei legten die Verfasser großen Wert darauf, dem Leser auch Hintergründe und Motive für die getroffenen Regelungen zu verdeutlichen. Die Verfasser haben versucht, das Wesentliche zu betonen; in speziellen Randfragen verweist das Buch auf die maßgebliche Literatur sowie auf die einschlägige Rechtsprechung.

Die Inhalte wurden so aufbereitet, dass sie in ihrer Gewichtung möglichst weitgehend den Berufsanforderungen – unter besonderer Berücksichtigung der Einsatzbereiche des gehobenen Verwaltungsdienstes – entsprechen.

Anregungen und Verbesserungsvorschläge aus dem Leserkreis begrüßen Verlag und Verfasser dankbar.

Kehl, Ludwigsburg, im Februar 2002

Konrad Faiß, Peter Giebler,
Manfred Lang, Klaus Notheis,
Hansdieter Schmid

# Inhalt

# Literatur


| | |
|---|---|
| Ade (Hrsg.) | Handbuch Kommunales Beteiligungsmanagement, 1997 |
| Bals/Hack | Verwaltungsreform, warum und wie? 2000, 1. Aufl. |
| Bayerische Verwaltungsschule (Hrsg.) | Kosten senken durch Kostensteuerung, 1999 |
| Beck/Herig | VOB für Praktiker, Kommentar zur VOB-Fassung 1990 – mit graphischen Übersichten, 1991 |
| Bernhardt/Schünemann/ Schwingeler | Kommunales Finanz- und Abgabenrecht NW, 1992 |
| Beyer | Effizienz in der Kommunalverwaltung, Teil II: Produkte und Controlling, 1999 |
| Boesen | Vergaberecht, Kommentar zum 4. Teil des GWB, 2000 |
| Bolay/Graf/Hewel/ Rebstock/Rost-Schaude/ Schlemmer/Volz | Öffentliche Verwaltung nachhaltig modernisieren, 1998 |
| Braun | Kommentar zur Verfassung des Landes Baden-Württemberg, 1984 |
| Brüning | Der Private bei der Erledigung kommunaler Aufgaben, 1997 |
| Budäus/Gronbach | Umsetzung neuer Rechnungs- und Informationssysteme, 1999 |
| Budäus u.a. | Neues öffentliches Rechnungswesen, Stand und Perspektiven, 2000 |
| Bussiek/Ehrmann | Buchführung, 5. Aufl. 1995 |
| Cronauge | Kommunale Unternehmen, Berlin 1997, 3. Aufl. |
| Daub/Eberstein | Kommentar zur VOL/A, 2000, 5. Aufl. |
| Däumler/Grabe | Kostenrechnungs- und Controllinglexikon, 2. Aufl. 1997 |
| Driehaus (Hrsg.) | Kommunalabgabenrecht, Herne/Berlin |
| Ebert | Kosten- und Leistungsrechnung, 7. Aufl. 1994 |
| Eichhorn/ Thiemeyer (Hrsg.) | Finanzierung öffentlicher Unternehmen, 1979 |
| Elsner | Das Gemeindefinanzsystem, 1979 |
| Faiß | Kommunalabgabenrecht in Baden-Württemberg, Loseblatt (Stand Dezember 2001) |
| Festgabe für Prof. Dr. Johns | Gemeindewirtschaft und Unternehmerwirtschaft, 1965 |
| Fiebig | Kommunale Kostenrechnung und Wirtschaftlichkeitssteuerung, 2. Aufl. 1999 |
| Frotscher/Maas | Kommentar zum Körperschaftsteuergesetz (Stand 2000) |

| | |
|---|---|
| Fuchs/Zentgraf | Betriebsabrechnung in öffentlichen Einrichtungen, 1981 |
| Gabler | Handwörterbuch der Volkswirtschaft, 1980 |
| Goller/Maack/ Müller-Hedrich (Hrsg.) | Verwaltungsmanagement (Stand Dezember 1996) |
| Gruber | Dezentrale Budgetierung, Kosten-Leistungsrechnung und Controlling, 1999 |
| HdkWPr | Handbuch der kommunalen Wissenschaft und Praxis, Band 1–6, 1981–1985<br>1. Aufl. 1959 (Herausgeber Peters)<br>2. Aufl. 1984 (Herausgeber Püttner) |
| Heiermann/Riedl/ Rusam | Handkommentar zur VOB, Teile A und B, 9. Aufl. 2000 |
| Ingenstau/Korbion | Kommentar zur VOB, Teile A und B, 14. Auflage, Düsseldorf 2001 |
| Innenministerium Baden-Württemberg | Kommunaler Produktplan Baden-Württemberg, 1996 |
| Innenministerium Baden-Württemberg | Leitlinien zur kommunalen Kostenrechnung in Baden-Württemberg, 1997 |
| Johns | Kameralistik, 1951 |
| KGSt | Das neue KGSt-Politikerhandbuch, 1999 |
| Kirchhoff/ Müller-Godeffroy | Finanzierungsmodelle für kommunale Investitionen, 6. Aufl. 1966 |
| Klümper/Möllers/ Zimmermann | Kommunale Kosten- und Wirtschaftlichkeitsrechnung, 1983 |
| Knemeyer | Die öffentlichen Einrichtungen der Gemeinden, 1972 |
| Kölz/Schmid | Kommunale Aufgabenentwicklung und mittelfristiger Investitionsbedarf (BWGZ-Sonderdruck), 1989 |
| Kosiol | Kostenrechnung und Kalkulation, 1972, 2. Aufl. |
| Kroll (Hrsg.) | Leasing-Handbuch für die öffentliche Hand, 6. Aufl. 2000 |
| Kunze/Bronner/Katz | Gemeindeordnung für Baden-Württemberg, 4. Aufl. (Stand September 2000) |
| KVHB-Bau | Kommunales Vergabehandbuch für Baden-Württemberg, 1985, Loseblatt |
| Leimich | Die Vermögensrechnung der öffentlichen Hand, 1968 |
| Leinemann/Weihrauch | Die Vergabe öffentlicher Aufträge, 1999 |
| Lenz | Energieversorgung der Kommunen, 1999 |
| Lober | Einführung in die Haushaltswirtschaft des Landes Baden-Württemberg, 1993, 2. Aufl. |
| Löblein | Die Mehrwertsteuer der Gemeinden und ihrer Betriebe, Loseblatt |
| Lüder | Konzeptionelle Grundlagen des Neuen Kommunalen Rechnungswesens (Speyerer Verfahren) Heft 6, 1996 |

| | |
|---|---|
| Lüder/Behm/Cordes | Praxiseinführung des Neuen Kommunalen Rechnungswesens (Speyerer Verfahren) – Dokumentation des Modellprojekts „Wiesloch" – Heft 4, 1998 |
| Mellerowicz | Kosten und Kostenrechnung, Band 2, 1968, 4. Aufl. |
| Mellerowicz | Kosten und Kostenrechnung, 1973 |
| Morell/Steinhauser/ Münch | Konzessionsverträge und Konzessionsabgaben, 3. Aufl. 1993 |
| Mühlhaupt | Der Grundsatz der Wirtschaftlichkeit in der Gemeindewirtschaft und die Problematik ihrer Messung, Finanzarchiv Bd. 8 |
| Müller-Hedrich | Betriebliche Investitionswirtschaft, 2. Aufl. 1981 |
| Müller/Röck | Konjunktur- und Stabilisierungspolitik, 1980 |
| Niedersächsischer Städte- und Gemeindebund | Kommunal-Leasing – ein Ausweg?, 1996 |
| Pagenkopf | Der Finanzausgleich im Bundesstaat, 1981 |
| Pagenkopf | Kommunalrecht, 1971 |
| Pagenkopf | Die Haushaltssatzung, Köln, Berlin, Bonn, 1972 |
| Palandt/Bearbeiter | Kurzkommentar zum BGB, 61. Aufl. 2002 |
| Piduch | Bundeshaushaltsrecht, 1971, Loseblatt |
| Piduch/Ivergens | Finanzverfassung, Steuern und öffentlicher Haushalt, 1981 |
| Popitz | Der künftige Finanzausgleich zwischen Reich, Ländern und Gemeinden, 1932 |
| Püttner | Das Recht der kommunalen Energieversorgung, Schriftenreihe des Vereins für Kommunalwissenschaften, Band 19, 1967 |
| Püttner | Die öffentlichen Unternehmen, 2. Aufl. 1985 |
| Püttner u. a. | Handbuch der Kommunalen Wissenschaft und Praxis – HdKWPr – 6 Bände, 1981–1985<br>Band 1: Grundlagen<br>Band 2: Kommunalverfassung<br>Band 3: Kommunale Aufgaben und Aufgabenerfüllung<br>Band 4: Die Fachaufgaben<br>Band 5: Kommunale Wirtschaft<br>Band 6: Kommunale Finanzen |
| Purzer/Haertle | Das Rechnungswesen der Krankenhäuser, 1978ff. |
| Quecke/Schmid u. a. | Gemeindeordnung für den Freistaat Sachsen, Kommentar, 1993, Stand 2001 |
| Rau | Betriebswirtschaftslehre für Städte und Gemeinden, 1994 |
| Raudszus/Weimann | Die Umsatzbesteuerung juristischer Personen des öffentlichen Rechts, 1999 |
| Schäffer | Kommunale Kostenmanagementsysteme, 1999 |
| Scheel/Steup | Gemeindehaushaltsrecht Nordrhein-Westfalen, 6. Aufl. 1991 |

| | |
|---|---|
| Schmalenbach | Kostenrechnung und Preispolitik, 1963 |
| Schmid | ABC des Kommunalen Beitrags- und Gebührenrechts, Wiesbaden 1999, Stuttgart 1988 |
| Schmid | Der Haushaltsplan – Kein Buch mit sieben Siegeln, 6. Aufl. 2001 |
| Schmid/Faiß/Giebler | Gemeindewirtschaftsrecht Baden-Württemberg, Vorschriftensammlung zur kommunalen Finanzwirtschaft, Loseblatt, Stand: Dezember 2001 |
| Schmidt | Wirtschaftlichkeit in der öffentlichen Verwaltung, 1996, 5. Aufl. |
| Schmölders | Finanzpolitik, 1970, 3. Aufl. |
| Schoch | Verfassungsrechtlicher Schutz der kommunalen Finanzautonomie, 1997 |
| Scholtka | Das Konzessionsabgabenrecht in der Elektrizitäts- und Gaswirtschaft, 1999 |
| Schuster | Kommunale Kosten- und Leistungsrechnung, 1999 |
| Schwaring | Effizienz in der Kommunalverwaltung, Teil I Dezentrale Verantwortung und Finanzsteuerung durch Budgetierung, 1997 |
| Schwarting | Kommunale Steuern, 1999 |
| Schweickhardt u.a. | Allgemeines Verwaltungsrecht, 6. Aufl. 1991 |
| Seufert | Handbuch für kommunale Vertragsmuster, Muster für Architekten-/Ingenieurverträge und für Verträge über städtebauliche/landschaftsplanerische Leistungen – HKVM, 1988, Loseblatt, Stand: März 2002 |
| Seufert | VOL-Handbuch für kommunale Auftraggeber, 1986, Loseblatt, Stand: September 2001 |
| Soergel | Kommentar zum Bürgerlichen Gesetzbuch, 13. Aufl. 2000 ff. |
| Stahl | Controlling – Theorie und Praxis einer effizienten Systemgestaltung, 1992 |
| Stern/Püttner | Gesetz zur Förderung der Stabilität und des Wachstums der Wirtschaft, Kommentar, 2. Aufl. 1972 |
| Stober | Kommunalrecht in der Bundesrepublik Deutschland, 3. Aufl. 1996 |
| Taxis | Grundfragen des finanzwirtschaftlichen und des erwerbswirtschaftlichen Rechnens, Finanzarchiv Bd. 18, 1958 |
| Trautner | Das neue Vergaberecht, 1999 |
| VKU | Der Standort der kommunalen Versorgungswirtschaft, 1971, Heft 47 |
| VKU | Beiträge zur kommunalen Versorgungswirtschaft, 1971, Heft 48 |
| Waibel | Gemeindeverfassungsrecht Baden-Württemberg, Stuttgart, 4. Aufl. 1999 |

| | |
|---|---|
| Weber/Tylkowski | Controlling – Eine Chance für öffentliche Unternehmen und Verwaltungen, 1988 |
| Westerkowsky | Kommunale Betriebsabrechnung, Kronach 1979<br>Kalkulatorische Kosten, 1976<br>Verwaltungskostenbeiträge, 1977 |
| Wilke | Gebührenrecht und Grundgesetz, 1973 |
| Wilkens | Kosten- und Leistungsrechnung, 1984 |
| Woehe | Einführung in die Allgemeine Betriebswirtschaftslehre, 1993, 18. Aufl. |
| Zeiß | Das Eigenbetriebsrecht gemeindlicher Betriebe, 4. Aufl. 1993 |
| Zumpe | Rechtliche Grenzen der Kommunalen Wohnungsvermittlung, 1976 |

# Abkürzungen

| | |
|---|---|
| aA | = anderer Auffassung |
| aaO/a.a.O. | = am angeführten Ort |
| ABl. | = Amtsblatt |
| Abs. | = Absatz |
| Abschn. | = Abschnitt |
| AG | = Aktiengesellschaft |
| AGB | = Allgemeine Geschäftsbedingungen |
| AHSt. | = Ausgabehaushaltstelle |
| AO | = Abgabenordnung 1977 |
| AnpVO | = Anpassungsverordnung |
| APF | = Ausbildung, Prüfung, Fortbildung (Fachzeitschrift) |
| apl. | = außerplanmäßig |
| AR | = Aufsichtsrat |
| Art. | = Artikel |
| B. | = Beispiel |
| BA | = Betriebsausschuss |
| BAnz. | = Bundesanzeiger |
| BAT | = Bundesangestelltentarifvertrag |
| BauGB | = Baugesetzbuch |
| BaWüVBl. | = Baden-Württembergisches Verwaltungsblatt |
| BayVGH | = Bayerischer Verwaltungsgerichtshof |
| ber. | = berichtigt |
| Beschl. | = Beschluss |
| BewG | = Bewertungsgesetz |
| bez. | = bezüglich |
| BFH | = Bundesfinanzhof |
| BFM | = Bundesfinanzminister(ium) |
| BgA | = Betrieb gewerblicher Art |
| BGB | = Bürgerliches Gesetzbuch |
| BGHZ | = Entscheidungen des Bundesgerichtshofs in Zivilsachen |
| BGBl. | = Bundesgesetzblatt |
| BHKW | = Blockheizkraftwerk |
| BHO | = Bundeshaushaltsordnung |
| BIP | = Bruttoinlandsprodukt |
| BL | = Betriebsleitung |
| BM | = Bürgermeister |
| BMF | = Bundesminister der Finanzen |
| BMfELFo | = Bundesminister(ium) für Ernährung, Landwirtschaft und Forsten |
| BPflV | = Bundespflegesatzverordnung |
| BSHG | = Bundessozialhilfegesetz |
| BStBl. | = Bundessteuerblatt |
| BVerwG | = Bundesverwaltungsgericht |
| BVerwGE | = Entscheidungen des Bundesverwaltungsgerichts |
| BW | = Baden-Württemberg |
| BWL | = Betriebswirtschaftslehre |

| | |
|---|---|
| BWM | = Bundeswirtschaftsminister(ium) |
| BWGZ | = Die Gemeinde (baden-württembergische Gemeindezeitschrift), Zeitschrift des Gemeindetags Baden-Württemberg (ab 1973) |
| BWVPr | = Baden-Württembergische Verwaltungspraxis |
| bzw. | = beziehungsweise |
| C | = Cent |
| DB | = Deutsche Bundesbank |
| DGO | = Deutsche Gemeindeordnung vom 30.1. 1935 (RGBl. I S.49) |
| Die Fundstelle | = Fundstellennachweis und Erläuterung aller wichtigen Vorschriften für die Gemeindeverwaltung in Baden-Württemberg |
| Die Gemeinde | = Zeitschrift der badischen Selbstverwaltung vom Verband Badischer Gemeinden e.V. (bis 1972) |
| Die Gemeinde | = Zeitschrift des Gemeindetags Baden-Württemberg (BWGZ) (ab 1973) |
| Die Gemeindekasse | = Zeitschrift für das Haushalts-, Kassen- und Rechnungswesen in Baden-Württemberg |
| difu | = Deutsches Institut für Urbanistik |
| DÖV | = Die Öffentliche Verwaltung (Fachzeitschrift) |
| DStT | = Der Städtetag (Fachzeitschrift) |
| DVA | = Deutscher Verdingungsausschuss für Bauleistungen |
| DVBl. | = Deutsches Verwaltungsblatt (Fachzeitschrift) |
| DVO | = Durchführungsverordnung |
| DVO GemO | = Verordnung des Innenministeriums zur Durchführung der Gemeindeordnung für Baden-Württemberg |
| EG | = Europäische Gemeinschaft (seit November 1993 Europäische Union – EU) |
| EGBGB | = Einführungsgesetz zum BGB |
| EHSt. | = Einnahmehaushaltstelle |
| EigBG | = Gesetz über die Eigenbetriebe der Gemeinden (Eigenbetriebsgesetz) |
| EigBVO | = Verordnung des Innenministeriums zur Durchführung des Eigenbetriebsgesetzes (Eigenbetriebsverordnung) |
| EnWG | = Energiewirtschaftsgesetz |
| Epl. | = Einzelplan |
| ESt | = Einkommensteuer |
| EStG | = Einkommensteuergesetz |
| EStR | = Einkommensteuer-Richtlinien |
| ESVGH | = Sammlung der Entscheidungen der Verwaltungsgerichtshöfe |
| EU | = Europäische Union (seit Nov. 1993) |
| EVU | = Energieversorgungsunternehmen |
| EW | = Einwohner |
| EZB | = Europäische Zentralbank |
| FAG | = Gesetz über den Kommunalen Finanzausgleich |
| FAG DVO | = Verordnung des FM und IM zur Durchführung des Gesetzes über den Kommunalen Finanzausgleich |
| ff. | = folgende |
| FM | = Finanzministerium |
| Fn | = Fußnote |
| FR | = Finanz-Rundschau |

| | | |
|---|---|---|
| GABl. | = | Gemeinsames Amtsblatt |
| GBl. | = | Gesetzblatt für Baden-Württemberg |
| gem. | = | gemäß |
| GemHVO | = | Verordnung des Innenministeriums über die Haushaltswirtschaft der Gemeinden – Gemeindehaushaltsverordnung |
| GemKVO | = | Gemeindekassenverordnung |
| GemO | = | Gemeindeordnung für Baden-Württemberg |
| GemPrO | = | Verordnung des Innenministeriums über das Kommunale Prüfungswesen – Gemeindeprüfungsordnung |
| GewStG | = | Gewerbesteuergesetz |
| GewStDV | = | Gewerbesteuerdurchführungsverordnung |
| GFRG | = | Gesetz zur Neuordnung der Gemeindefinanzen – Gemeindefinanzreformgesetz |
| GG | = | Grundgesetz für die Bundesrepublik Deutschland |
| GH | = | Der Gemeindehaushalt (Fachzeitschrift) |
| GKZ | = | Gesetz über kommunale Zusammenarbeit |
| GmbH | = | Gesellschaft mit beschränkter Haftung |
| GmuH | = | Gesellschaft mit unbeschränkter Haftung |
| GPA | = | Gemeindeprüfungsanstalt Baden-Württemberg |
| GPAG | = | Gesetz über die Gemeindeprüfungsanstalt – Gemeindeprüfungsanstaltsgesetz |
| GrStG | = | Grundsteuergesetz |
| Gv | = | Gemeindeverband (in BW im Sinne des Landkreises) |
| GV | = | Gesellschafterversammlung |
| GVFG | = | Gesetz über Finanzhilfen des Bundes zur Verbesserung der Verkehrsverhältnisse der Gemeinden (Gemeindeverkehrsfinanzierungsgesetz) |
| GWB | = | Gesetz gegen Wettbewerbsbeschränkungen (Kartellgesetz) |
| HdKWPr | = | Handbuch der Kommunalen Wissenschaft und Praxis |
| HAR | = | Haushaltsausgaberest |
| HER | = | Haushaltseinnahmerest |
| HGrG | = | Gesetz über die Grundsätze des Haushaltsrechts des Bundes und der Länder – Haushaltsgrundsätzegesetz |
| HHSt. | = | Haushaltsstelle |
| h.L. | = | herrschende Lehre |
| h.M. | = | herrschende Meinung |
| HHPl | = | Haushaltsplan |
| HHS | = | Haushaltssatzung |
| HV | = | Hauptversammlung |
| i.d.F. | = | in der Fassung |
| i.d.R. | = | in der Regel |
| i.e.S. | = | im engeren Sinne |
| IM | = | Innenministerium (BW) |
| i.V.m. | = | in Verbindung mit |
| i.w.S. | = | im weiteren Sinne |
| JWG | = | Jugendwohlfahrtsgesetz |
| KAG | = | Kommunalabgabengesetz für Baden-Württemberg |
| KAR | = | Kassenausgaberest |
| KAV | = | Kommunaler Arbeitgeberverband |
| KER | = | Kasseneinnahmerest |

| | |
|---|---|
| KG (aA) | = Kommanditgesellschaft (auf Aktien) |
| KGaG | = Kindergartengesetz für Baden-Württemberg |
| KGSt | = Kommunale Gemeinschaftsstelle für Verwaltungsvereinfachung |
| KHBV | = Verordnung (des Bundes) über die Rechnungs- und Buchführungspflichten von Krankenhäusern – Krankenhaus-Buchführungsverordnung |
| KHG | = Gesetz zur wirtschaftlichen Sicherung der Krankenhäuser und zur Regelung der Krankenhauspflegesätze |
| KJHG | = Gesetz zur Neuordnung des Kinder- und Jugendhilferechts (Kinder- und Jugendhilfegesetz) |
| KKZ | = Kommunal-Kassen-Zeitschrift |
| KM | = Kultusministerium |
| KrE | = Kostenrechnende Einrichtung |
| KrHRVO | = Verordnung des Innenministeriums über die Wirtschaftsführung der Krankenhäuser der Gemeinden – Krankenhausrechnungsverordnung – |
| KStDV | = Körperschaftssteuerdurchführungsverordnung |
| KStÄR | = Körperschaftssteueränderungsrichtlinien |
| KStG | = Körperschaftssteuergesetz |
| KStR | = Körperschaftssteuer-Richtlinien |
| KStZ | = Kommunale Steuerzeitschrift |
| KVHB-Bau | = Kommunales Vergabehandbuch für Baden-Württemberg |
| KWaldVO | = Verordnung des MELU über die Grundsätze für die Betriebsplanung und ihren Vollzug im Körperschaftswald |
| KWG | = Gesetz über das Kreditwesen |
| LAbfG | = Landesabfallgesetz |
| LaKra | = Landeskreditanstalt |
| LArchG | = Gesetz über die Pflege und Nutzung von Archivgut |
| LBG | = Landesbeamtengesetz |
| LHO | = Landeshaushaltsordnung für Baden-Württemberg |
| LKHG | = Landeskrankenhausgesetz Baden-Württemberg |
| LKrO | = Landkreisordnung für Baden-Württemberg |
| LS | = Laufendes Soll |
| LT | = Landtag |
| LT-Drucksache | = Landtagsdrucksache |
| LWaldG | = Waldgesetz für Baden-Württemberg |
| LV | = Verfassung des Landes Baden-Württemberg |
| LVwVfG | = Landesverwaltungsverfahrensgesetz |
| LVwVG | = Landesverwaltungsvollstreckungsgesetz |
| m. a. W. | = mit anderen Worten |
| MFG | = Mittelstandsförderungsgesetz |
| Mio. | = Million |
| MLR | = Ministerium für ländlichen Raum, Ernährung, Landwirtschaft und Forsten |
| Mrd. | = Milliarde |
| MRöA | = Mittelstandsrichtlinien für öffentliche Aufträge |
| NatSchG | = Gesetz zum Schutz der Natur, zur Pflege der Landschaft und über die Erholungsvorsorge in der freien Landschaft |
| NHHS | = Nachtragshaushaltssatzung |
| NJW | = Neue Juristische Wochenschrift (Fachzeitschrift) |
| NMS | = Neues Steuerungsmodell |

| | |
|---|---|
| Nr. | = Nummer |
| nwU | = nichtwirtschaftliches Unternehmen |
| ÖPNV | = Öffentlicher Personennahverkehr |
| ÖWG | = Die Öffentliche Wirtschaft und Gemeinwirtschaft (ab 1973) |
| OLG | = Oberlandesgericht |
| OHG | = Offene Handelsgesellschaft |
| OVG | = Oberverwaltungsgericht |
| PBefG | = Personenbeförderungsgesetz |
| RAB | = Rechtsaufsichtsbehörde |
| rd. | = rund |
| RdErl. | = Runderlass |
| RdErl.-KAG | = Runderlass des Innenministeriums zum Kommunalabgabengesetz |
| Rdnr. | = Randnummer |
| RdSchr. | = Rundschreiben |
| RegBl. | = Regierungsblatt |
| RFH | = Reichsfinanzhof |
| RGBl. | = Reichsgesetzblatt |
| RGZ | = Entscheidungen des Reichsgerichts in Zivilsachen |
| RMBliV | = Ministerialblatt des Reichs- und Preußischen Ministers des Innern |
| s. | = siehe |
| S. | = Seite |
| SchG | = Schulgesetz für Baden-Württemberg |
| ShV | = Sachbuch für haushaltsfremde Vorgänge |
| SN | = Sammelnachweis |
| StAnz. | = Staatsanzeiger für Baden-Württemberg |
| StVG | = Straßenverkehrsgesetz |
| StWG | = Gesetz für Förderung der Stabilität und des Wachstums der Wirtschaft – Stabilitätsgesetz – |
| SVm | = Sachbuch für den Vermögenshaushalt |
| SVR | = Sachverständigenrat zur Begutachtung der gesamtwirtschaftlichen Entwicklung |
| SVw | = Sachbuch für den Verwaltungshaushalt |
| TZ | = Textziffer |
| u.a. | = und andere |
| u.Ä. | = und Ähnliche |
| üpl. | = überplanmäßig |
| UM | = Umweltministerium |
| Urt. | = Urteil |
| UStG | = Umsatzsteuergesetz |
| VergabeVwV | = Verwaltungsvorschrift des IM über die Vergabe von Aufträgen im kommunalen Bereich |
| Verr. | = Verrechnung |
| VG | = Verwaltungsgericht |
| VGH | = Verwaltungsgerichtshof |
| vgl. | = vergleiche |
| v.H. | = vom Hundert |
| VKU | = Verband kommunaler Unternehmen |
| VmH | = Vermögenshaushalt |
| VOB | = Verdingungsordnung für Bauleistungen |

| | |
|---|---|
| VOL | = Verdingungsordnung für Leistungen (ausgenommen Bauleistungen) |
| VO | = Verordnung |
| VÖV | = Verband öffentlicher Verkehrsbetriebe |
| VPr | = Verwaltungspraxis |
| VSV | = Vorschriftensammlung für die Verwaltung in Baden-Württemberg, Stuttgart |
| VwH | = Verwaltungshaushalt |
| VwV | = Verwaltungsvorschrift |
| VwV Freigrenzen | = Verwaltungsvorschrift des Innenministeriums über allgemeine Genehmigungen und die Freistellung von der Vorlagepflicht nach dem Gemeindewirtschaftsrecht |
| VwV Gliederung und Gruppierung | = Verwaltungsvorschrift des Innenministeriums über die Gliederung und Gruppierung der Haushalte, die Finanzplanung und weitere Muster für die Haushaltswirtschaft der Gemeinden |
| VwV-VmR | = Verwaltungsvorschrift des Innenministeriums zur Vermögensrechnung nach § 43 GemHVO |
| WaldEAVO | = VO über die Walderhaltungsabgabe nach dem Landeswaldgesetz |
| WG | = Wassergesetz für Baden-Württemberg |
| WGZ | = Württembergische Gemeindezeitung (bis 1973) |
| WiSt | = Wirtschaftswissenschaftliches Studium (Fachzeitschrift) |
| WM | = Minister für Wirtschaft, Mittelstand und Verkehr |
| WoBauG | = Wohnungsbaugesetz |
| z.B. | = zum Beispiel |
| ZfK | = Zeitschrift für kommunale Wirtschaft |
| ZKF | = Zeitschrift für Kommunalfinanzen |
| ZPO | = Zivilprozessordnung |
| ZustO | = Zuständigkeitsordnung |
| ZVgR | = Zeitschrift für Vergaberecht |

# Teil A:
# Allgemeines

*Klaus Notheis und Hansdieter Schmid*

# I. Wirtschaftliche Grundbegriffe[1]

*Klaus Notheis*

## 1. Wirtschaften, Wirtschaftseinheiten

**1.1** Unter Wirtschaften versteht man den produktiven Einsatz mensch- **1**
licher Kräfte und Fähigkeiten (körperlicher, geistiger und seelischer), verbunden mit dem Einsatz geeigneter Sachgüter, im Dienste der Bedürfnisbefriedigung. Aber auch der Konsum von so genannten knappen Gütern ist unverzichtbarer Teil des Wirtschaftsprozesses (Produktions- und Konsumvorgänge).

Der Mensch ist in seiner wirtschaftlichen Aktivität Gestalter und Träger des Wirtschaftsprozesses (Wirtschaftssubjekt) als Produzent und Konsument, als Sparer, Unternehmer und Kapitalgeber, als Mitwirkender an politischen (z.B. finanzpolitischen) Willensentscheidungen; letzterer entsprechend unserer Staatsverfassung (repräsentative Demokratie) als Wähler oder Repräsentant in den Organen der öffentlichen Aufgabenträger (Wirtschaftssubjekte) wie Bundestag, Landtag, Kreistag, Gemeinderat.

**1.2** Das menschliche Wirtschaften vollzieht sich in Wirtschaftseinheiten. **2**
Das sind unterschiedlich organisierte Personen- und Sachgemeinschaften mit unterschiedlichen Wirtschaftszielen.

1.2.1 Im privaten Bereich sind dies die Hauswirtschaften (privater Einzel- oder Familienhaushalt) mit dem Konsum von Gütern als primäres Kennzeichen im Gegensatz zur Unternehmerwirtschaft, die im Wesentlichen der Produktion von Gütern (Sachgüter und Dienstleistungen) dient.

1.2.2 Im öffentlichen Bereich sind es die öffentlichen Aufgabenträger (Bund, Länder, Selbstverwaltungskörperschaften wie Gemeinden, Stadt- und Landkreise, Sozialversicherungsträger, Kirchen u.a.). Auch internationale bzw. übernationale Träger bestimmter öffentlicher Aufgaben, wie z.B. die Europäische Union (EU), sind hier zu erwähnen.

Zusammengefasst werden diese öffentlichen Aufgabenträger als die „öffentliche Hand" bezeichnet und deren wirtschaftliche Maßnahmen und Einrichtungen als öffentliche Finanzwirtschaft.

Die prinzipielle Unterscheidung nach privatem und öffentlichem Bereich schließt nicht aus, dass sich auch die öffentliche Hand, z.B. eine Gemeinde, bei ihrer wirtschaftlichen Tätigkeit des Privatrechts bedient (z.B. privatrechtlicher Unternehmungsformen, wie privatrechtlicher Verträge).

1 Als vorbereitender Überblick; Vertiefung in den einzelnen Teilbereichen des Gemeindewirtschaftsrechts sowie in der Volks- und Betriebswirtschaftslehre.

## 2. Volkswirtschaft, Volkswirtschaftslehre

3 **2.1** Aus der Zusammenfassung der Wirtschaftseinheiten – privater und öffentlicher – innerhalb eines Staatsgebiets (Wirtschaftsraum) ergibt sich die Volkswirtschaft.

Weitere Voraussetzungen, um von einer Volkswirtschaft sprechen zu können, sind:

- Einheitliches Wirtschaftssystem (z.B. soziale Marktwirtschaft),
- einheitliche Geld- und Währungsordnung,
- eine staatliche Wirtschaftspolitik und
- eine einheitliche Rechts- und Gesellschaftsordnung.

4 **2.2** Auf diesen Grundlagen wickeln sich im Rahmen einer Volkswirtschaft die Beziehungen der Wirtschaftseinheiten (öffentliche und private) zueinander ab. Es findet im Rahmen der Verkehrswirtschaft (Marktwirtschaft) ein Güteraustausch statt. Nach der in der BRD geltenden Rechtsordnung können diese Beziehungen privatrechtlicher oder öffentlich-rechtlicher Natur sein.

2.2.1 Privatrechtlicher Natur sind sie entweder innerhalb einer Volkswirtschaft (Binnenmarkt) oder über die Grenzen einer Volkswirtschaft hinaus (Außenhandel). Nicht nur private Wirtschaftssubjekte und Wirtschaftseinheiten bedienen sich dabei des Zivilrechts, auch der Staat als Fiskus (nicht als Hoheitsträger) wird im privaten Rechtsverkehr tätig.

*Beispiele:*
Der Staat oder eine Gemeinde verkaufen Holz aus ihrem Wald. Eine Gemeinde vermietet als Hauseigentümerin eine Wohnung.

Bei diesen Geschäften bedienen sich auch die öffentlichen Aufgabenträger des Privatrechts; sie schließen privatrechtliche Verträge ab. Beide Vertragspartner treten sich gleichberechtigt gegenüber, auch wenn es sich um den Staat (die Gemeinde) und eine Privatperson handelt. Dem privaten Vertragspartner ist es freigestellt, ob er den Vertrag abschließen will (Vertragsfreiheit).

2.2.2 Sind die Beziehungen der Wirtschaftseinheiten zueinander öffentlich-rechtlicher Natur, übt der Staat (die Gemeinde) hoheitliche Tätigkeit aus. Es gilt u.a. das Prinzip der Über-/Unterordnung. Der Privatperson ist es beispielsweise nicht freigestellt, ob sie eine Rechtsbeziehung zum Hoheitsträger herstellen will oder nicht. Beim Vorliegen eines bestimmten gesetzlich festgelegten Tatbestands (z.B. Steuertatbestand) kommt ein solches hoheitliches Rechtsverhältnis kraft öffentlichen Rechts zustande. Beispiel: Steuerpflicht. Im Falle der Steuerpflicht ist noch zu beachten, dass ein Güteraustausch zwischen Steuergläubiger und Steuerschuldner nicht stattfindet. Der Steuerschuldner erhält keine konkrete Gegenleistung für seine Steuer.

**2.3** Die wissenschaftliche Darstellung und Erforschung der Probleme der Volkswirtschaft (z.B. Produktion, Verteilung und Konsum von Gütern, Sparen, Investieren, Wirtschaftlichkeit) ist Aufgabe und Inhalt der Volkswirtschaftslehre als Teilgebiet der Wirtschaftswissenschaften. 5

Anders ausgedrückt: Die Volkswirtschaftslehre hat die Aufgabe, volkswirtschaftliche Zusammenhänge, Ursachen und Prozesse zu erkennen und zu erklären sowie die künftige Entwicklung vorherzusagen.

Auf die Einteilung in allgemeine Volkswirtschaftslehre (Volkswirtschaftstheorie) und besondere Volkswirtschaftslehre (praktische Volkswirtschaftslehre und Volkswirtschaftspolitik) kann hier nur hingewiesen werden.

## 3. Betriebswirtschaftslehre, Betrieb

**3.1** Die Betriebswirtschaftslehre hat die wissenschaftliche Beschreibung und Erklärung des wirtschaftlichen Handelns im Betrieb und im Verkehr der Betriebe mit anderen Wirtschaftseinheiten zum Gegenstand. 6

Auch hier soll auf die übliche Unterteilung in die allgemeine Betriebswirtschaftslehre und die speziellen Betriebswirtschaftslehren (Industriebetriebslehre, Bankbetriebslehre usw.) nicht näher eingegangen werden. Hinzuweisen ist aber auf die Forderung nach einer speziellen Betriebswirtschaftslehre für öffentliche Betriebe.[2] Betriebswirtschaftliche Erkenntnisse, die unter der Voraussetzung anderer betrieblicher Ziele und Leistungen[3] erarbeitet wurden, dürfen aber in eine spezielle Betriebswirtschaftslehre für öffentliche Betriebe nicht eingebracht werden.[4]

**3.2** Unter Betrieb versteht man eine Wirtschaftseinheit (einen Organismus), die mit Hilfe der in ihr tätigen Produktionsfaktoren (menschliche Arbeitskraft, Betriebsmittel und Stoffe) Sachgüter produziert und/oder Dienstleistungen bereitstellt. Als Betriebe in diesem Sinne gelten auch die öffentlichen Verwaltungen. Sie sind Produktionsbetriebe für öffentliche Dienstleistungen hoheitlicher und fiskalischer Art (öffentliche Verwaltungsbetriebe). Betriebliches Wirtschaften ist kein zufälliges Tun. Rationale Überlegungen und vorbedachtes Disponieren sind erforderlich, um das Betriebsziel nach den Grundsätzen ökonomischen Handelns zu erreichen. Die Planung spielt deshalb auch in den privaten Betrieben eine bedeutende Rolle. Die Wirtschaftspläne, die zumindest in größeren und 7

2 Deshalb wurde die für die Ausbildung des gehobenen Verwaltungsdienstes geltende APrO VwgD und der Studienplan in den Jahren 1994 und 1995 grundlegend reformiert und 1996 zusätzlich der Studienschwerpunkt „Verwaltungsbetriebswirtschaftslehre" als Modellversuch an den Fachhochschulen Kehl und Ludwigsburg eingerichtet (vgl. GABl. 1996 S. 477). Das Studienreformmodell „Verwaltungsbetriebswirtschaftslehre" setzt in der praktischen Ausbildung, im Vorbereitungsdienst und im Hauptstudium einen neuen betriebswirtschaftlichen Schwerpunkt.

3 Vgl. Rdnrn. 23 und 24.

4 Vgl. *Oettle*, Öffentliche Verwaltung und Betriebswirtschaftslehre, Sonderdruck der KGSt vom Dezember 1971.

mittleren Privatbetrieben aufgestellt werden, unterscheiden sich aber in Inhalt und Planungsziel von den Planungen im Bereich der öffentlichen Finanzwirtschaft (Haushaltspläne, Wirtschaftspläne, mittelfristige Finanzplanung). Die Unterschiede in der Planung – aber auch in der Planausführung und in der Organisation – sind bedingt durch die unterschiedlichen Wirtschaftsziele im Bereich der privaten Erwerbswirtschaft (Unternehmerwirtschaft) und der öffentlichen Finanzwirtschaft.[5]

## 4. Anwendung betriebswirtschaftlicher Grundsätze im kommunalen Bereich

8 **4.1** Soweit sie den Zielen der Kommunalwirtschaft nicht widersprechen, gelten betriebswirtschaftliche Erkenntnisse und Grundsätze auch für die Gemeinden. Seit In-Kraft-Treten des derzeitigen Gemeindewirtschaftsrechts[6] gilt dies in verstärktem Maße. Anlass und Ziel dieser Reform war u.a. die Einführung betriebswirtschaftlicher Methoden in die Kommunalwirtschaft.[7]

9 **4.2** So galt und gilt für das Wirtschaften der Gemeinden (GV) z.B.:

4.2.1 Das Prinzip der Wirtschaftlichkeit (ökonomisches Prinzip). Generell ist es der Grundsatz, mit den gegebenen Mitteln den größtmöglichen Erfolg oder den angestrebten Erfolg mit dem geringstmöglichen Einsatz zu erzielen. Für die Gemeinden bedeutet dies, ihre öffentlichen Aufgaben mit möglichst geringem Einsatz (von Haushaltsmitteln) zu erfüllen. Die Gemeinden (GV) sind zu wirtschaftlichem Handeln gesetzlich verpflichtet.[8]

4.2.2 Das Liquiditätsprinzip (Prinzip des finanziellen Gleichgewichts) ist von der Kommunalwirtschaft zwingend zu beachten. Es kommt zum Ausdruck in der Verpflichtung zum Haushaltsausgleich[9] und zur Ansammlung einer „Liquiditätsrücklage" in gesetzlich vorgeschriebener Mindesthöhe[10].

10 **4.3** Keine oder nur abgeschwächte Geltung im Bereich der öffentlichen Finanzwirtschaft und damit in der kommunalen Wirtschaft haben dagegen z.B. folgende betriebswirtschaftlichen Grundsätze:

5 Vgl. Rdnr. 23.
6 Gesetz zur Neuordnung des Gemeindewirtschaftsrechts vom 25.12. 1972 (GBl. 1973 S. 1) und die GemHVO vom 7.2. 1973 (GBl. S.33 –VSV 6305) mit Änderungen. Beide anzuwenden ab dem Haushaltsjahr 1974.
7 Vgl. die Begründung des IM Baden-Württemberg zu diesem Gesetz (LT-Drucksache Nr. 6/510). Vgl. dazu auch *Budäus*, Betriebswirtschaftliche Instrumente zur Entlastung kommunaler Haushalte, Baden-Baden 1982. Derzeit wird – im Rahmen einer weiteren Reform des kommunalen Haushalts- und Rechnungswesens – die Frage diskutiert, ob durch die Einführung der doppelten kaufmännischen Buchführung bzw. des Ressourcenverbrauchskonzepts die Wirtschaftlichkeit in der Kommunalwirtschaft verbessert werden kann. Vgl. dazu Eckpunktepapier der Innenministerkonferenz vom 24.11. 2000 sowie *Budäus* u.a., Neues öffentliches Rechnungswesen, Stand und Perspektiven, Wiesbaden 2000.
8 Vgl. den Wirtschaftlichkeitsgrundsatz in §77 GemO. Zu Einzelheiten vgl. Rdnr. 103.
9 Vgl. §80 Abs. 2 GemO.
10 Vgl. §90 GemO i.V.m. §20 GemHVO.

4.3.1 Das erwerbswirtschaftliche Prinzip der maximalen Rentabilität, d.h. ein möglichst günstiges Verhältnis zwischen Ertrag (Gewinn) und Kapitaleinsatz, ist nicht das Ziel der öffentlichen Finanzwirtschaft. Deren Ziel ist die Erfüllung meist unrentierlicher Gemeinschaftsaufgaben.[11]

Rechtlich zulässig sind Gewinne in der Kommunalwirtschaft nur bei den wirtschaftlichen Unternehmen[12] und den kostenrechnenden Einrichtungen (Kostendeckung) der Gemeinden (GV) und auch hier höchstens in begrenzter, angemessener Höhe (Angemessenheitsprinzip).[13] In allen anderen kommunalen Aufgabenbereichen ist eine Gewinnerzielung unmöglich bzw. unzulässig, sonst wäre der öffentliche Zweck – z.B. gleiche Bildungschancen im Schulwesen – nicht erreichbar.

4.3.2 Die Leitung privater Betriebe erfolgt grundsätzlich in eigener Verantwortung des Unternehmens-Managements (Autonomieprinzip). Diese eigenverantwortliche Betriebsleitung ist neben dem Privateigentum und der Vertragsfreiheit wesentlicher Bestandteil des marktwirtschaftlichen Wirtschaftssystems in der BRD. Die öffentliche Finanzwirtschaft ist dagegen bei der Erfüllung ihrer Gemeinschaftsaufgaben in ihren Entscheidungen (bei Planung und Vollzug) sehr stark an strenge Rechtsvorschriften gebunden. Das Selbstverwaltungsrecht der Gemeinden (GV) und damit auch der Spielraum für selbstverantwortliche Entscheidungen im kommunalwirtschaftlichen Bereich (Finanzpolitik)[14] ist deshalb wesentlich kleiner als in der Privatwirtschaft.

## II. Die öffentliche Finanzwirtschaft

*Klaus Notheis*

### 1. Begriff

Die Wirtschaft der öffentlichen Hand (öffentliche Finanzwirtschaft) umfasst alle Einrichtungen und Tätigkeiten, die auf die Beschaffung, Verwaltung und Verwendung von Mitteln für öffentliche Zwecke gerichtet sind. **11**

Bei diesen Mitteln handelt es sich nicht nur um Geld, sondern auch um Sachvermögen (Anlagevermögen wie Grundstücke, Betriebsanlagen, Finanzanlagen). Öffentliche Finanzwirtschaft bedeutet nicht nur Geldwirtschaft, sondern beinhaltet ein weit darüber hinausgehendes Wirtschaftshandeln. Für öffentliche Zwecke werden Sachgüter und vor allem Dienstleistungen produziert und verteilt.

11 Vgl. Rdnr. 23.
12 § 102 Abs. 2 GemO, § 9 Abs. 2 Satz 2 KAG.
13 Vgl. Rdnr. 23.
14 Vgl. Rdnrn. 16–22.

Öffentliche Finanzwirtschaft darf deshalb nicht als reine Geldwirtschaft verstanden werden.

## 2. Bedeutung

12 Die Bedeutung der öffentlichen Finanzwirtschaft für die gesamte Volkswirtschaft in der BRD wird ersichtlich, wenn man die Ausgaben der öffentlichen Hand (Staatsausgaben im weitesten Sinne) mit dem Bruttosozialprodukt vergleicht.

**2.1** Der prozentuale Anteil der Staatsausgaben am Bruttosozialprodukt (sog. Staatsquote)[15] stieg
von ca. 13 % im Jahre 1913 (Reich)
auf ca. 46 % im Jahre 2000 (BRD).

**2.2** Dieses Ansteigen der Ausgaben der öffentlichen Hand bestätigt das von *Adolph Wagner* 1892 aufgestellte „Gesetz der wachsenden Ausdehnung der öffentlichen, insbesondere der Staatstätigkeit".[16]

## 3. Finanzwissenschaft

### 3.1 Begriff

13 Als Teilgebiet der Wirtschaftswissenschaften hat sie die Aufgabe, die Finanzwirtschaft in ihren staatlichen und volkswirtschaftlichen Zusammenhängen zu erforschen. Als Lehre von der öffentlichen Wirtschaft stellt sie die Regeln für das wirtschaftliche Verhalten des Staates (im weitesten Sinne) auf. Sie teilt dem Staat jeweils die wirtschaftliche Rolle zu, die den gesellschaftlichen und politischen Vorstellungen einer Epoche entspricht.

### 3.2 Auswirkungen

14 Die Kenntnis dieser Regeln – auch Theorie der öffentlichen Finanzwirtschaft genannt – ist Voraussetzung für eine rationale Finanz- und Konjunkturpolitik.[17] Die Erkenntnisse der Finanzwissenschaft finden deshalb ihren Niederschlag im geltenden Finanzrecht, d.h. in den Rechtsnormen zur Ordnung der öffentlichen Finanzwirtschaft, z.B. im staatlichen und kommunalen Haushaltsrecht, Steuerrecht usw.

15 Zur Entwicklung der Staatsquote (und der Abgabenquote) vgl. *Becker/Schmid*, ZKF 1987, S.194, 218 und *Schmid*, ZKF 1990, S.29.

16 *Wagner*, Grundlegung der politischen Ökonomie 3. Aufl., Teil 1, Grundlagen der Volkswirtschaft, Leipzig 1892, S.892ff.

17 Vgl. Rdnrn. 16–22.

# 4. Finanz- und Konjunkturpolitik

## 4.1 Finanzpolitik

ist die Kunst der Lenkung und Gestaltung der öffentlichen Finanzwirtschaft im Rahmen der geltenden Rechtsordnung oder durch deren Veränderung. Verantwortliche Entscheidung z.B. über die Durchführung von Aufgaben (was, wann und wie), deren Finanzierung (Steuern, Beiträge, Gebühren, fiskalische Einnahmen, Kreditaufnahmen) und die Gestaltung der Rechtsordnung mit dem Ziel, den Wohlstand der Bevölkerung, die soziale Gerechtigkeit und Sicherung zu fördern. **15**

## 4.2 Finanzpolitik im kommunalen Bereich

4.2.1 Die finanziellen Entscheidungen der Gemeinden wie Erwerb oder Veräußerung von Vermögen, Erhebung und Bemessung von öffentlichen Abgaben und anderen Einnahmen, Aufnahme von Krediten ebenso wie kommunales Ausgabengebaren (laufende Personal- und Sachausgaben, Investitionen zur Erfüllung von Pflichtaufgaben und freiwilligen Aufgaben, Rücklagenbildung usw.) spiegeln sich in der Haushaltssatzung und dem Haushaltsplan wider. Die einzelnen finanzpolitischen Entscheidungen werden im Haushaltsplan zahlenmäßig konkretisiert, miteinander abgestimmt und zeitlich festgelegt. Der Haushaltsplan der Gemeinde und auch des Bundes und der Länder zeigt das finanzpolitisch Gewollte, nach seinem Vollzug (bei der Rechnungslegung) das Geleistete bzw. Nichtgeleistete. **16**

4.2.2 Voraussetzung für eine eigene kommunale Finanzpolitik ist ein ausreichender finanzieller Spielraum für eigenverantwortliche Sachentscheidungen im Aufgabenbereich der Gemeinden (GV). Eine bloße Ausführung zentraler Planung auf lokaler Ebene beispielsweise ist keine Politik. **17**

In der BRD ist eigenverantwortliches finanzpolitisches Handeln Bestandteil des kommunalen Selbstverwaltungsrechts. Die Gemeinden entscheiden in eigener Verantwortung und mit eigenen Organen über sämtliche öffentliche Gemeinschaftsaufgaben, soweit sie nicht durch Gesetz anderen Aufgabenträgern übertragen worden sind (universelle Zuständigkeit der Gemeinden). Die Aufsicht des Staates beschränkt sich bei den Selbstverwaltungsaufgaben der Gemeinden auf die Rechtsaufsicht. Anders bei den weisungsgebundenen Aufgaben.[18]

4.2.3 Alle wesentlichen Entscheidungen – auch finanzpolitischer Art – trifft das Hauptorgan der Gemeinde, der Gemeinderat[19] (beim Landkreis der Kreistag[20]). Die Vorbereitung der Gemeinderatsbeschlüsse liegt in **18**

18 Vgl. Rdnr. 100.
19 § 24 Abs. 1 i.V.m. § 39 Abs. 2 GemO.
20 § 19 LKrO i.V.m. § 34 Abs. 2 LKrO.

der Regel bei der Verwaltung (z.B. Aufstellung des Haushaltsplanentwurfs). Darin kommt der Sachverstand der Verwaltung zum Ausdruck. Mit zunehmender Komplizierung der Materie (Finanz- und Steuergesetze, Finanzausgleichsbestimmungen usw.) nimmt der Einfluss der Verwaltung auf die Finanzpolitik der Gemeinde zu (Stichwort „Übergewicht der Exekutive"). Ob diese Entwicklung der Wirtschaftlichkeit und Sparsamkeit in der kommunalen Finanzwirtschaft dient, wird von Fachleuten teilweise bezweifelt. Es besteht die Gefahr, dass die beteiligten Dienststellen bei der Aufstellung des Haushaltsplanentwurfs versuchen, ihre „Ressortinteressen" über das Gesamtinteresse zu stellen und möglichst viel vom Haushaltsvolumen für ihren Teilbereich zu „erobern". Hier ist es Aufgabe des Bürgermeisters als „zentralem Politiker", der das Gesamtwohl der Gemeinde im Auge haben muss, und des Fachbeamten für das Finanzwesen, überzogenen Ausgabewünschen einzelner Fachämter und Fachpolitiker schon im Anfangsstadium der Haushaltsplanaufstellung entgegenzuwirken.[21]

Die Mitglieder des Gemeinderats (Kreistags) entscheiden im Rahmen der Gesetze nach ihrer freien, nur durch das öffentliche Wohl bestimmten Überzeugung. An weitere Verpflichtungen und Aufträge Dritter, durch die diese Freiheit beschränkt wird, sind sie nicht gebunden.[22]

**19** 4.2.4 Nicht nur Vorschläge und Anträge mit finanzieller Auswirkung, die von der Verwaltung eingebracht werden, sondern auch entsprechende Initiativen aus dem Gemeinderat sollen realisierbare Finanzierungsvorschläge enthalten. Dabei ist nicht nur an die einmaligen Investitionen, sondern auch an die laufenden Folgekosten (Unterhaltung, Betrieb, Schuldendienst) zu denken, die den Haushalt auf lange Sicht belasten (falls nicht eine Einrichtung bzw. ein Unternehmen mit voller Kostendeckung vorliegt).

Die immer wieder zu beobachtende Bewilligungsfreudigkeit auch von Gemeindeparlamenten führt zu einer Umkehrung der klassischen Funktionen (Rollentausch) von Gemeinderat und Verwaltung. War es noch vor einigen Jahrzehnten u.a. Aufgabe des Gemeinderats als Vertretung der Steuerzahler, die Ausgaben der Verwaltung zu beschränken, so ist es heute oft so, dass es der Verwaltung überlassen wird, die Finanzierung solcher Anträge nachzuweisen – oder abzulehnen, falls z.B. dringendere Aufgaben vorliegen oder eine weitere Verschuldung nicht vertretbar ist (Widerspruchspflicht bzw. -recht des Bürgermeisters, Mitwirkung der Rechtsaufsichtsbehörde bei Kreditaufnahmen).

21 Vgl. *Banner*, Kommunale Steuerung zwischen Gemeindeordnung und Parteipolitik – am Beispiel der Haushaltspolitik, DÖV 1984, S.364, und Haushaltssteuerung und Haushaltskonsolidierung auf kommunaler Ebene – ein politisches Problem, ZKF 1987, S.50. Vgl. dazu auch das neue KGSt-Politikerhandbuch, KGSt, Köln 1999.

22 Vgl. §32 Abs.3 GemO.

4.2.5 Auch die finanzwirtschaftlichen Entscheidungen im Gemeinderat unterliegen – zumindest in größeren Gemeinden – der Dynamik und Technik der Parlamentsarbeit:[23] 20

4.2.5.1 Die Fraktionen sind Zusammenschlüsse politisch Gleichgesinnter zu Arbeitsgemeinschaften, in denen der jeweils Sachkundige das Wort führt, seine Fraktionskollegen unterrichtet und die Arbeit im Plenum vorbereitet. Der Fraktionszwang ist ein politisches Kampfmittel, das mit der Entscheidungsfreiheit des einzelnen Gemeinderats[24] sicher immer wieder kollidieren würde. Fraktionszwang ist deshalb im Gemeinderat (und Kreistag) verboten.[25] Andererseits werden durch die Fraktionen viele Entscheidungen versachlicht und vorgeklärt (z.B. durch eine Besprechung der Fraktionsvorsitzenden mit dem Vorsitzenden des Plenums – Bürgermeister/Oberbürgermeister).

4.2.5.2 Ausschüsse (vor allem beschließende) für die verschiedenen Aufgabenbereiche der Gemeinde, z.B. Verwaltungsausschuss, Bauausschuss, Finanzausschuss, dienen je in ihrem Bereich der Straffung und Versachlichung der Arbeit, aber auch der Entlastung des Plenums. In diese kleineren Ausschüsse entsenden die Fraktionen ihre Experten. Der Sachverstand der Ausschüsse ist deshalb in ihrem Zuständigkeitsbereich im Ganzen gesehen größer als der des Plenums; den Entscheidungen des Letzteren kommt dagegen höhere politische Bedeutung zu. Grundsätzliche und finanziell schwerwiegende Entscheidungen werden von den Ausschüssen nur vorberaten und vom Plenum entschieden.[26] Bis zu einer gewissen Bedeutung bzw. Wertgrenze steht den beschließenden Ausschüssen eigene Entscheidungsbefugnis zu (Festlegung der Zuständigkeiten in der Hauptsatzung). Soweit Ausschüsse vorberaten, tun sie das i.d.R. in nichtöffentlicher Sitzung. Das soll eine ernsthafte sachliche Arbeit fördern (keine Fensterreden). Ob der Ausschluss der Öffentlichkeit nachteilig ist, ist generell umstritten. Je nach dem zu beratenden Tagesordnungspunkt kann das vorteilhaft oder nachteilig sein.

4.2.6 Ein weiterer Faktor der finanzpolitischen Willensbildung ist die Beeinflussung der Gemeinderatsmitglieder im sogenannten vorparlamentarischen Raum. Auch die Entscheidungsfreiheit der Gemeinderäte[27] kann nicht ausschließen, dass sie Einflüssen von politischen Parteien, Verbänden, Interessengruppen (Bürgerinitiativen) und der öffentlichen Meinung überhaupt ausgesetzt sind. Diese Einflüsse formen die persönliche Überzeugung, die dann in der Entscheidung des einzelnen Gemeinderats zum Ausdruck kommt. Eine Beeinflussung von Volksvertretern mit 21

23 Vgl. *Schmölders,* Finanzpolitik, 3. Aufl., S.94ff.
24 Vgl. §32 Abs.3 GemO.
25 Vgl. BWGZ 1980, S.760.
26 Vgl. §39 Abs.2 GemO.
27 Vgl. §32 Abs.3 GemO.

sachlichen Argumenten ist keineswegs bedenklich, sondern fördert eine demokratische Willensbildung auch im Bereich der kommunalen Finanzpolitik.

#### 4.3 Konjunkturpolitik

22 Man versteht darunter die Maßnahmen von Bund, Ländern und Gemeinden zur Beeinflussung von Konjunkturschwankungen. § 1 des Stabilitätsgesetzes (StWG) umreißt Inhalt und Ziel der Konjunkturpolitik so:

„Bund und Länder (nach § 16 StWG auch die Gemeinden) haben bei ihren wirtschafts- und finanzpolitischen Maßnahmen die Erfordernisse des gesamtwirtschaftlichen Gleichgewichts zu beachten. Die Maßnahmen sind so zu treffen, dass sie im Rahmen der marktwirtschaftlichen Ordnung gleichzeitig zur Stabilität des Preisniveaus, zu einem hohen Beschäftigungsstand und außenwirtschaftlichem Gleichgewicht bei stetigem und angemessenem Wirtschaftswachstum beitragen" (so genanntes magisches Viereck). Diese Verpflichtung ergibt sich für die Gemeinden seit 1974 auch aus der GemO.[28]

## III. Abgrenzung von öffentlicher Finanzwirtschaft und privater Erwerbswirtschaft

*Klaus Notheis*

| **Öffentliche Finanzwirtschaft** | **Private Erwerbswirtschaft** |
|---|---|
| **1. Aufgaben und Ziele[29]** | |
| 23 1.1 Erfüllung der von der öffentlichen Hand im öffentlichen Interesse übernommenen Gemeinschaftsaufgaben (öffentlicher Bedarf) wie z. B. Bildungswesen, Sozialhilfe, Sozialversicherung, Gesundheitswesen, Verkehr (Straßen), Versorgung mit Energie, Wasser u. a. durch Bereitstellung und Verteilung von Sachgütern und Dienstleistungen. | 1.1 Bereitstellung (Produktion und Verteilung) von Sachgütern und Dienstleistungen in allen Wirtschaftsbereichen, soweit dies nicht Aufgabe der öffentlichen Finanzwirtschaft (Gemeinschaftsaufgabe) ist. |

28 Vgl. § 77 Abs. 1 Satz 2 GemO; zu Einzelheiten Rdnr. 102.
29 Vgl. *Taxis*, Grundfragen des finanzwirtschaftl. und des erwerbswirtschaftl. Rechnens, Finanzarchiv n. F., Jahrg. 1958, Bd. 18, Heft 2 und *Schwab*, Kameralistik und Doppik, GH 1967, S. 56.

1.2 Was als Gemeinschaftsaufgabe zu betrachten ist und welcher öffentliche Aufgabenträger sie zu erfüllen hat, ist politisch bestimmt und findet seinen Niederschlag in der jeweils geltenden Rechtsordnung. Letztere wird geprägt durch die Interessen bzw. Interessenkompromisse der den Staat tragenden politischen Gewalten. Deshalb unterliegen die Gemeinschaftsaufgaben dem geschichtlichen Wandel – vgl. das „Gesetz der wachsenden Staatstätigkeit":[30] Beispiel: Wohnungsvermittlung als kommunale Aufgabe.

1.2 Die Bedarfsdeckung (soweit nicht Gemeinschaftsaufgabe) erfüllt die Privatwirtschaft in der BRD nach der wirtschaftspolitischen Konzeption der sozialen Marktwirtschaft. Grundlage dieses Wirtschaftssystems ist die Anerkennung des Markt- bzw. Preismechanismus als Koordinationsinstrument und damit als Anreiz, den Bedarf an Sachgütern und Dienstleistungen zu decken und dabei Gewinne zu erzielen. Anders als im wirtschaftlichen Liberalismus übernimmt aber hier der Staat die Sicherung eines funktionsfähigen Marktes, z.B. durch Verbot von Preisabsprachen (Kartellverbot) und von Wirtschaftszusammenschlüssen zum Zwecke der Wettbewerbsausschaltung. Weitere Eingriffe des Staates aus sozialpolitischen Zielsetzungen heraus sind der Arbeitsschutz, Kündigungsschutz, die Sozialversicherung u.a.

1.3 Die Gemeinschaftsaufgaben (öffentliche Zwecke) sind unter Beachtung des ökonomischen Prinzips[31] und der gesamtwirtschaftlichen Erfordernisse[32] zu erfüllen.

1.3 Unter Beachtung des ökonomischen Prinzips einen maximalen Gewinn zu erzielen ist ein vorrangiges Wirtschaftsziel jedes privatwirtschaftlichen Unternehmens.

1.4 Die Erwirtschaftung eines möglichst hohen Gewinnes (maximale Rentabilität) ist wegen der weitgehenden Monopolstellung der öffentlichen Finanzwirtschaft nicht gestattet. Die Lieferungen und Leistungen der öffentlichen Hand unterliegen in der Regel nicht der preisregulierenden Wirkung der Konkurrenz. Die unbeschränkte Ausnützung dieser Monopolstellung ist der öffentlichen Hand im öffentlichen Interesse verboten. Als Konkurrenzsurrogat können betriebswirtschaftliche Kontrollrechnungen angesehen werden.[33] Der Erfolg der öffentlichen Finanzwirtschaft besteht nicht in einem Gewinn oder Verlust, sondern im gesellschaftlichen Nutzen.

1.4 Dem vorrangigen Ziel der maximalen Eigenkapital-Rentabilität sind die anderen Ziele wie Bedarfsdeckung (Marktversorgung), gute Leistungsqualität untergeordnet. Die letztgenannten Wirtschaftsziele verfolgt der Unternehmer i.d.R. nicht um ihrer selbst willen, sondern um damit sein „Oberziel" der Gewinnmaximierung zu erreichen.

30 Vgl. Rdnr. 12.
31 Vgl. Rdnr. 9.
32 Vgl. Rdnr. 102.
33 Vgl. *Oettle*, Öffentliche Verwaltung und Betriebswirtschaftslehre, Sonderdruck der KGSt vom Dezember 1971.

1.5 Ein begrenztes Gewinnstreben ist nur den Wirtschaftsbetrieben der öffentlichen Hand, z.B. der Bahn, Post, den wirtschaftlichen Unternehmen und kostenrechnenden Einrichtungen der Gemeinden, erlaubt. Aber selbst dort, wo das geltende Recht dies erlaubt,[34] sind begrenzte (angemessene) Gewinne nicht primäres Wirtschaftsziel. Wichtiger als Gewinn ist die Erreichung des öffentlichen Zwecks, der gesellschaftliche Nutzen.

Reichen aus diesem Grund die Erträge eines solchen Betriebs nicht aus, den Aufwand zu decken, so muss die öffentliche Hand aus allgemeinen Deckungsmitteln des betreffenden Haushalts (Steuern) zuschießen.

1.5 Bedient sich die öffentliche Hand privatrechtlicher Unternehmensformen, indem sie sich z.B. an einer AG oder GmbH beteiligt, so steht auch hier die Erfüllung der öffentlichen Aufgabe im Vordergrund und nicht maximales Gewinnstreben.

Gemeinden dürfen eine solche Beteiligung nur erwerben (oder eine so genannte Eigengesellschaft gründen), wenn u.a. ein öffentlicher Zweck vorliegt und dieser im Gesellschaftsvertrag oder in der Satzung sichergestellt ist.[35]

Kapitalerträge (Gewinne) aus solchen Kapitalbeteiligungen fließen dem Haushalt des öffentlichen Kapitalgebers (z.B. einer Gemeinde) zu und dienen dort der Finanzierung anderer öffentlicher Aufgaben.

## 2. Finanzierung

24 2.1 Für die Finanzierung ihrer Aufgaben stehen der öffentlichen Finanzwirtschaft zur Verfügung (Finanzierungsmittel):

2.1.1 sogenannte Zwangseinnahmen (Steuern, eigene und Finanzzuweisungen).

2.1.2 Einnahmen aus Wirtschaftsbetrieben und öffentlichen Einrichtungen, soweit Letztere Entgelte (privatrechtliche oder öffentlich-rechtliche Gebühren) und Beiträge erheben.

2.1.3 Einnahmen aus dem allgemeinen Grundvermögen und dem Kapitalvermögen.

2.1 Zur Gründung und Aufrechterhaltung der Betriebstätigkeit benötigt jedes Unternehmen Kapital. Das gilt sowohl für die privaten Unternehmen als auch für die Unternehmen der öffentlichen Hand. Eine Mischform sind die gemischtwirtschaftlichen Unternehmen. Hier sind Kapitalgeber Privatpersonen und die öffentliche Hand. Die Beschaffung von Kapital gehört zur Finanzierung.

2.2 Wird das Kapital in Form von Geld eingebracht, ist es größtenteils in Sachwerte (Gebäude, Maschinen, Waren) und Finanzwerte (Beteiligungen, Wertpapiere) zu überführen. Dieser Vorgang wird als Investition bezeichnet.

34 Nach § 102 Abs. 2 GemO sollen die wirtschaftlichen Unternehmen der Gemeinde einen Ertrag (Gewinn) abwerfen. Bei den kostenrechnenden Einrichtungen (Gebührenhaushalten) erlaubt § 9 KAG bzw. § 78 Abs. 2 GemO – i. V. m. § 12 GemHVO eine angemessene kalkulatorische Kapitalverzinsung, d.h. eine bescheidene Rendite, die aber in der Praxis selten erreicht wird.

35 Vgl. § 103 GemO.

2.1.4 Bei den Einnahmen 2.1.1 bis 2.1.3 handelt es sich überwiegend um „allgemeine Deckungsmittel", die zur Finanzierung der unrentierlichen und teilrentierlichen Einrichtungen (auch reine Verwaltungseinrichtungen) und Betriebe und anderer Ausgaben verwendet werden im Rahmen der haushaltsrechtlichen Gesamtdeckung.

2.2 Je nachdem, zu welchem Zeitpunkt der Finanzbedarf endgültig gedeckt werden kann, spricht man von

2.2.1 Vorausdeckung: Die Finanzierungsmittel stehen schon vor ihrem Bedarf zur Verfügung (Rücklagen).

2.2.2 Sofort- oder Zugleichdeckung: Die Finanzierungsmittel stehen im Jahr des Bedarfs (gleichzeitig) zur Verfügung. Das sind die im betreffenden Haushaltsjahr fälligen Einnahmen.

2.2.3 Nachdeckung: Es findet zum Zeitpunkt des Bedarfs nur eine vorläufige Finanzierung durch Kreditaufnahme statt. Die endgültige Deckung erfolgt durch die spätere Kredittilgung. Dies ist die teuerste Finanzierungsart (Zinsen), sie ist deshalb nur unter bestimmten Voraussetzungen zulässig.[36]

2.2.4 Wenn man bei der öffentlichen Finanzwirtschaft von einer „Bedarfsdeckungswirtschaft" spricht, so gilt dies auch bezüglich der Deckung des Finanzbedarfs. Es ist eines der wichtigsten Ziele des kommunalen Rechnungswesens, den Deckungsverlauf offen zu legen, d.h. das jährliche Deckungsergebnis in Form eines Deckungsüberschusses oder -fehlbetrages. Die GemO nennt es „Ergebnis der Haushaltswirtschaft".[37]

2.3 Finanzierungsarten

2.3.1 Außenfinanzierung: entweder mit Krediten (Fremdfinanzierung – Fremdkapital) oder als Beteiligungsfinanzierung bei Personen- oder Kapitalgesellschaften.

2.3.2 Innenfinanzierung: Selbstfinanzierung durch nicht entnommene Gewinnanteile. Die Selbstfinanzierung zeigt sich in einer Erhöhung des Kapitals einschließlich Rücklagen. Sie hat Vorteile (keine Kreditzinsen), aber auch Nachteile (u.U. hohe Preise zu Lasten des Verbrauchers, Versteuerungspflicht der Gewinne).

2.4 Die Beschaffung von Kapital ist dem Unternehmer überlassen. Er setzt sein eigenes Kapital dort ein, wo Aussicht auf Rendite (Gewinn) besteht. Unter dieser Voraussetzung erhält er auch Fremdkapital am Kapitalmarkt. Der Unternehmer hat kein Recht zur Erhebung von Zwangseinnahmen wie die öffentliche Hand.

2.5 Die Darstellung der Finanzierung und der Vermögensausstattung zu einem bestimmten Stichtag (Bilanzstichtag) sowie des Wirtschaftserfolgs (Gewinn oder Verlust) für die Wirtschaftsperiode sind u.a. das Rechnungsziel des kaufmännischen Rechnungswesens.

36 Vgl. §87 GemO.
37 Vgl. §95 GemO i.V.m. §41 Abs.3 GemHVO.

# IV. Finanzverfassung und kommunales Selbstverwaltungsrecht

*Hansdieter Schmid*

## 1. Allgemeines

25 Der Aufbau eines Staates prägt entscheidend die Bestimmungen über die Zuständigkeit für die Erfüllung öffentlicher Aufgaben, über die Steueraufteilung zwischen dem Zentralstaat und den einzelnen Gliedstaaten sowie den Kommunen und über die Verantwortung für die Ausgaben. Umgekehrt beeinflussen diese Regelungen in hohem Maße die Staatsqualität der Gliedstaaten und das kommunale Selbstverwaltungsrecht.

Der Förderalismus stellt die einzelnen Gebietskörperschaften in der rechtlichen Gewichtung ihrer Aufgaben gleich. Bei zentral gelenkten Staaten sind die Teilstaaten in der Regel nur Vollzugsorgane; dies wirkt sich weitgehend auch auf Zuständigkeit und Eigenverantwortlichkeit der Gemeinden aus. Allerdings ist auch bei einem förderativen Staatsaufbau ein Übergewicht des „Oberstaates" (Bund) gegenüber den anderen Partnern kaum vermeidbar, weil ein Mindestmaß an gleichgelagerten Lebensbedingungen und einheitlichen Rechtsgrundlagen nur erreichbar ist, wenn der Bund die wichtigsten Gesetzgebungsbefugnisse hat.[38]

## 2. Die Finanzverfassung nach dem Grundgesetz

### 2.1 Regelungen der Finanzbeziehungen unter den Gebietskörperschaften

26 Ganz besonderes Gewicht kommt den Bestimmungen in Abschnitt X des GG über die Zuständigkeiten für die Gesetzgebung bei den Steuern und Abgaben (Art. 105) und vor allem der Finanzverfassung über die Aufteilung der Steuereinnahmen unter den öffentlichen Gebietskörperschaften zu (Art. 106 und 107 GG).

Das Recht zur Steuergesetzgebung (Art. 105 GG) wird als Steuergesetzgebungshoheit, der Anspruch auf die Einnahmen aus den Steuern als Ertragshoheit bezeichnet.

Art. 104a GG regelt die Verpflichtung zur Tragung der Ausgaben. Hier gilt der Grundsatz, dass der Aufgabenverantwortung die Kostentragungspflicht folgt.

38 Ein Gegengewicht zu dieser Verlagerung wichtiger Zuständigkeiten auf den Gesetzgeber des Gesamtstaates bildet der Bundesrat. Allerdings fehlt die unmittelbare Beteiligung der Kommunen. Selbst wenn den Ländern verfassungsrechtlich die Sorge für ihre Gemeinden (GV) auferlegt wird (Art. 73 Abs. 1 LV), besteht die Gefahr, dass die Ländervertreter in erster Linie ihre eigenen Interessen verfolgen. Die Kommunalen Spitzenverbände fordern deshalb nachdrücklich ein Anhörungs- und Mitspracherecht im Gesetzgebungsverfahren über die Verteilung oder Änderung des Steueraufkommens.

Art. 109 GG legt fest, dass Bund und Länder in ihrer Haushaltswirtschaft selbständig und voneinander unabhängig sind. Dies ist eine zwangsläufige Folge des bundesstaatlichen Prinzips. Eine zentrale Haushaltsführung allein durch den Bundesstaat würde im Widerspruch zu der Eigenstaatlichkeit der Gliedstaaten stehen. Wegen der engen Verflechtungen der öffentlichen Haushalte untereinander musste aber die Unabhängigkeit eingeschränkt werden. Dem Wesen des Föderalismus würde es ebensowenig entsprechen, wenn die Haushalte von Gesamt- und Einzelstaaten gänzlich isoliert voneinander wären. Auf Grund der Ermächtigung des Art. 109 Abs.3 GG[39] wurde das Haushaltsgrundsätzegesetz (HGrG) erlassen, das für Bund und Länder verbindliche Grundsätze für die Haushaltsordnung aufstellte[40] und bestimmte Einzelheiten unmittelbar und einheitlich regelte.[41] Art. 109 Abs.2 GG verpflichtet Bund und Länder zum konjunkturgerechten Verhalten; Abs.4 sichert wichtige Einzelmaßnahmen verfassungsrechtlich ab.[42]

### 2.2 Die Aufgabenaufteilung 27

Als Folge des föderativen Staatsaufbaus in der Bundesrepublik verteilt das Grundgesetz die Zuständigkeit für die Erfüllung öffentlicher Aufgaben auf drei Aufgabenträger, nämlich auf Bund, Länder und Kommunen. Dabei ist besonders wichtig, dass die Aufgaben unabhängig von der Zuständigkeit gleichrangig und gleichwertig sind.

Art. 30 GG stellt für die Ausübung staatlicher Befugnisse und für die Erfüllung staatlicher Aufgaben eine Zuständigkeitsvermutung zugunsten der Länder auf. Der Bund ist nur dann zuständig, wenn dies im Grundgesetz ausdrücklich geregelt ist oder wenn das Grundgesetz eine entsprechende gesetzliche Regelung erlaubt. Die Zuständigkeiten des Bundes sind in den Abschnitten II[43] und VII bis IX des GG[44] geregelt.

Als Folge des kommunalen Selbstverwaltungsrechts gewährleistet Art. 28 Abs. 2 GG den Gemeinden das Recht, alle Angelegenheiten der örtlichen Gemeinschaft im Rahmen der Gesetze in eigener Verantwortung zu regeln. Dies gilt auf ihren Aufgabenbereich zugeschnitten auch für die

39 I.d.F. der 20. Novelle zur Änderung des Grundgesetzes vom 12.5. 1969 (BGBl. I S.357).

40 Diese Gesetzgebungskompetenz des Bundes wird als Grundsatzgesetzgebungsrecht bezeichnet. Sie ähnelt der Rahmengesetzgebung, unterscheidet sich von dieser aber dadurch, dass die Grundsatzgesetzgebung nur die Organe der Gebietskörperschaften bindet, während die Rahmengesetzgebung auch verbindliche Außenwirkung gegenüber dem Einzelnen hat.

41 Im Teil II, insbesondere die Vorschriften zur Finanzplanung.

42 Die Einzelheiten regelt das StWG; Instrumente sind z.B. Kreditrestriktionen und Konjunkturausgleichsrücklagen.

43 „Der Bund und die Länder"; siehe insbes. Art.31 und 32.

44 Bei der Gesetzgebung (VII. Abschn. GG) unterscheidet man die ausschließliche Gesetzgebung des Bundes (Art.71, 73 GG), die konkurrierende Gesetzgebung (Art.72, 74 und 74a GG), die sich in den letzten Jahren ständig ausgeweitet hat, und die Rahmengesetzgebung (Art.75 GG) sowie die Grundsatzgesetzgebung (Art. 109 Abs.3 GG). Bei der Ausführung der Bundesgesetze kommt das Schwergewicht den Ländern zu (VII. Abschn. GG, vgl. insbes. Art.83). Bei der Rechtsprechung (IX. Abschn. GG) liegt das Schwergewicht bei den Ländern.

Landkreise.[45] Mit diesen Bestimmungen schafft das GG eine Zuständigkeitsvermutung zugunsten der Kommunen für die *örtlichen* öffentlichen Aufgaben. Die Zuständigkeit der Gemeinden (GV) darf nur durch Gesetz eingeschränkt werden, wobei ein solches Gesetz den Kernbereich und den Wesensgehalt des kommunalen Selbstverwaltungsrechts nicht antasten darf. Die Aufteilung der öffentlichen Aufgaben auf die einzelnen gleichberechtigten Aufgabenträger stellt eine Vorstufe zur Finanzverfassung dar. Denn die Kompetenzregelung entscheidet über die Ausgaben, die dem einzelnen Aufgabenträger entstehen, und damit auch über dessen Finanzbedarf.

### 2.3 Kostentragung

#### 2.3.1 Allgemeiner Kostentragungsgrundsatz

**28** Art. 104a Abs. 1 GG stellt den Grundsatz auf, dass der Aufgabenträger die bei der Aufgabenerfüllung anfallenden Kosten trägt.[46] Aus der Aufgabenverantwortung folgt somit die Kostentragungspflicht, sofern das GG nicht etwas anderes bestimmt.

Die Regelung, dass der Aufgabenträger für die anfallenden Kosten aufzukommen hat, ist ökonomisch sinnvoll. Denn sie fördert eine verantwortunsbewusste und sparsame Aufgabenerfüllung. Eine Aufgabenerfüllung im eigenen Namen, aber für Rechnung Dritter würde zu einer überzogenen Perfektion ohne Rücksicht auf die entstehenden Kosten animieren. Außerdem wäre dann eine aufwendige Kontrolle durch den übergeordneten Kostenträger erforderlich.

Von dem Grundsatz „der Aufgabenträger zahlt" weicht das GG in den folgenden Fällen ab:

#### 2.3.2 Bundesauftragsangelegenheiten

**29** Die Länder führen die Bundesgesetze grundsätzlich im eigenen Namen aus (Art. 83 GG). Dies hat zur Folge, dass die Länder die dabei anfallenden Kosten selbst tragen müssen. Führen sie die Bundesgesetze jedoch nach der Regelung im GG oder auf der Grundlage eines Einzelgesetzes[47] im Auftrag des Bundes aus, so trägt der Bund die sich daraus ergebenden Zweckausgaben.[48]

*Beispiel:* Ausbau und Unterhaltung von Bundesautobahnen und Bundesfernstraßen durch die Straßenbauverwaltungen der einzelnen Länder.[49]

45 Im Verhältnis zu den Gemeinden gilt für die Landkreise der Grundsatz der Subsidiarität; vgl. §2 LKrO.
46 Sog. Konnexitätsgrundsatz.
47 Zu dessen Erlass das GG ermächtigen muss.
48 Gemäß Art. 104a Abs. 2 GG; die Personal- und Verwaltungskosten tragen dagegen die Länder (z.B. die Personalausgaben der Straßenbauverwaltung des Landes, auch soweit diese für die Verwaltung der Autobahnen und Fernstraßen zuständig ist). Dies ergibt sich aus Art. 85 Abs. 1 GG, weil die für die Ausführung zuständigen Behörden von den Ländern eingerichtet und unterhalten werden.
49 Gemäß Art. 90 GG.

Bei diesen Bundesauftragsangelegenheiten steht dem Bund ein uneingeschränktes Weisungsrecht zu;[50] es ist deshalb den Ländern nicht zuzumuten, dass sie die anfallenden Kosten tragen, die sich aus den Weisungen des Bundes ergeben. Der Vollzug der Gesetze kann auch bei den Gemeinden liegen. Der Bund erstattet dann den Ländern die Kosten; die Länder leiten die Erstattungsbeiträge an die Gemeinden weiter.

*Beispiel:* Zivilschutzmaßnahmen nach dem Luftschutzgesetz.

#### 2.3.3 Geldleistungsgesetze

Wenn die Länder Bundesgesetze ausführen, nach denen Geldleistungen **30**
an Dritte (Personen und Stellen außerhalb des öffentlichen Dienstes) zu gewähren sind, dann können diese Gesetze eine gemeinsame Finanzierung durch Bund und Länder mit unterschiedlichen Anteilen bestimmen. Die Anteile sind im Gesetz festzulegen. Als Geldleistungen kommen Zuschüsse oder zinsgünstige Darlehen in Betracht. Der Grund für die teilweise oder volle Kostenübernahme durch den Bund gemäß Art. 104 Abs. 2 GG liegt darin, dass das Gesetz die Verwaltungsmaßnahmen so eingehend regelt, dass den Ländern kaum ein Spielraum für eigene Entscheidungen verbleibt. Wenn die Gemeinden (GV) mit der Abwicklung derartiger Geldleistungen beauftragt werden, gelten die Ausführungen entsprechend; ihr Partner ist nicht der Bund, sondern das Land, das die erhaltenen Ersatzleistungen an die betreffenden Gemeinden weiterleitet.

*Beispiele:* Ausbildungsförderung, Bundeserziehungsgeld, Wohngeld[51]

#### 2.3.4 Finanzhilfen

##### 2.3.4.1 Voraussetzungen

Der Bund kann den Ländern und über die Länder den Gemeinden und **31**
Landkreisen für besonders bedeutsame Investitionen Finanzhilfen gewähren. Nach Art. 104a Abs. 4 GG müssen die Finanzhilfen (alternativ) notwendig sein, um

- Störungen des gesamtwirtschaftlichen Gleichgewichts abzuwehren (konjunkturpolitischer Aspekt) oder (strukturpolitische Ziele)
- unterschiedliche Wirtschaftskraft im Bundesgebiet auszugleichen oder
- das wirtschaftliche Wachstum zu fördern.

Die Einzelheiten sind in speziellen Bundesgesetzen[52] oder in Verwaltungsvereinbarungen festzulegen.

50 Vgl. Art. 85 Abs. 3 GG.
51 Bund und Länder trugen bis 1984 die Ausgaben für Wohngeld und Wohnungsbauprämien je zur Hälfte. Seit 1985 übernahm der Bund voll diese Ausgaben und übertrug dafür finanzneutral die Krankenhausfinanzierung auf die Länder.
52 Diese bedürfen der Zustimmung des Bundesrates.

Die Finanzhilfen des Bundes, die noch von den Ländern aufgestockt werden, haben für die Gemeinden und Landkreise große Bedeutung.

Im Einzelnen handelt es sich um folgende Maßnahmen:

*a) Verbesserung der Verkehrsverhältnisse der Gemeinden*

32 Für die Zwecke des kommunalen Straßenbaus und für den öffentlichen Personennahverkehr gewährt der Bund aufgrund des Gemeindeverkehrsfinanzierungsgesetzes[53] Zuschüsse bis zu 60 % der zuwendungsfähigen Kosten eines Vorhabens. Hinzu kommen Ergänzungszuschüsse der Länder; in Baden-Württemberg sind dies 20 % zu Maßnahmen des Individualverkehrs und 25 % zum öffentlichen Personennahverkehr aus Mitteln des Straßenlastenausgleichs.[54]

*b) Stadtsanierung und Stadtentwicklung*

33 Bis 1987 förderte der Bund städtebauliche Sanierungs- und Entwicklungsmaßnahmen nach dem Städtebauförderungsgesetz, die Länder mit zusätzlichen Mitteln. Diese Förderung wird seither durch Verwaltungsvereinbarung fortgesetzt. Gefördert wird die Stadt- und Dorferneuerung, Sanierungs- und Entwicklungsmaßnahmen; in den neuen Ländern zusätzlich große Neubaugebiete.[55]

*c) Aufbau Ost*

34 Der Bund gewährt den neuen Ländern zur Steigerung ihrer Wirtschaftskraft im Rahmen des Investitionsförderungsgesetzes Aufbau Ost erhebliche Mittel zu Infrastrukturinvestitionen. Diese Mittel sind zweckgebunden und betragen bis zu 90 v.H. der förderungsfähigen Investitionsausgaben.[56]

*d) Wohnungsbau und -modernisierung*

35 Der Bund fördert mit erheblichen Mitteln den sozialen Wohnungsbau; in den neuen Ländern auch die Modernisierung und Instandsetzung von Altbauten.[57]

*e) Konjunkturprogramme*

36 Der Bund hatte letztmals 1977 Konjunkturprogramme (für Zukunftsinvestitionen) aufgestellt, die auch erhebliche Zuschüsse zu kommunalen Investitionen vorsahen.[58] Der Erfolg dieser Programme war zweifelhaft – eher negativ.[59] Deshalb wird diese Förderung heute nicht wiederholt.

53 Vom 18.12. 1987 (BGBl. I S.2798) mit Änderungen.
54 Vgl. § 27 Abs.2 FAG.
55 Das StBFG wurde 1986 in das BauGB integriert. Die neuen Länder erhalten den Großteil der Zuschüsse.
56 Seit 1995 jährlich 6,6 Mrd. DM = rd. 3,4 Mrd. Euro. Davon erhalten die Kommunen den größten Teil für Infrastrukturmaßnahmen.
57 Von 1951–1999 25,4 Mrd. DM, 2000 stellt der Bund rd. 1,1 Mrd. Euro bereit.
58 Volumen 16 Mrd. DM; DStT 1977, S.7 und Der Gemeinderat 1977, S.11.
59 „Strohfeuereffekt": die Gemeinden zogen wegen der Förderung weniger wichtige Projekte vor, deren Folgekosten sie z.T. noch heute belasten, die Planungshektik verursachte überhöhte Bau- und Folgekosten.

### 2.3.4.2 Problematik

Die Finanzhilfen des Bundes gefährden die verfassungsrechtlich garantierte Sach- und Finanzverantwortung der Länder. Deshalb stellen GG und BVerfG strenge Anforderungen. Der Bund darf Finanzhilfen nur für besonders bedeutende Investitionen von Ländern und Kommunen gewähren[60] und wenn eines der drei genannten Förderziele vorliegt. Diese sind allerdings so unbestimmt dargestellt, dass Bund und Länder bei ihrer Anwendung einen weiten Ermessensspielraum haben.[61] **37**

Das BVerfG hat gefordert, Finanzhilfen an die Länder müssten die Ausnahme bleiben und ihre Gewährung sei so zu regeln, dass sie nicht zum Mittel der Einflussnahme auf die Entscheidungsfreiheit der Länder bei Erfüllung der ihnen obliegenden Aufgaben werden.[62] Die Länder wirken bei der Festlegung der Finanzziele mit, indem die zu fördernden Investitionsarten durch zustimmungsbedürftiges Bundesgesetz oder Verwaltungsvereinbarung bestimmt werden. Sie legen die zu fördernden Programme als Entwurf vor; endgültig werden diese dann einvernehmlich zwischen Bund und Ländern beschlossen. Der Bund darf die Finanzhilfen nicht von Bedingungen und Auflagen abhängig machen, die die Planungs- und Gestaltungsfreiheit der Länder über die Möglichkeiten des Art. 104a Abs. 4 GG hinaus einengen.

Finanzhilfen an die Kommunen darf der Bund nur über die Länder gewähren, weil im Bundesstaat bei Finanzhilfen des Bundes für kommunale Investitionen stets Bund und Land Partner sind, nicht aber direkt Bund und Gemeinden.[63] Die Gemeinden sind nach dem GG Teile der Länder. Der Bund darf grundsätzlich weder unmittelbar Finanzbeziehungen zu den Gemeinden aufnehmen noch den Ländern ein bestimmtes Verhalten in deren Finanzbeziehungen zu den Gemeinden vorschreiben.

60 Laut Urt. des BVerfG vom 4.3. 1975 (DÖV S. 485ff.) ist dies nur bei solchen der Fall, die in Ausmaß und Wirkung besonderes Gewicht haben. Neben eigenen Investitionen sind auch Investitionsförderungsmaßnahmen förderfähig. Wegen ihrer Zweckbindung sind Finanzhilfen nicht auf die Deckung des allgemeinen Finanzbedarfs von Ländern und Kommunen ausgerichtet.

61 Ebenda. Dabei ist gerichtlich lediglich nachprüfbar, ob die Begriffe im Einzelfall im Prinzip zutreffend ausgelegt worden sind. Das BVerfG erkennt dem Bund auch nicht freies Ermessen bei der Gewährung zu; vielmehr erwächst ihm daraus eine Pflicht nach Maßgabe seiner Finanzkraft. Er ist auch nicht frei bei der Verteilung an die einzelnen Länder, sondern muss diese nach gleichen sachlichen Maßstäben, die je nach Aufgabenbereich unterschiedlich sein können, behandeln. Unsachliche Bevorzugungen oder Vernachlässigungen einzelner Länder erklärt er als verfassungswidrig.

62 Die Befugnis aus Art. 104a Abs. 4 GG ist nach Auffassung des BVerfG (Fn 60, a.a.O.) kein Instrument direkter oder indirekter Investitionssteuerung zur Durchsetzung allgemeiner wirtschaftlicher, raumordnungs- oder strukturpolitischer Ziele des Bundes in den Ländern. Außerhalb der Förderziele lassen diese Bundeszuschüsse eine Einflussnahme aus bundespolitischer Sicht auf die Aufgabenerfüllung nicht zu. Der Bund darf zwar auf die Einzelinvestitionen bezogene Bundesprogramme aufstellen. Er hat aber grundsätzlich keine Mitwirkungsrechte bei der Projektauswahl der Länder und ist an die von diesen gesetzten Prioritäten gebunden. Der Bund darf nur dann einzelne Vorhaben von der Förderung ausschließen, wenn sie ihrer Art nach nicht der im Bundesgesetz oder in der Verwaltungsvereinbarung festgelegten Zweckbindung entsprechen oder zur Verwirklichung der Ziele des Art. 104a Abs. 4 GG gänzlich ungeeignet sind.

63 BVerfG, Urt. vom 10.2. 1976 (BVerfGE 41, 291/313).

In einem ersten Schritt zum Abbau der Mischfinanzierung hat sich der Bund seit 1985 aus der Krankenhausfinanzierung zurückgezogen und diese Aufgaben kostenneutral den Ländern übertragen.[64]

Das Mitspracherecht des Bundes bei Finanzhilfen ist geringer als bei den Gemeinschaftsaufgaben.

### 2.3.5 Gemeinschaftsaufgaben

38 Wie die Finanzhilfen wurden auch die Gemeinschaftsaufgaben mit der Finanzreform 1969 in das Grundgesetz eingeführt, weil die absolute Trennung der Aufgaben des Bundes von denen der Bundesländer nicht mehr der engen Verflechtung staatlicher Aufgaben gerecht wurde. Art. 91a und b GG verankern deshalb ein Zusammenwirken von Bund und Ländern bei der Erfüllung bestimmter Aufgaben von besonderer gesamtstaatlicher Bedeutung unter Wahrung des bundesstaatlichen Prinzips in gemeinsamer Verantwortung. Die Gemeinschaftsaufgaben bleiben formal Länderaufgaben; der Bund beteiligt sich an ihnen durch die Rahmenplanung und an der Finanzierung.

Allgemeine Voraussetzung ist, dass die Aufgaben für die Gesamtheit bedeutsam (also sachlich und zeitlich dringend) und für die Verbesserung der Lebensverhältnisse erforderlich sein müssen. Art. 91a GG legt die einzelnen Sachbereiche abschließend fest. Dazu zählen:

a) der Ausbau und Neubau von Hochschulen mit Kliniken,

b) die Verbesserung der regionalen Wirtschaftsstruktur (Schwerpunkt Schaffung neuer und Sicherung bestehender Arbeitsplätze),

c) die Verbesserung der Agrarstruktur und des Küstenschutzes.

Für jede dieser drei Gemeinschaftsaufgaben regelt ein besonderes Ausführungsgesetz die allgemeinen Grundsätze und das Verfahren der Aufgabenerfüllung; das Gesetz bedarf der Zustimmung des Bundesrats. Durch die gemeinsame Rahmenplanung hat der Bund ein weitgehendes Mitwirkungsrecht. Er kann in der Rahmenplanung nicht von den Ländern überstimmt werden. Andererseits darf er auch keine Maßnahme gegen den Willen des betreffenden Landes in die Rahmenplanung aufnehmen. Die Rahmenpläne beschreiben die Vorhaben der Art nach; sie sind grundsätzlich keine Detailpläne mit Einzelvorhaben (ausgenommen Hochschulausbau). Die Planung der Einzelheiten und die Ausführung der Aufgabe bleibt Angelegenheit des betreffenden Bundeslandes. Der Rahmenplan wird für jede Gemeinschaftsaufgabe getrennt aufgestellt und erfasst den Zeitraum der Finanzplanung. Die Planungsausschüsse schrei-

64 Die Rückführung hatte die Verfassungskommission empfohlen. Die Hoffnung der Kommunen, dass damit die Krankenhausfinanzierung unproblematischer und zügiger verläuft, hat sich leider nicht bestätigt. Die Länder haben ihre Förderung eher gedrosselt.

ben jährlich die Rahmenpläne fort, indem sie diese sachlich prüfen, der Entwicklung anpassen und den Planungszeitraum um ein Jahr weiterführen.

Art. 91a Abs.4 GG regelt die Finanzierungsquoten. Danach teilen sich Bund und Länder je zur Hälfte die Kosten des Hochschulbaus und der Verbesserung der regionalen Wirtschaftsstruktur. Bei der Gemeinschaftsaufgabe Verbesserung der Agrarstruktur und des Küstenschutzes schreibt das GG lediglich die Mindestbeteiligung des Bundes mit 50 v.H. vor. Tatsächlich beteiligt sich der Bund an den Kosten der Agrarverbesserung mit 60% und des Küstenschutzes mit 70%.

Eine beschlossene Rahmenplanung dürfte als Verwaltungsvereinbarung zu werten sein, in der sich das Land zur Durchführung der Maßnahme mit dem vorgesehenen Bundesanteil nach den zeitlichen Vorgaben der Rahmenplanung verpflichtet. Das Land hat die von ihm aufzubringenden Mittel rechtzeitig im Haushaltsplan zu veranschlagen; dabei ist der Landtag zu beteiligen. Die Haushaltshoheit der Parlamente ist durch den Vorbehalt des Art. 91a Abs.4 GG formal gewahrt. Der Finanzierungsanteil des Bundes wird bei dem betreffenden Land als zweckgebundene Einnahme im Landeshaushalt veranschlagt.

Die Gemeinschaftsaufgabe Verbesserung der regionalen Wirtschaftsstruktur berührt auch die kommunalen Haushalte. Vor allem zum Ausbau der wirtschaftlichen Infrastruktur, wie z.B. für die Erschließung von Industriegelände, Energie- und Wasserversorgung, Abwasser- und Abfallbeseitigung, können die Gemeinden über die Länder Zuschüsse erhalten.

Bei den Gemeinschaftsaufgaben wirkt der Bund bei den Sachentscheidungen über die einzelnen Maßnahmen im Wege der gemeinsamen Rahmenplanung erheblich stärker als bei den Finanzhilfen mit. Es wird daher auch von einer „Mischverwaltung" gesprochen.

Nach Art. 91b GG können Bund und Länder bei der Bildungsgesamtplanung und der Wissenschaftsförderung zusammenwirken; die Formen der Zusammenwirkung sind im GG nicht festgelegt. Hier geht es vor allem um eine gemeinsame, länderübergreifende Bildungsplanung. Dazu wurde eine gemeinsame Kommission mit Vertretern der Bundes- und Landesregierungen gebildet. Diese hat einen Bildungesamtplan, einen Stufenplan zur beruflichen Bildung und zur Jugendbeschäftigung erarbeitet. Diese Pläne werden wiederum zur Durchführung in mittelfristige Stufenpläne aufgeteilt.[65] Außerdem wirken Bund und Länder bei der Förderung überregionaler Forschungsmaßnahmen zusammen, die vor allem

65 Dabei bestehen z.Zt. noch erhebliche Meinungsunterschiede in Sachfragen (z.B. Gesamtschule) und in der Finanzierung.

auch privatrechtlich organisierte Institutionen erfassen.[66] Die Beteiligungsquoten und Mitwirkungsrechte hängen von der Interessenlage im Einzelfall ab und werden durch Verwaltungsvereinbarung festgelegt.

#### 2.3.6 Kritik an der Mischfinanzierung

**39** Seit Einführung der Finanzhilfen und der Gemeinschaftsaufgaben kritisieren vor allem die Länder die Einflussmöglichkeit des Bundes auf die Selbständigkeit der Haushalte von Ländern und Kommunen („goldener Zügel") und die Einengung des Entscheidungsspielraumes der Zuwendungsempfänger. Diese Zuwendungen verschieben die Prioritäten. Schon relativ geringe Zuschüsse führen zur Vorziehung von Projekten mit späteren hohen Folgekosten, die dann die ohnehin geringen freien Spielräume weiter einschränken. Außerdem engen die Gemeinschaftsaufgaben die Mitwirkung der Parlamente ein.

Aus der Sicht der Finanzhoheit der Länder und Gemeinden wäre es wünschenswert, die allgemeine Steuerverteilung zugunsten der Länder und Gemeinden zu verändern und die Mischfinanzierung einzuschränken. Dem steht gegenüber, dass sich mit gezielten Hilfen bestimmte Effekte erreichen lassen, wie dies bei allgemeinen Zuweisungen oder Steueranteilen nicht möglich ist (z.B. gesamtstaatliche und konjunkturelle Gesichtspunkte). Die Kommission für die Verfassungsreform hat vorgeschlagen, die Gemeinschaftsaufgaben und Finanzhilfen in flexiblerer Form beizubehalten.[67] Maßgeblich dafür war, dass die Mitfinanzierung des Bundes bei Länderaufgaben eine bedarfsgerechtere Mittelverteilung unter den Ländern bewirkt als die bei Abschaffung der Gemeinschaftsaufgaben notwendige Verstärkung der Länderfinanzmasse über die Steuerverteilung und über den Länderfinanzausgleich. Bund und Länder sind sich einig, dass der Umfang der Mischfinanzierung abgebaut werden sollte.[68]

### 2.4 Aufteilung der Steuereinnahmen auf Bund und Länder

#### 2.4.1 Allgemeines

**40** Das GG legt zunächst die Zuständigkeit für die Aufgabenerfüllung fest und belastet dann grundsätzlich den Aufgabenträger mit den Kosten. Diese Lastenverteilung setzt aber voraus, dass die zuständige Gebietskörperschaft über ein Mindestmaß an eigenen Einnahmen verfügt. Daraus folgt zwingend, das Steueraufkommen auf Bund, Länder und Kommunen nach Maßgabe der Aufgabenbelastung zu verteilen. Dabei muss die Verteilung der Mittel an den Aufgaben ausgerichtet werden und nicht

66 Z.B. Max-Planck-Institut, Deutsche Forschungsgemeinschaft.
67 BT-Drucksache 7/5924 S. 148ff.
68 Eine Arbeitsgruppe hatte Vorschläge zum Abbau der Mischfinanzierung vorgelegt; daraufhin wurde die Krankenhausfinanzierung kostenneutral den Ländern übertragen.

umgekehrt. Für eine solche Steueraufteilung bieten sich drei Möglichkeiten an:

*a) Das Trennsystem*

Dieses weist jeder Gebietskörperschaft bestimmte Steuern als eigene Einnahmequellen zu. Aus der Sicht der Selbstverwaltung bringt das Trennsystem finanzwirtschaftlich eine optimale Lösung, weil die Steuergläubiger weitgehend voneinander unabhängig sind. Die Nachteile liegen in der mangelnden Anpassungsmöglichkeit, wenn sich die Gewichtung der Aufgaben unter den Gebietskörperschaften und damit deren Finanzbedarf ändert und wenn sich im Lauf der Zeit die Steuereinnahmen unterschiedlich entwickeln. Dieses System erschwert auch eine einheitliche Konjunktur- und Finanzpolitik. **41**

*b) Das Verbundsystem*

Hier werden alle Steuereinnahmen zentral erfasst, zu einer einheitlichen Finanzmasse zusammengefasst und dann schlüsselmäßig auf die einzelnen Gebietskörperschaften aufgeteilt. Der Vorteil liegt in einer leichteren Anpassungsmöglichkeit der Steueraufteilung bei Veränderungen der Aufgabengewichtung, weil praktisch nur der Verteilungsschlüssel zahlenmäßig geändert werden muss. Außerdem vermeidet dieses System unterschiedliche Einnahmeentwicklungen zwischen den Beteiligten infolge auseinanderlaufenden Wachstums einzelner Steuern. Als erheblicher Nachteil erweist sich die Frage einer gerechten Aufteilung unter den einzelnen Gebietskörperschaften[69] und die „Anonymität" dieser „Steueranteile". **42**

*c) Das Mischsystem*

Es vereinigt die Vorzüge des Trenn- und Verbundsystems und vermeidet weitgehend deren Nachteile. Das Mischsystem wird der gegenwärtigen Verteilung der öffentlichen Aufgaben am besten gerecht, indem es die Eigenstaatlichkeit von Bund und Ländern und die Eigenverantwortlichkeit der Kommunen respektiert. Gleichzeitig ermöglicht es eine flexible Aufteilung der Steuereinnahmen. Die Zuweisung der Finanzmittel muss der Aufgabenverteilung folgen. Beim Mischsystem fließen bestimmte Steuern in einen gemeinsamen Topf (Steuerverbund) und werden dann unter den Gebietskörperschaften aufgeteilt; andere Steuern werden unmittelbar *einem* Aufgabenträger zugewiesen. **43**

Das GG stellt die Finanzverfassung auf das Mischsystem ab. Vor allem das Finanzreformgesetz aus dem Jahre 1969[70] verstärkte die Verteilung der Steuern nach dem Verbundsystem wesentlich („großer Steuerverbund"). Die nach dem Steuerverbundsystem aufzuteilenden Steuern

69 Weder Wissenschaft noch Praxis können hier einen unbestreitbar gerechten Verteilungsmodus finden.
70 Finanzreformgesetz vom 12.5.1969 (20., 21. und 22. Gesetz zur Änderung des GG, BGBl. I S.357, 359, 363).

werden auch als Gemeinschaftssteuern bezeichnet; ihr Anteil beträgt mehr als zwei Drittel aller Steuereinnahmen. Das restliche Aufkommen weist das GG nach dem Trennsystem dem Bund, den Ländern und den Gemeinden (GV) als eigene Steuerquelle zu.

#### 2.4.2 Gemeinschaftssteuern

**44** Nach Art. 106 Abs.3 GG stehen die Einnahmen aus folgenden Steuern dem Bund und den Ländern gemeinsam zu:

*a) Einkommensteuer (einschließlich Lohnsteuer)*

Das nach Abzug des Gemeindeanteils verbleibende Aufkommen fließt je zur Hälfte dem Bund und den Ländern zu.

*b) Körperschaftsteuer*

Bund und Länder erhalten je 50%.

*c) Umsatzsteuer*

Die Umsatzsteuer hat eine Bedarfsausgleichsfunktion („Puffersteuer"). Ihre Verteilung zwischen Bund und Ländern wird durch einfaches, zustimmungsbedürftiges Bundesgesetz geregelt, damit nicht bei jeder Neuaufteilung das GG geändert werden muss. Die Anteile werden im Finanzausgleichsgesetz zwischen Bund und Ländern festgelegt. Auf diese Weise können die widersprüchlichen Ziele der Finanzverfassung, nämlich Stabilität (dauerhafte Regelung als sichere Grundlage für die Einnahmen der öffentlichen Haushalte) und Elastizität (Anpassung an geänderte Verhältnisse) miteinander vereint werden. Die Grundsätze für die Festsetzung der Steueraufteilung sind im GG selbst geregelt. Danach sind die Aufgaben von Bund und Ländern gleichwertig; das bedeutet, dass alle Partner gleichmäßigen Anspruch auf Deckung ihrer notwendigen Ausgaben haben. Zu den Einnahmen und Ausgaben der Länder zählen auch diejenigen der Gemeinden. Die Deckungsbedürfnisse sind angemessen auszugleichen. Eine Überbelastung der Steuerpflichtigen ist zu vermeiden; die Einheitlichkeit der Lebensverhältnisse ist zu wahren.

Das FAG Bund/Länder regelt die Verteilung der Umsatzsteuer wie folgt:

Der Bund erhält vorweg 5,63% zur Finanzierung des Zuschusses an die Rentenversicherung.[71] Danach gehen 2,2% vorweg an die Gemeinden zum Ausgleich des Wegfalls der Gewerbekapitalsteuer. Von dem Restaufkommen erhält der Bund 50,25%, die Länder 49,75%.[72] Als Folge der „Verschiebung" großer Einnahme- und Ausgabeblöcke ist der Anteil des Bundes, der 1970/71 noch 70% betrug, permanent zurückgegangen.[73]

71 Aus der Erhöhung der USt von 15 auf 16 v.H. zur Senkung der Lohnnebenkosten.
72 Dabei sind bereits die 1996 vom Bund an die Länder übertragenen 5,5 v.H. Punkte als Folge der Neuregelung des Familienlastenausgleichs berücksichtigt. Von dem Bundesanteil geht noch der Anteil der EU ab.
73 Siehe 6. Auflage Rdnr.42.

### 2.4.3 Trennsteuern

*a) Bundessteuern* 45

Dem Bund stehen nach dem Trennsystem die Finanzmonopole, Zölle, EU-Abgaben sowie die in Art. 106 Abs. 1 GG genannten Steuern[74] zu.

*b) Ländersteuern*

Die Länder erhalten nach dem Trennsystem die in Art. 106 Abs. 2 GG genannten Steuern.[75]

*c) Gemeindesteuern*

Nach Art. 106 Abs. 6 GG erhalten die Gemeinden das Aufkommen der Realsteuern[76] und der örtlichen Verbrauch- und Aufwandsteuern.[77]

### 2.4.4 Finanzielle Auswirkung

Von dem gesamten Steueraufkommen der Gebietskörperschaften mit 467 Mrd. Euro (2000) entfallen rd. 72 % auf die drei Gemeinschaftsteuern (ESt 169 Mrd., USt 141 Mrd., KSt 24 Mrd. Euro), während die viel größere Anzahl von Trennsteuern[78] zusammen 133 Mrd. Euro bringen, also nur 28 % Anteil am Gesamtsteueraufkommen.[79] Dies zeigt, dass die Gebietskörperschaften bei der Steuerverteilung in einer Schicksalsgemeinschaft zusammengeschlossen sind. 46

Vom Gesamtsteueraufkommen mit 467 Mrd. Euro erhalten

| | | |
|---|---|---|
| – der Bund | rd. 219 Mrd. Euro | = 46,8 % |
| – die Länder | rd. 169 Mrd. Euro | = 36,2 % |
| – die Kommunen | rd. 57 Mrd. Euro | = 12,2 % |
| – die EU | rd. 22 Mrd. Euro | = 4,8 %.[80] |

Daraus resultieren folgende Steuerdeckungsquoten:[81]

| | |
|---|---|
| Bund | 75 % |
| Länder | 69 % |
| Kommunen West | 40 % |
| Kommunen Ost | 19 % |
| Kommunen zus. | 38 %. |

74 Z. B. Mineralölsteuer, Tabaksteuer, Gesellschaftsteuer, Branntweinabgaben, Versicherungsteuer, Wechselsteuer.
75 Insbes. Kfz-Steuer, Erbschaftsteuer und Biersteuer.
76 Gewerbesteuer nach Abzug der an Bund und Länder abzuführenden Gewerbesteuerumlage (vgl. § 6 GFRG) sowie Grundsteuer.
77 Sofern sie nicht aufgrund von Landesgesetzen den GV (Landkreisen) zufließen, wie z. B. die Jagdsteuer (§ 7 KAG). Bei den Gemeinden verbleiben z. B. Hundesteuer, Steuern im Wege des Steuerfindungsrechts (z. B. Vergnügung-, Getränke-, Zweitwohnungsteuer).
78 Mehr als 40 Steuerarten.
79 Errechnet nach Deutsche Bundesbank, Monatsbericht Abschn. VIII Tab. 5 und 6.
80 Ebenda Tab. 4.
81 Errechnet nach DBB, Tab. VIII 2 und 4. Steuerdeckungsquote = Steuereinnahmen: bereinigte Gesamteinnahmen. Die Steuerdeckungsquote bei den Kommunen hat sich durch Ausgliederungen in den letzten Jahren deutlich erhöht. Nach dem Gemeindefinanzbericht 2000 liegt die Steuerdeckungsquote in den Westkommunen bei 39,6 %, im Osten bei 16,5 % (DStT 4/2000 S. 87).

#### 2.4.5 Verteilung nach örtlichem Aufkommen

47 Art. 107 Abs. 1 GG weist den Ländern die Steuern nach Maßgabe des örtlichen Aufkommens zu. Dagegen wird die Umsatzsteuer grundsätzlich nach den Einwohnerzahlen aufgeteilt; diese Ausgleichsfunktion kann noch durch Ergänzungszuweisungen an leistungsschwächere Länder verstärkt werden.

#### 2.4.6 Länderfinanzausgleich

48 Die Verteilung nach Art. 106 und 107 Abs. 1 GG reicht nicht aus, um allen Ländern eine angemessene Mindestausstattung zu gewähren. Art. 107 Abs. 2 GG schafft die Rechtsgrundlage für einen Finanzausgleich zwischen leistungsschwachen und leistungsstarken Bundesländern. Anstelle des Fonds Deutsche Einheit wurden die fünf neuen Länder ab 1995 voll in den Länderfinanzausgleich einbezogen.[82]

### 2.5 Verwaltung der Steuern

49 Art. 108 GG regelt die Verwaltung der Steuern durch Bundes- und Landesfinanzbehörden. Das Schwergewicht liegt dabei bei den Ländern.[83]

### 2.6 Finanzhoheit von Bund und Ländern

50 Nachdem die Ausgabenverantwortung der Aufgabenverantwortung folgt und das Grundgesetz Bund und Länder mit eigenen Steuern sowie mit gesetzlichen Anteilen an Gemeinschaftssteuern ausstattet, ist es eine logische Folge, dass Art. 109 Abs. 1 GG die Haushaltswirtschaft von Bund und Ländern für selbständig und voneinander unabhängig erklärt. Aus der Gesamtverantwortung aller Aufgabenträger folgend muss dieser Grundsatz eingeschränkt werden. Deshalb verpflichtet Art. 109 Abs. 2 GG Bund und Länder, bei ihrer Haushaltswirtschaft den Erfordernissen des gesamtwirtschaftlichen Gleichgewichts Rechnung zu tragen; Abs. 4 des Art. 109 GG schafft die Rechtsgrundlage für Kreditrestriktionen gegenüber der öffentlichen Hand und zur Verpflichtung von Bund und Ländern zur Ansammlung von Konjunkturausgleichsrücklagen. Die Verflechtungen unter den öffentlichen Haushalten und ihre Auswirkung auf die gesamte Volkswirtschaft zwingen zur Aufstellung gemeinsamer Grundsätze für das Haushaltsrecht, für ein konjunkturgerechtes Verhalten und für eine mehrjährige Finanzplanung. Absatz 3 des Art. 109 GG

82 Der Fonds Deutsche Einheit erreichte 1990–94 ein Volumen von 161 Mrd. DM. Die neuen Länder erhalten ab 1995 jährlich rd. 57 Mrd. Transferleistungen. Dies entspricht rd. 29 Mrd. Euro.

83 Nach Art. 108 Abs. 1 GG werden lediglich Zölle, Finanzmonopole, EG-Abgaben und die bundesgesetzlich geregelten Verbrauchsteuern einschl. Einfuhrumsatzsteuern durch Bundesfinanzbehörden verwaltet.

enthält die Rechtsgrundlage für das HGrG und für das StWG als „Grundsatzgesetzgebungsrecht".[84]

### 3. Kommunales Selbstverwaltungsrecht

Das GG räumt in seinem Art. 28 dem kommunalen Selbstverwaltungs- 51
recht und damit den Gemeinden (GV) einen hohen Stellenwert ein. Es verbürgt die Funktion der Gemeinde innerhalb des Staates und bringt eine institutionelle Garantie der gemeindlichen Selbstverwaltung. Gemeinden und Staat sind kein Gegensatz; die Gemeinden sind zwar in den Staat eingegliedert, aber doch mit einem Mindestmaß an Selbständigkeit ausgestattet. Art. 25 und 69 LV stellen Regierung und Selbstverwaltung als gleichberechtigte Verwaltungsträger dar. Art. 71 LV geht über Art. 28 GG hinaus, indem er auch Zweckverbänden und sonstigen öffentlich-rechtlichen Körperschaften und Anstalten das Selbstverwaltungsrecht zugesteht. Er gewährleistet die Eigenverantwortlichkeit und die Allzuständigkeit. Für Mehrbelastungen infolge der Übertragung von Pflichtaufgaben durch Gesetz schafft er eine Ausgleichspflicht, der das Land durch spezielle oder allgemeine (Finanzausgleich-)Zuweisungen nachkommen kann.[85]

Art. 73 LV legt dem Land die Sorgepflicht für die Gemeinden und GV auf.[86] Die Regelung der Aufsicht prägt entscheidend die Qualität der kommunalen Selbstverwaltung; Art. 75 LV trägt dem Rechnung.

Die GemO führt die Grundsätze der LV im Einzelnen aus. Weitere Einzelheiten sind in besonderen Ausführungsgesetzen (z.B. EigBG), in Rechtsverordnungen (z.B. GemHVO) und in Erlassen sowie in zahlreichen speziellen Rechtsvorschriften geregelt.

Eine wirkungsvolle Selbstverwaltung setzt eine ausreichende Leistungsfähigkeit zur Aufgabenerfüllung voraus. Deshalb hat der Gesetzgeber 1994 und 1997 Art. 28 Abs. 2 GG Satz 3 eingefügt, wonach das Selbstverwaltungsrecht auch die Grundlagen der finanziellen Eigenverantwortung umfasst, zu der eine mit Hebesatzrecht ausgestaltete wirtschaftsbezogene Steuerquelle gehört.[87] Es ist Aufgabe der kommunalen Finanzverfassung, den Gemeinden (GV) eine ausreichende finanzielle Selbständigkeit zu sichern.

84 Diese Gesetzgebungskompetenz des Bundes wird als Grundsatzgesetzgebungsrecht bezeichnet. Es ähnelt der Rahmengesetzgebung, unterscheidet sich von dieser aber dadurch, dass die Grundsatzgesetzgebung nur die Organe der Gebietskörperschaften bindet, während die Rahmengesetzgebung auch verbindliche Außenwirkung gegenüber dem Einzelnen hat.

85 Vgl. dazu auch § 10 Abs. 1 LHO, der die Landesregierung verpflichtet, bei Gesetzesvorlagen mit Mehrbelastungen für die Gemeinden die finanziellen Auswirkungen in Unterlagen dem Landtag darzulegen.

86 Nach Abs. 1 sorgt das Land dafür, dass die Gemeinden (GV) ihre Aufgaben erfüllen können. Dies wird über den kommunalen Finanzausgleich (Art. 73 Abs. 3 LV) und über andere Gesetze (z.B.Abgabenerhebungsrecht nach dem KAG) realisiert.

87 Gesetz zur Änd. des GG vom 27.10. 1994 (BGBl. I S.3146) und vom 20.10. 1997 (BGBl. I S.2470).

## 4. Die kommunale Finanzverfassung

### 4.1 Geschichtlicher Rückblick[88]

52 Bis 1918 standen den Gemeinden die Einnahmen aus den Realsteuern zu. Den größten Teil der gemeindlichen Einnahmen brachten die Zuschläge zur Einkommensteuer. Wie gesund und solide das damalige gemeindliche Finanzsystem war, zeigen die Anteile der einzelnen Steuerarten am kommunalen Steueraufkommen, bezogen auf das Jahr 1913:

| | |
|---|---|
| Gemeindeeinkommensteuer (Zuschlag) | 54 % |
| Grundsteuer | 25 % |
| Gewerbesteuer | 10 % |
| sonstige Steuern | 11 % |

Das Reich hatte dagegen keine ausreichenden Steuerquellen. Es musste von den Matrikularbeiträgen der Länder leben. Die Erzbergersche Finanzreform kehrte die Verhältnisse um, indem sie die wichtigsten Steuerquellen und Zuständigkeiten auf das Reich verlagerte. Den Gemeinden wurde das Zuschlagsrecht zur Reichseinkommensteuer und die Einnahmehoheit über die Realsteuern genommen. Anstelle eigener Steuern erhielten die Länder und Gemeinden Zuweisungen als Anteile an den Reichssteuern. Die Steueranteile der Gemeinden richteten sich nach dem örtlichen Aufkommen, wodurch Gemeinden mit hohen Realsteuereinnahmen die größten Anteile an den Reichssteuern erhielten; finanzschwache Gemeinden mussten sich dagegen mit niedrigen Zuweisungen begnügen. Es ist das Verdienst des späteren preußischen Finanzministers Popitz, dass er in seinem Gutachten von 1932 diese negativen Wirkungen erkannte und Vorschläge für ein System von Bedarfs- und Steuerkraftmerkmalen mit ausgleichender Wirkung ausarbeitete. Zugleich wies er auf die Notwendigkeit hin, den Gemeinden ein Mindestmaß an eigenen Steuern, insbesondere die Realsteuern, zu überlassen.

Bereits im Jahr 1930 wurde eine einkommensunabhängige Bürgersteuer eingeführt, die aus Vereinfachungsgründen im 2. Weltkrieg in den Einkommensteuertarif eingebaut wurde. Sie wird seit 1945 nicht mehr erhoben.

### 4.2 Die Wirkung von Art. 28 GG auf die kommunale Finanzverfassung

53 Die kommunale Finanzverfassung konkretisiert die Selbstverwaltungsgarantie des Art. 28 GG. Zur Erfüllung der ihr in Art. 28 Abs. 2 GG gegebenen Allzuständigkeit benötigt die Gemeinde finanzielle Mittel. Des-

88 Der Überblick kann nun in gedrängter Form und auf die wesentlichsten Momente für das kommunale Finanzsystem beschränkt gegeben werden. Für die Vertiefung wird auf folgende Literatur verwiesen: *Markull*, Kommentar zum Gesetz über den Finanzausgleich zwischen Reich, Ländern und Gemeinden, 1923. *Pagenkopf*, Das Gemeindefinanzsystem und seine Problematik, 1978; *Timm/Jecht*, Kommunale Finanzen und Finanzausgleich (Berlin 1964), Verein für Sozialpolitik Bd. 32; *Popitz*, Gutachten, 1932; *Elsner*, Das Gemeindefinanzsystem, 1979.

halb gewährleistet Art. 28 GG das Recht auf angemessene Finanzausstattung.

Der Anteil der öffentlichen Ausgaben am Bruttosozialprodukt hat in den letzten Jahrzehnten ständig an Gewicht zugenommen. 1992 erreichte die Staatsquote i.w.S. (Gebietskörperschaften und Sozialversicherung) mit 53 % Anteil am BSP einen Spitzenwert,[89] 2000 sind es noch 47 % am BIP, ebenso die Staatsquote i.e.S. (Gebietskörperschaften) mit gut 34 %. Da die Träger öffentlicher Verwaltungsaufgaben ihre Einnahmen vorwiegend aus Steuern beschaffen, die sie der gesamten Volkswirtschaft auferlegen,[90] stehen sie untereinander in einem Konkurrenzverhältnis, weil die öffentlichen Abgaben die Ertragskraft der Wirtschaftseinheiten beeinträchtigen und nicht in unbegrenzter Höhe erhoben werden können.[91] Deshalb ist es erforderlich, die Abgabenerhebung zwischen Bund, Ländern und Kommunen sowie anderen Körperschaften (z.B. Kirchen) und Anstalten (z.B. Sozialversicherung) zu koordinieren.

Dies ist auch im Hinblick auf eine abgestimmte Wirtschafts-, Finanz- und Konjunkturpolitik notwendig. Das Gebot der Schaffung gleichwertiger Lebensverhältnisse im Bundesgebiet sowie die Wettbewerbsfähigkeit mit EU-Staaten und im Welthandel erfordern, dass diese Steuerung vom Bund ausgeht. Art. 105 GG hat deshalb das Schwergewicht der Steuergesetzgebung dem Bund zugestanden. Diese Kompetenz ist wiederum in Verbindung mit Art. 106 GG zu sehen, der die steuerliche Leistungskraft der einheitlichen Volkswirtschaft auf die einzelnen Gebietskörperschaften aufteilt und für die ergiebigsten Steuerquellen einen Verbund schafft. Deshalb können die Gemeinden aus Art. 28 Abs. 2 GG nicht das Recht auf ein eigenes Besteuerungsrecht in Form eines generellen Steuerfindungsrechts ableiten. Denn die Einführung gemeindlicher Parallelsteuern zu denen des Bundes und des Landes würde dieses Gleichgewicht stören. Auch das Steuergesetzgebungsrecht der Länder als eigenständige Staaten ist im Grundgesetz drastisch eingeschränkt.

Zusammenfassend lässt sich feststellen, dass Art. 28 Abs. 2 GG den Gemeinden eine angemessene Finanzausstattung verbürgt, ohne einen Rechtsanspruch auf bestimmte Steuereinnahmen oder auf eine konkret messbare Einzelausstattung zu gewähren.

89 Vor der Wiedervereinigung im Jahre 1989 waren es 47 % (DB Geschäftsbericht 1992 S. 38). Siehe auch der Verfasser, ZKF 1990, S. 30.

90 Der Bund konnte 2000 rd. 75 % seiner Ausgaben, die Länder rd. 69 % ihrer Ausgaben aus Steuereinkommen decken. Bei den Gemeinden sind dies knapp 40 %. S. oben 2.4.4 Rdnr. 46.

91 Die volkswirtschaftliche Abgabenquote drückt aus, welchen Anteil die Steuern und Sozialabgaben am BSP ausmachen. 1989 betrug die Abgabenquote noch 39,5 %, 1992 stieg sie auf die Rekordmarke von 49,5 % an (DB Geschäftsbericht 1992, S. 38). 1997 betrug die Abgabenquote noch 41 % am BIP, die Steuerquote 22 %. Im internationalen Vergleich nimmt die BRD einen Mittelplatz ein (Finanzbericht 2000, S. 396).

### 4.3 Die Realsteuergarantie

54 Bis 1956 galten die Realsteuern verfassungsrechtlich als Landessteuern; sie flossen nur nach Maßgabe der Landesgesetze den Gemeinden zu. Bei dieser Regelung ging das GG von dem zweistufigen Aufbau Bund–Länder aus. Es sah die Regelung kommunaler Angelegenheiten zunächst ausschließlich als Ländersache an. Das Grundgesetz führte die Realsteuergarantie erst 1956 in Art. 106 Abs. 6 GG zugunsten der Gemeinden ein. Auch nach der Stärkung des Selbstverwaltungsrechts durch die Ergänzung von Art. 28 Abs. 2 Satz 3 GG, wonach die finanzielle Eigenverantwortlichkeit der Gemeinden eine mit Hebesatzrecht ausgestattete wirtschaftsbezogene Steuerquelle einschließt,[92] ist umstritten, ob die Gewerbesteuergarantie in Art. 106 Abs. 6 GG absolute Gewähr für deren Erhalt auf Dauer bietet.[93] Wie problematisch für das Selbstverwaltungsrecht tief greifende Eingriffe sind, hat die Abschaffung der Gewerbekapitalsteuer im Jahr 1998 gezeigt, die auch durch eine Umsatzsteuerbeteiligung nicht wettgemacht werden konnte. Denn bei letzterer hat die Gemeinde kein Hebesatzrecht – damit ist die Einnahmehoheit deutlich geschwächt worden. Der Bund hat darüber hinaus schon früher ständig von seinem Recht der konkurrierenden Gesetzgebung gem. Art. 105 Abs. 2 GG Gebrauch gemacht und eklatant die Gewerbesteuereinnahmen beschnitten – besonders gravierend waren Abschaffung der Lohnsummensteuer (1979) und der Gewerbekapitalsteuer (1998), die ständige Ausweitung der Freibeträge und Reduzierungen der Hinzurechnungen.[94] Aber auch bei der Grundsteuer hat der Gesetzgeber durch die völlig überholten Einheitswerte den Gemeinden Ertragseinbußen zugemutet. Dennoch bilden die Realsteuern die stärkste eigene Einnahmequelle der Gemeinden.[95]

Die Übertragung der Festsetzung von Steuermessbetrag und Einheitswert auf die Finanzämter[96] engt die Steuerverwaltungshoheit der Gemeinden ein, ist aber zweckmäßig.

### 4.4 Örtliche Verbrauch- und Aufwandsteuern

55 Art. 106 Abs. 6 GG sichert den Gemeinden das Aufkommen der örtlichen Verbrauch- und Aufwandsteuern, soweit es nicht nach Maßgabe von Landesgesetzen den Landkreisen zufließt.[97] Es handelt sich um die Hun-

92 Änderungsgesetze vom 27. 10. 1994 (BGBl. I S. 3146) und vom 20. 10. 1997 (BGBl. I S. 2470).
93 S. *Schwarting,* Kommunale Steuern, Rdnr. 107, 154. Der Rechtsausschuss des BT hat dazu ausgeführt, Art. 106 Abs. 6 Satz 1 GG beinhalte keine institutionelle Garantie der Gewerbesteuer, sondern regle allein die Ertragshoheit, garantiere aber nicht den Ertrag selbst (BT-Drucksache 13/8488 S. 9). Dies vermag mich nicht zu überzeugen, da andernfalls die Realsteuergarantie rein formal wäre und Art. 28 Abs. 2 Satz 3 GG ins Leere liefe.
94 S. die umfassende Darstellung bei *Schwarting,* a. a. O. (Fn 93), Rdnr. 90–103.
95 S. dazu unten Abschn. 5.2.5.2 Rdnr. 72.
96 Bei der Grundsteuer, bei der Gewerbesteuer Messbetrag und Zerlegung. Siehe § 6 Abs. 2 KAG.
97 In BW Jagdsteuer und Grunderwerbsteuer; Letztere an Stadt- und Landkreise.

desteuer sowie das Steuerfindungsrecht nach §6 Abs.4 KAG.[98] Die Erträge sind wenig bedeutend.

### 4.5 Gemeindeanteile an der Einkommen- und Umsatzsteuer

Nach Art. 106 Abs.5 GG erhalten die Gemeinden seit 1969 zur quantitativen und qualitativen Verbesserung ihrer Einnahmen einen Anteil am Aufkommen der Einkommensteuer, der von den Ländern auf der Grundlage der Einkommensteuerleistungen ihrer Einwohner weiterzuleiten ist. Im Gegenzug mussten die Gemeinden von ihrem Gewerbesteueraufkommen eine Umlage an Bund und Land abführen. Das Ziel der Verbesserung und Stabilisierung der Gemeindefinanzen wurde erreicht,[99] ebenso das der Verringerung übermäßiger Steuerkraftunterschiede, denn gewerbesteuerstarke Gemeinden zahlen mehr Gewerbesteuerumlage als ertragsschwache.[100] Mit dem i.d.R. wachstumsstarken und relativ krisenfesten Gemeindeanteil an der ESt sowie der „abschöpfenden" Gewerbesteuerumlage sind die strukturellen Nachteile der Vormachtstellung der Gewerbesteuer abgebaut worden. Es „lohnt" sich, Wohngemeinde zu sein – eine Industrieansiedlung um jeden Preis zahlt sich schon im Hinblick auf die weitere Nivellierung im Finanzausgleich und die Folgelasten nicht mehr aus. 56

Seit 1998 erhalten die Gemeinden zum Ausgleich der weggefallenen Gewerbekapitalsteuer einen Anteil von 2,2 v.H. des Umsatzsteueraufkommens.[101] Dies hat eine Umverteilung zulasten gewerbesteuerstarker Städte bewirkt und zugleich die Einnahmehoheit geschwächt. Denn wie beim Gemeindeanteil an der ESt hat die Gemeinde auch beim Umsatzsteueranteil kein Hebesatzrecht. In beiden Fällen handelt es sich nicht um eine Gemeindesteuer, sondern um eine Steuerzuweisung.[102]

### 4.6 Gewerbesteuerumlage

Mit der Beteiligung der Gemeinden an der ESt führte das GFRG 1970 zugleich die Gewerbesteuerumlage ein. Rechtsgrundlage ist Art. 106 Abs.6 GG. Diese öffentlich-rechtliche Geldleistung ist an Bund und Land abzuführen. Die Gemeinde muss ihr Gewerbesteuer-Istaufkommen mit einem im GFRG festgesetzten Multiplikator vervielfältigen und dann durch den örtlichen Hebesatz teilen. Dadurch wird eine Hebesatzneutra- 57

98 Hundesteuer nach §6 Abs.3 KAG; das Steuerfindungsrecht (Abs.4) beinhaltet vor allem die Vergnügungs-, Getränke- und Zweitwohnungssteuer.
99 1970 belief sich die Differenz Einkommensteueranteil – Gewerbesteuerumlage auf 2,6 Mrd. DM, 1980 auf 15,5 Mrd. DM, 1990 26,0 Mrd. DM und 2000 auf 31,4 Mrd. DM = 16,1 Mrd. Euro.
100 Zu weiteren Einzelheiten s. unten Absch. 5.2.5 und *Schwarting,* a.a.O. (Fn 93), Rdnr.151, 164–186.
101 Vorweg erhält der Bund 5,63% zur Finanzierung eines Zuschusses an die Rentenversicherung zur Reduzierung der Lohnnebenkosten. Die 2,2% Gemeindeanteil stellen ebenfalls eine weitere Vorwegentnahme dar; erst danach wird der Rest auf Bund und Länder nach Maßgabe des FAG Bund/Länder aufgeteilt.
102 Einzelheiten unter 5.2.5 und bei *Schwarting,* a.a.O. (Fn 93), Rdnr.187–196.

lität erreicht: Hebesatzänderungen haben keine Auswirkung auf die Umlage, jedoch auf das der Gemeinde verbleibende Nettoaufkommen.

Ursprünglich erhielten Bund und Länder jeweils die Hälfte des Aufkommens; der Multiplikator wurde oft geändert.[103] Seit 1991 hat der Gesetzgeber Zuschläge erhoben, die der Finanzierung der Deutschen Einheit („Solidarpakt") dienen. Eine deutliche Erhöhung brachte das Steuersenkungsgesetz 2000.[104]

### 4.7 Der kommunale Finanzausgleich aus der Sicht des kommunalen Wirtschaftsrechts[105]

#### 4.7.1 Regelung des Grundgesetzes

**58** In seiner ursprünglichen Fassung begründete Art. 106 GG keine festen Finanzansprüche zugunsten der Gemeinden. So war es in das Ermessen der Bundesländer gestellt, ob und in welcher Form sie die Gemeinden an ihrem Steueraufkommen beteiligten. Erst 1955[106] wurde der kommunale Finanzausgleich in das GG aufgenommen. Allerdings erhielten die Kommunen keine konkreten Ansprüche, weil es den Ländern überlassen blieb, ob und inwieweit sie die Kommunen an ihrem Steueraufkommen beteiligten.[107] Diese Regelung war im Hinblick auf die Selbstverwaltungsgarantie in Art. 28 GG unbefriedigend und ließ die tatsächlichen finanzwirtschaftlichen Gegebenheiten außer Acht. Das Finanzreformgesetz von 1969[108] verbriefte den Gemeinden (GV) erstmals einen konkreten Anspruch auf einen kommunalen Finanzausgleich und bestimmte zugleich dessen Mindestumfang. Die kommunale Finanzausgleichsmasse muss mindestens den Länderanteil an den Gemeinschaftsteuern[109] umfassen (obligatorischer Steuerverbund). Sie kann auf das Aufkommen aus den Landessteuern ausgedehnt werden (freiwilliger Steuerverbund).[110] Die Höhe des Verbundsatzes ist durch Landesgesetz zu bestimmen.

103 Von 1970–1979: 120, 1980–1982: 80, 1983: 58, 1984–1990: 52.

104 Damit hat sich auch die gleichmäßige Verteilung auf Bund und Länder geändert. Zugleich hat sich die Funktion zur Abmilderung von Gewerbesteuerausschlägen geschwächt. Die Gemeinden in den neuen Ländern müssen seit 1999 die „Normalumlage" entrichten. Die Gemeinden der alten Länder müssen 2000: 74; 2001: 83; 2002: 95; 2003: 107; 2004 und 2005: 111; ab 2006: 105 als Vervielfältiger ansetzen. Dazu kommt noch der Vervielfältiger nach § 6 Abs. 5 GFRG, der jährl. durch VO festgesetzt wird (2000: 9; 2001: 8; 2002: 7; 2003 vorauss. 7; 2004 vorauss. 6). Zu Details *Schwarting,* a. a. O. (Fn 93), Rdnr. 151, 158.

105 Der Finanzausgleich stellt ein so umfangreiches und komplexes Gebiet dar, dass die Darstellung nur auf die Wechselbeziehungen zur Finanzhoheit und zum kommunalen Finanzsystem beschränkt werden kann. Siehe *K. Faiß,* Praxis der Gemeindeverwaltung sowie *Weber,* Die Schlüsselzuweisungen.

106 Durch das Finanzverfassungsgesetz vom 23. 12. 1955 (BGBl. I S. 817).

107 Art. 106 Abs. 6 GG lautete in der Fassung des Finanzverfassungsgesetzes vom 23. 12. 1955: „Als Einnahmen und Ausgaben der Länder im Sinne dieses Artikels gelten auch die Einnahmen und Ausgaben der Gemeinden (GV). Die Landesgesetzgebung bestimmt, ob und inwieweit das Aufkommen der Landessteuern den Gemeinden (GV) zufließt."

108 Finanzreformgesetz vom 12. 5. 1969 (20., 21. und 22. Gesetz zur Änderung des GG, BGBl. I S. 357, 359, 363).

109 Nach Art. 106 Abs. 3 GG gelten als Gemeinschaftsteuern die Einkommensteuer, die Körperschaftsteuer und die Umsatzsteuer.

110 Die Gewerbesteuerumlage wird im Land BW auf freiwilliger Basis einbezogen, ebenso die Kfz-Steuer.

### 4.7.2 Die Bedeutung des kommunalen Finanzausgleichs

Ziel des Finanzausgleichs ist es, den Trägern öffentlicher Aufgaben die zur Aufgabenerfüllung erforderlichen Mittel zuzuweisen. Ein Finanzausgleich wird notwendig, wenn nicht nur *ein* Aufgabenträger, sondern *mehrere* für die Erfüllung öffentlicher Aufgaben zuständig sind und wenn die Einnahmen aus dem Besteuerungsrecht nicht ausschließlich nach dem Trennsystem aufgeteilt werden. Der moderne Staat hat die Aufgabe, Wirtschafts-, Finanz- und andere Sachpolitik in sinnvoll aufeinander abgestimmter Weise zu betreiben. Dies ist unmöglich, wenn jeder öffentliche Verwaltungsträger eine eigenständige Steuer- und Finanzpolitik ausübt. Deshalb müssen die wichtigsten Steuern nach einheitlichen Gesichtspunkten erhoben werden, zumal andernfalls keine Einheitlichkeit der Lebensverhältnisse erreichbar wäre. Der Finanzausgleich teilt die Einnahmen aus den wichtigsten Steuern unter den Aufgabenträgern auf. **59**

Der kommunale Finanzausgleich gestaltet das Selbstverwaltungsrecht finanzwirtschaftlich aus.[111] Ohne ihn wäre eine Vielzahl von Gemeinden finanziell nicht existenzfähig. Er bildet zusammen mit den Gemeindeanteilen an der ESt und USt einen Steuerverbund.

### 4.7.3 Vertikale Wirkung

Der kommunale Finanzausgleich dient mehreren Zielen. Zunächst gibt das Land als „Oberverband" Teile seiner Steuereinnahmen an die Kommunen als „Unterverband" ab. Den Kommunen sollen über diesen Steuerverbund Zuweisungen zur Verfügung gestellt werden, die ihre eigenen unzureichenden Steuereinnahmen quantitativ aufstocken. Darüber hinaus stärken diese Zuweisungen die Gemeindeeinnahmen in qualitativer Hinsicht. **60**

### 4.7.4 Horizontale Wirkung

Nach den von Popitz entwickelten Grundsätzen berücksichtigt der Finanzausgleich in hohem Maß den Finanzbedarf, der in einer Bedarfsmesszahl[112] ausgedrückt wird, und die eigene Steuerkraft.[113] Schlüsselzuweisungen nach mangelnder Steuerkraft erhalten nur solche Gemeinden, deren Bedarfsmesszahl höher ist als ihre Steuerkraftmesszahl. Je größer diese Differenz ist, desto höhere Zuweisungen erhält die Gemeinde. Dies schafft in einem bestimmten Rahmen einen Ausgleich zwischen leistungsstarken und leistungsschwachen Gemeinden.[114] **61**

111 Bei der Gestaltung des kommunalen FAG steht dem Gesetzgeber ein weiter Spielraum zu. Vgl. VerfGH NW, Urt. vom 19.7. 1985, DÖV 1985 S.916 m.w.N.

112 Dazu wird die Einwohnerzahl mit einem jährlich durch VO festgelegten Kopfbetrag multipliziert.

113 Sog. Steuerkraftmesszahl (wegen der Zugrundelegung landeseinheitlicher Hebesätze eine fiktive Zahl).

114 Das FAG darf aber die Finanzkraftunterschiede nicht einebnen, sondern nur mildern. Vgl. VerfGH NW, Urt. vom 19.7. 1985, DÖV 1985, S.917.

#### 4.7.5 Sonstige Ziele

62 Neben den beiden grundlegenden Zielen einer vertikalen und horizontalen Wirkung verfolgt das FAG noch weitere Ziele. So sollen im Wege des Sonderlastenausgleichs Gemeinden mit überörtlichen Aufgaben (weiterführende Schulen, Krankenhäuser) einen finanziellen Ausgleich erhalten. Körperschaften, die die Aufgaben der unteren Verwaltungsbehörde erfüllen, erhalten dafür besondere Zuweisungen. Weiterhin werden auch verwaltungspolitische Maßnahmen (Gemeindezusammenschlüsse, Bildung von Verwaltungsgemeinschaften) mit Mitteln des Finanzausgleichs gefördert. Daneben gewährt das Land im Rahmen des FAG Zuschüsse für bestimmte kommunale Investitionen.[115] Für besonders leistungsschwache Gemeinden stehen Mittel des Ausgleichstocks bereit.[116] In diesem Fall geht das staatliche Mitspracherecht sehr weit.

#### 4.7.6 Auswirkung des Finanzausgleichs auf die kommunale Selbstverwaltung

63 Nachdem in einem förderativen Staat moderner Prägung das aus finanzwirtschaftlicher Sicht der Kommunen ideale Ziel der Zuteilung ausreichender eigener Steuereinnahmen für die Gemeinden (GV) aus vielerlei Gründen nicht erreichbar ist, muss das Verbundsystem mit Beteiligung der Gemeinden an der ESt und USt sowie Zuweisungen im kommunalen Finanzausgleich einen angemessenen Ersatz schaffen. Dabei setzen sich die Einnahmen der Gemeinden im Wesentlichen zusammen aus:

- eigenen Einnahmen,
  insbesondere aus eigenen Steuern (z.B. Realsteuern),
  Gebühren und Beiträgen sowie sonstigen Abgaben
  und aus privatrechtlichen Entgelten;
- Kreditaufnahmen
  mit der Folge der Nachdeckung als Zukunftsbelastung;
- staatlichen Zuweisungen mit allgemeinen Zuweisungen (z.B. Schlüsselzuweisungen nach FAG) und zweckgebundenen Zuweisungen (z.B. für Investitionen).

Für die gemeindliche Selbstverwaltung sind eigene Steuerquellen und die Möglichkeit der Beeinflussung der Höhe des Steueraufkommens innerhalb bestimmter Grenzen unabdingbar. Die staatlichen Finanzzuweisungen sollten nur ergänzenden Charakter haben. In den letzten Jahren haben die staatlichen Zuweisungen stark zugenommen. Dies ist vorwiegend auf das überproportionale Ansteigen der Länderanteile am Steueraufkommen (insbesondere ESt und USt) zurückzuführen.[117] Die Einnah-

115 Die Mittel für den Kommunalen Investitionsfonds werden alljährlich im Staatshaushaltsgesetz im Rahmen der Finanzausgleichsmasse B bereitgestellt.
116 Als zweiter Teil der Finanzausgleichsmasse B.
117 Laufende Zuweisungen 2000 55,8 Mrd. DM = 28,5 Mrd. Euro, Steuereinnahmen (einschl. Gemeindeanteile ESt, USt) netto 93,3 Mrd. DM = 47,8 Mrd. Euro, DStT 4/2000, S.83.

men aus kommunalen Steuern sind dagegen langsamer angewachsen.[118] Der Gemeindeanteil an der Einkommensteuer ist stärker gestiegen.[119] Aber auch in diesem Fall hat die Gemeinde wie bei den Finanzzuweisungen keinen Einfluss auf die Höhe dieser Einnahmen. Damit verringert sich ihr finanzpolitischer Spielraum. Besonders bedenklich aus der Sicht der Gemeinden (GV) sind die staatlichen Investitionszuschüsse. Sie setzen in der Regel erhebliche Eigenleistungen der Gemeinden voraus, die nur von finanzstarken Gemeinden aufgebracht werden können. Deshalb kommen bevorzugt leistungsstarke Gemeinden in den Genuss dieser Zuwendungen, wodurch sich das Leistungsgefälle zwischen finanzschwachen und finanzstarken Gemeinden weiter verstärkt. Dies steht im Widerspruch zu den mit den Zuwendungen verfolgten Zielen, nämlich mit der Gewährung von Zuwendungen zu wichtigen Investitionen zugleich die Schaffung einheitlicher Lebensverhältnisse zu erreichen. Deshalb ist der – wenn auch zunächst bescheidene – Einstieg in eine Investitionspauschale, die nach dem Maßstab der mit der Steuerkraft kombinierten Einwohnerzahl ausgeschüttet wird, durch die FAG-Novelle 1986 zu begrüßen.

### 4.8 Finanzhilfen des Bundes

Nach Art. 104a Abs. 4 GG kann der Bund den Ländern Finanzhilfen für **64**
besonders bedeutsame Investitionen (der Länder und) der Gemeinden (GV) zur Abwehr einer Störung des gesamtwirtschaftlichen Gleichgewichts oder zum Ausgleich unterschiedlicher Wirtschaftskraft oder zur Förderung des wirtschaftlichen Wachstums gewähren.[120]

Die Finanzhilfen nach dem Gemeindeverkehrsfinanzierungsgesetz und dem Städtebauförderungesetz sowie nach den Konjunkturprogrammen stellen Zweckzuweisungen mit erheblichem finanziellem Gewicht dar, so dass sie die kommunalen Investitionsentscheidungen beträchtlich beeinflussen.[121]

### 4.9 Ausgleich von Sonderlasten

Nach Art. 106 Abs. 8 GG muss der Bund einzelnen Gemeinden (GV) **65**
Mehrausgaben oder Mindereinnahmen ersetzen, die diesen durch vom Bund veranlasste besondere Einrichtungen entstehen, wenn diese Mehrbelastungen nicht den Gemeinden (GV) zugemutet werden können. Damit sollen ungleiche Belastungen von solchen Gemeinden (GV) ausgeglichen werden, die im Gegensatz zu anderen Gemeinden durch besondere Einrichtungen des Bundes belastet sind.[122]

118 Der Anteil der Gemeindesteuern ohne Steueranteile betrug 1961 39 %, 2000 nur noch gut 24 % am Gesamthaushalt.
119 1980 20,7 Mrd. DM, 2000 38,6 Mrd. DM = 19,7 Mrd. Euro.
120 Vgl. oben Abschn. 2.3.4 Rdnr. 31–34.
121 Z. B. betragen die Investitionshilfen des Bundes für Verkehrsmaßnahmen 60 %. Dazu kommen noch Zuschüsse des Landes (zu Straßenbaumaßnahmen 20 %, zum öffentlichen Personennahverkehr 25 %).
122 Z. B. durch Kasernenanlagen, Eisenbahneinrichtungen, Truppenübungsplätze.

## 5. Die Finanzhoheit der Gemeinden

### 5.1 Begriff

66 Die Literatur verwendet den Begriff Finanzhoheit nicht einheitlich. Er wird zum Teil gleichgesetzt mit dem der Finanzautonomie, die aber mehr auf die Finanzgesetzgebung abhebt. Dass die gemeindliche Finanzautonomie stark eingeengt ist, hat bereits die Untersuchung der kommunalen Finanzverfassung ergeben.

Die Finanzhoheit umfasst die Begriffe Einnahmen- und Ausgabenhoheit sowie die Haushaltshoheit (Etatrecht).[123] Finanzhoheit ist das hoheitliche Recht einer Gebietskörperschaft zur eigenständigen Gestaltung der Finanzwirtschaft, also die Befugnis zu einer eigenverantwortlichen Einnahmen- und Ausgabenwirtschaft im Rahmen eines geordneten Haushaltswesens.[124] Es geht darum, die zur Erfüllung öffentlicher Aufgaben erforderlichen Mittel zu beschaffen, zu verwalten und sie zur Erfüllung dieser Aufgaben einzusetzen. Die Entscheidungen über Art, Zeitpunkt, Umfang der Aufgabenerfüllung sowie über Finanzierung sind dem Bereich der Finanzpolitik zuzurechnen.

Die kommunale Finanzhoheit hat zunächst den Sinn, der Gemeinde eine ausreichende Finanzausstattung zu geben (Einnahmenseite). Sie schafft damit die Grundlage für eigenverantwortliche Entscheidungen im Bereich der Aufgabenerfüllung (Ausgabenseite). Das Gleichgewicht zwischen Einnahmen und Ausgaben wird über die Haushaltsplanung erzielt und mit dem Haushaltsvollzug (Ausführung) in Geldvorgänge umgesetzt. Diese Rechte dienen der Regelung von Angelegenheiten der örtlichen Gemeinschaft; sie sind unabdingbare Voraussetzung für eine eigenständige Verwaltungstätigkeit im Sinne des kommunalen Selbstverwaltungsrechts nach Art. 28 Abs. 2 GG. Sie gehören deshalb zum „essentiellen Kern der Selbstverwaltung"[125] und fallen unter die institutionelle Garantie dieser Bestimmung.[126] „Die gemeindliche Finanzhoheit kann sich nicht darin erschöpfen, dass die Gemeinde das, was sie einnimmt, nach ihren Bedürfnissen verwendet, sondern sie besteht auch darin, dass die Gemeinde sich in eigenverantwortlicher Regelung ihrer Finanzen auf die ihr obliegenden Verpflichtungen einstellt."[127]

123 In der Literatur wird teilweise noch weiter unterteilt in das Recht zur eigenen Vermögens- und Schuldenverwaltung (*Stern,* Bonner Kommentar, Rdnr. 157). Diese Bereiche lassen sich aber ohne weiteres in die Begriffe Einnahmen- und Ausgabenhoheit einordnen. Für die hier verwendete Terminologie spricht sich auch *Hans Meyer,* Die Finanzverfassung der Gemeinden (Schriftenreihe des Vereins für Kommunalwissenschaften, Band 22), aus. Besonders nennen könnte man noch die Steuerverwaltungshoheit.
124 BVerfG, Beschl. vom 24.6. 1969 (BVerfGE 26, 228).
125 S. Fn 124.
126 BVerfGH NW, Urt. vom 7.7. 1956 (OVGE 11 S. 149; Staatsgerichtshof Nds., Beschl. vom 15.8. 1995 (DStT 1996, S. 223).
127 BVerfG, Beschl. vom 21.5. 1968 (NJW 1968, S. 1620).

Zu der Ausgabenverantwortung muss die Einnahmenverantwortung kommen. Gemeindliche Finanzhoheit ist nur dann gegeben, wenn die Gemeinde nicht nur über ihre Ausgaben, sondern auch über die Höhe ihrer Einnahmen selbständig entscheiden kann. Dies bedeutet, dass den Gemeinden ein gewisser Spielraum für die Erhöhung und Erhebung von Einnahmen verbleiben muss. Die Finanzverfassung hat aber die kommunale Einnahmehoheit stark eingeengt, weil sie den Gemeinden die ergiebigsten Steuerquellen entzieht und sie nur im Wege des Steuerverbunds an bestimmten Einnahmen aus dem Aufkommen dieser Steuern beteiligt. Das gesamtstaatliche Interesse und die Notwendigkeit einer aufeinander abgestimmten Steuererhebung erzwingen diese Beschränkungen.

## 5.2 Einnahmenhoheit

### 5.2.1 Allgemeines **67**

Die Ausstattung mit einem Mindestmaß an Einnahmen ist Voraussetzung dafür, dass die Gemeinden überhaupt ihre Aufgaben erfüllen können. Es sind theoretisch verschiedene Möglichkeiten für die Finanzausstattung der Gemeinden denkbar:

### 5.2.2 Einzelzuweisungen

Eine Möglichkeit dazu wäre das System staatlicher Einzelzuweisungen. **68**
Dabei würde der Staat bestimmen, welche Aufgaben die Gemeinde zu erfüllen hat. Die dafür erforderlichen Mittel erhielte sie als spezielle Deckungsmittel. In diesem Fall wären die Gemeinden finanziell umfassend vom Staat abhängig und würden zu reinen Ausführungsorganen degradiert. Von einer kommunalen Selbstverwaltung könnte dann nicht mehr gesprochen werden.[128]

### 5.2.3 Absoluter Steuerverbund

Eine andere Möglichkeit wäre, dass der Staat jeder einzelnen Gemeinde **69**
(GV) die von ihr insgesamt benötigten Gelder zuweist. Dieser Weg ließe sich praktisch mit einem absoluten Steuerverbundsystem erreichen. Damit würde aber der Staat bestimmen, wie groß der Finanzbedarf jeder einzelnen Gemeinde ist. Dafür lassen sich keine zuverlässigen Maßstäbe gewinnen, die alle Gegebenheiten berücksichtigen. Außerdem gingen hohe kommunale Einnahmeanteile voll zu Lasten der Einnahmen von Bund und Ländern, wodurch eine Konkurrenzsituation zum Nachteil der Gemeinden entstehen würde. Dieses System würde dem Grundgedanken des kommunalen Selbstverwaltungsrechts (Finanzhoheit) nicht gerecht werden.

128 Negatives Beispiel dazu ist die frühere DDR.

### 5.2.4 Anforderungen an ein Gemeindesteuersystem

70 Aus der Sicht des kommunalen Selbstverwaltungsrechts ist entscheidender Wert auf eigene Steuerquellen zu legen. Eine moderne Finanz- und Steuerpolitik kann auf einen Finanzausgleich zur Ergänzung der kommunalen Einnahmen (vertikale Wirkung) und zum Abbau bestehender Steuerkraftunterschiede (horizontale Wirkung) nicht verzichten.

Das kommunale Steuersystem muss die örtliche Verbundenheit zwischen Gemeinde und Steuerzahler berücksichtigen. Die eigenständige Festsetzung der Einnahmen schafft ein besonderes Verantwortungsbewusstsein, das sich positiv auf die Ausgabengebarung auswirkt. Gleichzeitig bewirkt dies ein finanzpolitisches Spannungsverhältnis zwischen einem möglichst hohen Niveau der öffentlichen Leistungen und einer möglichst geringen Abgabenbelastung. Dies fördert auch das Interesse und die Beteiligung der Bürger an der bürgerschaftlichen Selbstverwaltung in stärkerem Maße, als wenn die Mittel der Gemeinden anonym aus staatlichen Zuweisungen stammen. Die kommunalen Aufgaben sind – anders als die öffentlichen Aufgaben von Bund und Land – von den örtlichen Verhältnissen abhängig. Sie kommen in besonderem Maße den Einwohnern zugute. Dies ist zugleich die Voraussetzung dafür, dass es sich um eine öffentliche Aufgabe der örtlichen Gemeinschaft handelt. Für die Benutzung von öffentlichen Einrichtungen und für die Inanspruchnahme von Verwaltungseinrichtungen werden für die entstehenden Vorteile von den einzelnen Benutzern Benutzungs- und Verwaltungsgebühren erhoben, die als spezielle Entgelte Vorrang vor den allgemeinen Deckungsmitteln haben. Die Grundstückseigentümer haben für wirtschaftliche Vorteile aus bestimmten öffentlichen Einrichtungen Beiträge zu leisten. Zwar stellen die Steuern im Gegensatz zu den Gebühren und Beiträgen keine leistungsbezogenen speziellen, sondern allgemeine Deckungsmittel ohne konkrete Gegenleistung der öffentlichen Hand dar. Aber die örtliche Bindung der kommunalen Aufgaben legt es nahe, bei kommunalen Steuern an örtliche Tatbestände anzuknüpfen. Solche Anknüpfungspunkte, die Struktur und das Gemeindeleben entscheidend bestimmen, die zugleich auch die örtliche Wirtschaftskraft prägen, sind:

- Gewerbe und Industrie,
- Grundbesitz,
- die Einwohner unter Berücksichtigung ihres Einkommens.

Alle drei Elemente verursachen zugleich finanzielle Belastungen der Gemeinde; daher bietet sich an, sie als wichtigste Faktoren für ein gemeindliches Steuersystem heranzuziehen.[129]

129 So *Popitz* in seinem berühmten Gutachten von 1932.

### 5.2.5 Die gemeindlichen Steuereinnahmen

#### 5.2.5.1 Unzureichende kommunale Steuereinnahmen

Während der Bund rd. 80 % und die Länder zwei Drittel ihrer Gesamtausgaben aus Steuereinnahmen decken konnten, beträgt die Steuerdeckungsquote bei den Kommunen nur rd. 38 %, bei den Ostkommunen lediglich 19 %.[130] Dementsprechend fällt auch der Anteil der Kommunen am Gesamtsteueraufkommen mit 12–13 % bescheiden aus.[131] **71**

#### 5.2.5.2 Zusammensetzung der kommunalen Steuereinnahmen[132]

Die kommunalen Steuereinnahmen einschl. Gemeindeanteile ESt und USt[133] setzen sich in den Westkommunen folgendermaßen zusammen: **72**

| | | | |
|---|---|---|---|
| Grundsteuer A und B | | 7,0 Mrd. Euro | = 14,6 % |
| Gewerbesteuer brutto | 23,0 | | |
| Gewerbesteuerumlage | 5,0 | 18,0 Mrd. Euro | = 37,7 % |
| Gemeindeanteil ESt | | 19,7 Mrd. Euro | = 41,2 % |
| Gemeindeanteil USt | | 2,4 Mrd. Euro | = 5,0 % |
| Sonstige[134] | | 0,7 Mrd. Euro | = 1,5 % |
| insgesamt | | 47,8 Mrd. Euro | = 100 % |

Diese Einnahmen stellen allgemeine Deckungsmittel dar, die keiner Zweckbindung unterliegen.

In den Ostkommunen betragen die Steuereinnahmen nur 40 % der im Westen erreichten Werte.[135]

#### 5.2.5.3 Gemeindesteuern und Steuerzuweisungen

*a) Gewerbesteuer*

Bis zur Gemeindefinanzreform 1969 brachte die Gewerbesteuer fast 80 % des Gesamtsteueraufkommens. Diese Einseitigkeit bewirkte enorme Steuerkraftunterschiede unter den Gemeinden, verstärkte die Ballungstendenzen und forderte zur Industrieansiedlung um jeden Preis heraus. Die Gemeindefinanzen waren dramatisch konjunkturabhängig. Dieser schlechte Ruf haftet der Gewerbesteuer z.T. noch heute an, obwohl die Ursachen weitgehend beseitigt sind. Hinzu kommt, dass nur wenige Staaten in der EU eine Gewerbesteuer erheben. Die Interessenvertreter beklagen Wettbewerbsverzerrungen und fordern die Abschaffung. Die Gewerbesteuer ist jedoch die drittertragreichste Steuer in Deutschland. **73**

130 Darin sogar noch die Gemeindeanteile ESt und USt enthalten. S. oben Abschn. 2.4.4 Rdnr. 46.
131 Ebenda.
132 Gemeindefinanzbericht 2000, DStT 4/2000, S.89. Umgerechnet in Euro.
133 Es handelt sich um keine Gemeindesteuern, sondern um Steuerzuweisungen.
134 Hundesteuer, Getränkesteuer, Vergnügungsteuer, Zweitwohnungsteuer, Kurtaxe, Fremdenverkehrsabgabe und die von einigen Ländern überlassenen Grunderwerbsteuer.
135 Lt. Gemeindefinanzbericht 2000 im Westen 1500 DM/E = 767 Euro, in Ost 598 DM/E = 306 Euro. S.StT 4/2000 S.14, 83, 86 und *Quecke/Schmid*, Rdnr.46, 47 zu §73 SächsGemO.

Die Kommunalen Verbände wehren sich so lange gegen ihre Abschaffung, bis eine für alle Beteiligten bessere Lösung gefunden wird – dies ist bis heute noch nicht der Fall.

Der Gesetzgeber hat tief greifende Einschnitte vorgenommen. 1978 schaffte er die Lohnsummensteuer, 1996 die krisenfeste Gewerbekapitalsteuer ab. Erhöhte Freigrenzen und gestaffelte Steuermesszahlen sowie Reduzierungen bei den Hinzurechnungen und Verlustausgleiche bei Organschaften (Steuerreform 2000) muteten den Gemeinden ständig wiederkehrend schmerzliche Ausfälle zu.[136] Durch die Gemeindeanteile an der ESt und USt ist ein stabilisierendes Gegengewicht entstanden; es lohnt wieder, Arbeitnehmerwohngemeinde zu sein.

Das verfassungsrechtlich verankerte Hebesatzrecht ist eine tragende Säule der gemeindlichen Einnahmehoheit. Bei der Festsetzung der Realsteuerhebesätze hat die Rechtsprechung den Gemeinden einen weiten Ermessensspielraum eingeräumt.[137] Deshalb kann die Gewerbesteuer keinesfalls durch eine Steuerzuweisung ersetzt werden; allein die Abschaffung der Gewerbekapitalsteuer hat trotz finanziellem Ausgleich die Einnahmehoheit geschwächt. Hinzu kommt, dass die Gewerbesteuer einfach zu erheben ist.[138] Außerdem knüpft sie logisch an wichtige örtliche Wirtschafts- und Belastungsfaktoren an. Ihre Abschaffung würde gesamt- und einzelwirtschaftlich erhebliche Nachteile bringen. Denn welche Gemeinde wäre ohne sie bereit, lästige Industrie- und Gewerbebetriebe anzusiedeln?[139] Wegen ihrer Gewerbesteuereinnahmen sind die deutschen Kommunen besonders aufgeschlossen für die Belange von Industrie und Gewerbe; diese Steuer hat sich zu einer festen Klammer zwischen Gemeinden und ihren örtlichen Unternehmen entwickelt. Bedenklich ist wegen des ständigen gesetzlichen Abbaus die Entwicklung zu einer Großbetriebssteuer. Nicht ihre Abschaffung, sondern die Verbreiterung der Besteuerungsgrundlagen durch die Einbeziehung der freien Berufe sollte das Ziel sein. Wenn dann die Gemeinden das daraus resultierende Mehraufkommen an die Betriebe über Hebesatzsenkungen weitergeben, entschärft dies die Probleme.

*b) Grundsteuer*

**74** Die Grundsteuer blieb trotz deutlicher Hebesatzerhöhungen in den letzten Jahren drastisch hinter dem Aufkommen an Gewerbesteuer zurück; sie bringt nur im Vergleich rd. 30 %.

136 Dazu *Schwarting*, a.a.O. (Fn 93), Rdnr. 92ff. und 137.

137 Vor allem BVerwG, Urt. vom 11.6. 1993 (ZKF 1993, S. 229) und vom 21.1. 1991 (8 B NB 1.90), BayVGH, Beschl. vom 11.2. 1976 (DÖV S. 751); OVG NW, Beschl. vom 26.10. 1990 (NWVBl. 1991, S. 240). S. auch *Giebler/Schmid*, GH 1977, S. 57ff.

138 Sie ist quasi ein „Nebenprodukt" der Festsetzung der KSt bzw. ESt. Andere Steuerarten verursachen bei einem Bruchteil des Aufkommens der GewSt einen enormen Verwaltungsaufwand.

139 Ausführlich der *Verfasser*, Das Gemeindesteuersystem, ZKF 1982, S. 23ff.

Die wegen der Abstellung auf die Wertverhältnisse von 1964 antiquierten Einheitswerte und die viel zu niedrigen Messzahlen ergeben unrealistisch geringe Steuermessbeträge. Die Gemeinden haben zwar die Hebesätze deutlich erhöht, aber der Mangel liegt bei den unzureichenden Besteuerungsgrundlagen.[140] Damit wird die bevorzugte Besteuerung von Grund und Boden gegenüber Kapital, Einkommen, Umsatz u.a. entgegen den Forderungen des BVerfG aufrecht erhalten. Eine Aktualisierung dieser Werte mit einem höheren Aufkommen wäre schon im Hinblick auf eine gleichmäßigere und breitere Lastenverteilung auf die Gemeindeeinwohner gerechtfertigt und würde wegen der Krisenbeständigkeit dieser Steuer das Gemeindesteuersystem stabilisieren. Als neue Bemessungsgrundlagen könnten die aktuellen Mietpreisspiegel im Ertragswertverfahren[141] für bebaute und die Verkehrswerte für unbebaute Grundstücke herangezogen werden.

Trotz dieser Probleme stärkt die Grundsteuer wegen des Hebesatzrechtes die Einnahmehoheit der Gemeinden.

Eine Arbeitsgruppe hat eine Nivellierung der Grundsteuer durch eine einfache Wertermittlung vorgeschlagen. Die Grundsteuer B soll nach dem Bodenwert (Grundstücksfläche x Bodenrichtwert) bemessen werden. Bei bebauten Grundstücken soll zusätzlich ein pauschalierter Gebäudewert (Wohnfläche x Flächenpreis – Altersminderung) berücksichtigt werden. Die Grundsteuer A soll auf eine reine Flächenbesteuerung umgestellt werden (pauschalierter Ertragswert); Wohn- und Wirtschaftsgebäude werden nach dem Verfahren der Grundsteuer B behandelt.

*c) Gemeindeanteil an der Einkommensteuer*

Die Heranziehung eines möglichst großen Teils der Gemeindeeinwohner **75**
nach Maßgabe ihres Leistungsvermögens liegt im Gedankengut des kommunalen Selbstverwaltungsrechts. Denn durch den Gemeinderat als gewählte Bürgervertreter wirken sie bei der gemeindlichen Aufgabenerfüllung mit; zugleich vermitteln die kommunalen Einrichtungen und Dienstleistungen allen Einwohnern Vorteile. Der Gemeindeanteil an der ESt rückt den Einwohner in den Vordergrund der kommunalen Finanzwirtschaft; der Finanzausgleich verstärkt dies.

Nach Art. 106 Abs. 6 GG erhalten die Gemeinden seit 1970 zur Stabilisierung ihrer Einnahmen einen Anteil am Aufkommen der ESt, der von den Ländern an die Gemeinden auf der Grundlage der Einkommensteuerleistungen ihrer Einwohner weiterzuleiten ist. Das Verfahren ist kompliziert und soll deshalb in drei Stufen aufgezeigt werden:

140 Diese unterstellen Mietrenditen, die außerhalb jeder Realität liegen.
141 Der Anteil der Grundsteuer an der Miete beträgt derzeit rd. 5 %, früher waren dies 12–15 %.

- In der ersten Stufe (Bundesebene) legt der Bundesgesetzgeber fest, welchen Anteil die Gemeinden am Gesamtaufkommen der ESt erhalten. Dies waren von 1970–1979 14 %, seit 1980 15 %.
  Dazu kommen 12 % des Aufkommens des Zinsabschlags.[142]
- In der zweiten Stufe (Landesebene) wird eine „Ländermasse" gebildet. Nach § 1 Abs. 2 GFRG bemisst sich der Gemeindeanteil für jedes Land nach den Steuerbeträgen, die von den Finanzbehörden des Landes unter Berücksichtigung der Zerlegung nach dem Wohnsitzprinzip vereinnahmt werden.
- Die dritte Stufe (Gemeindeebene) verteilt (kompliziert) die Landesmasse auf die einzelnen Gemeinden innerhalb dieses Landes. Dazu wird ein Verteilungsschlüssel auf der Grundlage der Einkommensteuerleistungen der Einwohner der betr. Gemeinde gebildet. Eine Obergrenze (Sockelbeträge), die seit 2000 in den Westländern 50000 DM = 25565 Euro für Ledige und 100000 DM = 51129 Euro für Verheiratete[143] beträgt, soll verhindern, dass zu große Steuerkraftunterschiede entstehen und „begehrte" Gemeinden vorwiegend Großverdiener anlocken. Dieser Sockel reduziert aber nicht den Gemeindeanteil insgesamt (vertikal); er beeinflusst nur dessen Verteilung (horizontal). Die Finanzämter legen bei der Ermittlung des Einkommensteueranteils für die einzelne Gemeinde deren Einkommensteuerzahlungen unter Berücksichtigung der Sockelbeträge zugrunde; maßgeblich sind die Bundesstatistiken über die Lohn- und veranlagte Einkommensteuer, die jedoch nur alle drei Jahre erstellt werden. Zeitverzögerungen bei den ESt-Veranlagungen bewirken, dass diese Statistiken i. d. R. erst fünf Jahre nach dem Erhebungsjahr anwendbar sind. So liegt dem Schlüssel in den Jahren 2000–2002 die Steuerzahlungen des Jahres 1995 zugrunde. Dies schont „schrumpfende" und benachteiligt wachsende Gemeinden.
  Die Finanzämter liefern die Grundlagen, das Stat. Landesamt errechnet daraus die Schlüsselzahlen der einzelnen Gemeinde. Der gesamte Gemeindeanteil im Land hat den Zahlenwert 1; die Schlüsselzahl (mit 7 Stellen nach dem Komma) drückt aus, welchen Anteil die einzelne Gemeinde davon erhält. Die Gesamtmasse wird jährlich im Haushaltserlass[144] prognostiziert; die Schlüsselzahlen der Gemeinden werden alle drei Jahre durch RechtsVO des IM und FM auf die Dauer von drei Jahren festgesetzt. Schlüsselzahl x Landesmasse ergibt dann den konkreten Anteil einer Gemeinde. Wegen der „Einfrierung" der Schlüsselzahlen auf drei Jahre ist es von großer Bedeutung, dass die Finanzämter für das Erfassungsjahr alle Lohnsteuerkarten der Einwohner erhalten. Die Gemeinden rufen ihre Einwohner dazu im Amtsblatt auf.

142 Seit 1994 ist diese als Teil der Kapitalsteuer mit einem Regelsatz von 30 % der Kapitalerträge eingeführt.
143 Ursprünglich waren es 8000/16000 DM, die in mehreren Stufen angehoben wurden. Im Osten liegt die Schwelle seit 2000 bei 40000/80000 DM, dies entspricht rd. 20450/40900 Euro.
144 Des IM, veröffentlicht in StAnz und GABl.

Der Gemeindeanteil an der ESt ist bis 1990 nahezu permanent angestiegen. Steuerreformen und Konjunktureinbrüche ließen ihn dann zeitweilig sinken.[145] Er ist im Durchschnitt des letzten Jahrzehnts etwa gleich hoch wie die Gewerbesteuer netto und hat die Gemeindefinanzen qualitativ und quantitativ verbessert. Aus der Sicht der Einnahmehoheit ist nachteilig, dass das GFRG die Ermächtigung des Art. 106 Abs. 5 GG für ein gemeindliches Hebesatzrecht nicht ausgeschöpft hat, sodass diese Einnahme lediglich eine nicht beeinflussbare Steuerzuweisung bleibt. Im Hinblick auf die Steuerentlastungstendenzen ist mit der Einführung des Hebesatzrechts auch in absehbarer Zeit nicht zu rechnen.

*d) Gemeindeanteil an der Umsatzsteuer*

Seit 1998 erhalten die Gemeinden gem. Art. 106 Abs. 5a GG einen Anteil **76**
am Umsatzsteueraufkommen zum Ausgleich der abgeschafften Gewerbekapitalsteuer. § 1 FAG Bund/Länder[146] hat diesen auf 2,2 v.H. des (restlichen) Umsatzsteueraufkommens nach Abzug eines Vorweganteils des Bundes von 5,63 % für die Rentenversicherung festgelegt.

Die Verteilung ist kompliziert und zunächst nur übergangsweise geregelt. Der Kommunalanteil wird zwischen West und Ost im Verhältnis 85:15 aufgeteilt.[147] Danach wird innerhalb der Länder nach dem Gewerbesteueristaufkommen 1990–1996 (Gewichtung 70 %) und der Zahl der sozialversicherungspflichtigen Beschäftigten (Gewichtung 30 %) aufgeteilt. BW erhält danach knapp 16 % des Westanteils.[148] Ab 2003 soll die lokale Lohnsumme, das Betriebsvermögen und die Beschäftigtenzahl (unterschiedlich gewichtet) den Verteilerschlüssel bilden und so grob die lokale Wirtschaftskraft widerspiegeln.[149]

Der Gemeindeanteil an der USt ist relativ krisenfest und wachstumsorientiert. Da er aber kein Hebesatzrecht beinhaltet, handelt es sich um eine reine Steuerzuweisung. Gegenüber der „steuerbaren" Gewerbekapitalsteuer handelt es sich insoweit um einen Verlust am Gehalt der Einnahmehoheit. Im Verhältnis zur Gewerbeertragsteuer (brutto) und zum Gemeindeanteil ESt ist sein Aufkommen mit jeweils knapp 10 % bescheiden. Am Nettogesamtsteueraufkommen macht er rd. 5 % aus.

*e) Gemeindenebensteuern*

Gegenüber den Realsteuern sind die örtlichen Verbrauch- und Aufwand- **77**
steuern mit einem Anteil von 1,5 % am Nettosteueraufkommen unbedeutend. Es handelt sich vor allem um die Hundesteuer, bei der die Gemeinde einen begrenzten Spielraum beim Steuersatz hat, und um die

145 Ausführlich *Schwarting,* a.a.O. (Fn 93), Rdnr. 164ff.
146 Gesetz vom 17. 12. 1999, BGBl. I S. 2486.
147 Maßgeblich für den geringen Anteil der Ostkommunen ist, dass dort nie die Gewerbekapitalsteuer erhoben wurde.
148 Schlüsselzahl = 0,1598209 gem. VO vom 24. 2. 2000 (BGBl. I S. 163).
149 *Hidien,* GH 2000, S. 121. Weitere Einzelheiten bei *Schwarting,* a.a.O. (Fn 92), Rdnr. 187–196.

Steuern im Wege des Steuerfindungsrechts.[150] Zu Letzteren zählen vor allem die Vergnügungsteuer und die Getränkesteuer[151] sowie die Zweitwohnungsteuer[152]. Durch das Gleichartigkeitsverbot ist darüber hinaus die praktische Bedeutung des Steuerfindungsrechts sehr gering. Stadtkreise erhalten außerdem noch die Grunderwerbsteuer.

#### 5.2.6 Spezielle Deckungsmittel

78 Für Verwaltungs- und Benutzungsgebühren sowie für privatrechtliche Benutzungsentgelte gilt das Äquivalenzprinzip, wonach die Gebühr und die Leistung der Verwaltung in einem angemessenen Verhältnis zueinander stehen müssen. Im VwH fallen daneben noch Kurtaxe und Fremdenverkehrsabgabe an. Beiträge als Einnahmen des VmH werden von Grundstückseigentümern erhoben, denen durch die Anschlussmöglichkeit an eine öffentliche Einrichtung nicht nur vorübergehende Vorteile entstehen.

§ 78 GemO verpflichtet die Gemeinden zur angemessenen Ausschöpfung dieser mit Vorrang bedachten speziellen Deckungsmittel.[153] Da aber das KAG für den Umfang der Kostendeckung nur Obergrenzen vorschreibt, verbleibt den Gemeinden ein erheblicher finanzpolitischer Spielraum bei der Festlegung der Entgelthöhe. Mit ca. 14 % Anteil am Gesamthaushalt[154] kommt ihnen sowohl finanzwirtschaftliches Gewicht beim Haushaltsausgleich wie auch unter dem Aspekt der Einnahmehoheit zu.

#### 5.2.7 Einnahmen aus der Vermögensnutzung

79 Die Höhe der privatrechtlichen Einnahmen wie Miete, Pacht und Zinserträge (Erwerbseinkünfte) richtet sich in der Regel nach marktwirtschaftlichen Gegebenheiten. Bei Vermögensveräußerungen kann die Gemeinde den zeitlichen Anfall der Einnahmen weitgehend selbst festlegen und damit ihr Haushaltsvolumen ausweiten oder einengen.

#### 5.2.8 Kreditaufnahmen

80 Bei Kreditaufnahmen ist die Gemeinde an formelle und materielle Voraussetzungen gebunden. Außerdem wirkt die RAB durch die Gesamtge-

150 § 6 Abs. 4 KAG räumt den Gemeinden grundsätzlich ein Steuerfindungsrecht ein. Dieses ist begrenzt auf Steuern mit örtlich bedingtem Wirkungskreis, die nicht vom Land erhoben werden oder den Landkreisen vorbehalten sind. Die Einführung solcher Steuern bedarf der Festsetzung in einer Abgabensatzung.

151 Das BVerwG hat mit Urteil vom 28.6. 1974 (KStZ 1974, S. 189) festgestellt, dass die Vergnügungsteuer zu Filmvorführungen nach Art. 105 Abs. 2a GG weiter erhoben werden darf; als örtliche Aufwandsteuer ist sie der Umsatzsteuer nicht gleichartig. Ein gleiches Urteil wurde an diesem Tag für die Getränkesteuer erlassen (DVBl. 1975, S. 104). Das BVerfG hat die Verfassungsmäßigkeit der Vergnügungsteuer mit Beschluss vom 4.6. 1975 (BVerfGE 40, 56) und der Getränkesteuer mit Beschluss vom 23.3. 1977 – 2 BvR 812/74 – bejaht.

152 Das BVerwG hat diese Aufwandsteuer mit Urteil vom 26.7. 1979 für verfassungsgerecht erklärt. Vgl. dazu der Verfasser, Demokratische Gemeinde 1979, S. 1145.

153 S. dazu unten Rdnr. 105.

154 Gebühren, Benutzungsentgelte und Beiträge sind in ihrem Gewicht durch Auslagerungen rückläufig. Berechnet nach DStT 4/2000, S. 83.

nehmigung, im Falle von Kreditrestriktionen durch die Einzelgenehmigung mit. Aus konjunkturellen Gründen können die Kreditaufnahmen der Gemeinden (GV) sehr stark beschnitten werden.[155] Im Übrigen stellen die Kredite ein wichtiges Mittel der Haushaltsgestaltung im Rahmen der Finanzhoheit dar.

#### 5.2.9 Staatliche Zuweisungen

Auf die Höhe der Finanzzuweisungen haben die Gemeinden im Allgemeinen keinen Einfluss.[156] Für die Erlangung von Investitionszuschüssen ist meist die Bereitstellung erheblicher Eigenmittel Voraussetzung. Zum Teil werden solche Investitionszuschüsse nach festen Sätzen gegeben,[157] zum Teil spielt dabei auch die finanzielle Lage des Zuschussempfängers eine Rolle.[158] Je höher derartige Zuschüsse ausfallen, umso mehr beeinflussen sie die kommunale Finanzpolitik.[159] Während die allgemeinen Finanzzuweisungen im Hinblick auf die kommunale Finanzhoheit dann unbedenklich sind, wenn sie angemessen hohe eigene Einnahmen ergänzen, sind solche Investitionszuwendungen von der finanziellen Selbständigkeit der Gemeinde her gesehen bedenklich, weil sie über „den goldenen Zügel" die kommunale Finanzpolitik stark beeinflussen. **81**

Allgemeine Zuweisungen wie Schlüssel- und Bedarfszuweisungen stellen für die Gemeinde allgemeine Deckungsmittel dar. Ihr Anteil beträgt im Schnitt der alten Länder rd. 24 %, in den neuen Ländern sogar 41 %,[160] die allgemeinen und speziellen Zuweisungen machen zusammen knapp 28 % (alte Länder) bzw. 55 %! (neue Länder) am Gesamthaushalt aus.[161]

### 5.3 Ausgabenhoheit

#### 5.3.1 Allgemeines

Unter Ausgabenhoheit versteht man die freie Verfügungsmöglichkeit über die im Haushalt veranschlagten Finanzmittel. Die Ausgabenhoheit ist bei allen Gebietskörperschaften drastisch eingeschränkt. Zum einen müssen sich die Ausgaben nach den verfügbaren Einnahmen richten und nicht umgekehrt. Der klassische Deckungsgrundsatz, dass zunächst der Bedarf zu ermitteln ist und danach die Einnahmen festgesetzt werden, hat sich infolge der starken Ausweitung der öffentlichen Aufgaben ins **82**

155 Mit rd. 6 v.H. Kreditfinanzierung am Gesamthaushalt 2000 (DStT 4/2000, S.83) schneiden die Gemeinden zwar viel besser ab als Bund und Länder. Sie halten sich aber bewusst verantwortungsvoll wegen der Zukunftsbelastung zurück.
156 S. oben Rdnr.63.
157 Z.B. zu kommunalen Verkehrsbauvorhaben.
158 Z.B. bei Schulhausbauzuschüssen.
159 Ein Musterbeispiel stellen die Bundes- und Landeszuschüsse zu großen Verkehrsbauvorhaben dar, die 80 % bis 85 % der zuschussfähigen Baukosten betragen. Nicht nur das bekannte Verkehrschaos in den Städten, sondern auch dieser „goldene Zügel" hat zu einer deutlichen Verlagerung der Priorität bei den kommunalen Aufgaben zugunsten der Verkehrsausgaben geführt.
160 Gemeindefinanzbericht 2000, DStT 4/2000, S.83/85.
161 Ebenda.

Gegenteil verwandelt. Man kann auch im öffentlichen Bereich auf Dauer gesehen nur so viel ausgeben, wie man einnimmt. Kredite erweitern zwar die Finanzdecke kurzfristig, engen sie aber später über den Schuldendienst wieder ein. Da nahezu alle Aufgaben Gelder erfordern, ist eine Aufgabenerfüllung nur im Rahmen der finanziellen Möglichkeiten denkbar. Eine drastische Einengung der Ausgabenhoheit bringen die durch Gesetz übertragenen Pflichtaufgaben[162] sowie weitere zwangsläufige Ausgaben mit sich.

### 5.3.2 Die einzelnen Ausgabearten im Verwaltungshaushalt

**83** Die Personalausgaben konnten durch Sparmaßnahmen seit 1994 auf einen moderaten jährlichen Anstieg auf etwa 2 % begrenzt werden.[163] In den letzten Jahren beanspruchten sie knapp 27 % am Gesamthaushaltsvolumen.[164]

Der laufende Sachaufwand erfordert rd. 19 % aller Ausgaben.[165] Die Sozialausgaben weisen die größte Steigerung aus; sie sind von 1970 bis 1986 um 548 % gestiegen und machen 2000 knapp 20 % des Haushaltsvolumens aus.[166] Der Anteil der Zinsen beläuft sich auf knapp 4 %.[167] Zahlungen an den öffentlichen Bereich machen 5 %[168] und die sonstigen Ausgaben rd. 8 % aus. Die Zuführung des VwH an den VmH ist mit 7 % des Haushaltsvolumens veranschlagt.[169]

### 5.3.3 Die Ausgaben im Vermögenshaushalt

**84** Die Tilgungsausgaben beanspruchen 5,5 % aller Ausgaben, die sonstigen Ausgaben 3,5 %.[170] Die wichtigste Position, die kommunalen Investitionen, erreichte 1992 mit 44,9 Mrd. DM einen absoluten Höhepunkt. Von da an fielen sie bis auf 34,8 Mrd. DM 1998 zurück. 2000 stiegen sie leicht auf 37,2 Mrd. DM = 19 Mrd. Euro an. Ihr Anteil beträgt 2000 16 % am Gesamthaushaltsvolumen (1973 waren es rd. 30 %).[171] Wegen der drastischen Steuerausfälle gehen die Sachinvestitionen in den Folgejahren erneut spürbar zurück.

162 Wenn auch nach der Verfassung (Art. 106 Abs. 8 GG, Art. 71 LV) ein finanzieller Ausgleich für Mehrbelastungen geschaffen werden muss, so präjudizieren diese Ausgaben doch den Haushalt künftiger Jahre. Das Land gilt häufig Mehrbelastungen pauschal im Wege des Finanzausgleichs ab.
163 1970–74 stiegen sie um 12–20 % jährlich! Zur optischen Reduzierung haben allerdings auch Auslagerungen, vor allem bei Abwasser- und Abfallbeseitigung beigetragen.
164 S. Gemeindefinanzbericht 2000 DStT Heft 4/2000, S. 88. Die Quote betrug 26,6 % im Jahr 2000.
165 Ebenda.
166 Ebenda.
167 2000 = 3,6 % (DStT 4/2000, S. 88). Deren Rückführung beruht z. T. ebenfalls auf Auslagerungen.
168 Vor allem die Kreisumlage und Finanzausgleichsumlagen. Die Gewerbesteuerumlage ist hier nicht enthalten.
169 2000 17,4 Mrd. DM = 8,9 Mrd. Euro.
170 Darunter Beteiligungen, Darlehensgewährungen, Deckung von Fehlbeträgen, Rücklagenzuführungen und Investitionsförderungsmaßnahmen.
171 Gemeindefinanzbericht 2000, DStT 4/2000 S. 88.

## 6. Die Landkreise

### 6.1 Rechtsstellung der Landkreise

Art. 38 Abs. 2 Satz 2 GG und Art. 71 LV gewährleisten den Landkreisen das Selbstverwaltungsrecht im Rahmen ihres gesetzlichen Aufgabenbereiches. Gegenüber den Gemeinden gilt gem. § 2 LKrO der Grundsatz der Subsidiarität. 85

Art. 106 Abs. 7 GG verpflichtet die Länder, die GV mindestens an dem Landesanteil der Gemeinschaftssteuern zu beteiligen. Das Land BW beteiligt darüber hinaus die Landkreise an übrigen Landessteuern.[172]

Einzelheiten regelt die Landeskreisordnung. Die Wirtschaftsführung der Landkreise richtet sich nach dem Gemeindewirtschaftsrecht (§ 48 LKrO).

### 6.2 Allgemeines zur Finanzhoheit der Landkreise

Die Finanzhoheit der Landkreise leitet sich aus deren Recht auf Selbstverwaltung ab. Sie beinhaltet die Einnahmen-, Ausgaben- und Haushaltshoheit. 86

### 6.3 Einnahmen der Landkreise[173]

#### 6.3.1 Steuereinnahmen

Die Stadt- und Landkreise erhalten als eigene Steuern nur die Grunderwerbsteuer und die Jagdsteuer. Das gesamte Aufkommen aus diesen Steuern ist äußerst bescheiden.[174] 87

#### 6.3.2 Gebühren und Beiträge

Während die Verwaltungsgebühren bei den Landkreisen nur einen bescheidenen Anteil am Gesamthaushalt ausmachen, kommt den Benutzungsgebühren und -entgelten je nach Art und Umfang der Einrichtung (vor allem Kreiskrankenhäuser) eine erhebliche Bedeutung zu.[175] 88

#### 6.3.3 Finanzausgleich

Erhebliches Gewicht haben insbesondere die Schlüsselzuweisungen nach mangelnder Steuerkraft und der Ausgleich von Sonderlasten (Sach- 89

172 Nach dem FAG erhalten die Landkreise die Grunderwerbsteuer und Schlüsselzuweisungen nach der mangelnden Steuerkraft. Daneben werden sie in den Ausgleich von Sonderlasten einbezogen und erhalten vor allem besondere Zuweisungen je Einwohner als Träger der unteren staatlichen Verwaltungsbehörde. Außerdem erhalten sie als Träger der Straßenbaulast Zuschüsse für Kreisstraßen und ggf. als Schulträger Sachkostenbeiträge.

173 Die nachfolgenden Zahlen stammen aus bzw. sind errechnet nach dem Bericht „Kreis- und Gemeindefinanzen 2000", Der landkreis 2000 Heft 3 S. 145 (ohne Krankenhäuser).

174 Im Bundesdurchschnitt betragen die Steuereinnahmen der Landkreise nur 0,5 % am Gesamthaushalt.

175 Die Gebühren (ohne Krankenhäuser) betragen rd. 8,4 % des Gesamthaushaltsvolumens. Einschließlich der Krankenhauspflegesätze dürften sie fast ein Viertel ausmachen; Beiträge spielen keine Rolle.

kostenbeiträge für Schüler, Zuschüsse für die Aufgaben der unteren Verwaltungsbehörde und den Straßenlastenausgleich).[176]

#### 6.3.4 Investitionszuschüsse

90 Wegen der Abhängigkeit von den Investitionen ergeben sich bei diesen Zuschüssen erhebliche zeitliche und örtliche Schwankungen.[177] Hier sind vor allem Zuschüsse vom Land zur Krankenhausfinanzierung, zum Bau von Kreisstraßen und zum Bau von Berufsschulen von besonderem Gewicht.

#### 6.3.5 Sonstige Einnahmen

91 Diese ergeben sich aus der Nutzung des Vermögens (Erträge wie Miete, Pacht, Zinsen sowie Veräußerungserlöse), aus der wirtschaftlichen Betätigung und aus Kreditaufnahmen.[178] Naturgemäß sind sie örtlich sehr unterschiedlich.

#### 6.3.6 Kreisumlage

92 Die Kreisumlage verbindet die kreisangehörigen Gemeinden finanziell mit dem Landkreis; dies entspricht der Verflechtung bei den Aufgaben. Trotz des Subsidiaritätsgrundsatzes nach § 49 LKrO kommt der Kreisumlage die dominierende Rolle bei den Einnahmen der Landkreise zu. Die Kreisumlage stellt für den Landkreis ein allgemeines Deckungsmittel, aber keine Steuer dar; für die Gemeinden ist sie eine regelmäßig wiederkehrende, zwangsläufige Ausgabe.

Die Höhe der Kreisumlage wird jährlich in einem Umlagesatz (Prozentsatz) in der Haushaltssatzung des Landkreises festgelegt, der für alle Gemeinden des Landkreises gleich hoch sein muss. Als Maßstab für die Verteilung unter den einzelnen Gemeinden dienen deren Steuerkraftsummen. Dadurch werden die ausgleichenden Wirkungen des kommunalen Finanzausgleichs weiter verstärkt. Dem Kreistag kommt dabei eine Kontrollfunktion gegenüber einer zu starken Anspannung der Kreisumlage zu Lasten der kreisangehörigen Gemeinden zu.[179]

### 6.4 Ausgaben der Landkreise[180]

93 Bei den Landkreisen beanspruchen die Personalausgaben mit rd. 17 % einen erheblichen Anteil an den Gesamtausgaben.[181] Auf den laufenden

176 Die laufenden Zuschüsse des Landes betrugen im Bundesdurchschnitt gut 30 % des Gesamthaushalts. In Baden-Württemberg spielt auch die Abgeltung der Schülerbeförderungskosten eine wichtige Rolle.
177 Die Investitionszuschüsse betrugen 2000 rd. 3 % am Gesamthaushalt.
178 Die Krediteinnahmen beliefen sich 2000 auf gut 3 % des Gesamthaushalts, die sonstigen Einnahmen (Erwerbseinnahmen, Veräußerungserlöse, Rücklagenentnahme, Sonstige) auf 3 %.
179 Die Kreisumlage brachte im Jahr 2000 allein 43 % der Gesamteinnahmen der Landkreise (Bundesdurchschnitt). Im Kreistag wirken vor allem die zahlreich vertretenen Bürgermeister und Gemeinderatsmitglieder „bremsend" bei der Festsetzung der Kreisumlage. 2000 betrug der landesdurchschnittliche Kreisumlagesatz in BW 30 % (1993 22,5 %!); die Einnahmen je Einwohner ca. 750 Euro (Der landkreis 2000, S. 163).
180 Alle Zahlenangaben (ohne Krankenhäuser) errechnet nach: Der landkreis 2000, S. 163.
181 Bei Einbeziehung der Krankenhäuser mehr als ein Viertel.

Sachaufwand entfallen etwa 13%. Von besonderer Bedeutung sind die Aufwendungen für Sozialleistungen, die rd. 24% des Gesamthaushalts ausmachen und zu denen noch erhebliche Umlagen kommen.[182]

Weitere Aufgabenschwerpunkte sind die Berufs- und Sonderschulen, die in besonderen Wirtschaftsplänen ausgewiesenen Krankenhäuser und der Ausbau und die Unterhaltung der Kreisstraßen. Das Krankenhausfinanzierungsgesetz entlastet zwar über die Bezuschussung der Investitionen der Krankenhausträger, bringt aber in der Praxis keinesfalls die volle Übernahme der Investitionskosten.[183] Den Krankenhausträgern ist es oft nicht möglich, über die Pflegesätze eine volle Kostendeckung der laufenden Kosten zu erreichen.[184]

Der Anteil des Schuldendienstes am Gesamthaushalt beträgt rd. 5%, für den Erwerb von Vermögen und für Baumaßnahmen stehen 6% zur Verfügung.

### 6.5 Zusammenfassung

Die Landkreise haben keine ins Gewicht fallenden eigenen Steuerein- 94
nahmen; sie sind deshalb in erheblichem Maße von der Kreisumlage und staatlichen Zuweisungen abhängig. Deshalb fordert der Landkreistag die Beteiligung an einer Wachstumssteuer nach dem Vorbild des Gemeindeanteils an der Einkommensteuer.[185] Bei den Ausgaben stiegen die Sozialausgaben in den vergangenen Jahren überproportional an. „Die Finanzdecke der meisten Landkreise bleibt zu kurz; die Zangenbewegung von weiter wachsenden Pflichtausgaben vor allem der Sozialhilfe und künftig rückläufigen Einnahmen aus der Grunderwerbsteuer engt die Spielräume für eine aktiv gestaltende Kreispolitik immer mehr ein."[186]

182 Die von den Landkreisen zu zahlenden Umlagen erreichten 2000 25%. In Baden-Württemberg sind dies insbes. die Umlagen an den Landeswohlfahrtsverband.

183 So §4 KHG (VSV 2120). Die Gründe liegen vor allem in der Ausklammerung bestimmter Investitionen von der Bezuschussung (z.B. Ambulanz, Ausbildungsstätten, Personalwohnungen), in der unzureichenden Abgeltung von Altlasten, der unzureichenden Pauschalierung beweglichen Vermögens und in der zu knappen Mittelbereitstellung durch die Länder, die einen riesigen Antragsstau bewirkt haben.

184 Vgl. §4 Nr.2 KHG und Bundespflegesatzverordnung.

185 Stellungnahme des Landkreistags zur Neuordnung des kommunalen Finanzausgleichs (vgl. BWVPr 1986 S.47). Dies gilt auch heute noch.

186 Stellungnahme des Landkreistags zur Neuordnung des kommunalen Finanzausgleichs (vgl. BWVPr 1986 S.47). Dies gilt auch heute noch.

# V. Die allgemeinen kommunalen Wirtschaftsgrundsätze

*Klaus Notheis*

## 1. Anwendungsbereich und Stellung im jetzigen Recht

### 1.1 Frühere Regelung

95 Der frühere §77 GemO (bis 1973) enthielt den allgemeinen Wirtschaftsgrundsatz, der als unmittelbar geltendes Recht gesetzliche Verhaltensregeln für die gesamte Gemeindewirtschaft gab.

Er war auf das wirtschaftliche Handeln der Gemeinde anzuwenden, wenn nicht konkrete Einzelvorschriften im speziellen Fall vorhanden und anzuwenden waren.

### 1.2 Jetziges Recht

96 Der jetzige §77 GemO (ab 1974) spricht „nur" noch von allgemeinen Haushaltsgrundsätzen. Auf den ersten Blick scheint das eine begriffliche Einengung zu sein, was auch zu einer Einschränkung der Anwendbarkeit führen würde. Der jetzige §77 GemO wäre dann „nur" noch auf die Haushaltswirtschaft und nicht mehr auf die gesamte Kommunalwirtschaft anwendbar.

Nach dem Aufbau des Dritten Teils der GemO[187] ist aber eine Erweiterung des Begriffs „Haushaltswirtschaft" eingetreten. Der erste Abschnitt „Haushaltswirtschaft" umfasst neben dem Haushaltswesen i.e.S. auch die Kreditwirtschaft, die Rücklagen, das Gemeindevermögen und das Kassen- und Rechnungswesen.

Unter kommunaler Haushaltswirtschaft ist jetzt das gesamte Wirtschaften der Gemeinden (GV) zu verstehen.[188] Der §77 GemO hat auch weiterhin die Funktion allgemeiner Wirtschaftsgrundsätze. Er wird durch die Grundsätze der Einnahmebeschaffung (§78 GemO) ergänzt. Selbst für die Verwaltung von Sondervermögen oder Treuhandvermögen ist die Anwendung der Vorschriften über die Haushaltswirtschaft – und damit der §§77 und 78 GemO – ausdrücklich vorgeschrieben.[189]

187 In der Fassung des Neuordnungsgesetzes vom 29.12. 1972 (GBl. 1973 S. 1). Dieser Aufbau hat sich bisher nicht verändert.
188 In Übereinstimmung mit dem staatlichen Haushaltswesen.
189 Vgl. §§96 und 97 Abs.1 GemO.

### 1.3 Rechtliche Bedeutung

Die Wirtschaftsgrundsätze der §§ 77, 78 GemO stellen verbindliche Rechtsvorschriften und nicht nur Programmsätze dar. 97

Umstritten ist die Frage, ob die allgemeinen Wirtschaftsgrundsätze unbestimmte Rechtsbegriffe oder Ermessensgrundsätze darstellen.[190] Geht man davon aus, dass diese Grundsätze für die Kommunalwirtschaft einen Ermessensspielraum eröffnen, so stellen nur Ermessensfehler (Ermessensüberschreitung oder -missbrauch) eine Rechtsverletzung dar. Nur dann ist die Aufsichtsbehörde berechtigt, im Rahmen der Rechtsaufsicht einzuschreiten.[191] Wenn es sich um unbestimmte Rechtsbegriffe[192] handelt, ist die Anwendung der allgemeinen Wirtschaftsgrundsätze in vollem Umfang verwaltungsgerichtlich nachprüfbar. Es ist dann kein Ermessensspielraum gegeben und letztlich nur eine Entscheidung richtig. Allerdings ist auch im Falle unbestimmter Rechtsbegriffe Beurteilungsspielraum gegeben.

Nach der neueren Rechtsentwicklung wird überwiegend die Auffassung vertreten, dass es sich bei den Begriffen „wirtschaftlich" und „sparsam" und „vertretbar und geboten" um unbestimmte Rechtsbegriffe handelt.[193]

## 2. Inhalt

### 2.1 Planung und Führung der Haushaltswirtschaft

Die sachgerechte und verantwortungsbewusste Führung der kommunalen Haushaltswirtschaft kann ohne Planung nicht auskommen. Mit der Hereinnahme der Planung in den Abs. 1 des § 77 GemO unterstreicht der Gesetzgeber diese Notwendigkeit. 98

Die Haushaltswirtschaft ist im Einklang mit den Rechtsgrundlagen der Kommunalwirtschaft zu planen und zu führen. Die Zuständigkeiten ergeben sich aus der demokratischen Verfassung der Gemeinde.[194]

190 Vgl. *Kunze/Bronner/Katz,* Rdnrn. 45ff. zu § 77 GemO und Rdnrn. 34ff. zu § 78 GemO. *Seeger* (in: BWGZ 1981, S. 200) sieht unterschiedlichen Beurteilungsspielraum je nachdem, ob es sich um einzelne Vorgänge handelt, wie z. B. Vergabeentscheidungen, oder um kommunal- und finanzpolitische Entscheidungen, z. B. ob eine Maßnahme durchgeführt wird. Im letzteren Fall spricht *Seeger* von einem erheblich größeren Entscheidungsspielraum (Ermessen), der nur durch das Willkürverbot begrenzt wird. Ohne diesen Gestaltungsspielraum wäre eine eigenständige kommunale Finanzpolitik schon rechtlich nicht denkbar.

191 Vgl. § 118 Abs. 1 GemO.

192 Allgemeine Umschreibung eines rechtlichen Gedankens, wobei es möglich sein muss, den Begriff nach durchschnittlicher wirtschaftlicher, sozialer und technischer Anschauung mit einem hinreichend bestimmten Rechtsgehalt zu erfüllen und ihm damit den dem Willen des Gesetzgebers entsprechenden Inhalt zu geben.

193 Vgl. Fn 192.

194 Vgl. Zweiter Teil der GemO.

## 2.2 Sicherung der Aufgabenerfüllung

### 2.2.1 Allgemeines

99 Die zur kommunalen Aufgabenerfüllung erforderlichen Mittel (Geld- und Sachmittel) zu beschaffen und richtig einzusetzen, ist Aufgabe der kommunalen Finanzwirtschaft. Da diese Mittel nur begrenzt zur Verfügung stehen, ist bei der Erfüllung der vielen kommunalen Aufgaben entsprechend ihrer Dringlichkeit eine Rangfolge festzulegen. Es werden Schwerpunkte und Prioritäten gesetzt, die sich auch an den finanziellen Möglichkeiten der Gemeinde zu orientieren haben.[195]

### 2.2.2 Gemeindeaufgaben (Wirkungskreis)

100 Der gemeindliche Wirkungskreis ist im Zusammenhang mit der Selbstverwaltungsgarantie in der geltenden Rechtsordnung nur generell beschrieben.[196] Danach sind die Gemeinden in ihrem Gebiet Träger aller öffentlichen Aufgaben, soweit diese nicht durch Gesetz anderen Stellen übertragen wurden. Die Gemeinden erfüllen die örtlichen Gemeinschaftsaufgaben. Eine Einzelaufzählung dieser Aufgaben ist wegen der unterschiedlichen örtlichen Verhältnisse und des zeitbedingten Wandels in keiner Rechtsvorschrift enthalten. Die Aufteilung in freiwillige Aufgaben und Pflichtaufgaben[197] ist für die Gemeindewirtschaft im Hinblick auf die daraus resultierenden finanziellen Belastungen von Bedeutung:

a) Bei freiwilligen Aufgaben steht es der Gemeinde rechtlich frei, ob sie diese Aufgaben erfüllt. Finanzielle Erwägungen spielen dabei in der Regel eine bedeutende Rolle. Beispiele für freiwillige Gemeindeaufgaben: Einrichtungen der Altenhilfe, der Jugendhilfe, Sportstätten (soweit nicht Schulsportstätten), Büchereien.

b) Pflichtaufgaben liegen nur vor, soweit die Gemeinde durch konkrete gesetzliche Bestimmungen[198] dazu verpflichtet wird. Ist dies nicht der Fall, handelt es sich um eine freiwillige Aufgabe.

Im Zusammenhang mit der Übertragung von Pflichtaufgaben auf Gemeinden hat der Gesetzgeber Bestimmungen über die Deckung der Kosten zu treffen und finanzielle Mehrbelastungen der Gemeinden auszugleichen.[199]

Bei entsprechender Dringlichkeit (nach Lage des Einzelfalles) sind Pflichtaufgaben vorrangig (vor den freiwilligen Aufgaben) zu erfüllen und zu finanzieren.

195 In den jährlichen Haushalts- und Wirtschaftsplänen und mittelfristig in der Finanzplanung.
196 Vgl. Art. 28 GG, Art. 71 LV, §§ 1 und 2 GemO.
197 Vgl. § 2 Abs. 2 GemO.
198 Vgl. Art. 71 Abs. 3 LV. Zu Beispielen für Pflichtaufgaben vgl. Rdnr. 203.
199 Vgl. FAG, GFRG, Gemeindeverkehrsfinanzierungsgesetz, Schulbauförderungsgesetz.

Weitere Unterscheidung:

aa) Bei weisungsfreien Pflichtaufgaben, d.h. bei Vorliegen der gesetzlichen Verpflichtung, steht es der Gemeinde nicht mehr frei, ob sie die Aufgabe erfüllen will. Es handelt sich dabei um Selbstverwaltungsaufgaben im Rahmen der gesetzlichen Bestimmungen (Rechtsaufsicht).

*Beispiele:*
Gemeinden als Schulträger[200], als Baulastträger für Gemeindestraßen[201].

bb) Weisungsgebundene Pflichtaufgaben

Hier ist der Gemeinde nicht nur vorgeschrieben, dass sie die Aufgabe erfüllen muss, die Aufsicht geht als Fachaufsicht über die Überwachung der Rechtmäßigkeit hinaus und lässt auch Einflussnahme auf die Zweckmäßigkeit der Aufgabenerfüllung zu. Das Weisungsrecht der Gemeinde gegenüber ist im Gesetz festzulegen. Es soll vom Gesetzgeber auf den unbedingt erforderlichen Umfang beschränkt werden.[202]

Bei diesen meist überörtlichen Aufgaben – auf die Gemeinden übertragene staatliche Aufgaben (früher Auftragsangelegenheiten) – handelt es sich z.B. um die Baurechtsbehörde.

cc) Bei Bundesauftragsangelegenheiten haben die Fachaufsichtsbehörden immer ein unbeschränktes Weisungsrecht.[203]

*Beispiele:* Meldewesen, Personenstandswesen.

### 2.2.3 Stetigkeit in der Aufgabenerfüllung

Übernommene Aufgaben müssen mit der dauernden finanziellen Leistungsfähigkeit[204] der Gemeinde nachhaltig – nicht nur kurzfristig – im Einklang stehen. Die Aufgabenerfüllung muss auf einen längeren Zeitraum hin ausgerichtet und gewährleistet sein. Haushaltsmittel müssen immer dann zur Verfügung stehen, wenn sie im Rahmen der Aufgabenerfüllung zur Bestreitung fälliger Ausgaben benötigt werden. Dies setzt eine sorgfältige Planung der von der Gemeinde zu erfüllenden Aufgaben (mittelfristige Aufgabenplanung) mit ihren finanziellen Auswirkungen (Ausgaben) sowie eine realistische Prognose der Deckungsmittel (Einnahmen) voraus. Grenzen für die Aufgabenerfüllung ergeben sich sowohl aus der Vielfalt und Vielzahl kommunaler Aufgaben als auch aus den nur begrenzt zur Verfügung stehenden Finanzmitteln. **101**

Beim Bau neuer Einrichtungen sind nicht nur die einmaligen Baukosten, sondern auch die Folgelasten, d.h. die späteren laufenden Ausgaben für

200 Vgl. §§27–31 SchulG.
201 Vgl. §44 des Straßengesetzes für Baden-Württemberg.
202 Vgl. *Kunze/Bronner/Katz/v. Rotberg*, Rdnr. 27 zu §2 GemO.
203 Vgl. *Kunze/Bronner/Katz/v. Rotberg*, Rdnr. 34 zu §2 GemO.
204 Vgl. *Ade*, Die finanzielle Leistungsfähigkeit der Gemeinden – ein unbestimmter Rechtsbegriff mit Beurteilungsspielraum, GH 1992, S. 40.

Betrieb und Unterhaltung einschließlich Schuldendienst, zu ermitteln bzw. zu schätzen.[205] Solche zukünftigen Haushaltsbelastungen (natürlich auch Einnahmen aus neuen Einrichtungen) sind in der mittelfristigen Finanzplanung[206] zu berücksichtigen. Sinn und Zweck des Finanzplans ist es u.a., den nachhaltigen Haushaltsausgleich zumindest mittelfristig zu erreichen. Die Finanzplanung dient damit auch der Stetigkeit in der kommunalen Aufgabenerfüllung. Eine verantwortungsvolle Finanzplanung zeigt aber auch, wie schwierig für viele Gemeinden der mittelfristige Haushaltsausgleich und damit eine stetige Aufgabenerfüllung ist. Stetige kommunale Aufgabenerfüllung ist nur gesichert bei ausreichender Finanzausstattung der Gemeinden.

#### 2.2.4 Konjunkturgerechtes Verhalten

**102** Die Gemeinden haben in ihrer Haushaltswirtschaft den Erfordernissen des gesamtwirtschaftlichen Gleichgewichts grundsätzlich Rechnung zu tragen.[207]

Dabei handelt es sich aber nicht um ein absolut zwingendes Gebot. Der Landesgesetzgeber hat vielmehr deutlich gemacht, dass die Gemeinden in Ausnahmefällen von der (grundsätzlichen) Verpflichtung konjunkturgerechten Verhaltens befreit sind, wenn unabweisbare kommunale Aufgaben erfüllt werden müssen. Im Konfliktfall zwischen Aufgabenerfüllung und konjunkturgerechtem (antizyklischem) Verhalten hat die Erfüllung unabweisbarer Aufgaben Vorrang.[208] Die Gemeinden können also nur in begrenztem Umfang zur Konjunktursteuerung und damit zur Erreichung der Zielsetzungen des StWG beitragen. Ein antizyklisches Verhalten (z.B. Einschränkung oder Zurückstellung von Investitionen in der Hochkonjunktur und die nicht benötigten Deckungsmittel der allgemeinen Rücklage zuzuführen bzw. zur Schuldentilgung zu verwenden oder in der Rezession eine Verstärkung der Investitionen anzustreben und ggf. durch zusätzliche Kredite zu finanzieren) ist den Gemeinden aufgrund ihrer besonderen Aufgaben- und Finanzstruktur nur sehr begrenzt möglich. Für den Fall der Beschränkung der Kreditaufnahme nach §19 StWG bedarf die Aufnahme eines Kredits nach §87 Abs.4 GemO der Einzelgenehmigung durch die Rechtsaufsichtsbehörde.[209]

205 Vgl. §10 Abs.3 letzter Satz der GemHVO.
206 Seit 1974 sind die Gemeinden zur Finanzplanung gesetzlich verpflichtet.
207 Vgl. §77 Abs.1 Satz 2 GemO und §1 i.V.m. §16 StWG. Vgl. auch Kommunen und Konjunkturpolitik, Archiv für Kommunalwissenschaften 1978, S.213.
208 Vgl. Änderung der Regierungsvorlage zum Neuordnungsgesetz (§77 GemO) durch den Landtagsausschuss für Verwaltung und Wohnungswesen (Landtags-Drucksache Nr. 6/1108).
209 Bis zur 6. Auflage wurde das Thema „Das Stabilitätsgesetz unter Berücksichtigung der Auswirkungen auf die Gemeinden" in den Rdnrn. 434ff. von *Hansdieter Schmid* ausführlich erläutert. Aufgrund der Neuaufnahme wichtiger Themen in das vorliegende Fachbuch (z.B. Kosten- und Leistungsrechnung) musste aus Kapazitätsgründen ab der 7. Auflage auf eine ausführliche Darstellung des StWG verzichtet worden. Interessierte Leser werden auf die 6. Auflage verwiesen. Weitere Hinweise/Erläuterungen zur Thematik: *Hansdieter Schmid,* Gemeindeordnung für den Freistaat Sachsen, Erläuterungen zu §72 Rdnrn. 74ff., bzw. *Kunze/Bronner/Katz/von Rotberg,* Kommentar zur GemO BW, Rdnrn. 19ff. zu §77 GemO.

### 2.2.5 Sparsamkeit und Wirtschaftlichkeit

Die Forderung nach einer sparsamen und wirtschaftlichen Haushaltsführung erfasst die gesamte Verwaltung der Gemeinde. Sämtliche Verwaltungszweige verursachen Haushaltsausgaben bzw. führen zu Haushaltseinnahmen. Sparsamkeit und Wirtschaftlichkeit sind auf allen Ebenen und in allen Phasen der Verwaltung (Planung, Vollzug) zu beachten. Sie gelten für laufende Personal- und Sachausgaben ebenso wie für einmalige Investitionen. **103**

a) Sparen heißt in der öffentlichen Verwaltung, die Ausgaben so niedrig als möglich zu halten und erst dann zu veranschlagen und zu leisten, wenn die Aufgabenerfüllung dies erfordert (Prinzip der Erforderlichkeit). Die Frage nach der Sparsamkeit im öffentlichen Bereich ist demnach die Frage nach dem Ausmaß und dem Zeitpunkt des öffentlichen Aufwands.

   Sparsamkeit heißt aber auch:

   Die öffentliche Hand (z.B. die Gemeinde) darf auf die Dauer nicht mehr ausgeben, als sie einnimmt. Der Haushaltsplan der Gemeinden ist auszugleichen.[210] Der Finanzplan der Gemeinden soll für die einzelnen Jahre ausgeglichen sein.[211]

   Um den derzeit immer schwieriger werdenden Haushaltsausgleich zu erreichen, sind Städte und Gemeinden in zunehmendem Maße gezwungen, Freiwilligkeitsleistungen teilweise bzw. ganz einzustellen und freiwillige Einrichtungen (z.B. Hallenbäder) stillzulegen, um so Ausgaben einzusparen.

b) Der Wirtschaftlichkeitsgrundsatz (ökonomisches Prinzip) verlangt auch von den Gemeinden, ihre Aufgaben mit möglichst geringem Einsatz zu erfüllen.

Wirtschaftlichkeit bedeutet:

- Eine Aufgabe mit den geringstmöglichen Mitteln (Kosten) zu erfüllen – sogenanntes Minimalprinzip. Beispiel: Bau eines funktionstüchtigen Schulgebäudes oder Verwaltungsgebäudes mit möglichst geringen Kosten. Dabei sind nicht nur die Baukosten, sondern auch die folgenden Betriebs- und Unterhaltungskosten (Folgekosten) zu berücksichtigen.
- Mit den gegebenen Mitteln ein Höchstmaß an Aufgabenerfüllung (Nutzen) zu erreichen – so genanntes Maximalprinzip; Beispiel: bei der Aufstellung und Ausführung des Haushaltsplans mit den begrenzten Haushaltsmitteln möglichst viele Aufgaben optimal erfüllen.

210 Vgl. §80 Abs. 2 GemO. So auch der Bundeshaushalt nach Art. 110 GG. Der HPl. des Landes soll ausgeglichen sein (Art. 79 Abs. 2 LV).
211 Vgl. §24 Abs. 4 GemHVO.

Je günstiger das Verhältnis zwischen Mitteleinsatz und dem Grad der Aufgabenerfüllung (Nutzen) ist, umso wirtschaftlicher arbeitet die Verwaltung. Das Verhältnis von Output (Leistung/Ergebnis) zu Input (Mitteleinsatz) soll >1 sein.

Der Verwirklichung dieses Ziels dienen auch die Erkenntnisse der Verwaltungslehre – von Organisationsmodellen, Planungsmethoden bis zum Einsatz moderner Technik (EDV) – und der Betriebswirtschaftslehre.[212]

Zur Beurteilung der Wirtschaftlichkeit ist es wichtig, dass die Verwaltung die Kosten der einzelnen Dienstleistungen kennt, um interne und externe Kostenvergleiche anstellen zu können.[213] Dies ist um so wichtiger, als die öffentliche Verwaltung mit ihren Leistungen nicht im Wettbewerb steht, Wirtschaftlichkeit wird hier nicht – wie in der privaten Wirtschaft – vom Markt erzwungen.

Von der Wirtschaftlichkeit streng zu trennen ist die Rentabilität. Letztere ist der Kommunalwirtschaft nur in Teilbereichen, und auch hier nur in begrenztem Maße erlaubt.[214]

### 2.3 Einnahmebeschaffung

#### 2.3.1 Allgemeines

104 Die Grundsätze sind im §78 GemO zusammengefasst und gegenüber der früheren Formulierung präzisiert worden.

§78 GemO wiederholt in seinem Absatz 1 das verfassungsmäßige Recht[215] der Gemeinden und Kreise, Abgaben (Steuern, Beiträge, Gebühren) nach den gesetzlichen Vorschriften[216] zu erheben. Ob und in welchem Umfang eine Gemeinde (GV) von diesem Recht Gebrauch macht, richtet sich nach den weiteren Bestimmungen des §78 Abs. 2 und 3 GemO.

#### 2.3.2 Rangfolge der Deckungsmittel

105 2.3.2.1 Primär hat die Gemeinde ihren Finanzbedarf aus „sonstigen" Einnahmen zu decken. Das sind diejenigen Einnahmen, die keine eigenen Steuern oder Entgelte für Leistungen der Gemeinde (spezielle Entgelte) darstellen. Sonstige Einnahmen sind z.B. der Gemeindeanteil an der ESt, die Finanzzuweisungen, (laufende und einmalige) Vermö-

212 Vgl. auch Rdnrn. 8–10.
213 Die kommunalen Leistungen (Produkte) sind zunächst nach Art, Menge und Qualität zu beschreiben; danach sind diesen Leistungen (Produkten) die entsprechenden Kosten zuzuordnen (Hilfsmittel: Kommunaler Produktplan Baden-Württemberg und Leitlinien zur kommunalen Kostenrechnung in Baden-Württemberg, vgl. Schriftenreihe des Innenministeriums Baden-Württemberg, Heft 2 und 3, Verlag Staatsanzeiger). Vgl. auch dazu Teil C dieses Lehrbuchs.
214 Vgl. auch Rdnr. 10.
215 Vgl. Art. 73 Abs. 2 LV.
216 Vgl. das KAG (VSV 6130).

genserträge wie Miete, Pacht, Zinsen, Gewinne von wirtschaftlichen Unternehmen und aus Beteiligungen, Konzessionsabgaben, Walderträge (Holzerlöse), Einnahmen aus der Veräußerung von Vermögensgegenständen.

2.3.2.2 Nach den sonstigen Einnahmen – aber noch vorrangig vor ihren Steuern – hat die Gemeinde Deckungsmittel aus Entgelten für ihre Leistungen zu beschaffen. Dabei handelt es sich nicht nur um Entgelte für die Benutzung kostenrechnender Einrichtungen[217] in privatrechtlicher Form oder als öffentlich-rechtliche Benutzungsgebühr, sondern auch um Verwaltungsgebühren und Beiträge.[218] Diese Leistungsentgelte dienen dem wirtschaftlichen Ausgleich des Vorteils, den der Leistungsempfänger erhält. Mit dem Verlangen nach Vorteilsausgleich – deutlicher als im bisherigen Recht – tritt der Gesetzgeber einer Entwicklung entgegen, welche möglichst viele Lasten der Allgemeinheit, also dem Steuerzahler, auferlegen will. Wer eine kommunale Einrichtung benutzt, soll auch – soweit vertretbar und geboten[219] – die Kosten dafür tragen.[220] Manche Gemeinde scheut sich allerdings, ihre Leistungsentgelte in der erforderlichen Höhe (im Sinne des Vorteilsausgleichs) festzusetzen, weil dies mit erheblichen Erhöhungen verbunden sein kann, die zu unerwünschten politischen Gegenvorstellungen führen.

Für Leistungen der Gemeinden sind also grundsätzlich spezielle Entgelte zu erheben. Dieser Grundsatz trägt dem zunehmenden Umfang der Dienstleistungsaufgaben der Gemeinde (GV) Rechnung.[221]

2.3.2.3 Erst danach nennt §78 Abs.2 GemO die eigenen Steuern der Gemeinde. Das bedeutet, dass eine Gemeinde eigene Steuern nur insoweit erheben darf, als die vorrangigen „sonstigen" Einnahmen und angemessene Entgelte zur Deckung des Finanzbedarfs nicht ausreichen.[222]

Dass heute keine Gemeinde mehr ohne die Erhebung eigener Steuern – insbesondere der Realsteuern – auskommt, auch bei strikter Einhaltung der Finanzierungsrangfolge des §78 Abs.2 GemO, unterliegt wohl keinem Zweifel. Die deutliche Festlegung dieser Rangfolge soll vielmehr dazu beitragen, dass das Verhältnis zwischen Steuern und speziellen Ent-

217 Vgl. Rdnrn. 770ff.

218 Erschließungsbeitrag, Abwasserbeitrag und Wasserversorgungsbeitrag.

219 Vgl. §78 Abs.2 GemO. Zur Auslegung der Begriffe „vertretbar und geboten" vgl. auch *Kunze/Bronner/Katz*, Rdnrn. 28–31 zu §78 GemO. Zu Einzelheiten vgl. Rdnrn. 770ff.

220 Vgl. *Depiereux*, S.32.

221 Vgl. die amtl. Begründung zum Entwurf des Neuordnungsgesetzes, Landtagsdrucksache Nr. 6/510, S.25. Nähere Ausführungen in Rdnrn. 770ff.

222 Ausgenommen ist die Hundesteuer, zu deren Erhebung die Gemeinde verpflichtet ist (§6 Abs.3 KAG). Das Urteil des OVG Münster vom 7.9. 1989, das die Erhöhung der Gewerbesteuersätze im Hinblick darauf, dass eine Gemeinde nicht in vollem Umfang die speziellen Entgelte ausgeschöpft hatte, als rechtswidrig ansah, wurde mit Urteil des BVerwG vom 11.6. 1993 (vgl. GH 1993, S.236) verneint. Begründet wurde die Entscheidung u.a. damit, dass das bundesrechtliche Hebesatzrecht der Gemeinden dem Landesgesetzgeber keine Kompetenz gewährt, die Bemessung der Hebesätze an die Ausschöpfung des Gebührenrahmens für besondere Leistungen der Gemeinden zu binden.

gelten zu einem angemessenen Interessenausgleich führt und eine kontinuierliche Steuerpolitik ermöglicht.[223] Wann das Verhältnis zwischen speziellen Entgelten und den kommunalen Steuern angemessen ist, muss im Einzelfall, d. h. von jeder Gemeinde anlässlich der Aufstellung und Beratung des Haushaltsplans und des mittelfristigen Finanzplanes eigenverantwortlich[224] entschieden werden. Anhaltspunkte für die Beurteilung der Angemessenheit von Steuersätzen und Entgelten sind die statistischen Durchschnittswerte,[225] dabei dürfen aber regionale und strukturelle Unterschiede nicht außer Acht gelassen werden.

2.3.2.4 Kredite darf die Gemeinde erst an letzter Stelle und nur aufnehmen, wenn eine andere Finanzierung (2.3.2.1 bis 2.3.2.3) nicht möglich ist oder wirtschaftlich unzweckmäßig wäre.[226] Kredite sind beschränkt auf die Finanzierung bestimmter Ausgaben des Vermögenshaushalts.

#### 2.3.3 Rücksichtnahme auf die wirtschaftlichen Kräfte der Abgabenpflichtigen

**106** Die Bedarfsdeckung hat ihre Grenze in der wirtschaftlichen Leistungsfähigkeit der Abgabepflichtigen. Eine übermäßige Beanspruchung durch Aufgaben, die die wirtschaftliche Existenz des Abgabepflichtigen gefährdet, ist unzulässig; schon deshalb, um negative Rückwirkungen auf die Gemeinde selbst zu vermeiden. („Die Kuh, die man melkt, darf man nicht schlachten!").[227]

Auch an anderer Stelle[228] weist die GemO auf die Grenzen der wirtschaftlichen Leistungsfähigkeit der Gemeinden hin, nämlich als Voraussetzung für die Schaffung kommunaler öffentlicher Einrichtungen. Anhaltspunkte für die Angemessenheit und Zumutbarkeit der Abgabesätze sind

a) der Landesdurchschnitt der Abgabensätze[229] – Gemeindegrößenklassen, regionale und strukturelle Unterschiede sind zu beachten –,

b) Steuersätze untereinander (Grundsteuer A, B und Gewerbesteuer) und im Vergleich zu speziellen Entgelten einschließlich Beiträgen,

c) das Verhältnis der Abgabensätze zu den Schulden.[230]

Für einen Teil der Abgaben hat schon der Gesetzgeber obere Grenzen festgelegt, die von der Gemeinde nicht überschritten werden dürfen, so z. B. für den Erschließungsbeitrag[231] und die Benutzerentgelte für die kommunalen Einrichtungen.[232] Ob und in welchem Maße die Gemeinde

223 Vgl. die amtl. Begründung zum Entwurf des Neuordnungsgesetzes, LT-Drucksache Nr. 6/510, S. 25. Zu Einzelheiten vgl. Rdnrn. 770ff.
224 Vgl. Rdnr. 97.
225 Vgl. die Veröffentlichungen der Statistischen Ämter und kommunaler Verbände.
226 Zu Einzelheiten vgl. Rdnrn. 608ff.
227 Steuern dürfen keine Erdrosselungswirkung haben (BVerwGE 14, 221, 241; 30, 372).
228 Vgl. § 10 Abs. 2 GemO.
229 Vgl. die Veröffentlichungen der Statistischen Ämter und kommunaler Verbände.
230 Ebenda.
231 Vgl. § 129 BauGB.

diese obere Grenze unterschreiten will, unterliegt der eigenverantwortlichen Entscheidung des Gemeinderats. Bei allen Entscheidungen über die Höhe kommunaler Abgaben spielen nicht nur finanzpolitische, sondern auch gesellschaftspolitische und sozialpolitische Aspekte eine bedeutende Rolle. Bei aller Rücksichtnahme auf die Abgabepflichtigen ist aber auch zu bedenken, dass die Gemeinde die vom Bürger erwarteten Leistungen nur bei ausreichender Finanzausstattung erbringen kann (Schlagwort vom privaten Reichtum und der öffentlichen Armut).

232 Soweit sie als öffentlich-rechtliche Benutzungsgebühr erhoben werden, vgl. § 9 Abs. 2–4 KAG. Dieselbe Regelung gilt jetzt auch für privatrechtliche Benutzungsentgelte, seitdem das Haushaltsrecht (§ 12 GemHVO) vom betriebswirtschaftlichen Kostenbegriff ausgeht, und weil „vertretbar und geboten" (§ 78 Abs. 2 Nr. 1 GemO) nicht nach der Rechtsform der Entgelte unterschiedlich ausgelegt werden darf. Gebührenrechtliche Sonderregelungen bestehen z. B. für die Krankenhauspflegesätze und die Schlachthofgebühren.

Teil B:

# Das kommunale Haushaltswesen

B

*Klaus Notheis*

B

B

B

B

# I. Einführung

## 1. Der Gemeindehaushalt

Soll die Kommunalwirtschaft als Teil der öffentlichen Finanzwirtschaft ihrem Auftrag gerecht werden, so hat sie Deckungsmittel zu beschaffen (Finanzierung) und zur Erfüllung kommunaler Aufgaben zu verwenden.[1] Die dabei anfallenden Einnahmen und Ausgaben stellen den Haushalt der Gemeinde (GV) dar. Nicht alle Einnahmen und Ausgaben der Gemeinde (GV) werden ausnahmslos und direkt in den Haushalt einbezogen.[2] Soweit diese Bereiche aber zur Finanzierung des Haushalts beitragen oder den Haushalt belasten, sind sie insoweit haushaltswirksam.[3] Nicht zu verwechseln mit einem öffentlichen Haushalt ist der Privathaushalt, der zwar einige Gemeinsamkeiten zum öffentlichen Haushalt aufweist, aber aus der folgenden Betrachtung ausscheidet. **107**

## 2. Die Funktionen der öffentlichen Haushalte

### 2.1 Konventionelle Funktionen

Die Feststellung und Deckung des öffentlichen Finanzbedarfs war schon immer die Aufgabe der Haushaltswirtschaft (sog. Bedarfsdeckungsfunktion); ebenso die Ordnungsfunktion, d. h. eine übersichtliche und wirtschaftliche Erfassung des Bedarfs und seiner Finanzierung im Interesse einer optimalen Handhabung der öffentlichen Finanzen. Dies gilt für die Haushaltsplanung und für den Planvollzug: Der Haushaltsplan ist Grundlage für die Haushalts- und Wirtschaftsführung. Die machtpolitische Funktion des öffentlichen Haushaltswesens verschafft der nach der Verfassung zuständigen politischen Institution (Bundestag, Landtag, Gemeinderat)[4] das Recht und die Macht der Einflussnahme auf die öffentliche Finanzwirtschaft. Diese Einflussnahme geschieht in allen zeitlichen Phasen der Haushaltswirtschaft: bei der Planung,[5] Planausführung[6] und Haushaltskontrolle.[7] Für die Gemeinden ist die Finanzhoheit ein unverzichtbarer Bestandteil ihres Selbstverwaltungsrechts.[8] **108**

1 Vgl. Rdnrn. 11–24.
2 Die durchlaufenden Gelder, fremde Mittel (§ 13 GmbHVO), Verwahrgelder und Vorschüsse (§ 30 GemHVO) erscheinen gar nicht oder erst später im Haushalt.
3 Z. B. Gewinn oder Verlust.
4 Vgl. § 24 Abs. 1 i. V. m. § 39 Abs. 2 Nr. 14 GemO.
5 Vgl. § 24 Abs. 1 i. V. m. § 39 Abs. 2 Nr. 14 GemO.
6 So sind im kommunalen Bereich alle Entscheidungen von erheblicher wirtschaftlicher Bedeutung – auch wenn der HPl. die entsprechenden Ansätze aufweist – vom Gemeinderat zu treffen. Beispiele: Erwerb oder Veräußerung von Grundstücken, Durchführung von Investitionen (Hoch- und Tiefbauten).
7 Bei den Gemeinden (GV) anlässlich der Feststellung der Jahresrechnung nach § 95 GemO.
8 Vgl. Rdnrn. 25 ff.

### 2.2 Die gesamtwirtschaftliche Budgetfunktion

109 Das Ansteigen der öffentlichen Ausgaben[9] und der dadurch bedingte hohe Anteil der öffentlichen Haushalte am Bruttosozialprodukt unserer Volkswirtschaft (die sog. Staatsquote[10]) verlangen zwangsläufig die Einbeziehung der öffentlichen Haushalte in die staatliche Wirtschafts- und Konjunkturpolitik. Die kommunale Haushaltswirtschaft hat dabei – soweit eine kontinuierliche kommunale Aufgabenerfüllung dies zulässt – den Zielen des StWG Rechnung zu tragen (antizyklische Finanzpolitik).[11]

## 3. Das Haushaltsrecht

### 3.1 Haushaltsreform

110 Die Ausführungen zur Haushaltsreform – über Motive und zeitlichen Ablauf (im Wesentlichen 1967–1973) – werden ab der 5. Auflage in diesem Lehrbuch nicht mehr dargestellt. Interessierte Leser werden auf die früheren Auflagen (zuletzt 4. Auflage, Seite 60 ff.) verwiesen.

Anfang der neunziger Jahre hat eine bundesweite Reformdiskussion zur Umgestaltung und Modernisierung des öffentlichen Haushalts- und Rechnungswesen eingesetzt. Der Ministerrat des Landes Baden-Württemberg hat am 10. 5. 1993 beschlossen, das kommunale Haushalts- und Rechnungswesen mit dem Ziel umzugestalten, künftig eine dezentrale Budgetverantwortung zu ermöglichen. Neben der Flexibilisierung des bestehenden Haushaltsrechts sieht das Reformkonzept die Einführung betriebswirtschaftlicher Steuerungsinstrumente (z. B. Kosten- und Leistungsrechnung) und die Zulassung der kaufmännischen doppelten Buchführung (Doppik) vor, damit künftig die Ergebnisse aller Bereiche der Gemeindewirtschaft zusammengefasst und konsolidiert werden können.

Die GemHVO und die GemKVO wurden durch Änderungsverordnung vom 15. 4. 1994 (GBl. 1994, S. 225) um eine Experimentierklausel (§ 49 GemHVO, § 41 GemKVO) ergänzt und die Steuerungsmöglichkeit des Haushalts durch Zulassung des Instruments der Globalen Minderausgabe (§ 22 Abs. 4 GemHVO) erweitert. Außerdem wurden die Gemeinden zur Führung von Kosten- und Leistungsrechnungen für ihre kostenrechnenden Einrichtungen und Hilfsbetriebe (§ 12 Abs. 2 GemHVO) sowie zur internen Gemeinkostenrechnung (§ 14 Abs. 4 GemHVO) verpflichtet. Durch Gesetz vom 8. 2. 1999 (GBl. S. 565) wurde in die Gemeindeordnung ebenfalls eine Experimentierklausel aufgenommen (§ 146

9 Vgl. Rdnr. 12.
10 Vgl. Rdnr. 12.
11 Vgl. Rdnrn. 22 und 102.

GemO), die es den Kommunen erlaubt, von den Regelungen der GemO abzuweichen, um neue Formen der Haushaltswirtschaft zu erproben.

Nachdem die in der Praxiserprobung gewonnenen Erfahrungen und Erkenntnisse mit der Experimentierklausel durchweg positiv waren, hat das Innenministerium durch Änderungsverordnung vom 28. 11. 2000 (GBl. 2000 S. 764) die Regelungen im 3. Abschnitt der GemHVO den Bedürfnissen der kommunalen Praxis angepasst. Die Änderungen betrafen insbesondere die §§ 16–19 GemHVO und hatten zum Ziel, Dauerregelungen für einen dezentralen Haushaltsvollzug (Budgetierung) zu schaffen und insoweit die bisherige Experimentierklausel (§ 49 GemHVO) abzulösen.

Die derzeit laufenden Überlegungen und Diskussionen für die weitere Reform des kommunalen Haushaltsrechts gehen in zwei Richtungen: Modernisierung des geltenden Haushaltsrechts auf der Basis einer weiterentwickelten Kameralistik bzw. Ablösung des geltenden Haushaltsrechts durch ein Haushaltsrecht auf der Basis des doppischen Rechnungssystems („Neues kommunales Haushalts- und Rechnungswesen"), wobei den Kommunen in Baden-Württemberg ein Wahlrecht zwischen den genannten Möglichkeiten eingeräumt werden soll. Die Innenministerkonferenz hat am 24. 11. 2000 Eckpunkte für die Reform der kameralistischen Haushalts- und Rechnungssysteme der Kommunen sowie Eckpunkte für ein kommunales Haushalts- und Rechnungssystem auf der Grundlage der Doppik beschlossen.[12] Die beim Innenministerium BW angesiedelte Arbeitsgruppe „Umgestaltung des gemeindlichen Haushalts- und Rechnungswesens" erarbeitet gegenwärtig ein Regelwerk für ein doppisches Rechnungswesen. Mit Ergebnissen (Anhörung) ist voraussichtlich Ende des Jahres 2002 zu rechnen.

### 3.2 Staatliches und kommunales Haushaltsrecht

Auch die Ausführungen zu den Parallelen und Unterschieden im staatli- **111**
chen und kommunalen Haushaltsrecht werden ab der 5. Auflage in diesem Lehrbuch nicht mehr dargestellt. Hier wird ebenfalls auf die früheren Auflagen (zuletzt 4. Auflage, Seite 63 ff.) verwiesen.

### 3.3 Grundbegriffe des kommunalen Haushaltsrechts

3.3.1 Außer den schon erläuterten Grundbegriffen (wie z. B. Aufgaben- **112**
erfüllung, Wirtschaftlichkeit, Sparsamkeit, Haushalt, Haushaltswirtschaft) enthält das kommunale Haushaltsrecht selbst eine Vielzahl von Begriffsbestimmungen (Legaldefinitionen). Die Begriffe dienen einer einheitlichen Sprache im Haushaltsrecht und erleichtern, bei richtiger Anwendung, auch die Haushaltspraxis.

12 Das Eckpunktepapier wurde den Kommunen von den Kommunalen Landesverbänden (als Diskussionspapier) zur Verfügung gestellt. Es kann auch über das Internet (http://www.baden-wuerttemberg.de) abgerufen werden. Vgl. dazu auch Gemeindekasse 2/2001.

3.3.2 Die Begriffe sind entweder vom geltenden Recht dort erläutert, wo sie genannt werden, oder – wie in § 46 GemHVO und in § 42 GemKVO – an zentraler Stelle.

Das kommunale Haushaltsrecht hat weitgehend die Begriffe des staatlichen Haushaltsrechts übernommen.

3.3.3 Soweit erforderlich, werden Begriffe im Sachzusammenhang erklärt und, soweit vorhanden, wird auf Legaldefinitionen verwiesen.

## II. Haushaltsgrundsätze

### 1. Allgemeines

113 Neben den allgemeinen Grundsätzen zur Führung der kommunalen Haushaltswirtschaft – den allgemeinen Wirtschafts- und Finanzierungsgrundsätzen der §§ 77 und 78 GemO[13] – enthält das kommunale Haushaltsrecht weitere Grundsätze für die Aufstellung und die Ausführung des Haushaltsplans. Diese von der Finanzwissenschaft entwickelten Prinzipien haben im jeweils geltenden Haushaltsrecht – sowohl dem staatlichen als auch dem kommunalen – ihren Niederschlag gefunden. Im kommunalen Haushaltsrecht sind sie sowohl im dritten Teil der GemO als auch in der GemHVO (§§ 7 ff.) zu finden.

### 2. Die einzelnen Grundsätze

#### 2.1 Grundsatz der Jährlichkeit

114 2.1.1 Haushaltssatzung und Haushaltsplan sind für jedes Haushaltsjahr zu erlassen (§ 79 Abs. 1 und § 80 Abs. 1 GemO). Das Haushaltsjahr deckt sich grundsätzlich mit dem Kalenderjahr (§ 79 Abs. 4 GemO).[14] Soweit Haushaltssatzung und Haushaltsplan gleichzeitig für zwei Jahre erlassen werden (sog. Doppelhaushalte), sind sämtliche Festsetzungen und Ansätze nach Jahren zu trennen (§ 79 Abs. 1 GemO i. V. m. § 35 GemHVO).[15] Den gewünschten Rationalisierungseffekt bringen Doppelhaushalte nur, wenn nicht allzu viele Änderungen – vor allem im zweiten Jahr – in Nachtragssatzungen und -plänen aufgefangen werden müssen. Solche Änderungen erfordern einen hohen Verwaltungsaufwand und machen das Planwerk unübersichtlich. Ist es mitunter schwierig, Haushaltsansätze rechtzeitig für ein Jahr zutreffend zu schätzen, so birgt die Schätzung für zwei Jahre noch mehr unvermeidbare Ungenauigkeiten in sich.

13 Vgl. Rdnrn. 95 ff.
14 Ausnahmen vgl. § 36 GemHVO. Vgl. auch Rdnr. 570.
15 Auch der Vollzug des Haushaltsplans ist getrennt nach Jahren nachzuweisen, d. h. getrennte Buchführung und Jahresrechnung für jedes Haushaltsjahr.

2.1.2 Auch für den Vollzug von Haushaltssatzung und Haushaltsplan gilt der Grundsatz der Jährlichkeit. Dies bedeutet, dass die Jahresansätze im Haushaltsplan grundsätzlich nicht ins nächste Jahr übertragen werden können. Nicht verbrauchte Ausgabeansätze gelten als erspart. Nicht fällig gewordene Einnahmeansätze verschlechtern das Haushaltsergebnis. Ausgenommen von dieser Bindung an das Haushaltsjahr sind die übertragbaren Einnahme- und Ausgabeansätze. Soweit die Voraussetzungen für die Übertragbarkeit vorliegen (§§ 19 und 41 Abs. 2 GemHVO), können diese Ansätze – ganz oder teilweise – als Haushaltsrest ins folgende Jahr übertragen werden. Durch diese Übertragung wird eine nochmalige Veranschlagung in einem späteren Haushaltsjahr vermieden. Vgl. dazu auch Rdnr. 177ff.

2.1.3 Für wirtschaftliche Unternehmen und öffentliche Einrichtungen, für die keine Sonderrechnungen geführt werden, kann durch Beschluss des Gemeinderats ein vom Haushaltsjahr abweichendes Wirtschaftsjahr festgelegt werden, wenn es die Eigenart des Betriebs erfordert (z. B. wenn bei Zugrundelegung des Haushaltsjahres der Betrieb bzw. die Einrichtung erheblich gefährdet ist), § 36 GemHVO. Beispiele: Theater-, Orchester- und Bühnenbetriebe, Kurbetrieb. In diesem Fall ist ein besonderer Bewirtschaftungsplan aufzustellen, in den die Einnahmen und Ausgaben (Verwaltungs- und Vermögenshaushalt) für den Zeitraum des abweichenden Wirtschaftsjahres (z. B. 1. 9. bis 31. 8. des folgenden Jahres) aufzunehmen sind. Die Einnahmen und Ausgaben des vom Gemeinderat beschlossenen und dem als Anlage zum Haushaltsplan beizufügenden Bewirtschaftungsplan sind in den Haushaltsplan der Gemeinde für das Jahr zu übernehmen, in dem das Wirtschaftsjahr endet, § 36 Abs. 2 GemHVO. Für land- und forstwirtschaftliche Betriebe kann von der Aufstellung eines Bewirtschaftungsplans abgesehen werden, §36 Abs. 3 GemHVO. In diesem Fall sind die Einnahmen und Ausgaben in dem Haushaltsplan zu veranschlagen, in dem das Wirtschaftsjahr endet. Bis zum In-Kraft-Treten der Haushaltssatzung (Haushaltsplan) der Gemeinde können die zur Aufrechterhaltung des Betriebs erforderlichen Ausgaben geleistet werden (§ 36 Abs. 4 GemHVO). Evtl. anfallende Einnahmen und Ausgaben sind als Vorschüsse und Verwahrgelder (§ 30 GemHVO) zu behandeln und nach Öffnung der Bücher für das neue Haushaltsjahr umzubuchen.

### 2.2 Grundsatz der Vorherigkeit

Haushaltssatzung und Haushaltsplan sollen so rechtzeitig aufgestellt und 115
vom Gemeinderat beschlossen werden, dass sie spätestens einen Monat vor Beginn des Haushaltsjahres der Rechtsaufsichtsbehörde vorliegen – § 81 Abs. 3 GemO. Das Ziel dieser Sollvorschrift, schon ab Jahresanfang die Haushaltswirtschaft auf der Grundlage einer rechtskräftigen Haushaltsplanung führen zu können, wird in der Praxis leider selten erreicht.

Hat die Gemeinde zu Beginn des Haushaltsjahres keine gültige Haushaltssatzung, wirken in Teilbereichen die nicht ausgeschöpften Festsetzungen in der alten Haushaltssatzung nach (z. B. § 86 Abs. 3 GemO, § 87 Abs. 3 GemO, § 89 Abs. 1 Satz 2 GemO, § 83 Abs. 3 GemO) bzw. sind in beschränktem Umfang Vorgriffe auf die noch zu erlassende Haushaltssatzung zulässig (z. B. § 83 Abs. 1 und Abs. 2 GemO). Vgl. dazu auch Rdnr. 296ff.

Ebenfalls zum Grundsatz der Vorherigkeit gehört, dass Nachtragshaushaltssatzungen (§ 82 GemO) vor der Bewirtschaftung der sie notwendig machenden Ausgaben erlassen sein müssen.[16]

Auch für über- und außerplanmäßige Ausgaben müssen die Voraussetzungen nach § 84 Abs. 1 oder 2 GemO vor ihrer Bewirtschaftung vorliegen.[17]

### 2.3 Grundsatz der sachlichen Vollständigkeit und der zeitlichen Abgrenzung nach Kassenwirksamkeit

**116** 2.3.1 Der Haushaltsplan muss alle voraussehbaren Einnahmen und Ausgaben sowie Verpflichtungsermächtigungen des Haushaltsjahres enthalten (§ 80 Abs. 1 GemO). Das bewusste oder fahrlässige Weglassen von Einnahmen oder Ausgaben widerspricht einer sinnvollen und wirtschaftlichen Planung. Nicht veranschlagte Ausgaben gefährden außerdem einen echten Haushaltsausgleich und erfordern zeitraubende Nachbewilligungen. Nicht veranschlagte Einnahmen erhöhen unnötigerweise den Kreditbedarf oder schränken den Ausgabenrahmen und damit die Aufgabenerfüllung ein.

**117** 2.3.2 Maßgebend für das Veranschlagungsjahr ist nach § 80 Abs. 1 GemO i. V. m. § 7 Abs. 1 GemHVO die voraussichtliche Kassenwirksamkeit, d. h. der Eingang der Einnahme bzw. die Auszahlung der Ausgabe. Für die Veranschlagung ist nicht mehr das bis 1973 geltende Fälligkeitsprinzip[18] maßgebend. Die Veranschlagung nur der voraussichtlich eingehenden Einnahmen soll die Gemeindekasse vor Liquiditätsschwierigkeiten schützen. Die Beschränkung der Ausgabeansätze ebenfalls auf die voraussichtlich zu leistenden Ausgaben soll sicherstellen, dass nur dieser Ausgabenbedarf finanziert wird. Notwendige Kreditaufnahmen werden also erst im Jahr des kassenmäßigen Bedarfs veranschlagt. Für Investitionen und Investitionsförderungsmaßnahmen, die sich über mehrere Jahre erstrecken, dürfen im Haushaltsplan eines Jahres nur die Beträge veranschlagt werden, die voraussichtlich in diesem Haushaltsjahr kassenwirksam werden. Hier handelt es sich um die sog. Abschnittsbildung nach Kassenwirksamkeit.

16 Vgl. Rdnr. 292.
17 Vgl. Rdnr. 278.
18 In der Jahresrechnung dagegen erscheinen die Soll-Einnahmen und Soll-Ausgaben nach dem Fälligkeitsgrundsatz (§ 42 Abs. 1 GemHVO), auch soweit sie noch nicht eingegangen oder geleistet sind.

Ausnahmen: 118

a) Für kostenrechnende Einrichtungen sind nur die Einnahmen und Ausgaben zu veranschlagen, die wirtschaftlich dem Haushaltsjahr zuzurechnen sind (§ 14 Abs. 6 GemHVO). Hier ist auf die Erträge und Kosten im betriebswirtschaftlichen Sinne abgestellt.[19]

b) Die Personalausgaben für den Monat Januar werden bereits im Laufe des Monats Dezember bezahlt. Als Ausnahme vom Kassenwirksamkeitsprinzip besagt § 14 Abs. 5 GemHVO, dass das Januargehalt im neuen Jahr zu veranschlagen und nach § 42 Abs. 2 GemHVO auch dort in der Haushaltsrechnung auszuweisen (zu buchen) ist.

c) Eine weitere Ausnahme vom Kassenwirksamkeitsprinzip ergibt sich für Einnahmen und Ausgaben, die mit dem Haushaltsausgleich zusammenhängen (§ 22 GemHVO), sowie für die inneren Verrechnungen (vgl. Rdnr. 119) und die kalkulatorischen Kosten (vgl. Rdnr. 121). Bei diesen Beträgen handelt es sich nicht um kassenwirksame Vorgänge.

d) Verpflichtungsermächtigungen (§ 86 GemO) sind in dem Jahr zu veranschlagen, in dem sie voraussichtlich notwendig, d. h. Verpflichtungen eingegangen werden, z. B. durch Abschluss von Bauverträgen (Vergabe von Bauleistungen).

2.3.3 Zu den Einnahmen und Ausgaben gehören auch die sog. Erstattungen[20] zwischen den Abschnitten und Unterabschnitten – als Teil des inneren Rechnungsverkehrs (§ 14 Abs. 4 GemHVO). Am häufigsten ist der Ersatz von Aufwendungen an Hilfsbetriebe wie Bauhof, Fuhrpark, Stadtgärtnerei u. a. für deren Leistungen. Die Einnahme des Hilfsbetriebs ist der Untergruppe 169 zuzuordnen, die Ausgabe der leistungsempfangenden Stelle gehört zur Untergruppe 679. Die Erstattungseinnahmen (und evtl. andere Einnahmen) bei dem betr. Hilfsbetrieb zeigen dann im Verhältnis zu dessen Ausgaben (Verwaltungs- und Betriebskosten) den sog. Kostendeckungsgrad des Betriebs.[21] 119

Handelt es sich um Verwaltungskosten und sonstige Gemeinkosten zentraler Dienststellen wie z. B. der Kämmerei oder des Rechnungsprüfungsamts, die einzelnen Leistungen kostenrechnender Einrichtungen oder von Hilfsbetrieben zuzurechnen sind, sind auch diese im Verwaltungshaushalt zu erstatten. Soweit zentrale Dienststellen selbst keine Kosten- und Leistungsrechnungen nach § 12 Abs. 3 GemHVO führen, sind die Ge-

19 Während bei kostenrechnenden Einrichtungen damit der gesamte Ressourcenverbrauch sowohl im Haushaltsplan als auch in der Jahresrechnung abgebildet wird (vgl. §§ 12, 14 GemHVO), ist dieser bei anderen Einrichtungen der Gemeinde nur über eine als Nebenrechnung geführte Kosten- und Leistungsrechnung möglich.

20 In den VwV Gliederung und Gruppierung Nr. 2.5.1 (VSV 6306) sind Erstattungen definiert als „Ersatz für Aufwendungen (Verwaltungs- und Betriebsausgaben), die eine Stelle für eine andere Stelle (auch innerhalb der Gemeinde) erbracht hat".

21 Vgl. dazu Hinweis des IM BW zur Führung von Kosten- und Leistungsrechnungen vom 20. 1. 1995 (GABl. S. 86).

meinkosten wirklichkeitsnah zu schätzen. Die Festsetzung eines jährlichen, im Einzelnen nicht näher aufgeteilten Pauschbetrags ist nicht sachgerecht und entspricht nicht den Mindestanforderungen in § 14 Abs. 4 GemHVO. Auf die VwV Kostenfestlegung des Finanzministeriums BW (GABl. 2001 S. 221) sowie die Empfehlungen der KGSt (KGSt-Bericht Nr. 6/1998) und die Grundsätze zur kommunalen Kostenrechnung BW wird verwiesen. Innere Verrechnungen sollten auch veranschlagt und durchgebucht werden für Leistungen des Verwaltungshaushalts, die einzelnen Maßnahmen – vor allem Baumaßnahmen[22] – des Vermögenshaushalts zuzurechnen sind.

**120** 2.3.4 Der so genannte Gemeindebetreff[23] an Steuern stellt keine Verwaltungskosten oder Gemeinkosten (mit Gegenleistung) und damit keine Erstattung im haushaltsrechtlichen Sinne dar. Seine Veranschlagung ist aber nach dem Bruttogrundsatz[24] und im Hinblick auf die Außenwirkung des Steueraufkommens[25] nicht zu umgehen.

Ebenso sind – abgesehen von Straßen – gemeindeeigene Grundstücke nicht von der Gebühren- und Beitragspflicht ausgenommen. Dies bedeutet, dass die Gemeindegrundstücke in der Gebühren- und Beitragskalkulation zu berücksichtigen und im Wege der (internen) Selbstveranlagung durch die Gemeinde zu Gebühren und Beiträgen heranzuziehen sind.[26] Als Folge davon müssen Gebühren und Beiträge für Gemeindegrundstücke im Haushalt als Einnahme und Ausgabe veranschlagt und intern verrechnet werden.

**121** 2.3.5 Kalkulatorische Kosten (Abschreibungen und Zinsen aus dem Anlagekapital) sind bei den kostenrechnenden Eintrichtungen[27] und Hilfsbetrieben als Ausgabe zu veranschlagen. Beide sind keine externen Ausgaben und bedürfen deshalb nicht der Finanzierung. Sie werden beim Einzelplan 9 des Verwaltungshaushalts wieder vereinnahmt und damit finanzwirtschaftlich neutralisiert (§ 12 GemHVO). Die kalkulatorischen Kosten dienen der betriebswirtschaftlichen Kostendarstellung beim betreffenden Haushaltsabschnitt, was u. a. für die Beurteilung der Entgelthöhe und der Wirtschaftlichkeit von Bedeutung ist.

22 Damit erhöhen sich möglicherweise die zuschussfähigen Baukosten.

23 Hier ist die Gemeinde intern Steuergläubigerin und Steuerschuldnerin (Identität von Gläubigerschaft und Schuldnerschaft). Wenn auch niemand sein eigener Schuldner sein kann – Konfusionsgrundsatz – (so das BVerwG in seinem Urteil vom 21. 10. 1983 – 8 C 29.82), so ist hier eine interne Selbstbesteuerungspflicht gegeben und somit eine Veranschlagung und Verrechnung im Haushalt notwendig. Vgl. dazu BWGZ 1984, S. 404 u. Wochenspiegel des Städtetags BW Nr. 43/1985. Diese Steuerbeträge (z. B. die Grundsteuer für eine gemeindeeigene Hausverwalterwohnung) erscheinen deshalb als Einnahme und Ausgabe im Haushalt.

24 Vgl. Rdnrn. 148 ff.

25 Z. B. im Rahmen des Finanzausgleichs.

26 So auch *Schärich*, KStZ 1988, S. 182, ähnlich *Ahlers*, KStZ 1986, S. 81; a. A. *Ruff*, KStZ 1986, S. 9 bez. der internen Beitragspflicht.

27 Vgl. Rdnrn. 770 ff.

Durch Einbeziehung dieser Kosten in den Verwaltungshaushalt (und die Übernahme aller vermögenswirksamer Ausgaben in den Vermögenshaushalt) ist es i. d. R. nicht mehr erforderlich, die betriebswirtschaftlichen Kosten in Nebenrechnungen zu entwickeln. Sie ergeben sich für die kostenrechnenden Einrichtungen aus dem betreffenden Unterabschnitt des Verwaltungshaushalts.[28]

2.3.6 Als Ausnahmen vom Grundsatz der sachlichen Vollständigkeit werden im Haushaltsplan nicht veranschlagt (§ 13 GemHVO): **122**

2.3.6.1 Durchlaufende Gelder i. S. von § 46 Nr. 5 GemHVO; zum Beispiel die einbehaltenen Lohn- und Kirchenlohnsteuern und Arbeitnehmeranteile an den Sozialversicherungsbeiträgen.

2.3.6.2 Fremde Mittel i. S. des § 13 Nr. 2 und 3 GemHVO. Hier handelt es sich um Ausgaben, die von einem anderen öffentlichen Aufgabenträger (Bund, Land) voll getragen werden, den Haushalt der Gemeinde (GV) also nicht belasten. Die Gemeindeverwaltung bewirtschaftet hier fremde Haushaltsmittel, die sie **123**

a) über die Gemeindekasse einnimmt und auszahlt. Die Gemeindekasse bucht diese Einnahmen und Ausgaben im Sachbuch für haushaltsfremde Vorgänge (ShV). – Beispiel: Sozialhilfeausgaben der kreisangehörigen Gemeinden, die vom Träger der Sozialhilfe (Landkreis) den Gemeinden (Delegationsgemeinden) voll erstattet werden[29] – oder

b) direkt durch die Kasse des Kostenträgers oder eine andere beauftragte Kasse auszahlen lässt. Beispiel: Leistungen nach dem Wohngeldgesetz, Leistungen nach dem Unterhaltssicherungsgesetz.[30]

2.3.6.3 Verwahrgelder und Vorschüsse (§ 30 GemHVO), Geldanlagen (§ 46 Nr. 9 GemHVO) und Kassenkredite (§ 89 GemO).

Durch diese Ausnahmen soll eine Aufblähung des Haushaltsvolumens vermieden werden.

### 2.4 Grundsatz der sachlichen Einheit

#### 2.4.1 Grundsatz

Für jedes Haushaltsjahr ist nur ein einziger Haushaltsplan zugelassen. Sogenannte Teilhaushaltspläne, z. B. für Ortschaften (Ortschaftsverfassung), sind nicht verselbständigt, sie sind Teil des einheitlichen Haushaltsplans der Gemeinde (GV). Auch der Wirtschaftsplan kommunaler Krankenhäuser ist Bestandteil des Haushaltsplans der Gemeinde (GV).[31] **124**

28 Eine Nebenrechnung ist dann erforderlich, wenn eine Aufteilung der Kosten auf mehrere Kostenstellen (desselben Unterabschnitts) erfolgen soll.
29 Vgl. dazu VwV Gliederung und Gruppierung Nr. 2.3.3 (VSV 6306).
30 Seit 1. 1. 1978 zentral durch die Bundeskassen Stuttgart, Karlsruhe und Freiburg auszuzahlen auf Anweisung der großen Kreisstädte und Landratsämter.
31 Vgl. § 3 KrHRVO (VSV 6414).

2.4.2 Ausnahmen

125 2.4.2.1 Wirtschaftliche Unternehmen der Gemeinde ohne eigene Rechtspersönlichkeit, die Eigenbetriebsrecht anwenden,[32] haben einen Wirtschaftsplan aufzustellen. Dieser vertritt die Stelle des Haushaltsplans im Bereich der betreffenden wirtschaftlichen Unternehmen.

Gleiches gilt für kostenrechnende Einrichtungen, die als Eigenbetriebe geführt werden (§ 1 Nr. 2 EigBG).

Für kommunale Krankenhäuser ist zwar ein besonderer Wirtschaftsplan aufzustellen, dieser ist aber – im Gegensatz zu den Wirtschaftsplänen für wirtschaftliche Unternehmen – Bestandteil des Haushaltsplans der Gemeinde (GV).[33]

2.4.2.2 Für rechtlich selbständige örtliche Stiftungen, die von der Gemeinde treuhänderisch verwaltet werden (Treuhandvermögen), sind Sonderhaushaltspläne aufzustellen und Sonderrechnungen zu führen. Vgl. § 97 GemO. Unbedeutendes Treuhandvermögen kann im Haushalt der Gemeinde gesondert nachgewiesen werden (§ 97 Abs. 2 GemO).

2.4.2.3 Für rechtlich unselbständige Versorgungs- und Versicherungseinrichtungen für Gemeindebedienstete sind Sonderhaushaltspläne aufzustellen und Sonderrechnungen zu führen (§ 96 Abs. 3 GemO).

2.4.2.4 Die Wirtschaftspläne der Sondervermögen, für die Sonderrechnungen geführt werden, sind dem Haushaltsplan der Gemeinde als Anlage beizufügen, § 2 Abs. 2 Nr. 5 GemHVO. Für diejenigen Unternehmen und Einrichtungen, an denen die Gemeinde mit mehr als 50 % beteiligt ist, ist dem Haushaltsplan eine kurz gefasste Übersicht über die Wirtschaftslage und die Ertragskraft des Unternehmens beizufügen.

### 2.5 Grundsatz des Haushaltsausgleichs

2.5.1 Allgemeines

126 Der Grundsatz des Haushaltsausgleichs verlangt zwingend das Gleichgewicht zwischen Einnahmen und Ausgaben der kommunalen Haushalte (§ 80 Abs. 2 Satz 2 GemO).[34]

Auch aus konjunkturellen Gründen ist das Inkaufnehmen von unausgeglichenen Haushaltsplänen nicht zugelassen.

Zur Herstellung des Haushaltsausgleichs hat die Gemeinde (GV) nach den Grundsätzen der §§ 77, 78 GemO[35] entweder die Ausgaben zu

32 Vgl. Rdnrn. 916 ff.
33 Vgl. § 3 KrHRVO (VSV 6414).
34 Diese Mussvorschrift der GemO geht über die im Musterentwurf vorgesehene Soll-Vorschrift zum Haushaltsausgleich hinaus.
35 Vgl. Rdnrn. 91 ff.

senken (Pflichtaufgaben haben Vorrang vor den freiwilligen Aufgaben) oder ihre Einnahmen zu erhöhen.

Soweit der Haushaltsausgleich nicht anders zu erreichen ist, kann zu diesem Zweck im Verwaltungshaushalt eine pauschale Kürzung von Ausgaben unter Angabe der zu kürzenden Ausgabengruppen bis zum Betrag von 1 % der Summe der Ausgabenansätze veranschlagt werden (globale Minderausgabe nach § 22 Abs. 4 GemHVO).[36]

Zum Ausgangspunkt für die Haushaltsplanung nehmen immer mehr Gemeinden – vor allem Großstädte – die verfügbaren Einnahmen des betreffenden Jahres (unter Beachtung des § 78 GemO). Damit werden zunächst die unabweisbaren, d. h. gesetzlich oder vertraglich festgelegten Aufgaben finanziert (als Ausgaben veranschlagt). Die restliche verfügbare Finanzmasse – für freiwillige Aufgaben – wird aufgeteilt auf die Dezernate und von diesen eigenverantwortlich auf deren Aufgabenbereiche und Haushaltsstellen verteilt (Budgetierung). Insbesondere diese Aufteilung der restlichen Finanzmasse auf die Dezernate kann zu heftigen Verteilungskämpfen führen. Die endgültige Entscheidung trifft der Gemeinderat.[37]

Die Finanzplanung[38] dient u. a. dem Ziel, den Haushaltsausgleich mittelfristig zu erreichen und zu diesem Zweck Prioritäten über das Haushaltsjahr hinaus zu setzen. Nach § 25 Abs. 4 GemHVO sollen die Einnahmen und Ausgaben für die einzelnen Jahre der kommunalen Finanzplanung ausgeglichen sein.

Für den Bundeshaushalt ist der Ausgleich ebenfalls zwingend vorgeschrieben (Art. 110 GG), während sich die Verfassung des Landes Baden-Württemberg (Art. 79 Abs. 1) mit einer Soll-Vorschrift für den Ausgleich des Landeshaushaltsplans begnügt.

Der Haushaltsausgleich ist nicht nur im Stadium der Planung, sondern auch bei der Ausführung des Haushaltsplans im Laufe des Haushaltsjahres zu beachten. Ist der Haushaltsausgleich erheblich in Gefahr, hat die Gemeinde eine Nachtragshaushaltssatzung zu erlassen (§ 82 Abs. 2 Nr. 1 GemO i. V. m. § 34 GemHVO).

### 2.5.2 Einzelheiten zum Haushaltsausgleich[39]

§ 22 GemHVO, der diese Einzelheiten enthält, gilt sowohl für den Haushaltsplan als auch für die Haushaltsrechnung (§ 41 GemHVO), d. h. für den Jahresabschluss. **127**

36 Die Möglichkeiten, eine globale Minderausgabe (Minusansatz) zu veranschlagen, sind im Hinblick auf die Übertragung der Ressourcenverantwortung auf die Fachbereiche und die Budgetübertragbarkeit begrenzt.
37 Vgl. dazu Erläuterungen zum Thema Budgetierung, Rdnrn. 237.
38 Vgl. Rdnrn. 308 ff.
39 Vgl. *Kölz,* Der Ausgleich des Haushalts im kommunalen Wirtschaftsrecht, BWGZ 1977, S. 173.

### 2.5.2.1 Verwaltungshaushalt

128 Die im Verwaltungshaushalt[40] zur Deckung der Ausgaben nicht benötigten Einnahmen sind dem Vermögenshaushalt[40] zuzuführen. Die Zuführung geschieht als Ausgabe im Verwaltungshaushalt und als Einnahme im Vermögenshaushalt. Mit der Verausgabung dieser Differenz zwischen den Einnahmen und Ausgaben des Verwaltungshaushalts an den Vermögenshaushalt gleicht sich der Verwaltungshaushalt in Einnahme und Ausgabe aus.

Den Gemeinden steht es aber nicht frei, ob und in welcher Höhe sie die Zuführung an den Vermögenshaushalt vornehmen wollen. Im Interesse eines nachhaltigen Haushaltsausgleichs und der Gesunderhaltung der Gemeindefinanzen – dazu gehört auch die Erhaltung der kommunalen Vermögenssubstanz – muss der Verwaltungshaushalt einen gewissen Anteil an der Finanzierung des Vermögenshaushalts (die sog. Investitionsrate) aufbringen.[41] § 22 Abs. 1 GemHVO legt diese Mindestzuführung an den Vermögenshaushalt wie folgt fest:[42]

*a) Mindestbetrag (Mussvorschrift)*

129 Die Zuführung muss mindestens so hoch sein, dass damit die Kreditbeschaffungskosten und die ordentliche Tilgung[43] von Krediten gedeckt werden können. Soweit dafür andere Einnahmen des Vermögenshaushalts zur Verfügung stehen – ausgenommen sind die Kreditaufnahme und innere Darlehen –, darf die Zuführung vom Verwaltungshaushalt entsprechend niedriger sein.

Als andere Einnahmen (sog. Ersatzdeckungsmittel),[44] die die Mindestzuführung ermäßigen, kommen in Betracht:

aa) Einnahmen aus der Veränderung des Anlagevermögens, insbesondere Erlöse aus Grundstücksveräußerungen:

Da Veräußerungserlöse grundsätzlich nicht zweckgebunden sind, stehen sie i. d. R. für die ordentliche Tilgung zur Verfügung. Werden jedoch solche Veräußerungserlöse in großem Umfang und über mehrere Jahre hinweg zur Entlastung des VwH (zur Reduzierung seiner Zuführung an den VmH) als Ersatzdeckungsmittel eingesetzt, leidet darunter die Erhaltung der kommunalen Vermögenssubstanz erheblich. Die Gemeinde lebt insoweit von ihrer Vermögenssubstanz.

40 Zu Inhalt u. Abgrenzung des VmH und VwH vgl. § 1 GemHVO.
41 Für die Beurteilung der finanziellen Leistungsfähigkeit einer Gemeinde ist die Höhe der Zuführung an den Vermögenshaushalt von entscheidender Bedeutung.
42 Falls bei kostenrechnenden Einrichtungen vorauskalkulierte Gebührenanteile einer Sonderrücklage zugeführt werden (§ 20 Abs. 4 Satz 2 GemHVO), sind diese dem Vermögenshaushalt zusätzlich zu dem Mindestbetrag nach § 20 Abs. 1 GemHVO zuzuführen. Vgl. dazu Die Gemeindekasse 1989/79.
43 Vgl. § 46 Nr. 23 a GemHVO.
44 Zur Verfügbarkeit von Ersatzdeckungsmitteln für die ordentliche Kredittilgung und für die Kreditbeschaffungskosten werden in der Literatur unterschiedliche, größtenteils restriktive Meinungen vertreten, z. B. *Brommer*, GH 1984, S. 1 oder Die Gemeindekasse 1985/99–105.

Besteht eine solche Haushaltssituation nicht nur kurzfristig (einmalig) im Haushaltsjahr, sondern auch im Finanzplanungszeitraum, sind entsprechende Maßnahmen zur Konsolidierung des Haushalts einzuleiten. Ziel muss es sein, die Ertragskraft des Verwaltungshaushalts so zu verbessern, dass die Mindestzuführung erreicht wird. Gelingt dies in absehbarer Zeit nicht, wird die Rechtsaufsichtsbehörde die im Rahmen der Haushaltssatzung zu erteilenden Genehmigungen nicht bzw. nicht in voller Höhe erteilen.[45]

bb) Entnahme aus Rücklagen:

Hier kommt i. d. R. nur ein Teil der allgemeinen Rücklagen in Frage, der für die (ordentliche) Tilgung von Krediten im Gesamtbetrag angesammelt wurde (§ 20 Abs. 3 Nr. 1 GemHVO).

cc) Zuweisungen und Zuschüsse für Investitionen und für die Förderung von Investitionen Dritter, Beiträge u. ä. Entgelte:

Sind diese Deckungsmittel im Jahre des Bedarfs verfügbar,[46] d. h. in dem Jahr, in dem die Investitionsausgaben anfallen, dienen sie zweckentsprechend der Finanzierung dieser Investitionen. Sie stehen dann für die ordentliche Tilgung und die Kreditbeschaffungskosten nicht zur Verfügung.

Sind diese Zuweisungen, Zuschüsse und Beiträge erst in den der Investition folgenden Jahren verfügbar (nach dem Grundsatz der Kassenwirksamkeit veranschlagbar), bedeutet dies, dass die Investition bereits finanziert ist, finanziert im Rahmen des Gesamtdeckungsprinzips, u. a. auch durch Kredite. Die (nachträglichen) Zuweisungen, Zuschüsse und Beiträge werden dadurch für die Finanzierung anderer Ausgaben des VmH frei (Gesamtdeckungsprinzip). In einer solchen Situation reduzieren Zuweisungen, Zuschüsse und Beiträge die Musszuführung. Im Extremfall könnte dies zu einem sehr starken Absinken der Musszuführung beitragen, was durch evtl. Erlöse aus der Veräußerung von Anlagevermögen (vgl. aa) noch verstärkt werden kann. Eine Betrachtung der zurückliegenden Jahresrechnungen bzw. der Finanzplanung relativiert dann dieses verzerrte Bild.

Tilgungszuschüsse reduzieren die Mindestzuführung an den VmH immer.

Die Orientierung der Mindestzuführung an der ordentlichen Kredittilgung führt dazu, dass diese Tilgung nicht aus neuen Kreditaufnahmen finanziert werden kann. Dafür hat der Verwaltungshaushalt aus den laufenden Einnahmen aufzukommen, falls nicht andere Einnahmen des Vermögenshaushalts (aa bis cc) verfügbar sind. Von der ordentlichen Tilgung zu un-

45 Vgl. dazu VwV Haushaltssicherung vom 6. 7. 1994 (GABl. S. 546).

46 Dies ist auch der Fall, wenn die Deckungsmittel erst im folgenden Jahr fällig werden, sofern sie im HPl. veranschlagt sind und ein Haushaltseinnahmerest gebildet wurde.

terscheiden ist die darüber hinausgehende außerordentliche Tilgung einschließlich Umschuldung (§ 46 Nr. 23b GemHVO), deren Finanzierung auch aus Krediteinnahmen und inneren Darlehen erlaubt ist.[47]

Die Mindestzuführung muss auch bei einseitiger Deckungsfähigkeit von Ausgaben eines Budgets im Verwaltungshaushalt zugunsten von Ausgaben des Budgets im Vermögenshaushalt (§ 18 Abs. 5 GemHVO) sowie bei der Übertragung von Ausgabeansätzen eines Budgets gewährleistet sein (§ 19 Abs. 2 GemHVO).

Übersteigt die Zuführung die ordentliche Tilgung und die Kreditbeschaffungskosten, so steht der übersteigende Teil für Investitionen zur Verfügung. Dieser Teil der Zuführung wird deshalb auch Netto-Investitionsrate genannt.

*b) Mindestbetrag nach der Sollvorschrift des § 22 Abs. 1 Satz 3 GemHVO*

**130** Die Zuführung vom Verwaltungshaushalt an den Vermögenshaushalt soll ferner die nach § 20 GemHVO erforderliche Rücklagenansammlung ermöglichen und insgesamt (also unter Einschluss des Mindestbetrags nach Buchst. a) mindestens so hoch sein wie die aus Entgelten gedeckten Abschreibungen. M. a. W.: Sind die aus Entgelten gedeckten Abschreibungen (Sollzuführung) höher als die Musszuführung – nach Buchst. a) –, so braucht nur die Sollzuführung (als der höhere Betrag) zugeführt zu werden und nicht die Summe beider Beträge.

Der Verwaltungshaushalt soll auch für eine ordnungsmäßige Rücklagenwirtschaft verantwortlich sein, sofern die Rücklagen nicht aus anderen Einnahmen angesammelt werden können. Die Kreditaufnahme zum Zwecke der Rücklagenansammlung ist ausgeschlossen (vgl. § 87 Abs. 1 GemO).

Abschreibungen sind der zahlenmäßige Ausdruck für die Abnutzung von Anlagevermögen. Soweit dieser Wertverzehr (Kosten) dem Benutzer einer kommunalen Einrichtung über das Benutzungsentgelt abverlangt wird, soll er dem im Wert geminderten Anlagevermögen der Gemeinde (über den Vermögenshaushalt) wieder zugeführt werden. Die dadurch erzielbare Vermögenserhaltung ist aber keine vollständige, weil die Gemeinden nicht für alle öffentlichen Einrichtungen Entgelte verlangen können (z. B. Schulen) oder nur Entgelte, die nicht die volle Abschreibung decken (z. B. Schwimmbäder), wenn nicht der öffentliche Zweck der Einrichtung gefährdet werden soll. Unabhängig von der Höhe der Abschreibungen soll deshalb die Zuführung des Verwaltungshaushalts an den Vermögenshaushalt auch die Ansammlung der erforderlichen Rücklagen ermöglichen.

Die Sollvorschrift des § 22 Abs. 1 Satz 3 GemHVO bedeutet, dass die Gemeinden die Zuführung in dieser Höhe grundsätzlich veranschlagen und

47 Durch die Umschuldung erhöht sich der Schuldenstand der Gemeinde nicht.

vornehmen müssen. Ausnahmen sind jedoch zulässig, wenn diese mit den Grundsätzen einer geordneten Finanzwirtschaft vereinbar und nach der Finanzsituation der betr. Gemeinde erforderlich sind. Die Zulässigkeit solcher Ausnahmen wird auch anhand der künftigen Entwicklung – wie sie in der Finanzplanung darzustellen ist – zu prüfen sein.

Bei der Errechnung der Abschreibungen sind von den nach § 12 GemHVO insgesamt veranschlagten Abschreibungen (alle bei HHSt. 91.270 als Einnahme) diejenigen abzusetzen, die nicht aus Benutzungsentgelten gedeckt sind. Für eine kostenrechnende Einrichtung, die eine Kostendeckung von z. B. 80 % aufweist (ersichtlich aus dem Verhältnis der Einnahmen und Ausgaben des betr. Abschnitts bzw. Unterabschnitts in Haushaltsplan), sind von deren Abschreibungen 20 % abzusetzen und nur 80 % auf die Mindestzuführung zum Vermögenshaushalt anzurechnen.[48/49]

Auch die Abschreibungen für wirtschaftliche Unternehmen sind entsprechend zu berücksichtigen, wenn es sich um sog. Bruttobetriebe handelt, die mit sämtlichen Einnahmen und Ausgaben im Haushalt der Gemeinde erscheinen.

*c) Ausgleich des Verwaltungshaushalts mit Hilfe der allgemeinen Rücklage*

Die allgemeine Rücklage ist grundsätzlich nicht zur Finanzierung von Ausgaben des Verwaltungshaushalts bestimmt (§ 20 Abs. 2 und 3 GemHVO). **131**

Ausnahmsweise lässt § 22 Abs. 3 GemHVO die Verwendung für Ausgaben des Verwaltungshaushalts zu, wenn

48 So auch Nr. 3 des VwV zu § 95 GemO.

49 Nur bei voller Kostendeckung sind die Abschreibungen auch tatsächlich erwirtschaftet und stehen – wenn sie in voller Höhe dem Vermögenshaushalt zugeführt werden – zur Tilgung von Schulden bzw. zur Finanzierung von Ersatz- oder Neuinvestitionen zu Verfügung. In der Vergangenheit ist man davon ausgegangen, dass alle Kosten gleichrangig und gleichwertig sind, d. h., die veranschlagten Entgelte dienen nicht primär zur Deckung der Personalausgaben sowie der Sach- und Betriebsausgaben und stehen erst nachrangig für Kapitalverzinsung und Abschreibungen zur Verfügung. Neuerdings wird teilweise entgegengesetzt argumentiert: Werden die Kosten der Einrichtung nicht in voller Höhe erwirtschaftet, sind aus den Entgelten (Einnahmen) vorrangig die Kosten zu finanzieren, die als Auszahlungen zu einem Geldmittelabfluss führen (Personal- und Sachkosten). Stehen danach noch Überschüsse zur Verfügung, sind diese zunächst auf die Anlagekapitalzinsen anzurechnen. Der danach verbleibende Differenzbetrag steht dann als „erwirtschaftete Abschreibungen" tatsächlich zur Refinanzierung zur Verfügung. In der Vergangenheit waren viele Gemeinden nicht in der Lage, die Abschreibungen zu erwirtschaften; teilweise wurden erwirtschaftete Beträge aber auch im Rahmen des Gesamtdeckungsprinzips (§ 16 GemHVO) im Verwaltungshaushalt zur Finanzierung konsumtiver Ausgaben verwendet und damit der eigentlichen Zweckbestimmung entzogen. Dies war auch ursächlich für viele Eigenbetriebsgründungen (z. B. Eigenbetrieb Abwasserbeseitigung); hier stehen die erwirtschafteten Abschreibungen der Einrichtung in voller Höhe zur Verfügung. Die Soll-Vorschrift in § 22 Abs. 1 Satz 3 GemO ist „reformbedürftig"! Wären die Gemeinden verpflichtet, den gesamten Werteverzehr zu erwirtschaften und dem Vermögenshaushalt zu übergeben, würde in vielen Gemeinden (aufgrund des nicht ausgeglichenen Verwaltungshaushalts und der damit verbundenen umgekehrten Zuführung vom Vermögenshaushalt) der Substanzverlust und damit der Rückgang des Eigenkapitals deutlicher erkennbar. Vgl. dazu auch *Kölz*, BWGZ 1994, S. 144, KGSt-Bericht Nr. 1/1995 (vom Geldverbrauchs- zum Ressourcenverbrauchskonzept) und *Budäus* u. a., Neues öffentliches Rechnungswesen, 2000.

aa) der Ausgleich des Verwaltungshaushalts nicht anders erreicht werden kann, d. h. erst nach Ausschöpfung aller Einnahmemöglichkeiten unter Beachtung der Grundsätze für die Einnahmebeschaffung (vgl. Rdnrn. 100–102) und nach Ausnutzung aller Sparmöglichkeiten;

bb) die Mittel der allgemeinen Rücklage nicht für die unabweisbare Fortführung bereits begonnener Maßnahmen (z. B. mehrjähriger Baumaßnahmen) benötigt werden. In welcher Höhe Mittel für die Fortführung bereits begonnener Maßnahmen benötigt werden, ergibt sich aus der mittelfristigen Finanzplanung;

cc) die Kassenliquidität unter Berücksichtigung möglicher Kassenkredite (§ 89 GemO) nicht beeinträchtigt wird. Diese Voraussetzung dürfte dann vorliegen, wenn der nach § 20 Abs. 2 GemHVO geforderte Mindestbetrag in Höhe von 2% der Ausgaben des Verwaltungshaushalts nach dem Durchschnitt der drei dem Haushaltsjahr vorangehenden Jahre als Betriebsmittel der Kasse zur Verfügung steht.

Die Voraussetzungen aa) bis cc) müssen gleichzeitig (kumulativ) vorliegen. Erst dann ist die Verwendung der allgemeinen Rücklage im Verwaltungshaushalt zulässig. Diese Anhäufung von Ausnahmevoraussetzungen zeigt, dass die allgemeine Rücklage das letzte Mittel ist, den Verwaltungshaushalt auszugleichen.

Die Entnahme aus der allgemeinen Rücklage ist immer im Vermögenshaushalt zu veranschlagen (als vermögenswirksame Einnahme nach § 1 Abs. 1 Nr. 3 GemHVO). Die ausnahmsweise Weitergabe an den Verwaltungshaushalt geschieht dann als Ausgabe im Vermögenshaushalt (Zuführung i. S. von § 1 Abs. 1 Nr. 9 GemHVO, „umgekehrte" Zuführung) und Einnahme im Verwaltungshaushalt. Dasselbe gilt für die Verwendung von (seltenen) Sonderrücklagen, die für Zwecke des Verwaltungshaushalts bestimmt sind.

*d) Ausgleich des Verwaltungshaushalts mit Hilfe von Vermögenserlösen*

**132** Unter denselben Voraussetzungen wie die allgemeine Rücklage (vgl. c) dürfen nach § 22 Abs. 3 letzter Satz GemHVO auch Einnahmen aus der Veränderung des Anlagevermögens (z. B. aus Grundstücksveräußerungen) an den Verwaltungshaushalts weitergegeben werden – als umgekehrte Zuführung.

*e) Kein Fehlbetrag im Verwaltungshaushalt*

**133** Reicht die umgekehrte Zuführung nach Buchst. c) und d) nicht aus (oder sind solche Deckungsmittel gar nicht vorhanden), um den Verwaltungshaushalt auszugleichen, und kann der Ausgleich nicht durch Veranschlagung einer globalen Minderausgabe (§ 22 Abs. 4 GemHVO) hergestellt werden, so ist die Ausweisung eines gesonderten Fehlbetrags im Verwaltungshaushalt nicht zulässig.[50] Die nach § 22 Abs. 1 Satz 2 GemHVO ermittelte Zuführung des Verwaltungshaushalts an den Vermögenshaushalt muss auch dann durchgeführt werden, wenn dadurch die Ausgaben die Einnahmen des Verwaltungshaushalts übersteigen (Bruttoprinzip). Der zum Ausgleich erforderliche Betrag ist vom Vermögenshaushalt zu übernehmen. Nach der Meinung des IM ist es also unter den genannten Voraussetzungen beim Jahresabschluss notwendig, dass im gleichen Jahr eine Zuführung an den Vermögenshaushalt und eine (umgekehrte) Zuführung an den Verwaltungshaushalt erfolgt.

#### 2.5.2.2 Haushaltsausgleich im Vermögenshaushalt[51]

Soweit die Einnahmen des Vermögenshaushalts (einschließlich Zuführung vom Verwaltungshaushalt) im betreffenden Haushaltsjahr nicht für **134**
andere Ausgaben des Vermögenshaushalts benötigt werden, sind sie der allgemeinen Rücklage zuzuführen (§ 22 Abs. 2 GemHVO).

Mit dieser Zuführung (als Ausgabe an die Rücklage) gleicht sich der Vermögenshaushalt aus. Dies gilt sowohl für den Haushaltsplan als auch beim Jahresabschluss (§ 41 Abs. 3 GemHVO) für die Haushaltsrechnung. Ein Überschuss wird beim Jahresabschluss des Vermögenshaushalts nicht mehr ausgewiesen (ebensowenig wie beim Abschluss des Verwaltungshaushalts).

Die Zuführung an die allgemeine Rücklage muss so bemessen sein, dass die nach § 20 Abs. 2 und 3 GemHVO vorgeschriebenen Rücklagen angesammelt werden können. Erforderlichenfalls sind dazu andere Ausgaben im Haushaltsplan zu kürzen oder Einnahmen zu erhöhen – unter Einhaltung der Finanzierungsrangfolge nach § 78 GemO. Ausgeschlossen ist jedoch eine Finanzierung der Rücklagenzuführung aus Kreditaufnahmen (§ 87 Abs. 1 GemO).

Ein Fehlbetrag (§ 46 Nr. 7 GemHVO) ist im Vermögenshaushalt auch nach dem neuen Haushaltsrecht auszuweisen.

Allerdings kann im Rahmen der Gesamtdeckung[52] nur noch ein Fehlbetrag beim Abschluss des Vermögenshaushalts entstehen. Der Fehlbetrag soll unverzüglich gedeckt werden; er ist spätestens im dritten, dem Entstehungsjahr folgenden Jahr zu veranschlagen, d. h. in den Haushaltsausgleich einzubeziehen. Ausnahme vgl. § 23 Satz 2 GemHVO.

50 Vgl. Nr. 3 der VwV zu § 95 GemO.
51 Zu Inhalt und Abgrenzung des VmH und VwH vgl. § 1 GemHVO.
52 Vgl. Rdnrn. 152 ff.

### 2.6 Grundsatz der Haushaltswahrheit und -klarheit

#### 2.6.1 Errechnung, Schätzung von Ansätzen

135 Die Haushaltsansätze sind – soweit nicht errechenbar – sorgfältig zu schätzen (§ 7 Abs. 1 GemHVO).[53] Unwahre Ansätze, d. h. zu hohe Einnahmeansätze und zu niedrige Ausgabeansätze, gefährden außerdem den echten Haushaltsausgleich. Im umgekehrten Fall (zu niedrige Einnahmeansätze, zu hohe Ausgabeansätze), d. h., wenn der Haushaltsplan zu viele „stille Reserven" enthält, führt dies zu einem überhöhten Kreditbedarf und damit zu einer unwirtschaftlichen Finanzierung. Auch die Veranschlagung einer globalen Minderausgabe (beim Epl. 9) ist nur in begrenztem Umfang zulässig (§ 22 Abs. 4 GemHVO).

Reale Schätzungen sind trotz größter Sorgfalt nicht immer möglich. Es sei nur auf die Schwierigkeiten hingewiesen, die bei rechtzeitiger Aufstellung des Haushaltsplans die Schätzung des Gewerbesteueraufkommens[54] verursacht.

Erhebliche Fehleinschätzungen, die zu einer Gefährdung des Haushaltsausgleichs führen, können die Berichtspflicht (§ 28 GemHVO), den Erlass einer haushaltswirtschaftlichen Sperre (§ 29 GemHVO) oder die Korrektur der Ansätze durch einen Nachtragshaushalt (§ 82 Abs. 2 GemO) erforderlich machen.

Dem Haushaltsgrundsatz der Haushaltswahrheit dient auch die Vorschrift des § 10 GemHVO. Auf die Ausführungen bei Rdnr. 137 ff. wird verwiesen.

#### 2.6.2 Haushaltssystematik

136 Die Haushaltsklarheit verlangt einen systematischen Aufbau des Haushaltsplans. § 7 Abs. 3 GemHVO schreibt die Veranschlagung der Einnahmen einzeln nach ihrem Entstehungsgrund und der Ausgaben nach Einzelzwecken vor. Die Zwecke müssen hinreichend bestimmt sein. Für denselben Zweck sollen Ausgaben nicht an verschiedenen Stellen veranschlagt werden (§ 7 Abs. 4 GemHVO).

Die für den gesamten Haushalt (Vermögens- und Verwaltungshaushalt) der Gemeinden (GV) geltende Haushaltssystematik ist den Gemeinden im Interesse der Einheitlichkeit und Vergleichbarkeit vorgeschrieben.[55] Ein Mindestmaß an Gliederung (nach Aufgabenbereichen) und Gruppierung (nach Arten der Einnahmen und Ausgaben) ist für alle Gemeinden verbindlich. Eine weitergehende Gliederung und Gruppierung auf dieser Grundlage ist für die umfangreichen Haushalte größerer Städte erforderlich.

53 Hilfsmittel: Orientierungsdaten des Landes Baden-Württemberg (Haushaltserlass).
54 Vgl. dazu *Vogt*, Steuerschätzprobleme bei der Gewerbesteuer, ZfK 1981, S. 222.
55 Vgl. Rdnrn. 216 ff.

Werden alle Einnahmen und Ausgaben Budgets zugeordnet, können die Gliederung und der Teilabschluss im Haushaltsplan abweichend von § 2 Abs. 1 Nr. 2, § 4 Satz 1 Nr. 1 und § 5 Abs. 1–3 GemHVO nach Budgets dargestellt werden, § 16 Abs. 2 S. 3 GemHVO.[56] Die finanzstatistischen Meldungen sind dagegen nach wie vor entsprechend der kommunalen Haushaltssystematik nach der VwV Gliederung und Gruppierung abzugeben.

Der Haushaltsklarheit dienen auch die Erläuterungen im Haushaltsplan (§ 15 GemHVO) sowie die dem Haushaltsplan beizufügenden Pflicht- oder freiwilligen Anlagen (§ 2 Abs. 2 GemHVO).

#### 2.6.3 Investition[57] und Investitionsförderungsmaßnahmen[58]

##### 2.6.3.1 Veranschlagungsunterlagen

Für Baumaßnahmen[59] dürfen Ausgaben und Verpflichtungsermächtigungen nach § 10 Abs. 3 GemHVO erst veranschlagt werden, wenn folgende Unterlagen vorliegen: **137**

a) Pläne, Kostenberechnungen und Erläuterungen. Voraussetzung für einigermaßen zutreffende Kostenberechnungen sind eingehende technische Pläne (Detailpläne). Grobe Planskizzen (Rohentwürfe) sind keine ausreichende Unterlage für Kostenberechnungen, die den Anforderungen des § 7 Abs. 1 GemHVO (sorgfältige Schätzung der Ausgaben, soweit nicht errechenbar) entsprechen. **138**

   Auf der Grundlage dieser Pläne erfolgt die Kostenermittlung (Kostenschätzung/-berechnung) nach Flächen- oder Rauminhalten (... DM x $m^2/m^3$), auch Kostenvoranschlag genannt. Die Kostenermittlung für das Bauwerk gliedert sich – entsprechend DIN 276 – in die Positionen Baukosten (Baukonstruktion) und Einrichtungskosten (je mit den entsprechenden Unterpositionen wie Installation, betriebstechnische Anlagen und betriebliche Einbauten) und Grunderwerbskosten. Der endgültige Kostenanschlag nach den Ausschreibungsergebnissen für die Bauleistungen (als Ausgangswert für die spätere Bauabrechnung durch den Bauleiter) lässt sich erst nach Durchführung der Vergabe[60] erstellen.

   Erfolgt die Veranschlagung im Haushaltsplan früher, was die Regel sein dürfte, ist nicht der Kostenanschlag, sondern der Kostenvoranschlag Veranschlagungsunterlage i. S. von § 10 Abs. 3 GemHVO. Die Erläute-

56 Eine neue Haushaltsgliederung ist beabsichtigt. Diskutiert wird, ob die Organisationsstruktur oder Produkte abgebildet oder eine kombinierte Abbildung (Organisationsstruktur und Produkte/Leistungen) in Betracht kommen sollen.
57 Unter Investitionen ist jede Ausgabe zur Veränderung (Vermehrung) des Anlagevermögens zu verstehen (§ 46 Nr. 13 GemHVO). Das sind Ausgaben für den Erwerb von Vermögensgegenständen und für Baumaßnahmen (§ 46 Nr. 4 GemHVO).
58 Vgl. § 46 Nr. 14 GemHVO.
59 Vgl. § 46 Nr. 4 GemHVO.
60 Vgl. Rdnrn. 347 ff.

rungen geben Auskunft über die Art der Ausführung der Baumaßnahme (Baubeschreibung), den Grundstücksbedarf, Standortfragen u. a.

139 b) Ein Bauzeitplan, das heißt eine zeitliche Darstellung der Bauvorbereitungen und des Bauablaufs unter Beachtung eines rationellen Baufortschritts. Bei Mehrjahresvorhaben ist der jährliche Bedarf an Ausgabemitteln (Jahresraten) aus dem Bauzeitplan zu ermitteln und in den entsprechenden Haushaltsplänen zu veranschlagen (als Ausgabe oder Verpflichtungsermächtigung). Im Haushaltsplan sind neben der veranschlagten Jahresrate die Gesamtausgaben für die Maßnahme und die bisher bereitgestellten Ausgabemittel anzugeben – § 5 Abs. 4 i. V. m. § 10 Abs. 1 GemHVO.

Die in den folgenden Jahren erforderlichen Ausgaben sind bei der Finanzplanung zu berücksichtigen (§ 10 Abs. 1 Satz 2 GemHVO).

140 c) Als Ergänzung zu den ausgabebezogenen Unterlagen a) und b) ist in den Erläuterungen noch darzustellen, welche speziellen Einnahmen zu der Baumaßnahme zu erwarten sind. § 10 Abs. 3 GemHVO nennt diese Einnahmen „Kostenbeteiligung Dritter". Dabei handelt es sich um Einnahmen nach § 1 Abs. 1 Nr. 4 GemHVO wie Zuweisungen von Bund, Land und Landkreis sowie Erschließungs- und Abwasserbeiträge. Anzugeben sind sowohl die voraussichtliche Höhe dieser Deckungsmittel als auch das Jahr ihres voraussichtlichen Eingangs (Veranschlagung nach Kassenwirksamkeit). Eine verbindliche Zusage (Bewilligungsbescheid) ist jedoch nicht Voraussetzung für die Veranschlagung von Investitionszuweisungen. Diese muss nach § 27 Abs. 1 GmHVO[61] erst bei Beginn der Baumaßnahme vorliegen, soweit nicht eine sogenannte Unschädlichkeitsbescheinigung[62] einen vorherigen Baubeginn erlaubt.

141 d) Die nach Fertigstellung der Maßnahme entstehenden jährlichen Haushaltsbelastungen (Folgekosten)[63] sind zu schätzen. Sie umfassen die Personalausgaben, den sächlichen Verwaltungs- und Betriebsaufwand und – soweit es sich um kostenrechnende Einrichtungen handelt, die kalkulatorischen Kosten (Abschreibungen und Kapitalverzinsung). Bei Investitionen, die keine kostenrechnende Einrichtungen betreffen, treten an die Stelle der kalkulatorischen Kosten anteilige Zinsen und Tilgungen für evtl. erforderliche Kredite. Andererseits sind auch die voraussichtlichen Einnahmen (Folgeeinnahmen) wie Entgelte aus kostenrechnenden Einrichtungen und Beträge zu berücksichtigen. Als Differenz ergibt sich die künftige Nettobelastung des Haushalts.

61 Vgl. Rdnrn. 313 ff.
62 Zur Erteilung von Unschädlichkeitsbescheinigungen vgl. Rdnr. 316 (Buchst. e).
63 Vgl. *Schmid*, Folgekosten kommunaler Investitionen, BWVPr 1982, S. 122 und *Lenk*, Folgelasten – ein Dauerproblem für die Gemeinden, GH 1987, S. 217. Vgl. auch Fn 66.

Diese Folgekosten und -einnahmen sind auch in den mittelfristigen Finanzplan aufzunehmen.

e) Bei unbedeutenden Baumaßnahmen und unabweisbaren Instandsetzungen kann auf die Veranschlagungsunterlagen a) bis d) verzichtet werden (Ausnahmen nach § 10 Abs. 4 GemHVO). Für sie müssen aber vor Baubeginn mindestens eine Kostenberechnung, bei größeren Instandsetzungen außerdem ein Bauzeitplan vorliegen (§ 27 Abs. 2 GemHVO). **142**

Die Veranschlagungsunterlagen a) bis e) dienen dem Gemeinderat als Grundlage für die Haushaltsplanberatungen. Für die Verwaltung sind die Unterlagen eine Rechtfertigung der betreffenden Haushaltsansätze im Haushaltsplanentwurf. **143**

Für die erstmalige Aufnahme einer Baumaßnahme in den mittelfristigen Finanzplan, das heißt schon mehrere Jahre vor ihrer Veranschlagung im Haushaltsplan, sind deren Ausgaben und Einnahmen grob vorauszuschätzen. An diese erste Vorausschätzungen können aber in puncto Genauigkeit und Detailangaben nicht dieselben Anforderungen gestellt werden wie an die Unterlagen a) bis d) für die Veranschlagung im Haushaltsplan. Dies schon deshalb nicht, weil zu jenem frühen Zeitpunkt die technische Planung in der Regel noch gar nicht so weit vorangeschritten ist.

#### 2.6.3.2 Kostenvergleich (§ 10 Abs. 2 GemHVO), Nutzen-Kosten-Analyse

a) Vor der Beschlussfassung über Investitionen[64] von erheblicher finanzieller Bedeutung – in der Regel also schon vor ihrer Veranschlagung im Haushaltsplan – soll durch Vergleich der Kosten (Kostenvergleichsrechnung als statische Investitionsrechnung[65]) die wirtschaftlichste Lösung ermittelt und dann im Haushaltsplan veranschlagt werden.[66] **144**

Diese frühzeitige Darstellung von Alternativen – deshalb auch Alternativrechnung genannt – soll dem Gemeinderat seine Entscheidung ermöglichen, bevor mit der zeit- und kostenaufwendigen Detailplanung für die Baumaßnahme begonnen wird. Die Detailplanung für die beschlossene wirtschaftlichste Lösung erbringt dann die Unterlagen für die Veranschlagung im Haushaltsplan.

64 Unter Investitionen ist jede Ausgabe zur Veränderung (Vermehrung) des Anlagevermögens zu verstehen (§ 46 Nr. 13 GemHVO). Das sind Ausgaben für den Erwerb von Vermögensgegenständen und für Baumaßnahmen (§ 46 Nr. 4 GemHVO).

65 Vgl. *Müller-Hedrich* und *Schmid,* Wirtschaftlichkeitsrechnungen für kommunale Investitionen, ZKF 1981, S. 182 und 202 und *Lüder/Dubber,* Investitionsrechnungen für öffentliche Investitionen am Beispiel eines städt. *Hallenbads,* ZögU, Band 7, Heft 3, 1984.

66 Für die typischen kommunalen Einrichtungen bis hin zu den Straßen hat das ifo-Institut für Wirtschaftsforschung München 1992 eine empirisch fundierte Studie (2 Bände) aktualisiert, in der neben den Herstellungskosten auch die Folgelasten für solche Einrichtungen ausgewiesen sind. Vgl. auch *Lenk,* Der Investitions- und Folgelastenplaner für Kommunen. 70 000 aktuelle Orientierungswerte für alle wichtigen Gemeindeeinrichtungen, 1996.

145 b) Verglichen kann nur werden, wenn mehrere Lösungsmöglichkeiten in Frage kommen. Bei der Erstellung eines Schulgebäudes z. B. die herkömmliche Bauweise und die Fertigbauweise oder Teilfertigbauweise.[67] Stehen mehrere Lösungsmöglichkeiten (Entwürfe) aus einem Bauwettbewerb (Architektenwettbewerb) zur Verfügung, so wird nicht zuletzt die Wirtschaftlichkeit ausschlaggebend dafür sein, welcher Entwurf ausgeführt werden soll. Dies wird in der Regel der mit dem ersten Preis ausgezeichnete Entwurf sein. Der Gemeinderat ist insoweit an die Entscheidungen des Preisgerichts bei der Preisvergabe gebunden, als er weitere Architektenleistungen wie Detailplanung und Bauleitung nur an einen Preisträger (1., 2., 3. Preis) vergeben darf, nicht dagegen an einen nur mit einem Ankauf bedachten Teilnehmer.[68]

Auch der Standort eines Bauwerkes kann seine Baukosten und Grunderwerbskosten erheblich beeinflussen. Bei der Standortwahl sind deshalb auch wirtschaftliche Gesichtspunkte mit zu berücksichtigen. Zu vergleichen ist aber auch, ob eine gemeinsame Investition mehrerer Gemeinden im Wege der kommunalen Zusammenarbeit (Zweckverband) oder eine Zusammenarbeit mit privaten Trägern für die einzelne Gemeinde nicht wirtschaftlicher ist.

146 c) Verglichen werden sollen nicht nur die Herstellungs- und Anschaffungskosten, sondern auch die Folgekosten.[69] Das sind die laufenden jährlichen Betriebs- und Unterhaltungskosten (sächliche und persönliche).[70] Dieser Vergleich soll verhindern, dass einer Lösung der Vorzug gegeben wird, die in der Anschaffung oder Herstellung günstiger ist, während entsprechend höhere laufende Kosten diese Vorteile übersteigen. Bei der Ermittlung der wirtschaftlichsten Lösung sind deshalb auch die Folgekosten zu berücksichtigen.

147 d) Die über den Kostenvergleich hinausgehende Nutzen-Kosten-Analyse[71] ist für kommunale Investitionen nicht vorgeschrieben. Den Gemeinden – insbesondere den größeren Städten – ist aber zu empfehlen, für geeignete Maßnahmen von erheblicher finanzieller Bedeutung solche Nutzen-Kosten-Untersuchungen anzustellen. Bund und Länder sind nach § 6 Abs. 2 HGrG dazu verpflichtet.[72]

67 Vgl. *Gehring*, Das Bauen mit Fertigteilen, BWVPr 1978, S. 71.
68 Vgl. BGH, Urt. vom 3. 11. 1983, NJW 1984, S. 1533.
69 Vgl. *Schmid*, Folgekosten kommunaler Investitionen, in: BWVPr 1982, S. 122 und *Lenk*, Folgelasten – ein Dauerproblem für die Gemeinden, GH 1987, S. 217. Vgl. auch Fn 66.
70 Vgl. Rdnr. 141. Es wird empfohlen, die Unterhaltungskosten mit einem Mittelwert (geschätzter jährlicher Durchschnitt für die voraussichtliche Nutzungsdauer) anzusetzen und bei den kalkulatorischen Zinsen von der Durchschnittswert-Methode (vgl. Rdnr. 828) auszugehen.
71 Vgl. *Mertens*, Die Kosten-Nutzen-Untersuchung als Instrument der Wirtschaftlichkeitsmessung in der öffentlichen Verwaltung, GH 1982, S. 135 (mit zahlreichen Literaturhinweisen).
72 Vgl. dazu RdSchr. des FM BW zur Erläuterung der Durchführung von Nutzen-Kosten-Untersuchungen (§ 7 LHO) vom 21. 9. 1979, GABl. S. 1177.

Liegt eine Nutzen-Kosten-Analyse vor, wird der einfachere Kostenvergleich nach § 10 Abs. 2 GemHVO überflüssig. Eine Nutzen-Kosten-Analyse[69] ist keine einzelwirtschaftliche Erfolgsrechnung, in der Ertrag und Aufwand bzw. Leistung und Kosten gegenübergestellt werden. Bei der Erfüllung von Gemeinschaftsaufgaben im öffentlichen Interesse kommt es vielmehr auf den gesellschaftlichen (sozialen) Nutzen und die gesellschaftlichen (sozialen) Kosten an. Ist dieser Nutzen größer, als diese Kosten sind, lohnt sich die Maßnahme i. S. einer öffentlichen Aufgabenerfüllung. Die Schwierigkeiten einer Nutzen-Kosten-Analyse liegen unter anderem darin, den gesellschaftlichen Nutzen und die gesellschaftlichen Kosten zu erfassen und in Geld auszudrücken (zu monetarisieren). Diese Schwierigkeiten und die Tatsache, dass die gesamtwirtschaftlichen Auswirkungen nur für die Investitionsentscheidungen des Bundes von ausschlaggebender Bedeutung sind, haben dazu geführt, dass sich die Gemeinden auf die Auswirkungen in ihrem Bereich beschränken.[73] Für die Gemeinden empfiehlt Winkel[71] deshalb eine modifizierte Form der Nutzen-Kosten-Analyse, die „Nutzen-Nachteil-Analyse".

### 2.7 Bruttogrundsatz

#### 2.7.1 Grundsatz

Die Einnahmen und Ausgaben sind in voller Höhe und getrennt voneinander zu veranschlagen (§ 7 Abs. 2 GemHVO). Es ist also grundsätzlich nicht zulässig, Ausgaben vorweg von den Einnahmen (oder umgekehrt) abzuziehen und nur Differenzbeträge netto zu veranschlagen. **148**

*Beispiele:*

- Die Gewerbesteuer ist voll als Einnahme, die Gewerbesteuerumlage als Ausgabe im Verwaltungshaushalt der Gemeinden zu veranschlagen.
- Einnahmen aus Krediten sind in Höhe der Rückzahlungsverpflichtungen zu veranschlagen (§ 14 Abs. 1 GemHVO). Auszahlungsabzüge wie Disagio, einmaliger Verwaltungskostenbeitrag sind als Kreditbeschaffungskosten im Vermögenshaushalt in Ausgabe zu veranschlagen.
- Bei Grundstückstausch ist der Tauschwert im Vermögenshaushalt in Einnahme und Ausgabe darzustellen.

#### 2.7.2 Ausnahmen

2.7.2.1 Abgaben, abgabenähnliche Entgelte (z. B. Eintrittsgelder, Pflegesätze) und allgemeine Zuweisungen (zum Beispiel nach dem FAG), die die Gemeinde zurückzuzahlen hat, sind keine haushaltsrechtlichen Ausgaben. Sie sind als Ausgabe weder im Haushaltsplan zu veranschlagen noch in der Haushaltsrechnung zu buchen. Sie sind bei den Einnahmen abzusetzen, auch wenn sie sich auf Einnahmen der Vorjahre beziehen (§ 14 Abs. 2 GemHVO). Dies bedeutet eine Vereinfachung bei der Pla- **149**

73 BWVPr 1983, S. 92.

nung und Abwicklung dieser Rückzahlungen. Andere Rückzahlungen sind nach § 30 GemKVO zu behandeln.

150 2.7.2.2 Bei Sanierungs-, Entwicklungs- und Umlegungsmaßnahmen werden die Netto-Beträge veranschlagt, wenn die Maßnahmen nach § 50 GemHVO über eine Sonderrechnung im Sachbuch für haushaltsfremde Vorgänge abgewickelt werden.

151 2.7.2.3 Die globale Minderausgabe (§ 22 Abs. 4 GemHVO) stellt ebenfalls eine Ausnahme von der Bruttoveranschlagung dar, weil die zunächst veranschlagten Ausgaben durch einen Minusbetrag wieder gekürzt werden.

## 2.8 Grundsatz der Gesamtdeckung

### 2.8.1 Grundsatz

152 Im Verwaltungshaushalt und im Vermögenshaushalt sind Einnahmen nicht für bestimmte Ausgaben gebunden. Die Einnahmen des Verwaltungshaushalts dienen insgesamt zur Deckung aller Aus gaben des Verwaltungshaushalts. Auch die Einnahmen des Vermögenshaushalts sind Gesamtdeckungsmittel. Eine Reservierung von Einnahmen zugunsten bestimmter Ausgaben ist mit dem Grundsatz der Gesamtdeckung (§ 16 Abs. 1 GemHVO) nicht vereinbar. Im Vermögenshaushalt bewirkt das Gesamtdeckungsprinzip eine zentrale Kredit- und Rücklagenwirtschaft.

Der Grundsatz der Gesamtdeckung gilt jedoch nur insoweit, als in der GemHVO nichts anderes bestimmt ist, d. h. er kann durchbrochen werden, wenn eine haushaltsrechtliche Vorschrift dies zulässt. Solche haushaltsrechtlichen Vorschriften finden sich in den §§ 16 Abs. 2 und 17 GemHVO.

### 2.8.2 Ausnahmen vom Grundsatz der Gesamtdeckung

#### 2.8.2.1 Bildung von Budgets

153 § 16 Abs. 2 GemHVO lässt die Bildung von Budgets in ausgewählten Organisationseinheiten (z. B. Schulen, Kindergärten u. a.) durch Haushaltsvermerk (§ 46 Nr. 11 GemHVO) oder flächendeckend für den Gesamthaushalt durch Plandarstellung (produkt- bzw. leistungsbezogen) zu.[74] Finanzielle Ressourcen werden global zugewiesen. Neben der Fachverantwortung wird damit auch die Kompetenz zum eigenverantwortlichen Umgang mit den Mitteln (Ressourcenverantwortung), mit deren Hilfe die Produkte (Leistungen) erstellt werden, übertragen. Über den Zuschnitt der Organisationseinheiten (Dezernate, Fachbereiche, Ämter) entscheidet der Bürgermeister (§ 44 Abs. 1 GemO). Ist der Geschäftskreis der Bei-

74 Eine Zusammenfassung der Budgetansätze des Verwaltungshaushalts und des Vermögenshaushalts ist nicht zulässig; weder bei Teilbudgetierung noch bei einer flächendeckenden Budgetierung.

geordneten tangiert, ist der Gemeinderat zu beteiligen. Im Hinblick auf die Auswirkungen der dezentralen Ressourcenverantwortung, sollte der Gemeinderat frühzeitig über eine Änderung der Organisationsstruktur informiert und ggf. beteiligt werden. Innerhalb des Budgets sind die Ausgaben im Verwaltungshaushalt und im Vermögenshaushalt jeweils für sich gegenseitig deckungsfähig (vgl. Rdnr. 168). Im Verwaltungshaushalt kann daneben das Budget (Ausgaben) auch zu Gunsten von Ausgaben desselben Budgets im Vermögenshaushalt für einseitig deckungsfähig erklärt werden (vgl. Rdnr. 168). Die Zweckbindung von Einnahmen für bestimmte Ausgaben innerhalb eines Fachbereichs ist möglich (§ 17 Abs. 1 Satz 2 Nr. 2 GemHVO); ein sachlicher Zusammenhang besteht zwischen den Einnahmen und Ausgaben des Budgets. Macht die Gemeinde von der Möglichkeit der flächendeckenden Budgetierung Gebrauch, führt die flächendeckende Zweckbindung von Einnahmen zwangsläufig zu einer Aushöhlung des Gesamtdeckungsprinzips (vgl. Rdnr. 157). Nunmehr dienen alle Einnahmen im Budget insgesamt zur Deckung aller Ausgaben des Budgets. Mehreinnahmen verbleiben im Budget und stehen zur Finanzierung von (Mehr-)ausgaben im Budget zur Verfügung. Konsequenterweise gilt diese Regelung auch im umgekehrten Fall, d. h. Mindereinnahmen oder Mehrausgaben im Budget gehen (zunächst) zu Lasten desselben.[75] Die Budgetverantwortlichen müssen dann die Inanspruchnahme von Ausgaben des Budgets durch eine interne haushaltswirtschaftliche Sperre so lange und insoweit aufschieben, wie es die Entwicklung der Einnahmen und Ausgaben im Budget erfordert, ggf. ist eine Nachbewilligung bzw. Aufstockung des Budgets zu veranlassen.[76] Die Budgetbildung und die Zusammenfassung der Aufgaben- und Finanzverantwortung in den Budgetbereichen bewirkt eine flexiblere und wirtschaftliche Aufgabenerledigung und ermöglicht auch aufgrund der Regelung in § 18 Abs. 6 GemHVO einen beweglicheren Haushaltsvollzug. Erste Erfahrungen zeigen, dass in den budgetierten Verwaltungseinheiten den Grundsätzen der Wirtschaftlichkeit und Sparsamkeit besonders Rechnung getragen wird.

Für den Fall der flächendeckenden Budgetierung (nicht dagegen bei Teilbudgetierung) dürfen die Gemeinden von der Gliederungssystematik nach der VwV Gliederung und Gruppierung abweichen (§ 16 Abs. 2 S. 3 GemHVO). Die Finanzstatistik ist allerdings auch bei flächendeckender Budgetierung nach wie vor nach der VwV Gliederung und Gruppierung zu fertigen.

75 Die GemO und die GemHVO enthalten keine Regelungen zur Abwicklung von Budgetüberschüssen oder Budgetfehlbeträgen.
76 Vgl. dazu auch Rdnr. 241.

2.8.2.2 Zweckbindung von Einnahmen

154 2.8.2.2.1 Einnahmen des Verwaltungshaushalts und des Vermögenshaushalts sind kraft Gesetz nur dann zur Finanzierung bestimmter Ausgaben zweckgebunden, wenn sich aus einer rechtlichen Verpflichtung diese Zweckbindung ergibt (§ 17 Abs. 1 Satz 1 GemHVO). Diese Verpflichtung liegt vor z. B. bei Ablösungsbeiträgen aus der Stellplatzverpflichtung, bei Stiftungserträgen aus dem Stiftungszweck und bei Sponsoringverträgen. Eine Zweckbindung für Spenden ergibt sich aus § 17 Abs. 1 Satz 1 GemHVO, wenn der Spenderwille unzweifelhaft ist (privatrechtliche Verpflichtung). Bei staatlichen Zuwendungen – z. B. für eine kommunale Investition – ergibt sich die Zweckbindung aus dem Bewilligungsbescheid, falls sie nicht schon kraft Gesetzes besteht (z. B. Landeszuweisungen im Rahmen des Verkehrslastenausgleichs nach § 24 Abs. 5 FAG).

155 2.8.2.3 Neben der Zweckbindung von Einnahmen kraft Gesetz können die Gemeinden durch Haushaltsvermerk (§ 46 Nr. 11 GemHVO) weitere Einnahmen auf die Verwendung bestimmter Ausgaben beschränken, und zwar dann, wenn die Beschränkung sich aus der Herkunft oder Natur der Einnahmen ergibt (§ 17 Abs. 1 S. 2 Nr. 1 GemHVO), z. B. bei Spenden, wenn der Spenderwille zweifelhaft ist oder ein sachlicher Zusammenhang dies erfordert und durch die Zweckbindung die Bewirtschaftung der Mittel erleichtert wird (§ 17 Abs. 1 Satz 2 Nr. 2 GemHVO). Letzteres ist der Fall, wenn zwischen den Einnahmen und Ausgaben im Einzelfall eine unmittelbare Verbindung besteht (z. B. innerhalb eines Budgets). Von dieser Regelung werden aber auch insbesondere die nicht budgetierten Verwaltungseinheiten Gebrauch machen.[77] Nicht übersehen werden darf, dass aufgrund der Regelungen in den § 16 Abs. 2 und § 17 Abs. 1 und 4 GemHVO der Grundsatz der Gesamtdeckung ausgehöhlt wird, was letztlich eine einheitliche Haushaltswirtschaft erschwert.

156 2.8.2.4 Zweckgebundene Mehreinnahmen dürfen – auch ohne ausdrückliche Bestimmung im Haushaltsplan – für entsprechende Mehrausgaben verwendet werden, sofern durch Haushaltsvermerk im Haushaltsplan nichts anderes bestimmt ist (§ 17 Abs. 1 Satz 3 GemHVO). Die Mehrausgaben gelten nicht als überplanmäßige Ausgaben, § 17 Abs. 3 GemHVO.

157 2.8.2.5 Eine flexible Haushaltsführung ermöglicht bei Planabweichungen auf der Einnahmenseite im Verwaltungshaushalt die Regelung in § 17 Abs. 2 GemHVO. Danach kann im Haushaltsplan bestimmt werden, dass Mehreinnahmen des Verwaltungshaushalts bestimmte Ausgabenansätze des Verwaltungshaushalts erhöhen und umgekehrt Mindereinnahmen be-

77 Z. B. Entgelte für bestimmte Leistungen können auf die Verwendung bestimmter Ausgaben für diese Leistungen beschränkt werden.

stimmte Ausgabenansätze vermindern. Solche „Verstärkungsvermerke" sind jedoch nicht zulässig bei Mehreinnahmen aus allgemeinen Zuweisungen, Umlagen und teilweise bei Steuern. Für Mehreinnahmen aus Steuern (z. B. Gewerbesteuer) ist eine Zweckbindung der Mehreinnahmen bis zur Höhe der aus ihnen berechneten überplanmäßigen Umlageverpflichtungen (z. B. zusätzliche Gewerbesteuerumlage aufgrund von Mehreinnahmen) möglich.

2.8.2.6 Unter den Voraussetzungen des § 17 Abs. 1 GemHVO besteht die Zweckbindung von Einnahmen auch im Vermögenshaushalt (§ 17 Abs. 4 GemHVO). **158**

2.8.2.7 Gehen im Laufe des Jahres mehr zweckgebundene Einnahmen ein, als Ausgaben für diesen Zweck geleistet werden, so können die nicht benötigten Einnahmen von den Einnahmen abgesetzt und ins folgende Jahr übertragen werden (§ 14 Abs. 3 Nr. 1 GemHVO). Dort sind sie dann zweckentsprechend zu verwenden (oder weiter zu übertragen). **159**

Eine andere als die zweckentsprechende Verwendung würde der Zweckbindung widersprechen. Die Abgabe zweckgebundener Haushaltsmittel an andere HHSt. (andere Zwecke) etwa im Rahmen eines Deckungsvermerks[78] ist deshalb nicht zulässig.

## 2.9 Sonstige Haushaltsgrundsätze

### 2.9.1 Grundsatz der Einzelveranschlagung

2.9.1.1 Eine echte Bindung der Verwaltung an den Haushaltsplan (§ 80 Abs. 3 GemO) ist nur möglich, wenn die Einnahmen und Ausgaben einzeln veranschlagt werden. § 7 Abs. 3 GemHVO verlangt deshalb die Veranschlagung nach Entstehungsgrund bzw. Einzelzweck nicht nur aus Gründen der Haushaltsklarheit.[79] **160**

Bei Beachtung des verbindlichen Gliederungs- und Gruppierungsplans[80] ist dem Grundsatz der Einzelveranschlagung Genüge getan.

2.9.1.2 Die zulässigen Ausnahmen von der Einzelveranschlagung sind – weil sie zugleich Ausnahmen von der sachlichen Bindung darstellen – bei 2.9.2.2 aufgeführt.

### 2.9.2 Grundsatz der sachlichen Bindung

2.9.2.1 Dem Prinzip der Einzelveranschlagung entspricht bei der Ausführung des Haushaltsplans – d. h. bei der Bewirtschaftung der Haushaltsmittel, der Anordnung und der Buchführung – der Grundsatz der sachlichen Bindung (§ 80 Abs. 3 GemO) an den im Haushaltsplan be- **161**

78 Zur Deckungsfähigkeit vgl. Rdnrn. 167 ff.
79 Vgl. Rdnrn. 135 ff.
80 Vgl. Rdnrn. 216 ff.

zeichneten Zweck. Bei den Ausgaben erstreckt sich die sachliche Bindung auch auf die Höhe der bereitgestellten Mittel.

Die sachliche Bindung an den Haushaltsplan ist nur eine interne. Gebunden sind nur die Verwaltung und der Gemeinderat. Ansprüche und Verbindlichkeiten werden durch den Haushaltsplan weder begründet noch aufgehoben (§ 80 letzter Satz GemO).

Auch die Haushaltssatzung wirkt nach außen nur bezüglich der Festsetzung der Realsteuerhebesätze.

**162** 2.9.2.2 Ausnahmen von den Grundsätzen der Einzelveranschlagung und der sachlichen Bindung:

**163** a) Ansätze ohne Einzelzweck (§ 7 Abs. 3 GemHVO).

aa) Vermischte Einnahmen und Ausgaben

**164** Im Verwaltungshaushalt – nur hier – können geringfügige Beträge für verschiedene Zwecke als vermischte Einnahmen oder Ausgaben zusammengefasst werden.

Was geringfügige Beträge sind, richtet sich nach dem Volumen des betreffenden Verwaltungshaushalts. Die absolute Werte schwanken deshalb zwischen einer Großstadt und einer kleineren Gemeinde erheblich.

bb) Verfügungsmittel

**165** Dieser Haushaltsansatz im Verwaltungshaushalt steht dem Bürgermeister für dienstliche Zwecke zur Verfügung, soweit nicht an anderer Stelle des Haushalts Mittel für den betreffenden Einzelzweck veranschlagt sind (§ 46 Nr. 27 GemHVO).

Bei der Veranschlagung und Bewirtschaftung der Verfügungsmittel sind die allgemeinen Haushaltsgrundsätze der Wirtschaftlichkeit und Sparsamkeit[81] zu beachten. Was als angemessene Höhe i. S. von § 11 GemHVO zu betrachten ist, ist nach diesen Grundsätzen zu beurteilen.

Verfügungsmittel dürfen nicht überschritten werden. Sie sind nicht deckungsfähig (§ 18 Abs. 3 GemHVO) und auch nicht übertragbar (§ 11 Satz 2 GemHVO).

cc) Deckungsreserve

**166** Sie tritt im Verwaltungshaushalt an die Stelle der früheren Verstärkungsmittel. Letztere dienten der Verstärkung von Ausgabeansätzen, bei denen sonst überplanmäßige Ausgaben entstanden wären; sie vermieden also überplanmäßige Ausgaben.

81 Vgl. Rdnr. 103.

Die Deckung durch Deckungsreserve erfolgt dagegen nicht durch Übertragung des Haushaltssolls von der Haushaltsstelle „Deckungsreserve" (91.85 bzw. 91.47) zu der zu verstärkenden HHSt. Bei der letztgenannten HHSt. entsteht vielmehr eine über- oder außerplanmäßige Ausgabe, die als solche nach § 84 GemO zu behandeln ist.[82] Ihre Deckung geschieht aus der Deckungsreserve, solange diese noch nicht verbraucht ist. Die Haushaltsstelle „Deckungsreserve" ist nur Veranschlagungsstelle, aber nicht Buchungsstelle. Um jederzeit einen Überblick über die noch verfügbare Deckungsreserve zu haben, muss diese von zentraler Stelle (Stadtkämmerei) verwaltet werden. Der Ansatz der Deckungsreserve darf nicht überschritten werden und ist nicht übertragbar (§ 11 GemHVO).

Nach dem eindeutigen Wortlaut des § 11 Nr. 2 GemHVO steht die Deckungsreserve nur zur Abdeckung von über- und außerplanmäßigen Ausgaben im Verwaltungshaushalt zur Verfügung. Für Zwecke des Vermögenshaushalts kann sie somit nicht in Anspruch genommen werden. Wird die Deckungsreserve nicht bzw. nur teilweise in Anspruch genommen, erhöht sich die Zuführung zum Vermögenshaushalt entsprechend. Im Vermögenshaushalt können dann die Mehreinnahmen aus der Zuführung vom Verwaltungshaushalt als Deckungsnachweis für Mehrausgaben i. S. von § 84 Abs. 1 GemO herangezogen werden.

b) Die Deckungsfähigkeit von Ausgabemitteln stellt eine weitere Aus- **167**
nahme vom Grundsatz der sachlichen Bindung der Ausgabemittel dar. Durch sie soll die Haushaltsführung beweglicher werden. In Verbindung mit der Möglichkeit, Einsparungen im Verwaltungshaushalts auch für Investitionen verwenden zu können (§ 18 Abs. 5 GemHVO), bietet die Deckungsfähigkeit bei den Budgetverantwortlichen zusätzliche Anreize für wirtschaftliches Handeln.

aa) Bei der echten Deckungsfähigkeit dürfen Mittel für einen bestimm- **168**
ten Einzelzweck (einer bestimmten Ausgabe-HHSt.) für einen anderen Einzelzweck (für eine andere Ausgabe-HHSt.) verwendet werden. Das Haushaltsvolumen verändert sich nicht, da die Gesamtsummen der Ausgaben sich nicht erhöhen. Mehrausgaben bei einer HHSt. stehen entsprechende Minderausgaben bei einer anderen HHSt. gegenüber. Dabei unterscheidet man die gegenseitige und einseitige Deckungsfähigkeit.

Bei gegenseitiger Deckungsfähigkeit dürfen die bei einer HHSt. ersparten Mittel zur Deckung des Mehrbedarfs bei einer anderen HHSt. verwendet werden und umgekehrt. Jeder der beteiligten HHSt. ist zugleich deckungsberechtigt und deckungspflichtig.

82 Vgl. Rdnrn. 271 ff.

Gegenseitig deckungsfähig sind die zu einem Budget gehörenden Ausgaben im Verwaltungshaushalts sowie die nicht zu einem Budget gehörenden Personalausgaben und Ausgaben in Sammelnachweisen (§ 8 GemHVO), falls im Haushaltsplan nichts anderes bestimmt ist (§ 18 Abs. 1 GemHVO).[83]

Ausgaben im Verwaltungshaushalt, die nicht zu einem Budget gehören und nicht bereits nach § 18 Abs. 1 GemHVO deckungsfähig sind, können durch Haushaltsvermerk oder eine allgemeine Regelung nach § 79 Abs. 2 Satz 2 GemO für gegenseitig oder einseitig deckungsfähig erklärt werden, wenn sie sachlich zusammenhängen.

Bei einseitiger Deckungsfähigkeit dürfen die bei einer HHSt. ersparten Mittel zur Deckung des Mehrbedarfs bei einer anderen (nur deckungsberechtigten) HHSt. verwendet werden, nicht dagegen umgekehrt.

Beispiele:

Für gegenseitige Deckungsfähigkeit im Verwaltungshaushalt: Ausgaben für die Unterhaltung von Gemeindestraßen (HHSt. 63.51), von Kreisstraßen – Ortsdurchfahrten, soweit in der Baulast der Gemeinde – (HHSt. 65.51) und von Bundes- und Landesstraßen – Ortsdurchfahrten, soweit in der Baulast der Gemeinde (HHSt. 66.51) oder Ausgaben für Schulausstattung in Hauptschulen (HHSt. 215.52 und Ausgaben für Lehr- und Unterrichtsmittel in Hauptschulen, HHSt. 215.591).

Sofern durch Haushaltsvermerk nichts anderes bestimmt ist, sind im Vermögenshaushalt die Ausgaben innerhalb eines Budgets ebenfalls kraft Gesetzes gegenseitig deckungsfähig. Außerhalb eines Budgets veranschlagte Ausgaben im Vermögenshaushalt können durch Beschluss des Gemeinderats für gegenseitig oder einseitig deckungsfähig erklärt werden, wenn zwischen ihnen ein sachlicher Zusammenhang besteht (§ 18 Abs. 4 GemHVO).

Erhält die Gemeinde für bestimmte Aufgaben (Ausgaben) zweckgebundene Einnahmen, hat sie durch einen entsprechenden Haushaltsvermerk die Zweckbindung sicherzustellen und die Deckungsfähigkeit ggf. einzuschränken.

Eine gegenseitige Deckungsfähigkeit zwischen Ausgaben des Verwaltungs- und Vermögenshaushalts ist ausgeschlossen. Zulässig ist nur eine einseitige Deckungsfähigkeit zugunsten des Vermögenshaushalts, d. h. Ausgaben im Budget des Verwaltungshaushalts können ganz oder teilweise (betragsmäßige Begrenzung durch Gemeinderat) durch Haushaltsvermerk (§ 46 Nr. 11 GemHVO) zugunsten von

83 Die generelle Deckungsfähigkeit der Budgetansätze kann durch Haushaltsvermerk beschränkt oder aufgehoben werden.

Ausgaben des Vermögenshaushalts für einseitig deckungsfähig erklärt werden (§ 18 V GemHVO). Voraussetzung ist allerdings, dass der Ausgleich des Gesamthaushalts und die Mindestzuführung nach § 22 Abs. 1 Satz 2 GemHVO zum Zeitpunkt der Inanspruchnahme der einseitigen Deckungsfähigkeit gewährleistet ist.

Die einseitige Deckungsfähigkeit von Ausgaben zugunsten des Vermögenshaushalts, die nicht in einem Budget zusammengefasst sind, ist nicht zulässig. Ausnahmen und Befreiungen können allenfalls im Rahmen des § 49 GemHVO in Frage kommen.

bb) An der unechten Deckungsfähigkeit sind nicht nur Ausgabe-HHSt. **169**
beteiligt, sondern eine (oder mehrere) Einnahme-HHSt. und eine oder mehrere Ausgabe-HHSt. Über den Haushaltsansatz hinausgehende Einnahmen dürfen zu höheren Ausgaben bei der (den) Ausgabe-HHSt. verwendet werden. Die unechte Deckungsfähigkeit ist in den Fällen des § 17 Abs. 1, 2 und 4 GemHVO zulässig.

cc) Soweit Deckungsfähigkeit nicht kraft Gesetzes besteht, bedarf sie ei- **170**
nes Deckungsvermerks (§ 46 Nr. 11 GemHVO) im Haushaltsplan bei den berührten Haushaltsstellen.

Die Deckungsfähigkeit kraft Gesetzes kann durch Haushaltsvermerk im Haushaltsplan aufgehoben werden.

dd) Bei echter Deckungsfähigkeit – kraft Gesetzes oder kraft Vermerkes **171**
– werden die deckungsberechtigten Ansätze erhöht, und zwar in dem Umfang, in dem Einsparungen (Ansatzkürzungen) bei deckungspflichtigen Ausgabeansätzen angefallen oder sicher zu erwarten sind. Es liegen insoweit keine überplanmäßigen Ausgaben nach § 84 GemO vor.

Der Nachweis, dass bei echter Deckungsfähigkeit die deckungsfähigen Ausgabeansätze insgesamt nicht überschritten, d. h. Mehrausgaben bei deckungsberechtigten HHSt. durch Einsparungen bei deckungspflichtigen HHSt. gedeckt sind, lässt sich auch auf andere Weise erbringen: Sämtliche deckungsfähigen Ansätze werden addiert und der Summe der Rechnungsergebnisse bei den deckungsfähigen HHSt. gegenübergestellt (Bildung sog. Deckungskreise). Ist die Summe der Rechnungsergebnisse nicht höher als die Summe der deckungsfähigen Ansätze, so ist bewiesen, dass keine überplanmäßige Ausgabe vorliegt.

ee) Bei unechter Deckungsfähigkeit erhöht sich der Ausgabeansatz **172**
nicht, stattdessen sind dort Mehrausgaben zulässig, ohne dass sie als überplanmäßige Ausgabe nach § 84 GemO behandelt werden müssen. Deshalb heißt der Begriff „unechte Deckungsfähigkeit“.

173 ff) Die Verbindung der echten Deckungsfähigkeit mit der unechten Deckungsfähigkeit schließt die GemHVO nicht aus. Nachteilig an dieser doppelten Deckungsfähigkeit ist, dass die Mehrfach-Beziehungen unter den beteiligten HHSt. die Übersichtlichkeit beim Haushaltsvollzug nicht gerade fördern.

174 gg) Weitere Ausnahmen vom Grundsatz der sachlichen Bindung sind aufgrund der Regelungen in den §§ 84 (über- und außerplanmäßige Ausgaben) und 86 V GemO (über- und außerplanmäßige Verpflichtungen) zulässig (vgl. Rdnrn. 271 ff. und 279).

175 hh) Die Mehrausgaben nach § 17 Abs. 1 S. 3 und Abs. 2 sowie Abs. 4 i. V. m. Abs. 1 gelten als nicht überplanmäßige Ausgaben im Sinne von § 84 GemO.

176 ii) Eine gesetzliche Regelung, wonach auch Verpflichtungsermächtigungen gegenseitig oder einseitig deckungsfähig sind bzw. erklärt werden können, besteht derzeit in Baden-Württemberg noch nicht. Im Hinblick auf die Flexibilisierung der Haushaltswirtschaft und Vereinfachung des Verwaltungsverfahrens ist eine solche Regelung anzustreben, ggf. im Rahmen der Experimentierklausel nach § 146 GemO. Damit könnte das aufwendige Verfahren nach § 86 Abs. 5 GemO vermieden werden.

#### 2.9.3 Grundsatz der zeitlichen Bindung

177 2.9.3.1 Die Haushaltsansätze gelten für ein Haushaltsjahr – auch der Doppelhaushalt enthält Jahresansätze. Dies bedeutet, dass Ausgabeansätze, die bis zum Jahresabschluss nicht verbraucht sind, grundsätzlich als erspart gelten.

Ausnahmen (Übertragbarkeit)

178 2.9.3.2 Nicht verbrauchte Ausgabeansätze[84] bleiben über den Jahresabschluss hinaus verfügbar, d. h., sie können in die Bücher des nächsten Jahres übertragen und dort ohne nochmalige Veranschlagung für ihren Zweck (einschl. Deckungsfähigkeit)[85] verwendet werden, wenn es sich handelt um

179 a) Ausgabeansätze im Vermögenshaushalt. Diese bleiben bis zur letzten Zahlung für ihren Zweck verfügbar; bei Baumaßnahmen und Beschaffungen längstens jedoch zwei Jahre nach Schluss des Haushaltsjahres, in dem der Bau oder Gegenstand in seinen wesentlichen Teilen in Benutzung genommen werden kann. – Übertragbarkeit kraft Gesetzes (§ 19 Abs. 1 GemHVO).

84 Für überplanmäßig oder außerplanmäßig bewilligte Ausgaben dürfen Haushaltsreste nur dann übertragen werden, wenn es sich um sog. Verpflichtungsreserven handelt (vgl. § 19 Abs. 3 GemHVO).
85 Vgl. GH 1982, S. 132.

b) Ausgabeansätze (Budgetüberschüsse) eines Budgets im Verwaltungshaushalt können ganz oder teilweise für übertragbar erklärt werden. Gehören Ausgabeansätze nicht zu einem Budget, kann die Übertragbarkeit erklärt werden, wenn dadurch eine wirtschaftliche Ausgabenerfüllung gefördert wird. Bei dieser Übertragbarkeit kraft Planvermerks[86] (sog. „gekorene Übertragbarkeit") bleiben die Ansätze nur bis zum Ende des zweiten dem Haushaltsjahr folgenden Kalenderjahr verfügbar. Eine über diesen Zeitraum hinausgehende erneute Übertragung ist im Verwaltungshaushalt nicht zulässig (§ 19 Abs. 2 GemHVO). Durch die Übertragung darf die Mindestzuführung (§ 22 Abs. 1 Satz 2 GemHVO) nicht beeinträchtigt werden (§ 19 Abs. 2 Satz 4 GemHVO), d.h., die Gemeinde hat sich vor der Übertragung der Budgetüberschüsse ein Gesamtbild über die Finanzsituation der Gemeinde zu verschaffen und ggf. die Übertragung einzuschränken bzw. nur in Höhe eines bestimmten Gesamtbetrags zuzulassen. **180**

c) Die Übertragung eines Ausgabeansatzes geschieht als Haushaltsrest (§ 46 Nr. 10 GemHVO). Die Haushaltsreste sind in die Haushaltsrechnung aufzunehmen, die als Teil der Jahresrechnung (§§ 39 ff. GemHVO) vom Gemeinderat festzustellen ist – nach § 95 Abs. 2 GemO. **181**

Diese Feststellung geschieht nicht unmittelbar nach Beendigung des Haushaltsjahres. Nach § 95 Abs. 2 GemO hat die Feststellung vielmehr erst bis Ende des folgenden Jahres zu erfolgen – in Gemeinden mit einem Rechnungsprüfungsamt nach Durchführung der örtlichen Prüfung (§ 110 Abs. 1 GemO).

Die Entscheidung darüber, welche übertragbaren Haushaltsmittel tatsächlich übertragen werden, m. a. W. bei welchen Haushaltsstellen Haushaltsreste gebildet werden, muss deshalb wesentlich früher getroffen werden; schon deshalb, weil die Haushaltsreste in die (später festzustellende) Jahresrechnung aufzunehmen sind. Zuständig für die Bildung von Haushaltsausgaberesten ist der Fachbeamte für das Finanzwesen in den Fällen, in denen zu Lasten des Haushaltsausgaberestes bereits Rechtsverpflichtungen bestehen,[87] d. h. bereits Aufträge oder Bestellungen bis Jahresende erteilt wurden (sog. Verpflichtungsreserve).

Die Zuständigkeit für die Bildung anderer Haushaltsausgabereste, für die noch keine Verpflichtung eingegangen wurde (sog. Verfügungsreserve), richtet sich nach der allgemeinen Bewirtschaftungsbefugnis.[88]

86 Werden Ausgabemittel des Verwaltungshaushalts noch im folgenden Jahr benötigt, die nicht nach § 19 Abs. 2 GemHVO übertragbar sind, kann ihre Übertragbarkeit nach Maßgabe dieser Vorschrift ausnahmsweise noch durch einen Beschluss des Gemeinderats erklärt werden (Nr. 2 der VwV zu § 95 GemO). Diese Regelung wird teilweise kritisiert und die Einholung einer Ausnahmegenehmigung nach § 49 GemHVO empfohlen.
87 Vgl. Nr. 2 der VwV zu § 95 GemO.
88 Vgl. Nr. 2 der VwV zu § 95 GemO.

Dies bedeutet, dass je nach Umfang oder Bedeutung eines Haushaltsausgaberests der Gemeinderat, ein beschließender Ausschuss oder der Bürgermeister zuständig sein kann (vgl. die Wertgrenzen in der Hauptsatzung).

Der Gemeinderat ist bei der (späteren) Feststellung der Jahresabrechnung an die Entscheidungen über die Bildung von Haushaltsresten gebunden, soweit sie unter Beachtung der gemeindewirtschaftsrechtlichen Bestimmungen und der Zuständigkeit getroffen worden sind.[89]

Der insbesondere bei der Budgetierung notwendigen Flexibilisierung der Haushaltsführung wird durch die Möglichkeit, erzielte Budgetüberschüsse ins folgende Haushaltsjahr zu übertragen, besonders Rechnung getragen. Die rechnungstechnische Abwicklung der Übertragung von Budgetüberschüssen ist noch nicht verbindlich geregelt. In der Praxis wird oftmals nur ein Haushaltsrest bei einem in das Budget einbezogenen und für übertragbar erklärten Ausgabeansatz gebildet. Andere Gemeinden überbrücken diese Regelungslücke durch Einrichtung einer Haushaltsstelle „Übertragung Budgetüberschuss" oder Buchung einer Zuführung zu oder Entnahme aus einer „Budgetrücklage".

**182** d) Nicht nur Ausgabeansätze (als Haushaltsausgabereste) können übertragen werden, sondern auch Einnahmeansätze als Haushaltseinnahmereste. Die Haushaltseinnahmereste sind nach § 41 Abs. 2 GemHVO nur zulässig für die im nächsten Jahr sicher eingehenden Einnahmen aus Investitionszuweisungen und -zuschüssen, Beiträgen und Kreditaufnahmen. Hier handelt es sich um Übertragbarkeit kraft Gesetzes, ein Übertragbarkeitsvermerk (Planvermerk) ist nicht erforderlich. Haushaltseinnahmereste sind im Verwaltungshaushalts nicht erlaubt.

Die Entscheidung über die Bildung von Haushaltseinnahmeresten nach § 41 Abs. 2 GemHVO ist bei den Einnahmen nach § 1 Abs. 1 Nr. 4 GemHVO stets ein Geschäft der laufenden Verwaltung. Die Zuständigkeit für die Entscheidung über die Bildung von Haushaltsresten aus Kreditaufnahmen richtet sich nach der Entscheidungsbefugnis über die Aufnahme der entsprechenden Kreditbeträge.[90]

e) Haushaltsausgabereste sind in dem Haushaltsjahr zu finanzieren (durch Einnahmen abzudecken), in dem sie gebildet werden, d. h., deckungsmäßig wird das laufende Haushaltsjahr belastet und damit das Ergebnis der Haushaltsrechnung verschlechtert (§ 41 Abs. 3 GemHVO); das Folgejahr dagegen wird entlastet und in seinem Ergebnis

89 Vgl. Nr. 2 der VwV zu § 95 GemO.
90 Hier werden nicht Ansätze übertragen (wie bei Rdnrn. 178–182), sondern bereits eingegangene Einnahmen bzw. geleistete Ausgaben.

verbessert. Die Bildung von Haushaltseinnahmeresten bewirkt das Gegenteil: Sie begünstigen das laufende Haushaltsjahr (durch Vorwegentnahme von Einnahmen) zu Lasten des Folgejahres.

2.9.3.3 Eine Ausnahme von der zeitlichen Bindung ist es auch, wenn § 14 Abs. 3 GemHVO beim Jahresabschluss die Übertragung bestimmter Einnahmen und Ausgaben[91] in das folgende Jahr zulässt. Es dürfen übertragen werden: 183

a) zweckgebundene Einnahmen[92], z. B. Spenden, Erträge aus rechtlich unselbständigen Stiftungen, die im abzuschließenden Haushaltsjahr nicht zweckentsprechend verbraucht wurden. Zu ermitteln ist der zu übertragende Betrag durch Sollvergleich (Soll-Einnahmen abzüglich Soll-Ausgaben einschließlich Haushaltsreste).

   Durch diese Ausnahme von der zeitlichen Bindung wird der Umweg über einen Sonderabschluss (mit Sonderüberschuss) erspart.

b) Ausgaben für Vorräte, die im abzuschließenden Haushaltsjahr nicht verwendet wurden. Diese Möglichkeit hilft einerseits mit, überplanmäßige Ausgaben zu vermeiden, andererseits ist sie im Zusammenhang mit § 14 Abs. 6 GemHVO zu sehen. Danach dürfen bei kostenrechnenden Einrichtungen[93] Einnahmen und Ausgaben nur in der Höhe veranschlagt werden, in der sie dem betreffenden Haushaltsjahr wirtschaftlich zuzurechnen sind.[94] Dies bedeutet bei Ausgaben für Vorräte, dass sie nur so hoch zu veranschlagen sind, als sie voraussichtlich verwendet werden. Wird mehr beschafft als verwendet (und veranschlagt), so kann dieser Teil der Ausgaben in das folgende Jahr übertragen und damit eine überplanmäßige Ausgabe vermieden werden.

2.9.3.4 Eine weitere Ausnahme vom Grundsatz der zeitlichen Bindung beinhaltet § 86 Abs. 3 GemO. Danach gelten Verpflichtungsermächtigungen über das Haushaltsjahr hinaus, solange die Haushaltssatzung für das folgende Jahr noch nicht erlassen ist. Danach verfallen die Ermächtigungen. Werden sie über diesen Zeitpunkt hinaus noch benötigt, sind sie in die Haushaltssatzung und den Haushaltsplan für das neue Haushaltsjahr aufzunehmen. 184

Das Gleiche gilt für den Höchstbetrag der Kassenkredite nach § 89 Abs. 1 Satz 2 GemO. Die Kreditermächtigung gilt sogar, bis die Haushaltssatzung für das übernächste Jahr erlassen ist (§ 87 Abs. 3 GemO).

91 § 17 GemHVO.
92 Vgl. Rdnrn. 770 ff.
93 Dies ist eine Ausnahme vom Haushaltsgrundsatz der Veranschlagung nach Kassenwirksamkeit – vgl. Rdnr. 118.
94 Vgl. Nr. 3 der VwV zu § 20 a GemO.

### 2.9.4 Grundsatz der Publizität

185 2.9.4.1 Der Entwurf der Haushaltssatzung ist nach ortsüblicher Bekanntgabe an sieben Tagen öffentlich auszulegen (§ 81 Abs. 1 GemO):

a) Die Form der ortsüblichen Bekanntgabe unterscheidet sich von der öffentlichen Bekanntmachung. Für die ortsübliche Bekanntgabe gelten weniger strenge Formvorschriften.[95]

b) Der Inhalt der ortsüblichen Bekanntgabe beschränkt sich auf den Hinweis, dass, wo und wie lange der Entwurf der Haushaltssatzung mit dem Haushaltsplanentwurf (samt Anlagen)[96] öffentlich ausliegt. Der Haushaltsplan mit allen seinen Bestandteilen und Anlagen (§ 2 GemHVO) kann schon seines Umfanges wegen nicht bekannt gegeben werden. Stattdessen ist er öffentlich auszulegen.

c) Bei der Bemessung der Auslegungsfrist ist jeder Tag zu zählen, an dem die Einwohner und Abgabepflichtigen tatsächlich Gelegenheit haben, Einsicht zu nehmen (in der Regel während der üblichen Sprechzeiten). Der Tag des Erscheinens des Amtsblatts oder der Tageszeitung zählt nicht als erster Tag, sondern der Tag nach der Veröffentlichung (§ 187 Abs. 1 BGB).

d) Der Kreis der zur Einsicht Berechtigten ist nicht mehr auf die Bürger und Abgabepflichtigen beschränkt. Jeder Interessierte kann Einsicht nehmen.

e) Einwendungen gegen den Entwurf von Haushaltssatzung und Haushaltsplan können von Einwohnern und Abgabepflichtigen erhoben werden – bis zum Ablauf des 7. Tages nach dem letzten Tag der Auslegung. In der ortsüblichen Bekanntgabe der Auslegung ist auf diese Frist hinzuweisen.

f) Einwendungen nach Buchst. e) sind kein förmlicher Widerspruch.[97] Sie haben nur den Charakter von Bedenken, Vorschlägen und Anregungen. Der Einwendende hat keinen Rechtsanspruch auf einen rechtsmittelfähigen Bescheid. Der Gemeinderat muss aber über die fristgemäß erhobenen Einwendungen von Einwohnern und Abgabepflichtigen in öffentlicher Sitzung entscheiden – spätestens zusammen mit der Beschlussfassung über die Haushaltssatzung.

g) In welchem Stadium der Entwurf der Haushaltssatzung auszulegen ist, lässt § 81 GemO offen. Da es sich um eine grundsätzliche Frage han-

95 Vgl. Nr. 3 der VwV zu § 20 a GemO.
96 Vgl. VwV zu § 81 GemO.
97 Zu den Möglichkeiten der Anfechtung von Realsteuerhebesätzen vgl. *Fick/Giebler*, GH 1977, S. 57. Vgl. auch Verwaltungsgerichtliche Nachprüfung von Realsteuerhebesätzen, Die Gemeindekasse 1978/39 und Die Fundstelle 1990/6.

delt, entscheidet der Gemeinderat, ob die Auslegung vor oder nach der Vorberatung in den Ausschüssen erfolgt.

h) Die Nachweise über Bekanntgabe und Auflegung des Entwurfs sowie die Entscheidung über Einwendungen sind der Rechtsaufsichtsbehörde mit der Haushaltssatzung vorzulegen. Nur dann kann die Rechtsaufsichtsbehörde die Gesetzmäßigkeit nach § 121 Abs. 2 GemO bestätigen.

2.9.4.2 Die vom Gemeinderat in öffentlicher Sitzung beschlossene Haushaltssatzung ist, nachdem die Rechtsaufsichtsbehörde ihre Gesetzmäßigkeit bestätigt oder innerhalb eines Monats nicht beanstandet hat (§ 121 Abs. 2 GemO), mit ihrem vollen Wortlaut[98] öffentlich bekannt zu machen und der Haushaltsplan wieder an sieben Tagen öffentlich auszulegen. Enthält die Haushaltssatzung genehmigungspflichtige Teile[99], kann sie erst nach der Genehmigung öffentlich bekannt gemacht werden (§ 81 Abs. 4 GemO). **186**

2.9.4.3 Das in 2.9.4.1 und 2.9.4.2 beschriebene Verfahren gilt auch für die Bekanntmachung und Auslegung von Nachtragshaushaltssatzungen und -plänen (§ 82 Abs. 1 Satz 2 GemO). **187**

Die Gemeinden (GV) sind nicht nur verpflichtet, die Haushaltsplanung zu publizieren, auch die Jahresrechnung,[100] die den zahlenmäßigen Vollzug des Haushaltsplans zeigt, ist an sieben Tagen öffentlich auszulegen. Dieser Auslegung geht die ortsübliche Bekanntgabe des Gemeinderatsbeschlusses über die Feststellung der Jahresrechnung voraus (§ 95 Abs. 3 GemO).

2.9.4.4 Über die genannten gesetzlichen Verpflichtungen zu Publizität der kommunalen Haushaltswirtschaft hinaus müssen die Gemeinden ein Interesse daran haben, die Öffentlichkeit mit den Problemen ihrer Haushaltswirtschaft vertraut zu machen. Dies kann geschehen durch allgemeinverständliche Darstellungen in Wort und Bild. Zum Beispiel durch graphische u. a. Übersichten und Zusammenfassungen über die Entwicklung der wichtigsten Einnahmen und Ausgaben. Diese allgemein verständlichen Darstellungen können Bestandteil oder Anlage zum Haushaltsplan sein oder in besonderen Drucksachen verbreitet werden. Als Grundlage für solche Publikationen kann der Vorbericht[101] zum Haushaltsplan dienen, der einen Überblick über den Stand der Haushaltswirtschaft gibt. Schließlich ist noch auf die Bedeutung einer **188**

98 § 1 Abs. 2 DVO GemO (VSV 2001-2).

99 Das ist der Gesamtbetrag der vorgesehenen Kreditaufnahmen (§ 87 Abs. 2 GemO) und der Höchstbetrag der (äußeren) Kassenkredite, wenn er ein Fünftel der im Verwaltungshaushalt veranschlagten Einnahmen übersteigt (§ 89 Abs. 2 GemO) sowie der Gesamtbetrag der Verpflichtungsermächtigungen (wenn die Voraussetzung des § 86 Abs. 4 GemO vorliegt).

100 Einzelheiten zur Jahresrechnung vgl. Rdnrn. 1132 ff.

101 Vgl. § 3 GemHVO.

regelmäßigen Berichterstattung in der Lokalpresse auch über die kommunale Finanzwirtschaft – z. B. über die Haushaltsberatungen im Gemeinderat hinzuweisen.

## III. Haushaltssatzung

### 1. Rechtscharakter

#### 1.1 Ortsrecht

189 Die Haushaltssatzung ist – wie jede andere Gemeindesatzung – Ortsrecht nach § 4 GemO.[102]

#### 1.2 Unterschiede zu anderen Gemeindesatzungen

190 1.2.1 Die Haushaltssatzung gilt nur für ein Haushaltsjahr; auch bei Doppelhaushalten Trennung nach Jahren. – Grundsatz der Jährlichkeit (§ 79 Abs. 1 und 3 GemO).[103]

1.2.2 Die Haushaltssatzung tritt immer mit Beginn des Haushaltsjahres in Kraft (§ 79 Abs. 3 GemO), auch wenn sie erst später erlassen wird (Rückwirkung).

1.2.3 Die Haushaltssatzung ist als einzige Satzung der RAB vorzulegen (§ 81 Abs. 3 GemO) mit der Wirkung des § 121 Abs. 2 GemO. Andere Satzungen sind der RAB nur anzuzeigen (§ 4 Abs. 3 GemO).

Einzelne Teile der Haushaltssatzung bedürfen sogar der Genehmigung der RAB: der Gesamtbetrag der Kreditaufnahmen (§ 87 Abs. 2 GemO), der Höchstbetrag der Kassenkredite ab einer bestimmten Höhe (§ 89 Abs. 2 GemO) und der Gesamtbetrag der Verpflichtungsermächtigungen[104], soweit diese in späteren Jahren voraussichtlich zu Kreditaufnahmen führen werden (§ 86 Abs. 4 GemO).

1.2.4 Allgemein verbindlich ist die Haushaltssatzung nur bezüglich der Festsetzung von Steuersätzen (Realsteuern).[105] Sie enthält im Übrigen formales Recht, das nur die Verwaltung bindet (Innenwirkung). So ist der Haushaltsplan als (wichtigster) Teil der Haushaltssatzung verbindlich für die Führung der Haushaltswirtschaft. Diese Bindung ist aber keine starre. Vielmehr erlaubt das Haushaltsrecht eine gewisse Beweglichkeit der Haushaltsführung z. B. durch Zulässigkeit von über- und außerplanmäßi-

102 § 79 GemO geht als Spezialregelung der allgemeinen Regelung in § 4 GemO vor.
103 Vgl. Rdnr. 114.
104 Vgl. Rdnr. 209.
105 Verbindliche Außenwirkung gegenüber den umlagepflichtigen Gemeinden hat auch die Festsetzung der Kreisumlagesätze in der Haushaltssatzung des Landkreises nach § 49 Abs. 2 LKrO (BVerwG, Urt. vom 18. 3. 1960, BVerwGE 10, 224 ff.).

gen Ausgaben (§ 84 GemO) und die Deckungsfähigkeit von Ansätzen.[106] Ansprüche oder Verbindlichkeiten werden durch den Haushaltsplan weder begründet noch aufgehoben (§ 80 Abs. 3 GemO).

## 2. Inhalt und Form der Haushaltssatzung

### 2.1 Inhalt

In der Haushaltssatzung werden festgesetzt nach § 79 Abs. 2 GemO und § 3 Abs. 2 KrHRVO: **191**

2.1.1 Der Gesamtbetrag der Einnahmen und Ausgaben des Haushaltsjahres nach dem Haushaltsplan für den Verwaltungshaushalt und den Vermögenshaushalt und – gesondert – nach dem Wirtschaftsplan der kommunalen Krankenhäuser die Erträge und Aufwendungen des Erfolgsplans und die Einnahmen und Ausgaben des Vermögensplans.

2.1.2 Der Gesamtbetrag der im Haushaltsplan (Vermögenshaushalt) vorgesehenen Kreditaufnahmen[107] für Investitionen und Investitionsförderungsmaßnahmen (Kreditermächtigung). Darunter fallen nicht die Kreditaufnahmen für Umschuldungen[108] und nicht die inneren Darlehen[109] und auch nicht die Kreditaufnahmen im Wirtschaftsplan eines Eigenbetriebs. Dagegen ist der Gesamtbetrag der im Wirtschaftsplan (Vermögensplan) der kommunalen Krankenhäuser vorgesehenen Kreditaufnahmen in der Haushaltssatzung gesondert auszuweisen.

2.1.3 Der Gesamtbetrag der Verpflichtungsermächtigungen im Haushaltsplan (Vermögenshaushalt) und im Wirtschaftsplan (Vermögensplan) der Krankenhäuser.

2.1.4 Der Höchstbetrag der (äußeren) Kassenkredite und – soweit erforderlich – gesondert auch für die Sonderkasse der Krankenhäuser.

2.1.5 Die Steuersätze, soweit sie für jedes Jahr neu festzusetzen sind. Das sind die Hebesätze für die Realsteuern (Grundsteuer A und B und Gewerbesteuer).[110]

2.1.6 Die Haushaltssatzung kann weitere Vorschriften enthalten, die sich auf die Einnahmen und Ausgaben und den Stellenplan des Haushaltsjah-

106 Vgl. Rdnrn. 167 ff.
107 Zum Begriff Kredit vgl. § 46 Nr. 18 GemHVO.
108 Zum Begriff Umschuldung vgl. § 46 Nr. 26 GemHVO.
109 Zum Begriff inneres Darlehen vgl. § 46 Nr. 12 GemHVO.
110 Die Hebesätze der Grundsteuer und der Gewerbesteuer können seit 1974 auch für mehrere Kalenderjahre außerhalb der Haushaltssatzung, d. h. in einer besonderen Steuersatzung (Hebesatz-Satzung), festgesetzt werden (§ 25 Abs. 2 GrStG u. § 16 Abs. 2 GewStG); für die Grundsteuer aber höchstens für den Hauptveranlagungszeitraum (§ 25 Abs. 2 GrStG). Zu den praktischen und rechtlichen Problemen einer Hebesatz-Satzung vgl. *Weiblen/Bauder,* GH 1985, S. 130. Zu empfehlen ist eine jährliche Festsetzung in der Haushaltssatzung. Die Auffassung von *Depiereux* (ZKF 1983, S. 5), dass Hebesätze für mehrere Jahre auch in der Haushaltssatzung festgesetzt werden können, ist im Hinblick auf den Haushaltsgrundsatz der Jährlichkeit (vgl. Rdnr. 114) zumindest zweifelhaft. Die Erhöhung der Realsteuerhebesätze muss bis zum 30. 6. beschlossen sein.

res beziehen. Diese Vorschrift ermöglicht es, in der Haushaltssatzung z. B. einzelne Ausgaben oder Ausgabengruppen teilweise oder ganz zu sperren oder mit Zustimmungsvorbehalten zu versehen.[111]

### 2.2 Form

192 Die Form der Haushaltssatzung ergibt sich aus der Anlage 4 der VwV Gliederung und Gruppierung.[112] Dieses Muster ist für alle Gemeinden verbindlich (§ 145 GemO). Zur Erprobung neuer Formen der Haushaltswirtschaft kann die obere Rechtsaufsichtsbehörde Ausnahmen von den verbindlich vorgegenenen Mustern zulassen, § 146 GemO.[113]

### 2.3 Heilung von Verfahrens- und Formfehlern

193 Die meisten Verfahrens- und Formfehler einer Gemeindesatzung – so auch der Haushaltssatzung – gelten 1 Jahr nach ihrer Bekanntmachung als geheilt – vgl. § 4 Abs. 4 GemO. Bei der Bekanntmachung der Haushaltssatzung ist darauf hinzuweisen (§ 4 Abs. 3 Satz 4 GemO).

## 3. Erlass der Haushaltssatzung

### 3.1 Entwurf des Fachbeamten für das Finanzwesen

194 Die Aufstellung des Entwurfs ist Aufgabe des Fachbeamten für das Finanzwesen (§ 116 Abs. 1 GemO). Vgl. dazu auch Ausführungen bei Rdnr. 238. In kleineren Gemeinden ist der fachlich vorgebildete Bürgermeister dafür zuständig. Sind kleinere Gemeinden an einer Verwaltungsgemeinschaft beteiligt, so erledigt deren Fachbeamter die Haushaltsplangeschäfte, falls diese als Erledigungsaufgabe der Verwaltungsgemeinschaft übertragen sind.

### 3.2 Beteiligung anderer Dienststellen

195 Am Zustandekommen des Entwurfs der Haushaltssatzung mit Haushaltsplan sind alle bewirtschaftenden Dienststellen der Gemeindeverwaltung beteiligt. An dieser Stelle erfolgt die Darstellung des Ablaufs des bisherigen (herkömmlichen) Verfahrens. Auf das neue Verfahren wird bei Rdnr. 237 ff. eingegangen.

3.2.1 Auf Verlangen des Stadtkämmerers (Fachbeamter für das Finanzwesen) oder des Bürgermeisters haben die beteiligten Dienststellen auf den bereitgestellten Unterlagen die voraussichtlichen Einnahmen und Ausgaben sowie die notwendigen Verpflichtungsermächtigungen ihres

111 Die Sperre durch Haushaltsvermerk ist nicht identisch mit der haushaltswirtschaftlichen Sperre nach § 29 GemHVO. Sie wird erst im Laufe des Haushaltsjahres, also nach Beschlussfassung der Haushaltssatzung, angeordnet.
112 Vgl. VSV 6306.
113 Vgl. dazu z. B. Haushaltssatzung der Großen Kreisstadt Wiesloch.

Bewirtschaftungsbereichs anzumelden. Zu diesem Zweck erhalten die Dienststellen von der Stadtkämmerei Auszüge aus dem Haushaltsplan, aus denen die Haushaltsansätze des laufenden Jahres und die Rechnungsergebnisse des Vorjahres für jede HHSt. ersichtlich sind. Die Dienststellen tragen die Ansätze für das folgende Jahr (Planjahr) in diese Haushaltsauszüge ein[114] und legen sie mit den erforderlichen Schätzungs- und Berechnungsunterlagen (z. B. Pläne und Kostenvoranschläge für Bauvorhaben) rechtzeitig dem Stadtkämmerer vor. Dieser stellt diese Teilentwürfe zum Entwurf des gesamten Haushaltsplans zusammen. Im Einvernehmen mit dem Bürgermeister und den Dezernenten/Dienststellenleitern (sog. Chefberatungen) hat dann der Stadtkämmerer den Haushaltsplanentwurf aufzustellen. Um den Haushaltsausgleich[115] zu erreichen, sind nach den Grundsätzen der §§ 77 und 78 GemO zuerst die Ausgaben zu senken (soweit die Aufgabenerfüllung dies zulässt) und dann die Einnahmen zu erhöhen. Kredite dürfen nur im Vermögenshaushalt und nur dann veranschlagt werden, wenn eine andere Finanzierung nicht möglich ist oder wirtschaftlich nicht zweckmäßig wäre.

3.2.2 Die Aufstellung des Haushaltsplans erfolgt in nahezu allen Städten und Gemeinden i. d. R. mit Hilfe des landeseinheitlichen EDV-Programms durch die regionalen Rechenzentren bzw. durch Einsatz neuer, speziell auf die Kommunen ausgelegter Finanzsoftware privater Anbieter (z. B. IFS, SAP u. a.).

### 3.3 Öffentliche Auslegung des Entwurfs

Der Entwurf der Haushaltssatzung ist nach ortsüblicher Bekanntgabe **196**
samt dem Haushaltsplanentwurf an sieben Tagen öffentlich auszulegen.[116] Die öffentliche Auslegung ist eine zwingende Verfahrensvorschrift. Bei Verstößen dagegen ist der Satzungsbeschluss nicht rechtswirksam zustande gekommen.

### 3.4 Vorberatung, Verabschiedung

Der Entwurf der Haushaltssatzung und des Haushaltsplans ist dem Ge- **197**
meinderat zur Beratung und Beschlussfassung zuzuleiten. Soweit Gemeinderats-Ausschüsse bestehen (i. d. R. beschließende), sollen diese im Rahmen ihres Aufgabengebiets die Haushaltssatzung mit Haushaltsplan vorberaten. Die Vorberatung der Haushaltssatzung in einem beschließenden Ausschuss ist nach § 39 Abs. 4 GemO nicht öffentlich. Auch die Ortschaftsräte sind nach § 70 Abs. 1 GemO in öffentlicher Sitzung (§ 72

114 Wobei unabweisbare Ausgaben (gesetzlich oder vertraglich festgelegte Ausgaben) Vorrang vor den freiwilligen Aufgaben – vgl. Rdnr. 100 – haben. Zum Veranschlagungsverfahren der sog. Budgetierung vgl. Rdnr. 237 ff.
115 Vgl. Rdnrn. 126 ff.
116 Zu Einzelheiten vgl. Rdnr. 185.

Abs. 1 i. V. m. § 35 Abs. 1 GemO). zu hören, soweit es um Belange der betreffenden Ortschaft geht.[117]

Den Gemeinderatsmitgliedern ist der Entwurf der Haushaltssatzung und des Haushaltsplans – wegen des Umfangs – rechtzeitig vor der Sitzung zuzustellen.[118] Fristen in der Geschäftsordnung sind zu beachten.

Ob die Planansätze einzeln (der Reihe nach) durchberaten werden oder nur soweit Wortmeldungen vorliegen, bestimmt der Gemeinderat. Im Hinblick auf die kommunalpolitische Bedeutung des Haushaltsplans nimmt die Haushaltsplanberatung zumindest in den größeren Gemeinden erhebliche Zeit in Anspruch. Deshalb die Vorberatung in den Ausschüssen, um den Gesamtgemeinderat nicht zu überfordern.

Über die von Einwohnern und Abgabenpflichtigen fristgemäß erhobenen Einwendungen hat der Gemeinderat in öffentlicher Sitzung zu beschließen, § 81 Abs. 1 GemO.

Nach Abschluss der Beratungen beschließt der Gemeinderat die Haushaltssatzung (§ 81 Abs. 2 GemO) und stellt damit den Haushaltsplan in allen seinen Bestandteilen (§ 2 Abs. 1 GemHVO) fest. Dafür ist nach § 39 Abs. 2 Nr. 14 GemO nur der Gemeinderat zuständig.[119]

Solange die Haushaltssatzung vom Gemeinderat nicht beschlossen und damit der Haushaltsplan in allen Bestandteilen festgestellt ist, können vorabgefasste Beschlüsse des Gemeinderats zu einzelnen Teilen (z. B. zum Stellenplan) von diesem revidiert werden. Eine erneute Abstimmung über einzelne Bestandteile ist in diesem Stadium also zulässig, sogar erforderlich, wenn z. B. nur dadurch der Haushaltsausgleich herbeigeführt werden kann.

### 3.5 Vorlagepflicht

198 Die vom Gemeinderat beschlossene Haushaltssatzung ist der Rechtsaufsichtsbehörde zusammen mit dem Haushaltsplan sowie den nach § 2 Abs. 2 GemHVO beizufügenden Anlagen und einer Übersicht über die Haushalts- und Finanzlage nach Muster 3 zu den VV zu § 44 LHO[120] vorzulegen (§ 81 Abs. 3 GemO und Nr. 1 VwV zu § 81 GemO). Sie soll ihr spätestens einen Monat vor Beginn des Haushaltsjahres vorliegen.

117 Eine fehlerhafte Anhörung bzw. ein Unterlassen derselben stellt einen wesentlichen Verfahrensfehler dar, der zur Rechtswidrigkeit des GR-Beschlusses und damit zur Nichtigkeit der Haushaltssatzung führt.
118 Bei schwierigen oder für die Gemeinde bedeutenden Verhandlungsgegenständen soll die Frist mindestens eine Woche betragen, vgl. VwV Nr. 1 zu § 34 GemO.
119 Im Wege der Eilentscheidung durch den BM (§ 43 Abs. 4 GemO) darf die Haushaltssatzung nicht erlassen werden (vgl. GH 1980, S. 135); auch nicht eine Nachtragshaushaltssatzung.
120 VSV 6302-1.

### 3.6 Genehmigungspflichtige Teile

Satzungen bedürfen grundsätzlich keiner staatlichen Genehmigung. Dies gilt auch für die Haushaltssatzung. Auf der Grundlage des Zustimmungsvorbehalts in Art. 75 LV verlangt jedoch die GemO die Genehmigung der RAB zu folgenden Teilen der Haushaltssatzung.[121] 199

3.6.1 Gesamtbetrag der vorgesehenen Kreditaufnahmen für Investitionen und Investitionsförderungsmaßnahmen (§ 87 Abs. 2 GemO).

3.6.2 Höchstbetrag der Kassenkredite, wenn er ein Fünftel der im Verwaltungshaushalt veranschlagten Einnahmen übersteigt (§ 89 Abs. 2 GemO).

3.6.3 Gesamtbetrag der Verpflichtungsermächtigungen im Rahmen des § 86 Abs. 4 GemO.[122]

### 3.7 Öffentliche Bekanntmachung

Nach der Bestätigung der Gesetzmäßigkeit durch die RAB[123] – meist zusammen mit den erforderlichen Genehmigungen[124] – kann die Haushaltssatzung vollzogen werden. D. h. die Haushaltssatzung ist öffentlich bekannt zu machen und der Haushaltsplan[125] an sieben Tagen öffentlich auszulegen. 200

Die Haushaltssatzung tritt immer mit dem Beginn des Haushaltsjahres in Kraft, für das sie gilt. Sie hat also immer dann rückwirkende Kraft, wenn sie erst nach dem 1. 1. bekannt gemacht wird (§ 79 Abs. 3 GemO).

### 3.8 Änderung der Haushaltssatzung

Die Haushaltssatzung kann bis zum Ablauf des Haushaltsjahres durch Nachtragssatzungen geändert werden. Wegen Einzelheiten wird auf Rdnr. 280ff. verwiesen.

121 Enthält die Haushaltssatzung genehmigungspflichtige Bestandteile, muss die Gemeinde im Gegensatz zur Vorlagepflicht mit dem Abschluss des Rechtsetzungsverfahrens (öffentliche Bekanntmachung) so lange zuwarten, bis die Genehmigung erteilt ist; die automatische Zustimmung durch Ablauf der Monatsfrist (§ 121 Abs. 2 GemO) greift in diesem Falle nicht. Wegen evtl. Konsequenzen im Zusammenhang mit der Versagung einer Genehmigung, vgl. *Kunze/Bronner/Katz/von Rotberg*, Rdnr. 37 zu § 81 GemO.

122 Vgl. auch die VwV zu § 86 GemO und Rdnr. 209.

123 Oder durch Fristenablauf nach § 121 Abs. 2 GemO.

124 Die Genehmigungen (vgl. Rdnr. 199) sind von der RAB innerhalb eines Monats zu erteilen oder zu versagen (Nr. 2 der VwV zu § 81 GemO).

125 Samt Anlagen, vgl. Rdnrn. 230–235.

# IV. Haushaltsplan

## 1. Inhalt

### 1.1 Allgemeines

201 1.1.1 Der Haushaltsplan zeigt sämtliche kommunalen Aufgabenbereiche mit allen ihren Einnahmen und Ausgaben sowie die Verpflichtungsermächtigungen (Grundsatz der Vollständigkeit[126] und Einheit[127]). Dem Haushaltsplan kommt deshalb die Bedeutung eines jährlichen kommunalen Aufgabenprogramms zu. Bei Doppelhaushaltsplänen wird dieses Programm gleichzeitig für zwei Jahre (getrennt nach Jahren) erstellt.

Der Haushaltsplan enthält die finanzwirtschaftliche Weichenstellung für die Kommunalpolitik der Gemeinde im Haushaltsjahr. Da fast jede Maßnahme zur kommunalen Aufgabenerfüllung Ausgaben (und teilweise Einnahmen) verursacht, ist der Haushaltsplan ein umfassendes Spiegelbild der kommunalen Tätigkeit.

Im Haushaltsplan wird in systematischer Ordnung festgelegt, was eingenommen und ausgegeben werden soll. Er ist ein Arbeitsprogramm für die Verwaltung. Dabei ist zu beachten, dass alle Beschlüsse des Gemeinderats und Gesetze mit finanzieller Auswirkung auf die Gemeinden sowie sonstige äußere Einflüsse auf die kommunale Haushaltswirtschaft, wie z. B. Tarifverträge, im Haushaltsplan ihren Niederschlag finden müssen.

Der Anteil der zwangsläufigen – weil gesetzlich oder vertraglich festgelegten – Ausgaben in den kommunalen Haushaltsplänen wird immer höher. Die frei verfügbare Finanzmasse – die so genannte Manövriermasse –, die der kommunalpolitischen Entscheidung des Gemeinderats bei der Feststellung des Haushaltsplanes unterliegt, wird immer geringer.

202 1.1.2 Die rechtliche Unterscheidung in Pflichtaufgaben[128] und freiwillige Aufgaben ist zwar aus dem Haushaltsplan nicht ersichtlich, sie spielt aber bei der Veranschlagung eine wichtige Rolle. Pflichtaufgaben haben bei entsprechender Dringlichkeit Vorrang vor freiwilligen Aufgaben. Für Pflichtaufgaben müssen unter dieser Voraussetzung die notwendigen Ausgaben veranschlagt und finanziert werden. Ob freiwillige Aufgaben erfüllt werden, steht grundsätzlich im Ermessen des Gemeinderats. Dabei ist aber zu bedenken, dass von der Gemeinde einmal übernommene Aufgaben (auch wenn sie rechtlich freiwillig sind) nur schwer wieder aufgegeben werden können. Selbst beim Übergang auf einen anderen Auf-

126 Vgl. Rdnrn. 116 ff.
127 Vgl. Rdnr. 124.
128 Vgl. § 2 Abs. 2 GemO.

gabenträger (z. B. einen Zweckverband) belasten sie den Haushalt der Gemeinden weiter. Die Übernahme neuer freiwilliger Aufgaben oder die Erweiterung dafür bestehender Einrichtungen hängt weitgehend von der Finanzierungsmöglichkeit ab. Der Spielraum dafür ist in den meisten kommunalen Haushalten – wie bereits dargelegt – gering. Die derzeit schwierige kommunale Finanzsituation zwingt viele Gemeinden und Landkreise sogar – oft auf schmerzhafte Weise – freiwillige Aufgaben abzubauen oder auszusetzen.

### 1.2 Beispiele für Pflichtaufgaben

1.2.1 Gemeinden sind Schulträger für allgemeinbildende Schulen **203**
(Grund-, Haupt-, Realschulen, Gymnasien und Sonderschulen) nach §§ 28 und 31 SchulG.

1.2.2 Die Stadt und Landkreis (als Träger der öffentlichen Jugendhilfe), aber auch die kreisangehörigen Gemeinden haben nach § 24 KJHG darauf hinzuwirken, dass

a) für jedes Kind vom vollendeten 3. Lebensjahr an bis zum Schuleintritt ein Platz im Kindergarten zur Verfügung steht (vgl. auch § 3 KGaG);

b) für Kinder unter 3 Jahren und für Kinder im schulpflichtigen Alter Betreuungseinrichtungen (z. B. Kinderkrippen, Kinderhorte) bedarfsgerecht ausgebaut werden.

Soweit also solche Einrichtungen der Jugendhilfe nicht von freien Trägern (z. B. von den Kirchen) und auch nicht von den Landkreisen bereitgestellt werden, ist deren Bau und Betrieb Pflichtaufgabe der Gemeinden.

1.2.3 Förderung des sozialen Wohnungsbaues als vordringliche Aufgabe (§ 1 II. WoBauG) durch Überlassung von Baugrundstücken zu angemessenen Preisen (§ 89 II. WoBauG), Erschließung von Bauland (§ 123 BauGB), Übernahme von Bürgschaften und Verzicht auf Grundsteuer (10 Jahre). Der Bau von Wohnungen wird i. d. R. von den Gemeinden nicht selbst betrieben, sondern dadurch gefördert, dass sie sich an Wohnungsbaugesellschaften beteiligen.

1.2.4 Bau und Unterhaltung der Gemeindestraßen nach § 9 i. V. m. § 44 StrG.

1.2.5 Abwasserbeseitigung (Bau, Unterhaltung und Betrieb der Kanalisation und Kläranlagen) nach § 45 Abs. 2 WG.

1.2.6 Feuerwehr nach § 3 FeuerwG.

Bei den vorgenannten Beispielen handelt es sich um weisungsfreie Pflichtaufgaben. Weisungsgebundene Pflichtaufgaben i. S. von § 2 Abs. 3 GemO sind z. B. das Personenstandswesen und das Meldewesen.

### 1.3 Beispiele für freiwillige Aufgaben

204 Die Zuständigkeit der Gemeinden ergibt sich nicht aus einer speziellen gesetzlichen Verpflichtung (wie bei den Pflichtaufgaben), sondern aus ihrer Allzuständigkeit zur Erfüllung öffentlicher Aufgaben in ihrem Gebiet nach Art. 28 Abs. 2 GG, Art. 71 Abs. 2 LV und § 2 Abs. 1 i. V. m. § 10 Abs. 2 Satz 1 GemO.

1.3.1 Sportstätten, Sporthallen, Sportplätze, Freibäder, Hallenbäder sind freiwillige Aufgaben der Gemeinden. Sie verlieren ihren Freiwilligkeitscharakter insoweit, als sie für Schulzwecke erforderlich sind. Dienen sie überwiegend dem Schulsport (z. B. die Lehrschwimmbecken), stellen sie eine Pflichtaufgabe nach 1.2.1 dar.

1.3.2 Kulturelle Einrichtungen wie Museen, Theater, Büchereien sind ebenfalls wichtige, wenn auch rechtlich freiwillige Aufgaben. Dazu gehört auch die finanzielle Unterstützung örtlicher Vereine als Kulturträger.

1.3.3 Einrichtungen der Altenhilfe wie Altenheime (Altenwohnheime und Altenpflegeheime) und Altenfreizeiten.

Da die Land- und Stadtkreise Träger der Sozialhilfe sind,[129] werden die kreisangehörigen Gemeinden hier nur subsidiär tätig.

1.3.4 Einrichtungen der Gesundheitspflege wie Krankenhäuser und Krankenpflegestationen (Sozialstationen). Leistungsfähige moderne Krankenhäuser können nur von größeren Städten finanziell verkraftet werden. Im Übrigen sind die Land- und Stadtkreise Krankenhausträger (Pflichtaufgabe nach § 3 LKHG).

1.3.5 Die wirtschaftliche Betätigung der Gemeinden, d. h. die Versorgung des Gemeindegebiets mit elektrischer Energie, Gas, Wasser, Wärme und Nahverkehrsleistungen. Die Ansprüche, die § 43 Abs. 1 und 2 WG an die Wasserversorgung stellt, lassen sich allerdings i. d. R. nur mit einer kommunalen Versorgung und nicht mit privaten Anlagen (Brunnen) erfüllen. Auch § 3 Abs. 2 FeuerwG verlangt i. d. R. eine kommunale Wasserversorgung im Interesse genügender Löschwasservorräte. Die Wasserversorgung ist deshalb grundsätzlich als Pflichtaufgabe der Gemeinden zu betrachten.

## 2. Aufbau des Haushaltsplans

### 2.1 Einteilung in Verwaltungs- und Vermögenshaushalt

#### 2.1.1 Zuordnungsprinzip

205 Im Interesse der Haushaltsklarheit[130] muss der Haushaltsplan systematisch aufgebaut sein. Er ist zunächst in einen Vermögenshaushalt und in

129 Vgl. § 96 BSHG.
130 Vgl. Rdnr. 136.

einen Verwaltungshaushalt zu gliedern (§ 80 Abs. 2 GemO). Bei der Zuordnung der Einnahmen und Ausgaben zum Vermögenshaushalt oder Verwaltungshaushalt steht nicht mehr die Art der Finanzierung im Vordergrund, wie das früher bei der Abgrenzung zwischen oH und aoH der Fall war. Entscheidend ist vielmehr, ob sich die Ausgaben auf das Vermögen[131] der Gemeinde auswirken. Alle vermögenswirksamen Ausgaben und die Einnahmen zu deren Finanzierung sind deshalb im Vermögenshaushalt zu veranschlagen und abzuwickeln.

Gegenwärtig werden in der Bundesrepublik[132] unter dem Stichwort „Neues Kommunales Finanzmanagement" Änderungen und Ergänzungen für den Inhalt, den Aufbau sowie die Begrifflichkeiten des Haushaltsplans diskutiert und im Rahmen von Modellprojekten[133] erste Erfahrungen gesammelt. Der Haushaltsplan soll künftig in einen Ergebnishaushalt und einen Finanzhaushalt gegliedert werden. Im Ergebnishaushalt sind alle im Haushaltsjahr für die Erfüllung der Aufgaben der Gemeinde anfallenden Erträge (Ressourcenaufkommen) und Aufwendungen (Ressourcenverbrauch) auszuweisen, ausgenommen Aufwendungen aus internen Leistungen und kalkulatorische Kosten. Der Finanzhaushalt besteht aus dem Planungsteil und dem Veranschlagungsteil, wobei der Planungsteil die ergebniswirksamen und die sonstigen Einzahlungen und Auszahlungen erfasst. Der Veranschlagungsteil umfasst die nicht ergebniswirksamen (vermögenswirksamen) Einzahlungen und Auszahlungen.

#### 2.1.2 Inhalt des Vermögenshaushalts § 1 Abs. 1 GemHVO

##### 2.1.2.1 Einnahmenseite

- Zuführung vom Verwaltungshaushalt 206
  Diese ist in einem Betrag zu veranschlagen, nicht mehr verteilt auf mehrere Anteilsbeträge (wie früher im aoH). Die Mindesthöhe ergibt sich aus § 22 Abs. 1 GemHVO.[134] Gesondert zu veranschlagen sind die Zuführung zu Sonderrücklagen nach § 20 Abs. 4 Satz 2 GemHVO (HHSt. 910.301).
- Einnahmen aus der Veränderung des Anlagevermögens
  Hier handelt es sich um Erlöse aus der Veräußerung von Grundstücken, beweglichen Sachen[135] und Beteiligungen sowie um Rückflüsse

131 Zu Vermögensbegriff und -einteilung vgl. Rdnrn. 484 ff.

132 Vgl. Eckpunktepapier der Innenministerkonferenz vom 24. 11. 2000; *Lüder*, Konzeptionelle Grundlagen des Neuen Kommunalen Rechnungswesen, Schriftenreihe des IM BW, Verlag Staatsanzeiger 1996.; *Lüder*, Konzeptionelle Grundlagen des Neuen Kommunalen Haushaltswesens, Schriftenreihe des IM BW, Verlag Staatsanzeiger 1998; *Budäus* u. a., Neues öffentliches Rechnungswesen, Wiesbaden 2000. Baden-Württemberg erarbeitet im Rahmen des Wiesloch-Projekts einen Arbeitsentwurf für Doppik-Haushaltsrecht. Unabhängig davon kann jede Gemeinde im Vorgriff auf ein künftiges Haushaltsrecht die Genehmigung für Übergang auf Doppik sofort erhalten.

133 In Baden-Württemberg Große Kreisstadt Wiesloch.

134 Vgl. Rdnr. 126 ff.

135 Erlöse aus der Veräußerung geringwertiger Wirtschaftsgüter (vgl. 2.4.1 VwV Gliederung und Gruppierung – VSV 6306) sind im Verwaltungshaushalt zu vereinnahmen.

von Darlehen und Kapitaleinlagen (z. B. bei Eigenbetrieben und Zweckverbänden). Abschreibungen vom Anlagevermögen werden nicht im Vermögenshaushalt vereinnahmt, sondern im Verwaltungshaushalt, wo sie als Ausgabe und Einnahme erscheinen.

- Entnahme aus Rücklagen
  Darunter versteht man die endgültige Verwendung der Rücklagen – im Gegensatz zur vorübergehenden Inanspruchnahme von Mitteln der Sonderrücklagen als inneres Darlehen.
  In Frage kommt hier i. d. R. nur noch die Entnahme aus der allgemeinen Rücklage. Sonderrücklagen sind nur noch in seltenen Ausnahmefällen erlaubt (§ 20 Abs. 4 GemHVO).
  Die Entnahme aus der allgemeinen Rücklage ist auch im Fall des § 22 Abs. 3 GemHVO (Entnahme aus Rücklagen zum Ausgleich des Verwaltungshaushalts) über den Vermögenshaushalt abzuwickeln. Im Vermögenshaushalt ist die Rücklagenentnahme für diesen Zweck in Einnahme und als Zuführung an den Verwaltungshaushalt als Ausgabe und im Verwaltungshaushalt als Einnahme zu veranschlagen und zu buchen. Nicht veranschlagungspflichtig ist die Inanspruchnahme von Mitteln der allgemeinen Rücklage zur Sicherung der Kassenliquidität; es handelt sich hierbei um einen Kassen- und nicht um einen Finanzierungsvorgang.

- Bei den Zuweisungen und Zuschüssen[136] für Investitionen und Investitionshilfen handelt es sich im Wesentlichen um solche von Bund und Land (auch vom Landkreis) zur Objektförderung,[137] d.h. zur Deckung von Ausgaben des Vermögenshaushalts. Dazu gehören auch Spenden zu Investitionen.
  Zuweisungen für laufende Zwecke (Schlüsselzuweisungen u. a.) gehören in den Verwaltungshaushalt.

- Als Beiträge und ähnliche Entgelte (z.B. Ablösungsbeiträge nach § 37 Abs. 5 LBO) kommen vor allem die Erschließungs- und Abwasserbeiträge in Frage.

- Kredite und innere Darlehen
  Zur begrifflichen Unterscheidung vgl. § 46 Nr. 12 und 18 GemHVO. Einnahmen aus Krediten sind in Höhe der Rückzahlungsverpflichtung, d. h. brutto, zu veranschlagen.[138] Kredite dienen zur Deckung (Finanzierung) von Ausgaben des Vermögenshaushalts; ebenso die inneren Darlehen. Beide werden deshalb auch Schulden im Deckungsbereich genannt.

136 Vgl. 2.5.1 VwV Gliederung und Gruppierung (VSV 6306).
137 Vgl. VV-LHO zu § 23 LHO Nr. 2 (Zuwendungsarten), GABl. 1977 S. 120 mit Änderungen (VSV 6302-1).
138 Vgl. Rdnr. 148.

Das Eingehen einer kreditgleichen Verpflichtung i. S von § 87 Abs. 5 GemO,[139] z. B. Grundstücks-Kaufpreisschulden, Grunderwerb auf Rentenbasis, Leasing, stellt keine Kreditaufnahme i. S. von § 1 Abs. 1 Nr. 5 i. V. § m. § 46 Nr. 18 GemHVO dar und ist deshalb keine Einnahme des Vermögenshaushalts (natürlich auch nicht des Verwaltungshaushalts).[140] Kassenkredite (§ 89 GemO) sind keine Deckungsmittel, die im Haushalt veranschlagt werden können. Sie dienen nur der kassenmäßigen Überbrückung anderer (noch nicht eingegangener) Deckungsmittel. Diese sogenannten Schulden im Kassenbereich sind im Sachbuch für haushaltsfremde Vorgänge (ShV) abzuwickeln.[141]

#### 2.1.2.2 Ausgabenseite

a) Tilgung von Krediten und inneren Darlehen. Die Schulden im Deckungsbereich dienen zwar bei der Aufnahme als Deckungsmittel. Aber auch ihre Tilgung erfordert Deckungsmittel und ist deshalb im Haushalt zu veranschlagen (im Gegensatz zur Tilgung von Kassenkrediten). Erst mit ihrer Tilgung hat der Haushalt die aus Krediten und inneren Darlehen (vorläufig) finanzierten Ausgaben nachträglich und endgültig gedeckt. Man spricht deshalb bei dieser Art der Finanzierung auch von der Nachdeckung. Zu den Tilgungen gehören sowohl die regelmäßigen (ordentlichen) Tilgungen nach den Darlehensverträgen als auch zusätzliche (außerordentliche) Tilgungen bis hin zur Umschuldung. **207**

Kreditbeschaffungskosten sind entsprechend dem Bruttogrundsatz[142] ebenfalls als Ausgabe zu veranschlagen (zu schätzen). Dazu gehören Auszahlungsabzüge wie Disagio und einmalige Verwaltungskostenbeiträge.

Ablösung von Dauerlasten. Hier kommt z. B. die Ablösung von Leibrenten mit ihrem Kapitalwert in Frage.

b) Ausgaben für die Veränderung des Anlagevermögens. Diese Investitionen[143] können Ausgaben sein **208**

für den Vermögenserwerb: bebaute und unbebaute Grundstücke, Beteiligungen, Kapitaleinlagen, Darlehensgewährungen und bewegliche Sachen[144] des Anlagevermögens

139 Vgl. Rdnrn. 731–750.
140 Die kreditgleichen Verpflichtungen erscheinen im Haushalt der Gemeinde erst, wenn daraus Zahlungen fällig werden (als Ausgabe im Jahr der Kassenwirksamkeit). Dabei ist zu unterscheiden: Zinsanteile gehören in den Verwaltungshaushalt, Tilgungsanteile in den Vermögenshaushalt. Zur Behandlung der kreditgleichen Verpflichtungen in der Vermögensrechnung vgl. Rdnr. 1258.
141 Soweit sie nicht als Überziehungskredite (Kontokorrentkredite) ungebucht bleiben und lediglich zu einem negativen Kassenbestand (Kassenvorgriff) führen.
142 Vgl. Rdnr. 148.
143 Vgl. § 46 Nr. 13 und Nr. 2 GemHVO.
144 Geringwertige Wirtschaftsgüter (vgl. 2.4.1 VwV Gliederung und Gruppierung – VSV 6306) sind im Verwaltungshaushalt zu veranschlagen. Für die Berechnung der 410-Euro-Grenze sind die Anschaffungs- und Herstellungskosten immer ohne die Mehrwertsteuer anzusetzen, auch dann, wenn die Mehrwertsteuer nicht als Vorsteuer abzugsfähig ist.

sowie für Baumaßnahmen: Hochbauten, Tiefbauten und Betriebsanlagen. Ausgaben, die lediglich der Unterhaltung von Bauwerken und Anlagen dienen, stellen keine Vermögensmehrung dar; sie sind nicht vermögenswirksam und deshalb im Verwaltungshaushalt zu veranschlagen.[145] Die Ausgaben aufgrund von Leasingverträgen sind im Vermögenshaushalt zu veranschlagen, wenn der Leasinggegenstand bzw. das Leasingobjekt nach Ablauf des Mietverhältnisses in das Eigentum der Gemeinde übergehen soll. Ebenso im Vermögenshaushalt zu veranschlagen ist der Tilgungsanteil bei Leibrentenverträgen.

Investitionshilfen an Dritte (Zuweisungen und Zuschüsse) sind im Vermögenshaushalt einzustellen, auch wenn dadurch das eigene Vermögen der Gemeinde nicht vermehrt wird. Investitionshilfen an Dritte sind aber nur zulässig, wenn damit eine Gemeindeaufgabe erfüllt wird, die sonst von der Gemeinde selbst unter Einsatz eigenen Vermögens zu erfüllen wäre. Beispiel: Zuschuss an Sportverein zum Bau von Sportstätten.

**209** c) Verpflichtungsermächtigungen[146]

Sie sind im kommunalen Haushaltsrecht (§§ 79 Abs. 2 Nr. 1 c GemO, 86 GemO, 9 GemHVO) nur für Investitionen und Investitionsförderungsmaßnahmen, also nur im Vermögenshaushalt zulässig. Die Institution der Verpflichtungsermächtigung (frühere Bindungsermächtigung) wurde aus dem staatlichen Haushaltsrecht (§ 22 HGrG) übernommen. Sie ermächtigt die Gemeinde zum Eingehen finanzieller Verpflichtungen, d. h. z. B. zur Erteilung von Aufträgen und Bestellungen, für die noch keine Ausgaben veranschlagt sind.

Verpflichtungsermächtigungen ersetzen die Veranschlagung von Ausgaben nicht. Sie sind nur eine Vorstufe der später (im Jahr ihrer Kassenwirksamkeit) zu veranschlagenden Ausgabe. Sie überbrücken haushaltsrechtlich die Zeit zwischen der Bewirtschaftung von Haushaltsmitteln (Eingehen der Verpflichtung) und ihrer Veranschlagung als Ausgabe im Jahr der Kassenwirksamkeit. Die Verpflichtungsermächtigungen sind getrennt von den Ausgaben – in einer besonderen Spalte – bei den einzelnen HHSt. zu veranschlagen.

Verpflichtungsermächtigungen sind nur zulässig, soweit sie in den folgenden drei Jahren zu Ausgaben führen; bei Baumaßnahmen auch für längerfristige Verpflichtungen (§ 86 Abs. 2 GemO).

145 Abgrenzung zwischen Herstellungs- und Unterhaltungsaufwand, vgl. 2.4.2 VwV Gliederung und Gruppierung (VSV 6306).

146 Weitere Einzelheiten vgl. *Schmid,* Veranschlagung und Abwicklung von Verpflichtungsermächtigungen, ZKF 1984, S. 206 und 234. Dort wird z. B. die Notwendigkeit von Verpflichtungsermächtigungen für kreditgleiche (kreditähnliche) Rechtsgeschäfte verneint – so auch *Kunze/Bronner/Katz/v. Rotberg u. a.,* Rdnr. 22 zu § 86 GemO.

Verpflichtungsermächtigungen sind außerdem nur zulässig, wenn durch sie der Ausgleich künftiger Haushalte (in denen sie als Ausgabe zu realisieren sind) nicht gefährdet wird ( 86 Abs. 2 GemO). Der Nachweis für das Vorliegen dieser Voraussetzung ist in der mittelfristigen Finanzplanung zu führen. Dort sind die Ausgaben aus den Verpflichtungsermächtigungen im Jahr ihrer Kassenwirksamkeit zu berücksichtigen (im Investitionsprogramm nach § 85 Abs. 3 GemO).

Bei der Bemessung der Verpflichtungsermächtigungen ist zu bedenken, dass der Gesamtbetrag in der Haushaltssatzung nicht überschritten werden darf. Verpflichtungsermächtigungen sind so zu verwalten, dass sie ausreichen und nur dann in Anspruch genommen werden, wenn die Aufgabenerfüllung dies erfordert. Ihre Inanspruchnahme ist zu überwachen; sie unterliegen ebenfalls dem Grundsatz der sachlichen Bindung. Seit 1983 sind bei den einzelnen Vorhaben zwar überplanmäßige und außerplanmäßige Verpflichtungen zulässig, wenn ein dringendes Bedürfnis[147] besteht, aber nur im Rahmen des Gesamtbetrages (§ 86 Abs. 5 GemO). Dies bedeutet, dass überplanmäßige und außerplanmäßige Verpflichtungen ausgeglichen werden müssen durch weniger Verpflichtungen bei anderen Verpflichtungsermächtigungen. Die Zukunftsbelastung aus Verpflichtungsermächtigungen darf also insgesamt nicht höher sein als in der Haushaltssatzung (Gesamtbetrag) festgesetzt. Es ist deshalb empfehlenswert, die Verpflichtungsermächtigungen nicht zu niedrig, sondern im Zweifel lieber zu hoch zu veranschlagen (zu schätzen), um eine Nachtragshaushaltssatzung zu vermeiden.[148] Nachteile können der Gemeinde dadurch nicht entstehen; Verpflichtungsermächtigungen erfordern (noch) keine Deckungsmittel. Im Rahmen der Flexibilisierung der Haushaltswirtschaft wäre eine Regelung über Austauschbarkeit der Verpflichtungsermächtigungen (ähnlich der gegenseitigen Deckungsfähigkeit nach § 18 GemHVO) wünschenswert.

Die bis zum Jahresende nicht ausgeschöpften Verpflichtungsermächtigungen verfallen. Eine Übertragbarkeit ins folgende Jahr, ähnlich den Haushaltsresten (§§ 46 Nr. 10, 19, 41 II GemHVO), ist nicht möglich. Hat die Gemeinde zu Beginn des Haushaltsjahres keine gültige Haushaltssatzung, dann gelten die Verpflichtungsermächtigungen weiter, bis die Haushaltssatzung für das folgende Jahr erlassen ist (§ 86 Abs. 3 GemO). Sind die Ermächtigungen ausgeschöpft, muss vor dem Eingehen von Verpflichtungen der Erlass der neuen Haushaltssatzung abgewartet werden.

147 Zum Begriff „dringendes Bedürfnis" vgl. Rdnr. 274.
148 Insgesamt dürfen aber Ausgabeansatz und Verpflichtungsermächtigungen für dieselbe Maßnahme nicht höher sein als der gesamte Ausgabebedarf (der nach § 10 Abs. 1 GemHVO ebenfalls im Haushaltsplan anzugeben ist und sich aus der Kostenberechnung i. S. von § 10 Abs. 3 GemHVO ergibt).

Bei Bedarf kann eine Verpflichtungsermächtigung auch mit einer auflösenden Bedingung versehen werden.

Der Gesamtbetrag der Verpflichtungsermächtigungen bedarf im Rahmen der Haushaltssatzung insoweit der Genehmigung der Rechtsaufsichtsbehörde, als in den Jahren, in denen voraussichtlich Ausgaben aus den Verpflichtungen zu leisten sind, Kreditaufnahmen vorgesehen sind (§ 86 Abs. 4 GemO).[149] Der genehmigungspflichtige Teil der Verpflichtungsermächtigungen ergibt sich aus der Übersicht zu § 2 Abs. 2 Nr. 3 GemHVO.[150] In dieser Übersicht werden den jährlich voraussichtlich fälligen Ausgaben aus den Verpflichtungsermächtigungen (Vorausbelastungen) die im mittelfristigen Finanzplan vorgesehenen jährlichen Kreditaufnahmen gegenübergestellt. Dabei sind auch noch fällig werdende Verpflichtungen aus früheren Jahren zu berücksichtigen. Ist der jährliche Kreditbedarf niedriger als die jährliche Vorausbelastung, bedarf nur der entsprechend niedrigere Teil der neu veranschlagten Verpflichtungsermächtigungen der Genehmigung.

**210** d) Zuführung zu Rücklagen

Hier kommt in der Regel nur die Zuführung zur allgemeinen Rücklage (§ 20 Abs. 2 und 3 GemO) in Betracht. Sonderrücklagen nach § 20 Abs. 4 GemHVO dürften selten sein.

Seit dem § 20 Abs. 4 GemHVO der Satz 2 angefügt wurde,[151] können vorauskalkulierte Gebührenanteile – z. B. für die (spätere) Rekultivierung von Abfalldeponien – einer Sonderrücklage zugeführt werden.

**211** e) Deckung von Fehlbeträgen aus Vorjahren

Die Deckung von Fehlbeträgen (§ 46 Nr. 7 GemHVO) des Vermögenshaushalts aus Vorjahren hat unverzüglich, spätestens im dritten dem Entstehungsjahr folgenden Jahr zu erfolgen (§ 23 GemHVO). Im Sonderfall des § 84 Abs. 2 GemO, d. h., wenn der Fehlbetrag aus überplanmäßigen Ausgaben bei Mehrjahresvorhaben stammt, ist er schon im folgenden Jahr zu decken. Bei Letzterem handelt es sich praktisch um einen Haushaltsvorgriff auf dem Umweg über den Fehlbetrag.

**212** f) Zuführung zum Verwaltungshaushalt

Unter den Voraussetzungen des § 22 Abs. 3 GemHVO dürfen Mittel der allgemeinen Rücklage und Einnahmen aus der Veräußerung von Anlagevermögen zum Ausgleich des Verwaltungshaushalts verwendet werden. Da beide Einnahmen vermögenswirksam und deshalb im Vermögenshaushalt zu veranschlagen sind, muss dieser die Mittel dem Verwaltungshaushalt zuführen.

149 Vgl. VwV zu § 86 GemO.
150 Vgl. Anlage 6 zur VwV Gliederung und Gruppierung (VSV 6306).
151 Vgl. GBl. 1989 S. 125 und Die Gemeindekasse 1989/79.

Dies ist die letzte Möglichkeit zum Ausgleich des Verwaltungshaushalts aus eigener Kraft der Gemeinde.

### 2.1.3 Inhalt des Verwaltungshaushalts

Alle anderen als die bei 2.1.2 genannten Einnahmen und Ausgaben des Gemeindehaushalts gehören zum Verwaltungshaushalts (§ 1 Abs. 2 GemHVO). Verpflichtungsermächtigungen sind im Verwaltungshaushalt nicht zulässig. 213

Diese negative Abgrenzung weist dem Verwaltungshaushalt folgende Einnahmen und Ausgaben zu:

Die sogenannten Ertragseinnahmen. Das sind Einnahmen, die das Anlagevermögen, die Rücklagen und die Schulden der Gemeinde nicht verändern, also nicht vermögenswirksam sind und deshalb nicht in den Vermögenshaushalt gehören. Die Einnahmen des Verwaltungshaushalts sind größtenteils fortdauernde, d. h. regelmäßig wiederkehrende Einnahmen (z. B. Steuern, Entgelte), die aber in ihrer Höhe erheblich schwanken können (z. B. die Gewerbesteuer). Der Verwaltungshaushalt enthält auch einmalige Einnahmen wie z. B. Steuernachzahlungen.

Ausgaben des Verwaltungshaushalts sind die sogenannten Aufwandsausgaben, d. h. alle nicht vermögenswirksamen Ausgaben. Auch sie sind in der Regel fortdauernde Ausgaben und nur in Ausnahmefällen einmalig. So sind z. B. Ausgaben zur Beseitigung von Hochwasserschäden (ohne Erhöhung des Vermögenswerts) einmalig.

### 2.1.4 Gruppierungsziffer als Unterscheidungsmerkmal

Die Abgrenzung zwischen Verwaltungshaushalt und Vermögenshaushalt, wie sie sich aus § 1 GemHVO ergibt, hat ihren Niederschlag auch in der Gruppierung der Haushaltseinnahmen und -ausgaben gefunden. An der Gruppierungsziffer lässt sich erkennen, ob die Einnahme oder Ausgabe vermögenswirksam ist und damit dem Vermögenshaushalt zuzuordnen ist oder ob sie zum Verwaltungshaushalt gehört.[152] 214

### 2.1.5 Vorteile der Einteilung in einen Vermögenshaushalt und einen Verwaltungshaushalt

2.1.5.1 Diese Abgrenzung macht im Verwaltungshaushalt den Aufwand (und wie er gedeckt wird) sichtbar. Im Vermögenshaushalt wird der Kapitalbedarf und dessen Deckung dargestellt.[153] Zum Kapitalbedarf im Vermögenshaushalt zählen allerdings außer den vermögenswirksamen Ausgaben, die das Vermögen der Gemeinde verändern, auch Inves- 215

152 Zu Einzelheiten vgl. Rdnr. 218.
153 Vgl. die amtl. Begründung zum Entwurf des Neuordnungsgesetzes (zu § 80 Abs. 2 GemO), Landtagsdrucksache Nr. 6/510.

titionszuweisungen und -zuschüsse an Dritte (die anstelle der Gemeinde deren Aufgaben erfüllen, z. B. Vereine mit dem Bau von Sportstätten).

2.1.5.2 Dadurch, dass der Verwaltungshaushalt keine vermögenswirksamen Ausgaben mehr enthält (wie der frühere ordentliche Haushalt), sondern nur noch die Aufwandsausgaben, soll vermieden werden, dass für kostenrechnende Einrichtungen der betriebswirtschaftliche Aufwand in Sonder- oder Zusatzrechnungen außerhalb des Haushaltsplans und der Haushaltsrechnung ermittelt werden muss. Der Haushalt erfüllt somit nicht mehr nur eine Deckungsfunktion, sondern er entspricht jetzt auch mehr betriebswirtschaftlichen Grundsätzen und nähert sich damit dem Rechnungswesen für die kommunalen Eigenbetriebe. Dies ist von Bedeutung im Hinblick auf die Höhe der Benutzungsentgelte und damit der Kostendeckung in vielen Teilen des Haushalts (kostenrechnende Einrichtungen oder Gebührenhaushalte).[154]

2.1.5.3 Die Einteilung in Vermögens- und Verwaltungshaushalt erleichtert die Vergleichbarkeit von Gemeinde zu Gemeinde. Dies betrifft sowohl die Haushaltswirtschaft insgesamt als auch einzelne Teile wie z. B. die öffentlichen Einrichtungen im Interesse einer wirtschaftlichen Aufgabenerfüllung (Wirtschaftlichkeitskontrolle).

2.1.5.4 Die Zusammenfassung aller vermögenswirksamen Vorgänge im Vermögenshaushalt erleichtert die Vermögensfortschreibung in der Vermögensrechnung.[155] Nach dem früheren Haushaltsrecht waren die vermögenswirksamen Ausgaben verstreut auf den ordentlichen und den außerordentlichen Haushalt (je nach Finanzierung) oder wurden außerhalb des Haushalts abgewickelt.[156]

2.1.5.5 Im Hinblick auf die volkswirtschaftliche Bedeutung der öffentlichen Investitionen ist ihre Zusammenfassung im Vermögenshaushalt ebenfalls zu begrüssen. Die mittelfristige Finanzplanung[157] der Gemeinden unterschied deshalb schon vor Inkrafttreten des neuen kommunalen Haushaltsrechts nicht nach ordentlichen und außerordentlichen Einnahmen und Ausgaben, sondern nach vermögenswirksamen und vermögensunwirksamen.

### 2.2 Haushaltssystematik

#### 2.2.1 Verbindliche Gliederung und Gruppierung

216 Der systematische Aufbau des Haushaltsplanes im Interesse der Haushaltsklarheit[158] wird durch die Gliederung und Gruppierung der Einnahmen und Ausgaben erreicht. Die für den Verwaltungshaushalt und den

154 Vgl. Rdnrn. 770–871.
155 Vgl. Rdnrn. 1201–1220.
156 Der sog. planungsfreie Vermögensverkehr nach § 1 Abs. 4 GemHVO 1937.
157 Vgl. Rdnr. 325.
158 Vgl. auch Rdnr. 136.

Vermögenshaushalt verbindliche Gliederung und Gruppierung ergibt sich aus der Verwaltungsvorschrift des IM über die Gliederung und Gruppierung der Haushalte, die Finanzplanung und weitere Muster für die Haushaltswirtschaft der Gemeinden (VwV Gliederung und Gruppierung).[159] Der als Anlagen 1 und 2 zu der VwV veröffentlichte Gliederungs- und Gruppierungsplan enthält eine für alle Gemeinden verbindliche Mindestgliederung und -gruppierung. Eine weitergehende Unterteilung[160] soll im Haushaltsplan nur dort vorgenommen werden, wo dies der Haushaltsklarheit dient oder aus organisatorischen Gründen erforderlich ist und wenn die Übersichtlichkeit nicht beeinträchtigt wird.

### 2.2.2 Haushaltsgliederung[161]

2.2.2.1 Der Verwaltungshaushalt und der Vermögenshaushalt sind nach Aufgabenbereichen in Einzelpläne, Abschnitte und Unterabschnitte aufgeteilt (§ 5 Abs. 1 GemHVO). Für die kommunale Haushaltsgliederung gilt also weiterhin das Funktionsprinzip und nicht das Ressortprinzip der staatlichen Haushaltspläne (dort ist u. a. nach Ressorts gegliedert – Einzelpläne für die Ministerien).[162] **217**

Bei der Gliederung der kommunalen Haushalte spielt also nicht die Organisation der Kommunalverwaltung die entscheidende Rolle. Die Einnahmen und Ausgaben sind nicht den einzelnen Dienststellen der Gemeinde zuzuordnen, sondern den kommunalen Aufgabenbereichen (Sachzwecken).

2.2.2.2 Diese Gliederung führt – nach dem Dezimalsystem – zunächst zu den 10 Einzelplänen

0 Allgemeine Verwaltung

1 Öffentliche Sicherheit und Ordnung

2 Schulen

3 Wissenschaft, Forschung, Kulturpflege

4 Soziale Sicherung

5 Gesundheit, Sport, Erholung

6 Bau- und Wohnungswesen, Verkehr

7 Öffentliche Einrichtungen, Wirtschaftsförderung

8 Wirtschaftliche Unternehmen, Allg. Grund- und Sondervermögen

9 Allgemeine Finanzwirtschaft

159 Vgl. VSV 6306.

160 Vgl. dazu Nr. 2.1 VwV Gliederung und Gruppierung (VSV 6306).

161 Im Rahmen der Reformdiskussion wird auch die Notwendigkeit einer neuen Haushaltsgliederung überprüft (Abbildung der Organisationsstruktur oder Abbildung von Produkten/Produktgruppen und Leistungen oder kombinierte Abbildung), vgl. Eckpunkte einer Weiterentwicklung des kameralistischen Haushaltsrechts, ZKF 2001, S. 50.

162 Aber auch dort wird funktional gegliedert in einer zusätzlichen Funktionenübersicht (§ 11 Abs. 1 b u. Abs. 2 HGrG).

Die Gliederung gilt sowohl für den Verwaltungshaushalt als auch für den Vermögenshaushalt.

2.2.2.3 Die weitere (tiefere) Gliederung der Einzelpläne in Abschnitte und Unterabschnitte ergibt sich verbindlich aus der Anlage 1 der VwV Gliederung und Gruppierung (vgl. 2.2.1) für den Verwaltungshaushalt und den Vermögenshaushalt.

### 2.2.3 Gruppierung

218 2.2.3.1 Die Aufteilung der Einnahmen und Ausgaben nach ihren Arten innerhalb der Einzelpläne, Abschnitte und Unterabschnitte wird als Gruppierung bezeichnet (§ 5 Abs. 2 GemHVO).

2.2.3.2 Ziele der Gruppierung:

a) eine einheitliche Aufteilung der Einnahmen und Ausgaben bei allen Aufgabenbereichen (Einzelplänen, Abschnitten, Unterabschnitten).

b) Die Zusammenfassung aller gleichartigen Einnahmen und Ausgaben aus allen Aufgabenbereichen, z. B. aller Personalausgaben einer Gemeinde. Diese artengleiche Zusammenfassung erfolgt in der Gruppierungsübersicht.[163] Sie ist von Bedeutung für die Analyse und Beurteilung der Haushaltssituation einer Gemeinde, für die Vergleichbarkeit der kommunalen Haushalte untereinander und für die Fortschreibung der Einnahmen und Ausgaben in der mittelfristigen Finanzplanung. Auch die unterschiedliche Wirkung der kommunalen Einnahmen und Ausgaben auf die Volkswirtschaft und damit die Bedeutung für die Konjunkturpolitik machen die Gruppierung der Einnahmen und Ausgaben erforderlich.

2.2.3.3 Die Gruppierung erfolgt nach einer Dreiteilung in Hauptgruppen, Gruppen und Untergruppen im Dezimalsystem.

a) Die 10 Hauptgruppen:

Einnahmen

0 Steuern, allgemeine Zuweisungen
1 Einnahmen aus Verwaltung und Betrieb
2 Sonstige Finanzeinnahmen
3 Einnahmen des Vermögenshaushalts

Ausgaben

4 Personalausgaben
5/6 Sächlicher Verwaltungs- und Betriebsaufwand
7 Zuweisungen und Zuschüsse (nicht für Investitionen)
8 Sonstige Finanzausgaben
9 Ausgaben des Vermögenshaushalts (einschließlich Zuweisungen und Zuschüsse für Investitionen).

163 Vgl. Rdnr. 223.

An der Hauptgruppe ist also erkennbar, ob es sich um eine Einnahme (0–3) oder eine Ausgabe (4–9) handelt. Sie zeigt aber auch, ob die Einnahme oder Ausgabe zum Verwaltungshaushalt (Hauptgruppen 0–2 und 4–8) oder ob sie zum Vermögenshaushalt (Hauptgruppen 3 und 9) gehört.

b) Die weitere Gruppierung in Gruppen und Untergruppen ergibt sich aus den Anlagen 2 und 3 der VwV Gliederung und Gruppierung (vgl. 2.2.1).

#### 2.2.4 Bildung von Haushaltsstellen

2.2.4.1 Die Haushaltsstelle, bei der die Einnahmen und Ausgaben nach 219
ihrem Entstehungsgrund und Einzelzweck zu veranschlagen sind (§ 7 Abs. 3 GemHVO), wird gebildet aus

a) der Gliederungsziffer (des Einzelplans, Abschnitts, Unterabschnitts) – vgl. 2.2.2 – und

b) der Gruppierungsziffer (Hauptgruppe, Gruppe, Untergruppe) – vgl. 2.2.3.

Aus der Gliederungsziffer und der Gruppierungsziffer ergibt sich die Haushaltsstellenziffer, mit der die betreffende Einnahme oder Ausgabe im Haushaltsplan (und in der Haushaltsrechnung) erscheint.

2.2.4.2 Beispiele für Haushaltsstellenziffern

a) 352.652 = Post- und Telefongebühren für die Stadtbücherei
3 = Einzelplan 3 Wissenschaft, Forschung, Kulturpflege
5 = Abschnitt 35 Volksbildung
2 = Unterabschnitt 352 öffentliche Büchereien
6 = Hauptgruppe 6 Sächlicher Verwaltungs- und Betriebsaufwand
5 = Gruppe 65 Geschäftsausgaben
2 = Untergruppe 652 Post- und Fernmeldegebühren.

Eine so weitgehende Gliederung (3-stellig) und Gruppierung (ebenfalls 3-stellig) ist nicht für alle Einnahmen und Ausgaben vorgeschrieben. Bei vielen Haushaltsstellen begnügen sich die verbindlichen Muster mit einer 2-stelligen Gliederungsziffer (Einzelplan, Abschnitt) und einer 2-stelligen Gruppierungsziffer (Hauptgruppe, Gruppe). Das ergibt dann eine insgesamt 4-stellige Haushaltsstellenziffer wie z. B.

a) 21.50 = Unterhaltung von Gebäuden und Anlagen der Grund- und Hauptschulen
2 = Einzelplan Schulen
1 = Abschnitt 21 Grund- und Hauptschulen
5 = Hauptgruppe 5 Sächlicher Verwaltungs- und Betriebsaufwand
0 = Gruppe 50 Unterhaltung der Grundstücke und bauliche Anlagen.

In vielen Fällen ist die Gliederungsziffer nur 2-stellig, die Gruppierungsziffer aber 3-stellig vorgeschrieben (oder umgekehrt). Dann ergibt sich eine insgesamt 5-stellige Haushaltsstellenziffer, z. B.

c) 90.003 = Gewerbesteuer nach Ertrag und Kapital
9 = Einzelplan 9 allgemeine Finanzwirtschaft
0 = Abschnitt 90 Steuern, allgemeine Zuweisungen und Umlagen
0 = Hauptgruppe 0 Steuern, allgemeine Zuweisungen
0 = Gruppe 00 Realsteuern
3 Untergruppe 003 Gewerbesteuer.

2.2.4.3 Die unterschiedliche Tiefengliederung und -gruppierung in den Mustern erklärt sich aus ihrer Verbindlichkeit für alle Gemeinden. Sie soll den Bedürfnissen großer und kleiner Gemeinden gerecht werden. Sie soll aber auch den Anforderungen der bundeseinheitlichen Gemeindefinanzstatistik und der volkswirtschaftlichen Gesamtrechnung entsprechen.

2.2.4.4 Wo eine einheitliche, mindestens 6-stellige Ziffer für alle Haushaltsstellen aus technischen Gründen unumgänglich ist – so bei der Anwendung der EDV[164] –, sind die frei gebliebenen Stellen mit 0 auszufüllen. In Frage kommt dafür die dritte und jede weitere Stelle der Gliederungs- bzw. Gruppierungsziffer (für die nicht beanspruchten Unterabschnitte bzw. Untergruppen). Andererseits reicht – vor allem bei größeren Städten – die 6-stellige Haushaltsstellenziffer nicht immer aus.[165]

2.2.4.5 Aus dem Gliederungs- und Gruppierungsplan ergibt sich aber nicht nur die Haushaltsstellenziffer, sondern auch der Text der Haushaltsstelle. Zur Verdeutlichung kann von diesem Text abgewichen werden.

2.2.4.6 Bei der Bildung von Einnahmehaushaltsstellen im Vermögenshaushalt hat die Gruppierungsziffer Einfluss auf die Gliederung, d. h. die Zuordnung der Einnahme zu den Einzelplänen, Abschnitten, Unterabschnitten. Die Einnahmen der Gruppen 32 bis 36 sind den Abschnitten (Unterabschnitten) zuzuordnen, denen sie nach ihrem Entstehungsgrund angehören (spezielle Einnahmen). Die anderen Einnahmen (allgemeine Deckungsmittel) des Vermögenshaushalts sind dem Einzelplan 9 zuzuordnen.[166] Andere Einnahmen in diesem Sinne sind alle Einnahmen der Gruppen 30, 31, 37 und 39.

164 Das landeseinheitliche EDV-Programm Finanzwesen geht sogar von einer 4-stelligen Gliederungsnummer und einer 6-stelligen Gruppierungsnummer aus. Hinzu kommen noch eine 1-stellige Kennziffer für Sachgebiete (VwH, VmH, Sonderhaushalt), eine 1-stellige Prüfziffer und eine 3-stellige Vorhabennummer (im VmH). Dies bedeutet eine 12-stellige Haushaltsstellenziffer im VwH und eine 15-stellige Haushaltsstellenziffer im VmH.

165 Das landeseinheitliche EDV-Programm Finanzwesen geht sogar von einer 4-stelligen Gliederungsnummer und einer 6-stelligen Gruppierungsnummer aus. Hinzu kommen noch eine 1-stellige Kennziffer für Sachgebiete (VwH, VmH, Sonderhaushalt), eine 1-stellige Prüfziffer und eine 3-stellige Vorhabennummer (im VmH). Dies bedeutet eine 12-stellige Haushaltsstellenziffer im VwH und eine 15-stellige Haushaltsstellenziffer im VmH.

166 Vgl. Abschnitt 2.5.3 VwV Gliederung und Gruppierung (VSV 6306).

Ob die den Einzelplänen 0 bis 8 zuzuordnenden speziellen Deckungsmittel auch zweckgebundene Einnahmen sind, richtet sich nach § 17 GemHVO.[167]

2.2.5 Gemeinden, die flächendeckend budgetieren, können von der verbindlich vorgeschriebenen Haushaltsgliederung und -gruppierung abweichen, § 16 Abs. 2 Satz 3 GemHVO. Die finanzstatistischen Meldungen sind allerdings nach wie vor nach der VwV Gliederung und Gruppierung abzugeben. Der anfallende zusätzliche Arbeitsaufwand kann durch den Einsatz der EDV (Umsetzungstabellen) reduziert werden.

## 3. Bestandteile des Haushaltsplans

Der Haushaltsplan besteht nach § 2 Abs. 1 GemHVO aus 220

dem Gesamtplan,
den Einzelplänen des Verwaltungshaushalts und
des Vermögenshaushalts,
den Sammelnachweisen und
dem Stellenplan

und nach § 3 Abs. 1 KrHRVO aus

dem Wirtschaftsplan[168] (Erfolgsplan, Vermögensplan, Stellenübersicht) für kommunale Krankenhäuser.

### 3.1 Inhalt des Gesamtplans (§ 4 GemHVO)[169]

#### 3.1.1 Zusammenfassung[170]

Der Gesamtplan enthält eine Zusammenfassung der Einnahmen, Ausgaben und Verpflichtungsermächtigungen der Einzelpläne des Verwaltungs- und Vermögenshaushalts. 221

Die sich daraus ergebenden Summen der Einnahmen und Ausgaben des Verwaltungshaushalts, der Einnahmen, Ausgaben und Verpflichtungsermächtigungen im Vermögenshaushalt und des Gesamthaushalts werden in der Haushaltssatzung festgesetzt.[171]

#### 3.1.2 Haushaltsquerschnitt

Dieser ist eine Übersicht[172] über Einnahmen, Ausgaben und Verpflichtungsermächtigungen, geordnet nach 222

167 Vgl. Rdnr. 154.
168 Muster vgl. Anlage 19 zur VwV Gliederung und Gruppierung (VSV 6306).
169 Von der Einbeziehung des Wirtschaftsplans der Krankenhäuser in den Gesamtplan kann abgesehen werden (§ 3 Abs. 3 KrHRVO-VSV 6414).
170 Muster vgl. Anlage 9 zur VwV Gliederung und Gruppierung (VSV 6306).
171 Vgl. Rdnr. 191.
172 Muster vgl. Anlage 10 zur VwV Gliederung und Gruppierung (VSV 6306).

a) Aufgabenbereichen (Unterabschnitten, Abschnitten, Einzelplänen) in der vertikalen Anordnung und

b) Arten.

Hier werden in horizontaler Anordnung zusammengefasste Einnahme- und Ausgabegruppen dargestellt und für den einzelnen Abschnitt/Unterabschnitt der Zuschussbedarf oder Überschuss angegeben.

Die Trennung in Verwaltungshaushalt und Vermögenshaushalt ergibt sich aus der Gruppierung (vgl. Spalten des Musters).[173]

#### 3.1.3 Gruppierungsübersicht

223 Sie enthält die Einnahmen und Ausgaben geordnet nur nach Arten (Hauptgruppen, Gruppen, Untergruppen).[174] Es ist den Gemeinden freigestellt, ob sie außer dem Gesamtbetrag pro Gruppe/Untergruppe auch noch die Werte je Einwohner angeben.

#### 3.1.4 Finanzierungsübersicht

224 Sie stellt eine Berechnung des Finanzierungssaldos dar. Einzelheiten der Berechnung, wie sie auch von Bund und Ländern erstellt werden, sind aus dem amtlichen Muster ersichtlich.[175]

#### 3.1.5 Beschränkung des Inhalts

225 Die Bestandteile 3.1.1 bis 3.1.4 des Gesamtplanes enthalten die Ansätze des Planjahres, die Ansätze des Vorjahres und die Ergebnisse des zuletzt abgeschlossenen Jahres. Die Vergleichsmöglichkeit erfordert einen erheblichen Verwaltungsaufwand. §4 GemHVO erlaubt deshalb, die Bestandteile 3.1.2 bis 3.1.4 auf die Zahlen des Planjahres zu beschränken. Nicht erlaubt ist dies bei der Zusammenstellung der Einzelpläne (3.1.1).

### 3.2 Einzelpläne (§ 5 GemHVO)

226 Die Einzelpläne des Verwaltungs- und Vermögenshaushalts sind in dem aus der Gliederung und Gruppierung sich ergebenden Aufbau nach den amtlichen Mustern[176] darzustellen. Wie bereits bei Rdnr. 219 ausgeführt, kann bei flächendeckender Budgetierung von der Gliederung nach Einzelplänen, Abschnitten und Unterabschnitten abgesehen werden, §16 Abs. 2 GemHVO.

173 Muster vgl. Anlage 10 zur VwV Gliederung und Gruppierung (VSV 6306).
174 Muster vgl. Anlage 11 zur VwV Gliederung und Gruppierung (VSV 6306).
175 Muster vgl. Anlage 12 zur VwV Gliederung und Gruppierung (VSV 6306).
176 Muster vgl. Anlage 13 zur VwV Gliederung und Gruppierung (VSV 6306).

### 3.3 Sammelnachweise (§ 8 GemHVO)

3.3.1 Unter Sammelnachweisen (SN) versteht man die Veranschlagung gleichartiger oder sachlich eng zusammenhängender Ansätze aus allen Einzelplänen, Abschnitten und Unterabschnitten in einem besonderen Teil des Haushaltsplans zum Zwecke ihrer gemeinsamen Bewirtschaftung. Nach den Grundsätzen der Einheit und Vollständigkeit des Haushaltsplanes müssen die Ansätze der Sammelnachweise einzeln oder zusammengefasst in die Abschnitte und Unterabschnitte des Verwaltungshaushalts übernommen werden. Bei der zusammengefassten Übernahme mehrerer SN erscheinen in den betreffenden Abschnitten und Unterabschnitten jeweils mehrere Ausgabearten und damit mehrere Haushaltsstellen unaufgeteilt. Die Aufteilung auf den einzelnen SN und damit auf die einzelne Haushaltsstelle ist dann nur in den Sammelnachweisen ersichtlich. Dies ist der Grund, warum SN nicht mehr nur Anlagen zum Haushaltsplan, sondern dessen Bestandteile sind. 227

3.3.2 Pflicht-Sammelnachweise gibt es nicht. Es steht im Ermessen der Gemeinden, ob und welche SN sie einrichten wollen. Bei einzelnen Ausgabearten, wie z.B. Post- und Telefongebühren, kann man im Interesse eines rationellen Haushalts- und Rechnungswesens wohl kaum auf SN verzichten. Andererseits sind SN jetzt auch für Einnahmen zulässig. Sie beschränken sich aber auf die Einnahmen und Ausgaben des Verwaltungshaushalts. Im Vermögenshaushalt sind sie weder zweckmäßig noch erlaubt. Einen SN für den Schuldendienst gibt es nicht mehr, weil die Tilgung im Vermögenshaushalt (unaufgeteilt bei 91) und die Zinsen unaufgeteilt bei Abschnitt 91 des Verwaltungshaushalts zu veranschlagen sind.

3.3.3 Die Wirkungen eines SN sind Folgende:

3.3.3.1 Ausgaben einzelner SN sind gegenseitig deckungsfähig,[177] soweit im Haushaltsplan nichts anderes bestimmt wird (haushaltsrechtliche Wirkung). Gegenseitige Deckungsfähigkeit im Rahmen eines SN schließt eine nochmalige Deckungsfähigkeit mit anderen Haushaltsstellen (außerhalb des SN) aus.

3.3.3.2 Für die Ausgaben oder Einnahmen eines SN kann ein vorläufige zentrale Buchungsstelle – ein Sammelkonto – angelegt werden (rechnungstechnische Wirkung). Die Aufteilung auf die Abschnitte und Unterabschnitte beim Jahresabschluss erfolgt nach deren tatsächlichen Anteilen, so z.B. bei den Personalausgaben, oder nach wirklichkeitsnahen Maßstäben, z.B. die Telefongebühren nach der Zahl der Telefonapparate.[178] Der Versorgungsaufwand als Teil der Personalausgaben ist nach der Höhe der veranschlagten Dienstbezüge aufzuteilen (§ 14 Abs. 5 GemHVO).

177 Vgl. Rdnr. 168.
178 Es sei denn, die Telefonanlage erfasst die tatsächlich geführten Gespräche (Gesprächseinheiten) für jeden Apparat.

#### 3.3.4 Neues Steuerungsmodell

Viele Kommunen sind in den letzten Jahren dazu übergegangen, den Fachbereichen neben der Fachverantwortung auch die Finanzverantwortung zu übertragen (dezentrale Ressourcenverantwortung). Die Einrichtung von Sammelnachweisen und die damit verbundene gegenseitige Deckungsfähigkeit der Ausgaben über die Fachbereiche hinaus sind kontraproduktiv. Sie entsprechen nicht den Zielsetzungen des Neuen Steuerungsmodells. Ein Großteil der Gemeinden löst daher ganz oder teilweise bestehende Sammelnachweise auf und ordnet die bisher zentral bewirtschafteten Ausgaben den Fachbereichen zur eigenverantwortlichen Bewirtschaftung zu. Andere Gemeinden behalten die zentrale Bewirtschaftung bei, schränken jedoch die Deckungsfähigkeit durch Haushaltsvermerk ein. In großen Fachbereichen ist aber auch die Einrichtung von Sammelnachweisen innerhalb des Fachbereichs denkbar.

### 3.4 Stellenplan

**228** Der Stellenplan (§ 57 GemO und § 6 GemHVO) tritt an die Stelle der früheren Stellensatzung. Da er Grundlage für die gesamte Personalwirtschaft der Gemeinde ist, darf er nicht nur – wie die frühere Stellensatzung – die Beamtenstellen beinhalten. Er ist für die Beamten, Angestellten und Arbeiter aufzustellen. Der Stellenplan ist nicht nur Veranschlagungsunterlage für den Haushaltsplan, sondern auch Grundlage für die Einstellung und Beförderung von Beamten, Angestellten und Arbeitern. Die dazu erforderliche Satzungsqualität erhält der Stellenplan dadurch, dass er als Bestandteil des Haushaltsplans auch Teil der Haushaltssatzung ist. Der Stellenplan enthält die erforderlichen Stellen, soweit sie voraussichtlich besetzbar sind und deshalb einen Ausgabenbedarf im Haushaltsplan verursachen. Auf das amtliche Muster[179] wird verwiesen.

Stellen von Beamten in Einrichtungen von Sondervermögen, für die Sonderrechnungen geführt werden (z.B. Eigenbetriebe), sind im Stellenplan gesondert auszuweisen.

Beamte, die beim Eigenbetrieb beschäftigt werden, sind im Stellenplan der Gemeinde zu führen und in der Stellenübersicht beim Eigenbetrieb nachrichtlich anzugeben, § 3 Abs. 1 EigBVO.

### 3.5 Wirtschaftsplan des kommunalen Krankenhauses

**229** Er ist nach § 3 Abs. 1 KrHRVO[180] ebenfalls Bestandteil des Haushaltsplans und besteht aus dem Erfolgsplan,[181] dem Vermögensplan[182] und der Stellenübersicht.

179 Vgl. Anlage 14 zur VwV Gliederung und Gruppierung (VSV 6306).
180 Vgl. VSV 6414.
181 Muster vgl. Anlage 19 zur VwV Gliederung und Gruppierung (VSV 6306).
182 Muster vgl. Anlage 19 zur VwV Gliederung und Gruppierung (VSV 6306).

## 4. Anlagen zum Haushaltsplan (§ 2 Abs. 2 GemHVO)

### 4.1 Vorbericht

Er hat einen Überblick und damit eine Einführung in die Haushaltswirtschaft der Gemeinde zu geben. Außer den wesentlichen Daten im Planjahr zeigt der Vorbericht die Entwicklung des Haushalts in den beiden Vorjahren und gibt eine Vorschau auf die künftigen Investitionen, ihre Finanzierungsmöglichkeiten samt Auswirkungen auf die künftige Haushaltswirtschaft. Abweichungen vom mittelfristigen Finanzplan sind darzustellen. Einzelheiten vgl. §3 GemHVO. 230

Der Vorbericht soll nicht nur die richtige und rasche Beurteilung der Finanzsituation durch den Gemeinderat und die Aufsichtsbehörde erleichtern, er ist auch ein geeignetes Mittel zur Förderung der Publizität der kommunalen Haushaltswirtschaft.[183] Er eignet sich zum (vollen oder teilweisen) Abdruck in Tageszeitungen und amtlichen Bekanntmachungsblättern.

### 4.2 Finanzplan

Die jährliche Haushaltsplanung ist zu ergänzen durch die mittelfristige Finanzplanung.[184] Der Finanzplan einschließlich Investitionsprogramm ist eine Pflichtanlage zum Haushaltsplan bzw. zum Wirtschaftsplan des Krankenhauses. Er ist mit dem Haushaltplanentwurf (bzw. mit dem Entwurf des Wirtschaftsplans Krankenhaus) neu aufzustellen bzw. unter Berücksichtigung der vorjährigen Finanzplanung fortzuschreiben und dem Gemeinderat zur Haushaltsplanberatung zur Verfügung zu stellen. Der Finanzplan ist mit dem Haushaltsplan öffentlich auszulegen (wie alle Anlagen zum Haushaltsplan). 231

### 4.3 Übersicht über die Ausgaben aus Verpflichtungsermächtigungen

Verpflichtungsermächtigungen[185] führen in späteren Jahren zu Ausgaben. Letztere sind im Jahre ihrer Kassenwirksamkeit zu veranschlagen. Die Übersicht[186] gibt einen Überblick über die noch nicht als Ausgabe veranschlagten Verpflichtungsermächtigungen, d.h. über die Vorausbelastungen der künftigen Haushaltsjahre. Verpflichtungsermächtigungen sind im Jahr ihrer voraussichtlichen Kassenwirksamkeit – aus der Übersicht – in den mittelfristigen Finanzplan (Investitionsprogramm) aufzunehmen und damit finanziell abzusichern. Die voraussichtliche Deckung von Verpflichtungsermächtigungen, die über den Zeitraum der Finanzplanung hinausgehen, ist besonders darzustellen. 232

183 Vgl. Rdnr. 188.
184 Vgl. Rdnrn. 325ff.
185 Vgl. Rdnr. 209.
186 Muster vgl. Anlage 6 zur VwV Gliederung und Gruppierung (VSV 6306).

### 4.4 Schuldenstandsübersicht, Rücklagenübersicht

233 Für beide sind die amtlichen Muster[187] zu beachten. Die Schulden aus Finanzierungskrediten (ohne Kassenkredite) müssen nicht einzeln aufgeführt werden. Trotzdem empfiehlt es sich im Interesse der Transparenz, die Kredite einzeln darzustellen und dabei auch den ursprünglichen Kreditbetrag, die Laufzeit des Kredits sowie Zins und Tilgung anzugeben. Diese Angaben sind auch erforderlich, um den Schuldendienst in der Finanzplanung fortschreiben zu können.

Im Haushaltsplan der Gemeinde werden nur die Rücklagenentnahmen und -zuführungen veranschlagt. Die Höhe der Rücklagenbestände und der Mindestbestand der allgemeinen Rücklage (Betriebsmittel der Kasse) sind im Haushaltsplan nicht ausgewiesen. Diese Informationen sind für den Gemeinderat und die Verwaltungsspitze ebenso von Interesse wie für die Rechtsaufsichtsbehörde im Zusammenhang mit der Beurteilung der Leistungsfähigkeit der Gemeinde. Deshalb schreibt §2 Abs.2 Nr.4 GemHVO den entsprechenden Nachweis vor.

### 4.5 Wirtschaftspläne und Jahresabschlüsse

234 a) Von Sondervermögen, für die Sonderrechnungen geführt werden. Das sind in erster Linie die Eigenbetriebe und die sogenannten Netto-Regiebetriebe der Gemeinden.

b) Von rechtlich selbständigen Unternehmen und Einrichtungen, an denen die Gemeinde mit mehr als 50% beteiligt ist. Hier genügt allerdings auch eine kurzgefasste Übersicht über die Wirtschaftslage des betreffenden Unternehmens bzw. der betreffenden Einrichtung.

### 4.6 Übersicht über die Haushalts- und Finanzlage der Gemeinde

235 Diese Anlage ist ab 1.1.2003 dem Haushaltsplan beizufügen.[188] Hier handelt es sich um eine konzentrierte Darstellung der wesentlichen Daten aus dem Haushaltsplan und der mittelfristigen Investitionsplanung.[189]

## 5. Abweichung von amtlichen Mustern

236 Von den nach §145 GemO für verbindlich erklärten Mustern für Haushaltssatzung, Haushaltsplan samt Anlagen und Haushaltsrechnung darf abgewichen werden, soweit es die Verwendung technischer Hilfsmittel – z.B. der EDV – erfordert.[190] Die in den amtlichen Mustern vorgesehenen Angaben müssen aber in jedem Falle erbracht werden. Ergänzende An-

187 Vgl. Anlagen 7 und 8 zur VwV Gliederung und Gruppierung (VSV 6306).
188 Anlage 21 zur VwV Gliederung und Gruppierung.
189 Vgl. VwV Gliederung und Gruppierung v. 1.6.2001, GABl. 2001 S.768.
190 Vgl. Abschnitt 1.2 der VwV Gliederung und Gruppierung (VSV 6306).

gaben sind erlaubt, sollten aber die Übersichtlichkeit nicht beeinträchtigen.

Werden alle Einnahmen und Ausgaben Budgets zugeordnet, können die Gliederung und der Teilabschluss im Haushaltsplan abweichend von §2 Abs.1 Nr.2, §4 Satz 1 Nr.1 und §5 Abs.1–3 GemHVO nach Budgets dargestellt werden (§16 Abs.2 GemHVO). Im Übrigen können im Rahmen der Experimentierklausel (§146 GemO und §49 GemHVO) Abweichungen von amtlichen Mustern zugelassen werden.

## 6. Budgetierung[191]

### 6.1 Begriff – Ziel – Auswirkungen

6.1.1 Budgetierung ist ein besonderes Verfahren der Haushaltsplanaufstellung und Mittelzuweisung, bei dem einem Aufgabenträger (Fachbereich[192]) für einen bestimmten Zeitraum (Haushaltsjahr) global Finanzmittel zur eigenverantwortlichen Bewirtschaftung im Rahmen vorgegebener Ziele zugewiesen werden. 237

6.1.2 Mit der Budgetierung sollen die Eigenverantwortung und Kompetenz der Fachbereiche gestärkt und die Budgetverantwortlichen zu einem effektiven und wirtschaftlichen Handeln motiviert werden. Durch eine Zusammenführung von Fach- und Ressourcenverantwortung soll außerdem eine Gesamt- bzw. Produktverantwortung auf der Ebene der Fachbereiche realisiert werden.

6.1.3 Neben der globalen Zuweisung von Finanzmitteln ist mit der Budgetierung i.d.R.auch eine Flexibilisierung in der Haushaltsabwicklung verbunden, z.B. Zulässigkeit von Ausnahmen vom Grundsatz der Gesamtdeckung,[193] von den Grundsätzen der sachlichen und zeitlichen Bindung,[194] Delegation von Zuständigkeiten für die Bereitstellung über- und außerplanmäßiger Mittel,[195] Einschränkung (Aufgabe) zentraler Bewirtschaftung und zentraler Bedarfsprüfungen.[196] Das Budgetierungsverfahren beeinflusst damit sowohl die Aufstellung des Haushaltsplans als auch dessen Vollzug.

191 Budgetierung ist ein Element des Neuen Steuerungsmodells, vgl. dazu KGSt-Berichte Nr.5 und 6/1993. Vgl. auch *Schmid*, Budgetierung als Steuerungsinstrument zur Aufstellung des Haushaltsplans, Kommunal-Praxis BW 1997, Heft Nr.5, 6 und 7/8 sowie *Quecke/Schmid u.a.*, Gemeindeordnung für den Freistaat Sachsen Rdnr.252ff. zu G §75 und Rdnr.62 zu G §76.

192 Unterhalb der Verwaltungsführung der Gemeinde (Bürgermeister) stehende Verwaltungseinheiten mit Fach- und Ressourcenverantwortung für bestimmte Aufgaben (Leistungen/Produkte).

193 Vgl. Rdnr.152ff.

194 Vgl. Rdnr.161ff.

195 Z.B. Übertragung von Zuständigkeiten durch Hauptsatzung bzgl. Genehmigung von über- und außerplanmäßigen Ausgaben, wenn die Deckung der Mehrausgaben im Fachbereich gewährleistet ist.

196 Sammelnachweise sind im Rahmen der neuen Steuerung kontraproduktiv; sie sind aufzulösen und in das Budget und in die Verantwortung des Budgetbereichs einzubeziehen. Bedarfsprüfungen erfolgen im Rahmen der Budgetbewirtschaftung durch die Budgetverantwortlichen ggf. unter Beteiligung zentraler Steuerungseinheiten.

### 6.2 Budgetierungsverfahren

238 6.2.1 Das bisherige (eher ausgabenorientierte) Haushaltsplanaufstellungsverfahren ist gekennzeichnet durch die schriftliche Beantragung von Haushaltsmitteln durch die Fachämter bei der Kämmerei (dem Fachbeamten für das Finanzwesen). Vor dem Hintergrund des Grundsatzes des Haushaltsausgleichs mussten die Mittelanmeldungen vielfach auf die Höhe der zur Verfügung stehenden Finanzierungsmittel reduziert werden. Auftretende Dissense zwischen dem Fachamt und der Kämmerei wurden durch die Verwaltungsführung (Bürgermeister) entschieden. Die daraufhin in den Entwurf eingestellten Haushaltsmittel wurden nach Beratung in den jeweiligen Fachausschüssen (z.B. Schulausschuss) vom Gemeinderat beschlossen und nach Abschluss des Rechtsetzungsverfahrens den Fachämtern zur Bewirtschaftung zugewiesen (vgl. Rdnr. 194). Diese Form der Aufstellung des Haushaltsplans – von „unten nach oben" (Bottom-up-Verfahren) – wird zunehmend kritisiert; gefordert wird ein Verfahren von „oben nach unten" (Top-down-Verfahren).

6.2.2 Auch beim neuen Haushaltsplanaufstellungsverfahren[197] kommt dem Haushaltsausgleich besondere Bedeutung zu. Die Mittelzuweisung an die Fachbereiche orientiert sich an den im Haushaltsjahr voraussichtlich zur Verfügung stehenden Einnahmen (einnahmenorientierte Haushaltsplanung). Im Gegensatz zum bisherigen Haushaltsplanaufstellungsverfahren entfällt jedoch die herkömmliche Mittelanmeldung durch die Fachämter. Zunächst werden von der Kämmerei (in Zusammenarbeit mit den Fachbereichen) die im Haushaltsjahr voraussichtlich eingehenden Einnahmen berechnet bzw. geschätzt und danach von diesen diejenigen Ausgaben vorab ermittelt und dotiert (d.h. von den Einnahmen abgezogen), die weder dem Grunde noch der Höhe nach von den Gemeinden beeinflusst werden können.[198] Aus der verbleibenden Finanzmasse wird danach das Budget für die Fachbereiche abgeleitet. Als vorteilhaft hat sich in der Praxis erwiesen, den Gemeinderat bereits an dieser Stelle (zu diesem frühen Zeitpunkt) in das Haushaltsplanaufstellungsverfahren einzubinden und eine Beschlussfassung über die Eckwerte des Haushalts[199] herbeizuführen. Beim weiteren Aufstellungsverfahren ist die Verwaltung an den Eckwertebeschluss gebunden. Dem Gemeinderat erleichtert er die Haushaltsberatung und Prioritätensetzung. Außerdem wird bei

197 Der Gemeinderat entscheidet über die **Einführung** der Budgetierung und des neuen Verfahrens der Haushaltsplanaufstellung.

198 Z.B. Gewerbesteuerumlage, FAG-Umlage, Kreisumlage, Zinsen, Mindestzuführung zum Vermögenshaushalt. In der Praxis hat sich ein dreistufiges Verfahren bewährt, bei dem nach dem Grad der Beeinflussbarkeit der Leistungen durch die Gemeinde differenziert wird. Zunächst werden die Leistungen ermittelt, die dem Grunde und der Höhe nach als unbeeinflussbar gelten. Danach werden diejenigen in die Budgetierung einbezogen, die teilweise veränderbar sind, und zuletzt die voll beeinflussbaren Leistungen erfasst. So auch die KGSt, vgl. Bericht Nr. 6/1993.

199 Er beinhaltet neben den zur Verfügung stehenden Deckungsmitteln, die zentralen finanzwirtschaftlichen Ausgaben, die Vorabdotierungen der nicht in die frei verfügbaren Budgets der Facheinheiten einbezogenen Einnahmen- und Ausgabenpositionen sowie die Quoten für die Verteilung der freien Finanzmasse auf die Facheinheiten.

schlechter Finanzsituation eine frühzeitige Korrektur der Finanzpolitik begünstigt durch Aufgabenkritik und Einleitung haushaltskonsolidierender Maßnahmen.

6.2.3 Im weiteren Verfahren ist der Eckwertebeschluss des Gemeinderats durch die Fachbereiche umzusetzen, d.h., die Fachbereiche erarbeiten im Rahmen ihres Budgets selbständig ihre Teilhaushalte. Die Ergebnisse der Teilhaushalte werden anschließend vom Fachbeamten für das Finanzwesen im Haushaltsentwurf (Verwaltungs- und Vermögenshaushalt, Stellenplan usw.) zusammengefasst und dem Gemeinderat (nach vorheriger öffentlicher Auslegung, vgl. §81 Abs. 1 GemO) zur abschließenden Beratung und Beschlussfassung vorgelegt.[200] Aufgrund des Eckwertebeschlusses steht im neuen Haushaltsplanaufstellungsverfahren am Anfang ein Willensakt der politischen Führung.

6.2.4 Personalausgaben sind grundsätzlich budgetierungsfähig.[201] Dies setzt allerdings eine korrekte Zuordnung der Personalausgaben zum jeweiligen Budget voraus.[202] Aufgrund der tarifrechtlichen und beamtenrechtlichen Regelungen ist die Möglichkeit der Beeinflussung der Personalausgaben durch die budgetierten Einheiten allerdings begrenzt. Die innerhalb eines Budgets kraft Gesetzes bestehende gegenseitige Deckungsfähigkeit (§18 Abs. 1 S. 1 GemHVO) zwischen Personal- und Sachausgaben ermöglicht den Fachbereichen, Einsparungen bei den Personalausgaben für zusätzliche Sachausgaben umzuschichten und umgekehrt. Im Hinblick auf die Verbindlichkeit des Stellenplans und die Folgewirkungen, die mit Stellenbeschaffungen verbunden sind, erscheint die Möglichkeit der Umschichtung von Sachausgaben zugunsten von Personalausgaben (z.B. Stellenschaffungen) bedenklich. In der kommunalen Praxis hat man daher die gegenseitige Deckungsfähigkeit zwischen Personal- und Sachausgaben ausgeschlossen und lediglich die einseitige Deckungsfähigkeit, wonach ersparte Personalausgaben für zusätzliche Sachausgaben verwendet werden können, zugelassen.

6.2.5 Auch Eigenbetriebe und Eigengesellschaften sollten in die Budgetierung einbezogen und die von der Gemeinde an diese gewährten Zuschüsse gedeckelt, Verlustausgleiche begrenzt bzw. Mindestgewinnablieferungen eingefordert werden.

**Übersicht:** Ablauf Budgetierungsverfahren im Verwaltungshaushalt

| **Kämmerei (Fachbeamter für das Finanzwesen)** | |
|---|---|
| 1. | Ermittlung verfügbare Deckungsmittel |
| 2. | ./. Vorabdotierungen |
| 3. | = Verbleibende Finanzmasse |

200 Auf das sich anschließende Verfahren wurde bereits bei Rdnr. 194 eingegangen.
201 Vgl. dazu KGSt-Bericht Nr. 13/1995.
202 Die Zuordnung kann nach den voraussichtlichen Ist-Ausgaben oder Durchschnittssätzen erfolgen.

| |
|---|
| Verteilung der verbleibenden Finanzmasse auf die Fachbereiche<br>**Entwurf Eckwertebeschluss nach Abstimmung mit der Verwaltungsspitze durch Kämmerei** |
| **Eckwertebeschluss durch Gemeinderat** (Bestätigung oder Korrektur des Verwaltungsentwurfs) |
| **Erstellung Fachbereichshaushalt (Teilhaushaltsplan) durch die Fachbereiche entsprechend dem Eckwertebeschluss**<br>(Gliederung nach Aufgaben-/Produktbereichen) |
| **Übernahme der Fachbereichshaushaltspläne (Teilhaushaltspläne) in den Entwurf des Gesamthaushalts durch die Kämmerei (Fachbeamter für das Finanzwesen)** |

6.2.6 Das Verfahren der globalen Zuweisung von Finanzmitteln auf die Fachbereiche erstreckt sich in erster Linie auf den Verwaltungshaushalt. Der Vermögenshaushalt eignet sich hierfür nur eingeschränkt. Aus der Praxis sind Budgetzuweisungen nur im Zusammenhang mit dem Erwerb beweglicher Sachen des Anlagevermögens bekannt. Das Budget im Vermögenshaushalt ist u.a. abhängig von den Tilgungsverpflichtungen, den Investitionsausgaben bereits begonnener Maßnahmen (Fortsetzungsinvestitionen entsprechend dem Investitionsprogramm) sowie den voraussichtlich anfallenden Ausgaben für neue Investitionen und Investitionsförderungsmaßnahmen aufgrund gesetzlicher Verpflichtung. Daneben sind weitere Ausgaben für neue kommunalpolitisch vordringliche Investitionen und Investitionsförderungsmaßnahmen (aufgrund Absichtserklärung/Beschlussfassung) des Gemeinderats im Vermögenshaushalt zu etatisieren. Im Hinblick auf die finanziellen Möglichkeiten der Gemeinde (Grenzen der Einnahmenbeschaffung) ist eine Budgetierung (im Sinne des Neuen Steuerungsmodells) im Vermögenshaushalt im Grunde genommen nicht möglich.

**Übersicht:** Ablauf Budgetierungsverfahren im Vermögenshaushalt

| |
|---|
| **Kämmerei (Fachbeamter für das Finanzwesen)**<br>1. Berechnung (Schätzung) der im Vermögenshaushalt insgesamt zur Verfügung stehenden Deckungsmittel (einschließlich Zweckzuweisungen) unter Berücksichtigung der maximalen Kreditaufnahme<br>2. ./. Vorabdotierungen<br>– Zuführung zum Verwaltungshaushalt<br>– Abdeckung von Fehlbeträgen aus Vorjahren<br>– Ordentliche Tilgungsleistungen<br>– Ausgaben für Fortsetzungsmaßnahmen entsprechend Investitionsprogramm, für die zweckgebundene Einnahmen zur Verfügung stehen<br>– Ausgaben für Fortsetzungsmaßnahmen entsprechend Investitionsprogramm, für die keine zweckgebundenen Einnahmen zur Verfügung stehen<br>– Ausgaben für neue Investitionen und Investitionsförderungsmaßnahmen aufgrund gesetzlicher Verpflichtung |

| |
|---|
| Verteilung der verbleibenden Finanzmasse auf die Fachbereiche unter Berücksichtigung neuer kommunalpolitisch vordringlicher Investitionen und Investitionsförderungsmaßnahmen aufgrund Absichtserklärung/Beschlussfassung Gemeinderat<br>**Entwurf Eckwertebeschluss nach Abstimmung mit der Verwaltungsspitze durch Kämmerei** |
| **Eckwertebeschluss durch Gemeinderat** (Bestätigung oder Korrektur des Verwaltungsentwurfs) |
| **Erstellung Fachbereichshaushalt (Teilhaushaltsplan) durch die Fachbereiche entsprechend dem Eckwertebeschluss** |
| **Übernahme der Fachbereichshaushaltspläne (Teilhaushaltspläne) in den Entwurf des Gesamthaushalts und das Investitionsprogramm durch die Kämmerei (Fachbeamter für das Finanzwesen)** |

### 6.3 Budgetebenen und Budgetzuweisung

Die Ausgestaltung der Budgetebenen und Budgetbereiche kann unter **239**
Berücksichtigung der Verwaltungsorganisation der Gemeinde organisationsbezogen nach Fachbereichen oder bei flächendeckender Budgetierung entsprechend der Plandarstellung leistungs- oder produktbezogen erfolgen.

Die Budgetierung in Ortschaften (bei Ortschaftsverfassung), bei der sachlich nicht zusammenhängende Einnahmen und Ausgaben unbeschränkt gegenseitig deckungsfähig erklärt werden sollen, ist mit dem kommunalwirtschaftsrechtlichen Bestimmungen nicht vereinbar und daher nicht zulässig (auch nicht im Rahmen der Experimentierklausel).

Die Budgetzuweisung[203] ist möglich als Vorabdotierung (z.B. Gewerbesteuerumlage, FAG-Umlage, Kreisumlage, Zinsen), als Ausgabenzuweisung für bestimmte Ausgabearten (z.B. im Schulbereich für Lehrmaterial, Bücher, Lehr-, Lern- und Unterrichtsmittel), als Zuschussbedarf (z.B. Begrenzungen der Verlustabdeckung beim städt. Theater), als Zuschussbedarf unter Berücksichtigung des Deckungsgrades aus speziellen Entgelten des jeweiligen Budgetbereichs (z.B. 85% der ungedeckten Kosten beim Freibad) als Kostendeckungsbudget (z.B. im Bereich der Hilfsbetriebe oder der Abfallbeseitigung muss ein ausgeglichenes Ergebnis erzielt werden) oder als Produktbudget (zunächst sind die Kosten des einzelnen Produkts zu ermitteln, sodann wird entsprechend der Menge und Qualität des Produkts das Budget bemessen).

### 6.4 Von der Input- zur Outputbudgetierung

6.4.1 Gegenwärtig budgetieren noch viele Gemeinden inputorientiert. **240**
Diese Art der Budgetierung ist dadurch gekennzeichnet, dass zur Erfüllung von Aufgaben Finanzmittel pauschal zur Verfügung gestellt werden,

203 Keine abschließende Aufzählung, die Gemeinden sind sehr kreativ!

ohne dass damit eine Verpflichtung verbunden ist, in welcher Art, Menge und Qualität die Leistung zu erbringen ist.[204]

*Beispiel:*

Haushaltsstelle 020.655, Gutachten, Ansatz 50.000 Euro.

Im Haushaltsplan kommt nur das Finanzziel zum Ausdruck: 50.000 Euro dürfen für Gutachten ausgegeben werden. Die Fragen nach der Anzahl der Gutachten und für welche Zwecke Gutachten erforderlich sind (Leistungsziel) werden damit nicht beantwortet.

Der Finanzmittelbedarf bzw. die Zuweisung des Budgets (Personal und Sachmittel) orientiert sich überwiegend am Budget des Vorjahres plus Steigerung (z.B. entsprechend den Empfehlungen im Haushaltserlass) minus Kürzungen (z.B. pauschaler Konsolidierungsbeitrag des Fachamtes bei schlechter Finanzlage der Gemeinde). In der kommunalen Praxis wird diese Art der „Budgetierung" oftmals mit pauschaler Ausgabenzuweisung gleichgesetzt.

6.4.2 Anzustreben ist die outputorientierte Budgetierung, bei der nicht nur die Ressourcen zur Verfügung gestellt werden, sondern auch das Ergebnis (Output), die Leistung (das Produkt), von vorneherein genau festgelegt und hinsichtlich Art, Quantität und Qualität genau beschrieben ist. Sie fördert die Effektivität und Effizienz gleichermaßen und kann erfolgen als Zuschussbudget mit Leistungsvorgaben, als Produktbudget oder als produktorientiertes Ressourcenverbrauchsbudget (Ideallösung!).

Im Gegensatz zum Inputbudget orientiert sich der Finanzmittelbedarf bzw. die Zuweisung von Finanzmitteln bei der outputorientierten Budgetierung an der Leistung, die an die Bürger oder an andere Leistungseinheiten innerhalb der Verwaltung abgegeben werden. Die für die Leistungserstellung notwendigen Ressourcen werden von den Zielen (künftige Zustände, die erreicht bzw. vermieden werden sollen) und den sich daraus ergebenden Maßnahmen abgeleitet.

Bei der Orientierung am Output obliegt die Verantwortung für die Zielerreichung innerhalb der zuvor definierten Rahmenbedingungen beim jeweiligen Fachbereich bzw. beim Produktverantwortlichen (das ist derjenige, der in der Lage ist, bei der Produkterstellung zielgerichtet zu steuern). Die Rahmenbedingungen können im Haushaltsplan selbst definiert oder aber in sog. Produktkatalogen durch die einzelne Gemeinde zusammengefasst werden. Als Hilfsmittel kann der Kommunale Produktplan Baden-Württemberg (Heft 7 der Schriftenreihe des Innenministeriums BW zum kommunalen Haushalts- und Rechnungswesen) herangezogen werden.

Die Produktdefinitionen der einzelnen Ämter, also die Benennung von Produkten und ihre Zusammenfassung zu Produktgruppen und Produkt-

204 Vgl. dazu auch *Schmid,* Budgetierung als Steuerungsinstrument zur Aufstellung des Haushaltsplans, KommunalPraxis BW 1997, Heft Nr. 5, 6 und 7/8.

bereichen, bilden zusammen mit den Produktbeschreibungen, bei denen die wesentlichen Merkmale der jeweiligen Produkte detailliert dargestellt werden (z.B. Produktverantwortlicher, Inhalt, Leistungsumfang, Leistungsqualität, Ressourcenverbrauch und Zielerreichung), die Grundlage für die Erstellung des Produktplanes der Gemeinde. Der so erstellte Produktplan gibt einen Überblick über das gesamte Leistungsspektrum einer Gemeinde. Der Gemeinderat weiß bereits bei der Budgetbewilligung, welche Leistungen er für die von ihm zur Verfügung gestellten Ressourcen erhält. Der Haushaltsplan selbst erhält eine andere Qualität; er ist leistungsorientiert (produktorientiert) und dient aufgrund seiner Verbindlichkeit (§80 Abs.3 Satz1 GemO) gleichzeitig als Kontrakt (Vereinbarung) zwischen Politik und Verwaltung (aber auch innerhalb der Verwaltung) über die Art und Weise der Aufgabenerledigung.

*Beispiel:* Auszug aus dem Haushaltsplan der Stadt Heidelberg

| **Ziele, Leistungen, Kennzahlen, Budget** | |
|---|---|
| Standesamt | Amt 34 |
| Vorbemerkung: | |
| Im Budget ist der Unterabschnitt 0500 – Standesamt enthalten | |

| **Aufgaben**<br>**Produktbereich** | **Produktgruppe** | **Produkt** |
|---|---|---|
| 34.1<br>Personenstandswesen | 34.1.1<br>Personenstandswesen | 34.1.1.01<br>Beurkundung von Geburten<br>34.1.1.02<br>Eheanmeldungen und Eheschließungen<br>34.1.1.03<br>Anlegen eines Familienbuches<br>34.1.1.04<br>Beurkundung von Sterbefällen<br>34.1.1.05<br>Fortführen von Personenstandsbüchern<br>34.1.1.06<br>Informationen und Nachweise aus den Personenstandsbüchern einschl. Testamentskartei<br>34.1.1.07<br>Andere Beurkundungen, öffentliche Beglaubigungen<br>34.1.1.08<br>Mitwirkung in Nachlassangelegenheiten |

| **Personal** | | | | |
|---|---|---|---|---|
| Gesamt | 2000<br>Soll<br>14 | 2000<br>Ist<br>16 | 2001<br>Soll<br>14 | Veränderungen<br>Soll 2001/2000<br>--- |
| Erläuterungen:<br><br>Leitung: Herr/Frau | | | | |

| I. Gesamtziele | |
|---|---|
| **Strategische/Generelle Ziele** | **Maßnahmen/Indikatoren der Zielerreichung** |
| Das Standesamt verpflichtet sich als sehr publikumsintensives Amt bei der rechtmäßigen Aufgabenerfüllung ganz besonders dazu, diese an den Bedürfnissen der Bürger zu orientieren. | – siehe Produktbereich 34. 1<br>– Fortbildung |
| Optimierung der Arbeitsabläufe zur Steigerung der Kundenorientierung und Mitarbeiterzufriedenheit. | Siehe Produktbereich 34. 1 |
| Optimierter Einsatz des Personals nach Anforderungen und Fähigkeiten. | Schrittweise Umsetzung im Rahmen der personellen Fluktuation |
| Das Standesamt bemüht sich ständig, mögliche Kostensenkungspotenziale zu ermitteln und zeitnah umzusetzen. | Alle MitarbeiterInnen beteiligen sich aktiv an entsprechenden Optimierungsprozessen. |
| **Finanzziele für das Wirtschaftsjahr** | |
| Weitestgehender Ausgleich der Tarif- und Sachkostensteigerung 2001 durch Begrenzung des beeinflussbaren Ausgabenbudgets auf das Niveau der Ansätze 2000. | |

| II. Operationale Ziele | |
|---|---|
| **Kurzbeschreibung:**<br>– Beurkundung von Geburten<br>– Eheanmeldungen und Eheschließungen<br>– Anlegen eines Familienbuches auf Antrag<br>– Beurkundung von Sterbefällen<br>– Fortführen von Personenstandsbüchern (Randvermerke)<br>– Informationen und Nachweise aus den Personenstandsbüchern einschließlich Testamentskartei<br>– Andere Beurkundungen, öffentliche Beglaubigungen<br>– Mitwirkung in Nachlassangelegenheiten | |
| **Ziele** | **Maßnahmen/ Indikatoren der Zielerreichung** |
| – Zeitnahe Bearbeitung<br>– Sicherstellung der Verfügbarkeit der Personenstandsbücher<br>– Verbesserung der Erreichbarkeit | – Abbau der Rückstände bei den Randvermerken<br>– Eindeutige Vertretungsregelungen<br>Restaurierung der Personenstandsbücher; 30 im Jahr 2001 zu restaurieren<br>Einführung eines Dienstleistungsabends |

| III. Leistungen/ Kennzahlen | Ergebnis 1999 | Plan 2000 | Plan 2001 |
|---|---|---|---|
| Stand der Rückstände bei den Randvermerken | 700 | 500 | 300 |
| Anzahl der noch nicht restaurierten Personenstandsbücher | 80 | 50 | 20 |
| Anzahl der Öffnungsstunden pro Woche | 26 Stunden (nach Terminvereinbarung auch außerhalb der Öffnungsstunden) | Einführung einer Abendsprechstunde | Gleich bleibend |

| IV. Gesamtbudget Verwaltungshaushalt | Rechnungs-ergebnis 1999 DM | Planansatz 2000 DM | Planansatz 2001 DM | Davon mit Finanzziel-vereinbarung DM |
|---|---|---|---|---|
| **Ausgaben** | | | | |
| Personalausgaben | 1.577.456 | 1.564.000 | 1.564.000 | 1.564.000 |
| Sachausgaben | 151.825 | 167.050 | 170.150 | 170.150 |
| IL V/kalk. Kosten | 286.284 | 354.050 | 371.200 | |
| Zuschüsse/Transferaus-gaben/Sonstiges | 0 | 0 | 0 | |
| Ausgaben gesamt | 2.015.565 | 2.085.100 | 2.105.350 | |
| **Einnahmen** | 627.554 | 610.000 | 620.000 | |
| **Zuschussbedarf** | 1.388.011 | 1.475.100 | 1.485.350 | |

| V. Investitionen Vermögenshaushalt | Rechnungs-ergebnis 1999 DM | Planansatz 2000 DM | Planansatz 2001 DM | Erläuterungen |
|---|---|---|---|---|
| Büro-/EDV Ausstattung | 16.792 | 19.150 | 12.000 | 3 PC (8.400 DM) 1 Laserdrucker (3.600 DM) |

### 6.5 Haushaltsvollzug und Budgetierung

6.5.1 Die Budgetbereiche erhalten mit den abgestimmten Finanz- und Leistungszielen die Ergebnis- und Ressourcenverantwortung für ihr Budget, das sie eigenverantwortlich bewirtschaften können. Aufgrund der Regelungen in den §§ 16–19 GemHVO kann der Budgetvollzug flexibel erfolgen.[205] **241**

Der Haushaltsüberwachung (vgl. §§ 26ff. GemHVO), dem Verwaltungscontrolling und der Liquiditätsplanung kommt auch nach Einführung der Budgetierung beim Haushaltsvollzug besondere Bedeutung zu.[206] Die Gemeindekasse muss u. a. von den Budgeteinheiten rechtzeitig über größere Mittelabflüsse informiert werden, damit Kassenmittel rechtzeitig in ausreichender Höhe zur Verfügung stehen und Kassenkredite vermieden werden können.[207] Die Budgetierung erfordert keine dezentrale Kassenführung (z. B. in den Fachbereichen). Es gilt der Grundsatz der Einheitskasse (§ 93 GemO). Sonderkassen dürfen nur in den Fällen des § 98 GemO eingerichtet werden. Die Einrichtung von Zahlstellen (§ 3 GemKVO) – als Teile der Gemeindekasse – in den Fachbereichen ist möglich.

205 Vgl. Rdnr. 153.
206 Verschiedene Gemeinden weisen die Budgeteinheiten in sog. VwV zur Haushalts- und Wirtschaftsführung auf diese Problematik hin und geben Hinweise zur Mittelbeschaffung, z. B. im ersten Vierteljahr sollen nicht mehr als 20 % der Haushaltsmittel in Anspruch genommen werden u. Ä.
207 Der Höchstbetrag der Kassenkredite darf auch bei Budgetierung nicht überschritten werden.

6.5.2 Managementbedingte Einsparungen oder durch Aktivitäten des Budgetbereichs zusätzlich erwirtschaftete Einnahmen können im Rahmen der echten und unechten Deckungsfähigkeit ganz oder teilweise dem Budgetbereich überlassen werden; ggf. durch Übertrag ins folgende Haushaltsjahr (vgl. Rdnrn. 120, 180).

6.5.3 Managementbedingte Fehlleistungen, die sich negativ auf das Budget auswirken, sollten sanktioniert („bestraft") werden. Eine haushaltsrechtliche Regelung über die Behandlung und Darstellung negativer Budgetergebnisse steht noch aus. In der Praxis werden Vereinbarungen mit den Fachbereichen dergestalt getroffen, dass negative Budgetergebnisse, die managementbedingt sind, auf das Budget des Folgejahres angerechnet bzw. auf dieses übertragen werden. Einige Gemeinden stellen das negative Budgetergebnis in der Haushaltsrechnung dar.[208] Ein einheitliches Verfahren ist dabei allerdings nicht erkennbar.

6.5.4 Ergibt sich bei der Bewirtschaftung eines Unterbudgets[209] im Laufe des Haushaltsjahres ein zusätzlicher Ausgabenbedarf, so hat die Deckung der Mehrausgaben (durch Mehreinnahmen und/oder Minderausgaben) zunächst im Unterbudget zu erfolgen. Ist dies nicht möglich, hat der Budgetverantwortliche des Fachbereichs durch Umschichtungen innerhalb seines Budgetkreises (seines Fachbereichsbudgets) die Deckung sicherzustellen.[210] Die Finanzverantwortung liegt beim Fachbereich, d.h., über die Zulässigkeit von Mehrausgaben innerhalb des Fachbereichs und der ihm nachgeordneten Einheiten entscheidet der Budgetverantwortliche des Fachbereiches.[211] Gelingt es dem Budgetverantwortlichen nicht, innerhalb seines Fachbereichs die Deckung eines evtl. Mehrbedarfs sicherzustellen, hat er gegenüber der Verwaltungsspitze bzw. dem Gemeinderat die Budgeterhöhung – und damit die Abweichung vom vereinbarten Kontrakt – zu begründen und eine Budgetanhebung im Rahmen des § 84 bzw. § 82 GemO zu beantragen. Durch Budgetumschichtungen innerhalb der Gesamtbudgets aller Fachbereiche ist der Mehrbedarf des betroffenen Fachbereichs zu finanzieren. Gleichzeitig sind die Leistungs- und Finanzziele (Kontrakte) bei den von der Umschichtung betroffenen Verwaltungseinheiten zu ergänzen bzw. neu zu formulieren.

208 Ausweis eines Budgetfehlbetrags im Verwaltungshaushalt. Der Fehlbetrag wird buchungsmäßig wie folgt dargestellt: Soll- und Restbuchung auf der Einnahmenseite. Bei Abdeckung im Folgejahr: Ausgabesoll- und Ausgabe-Ist-Buchung im Verwaltungshaushalt und Verrechnung mit den noch ausstehenden Einnahmen durch Ist-Buchung.

209 Budget, das einer unterhalb des Fachbereichs stehenden Organisationseinheit zur Verfügung steht.

210 Die Gewährung (verzinslicher) „Budgetkredite" zwischen den einzelnen Fachbereichen zum Ausgleich bzw. zur Finanzierung von Budgetüberschreitungen ist m.E. – auch vor dem Hintergrund des Verbots der Finanzierung konsumtiver Ausgaben durch Kredite – nicht (auch nicht im Rahmen der Experimentierklausel) zulässig.

211 Die Übertragung der Zuständigkeit für die Genehmigung von über- und außerplanmäßiger Ausgaben im Bereich des Fachbereichshaushalts ist in der Hauptsatzung zu regeln.

6.5.5 Zeichnet sich im Laufe des Budgetvollzugs im **Gesamthaushalt** ein negatives Budgetergebnis ab, das nicht managementbedingt ist und seine Ursache in konjunkturell und/oder strukturell bedingten Einnahmeausfällen oder Mehrausgaben hat, stellt sich die Frage nach der Budgetgarantie. § 77 Abs. 1 GemO gibt darauf eine Antwort: Die Gemeinde hat ihre Haushaltswirtschaft so zu führen, dass die stetige Aufgabenerfüllung gesichert ist, d. h., sie wird bei negativen Einflüssen alle Möglichkeiten ausschöpfen müssen, den Haushaltsausgleich und damit die Aufgabenerfüllung sicherzustellen. In einer solchen Situation ist ein Zugriff auf noch nicht erschöpfte Fachbereichsbudgets durch Anordnung einer haushaltswirtschaftlichen Sperre (§ 29 GemHVO) ebenso unumgänglich wie die Abschöpfung erzielter Mehreinnahmen zugunsten des Gesamthaushalts. Die Budgets der Fachbereiche teilen insoweit das Schicksal des Gesamthaushalts. Um die Glaubwürdigkeit der Budgetierung nicht zu erschüttern, könnte (sollte) im Folgejahr das Budget der betroffenen Fachbereiche durch eine einmalige Budgetzuwendung verstärkt werden.

Im Hinblick auf evtl. Unwägbarkeiten beim Haushaltsvollzug haben viele Gemeinden Vorsorge getroffen und die Deckungsreserve (§ 11 Nr. 2 GemHVO) um eine sog. „Budgetreserve" angemessen erhöht. Mit der Veranschlagung einer Budgetreserve sind nicht nur Vorteile,[212] sondern auch Nachteile verbunden: Die Glaubwürdigkeit der Budgetierung leidet darunter;[213] außerdem wird durch die Vorwegentnahme die auf die Fachbereiche zu verteilende Finanzmasse geschmälert. In der Einführungsphase[214] der Budgetierung ist eine angemessene Budgetreserve angebracht und vertretbar. Die Deckungsreserve selbst darf nicht überschritten werden; der Ansatz kann nur im Rahmen einer Nachtragssatzung (§ 82 Abs. 1 GemO) erhöht werden.

6.5.6 Durch die Einführung der Budgetierung und Übertragung der Finanzverantwortung auf die budgetierten Einheiten gewinnt das Berichtswesen zunehmend an Bedeutung. Die Budgetverantwortlichen haben in regelmäßigen Abständen schriftlich über die Entwicklung des Budgets und den Grad der Zielerreichung den Gemeinderat, die Fachausschüsse und die Verwaltungsspitze zu informieren. Neben Plan-/Ist-Vergleichen sind in aussagefähigen Haushaltsberichten die Entwicklung der Einzelbudgets bis hin zum Gesamtbudget zu prognostizieren und ggf. Abweichungen aufzuzeigen. Bei Fehlentwicklungen sind Gegensteuerungsmaßnahmen vorzuschlagen (zu ergreifen) und ggf. die Ziele und/oder der Zielerreichungsgrad in Abstimmung mit den Entscheidungsträgern der

212 Das Risiko, aufgrund von unvorhergesehenen Mindereinnahmen/Mehrausgaben im Verwaltungshaushalt den Haushaltsausgleich nicht zu erreichen, wird abgeschwächt.
213 Man geht davon aus, dass in der Budgetreserve schon noch etwas übrig sein wird!
214 Erfahrungswerte dürften nach ca. 3 Jahren vorliegen.

Gemeinde neu zu definieren. Ein unterjähriges Finanzcontrolling ist notwendig und unabdingbar.[215]

Die Informations- und Berichtspflicht im Rahmen der Budgetierung ist unabdingbar von der Regelung in §28 GemHVO zu sehen, wonach der Gemeinderat durch den Bürgermeister immer dann zu unterrichten ist, wenn der Haushaltsausgleich gefährdet ist oder sich die Gesamtausgaben einer Maßnahme im Vermögenshaushalt wesentlich erhöhen.

6.5.7 Erfahrungsberichte aus der Praxis zeigen, dass sich die Übertragung der Ergebnis- und Ressourcenverantwortung auf die Fachbereiche/Ämter/Abteilungen bewährt hat. Eine sparsame und wirtschaftliche Mittelverwendung ist in den Budgetbereichen ebenso erkennbar wie eine veränderte (kostenbewusstere) Einstellung der Mitarbeiter bei der Bewirtschaftung der zur Verfügung stehenden Ressourcen. In einigen Fällen konnte der Zuschussbedarf defizitärer Einrichtungen aufgrund veränderter Verhaltensweisen der Budgetverantwortlichen reduziert werden. Vielerorts hat die Budgetierung auch einen Beitrag zur Haushaltskonsolidierung bzw. Wiederherstellung der finanziellen Leistungsfähigkeit der Gemeinde geleistet.

## V. Haushaltsvollzug

### 1. Bewirtschaftung und Anordnung von Einnahmen und Ausgaben

#### 1.1 Allgemeines

242 Der Haushaltsplan ist für die Führung der Haushaltswirtschaft verbindlich (§80 Abs.3 GemO). Er ist Grundlage für die Verwaltung der Einnahmen und Ausgaben. Ansprüche und Verbindlichkeiten der Gemeinde werden durch den Haushaltsplan weder begründet noch aufgehoben. Dazu bedarf es des Handelns der Gemeindeorgane im Rahmen des Haushaltsplanes, d.h. der Bewirtschaftung der Ausgaben und der Einnahmen oder gesetzlicher Verpflichtungen.

#### 1.2 Bewirtschaftung

243 1.2.1 Man versteht darunter das Eingehen von Verpflichtungen der Gemeinde, z.B. durch den Abschluss eines Kaufvertrags, eines Werkvertrags, eines Dienstvertrags (anlässlich der Anstellung eines Angestellten) usw. und das Begründen bzw. Geltendmachen von Forderungen z.B. privatrechtlicher Art bei der Vermietung von Grundstücken und Gebäuden, beim Holzverkauf, aber auch das rechtsverbindliche Feststellen von An-

215 Vgl. dazu auch KGSt-Bericht Nr. 9/1997 m.w.N.

sprüchen öffentlich-rechtlicher Art durch Erteilung von Abgabenbescheiden.

1.2.2 Dieses Verfügen über Haushaltsmittel bedeutet i.d.R. ein Handeln nach außen. Dafür ist der Bürgermeister als gesetzlicher Vertreter der Gemeinde (§42 Abs.1 GemO) zuständig, falls er seine Bewirtschaftungsbefugnis nicht delegiert.[216] Er unterzeichnet Verträge und Vereinbarungen für die Gemeinde.

1.2.3 Das Handeln nach außen setzt i.d.R. seine interne Entscheidung (Sachentscheidung), d.h. die interne Willensbildung, voraus. Dafür zuständig ist grundsätzlich der Gemeinderat. Er entscheidet z.B., ob ein Grundstück verkauft wird, welches Angebot für eine Bauleistung den Zuschlag erhält.

Der Gemeinderat kann seine Entscheidungsbefugnis nach §39 GemO durch die Hauptsatzung auf beschließende Ausschüsse oder nach §24 Abs.1 Satz 2 i.V.m. §44 Abs.2 GemO auf den Bürgermeister übertragen. Handelt es sich um eine Entscheidung im Rahmen der Geschäfte der laufenden Verwaltung, so entscheidet der Bürgermeister kraft Gesetzes (§44 Abs.2 GemO) in eigener Zuständigkeit.[217] Die Haushaltsmittel für den laufenden Lehrmittelbedarf sollen dem Schulleiter zur selbständigen Bewirtschaftung überlassen werden (§48 Abs.2 Satz 2 SchulG). Eine weitergehende Übertragung der Bewirtschaftung von Einnahmen und Ausgaben auf die Fachämter und damit die Verantwortung für den Haushaltsvollzug (dezentrale Ressourcenverantwortung) wird derzeit im Rahmen der Umgestaltung des Gemeindewirtschaftsrechts diskutiert und teilweise schon praktiziert (vgl. Rdnr. 237ff.). Der Gemeinderat konzentriert sich dann auf Grundsatzentscheidungen, gibt der Verwaltung Leistungsziele („Outputsteuerung") und Finanzen („Budgetierung") vor und räumt den Fachämtern einen größeren operativen Spielraum ein.

1.2.4 Bewirtschaftet werden Haushaltsmittel nicht nur des betreffenden Jahres. Häufig entstehen Verbindlichkeiten und Forderungen für mehrere Jahre, z.B. beim Abschluss von Miet- und Pachtverträgen. In den der Bewirtschaftung folgenden Jahren ist eine erneute (jährliche) Bewirtschaftung dann nicht mehr erforderlich. In den späteren Haushaltsplänen sind also auch bewirtschaftete Einnahmen und Ausgaben zu veranschlagen.

1.2.5 Nicht alle Haushaltseinnahmen und -ausgaben lassen sich in dem dargestellten Sinne bewirtschaften (interne Entscheidung, Handeln nach außen). Den Gemeinden fließen auch Einnahmen zu, deren Eingang und Höhe die einzelne Gemeinde nicht beeinflussen kann.

216 Wie in größeren Gemeinden üblich auf Beigeordnete und Dienststellenleiter (bis zu einem gewissen betragsmäßig oder sachlich begrenzten Umfang). Im Einzelfall vgl. die Zuständigkeitsordnung/den Geschäftsverteilungsplan der betr. Gemeinde.

217 Soweit nicht nach §§1 und 2 GemKVO die Gemeindekasse dafür zuständig ist, z.B. für die Festsetzung von Mahngebühren, Zinsen, Säumniszuschlägen und Vollstreckungskosten. Einzelheiten dazu bei Rdnrn. 1070 ff.

Beispiel:
Finanzzuweisungen.
Ebenso haben die Gemeinden Ausgaben zu leisten, über die sie nicht entscheiden, wie zum Beispiel die Kreisumlage.

Hier handelt es sich um nicht bewirtschaftungsfähige Einnahmen und Ausgaben.

### 1.3 Anordnung

#### 1.3.1 Begriff

244 Die Anordnung von Einnahmen und Ausgaben ist etwas anderes als deren Bewirtschaftung. Bei der Auszahlungs- und Annahmeanordnung handelt es sich um eine interne Anweisung an die Gemeindekasse, Beträge anzunehmen (notfalls beizutreiben) oder auszuzahlen und zu buchen (Kassenordnung).[218]

#### 1.3.2 Zuständigkeit

245 Die Anordnungsbefugnis steht als Geschäft der laufenden Verwaltung dem Bürgermeister zu, ohne Rücksicht auf die Höhe des anzuordnenden Betrags. Der Gemeinderat hat keine Anordnungsbefugnis.

In größeren Gemeinden delegiert der Bürgermeister (Oberbürgermeister) die Anordnungsbefugnis auf Beigeordnete oder Dienststellenleiter für deren sachlichen Zuständigkeitsbereich. Dabei ist streng auf die Trennung von Anordnung und Vollzug zu achten. Nach diesem Grundsatz darf Kassenanweisungen nur vorbereiten oder unterschreiben, wer keine Kassengeschäfte wahrnimmt. Umgekehrt darf die Gemeindekasse nicht bei der Anordnung mitwirken. Diese personelle Trennung dient als Schutz gegen Veruntreuung und gilt auch dann, wenn die Kasse kein Bargeld mehr verwaltet.

#### 1.3.3 Anordnung als Zahlungsvoraussetzung

246 Die Gemeindekasse darf Ausgaben nur leisten, wenn eine Auszahlungsanordnung vorliegt.[219] Annehmen darf sie Zahlungen auch ohne Annahmeanordnung, wenn ein sachlicher Grund erkennbar ist. Die Annahmeanordnung ist in diesen Fällen unverzüglich nachzuholen.

#### 1.3.4 Form und Bestandteile der Anordnung

247 Einzelheiten über Form und Inhalt der Zahlungsanordnungen (einzeln oder für mehrere zusammengehörige Zahlungen) und allgemeine Anordnungen vgl. beim Kassenwesen.[220]

218 Vgl. §§6ff. GemKVO und Rdnrn. 1070 ff.
219 Zu Einzelheiten vgl. Rdnrn. 1070 ff.
220 Zu Einzelheiten vgl. Rdnrn. 1070 ff.

## 2. Einzug, Stundung, Niederschlagung und Erlass von Einnahmen

### 2.1 Vollständige Erfassung und rechtzeitiger Einzug

Durch geeignete Maßnahmen ist sicherzustellen, dass die der Gemeinde **248**
zustehenden Einnahmen vollständig erfasst und rechtzeitig eingezogen werden (§ 25 GemHVO).

2.1.1 Vollständige Erfassung bedeutet, dass sämtliche Forderungen aus den Sachakten der Gemeindeverwaltung heraus festgestellt und als Kassenanweisung – in welcher Form und Technik auch immer[221] – der Gemeindekasse zum Einzug übergeben werden. Bisher erfolgte die Sicherung der Vollständigkeit durch fortlaufende Nummerierung innerhalb der Hebelisten, Einzugskarteien und von Einzelbelegen, durch besondere Überwachungslisten oder durch Abstimmung mit Veranlagungskarteien.

Die landeseinheitlichen EDV-Verfahren[222] haben in diesem Bereich zu einer Vereinfachung und erhöhten Sicherheit geführt. Bei der Grundsteuer und der Gewerbesteuer ist es möglich, den sog. Datenträgeraustausch zwischen den Rechenzentren der Finanzämter (EDFin) und den kommunalen Rechenzentren zu nutzen. Dadurch kommt es dann u.a. automatisch zur Berechnung und Erstellung der Steuerbescheide und der Sollstellung im Sachbuch (Sachkonto).

Bei den sonstigen wiederkehrenden Einnahmen (z.B. Kindergartenbeiträge, Miete, Pacht) hängt die Vollständigkeit der Einnahmen von der erstmaligen Erfassung ab. Die Sollstellung in den folgenden Jahren erfolgt dann automatisch. Es muss aber gesichert sein, dass Änderungen und Ergänzungen vollständig und rechtzeitig erfasst werden.

Die vollständige Erfassung der Einzeleinnahmen (z.B. Bestattungsgebühren, Schlachthofgebühren, Verkaufserlöse) wird dadurch erleichtert, dass dem Sachbearbeiter auf der Ebene des Fachamts/Dienststelle mittels der sog. Dialogverarbeitung ermöglicht wird, die Sollstellung im Sachbuch/Sachkonto vorzunehmen. Soweit sich die Gemeinden des Verfahrens „Fakturierung von Einzeleinnahmen" bedienen, erfolgt im Zusammenhang mit der Rechnungs-/Bescheiderstellung zwangsläufig auch die Sollstellung.

Für einzelne Aufgabenbereiche (z.B. Erschließungsbeiträge, Ordnungswidrigkeiten) gibt es spezielle Verfahren, die darauf aufbauen, dass die Berechnung bzw. Veranlagung auch automatisch zu einer Sollstellung führt.

221 Als Einzelbeleg, als Hebeliste oder Einzugskartei – in konventioneller Form oder mit Hilfe der EDV.
222 Auf die DV-Verfahren der Anbieter IFS und SAP wird zu einem späteren Zeitpunkt (bei einer Neuauflage) eingegangen.

2.1.2 Rechtzeitiger Einzug liegt vor, wenn die Gemeindekasse säumige Schuldner unverzüglich mahnt und bei erfolgloser Mahnung die Zwangsvollstreckung bzw. -beitreibung beantragt oder anordnet und durchführt (unterschiedliche Zuständigkeiten bei öffentlich-rechtlichen und privatrechtlichen Forderungen). Bei Anwendung der landeseinheitlichen Verfahren erfolgen aufgrund der durchgeführten Sollstellung (vgl. 2.1.1) zu bestimmten Terminen entsprechende Mahnläufe mit automatischer Berechnung und Sollstellung der Mahngebühren und Säumniszuschläge.[223]

Die Gemeinde kann im Hinblick auf den Verwaltungsaufwand, der ihr bei der Einziehung von Einnahmen entsteht, davon absehen, Ansprüche von weniger als 10 Euro geltend zu machen, es sei denn, die Einziehung ist aus grundsätzlichen Erwägungen geboten (§33 GemHVO).[224] Für Realsteuern findet §156 Abs.2 AO i.V.m. §1 Abs.2 Nr.4 AO Anwendung.

Die Erstattung von Kommunalabgaben ist in §4 KAG geregelt.

Zu weiteren Einzelheiten vgl. Teil H (Kommunales Kassenwesen).

### 2.2 Stundung

#### 2.2.1 Begriff

249 Stundung eines Anspruchs bedeutet das Hinausschieben seiner Zahlungsfälligkeit. Eine besondere Form der Stundung ist die Gewährung von Ratenzahlungen. Der Stundung ähnlich ist die Aussetzung[225] der Vollziehung. Diese ist nur zulässig im Zusammenhang mit einem Rechtsbehelfsverfahren gegen eine Abgabe nach §80 Abs.4 VwGO bzw. §361 Abs.2 AO (bei Realsteuern).

#### 2.2.2 Voraussetzungen

250 Ansprüche dürfen[226] ganz oder teilweise gestundet werden, wenn

2.2.2.1 ihre Einziehung bei Fälligkeit im betreffenden Einzelfall eine erhebliche Härte[227] für den Schuldner bedeuten würde, und

2.2.2.2 der Anspruch durch die Stundung nicht gefährdet erscheint. In der Regel ist eine Sicherheit zu verlangen.[228]

223 Vgl. Ruff, Die Verzinsung von Geldforderungen der Kommunen bei Zahlungsaufschub und Zahlungsverzug, ZKF 1988, S.223, 269.
224 Vgl. VO zur Änderung der GemHVO v. 28.11.2000 (GBl. S.764). Eine Umstellung der DM-Beträge bei Kommunalabgaben ist im Zeitpunkt der Drucklegung noch nicht erfolgt.
225 Vgl. Die Gemeindekasse 1976/45–48 und 1980/148.
226 Der Erschließungsbeitrag für land- und forstwirtschaftliche Grundstücke ist zinslos zu stunden, wenn die Voraussetzungen des §135 Abs.4 BauGB vorliegen. So auch KAG-Beiträge nach §10 Abs.10 KAG.
227 Ob eine erhebliche Härte vorliegt (i.S. von §222 AO 1977) liegt im Ermessen der Gemeinde (BFH, Beschl. vom 5. und 13.5. 1977, vgl. BWGZ 1978, S.37). Beispiele vgl. Die Gemeindekasse, 1980/85, 1985/29, 32–34 und 38, 39.
228 §222 i.V.m. §241 AO 1977, vgl. auch Die Gemeindekasse, 1980/85 und 1985/30.

### 2.2.3 Rechtsgrundlagen

2.2.3.1 Für privatrechtliche Forderungen der Gemeinde gilt § 32 Abs. 1 GemHVO. 251

2.2.3.2 Für die Realsteuern gelten die §§ 222, 234, 238, 239 und 241 ff. AO 1977 direkt (§ 1 Abs. 2 AO 1977). Für die übrigen Gemeindeabgaben gelten die genannten §§ der AO 1977 nach § 3 Abs. 1 Nr. 5 KAG. Sondervorschriften für den Erschließungsbeitrag vgl. § 135 Abs. 2–4 BauGB, für andere Beiträge (Abwasserbeitrag, Wasserversorgungsbeitrag) vgl. § 10 Abs. 10 KAG.[229]

### 2.2.4 Verfahren, Zuständigkeiten

Eine Stundung kann i. d. R. nur auf begründeten Antrag des Schuldners 252
erfolgen. Wird Stundung erst nach Eintritt der Fälligkeit beantragt, so wird i. d. R. ab Antragseingang gestundet. Rückwirkend auf den Fälligkeitstag nur in begründeten Ausnahmefällen.[230] Ab Fälligkeit bis zum Beginn der Stundung sind Säumniszuschläge bzw. Verzugszinsen anzusetzen.[231] Über den Antrag entscheidet nicht die Gemeindekasse selbst[232] – aus Gründen der Kassensicherheit. Zuständig ist je nach der Bedeutung des Einzelfalls (Abgrenzung nach Betrag und Dauer der Stundung in der Hauptsatzung) der Bürgermeister, ein beschließender Ausschuss oder der Gemeinderat. Der Bürgermeister kann seine Zuständigkeit an Beigeordnete oder Dienststellenleiter delegieren. Die Entscheidung der Gemeinde (nach pflichtmäßigem Ermessen) ist dem Antragsteller (Schuldner) schriftlich mitzuteilen. Bei öffentlich-rechtlichen Abgaben handelt es sich um einen Verwaltungsakt,[233] der mit einer Rechtsbehelfsbelehrung zu versehen ist. Bei privatrechtlichen Forderungen stellt die Stundung eine vertragliche Vereinbarung dar.

Langfristig gestundete Beiträge (§ 10 Abs. 10 KAG und § 135 Abs. 2–4 BauGB) können haushaltsrechtlich wie niedergeschlagene Beträge behandelt werden.[234] Dies bedeutet, dass diese gestundeten Beiträge im Sachkonto bzw. Personenkonto abgesetzt werden dürfen (im laufenden Soll) zur Bereinigung der Kasseneinnahmereste und im Niederschlagungsverzeichnis weiterzuführen sind.

229 Vgl. auch VwV des IM zur Beitragsstundung für landwirtschaftlich genutzte Grundstücke vom 24. 3. 1987 (GABl. S. 351).
230 Vgl. DGStZ 1978, S. 6.
231 Vgl. DGStZ 1978, S. 6.
232 Ausnahmen nach § 1 Abs. 1 GemKVO bei der Stundung von Mahngebühren, Vollstrekkungskosten und Nebenforderungen (Zinsen und Säumniszuschlägen).
233 Auf den die §§ 118–133 AO 1977 Anwendung finden.
234 Das IM BW hat sich damit einverstanden erklärt (vgl. Wochenspiegel des Städtetags BW Nr. 51/1981).

### 2.2.5 Stundungszinsen[235]

253 2.2.5.1 Für Gemeindeabgaben beträgt der Stundungszins 0,5 % pro vollen Monat der Stundung. Der zu verzinsende Betrag jeder Steuerart wird auf volle hundert DM abgerundet (§ 238 Abs. 2 AO 1977).[236] Die Gemeinden sind verpflichtet, Stundungszinsen zu erheben.[237]

Auf die Zinsen kann ganz oder teilweise verzichtet werden, wenn ihre Erhebung nach Lage des Einzelfalles unbillig wäre (§ 234 Abs. 2 AO 1977). Zinsen unter 20 DM werden nicht festgesetzt (§ 239 Abs. 2 AO 1977).

Eine Satzung für die Erhebung von Stundungszinsen ist rechtlich nicht mehr zulässig (und auch unnötig).

2.2.5.2 Gestundete privatrechtliche Forderungen sind in der Regel angemessen zu verzinsen (§ 32 Abs. 1 GemHVO). Stundungszinsen bedürfen – wie die Stundung selbst – der vertraglichen Vereinbarung. Dabei empfiehlt sich die Anwendung der staatlichen Regelung,[238] nämlich die Vereinbarung von 2 % über dem Basiszinssatz liegenden Stundungszinsen.[239]

### 2.2.6 Bedingte Stundung, Vorbehalt des Widerrufs

254 Stundungen werden i. d. R. nur unter der (auflösenden) Bedingung gewährt, dass die bewilligten bzw. vereinbarten Termine eingehalten werden. Außerdem empfiehlt es sich, den Widerruf einer längeren Stundung für den Fall vorzubehalten, dass sich die wirtschaftlichen Verhältnisse des Schuldners unerwartet ändern.

### 2.2.7 Wirkung auf die Verjährung

255 2.2.7.1 Bei Gemeindeabgaben bewirkt die Stundung eine Unterbrechung der Zahlungsverjährung (§ 3 Abs. 1 Nr. 1a KAG i. V. m. § 231 AO 1977).

2.2.7.2 Bei privatrechtlichen Forderungen ist die Verjährung gehemmt, solange gestundet ist (§ 202 BGB).

### 2.2.8 Wirkung auf das Ergebnis der Haushaltswirtschaft

Gestundete Beträge wirken sich auf das Ergebnis der Haushaltswirtschaft aus (§ 42 Abs. 1, § 41 Abs. 3 GemHVO). Sie werden zum Soll gestellt und beeinflussen insoweit das Ergebnis des jeweiligen Haushaltsjahres.

235 Vgl. Fn 211.
236 Zur Berechnung der Stundungszinsen bei Ratenzahlungen vgl. KStZ 1984, S. 8.
237 Für die Realsteuern nach § 1 Abs. 2 Nr. 5 i. V. m. § 234 AO 1977, für die übrigen Gemeindeabgaben nach § 3 Abs. 1 Nr. 5b KAG i. V. m. § 234 AO 1977. Die Stundung von Erschließungsbeiträgen für landw. Grundstücke nach § 135 Abs. 4 BauGB hat zinslos zu erfolgen.
238 Vgl. Nr. 1.4.1 der VV zu § 59 LHO (VSV 6302-1) und Die Gemeindekasse 1983/70. Bei staatl. Holzgeldforderungen beträgt der Stundungszins 3 % über dem Basiszinssatz (nach den allgemeinen Verkaufs- und Zahlungsbedingungen für Holzverkauf des Landes BW – gültig ab 1. 1. 1987 – veröffentlicht im GABl. 1986 S. 1143).
239 Der Diskontsatz der Deutschen Bundesbank wird durch den Basiszinssatz ersetzt, § 1 Euro-Einführungsgesetz – EuroEG vom 27. 6. 2000 (BGBl. I S. 897).

## 2.3 Niederschlagung

### 2.3.1 Begriff

Niederschlagung bedeutet die Zurückstellung der Weiterverfolgung eines fälligen Anspruchs und nicht den Verzicht auf den Anspruch selbst. Es wird also nur die Weiterverfolgung eines noch bestehenden Anspruchs zurückgestellt. Die Niederschlagung kann befristet oder unbefristet sein – vgl. §46 Nr. 19 GemHVO. Unbefristete Niederschlagung bedeutet den dauernden Verzicht auf die Weiterverfolgung des fälligen Anspruchs (nicht auf den Anspruch selbst). **256**

### 2.3.2 Voraussetzungen

Ansprüche dürfen niedergeschlagen werden, wenn **257**

2.3.2.1 feststeht, dass die Einziehung keinen Erfolg haben wird,[240] sogenannte Niederschlagung wegen Uneinbringlichkeit (nicht mehr Erlass), oder

2.3.2.2 die Kosten der Einziehung außer Verhältnis zur Höhe des Anspruchs stehen, sogenannte Niederschlagung wegen Geringfügigkeit[241] (nicht mehr Erlass).

### 2.3.3 Rechtsgrundlagen

2.3.3.1 Für Gemeindeabgaben gilt §261 AO 1977 i.V.m. §3 Abs. 1 Nr. 6b KAG).[242] **258**

2.3.3.2 Für andere öffentlich-rechtliche Forderungen und privatrechtliche Forderungen der Gemeinde gilt §32 Abs. 2 GemHVO.

Beide Rechtsvorschriften decken sich inhaltlich (wenn auch nicht wörtlich).

### 2.3.4 Verfahren, Zuständigkeiten

Die Niederschlagung bedarf keines Antrags des Schuldners. Sie hat bei Vorliegen der Voraussetzungen von Amts wegen zu erfolgen und stellt nur eine innerdienstliche Maßnahmen dar (ohne Auswirkung). Sie ist kein Verwaltungsakt, der dem Schuldner bekannt zu geben ist. Zuständig zur Entscheidung ist auch hier (wie bei der Stundung) grundsätzlich nicht die Gemeindekasse.[243] Die Zuständigkeiten von Gemeinderat, beschließendem Ausschuss und Bürgermeister ergeben sich aus der **259**

240 Vgl. Die Gemeindekasse 1985/74.

241 Vgl. dazu Die Gemeindekasse 1979/20 (freies Ermessen der Gemeinde, aber Hinweis auf EinfErl. zu §261 AO und Kleinbetragsregelung des §33 GemHVO) und 1985/75.

242 §156 Abs. 2 AO 1977 (der ebenfalls auf die Gemeindeabgaben Anwendung findet) hat nicht die Niederschlagung einer festgesetzten – und in der Regel fälligen – Abgabenschuld zum Gegenstand, sondern hier unterbleibt schon die Festsetzung der Abgabe.

243 Ausnahmen nach §1 Abs. 1 GemKVO bei der Niederschlagung von Mahngebühren, Vollstreckungskosten und Nebenforderungen (Zinsen und Säumniszuschlägen).

Hauptsatzung, allerdings mit niedrigeren Wertgrenzen als bei der Stundung.

### 2.3.5 Überwachung niedergeschlagener Forderungen

260 2.3.5.1 Unbefristet niedergeschlagene Forderungen sind nicht zu überwachen und deshalb auch nicht in ein Niederschlagungsverzeichnis einzutragen. Der Verzicht auf die Weiterverfolgung ist unbefristet und damit endgültig.

Dafür kommen in Frage Niederschlagungen wegen Geringfügigkeit (2.3.2.2) und wegen Uneinbringlichkeit (2.3.2.1); letztere aber nur, wenn ein späterer Beitreibungsversuch aussichtslos erscheint.

2.3.5.2 Bei befristet niedergeschlagenen Forderungen ist spätestens nach Ablauf der Frist erneut zu prüfen, ob ein Einziehungsversuch Erfolg verspricht. Um diese Weiterverfolgung sicherzustellen, sind diese Forderungen in ein Niederschlagungsverzeichnis (-datei) einzutragen. In den Sachbüchern oder Personenkonten werden niedergeschlagene Forderungen abgebucht durch Soll-Absetzung und können dort nicht weitergeführt werden.[244]

Ist nach Ablauf der Niederschlagungsfrist ein Einziehungsversuch aussichtslos oder gescheitert, so kann je nach Lage des Falles eine weitere befristete Niederschlagung (mit Fortführung im Niederschlagungsverzeichnis) oder eine unbefristete, endgültige Niederschlagung (mit Löschung im Niederschlagungsverzeichnis) erfolgen.

### 2.3.6 Verzinsung

261 Soweit Ansprüche befristet niedergeschlagen sind und damit weiterverfolgt werden, sind für sie auch während ihrer Niederschlagung Säumniszuschläge oder Verzugszinsen[245] zu berechnen.

Bei unbefristet niedergeschlagenen Forderungen ist der Ansatz von Säumniszuschlägen oder Verzugszinsen sinnlos, da auf die Weiterverfolgung der Hauptsumme endgültig verzichtet wird.

### 2.3.7 Wirkung auf die Verjährung

262 Die Niederschlagung lässt die Forderung selbst unverändert, auch was ihre Zahlungsverjährung betrifft. Die Zahlungsverjährung wird weder gehemmt noch unterbrochen.

Bei befristet niedergeschlagenen Forderungen ist deshalb Vorsorge zu treffen (Überwachung anhand der Niederschlagungsliste), dass sie nicht

244 Vgl. §42 Abs.1 Satz 2 GemHVO.
245 Zur Höhe des Zinssatzes für Verzugszinsen bei privatrechtlichen Forderungen vgl. Die Gemeindekasse 1992/115.

verjähren. Die Maßnahmen, die zu einer Unterbrechung der Verjährung führen, sind für Gemeindeabgaben in § 231 AO 1977 abschließend aufgeführt. Die Verjährung privatrechtlicher Forderungen wird durch Maßnahmen nach §§ 208 und 209 BGB unterbrochen. In Frage kommen vor allem Mahnung und Vollstreckungsmaßnahmen bei Gemeindeabgaben und Zustellung eines Mahnbescheids bei zivilrechtlichen Forderungen.

Unbefristet niedergeschlagene Forderungen werden nicht weiterverfolgt. Ihre Verjährung braucht deshalb auch nicht vermieden zu werden.

#### 2.3.8 Wirkung auf das Ergebnis der Haushaltswirtschaft

Niedergeschlagene Beträge wirken sich auf das Ergebnis der Haushaltswirtschaft im Jahr der Niederschlagung aus (§ 42 Abs. 1, § 41 Abs. 3 GemHVO). Schlägt die Gemeinde eine ihr zustehende Forderung nieder (z. B. Gewerbesteuer), verschlechtert sich das Rechnungsergebnis aufgrund der Soll-Berichtigung. Gelingt es der Gemeinde, eine niedergeschlagene Forderung zu realisieren, hat sie den entsprechenden Betrag im Jahr der Realisierung ins Soll zu stellen. Diese Sollstellung wirkt sich im Jahr der Realisierung auf das Rechnungsergebnis positiv aus (höhere Solleinnahmen).

### 2.4 Erlass

#### 2.4.1 Begriff

Erlass ist der endgültige Verzicht auf einen Anspruch (§ 46 Nr. 6 Gem- **263**
HVO). Die Forderung (der Gemeinde) erlischt.

#### 2.4.2 Voraussetzungen

Ansprüche dürfen ganz oder zum Teil erlassen werden, wenn ihre Einzie- **264**
hung nach Lage des einzelnen Falles für den Schuldner eine besondere Härte bedeuten würde (§ 32 Abs. 3 GemHVO) bzw. unbillig wäre (§ 227 AO 1977). Kommunalabgaben können nach § 163 Abs. 1 AO, § 3 Abs. 1 Nr. 4 c KAG aus Billigkeitsgründen schon niedriger festgesetzt werden.

Ob dem Schuldner eine besondere Härte zugebilligt werden kann, d. h., ob die Einziehung unbillig wäre (daher der Begriff „Billigkeitserlass"), richtet sich nach seinen persönlichen Vermögens- und Einkommensverhältnissen zum Zeitpunkt der Entscheidung (persönliche Unbilligkeit) oder nach sachlichen Erlassgründen (sachliche Unbilligkeit).[246] Dabei handelt es sich nicht um unbestimmte Rechtsbegriffe, sondern um Maßstäbe für eine Ermessensentscheidung.[247]

246 Die Erhebung von Säumniszuschlägen ist sachlich unbillig, wenn dem Steuerpflichtigen die rechtzeitige Zahlung der Steuerschulden wegen Zahlungsunfähigkeit oder Überschuldung unmöglich war (Urteil des VGH BW vom 20. 10. 1987).

247 BVerwG, Urt. vom 16. 9. 1977 (vgl. Die Fundstelle 1978/795).

Zahlungsunfähigkeit des Schuldners ist nur dann ein Erlassgrund, wenn das Unvermögen des Schuldners, seine Geldschulden zu erfüllen, ein dauerndes ist.[248] Säumniszuschläge können u.a. erlassen werden, wenn es sich um einen bisher pünktlichen Steuerzahler handelt, dem ein offenbares Versehen unterlaufen ist.[249]

Erlass wegen Uneinbringlichkeit oder Geringfügigkeit kennt das neue Haushaltsrecht nicht mehr. In diesen Fällen ist der Anspruch niederzuschlagen (vgl. 2.3.2).

#### 2.4.3 Rechtsgrundlagen

**265** 2.4.3.1 Für privatrechtliche Forderungen gilt §32 Abs.3 GemHVO.

2.4.3.2 Für Gemeindeabgaben gilt §227 AO 1977 (i.V.m. §1 Abs.2 Nr.5 AO oder §3 Abs.1 Nr.5a KAG), für den Erlass von Erschließungsbeiträgen §135 Abs.5 BauGB. Für den Erlass von Grundsteuer bei wesentlicher Ertragsminderung gelten die §§33 und 34 GrStG und Ziff. 38–40 GrStRichtl[250].

#### 2.4.4 Verfahren, Zuständigkeiten

**266** Ein Erlass wird i.d.R. nur auf Antrag des Schuldners gewährt. Der Antrag ist zu begründen, d.h., die für den Erlass maßgebenden Umstände sind vom Schuldner darzulegen. Erforderlichenfalls ist von ihm eine Aufstellung seines Vermögens und seiner Verbindlichkeiten zu verlangen.[251] Die Entscheidung darüber trifft grundsätzlich nicht die Gemeindekasse. Für die Zuständigkeiten gilt das bei 2.2.4 zur Stundung Gesagte, allerdings mit geringeren Wertgrenzen.

Die Entscheidung über seinen Erlassantrag ist dem Schuldner bekannt zu geben. Bei Gemeindeabgaben handelt es sich um einen Verwaltungsakt, der mit einer Rechtsbehelfsbelehrung zu versehen ist und der verwaltungsgerichtlichen Nachprüfung unterliegt (nachgeprüft werden kann nur, ob die Gemeinde ihr Ermessen missbraucht oder überschritten hat).

Bei privatrechtlichen Ansprüchen stellt der Erlass eine vertragliche Vereinbarung im Sinne des §397 BGB dar, durch den das Schuldverhältnis erlischt.

#### 2.4.5 Nebenleistungen

**267** Wird die Hauptforderung erlassen, so sind i.d.R. auch Nebenleistungen wie Säumniszuschläge, Verzugszinsen, Kosten zu erlassen. Die Nebenleistungen teilen insoweit das Schicksal der Hauptforderung.

248 VGH BW, Urt. vom 4.8. 1988 (Die Fundstelle 1988/742).
249 Vgl. Die Fundstelle 1987/457.
250 Vgl. *Knobloch*, DGStZ 1978, S.165.
251 VGH BW, Urt. vom 4.8. 1988 (Die Fundstelle 1988/742).

Umgekehrt können – bei entsprechenden Voraussetzungen – die Nebenleistungen erlassen werden (z.B. Säumniszuschläge), ohne dass auf die Hauptforderung verzichtet wird.

#### 2.4.6 Wirkung auf das Ergebnis der Haushaltswirtschaft

Erlassene Ansprüche können nicht mehr realisiert werden, d.h., sie können nicht als Solleinnahmen des Haushaltsjahres ausgewiesen werden. Sie sind abzusetzen und beeinflussen damit das Ergebnis der Haushaltswirtschaft (§42 Abs. 1, §41 Abs. 3 GemHVO).

## 3. Überwachung der Ausgaben

### 3.1 Zweck

Ausgabemittel sind von den Bewirtschaftungsbefugten[252] nach §26 Abs. 1 **268** GemHVO so zu verwalten, dass sie zur Deckung der Ausgaben im Haushaltsjahr ausreichen. Die Ansätze für den laufenden Aufwand (z.B. Geschäftsaufwand wie Telefon- und Portokosten) sind so zu verwalten, dass sie zur Deckung des Bedarfs das ganze Jahr ausreichen. Die Ausgabemittel dürfen erst in Anspruch genommen (bewirtschaftet) werden, wenn die Erfüllung der Aufgaben dies erfordert – Grundsatz der Sparsamkeit.[253] Reichen die Ansätze trotzdem nicht aus, so ist rechtzeitig für die Bereitstellung weiterer Mittel zu sorgen. Dies kann geschehen im Rahmen der Deckungsfähigkeit,[254] als überplanmäßige oder außerplanmäßige Ausgabe[255] oder im Wege der Nachtragshaushaltssatzung.[256]

### 3.2 Möglichkeiten

Die Überwachung kann durch Haushaltsüberwachungslisten (HÜL) oder **269** auf andere geeignete Weise erfolgen. So kann z.B. bei Baumaßnahmen die Überwachung über die Baurechnung des Bauamtes (Bauleitung) geschehen. Diese Bauabrechnung erfüllt dann zugleich die Funktion der HÜL.

Auch dort, wo das Sachbuch im EDV-Verfahren geführt wird, ergeben die Sachkontenauszüge (die nur die gebuchten Auszahlungsanordnungen enthalten) kein vollständiges Bild der bewirtschafteten Beträge (Verfügungen).[257] Die noch nicht vollzogenen (gebuchten) Auszahlungsanfor-

252 Vgl. Rdnr. 243.
253 §77 Abs. 2 GemO regelt allgemein, dass die Haushaltswirtschaft wirtschaftlich und sparsam zu erfolgen hat; §26 GemHVO verweist als Spezialvorschrift nochmals auf die Verwirklichung dieses Grundsatzes beim Haushaltsvollzug.
254 Vgl. Rdnrn. 167ff.
255 Vgl. Rdnrn. 271ff.
256 Vgl. Rdnrn. 280ff.
257 Diese Lücke schließt das landeseinheitliche EDV-Verfahren, „HÜL/Baumittelkontrolle" bzw. die einschlägigen Programme der privaten Anbieter (z. B. IFS, SAP u. a.). Das bewirtschaftende Amt hat die Möglichkeit, im Dialogbetrieb den Wert des Auftrags/Bestellung zu erfassen. Dadurch lässt sich ohne weiteres erkennen, welche Ausgabemittel noch zur Verfügung stehen. Da bei der weiteren Bearbeitung (Auszahlungsanordnung und Vollzug durch die Kasse) auf diese Daten zurückgegriffen wird, ist der Verwaltungsaufwand minimal.

derungen sind dem Sachkonto-Soll hinzuzuschlagen, z.B. aufgrund der Durchschriften. Auch die bewirtschafteten, aber noch nicht angeordneten (noch nicht fälligen) Ausgabemittel sind zu berücksichtigen – anhand der Bestellungen, Aufträge usw.

Durchschriften der Bestellzettel und Aufträge müssen zu diesem Zweck gesammelt werden.

Wie die Überwachung nach §26 Abs.2 GemHVO auch erfolgen mag, ihren Zweck kann sie nur erfüllen, wenn die Ausgaben schon zum Zeitpunkt der Bewirtschaftung[258] erfasst werden. Nur dann ist ersichtlich, über welche Ausgabenmittel noch nicht verfügt ist. Unter dem Begriff Ausgabenmittel werden sowohl der Haushaltsansatz als auch die aus dem Vorjahr übertragenen Haushaltsreste, die Veränderungen durch Nachtragssatzung sowie überplanmäßige Ausgaben und die im Rahmen der echten und unechten Deckungsfähigkeit zur Verfügung stehenden Mittel zusammengefasst.

### 3.3 Verpflichtungsermächtigungen

270 Das unter 3.1 und 3.2 Gesagte gilt nicht nur für die Ausgaben, sondern entsprechend auch für die Verpflichtungsermächtigungen im Vermögenshaushalt.

## 4. Überplanmäßige und außerplanmäßige Ausgaben (§ 84 GemO)

### 4.1 Allgemeines

271 Für die Führung der Haushaltswirtschaft während des Haushaltsjahres sind die Ausgabeansätze des Haushaltsplans verbindlich (Grundsatz der sachlichen Bindung)[259] und die Gemeinden verpflichtet, die Ausgabemittel zu verwalten, dass sie zur Deckung der Ausgaben ausreichen.[260] Da die Ausgabeansätze zu einem Großteil aber nur geschätzt werden können und dabei erhebliche Unsicherheitsfaktoren (z.B. die Preisentwicklung) bestehen, lässt sich die Überschreitung von Ausgabeansätzen nicht immer vermeiden. Dieser Tatsache hat der Gesetzgeber Rechnung getragen und unter bestimmten Voraussetzungen Haushaltsüberschreitungen zugelassen.

258 Vgl. Rdnrn. 243ff.
259 §80 Abs.3 GemO. Die sachliche Bindung besteht sowohl hinsichtlich der Zweckbestimmung als auch hinsichtlich der Höhe des Ausgabeansatzes. Insoweit stellen die Ausgabeansätze verbindliche Obergrenzen dar. Das Gleiche gilt für Verpflichtungsermächtigungen.
260 §26 Abs.1 GemHVO.

### 4.2 Begriffe

4.2.1 Überplanmäßige Ausgaben sind Soll-Ausgaben, die die im Haushaltsjahr veranschlagten Beträge (Ausgabeansätze) und die aus Vorjahren übertragenen Haushaltsausgabereste übersteigen.[261] 272

4.2.2 Außerplanmäßige Ausgaben sind Soll-Ausgaben, für deren Zweck im Haushaltsplan keine Mittel (Ausgabeansätze) veranschlagt und keine Haushaltsausgabereste verfügbar sind.[262]

Dazu gehören auch Soll-Ausgaben, für deren Zweck im Haushaltsplan zwar eine Haushaltsstelle ausgedruckt ist, aber keine Ausgaben veranschlagt sind (sog. Leertitel) und keine Haushaltsausgabereste verfügbar sind.

4.2.3 Überplanmäßige und außerplanmäßige Ausgaben dürfen nicht durch Hinauszögern der Auszahlungsanordnung ins nächste Jahr verdeckt werden.

4.2.4 In der Interimszeit liegt der Haushaltswirtschaft der Gemeinde noch keine Haushaltssatzung (Haushaltsplan) zugrunde. Während dieser Zeit anfallende Ausgaben sind daher weder überplanmäßige noch außerplanmäßige Ausgaben. Die Ausgabenleistung beurteilt sich ausschließlich nach §83 Abs. 1 GemO.

### 4.3 Erhöhung von Ansätzen

Keine überplanmäßige Ausgabe entsteht bei einer Haushaltsstelle, deren Ausgabeansatz im Wege der Deckungsfähigkeit[263] entsprechend erhöht werden kann. 273

Ebenfalls planmäßig sind Ausgaben, die in einer Nachtragshaushaltssatzung veranschlagt sind, sobald diese Nachtragssatzung in Kraft ist. In welchen Fällen eine Nachtragshaushaltssatzung erforderlich ist, d.h. über- und außerplanmäßige Ausgaben vermieden werden müssen, ergibt sich aus §82 Abs. 2 und 3 GemO.[264]

Bei der Prüfung, ob und in welcher Höhe Haushaltsüberschreitungen vorliegen, kann nach folgendem Schema vorgegangen werden:

Haushaltsansatz einschl. Veränderungen aus Nachtragshaushaltsplänen

\+ Haushaltsausgabereste aus Vorjahren
\+ bereits bewilligte üpl./apl. Ausgaben
\+ echte und unechte Deckungsfähigkeit (§§ 17, 18 GemHVO)
./. angeordnete Sperren

261 Begriff: §46 Ziff. 24 GemHVO.
262 Begriff: §46 Ziff. 3 GemHVO.
263 Vgl. Rdnrn. 167ff.
264 Vgl. Rdnrn. 280ff.

= Summe der zur Bewirtschaftung zur Verfügung stehenden Mittel (Verfügungsrahmen)
./. zum Soll angeordnete Beträge
./. durch Auftragsvergaben gebundene Beträge
= Summe der noch zur Bewirtschaftung zur Verfügung stehenden Mittel.

### 4.4 Voraussetzungen[265]

Die Zulässigkeit von über- und außerplanmäßigen Ausgaben setzt, sofern keine Nachtragssatzung erforderlich ist (§82 Abs. 2 GemO, §84 Abs. 1 Satz 3 GemO), alternativ voraus:

#### 4.4.1 Dringendes Bedürfnis und Gewährleistung der Deckung

**274** 4.4.1.1 Die Dringlichkeit muss in zeitlicher und sachlicher Hinsicht bestehen.

Zeitlich dringend ist ein Bedürfnis, wenn es nicht ohne Nachteil für die Gemeinde aufgeschoben werden kann (bis ins nächste Jahr oder bis – aus anderen Gründen – eine Nachtragshaushaltssatzung erlassen wird). Sachlich dringend ist es dann, wenn es – im Falle des Bekanntseins – bei der Aufstellung des Haushaltsplans veranschlagt worden wäre. M. a. W. wenn ohne die außerplanmäßige/überplanmäßige Ausgabe die Aufgaben der Gemeinden nicht befriedigend erfüllt werden könnten.

Beispiel: Nicht vorhersehbare, dringende Instandsetzung an Gebäuden.

4.4.1.2 Die Deckung muss (im selben Haushaltsjahr) gewährleistet sein. Sie kann erfolgen durch Mehreinnahmen oder Wenigerausgaben (Einsparungen) bei anderen Ansätzen. Werden Haushaltsausgabereste aus Vorjahren nicht in voller Höhe für ihren Zweck benötigt, kann der nicht benötigte (eingesparte) Betrag ebenfalls zur Deckung der Mehrausgaben herangezogen werden.[266] Im VmH ist die Deckung subsidiär auch durch überplanmäßige/außerplanmäßige Entnahme aus der allgemeinen Rücklage möglich, sofern der Mindestbestand nach §20 Abs. 2 GemHVO nicht unterschritten wird. Speziell für die Deckung über- und außerplanmäßiger Ausgaben im Verwaltungshaushalt ist die Deckungsreserve[267] veranschlagt.

#### 4.4.2 Unabweisbarkeit der Ausgabe und kein erheblicher Fehlbetrag

**275** 4.4.2.1 Unabweisbar ist eine Ausgabe, wenn sie nicht ohne Schaden in politischer, wirtschaftlicher oder sozialer Hinsicht verschoben werden kann. Die Anforderungen an die Unabweisbarkeit sind strenger als an die

265 §84 Abs. 1 und 2 GemO.
266 Eine Kombination von Mehreinnahmen und Wenigerausgaben oder im Verwaltungshaushalt auch der Deckungsreserve ist möglich.
267 Vgl. Rdnr. 166.

Dringlichkeit. Unabweisbar (zeitlich und sachlich) sind Ausgaben vor allem dann, wenn die Leistungspflicht gesetzlich oder vertraglich feststeht.

*Beispiele:* Behebung von Umweltschäden an stark befahrener Straße, Erfüllung von Verträgen.

*Beispiel:* Eine Reparatur muss trotz höherer Ausgaben zu Ende geführt werden, Unabweisbarkeit liegt sicher auch vor, wenn aus faktischen Zwängen die Mehrausgabe geleistet werden muss.

4.4.2.2 Ein erheblicher Fehlbetrag darf durch die Leistung einer überplanmäßigen/außerplanmäßigen Ausgabe nicht entstehen. Wäre dies der Fall, so müsste die Gemeinde eine Nachtragshaushaltssatzung nach § 82 Abs. 2 Nr. 1 GemO erlassen.

Wann ein Fehlbetrag erheblich ist, richtet sich nach dem Haushaltsvolumen und der Finanzsituation der betreffenden Gemeinde. Eine Relation zwischen erheblichem Fehlbetrag und den Gesamtausgaben des Haushalts (Verwaltungs- und Vermögenshaushalt) lässt sich als Prozentsatz nur andeuten. Die unterschiedliche Finanzsituation der Gemeinden verbietet jede „Gleichmacherei". Die Erheblichkeitsgrenze dürfte für die meisten Gemeinden etwa bei 3 % der gesamten Haushaltsausgaben liegen.[268] Je größer die Gemeinde und ihr Haushaltsvolumen ist, umso niedriger sollte der Prozentsatz liegen, um die absolute Höhe des erheblichen Fehlbetrags nicht zu sehr ansteigen zu lassen.

Im Interesse der Rechtssicherheit wird empfohlen, die Erheblichkeitsgrenze in der Hauptsatzung festzulegen.

#### 4.4.3 Erleichterung bei Investitionen (§ 84 Abs. 2 GemO)

Für Investitionen,[269] die im folgenden Jahr fortgesetzt[270] werden, sind **276**
überplanmäßige Ausgaben auch dann zulässig, wenn ihre Deckung erst im folgenden Jahr gewährleistet ist.[271] Ob die Deckung im folgenden Jahr gewährleistet ist, ist aus der mittelfristigen Finanzplanung ersichtlich. Diese überplanmäßigen Ausgaben sind also von der Voraussetzung des § 84 Abs. 1 Satz 1 GemO, wonach die Deckung (im gleichen Jahr) gewährleistet sein muss, befreit. Problematisch wird der Deckungsnachweis allerdings dann, wenn sich aufgrund der Mehrausgaben die Gesamtkosten des Vorhabens erhöhen. In diesem Fall muss die Gemeinde die auf der Kostenerhöhung beruhende überplanmäßige Ausgabe nach § 84 Abs. 1 GemO abwickeln. Diese überplanmäßigen Ausgaben sind also von der Voraussetzung des § 84 Abs. 1 Satz 1 GemO, wonach die „Deckung (im gleichen Jahr) gewährleistet" sein muss, befreit. Ob die

268 *Kunze/Bronner/Katz/v. Rotberg*, Rdnr. 16 zu § 82 GemO, schlagen als Erheblichkeitsgrenze 5 % der Eigenfinanzierungsmittel vor (u. U. bis 10–15 %). Anders: Umfrageergebnisse (GH 1979, S. 252): 0,5–3 % und andere Kriterien wie absoluter Betrag.

269 § 46 Nr. 13 i. V. m. Nr. 2 GemHVO.

270 Allgemeiner Grunderwerb (eine Vielzahl von Einzelinvestitionen) ist keine Fortsetzungsinvestition i. S. von § 84 Abs. 2 GemO. Vgl. Wochenspiegel des Städtetags BW Nr. 43/1984.

271 § 84 Abs. 2 GemO.

überplanmäßigen Ausgaben nach §84 Abs.2 GemO aber auch von der Voraussetzung „dringendes Bedürfnis" freigestellt sind, wird unterschiedlich beurteilt. Bei strenger wörtlicher Auslegung kann man zum Ergebnis kommen, dass auch für überplanmäßige Ausgaben nach §84 Abs.2 GemO die Dringlichkeitsvoraussetzung des §84 Abs.1 GemO gilt.[272] Große praktische Schwierigkeiten dürften sich daraus allerdings nicht ergeben, da das zeitliche Vorziehen von Investitionsausgaben (rascherer Baufortschritt) i.d.R. wirtschaftlich vorteilhaft ist und damit Nachteile für die Gemeinde vermieden werden. Also ist Dringlichkeit i.d.R. zu bejahen.

Der im Vermögenshaushalt des laufenden Jahres dadurch entstehende Fehlbetrag[273] muss im nächsten Jahr abgedeckt werden.[274] Hier handelt es sich um einen indirekten Haushaltsvorgriff – auf dem Umweg über einen Fehlbetrag. Bisher weder als Verpflichtungsermächtigung noch als Ausgabe veranschlagte Investitionen erfordern grundsätzlich eine Nachtragshaushaltssatzung.[275]

### 4.5 Verfahren

**277** 4.5.1 Überplanmäßige und außerplanmäßige Ausgaben bedürfen der Zustimmung des Gemeinderates,[276] wenn sie nach Umfang oder Bedeutung erheblich sind.

4.5.1.1 Die Erheblichkeit vom Umfang her kann bei überplanmäßigen Ausgaben nach deren Verhältnis zum Einzelansatz, bei außerplanmäßigen Ausgaben nach deren Verhältnis zu vergleichbaren Einzelansätzen oder nach festen Wertgrenzen beurteilt werden.[277] Im Interesse der Rechtssicherheit wird empfohlen, die Abgrenzung vom Umfang her in der Hauptsatzung festzulegen.

4.5.1.2 Die Erheblichkeit über- und außerplanmäßiger Ausgaben von ihrer Bedeutung her ist im Einzelfall zu beurteilen. Hier ist vor allem an Ausgaben zu denken, die für die Gemeinde weitere finanzielle Belastungen bringen können.

4.5.2 Ohne Rücksicht darauf, ob sie erheblich oder unerheblich sind, bedürfen überplanmäßige Ausgaben für Investitionen, deren Deckung erst

272 So auch *Kunze/Bronner/Katz/v. Rotberg*, Rdnr.61 zu §84 GemO.
273 §46 Nr.7 GemHVO.
274 §23 Satz 2 GemHVO.
275 §82 Abs.2 Nr.3 GemO. Ausnahmen: §82 Abs.3 Nr.1 GemO.
276 Oder eines nach der Hauptsatzung zuständigen beschließenden Ausschusses oder des Bürgermeisters (je nach Höhe des Betrags).
277 Wegen der Schwierigkeit, für apl. Ausgaben vergleichbare Einzelansätze zu finden, wird die frühere Empfehlung im RdErl. zu §106 GemO (alt), überplanmäßige/außerplanmäßige Ausgaben als vom Umfang her erheblich zu betrachten, wenn sie mindestens 10% des Einzelansatzes betragen, kaum noch praktiziert. Die Abgrenzung erfolgt vielmehr nach festen Wertgrenzen (in der Hauptsatzung) oder durch eine Kombination beider Kriterien (Relation zum Einzelansatz und fester Betrag). Vgl. dazu Erfahrungswerte bei Schmid, „Üpl. und apl. Ausgaben bei den Kommunen", Kommunalpraxis BW 1994, S.110.

im nächsten Jahr erfolgt,[278] immer die Zustimmung des Gemeinderats (§ 84 Abs. 2 GemO).

4.5.3 Die Zustimmung des Gemeinderats ist vor Eingehen einer Verpflichtung einzuholen, die im laufenden Jahr zu einer über- oder außerplanmäßigen Ausgabe führt.[279] Eine erst nachträgliche Zustimmung widerspricht dem Etatrecht des Gemeinderats.

4.5.4 Soweit die Deckung der über- oder außerplanmäßigen Ausgabe Voraussetzung für ihre Zulässigkeit ist (vgl. 4.4.1.2), ist diese im Antrag an den Gemeinderat nachzuweisen. Dieser konkrete Deckungsnachweis wird Bestandteil des Gemeinderatsbeschlusses. Ein allgemeiner Hinweis, die Überschreitung sei gedeckt, genügt nicht.

4.5.5 Unerhebliche überplanmäßige und außerplanmäßige Ausgaben, die nicht der Zustimmung des Gemeinderats bedürfen, brauchen ihm nicht mehr zur Kenntnis gebracht zu werden. Der Gemeinderat bekommt anlässlich der Beschlussfassung über die Jahresrechnung[280] Kenntnis von allen Haushaltsüberschreitungen.

Die in 4.4 dargestellten Voraussetzungen müssen aber auch bei unerheblichen überplanmäßigen und außerplanmäßigen Ausgaben vorliegen.

4.5.6 Bei überplanmäßigen und außerplanmäßigen Ausgaben ist auf der Auszahlungsanordnung ein Vermerk über die Zulässigkeit der Mehrausgabe anzubringen, § 7 Abs. 3 Satz 2 GemKVO.

### 4.6 Zeitpunkt für das Verfahren

Voraussetzungen und Verfahren (vgl. die Ausführungen unter 4.4 und 4.5) **278**
gelten auch für Maßnahmen, durch die im laufenden Jahr überplanmäßige und außerplanmäßige Ausgaben entstehen können (§ 84 Abs. 3 GemO), z. B. bei der Erteilung von Aufträgen und Zusage von Leistungen.

Dies bedeutet, dass schon bei der Bewirtschaftung[281] von Haushaltsausgaben geklärt sein muss, ob die erforderlichen Ausgabeansätze vorhanden sind oder ob die Voraussetzungen nach 4.4 vorliegen bzw. ein Verfahren nach 4.5 durchgeführt wurde.

### 4.7 Verpflichtungsermächtigungen[282]

Ansätze für Verpflichtungsermächtigungen dürfen seit 1983 überschritten **279**
werden (überplanmäßige Verpflichtungen). Auch außerplanmäßig dürfen Verpflichtungen nun eingegangen werden; beide jedoch nur bei dringen-

278 Vgl. Rdnr. 276.
279 Gesetzesbegründung zu § 84 GemO. Vgl. auch § 84 Abs. 3 GemO.
280 § 95 Abs. 2 GemO.
281 Vgl. Rdnr. 243.
282 Vgl. Rdnr. 209.

dem Bedürfnis und wenn dadurch der Gesamtbetrag der Verpflichtungsermächtigungen in der Haushaltssatzung nicht überschritten wird.[283]

## 5. Nachtragshaushaltssatzung (§ 82 GemO, § 34 GemHVO)

### 5.1 Allgemeines

280 Auch ein gewissenhaft aufgestellter Haushaltsplan kann durch nicht vorhersehbare Einflüsse auf die Gemeindefinanzen (höhere Ausgaben, geringere Einnahmen, zusätzliche Verpflichtungsermächtigungen) korrekturbedürftig werden. Dies trifft schon wegen des zeitlichen Abstands vor allem dann zu, wenn die Haushaltssatzung rechtzeitig[284] erlassen wurde. Doppelhaushaltspläne sind im zweiten Planjahr verstärkt nachtragsbedürftig. Die Erfahrung zeigt außerdem, dass Nachtragshaushaltssatzungen umso eher notwendig werden, je größer die Gemeinde (GV) und damit ihr Haushaltsvolumen (und die Zahl der Haushaltsstellen) ist.

Durch die Nachtragssatzung wird die ursprüngliche Haushaltssatzung geändert, berichtigt oder ergänzt. Sie ist eine Änderungssatzung; ihre Regelungen wirken zum Beginn des Haushaltsjahres zurück. Für den Fall, dass nur der Höchstbetrag der Kassenkredite erhöht wird, hat die Gemeinde keinen Nachtragshaushaltsplan zu erlassen. In allen anderen Fällen hat die Gemeinde neben der Nachtragssatzung noch einen Nachtragshaushaltsplan als Bestandteil der Nachtragssatzung zu erlassen (§ 34 GemHVO).

### 5.2 Voraussetzungen für den Erlass einer Nachtragshaushaltssatzung

281 5.2.1 Zum Erlass einer NHS ist die Gemeinde verpflichtet, wenn sich ein erheblicher Fehlbetrag[285] abzeichnet, der sich nicht durch andere Maßnahmen (als eine Nachtragshaushaltssatzung) vermeiden lässt.

Solche anderen Maßnahmen können sein:

a) Einsparungen bei Ausgabeansätzen – auch durch Aufschieben von Ausgaben nach § 29 GemHVO (z. B. durch Zurückstellung geplanter Investitionen),

b) Einnahmeerhöhungen wie die Erhöhung von laufenden Entgelten, Beiträgen und Steuern,[286]
höhere Finanzzuweisungen als veranschlagt, höhere Rücklageentnahme usw.

283 Im Rahmen der Flexibilisierung der Haushaltswirtschaft wäre eine grundsätzliche Austauschbarkeit von Verpflichtungsermächtigungen innerhalb eines Budgets (vergleichbar der gegenseitigen/einseitigen Deckungsfähigkeit von Ausgabeansätzen) wünschenswert. Gegenwärtig ist diese Erleichterung nur im Rahmen der Experimentierklausel nach § 146 GemO möglich (zulässig).

284 § 81 Abs. 3 GemO.

285 Zur Frage, wann ein Fehlbetrag erheblich ist, vgl. Rdnr. 275.

286 Soweit aber Steuersätze in der Haushaltssatzung festgelegt werden (vgl. Rdnr. 179), bedarf deren Erhöhung (nur bis 30. 6.) einer Nachtragshaushaltssatzung (oder einer besonderen Steuersatzung – Hebesatz-Satzung).

Eine höhere Kreditaufnahme für Investitionen und Investitionsförderungsmaßnahmen (nicht für Umschuldungen) erfordert dagegen immer eine Nachtragshaushaltssatzung, weil die Kreditermächtigung in der HS geändert werden muss.

5.2.2 Eine Nachtragshaushaltssatzung ist außerdem erforderlich, wenn Haushaltsausgaben bei einzelnen HHSt. geleistet werden müssen, die nicht oder nicht hoch genug veranschlagt sind, und der Umfang dieser Mehrausgaben im Verhältnis zu den Gesamtausgaben des Haushaltsplans[287] erheblich ist. Hier ist nicht Voraussetzung, dass ein Fehlbetrag befürchtet werden muss; es genügt schon die Tatsache, dass erheblich mehr Ausgaben zu leisten sind, als insgesamt veranschlagt wurden. Ein erhebliches Überziehen der insgesamt bewilligten Ausgaben soll dadurch vermieden und sachliche Bindung[288] an den Haushaltsplan zum Ausdruck gebracht werden. **282**

Was erheblich ist, hat der Gesetzgeber auch hier nicht eindeutig festgelegt. § 82 Abs. 3 GemO befreit zwar die dort genannten Mehrausgaben ausdrücklich von der Veranschlagung in einer Nachtragshaushaltssatzung, im Übrigen ist es aber der eigenverantwortlichen Entscheidung der Gemeinde überlassen, die Grenze zwischen erheblichen und unerheblichen Mehrausgaben festzulegen. Man wird dabei davon ausgehen müssen, dass eine Zehnprozentgrenze zu hoch liegt. Mehrausgaben sind im Verhältnis zu den Gesamtausgaben des Haushaltsplans schon dann von entscheidendem Gewicht, wenn sie wesentlich unter zehn Prozent dieses Ausgangswerts liegen, und bedürfen dann einer Nachtragshaushaltssatzung. Auch hier wird empfohlen, die Grenze der Erheblichkeit in der Hauptsatzung festzulegen.[289]

Nicht zum Erlass einer Nachtragshaushaltssatzung verpflichten alle unabweisbaren[290] Mehrausgaben (auch erhebliche) im VwH und im VmH (§ 82 Abs. 3 Nr. 1 GemO) – es sei denn, durch sie entstünde ein erheblicher Fehlbetrag (§ 82 Abs. 2 Nr. 1 GemO). Diese unabweisbaren Mehrausgaben sind überplanmäßig/außerplanmäßig zulässig nach § 84 GemO.

5.2.3 Eine Nachtragspflicht ist ferner gegeben, wenn Ausgaben des Vermögenshaushalts für bisher nicht veranschlagte[291] Investitionen oder Investitionsförderungsmaßnahmen[292] geleistet werden sollen. **283**

287 Des Verwaltungshaushalts und des Vermögenshaushalts.
288 Vgl. Rdnr. 161.
289 Vorgeschlagen werden 5 % der Gesamtausgaben nach dem Haushaltsplan (VwH und VmH), für Städte mit großem Haushaltsvolumen auch darunter (3 oder 4 %). Nach den Umfrageergebnissen im GH 1979, S. 252 (Nr. 3.2) liegt die Erheblichkeitsgrenze schon bei 1 % des gesamten Haushaltsvolumens bzw. bei Überschreiten eines festen Betrags.
290 Vgl. Rdnr. 275.
291 Veranschlagt ist eine Investition oder Investitionsförderungsmaßnahme auch schon dann, wenn nur der Ansatz einer Verpflichtungsermächtigung, aber (noch) kein Ausgabeansatz im Haushaltsplan ausgewiesen ist.
292 § 46 Nr. 13 und 14 GemHVO.

Solche neuen Investitionsausgaben sind dann von der Veranschlagung in einer Nachtragshaushaltssatzung befreit, wenn es sich um unbedeutende Investitionen und Investitionsförderungsmaßnahmen[293] handelt (§ 82 Abs. 3 Nr. 1 GemO).

**284** 5.2.4 Schließlich ist eine Nachtragshaushaltssatzung noch bei Personalentscheidungen erforderlich, die nicht durch den Stellenplan gedeckt sind. Hier ist der Stellenplan durch eine Nachtragshaushaltssatzung zu ändern; § 82 Abs. 3 Nr. 3 und 4 GemO lässt aber Ausnahmen zu.

**285** 5.2.5 Die Erhöhung von Verpflichtungsermächtigungen[294] ist nur in einer Nachtragshaushaltssatzung möglich. Verpflichtungen i. S. von § 86 Abs. 1 GemO dürfen überplanmäßig oder außerplanmäßig nur eingegangen werden, wenn ein dringendes Bedürfnis besteht und der in der Haushaltssatzung festgesetzte Gesamtbetrag der Verpflichtungsermächtigungen nicht überschritten wird.

**286** 5.2.6 Steuersätze, die in der Haushaltssatzung festgesetzt werden,[295] können für das betreffende Jahr nur durch eine Nachtragshaushaltssatzung (oder eine besondere Steuersatzung – Hebesatz-Satzung) geändert werden. Zu beachten ist allerdings, dass Beschlüsse über die Anhebung der Realsteuerhebesätze bis 30.6. durch den Gemeinderat gefasst sein müssen (§ 16 Abs. 3 GewStG, § 25 Abs. 3 GrdStG). Nach diesem Zeitpunkt kann der Beschluss über die Festsetzung des Hebesatzes für das laufende Haushaltsjahr gefasst werden, wenn der Hebesatz die Höhe der letzten Festsetzung nicht überschreitet.

**287** 5.2.7 Die Kreditermächtigung nach § 87 Abs. 2 GemO für Investitionen und Investitionsförderungsmaßnahmen kann nur durch eine Nachtragssatzung geändert werden. Die Umschuldung von Krediten bedarf dagegen keiner Nachtragshaushaltssatzung mehr (§ 82 Abs. 3 Nr. 2 GemO).

**288** 5.2.8 Der Höchstbetrag der Kassenkredite (§ 89 GemO) darf ebenfalls nur in einer Nachtragssatzung verändert werden.

5.2.9 Einschränkende oder erweiternde Bestimmungen zu Ansätzen des Haushaltsplans (Haushaltsvermerke) können in der Nachtragssatzung (Nachtragshaushaltsplan) neu aufgenommen, geändert oder gestrichen werden.

293 Unbedeutend im Verhältnis zum Volumen des Investitionshaushalts und auch kommunalpolitisch unbedeutend. *Kunze/Bronner/Katz/v. Rotberg*, Rdnr. 35 zu § 82 GemO, schlagen 5 % des Vermögenshaushalts (ohne Kredittilgung und Rücklagezuführung) vor.
294 Vgl. Rdnr. 209.
295 Vgl. Rdnr. 191.

### 5.3 Mehreinnahmen

289 Mehreinnahmen verpflichten die Gemeinde grundsätzlich nicht zum Erlass einer Nachtragshaushaltssatzung.[296] Aus Gründen der Wirtschaftlichkeit (§ 77 GemO) und im Interesse der richtigen Finanzierungsrangfolge (§ 78 GemO) sind aber erhebliche Mehreinnahmen (z. B. aus der Gewerbesteuer) unverzüglich zur Senkung des Kreditbedarfs zu verwenden. Sobald solche Mehreinnahmen erkennbar werden, wird die Gemeinde entsprechend weniger Kredite aufnehmen und damit die Finanzierung gegenüber Haushaltssatzung und Haushaltsplan verbessern. Für eine solche Verbesserung verlangt § 82 GemO keine Nachtragssatzung; im Interesse der besseren Übersichtlichkeit und Plangenauigkeit ist ein Nachtrag jedoch zu empfehlen.

### 5.4 Über- und außerplanmäßige Ausgaben und Nachtragshaushaltssatzung

290 In Fällen, in denen eine rechtliche Verpflichtung zum Erlass einer Nachtragshaushaltssatzung nach § 82 GemO nicht besteht, können Mehrausgaben als überplanmäßige oder außerplanmäßige Ausgaben geleistet werden. Die dazu erforderlichen Voraussetzungen und das vorgeschriebene Verfahren sind zu beachten.[297]

Diese überplanmäßigen und außerplanmäßigen Ausgaben brauchen in eine später aus anderen Gründen notwendig werdende Nachtragshaushaltssatzung nicht aufgenommen zu werden,[298] wenn ihre Deckung durch die Nachtragshaushaltssatzung nicht beeinträchtigt wird.[299] Aus Gründen der besseren Haushaltsübersicht ist jedoch zu empfehlen, alle erheblichen überplanmäßigen und außerplanmäßigen Ausgaben – auch wenn der Gemeinderat nach § 84 GemO zugestimmt hat – in eine spätere Nachtragshaushaltssatzung aufzunehmen. Damit werden diese überplanmäßigen und außerplanmäßigen Ausgaben zu planmäßigen Ausgaben.

### 5.5 Vollständigkeit des Nachtragshaushaltsplans

291 Wenn die Gemeinde schon einen Nachtragshaushaltsplan zu erlassen hat (5.2) oder aus Zweckmäßigkeitsgründen erlässt (5.3 und 5.4), dann muss dieser alle bei seiner Aufstellung übersehbaren erheblichen Änderungen der Einnahmen und Ausgaben enthalten.[300] Es genügt also nicht, dass nur die Ausgaben veranschlagt werden, die Anlass zum Erlass des Nachtragshaushaltsplans sind – z. B. für neue Investitionen; es müssen alle anderen voraussehbaren erheblichen Mehr- oder Wenigerausgaben und Mehr- oder Wenigereinnahmen berücksichtigt werden.

296 Ausnahme: Überplanmäßige Krediteinnahmen für Investitionen und Investitionsförderungsmaßnahmen erfordern eine NHS.
297 Vgl. Rdnrn. 274–278.
298 § 34 Abs. 1 Satz 2 GemHVO.
299 § 34 Abs. 2 GemHVO.
300 § 34 Abs. 1 Satz 1 GemHVO.

Der Nachtragshaushaltsplan muss eine möglichst vollständige und zeitnahe Korrektur des Haushaltsplans sein.

### 5.6 Zeitpunkt für den Erlass der Nachtragshaushaltssatzung

292 5.6.1 Die Nachtragshaushaltssatzung ist unverzüglich zu erlassen, sobald die Voraussetzungen erkennbar werden, die dazu verpflichten. In den Fällen des § 82 Abs. 2 Nr. 2–4 ist die Nachtragssatzung grundsätzlich zu erlassen, bevor die betreffenden Ausgaben bewirtschaftet werden.[301] Nur dann stehen die erforderlichen Haushaltsansätze haushaltsrechtlich rechtzeitig zur Verfügung.

5.6.2 Die Haushaltssatzung kann durch eine Nachtragssatzung nur bis zum Ablauf des Haushaltsjahres geändert werden. Die Nachtragshaushaltssatzung muss demnach bis zum 31.12. beschlossen, öffentlich bekannt gemacht und der Haushaltsplan öffentlich ausgelegt sein.

5.6.3 Die Erhöhung der Realsteuerhebesätze ist nur bis zum 30.6. des betreffenden Jahres zulässig.[302] Eine entsprechende Nachtragshaushaltssatzung muss bis zu diesem Zeitpunkt beschlossen sein.

### 5.7 Anwendung von Haushaltsrecht, Verfahren

293 Für die Nachtragshaushaltssatzung gelten die Vorschriften für die Haushaltssatzung entsprechend (§ 82 Satz 1 GemO). D.h., die Haushaltsgrundsätze[303] und die formalen Bestimmungen über Haushaltssatzung und Haushaltsplan[304] sind anzuwenden, sofern nicht spezielle Vorschriften für die Nachtragshaushaltssatzung bestehen und vorstehend dargestellt wurden.

Das verbindliche Muster für die Nachtragshaushaltssatzung[305] ist zu beachten.

### 5.8 Auswirkungen auf den Finanzplan

294 Enthält der Nachtragshaushaltsplan neue Verpflichtungsermächtigungen (einschließlich Erhöhung bereits bestehender), so sind deren Auswirkungen auf den Finanzplan anzugeben. Die Übersicht über die Verpflichtungsermächtigungen, die eine Anlage zur Haushaltssatzung bildet,[306] ist zu ergänzen (§ 34 Abs. 3 GemHVO).

Eine förmliche Änderung des Finanzplans und des Investitionsprogramms wird im Zusammenhang mit einem Nachtragshaushaltsplan nicht verlangt. Anpassung und Fortschreibung des Finanzplans gesche-

301 D.h. vor dem Eingehen von Verpflichtungen.
302 § 25 Abs. 3 GrStG (VSV 6133) und § 16 Abs. 3 GewStG (VSV 6132).
303 Vgl. Rdnrn. 113–188.
304 Vgl. Rdnrn. 189–200 und 201–241.
305 Vgl. Anlage 5 zur VwV Gliederung und Gruppierung (VSV 6306).
306 Vgl. Anlage 6 zur VwV Gliederung und Gruppierung (VSV 6306).

hen in der Regel nur einmal im Jahr,[307] nämlich anlässlich der Aufstellung des Haushaltsplans. Ausnahmen können erforderlich werden, wenn ein Nachtragshaushaltsplan erhebliche Investitionen enthält, die bedeutende Folgelasten nach sich ziehen und diese im Finanzplan bisher nicht berücksichtigt sind.

### 5.9 Fortsetzungsinvestitionen

Investitionen, die im folgenden Jahr fortgesetzt werden – sogenannte Fortsetzungsinvestitionen –, erfordern dann keine Nachtragshaushaltssatzung, wenn die Deckung der überplanmäßigen Ausgabe im folgenden Jahr gewährleistet ist. Dies gilt selbst dann, wenn ein erheblicher Fehlbetrag entsteht. Im laufenden Haushaltsjahr muss die überplanmäßige Ausgabe also nicht finanziert sein; ein dadurch entstehender Fehlbetrag ist aber im folgenden Jahr abzudecken.[308] **295**

Unter dieser Voraussetzung sind nach § 84 Abs. 2 GemO überplanmäßige Ausgaben bei Fortsetzungsinvestitionen mit Zustimmung des Gemeinderats zulässig.

Diese Ausnahme von der Nachtragspflicht besteht nur für überplanmäßige Ausgaben. Außerplanmäßige Ausgaben für Investitionen, die im folgenden Jahr fortgesetzt werden, sind nach § 84 Abs. 2 GemO nicht zulässig. Sie erfordern nach § 82 Abs. 2 Nr. 3 GemO eine Nachtragshaushaltssatzung, soweit nicht eine Ausnahme nach § 82 Abs. 3 Nr. 1 GemO für unbedeutende Investitionen vorliegt. Bei dieser Ausnahme handelt es sich um eine außerplanmäßige Ausgabe nach § 84 Abs. 1 GemO.

## 6. Vorläufige Haushaltsführung (§ 83 GemO)

### 6.1 Allgemeines

Die Gemeinden (GV) sollen ihre Haushaltssatzung so rechtzeitig[309] erlassen, dass sie schon mit Beginn des Haushaltsjahres planmäßig wirtschaften können – Haushaltsgrundsatz der Vorherigkeit.[310] Ist dies aus zwingenden (nicht immer von den Gemeinden zu vertretenden) Gründen nicht möglich, so muss den Gemeinden die Fortführung ihrer Haushaltswirtschaft im neuen Jahr auch ohne rechtskräftigen Haushaltsplan (in der so genannten Interimszeit[311]) möglich sein. Dazu ermächtigt § 83 GemO. Allerdings ist die Fortführung der Haushaltswirtschaft im Vorgriff auf die noch zu erlassende Haushaltssatzung nur in beschränktem Umfang zulässig. Die Leistung von Ausgaben und die Beschaffung von Einnahmen **296**

307 § 85 Abs. 5 GemO.
308 § 23 Satz 2 GemHVO.
309 § 81 Abs. 3 GemO.
310 Vgl. Rdnr. 115.
311 Die Interimszeit beginnt am 1. 1. und endet mit dem Zeitpunkt des Erlasses der Haushaltssatzung, also nach Ablauf der öffentlichen Auslegung des Haushaltsplans nach § 81 Abs. 4 GemO.

ist nur insoweit zugelassen, als dadurch ein Bruch in der kontinuierlichen Aufgabenerfüllung vermieden wird. Das jetzige Recht ist auch in diesem Punkt großzügiger als das frühere. Es ist den Gemeinden jetzt erlaubt (in Anpassung an die Regelung im staatlichen Haushaltsrecht[312]), im Vorgriff auf spätere Kreditermächtigungen Kredite bis zu einer gewissen Höhe und unter bestimmten Voraussetzungen aufzunehmen.

### 6.2 Umfang der vorläufigen Haushaltsführung

**297** 6.2.1 Während der Interimszeit darf die Gemeinde Ausgaben leisten (über Ausgaben verfügen), zu denen sie rechtlich verpflichtet ist oder die für die Weiterführung notwendiger Aufgaben und Einrichtungen unaufschiebbar sind.[313]

Die Gemeinde kann ihre vielseitige Tätigkeit nicht einfach einstellen und ihre Bediensteten entlassen, nur weil noch keine rechtskräftige Haushaltssatzung vorliegt. Deshalb gilt auch der Stellenplan des Vorjahres weiter, bis die neue Haushaltsatzung (und damit der neue Stellenplan) erlassen ist.[314]

**298** 6.2.2 Maßnahmen des Vermögenshaushalts (Investitionen, Investitionshilfen), für die im Haushaltsplan eines Vorjahres Beträge[315] vorgesehen waren, dürfen fortgesetzt werden. Die Einschränkung „fortgesetzt" bedeutet, dass die Baumaßnahme schon im Vorjahr begonnen, d.h. zumindest ein Bauauftrag erteilt sein muss.[316] Diese Einschränkung kann nur für die Fälle gelten, bei denen die Fortsetzung (Erteilung weiterer Bauaufträge) als Vorgriff auf den neuen – noch nicht erlassenen – Haushaltsplan geschieht. Stehen dagegen aus dem Vorjahr noch Beträge[317] zur Verfügung,[318] so darf insoweit während der Interimszeit auch der erste Bauauftrag erteilt, d.h. die Baumaßnahme begonnen werden. Diese Beträge[319] aus dem Vorjahr werden von den Restriktionen des § 83 Abs. 1 GemO nicht erfasst, da der Haushaltsplan des Vorjahres insoweit weitergilt.

Neue Maßnahmen des Vermögenshaushalts, für die erstmals im Haushaltsplan des neuen Jahres Beträge[320] zu veranschlagen sind, dürfen während der Interimszeit aber nicht begonnen werden, es sei denn, sie wären zur Weiterführung notwendiger Aufgaben unaufschiebbar und

312 Art. 111 Abs. 2 GG und Art. 80 Abs. 2 LV.
313 Über Haushaltsausgabereste (§ 19 GemHVO) kann die Gemeinde in der Interimszeit in voller Höhe verfügen.
314 § 83 Abs. 3 GemO.
315 Ausgabeansätze oder Verpflichtungsermächtigungen.
316 So auch *Kunze/Bronner/Katz/v. Rotberg*, Rdnr. 15 zu § 83 GemO.
317 Ausgabeansätze oder Verpflichtungsermächtigungen.
318 Ist es ein Ausgabeansatz vom Vorjahr, bedarf es eines Haushaltsausgaberests. Verpflichtungsermächtigungen bedürfen dagegen keiner förmlichen Übertragung; sie gelten nach § 86 Abs. 3 GemO während der Interimszeit weiter.
319 Ausgabeansätze oder Verpflichtungsermächtigungen.
320 Ausgabeansätze oder Verpflichtungsermächtigungen.

damit nach 6.2.1 zulässig. Z.B. die unvorhersehbare, unaufschiebbare Ersatzbeschaffung eines Löschfahrzeugs.

6.2.3 Die Gemeinde darf Abgaben vorläufig nach den Sätzen des Vorjahres erheben. Diese Bestimmung des § 83 Abs. 1 Nr. 2 GemO ist nur für diejenigen Steuern von Bedeutung, deren Hebesätze in der Haushaltssatzung jährlich festgesetzt werden.[321] Für alle anderen Abgaben (Steuern, Beiträge, Gebühren) ergibt sich deren Höhe nicht aus der jährlichen Haushaltssatzung, sondern aus der zeitlich unbefristeten Abgabensatzung. Neben der Weitererhebung dieser öffentlich-rechtlichen Einnahmen ist die Gemeinde auch berechtigt und verpflichtet, ihr zustehende privatrechtliche Einnahmen wie Benutzungsentgelte, Verkaufserlöse, Mieten usw. rechtzeitig einzuziehen. Diese Einnahmen sind erforderlich zur Finanzierung der Ausgaben während der Interimszeit. **299**

6.2.4 Soweit die zur Verfügung stehenden Mittel nicht ausreichen, darf die Gemeinde Kassenkredite aufnehmen im Rahmen des Höchstbetrags in der Haushaltssatzung des Vorjahres (§ 89 Abs. 1 Satz 2 GemO). **300**

6.2.5 Die Gemeinde darf Kredite für Investitionen und Investitionshilfen aufnehmen, d.h. Kreditverträge abschließen, soweit die Kreditermächtigungen in den Haushaltssatzungen der beiden Vorjahre noch nicht ausgeschöpft sind (§ 87 Abs. 3 GemO). **301**

Es wird empfohlen, für Kreditermächtigungen – soweit sie im Jahr ihrer Veranschlagung nicht ausgeschöpft wurden, aber in den beiden folgenden Jahren noch ausgenützt werden sollen[322] – Haushaltseinnahmereste[323] zu bilden. Damit wird vermieden, dass die Solleinnahmen aus Kreditaufnahmen in einem Jahr höher sein können als der Gesamtbetrag in der Haushaltssatzung (es werden überplanmäßige Kreditaufnahmen vermieden).

6.2.6 Über die Kreditermächtigung der beiden Vorjahre hinaus darf die Gemeinde Kredite aufnehmen, soweit dies zur Fortsetzung der Investitionen und Investitionshilfen (nach 6.2.2) erforderlich ist. **302**

Dieser Vorgriff auf noch nicht erteilte Kreditermächtigungen ist jedoch nur zulässig

a) in begrenzter Höhe: bis zu einem Viertel des durchschnittlichen Betrages der Kreditermächtigungen für die beiden Vorjahre und

b) mit Genehmigung der Rechtsaufsichtsbehörde. Es handelt sich dabei um die Einzelgenehmigung zu jedem Kreditvertrag mit der Wirkung des § 117 Abs. 1 GemO.

321 Vgl. Rdnr. 191.
322 Zulässig nach § 87 Abs. 3 GemO.
323 § 41 Abs. 2 GemHVO i.V.m. § 46 Nr. 10 GemHVO.

Die Einschränkung bzw. Sicherung nach a) und b) ist erforderlich, um für die noch zu erlassende neue Haushaltssatzung nachteilige vollendete Tatsachen zu vermeiden. Außerdem soll damit erreicht werden, dass die Haushaltssatzung so rasch als möglich erlassen wird.

303 6.2.7 Die Gemeinde darf darüber hinaus Kredite umschulden, d.h. (ungünstigere) Kredite durch andere (günstigere) Kredite ablösen.

## 7. Berichtspflicht, haushaltswirtschaftliche Sperre, Sicherung der Finanzierung im Vermögenshaushalt

### 7.1 Berichtspflicht

304 7.1.1 Dem Gemeinderat ist der Erlass der Haushaltssatzung und damit die Festsetzung des in Einnahmen und Ausgaben ausgeglichenen Haushaltsplans vorbehalten (§ 39 Abs. 2 Nr. 14 i.V.m. § 81 Abs. 2 GemO). Es entspricht diesem sogenannten Etatrecht des Gemeinderats, dass er unverzüglich zu unterrichten ist, wenn erkennbar wird, dass

- der Haushaltsausgleich gefährdet ist. Diese Situation kann eintreten aufgrund von Mindereinnahmen und/oder Mehrausgaben sowohl im Verwaltungshaushalt als auch im Vermögenshaushalt. Die Unterrichtungspflicht nach § 28 GemHVO besteht auch, wenn der sich abzeichnende Fehlbetrag unerheblich ist. Droht ein Fehlbetrag in erheblichem Umfang und ist dieser nicht anders als durch eine Nachtragshaushaltssatzung zu vermeiden, so hat der Bürgermeister auch den Entwurf einer Nachtragshaushaltssatzung dem Gemeinderat vorzulegen, womit das Ungleichgewicht zwischen Einnahmen und Ausgaben beseitigt wird (§ 82 Abs. 2 Nr. 1 GemO);
- sich die Gesamtausgaben einer Maßnahme im Vermögenshaushalt wesentlich[324] erhöhen. Auch dieser Sachverhalt löst i.d.R. nicht nur die Beitragspflicht nach § 28 Nr. 2 GemHVO aus, sondern nötigt zur Bereitstellung weiterer Haushaltsmittel in einer Nachtragshaushaltssatzung oder zumindest zur Zustimmung zu einer überplanmäßigen Ausgabe nach § 84 Abs. 1 oder Abs. 2 GemO.

305 7.1.2 Die Unterrichtung des Gemeinderats hat unverzüglich zu erfolgen. Sie kann i.d.R. rascher geschehen als die weiteren haushaltsrechtlichen Maßnahmen (Nachtragshaushaltssatzung, Beschluss nach § 84 GemO). Die Unterrichtung ist dann nur eine Vorstufe zu diesen weiteren haushaltsrechtlichen Maßnahmen.

324 Vgl. *Müskens*, GH 1979, S. 249 Nr. 1.4.

### 7.2 Haushaltswirtschaftliche Sperre[325]

7.2.1 Primäres Ziel des §29 GemHVO ist die Sicherung des Haushaltsausgleichs beim Haushaltsvollzug und nicht die konjunkturpolitische Steuerung von Haushaltsausgaben. Ausgabeansätze und Verpflichtungsermächtigungen dürfen nur in Anspruch genommen (bewirtschaftet) werden, wenn der Haushaltsausgleich nicht gefährdet ist. Soweit und solange Wenigereinnahmen oder unaufschiebbare Mehrausgaben den Haushaltsausgleich bedrohen, sind die planmäßigen Ausgaben möglichst aufzuschieben, d.h. zeitweilig zu sperren. 306

Dadurch soll versucht werden, den Haushaltsausgleich auch bei ungünstiger Entwicklung noch ohne Nachtragssatzung zu erhalten oder den Wiederausgleich durch eine spätere Nachtragssatzung zu erleichtern (wenn sich z.B. das Ausmaß von Steuerausfällen oder Personalkostenerhöhungen noch nicht überblicken lässt).

7.2.2 Die Anwendung dieser Sperre ist begrenzt. Die meisten Ausgaben lassen sich nicht aufschieben und auch nicht strecken; gesetzliche oder vertragliche Verpflichtungen sind zu einem vorherbestimmten Termin zu erfüllen. Eine angespannte Haushaltssituation verschiebt die finanziellen Verpflichtungen der Gemeinde gegenüber ihren Gläubigern nicht. 307

Die haushaltswirtschaftliche Sperre kann nur interne Wirkung haben, wie auch der Haushaltsplan selbst keine Außenwirkung hat.[326]

Lässt sich trotz Aufschiebens von Haushaltsausgaben im Rahmen des Möglichen ein erheblicher Fehlbetrag nicht vermeiden, so muss eine Nachtragshaushaltssatzung nach §82 Abs.2 Nr.1 GemO erlassen werden.

Schließlich ist zu bedenken, dass – bei steigenden Preisen – aufgeschobene Aufträge und Bestellungen nicht billiger werden.

7.2.3 Ob und wann die Entwicklung der Einnahmen und Ausgaben eine hauswirtschaftliche Sperre erforderlich macht, kann i.d.R. nur vom Fachbeamten für das Finanzwesen[327] beurteilt werden. Er wird die Sperre deshalb zu gegebener Zeit dem Gemeinderat[328] vorschlagen, der sie dann beschließt oder durch andere Maßnahmen (z.B. Einnahmeerhöhungen) die Gefahr eines unausgeglichenen Haushalts beseitigt. 308

7.2.3.1 Welche Ausgabeansätze und Verpflichtungsermächtigungen sich ganz oder teilweise zur Sperrung eignen (vgl. 7.2.2), ist im Einvernehmen mit den bewirtschaftenden Dienststellen festzulegen. Die in Frage kommenden Haushaltsstellen und der Umfang der Sperre sollten festgelegt werden, da eine generelle Sperre („alles, was aufgeschoben werden 309

325 Vgl. *Fick*, GH 1978, S.234.
326 §80 Abs.3 letzter Satz GemO.
327 §116 GemO und Rdnrn. 409ff.
328 Die Entscheidung über eine haushaltswirtschaftliche Sperre ist kein Geschäft der laufenden Verwaltung i.S. von §44 Abs.2 GemO.

kann") kaum die erwünschte Wirkung haben dürfte. Eine unterschiedliche Auslegung durch die Bewirtschaftenden wäre ebenfalls zu erwarten. Durch die haushaltswirtschaftliche Sperre werden die Ansätze des Haushaltsplans nicht aufgehoben, lediglich die Inanspruchnahme wird (zeitlich) aufgeschoben.

310 7.2.3.2 Für den Fall, dass eine beschlossene Sperre nicht eingehalten werden kann, wird man dennoch Ausgaben und Verpflichtungen zulassen müssen. Diese Ausnahme sollte aber nur mit Zustimmung des Bürgermeisters oder des Fachbeamten für das Finanzwesen möglich sein, um ein Unterlaufen der Sperre zu vermeiden.

311 7.2.3.3 Die Sperre ist vom Gemeinderat oder dem von ihm ermächtigten Bürgermeister oder Fachbeamten für das Finanzwesen wieder aufzuheben, sobald sich die Haushaltssituation wieder normalisiert hat, d.h. sobald der Haushaltsausgleich nicht mehr gefährdet bzw. durch eine Nachtragssatzung wiederhergestellt ist.

Die zeitliche Begrenzung der Sperre von vornherein ist kaum möglich, da nicht abzusehen ist, wie lange sie notwendig sein wird.

312 7.2.4 Die haushaltswirtschaftliche Sperre nach §29 GemHVO ist in der Haushaltssatzung oder im Haushaltsplan selbst nicht vorgesehen. Die Notwendigkeit dazu ergibt sich erst nach der Verabschiedung der Haushaltssatzung durch den Gemeinderat, d.h. beim Haushaltsvollzug.

Von dieser nachträglichen hauswirtschaftlichen Sperre von Ausgabeansätzen und Verpflichtungsermächtigungen ist zu unterscheiden die Sperre durch Planvermerk (Haushaltsvermerk[329]) im Haushaltsplan selbst – oder in der Haushaltssatzung nach §79 Abs.2 letzter Satz GemO sowie die globale Minderausgabe nach §22 Abs.4 GemHVO. In diesen Fällen erfolgt die Sperre von Anfang an – sie wird nicht erst im Laufe des Haushaltsjahres erforderlich. Der Gemeinderat hat in der Haushaltssatzung oder im Haushaltsplan festzulegen, ob er sich die Aufhebung der Sperre vorbehält, oder ob er die Entscheidung darüber dem Bürgermeister oder Fachbeamten für das Finanzwesen überträgt.

### 7.3 Sicherung der Finanzierung im Vermögenshaushalt

#### 7.3.1 Frühere Regelung

313 Das kommunale Haushaltsrecht hat schon immer der Sicherstellung der Finanzierung von Investitionen erhebliche Bedeutung beigemessen. So streng wie früher ist das jetzige Recht (seit 1974) allerdings nicht. Es verlangt nicht mehr, dass bei Beginn einer Investition (z.B. Baumaßnahme) die Finanzierung der gesamten Maßnahme – oder eines zweckmäßigen Abschnitts – gewährleistet sein muss. Im Hinblick auf die Gesamtde-

329 §46 Nr.11 GemHVO.

ckung jetzt auch im Vermögenshaushalt[330] wäre ein solcher Nachweis gar nicht mehr möglich. Die Einnahmen des Vermögenshaushalts dienen grundsätzlich der Finanzierung aller Ausgaben des Vermögenshaushalts und sind nicht auf bestimmte Maßnahmen beschränkt.

#### 7.3.2 Das geltende Recht (§ 27 GemHVO)

Das geltende Recht verlangt nur noch, dass über Ausgabeansätze des Vermögenshaushalts nur in dem Maße verfügt werden darf, als Deckungsmittel rechtzeitig bereitgestellt werden können. Zum Zeitpunkt der Bewirtschaftung[331] eines Ausgabeansatzes im Vermögenshaushalt muss damit gerechnet werden können, dass für die Ausgabe Deckungsmittel in der erforderlichen Höhe rechtzeitig zur Verfügung stehen. Die Gemeinde muss einen tatsächlich und rechtlich gesicherten Anspruch haben.[332] Dabei dienen im Rahmen der Gesamtdeckung sämtliche Einnahmen zur Deckung sämtlicher Ausgaben. Das bedeutet, dass auf den Gleichschritt sämtlicher Einnahmen und Ausgaben des Vermögenshaushalts zu achten ist. Diesem Ziel dient schon bei der Veranschlagung der Grundsatz der Kassenwirksamkeit, das heißt, es dürfen nur die Einnahmen und Ausgaben veranschlagt werden, die im betreffenden Haushaltsjahr voraussichtlich eingehen bzw. geleistet werden. Verpflichtungsermächtigungen sind keine Ausgabeansätze, die mit Einnahmen desselben Jahres abzudecken sind; auf sie findet deshalb § 27 Abs. 1 GemHVO keine Anwendung. **314**

#### 7.3.3 Vorrang begonnener Maßnahmen

Bei der Bewirtschaftung der Ausgabeansätze im Vermögenshaushalt genießen bereits begonnene Maßnahmen Vorrang vor neu anlaufenden Projekten. Schon laufende Investitionen sind primär weiterzuführen und fertig zu stellen, um unwirtschaftliche Unterbrechungen und Stilllegungen von Baustellen zu vermeiden. Neue Maßnahmen dürfen erst begonnen, das heißt erst Bauaufträge erteilt werden, wenn die Entwicklung der Einnahmen dies neben Weiterführung der laufenden Maßnahmen erlaubt. **315**

#### 7.3.4 Voraussetzungen für die rechtzeitige Bereitstellung von Einnahmen

##### 7.3.4.1 Spezielle Deckungsmittel

Hier handelt es sich um diejenigen Einnahmen des Vermögenshaushalts, die im Haushaltsplan und in der Haushaltsrechnung demjenigen Abschnitt oder Unterabschnitt zugeordnet werden, dem sie nach ihrem Entstehungsgrund zugehören.[333] **316**

330 Vgl. Rdnr. 152ff.
331 Vgl. Rdnr. 243.
332 So auch *Depiereux*, S. 145.
333 Vgl. Abschnitt 2.5.3 der VwV Gliederung und Gruppierung (VSV 6306).

a) Rückflüsse aus Darlehen (Gruppe 23) können in dem Haushaltsjahr als gesichert betrachtet werden, in dem sie nach dem Darlehensvertrag fällig werden. Mit Ausfällen muss in der Regel nicht gerechnet werden, da Darlehen aus Mitteln des Vermögenshaushalts (nur zur Erfüllung einer Gemeindeaufgabe)[334] in der Regel ausreichend abgesichert sind.

b) Rückflüsse aus Beteiligungen und Kapitaleinlagen (Gruppe 33)

   Der Rückfluss kann geschehen durch die Veräußerung einer Beteiligung, die Auflösung eines Zweckverbandes oder die Entnahme aus Sondervermögen (z.B. aus dem Eigenkapital eines Eigenbetriebs). Die Veräußerungserlöse aus einer Beteiligung sind erst mit dem Abschluss des Veräußerungsgeschäfts gesichert. Selbst beim Verkauf börsenfähiger Aktien steht der Verkaufserlös erst mit dem Verkauf fest; eine Vorausschätzung ist wegen der teilweise erheblich schwankenden Aktienkurse schwierig.

c) Erlöse aus der Veräußerung von Anlagevermögen (Gruppe 34)

   Grundstückserlöse sind gesichert mit dem Abschluss des Vertrags und – soweit erforderlich – nach erteilter Genehmigung der Rechtsaufsichtsbehörde.[335] Anstelle eines Grundstücksveräußerungsvertrags nach §313 BGB genügt ein Vorvertrag, wenn sich daraus Höhe und Fälligkeit des Kaufpreises in etwa bestimmen lassen. In der Praxis sind Vorverträge aber selten. Erlöse aus dem Verkauf beweglicher Sachen des Anlagevermögens sind rechtlich ebenfalls erst mit ihrem Verkauf gesichert. Von ihrer Bedeutung (Höhe) her spielen sie aber für die Sicherung der Finanzierung in der Regel keine erhebliche Rolle und brauchen deshalb bei der Verfügung über Ausgabeansätze des Vermögenshaushalts nicht im Einzelnen untersucht zu werden.

d) Beiträge und ähnliche Entgelte (Gruppe 35)

   In diese Einnahmegruppe fallen hauptsächlich die Erschließungsbeiträge und die Abwasserbeiträge. Diese stehen als Deckungsmittel bereit, sobald sie nach Gesetz und Satzung entstanden und fällig geworden sind. Auf die gesetzlichen und satzungsmäßigen Möglichkeiten, Entstehung und Fälligkeit vorzuverlegen, wird verwiesen.[336]

e) Zuweisungen und Zuschüsse für Investitionen und Investitionsförderungsmaßnahmen (Gruppe 36)

334 Vgl. §46 Nr.2e GemHVO. Darlehen sind keine Geldanlagen i.S. von §46 Nr.9 GemHVO.
335 Vgl. §92 Abs.4 und 5 GemO.
336 Bei Erschließungsbeitrag durch Kostenspaltung nach §127 Abs.3 i.V.m. §133 Abs.2 BauGB sowie durch Vorausleistungen und Ablösung nach §133 Abs.3 BauGB. Vgl. auch GH 1982, S.107 und KStZ 1983, S.26. Für den Abwasserbeitrag vgl. §10 Abs.5–7 und 9 KAG.

Hier kommen vor allem die Investitionszuweisungen von Bund, Land und Landkreis sowie private Zuschüsse (z.B. Spenden) für Investitionen in Betracht.[337]

Die Investitionszuweisungen aus öffentlichen Haushalten (auch Staatszuschüsse genannt) sind für die empfangende Gemeinde erst gesichert, wenn eine verbindliche Zusage (Bewilligungsbescheid) vorliegt. Erst dann kann davon ausgegangen werden, dass sie als Deckungsmittel rechtzeitig für die geförderte Investitionsmaßnahme zur Verfügung stehen. Vor Beginn[338] einer Baumaßnahme, für die eine Investitionszuweisung erwartet wird (beantragt wurde), muss ein schriftlicher Bewilligungsbescheid vorliegen. In der darin genannten Höhe wird das Land (der Bund, der Landkreis) Haushaltsmittel zur Förderung des Projekts bereitstellen. Zuwendungen zur Projektförderung bewilligen Bund und Land grundsätzlich nur für noch nicht begonnene Vorhaben.

Die Erklärung einer staatlichen Bewilligungsstelle, der vorherige Beginn eines Vorhabens wirke sich ausnahmsweise nicht schädlich auf die spätere Bewilligung der Zuweisung aus (sogenannte Unschädlichkeitsbescheinigung), ist nicht die Zusage einer Zuweisung. Durch diese schriftliche Erklärung – auch Freigabe des vorzeitigen Baubeginns genannt – werden lediglich die Nachteile vermieden, die der Gemeinde sonst durch den Beginn[339] des Vorhabens vor der Bewilligung der Zuweisung entstehen würden. Ob und in welcher Höhe die Gemeinde eine Investitionshilfe erhält, sagt die Unschädlichkeitsbescheinigung nicht.

Unschädlichkeitsbescheinigungen (auch Unbedenklichkeitsbescheinigungen genannt) dürfen nur im Rahmen der haushaltsrechtlichen Bewilligungen (im Staatshaushaltsplan) nach der fachtechnischen Prüfung durch einen Teil-, Vor- oder Zwischenbescheid erteilt werden.[340]

Für Investitionen, die im Haushaltsplan der Gemeinde zwar veranschlagt sind, aber noch nicht begonnen werden, müssen Zuwendungen durch Bewilligungsbescheid erst bei Beginn des Vorhabens gesichert sein (nicht schon bei ihrer Voranschlagung).

#### 7.3.4.2 Allgemeine Deckungsmittel

Das sind solche Einnahmen, die – im Gegensatz zu den speziellen Deckungsmitteln – nicht den Abschnitten oder Unterabschnitten der Einzelpläne 0–8 zuzuordnen sind, sondern dem Einzelplan 9.[341] **317**

337 Nicht dagegen die Investitionspauschale nach § 4 FAG. Diese ist nicht im VmH zu vereinnahmen. Sie ist eine Einnahme des VwH zur Stärkung von dessen Investitionskraft (Gruppierungsziffer 041).

338 Vorbereitungsmaßnahmen wie Bauwettbewerb, technische Planung und auch der Grunderwerb sind noch nicht Baubeginn.

339 Vgl. Nr. 1.2 der Anlage zu den VV zu § 44 LHO (VSV 6302-1).

340 Vgl. 1.2.2 der VV zu § 44 LHO (VSV 6302-1).

341 Vgl. Abschnitt 2.5.3 der VwV Gliederung und Gruppierung (VSV 6306).

a) Die Zuführung vom Verwaltungshaushalt (Gruppe 30) stellt für den Vermögenshaushalt so lange eine sichere Einnahme dar, als diese Zuführungen in einem echt ausgeglichenen Haushaltsplan veranschlagt ist. Da der gefährdete Haushaltsausgleich nach §82 Abs. 2 Nr. 1 GemO unverzüglich durch eine Nachtragshaushaltssatzung wiederherzustellen ist (falls ein erheblicher Fehlbetrag droht), kann davon ausgegangen werden, dass der Verwaltungshaushalt die veranschlagte Zuführung auch noch am Jahresende aufbringen kann.

   Diese Sicherung durch Nachtragssatzung ist allerdings keine vollständige. Entsteht nur ein unerheblicher Fehlbetrag, ist eine Nachtragssatzung nicht zwingend vorgeschrieben. In diesem Umfang kann dann die tatsächliche Zuführung hinter dem Ansatz zurückbleiben und im Vermögenshaushalt zu einem (unerheblichen) Fehlbetrag führen. Diesen unerheblichen Fehlbetrag nimmt §82 Abs. 2 Nr. 1 GemO ausdrücklich in Kauf.

b) Rücklagenentnahme (Gruppe 31)

   Die Entnahme aus der dafür in Frage kommenden allgemeinen Rücklage ist dann gesichert, wenn diese Rücklagen um den zu entnehmenden Betrag höher ist als ihr Mindestbetrag nach §20 Abs. 2 GemHVO. Außerdem dürfen die Teile der allgemeinen Rücklagen, die zur Tilgung von Gesamtbetragskrediten (§20 Abs. 3 Nr. 1 GemHVO) oder zur Absicherung von Bürgschaften, Gewährverträgen u.ä. Risiken (§20 Abs. 3 Nr. 2 GemHVO) angesammelt wurden, nur für diese Zwecke entnommen werden. Diese Rücklageteile stehen nicht für andere Zwecke des Vermögenshaushalts – insbesondere nicht für Investitionen – zur Verfügung, solange ihr Zweck fortdauert.

c) Kreditaufnahme und innere Darlehen (Gruppe 37)

   Innere Darlehen[342] können als Deckungsmittel dann rechtzeitig bereitgestellt werden, wenn die vorübergehend zu beanspruchenden Mittel (Sonderrücklagen, Sondervermögen ohne Sonderrechnung) vorhanden und greifbar angelegt sind.

   Kredite[343] sind als Deckungsmittel gesichert mit dem Abschluss eines Kreditvertrags (Unterzeichnung eines Schuldscheins) und – falls erforderlich – nach Erteilung der Einzelgenehmigung entsprechend §87 Abs. 4 GemO. Ob schon vor Vertragsabschluss mit der rechtzeitigen Bereitstellung eines Kredits gerechnet werden kann, wird nicht einheitlich beurteilt. Man wird dies bejahen können, wenn ein leistungsfähiges Kreditinstitut sich bereit erklärt, den Kreditbetrag spätestens bis zum Ablauf der Kreditermächtigung (§87 Abs. 3 GemO) bereitzu-

342 Vgl. §46 Nr. 12 GemHVO.
343 Vgl. §46 Nr. 18 GemHVO.

stellen. Solche schriftlichen Kreditzusagen vor Abschluss des Kreditvertrags sind in der Praxis aber nicht generell üblich. Ohne Kreditvertrag und vorhergehende Kreditzusage kann mit der Bereitstellung von Krediten wohl nur gerechnet werden, wenn dies nach Lage am Kreditmarkt kein Finanzierungsrisiko darstellt. In Zeiten knapper und teurer Kredite ist ein solches Risiko für größere Beträge mit den Grundsätzen einer geordneten Haushaltswirtschaft nicht vereinbar.

#### 7.3.4.3 Bereitstellung und Eingang von Deckungsmitteln

a) Bei der Verfügung über Ausgabesätze des Vermögenshaushalts muss die Bereitstellung der entsprechenden Deckungsmittel gesichert sein. Die dazu erforderlichen Voraussetzungen sind bei 7.3.4.1 und 7.3.4.2 für die einzelnen Deckungsmittel dargestellt. **318**

Nicht erforderlich ist, dass die Deckungsmittel bei der Verfügung über die Ausgabeansätze schon eingegangen, d.h. schon zu Kassenmitteln geworden sind. Die Verfügung über Ausgabeansätze (z.B. die Vergabe von Bauaufträgen) führt ja auch erst später zu kassenmäßigen Ausgaben.

b) Rechtzeitige Bereitstellung von Deckungsmitteln erfordert deshalb nur, dass diese etwa zum Zeitpunkt des kassenmäßigen Bedarfs, d.h. im Haushaltsjahr der kassenmäßigen Ausgaben, eingehen. Nicht selten kommt es aber vor – z.B. bei Investitionszuwendungen –, dass sie erst im Jahr nach der Ausgabe fällig werden und eingehen. Aus diesem Grunde lässt es § 41 Abs. 2 GemHVO zu, dass Investitionszuweisungen und -zuschüsse, Beiträge und Kredite als Haushaltseinnahmereste übertragen werden können, wenn ihr Eingang im nächsten Jahr gesichert ist. Daraus ist zu schließen, dass die genannten Einnahmen auch dann noch rechtzeitig bereitstehen, wenn sie erst im Jahr nach der Veranschlagung fällig werden.

Alle anderen Deckungsmittel des Vermögenshaushalts, nämlich die Zuführung vom Verwaltungshaushalt, Rückflüsse aus Darlehen, Beteiligungen und Kapitaleinlagen, Veräußerungserlöse aus Anlagevermögen, Entnahmen aus Rücklagen und innere Darlehen gelten nur dann als rechtzeitig bereitgestellt, wenn sie im Jahr der Veranschlagung eingehen. Ist dies nicht der Fall, dürfen sie – nach dem Grundsatz der Kassenwirksamkeit – schon gar nicht veranschlagt werden.

c) Kassenmäßig ist die Zeitdifferenz zwischen Ausgabe und späterer Einnahme erforderlichenfalls durch eine Kassenverstärkung zu überbrücken. Dafür kommt in erster Linie die Abhebung von Geldanlagen in Frage, z.B. aus der angelegten allgemeinen Rücklage. Der Mindestbetrag der allgemeinen Rücklage ist ja zum Zwecke der Kassenverstärkung angesammelt (§ 20 Abs. 2 GemHVO). Reicht diese Kassenverstärkung aus eigenen Mitteln nicht aus, müssen Kassenkredite (§ 89 GemO) aufgenommen werden.

#### 7.3.5 Absicherung in der Finanzplanung

319 Damit begonnene Investitionen über das erste Haushaltsjahr hinaus fortgesetzt werden können – sogenannte Mehrjahresmaßnahmen –, sind sie für die folgenden Jahre in das Investitionsprogramm und damit in die mittelfristige Finanzplanung der Gemeinde aufzunehmen. Auch mittelfristig haben begonnene Maßnahmen Vorrang vor neuen Investitionen.

#### 7.3.6 Ungedeckte Ausgaben im Vermögenshaushalt

320 a) Ziel des § 27 GemHVO ist es, den Haushaltsausgleich auch beim Vollzug des Vermögenshaushalts zu sichern und die Gemeindekasse vor Liquiditätsschwierigkeiten weitgehend zu schützen. Aus diesen Gründen verquickt auch das neue Haushaltsrecht die Bewirtschaftung der Ausgabeansätze mit der Sicherung der Deckungsmittel.

b) An anderer Stelle lässt das kommunale Haushaltsrecht aber Ausgaben im Vermögenshaushalt zu, die noch nicht gedeckt sein müssen. Nach § 84 Abs. 2 GemO sind selbst erhebliche überplanmäßige Ausgaben für Investitionen zulässig[344] – mit Zustimmung des Gemeinderats, aber ohne Nachtragshaushaltssatzung –, wenn ihre Deckung erst im folgenden Jahr gewährleistet ist. Solche Fehlbeträge (die im folgenden Jahr abzudecken sind)[345] müssen deshalb auch bei der Verfügung über Ausgabeansätze des Vermögenshaushalts in Kauf genommen werden können. § 84 Abs. 2 GemO lässt somit eine Ausnahme von § 27 Abs. 1 GemHVO zu. Diese Ausnahme gilt aber nur insoweit, als überplanmäßige Ausgaben[346] entstehen, d.h. für Investitionen, für die der Haushaltsplan schon einen Ausgabeansatz enthält. Für neue Investitionen, für die der Haushaltsplan noch keinen Ausgabeansatz aufweist, sind außerplanmäßige Ausgaben nach § 84 Abs. 2 GemO nicht zulässig. Auch hier kommt der Vorrang bereits begonnener, im Haushaltsplan schon anfinanzierter Maßnahmen vor neuen, im Haushaltsplan noch nicht enthaltenen Investitionen zum Ausdruck.

## 8. Jahresrechnung

321 Die Jahresrechnung, bestehend aus kassenmäßigem Abschluss, Haushaltsrechnung und Vermögensrechnung, zeigt den zahlenmäßigen Vollzug des Haushaltsplans. Aus ihr wird deutlich, inwieweit die Jahresergebnisse von den Haushaltsansätzen abweichen, inwieweit die

344 Vgl. Rdnrn. 276 und 295.
345 Vgl. § 23 Satz 2 GemHVO.
346 Vgl. § 46 Nr. 24 GemHVO.

Haushaltseinnahmen zur Deckung der Haushaltsausgaben ausgereicht haben (Deckungsergebnis) und welche Auswirkungen die vermögenswirksamen Einnahmen und Ausgaben (des Vermögenshaushalts) auf das Vermögen der Gemeinde haben.

Zu Einzelheiten vgl. Teil I, Rechnungswesen (Rdnrn. 1132 ff.).

## 9. Haftung bei Verstoß gegen haushaltsrechtliche Vorschriften

### 9.1 Rechtsgrundlage

Das kommunale Wirtschaftsrecht enthält keine speziellen Haftungsbe- 322
stimmungen mehr. Entsteht der Gemeinde (GV) aus der schuldhaften Verletzung des Haushaltsrechts ein Schaden, so haftet ihr der dafür verantwortliche Bedienstete nach den allgemeinen Haftungsvorschriften. Für Beamte ist dies § 96 LBG. Auch auf Angestellte nach dem Bundesangestelltentarifvertrag (BAT) ist diese beamtenrechtliche Regelung über die Haftung im Innenverhältnis anzuwenden (§ 14 BAT). Für andere Angestellte und Arbeiter gilt § 276 BGB mit der umfangreichen Rechtsprechung dazu.

### 9.2 Anwendungsfälle

Verstöße gegen haushaltsrechtliche Vorschriften, die im Schadensfall zu 323
einer Haftung führen können, sind z.B.:

9.2.1 das Eingehen von Verbindlichkeiten ohne haushaltsmäßige Deckung oder ohne Verpflichtungsermächtigung;[347]

9.2.2 die Erteilung von Auszahlungsanordnungen, ohne dass die erforderlichen Haushaltsmittel bereitstehen;

9.2.3 die Leistungen einer Ausgabe ohne Auszahlungsanordnung;

9.2.4 das Unterlassen von Maßnahmen zur rechtzeitigen Geltendmachung bzw. zum Einzug von Einnahmen;

9.2.5 die Geldanlage ohne ausreichende Sicherheit.

Keine Amtspflichtverletzung und damit keine Ersatzpflicht nach § 96 LBG liegt vor, wenn der Beamte (Angestellte) im Interesse der Gemeinde sofort handeln musste, dabei nicht über das gebotene Maß hinausging und unverzüglich die erforderliche Genehmigung beantragt hat.

### 9.3 Verfahren

Die Verfolgung von Ersatzansprüchen erfolgt im Wege der gerichtlichen 324
Klage. Hat ein Bediensteter einen Fehlbestand am öffentlichen Vermö-

347 Vgl. Die Gemeindekasse 1978/139 und 140: Haftung und Schadensersatzpflicht bei Haushaltsüberschreitungen.

gen verschuldet (Kassenverluste, andere Vermögensschäden), so kann der Dienstherr (die Gemeinde) die Schadenersatzansprüche außergerichtlich in einem beschleunigten Verfahren, dem sog. Erstattungsverfahren, geltend machen. Vgl. das Gesetz über das Verfahren für die Erstattung von Fehlbeträgen am öffentlichen Vermögen vom 18.4. 1937 i.d.F. vom 24.1. 1951 (BGBl. I S.109), das als Landesrecht für die Länder und Gemeinden weitergilt (mit DVO und Ausführungsanweisung für die Gemeinden/GV).

## VI. Die kommunale Finanzplanung

### 1. Begriff

325 Der Finanzplan ist ein mittelfristiges Arbeitsprogramm der Exekutive (Gemeinderat und Verwaltung) in Form eines mehrjährigen Rahmenprogramms für die künftige Haushaltsführung.[348]

Aus der angestrebten und erwarteten Entwicklung des Bruttosozialprodukts u.a. gesamtwirtschaftlicher Daten für die nächste übersehbare Zukunft und den örtlichen Entwicklungstendenzen ermittelt der Finanzplan den voraussichtlichen Finanzbedarf und dessen Deckungsmöglichkeiten.

### 2. Sinn und Zweck

326 der mehrjährigen Finanzplanung ist es, die öffentliche Haushaltswirtschaft in einen längerfristigen Rahmen einzuordnen und sie dadurch von Einjahreszufälligkeiten zu lösen. Es soll ein Überblick über größere Zusammenhänge und längerfristige Entwicklungen erreicht werden.[349]

#### 2.1 Kontinuierliche Haushaltswirtschaft

327 Die Finanzplanung ermöglicht dadurch eine kontinuierliche Haushaltswirtschaft über das relativ kurze Haushaltsjahr hinaus und damit eine Konzentration der knappen Finanzmittel auf die vordringlichsten Aufgaben (Setzen von Prioritäten). Haushaltspolitische Entscheidungen des Gemeinderats (vor allem anlässlich der Haushaltsplanberatungen) erleichtert die mittelfristige Finanzplanung, indem sie die Wirkungen auf den Haushaltsausgleich für einen längeren Zeitraum aufzeigt. In diesen mittelfristigen Haushaltsausgleich sind auch die Vorausbelastungen aus den Verpflichtungsermächtigungen einzubeziehen.

348 So das Gutachten der sog. Troeger-Kommission.
349 Vgl. auch *Seeger*, Bedeutung und Zweck der Gemeindeentwicklungsplanung, BWGZ 1975, S.186.

### 2.2 Antizyklische Finanzpolitik

Die Finanzplanung ist eine wichtige Grundlage für die antizyklische Finanzpolitik der öffentlichen Hand, indem sie ein Raffen bzw. Strecken bestimmter öffentlicher Ausgaben (vor allem der Investitionsausgaben) erleichtert. Zu diesem Zweck gibt der Finanzplanungsrat (§51 HGrG)[350] Grundannahmen (Orientierungsdaten) über die voraussichtliche Entwicklung des Bruttosozialprodukts und der öffentlichen Haushalte von Bund, Ländern und Gemeinde (GV) bekannt. Mit diesen Grundannahmen erteilt der Finanzplanungsrat Empfehlungen für eine Koordinierung der Finanzplanung von Bund, Ländern und Gemeinden (GV). Dabei sollen die vom Konjunkturrat (§18 StWG[351]) für erforderlich gehaltenen Stabilitätsmaßnahmen berücksichtigt werden. **328**

## 3. Rechtsgrundlagen, Verpflichtung zur Finanzplanung

Rechtsgrundlagen sind §85 GemO, §24 GemHVO und Abschnitt 3 der VwV Gliederung und Gruppierung (VSV 6306). Danach sind sämtliche Gemeinden, Landkreise und Zweckverbände seit 1974 zur Finanzplanung verpflichtet. **329**

Auch für das kommunale Krankenhaus ist ein besonderer Finanzplan mit Investitionsprogramm aufzustellen. Dies sind Bestandteile der Finanzplanung für den Haushalt der Gemeinde.[352]

Befreiungsmöglichkeiten bestehen nur für Sonder- und Treuhandvermögen nach §99 GemO i.V.m. §45 Abs.2 GemHVO.

Die Finanzplanung kann ihre gesamtwirtschaftliche, konjunkturpolitische Funktion nur erfüllen, wenn die öffentlichen Haushalte vollständig einbezogen werden. Deshalb sind auch Bund und Länder zur mittelfristigen Finanzplanung verpflichtet.[353]

## 4. Einordnung in die kommunale Gesamtplanung

### 4.1 Gegenstand und Ziel

Gegenstand aller kommunaler Planungen ist die voraussichtliche Entwicklung der Gemeinde. **330**

Ziel dieser Planungen ist die positive Beeinflussung der Gemeindeentwicklung in Richtung auf eine Nutzenmaximierung in allen privaten und öffentlichen Lebensbereichen wie Wohnen, Arbeiten, Bildung, Freizeit, Versorgung, Umweltprobleme.

350 Vgl. VSV 6300.
351 Vgl. VSV 7073.
352 Vgl. §5 KrHRVO (VSV 6414) und Anlagen 20 zur VwV Gliederung und Gruppierung (VSV 6306).
353 Vgl. Art. 109 GG, §§9, 10 und 14 StWG sowie §§50 und 51 HGrG.

Zu dieser Gesamtplanung gehören vom Umfang her nicht nur die städtebauliche Ordnung, sondern auch alle anderen Aufgabenbereiche wie öffentliche Sicherheit und Ordnung, Schulen, kulturelle Einrichtungen, Altenheime, Krankenhäuser, Einrichtungen der Jugendhilfe, Sportstätten, Versorgungs- und Entsorgungseinrichtungen usw.

### 4.2 Einteilung in Planungsbereiche

**331** 4.2.1 Die Grundsatzplanung ist der Teil der Gesamtplanung der Gemeinde, der sich auf die kommunalen Zielsetzungen bezieht und den gesamten kommunalen Aufgabenbereich umfasst. Dieser Gesamtplan stellt den Handlungsrahmen der Gemeinde dar, eingebettet in die überörtliche Planung, bestehend aus dem Landesentwicklungsplan und dem Regionalplan (§ 8–11 des Landesplanungsgesetzes) sowie den Planungen des Landkreises – so genannte vertikale Integration.

Durch diesen Einbau in die überörtliche Planung werden Fehlentwicklungen (z.B. Fehlinvestitionen) ebenso vermieden wie Nachteile bei der staatlichen Förderung kommunaler Investitionen.

Die Aufteilung der Grundsatzplanung in Gemeindeentwicklungsplanung als Programm aller zukünftigen administrativen Maßnahmen, in Querschnittsplanungen (Flächennutzungsplan, Bedarfspläne, Organisationsplan, Finanzplan) und in die Fachplanung (Bebauungsplan, Verkehrsplan, Schulentwicklungsplan, Sozialplan usw.) soll hier nur angedeutet werden.

Die mittelfristige Finanzplanung als Teil der Grundsatzplanung gehört teils zu den Querschnittsplanungen (als ressortübergreifende Planungsart), teils zu den Fachplanungen (vor allem im Finanzierungsteil).

**332** 4.2.2 Die Ausführungsplanung (Detailplanung) umfasst die Maßnahmen und Mittel zur Ausführung der generellen Planung. Im finanziellen Bereich ist es der Haushaltsplan als eine der ältesten Planungen im kommunalen Bereich überhaupt.

### 4.3 Verknüpfung der Planungen[354]

**333** Die Wechselbeziehungen zwischen den verschiedenen Planungen nach 4.2 machen es erforderlich, dass die Planungsziele des Gemeindeentwicklungsplanes sowie die daraus resultierenden Querschnittsplanungen und Fachplanungen aufeinander abgestimmt werden. Diese horizontale Integration besteht z.B. in der Verknüpfung der Planungsfaktoren Bedarf (Aufgabenerfüllung) und der Finanzierungsmöglichkeiten. Die Finanzplanung koordiniert mittelfristig die verschiedenen Planungen zu einem finanziell realisierbaren Gesamtprogramm.

354 Vgl. Bericht Nr. 20/1975 der KGSt, betr. organisatorische Verknüpfung der mittelfristigen Finanzplanung mit der kommunalen Entwicklungsplanung.

Die Finanzplanungen der Gemeinde müssen demnach auf der (bedarfsbezogenen) Querschnitts- und Fachplanung aufbauen; sie dürfen nicht im „luftleeren Raum" hängen und damit orientierungslos sein. Bedarfsbezogene Querschnitts- und Fachplanung (Flächennutzungsplan, Verkehrsplan, Versorgungsanlagen, Entsorgungsplan, Schulentwicklungsplan, Altenplan usw.) muss andererseits nicht nur auf den Bedarf, sondern auch auf die finanziellen Möglichkeiten, also auf die Finanzplanung, Rücksicht nehmen.[355]

Eine Fachplanung, die finanziell nicht realisierbar ist, ist keine Planung, sondern Utopie, die der gesunden Entwicklung der Gemeinde nicht dient, sondern sie stört. Finanziell nicht realisierbare Bebauungspläne sind rechtswidrig.[356]

### 4.4 Verhältnis der Finanzplanung zum Haushaltsplan

#### 4.4.1 Kurzfristige Finanzplanung

Das ist der jährliche Haushaltsplan und die jährliche Haushaltssatzung. **334**
In ihr wird die Haushaltswirtschaft des betreffenden Jahres verbindlich festgelegt, im Falle eines Doppelhaushalts für zweimal ein Jahr.

#### 4.4.2 Mittelfristige Finanzplanung

Die mittelfristige Finanzplanung will die Mängel aus der Kurzfristigkeit **335**
der einjährigen (allenfalls zweijährigen) Haushaltsplanung beseitigen. Sie gibt den Rahmen ab, in dem sich die künftigen Haushaltspläne bewegen sollen. Sie unterscheidet sich von den Haushaltsplänen nicht nur durch den Planungszeitraum, sondern auch durch den Grad ihrer Verbindlichkeit. Die Finanzplanung ist Grundlage und Rahmen für die künftigen Haushaltspläne (sachliche Verzahnung beider Planungen). Die Finanzplanung soll den Haushaltsausgleich mittelfristig sichern und damit die kommunale Aufgabenerfüllung (§ 77 GemO). Eine verbindliche Festlegung der Haushaltswirtschaft erfolgt aber nach dem Grundsatz der Jährlichkeit erst in den Haushaltsplänen. Eine interne Verbindlichkeit (Bindung der Verwaltung) kommt dem Investitionsprogramm als Teil der mittelfristigen Finanzplanung dann zu, wenn dieses vom Gemeinderat festgestellt – und nicht nur zur Kenntnis genommen wird. Die zeitliche Synchronisierung zwischen Finanzplan und Haushaltsplan geschieht durch die gleichzeitige Erstellung beider Pläne. Die bei der Aufstellung der mittelfristigen Finanzplanung zu beachtenden Grundsätze sind unter Rdnrn. 337–345 aufgeführt.

355 Dies ist allerdings zeitlich nur beschränkt möglich, weil die bedarfsbezogene Planung eine langfristige Planung, die Finanzplanung aber nur eine mittelfristige Planung ist.
356 Urteil des OVG Lüneburg vom 13.12. 1966 – OVG A 147/64, vgl. Die Fundstelle 1968/16.

#### 4.4.3 Langfristige Finanzierungsüberlegungen

336 Zu umfassenden langfristigen Finanzplänen sind die Gemeinden nicht verpflichtet. Je längerfristig Finanzplanungen aufgestellt werden, umso größer wird das Planungsrisiko.

Wo langfristige Finanzperspektiven erarbeitet werden (vor allem von größeren Gemeinden und im staatlichen Bereich), steht i.d.R. die Ermittlung des Finanzbedarfs im Vordergrund. Die Finanzierung wird i.d.R. ausgenommen. Ebenso fehlen gesamtwirtschaftliche Bezüge.

## 5. Grundsätze für die mittelfristige Finanzplanung

### 5.1 Finanzplanungszeitraum

337 Der Finanzplanungszeitraum umfasst fünf Jahre. Das erste Jahr der Finanzplanung ist das laufende Haushaltsjahr (§ 85 Abs. 1 GemO).

Beispiel:
Der als Anlage zum Haushaltsplan 2002 im Herbst 2001aufzustellende Finanzplan umfasst das zu diesem Zeitpunkt laufende Haushaltsjahr 2001(Plansätze einschließlich Nachträge) als erstes Planjahr und die folgenden vier Jahre (2002–2005). Die eigentliche Vorausplanung über den Haushaltsplan 2002 hinaus beträgt also drei Jahre (2003–2005).[357]

### 5.2 Finanzplanungsschema

338 In der Finanzplanung sind Umfang und Zusammensetzung der voraussichtlichen Ausgaben und die Deckungsmöglichkeiten (Einnahmen) darzustellen (§ 85 Abs. 2 GemO). Zu diesem Zweck sind die Einnahmen und Ausgaben – nach Arten gruppiert – in einem einheitlichen, verbindlichen Finanzplanungsschema[358] fortzuschreiben. Dieses System ist so gestaltet, dass die Einnahme- und Ausgabearten aus der Gruppierungsübersicht des Haushaltsplans übernommen werden können.

### 5.3 Investitionsprogramm

339 Die voraussichtlichen Investitionen und Investitionshilfen der Gemeinde sind – geordnet nach Aufgabengebieten – in ein Investitionsprogramm[359] aufzunehmen (§ 85 Abs. 3 GemO). Ebenso die objektbezogenen Einnahmen. Die Investitionen sind entsprechend ihrer Rang- und Zeitfolge (Prioritäten) den einzelnen Jahren der Finanzplanung zuzuordnen.[360] Neue Investitionsvorhaben sollen nur vorgesehen werden, wenn sie bei nüchterner Einschätzung der Finanzierungsmöglichkeiten im Planungszeit-

357 Im Falle eines Doppelhaushaltsplans für 2002–2003 (vgl. § 79 Abs. 1 GemO) bleiben für die Vorausplanung sogar nur 2 Jahre.
358 Vgl. Anlage 15 und 20 der VwV Gliederung und Gruppierung (VSV 6306).
359 Vgl. Anlage 15 und 20 der VwV Gliederung und Gruppierung (VSV 6306).
360 Mehrjahresvorhaben sind nach dem Grundsatz der Kassenwirksamkeit (§ 80 Abs. 1 GemO iV. m. § 7 Abs. 1 GemHVO) in Jahresabschnitte aufzuteilen (§ 24 Abs. 2 GemHVO und § 10 Abs. 1 Satz 2 GemHVO).

raum verkraftbar erscheinen.[361] Unausgeglichene Finanzpläne sollen nur im Falle unabweisbarer Investitionen in Kauf genommen werden.

Soweit detaillierte Kostenvoranschläge noch nicht vorliegen, sind die Investitionsausgaben zu schätzen.

Folgekosten und -einnahmen aus Investitionen sind im Finanzplan zu berücksichtigen. Zu den Folgekosten gehören u.a. der Schuldendienst als Finanzierungskosten und die Betriebs- und Unterhaltungskosten.

### 5.4 Orientierungshilfen zur realistischen Einschätzung

#### 5.4.1 Grundannahmen

Der Finanzplanungsrat hat einheitliche volks- und finanzwirtschaftliche **340**
Annahmen für die Finanzplanungen von Bund, Ländern und Gemeinden zu ermitteln (§ 51 Abs. 2 HGrG). Sie sollen die voraussichtliche Entwicklung der öffentlichen Haushalte im Rahmen der Volkswirtschaft aufzeigen. Ausgangsbasis vor allem für die Finanzierungsseite (Steuereinnahmen) ist die voraussichtliche Entwicklung des Bruttosozialprodukts. Die Steigerungsraten für die Ausgaben der öffentlichen Haushalte in den Grundannahmen haben auf die Ziele des Stabilitätsgesetzes Rücksicht zu nehmen.

#### 5.4.2 Orientierungsdaten

Aufbauend auf den bundeseinheitlichen Grundannahmen erarbeiten die **341**
Länder für ihre Gemeinden Orientierungsdaten und geben sie jährlich bekannt.[362] Diese Daten ändern die Grundannahmen insoweit, als für den Bereich des betreffenden Landes eine vom Bundesdurchschnitt abweichende Entwicklung zu erwarten ist. Die Orientierungsdaten ergänzen die Grundannahmen. Die Orientierungsdaten sind einerseits differenzierter als die Grundannahmen, andererseits aber auch nur durchschnittliche Werte für den Landesbereich. Die von Gemeinde zu Gemeinde unterschiedliche Entwicklungstendenz – z.B. der Gewerbesteuer – kann aus den Orientierungsdaten nicht ersichtlich sein.

Die Orientierungsdaten sind landeseinheitliche Anhaltspunkte für die voraussichtliche Entwicklung der großen Einnahme- und Ausgabeblöcke: Grundsteuer, Gewerbesteuer, Gemeindeanteil an der Einkommensteuer, sonstige Gemeindesteuern, Schlüsselzuweisungen, spezielle Entgelte (Beträge, Gebühren, privatrechtliche Entgelte), Zuweisungen des Landes für Investitionen, Personalausgaben, sächlicher Verwaltungs- und Betriebsaufwand, Investitionsausgaben und Gesamtausgaben.

361 Vgl. auch Ziff. 4.5 des Berichts Nr. 9/1974 der KGSt betr. „Verfahrensmäßige Verknüpfung von Investitions-, Finanzierungs- und Haushaltsplanung".

362 Dies geschieht i.d.R. in den jährlichen Verwaltungsvorschriften des IM zur Haushalts- und Finanzplanung der Gemeinden (GV), vgl. dazu auch VSV 6308.

Ausgehend von einem Basisjahr – dem laufenden Haushaltsjahr – zeigen die Orientierungsdaten die voraussichtlichen (landesdurchschnittlichen) jährlichen Zuwächse der betreffenden Einnahmen und Ausgaben in Prozenten.

#### 5.4.3 Örtliche Entwicklungstendenzen

342 Für die Finanzplanung der einzelnen Gemeinden sind die Orientierungsdaten nur Anhaltspunkte. Entscheidend für die örtliche Entwicklung sind die Haushaltsstruktur und die Aufgabenstellung der betreffenden Gemeinde.

Auf der Ausgabenseite sollen die stabilitätsgerechten Wachstumsraten nur überschritten werden, wenn neue Aufgaben oder zusätzliche Einrichtungen in überdurchschnittlichem Umfang von der Gemeinde bewältigt werden müssen.

Für die Schätzung ihrer Einnahmen haben vor allem größere Städte Verfahren entwickelt – z.B. in Form einer Gewerbesteuerstatistik –, mit deren Hilfe sie bei vertretbarem Aufwand brauchbare Vorausberechnungen für die Haushalts- und Finanzplanung anstreben. Bei der besonders schwierig vorauszuberechnenden Gewerbesteuer sind z.B. neben den durchschnittlichen Orientierungsdaten die Struktur der örtlichen Industrie und des örtlichen Gewerbes von überragender Bedeutung (Betriebsgröße, Wirtschaftszweige mit unterschiedlicher Konjunktursituation). Aus der bisherigen und der voraussichtlichen Entwicklung der maßgeblichen Faktoren werden die künftigen Einnahmen vorausbestimmt.[363] Trotz aller Bemühungen, zu pauschale Schätzungen durch verfeinerte statistische Methoden zu verbessern, bleibt bei den meisten kommunalen Haushaltseinnahmen ein erhebliches Planungsrisiko. Andererseits können bei der mittelfristigen Finanzplanung zu hohe Anforderungen an ihre Genauigkeit nicht gestellt werden, denn selbst der kurzfristige Haushaltsplan weist diese letzte Exaktheit nicht auf.

### 5.5 Ausgeglichenheit

343 Der Finanzplan soll für die einzelnen Jahre in Einnahme und Ausgabe ausgeglichen sein.[364]

Im Gegensatz zum zwingend vorgeschriebenen Ausgleich im jährlichen Haushaltsplan[365] handelt es sich hier nur um eine Sollvorschrift. Begründete Ausnahmen, d.h. nicht ausgeglichene Finanzpläne, sind also recht-

363 Vgl. *Wübben*, Verfahren kommunaler Einnahmeschätzung. Ein Beitrag zur rationalen Haushalts- und Finanzplanung der Gemeinden aus der Reihe der Forschungsberichte des Landes Nordrhein-Westfalen Nr. 2281, 1972. Vgl. auch *Rohmeier*, Prognose der Gewerbesteuereinnahmen im Rahmen der kommunalen mittelfristigen Finanzplanung, GH 1974, S. 246.

364 § 24 Abs. 4 GemHVO.

365 § 80 Abs. 2 GemO.

lich möglich und bei der schwierigen Finanzsituation vieler Gemeinden auch in der Praxis nicht auszuschließen.

Dem Sinn und Zweck der Finanzplanung – in diesem Fall der realen Offenlegung der finanziellen Zukunft der Gemeinden – würde es widersprechen, den Ausgleich künstlich herbeizuführen. Ein ehrlicher Fehlbetrag in der Finanzplanung ist einem unehrlichen Ausgleich vorzuziehen. Die finanzpolitischen Konsequenzen – z.B. die Verbesserung der kommunalen Finanzausstattung – können nur mit realistischen Planungen erreicht werden.

### 5.6 Rechtzeitigkeit

Der Finanzplan ist rechtzeitig, d.h. mit dem Haushaltsplan für das fol- **344**
gende Haushaltsjahr, aufzustellen. Der Finanzplan muss als Anlage zum Haushaltsplan[366] schon im Entwurfsstadium dem Gemeinderat zur Beratung und Beschlussfassung mit dem Haushaltsplanentwurf vorgelegt werden.[367] Der Finanzplan ist eine wichtige Grundlage für die Beratung des Haushaltsplans.

Der Gemeinderat hat über den Finanzplan mit Investitionsprogramm zu beschließen,[368] indem er zustimmend Kenntnis nimmt oder nach Änderungen in veränderter Fassung feststellt. Mit der beschlossenen Haushaltssatzung – also spätestens einen Monat vor Beginn des Haushaltsjahres[369] – ist der Finanzplan der Rechtsaufsichtsbehörde vorzulegen.

### 5.7 Jährliche Anpassung

Der Finanzplan und das Investitionsprogramm sind jährlich der Entwick- **345**
lung anzupassen und fortzuführen (§85 Abs.5 GemO). Dies geschieht im zeitlichen und sachlichen Zusammenhang mit der Aufstellung des Haushaltsplanentwurfs für das folgende Haushaltsjahr.

Der Entwicklung anpassen bedeutet, die örtlichen Veränderungen gegenüber dem letztjährigen Finanzplan und Investitionsprogramm zu berücksichtigen und die neuen allgemeinen Orientierungsdaten anzuwenden.

Der Erlass von Nachtragshaushaltssatzungen wird nur dann zu einer Fortschreibung der mittelfristigen Finanzplanung Anlass sein, wenn damit eine wesentliche Verschlechterung der mittelfristigen Finanzsituation verbunden ist.

366 Vgl. §2 Abs.2 Nr.2 GemHVO.
367 Vgl. §85 Abs.4 GemO.
368 Vgl. VwV zu §85 GemO.
369 Vgl. §81 Abs3 GemO (Sollvorschrift).

### 6. Finanzplanungsstatistik

346 Die Finanzplanung kann ihre gesamtwirtschaftliche Aufgabe (vgl. 2.2) nur erfüllen, wenn diese Ergebnisse für alle öffentlichen Haushalte – von Bund, Ländern und Gemeinden (GV) – zusammengefasst werden und dem Finanzplanungsrat rechtzeitig zur Verfügung stehen.

Nach dem Gesetz über die Finanzstatistik[370] sind die Gemeinden und Landkreise verpflichtet, dem Statistischen Landesamt die Ergebnisse ihrer Finanzplanung mitzuteilen. Die dabei zu verwendenden Erhebungsbogen stimmen überein mit dem Finanzplanungsschema einschließlich Investitionsprogramm. Die Übernahme der Finanzpläne der einzelnen Gemeinden in die statistischen Erhebungsbogen ist dadurch erleichtert.

Spätester Termin für die Abgabe der Statistik an das Statistische Landesamt ist der 1. Dezember des ersten Planungsjahres der Finanzplanung (laufendes Haushaltsjahr – § 85 Abs. 1 GemO).[371]

## VII. Beschaffungs- und Vergabewesen, preisrechtliche Vorschriften

### 1. Einleitung

#### 1.1 Begriffe

347 Unter Beschaffungs- und Vergabewesen i.S.d. öffentlichen Haushaltsrechts versteht man das Handeln zur Bereitstellung der zur Aufgabenerfüllung benötigten Güter (Gebrauchs- und Verbrauchsgüter) und der von den Unternehmen zu erbringenden Dienstleistungen.[372]

Durch eigenes Personal (z.B. einer Gemeinde) zu erbringende Dienstleistungen und Güterherstellung in eigener Regie fallen nicht in den Bereich des Beschaffungs- und Vergabewesens.[373] Diese Eigenleistungen einer Gemeinde verursachen überwiegend Personalausgaben im Gegensatz zum Beschaffungs- und Vergabewesen, das die öffentlichen Haushalte im Wesentlichen mit Sachausgaben belastet.

Bei der Beschaffung und Vergabe von Lieferungen und Leistungen werden die Gemeinden (GV) nicht hoheitlich, sondern privatrechtlich tätig. Sie schließen Kauf-, Werk- und Werklieferungsverträge ab (in geringerem Maße auch Miet- und Pachtverträge).

Soweit nachstehend nur von Vergabewesen die Rede ist, umfasst dieser gekürzte Bericht nicht nur die Vergabe von Bauleistungen, sondern auch

370 I.d.F. vom 11.6. 1980 (BGBl. I S.673 bei S.782).
371 Vgl. Abschnitt 3.3 der VwV Gliederung und Gruppierung (VSV 6306).
372 Ähnliche Definition vgl. KGSt, Kommunales Vergabewesen Teil I Organisation, Gutachten 1970, S.15.
373 Vgl. dazu auch Rdnr. 351, 2.2.2.8.

die Vergabe anderer Lieferungen und Leistungen und damit auch das Beschaffungswesen.

Das Vergaberecht umfasst die Gesamtheit aller Regeln und Vorschriften, die öffentliche Auftraggeber zu einer bestimmten Vorgehensweise bei der Vergabe öffentlicher Aufträge verpflichten bzw. von diesen beim Einkauf von Gütern und Dienstleistungen zu beachten sind.

### 1.2 Wirtschaftliche und ökologische Bedeutung des kommunalen Vergabewesens

1.2.1 Die Entwicklung vom Obrigkeitsstaat zum Leistungsstaat brachte **348**
auch ein erhebliches Ansteigen des staatlichen und kommunalen Vergabevolumens mit sich. Mit einem jährlichen Auftragsvolumen von ca. 205 Mrd. Euro[374], europaweit 720 Mrd. Euro, hat das Vergabewesen eine entscheidende volkswirtschaftliche Bedeutung erlangt, z.B. auch für die Konjunkturbeeinflussung.

Die volkswirtschaftliche Bedeutung der öffentlichen Aufträge (Anteil am Bruttosozialprodukt ca. 12%), aber auch deren finanzwirtschaftliches Gewicht für die kommunalen Haushalte, ergibt sich aus dem erheblichen Anteil der Auftragsvergaben an den Gesamtausgaben der Gemeinden (GV). Nach einer Studie des Statistischen Bundesamts werden mehr als die Hälfte aller öffentlichen Aufträge von den Gemeinden (GV) vergeben. Sie sind insgesamt betrachtet größter öffentlicher Auftraggeber (in der Bundesrepublik gibt es ca. 35.000 öffentliche Auftraggeber, europaweit sind es ca. 500.000). Der größte Teil davon entfällt auf Bauvergaben im Bereich des Hochbaus (z.B. Bau und Unterhaltung von Altenheimen, -pflegeheimen, Krankenhäusern, Schulen, Einrichtungen der Jugendhilfe, Sozialwohnungen) und des Tiefbaus (Straßen, Kanalisation, Kläranlagen).

Der im kommunalen Wirtschaftsrecht verankerte Grundsatz der Wirtschaftlichkeit und Sparsamkeit (§77 GemO)[375] ist auch bei der Vergabe von Lieferungen und Leistungen zu beachten (§31 Abs.1 GemHVO):

- Ziel ist ein wirtschaftlicher Einkauf, der durch Wettbewerb sichergestellt werden soll.
- Von begründeten Ausnahmen abgesehen, bringt die öffentliche oder beschränkte Ausschreibung einer Lieferung oder Leistung das günstigste Ausschreibungsergebnis, nämlich die wirtschaftlichsten Angebote in Form wettbewerbsgerechter Preise.
- Der zusammengefasste Bedarf (aller Dienststellen und Einrichtungen) einer Gemeinde kann in der Regel wirtschaftlicher, d.h. zu günstige-

374 Vgl. Ergebnis einer 1995 durchgeführten Studie des Statistischen Bundesamts über Volumen und Struktur der öffentlichen Beschaffung in Deutschland.
375 Vgl. Rdnrn. 103.

ren Preisen, gedeckt werden, als wenn jede Dienststelle ihren Bedarf einzeln abdeckt. Das ist bei der organisatorischen Eingliederung der Vergabeaufgaben in die Verwaltung einer Gemeinde zu berücksichtigen.[376]

Der Zwang zu wirtschaftlichem Verhalten ist auch im Hinblick auf die sparsame und sachgerechte Verwendung von Steuergeldern erforderlich und notwendig.

1.2.2 Über Produkte und Materialien, die als umweltfreundlich bezeichnet werden können, informiert das Handbuch „Umweltfreundliche Beschaffung" des Umweltbundesamts.[377] Es handelt sich dabei um Produktgruppen aus den Bereichen Bürowesen, Kraftfahrzeugwesen, Wasch- und Reinigungsmittel, Hochbau, Tiefbau, Energiewirtschaft, Wasserwirtschaft, Garten- und Landschaftsbau und Entsorgung. Vgl. dazu auch die VwV der Landesregierung BW „Berücksichtigung umweltfreundlicher Produkte bei Vergaben nach der VOL".[378]

Auch § 5 LAbfG verpflichtet die Gemeinden (GV), umweltfreundlichen (wiederverwertbaren) Materialien und Produkten den Vorzug zu geben.

## 2. Das Vergaberecht der Gemeinden (GV) im Überblick

### 2.1 Die Entwicklung des kommunalen Vergaberechts

#### 2.1.1 EG-Vergaberichtlinien und EG-Rechtsmittelrichtlinien

**349** Der Rat der Europäischen Gemeinschaften hat, gestützt auf den Vertrag zur Gründung der EG und auf Vorschlag der EG-Kommission für den Bereich der Europäischen Union, Richtlinien zur Vergabe von Lieferungen und Leistungen erlassen und die Umsetzung dieser Richtlinien in nationales Recht gefordert. Im Einzelnen handelt es sich um folgende Richtlinien: Baukoordinierungsrichtlinie (BKR),[379] Lieferkoordinierungsrichtlinie (LKR),[380] Dienstleistungsrichtlinie (DKR),[381] Sektorenrichtlinie

376 Vgl. KGSt, Kommunales Vergabewesen, Teil I, Organisation, Gutachten 1970, S. 24ff. und *Steinke*, Zentraler Einkauf in der öffentlichen Verwaltung, Kommunalwirtschaft Nr. 10/1982, S. 375.

377 Bauverlag, 1986.

378 Vom 2.6. 1986 (GABl. S. 6.34) den Gemeinden zur Anwendung empfohlen, soweit der Schwellenwert nicht überschritten ist. Vgl. auch *Fiedler*, zum umweltfreundlichen Beschaffungswesen der Städte, Der Städtetag 1987, S. 247.

379 Richtlinie des Rates 93/37/EWG vom 14.6. 1993, Amtsblatt Nr. L 199 vom 9.8. 1993, geändert durch die Richtlinie 97/52/EG des Europäischen Parlaments und des Rates vom 13.10. 1997, Amtsblatt Nr. L 328 vom 28.11. 1997.

380 Richtlinie 93/36/EWG des Rates vom 14.6. 1993 über die Koordinierung der Verfahren zur Vergabe öffentlicher Lieferaufträge (Amtsblatt EG Nr. L 199) in der Fassung der Richtlinie 97/52/EG des Europäischen Parlaments und des Rates vom 13.10. 1997 (Amtsblatt EG Nr. L 328) und der EG-Dienstleistungsrichtlinie (Richtlinie 92/50/EWG) des Rates vom 18.6. 1992 über die Koordinierung der Verfahren zur Vergabe öffentlicher Dienstleistungsaufträge, Amtsblatt EG Nr. L 209, in der Fassung der Richtlinie 97/52/EG des Europäischen Parlaments und des Rates vom 13.10. 1997, Amtsblatt EG Nr. L 328.

381 Richtlinie 92/50/EG des Europäischen Parlaments und des Rates vom 18.6. 1992, Amtsblatt EG Nr. L 209 vom 24.7. 1992, geändert durch die Richtlinie 97/52/EG des Europäischen Parlaments und des Rates vom 13.10. 1997, Amtsblatt EG Nr. L 328.

(SKR),[382] Rechtsmittelrichtlinie[383] und Sektorenrechtsmittelrichtlinie.[384] Mit diesen Richtlinien wird einerseits die Verwirklichung des Binnenmarktes angestrebt; andererseits das öffentliche Auftragswesen für den gemeinschaftsweiten Wettbewerb durch transparente und nichtdiskriminierende Verfahren für alle europäischen Bieter geöffnet.

### 2.1.2 Umsetzung der EG-Vergaberichtlinien und EG-Rechtsmittelrichtlinien[385]

Zur Umsetzung der EG-Richtlinien im Bereich des öffentlichen Auftrags- **350**
wesens hat der Bundestag mit Zustimmung des Bundesrats am 29.5. 1998 das Gesetz zur Änderung der Rechtsgrundlagen für die Vergabe öffentlicher Aufträge (Vergaberechtsänderungsgesetz – VgRÄG)[386] beschlossen. Alle europäischen Vergaberegelungen und die Grundlagen des nationalen Vergaberechts wurden damit erstmals auf der Ebene eines Gesetzes festgeschrieben.

Ursprünglich wurde das Gesetz als Sechster Teil des Gesetzes gegen Wettbewerbsbeschränkungen mit den §§106–138 verkündet. Mit der Neufassung des Gesetzes gegen Wettbewerbsbeschränkungen (GWB) am 26.8. 1998 wurde das VgRÄG mit der Paragraphenfolge 97–129 in das GWB aufgenommen.[387] Durch die Aufnahme der Regelungen über die Vergabe öffentlicher Aufträge in das GWB wurde die frühere haushaltsrechtliche Lösung (§§57a, b und c HGrG) durch eine wettbewerbsrechtliche Lösung abgelöst.

Neben allgemeinen Grundsätzen und Definitionen der öffentlichen Auftragsvergabe enthält das Gesetz auch Regelungen über die Nachprüfung des Vergabeverfahrens öffentlicher Auftraggeber in erster Instanz durch verwaltungsinterne Vergabekammern und in zweiter Instanz durch Oberlandesgerichte. Bieter haben künftig ein subjektives Recht auf Einhaltung der Vorschriften über die öffentliche Auftragsvergabe. Mit den gesetzlichen Regelungen im GWB sollen daneben das Wettbewerbsprinzip gestärkt, Transparenz geschaffen und die wirtschaftliche und sparsame Mittelverwendung sichergestellt werden. Von den Regelungen des GWB ist das gesamte öffentliche Beschaffungswesen erfasst, wenn der Auftragswert den Schwellenwert (vgl. §§100 Abs.1, 127 GWB i.V.m. §2 VgV) erreicht oder übersteigt.

382 Richtlinie 98/4/EG des Europäischen Parlaments und des Rates vom 16.2. 1998 zur Änderung der Richtlinie 93/38/EWG zur Koordinierung der Auftragsvergabe durch Auftraggeber im Bereich der Wasser-, Energie- und Verkehrsversorgung sowie im Telekommunikationssektor (Amtsblatt Nr. L 101 vom 1.4. 1998).

383 Richtlinie 89/665/EWG vom 30.12. 1989 (Amtsblatt Nr. L 395), geändert am 18.6. 1992 (Amtsblatt Nr. L 209 vom 24.7. 1992).

384 Richtlinie 92/13/EWG vom 25.2. 1992 (Amtsblatt Nr. L 76 vom 23.3. 1992).

385 Auf eine Darstellung des langen Weges der Umsetzung der Richtlinien wird verzichtet; vgl. dazu Ausführungen in den einschlägigen Kommentierungen zur VOB, VOL und VOF.

386 Gesetz zur Änderung der Rechtsgrundlagen für die Vergabe öffentlicher Aufträge (Vergaberechtsänderungsgesetz –VRÄG) vom 26.8. 1998 (BGBl. I S.2512, VSV 7074).

387 Gesetz gegen Wettbewerbsbeschränkungen (GWB) vom 26.8. 1998 (BGBl. I S.2546, VSV 7074).

Aufgrund der Ermächtigung in § 97 Abs. 6 und § 127 des Gesetzes gegen Wettbewerbsbeschränkungen (GWB) in der Fassung der Bekanntmachung vom 26. 8. 1998 (BGBl. I S. 2546) hat der Bundestag am 9. 1. 2001 die Verordnung über die Vergabe öffentlicher Aufträge (Vergabeverordnung – VgV)[388] beschlossen. Sie stellt das Bindeglied zwischen dem GWB und den Verdingungsordnungen dar und dient der Umsetzung der Richtlinie 97/52/EG des Europäischen Parlaments und des Rates vom 13. 10. 1997 zur Änderung der Richtlinien 92/50/EWG, 93/36/EWG und 93/37/EWG über die Koordinierung der Verfahren zur Vergabe öffentlicher Dienstleistungs-, Liefer- und Bauaufträge (ABl. EG Nr. L 328 S. 1) sowie der Richtlinie 98/4/EG des Europäischen Parlaments und des Rates zur Änderung der Richtlinie 93/38/EWG zur Koordinierung der Auftragsvergabe durch Auftraggeber im Bereich der Wasser-, Energie- und Verkehrsversorgung sowie im Telekommunikationssektor (ABl. EG Nr. L 101 S. 1) in deutsches Recht.

Die neue VgV eröffnet den öffentlichen Auftraggebern erstmals die Möglichkeit der Zulassung elektronischer Angebotsabgaben.[389] Durch die digitale Signatur nach dem Gesetz zur digitalen Signatur (SigG) anstelle der eigenhändigen Unterschrift ist die Rechtsverbindlichkeit der Angebote sichergestellt. Die Gemeinde muss auch in diesen Fällen durch geeignete Maßnahmen die Vertraulichkeit der Angebote gewährleisten. Außerdem enthält die VgV besondere Regelungen im Hinblick auf die Informationspflicht gegenüber nicht berücksichtigten Bietern[390] sowie den Ausschluss von Personen, bei denen die Gefahr der Voreingenommenheit besteht.[391]

Erreicht oder übersteigt der geschätzte Gesamtauftragswert (ohne Umsatzsteuer) für öffentliche Aufträge[392] zum Zeitpunkt der Einleitung des Vergabeverfahrens (das ist i. d. R. der Zeitpunkt der Vergabebekanntmachung) die in § 2 Vergabeverordnung genannten Auftragswerte (Schwellenwerte), sind bei der Vergabe die in nationale Bestimmungen umgesetzte EG-Vergabebestimmungen und damit auch die Regelungen der Verdingungsordnungen für Bauleistungen (VOB), für Leistungen (VOL) sowie freiberufliche Leistungen (VOF) zu beachten. Mit Ausnahme der VOF sind bei EG-Ausschreibungen neben den Basisparagraphen die zusätzlichen a-Paragraphen bzw. b-Paragraphen der VOB/A bzw. VOL/A anzuwenden. Regelungen über die Schätzung der Auftragswerte enthält § 3 VgV. Besondere Schwellenwerte gelten hinsichtlich der Vorabinformation von Aufträgen.[393]

388 BGBl. I S. 110. In Kraft getreten am 1. 2. 2001 (VSV 6333).
389 Vgl. § 15 VgV.
390 § 13 VgV.
391 § 16 VgV.
392 Begriffsbestimmung vgl. § 99 Abs. 1 GWB. Lose und Optionen sind zu addieren.
393 Vgl. § 17a VOB/A, § 17a Abs. 2 VOL/A und § 9 Abs. 1 VOF.

**Übersicht:** Umsetzung EG-Vergaberichtlinien – Schwellenwerte

| EG-Vergabe-richtlinien | Auftraggeber | Schwellenwert – in Euro – [394] | Umsetzung in nationale Bestimmungen[395] |
|---|---|---|---|
| Baukoordinierungs-richtlinie (BKR) | Öffentliche Auftraggeber nach § 98 Nr. 1–3, 5 und 6 GWB bei allen Bauaufträgen (ohne Sektorenbereich) | 5 000 000 Euro[396] | 2. Abschnitt VOB/A (a-§§) |
| Lieferkoordinierungs-richtlinie (LKR) | Öffentliche Auftraggeber nach § 98 Nr. 1–3 GWB bei allen Liefer- und Dienstleistungen, ausgenommen Sektorenbereich und freiberufliche Leistungen | 200 000 Euro | 2. Abschnitt VOL/A (a-§§) |
| | Auftraggeber nach § 98 Nr. 5 GWB i.V.m. § 4 Abs. 2 VgV bei allen Liefer- und Dienstleistungen, ausgenommen Sektorenbereich und freiberufliche Leistungen | 200 000 Euro | 2. Abschnitt VOL/A (a-§§) |
| Sektoren-richtlinie (SKR) | Auftraggeber nach § 98 Nr. 1–3 GWB bei Bauaufträgen in den Bereichen Trinkwasserversorgung und Verkehr | 5 000 000 Euro[396] | 3. Abschnitt VOB/A (b-§§) |
| | Auftraggeber nach § 98 Nr. 1–3 GWB bei Liefer- und Dienstleistungsaufträgen, ausgenommen freiberufliche Leistungen, in den Bereichen Trinkwasserversorgung und Verkehr | 400 000 Euro | 3. Abschnitt VOL/A (b-§§) |
| | Auftraggeber nach § 98 Nr. 1–3 GWB bei Bauaufträgen in den Bereichen Elektrizitäts-, Gas- und Wärmeversorgung | 5 000 000 Euro | 4. Abschnitt VOB/A (SKR-§§) |
| | Auftraggeber nach § 98 Nr. 4 GWB bei Bauaufträgen | 5 000 000 Euro | 4. Abschnitt VOB/A (SKR-§§) |

394 Vgl. § 2 Vergabeverordnung. In den EU-Vergaberichtlinien sind wegen des WTO-Abkommens bislang noch unterschiedliche Schwellenwerte bzw. Währungseinheiten festgelegt (Sonderziehungsrechte – SZR- bzw. Verrechnungseinheiten der Weltbank und der Euro). Aus Gründen der Vereinfachung wurde in der VgV der Euro als alleinige Bezugswährung gewählt.

395 Umsetzung aufgrund Gesetz zur Änderung der Rechtsgrundlagen für die Vergabe öffentlicher Aufträge (Vergaberechtsänderungsgesetz – VRÄG – vom 26.8.1998; das Gesetz wurde als vierter Teil dem Gesetz gegen Wettbewerbsbeschränkungen – VSV 7074 – angefügt) in Verbindung mit der Vergabeverordnung (VgV) vom 9.1.2001 (VSV 6333).

396 Beachte § 2 Nr. 7 VgV und § 1a Nr. 2 VOB/A.

| **EG-Vergabe-richtlinien** | **Auftraggeber** | **Schwellenwert – in Euro –** | **Umsetzung in nationale Bestimmungen** |
|---|---|---|---|
| | Auftraggeber nach § 98 Nr. 1–3 GWB bei Liefer- und Dienstleistungsaufträgen, ausgenommen freiberufliche Leistungen, in den Bereichen Elektrizitäts-, Gas- und Wärmeversorgung | 400000 Euro | 4. Abschnitt VOL/A (SKR-§§) |
| | Auftraggeber nach § 98 Nr. 4 GWB bei Liefer- und Dienstleistungsaufträgen, ausgenommen freiberufliche Leistungen | 400000 Euro | 4. Abschnitt VOL/A (SKR-§§) |
| Dienstleistungskoordinierungsrichtlinie | Auftraggeber nach § 98 Nr. 1–3 und 5 GWB bei gewerblichen Dienstleistungsaufträgen | 200000 Euro | 2. Abschnitt VOL/A (a-§§) |
| | Auftraggeber nach § 98 Nr. 1–3 und 5 GWB bei Vergabe von freiberuflichen Leistungen, ausgenommen Sektorenbereich (vgl. §§ 4, 5 VgV) | 200000 Euro | VOF |
| | Auftraggeber nach § 98 Nr. 1–3 und 5 GWB bei Vergabe von freiberuflichen Leistungen im Sektorenbereich (vgl. §§ 7, 8 VgV) | 400000 Euro | VOF |
| Rechtsmittelrichtlinie und Sektorenrechtsmittelrichtlinie | Öffentliche Auftraggeber nach § 98 GWB | Bei Aufträgen ab dem jeweiligen Schwellenwert | Nachprüfungsverfahren (Vergabeprüfstelle, § 103 GWB; Vergabekammern, § 104 GWB, Vergabesenat beim OLG, § 116 GWB) |

Die Einhaltung der EG-Richtlinien im öffentlichen Liefer- und Baubereich soll durch die Rechtsmittelrichtlinie sichergestellt werden. Sie sieht ein zweiteiliges Nachprüfungsverfahren bei Auftragsvergaben vor und wurde durch die §§ 102 ff. GWB in nationales Recht umgesetzt.[397]

397 Vgl. dazu bei Rdnr. 404.

## 2.2 Rechtliche Grundlagen für die Vergabe öffentlicher Aufträge durch Gemeinden (GV)

2.2.1 Bei der Vergabe öffentlicher Aufträge,[398] bei denen der geschätzte 351
Auftragswert[399] die in §2 Vergabeverordnung genannten Schwellenwerte erreicht oder übersteigt, sind die Gemeinden (GV)[400] verpflichtet, die Bestimmungen des Vierten Teils des Gesetzes gegen Wettbewerbsbeschränkungen (§§97ff. GWB) sowie die Verordnung über die Vergabe öffentlicher Aufträge (Vergabeverordnung)[401] und damit die in den Verdingungsordnungen[402] umgesetzten europäischen Vergaberegelungen[403] anzuwenden. Daneben sind bei der Vergabe von Aufträgen und dem Abschluss von Verträgen die Vergabegrundsätze des Innenministeriums zu beachten, §31 Abs.2 GemHVO.[404] Sie wurden in der VwV des Innenministeriums über die Vergabe von Aufträgen im kommunalen Bereich (VergabeVwV) bekannt gegeben.[405]

2.2.2 Bei Auftragsvergaben **unterhalb** der EG-Schwellenwerte gelten für die kommunalen Auftraggeber[406] nicht die bundesgesetzlichen,[407] sondern ausschließlich die landesgesetzlichen Vergaberegelungen in §22 Gesetz zur Mittelstandsförderung (MFG),[408] §106b GemO,[409] §31 Abs.1 GemHVO sowie die verbindlichen Vergabegrundsätze nach §31 II GemHVO (VergabeVwV[410]). Danach sind die Gemeinden u.a. verpflichtet, bei beabsichtigten Bauvergaben die Bestimmungen der VOB (Teile A und B) anzuwenden.[411] Dies gilt auch für kommunale Eigenbetriebe[412] bei der Durchführung von Investitionsmaßnahmen im Vermögensplan (§31 Abs.2 i.V.m. §45 GemHVO).

2.2.2.1 Für den Fall der Weitergabe von Leistungen des Auftragnehmers an Nachunternehmer müssen die Gemeinden sicherstellen, dass die Auftragnehmer die Nachunternehmer vertraglich zur Anwendung der VOB Teil B bzw. VOL Teil B verpflichten. Dies gilt auch für privat finanzierte öffentliche Bauvorhaben (z.B. Bauträgervertrag, Mietkauf- oder Leasingvertrag).[413]

398 Entgeltliche Verträge zwischen öffentlichen Auftraggebern und Unternehmen, die Liefer-, Bau- und Dienstleistungen zum Gegenstand haben, und Auslobungsverfahren, die zu Dienstleistungsaufträgen führen sollen, §99 Abs.1 GWB.
399 Vgl. §3 VgV.
400 Vgl. §98 GWB.
401 VO über die Vergabe öffentlicher Aufträge vom 9.1. 2001, BGBl. I S.110.
402 VOB, VOL und VOF (VSV 6335, 6336, 6338).
403 Baukoordinierungsrichtlinie, Lieferkoordinierungsrichtlinie, Sektorenrichtlinie und Dienstleistungskoordinierungsrichtlinie.
404 VSV 6305.
405 VergabeVwV i.d.F. vom 8.11. 2000, GABl. S.414 mit Änderungen (VSV 6334).
406 Vgl. VergabeVwV.
407 GWB und VgV.
408 Gesetz zur Mittelstandsförderung vom 19.12. 2000, GBl. S.745.
409 Vgl. §25 Gesetz zur Mittelstandsförderung (VSV 6334-1).
410 VergabeVwV i.d.F. vom 8.11. 2000, GABl. S.414 mit Änderungen.
411 Vgl. Nr. 2.1.1 VergabeVwV.
412 Dies gilt auch für Eigenbetriebe in den Bereichen Elektrizitäts- und Gasversorgung, Wärmeversorgung und Flugverkehr. Das Vergaberecht des Landes sieht einen Verweis auf die VOB-SKR nicht vor.
413 Vgl. §22 Abs.4 Nr.3 und 5 Gesetz zur Mittelstandsförderung und §106b GemO.

2.2.2.2 Die Gemeinden (GV) sind nach § 106b GemO verpflichtet, ihre Gesellschafterrechte in Unternehmen des privaten Rechts, an denen sie durch mehrheitliche Beteiligung oder in sonstiger Weise direkt oder indirekt bestimmenden Einfluss nehmen können, so auszuüben, dass diese Unternehmen die VOB sowie § 22 Abs. 1 bis 4 MFG anwenden und ihnen die Anwendung der VOL empfohlen wird. Die Verpflichtungen aus § 106 b GemO gelten auch für sogenannte Nichtwirtschaftliche Unternehmen nach § 102 Abs. 3 Satz 1 Nr. 2 GemO, wenn diese in der Rechtsform des Privatrechts geführt werden. Ausnahmeregelungen enthält § 106 b Abs. 2 GemO; sie greifen jedoch dann nicht, wenn die Unternehmen Aufträge für ein Vorhaben vergeben, für das sie öffentliche Mittel in Höhe von mindestens 30 000 Euro in Anspruch nehmen.

2.2.2.3 Eine rechtliche Verpflichtung der kommunalen Auftraggeber zur Anwendung der VOL bei beabsichtigten Liefervergaben und gewerblichen Dienstleistungsvergaben unterhalb der EG-Schwellenwerte[414] besteht mit Ausnahme von § 106 b Abs. 2 Satz 2 GemO und Nr. 3 der Anlage 3 zu den vorläufigen allgemeinen Verwaltungsvorschriften zu § 44 der Landeshaushaltsordnung (VV-LHO)[415] grundsätzlich nicht. Kommunale Auftraggeber können daher Lieferungen und Dienstleistungen aufgrund eigener Vergabegrundsätze[416] (unter Beachtung des Grundsatzes der öffentlichen Ausschreibung nach § 31 I GemHVO) ausschreiben. Im Übrigen wurde den kommunalen Auftraggebern die Anwendung der VOL empfohlen, vgl. Nr. 2.3.1 VergabeVwV.

2.2.2.4 Die Verdingungsordnung für freiberufliche Leistungen (VOF) findet nur Anwendung, wenn der Auftragswert den EG-Schwellenwert erreicht oder überschritten hat. Für Vergaben unterhalb der EG-Schwellenwerte gibt es gegenwärtig noch keine nationale Verdingungsordnung, d. h., kommunale Auftraggeber können z. B. Architekten- und Ingenieurleistungen im Rahmen des § 31 Abs. 1 GemHVO nach eigenen Grundsätzen vergeben.

2.2.2.5 Weitere verbindliche Vergabegrundsätze sowie unmittelbar zu beachtende Bestimmungen im Zusammenhang mit Auftragsvergaben sind in Nr. 2.1 und 2.2 der VergabeVwV aufgeführt.

2.2.2.6 Daneben gibt es eine Vielzahl von Vergabebestimmungen, die den kommunalen Auftraggebern zur Anwendung empfohlen worden sind, vgl. dazu Nr. 2.3 VergabeVwV.

414 Vgl. Übersicht bei Rdnr. 350.
415 Vgl. Nr. 3 der Anlage 3 zu den vorläufigen allgemeinen Verwaltungsvorschriften zu § 44 der Landeshaushaltsordnung (VV-LHO), GABl. 2000 S. 198.
416 Z. B. Dienstanweisung für die Vergabe von Aufträgen. Vgl. dazu auch Muster einer Dienstanweisung der GPA BW für die Vergabe von Liefer- und Dienstleistungen BWGZ 1999, S. 609 bzw. Muster für die Vergabe von Bauleistungen, BWGZ 1996, S. 342.

**Übersicht:** Vergaberechtliche Bestimmungen[417]

| **Vergabegrundsätze IM**[418] | **Unmittelbar zu beachtende Bestimmungen** | **Zur Anwendung empfohlene Bestimmungen** |
|---|---|---|
| Teile A, B und C VOB (soweit nicht unmittelbar zu beachten nach GWB und VgV)<br>Nr. 1–5 Mittelstandsrichtlinien für öffentliche Aufträge (MRöA)<br>VwV Korruptionsverhütung und -bekämpfung | § 14 Abs. 2 und 3 Bundesvertriebenengesetz<br>§ 68 Bundesentschädigungsgesetz<br>§§ 56, 58 Schwerbehindertengesetz<br>§ 22 Mittelstandsförderungsgesetz<br>VO PR Nr. 30/53 über die Preise bei öffentlichen Aufträgen<br>§ 5 LAbfG<br>Vierter Teil GWB<br>Vergabeverordnung<br>VO über die Nachprüfung der Vergabe öffentlicher Aufträge<br>Gesetz zur Bekämpfung der Schwarzarbeit<br>§ 6 Arbeitnehmer-Entsendegesetz | Teile A und B VOL (soweit nicht unmittelbar zu beachten nach GWB und VgV oder VV LHO)<br>Kommunales Vergabehandbuch Bau (KVHB-Bau)<br>Bekanntmachung des Wirtschaftsministeriums über Preisvorbehalte<br>Grundsätze und Richtlinien für Wettbewerbe auf den Gebieten der Raumplanung, des Städtebaus und des Bauwesens (GRW)<br>Richtlinie zur Wertung der Angebote n. § 25 VOB/A<br>Bevorzugtenrichtlinie für öffentliche Aufträge<br>VwV besondere Vertragsbedingungen Datenverarbeitung |

2.2.2.7 Viele Gemeinden (GV) haben in der Vergangenheit Einrichtungen aus dem Gemeindehaushalt ausgegliedert und mehr oder weniger privatrechtlich organisiert. Andere haben die Bausteine des Neuen Steuerungsmodells eingeführt, um u. a. den kommunalen Haushalt zu entlasten bzw. dem Grundsatz der Wirtschaftlichkeit bei der Aufgabenerfüllung besser Rechnung tragen zu können. In diesem Zusammenhang stellt sich die Frage, ob bei der Vergabe von Aufträgen an Untergliederungen der öffentlichen Verwaltung diese so genannten „In-house-Geschäfte" ohne Beachtung der Vergabebestimmungen zulässig sind. Bei der Vergabe von Lieferungen und Leistungen an Untergliederungen der Gemeinde (GV) sind nur von den Einrichtungen die Vergabebestimmungen zu beachten, die sich formal von der Gemeinde unterscheiden und die gegenüber der Gemeinde (GV) eigene Entscheidungsgewalt besitzen, das ist z. B. immer dann der Fall, wenn die Aufgabenerledigung in Privatrechtsform erfolgt. Werden dagegen Lieferungen und Leistungen für die

417 Fundstellenachweis VergabeVwV Nr. 2 (VSV 6335).
418 Ebenfalls von den kommunalen Auftraggebern zu beachtende Bestimmungen, vgl. Nr. 2.

Gemeinde (GV) von Einrichtungen nach § 102 Abs. 3 GemO erbracht und diese Einrichtungen nicht in der Rechtsform des privaten Rechts geführt, sind die Vergabebestimmungen für diese „In-house-Geschäfte" nicht anzuwenden.[419]

**Übersicht:** Fragestellungen bei öffentlichen Auftragsvergaben

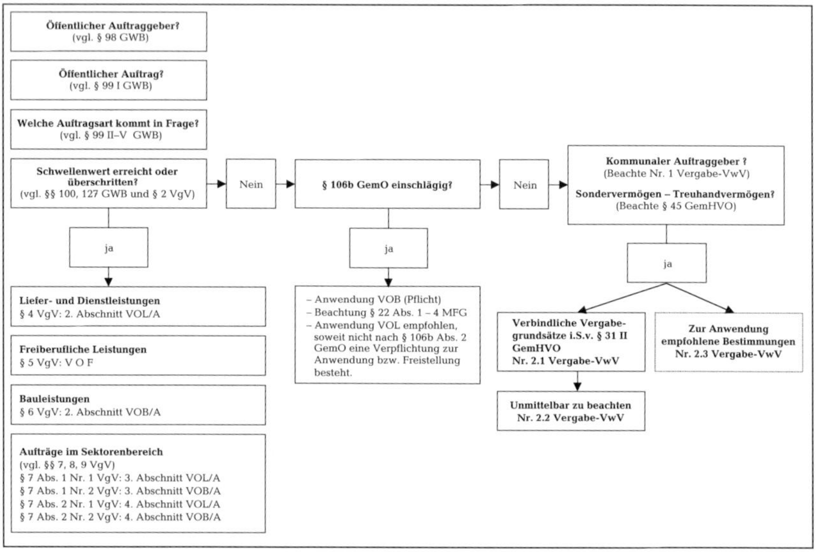


## 3. Verdingungsordnungen

### 3.1 Wesen

352 Die Verdingungsordnungen für Bauleistungen (VOB),[420] die Verdingungsordnung für Leistungen – ausgenommen Bauleistungen – (VOL)[421] und die Verdingungsordnung für freiberufliche Leistungen (VOF)[422] gehen von einem gesunden und transparenten Wettbewerb, der Gleichbehandlung aller am Vergabeverfahren Beteiligten sowie einer angemessenen Berücksichtigung mittelständischer Interessen aus.[423] Durch ein formstrenges Verfahren sollen Missbräuche und Unwirtschaftlichkeiten verhindert und ein ausgewogenes Verhältnis der Interessen der Vertragspartner gesichert werden.

419 Vgl. dazu EuGH, Urt. vom 18. 11. 1999, sowie OLG Düsseldorf (Vergabekammer), Beschl. vom 7. 7. 2000 – VK-12/2000 L und die ausführliche Abhandlung von *Porz*, Anwendung des Vergaberechts bei der Privatisierung kommunaler Aufgaben, BWGZ 2000, S. 191.
420 VOB (vgl. VSV 6335).
421 VOL (vgl. VSV 6336).
422 VOF (vgl. VSV 6338).
423 Vgl. § 97 GWB.

### 3.2 Rechtscharakter

Für die Beantwortung der Frage, ob es sich bei den Verdingungsordnungen um Rechtsnormen handelt, ist von zentraler Bedeutung, ob die vergaberechtlichen Regelungen im vierten Teil des GWB anzuwenden sind. Ist dies der Fall, dann haben die Regelungen in den Abschnitten 2, 3 und SKR des Teils A der VOB/A und VOL/A sowie die VOF die Qualität einer Rechtsverordnung. 353

Werden dagegen die für eine europaweite Vergabe maßgeblichen Schwellenwerte **nicht** erreicht, sind die Verdingungsordnungen in ihrer Gesamtheit keine Rechtsnormen.[424] Sie sind dann Verwaltungsvorschriften im Innenverhältnis der öffentlichen Auftraggeber und damit weder Rechtsverordnung noch Gesetz, auch nicht Gewohnheitsrecht.[425] Daran ändert auch die Tatsache nichts, dass im Zusammenhang mit den Verdingungsordnungen von DIN-Vorschriften für die Vergabepraxis gesprochen wird.

Die Regeln und Grundsätze der VOB, VOL und VOF finden nur insoweit Anwendung, als dies im konkreten Einzelfall zwischen den Vertragspartnern vereinbart ist.[426] Schon bei der Ausschreibung einer Leistung bzw. Lieferung weist deshalb der Auftraggeber (z.B. eine Gemeinde) darauf hin, dass die Vergabe nach den Bestimmungen der VOB, VOL oder VOF erfolgt.

Die Verdingungsordnungen sind dazu bestimmt, Lücken im Gesetz (z.B. §631ff. BGB) zu schließen und damit der Rechtssicherheit zu dienen. Sie sollen die Interessen beider Vertragspartner einigermaßen ausgewogen berücksichtigen.[427]

### 3.3 Aufbau

Die Verdingungsordnungen bestehen – mit Ausnahme der VOF – aus mehreren Teilen: Der Teil A regelt das Verfahren bis zum Vertragsabschluss. Teil B – in der VOB auch Teil C – behandelt die Beziehungen der Beteiligten nach Vertragsabschluss, d.h. deren Rechte und Pflichten bei der Vertragsdurchführung. Die VOF enthält im Gegensatz zur VOB und VOL nur Regelungen über das Vergabeverfahren. 354

424 Vgl. dazu BGH, Urt. vom 21.11. 1991, DÖV 1992, S.451ff. und NJW 1992, S.827.
425 Vgl. dazu auch *Ingenstau/Korbion*, Einleitung Rdnrn. 31ff. (Die rechtliche Bedeutung des Teils A).
426 Zur Verpflichtung der Gemeinden, die VOB anzuwenden, vgl. Rdnr.351.
427 BGH, Urt. vom 16.12. 1982 –VII ZR 91/82, vgl. Die Fundstelle 1984/162.

## 4. Die Verdingungsordnung für Bauleistungen (VOB)[428]

### 4.1 Allgemeines, EU-Richtlinien, kommunales Vergabehandbuch, Wertungsgrundsätze

355 a) Die VOB wurde vom Deutschen Vergabe- und Vertragsausschuss für Bauleistungen (DVA)[429] erarbeitet. Im DVA sind die am Baugeschehen interessierten Verwaltungen von Bund, Ländern und Gemeinden, Architektenverbände, die Bauwirtschaft, Gewerkschaften u.a. vertreten. Die Neufassungen brachten eine Anpassung der VOB an die fortgeschrittene technische und wirtschaftliche Entwicklung. Die unterschiedlichen Interessen zwischen Auftraggeber und Auftragnehmer wurden durch die Regelungen in der VOB angemessen berücksichtigt (so auch der BGH in seinem Urteil vom 16.12. 1982).

b) Die VOB/A besteht seit der Ausgabe 1992 aus 4 Abschnitten

**Abschnitt 1** enthält die Basisparagraphen. Sie sind von den Gemeinden (GV) anzuwenden,[430] soweit nicht die a-Paragraphen aus Abschnitt 2 oder die b-Paragraphen aus Abschnitt 3 anzuwenden sind.

**Abschnitt 2** besteht aus den Basisparagraphen und zusätzlichen Bestimmungen (a-Paragraphen) nach der EG-Baukoordinierungsrichtlinie.[431] Die in § 98 I Nr. 1–3, 5 und 6 GWB genannten Auftraggeber sind zur Anwendung dieser a-Paragraphen verpflichtet, wenn der Gesamtauftragswert[432] der Baumaßnahme die Schwellenwerte in der Vergabeverordnung und in § 1 a VOB/A erreicht oder übersteigt. Wird ein Bauwerk in mehrere Lose aufgeteilt, die jeweils gesondert ausgeschrieben werden und für die ein gesonderter Auftrag vergeben wird, muss der Wert eines jeden Loses bei der Berechnung des Schwellenwertes berücksichtigt werden. Betragen die geschätzten Auftragswerte von Teillosen allerdings weniger als 1 Mio. Euro und übersteigt die Summe solcher Lose unter 1 Mio. Euro nicht 20 % des Gesamtwertes aller Lose des Vorhabens, so müssen die a-Paragraphen nicht angewendet werden. Bei der Berechnung des Auftragswertes ist auch der geschätzte Wert der Eigenlieferungen einzurechnen, die für die Ausführung der Arbeiten erforderlich sind und vom öffentlichen Auftraggeber zur Verfügung gestellt werden (z.B. beigestellte Stoffe, Bauteile und Lieferungen). Keine Anwendung finden die a-Paragraphen, wenn die Gemeinden (GV) Bauaufträge nach Abschnitt 3 (b-Paragraphen) vergeben.

428 VOB i.d.F. der Bekanntmachung vom 30.5. 2000 (Bundesanzeiger Nr. 120a), berichtigt Bundesanzeiger Nr. 182 v. 26.9. 2000.
429 Neue Bezeichnung seit 18.10. 2000: Deutscher Vergabe- und Vertragsausschuss für Bauleistungen (DVA); früher Verdingungsausschuss für Bauleistungen.
430 Vgl. Rdnr. 351.
431 Die Baukoordinierungsrichtlinie ist in die VOB/A als a-Paragraphen eingearbeitet.
432 Der Gesamtauftragswert (Schwellenwert) ergibt sich aus dem geschätzten Gesamtwert aller Bauaufträge für eine bauliche Anlage.

**Abschnitt 3** enthält die Basisparagraphen und zusätzliche Bestimmungen (b-Paragraphen) nach der EG-Sektorenrichtlinie (VOB/A-SKR). Diese Bestimmungen gelten für die Vergabe von Bauaufträgen auf den Gebieten (Sektoren) der Trinkwasserversorgung und des Verkehrswesens,[433] wenn der Gesamtauftragswert (Schwellenwert) aller Bauaufträge für eine bauliche Anlage 5 Mio. Euro (ohne Umsatzsteuer) entspricht oder übersteigt.

**Abschnitt 4** enthält die Vergabebestimmung nach der EG-Sektorenrichtlinie (VOB/A-SKR). Sie gelten für die in §98 Nr. 1 bis 3 GWB genannten Auftraggeber in den Sektoren Elektrizität-, Gas- und Wärmeversorgung sowie für die in §98 Nr. 4 GWB genannten Auftraggeber, bei denen der Gesamtauftragswert aller Bauaufträge 5 Mio. Euro entspricht oder übersteigt. Wegen evtl. Ausnahmen im Sektorenbereich wird auf §9 VgV verwiesen.

Für die Mehrzahl der kommunalen Bauvorhaben wird aufgrund der hohen Schwellenwerte nur der erste Abschnitt (Basisparagraphen) Anwendung finden. Deshalb werden die a-Paragraphen und b-Paragraphen nicht im Einzelnen behandelt. Auf die Übersicht bei Rdnr. 359 wird verwiesen.

c) Ergänzend zur VOB ist 1985 ein kommunales Vergabehandbuch (KVHB-Bau) erschienen.[434] Gemeinsam erarbeitet vom Städtetag, Landkreistag und Gemeindetag soll das Vergabehandbuch einen Beitrag zur Vereinheitlichung und Entbürokratisierung des kommunalen Bauvergabewesens im Bereich des Landes Baden-Württemberg leisten. Die daraus erwartete Vereinfachung soll sowohl der Bauwirtschaft als auch den kommunalen Auftraggebern zugute kommen.

Das kommunale Handbuch enthält einheitliche Verdingungsmuster und einheitliche Formblätter sowie eine Sammlung aller Preis- und Vergabevorschriften für Bauleistungen beim kommunalen Hochbau, Tiefbau und Wasserbau. Abweichend vom staatlichen Vergabehandbuch sind vor allem die Zuständigkeit und spezifisch kommunale Problemstellungen geregelt.

d) Die Richtlinie des Bundesministers für Raumordnung, Bauwesen und Städtebau zur Wertung der Angebote nach §25 VOB/A (Wertungsgrundsätze) vom 22. 1. 1990 wird den kommunalen Bauauftraggebern zur Anwendung empfohlen (vgl. VergabeVwV 2.3.6, VSV 6335).

## 4.2 Sachlicher Anwendungsbereich (§ 1 VOB/A)

### 4.2.1 Bauleistungen

Die VOB kann nur angewendet werden auf Bauleistungen. Darunter sind **356**
Bauarbeiten jeder Art zu verstehen, durch die eine bauliche Anlage herge-

433 Vgl. §7 Abs. 1 i. V. m. §8 Nr. 1 und Nr. 4 VgV und §1b VOB/A.
434 Im Richard Boorberg Verlag mit Ergänzungen.

stellt, ergänzt, geändert, instand gehalten oder beseitigt wird. Aus § 13 Nr. 4 VOB/B folgt, dass Bauleistungen auch Arbeiten an einem Grundstück sein können. Die Anwendung der VOB ist damit nicht nur auf Investitionen im Vermögenshaushalt beschränkt. Die Bauleistungen können gehören zum Rohbau, zur Bauinstallation (Sanitärinstallation, Heizungs-, Belüftungs- und Klimaanlagen), zu Elektroinstallationen u. a.; ebenso zum Ausbaugewerbe (vom Schreiner bis zum Maler) und zur Anlegung und Unterhaltung eines Gartens (landschaftsgärtnerische Arbeiten).

Auch die Lieferung und Montage maschineller Bauteile, die der Herstellung, Instandhaltung oder Änderung einer baulichen Anlage dienen und durch den Einbau zu wesentlichen Bestandteilen des Bauwerks werden, z. B. Lasten- und Personenaufzüge, sind Bauleistungen. Dies gilt auch für Einbauküchen. Bauleistungen werden nicht nur im Bereich des Hochbaus erbracht, auch Tiefbauarbeiten, wie z. B. der Bau und die Unterhaltung von Wasser- und Abwasserleitungen von Straßen und Wegen sind Bauleistungen i. S. der VOB.

Bauarbeiten sollen die Lieferung von Stoffen und Bauteilen einschließen (z. B. bei Fertigbauten). Bauarbeiten, die eine Gemeinde in eigener Regie, d. h. mit eigenem Personal, durchführt, z. B. Straßeninstandsetzung mit Arbeitern des Bauhofs (Tiefbauamts), sind keine Bauarbeiten, die an ein Unternehmen vergeben werden. Hier liegt kein Bauvertrag (Werkvertrag) vor. Mit den Arbeitern (Angestellten) der Gemeinde bestehen Dienstverträge. Hier findet die VOB keine Anwendung – allenfalls die VOL für die Beschaffung von Baumaterial.

Baukonzessionen (§§ 32 und 32a VOB/A) sind Bauaufträge zwischen einem Auftraggeber und einem Unternehmer (Baukonzessionär), bei dem die Gegenleistung für die Bauarbeiten statt in einer Vergütung in dem Recht auf Nutzung der baulichen Anlagen – gegebenenfalls zuzüglich in der Zahlung eines Preises – besteht.

#### 4.2.2 Keine Bauleistungen

357 a) Vorbereitende Arbeiten, die nicht unmittelbar und untrennbar mit einer Bauleistung im Zusammenhang stehen, nämlich Anfertigen von Bauentwürfen – auch im Rahmen eines Bauwettbewerbs (Auslobung i. S. d. § 657 BGB),[435] Vermessungsarbeiten, Erstellung von Kostenvoranschlägen u. a. Architektenleistungen.

435 Für Bauwettbewerbe (Architektenwettbewerbe) findet nicht die VOB Anwendung. Anzuwenden sind die Grundsätze und Richtlinien für Wettbewerbe (GRW 1977) auf den Gebieten der Raumplanung, des Städtebaus und des Bauwesens. Vgl. dazu die gemeinsamen VwV des FM, IM u. a. vom 1. 3. 1988, GABl. S. 404. Danach darf der Auslober (die Gemeinde) bei der Vergabe der weiteren Architektenleistungen nicht von der Bewertung des Preisgerichts abweichen, d. h., der Gemeinderat darf weitere Architektenleistungen nur an Preisträger vergeben, nicht dagegen an einen nur mit dem Ankauf bedachten Teilnehmer (BGH, Urt. vom 3. 11. 1983, NJW 1984, S. 1533).

Architekten- und Ingenieurleistungen (auch die Bauleitung) sind keine Bauleistungen i. S. d. VOB.[436] Sie sind unter Beachtung der Verordnung über die Honorare für Leistungen der Architekten und Ingenieure (HOAI) zu vergeben.[437] Die im Architekten- und Ingenieurvertrag (Werkvertrag) zu vereinbarende Vergütung (Honorar) darf die in der HOAI genannten Höchstsätze nicht übersteigen; Ausnahmen vgl. § 4 Abs. 3 HOAI.[438] Die Mindestsätze dürfen nur in Ausnahmefällen unterschritten werden. Das Honorar für Architekten und Ingenieure errechnet sich aus den Honorarzonen (fünf Honorarzonen), der Honorartafel (Mindest- und Höchstsätze), den anrechenbaren Baukosten (ohne Grunderwerb, ohne Erschließung und ohne Mehrwertsteuer) und den Leistungsparagraphen (9 Leistungsphasen, die zusammen 100 Prozent der Gesamtkosten ausmachen). Aufgrund der Orientierung an den Baukosten (und der sich daraus ergebenden Tatsache, dass teures Planen und Bauen belohnt wird) kann den Gemeinden (GV) nur empfohlen werden, innerhalb der Mindest- und Höchstsätze ein festes Honorar zu vereinbaren.

Architekten- und Ingenieurleistungen sind auch keine Leistungen i. S. d. VOL. Sie unterliegen, soweit sich aus § 2 VOF nichts anderes ergibt, als individuelle geistige Leistungen keinem Preiswettbewerb (Honorarwettbewerb).

Kommunale Vertragsmuster für Architekten- und Ingenieurleistungen können vom Boorberg Verlag Stuttgart bezogen werden.

Vorbereitende Arbeiten, die bereits eine Bauleistung darstellen und nach der VOB vergeben werden, sind z. B. Planierungsarbeiten, Entwässerungsarbeiten, Bodenuntersuchungen. Diese Bauarbeiten werden oft zusammen mit anderen Bauleistungen (z. B. Rohbauarbeiten) vergeben.

b) Die reine Lieferung von Baustoffen oder -teilen ohne die Leistung von Bauarbeiten (Be- und Verarbeiten) stellt keine Bauleistung i. S. .d. VOB dar. Hier handelt es sich um einen Kauf (Kaufvertrag nach § 433 BGB, ergänzend die VOL) und nicht um ein Werkvertragsverhältnis i. S. .d. VOB; anders bei Fertigbauten, die eine Bauleistung einschließen.

c) Ferner sind keine Bauleistungen, weil keine Bauarbeiten, die Lieferung und Montage von Einrichtungen, die von der baulichen Anlage ohne Beeinträchtigung der Vollständigkeit oder Benutzbarkeit abge-

436 Vgl. VergabeVwV Nr. 3.5 (VSV 6334).

437 Honorarordnungen für Architekten und Ingenieure (HOAI) i. d. F. der Bekanntmachung vom 4. 3. 1991 mit Änderungen.

438 Vgl. auch *Seufert,* Handbuch für kommunale Vertragsmuster – Muster für Architekten-/Ingenieurverträge und für Verträge über städtebauliche/landschaftsplanerische Leistungen (HKVM) und *Seufert,* Kommunales Handbuch für Ingenieurverträge und ingenieurtechnische Grundlagen (HIV-Kom), beide erschienen im Richard Boorberg Verlag.

trennt werden können und einem selbständigen Nutzungszweck dienen, z.B. EDV-Anlagen und -geräte, soweit sie nicht zur Funktion der baulichen Anlage erforderlich sind, z.B. Kommunikationsanlagen (Sprach,- Text-, Bild- und Datenkommunikation), soweit sie nicht zur Funktion einer baulichen Anlage erforderlich sind, z.B. selbständige medizintechnische Anlage. Auf die vorgenannten Leistungen findet die VOL Anwendung.

d) Andere Einrichtungsgegenstände (nichtmaschineller Art), wie z.B. das Mobiliar, gehören eindeutig nicht zu den Bauleistungen i.S..d. VOB. Hier findet die VOL (Kaufvertrag) Anwendung.

#### 4.2.3 Gemischte Verträge

358 Bei gemischten Verträgen (Bau- und Kaufvertrag) – z.B. Hausabbruch und Verkauf der anfallenden Baumaterialien – ist die VOB anzuwenden, wenn der Wert der Bauleistung (Hausabbruch) den Wert der Baumaterialien wesentlich übersteigt.

### 4.3 Inhalt der VOB

#### 4.3.1 Teil A

359 Teil A der VOB enthält allgemeine Bestimmungen über das Vergabeverfahren bis zum Zustandekommen des Bauvertrags. Es wird zunächst beschrieben, was unter Bauleistungen zu verstehen ist; sodann werden die Grundsätze des Angebotsverfahrens erläutert. Das im Teil A geregelte Vergabeverfahren dient sowohl den Interessen des Auftraggebers (Ermittlung des günstigsten Angebots) als auch der Bieter (Entlastung durch Bereitstellung von Verdingungsunterlagen, gleichmäßige Behandlung der Angebote).

Die zusätzlichen Bestimmungen für Bauaufträge aufgrund der EG-Baukoordinierungsrichtlinie (BKR) sind als a-Paragraphen in die VOB/A, Abschnitt 2, aufgenommen worden. Nach §6 VgV sind diese zusätzlichen Bestimmungen für öffentliche Bauaufträge (also auch für die Gemeinden) anzuwenden, bei denen der geschätzte Gesamtwert aller Bauleistungen für eine bauliche Anlage 5 Millionen Euro oder mehr beträgt.[439] Einzelheiten zur Anwendung der a-Paragraphen (u.a. auch im Hinblick auf die Vergabe von Bauaufträgen in Losen) vgl. §1a VOB/A. Der Gesamtauftragswert errechnet sich aus den Gesamtkosten (ohne Umsatzsteuer) der Kostenrechnung mit Ausnahme der einmaligen Abgaben und Gebühren, Kosten der beweglichen Ausstattungs- und Einrichtungsgegenstände, Honorare der freiberuflich Tätigen und aller übrigen Baunebenkosten. Maßgebend ist der Kostenermittlungsstand zum Zeitpunkt

439 Vgl. §97 Abs.6 i.V.m. §127 GWB und §2 VgV.

der Einleitung des ersten Vergabeverfahrens (Ausschreibung). Kostenschätzungen und Kostenberechnungen nach DIN 276, die einige Zeit zuvor erstellt wurden, sind ggf. vor Einleitung des Vergabeverfahrens der tatsächlichen Situation anzupassen.

Zur Anwendung der b-Paragraphen (Abschnitt 3 VOB/A) sowie der Vergabebestimmungen nach der EG-Sektorenrichtlinie (Abschnitt 4 VOB/A) wird auf die §§ 7–9 VgV sowie § 1 b VOB/A bzw. § 1 VOB/A-SKR verwiesen. Die „Mehrspurigkeit" der Vergabebestimmungen beeinträchtigt die Übersichtlichkeit der VOB/A erheblich. In der folgenden Übersicht wurden die Abweichungen von den Basisparagraphen dargestellt.

**Übersicht:** Abweichungen EG-Bestimmungen von Basisparagraphen beim Vergabeverfahren nach VOB/A

| **VOB/A – Abschnitt 1 Basisparagraphen** | **VOB/A – Abschnitt 2 a-Paragraphen** | **VOB/A – Abschnitt 2 b-Paragraphen** | **VOB/A – Abschnit 4 SKR-Paragraphen** |
|---|---|---|---|
| Bauleistungen: § 1 VOB/A | Verpflichtung zur Anwendung der a-Paragraphen: § 1 a VOB/A | Verpflichtung zur Anwendung der b-Paragraphen: § 1 b VOB/A | Bauleistungen, Geltungsbereich: § 1 VOB/A-SKR |
| Grundsätze der Vergabe: § 2 VOB/A | | Schutz der Vertraulichkeit: § 2b VOB/A | Diskriminierungsverbot, Schutz der Vertraulichkeit: § 2 VOB/A-SKR |
| Vergabeart: § 3 VOB/A | Offenes Verfahren, Nichtoffenes Verfahren, Verhandlungsverfahren: § 3a VOB/A | Offenes Verfahren, Nichtoffenes Verfahren, Verhandlungsverfahren: § 3b VOB/A | Grundsatz freie Vergabeart nach Aufruf zum Wettbewerb: § 3 VOB/A-SKR |
| Leistungsvertrag u. a.: § 5 VOB/A | | Rahmenvereinbarung: § 5b VOB/A | Rahmenvereinbarung: § 4 VOB/A-SKR |
| Teilnehmer am Wettbewerb: § 8 VOB/A | Teilnehmer am Wettbewerb: § 8a VOB/A | Teilnehmer am Wettbewerb: § 8b VOB/A | Teilnehmer am Wettbewerb: § 5 VOB/A-SKR |
| Beschreibung der Leistung: § 9 VOB/A | Beschreibung der Leistung: § 9a VOB/A | Beschreibung der Leistung: § 9b VOB/A | Beschreibung der Leistung: § 6 VOB/A-SKR |
| Vergabeunterlagen: § 10 VOB/A | Vergabeunterlagen: § 10a VOB/A | Vergabeunterlagen: § 10b VOB/A | Vergabeunterlagen: § 7 VOB/A-SKR |
| Bekanntmachung: § 17 VOB/A | Vorinformation, Bekanntmachung, Versand der Vergabeunterlagen: § 17a VOB/A | Aufruf zum Wettbewerb: § 17b VOB/A | Aufruf zum Wettbewerb: § 8 VOB/A-SKR |
| Angebotsfrist, Bewerbungsfrist: § 18 VOB/A | Angebotsfrist, Bewerbungsfrist: § 18a VOB/A | Angebotsfrist, Bewerbungsfrist: § 18b VOB/A | Angebotsfrist, Bewerbungsfrist: § 9 VOB/A-SKR |
| Wertung der Angebote: § 25 VOB/A | Wertung der Angebote: § 25a VOB/A | Wertung der Angebote: § 25b VOB/A | Wertung der Angebote: § 10 VOB/A-SKR |
| Aufhebung der Ausschreibung: § 26 VOB/A | Aufhebung der Ausschreibung, Einstellung des Verhandlungsverfahrens, Ende des Vergabeverfahrens: § 26a VOB/A | | |

| **VOB/A – Abschnitt 1 Basisparagraphen** | **VOB/A – Abschnitt 2 a-Paragraphen** | **VOB/A – Abschnitt 2 b-Paragraphen** | **VOB/A – Abschnit 4 SKR-Paragraphen** |
|---|---|---|---|
| Nichtberücksichtigte Bewerbungen: § 27 VOB/A | Nichtberücksichtigte Bewerbungen: § 27a VOB/A | Mitteilungspflichten: § 27b VOB/A | Mitteilungspflichten: § 11 VOB/A-SKR |
| Zuschlag: § 28 VOB/A | Bekanntmachung der Auftragserteilung: § 28a VOB/A | Bekanntmachung der Auftragserteilung: § 28b VOB/A | Bekanntmachung der Auftragserteilung: § 12 VOB/A-SKR |
| Nachprüfungsstellen: § 31 VOB/A | Nachprüfungsstellen: § 31a VOB/A | Nachprüfungsstellen: § 31b VOB/A | Vergabekammer: § 14 VOB/A-SKR |
| Baukonzessionen: § 32 VOB/A | Baukonzessionen: § 32a VOB/A | | |
| | Melde- und Berichtspflicht: § 33a VOB/A | Aufbewahrungs- und Berichtspflichten: § 33b VOB/A | Aufbewahrungs- und Berichtspflichten: § 13 VOB/A-SKR |

Für die öffentliche Verwaltung stellt Teil A einerseits unmittelbar Verfahrensvorschriften dar, mittelbar bindet eine Ausschreibung nach der VOB sowohl den Auftraggeber (Gemeinde) als auch den Bieter (externe Wirkung).

Verstößt die Gemeinde gegen die Regeln der VOB/A, kann sich dies nicht nur immateriell, sondern auch materiell nachteilig auswirken, vgl. dazu die Ausführungen bei Rdnr. 404 (Nachprüfungsverfahren).

#### 4.3.2 Teil B

360 Der Teil B der VOB enthält allgemeine Vertragsbestimmungen über die Ausführung von Bauleistungen. Er regelt die Beziehungen der Beteiligten nach Vertragsabschluss bis zur endgültigen Erfüllung der Vertragspflichten von Auftraggeber und Auftragnehmer.

#### 4.3.3 Teil C

361 Der Teil C erfasst die allgemeinen technischen Vertragsbedingungen (ATV) für Bauleistungen. Hier ist allgemein für Bauarbeiten festgelegt, nach welchen technischen Grundsätzen sie ausgeführt werden müssen, um den Anforderungen fachgerechter Vertragserfüllung gerecht zu werden.

Es gibt ergänzend eine Vielzahl leistungsspezifischer Regelungen für die einzelnen Gewerke, z. B. für Erd- und Grundbauarbeiten, Entwässerungs- und Kanalarbeiten, Landschaftsbau-Arbeiten, Maurerarbeiten usw.[440]

Die Teile B und C finden nicht automatisch Anwendung. Sie werden erst durch ausdrückliche Vereinbarung bzw. bei der Vergabe nach der VOB Bestandteil des Bauvertrags (Werksvertrag) mit dem Unternehmen.[441] In den Verdingungsunterlagen ist sowohl bei Vergaben oberhalb als auch

440 Aufzählung vgl. *Ingenstau/Korbion*, Einleitung Rdnr. 17.

441 Nach § 2 AGB-Gesetz (VSV 4025), da es sich bei der VOB (Teile B und C) um Allgemeine Geschäftsbedingungen handelt. Die Voraussetzungen des § 2 AGB-Gesetz müssen aber vorliegen.

unterhalb der Schwellenwerte nach § 10 Nr. 1 Abs. 2 VOB/A vorzuschreiben, dass die VOB/B und VOB/C Vertragsbestandteile werden. Dies gilt nicht für Anwender der VOB/A-SKR (vgl. § 7 VOB/A-SKR).

Die allgemeinen Vertragsbedingungen des Teiles B können durch zusätzliche Vertragsbedingungen (ZVB)[442] ergänzt werden. Letztere dürfen aber den allgemeinen Bedingungen nicht widersprechen und gelten allgemein für die zu vergebenden Bauleistungen einer Gemeinde. Besondere Vertragsbedingungen ergänzen die allgemeinen Vertragsbedingungen im Einzelfall dort, wo diese in den allgemeinen Vertragsbedingungen ausdrücklich vorgesehen sind, und auch nur, soweit es die Eigenart der Leistung und ihre Ausführung erfordern (vgl. § 10 Nr. 2 und 4 VOB/A).

### 4.4 Durchführung der Vergabe

#### 4.4.1 Grundsätze (§ 2 VOB/A)

Bauleistungen sind zu vergeben **362**

4.4.1.1 an fachkundige, leistungsfähige und zuverlässige Unternehmer, die die gewerberechtlichen und handwerksrechtlichen Voraussetzungen erfüllen. Zum Nachweis ihrer Eignung können von den Bewerbern oder Bietern entsprechende Angaben verlangt werden (vgl. § 8 Nr. 3 VOB/A). Dazu gehört auch der Nachweis ihrer Eintragung im Berufsregister (Handelsregister, Handwerksrolle, Mitgliedsverzeichnis der IHK). Auch im Falle der Weitervergabe von Bauleistungen müssen die Nachunternehmen fachkundig, leistungsfähig und zuverlässig sein, insbesondere ihren gesetzlichen Verpflichtungen zur Zahlung von Steuern und Sozialabgaben nachgekommen sein und die gewerberechtlichen Voraussetzungen erfüllen. Durch eine entsprechende besondere Vertragsbestimmung soll insbesondere der Einsatz von Schwarzarbeitern und von illegal Beschäftigten durch Nachunternehmer verhindert werden. Fachkundig sind solche Unternehmer, die umfassende betriebsbezogene Kenntnisse auf dem speziellen Sachgebiet haben, mit dem der Auftrag im Zusammenhang steht. Als zuverlässig werden Bieter bezeichnet, die ihren gesetzlichen Verpflichtungen nachgekommen sind (z. B. Entrichtung von Steuern und sonstigen Abgaben) und aufgrund der Erfüllung früherer Verträge eine einwandfreie Ausführung einschließlich Gewährleistung erwarten lassen. Bei der Beurteilung wird auf das Verhalten des Unternehmers gegenwärtig und in der Vergangenheit – auch unter Berücksichtigung von § 8 Nr. 5 Abs. 1 VOB/A – abzustellen sein. Leistungsfähig ist der Bieter, der über das für die fach- und fristgerechte Ausführung notwendige Personal und Gerät verfügt und die Erfüllung seiner Verbindlichkeiten erwarten lässt. Es geht darum, ob das Unternehmen des

442 Vgl. die kommunalen einheitlichen Verdingungsmuster (KEVM) im KVHB-Bau.

Bewerbers von seiner Größe und Organisation her geeignet und in der Lage ist, den zu vergebenden Bauauftrag ordnungsgemäß auszuführen.

4.4.1.2 zu angemessenen Preisen. Das sind i.d.R. die Wettbewerbspreise, die sich aus der Ausschreibung ergeben. Gute Leistungen verlangen auskömmliche Preise, also nicht „billig um jeden Preis". Angemessener Preis ist i.d.R. der Vollpreis (volle Selbstkosten zuzüglich angemessener Gewinn).[443] Bietet der Unternehmer unter diesem Preis an, so kann er dafür gute Gründe haben, wie z.B. starkes Interesse an dem betreffenden Auftrag

a) zum Zwecke einer besseren Kapazitätsauslastung (bei schlechter Auftragslage) – hier ist das betriebswirtschaftliche Problem der Preisuntergrenze angesprochen – oder

b) wegen des Werbeeffekts gewisser Bauten für den Unternehmer.[444]

4.4.1.3 Ungesunde Begleiterscheinungen sollen bekämpft werden. Hierunter versteht man neben Verstößen gegen Gesetzesvorschriften auch jedes Verhalten, das den Grundsätzen eines ordnungsgemäßen Wirtschaftens zuwiderläuft. Dieser „Appell" richtet sich vor allem an die Bieter und gegen Preisabsprachen (sowie gegen jede andere Wettbewerbsbeschränkung), Abwerbung von Arbeitskräften, illegale Beschäftigung von Arbeitnehmern aus Osteuropa (osteuropäische Billigkolonnen) und kreditschädigende Behauptungen. Angesprochen sind auch die Auftraggeber, z.B. wegen ungerechtfertigter Bevorzugung ortsansässiger Bieter.

4.4.1.4 Bei der Vergabe von Bauaufträgen ist anzustreben, dass die ganzjährige Bautätigkeit gefördert wird. Hier ist vor allem die Förderung des Winterbaues gemeint.

4.4.1.5 Zu den Vergabegrundsätzen gehören neben den bereits genannten auch die Transparenz (Dokumentation, Mitteilungspflichten) sowie die Nichtdiskriminierung von Wettbewerbsbeteiligten (Gleichbehandlung in allen Phasen des Vergabeverfahrens).

#### 4.4.2 Weiterer Grundsatz

**363** Neben den Vergabegrundsätzen nach §2 VOB/A (3.4.1.1 bis 3.4.1.4) haben die Gemeinden bei der Vergabe von Bauleistungen auch den Erfordernissen des gesamtwirtschaftlichen Gleichgewichts grundsätzlich Rechnung zu tragen (§77 I GemO). Die Gemeinden sollen sich als Auftraggeber antizyklisch verhalten, d.h., je nach der Konjunktursituation am Baumarkt sollen sie ihre Bauaufträge reduzieren (bei Hochkonjunktur) oder forcieren (bei Rezession oder Depression) – falls sie finanziell

443 Vgl. dazu Leitsätze für die Ermittlung von Preisen für Bauleistungen aufgrund von Selbstkosten LSP, Anlage zur VO PR Nr. 1/72, BGBl. I S.297.

444 Besondere Vorschriften gegen zu niedrige Preise enthält das GWB (§§1 und 3). Verstöße gegen zu hohe Preise gibt es nicht; die PR 1/72, geändert durch PR 1/86 (BGBl. I S.435), wurde durch VO vom 16.6. 1999 (BGBl. I S.1419) mit Wirkung vom 1.7. 1999 aufgehoben.

dazu in der Lage sind. Dabei ist zu beachten, dass die Auftragslage beim Baugewerbe regional unterschiedlich sein kann und dass auch die Konjunktursituation im Tiefbau oft eine andere ist als im Hochbau (gespaltene Konjunktur). Die Konjunktursituation des betreffenden Baugewerbes spiegelt sich in der Regel in den Angebotspreisen wider – bei schlechter Auftragslage günstigere Angebote als bei guter Auftragslage. Auch die Zahl der am Wettbewerb teilnehmenden Bieter lässt (bei öffentlicher Ausschreibung) Rückschlüsse auf die Baukonjunktur zu.

Die Verpflichtung zu antizyklischem Verhalten bei der Vergabe von Bauaufträgen entspricht deshalb i.d.R. zugleich dem Wirtschaftlichkeitsgrundsatz des §77 II GemO.

Befreit von der grundsätzlichen Rücksichtnahme auf die Konjunktur sind die Gemeinden ausnahmsweise dann, wenn die Bauleistung der Erfüllung einer dringenden Aufgabe, z.B. einem dringend erforderlichen Schulhausbau oder Kindergartenbau dient. In dringenden Fällen hat die kommunale Aufgabenerfüllung ausnahmsweise Vorrang vor der gesamtwirtschaftlichen Rücksichtnahme.[445]

#### 4.4.3 Ausschreibung von Bauleistungen

##### 4.4.3.1 Zeitpunkt der Ausschreibung (§ 16 VOB/A)

Der Auftraggeber soll erst ausschreiben, wenn **364**

a) die Verdingungsunterlagen[446] fertiggestellt sind (das Bauvorhaben abschließend geplant und die Bauleistung erfasst und beschrieben ist) und

b) die Voraussetzungen für einen fristgerechten Baubeginn von Seiten des Auftraggebers erfüllt sind.[447]

Die Voraussetzungen für einen fristgerechten Baubeginn liegen vor, wenn der erforderliche Grund und Boden verfügbar und die Finanzierung sichergestellt ist, vgl. § 27 GemHVO. Die Baukosten müssen (spätestens bei Zuschlagserteilung) mindestens durch eine Verpflichtungsermächtigung (§86 GemO und §9 GemHVO) gedeckt sein.[448] Bei den so genannten alternativen Finanzierungsmodellen (Betreibermodell[449], Leasing[450] u. a.) muss

445 Vgl. dazu Ausführungen bei Rdnr. 102.
446 Vgl. Rdnrn. 367ff.
447 Zu den Folgen, die eintreten können, wenn der vereinbarte Ausführungsbeginn nicht eingehalten wird, vgl. BWGZ 1989, S. 545.
448 Eine Ausschreibung unter Vorbehalt, z.B. „vorbehaltlich der Finanzierung", ist i.d.R. nicht zulässig, vgl. dazu auch OLG Düsseldorf, NJW 1977, S. 1064.
449 Nach einem Bieterwettbewerb wird die Erfüllung einer öffentlichen Aufgabe für einen befristeten Zeitraum auf einen privaten Unternehmer übertragen. Der Unternehmer errichtet, finanziert und betreibt die Anlage. Handelt es sich um eine bauliche Anlage, deren Schwellenwert 5 Mio. Euro übersteigt, hat eine EG-weite Bekanntgabe nach §32a VOB/A zu erfolgen.
450 Dem Abschluss eines Leasingvertrags über eine bauliche Anlage muss grundsätzlich eine Ausschreibung vorausgehen. Außerdem ist sicherzustellen, dass der Leasinggeber und seine Vertragspartner die für die Kommunen geltenden Vergabegrundsätze einhalten.

vor der Ausschreibung sichergestellt sein, dass die Finanzierungsform wirtschaftlicher als die konventionelle Finanzierung ist. Planfeststellungen, Baugenehmigungen u.a. öffentlich-rechtliche Genehmigungen müssen (soweit erforderlich) vorhanden sein. Schreibt die Gemeinde (GV) aus, ohne dass diese Voraussetzungen vorliegen, macht sie sich evtl. schadensersatzpflichtig (vgl. BGH, Urteil v. 8.9. 1998).

#### 4.4.3.2 Unzulässige Zwecke

Ausschreibungen für vergabefremde Zwecke,[451] wie z.B. für Ertragsberechnungen oder Erkundungen des Marktes, sind grundsätzlich unzulässig, § 16 Nr. 2 VOB/A. Ein vergabefremder Zweck wäre es auch, ausschließlich zur Erlangung von Kostenanschlägen auszuschreiben oder für Vergleichsermittlungen, die zum Ziel haben, die Leistungskraft der eigenen Verwaltung (z.B. Hilfsbetriebe) im Vergleich zu externen Bietern zu untersuchen.[452]

#### 4.4.3.3 Arten der Ausschreibung (§ 3 VOB/A, § 101 GWB, § 6 VgV und § 3 a VOB/A)

*a) Öffentliche Ausschreibung (Offenes Verfahren)*

Bereits nach § 31 I GemHVO sind die Gemeinden (GV) verpflichtet, die Vergabe von Aufträgen öffentlich auszuschreiben. Ausnahmen hiervon sind nur zulässig, wenn die Natur des Geschäfts oder besondere Umstände eine beschränkte Ausschreibung oder freihändige Vergabe rechtfertigen. Diese Regelung entspricht § 3 VOB/A, wonach die öffentliche Ausschreibung stattfinden muss, wenn nicht besondere Gründe eine Abweichung rechtfertigen. Hintergrund dieser Regelung ist u.a., dass einerseits ein Leistungswettbewerb zwischen den beteiligten Unternehmen zustande kommen soll und andererseits die Gemeinden (GV) in die Lage versetzt werden, unter Ausnutzung aller Chancen am Markt das günstigere Angebot zu erzielen. Nur bei dieser Vergabeart wird der Gleichheitsgrundsatz gewahrt und allen in Frage kommenden Bewerbern die Wettbewerbsteilnahme ermöglicht. Dem Grundsatz der Gleichbehandlung der Bewerber und des Wettbewerbs (§ 2 VOB/A) wird damit in optimaler Weise entsprochen. Die öffentliche Ausschreibung bietet aber auch im Interesse der Gemeinde den bestmöglichen Schutz gegen die Gefahr von Preisabsprachen und lässt am ehesten wirtschaftliche Angebote i.S.v. § 25 Nr. 3 Abs. 3 VOB/A erwarten. Die in § 3 VOB/A genannten Vergabearten stehen nicht wahlweise nebeneinander, die beschränkte Ausschreibung und die freihändige Vergabe kommen nur dann in Betracht, wenn die jeweiligen Ausnahmetatbestände vorliegen.[453]

451 Vgl. *Ingenstau/Korbion*, Rdnrn. 9 und 10 zu § 16 VOB/A.
452 Wegen Ausnahmen vgl. *Ingenstau/Korbion*, Rdnrn. 14–17 zu § 16 Nr. 2 VOB/A.
453 Wegen Verstößen gegen die Vergabeart vgl. Rdnr. 404ff.

Bei der öffentlichen Ausschreibung wird eine unbeschränkte Zahl von Unternehmern öffentlich in Tageszeitungen, Amtsblättern, Staatsanzeiger, Fachzeitschriften u.a. aufgefordert, Angebote einzureichen (§17 VOB/A). Allerdings muss die Gemeinde bei der Wahl des Veröffentlichungsorgans beachten, dass nach §8 Nr.1 VOB/A der Wettbewerb nicht auf Bewerber beschränkt werden darf, die in bestimmten Regionen oder Orten ansässig sind.

Falls die Gemeinde digitale Angebote zulässt, muss bei einer öffentlichen Ausschreibung auch angegeben werden, dass die Unterlagen auch digital eingesehen und angefordert werden können.

Nach §1a und §17a Nr. 2–4 VOB/A sind Bauaufträge von Auftraggebern im Sinne von §98 Nr.1 bis 3, 5 und 6 GWB, bei denen der geschätzte Auftragswert aller Bauaufträge (ohne Umsatzsteuer) für eine bauliche Anlage 5 Mio. Euro (ohne Umsatzsteuer) oder mehr beträgt (Schwellenwert), nach einem besonderen Verfahren im Amtsblatt der Europäischen Union auszuschreiben. Bei der Vergabe nach Losen beträgt der Schwellenwert 1 Mio. Euro pro Los. Außerdem sind bei Vorhaben mit Gesamtkosten von mindestens 5 Mio. Euro auch Fachlose unter 1 Mio. Euro EG-weit auszuschreiben, wenn diese 80% des Auftragsvolumens erreichen. Wegen Befreiungen u.a. wird auf §1a und §1b VOB/A verwiesen. Bauaufträge unterhalb der Schwellenwerte können freiwillig im EU-Ausschreibungsorgan publiziert werden.

Im Amtsblatt der EG[454] sind unter Beachtung der entsprechenden besonderen Muster (vgl. Anhang B zur VOB/A) die Vergaben europaweit – entsprechend dem Gemeinsamen Vokabulars für das öffentliche Auftragswesen[455] – bekannt zu machen.[456]

Schon vor der öffentlichen Ausschreibung sind die wesentlichen Merkmale für eine beabsichtigte bauliche Anlage mit einem geschätzten Gesamtauftragswert von mindestens 5 Mio. Euro als Vorinformation im Amtsblatt der EU (und freiwillig in Tageszeitungen u.a.) bekannt zu machen, §17a Nr.1 VOB/A.[457]

### *b) Beschränkte Ausschreibung ohne öffentlichen Teilnahmewettbewerb (§3 Nr.3 Abs.1 VOB/A)*

Bei der beschränkten Ausschreibung wird eine beschränkte Zahl von Unternehmern (i.d.R. 3 bis 8) aufgefordert, Angebote einzureichen. Im Gegensatz zur öffentlichen Ausschreibung findet bei dieser Vergabeart ein Wettbwerb nur zwischen den aufgeforderten Bewerbern statt. Beim

454 Die Bekanntmachungen sind zu senden an: Amt für amtliche Bekanntmachungen der EG, Rue Mercier, L-2985 Luxemburg.
455 Vgl. hierzu §14 VgV.
456 In der Vergabebekanntmachung ist außerdem die Anschrift der Vergabekammer, der die Nachprüfung unterliegt, anzugeben, §17 VgV.
457 Vgl. dazu Muster „Vorabinformationsverfahren", Anhang A zur VOB/A.

Nichtoffenen Verfahren müssen mindestens 5 geeignete Bieter aufgefordert werden, § 8a Nr. 2 VOB/A.

Die beschränkte Ausschreibung darf anstelle der öffentlichen Ausschreibung stattfinden, wenn

aa) der Aufwand für die öffentliche Ausschreibung beim Auftraggeber oder Bewerber im Missverhältnis zum erreichbaren Vorteil oder zum Wert der Leistung steht. Dies ist der Fall bei kleineren Bauaufträgen, die für eine öffentliche Ausschreibung zu klein, für eine freihändige Vergabe aber noch zu groß sind,[458]

bb) eine vorausgegangene öffentliche Ausschreibung kein annehmbares Ergebnis erbracht hat (und deshalb aufgehoben wurde). Hier ist u. a. zu denken an unangemessen hohe Angebotspreise bei Verdacht auf Preisabsprachen oder in Zeiten der Hochkonjunktur im Baugewerbe.

cc) Gründe der Dringlichkeit (das sind äußere, plötzlich eintretende und nicht beeinflussbare Umstände wie z. B. Sturmschäden) oder Geheimhaltung gegen eine öffentliche Ausschreibung sprechen. Letzteres dürfte bei der Gemeinde wohl nicht der Fall sein.

*c) Beschränkte Ausschreibung nach öffentlichem Teilnahmewettbewerb (§ 3 Nr. 3 Abs. 2 VOB/A)*

Sie kann stattfinden, wenn

- die Leistungen nach ihrer Eigenart nur von einem beschränkten Kreis von Unternehmern (Spezialfirmen) in geeigneter Weise ausgeführt werden kann, z. B. Brückenbauarbeiten, Abdichtungsarbeiten an Schwimmbecken;
- die Bearbeitung des Angebots wegen der Eigenart der Leistung einen außergewöhnlich hohen Aufwand erfordert.

Der beschränkten Ausschreibung nach öffentlichem Teilnahmewettbewerb geht eine öffentliche Aufforderung (z. B. in Tageszeitungen, Veröffentlichungsblättern, Fachzeitschriften) an die in Frage kommenden Unternehmen voraus, Teilnahmeanträge zu stellen. Der öffentliche Teilnahmewettbewerb wird in diesem Fall der beschränkten Ausschreibung als eigenes Verfahren vorgeschaltet. Die an einem Angebot interessierten Unternehmer erhalten dadurch die Möglichkeit, trotz beschränkter Ausschreibung in den (beschränkten) Kreis der Bieter einbezogen zu werden. Teilnahmeanträge sind auch dann zu berücksichtigen, wenn sie durch Telegramm, Fernschreiben, Fernkopierer, Telefon oder in sonstiger Weise elektronisch übermittelt wurden.

458 In der Regel handelt es sich um eine wertmäßig geringe Bauleistung, wobei die Wertgrenze im Einzelfall in der Vergabeordnung bzw. Dienstanweisung der Gemeinde festgeschrieben sein sollte. Vgl. dazu auch § 2 des Musters einer DA Bauvergabe in BWGZ 1996, S. 343.

Durch einen solchen öffentlichen Teilnahmewettbewerb bekommt der Auftraggeber einen besseren Überblick über die Unternehmen, die zur Angebotsabgabe aufgefordert werden können, und die am Auftrag interessiert sind (Erkundung des Bewerberkreises). Aus den eingegangenen Teilnahmeanträgen wählt dann die Gemeinde diejenigen Unternehmen aus (mindestens fünf), die sie zur Abgabe von Angeboten auffordern will.

Bei beschränkter Ausschreibung sollte unter den Bewerbern gewechselt und nicht nur ortsansässige Unternehmen zur Angebotsabgabe aufgefordert werden.

*d) Freihändige Vergabe (§ 3 Nr. 4 VOB/A)*

Bei freihändiger Vergabe werden Bauleistungen ohne förmliches Verfahren, d.h. ohne öffentliche oder beschränkte Ausschreibung, vergeben. Diese Vergabeart ist gegenüber der öffentlichen Ausschreibung und der beschränkten Ausschreibung subsidiär. Sie schließt den Wettbewerb aus und ist für die Gemeinde als Auftraggeber nur in folgenden Fällen wirtschaftlich vertretbar (§77 Abs.2 GemO) und von der VOB vorgesehen:

- Für den Auftrag kommt nur ein bestimmter Unternehmer in Betracht, z.B. aus Gründen des Patentschutzes oder wegen spezieller Erfahrungen oder Geräte.
- Die Leistung kann vor der Vergabe nicht eindeutig und erschöpfend festgelegt werden (nach Art und Umfang). Beispiel: Reparaturarbeiten an alten Gebäuden, wenn die Schäden erst nach Beginn der Arbeit festgestellt, vorher aber nur vermutet werden können.
- Eine kleine Leistung braucht nicht ausgeschrieben zu werden, wenn sie sich von einer bereits vergebenen größeren Leistung nicht ohne Nachteil trennen lässt. Hier handelt es sich um sogenannte kleinere Anschlussaufträge.[459] Voraussetzung für die freihändige Vergabe ist, dass der Anschlussauftrag wesentlich kleiner sein muss als der bereits vergebene „Erstauftrag". Der Nachteil der Trennung solcher Aufträge kann z.B. darin bestehen, dass ein anderer Unternehmer, der den zweiten Auftrag erhält, die Baustelle nochmals einrichten muss, während der bereits an der Baustelle arbeitende Unternehmer die schon vorhandene Baustelleneinrichtung weiterbenutzen kann. Im Falle des Anschlussauftrages an denselben Unternehmer (ohne Ausschreibung) wird die erneute Baustelleneinrichtung erspart.
- Bei besonderer Dringlichkeit. Diese kann z.B. vorliegen bei Leistungen zur Beseitigung von Folgen aus Unglücks- und Katastrophenfällen.
- Eine vorausgegangene öffentliche oder beschränkte Ausschreibung hat kein annehmbares Ergebnis (i.d.R. keinen annehmbaren Ange-

459 Weitere Einzelheiten zu Anschlussaufträgen, BWGZ 1986, S.27.

botspreis) erbracht, und ein solches ist auch nicht von einer erneuten Ausschreibung zu erwarten. Hier ist es wirtschaftlicher, mit einem bekannten Unternehmer zu verhandeln, um angemessene Bedingungen (Preise) zu erreichen und an diesen dann freihändig zu vergeben, als nochmals Kosten für eine weitere Ausschreibung in Kauf zu nehmen. Voraussetzung ist allerdings, dass die Ausschreibung gem. §26 VOB/A aufgehoben wurde und eine Prüfung ergab, dass auch eine erneute Ausschreibung kein akzeptables Angebot bringen wird.
- Die auszuführende Leistung ist Geheimhaltungsvorschriften unterworfen. Im kommunalen Bereich dürfte dieser Fall kaum vorkommen.

*e) Verhandlungsverfahren (§ 3 a Nr. 4 und 5 VOB/A)*

Hier handelt es sich um eine freihändige Vergabe ohne oder nach öffentlicher Vergabebekanntmachung. Dieses Verhandlungsverfahren findet nur Anwendung, wenn es sich um Bauaufträge i.S.v. §1a VOB/A handelt.

- Das Verhandlungsverfahren nach öffentlicher Vergabebekanntmachung ist zulässig, wenn die Voraussetzungen des §3a Nr.4 VOB/A vorliegen. Die Vorteile einer öffentlichen Vergabebekanntmachung (eines öffentlichen Teilnahmewettbewerbs) für den Auftraggeber und die interessierten Unternehmer sind bei 4.4.3.3 beschrieben. Bei hinreichender Zahl geeigneter Bewerber sind mindestens 3 zu Verhandlungen aufzufordern (§8a Nr.3 VOB/A). Vorher ist deren Eignung zu prüfen (§8 Nr.4 VOB/A).
- Das Verhandlungsverfahren ohne öffentliche Vergabebekanntmachung ist zulässig, wenn die Voraussetzungen des §3a Nr.5 VOB/A gegeben sind. Unter den Bewerbern soll möglichst gewechselt werden (§8 Nr.2 (2) VOB/A).

**Übersicht: Vergabeverfahren nach der VOB**

| **VOB/A**<br>**1. Abschnitt** | **VOB/A**<br>**2. Abschnitt** | **VOB/A**<br>**3. Abschnitt** | **VOB/A-SKR**<br>**4. Abschnitt** |
|---|---|---|---|
| Öffentliche Ausschreibung §3 Nr. 1 Abs. 1 und Nr. 2 VOB/A | Offenes Verfahren §3a Nr. 1a und Nr. 2 VOB/A | Offenes Verfahren §3b Nr. 1a VOB/A | Offenes Verfahren §3 Nr. 2 VOB/A-SKR |
| Beschränkte Ausschreibung **nach** öffentlichem Teilnahmewettbewerb §3 Nr. 1 Abs. 2 und Nr. 3 Abs. 2 VOB/A | Nichtoffenes Verfahren §3a Nr. 1b und Nr. 3 VOB/A | Nichtoffenes Verfahren §3b Nr. 1b und Nr. 2 VOB/A | Nichtoffenes Verfahren **nach** Aufruf zum Wettbewerb §3 Nr. 2b VOB/A-SKR |
| Beschränkte Ausschreibung **ohne** öffentlichen Teilnahmewettbewerb §3 Nr. 1 Abs. 2 und Nr. 3 Abs. 1 VOB/A | | | Nichtoffenes Verfahren **ohne** Aufruf zum Wettbewerb §3 Nr. 2b und Nr. 3 VOB/A-SKR |

| **VOB/A 1. Abschnitt** | **VOB/A 2. Abschnitt** | **VOB/A 3. Abschnitt** | **VOB/A-SKR 4. Abschnitt** |
|---|---|---|---|
| Freihändige Vergabe §3 Nr. 1 Abs. 3 und Nr. 4 VOB/A | Verhandlungsverfahren **mit** öffentlichem Teilnahmewettbewerb §3a Nr. 1c und Nr. 4 VOB/A | Verhandlungsverfahren **mit** Aufruf zum Wettbewerb §3b Nr. 1c VOB/A | Verhandlungsverfahren **nach** Aufruf zum Wettbewerb §3 Nr. 2c VOB/A-SKR |
| | Verhandlungsverfahren **ohne** öffentlichen Teilnahmewettbewerb §3a Nr. 1c und Nr. 5 VOB/A | Verhandlungsverfahren **ohne** Aufruf zum Wettbewerb §3b Nr. 1c und Nr. 2 VOB/A | Verhandlungsverfahren **ohne** Aufruf zum Wettbewerb §3 Nr. 2c und Nr. 3 VOB/A-SKR |

### 4.4.4 Einheitliche Vergabe

Die einheitliche Vergabe (§4 VOB/A) einer Bauleistung ist die Regel.[460] **365**
Vergeben werden sollen nicht nur die Bauarbeiten, sondern i.d.R. auch die zur Bauleistung gehörenden Lieferungen (Baustoffe, Bauteile). Als fachliche Einheit (Fachlos) gilt die Bauleistung eines bestimmten Handwerks- oder Gewerbezweigs (§4 Nr. 3 VOB/A), z.B. die Rohbauarbeiten, die Gipserarbeiten, die Elektroinstallation usw. Vorteile dieser einheitlichen Vergabe von Bauarbeiten und Lieferungen als Fachlose: einheitliche wirtschaftliche Ausführung aus einer Hand und klare Verhältnisse für die Gewährleistung.[461] Außerdem wird durch die Fachlosvergabe auch kleineren mittelständischen Betrieben die Wettbewerbsteilnahme ermöglicht und in der Regel ein größerer Bewerberkreis angesprochen. Dies führt i.d.R. zu einem niedrigeren Preisniveau. Damit wird dem Grundsatz der Wirtschaftlichkeit (§77 Abs. 2 GemO) besonders Rechnung getragen.

Ausnahmen:

a) Aufteilung der Teillose – mengenmäßige oder räumliche Aufteilung von Fachlosen bei größeren Objekten, z.B. mit mehreren Gebäuden (§4 Nr. 2 VOB/A und Nr. 3.2a MRöA),[462] soweit technisch und wirtschaftlich vertretbar. Bereits in den Ausschreibungsunterlagen ist bekannt zu geben, ob eine Teilung der Bauleistung und wie sie im Einzelnen vorgesehen ist, vgl. §10 Nr. 5 Abs. 2, §17 Nr. 1 Abs. 2, Nr. 2 Abs. 2 VOB/A.

b) Aus wirtschaftlichen oder technischen Gründen können jedoch mehrere Fachlose zusammen vergeben werden, z.B. die sanitäre Installation und die Heizungsinstallation. Voraussetzung: Der Unternehmer

460 Dies bedeutet nicht die Vergabe aller Arbeiten in ihrer Gesamtheit an einen Unternehmer.

461 Vgl. dazu auch Erläuterungen zur Zusammenfassung von Fachlosen und Bildung von Teillosen des DVA vom 24.5. 2000.

462 VwV der Ministerien über die Beteiligung der mittelständischen Wirtschaft an der Vergabe öffentlicher Aufträge (Mittelstandsrichtlinien für öffentliche Aufträge – MRöA) vom 29.12. 1998 (GABl. 1999 S. 191).

führt in seinem Betrieb zulässigerweise die Arbeiten verschiedener Gewerbezweige aus.

c) Zusammenfassende Vergabe sämtlicher Bauleistungen an einen „Generalunternehmer".[463] Generalunternehmer ist, wer wesentliche Teile der Bauleistung selbst ausführt (Nr. 5.5 MRöA). Beispiel: schlüsselfertige Erstellung eines Gebäudes, vor allem in Fertigbauweise oder Teilfertigbauweise; typisierte Fertigbauten bei Kläranlagen. Die Beauftragung eines Generalunternehmers ist ausnahmsweise aus wirtschaftlichen oder technischen Gründen zulässig. Solche Gründe könnten die Dringlichkeit sowie die technische Komplexität einer Baumaßnahme, aber auch Finanzierungsprobleme sein (z.B. Investorenmodell).

Nachteile: Gefahr hoher Gewinne des Generalunternehmers, der seinerseits weitervergibt an „Subunternehmer". Auch diese wollen noch verdienen.

Vorteile: Nur ein Auftraggeber, evtl. Preisvorteil durch genormte Bauteile, Einsparung von Verwaltungs- und Koordinationsaufwand, evtl. Bauzeitverkürzung, einfachere Abrechnung, klare Verhältnisse bei der Gewährleistung.

Die Vergabe aller Fachlose an einen Generalunternehmer führt nach überwiegender Auffassung in der Regel zu wirtschaftlich weniger günstigen Ergebnissen als die Vergabe nach Fachlosen. Der Bundesrechnungshof geht aufgrund seiner Nachprüfungen von der Regelvermutung aus, dass Generalunternehmervergaben etwa 10 v.H. teurer sind als eine Vergabe nach Fachlosen. Sie ist deswegen nur in besonders begründeten Ausnahmefällen mit dem Gebot der Wirtschaftlichkeit zu vereinbaren.

Nicht vergeben werden dürfen Bauleistungen an Unternehmen, die selbst keine Bauleistungen gewerbsmäßig ausführen – so genannte Generalübernehmer (Nr. 5.4 MRöA).

Zu den Besonderheiten bei der Weitergabe von Bauleistungen an Nachunternehmer (Subunternehmer) vgl. 5.6 MRöA. Die Beschäftigung osteuropäischer Firmen (mit billigen Arbeitern) durch Werkvertrag ist einem Generalunternehmer nur mit Genehmigung des Landesarbeitsamts (im Rahmen der bewilligten Kontingente) erlaubt.

463 Zur Begründung einer Generalunternehmervergabe kann nicht nur auf die allgemeinen Vorteile einer zusammengefassten Vergabe hingewiesen werden, vgl. Urteil LG Hannover vom 17.4. 1997 (VkBl. 1997, S.837) oder Vergabeüberwachungsausschuss Freistaat Bayern vom 3.5. 1996 (BauR 1996, S.115).

#### 4.4.5 Vergütung (§§ 5 VOB/A, 2 VOB/B)

##### 4.4.5.1 Leistungsvergütung nach Einzelpreisen oder als Pauschalpreis

Bauleistungen werden grundsätzlich nach Leistung (Leistungsmenge) und nicht nach Zeitaufwand (Zeitlohn) vergütet. Der Bauvertrag (Werkvertrag) ist deshalb i.d.R. ein Leistungsaufwand und kein Stundenlohnvertrag. 366

Die Leistungsvergütung erfolgt entweder nach

a) Einzelpreisen nach Maß, Gewicht oder Stückzahl für technisch und wirtschaftlich einheitliche Teilleistungen (Einheitspreis) oder als

b) Pauschalpreis, wenn Art und Umfang der Leistung genau bestimmbar sind und mit einer Änderung bei der Ausführung nicht zu rechnen ist, z.B. Abbrucharbeiten,

und schließt die Umsatzsteuer ein.

Ausnahmen vom Grundsatz der Vergütung nach Leistungsmengen sind zulässig – nach §5 Nr.2 und 3 VOB/A –, wenn es sich um Bauleistungen geringeren Umfangs handelt, die überwiegend Lohnkosten verursachen (z.B. Instandsetzungsarbeiten), oder wenn die Bauleistung bei der Vergabe nicht eindeutig und erschöpfend bestimmt werden kann. In diesen Ausnahmefällen werden Stundenlöhne vergütet (Stundenlohnvertrag) oder Selbstkosten erstattet (Selbstkostenerstattung).

##### 4.4.5.2 Abweichende Leistungsmengen

Durch die vereinbarten Preise werden alle Leistungen abgegolten, die nach den Verdingungsunterlagen zur vertraglichen Leistung gehören. Weicht die tatsächliche Leistungsmenge bei der Anrechnung gegenüber dem im Vertrag vorgesehenen Umfang ab, so gilt Folgendes:

a) Einheitspreis

Weicht die ausgeführte Menge um nicht mehr als 10% vom vorgesehenen Umfang ab, gilt der vertragliche Einheitspreis für die betreffende Leistung oder Teilleistung (§2 Nr.3 Abs.1 VOB/B).

Für die über 10% hinausgehende Überschreitung des Mengenansatzes ist unter Berücksichtigung der Mehr- oder Minderkosten auf Verlangen[464] ein neuer Preis zu vereinbaren (§2 Nr.3 Abs.2 VOB/A).

Bei einer über 10% hinausgehenden Unterschreitung des Mengenansatzes ist auf Verlangen des Auftragnehmers der Einheitspreis für die tatsächlich ausgeführte Menge zu erhöhen, soweit der Auftragnehmer nicht durch Erhöhung der Mengen bei anderen Positionen oder in an-

464 Spätestens bei der Abrechnung.

derer Weise einen Ausgleich erhält. Zu Einzelheiten und Ausnahme vgl. § 2 Nr. 3 Abs. 3 VOB/B.[465]

b) Bei Pauschalpreisen findet eine Erhöhung oder Reduzierung der Vergütung nur statt, wenn die Mehr- oder Minderleistung so erheblich ist, dass ein Festhalten an der Pauschalsumme nicht zumutbar ist (§ 242 BGB).[466]

Wegen der Zulässigkeit von Preisvorbehalten vgl. Rdnr. 370. Bei Preisvorbehalten geht es nicht um die mengenbedingte Veränderung der Vergütung, sondern um die Weitergabe der Lohn- und Preissteigerungen vom Unternehmer an den Auftraggeber.

#### 4.4.6 Ausschreibungs- und Angebotsverfahren (§§ 6 bis 24 VOB/A)[467]

##### 4.4.6.1 Vergabeunterlagen[468]

**367** Inhalt und Umfang der Vergabeunterlagen sind in § 10 VOB/A geregelt. Sie bestehen aus dem Anschreiben (Aufforderung zur Angebotsabgabe), den Bewerbungsbedingungen und den Verdingungsunterlagen. Die Bewerbungsbedingungen legen die Erfordernisse fest, die die Bewerber bei der Bearbeitung ihrer Angebote beachten müssen, § 10 Nr. 5 Abs. 5 VOB/A. Die Verdingungsunterlagen sind die Unterlagen, die die Bieter als Angebot zurückreichen und die Gegenstand des Vertrages werden. Sie setzen sich zusammen aus Leistungsbeschreibung, rechtlichen Vertragsbedingungen und technischen Vertragsbedingungen, wobei jeweils weitere Untergliederungen möglich sind (§ 10 Nr. 2 und 3 VOB/A).

a) Verfahrensbestimmungen für die Vergabe. Da diese im Teil A der VOB geregelt sind, genügt ein Hinweis darauf.

   Seit der Ausgabe 1990 der VOB/A ist nach deren § 31 in den Vergabeunterlagen (und auch in der Bekanntmachung) die Stelle anzugeben, an die sich der Bewerber zur Nachprüfung behaupteter Verstöße gegen die Vergabebestimmungen wenden kann. Für die Gemeinden ist das die Rechtsaufsichtsbehörde als Vergabeprüfstelle bzw. die Vergabekammer beim Landesgewerbeamt, vgl. Rdnr. 404.

b) Allgemeine Vertragsbedingungen für die Ausführung der Bauleistungen in Form eines Hinweises auf Teil B der VOB, der Vertragsbestandteil wird.

c) Die Leistungsbeschreibung ist wesentlichster Bestandteil der Vergabeunterlagen und des späteren Vertragsinhalts. In ihr wird die zu erbringende Leistung entweder durch Vorgabe eines Leistungsver-

465 Vgl. dazu *Ingenstau/Korbion*, Rdnrn. 319ff. zu § 2 VOB/B.
466 § 2 Nr. 7 VOB/B und *Ingenstau/Korbion*, Rdnrn. 319ff. zu § 2 VOB/B.
467 Soweit a-Paragraphen zu beachten sind, vgl. §§ 8a, 9a, 10a, 17a und 18a VOB/A.
468 Vgl. Kommunales VHB (u.a. Kommunale Einheitliche Verdingungsmuster (KEVM).

zeichnisses oder durch Vorgabe eines Leistungsprogramms festgelegt. Die Leistungsbeschreibung sollte auf der Basis der allgemeinen technischen Vertragsbedingungen (ATV) für Bauleistungen (VOB Teil C) unter Berücksichtigung der Ausführungsplanung (nicht der Entwurfsplanung) erstellt werden. Neben der Festlegung von Inhalt und Umfang der zu erbringenden Leistung ist sie auch Grundlage für die Bemessung der Vergütung und die Abrechnung der zur Vertragserfüllung erbrachten Leistungen. Deshalb ist die zu erbringende Leistung eindeutig und erschöpfend zu beschreiben, dass alle Bewerber die Beschreibung im gleichen Sinne verstehen müssen und ihre Preise sicher und ohne umfangreiche Vorarbeiten berechnen können. Dieser Grundsatz gilt für alle Vergabearten und nach §32 Nr.2 VOB/A sinngemäß auch für Baukonzessionen. Dadurch sollen Zweifel bei der Preiskalkulation und Ausführung vermieden werden. Nur so ist ein ordnungsgemäßer Wettbewerb, eine korrekte Vergabe und Abrechnung möglich. Soweit a-Paragraphen zu beachten sind, vgl. §§8a, 9a, 10a, 17a und 18a VOB/A.

Die Aufnahme von Eventualpositionen (die Gemeinde nimmt eine Position in das Leistungsverzeichnis auf, deren Ausführung des Leistungsverzeichnisses noch nicht feststeht) und angehängten Stundenlohnarbeiten in die Leistungsverzeichnisse widerspricht dem Gebot der eindeutigen und erschöpfenden Leistungsbeschreibung und darf deshalb nur ausnahmsweise in die Leistungsbeschreibung aufgenommen werden. Alternativposten (die Gemeinde ist sich bei Erstellung des Leistungsverzeichnisses noch nicht sicher, welche Leistungen sie ausführen lassen will) in Leistungsbeschreibungen sind auch nicht zulässig, um Mängel in der Planung auszugleichen.[469] Durch die zulässige alternative Ausschreibung ähnlicher Leistungen kann die Gemeinde ermitteln, welche Variante die wirtschaftlichere ist. Auf diese Weise kann sie einzelne Materialien oder Ausführungsarten dem Wettbewerb unterstellen (vgl. OLG Saarbrücken vom 22.10.1999 – 5 Verg 4/99). Im Gegensatz zur Eventualposition entscheidet die Gemeinde bereits im Zeitpunkt des Zuschlags, welche Alternative sie beauftragt.

Eine Verwechslung von Alternativ- und Eventualpositionen kann zu einer Irreführung der Bieter führen, die als Verstoß gegen §9 Nr.1 VOB/A zur Aufhebung der Ausschreibung führen kann (OLG Dresden vom 10. 1. 2000 – W Verg 1/99).

Die Leistungsbeschreibung (§9 VOB/A) kann erfolgen

- mit Hilfe eines Leistungsverzeichnisses, das die erwartete Bauleistung in die einzelnen Teilleistungen aufgliedert und exakt beschreibt. Dem

469 Vgl. OLG Schleswig, Urt. vom 17.2. 2000, NZBau 2000, S.207.

Leistungsverzeichnis ist eine allgemeine Beschreibung der Bauaufgabe voranzustellen. Einzelheiten zum Leistungsverzeichnis vgl. §9 Nr.6 bis 9 VOB/A; oder

- mit Hilfe eines Leistungsprogramms. Diese Form der Leistungsbeschreibung (man bezeichnet sie auch als „funktionale Leistungsbeschreibung") ist dann zulässig, wenn nicht nur die Ausführung einer in den Einzelheiten feststehenden Bauleistung ausgeschrieben werden soll, sondern wenn auch der Entwurf der Bauleistung dem Wettbewerb unterstellt wird. Damit soll die technisch, wirtschaftlich und funktionell beste Lösung der Bauaufgabe erzielt werden.

*Beispiel:* Es werden der Entwurf und die Bauleistungen für ein Jugendzentrum ausgeschrieben. Eine Detailplanung liegt hier noch nicht vor. Ein detailliertes Leistungsverzeichnis kann deshalb gar nicht erstellt werden. Bauplanung und Ausführung werden zusammen als einheitliche Aufgabe ausgeschrieben. Der Bieter kann die von ihm erwarteten Leistungen weitgehend selbst entwerfen. Er übernimmt auch planerische Aufgaben. Dabei ist er aber an die Beschreibung der Bauaufgabe im Leistungsprogramm gebunden.

Dem Leistungsprogramm mit weitgehender Gestaltungsfreiheit durch den Unternehmer ist dann der Vorzug zu geben – vor der detaillierten Vorausplanung und dem ins Einzelne gehenden Leistungsverzeichnis –, wenn damit die technisch, wirtschaftlich und gestalterisch beste und funktionsgerechte Lösung der Bauaufgabe zu erwarten ist.[470] Ob dies im Einzelfall zutrifft, ist jeweils unter Abwägung aller Umstände zu entscheiden. Das Leistungsprogramm wird vor allem im Bereich des Fertigbaus und des Teilfertigbaus Vorteile bieten.

Das Leistungsprogramm umfasst eine Beschreibung der Bauaufgabe, ohne die Bauleistung in allen Einzelheiten festzulegen. Vgl. dazu auch §9 Nr. 10–12 VOB/A.

Der Nachteil gegenüber dem Leistungsverzeichnis ist darin zu sehen, dass die Angebote untereinander schwer vergleichbar sind.

Die Gemeinde hat die Bieter aufzufordern, in ihrem Angebot die Leistungen anzugeben, die diese an Nachunternehmer zu vergeben beabsichtigen (Nr. 5.6a MRöA).

d) Die allgemeinen Vertragsbedingungen (VOB/B) und die allgemeinen technischen Vertragsbedingungen (VOB/C) können bei größeren Gemeinden[471] durch zusätzliche Vertragsbedingungen (ZVB)[472] und zusätzliche technische Vertragsbedingungen generell ergänzt, aber grundsätzlich nicht verändert werden. Die Punkte, die in den ZVB generell oder in besonderen Vertragsbedingungen (im Einzelfall) geregelt werden können, sind in §10 Nr.4 VOB/A aufgezählt. Hier

470 Das Leistungsziel mit seinen Einzelheiten steht fest; Veränderungen sind nicht zu erwarten.
471 D.h. bei Auftraggebern, die ständig Bauleistungen vergeben (§10 Nr.1 Abs.2 VOB/A).
472 Vgl. KGSt-Mitteilungen 1983, S.78 und KVHB-Bau.

kommen u.a. in Frage die Ausführungsfristen, Vertragsstrafen, Sicherheitsleistung, längere Gewährleistungsfristen, Änderung der Vertragspreise (Preisgleitklauseln), Anforderungen an Nachunternehmer (Vorbeugen gegen die Beschäftigung von Schwarzarbeitern).

e) Die Vergabeunterlagen

Die Vergabeunterlagen sind vom Bauamt der Gemeinde oder dem beauftragten Architekten in Zusammenhang mit anderen Dienststellen der Gemeinde (Bauverwaltungsamt, Rechtsamt) aufzustellen und allen Bewerbern zu überlassen.[473]

Zu den Vergabeunterlagen gehört ein Anschreiben (Aufforderung zur Angebotsabgabe), das alle Angaben enthält, die außer den Verdingungsunterlagen für die Entscheidung zur Abgabe des Angebots notwendig sind. Zu Einzelheiten vgl. § 10 Nr. 5 VOB/A. Im Anschreiben ist u.a. anzugeben, ob digitale Angebote zugelassen werden und wo ggf. diese einzureichen sind (§ 10 Nr. 5 Abs. 2 Buchst. h VOB/A).

f) Der Auftraggeber kann bei öffentlicher Ausschreibung für die Abgabe von Verdingungsunterlagen von den Bewerbern eine Entschädigung verlangen, die die Selbstkosten für die Vervielfältigung der Leistungsbeschreibung und der anderen Unterlagen sowie der Kosten der postalischen oder digitalen Versendung nicht überschreiten darf (sog. Schutzgebühr).[474] Bei beschränkter Ausschreibung und freihändiger Vergabe (mit oder ohne öffentlichen Teilnahmewettbewerb) sind alle Unterlagen unentgeltlich abzugeben, § 20 Nr. 1 Abs. 2 VOB/A.

g) Der Bieter erhält für die Bearbeitung des Angebots grundsätzlich keine Entschädigung, § 20 Nr. 2 VOB/A.[475]

#### 4.4.6.2 Ermittlung des Angebotspreises

Der Bewerber setzt seine Preise in die Leistungsverzeichnisse ein und ermittelt dadurch seinen Angebotspreis. Erkennt der Bewerber Unklarheiten im Leistungsverzeichnis oder hat er Zweifel an der technischen Ausführung, muss er beim Auftraggeber (Gemeinde) rückfragen und Aufklärung veranlassen.[476]

Enthalten die Verdingungsunterlagen anstelle eines Leistungsverzeichnisses ein Leistungsprogramm, so erstellt der Bewerber unter Beachtung dieses Leistungsprogramms seinen Entwurf mit eingehender Erläuterung. Auf der Grundlage seines Entwurfs stellt er eine zweckmäßig gegliederte Beschreibung der zur Ausführung erforderlichen Leistungen

473 Das Verlangen, die Unterlagen persönlich abzuholen, ist bei öffentlicher Ausschreibung unzulässig. Sie sind auf Wunsch des Interessenten diesem zuzusenden gegen Kostenersatz.
474 Vgl. § 20 Nr. 1 Abs. 1 VOB/A.
475 So auch BGH, Urt. vom 12.7. 1979 (NJW 1979, S. 2202 und BWGZ 1980, S. 143). Vgl. auch BGWZ 1989, S. 48.
476 Vgl. BWGZ 1989, S. 50.

mit Mengen- und Preisangaben dar. Aus der Summe dieser Einzelangaben ergibt sich dann der Angebotspreis. Zum weiteren Inhalt der Angebote vgl. §21 VOB/A.

#### 4.4.6.3 Angebotsfrist

Für die Bearbeitung und Einrichtung der Angebote ist den Bewerbern eine ausreichende Angebotsfrist von mindestens 10 Kalendertagen einzuräumen. Bei EU-Ausschreibungen sind andere Fristen zu beachten, vgl. §18a VOB/A. Die Frist endet mit dem Beginn der Angebotseröffnung, §18 Nr.1, 2 VOB/A. Maßgeblich für den Ablauf der Angebotsfrist ist nicht die in den Verdingungsunterlagen angegebenen Uhrzeit, sondern der tatsächliche Beginn der Öffnung des ersten Angebots. Bei der Erstellung der Vergabeunterlagen ist darauf zu achten, dass die Angaben über den Eröffnungstermin sowie das Ende der Angebotsfrist übereinstimmen. Bis zum Ablauf der Angebotsfrist kann der Bieter sein Angebot schriftlich, fernschriftlich, telegrafisch oder digital zurückziehen.

Für die Einreichung von Teilnahmeanträgen bei Beschränkter Ausschreibung nach öffentlichem Teilnahmewettbewerb ist eine ausreichende Bewerbungsfrist vorzusehen.

#### 4.4.6.4 Form und Inhalt der Angebote

Angebote müssen schriftlich eingereicht und unterzeichnet sein. Digitale Angebote mit digitaler Signatur können zugelassen werden (vgl. §21 Nr.1 Abs.1 VOB/A). Allerdings muss sichergestellt sein, dass die Vertraulichkeit der Angebote gewahrt ist. Dazu sind digitale Angebote mit digitaler Signatur im Sinne des Signaturgesetzes[477] zu versehen und zu verschlüsseln. Die Verschlüsselung ist bis zum Ablauf der für die Einreichung der Angebote festgelegten Frist aufrechtzuerhalten. Durch Telefax eingehende Angebote sind im Hinblick auf die Geheimhaltung zurückzuweisen und nicht zuzulassen. Achtung: anders bei Bewerbungen im Rahmen eines Teilnahmewettbewerbs.

#### 4.4.6.5 Eröffnungstermin

Bei öffentlichen und beschränkten Ausschreibungen ist für die Öffnung und Verlesung der Angebote ein Eröffnungstermin abzuhalten. Bis dahin sind die zugegangenen Angebote unter Verschluss zu halten, §22 Nr.1 Satz2 VOB/A. Wurde ein Angebot versehentlich geöffnet, ist es sofort wieder zu verschließen und der Umstand der versehentlichen Öffnung und des erneuten Verschlusses auf dem Umschlag unter Angabe des Namens der beteiligten Personen sowie des Datums und der Uhrzeit zu vermerken. Beim Eröffnungstermin dürfen nur die Bieter und ihre Bevoll-

477 Vgl. BGBl. I S.876 und Dokumentation des DStG vom November 2001.

mächtigten anwesend sein; nicht dagegen unbeteiligte Konkurrenten. Deshalb können auch nur den Bietern die Namen der Bieter und die Endbeträge der Angebote vorgelesen werden. Angebote, die nachweislich vor Ablauf der Angebotsfrist dem Auftraggeber zugegangen waren, aber bei Öffnung des ersten Angebots aus vom Bieter nicht zu vertretenden Gründen dem Verhandlungsleiter nicht vorgelegen haben, sind wie ein rechtzeitig vorliegendes Angebot zu behandeln. Ein solches Angebot ist mit allen Angaben in die Niederschrift oder in einem Nachtrag aufzunehmen und der Sachverhalt den Bietern unverzüglich schriftlich mitzuteilen. In die Mitteilung sind die Feststellung, dass der Verschluss unversehrt war, und die Angaben, die normalerweise im Eröffnungstermin (Submissionstermin) hätten verlesen werden müssen, aufzunehmen. Das Risiko der Übermittlung und des rechtzeitigen Eingangs seines Angebots trägt der Bieter. Die Möglichkeit der Wiedereinsetzung bei Versäumnis der Angebotsfrist gibt es nicht (VK Nordbayern, B. vom 16.8. 2000). Weitere Einzelheiten zum Verfahren beim Eröffnungstermin ergeben sich aus § 22 VOB/A.[478]

Den Bietern und ihren Bevollmächtigten ist nicht nur die Einsicht in die Niederschrift und ihre Nachträge zu gestatten; ihnen können auch die verlesenen und nachgerechneten Endbeträge der Angebote nach rechnerischer Prüfung mitgeteilt werden. Wird dies von den Bietern beantragt, hat diese Information unverzüglich zu erfolgen, § 22 Nr. 7 VOB/A.

#### 4.4.6.6 Prüfung der Angebote

Nach der Angebotseröffnung und der formellen Prüfung nach § 23 Nr. 1 VOB/A erfolgt die Prüfung[479] der Angebote in rechnerischer,[480] technischer und wirtschaftlicher Hinsicht durch das Bauamt oder den beauftragten Architekten.[481] Für den Fall, dass Einheitspreis und Gesamtbetrag auseinanderfallen, regelt § 23 Nr. 3 VOB/A, welcher Gesamtbetrag dem Angebot zugrunde zu legen ist.

#### 4.4.6.7 Verhandlungen mit Bietern (Aufklärung des Angebotsinhalts)[482]

a) Verhandeln darf der Auftraggeber mit dem Bieter bis zur Zuschlagerteilung nur zur Unterrichtung und zur Klärung von Zweifeln aus dem Angebot selbst[483] und bezüglich der Leistungsfähigkeit des Bieters in wirtschaftlicher und technischer Hinsicht. Zum Nachweis ihrer Eig-

478 Niederschrift über Eröffnungstermin vgl. Formblatt im KVHB-Bau.
479 § 23 VOB/A. Vgl. auch Formblatt im KVHB-Bau.
480 Nicht entdeckte Rechen- und Übertragungsfehler können zu Lasten des Auftraggebers gehen, BWGZ 1989, S. 48. Auf erkannte Kalkulationsfehler muss der Auftraggeber den Bieter hinweisen, Die Fundstelle 1980/94. Andererseits ist es nicht Aufgabe des Auftraggebers sämtliche Angebote auf mögliche Kalkulationsfehler zu untersuchen. Das Risiko der Fehlkalkulation trifft den Bieter (BWGZ 1989, S. 49).
481 Vgl. dazu § 23 VOB/A sowie BWGZ 17/2000 „Vergabe von Bauleistungen" (Angebote mit fehlerhaften Preisangaben).
482 § 24 VOB/A. Vgl. dazu auch VergabeVwV Nr. 3.8.
483 Etwa zur Klärung der Frage, ob die Preise angemessen sind.

nung können von den Bietern auch Angaben über das für die Leitung und Aufsicht vorgesehene technische Personal verlangt werden. Nur solche Aufklärungsmaßnahmen dürfen Gegenstand von Verhandlungen sein. Grundsätzlich unzulässig sind dagegen Verhandlungen mit dem Ziel, das Angebot (z.B. die Gewährleistungsfrist oder die Preise) zu ändern. Eine nachträgliche Änderung der Ausschreibungsunterlagen durch Herausnahme oder Erweiterung von Positionen des Leistungsverzeichnisses ist (mit Ausnahme der in §24 Nr.3 VOB/A genannten Fälle) nicht zulässig.[484] Im VOB-Vergabeverfahren darf nicht ein Bieter gegen den anderen ausgespielt werden, etwa mit dem Ziel, die Preise zu senken. Das wäre unlauterer Wettbewerb und würde dem Wesen[485] der VOB widersprechen. Unter Umständen könnte ein durch solche unzulässigen Verhandlungen übergangener – ursprünglich günstigster – Bieter Schadenersatzansprüche erstreiten.[486]

b) Hat eine Ausschreibung kein annehmbares Ergebnis – z.B. keinen vertretbaren Preis – gebracht, so ist die Ausschreibung aufzuheben[487] und dies allen Bietern unter Angabe der Gründe unverzüglich mitzuteilen (§§26 und 26a VOB/A). Es folgt dann – je nach Marktlage – eine erneute Ausschreibung (öffentlich oder beschränkt) oder wird mit einzelnen Unternehmen verhandelt mit dem Ziel, im Wege der freihändigen Vergabe einen günstigeren Preis zu erzielen.

c) Geht auf eine öffentliche Ausschreibung nur ein Angebot ein, ist dies noch kein Grund zur Aufhebung der Ausschreibung. Das Angebot ist unter Wettbewerbsbedingungen zustande gekommen, es sei denn, Umstände lassen erkennen, dass z.B. eine Absprache vorliegt.[488] Erst wenn sich bei der Wertung zeigt, dass das einzige Angebot den Zuschlag nicht erhalten kann – z.B. wegen überhöhter Preise –, kann die Ausschreibung aufgehoben werden (nach §26 Nr.1c VOB/A).

#### 4.4.7 Wertung der Angebote und Zuschlagserteilung (§§ 25 bis 30 a VOB/A)[489]

368 Die Wertung der Angebote erfolgt in vier Wertungsstufen: Die erste Wertungsstufe betrifft den Ausschluss der Angebote (§25 VOB/A, §§8 Nr.5, 21 Nr.1 Abs.1 und 2, 21 Nr.3 S.2). Auf der zweiten Wertungsstufe wird geprüft, ob der Bieter die erforderliche Eignung in persönlicher und sachlicher Hinsicht besitzt (§25 Nr.2 VOB/A). In der dritten Wertungsstufe er-

484 Vgl. auch Vergabe VwV Nr. 3.10 (VSV 6335).
485 Vgl. Rdnr.352.
486 Vgl. Rdnr.404.
487 Bei Aufhebung der Ausschreibung hat ein Bieter einen Schadenersatzanspruch nur dann, wenn ihm der Zuschlag hätte erteilt werden müssen (nach den Regeln der VOB), vgl. Rdnr.404 (Nachprüfungsverfahren).
488 Vgl. BWGZ 1981, S.116.
489 Vgl. Wertungsrichtlinie zu §25 VOB/A vom 22.10. 1990 (MinBlFin S.323, vgl. auch VSV 2130-9). Bei der Vergabe von Bauleistungen für Bundesfernstraßen gibt es verbindliche Wertungsgrundsätze des Bundesministers für Verkehr (Rundschreiben vom 17.10. 1978, VkBl. Heft 21, S.454 – vgl. auch Die Fundstelle 1979/67).

folgt die Überprüfung der Angemessenheit der Preise (§25 Nr. 1 Abs. 1 und 2 VOB/A, evtl. Aufklärung nach §24 VOB/A) sowie die Ermittlung der in die engere Wahl fallenden Angebote und in der letzten Wertungsstufe die Auswahl des annehmbarsten Angebots unter den verbleibenden Angeboten, §25 Nr. 3 Abs. 3 VOB/A.

#### 4.4.7.1 Auszuschließende Angebote

Auszuschließen sind

a) verspätet eingegangene Angebote, ausgenommen Angebote nach §22 Nr. 6 VOB/A.[490]

b) Form- und inhaltlich fehlerhafte Angebote nach §21 Nr. 1 Abs. 1 und 2 VOB/A.[491]

c) Angebote von Bietern, die in Bezug auf die Ausschreibung eine Abrede getroffen haben, die eine unzulässige Wettbewerbsbeschränkung darstellt, z. B. eine Preisabsprache. Bei Verdacht überhöhter Preise empfiehlt sich eine Überprüfung durch die Preisüberwachungsstelle bei den Regierungspräsidien.[492]

d) Änderungsvorschläge und Nebenangebote, wenn die Gemeinde in der Bekanntmachung oder in den Vergabeunterlagen erklärt hat, dass sie diese nicht zulässt.

Bei den in §25 Nr. 1 Abs. 1 VOB/A genannten Ausschlussgründen hat die Gemeinde kein Ermessen. Der Ausschluss ist zwingend.

e) Über Telefax eingegangene Angebote. Darauf sollte in den Vergabeunterlagen hingewiesen werden.[493]

#### 4.4.7.2 Weitere Ausschlüsse

Außerdem können ausgeschlossen werden

a) Angebote von Bewerbern, über deren Vermögen das Insolvenzverfahren oder ein vergleichbares gesetzlich geregeltes Verfahren eröffnet oder die Eröffnung beantragt worden ist oder der Antrag mangels Masse abgelehnt wurde.

b) Angebote von Bewerbern, die sich in Liquidation befinden.

c) Angebote von Bewerbern, deren Zuverlässigkeit in Frage gestellt ist, sei es, weil sie nachweislich eine schwere Verfehlung begangen haben, sei es, dass sie öffentliche Abgaben nicht ordnungsgemäß bezahlt[494] oder

490 Zuschlagserteilung an ein verspätet eingegangenes Angebot führt zum Ersatz des Vertrauensschadens an den übergangenen Bieter (OLG Köln, Urt. vom 29.4. 1977, BWGZ 1978, S. 829).
491 BHG, Urt. vom 12.7. 1984, Die Fundstelle 1985/188.
492 Wegen Schadensersatz bei unzulässigen Preisabsprachen vgl. BWGZ 1983, S. 319.
493 Vgl. BWGZ 1990, S. 689.
494 So genannte steuerliche Unbedenklichkeitsbescheinigungen kann die Gemeinde verlangen nach §8 Nr. 5 Abs. 2 VOB/A (vgl. auch BWGZ 1991, S. 144).

im Vergabeverfahren vorsätzlich unzutreffende Erklärungen abgegeben haben (in Bezug auf ihre Fachkunde, Leistungsfähigkeit und Zuverlässigkeit).

d) Angebote von Bietern, die sich bei der Berufsgenossenschaft nicht angemeldet haben.[495]

e) Angebote, die § 21 Nr. 3 Satz 2 VOB/A nicht entsprechen.

Der Ausschluss bzw. die Berücksichtigung von Angeboten gem. § 25 Nr. 1 Abs. 2 VOB/A (fakultativer Ausschluss) ist besonders zu begründen, ferner die Ermessensentscheidung darzulegen.

#### 4.4.7.3 Eignung der Bewerber

Für den Zuschlag kommen nur die Angebote solcher Bewerber in Frage, die für die Erfüllung der vertraglichen Verpflichtungen die erforderliche Fachkunde, Leistungsfähigkeit und Zuverlässigkeit besitzen sowie über ausreichende technische und wirtschaftliche Mittel verfügen. Im Zweifel wird die Gemeinde vor der Zuschlagserteilung Referenzen einholen und eventuell Besichtigungen vornehmen.

Die Prüfung der Eignung der Bewerber bei der Wertung der Angebote findet nur noch bei öffentlicher Ausschreibung/offenes Verfahren statt. Sofern Bieter beabsichtigen, bestimmte Leistungen durch Nachunternehmer ausführen zu wollen, muss deren Eignung nachgewiesen werden. Ein Bieter ist ungeeignet und vom Verfahren auszuschließen, wenn er beabsichtigt, sämtliche im Rahmen der Ausführung des Auftrags anfallende Leistungen an Nachunternehmer zu übertragen (OLG Düsseldorf, Beschl. vom 10.5. 2001). Bietergemeinschaften sind Einzelbietern gleichzusetzen. Bei der Beurteilung der Leistungsfähigkeit und Fachkunde von Bietergemeinschaften sind die insgesamt zur Verfügung stehenden Kapazitäten der zusammengeschlossenen Baufirmen zu berücksichtigen. Hinsichtlich der Zuverlässigkeit ist die interne Aufteilung der Arbeiten maßgeblich. Im Hinblick auf die gesamtschuldnerische Haftung muss volle Zuverlässigkeit aller Mitglieder der Bietergemeinschaft gegeben sein. Die entsprechenden Nachweise sind von jedem Mitglied der Bietergemeinschaft vorzulegen (VK Hannover, Entscheidung vom 12.3.2001).

Bei der beschränkten Ausschreibung/nichtoffenes Verfahren und der freihändigen Vergabe/Verhandlungsverfahren können nur nachträgliche Zweifel an der Eignung berücksichtigt werden (§ 25 Nr. 2 Abs. 2 VOB/A), da die Eignung bereits vor der Aufforderung zur Angebotsabgabe zu prüfen ist (§ 8 Nr. 4 VOB/A).

495 Vgl. VergabeVwV Nr. 3.6.2 (VSV 6335).

#### 4.4.7.4 Angemessenheit des Preises

Die Feststellung der Angemessenheit des Preises ist im Zusammenhang mit der Angebotswertung von besonderer Bedeutung. Die Frage lautet: Ist das Preis-Leistungsverhältnis angemessen oder besteht ein Missverhältnis zwischen der zu erbringenden Leistung und der Endsumme des geforderten Entgelts. Auf ein Angebot mit einem unangemessen hohen oder niedrigen Preis – unangemessen im Vergleich zu anderen Angeboten für die gleiche Bauleistung oder zu Angeboten für ähnliche Bauleistungen – darf der Zuschlag nicht erteilt werden, §25 Nr.3 Abs.1 VOB/A. Die Angemessenheit der Preise ist dann in Frage zu stellen, wenn z.B. der Bieter mit seinem Angebotspreis etwa 15–20% unter oder über dem Angebotspreis des nächsten Bieters liegt.[496] Liegt der Bieter mit seinem Angebotspreis erheblich unter dem Angebotspreis anderer Bieter, reicht ein offensichtliches Missverhältnis zwischen Preis und Leistung nicht aus. Es muss darüber hinaus zu erwarten sein, dass der Bieter wegen dieses Missverhältnisses in so große Schwierigkeiten gerät, dass er den Auftrag nicht oder nicht ordnungsgemäß durchführen könnte (vgl. KG, Urt. vom 22.8. 2001). In diesem Falle müssen also zwei Voraussetzungen (offensichtliches Missverhältnis und keine Erwartung ordnungsgemäßer Ausführung) vorliegen, um dem Bieter den Zuschlag nach §25 Nr.3 VOB nicht zu erteilen.

Teilleistungen (Einheitspreise) sind grundsätzlich nicht für sich, sondern im Rahmen der Angebotssumme zu beurteilen. Sind jedoch die Preise für einzelne Teilleistungen erkennbar unangemessen, so kann dies Zweifel an einer sachgerechten Preisermittlung begründen. Dies macht eine Aufklärung nach §24 VOB/A und auch eine Prüfung der Einzelansätze notwendig. Bei Zweifeln ist objekt- und betriebsbezogen zu untersuchen und zwar die Lohnkosten, Materialkosten und Baustellengemeinkosten.

Erscheinen Angebotspreise unangemessen hoch oder niedrig, dann sind im Vergabevermerk (§30 VOB/A) sämtliche Umstände festzuhalten, aus denen dies hervorgeht und was die Gemeinde im Zusammenhang mit der Aufklärung des Angebots unternommen und welche Ergebnisse sie dabei erzielt hat. Das Gleiche gilt, wenn die Gemeinde beabsichtigt, einem unangemessen niedrigen Angebot den Zuschlag zu erteilen.

#### 4.4.7.5 Zuschlag

a) Von den Angeboten kommen diejenigen in die engere Wahl, die unter Berücksichtigung rationellen Baubetriebs und sparsamer Wirtschafts-

496 BGH, Urt. vom 11.7. 2001–1 StR 576/00: „Darauf, ob der vereinbarte Preis unter dem Selbstkostenpreis lag, kommt es nicht an. Das in §25 VOB/A enthaltene Verbot eines Zuschlags bei unangemessen niedrigen Preisen soll lediglich verhindern, dass das beauftragte Unternehmen aufgrund eines ruinösen Wettbewerbs in wirtschaftliche Schwierigkeiten gerät und so den Auftrag nicht mehr ausführen kann. Dagegen besteht für die öffentliche Hand kein Hindernis, auch so genannte Unterkostenpreise zu akzeptieren, sofern der Anbieter zu diesen Preisen zuverlässig leisten kann (BGH NJW 1995, 737)".

führung eine einwandfreie Ausführung einschließlich Gewährleistung erwarten lassen.

Den Zuschlag soll schließlich das Angebot erhalten, das unter Berücksichtigung aller Gesichtspunkte, wie z.B. Preis, Ausführungsfrist, Betriebs- und Folgekosten, Gestaltung, Rentabilität oder technischer Wert als das wirtschaftlichste erscheint. Der niedrigste Angebotspreis allein ist nicht entscheidend.[497]

Im Rahmen einer öffentlichen Vergabe nach VOB/A ist der Angebotspreis ausschlaggebend, wenn die eingereichten Angebote inhaltlich übereinstimmen, also gemäß den nach den Vergabebedingungen maßgebenden Bedingungen sachlich und in technischer, gestalterischer und funktionsbedingter Hinsicht gleichwertig sind. Als das annehmbarste Angebot, auf das nach § 25 Nr. 3 Abs. 3 VOB/A der Zuschlag erteilt werden soll, ist in einem solchen Fall das Angebot mit dem niedrigsten Angebotspreis anzusehen (BGH vom 26.10. 1999, BauR 2000, S. 254). Erstellt die Gemeinde Wertungskriterien (in der Bekanntmachung ist darauf hinzuweisen), muss sichergestellt sein, dass der Preis ein wichtiges, die Vergabeentscheidung substantiell beeinflussendes Entscheidungskriterium bleibt. Die Grenze von 30 % sollte nach einem Urteil des OLG Dresden (Beschl. vom 5.2.2001) nicht unterschritten werden.

Im Vergabevermerk (§ 30 VOB/A) sind sämtliche Umstände der Findung des wirtschaftlichsten Angebots darzulegen. Insbesondere sind die maßgeblichen Wertungskriterien in ihrer Gewichtung darzulegen und mit den Ergebnissen der Angebotswertung zusammenzuführen.

b) Nach § 8 Nr. 1 VOB/A sind alle Bewerber oder Bieter gleich zu behandeln, d.h. auswärtige nicht anders als ortsansässige Unternehmer.[498] Das Argument, der ortsansässige Bieter zahle mehr Gewerbesteuer an die Gemeinde als der auswärtige Unternehmer, ist nur bedingt richtig. Ob der ortsansässige Unternehmer mit dem betreffenden Auftrag mehr Gewerbesteuer zu zahlen hat als ohne diesen, lässt sich kaum abschätzen. Nahezu unmöglich ist es, die höhere Gewerbesteuer zu errechnen. Hinzu kommt, dass der Gemeinde auch von auswärtigen Bauunternehmen Gewerbesteuer zufließt (im Wege der Zerlegung), wenn diese eine Betriebsstätte (Bauausführung, Montage) länger als sechs Monate in der Gemeinde unterhalten.[499]

Eine Bevorzugung ortsansässiger Bewerber kann auch dann nicht vertreten werden, wenn ohne den Auftrag der Gemeinde Arbeitsplätze von Gemeindeeinwohnern beim betreffenden Unternehmen in Gefahr

497 Bei mangelnder Erfahrung des billigsten Bieters kann eine Auftragsvergabe an den zweitbilligsten Bieter gerechtfertigt sein, BWGZ 1991, S. 122.
498 Vgl. VergabeVwV 3.2 (VSV 6335).
499 Oder mehrere, ohne Unterbrechung aufeinander folgende Bauausführungen oder Montagen (§ 12 Nr. 8 AO – VSV 6335).

geraten. Die Schaffung und Sicherung von Arbeitsplätzen für die Einwohner ist zwar eine Aufgabe der Gemeinden i.S.v. § 1 Abs. 2 GemO, dieses Interesse an Arbeitsplätzen besteht aber in allen Gemeinden.[500] Ortsansässige Bewerber dürfen auch nicht gegenüber den anderen Bewerbern bevorzugt werden mit dem Hinweis auf Ortskenntnis, vorangegangene Beauftragungen, schnellere Erreichbarkeit. Eine Ausnahme wäre nur dann zulässig, wenn die vorgenannten Gründe im Einzelfall infolge von Besonderheiten des Auftrags für eine ordnungsgemäße Erfüllung entscheidend wären.

Bei öffentlichen Auftragsvergaben i.S.v. § 97 ff. GWB hat der Auftraggeber die Bieter, deren Angebote nicht berücksichtigt werden sollen, über den Namen des Bieters, dessen Angebot angenommen werden soll, und über den Grund der vorgesehenen Nichtberücksichtigung ihres Angebots zu informieren. Die Information hat spätestens 14 Kalendertage vor dem Vertragsabschluss zu erfolgen. Ein zuvor abgeschlossener Vertrag wäre nichtig, § 13 VgV. Auch die nichtberücksichtigten Bieter im nationalen Vergabeverfahren, deren Angebote ausgeschlossen oder nicht in die engere Wahl kommen, sollen so bald wie möglich, die übrigen Bieter spätestens nach der Zuschlagserteilung über die Vergabeentscheidung informiert werden, § 27 VOB/A.

c) Zuständig zur (internen) Entscheidung über die Zuschlagerteilung ist der Gemeinderat oder ein beschließender Ausschuss, wenn nicht ein Geschäft der laufenden Verwaltung (§ 44 Abs. 2 GemO) vorliegt, das der Bürgermeister oder ein anderer Gemeindebeamter erledigt (vgl. Hauptsatzung, Zuständigkeitsordnung). Über die Vergabe ist grundsätzlich in öffentlicher Sitzung zu beraten und zu beschließen.[501]

Nach außen, d.h. dem Bieter gegenüber, erfolgt der Zuschlag durch den Vertreter der Gemeinde (Bürgermeister oder Vertreter). Die Zuschlagsfrist soll nicht mehr als 30 Kalendertage ab Eröffnungstermin betragen. Bis zum Abschluss der Zuschlagsfrist ist der Bieter an sein Angebot gebunden (Hinweis in den Vergabeunterlagen), § 19 VOB/A.

d) Wird auf ein Angebot rechtzeitig[502] und ohne Änderungen der Zuschlag erteilt, so ist damit der Bauvertrag (Werkvertrag) zustande gekommen. Eine besondere Vertragsurkunde verlangt die VOB nicht, wenn der Vertragsinhalt sich aus dem Angebot mit Unterlagen ergibt (bei Änderungen muss sich der Bieter „erklären").

§ 54 GemO verlangt aber schriftliche Vertragsform. In der Praxis wird deshalb eine kurze Vertragsformel oder ein Auftragsschreiben nach dem einheitlichen Verdingungsmuster[503] jeweils unter Hinweis auf die

500 Vgl. dazu BWGZ 1975, S. 490 und VergabeVwV 3.2 (VSV 6335).
501 Vgl. VergabeVwV Nr. 3.3 (VSV 6335).
502 D.h. spätestens vor Ablauf der Zuschlagsfrist (§ 28 Nr. 1 i.V.m. § 19 VOB/A).
503 Vgl. Rdnr. 355.

Vergabeunterlagen (Vertragsbestandteil) verwendet. Dabei darf von den Vergabeunterlagen nicht abgewichen werden. Vertragsinhalt werden weiter – da sie dem Angebot zugrunde liegen – die Teile B und C der VOB.[504]

Soweit der Bauauftrag im Amtsblatt der EG ausgeschrieben war (§ 17a Nr. 2 VOB/A), ist dort die Erteilung des Auftrags bekannt zu machen (§ 28a VOB/A) – ex post – Transparenz.

Über die Vergabe ist für alle Aufträge ein Vermerk zu fertigen (Vergabevermerk). Zu dessen Inhalt vgl. § 30 VOB/A. Daraus sind bei EG-Ausschreibungen der EG-Kommission auf Verlangen Angaben zu übermitteln – Melde- und Berichtspflicht nach § 33a VOB/A.

Werkverträge (Bauverträge) mit Firmen aus Osteuropa (auch als Subunternehmer) bedürfen der Genehmigung des Landesarbeitsamtes (von insgesamt fünf Landesarbeitsämtern je nach Herkunftsland der Baufirma). Die Genehmigung erfolgt nur unter bestimmten Voraussetzungen und soll sicherstellen, dass Arbeitslosigkeit und Kurzarbeit in der BRD sich nicht noch weiter verschärfen (Arbeitsmarkt-Schutzklausel).

e) Die Bieter nicht berücksichtigter Angebote und die nicht berücksichtigten Bewerber (beim Verhandlungsverfahren mit vorangegangener Vergabebekanntmachung) sind sobald wie möglich zu verständigen (§§ 27 und 27a VOB/A). Auf Verlangen sind nicht berücksichtigten Bietern oder Bewerbern innerhalb einer Frist von 15 Kalendertagen die Gründe mitzuteilen, warum ihr Angebot nicht berücksichtigt werden konnte, den Bietern auch der Name des Auftragnehmers. Weitere Informationen sind nicht zu geben, insbesondere der Preisspiegel wird nicht mitgeteilt.

   Bewerber oder Bieter können sich zur Nachprüfung behaupteter Verstöße gegen die Vergabebestimmungen an eine Nachprüfungsstelle (Vergabeprüfstelle) wenden. In der Bekanntmachung (§ 31 VOB/A) und in den Vergabeunterlagen ist darauf hinzuweisen (§ 10 Nr. 5 Abs. 2 Buchst. S und § 17 Nr. 1 Abs. 2 Buchst. V VOB/A). Nachprüfungsstellen sind bei Vergaben unterhalb der Schwellenwerte die Rechtsaufsichtsbehörden; für Auftragsvergaben oberhalb der EG-Schwellenwerte sind in erster Instanz die Vergabekammern und in zweiter Instanz die OLG die Nachprüfungsbehörden, vgl. Rdnrn. 404 ff.

f) Über die Vergabe ist für alle Aufträge ein Vermerk zu fertigen (Vergabevermerk). Zu dessen Inhalt vgl. § 30 VOB/A. Der Vergabevermerk ist fortlaufend, also stufen- und maßnahmenbegleitend zu fertigen. Die Gemeinde hat die Pflicht, die einzelnen Stufen des Vergabeverfahrens

504 Vgl. Rdnr. 361.

einschließlich der Begründung der einzelnen Entscheidungen in den Vergabeakten zu dokumentieren (vgl. OLG Brandenburg, Beschl. vom 30. 8. 1999). Bei EG-Ausschreibungen sind der EG-Kommission auf Verlangen Angaben zu übermitteln – Melde- und Berichtspflicht nach § 33a VOB/A.

#### 4.4.7.6 Beendigung des Vergabeverfahrens ohne Zuschlag

Das Vergabeverfahren kann ohne Zuschlag beendet werden durch die Gemeinde bei Vorliegen der Gründe gem. § 26 Nr. 1 VOB/A oder aufgrund Anweisung (Vergabekammer, Beschwerdegericht, EuGH); es kann auch enden kraft Fiktion (§ 122 GWB).

#### 4.4.7.7 Aufhebung der Ausschreibung

Die Ausschreibung kann aufgehoben werden, wenn

a) kein Angebot eingegangen ist, das den Ausschreibungsbedingungen entspricht, z. B. Bieter haben nicht so angeboten, wie es den Ausschreibungsunterlagen entspricht; Angebote wurden unvollständig oder mangelhaft abgegeben; die erforderlichen Fristen (§§ 18, 19 VOB/A) wurden nicht eingehalten,

b) die Verdingungsunterlagen grundlegend geändert wurden, z. B. angegebene Baugrundverhältnisse entsprechen nicht den tatsächlichen Verhältnissen; Wegfall des Zwecks des Bauwerks; Änderung Finanzierung wegen Wegfall von Staatszuweisungen,

c) andere schwerwiegende Gründe, die erst nach Beginn des Vergabeverfahrens eingetreten sind (z. B. wesentliche Änderungen in den allgemeinen Markt-, Währungs- und Baupreisverhältnissen, soweit diese auf das konkrete Vorhaben erheblich einwirken können).

In diesem Falle sind die Bewerber und Bieter von der Aufhebung der Ausschreibung unter Angabe der Gründe und ggf. der Absicht, ein neues Vergabeverfahren einzuleiten, unverzüglich (auf Antrag sogar schriftlich) zu unterrichten. Wird eine Ausschreibung aufgehoben, ohne dass die Voraussetzungen für eine Aufhebung nach § 26 VOB/A vorgelegen haben, kann derjenige Bieter, der bei ordnungsgemäßem Verfahren den Zuschlag erhalten hätte, Schadensersatz verlangen.[505]

### 4.4.8 Änderungen und Erweiterungen des Bauvertrags

Änderungen und Erweiterungen des Bauauftrages bedürfen der schriftlichen Bestätigung durch den Bauherrn (Gemeinde) vor der Ausführung der geänderten Leistung (Nachtragsangebot verlangen). Der bauleitende Architekt oder Ingenieur kann diese Bestätigung i. d. R. nicht erteilen. **369**

505 Vgl. Rdnr. 404, z. B. 5 % der Angebotssumme als entgangener Gewinn.

Auch das erhebliche Hinausschieben des Beginns einer Bauleistung (begrifflich ist das eine Leistungsänderung) bedarf einer Vertragsänderung, d.h. i.d.R. der Vereinbarung neuer Preise. Es ist deshalb wichtig, dass Bauleistungen erst ausgeschrieben werden, wenn die Voraussetzungen für einen fristgerechten Baubeginn (§ 16 VOB/A) vorliegen.[506]

Der Auftragnehmer hat nach § 4 Nr. 8 Abs. 1 VOB/B die Leistung im eigenen Betrieb auszuführen. Will er Teile der Leistungen an Nachunternehmer weitervergeben, z.B. als Generalunternehmer[507] auftreten, so hat er Art und Umfang der betreffenden Bauleistungen schon in seinem Angebot anzugeben. Eine nicht im Angebot und somit auch nicht im Bauvertrag enthaltene Weitervergabe bedarf der schriftlichen Zustimmung des Auftraggebers (Vertragsänderung).[508]

#### 4.4.9 Preisänderungen (§ 15 VOB/A)

**370** Es ist zu beachten: Die Vergütung ist grundsätzlich ein Festpreis. Das Risiko von Lohn- und Preiserhöhungen trägt der Unternehmer in den Grenzen des Zumutbaren (Auslegung nach Treu und Glauben, § 242 BGB).

Ausnahme:

Preisvorbehalte können in die Verdingungsunterlagen aufgenommen und damit vereinbart werden, wenn wesentliche Änderungen der Preisermittlungsgrundlagen, z.B. Lohnerhöhungen, zu erwarten sind, deren Eintritt oder Ausmaß ungewiss ist.

Vor allem aus gesamtwirtschaftlichen Überlegungen ist der Vereinbarung von festen Preisen ohne Preisvorbehalte der Vorzug zu geben. Das BMWF hat deshalb Grundsätze zur Anwendung von Preisvorteilen bei öffentlichen Aufträgen aufgestellt.[509] Unter den dort genannten Voraussetzungen dürfen Lohngleitklauseln, Stoffpreisgleitklauseln und Preisvorbehalte bei Listenpreisen vereinbart werden. Das Innenministerium empfiehlt auch den kommunalen Auftraggebern die Anwendung dieser Grundsätze.[510] Die Gemeinden (GV) müssen diese Grundsätze anwenden, wenn sie Staatszuschüsse beanspruchen.

Der wesentliche Inhalt der Grundsätze:

a) Preisvorbehalte sind an bestimmte Kostenfaktoren zu binden, z.B. an Tariflöhne.

b) Preisvorbehalte nur, wenn zwischen Angebotsabgabe und Fertigstellung mindestens 10 Monate (in Ausnahmefällen 6 Monate) liegen.

506 Vgl. BWGZ 1989, S. 545.
507 Vgl. Rdnr. 365.
508 Hinweis I/1984 des IM BW, vgl. auch BWGZ 1984, S. 426.
509 Bekanntmachung des WM vom 30.11.1999 (GABl. S. 708) – VSV 2130-9.
510 Vgl. VergabeVwV Nr. 2.3.4 (VSV 6334).

c) Preisgleitklauseln dürfen sich nur auf den Teil der Leistungen beziehen, der durch die Änderung der Kostenfaktoren betroffen wird.

d) Preisgleitklauseln haben grundsätzlich Bagatellgrenzen zu enthalten und für den Fall ihres Überschreitens Selbstbeteiligungsklauseln.

e) Mehr- oder Minderbeträge aus Preisvorbehalten sind vom Auftragnehmer nachzuweisen.

f) Lohngleitklauseln dürfen nur vereinbart werden für den Fall, dass sich die Tariflöhne und -gehälter wesentlich verändern (nach oben oder unten). Dann ändert sich die Vergütung entsprechend. Als wesentliche Änderungen werden in der Praxis z. B. zwei Prozent der gesamten Auftragssumme angesehen und vereinbart. Es gibt aber auch andere Meinungen (0,5 Prozent).

g) Stoffpreisklauseln (Materialpreisgleitklauseln) sind selten und nur für preisempfindliche oder wichtige Baustoffe zuzugestehen (wichtiger Baustoff = hoher Wertanteil am Auftragsgegenstand).

h) Preisvorbehalte bedürfen nach der Rechtsprechung des BGH keiner währungsrechtlichen Genehmigung der LZB nach § 3 des Währungsgesetzes.

#### 4.4.10 Ausgeschlossene Personen

Bei Vergabeentscheidungen öffentlicher Auftraggeber, bei denen die Auftragswerte nach § 2 VgV erreicht oder überschritten wurden, dürfen Organmitglieder, Mitarbeiter und andere Personen, die als voreingenommen gelten, am Vergabeverfahren nicht mitwirken, soweit sie in diesem Verfahren Bieter oder Bewerber sind, Bieterinteressen vertreten oder in sonstiger Weise Anlass zu Bedenken geben, vgl. § 16 VgV. **371**

### 4.5 Zahlung der Vergütung an den Auftragnehmer

Auf die Ausführungen bei Rdnr. 366 wird verwiesen.

#### 4.5.1 Abschlagszahlungen (§ 16 Nr. 1 VOB/B)

Abschlagszahlungen sind jeweils entsprechend dem Baufortschritt in möglichst kurzen Zeitabständen zu leisten, einschließlich Umsatzsteuer. Weist die bisher erbrachte Leistung (Teil-Leistung) Mängel auf, so ist die Abschlagszahlung Zug um Zug gegen die Mängelbeseitigung zu leisten.[511] **372**

Dazu sind erforderlich:

511 Vgl. BHG, Urt. vom 21.12. 1978, NJW 1979, S. 650.

a) eine prüfbare Aufstellung (Rechnung), aus der jeweils der Gesamtstand der bisher erbrachten Leistungen und der bereits erfolgten Abschlagszahlungen ersichtlich sind,

b) Beurkundung der sachlichen und rechnerischen Richtigkeit (Belegfeststellung)[512] durch den Architekten/Ingenieur oder das Bauamt der Gemeinde und

c) Auszahlungsanordnung des Bürgermeisters oder des zuständigen Dienststellenleiters

als Voraussetzungen für den Kassenvollzug: Buchung, Auszahlung meist unbar (Überweisung, Scheck), aber auch durch Aufrechnung (z.B. mit Steuerforderungen).

Auszahlungsfrist: 18 Werktage nach Eingang der Aufstellung.

#### 4.5.2 Schlusszahlung (§ 16 Nr. 3 VOB/B)

**373** Die Schlusszahlung ist alsbald nach Prüfung und Feststellung der Schlussrechnung,[513] spätestens zwei Monate nach Zugang der Schlussrechnung, zu leisten.

Weitere Voraussetzung für die Fälligkeit der Schlusszahlung ist die vorherige Abnahme der Bauleistung.[514] Verzögert sich die Schlusszahlung, so ist das unbestrittene Guthaben als Abschlagszahlung sofort zu zahlen.

Schlusszahlungen sind als solche zu kennzeichnen. Die vorbehaltslose Annahme einer Schlusszahlung schließt Nachforderungen des Auftragnehmers aus, wenn der Auftragnehmer über die Schlusszahlung schriftlich unterrichtet und auf die Ausschlusswirkung hingewiesen wurde,[515] nicht aber Rückforderungen durch den Auftraggeber (bei Überzahlungen, die sich z.B. anlässlich der Rechnungsprüfung nachträglich herausstellen).[516]

Anforderungen an die Schlussrechnung:

Die Schlussrechnung muss nach den Positionen der Leistungsbeschreibung (Leistungsverzeichnis oder Leistungsprogramm) gegliedert und erforderlichenfalls belegt sein (mit Lieferschein, Rapportzetteln). Nur dann sind die Angaben in der Schlussrechnung mit den Angaben in der Leistungsbeschreibung – insbesondere bezüglich Leistungsmenge und Einzelpreisen – vergleichbar, und nur dann handelt es sich um eine detaillierte, prüfbare Schlussrechnung. Schlussrechnungen, die diese Anforderungen nicht erfüllen, sind zurückzuweisen.

512 Vgl. § 10 GemKVO (VSV 6322).
513 Zur Einreichungsfrist der Schlussrechnung vgl. § 14 Nr. 3 VOB/B.
514 Die Abnahme kann wegen wesentlicher Mängel verweigert werden (§ 12 Nr. 3 VOB/B).
515 Vgl. § 16 Nr. 3 Abs. 2 VOB/B und BWGZ 1977, S. 94.
516 BGH, Urt. vom 8. 3. 1979 – VII ZR 35/78. Vgl. auch Die Fundstelle 1980/675 und GH 1981, S. 92 sowie *Ingenstau/Korbion*, Rdnrn. 131 ff. zu § 16 VOB/B.

Durch geeignete Maßnahmen – z.B. Anwendung des EDV-Verfahrens „HÜL/Baumittelkontrolle" – ist sicherzustellen, dass Abschlagzahlungen bei der Ermittlung der Schlusszahlung nicht übersehen werden (Gefahr von Doppelzahlungen). Tritt trotzdem eine Überzahlung ein, so hat die Gemeinde (Auftraggeber) einen Herausgabeanspruch nach §812 I BGB aus ungerechtfertigter Bereicherung.

#### 4.5.3 Vorauszahlungen (§ 16 Nr. 2 VOB/B)

Vorauszahlungen sind nur zu leisten, soweit sie schriftlich vereinbart **374**
wurden. Die Vereinbarung kann auch noch nach Vertragsabschluss erfolgen. In diesem Fall ist die Vorauszahlung mit 1 v.H. über dem Zinssatz der Spitzenrefinanierungsfazilität der Europäischen Zentralbank zu verzinsen, sofern nichts anderes vereinbart wird.

Bei einer Vorauszahlung handelt es sich um eine Leistung des Auftraggebers, bevor der Auftragnehmer die Gegenleistung erbringt. Sie kann im beiderseitigen Interesse liegen und deshalb ausnahmsweise vereinbart werden, wenn z.B. der Unternehmer vorzeitig Baustoffe in erheblichem Umfang beschaffen will (für die betreffende Bauleistung), um einer absehbaren Preiserhöhung zuvorzukommen und seine Angebotspreise halten zu können.

Der Auftraggeber sollte stets ausreichende Sicherheit für Vorauszahlungen verlangen.[517]

Vorauszahlungen sind keine Vorschüsse im haushaltsrechtlichen Sinne.[518] Sie sind deshalb nicht als Vorschuss anzuordnen (und im ShV zu buchen), sondern direkt auf die zuständige Haushaltsstelle.

#### 4.5.4 Gemeinsames für Zahlungen

Alle Zahlungen sind aufs äußerste zu beschleunigen.

##### 4.5.4.1 Verzugsfolgen

a) Werden die Zahlungsfristen nicht eingehalten, so erwirbt der Auftrag- **375**
nehmer – nach Ablauf einer angemessenen Nachfrist – Anspruch auf Verzugszinsen. Diese betragen 5% über dem Zinssatz der Spitzenrefinanzierungsfazilität der Europäischen Zentralbank und können noch höher sein, wenn der Auftragnehmer einen höheren Verzugsschaden nachweist.[519]

b) Der Auftragnehmer darf außerdem die Arbeiten bis zur Zahlung einstellen.

517 Z.B. durch Sicherungsübereignung der beschafften Baustoffe oder durch Bankbürgschaft.
518 §30 Abs.1 GemHVO.
519 Z.B. höhere Kreditzinsen für eine durch den Zahlungsverzug bedingte Kreditaufnahme des Auftragnehmers.

#### 4.5.4.2 Aufrechnung

Die Aufrechnung mit Gegenforderungen der Gemeinde, z.B. Gewerbesteuer, ist bei Abschlags- und Schlusszahlungen zulässig, wenn die Voraussetzungen des §226 AO i.V.m. §387 BGB vorliegen. Bei Aufrechnung mit privatrechtlichen Forderungen vgl. §387 BGB.

#### 4.5.4.3 Sicherheitsleistungen

Einbehaltung von Sicherheitsleistungen erfolgt, soweit vereinbart, durch Abzug von den Zahlungen. Dabei darf die einzelne Zahlung nur um höchstens 10% gekürzt werden, §17 Nr.1 Abs.1 VOB/B.

Die letzte Möglichkeit, Sicherheitsleistungen einzubehalten, besteht bei der Schlusszahlung. Bei Gemeinden ist die Kürzung erst der Schlusszahlung nicht auf kleinere oder kurzfristige Aufträge beschränkt,[520] da sie das Recht haben, einbehaltene Sicherheiten selbst und ohne Verzinsung zu verwahren.[521] Hier liegt es im Interesse des Auftragnehmers, wenn die Gemeinde die Sicherheit erst von der Schlusszahlung einbehält.

#### 4.5.4.4 Zurückbehaltungsrecht

Auch wenn eine Sicherheitsleistung nicht vereinbart ist, hat der Auftraggeber ein Zurückbehaltungsrecht[522] an der Vergütung (Werklohn) insoweit, als diese zur Beseitigung von Mängeln erforderlich ist. Voraussetzung ist, dass dem Unternehmer die Mängel rechtzeitig, d.h. innerhalb der Gewährleistungsfrist, angezeigt wurden.

#### 4.5.4.5 Skontoabzüge

Skontoabzüge sind nur zulässig, wenn sie vereinbart sind. Die Vereinbarung von Skonto für Abschlags- und Schlusszahlungen ist nicht mehr unzulässig, in der Regel aber unzweckmäßig für den Auftraggeber, weil das Verlangen nach Skonto die Angebotspreise der Bieter entsprechend erhöhen dürfte.

#### 4.5.4.6 Verjährung

Die Verjährungsfrist beträgt grundsätzlich 2 Jahre (§196 Abs.1 Nr.1 BGB) und beginnt am Schluss des Jahres, in dem die Fälligkeit des Vergütungsanspruchs der Schlusszahlung, Teilschlusszahlung sowie beim Stundenlohnvertrag die Stundenlohnvergütung eingetreten ist.[523]

520 §17 Nr.6 Abs.2 VOB/B.
521 §17 Nr.6 Abs.4 VOB/B.
522 Vgl. dazu *Ingenstau/Korbion*, Rdnrn. 66ff. zu §16 VOB/B
523 Vgl. dazu *Ingenstau/Korbion*, Rdnrn. 48ff. zu §2 VOB/B sowie Rdnrn. 24–27 zu §16 VOB/B.

## 4.6 Sicherheitsleistung (§ 14 VOB/A und § 17 VOB/B)[524]

### 4.6.1 Zweck

Die vom Auftragnehmer zu stellende Sicherheit dient dazu, die vertragsgemäße Ausführung der Leistung und die Gewährleistung sicherzustellen (Vertragserfüllungs- und Gewährleistungssicherheiten). Sind Leistungsmängel nicht zu erwarten oder der Auftragnehmer für eine vertragsgemäße Leistungserfüllung bekannt, soll auf Sicherheit verzichtet werden. Dies auch vor dem Hintergrund, dass die Kosten für eine Sicherheitsleistung den Preis der Bauleistung erhöhen können. Deshalb sollte vorab geprüft werden, ob der durch die Sicherung entstehende Vorteil in einem angemessenen Verhältnis zum eventuellen Mehraufwand steht. Ist Sicherheitsleistung vereinbart, dürfen alle Ansprüche aus der Nichterfüllung 376

a) des Vertrags (einschließlich mangelhafter Erfüllung) und

b) von Gewährleistungsansprüchen

aus der Sicherheit befriedigt werden.

Sicherheiten bis zur Auftragserteilung dafür, dass der Bieter sein Angebot aufrechterhält und dass er eine etwa verlangte Vertragserfüllungssicherheit stellt (sog. Bietungsbürgschaften), sollen i.d.R. nicht gefordert werden.

### 4.6.2 Voraussetzungen

Der Unternehmer[525] ist zur Sicherheitsleistung nur verpflichtet, wenn sie 377
in Form einer besonderen oder zusätzlichen Vertragsbestimmung vereinbart ist (in den allgemeinen Vertragsbedingungen des Teils B der VOB nicht generell verlangt; vgl. dazu auch Nr. 3.9.1 Vergabe-VwV).

Eine Sicherheitsleistung soll bei beschränkter Ausschreibung sowie bei freihändiger Vergabe nicht verlangt und in anderen Fällen nicht unbedingt gefordert werden, wenn

a) der Auftragnehmer als solider Unternehmer bekannt ist, oder

b) Mängel voraussichtlich nicht eintreten (einfache Arbeiten).

Sicherheitsleistungen sind kostensteigend und verteuern damit die Baumaßnahme.

524 Vgl. auch Nr. 3.9 der VergabeVwV (VSV 6334).

525 Der Auftraggeber (die Gemeinde) braucht als juristische Person des öffentlichen Rechts dem Auftragnehmer für seine Werklohnforderung keine Sicherheitsleistung zu erbringen (§648 Abs.6 Nr.1 BGB), da ein Insolvenzrisiko der öffentlichen Hand ausgeschlossen ist.

#### 4.6.3 Arten der Sicherheitsleistung

378 a) Bankbürgschaften (selbstschuldnerische),[526]

b) Einbehalt oder Hinterlegung von Geld.

Dieses ist im Falle des Einbehalts vom Auftraggeber, im Falle der Hinterlegung durch den Auftragnehmer bei dem vereinbarten Geldinstitut auf Sperrkonto einzuzahlen. Soll der Auftraggeber vereinbarungsgemäß die Sicherheit in Teilbeträgen von seinen Zahlungen einbehalten, so darf er jeweils die Zahlungen um höchstens 10 v.H. kürzen, bis die vereinbarte Sicherheitssumme[527] erreicht ist. Den jeweils einbehaltenen Betrag hat er dem Auftragnehmer mitzuteilen und binnen 18 Werktagen nach dieser Mitteilung auf Sperrkonto bei dem vereinbarten Geldinstitut einzuzahlen. Gleichzeitig muss er veranlassen, dass dieses Geldinstitut den Auftragnehmer von der Einzahlung des Sicherheitsbetrags benachrichtigt. Verfügen über das Konto können Auftragnehmer und -geber nur gemeinsam. Zinsen erhält der Auftragnehmer.

Im Falle des Einbehalts von Geld kommt noch die Verwahrung durch den Auftraggeber selbst in Frage (Sonderregelung, die nur für öffentliche Aufträge gilt). Haushaltsrechtliche Behandlung als Verwahrgeld. Der Betrag ist nicht zu verzinsen.

c) Wird die Art der Sicherheitsleistung (a oder b) nicht vereinbart, hat der Auftragnehmer die Wahl unter den verschiedenen Arten.

#### 4.6.4 Höhe und Dauer der Sicherheitsleistung

379 a) Die Sicherheitsleistung für die Vertragserfüllung soll 5 % der Auftragssumme insgesamt nicht überschreiten, die Sicherheit für die Gewährleistung soll nicht höher sein als 3 % der Abrechnungssumme.

b) Die Sicherheit soll nicht länger vereinbart werden und bestehen bleiben, als dies erforderlich ist, um den Auftraggeber vor Schaden zu bewahren. Über die Gewährleistungsfrist hinaus darf die Sicherheit nur insoweit bestehen bleiben, als Ansprüche des Auftraggebers nicht befriedigt sind.

### 4.7 Gewährleistung (Garantie, § 13 VOB/A und § 13 VOB/B)

#### 4.7.1 Begriff

380 Der Unternehmer übernimmt die Gewähr dafür, dass seine Leistung zur Zeit der Abnahme die vertraglich zugesicherten Eigenschaften hat (z.B. die Tragkraft einer Brücke), den anerkannten Regeln der Technik ent-

526 Bankbürgschaftsurkunde, vgl. Formblatt im KVHB-Bau.
527 Vgl. Rdnr. 379.

spricht und nicht mit Fehlern behaftet ist, die den Wert bzw. die Tauglichkeit der Leistung aufheben oder mindern.[528]

### 4.7.2 Verjährung der Gewährleistungsansprüche

a) Die Verjährungsfrist für („versteckte") Mängel,[529] die erst nach der Abnahme hervortreten,[530] beträgt, wenn vertraglich nichts anderes vereinbart wird, nach der VOB für Bauwerke zwei Jahre, Arbeiten an einem Grundstück ein Jahr und Feuerungsanlagen ein Jahr. **381**

b) Andere Verjährungsfristen als nach § 13 Nr. 4 VOB/B sollen nur vorgesehen werden, wenn dies wegen der Eigenart der Leistung erforderlich ist, § 13 VOB/A.[531]

c) Die Verjährungsfrist beginnt mit der Abnahme des Bauwerks. Die schriftliche Mängelrüge unterbricht die Verjährung.[532]

d) Während der Dauer der Verjährungsfrist ist bei maschinellen oder elektronischen Anlagen dem Auftragnehmer die Pflege und Wartung der Anlage zu übertragen. Als Grundlage dafür wird das Vertragsmuster „Wartung 85" des Arbeitskreises Maschinen- und Elektrotechnik staatlicher und kommunaler Verwaltung (AMEV) empfohlen. Damit soll die Funktionsfähigkeit und Zuverlässigkeit dieser Anlagen durch ordnungsgemäße Pflege und Wartung gesichert werden. Wird die Wartung nicht übertragen, beträgt die Verjährungsfrist nur ein Jahr, § 13 Nr. 4 Abs. 2 VOB/B.

### 4.7.3 Pflichten des Unternehmers aus der Gewährleistung

a) Wenn der Auftraggeber schriftlich vor Ablauf der Verjährungsfrist die Mängelbeseitigung verlangt, hat der Unternehmer auf seine Kosten solche Mängel zu beseitigen, die auf vertragswidrige Leistung zurückzuführen sind (Nachbesserung), § 13 Nr. 5 Abs. 1 VOB/B. **382**

Nach Ablauf der Verjährungsfristen kann der Unternehmer die Einrede der Verjährung geltend machen (§ 222 Abs. 1 BGB).

b) Erfolgt die Mängelbeseitigung nicht innerhalb angemessener, vom Auftraggeber gesetzter Frist, so kann dieser die Mängel auf Kosten des Auftragnehmers beseitigen lassen, § 13 Nr. 5 Abs. 2 VOB/B. Die Gemeinde (als Auftraggeber) kann dann einen anderen Unternehmer mit

528 Der Unternehmer haftet grundsätzlich nicht für Mängel, wenn er seiner Prüf- und Mitteilungspflicht nach § 4 Nr. 3 VOB/B nachgekommen ist und wenn die Mängel aus dem Bereich des Auftraggebers kommen (z. B. wegen ungeeigneter Planungen u. a. Ausführungsunterlagen). Vgl. auch BGWZ 1991, S. 314.

529 Vgl. auch BWGZ 1985, S. 275.

530 Für Mängel, die vor der Abnahme hervortreten, verjähren die Gewährleistungsansprüche bzw. Schadensersatzansprüche erst nach 30 Jahren (gesetzliche Verjährungsfrist nach § 195 BGB). Voraussetzung ist allerdings, dass bei der Abnahme nicht beseitigte Mängel vorbehalten sind.

531 Vgl. auch VergabeVwV Nr. 3.7.

532 Neu in Lauf gesetzt wird aber nur die kürzere Verjährungsfrist des § 13 Nr. 4 VOB/B, nicht eine vereinbarte längere Frist (BGH, Urt. vom 18. 3. 1976 – VII ZR 35/75). Vgl. auch *Ingenstau/Korbion*, Rdnrn. 397 ff. zu § 13 VOB/B.

der Mängelbeseitigung beauftragen oder durch eigene Bedienstete die Mängel beseitigen lassen. Die Kosten dafür sind im ShV zu buchen und vom Auftragnehmer zu ersetzen (evtl. aus Sicherheitsleistung oder – falls die Schlusszahlung noch nicht bezahlt ist – durch Aufrechnung mit der Schlusszahlung). Für noch nicht beseitigte Mängel hat der Auftraggeber ein Zurückbehaltungsrecht am Werklohn in angemessener Höhe.[533]

c) Ist die Beseitigung des Mangels nicht möglich oder unverhältnismäßig teuer oder ist sie dem Auftraggeber nicht zumutbar, so kann der Auftraggeber Minderung der Vergütung verlangen, § 13 Nr. 6 VOB/B. Dies kann geschehen durch Kürzung der Schlusszahlung oder, wenn diese schon gezahlt wurde, aus der Sicherheitsleistung oder durch Zahlung des Unternehmers an die Gemeindekasse (eventuell durch Aufrechnung mit anderen Forderungen des Unternehmers).

Ist das Bauwerk im Haushalt der Gemeinde schon abgeschlossen – die Minderung an den Ausgaben also nicht mehr kürzbar –, so stellt die Minderung eine Haushaltseinnahme dar.

#### 4.7.4 Wandelung (Rückgängigmachung des Vertrags)

**383** Ein Anspruch auf Wandelung ist nach überwiegender Meinung beim Bauvertrag ausgeschlossen.

#### 4.7.5 Schadensersatz

**384** Neben dem Nachbesserungsanspruch (3.7.3 a) und dem Minderungsanspruch (3.7.3 c) hat der Auftraggeber unter den Voraussetzungen des § 13 Nr. 7 VOB/B noch das Recht auf Schadensersatz. Dabei handelt es sich um einen Schadensausgleich, der weder durch Nachbesserung noch durch Minderung gedeckt werden kann.[534] Es muss ein Schaden aus einem wesentlichen Mangel vorliegen, der die Gebrauchsfähigkeit des Bauwerks erheblich beeinträchtigt und der auf ein Verschulden des Auftragnehmers oder seines Erfüllungsgehilfen zurückzuführen ist. § 13 Nr. 7 VOB/B unterscheidet dabei zwischen einem „kleinen" Schadensersatzanspruch (§ 13 Nr. 7 Abs. 1 VOB/B) und einem „großen" Schadensersatzanspruch (§ 13 Nr. 7 Abs. 2 VOB/B).[535]

#### 4.7.6 Beseitigungsanspruch nach § 1004 BGB

**385** Der Bauherr hat an den Unternehmer auch noch nach Verjährung des Gewährleistungsanspruchs einen Anspruch auf Beseitigung unmittelbar drohender Gefahr für Leib und Leben oder Eigentum, wenn diese Ge-

533 Vgl. Rdnr. 375.
534 Z. B. weil die Mängel schon bei der Abnahme vorhanden und bekannt waren, aber die Rechte daraus nicht vorbehalten wurden.
535 Vgl. *Ingenstau/Korbion*, Rdnrn. 662ff. zu § 13 VOB/B.

fahr durch die Tätigkeit des Unternehmers geschaffen wurde. Beispiel: Ein Gefahrenzustand infolge Verwendung mangelhafter Dachziegel ist vom Unternehmer (Dachdecker) zu beseitigen. Die Anbringung eines neuen Daches ist aber Sache des Bauherrn. Für den Beseitigungsanspruch gilt die Verjährungsfrist des §195 BGB von 30 Jahren ab Abnahme.

## 4.8 Abnahme der Bauleistung (§ 12 VOB/B, § 640 BGB)

### 4.8.1 Begriff

Abnahme ist die Bestätigung der Fertigstellung einer Bauleistung (oder **386**
selbständiger Teile) durch beide Vertragsparteien und damit verbunden die Billigung der fertigen Bauleistung als im Wesentlichen vertragsgerecht durch den Auftraggeber.[536] Die Abnahme der Bauleistungen sollte nicht nur durch die von der Gemeinde (GV) beauftragten Architekten/Ingenieure ohne Mitwirkung der Gemeinde erfolgen. Die Entscheidung über die Verfolgung von Mängeln bzw. die Aufnahme von Mängelvorbehalten sollte zumindest bei größeren Bauleistungen nicht allein den Architekten und Ingenieuren überlassen werden.

### 4.8.2 Formen

a) Förmliche Abnahme mit Niederschrift[537] und Sachverständigen, wenn **387**
eine Vertragspartei dies verlangt.

b) Sonst gilt die Leistung als abgenommen (stillschweigend) mit Ablauf von zwölf Werktagen nach schriftlicher Mitteilung über die Fertigstellung der Leistung. Die Schlussrechnung ist eine Mitteilung in diesem Sinne. Abschlagszahlungen gelten dagegen nicht als Abnahme von Teil der Leistung (§16 Nr. 1 Abs. 4 VOB).

c) Hat der Auftraggeber die Leistung in Benutzung genommen, so gilt die Abnahme nach Ablauf von sechs Werktagen (ab Benutzungsbeginn) als erfolgt, wenn nichts anderes vereinbart wurde – fiktive Abnahme.

### 4.8.3 Wirkungen

Mit der Abnahme der Bauleistung **388**

a) geht die Gefahr auf den Auftraggeber über,[538]

b) enden die Schutzpflichten des Auftraggebers nach §4 Nr. 5 VOB/B,

c) beginnt die Verjährungsfrist für die Gewährleistungsansprüche,

536 Der Auftraggeber kann die Abnahme verweigern, bis wesentliche Mängel beseitigt sind – §12 Nr. 3 VOB/B.
537 Vgl. Formblatt im KVHB-Bau.
538 Falls der Auftraggeber die Gefahr nicht schon nach §7 VOB/B (z.B. bei höherer Gewalt) trägt.

d) tritt eine Umkehr der Beweislast ein: Bis zur Abnahme hat der Auftragnehmer zu beweisen, dass ein Mangel nicht auf sein Verschulden zurückzuführen ist. Nach unbeanstandeter Abnahme hat der Auftraggeber nachzuweisen, dass den Auftragnehmer ein Verschulden am Mangel trifft.

e) Für Mängel, die bei der Abnahme dem Auftraggeber bekannt waren, kann er Gewährleistungsansprüche auf Nachbesserung oder Minderung nach der Abnahme nur geltend machen, wenn er sich seine Rechte bei der Abnahme vorbehalten hat (§ 12 Nr. 4 Abs. 1 Satz 4 und Nr. 5 Abs. 3 VOB/B und § 640 Abs. 2 BGB).[539] Auch eine vereinbarte Vertragsstrafe kann der Auftraggeber nur verlangen, wenn er diese bei der Abnahme vorbehalten hat (§ 11 Nr. 4 VOB/B). Ansprüche auf Schadensersatz (§ 13 Nr. 7 VOB/B) werden hiervon nicht berührt.

f) Die Abnahme ist Fälligkeitsvoraussetzung für die Schlusszahlung.[540] Im Hinblick auf diese Wirkungen ist für den Regelfall die förmliche[541] Abnahme zu verlangen – nach § 12 Nr. 4 VOB/B. Sie muss nicht zusätzlich vereinbart sein.

### 4.9 Vertragsstrafen und Beschleunigungsvergütungen (§ 12 VOB/A, § 11 VOB/B)

#### 4.9.1 Vertragsstrafen[542] (§ 11 VOB/B i. V. m. §§ 339 ff. BGB)

389 Für die Überschreitung von Fristen sollen Vertragsstrafen nur vereinbart werden, wenn die Terminüberschreitung erhebliche Nachteile verursachen kann, z. B. beim Straßenbau erhebliche Verkehrsstörungen. Anstelle einer Vertragsstrafe kann auch eine Schadenpauschale vereinbart werden.[543] Vertragsstrafen sind in den Zusätzlichen Besonderen Vertragsbedingungen festzulegen und dürfen nicht unverhältnismäßig hoch sein (§ 343 BGB).

Angemessene Höhe, z. B. 0,1 %–0,2 % der Auftragssumme pro Werktag verschuldeter Verzögerung, insgesamt aber nicht mehr als 10 % der Auftragssumme.

#### 4.9.2 Beschleunigungsvergütungen

390 Beschleunigungsvergütungen sind das Gegenteil von Vertragsstrafen. Diese Prämien sollen Gemeinden als Auftraggeber nur gewähren (ver-

539 I. d. R. in der Niederschrift über die Abnahme.
540 Vgl. BGH, Urt. vom 18. 12. 1980, NJW 1981, S. 822.
541 Die Abnahme ist keine formbedürftige Verpflichtungserklärung i. S. v. § 54 GemO, d. h., auch der Bauleiter kann die Abnahmeniederschrift unterzeichnen (Die Fundstelle 1986/471 und JZ 1986, S. 910).
542 Keine Vertragsstrafe ist die Pauschalierung des Verzugsschadens nach § 11 Nr. 4 VOB/A i. V. m. § 5 Nr. 4 VOB/B.
543 Vgl. *Ingenstau/Korbion*, Rdnr. 4 zu § 11 VOB/A.

einbaren), wenn erhebliche Vorteile aus der rascheren Fertigstellung des Bauwerks zu erwarten sind.

## 5. Arbeitsgemeinschaften (Bietergemeinschaften)

### 5.1 Begriff und Zweck

Bietergemeinschaften sind vertragliche Zusammenschlüsse mehrerer **391** Unternehmen mit dem Ziel (Zweck), Bauaufträge gemeinsam zu erlangen und durchzuführen.[544] Sie können aus verschiedenen Fachrichtungen (vertikale Teilung) oder gleichartigen Fachrichtungen (horizontale Teilung) bestehen.[545] Die VOB und das Gesetz zur Mittelstandsförderung[546] fördern die Bildung von Bietergemeinschaften, weil gerade durch den Zusammenschluss auch kleinere und mittlere mittelständische Unternehmen die Leistungsfähigkeit für größere Bauvorhaben erreichen können.[547] Bei der Beurteilung von Angeboten von Bietergemeinschaften kommt den in Nr. 3.4 Vergabe-VwV genannten Kriterien besondere Bedeutung zu.

### 5.2 Rechtsformen

#### 5.2.1 Außengesellschaft (offene Arge)

Die Außengesellschaft ist ein Zusammenschluss mehrerer Unternehmer, **392** um als einheitlicher Vertragspartner aufzutreten. Bei Angebotsabgabe ist das geschäftsführende Mitglied der Arge zu benennen, das alle Mitglieder der Arge vertritt beim Abschluss und der Durchführung des Vertrags und Zahlungen für die Arge entgegennimmt.[548]

Diese Arge ist eine Gesellschaft des bürgerlichen Rechts (§§705ff. BGB). Jeder Gesellschafter haftet im Außenverhältnis, z.B. dem Auftraggeber gegenüber, als Gesamtschuldner. In welchem Umfang die Gesellschafter sich an der Arge beteiligen und im Innenverhältnis haften, ist im Gesellschaftsvertrag zu regeln – im Zweifel zu gleichen Teilen. An den Auftraggeber (z.B. eine Gemeinde) besteht eine einheitliche Forderung, die so genannte Gesamtgläubigergesellschaft der Gesellschafter.

Die Gesellschaft des bürgerlichen Rechts besitzt aber keine eigene Rechtspersönlichkeit. Sie kann gegen den Auftraggeber nicht klagen und nicht verklagt werden.

544 Vgl. *Ingenstau/Korbion*, Rdnrn. 39ff. zu §21 Nr.5 VOB/A.
545 Vgl. dazu und zur Beurteilung von Angeboten von Bietergemeinschaften VergabeVwV Nr. 3.4 (VSV 6334).
546 Gesetz zur Mittelstandsförderung vom 19.12. 2000 (GBl. S 745).
547 Vgl. §25 Nr.6 VOB/A sowie §§2, 22 M F G und MRöA.
548 §21 Nr.4 VOB/A.

#### 5.2.2 Innengesellschaft (sog. stille Arge)

393 Die stille Arge tritt nach außen, also auch dem Auftraggeber gegenüber, nicht als Arge auf. Jedes Mitglied erfüllt den Auftrag für sich und erwirbt als Auftragnehmer eine separate Forderung an den Auftraggeber.

Die Zusammenarbeit erfolgt nur im Innenverhältnis, z.B. durch gemeinsame Benutzung von Baumaschinen und -geräten, was dem Auftraggeber oft gar nicht bekannt ist.

### 5.3 Beurteilung

394 Für den Auftraggeber ist die Außengesellschaft beim Abschluss und bei der Durchführung des Bauvertrags günstiger. Er hat nur mit einem Vertragspartner zu tun. Außerdem hat die Außengesellschaft eine breitere Haftungsgrundlage.

## 6. Bauversicherungen[549, 550]

### 6.1 Die Bauherrenhaftpflichtversicherung

395 Sie bietet Schutz gegen Haftpflichtansprüche Dritter aus der Tätigkeit als Bauherr.

Die Pflichten des Bauherrn zum Schutz der Allgemeinheit vor Schäden durch sein Bauobjekt können nicht auf Architekten und Unternehmer abgewälzt werden.

Der Bauherr ist verpflichtet, die Bauarbeiten auf diese Gefahren hin zu kontrollieren bzw. kontrollieren zu lassen (die Gemeinde durch das Bauamt), z.B. das Absperren von Straßen und Gehwegen bei Dachdeckerarbeiten. Bei Verstoß gegen diese Pflichten haftet der Bauherr.

### 6.2 Die Bauwesenversicherung[551]

396 Sie ist eine Art Kaskoversicherung, die sich auf Schäden an einem Bauwerk während der Bauzeit erstreckt. Schäden, die nicht oder nur teilweise auf die am Bau beteiligten Unternehmer abgewälzt werden können: Sturmschäden (z.B. durch umstürzenden Kran), Überschwemmungsschäden, Frostschäden u.a. Fälle höherer Gewalt, Konstruktions- und Materialfehler.

Die Bauwesenversicherung deckt das Bauherrenrisiko und das Unternehmerrisiko. Sie bewahrt den Bauherrn vor in der Regel langwierigen und unliebsamen Auseinandersetzungen mit dem Unternehmer.

Der Nachteil dieser Versicherung für den Bauherrn ist die relativ hohe Prämie. Daran ändert sich auch nichts, wenn die Prämie ganz oder teil-

549 Vgl. *Neuenfeld*, Bauversicherungen, 1976.
550 Vgl. dazu auch Teil I KVHB Abschnitt A. KEVM (B).
551 Einzelheiten vgl. *Rehm*, Bauwesenversicherung, Kommentar, 2. Aufl. 1989.

weise auf die Unternehmer umgelegt wird. Die Prämien werden dann von den Unternehmern in die Angebotspreise einkalkuliert und gehen in der Regel über die Baupreise wieder zu Lasten des Bauherrn.

Das Bauherrenrisiko wird umso geringer, je solider der Unternehmer ist, der ohnehin den größten Teil der Risiken während der Bauausführung zu tragen hat.

## 7. Die Verdingungsordnung für Leistungen (VOL)[552]

### 7.1 Sachlicher Anwendungsbereich

Von der VOL erfasst sind alle Lieferungen und Leistungen, **ausgenommen** 397

- Bauleistungen (§ 1 VOB/A),
- Leistungen, die im Rahmen einer freiberuflichen Tätigkeit (§ 18 Abs. 1 Nr. 1 EStG[553]) erbracht oder im Wettbewerb mit freiberuflich Tätigen angeboten werden, soweit deren Auftragswerte die in der VgV festgelegten Schwellenwerte[554] nicht erreichen, und
- Leistungen ab der in der VgV festgelegten Schwellenwerte, die im Rahmen einer freiberuflichen Tätigkeit erbracht oder im Wettbewerb mit freiberuflich Tätigen angeboten werden und deren Gegenstand eine Aufgabe ist, deren Lösung nicht vorab eindeutig und erschöpfend beschrieben werden kann.[555]

Die VOL unterscheidet Lieferleistungen und gewerbliche Dienstleistungen. Während Lieferleistungen ein Lieferauftrag zwischen einem Unternehmer und einer Gemeinde in Form eines entgeltlichen Kauf-, Miet-, Pacht- oder Leasingvertrags (mit oder ohne Kaufoption) über die Lieferung von Waren zugrunde liegt, liegt gewerblichen Dienstleistungen ein Dienstleistungsauftrag (Dienst- oder Werkvertrag) zugrunde, bei dem die persönliche Erbringung von Diensten jeder Art im Vordergrund steht.

Beispiele aus dem kommunalen Bereich:

a) Lieferleistungen: Lieferung von Büromaterial und Büroeinrichtungsgegenständen, von Büromaschinen, EDV-Anlagen, Lebensmittel (für Altenheime, Kinderheime, Krankenhäuser), Streumaterial für den Straßenwinterdienst, Baustoffe (ohne deren Verarbeitung).

552 VOL i. d. F. der Bekanntmachung vom 24. 10. 2000 (Bundesanzeiger Nr. 200a – VSV 6336). Vgl. dazu auch VwV der Ministerien über die Anwendung der VOL v. 28. 2. 2001 (GABl. S. 303) sowie *Seufert*, VOL-Handbuch für kommunale Auftraggeber und Muster einer Dienstanweisung für die Vergabe von Lieferungen und Dienstleistungen (BWGZ 17/1999).
553 Z. B. Leistungen von Architekten, Ingenieuren, Vermessungsingenieuren, Rechtsanwälten und Notaren.
554 400000 Euro für Liefer- und Dienstleistungsaufträge im Bereich der Trinkwasser- oder Energieversorgung oder im Verkehrsbereich bzw. 200000 Euro für alle anderen Liefer- und Dienstleistungsaufträge.
555 Vgl. dazu auch § 5 VgV.

b) Gewerbliche Dienstleistungen: Wartungsverträge für technische Anlagen und Geräte, Vergabe von Sachverständigengutachten, Vergabe von Verkehrslinien im ÖPNV durch kommunale Verkehrsunternehmen, Kanal- und Straßenreinigung, Einsammeln und Befördern von Abfall, Leistungen privater Bestattungsunternehmen für Bestattungshandlungen, Gebäudereinigung, Pflegeleistungen (im Grünflächenbereich).

## 7.2 Inhalt der VOL

### 7.2.1 Teil A: Allgemeine Bestimmungen für die Vergabe von Lieferungen und Leistungen

**398** Die Gemeinden (GV) sind bei der Vergabe von Liefer- und Dienstleistungsaufträgen zur Anwendung der VOL/A verpflichtet, wenn der Auftragswert für diese Leistungen den Schwellenwert[556] erreicht oder übersteigt. Bei Auftragsvergaben unterhalb der Schwellenwerte wurde den Gemeinden empfohlen, die VOL/A anzuwenden (vgl. Nr. 2.3.1 VergabeVwV). Empfänger von Zuwendungen des Landes von mehr als 25.000 Euro haben bei Vergaben die Bestimmungen der VOL[557] zu beachten (vgl. auch Nr. 3.1 VV-LHO zu § 44 LHO). Außerdem sind die Gemeinden nach § 106b Abs. 1 Nr. 2 GemO verpflichtet, ihre Gesellschafterrechte in Unternehmen des privaten Rechts, auf die sie durch mehrheitliche Beteiligung oder in sonstiger Weise direkt oder indirekt bestimmenden Einfluss nehmen können, so auszuüben, dass ihnen die Anwendung der VOL empfohlen wird. Dies gilt ebenso für Einrichtungen i. S. von § 102 Abs. 3 Satz 1 Nr. 2 GemO, wenn diese in der Rechtsform des privaten Rechts geführt werden. § 106b Abs. 2 GemO lässt von dieser Verpflichtung Ausnahmen zu u. a. für wirtschaftliche Unternehmen, die mit ihrer gesamten Tätigkeit oder mit der gesamten Tätigkeit einzelner Geschäftsbereiche an einem entwickelten Wettbewerb teilnehmen und ihre Aufwendungen ohne Zuschüsse aus öffentlichen Haushalten zu decken vermögen (z. B. Elektrizitäts-, Strom- und Fernwärmeversorgung).

7.2.1.1 Bei Auftragsvergaben unterhalb der Schwellenwerte haben die Gemeinden und die Eigenbetriebe § 31 GemHVO zu beachten. Danach muss der Vergabe von Liefer- und Dienstleistungsaufträgen eine öffentliche Ausschreibung, deren Art und Weise der Gemeinde überlassen bleibt, vorausgehen, sofern nicht die Natur des Geschäfts oder besondere Umstände eine beschränkte Ausschreibung oder freihändige Vergabe rechtfertigen. Die Gemeindeprüfungsanstalt empfiehlt den Gemeinden, bei Auftragsvergaben unterhalb der EG-Schwellenwerte keine eigenen örtlichen Vergabebestimmungen zu erlassen, sondern die Liefer- und

556 Vgl. § 2 VgV.
557 Die Basisparagraphen der VOL/A sind zu beachten.

Dienstleistungen nach den Bestimmungen der VOL/A und auf der Grundlage vereinheitlichter Verdingungsmuster auszuschreiben (vgl. GPA-Mitteilungen 1/2000).

7.2.1.2 Bei Auftragsvergaben oberhalb der Schwellenwerte sind neben den Basisparagraphen (Abschnitt 1 VOL/A) zusätzlich als a-Paragraphen (Abschnitt 2 VOL/A) oder b-Paragraphen (Abschnitt 3 VOL/A) die Regeln aus der EG-Lieferkoordinierungsrichtlinie, der EG-Dienstleistungsrichtlinie und der EG-Sektorenrichtlinie zu beachten.[558] Im Falle der Anwendung von Abschnitt 4 VOL/A-SKR sind nur die aus der EG-Sektorenrichtlinie übernommenen Regeln (ohne Basisparagraphen) zu beachten.

Die Teile A und B der VOL enthalten im Wesentlichen dieselben Grundsätze wie die VOB, z.B. Vergabegrundsätze, Vergabearten (öffentliche Ausschreibung – offenes Verfahren –, beschränkte Ausschreibung – nichtoffenes Verfahren –, Vergabe ohne Ausschreibung – Verhandlungsverfahren –, öffentlicher Teilnahmewettbewerb), Ausschreibungsverfahren, genaue Bezeichnung der Lieferung oder Leistung, Gewährleistung, Sicherheitsleistung u.a.

Einige wesentliche Unterschiede im Vergabeverfahren sind von Bedeutung, z.B.:

a) Der Verzicht auf Sicherheitsleistung bei beschränkter Ausschreibung und freihändiger Vergabe (§ 14 VOB/A) ist in § 14 VOL/A nicht vorgesehen.

b) Eine Mindest-Angebotsfrist wie die VOB/A (§ 18) enthält die VOL/A (§ 18) nicht. Bezüglich der Fristen nach der EG-Lieferkoordinierungsrichtlinie vgl. § 18a VOL/A.

c) Für die Zuschlags- und Bindefrist ist eine Obergrenze (§ 19 Nr. 2 VOB/A) in der VOL (§ 19) nicht vorgesehen.

d) Bei öffentlichen Ausschreibungen darf nach § 20 Nr. 1 VOB/A für die Leistungsbeschreibung und die Unterlagen ein Entgelt verlangt werden, das die Selbstkosten der Vervielfältigung und der postalischen Versendung nicht überschreiten darf. Im Gegensatz dazu dürfen nach § 20 Nr. 1 Abs. 1 VOL/A nur die Vervielfältigungskosten in Rechnung gestellt werden.

e) Bei der Angebotseröffnung dürfen nach der VOB Bieter und ihre Bevollmächtigten anwesend sein. Sie dürfen nach der VOB/A (§ 22) die Niederschrift einsehen und unterschreiben. Die VOL gestattet den Bietern weder die Anwesenheit bei der Angebotseröffnung noch die Einsicht in die Niederschrift (§ 22 Nr. 2 Abs. 3 und Nr. 5 VOL/A). Damit

558 Vgl. dazu auch §§ 4, 7, 8 und 9 VgV.

sind auch die Preise unter den Bietern, mit Ausnahme der Regelungen in § 27 VOL/A, geheim zu halten.

f) Erfolglose Bieter sollen nach der VOB/A (§ 27 Nr. 1) so bald wie möglich verständigt werden, dass ihr Angebot den Zuschlag nicht erhält. Diese schriftliche Mitteilung verlangt die VOL/A (§ 27 Nr. 1) nur, wenn sie der Bieter in den Verdingungsunterlagen beantragte. Wegen der Begründung der Nichtberücksichtigung und Einhaltung von Fristen vgl. VOB/A § 27 Nr. 2 und VOL/A § 27 Nr. 2.

#### 7.2.2 Teil B: Allgemeine Vertragsbedingungen für die Ausführung von Lieferungen und Leistungen

**399** Dieser Teil wird bei der Vergabe nach VOL Bestandteil des Kauf-, Miet-, Pacht-, Leasing-, Werk- oder Werklieferungsvertrages. Die allgemeinen Bedingungen können durch besondere Bedingungen (im Einzelfall) und durch technische Bedingungen ergänzt werden. Auf die besonderen Vertragsbedingungen für den Kauf und die Wartung sowie Miete von EDV-Anlagen und -geräten und für das Erstellen, Überlassen sowie Pflege von Datenverarbeitungsprogrammen wird verwiesen.[559]

Einen Teil C wie in der VOB gibt es in der VOL nicht.

## 8. Die Verdingungsordnung für freiberufliche Leistungen (VOF)[560]

### 8.1 Sachlicher Anwendungsbereich

**400** 8.1.1 Für die öffentlichen Auftraggeber (§ 98 Nr. 1 bis 3 und 5 GWB) ergibt sich die Pflicht zur Anwendung des VOF aus §§ 97 Abs. 6, 127 GWB i. V. m. § 5 VgV und § 2 Abs. 2 VOF sowie § 2 Abs. 1 VOF. Danach sind die Gemeinden (GV) zur Anwendung der VOF nur verpflichtet,

- bei Leistungsvergaben, die im Rahmen einer freiberuflichen Tätigkeit erbracht oder im Wettbewerb mit freiberuflich Tätigen[561] angeboten werden, (d. s. vornehmlich geistig schöpferische Leistungen, deren Ergebnis sich erst durch die Leistung entwickelt, also nicht im Vorhinein festliegt),
- diese Leistungen im Anhang I A oder im Anhang I B zur VOF genannt sind,
- der Gesamtauftragswert 200000 Euro[562] (ohne Umsatzsteuer) erreicht oder übersteigt,

559 Vgl. Vergabe VwV Nr. 2.3.8 (VSV 6334).
560 VOF i. d. F. vom 25. 7. 2000, Beilage zum Bundesanzeiger Nr. 173a (VSV 6338), vgl. dazu auch VwV der Ministerien über die Anwendung der VOF v. 28. 1. 2001 (GABl. S. 387) sowie das vorläufige (nicht amtliche) Muster einer Dienstanweisung für die Vergabe von Architekten-/Ingenieurleistungen (DA-Freiberufler).
561 Vgl. § 18 Abs. 1 Nr. 1 EStG.
562 Vgl. § 2 Abs. 2 VOF.

- sich aus § 5 VgV nichts anderes ergibt (z. B. keine Anwendung auf Aufträge im Sektorenbereich),
- es sich um Aufgaben handelt, deren Lösung vorab nicht eindeutig und erschöpfend beschrieben werden kann (vgl. § 1, 3. Spiegelstrich VOF) und
- die Leistungen vom Anwendungsbereich der VOF nach § 2 Abs. 3 nicht ausgenommen sind.

*Beachte:* Für freiberufliche Leistungen, deren Gegenstand eine Aufgabe ist, deren Lösung vorab eindeutig und erschöpfend beschrieben werden kann, findet nicht die VOF, sondern die VOL/A Anwendung. Die VOF ist außerdem nicht anzuwenden auf Aufträge im Sektorenbereich, § 5 Satz 3 VgV.

Soll ein Auftrag mit Elementen verschiedener Leistungen vergeben werden, richtet sich das Vergabeverfahren nach der Leistung, die wertmäßig überwiegt.

Die VOF unterscheidet in § 2 Abs. 1 VOF zwischen vorrangigen Dienstleistungen (bei den in Anhang I A genannten Dienstleistungen sind sämtliche Vorschriften der VOF anzuwenden) und nachrangigen Dienstleistungen (die in Anhang I B aufgeführten Dienstleistungen unterliegen nur den Transparenzvorschriften der §§ 8 Abs. 2 und 17 VOF). Die Regeln der VOF müssen erst dann angewandt werden, wenn der voraussichtliche Auftragswert die Schwellenwerte erreicht oder überschreitet. Die Berechnung der Schwellenwerte erfolgt gem. § 3 VOF.

8.1.2 Gemeinden, die nicht unter den Anwendungsbereich der VOF fallen (vgl. 8.1.1), können z. B. Architekten-/Ingenieurleistungen nach eigenen Grundsätzen vergeben. § 31 Abs. 1 GemHVO erlaubt den Gemeinden (GV), solche Leistungen auch freihändig zu vergeben, da es sich bei diesen Leistungen nicht um marktgängige, sondern um geistig schöpferische Leistungen handelt. Aufgrund der Kriterien fachliche Eignung, Leistungsfähigkeit, Erfahrung und Zuverlässigkeit werden die Leistungen an denjenigen Architekten/Ingenieur vergeben, der für die Gemeinde die bestmögliche Leistung im Hinblick auf Planung und Ausführung erwarten lässt. 401

#### 8.2 Inhalt der VOF

8.2.1 Die VOF ist unterteilt in zwei Kapitel: Während Kapitel 1 sich mit Allgemeinen Vorschriften (u. a. Vergabegrundsätze, Vergabeverfahren bis zur Auftragserteilung) befasst, enthält Kapitel 2 Besondere Vorschriften zur Vergabe von Architekten- und Ingenieurleistungen. Ergänzt wird das Regelwerk der VOF durch einen Anhang TS (Technische Spezifikationen), einen Anhang I A (diese Leistungen werden von der VOF erfasst) und einem Anhang I B (für diese Leistungen ist lediglich § 8 Abs. 2 402

VOF und § 17 VOF anzuwenden, vgl. § 2 Nr. 1 VOF). Anhang II enthält Bekanntmachungsmuster. Die Auftragsabwicklung ist in der VOF nicht geregelt, die Bestimmungen des BGB sind anzuwenden. Dabei ist zwischen dem Werk-, Dienst- oder Geschäftsbesorgungsauftrag zu unterscheiden.

### 8.3 Vergabeverfahren

403 8.3.1 Die Grundsätze der Vergabe sind in § 4 VOF geregelt; die Vergabegrundsätze insbesondere in § 97 GWB beschrieben. Der Grundsatz des Wettbewerbs wird in § 4 Abs. 1 VOF spezifiziert durch die Festlegung auf „leistungsbezogenen" Wettbewerb. Gefordert wird ein Leistungswettbewerb, der auf ein ausgewogenes Verhältnis zwischen dem Preis und der angebotenen Leistung abstellt. Die VOF kennt als Vergabeart das Verhandlungsverfahren mit vorheriger Vergabebekanntmachung[563] (§ 5 Abs. 1 VOF), das einer freihändigen Vergabe mit vorgeschaltetem öffentlichen Teilnahmewettbewerb entspricht. Unter Verhandlungsverfahren versteht man ein Verfahren, in welchem die Gemeinde ausgewählte Personen anspricht, um über die Auftragsbedingungen zu verhandeln.

8.3.2 Erreicht der Auftragswert mindestens 750.000 Euro, so hat die Gemeinde eine Vorinformation zu veröffentlichen, § 9 Abs. 1 VOF. Diese ist sobald wie möglich nach Beginn des jeweiligen Haushaltsjahres als unverbindliche Bekanntmachung für freiberufliche Leistungen nach Anhang I A, die in den folgenden zwölf Monaten vergeben werden sollen, gem. § 9 Abs. 4 VOF nach den Mustern im Anhang II zur VOF vorzunehmen. Zu beachten ist allerdings, dass die Vorinformation nicht vor dem Tag der Absendung an das Amt für amtliche Veröffentlichungen der Europäischen Gemeinschaften in anderen Medien publiziert werden darf, § 9 Abs. 3 Satz 2 VOF.

8.3.3 Vor jedem einzelnen Verhandlungsverfahren hat eine Bekanntmachung anhand des Musters nach Anhang II zu erfolgen, § 9 Abs. 2 VOF. Diese enthält im Gegensatz zu den Vorinformationen nach § 9 Abs. 1 VOF weitergehende Angaben. Anhand dieser Informationen (u. a. Aufgabenbeschreibung nach § 8 VOF[564] bzw. Angaben darüber, welche Nachweise nach § 10 Abs. 3 VOF zu erbringen sind) können die interessierten Unternehmen nunmehr konkret entscheiden, ob sie sich für den zu vergebenden Auftrag tatsächlich bewerben wollen. In der Bekanntmachung ist außerdem die Stelle anzugeben, an die sich die Bewerber zur Nachprüfung behaupteter Verstöße gegen die Bestimmungen über die Vergabe und Wettbewerbsverfahren wenden können, § 21 VOF. Auf die vorherige Ver-

563 § 5 Abs. 1 VOF, Ausnahmen sind nach § 5 Abs. 2 VOF zulässig.
564 Im Gegensatz zur VOB und VOL kennt die VOF keine Leistungsbeschreibung.

gabebekanntmachung kann in den Fällen des §5 Abs.2 VOF verzichtet werden. Nach der Rechtsprechung des EuGH sind die Ausnahmen eng auszulegen.

Für den Antrag auf Teilnahme am Verhandlungsverfahren ist eine Frist von 37 Tagen (in Ausnahmefällen 15 Tagen) vorgesehen. Die Frist beginnt jeweils am Tag der Absendung der Bekanntmachung an das Amt für amtliche Veröffentlichungen der Europäischen Gemeinschaften, §14 Abs.1 VOF. Auf die besonderen Regelungen in §14 Abs.3–4 VOF über die Anträge auf Teilnahme an den Verfahren zur Auftragsvergabe und evtl. Beachtung besonderer Fristen u.a. wird besonders verwiesen.

8.3.4 Die Auswahl der Bewerber erfolgt in drei Schritten: Zunächst sind diejenigen Bewerber zu ermitteln, die unter die Ausschlusskriterien des §11 VOF fallen. Sodann wird die finanzielle und wirtschaftliche Leistungsfähigkeit des jeweiligen Bewerbers überprüft, §12 VOF; im letzten Schritt erfolgt gem. §13 VOF die Überprüfung der fachlichen Eignung des jeweiligen Bewerbers.

8.3.5 Die Gemeinde wählt danach entsprechend der Regelung in §10 Abs.1 VOF die Bewerber aus, die sie zur Verhandlung auffordert. Dabei darf die Anzahl der zur Verhandlung aufgeforderten Bewerber nicht unter drei liegen, §10 Abs.2 VOF.

8.3.6 Die ausgewählten Bewerber, die von der Gemeinde zu Verhandlungen aufgefordert werden, erhalten neben einer vollständigen Beschreibung der Aufgabenstellung (Verdingungsunterlage) alle nach §8 VOF erforderlichen Angaben. Für die Ausarbeitung der Bewerbungsunterlagen werden die Kosten nach §15 VOF nicht erstattet.

8.3.7 Mit den ausgearbeiteten Angeboten können die ausgewählten Bewerber mit der Gemeinde in Verhandlungen treten (§5 Abs.1 i.V.m. §16 Abs.1 VOF). Die Gemeinde muss mit jedem der einzelnen Bewerber Verhandlungen führen, da anderenfalls keine ausgehandelten Vertragsbedingungen vorliegen würden. Nach Abschluss der Verhandlungsgespräche ist eine Entscheidung für einen Bewerber zu fällen, der aufgrund der ausgehandelten Bedingungen und der in §16 Abs.2 VOF genannten Kriterien die bestmögliche Leistung erwarten lässt.

Das Verfahren nach der VOF ist auf den Abschluss eines Architekten-/Ingenieurvertrags ausgerichtet.[565] Der Preis für die Leistung bestimmt sich nach der HOAI[566] (§16 Abs.2 Satz 2 VOF); sie kommt nach wie vor uneingeschränkt zur Anwendung. Das Vergabeverfahren nach der VOF wird abgeschlossen entweder durch Auftragserteilung (zivilrechtlicher –

565 Es ist kein Wettbewerb nach den Grundsätzen und Richtlinien für Wettbewerbe auf den Gebieten der Raumplanung, des Städtebaus und des Bauwesens (GRB).
566 Honorarordnung für Architekten und Ingenieure (HOAI).

schriftlicher – Vertrag zwischen der Gemeinde und dem Auftragnehmer), Information der nichtberücksichtigten Bewerber (§ 17 Abs. 4 Satz 1 VOF), Fertigung eines Vergabevermerks (§ 18 VOF) sowie Erledigung evtl. Melde- und Berichtspflichten (§ 19 VOF) oder Aufhebung des Verfahrens bzw. Vergabeverzicht (§ 17 Abs. 5 VOF).

### 8.4 Vergabe von Architekten- und Ingenieurleistungen

8.4.1 Neben dem Verhandlungsverfahren kennt die VOF auch Wettbewerbe als Vergabeverfahren. Unter Wettbewerben i. S. von § 20 VOF versteht man Auslobungsverfahren (vgl. § 657 ff. BGB). Sie dienen dazu, der Gemeinde einen Plan oder eine Planung zu verschaffen, deren Auswahl durch ein Preisgericht aufgrund vergleichender Beurteilungen mit oder ohne Verteilung von Preisen erfolgt.

8.4.2 Besondere Regelungen für die Vergabe von Architekten- und Ingenieurleistungen enthält § 22 VOF. Sie sind jeweils zusätzlich zu den allgemeinen Vorschriften des ersten Kapitels der VOF anzuwenden, § 22 Abs. 1 VOF. § 22 Abs. 2 VOF definiert den Begriff Architekten- und Ingenieurleistungen. Die Auftragsverhandlungen, welche die Gemeinde mit den nach § 10 Abs. 1 VOF ausgewählten Bewerbern führt, dienen der Ermittlung des Bewerbers, der im Hinblick auf die gestellte Aufgabe am ehesten die Gewähr für eine sachgerechte und qualitätsvolle Leistungserfüllung bietet, § 24 Abs. 1 VOF. Architekten und Ingenieure können anhand von Referenzobjekten ihre Leistungsfähigkeit darstellen, § 24 Abs. 2 VOF. Der Auftragnehmer, dem nach § 24 VOF der Auftrag erteilt wurde, hat die Auftragserteilung selbständig in seinem Büro zu erbringen, § 26 VOF. Nur mit Zustimmung der Gemeinde ist es dem Auftragnehmer gestattet, Unteraufträge an Dritte weiterzugeben, § 26 VOF.

8.4.3 Die in § 25 VOF beschriebenen Planungswettbewerbe haben zum Ziel, alternative Vorschläge für Planungen auf dem Gebiet der Raumplanung, des Städtebaus und des Bauwesens auf der Grundlage veröffentlichter einheitlicher Richtlinien (z. B. Grundsätze und Richtlinien für Wettbewerbe auf den Gebieten der Raumplanung, des Städtebaus und des Bauwesens – GRW 1995 –) zu erhalten. Die Bestimmungen des § 25 VOF ergänzen die Regeln des § 20 VOF und treten diesen hinzu.

Wegen der Rechtsfolgen der Nichtbeachtung der VOF vgl. Rdnr. 404 (Rechtsschutz – Nachprüfungsverfahren).

## 9. Rechtsschutz – Nachprüfungsverfahren

404 9.1 Bei Auftragsvergaben **über** den in § 2 VgV genannten Schwellenwerten haben Unternehmen Anspruch darauf, dass der Auftraggeber die Bestimmungen über das Vergabeverfahren einhält, § 97 Abs. 7 GWB. Unternehmer sollen durch diese Regelung vor etwaiger Willkür des öffentli-

chen Auftraggebers geschützt werden. Bieter können in einem in §§ 102ff. GWB geregelten Nachprüfungsverfahren – unabhängig von der Prüfungsmöglichkeit durch die überörtliche Prüfung, die Rechtsaufsicht und Vergabestellen – die Einhaltung der vergaberechtlichen Vorschriften durch den Auftraggeber einfordern.[567] Der Rechtsschutz des Bieters geht allerdings nur so weit, wie eine vergaberechtliche Bestimmung seinen (des Bieters) Schutz bezweckt,[568] z.B. ordnungsgemäße Bestimmung der EG-Schwellenwerte (§ 100 Abs. 1 GWB i.V.m. § 1a VOB/A und VOL/A, § 2 Abs. 2 i.V.m. § 3 VOF) oder Wahl der richtigen Vergabeart (§ 101 GWB i.V.m. §§ 3, 3a VOB/A, VOL/A, § 5 VOF).[569] Auf die Einhaltung von Vorschriften, die anderen Zwecken dienen, kann sich der Bieter nicht berufen. Der Bieter muss zusätzlich zu einer objektiven Rechtsverletzung darlegen, dass ihm durch die behauptete Verletzung der Vergabevorschriften ein Schaden entstanden ist oder zu entstehen droht. Das Recht auf Einhaltung der Vergabevorschriften kann nur bis zum Abschluss des Vergabeverfahrens geltend gemacht werden. Nach erteiltem Zuschlag und Abschluss eines Vertrages besteht kein Raum mehr für Rechte auf Einhaltung von Vergaberegeln; durch den Zuschlag kommt der Vertrag zustande, der grundsätzlich nicht mehr aufhebbar ist. Bei der Frage, welcher Rechtsschutz dem Bieter im Einzelnen zusteht, kommt es deshalb darauf an, ob die Vergabeentscheidung noch beeinflusst bzw. aufgehoben werden kann („Primärrechtsschutz") oder ob aufgrund einer fehlerhaften Vergabeentscheidung Schadensersatzansprüche geltend gemacht werden („Sekundärrechtsschutz"). In den §§ 102ff. GWB wurde dem Primärrechtschutz durch das zweistufige Nachprüfungsverfahren durch Vergabekammern und Beschwerdegerichte besonders Rechnung getragen. Die Rechte aus § 97 Abs. 7 GWB und sonstige Ansprüche im Zusammenhang mit dem Vergabeverfahren können nach § 104 Abs. 2 GWB in Baden-Württemberg vor der Vergabekammer und dem Beschwerdegericht geltend gemacht werden. Die Vergabekammer wurde beim Landesgewerbeamt in Stuttgart[570] eingerichtet; das OLG Stuttgart ist das zuständige Beschwerdegericht.

Die Vergabekammer leitet ein Nachprüfungsverfahren nur auf Antrag ein.[571] Sie wird nicht von Amts wegen tätig, trifft und begründet ihre Entscheidung schriftlich durch Verwaltungsakt[572] innerhalb einer Frist von fünf Wochen ab Eingang des Nachprüfungsantrags (§§ 113 Abs. 1 und 114 Abs. 3 GWB). Ein Nachprüfungsantrag ist unzulässig, wenn der An-

567 Vgl. § 102 GWB.
568 Vgl. Amtliche Begründung BT-Drucksache DS 13/9340 S. 14 und Urteil EuGH vom 11. 8. 1995 (C-433-93 Slg. 1995, 1-2330ff.).
569 Vgl. dazu auch *Portz*, Rechtsschutz bei Vergabeverfahren und Vermeidung von Vergabebeschwerden, ZVgR 1998, S. 601).
570 Vgl. Vergabenachprüfungsverordnung vom 12. 4. 1999, GBl. S. 153.
571 Vgl. dazu und zur Verpflichtung des Antragstellers, Verstöße unverzüglich zu rügen, § 107 GWB.
572 Die Vergabekammer ist kein Gericht; ihre Entscheidung kann daher nicht durch Urteil ergehen.

tragsteller den gerügten Verstoß gegen Vergabevorschriften bereits im Vergabeverfahren erkannt, aber gegenüber dem Auftraggeber nicht unverzüglich gerügt hat, § 107 Abs. 3 Satz 1 GWB. Außerdem ist der Antrag unzulässig, soweit Verstöße gegen Vergabevorschriften, die aufgrund der Bekanntmachung erkennbar sind, nicht spätestens bis zum Ablauf der in der Bekanntmachung benannten Frist zur Angebotsabgabe oder zur Bewerbung gegenüber dem Auftraggeber gerügt werden. Unzulässig ist ein Nachprüfungsantrag auch dann, wenn z. B. der Auftragswert der ausgeschriebenen Leistung nicht dem Schwellwert für europaweite Vergaben entspricht (§ 100 Abs. 1 GWB, § 2 VgV). Ab dem Zeitpunkt der Antragstellung auf Nachprüfung der Vergabeentscheidung ist es dem Auftraggeber bis zum Ablauf der Beschwerdefrist nach § 117 GWB verboten, den Zuschlag zu erteilen, § 115 Abs. 1 GWB. Ausnahmen sind möglich, vgl. § 115 Abs. 2 GWB. Bei diesem Zuschlagsverbot handelt es sich um ein gesetzliches Verbot, d. h. ein dennoch erteilter Zuschlag ist als Verstoß gegen ein gesetzliches Verbot nach § 134 BGB nichtig.

Eine Klage gegen die Entscheidung der Vergabekammer vor dem Verwaltungsgericht ist ausgeschlossen. Als Rechtsmittel steht nur die sofortige Beschwerde beim Oberlandesgericht zur Verfügung. Das Verfahren, die einzuhaltenden Fristen und die Wirkungen der Beschwerde, sind in den §§ 116 ff. GWB geregelt.

Entscheidet die Vergabekammer nicht oder nicht fristgerecht, ist die sofortige Beschwerde beim Oberlandesgericht zulässig, § 116 Abs. 2 und Abs. 3 GWB.

Die Gewährung eines gerichtlichen Rechtsschutzes darf auf keinen Fall zu einer unerträglichen Verzögerung des Verfahrens führen. Deshalb sieht § 121 GWB ein besonderes Eilverfahren vor, in welchem innerhalb einer Frist von längstens 5 Wochen entschieden wird, ob der Zuschlag erteilt werden darf oder nicht. Gegen die Entscheidung des OLG ist ein Rechtsmittel nicht zulässig, § 121 Abs. 4 GWB.

**405** **9.2** Bei einer Verletzung der Verfahrensvorschriften der Teile A der Verdingungsordnungen durch die Gemeinde (GV), z. B. Ausschreibung trotz fehlender Finanzierungsmittel oder vergabefremde Zwecke, kann der Bieter aufgrund des Fehlverhaltens einen Ersatzanspruch geltend machen. Dieser ist auf den durch das verschuldete vertragswidrige Verhalten der Gemeinde bedingten so genannten Vertrauensschaden begrenzt. In diesem Fall wird der Bieter so gestellt, als hätte die Gemeinde das Vertragsverhältnis nicht angebahnt. Der Bieter hat in diesem Fall i. d. R. Anspruch auf Ersatz seiner getätigten Aufwendungen für die Ausarbeitung des Angebots[573] (Ersatz der Personal- und Sachkosten aufgrund des so genannten „Vertrauensschadens"), vgl. dazu auch § 126 GWB.

573 Vgl. dazu BGH, Urt. vom 25. 11. 1992, NJW 1993, S. 520.

**9.3** Gelingt dem Bieter der Nachweis, dass er als Geschädigter ohne Verletzung der Regeln der Teile A den Zuschlag erhalten hätte, hat der geschädigte Bieter auch einen Anspruch auf das so genannte „Erfüllungsinteresse". Er wird in diesem Fall unter Anrechnung der eigenen Aufwendungen so gestellt, als wäre der Vertrag zustande gekommen. Der Schadensersatz umfasst in diesem Fall auch den entgangenen Gewinn.[574] **406**

**9.4** Erweist sich allerdings, dass der Antrag auf Einleitung eines Nachprüfungsverfahrens (§ 107 GWB) oder die Beschwerde (§ 116 GWB) von Anfang an ungerechtfertigt ist bzw. war, ist der Antragsteller bzw. der Beschwerdeführer dem Gegner und den Beteiligten gegenüber zum Schadensersatz, der durch den Missbrauch entstanden ist, verpflichtet, § 125 GWB. **407**

**9.5** Bei Aufträgen **unterhalb** der EG-Schwellenwerte haben Bieter keinen einklagbaren Rechtsanspruch auf Einhaltung der Vorschriften der Vergabebestimmungen und damit Erteilung eines Auftrags.[575] Die Verdingungsordnungen sind, soweit die Gemeinden (GV) überhaupt zur Anwendung verpflichtet sind,[576] in diesen Fällen als interne Anweisung für das Vergabeverfahren anzusehen und daher auch nur im Innenverhältnis verbindlich. Eine Möglichkeit, Verstöße gegen die Verfahrensbestimmungen der VOB/A oder VOL/A durch Rechtsmittel angreifen zu können, besteht, von wenigen Ausnahmen abgesehen (z.B. bei culpa in contrahendo), nicht. Vergabeverstöße können in diesen Fällen bei der Rechtsaufsichtsbehörde (vgl. § 119 GemO) geltend gemacht werden, wobei eine Dienstaufsichtsbeschwerde nur dann erfolgreich sein wird, wenn die Annahme gerechtfertigt ist, dass ohne Grund von den Vorschriften der Vergabebestimmungen abgewichen worden ist. Die Rechtsaufsichtsbehörde wird bei Verstößen gegen vergaberechtliche Bestimmungen von den Möglichkeiten der §§ 120ff. GemO Gebrauch machen und – soweit die Vergabebeschlüsse noch nicht vollzogen sind – die Änderung bzw. Aufhebung rechtswidriger Maßnahmen anordnen. In den Fällen, in denen bereits Aufträge erteilt worden sind, beschränkt sich die Möglichkeit der Rechtsaufsichtsbehörde lediglich auf die Feststellung der Rechtswidrigkeit der Vergabeentscheidung und den Hinweis an die Gemeinde, sich künftig gesetzeskonform zu verhalten. Dies schließt jedoch Schadensersatzansprüche nicht aus. **408**

Nach der Rechtsprechung des BGH[577] sind Schadensersatzansprüche des Bieters gegen die Gemeinde im Zusammenhang mit Ansprüchen aus

574 Ein Beitrag zwischen 4 und 5 v.H. der Auftragssumme wurde durch die Rechtsprechung anerkannt. Vgl. im Übrigen auch Urteil des OLG Düsseldorf vom 5.3. 1993, BauR 1993, S.597ff.
575 Vgl. auch VGH BW, DÖV 1999, S.79 und *Ingenstau/Korbion*, Einleitung Rdnrn. 40ff.
576 Vgl. Rdnr.351.
577 BGH, BauR 1993, S.214.

Verschulden bei Vertragsanbahnung/Vertragsverhandlungen/Vertragsschluss (culpa in contrahendo) denkbar.[578] Voraussetzung ist, dass die VOB/A zur Grundlage einer Ausschreibung gemacht wurde und die Gemeinde (GV) gegen sich Ansprüche wegen unberechtigter Ungleichbehandlung im Rahmen der Grundsätze der Selbstbindung der Verwaltung gelten lassen muss. Zu ersetzen ist in diesem Fall das Vertrauensinteresse (negatives Interesse), also Aufwendungen für die Erstellung des Angebotes, der Kalkulation usw., nicht aber der entgangene Gewinn. Gelingt es dem Bieter jedoch auch zu beweisen, dass er bei ordnungsgemäßer Durchführung des Vergabeverfahrens mit an Sicherheit grenzender Wahrscheinlichkeit den Zuschlag erhalten hätte, umfasst der Schadensersatz auch den entgangenen Gewinn.[579]

## VIII. Der Fachbeamte für das Finanzwesen[580]

### 1. Aufgaben des Fachbeamten

#### 1.1 Zusammenfassung, Aufzählung

409 Die Aufgaben der kommunalen Finanzwirtschaft sollen beim Fachbeamten für das Finanzwesen zusammengefasst werden.[581] Dazu gehören

1.1.1 die Aufstellung des (vom Gemeinderat durch die Haushaltssatzung festzusetzenden) Haushaltsplans,[582]

1.1.2 die Aufstellung des mittelfristigen Finanzplans mit Investitionsprogramm,[583]

1.1.3 die Erstellung der Jahresrechnung,[584]

1.1.4 die Haushaltsüberwachung,[585]

1.1.5 die Verwaltung des Vermögens[586] und der Schulden.[587]

Die Gemeindeordnung (§ 116 Abs. 1) spricht zwar nur von der Verwaltung des Geldvermögens. Der Fachbeamte für das Finanzwesen ist jedoch – wie bisher – von der Verwaltung des Sachvermögens (vor allem des unbeweglichen) nicht ausgeschlossen.

578 Vgl. dazu Anmerkung 6 zu § 276 BGB bei *Palandt*, Bürgerliches Gesetzbuch, sowie *Ingenstau/Korbion*, Einleitung Rdnrn. 53ff. m.w.N.
579 BGH, Urt. vom 8.9. 1998 (X ZR 48/97).
580 Vgl. auch *Fick*, Funktion und Stellung des Fachbeamten für das Finanzwesen (Kämmerer), GH 1976, S. 1–6 u. 31–34 und *Weiblen*, Der Kämmerer oder der Fachbeamte für das Finanzwesen, HdKWPr Band 6, S. 453.
581 § 116 Abs. 1 GemO.
582 Vgl. Rdnr. 301.
583 Vgl. Rdnr. 325.
584 Vgl. bei Rechnungswesen Rdnrn. 1132ff.
585 Vgl. Rdnrn. 248ff. und 268ff.
586 Vgl. Rdnr. 484.
587 Vgl. Rdnr. 608.

1.1.6 Dem Fachbeamten für das Finanzwesen untersteht der Kassenverwalter (§116 Abs.3 GemO). Der Fachbeamte kann als Vorgesetzter dem Kassenverwalter Weisungen erteilen, er ist Kassenaufsichtsbeamter,[588] wenn die Kassenaufsicht nicht vom Bürgermeister selbst oder von einem anderen Gemeindebeamten ausgeübt wird. Der Fachbeamte für das Finanzwesen kann aber nicht die der Gemeindekasse vorbehaltenen Aufgaben[589] an sich ziehen.

Dienstvorgesetzer und oberste Dienstbehörde auch des Kassenpersonals ist der Bürgermeister (§44 Abs.4 GemO).

1.1.7 Der Fachbeamte für das Finanzwesen besorgt die Steuergeschäfte, d.h. er veranlagt die Kommunalabgaben der Gemeinde, soweit dies nicht einer anderen Dienststelle der Gemeinde übertragen ist.

### 1.2 Ziel der Aufgabenanhäufung

Diese Aufgabenanhäufung verfolgt das Ziel, eine sinnvolle organisatorische Zusammenfassung im kommunalen Finanzwesen zu erreichen. Da es sich dabei um eine Sollvorschrift handelt, sind begründete Ausnahmen nicht ausgeschlossen. So kann es ausnahmsweise sinnvoll sein, einzelne Aufgaben aus dem Verantwortungsbereich des Fachbeamten für das Finanzwesen herauszunehmen und einer anderen Dienststelle der Gemeindeverwaltung zu übertragen, z.B. die Veranlagung der Erschließungsbeiträge und der Entwässerungsbeiträge (durch das Bauverwaltungsamt). Die Zweckmäßigkeit solcher Ausnahmen hängt von der Gemeindegröße und der Organisation der Gemeindeverwaltung ab. **410**

### 1.3 Dienststelle des Fachbeamten

Zur Erfüllung seiner Aufgaben ist die Dienststelle des Fachbeamten für das Finanzwesen (Stadtkämmerei, Gemeindepflege, Rechnungsamt) mit dem notwendigen Personal und den erforderlichen Sachmitteln auszustatten. Je nach Gemeindegröße und Aufgabenumfang kann die Finanzverwaltung in Organisationseinheiten gegliedert sein (entsprechend ihrer Aufgabenstellung). **411**

Gliederungsbeispiele: **412**

- Haushaltsabteilung

Zur Aufstellung des Haushaltsplans, des Finanzplans, der Jahresrechnung und für die Überwachung des Haushaltsvollzuges. Am Haushaltsvollzug selbst ist der Fachbeamte i.d.R. beteiligt durch seine Bewirtschaftungs- und Anordnungsbefugnis.[590] Er darf aber dann nicht gleichzeitig

588 VwV zu §5 Nr.3 GemKVO (VSV 6322-1).
589 §93 Abs.1 GemO i.V.m. §1 GemKVO (VSV 6322).
590 Soweit sie ihm vom Bürgermeister nach §53 Abs.1 GemO übertragen ist (Geschäft der laufenden Verwaltung). Beigeordnete haben die Bewirtschaftungs- und Anordnungsbefugnis kraft Gesetzes (§49 Abs.3 und 4 GemO).

Kassengeschäfte wahrnehmen, das heißt er darf nicht auch noch Kassenverwalter (Kassenleiter) sein.[591]

- Buchhaltung

Soweit die Buchführung (einschl. Belegsammlung) von den anderen Kassengeschäften abgetrennt ist,[592] wird sie vom Fachbeamten für das Finanzwesen oder von einer besonderen Dienststelle unter seiner Verantwortung erledigt.

Die Sachbücher – als Teil der Kassenrechnung – bilden die Grundlage für die Jahresrechnung. Der Buchhaltung kann deshalb auch die Erstellung der Jahresrechnung übertragen werden – ebenso die Überwachung des Haushaltsvollzuges.

- Liegenschaftsabteilung (-amt)

Für die Verwaltung sowie den Erwerb und die Veräußerung von Gemeindevermögen, vor allem des Grundvermögens in Form von bebauten und unbebauten Grundstücken einschließlich forst- und landwirtschaftlicher Betriebe.

- Steuerabteilung (-amt)

Insbesondere für die Veranlagung von Gemeindeabgaben wie Realsteuern, sonstigen Gemeindesteuern, Erschließungs- und Entwässerungsbeiträgen, Feuerwehrabgabe, Benutzungsentgelten usw.

- Gemeindekasse (Stadtkasse)

Jede Gemeinde hat zur Erledigung ihrer Kassengeschäfte eine Gemeindekasse einzurichten, es sei denn, sie lässt diese Geschäfte durch eine Stelle außerhalb der Gemeindeverwaltung erledigen.[593]

In größeren Städten kann die Kasse organisatorisch gegliedert sein in die Stadthauptkasse und in die Zahlstellen.[594]

Zur Stellung des Fachbeamten für das Finanzwesen zum Kassenverwalter (Kassenleiter) vgl. Rdnr. 419 Abschnitt 1.1.6.

- Vollstreckungsabteilung

Soweit die Beitreibungsaufgaben nicht der Gemeindekasse übertragen sind, werden diese vom Bürgermeister oder Fachbeamten für das Finanzwesen wahrgenommen. In größeren Städten kann – bei entsprechendem Geschäftsanfall – dafür eine besondere Vollstreckungsabteilung (Vollstreckungsamt) vorhanden sein.

591 Nach dem Grundsatz „Trennung von Anordnung und Vollzug", wie er sich aus dem Verwandtschaftsverbot des § 93 Abs. 3 GemO ergibt.
592 § 93 Abs. 1 GemO i. V. m. § 1 Abs. 1 Nr. 4 GemKVO.
593 Durch eine Verwaltungsgemeinschaft, vgl. § 61 Abs. 3 Nr. 4 GemO. Vgl. auch § 94 GemO i. V. m. § 36 GemKVO.
594 Vgl. § 3 GemKVO.

### 1.4 Verantwortlichkeit des Fachbeamten

Der Fachbeamte für das Finanzwesen erledigt die ihm übertragenen Aufgaben selbst (nur in kleinen Gemeinden), oder er leitet die zu seinem Aufgabenbereich gehörenden Dienststellen. Er ist dem Bürgermeister gegenüber (intern) verantwortlich für die Führung der Finanzverwaltung und unterliegt dem Weisungsrecht des Bürgermeisters. Die Verantwortung gegenüber dem Gemeinderat, der Bürgerschaft und der Aufsichtsbehörde (externe Verantwortlichkeit) trägt für die gesamte Gemeindeverwaltung rechtlich und politisch der Bürgermeister.[595] 413

Der Fachbeamte für das Finanzwesen vertritt die Gemeinde – anstelle des Bürgermeisters –, soweit er dazu nach §53 GemO ermächtigt ist. Ist der Fachbeamte für das Finanzwesen Beigeordneter, richtet sich seine Entscheidungs- und Vertretungsbefugnis nach §49 GemO.

## 2. Person des Fachbeamten

### 2.1 Qualifikation

Der Fachbeamte für das Finanzwesen muss nach §116 Abs.2 GemO entweder 414

2.1.1 die Befähigung zum Gemeindefachbeamten haben. Dies bedeutet nach §58 Abs.1 GemO, dass der Beamte die vorgeschriebene Ausbildung zum gehobenen oder höheren Verwaltungsdienst mit Erfolg abgeschlossen haben muss,

2.1.2 oder er muss eine abgeschlossene wirtschaftswissenschaftliche Ausbildung haben als Dipl.-Betriebswirt, Dipl.-Volkswirt, Dipl.-Kaufmann oder Dipl.-Handelslehrer.

### 2.2 Bei der einzelnen Gemeinde

2.2.1 Die Besorgung des Finanzwesens obliegt dem Bürgermeister, wenn er die erforderliche Qualifikation hat, und neben ihm in der Gemeinde kein weiterer Beamter diese Befähigung besitzt. 415

2.2.2 Ist ein Gemeindefachbeamter vorhanden, der die Qualifikation zum Fachbeamten für das Finanzwesen besitzt, wird dieser anstelle des Bürgermeisters die Geschäfte des Finanzwesens besorgen, es sei denn, ein besonderer Fachbeamter für das Finanzwesen ist vorhanden (2.2.3).

2.2.3 Größere Gemeinden haben einen besonderen Fachbeamten für das Finanzwesen, auch wenn der Bürgermeister oder ein Gemeindefacharbeiter die Qualifikation dafür besitzen, weil diese das Finanzwesen wegen seines Umfangs nicht mehr mitbesorgen können.

595 §44 GemO.

In Gemeinden mit mehr als 10000 Einwohnern kann der Fachbeamte für das Finanzwesen auch Beigeordneter sein (§49 GemO).

In den Städten haben nicht nur der Leiter der Finanzverwaltung (mit der Funktionsbezeichnung Stadtkämmerer) die Befähigung als Fachbeamter für das Finanzwesen, sondern auch seine leitenden Mitarbeiter wie Amtsleiter, Abteilungsleiter, zum Teil sogar die Sachbearbeiter.

### 2.3 Gemeinsame Besorgung des Finanzwesens

#### 2.3.1 Im Rahmen einer Verwaltungsgemeinschaft[596]

416 2.3.1.1 Als Verwaltungsverband kann die Verwaltungsgemeinschaft

a) ihren Mitgliedsgemeinden Gemeindefachbeamte zur Verfügung stellen – auch zur Besorgung des Finanzwesens – oder

b) das Finanzwesen als Erledigungsaufgabe für ihre Mitgliedsgemeinden übernehmen. Kraft Gesetzes gehören die Abgaben-, Kassen- und Rechnungsgeschäfte zu den Erledigungsaufgaben eines Gemeindeverwaltungsverbandes (soweit die Aufsichtsbehörde keine Ausnahmen zulässt). Alle anderen Aufgaben des Finanzwesens können dem Verband zur Erledigung übertragen werden, z.B. die Aufstellung des Haushaltsplans.

   Erledigungsaufgabe bedeutet, dass der Verband die Aufgabe z.B. aus dem Bereich des Finanzwesens für seine Mitgliedsgemeinden in deren Namen und nach den Beschlüssen und Anordnungen der Organe dieser Gemeinden erledigt. Aufgabenträger bleiben die Mitgliedsgemeinden.

   Bei Erfüllungsaufgaben dagegen geht die Aufgabe von der Mitgliedsgemeinde auf den Verband als Aufgabenträger über (Aufgabenübergang).

417 2.3.1.2 In der vereinbarten Verwaltungsgemeinschaft besorgt eine Gemeinde (i.d.R. die Mittelpunktgemeinde) Aufgaben anderer Gemeinden mit. Es entsteht kein neuer Rechtsträger wie beim Gemeindeverwaltungsverband.

Entsprechend der Regelung über den Gemeindeverwaltungsverband kommt eine Übertragung von Aufgaben im Bereich des Finanzwesens auch hier nur als Erledigungsaufgabe in Betracht.

#### 2.3.2 Gemeinsamer Fachbeamter

418 a) Lange vor der Schaffung von Verwaltungsgemeinschaften wurde (insbesondere durch die Institution des württembergischen Verwaltungsaktuars) die fachliche Betreuung kleiner, verwaltungsschwacher Gemeinden gewährleistet. Als Fortführung dieser Institution hat der

596 §§59–62 GemO.

gemeinsame Fachbeamte Eingang in die Gemeindeordnung Baden-Württemberg gefunden.[597]

b) Soweit eine Gemeinde keinen eigenen Fachbeamten für das Finanzwesen hatte[598] und ihr Finanzwesen auch nicht durch eine Verwaltungsgemeinschaft besorgen ließ,[599] war der gemeinsame Fachbeamte dafür zuständig.

Die Schaffung größerer Gemeinden und von Verwaltungsgemeinschaften im Zuge der Gemeindereform brachten es mit sich, dass immer weniger Gemeinden auf die Betreuung durch gemeinsame Fachbeamte angewiesen waren. Nach Abschluss der Gemeindereform im Jahre 1975 hat es deshalb den gemeinsamen Fachbeamten in Baden-Württemberg nicht mehr gegeben.[600]

597 §§69–72 GemO (in der bis zur Gemeindereform gültigen Fassung).
598 Vgl. Rdnr. 415.
599 Vgl. Rdnrn. 416 und 417.
600 Die §§69–72 GemO (alte Fassung) wurden durch §18 des Dritten Gesetzes zur Verwaltungsreform (Allg. Gemeindereformgesetz) vom 9.7. 1974, GBl. S.237, aufgehoben. Zur Übergangsregelung bis. 1.1. 1976 vgl. §26 Abs.1 u. 2 dieses Gesetzes.

C

Teil C:

# Kommunale Kosten- und Leistungsrechnung

*Hansdieter Schmid*

# I. Neues Steuerungsmodell

## 1. Die kommunalen Aufgaben

419 Aufgabe der Kommunen ist die dauerhafte und wirtschaftliche Bereitstellung der notwendigen öffentlichen Dienstleistungen für die örtliche Gemeinschaft. Das kommunale Rechnungswesen muss deshalb den finanzwirtschaftlichen Deckungserfolg und künftig auch die erbrachten Leistungen mit den dafür erforderlichen Kosten aufzeigen. Die Kameralistik weist traditionell nach, ob die Vorgaben des Haushaltsplanes eingehalten wurden, und zeigt das Deckungsergebnis auf[1]. Der Leistungserfolg selbst wird aber nicht in der Haushaltsrechnung nachgewiesen. Dies ist Aufgabe der Kosten- und Leistungsrechnung (KLR).

## 2. Knappe Mittel erzwingen neues Denken

420 Die Kommunen stehen in einem Reformprozess, der in den letzten Jahren durch die Erkenntnis an Dynamik gewonnen hat, dass die Schere zwischen Mittelbedarf zur Aufgabenerfüllung und den verfügbaren Ressourcen ständig weiter auseinander klafft. Eine Besserung ist nicht in Sicht – im Gegenteil. Die Abwärtsentwicklung bei den dringend notwendigen kommunalen Investitionen setzte sich in den letzten Jahren fort. Für unabweisbar notwendige Erneuerungs- und Sanierungsmaßnahmen fehlt das Geld. Und dies, obwohl die Gemeinden sehr frühzeitig und intensiv Aufgabenkritik und Haushaltskonsolidierung betrieben haben. Mit diesen Maßnahmen allein lässt sich die stetige Aufgabenerfüllung bei dauerhaft ausgeglichenen Haushalten, wie sie die allgemeinen Haushaltsgrundsätze des § 77 GemO BW zu Recht und unabdingbar fordern,[2] in Zukunft nicht mehr erreichen. Diese Erkenntnis hat dazu geführt, dass sich das Neue Steuerungsmodell (NSM) in erstaunlich kurzer Zeit in den größeren Kommunen durchgesetzt hat.

Die Gedanken, die das NSM prägen, sind keinesfalls neu, sondern großenteils schon längere Zeit in der kommunalen Praxis angewendet und mit Erfolg erprobt worden. Hier sei beispielsweise nur an Wirtschaftlichkeitsrechnungen, interne Leistungsverrechnungen, Kalkulationen, Verwaltungsumorganisation mit Delegation nach unten, verstärkte Finanzverantwortung der Fachbereiche, Flexibilisierungen beim Haushaltsvollzug durch Deckungs- und Übertragbarkeitsvermerke u. Ä. sowie an die Aufstellung von Kostenrechnungen erinnert.[3]

Das NSM stellt die kommunalen Dienstleistungen für Einwohner und Unternehmen in den Vordergrund. Ziel ist eine bürgernahe und bürgerfreundliche Verwaltung, die ihre Leistungen zielorientiert und kostengünstig erbringt. Traditionell wird das kommunale Handeln politisch durch die Zuteilung von Ressourcen – also Geld, Sachanlagen und Personal – vorgegeben. Dies lässt sich als *Inputsteuerung* bezeichnen. Darauf ist auch das traditionelle Haushaltsrecht ausgerichtet. So wurde bisher

1 Fehlbetrag oder „Überschuss", wobei Letzterer allerdings sofort der Allgemeinen Rücklage zugeführt wird.
2 Siehe Teil A Rdnr. 103.
3 Ähnlich *Schwarting*, Effizienz in der Kommunalverwaltung – Teil I Dezentrale Verantwortung und Finanzsteuerung durch Budgetierung, 1997, Rdnr. 14.

der Stellenwert einer Aufgabe daran gemessen, welche Ressourcen dafür bereitgestellt wurden. Eine Steigerung des Ausgabeansatzes gab den Maßstab dafür ab, welche politische Priorität diesem Aufgabenbereich zuerkannt wurde. Ob die Aufgabe effizient und effektiv erfüllt wurde, blieb dabei außer Betracht. Dies gilt auch für Ausgabenerhöhungen, die lediglich auf Kostenerhöhungen ohne Leistungsverbesserungen zurückzuführen sind.

Heute hat sich jedoch die Erkenntnis durchgesetzt, dass eine bürgernahe Kommunalverwaltung wirkungsvoll nur von der Leistungsseite her – also dem *Output* – gesteuert werden kann. Dazu ist es erforderlich, neue oder gezielt vorhandene Instrumente einzusetzen.

## 3. Instrumente des Neuen Steuerungsmodells

### 3.1 Produkte

421 Zunächst müssen die zu erbringenden kommunalen Leistungen = „Output" klar und eindeutig definiert werden. Dies geschieht in der Form von Produktbeschreibungen, die nunmehr in zahlreichen Ländern, etwa im Freistaat Sachsen[4] oder in Baden-Württemberg[5], von Arbeitsgruppen aufgestellt wurden.

Künftig sind Haushaltsplanung und -vollzug, KLR sowie Berichtswesen auf dem Produkt als Kernelement aufzubauen.

### 3.2 Verwaltungsaufbau

422 Die gestiegenen Anforderungen an die öffentliche Verwaltung, die in der Vergangenheit streng hierarchisch aufgebaut war, erfordert einen Umbau der bürokratischen Strukturen. Bisher orientierte sie sich vorrangig an der Gesetzmäßigkeit und weniger stark an Wirtschaftlichkeit und Effektivität. Oftmals waren zentralistische Organisationsstrukturen vorhanden, die mit geringer Eigenverantwortung der Fachämter geprägt waren.[6]

Die Orientierung an Produkten führt bei der Outputsteuerung auch zu Veränderungen des Verwaltungsaufbaus. Dazu gehört vor allem die Kompetenzverteilung zwischen Gemeinderat und Verwaltung. Aufgabe der Politik ist es, die Richtlinien festzulegen, strategische Leitlinien der Politik zu bestimmen, die erwünschten politischen und gesellschaftlichen Effekte anzugeben und diese in einzelnen Programmen, Produkten und Leistungen zu konkretisieren.[7] In einem Schlagwort charakterisiert: „Die

4 Produktkatalog mit 191 kostenrelevanten Produkten, s. Geschäftsbericht SSG 1997/1998, SLK 10/1998, S.409.
5 Produktplan für Baden-Württemberg, Schriftenreihe des Innenministeriums BW zum kommunalen Haushalts- und Rechnungswesen, Heft 2. Dort sind 72 Produktbereiche, 166 Produktgruppen und 533 Produkte definiert.
6 *Büttner*, Öffentliche Verwaltungen nachhaltig modernisieren, S.166.
7 KGSt-Bericht Wege zum Dienstleistungsunternehmen, Nr.19/1992, S.52.

Politik entscheidet, was und wozu es gemacht wird (welche Ergebnisse, Wirkungen sollen erzielt werden?), die Verwaltung entscheidet, wie es gemacht wird."[8]

Anhand der vom Gemeinderat beschlossenen produktbezogenen Zielvorgaben führt dann die Verwaltung die einzelne Aufgabe aus. Zielvorgaben für jedes einzelne Produkt können sein:

- ob und in welchem Umfang
- für welchen Empfängerkreis
- in welcher Qualität

die Produkte bereitgestellt werden.[9]

In einem sog. „Kontraktmanagement" werden diese Zielvereinbarungen zwischen Gemeinderat und Verwaltung verbindlich festgelegt.[10]

Traditionell ist die Kommunalverwaltung oftmals durch zentralistische Organisationsstrukturen geprägt, in denen gleiche oder ähnliche Funktionen zu Organisationseinheiten gebündelt werden.[11] Häufig überschneiden sich dann dadurch die Aufgaben und die Verantwortlichkeiten werden vermischt.[12]

Beim NSM wird dagegen der Aufbau durch neue Organisationseinheiten bestimmt, die in Anlehnung an die Produkte gebildet werden. Sie werden nach Größen und Bereichen entsprechend dem Output nach Produktbereichen, Produktgruppen und einzelnen Produkten gegliedert. Die Organisationseinheiten stellen dann sich selbst steuernde Betriebseinheiten dar.[13] Zahlreiche größere Kommunen haben bereits ihre Organe neu in Fachbereichen, die auf die Produkte ausgerichtet sind, geordnet.[14]

### 3.3 Dezentrale Ressourcenverantwortung

Einer der Kerngedanken des NSM zur Verbesserung der Effizienz bei der Aufgabenerfüllung ist die Zusammenführung von Aufgaben- und Ressourcenverantwortung. Traditionell haben die Fachämter die Verantwortung für die Aufgabenerfüllung nach Maßgabe der ihnen zugeteilten Ressourcen. Für die Ressourcen selbst sind jedoch die Querschnittsämter, also Hauptamt, Personalamt und Kämmerei, zuständig. Das NSM bündelt die Gesamtverantwortung auf die Fachbereiche. Bei ihm verlieren die Querschnittsämter eine Fülle von Einzelaufgaben, dagegen wachsen ihnen die Aufgaben der zentralen Steuerung zu.[15] **423**

8 *Lang*, in: Grubwinkler u.a., Modernes Verwaltungsmanagement, 1996, S.33.
9 *Schwarting*, a.a.O. (Fn 3), Rdnr.83.
10 Ebenda, Rdnr.78.
11 Z.B. Organisation, Personal, Finanzen.
12 *Lang*, a.a.O. (Fn 8), S.34.
13 Ebenda.
14 *Schwarting*, a.a.O. (Fn 3), Rdnr.38.
15 *Ders.*, Rdnr.41.

Die Fachämter erhalten ein Budget als Rahmenvorgabe, mit dem sie eigenständig wirtschaften können. Ihr Handlungs- und Gestaltungsspielraum wird größer, ebenso ihre Verantwortung und ihre Selbständigkeit.[16]

Die volle Verantwortung für die Ressourcen bei den Fachämtern stärkt deren Kostenbewusstsein und bewirkt so einen effizienteren Mitteleinsatz. Damit wird das Gebot der Wirtschaftlichkeit und Sparsamkeit nach § 77 Abs. 2 GemO wirkungsvoll umgesetzt. Wirtschaftlichkeit bedeutet

- eine vorgegebene Aufgabe mit dem geringstmöglichen Mitteleinsatz zu erfüllen. Dabei ist allerdings zu beachten, dass auch bereits bei der Aufgabenzielsetzung Gesichtspunkte der Wirtschaftlichkeit zu berücksichtigen sind.[17]

Dies ist die Minimalvariante des ökonomischen Prinzips. Oder

- mit vorhandenen, begrenzten Mitteln ein Höchstmaß an Aufgabenerfüllung zu erreichen. Diese Alternative – Maximalprinzip – gilt für die finanzielle Globalplanung etwa bei der jährlichen Aufstellung des Haushaltsplans oder der mehrjährigen Finanzplanung.

### 3.4 Kosten- und Leistungsrechnung

**424** Ohne eine aussagefähige KLR kann das NSM nicht funktionieren. Denn ohne den vollständigen Ausweis der Kosten einschl. derjenigen für verwaltungsinterne Leistungen kann nicht aufgezeigt werden, wie viel ein bestimmtes Produkt kostet. Eine solche Aussage stärkt das Kostenbewusstsein der Verantwortlichen. Denn die Aufgabenerfüllung durch Dienststellen, die nicht wissen, was die erbrachte Leistung kostet, führt tendenziell zur Unwirtschaftlichkeit. Wirtschaftliches Handeln setzt Kostentransparenz und Kostenbewusstsein voraus. Kostenverantwortung ist jedoch nur in dem Maße möglich, wie Steuerungsinstrumente[18] entwickelt und eingesetzt werden.[19]

Die KLR hat die Aufgabe, Informationen für Planung, Steuerung und Kontrolle der Wirtschaftlichkeit des Verwaltungsgeschehens zur Verfügung zu stellen[20]. Dazu rechnet sie den Ressourceneinsatz den Leistungen („Output") zu.

16 *Boley* u. a., in: Öffentliche Verwaltungen nachhaltig modernisieren, 1998, IKU-Reihe Kommune und Umwelt Band 7/8, S. 167.
17 Z. B. bei der Wahl des Standortes, der erhebliche Auswirkungen auf die Investitions- und Folgekosten haben kann. Gleiches gilt für das Kapazitäten- bzw. Raumprogramm und für den Ausstattungsstandard.
18 Produktpläne, Kosten- und Leistungsrechnung, ggf. Budgetierung, Berichtswesen, Controlling.
19 So auch Leitlinien zur kommunalen Kostenrechnung in Baden-Württemberg, Schriftenreihe des Innenministeriums BW zum kommunalen Haushalts- und Rechnungswesen, Heft 3, S. 12.
20 *Fiebig*, Kommunale Kosten- und Wirtschaftlichkeitssteuerung, 2. Aufl. 1998, Rdnr. 143 unter Hinweis auf KGSt-Bericht Nr. 11/1982. Einzelheiten siehe Abschn. II, Rdnrn. 428 ff.

### 3.5 Budgetierung

Die Budgetierung ist ebenfalls ein wichtiges Instrument des NSM. Während die dezentrale Rssourcenverwaltung Aufgaben- und Mittelverantwortung zusammenführt und so das Verantwortungsbewusstsein der Mitarbeiter in den Fachämtern stärkt, macht die KLR dem Verantwortlichen deutlich, was die von ihm bearbeiteten Dienstleistungen kosten. Mit der Budgetierung lässt sich eine weitreichende finanzielle Flexibilität der Fachämter bzw. Fachbereiche erzielen, die mit Anreizsystemen bei Kostenersparnis oder Mehrerlösen verknüpft werden kann. Wegen aller Einzelheiten darf auf die spezielle Literatur verwiesen werden.[21] **425**

Mittelfristig soll die KLR die Grundlage für eine produktorientierte Budgetierung bilden und die Produktergebnisse im produktorientierten Haushaltsplan darstellen.

### 3.6 Berichtswesen

Das NSM ist unabdingbar auf ein funktionierendes Berichtswesen angewiesen. Die Verantwortlichen müssen regelmäßig berichten, ob sie die Zielvereinbarungen einhalten. Die Verwaltungsführung muss sicherstellen, dass bei Zielabweichungen frühzeitig Korrekturen eingeleitet werden.[22] **426**

### 3.7 Controlling

Controlling ist ein funktionsübergreifendes Führungs- und Informationssystem, das Planung, Organisation, Information und Kontrolle koordinieren soll, um damit die Führungskräfte bei der Entscheidungsfindung und Steuerung zu unterstützen.[23] **427**

Aufbauend auf dem Berichtswesen muss ein systematisches Controlling die Richtigkeit und Einhaltung der Zielvorgaben überwachen. Controlling wertet die Informationen der KLR aus. Es beginnt gewissermaßen da, wo die Kostenrechnung endet. Diese weitet die zur Steuerung notwendigen Informationen und Analysemöglichkeiten des Controllers erheblich aus.[24] Ohne Controlling kann das NSM nicht funktionieren.[25]

21 Insbes. *Schwarting*, a.a.O., (Fn 3), und *Quecke/Schmid*, Rdnr. 252–279 zu §75 und Rdnr. 62–120 zu §76 SächsGemO sowie Notheis, Kapitel B Rdnr. 237 ff.
22 Wegen aller Einzelheiten wird auf die spezielle Literatur verwiesen. S. dazu auch Rdnr. 282 zu §75 bei *Quecke/Schmid*.
23 *Walther*, in: Boley u.a., a.a.O. (Fn 16), S. 181.
24 Ebenda.
25 S. dazu *Quecke/Schmid*, Rdnr. 101 zu §72 und 84, 285 zu §75.

# II. Allgemeines zur Kosten- und Leistungsrechnung

## 1. Wesen

428 Die KLR ist ein Teilbereich des internen Rechnungswesens, in der die Kosten erfasst, bestimmten Bezugsgrößen zugeordnet und für spezielle Zwecke ausgewertet werden. Vorrangige Zielsetzung ist die Steuerung der Wirtschaftlichkeit des Betriebsablaufes bzw. des Verwaltungshandelns.

Im Mittelpunkt der KLR stehen[26]

- die durch den Leistungserstellungs- und Verwertungsprozess verursachten Wertverzehre – also die Ermittlung der Kosten; hierbei handelt es sich um die Kostenrechnung i.e.S.
- die erzielten Ergebnisse; es handelt sich dabei um die Leistungen (Leistungsrechnung), die auf die Basis von Produkten nach Produktbeschreibungen abgestellt und nach Qualität und Quantität oder Zeit gemessen werden.

Dabei werden persönliche, sachliche und finanzielle Ressourcen eingesetzt, um ein bestimmtes Produkt, sei es eine Dienstleistung (diese dominieren bei den Kommunen) oder Sachgüter anzubieten. Die KLR will einen primär technisch bestimmten Prozess mit Hilfe geeigneter Methoden und Systeme in ökonomische Werte zur Gewinnung entscheidungsrelevanter Informationen umwandeln. Ausgehend von den Faktorkosten werden die Output-Preise bestimmt[27].

## 2. Aufgaben

429 In der Marktwirtschaft können sich auf Dauer nur Unternehmen behaupten, die ihre Leistungen zu solchen Preisen absetzen können, die über den Werten der eingesetzten Produktionsfaktoren liegen. Vorrangiges Ziel der KLR ist es, die Einhaltung der Wirtschaftlichkeit permanent zu überwachen. Dies gilt nicht nur für den unternehmerischen, sondern auch für den öffentlichen Bereich.

Bei den Kommunen hat die KLR folgende Aufgaben:

- Kontrolle des Betriebsgeschehens bzw. des Verwaltungsablaufs
- Grundlage für ein wirksames Controlling
- Analyse großer Kostenblöcke
- Aufspüren nicht genutzter Kapazitäten
- Ermittlung defizitärer Nebeneinrichtungen
- Ermittlung des Betriebserfolgs
  - Welche Kosten verursachen politische Entscheidungen?

26 *Ebert*, Kosten- und Leistungsrechnung, 7. Aufl. 1994, S. 19.
27 Mit Hilfe unterschiedlicher Kalkulationsverfahren.

  - Wo lassen sich Einzel- und Gemeinkosten, fixe und variable Kosten reduzieren?
  - Wie wirken sich Änderungen bei den Leistungen auf die Kostenarten und Kostenstellen aus?
- Entgeltkalkulation
  - Wie hoch sind die gebührenfähigen Kosten?
  - Wie hoch müssen Gebühren, Beiträge und sonstige Entgelte sein, um eine volle Kostendeckung zu erreichen?
  - Wie hoch sind die Kostendeckungsgrade bei entgeltlicher Leistungsabgabe?
- Sind selbsterstellte Leistungen kostengünstiger als bei Fremdbezug vergleichbarer Leistungen (Eigenerstellung oder „Kauf")[28]?
- Kommt eine Privatisierung in Frage?
- Ist eine eigene Investition oder Leasing oder eine andere Investorenlösung günstiger?
- Auswahl der wirtschaftlichsten Organisations- und Verfahrensvarianten
- Gewinnung von Kennzahlen für internen und externen Leistungsvergleich
- Aufgabenkritik und Änderung des Leistungsspektrums
- Ermittlung und Budgetierung von Folgekosten[29]
- Welche Auswirkungen haben Produktveränderungen auf das Budget?
- Bereitstellung von Daten für eine produktbezogene Budgetierung

## 3. Grundsätze

Die KLR muss wirtschaftlich, in sich geschlossen, vollständig, nachprüfbar und nachvollziehbar sein. Sie muss eine formelle und materielle Kontinuität einhalten.[30] Die Kosten und Leistungen sind verursachergerecht, insbes. nach Kostenarten, Kostenstellen und Kostenträgern zu erfassen. Die Kosten sind aus der Buchführung nachprüfbar herzuleiten.[31] 430

## 4. Rechtsgrundlagen

In BW schreibt § 12 Abs. 2 GemHVO[32] zwingend vor, dass für kostenrechnende Einrichtungen und für Hilfsbetriebe der Gemeinde KLR erstellt und die für eine betriebliche Steuerung sowie für die Beurteilung der Wirtschaftlichkeit und Leistungsfähigkeit erforderlichen Unterlagen geführt werden sollen. Dies bedeutet praktisch eine rechtliche Verpflich- 431

28 Z.B. bei der Aufstellung von Bebauungsplänen oder der Erschließung von Wohngebieten.
29 Folgekosten von Investitionen können fundierter aufgezeigt werden. Dazu *Schlemmer*, in: Boley u.a., a.a.O. (Fn 16), S. 162.
30 *Bussiek/Ehrmann*, Buchführung, 5. Aufl. 1995, S. 119.
31 § 12 Abs. 2 Satz 2 GemHVO BW.
32 VO des IM zur Änderung der GemHVO vom 15.4. 1994 (GBl. S. 238).

tung für die Führung von KLR bei diesen Einrichtungen. Ausnahmen sind nur in begründeten Fällen zulässig. Für andere Aufgabenbereiche können KLR aufgestellt werden.[33]

Darüber hinaus verpflichten spezielle Einzelregelungen zur Aufstellung von KLR. So sind nach der Eigenbetriebsverordnung „die für Kostenrechnungen erforderlichen Unterlagen zu führen und, wenn erforderlich, Kostenrechnungen zu erstellen".[34] Die Krankenhausbuchführungsverordnung schreibt die KLR zwingend vor und bestimmt als Zielsetzung, dass diese eine betriebsinterne Steuerung und die Beurteilung der Wirtschaftlichkeit erlaubt. Sie muss die Ermittlung der pflegesatzfähigen Kosten sowie die Erstellung der Leistungs- und Kalkulationsaufstellung nach der Bundespflegesatzverordnung ermöglichen.[35] Auch für Pflegeeinrichtungen fordert dies die bundesrechtliche Pflege-Buchführungsverordnung.[36]

## 5. Einführung der KLR

### 5.1 Bestimmung einer verantwortlichen Stelle

**432** Bei der Einführung der KLR sollte eine verantwortliche Stelle als Steuerungszentrale bestimmt werden, die einheitliche Vorgaben in einem Leitfaden für die KLR mit den Grundbegriffen und dem Aufbau der Kostenrechnung anhand praktischer Beispiele beschreibt. Sie müsste den betroffenen Mitarbeitern auch Hilfestellung für die Einarbeitung in die Materie bieten. Dafür bietet sich primär die Kämmerei an. Diese sollte sich an den landeseinheitlichen Vorgaben[37] orientieren.

### 5.2 Prioritätenfestlegung

**433** Die gleichzeitige Einführung der KLR in der gesamten Verwaltung ist nicht zu schaffen. Deshalb sollten Prioritäten festgelegt werden, die zuerst die kostenrechnenden Einrichtungen und Hilfsbetriebe erfassen. Erst später sollten andere Verwaltungsbereiche folgen.

### 5.3 Automation

**434** Eine manuell geführte KLR ist enorm zeitaufwendig; in Anbetracht der Personalrestriktionen und des Aufgabenzuwachses vor allem bei den mit den Finanzen befassten Mitarbeitern der Kommunen ist dies nicht bewältigbar. Deshalb muss eine leistungsfähige Software eingesetzt werden. Die KLR muss dabei in das vorhandene Buchführungssystem einbezogen werden.

33 § 12 Abs. 3 GemHVO BW. Andere Länder sind noch nicht so weit gegangen.
34 § 6 Abs. 4 EigBVO BW.
35 § 8 Krankenhaus-Buchführungsverordnung vom 24.3. 1987 (BGBl. S. 1045), mit Änderungen.
36 Verordnung über die Rechnungs- und Buchführungspflichten von Pflegeeinrichtungen vom 22.11. 1995 (BGBl. I. S. 1528).
37 Leitlinien zur Kosten- und Leistungsrechnung, erarbeitet von den kommunalen Landesverbänden und dem Innenministerium. In BW veröffentlicht in der Schriftenreihe des IM Heft 3.

Die Buchführungsergebnisse müssen in die KLR ohne zusätzlichen Aufwand übergeleitet werden können.[38] Für notwendige, bisher nicht vorhandene Daten müssen sinnvolle Ermittlungs- und Erfassungstechniken entwickelt werden. Letzteres gilt insbes. für die Erfassung der Leistungen.

### 5.4 Inhaltsfestlegung

Für jeden Aufgabenbereich ist ein Kostenarten-, Kostenstellen- und Kos- 435
tenträgerplan aufzustellen. Dabei sollte die Haushaltsgruppierung so aufgebaut werden, dass die Kostenarten mit den Haushaltsstellen identisch sind. Dies lassen die VwV Gliederung und Gruppierung ohne weiteres zu.[39]

Die Bildung von Kostenstellen ist abhängig von der Zielsetzung der Kostenermittlung, von der Größe und Leistungsfähigkeit des betr. Fachamtes und vom Verwaltungsaufwand. In einem ersten Schritt ist die funktionsorientierte Kostenstellenrechnung aufzubauen, damit die Produkte als Kostenträger differenziert bewertet werden können. Als Kostenträger sollten soweit als möglich die einzelnen Produkte definiert werden. Dabei empfiehlt sich eine möglichst weitgehende Anlehnung an den Produktplan.

### 5.5 Einheitlicher Kostenbegriff

Damit eine Vergleichbarkeit erreicht wird, sollten die einzelnen Kommu- 436
nalverwaltungen ihre Kosten möglichst einheitlich ermitteln. Dies ist ein besonderes Problem vor allem bei den Kalkulatorischen Kosten. Hier sei nur an die Wahl des kalkulatorischen Zinssatzes gedacht, der in der Praxis sehr unterschiedlich ausfällt. Nach dem Urteil des VGH Nordrhein-Westfalen zur Unzulässigkeit der Verzinsung aus den Wiederbeschaffungszeitwerten[40] ist allen Gemeinden in allen Bundesländern nachdrücklich zu empfehlen, die Zinsen auf der Basis der Anschaffungs- bzw. Herstellungskosten nach Abzug von Beiträgen und Zuschüssen Dritter zu berechnen.[41] In BW schreibt dies §9 Abs.3 KAG ausdrücklich vor. Aber bereits bei der Frage, wie die aufgelaufenen Abschreibungen zu berücksichtigen sind, gibt es erhebliche Unterschiede, weil die Kommunen zwischen der Restbuchwertmethode und der Durchschnittswertmethode wählen können.[42] Schließlich wird die Höhe des verzinsbaren Kapitals maßgebend durch die Finanzierung mit Beiträgen bestimmt, die am verzinsbaren Kapital abzuziehen sind. Ganz gravierend wirkt sich auch aus, ob die Gemeinde als Abschreibungsbasis die Anschaffungskosten – so zwingend in §9 Abs.3

38 Leitlinien zur kommunalen Kostenrechnung in Baden-Württemberg, a.a.O. (Fn 19), S.149. Den Kommunen stehen im Datenverbund als Software „Neues Verfahren Finanzwesen" alternativ SAP IS-PS oder ifs K-IRP zur Verfügung. Für Gemeinden bis mittelgroße Städte eignet sich gut das autonome Verfahren „Finanz +" (Data-Plan Consulting, Stuttgart).

39 Leitlinien zur kommunalen Kostenrechnung in Baden-Württemberg, a.a.O. (Fn19), S.145–149.

40 Urt. vom 31.8. 1990, GH 1991, S.232.

41 Dazu ausführlich der Verfasser in: *Quecke/Schmid*, Rdnr.51ff. zu §73 SächsGemO.

42 Das Urteil des OVG Lüneburg vom 9.10. 1990 (GH 1991, S.237), das die Durchschnittswertmethode für unzulässig erklärt hat, vermag nicht zu überzeugen. Zu beiden Verfahren ausführlich der Autor in: *Quecke/Schmid*, Rdnr. 166–172 zu §73 SächsGemO.

KAG für BW – oder die Wiederbeschaffungszeitwerte wählt, wie dies z.B. das SächsKAG ausdrücklich zulässt.[43] Wenn KLR auch für andere Bereiche als für kostenrechnende Einrichtungen und Hilfsbetriebe aufgestellt werden, müssen für diese ebenfalls kalkulatorische Kosten verrechnet werden. Dies erfordert eine aufwendige Vermögenserfassung und -fortschreibung in Anlagenachweisen.

Wichtig ist auch eine vollständige Leistungsverrechnung für alle internen Dienstleistungen.

#### 5.6 Beschränkung auf Wesentliches

437 Wichtig ist von vornherein, die KLR so zu beschränken, dass nur sinnvolle Daten erfasst werden und nicht ein Zahlenfriedhof geschaffen wird, mit dem niemand etwas anfangen kann. Der Grundsatz der Wirtschaftlichkeit ist gerade auch bei der KLR zu beachten. Die Inhalte müssen so aufbereitet werden, dass sie die Informationsbedürfnisse der Verwaltungsspitze erfüllen. Dies muss vergangenheits- und zukunftsbezogen geschehen, damit diese Erkenntnisse erfolgreich für die Steuerung und zur Verstärkung der Wirtschaftlichkeit eingesetzt werden können.[44]

## III. Kostenbegriff

### 1. Betriebswirtschaftliche Kosten

438 Bei der KLR ist auf den Kostenbegriff im betriebswirtschaftlichen Sinne zurückzugreifen. Zugrunde gelegt wird der wertmäßige oder kalkulatorische Kostenbegriff, nicht der pagatorische. Dies ergibt sich schon aus dem KAG, das ausdrücklich festlegt, dass die Kosten nach betriebswirtschaftlichen Grundsätzen zu ermitteln und dass als kalkulatorische Kosten Abschreibungen und Kapitalverzinsung einzubeziehen sind.[45] Unter Kosten versteht man den bewerteten Verzehr von Gütern und Dienstleistungen für die Herstellung und den Absatz der betrieblichen Leistungen und für die Aufrechterhaltung der dazu erforderlichen Kapazitäten.

Es müssen folgende Merkmale erfüllt sein.

- Verzehr von Sachgütern und Dienstleistungen (extern und intern)
- Bewertung dieses Ressourceneinsatzes
- der Verzehr muss im Produktionsprozess stattfinden
- der Verzehr muss leistungsbezogen sein.

Der pagatorische Kostenbegriff, der zahlungsorientiert ist, spielt keine Rolle.

43 § 13 Abs. 1 SächsKAG.
44 Ähnlich *Ebert*, a.a.O. (Fn. 26), S. 20.
45 Siehe § 9 Abs. 2 KAG BW.

## 2. Erlöse

Erlöse sind das Gegenstück zu den Kosten. Sie stellen den Gegenwert aus dem Verkauf von Gütern und Dienstleistungen dar. Es handelt sich um Erträge, die innerhalb einer Rechnungsperiode durch den Verkauf betrieblicher Leistungen erzielt werden. 439

## 3. Abgrenzungsprobleme

Kosten, Aufwand und Ausgaben stimmen nicht immer überein. 440

Die Kameralistik basiert auf einer Einnahmen- und Ausgabenrechnung. Einnahmen stellen i.d.R. Einzahlungen dar, die zu einer Erhöhung des Geldvermögens führen. Sie können im gemeindlichen Bereich aber auch auf internen Erstattungen und Verrechnungen beruhen. Ausgaben sind primär Zahlungsvorgänge, die zu einer Verminderung des Geldvermögens führen. In der Kameralistik können sie aber auch auf Erstattungen und Verrechnungen zurückzuführen sein.

Aufwand und Ertrag sind Begriffe aus der unternehmerischen Buchführung, die in der Gewinn- und Verlustrechnung festgehalten werden. Aufwand ist der in Geld ausgedrückte erfolgswirksame Verzehr von Gütern und Dienstleistungen innerhalb einer Zeitperiode. Dabei spielt es keine Rolle, ob der Vorgang betriebsnotwendig oder betriebsfremd ist. Auch auf einen Abfluss von Geldmitteln kommt es nicht an (z.B. buchhalterische Abschreibung in der Erfolgsrechnung). Die folgende Übersicht soll dazu einen optischen Überblick vermitteln:

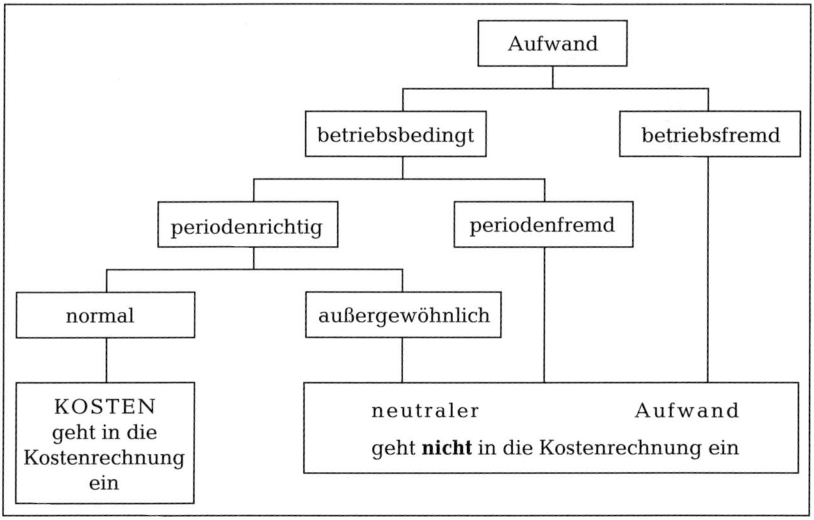

Zur Ermittlung der Kosten werden im kameralen Bereich Ausgaben[46], im unternehmerischen Bereich Aufwendungen, als Ausgangsbasis angesetzt und um betriebs- oder periodenfremde sowie außerordentliche Aufwendungen reduziert. Die Abgrenzung soll mit dem folgenden Schaubild verdeutlicht werden:

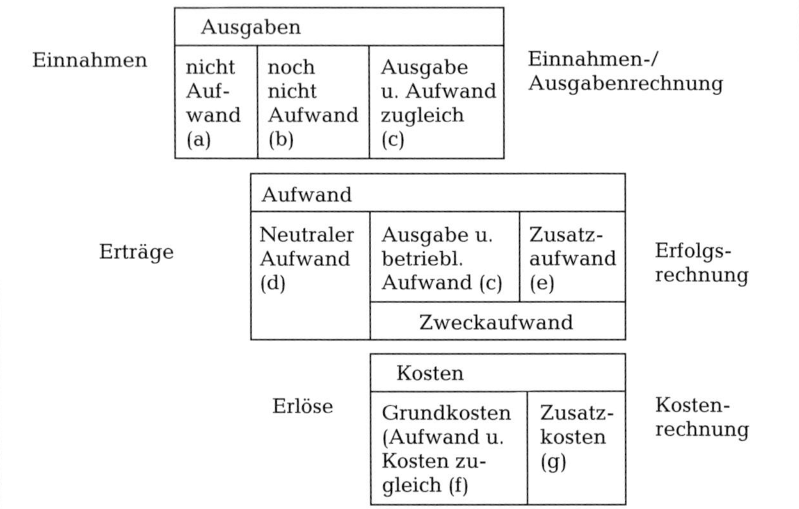


(a) z.B. Tilgung – (b) z.B. Investitionen – (c) z.B. Personalausgaben – (d) z.B. tatsächliche Schuldzinsen – (e) z.B. buchhalterische Abschreibung – (f) z.B. tatsächliche Betriebskosten – (g) kalkulatorische Kosten (Kapitalverzinsung)

## 4. Differenzierung Aufwand/Kosten

441 Die Finanzbuchhaltung erfasst alle Werteverzehre als Aufwand, um dann nach Abzug des Ertrags das Ergebnis in der Gewinn- und Verlustrechnung festzustellen. Die KLR ist enger auf den Begriff der Kosten abgestellt.

Der weitergehende Begriff Aufwand geht vom tatsächlichen Verbrauch aus und umfasst auch nicht jahresbezogenen außerbetrieblichen Verbrauch. Maßgeblich für den Aufwand ist ein effektiver Verbrauch – auch dann, wenn er nicht in unmittelbarem Zusammenhang mit dem Betriebszweck steht. Es genügt, dass der Aufwand im betreffenden Jahr mit den Leistungen des Unternehmens[47] anfällt.

46 Die bei den KrE durch die Bestimmungen in §§ 12 und 14 GemHVO schon unter Berücksichtigung betriebswirtschaftlicher Elemente wie Abschreibung, Kapitalverzinsung, Rechnungsabgrenzung differenziert sind.

47 Unternehmen ist der weitere, Betrieb der engere Bereich.

Die Kosten stellen dagegen eng auf den unmittelbaren Betriebszweck ab. Beim Vergleich Aufwand und Kosten gibt es drei Alternativen:

- Aufwand und Kosten sind deckungsgleich
  Dann spricht man von Zweckaufwand und Grundkosten.

  *Beispiel:* Personalausgaben

- Aufwand, dem keine Kosten gegenüberstehen
  Dann spricht man vom neutralen Aufwand, der eine Rechnungsabgrenzung erfordert. Dabei gibt es drei Varianten:

  a) Betriebsfremde Aufwendungen

  Dies sind Aufwendungen, die nicht zur Leistungserstellung dienen und die nichts mit dem Betriebszweck zu tun haben.

  *Beispiel:* Spenden für gemeinnützige Zwecke.

  b) Periodenfremde Aufwendungen

  Diese sind zwar betriebsbedingt, beziehen sich aber wirtschaftlich auf einen früheren Abrechnungszeitraum.

  *Beispiel:* Nachzahlung von Körperschaftsteuer oder Gewerbesteuer für einen BgA für vorangegangene Jahre.

  c) Außerordentlicher Aufwand

  Ao-Erträge und Aufwendungen stehen zwar in einem unmittelbaren Zusammenhang mit dem Betriebszweck. Sie haben jedoch einen derart außerordentlichen Charakter, dass ihre Einbeziehung in die Kosten nicht vertretbar erscheint. Dagegen werden sie in der GuV ausgewiesen.

  *Beispiele:* Unwetterschäden, Schaden aus Betrug und Unterschlagung, fehlgeschlagene Planungskosten.

  Alle drei Fallgruppen gehen nicht in das ordentliche Jahresergebnis der GuV ein; sie werden über die Abgrenzungsrechnung in das neutrale Ergebnis überführt. Bei a und c geschieht dies durch die sachliche, bei b durch die zeitliche Rechnungsabgrenzung. Während die traditionelle KLR ebenfalls alle drei Fallgruppen ausklammerte, ist dies heute nur bei den betriebsfremden Aufwendungen eindeutig. Ao und periodenfremde Aufwendungen gehören m. E. dann in die KLR, wenn man die vollständigen Kosten des betr. Produkts feststellen will. Schon im Hinblick auf das Verursacherprinzip sollten ao und periodenfremde Aufwendungen in die Gebührenkalkulation einbezogen werden.[48] Wenn dadurch eine „Überbelastung" des laufenden Jahres eintritt,

48 Allerdings werden solche Kosten i. d. R. nicht bei der Vorauskalkulation, sondern erst bei der Nachkalkulation bekannt.

ermöglicht §9 Abs.2 Satz 3 und 4 KAG einen zeitlichen Ausgleich innerhalb von fünf Jahren. Dagegen kann es für interkommunale Vergleiche sinnvoll sein, auf diese beiden Positionen zu verzichten.

- Kosten, denen kein entsprechender Aufwand gegenübersteht. Dann spricht man von Zusatzkosten, die sich wiederum unterteilen lassen in

  a) Zusatzkosten i.e.S., denen keine Aufwendungen gegenüberstehen

  z.B. kalkulatorische Eigenkapitalverzinsung, kalkulatorische Miete

  b) Anderskosten

  Merkmal ist, dass ihnen Aufwand in anderer Höhe gegenübersteht, z.B. kalkulatorische Verzinsung weicht von Fremdzinsen ab, buchhalterische Abschreibungen weichen von den kalkulatorischen ab.

## 5. Zeitliche Rechnungsabgrenzung

### 5.1 Zielsetzung

442 Während sich die sachliche Rechnungsabgrenzung auf die Ausgliederung betriebsfremder oder außerordentlicher Aufwendungen bezieht, geht es bei der zeitlichen Rechnungsabgrenzung um die periodengerechte Zuordnung. Die Jahresrechnung soll den Erfolg auf einen bestimmten Stichtag jahresbezogen ausweisen und den Stand des Vermögens an diesem Tag exakt darstellen. Deshalb müssen alle Vorgänge, die den Abschlusstag überschreiten, festgestellt und abgegrenzt werden.

### 5.2 Rechtslage

443 Aus Praktikabilitätsgründen stellen sowohl GemO[49] als auch GemHVO[50] auf das Kassenwirksamkeitsprinzip ab. Eine Ausnahme gilt für die KrE, bei denen nur diejenigen Einnahmen und Ausgaben zu veranschlagen sind, die wirtschaftlich dem Haushaltsjahr zuzuordnen sind.[51]

### 5.3 Praktische Handhabung

444 Bei der Aufstellung von KLR kommt der Rechnungsabgrenzung erhebliche Bedeutung zu. Streng dogmatisch gesehen müsste man deshalb bei KrE, bei Hilfsbetrieben und allen anderen Einrichtungen, für die KLR geführt werden, wie im privatwirtschaftlichen Bereich eine strenge Abgrenzung vornehmen. Dies hätte aber eine gewaltige Mehrarbeit zur Folge. Im Unternehmensbereich spielt die exakte Erfolgsermittlung schon im Hinblick auf die Funktion der Bilanz zum Gläubigerschutz eine wichtige

49 §80 Abs.1 GemO und Erl. bei *Quecke/Schmid* zu §75 Rdnr.70–76.
50 §7 Abs.1 GemHVO; siehe dazu ausführlich *Quecke/Schmid*, Rdnr. 70–76 zu §75 SächsGemO.
51 §14 Abs.6 GemHVO i.V.m. §42 Abs.3.

Rolle. Auch aus steuerlicher Sicht muss dort exakt abgegrenzt werden. Im Hinblick auf den Grundsatz der Wirtschaftlichkeit, der auch bei der Aufstellung von KLR gilt, und auf die rechtliche Möglichkeit nach dem KAG, die für die Gebührenbemessung maßgeblichen Kosten in einem mehrjährigen Zeitraum von längstens fünf Jahren zu berücksichtigen und Kostenüberdeckungen und -unterdeckungen innerhalb dieses Zeitraums auszugleichen,[52] ist es m.E. bei allen diesen Einrichtungen vertretbar, die Rechnungsabgrenzung großzügig zu handhaben. Wenn also z.B. eine Gemeinde regelmäßig ihren Jahresbedarf an Heizöl im Juni oder Juli tätigt, halte ich es vertretbar, diese Gesamtkosten ohne Abgrenzung im betreffenden Jahr zu buchen und in die Kostenrechnung einzubeziehen. Anders ist es natürlich bei Vorratskäufen, also wenn die Gemeinde bei genügender Lagerkapazität wegen besonders günstiger Preise den Bedarf für zwei Jahre einkauft. Dann muss sie schon nach § 14 Abs. 3 Nr. 2 GemHVO eine Aufteilung vornehmen. Auch bei der Telefon- oder Stromrechnung kann die Gemeinde m.E. großzügig verfahren: Die Telefonrechnung für den Dezember, die im Januar des Folgejahres abgebucht wird, kann im neuen Jahr gebucht werden und die Novemberrechnung bildet dann die 12. Rechnung des Jahres.

Eine penible Rechnungsabgrenzung würde eine erhebliche Mehrarbeit bewirken. Dies haben die Erfahrungen der privaten Unternehmen am Jahresschluss gezeigt.

### 5.4 Begriffsunterscheidung

Wenn am Abschlussstichtag Ausgaben und Aufwendungen oder Einnahmen und Erträge zeitlich auseinander fallen, ist zu prüfen, ob diese transitorische oder antizipative Posten bilden. Bei transitorischen Posten liegt der Zahlungsvorgang vor der Erfolgswirksamkeit, bei antizipativen Posten liegt der Zahlungsvorgang nach der Erfolgswirksamkeit.[53] **445**

### 5.5 Transitorische Rechnungsabgrenzung

Bei dieser werden die Zahlungsvorgänge im alten Jahr abgewickelt, sie sind aber wirtschaftlich dem neuen Jahr zuzurechnen. Sie schlagen sich also im alten Jahr als Ausgaben oder Einnahmen nieder, stellen aber erst im folgenden Jahr Aufwand oder Ertrag dar. Zu unterscheiden sind **446**

- Aktive Rechnungsabgrenzung:
  Die Ausgaben sind im alten Jahr geleistet worden, Aufwand werden sie aber erst im neuen Jahr.

*Beispiele:* Miete Januar wird bereits im Dezember gezahlt, ebenso Gehälter. Gem. § 14 Abs. 5 Satz 2 GemHVO sind diese im neuen Jahr zu veranschlagen und zu buchen.

52 § 9 Abs. 2 KAG.
53 *Bussiek/Ehrmann*, a.a.O. (Fn 30), S. 174.

- Passive Rechnungsabgrenzung:
  Die Einnahmen gehen im alten Jahr ein, sie betreffen aber als Ertrag das neue Jahr, z.B. Pachteinnahme für Kiosk im Hallenbad für den Januar wird bereits im Dezember überwiesen.

### 5.6 Antizipative Rechnungsabgrenzung

447 Bei dieser handelt es sich um Zahlungsvorgänge, die wirtschaftlich das alte Jahr betreffen, aber geldmäßig erst im neuen Jahr abgewickelt werden. Auch bei ihnen wird differenziert zwischen

- Sonstige Forderungen
  Erlöse, die das alte Jahr betreffen, aber noch nicht bis zum Abschlusstag eingegangen sind. Sie sind mit den Kasseneinnahmeresten vergleichbar.[54]

  *Beispiel:* fällige, aber noch nicht eingegangene Verkaufserlöse

- Sonstige Verbindlichkeiten
  Aufwendungen, die das alte Jahr betreffen, aber erst im neuen Jahr bezahlt werden. Sie sind mit den Kassenausgaberesten vergleichbar.[55]

  *Beispiel:* fällige Handwerkerreparaturrechnung vom alten Jahr, dort nicht mehr bezahlt.

Diese Rechnungsabgrenzungen dürfen nicht mit Rückstellungen verwechselt werden. Bei Letzteren handelt es sich um zweckgebundene Mittelbereitstellung für Verbindlichkeiten aus Aufwendungen, die erst später zu Ausgaben führen und deren Höhe und Fälligkeit noch nicht bekannt sind.

*Beispiel:* Rückstellungen für Prozessrisiken oder für eventuelle Steuernachzahlungen

## IV. Aufbau der Kosten- und Leistungsrechnung

### 1. Allgemeines

448 Der jährliche kameralistische Rechnungsabschluss allein genügt den Anforderungen nicht mehr, die das Neue Steuerungsmodell zwangsläufig stellt. Die KLR kann aber aus den Zahlen der Kameralistik in gleicher Weise wie aus der Doppik entwickelt werden. Die KLR erfasst alle durch die Erstellung von Verwaltungsleistungen verursachten Kosten in systematischer Weise, verteilt sie nach ihrer Verursachung und verrechnet sie auf die erbrachten Leistungen (Produkte). Zu diesem Zweck wird gefragt:

- **Welcher Art** sind die angefallenen Kosten?
  = Kosten**arten**rechnung

54 §46 Nr. 17 GemHVO (Begriffsbestimmungen).
55 Ebenda.

- **Wo** sind die Kosten entstanden?
  = Kosten**stellen**rechnung
- **Wofür** sind die Kosten entstanden?
  = Kosten**träger**rechnung

## 2. Kostenartenrechnung

### 2.1 Aufgaben

Die Kostenartenrechnung ist Ausgangspunkt und Grundlage der gesamten Kostenrechnung. Sie wird deshalb auch als deren erste Stufe charakterisiert. Ihre Aufgabe ist darzustellen, **welche** Kosten bei der Leistungserstellung und -abgabe angefallen sind.[56] **449**

Im Einzelnen besteht ihr Zweck darin

- die in einer Abrechnungsperiode angefallenen Kosten vollständig zu erfassen und nach deren Entstehungsstruktur zu ordnen,
- die Kostenarten so zu ordnen, dass eine differenzierte Zuordnung auf Kostenstellen und Kostenträger möglich ist,
- eine grobe Kostenkontrolle in der Weise zu ermöglichen, dass z.B. der Anteil einer Kostenart an den Gesamtkosten oder zu anderen Kostenarten mit ähnlichen Einrichtungen und in zeitlicher Entwicklung verglichen wird.[57]

### 2.2 Wesen

Die Kostenartenrechnung ist zeitraumbezogen. Sie gibt Auskunft, welche Kosten innerhalb einer bestimmten Periode entstanden sind. **450**

### 2.3 Bildung von Kostenarten

Im Rahmen der Kostenartenrechnung werden alle in einer Periode angefallenen Kosten ermittelt und nach charakteristischen Merkmalen „welche Kosten sind in welcher Höhe angefallen?" zusammengefasst.[58] Eine solche Ordnung kann sich orientieren an **451**

- den Produktionsfaktoren
- dem Kostenverfahren[59]

### 2.4 Gruppierung der Kostenarten

Im unternehmerischen Bereich werden die Kostenarten i.d.R. nach der Art der verbrauchten Produktionsfaktoren eingeteilt. Diesem Beispiel folgen **452**

56 Leitlinien zur kommunalen Kostenrechnung in Baden-Württemberg, a.a.O. (Fn 19), S.41, *Beyer,* Effizienz in der Kommunalverwaltung, Band II: Produkte und Controlling, 1998, Rdnr.79.
57 *Beyer,* a.a.O. (Fn 56), Rdnr.80.
58 *Walther* und *Brückmann,* KStZ 1997, S.142.
59 Es gibt noch weitere Alternativen: z.B. betriebliche Funktion, Art der Verrechnung oder Herkunft der Kostengüter u.a.m.

auch die Kommunen, indem sie sich an der VwV Gliederung und Gruppierung orientieren.[60] Der dort veröffentlichte Gruppierungsplan ist nach betriebswirtschaftlichen Gesichtspunkten aufgebaut; bei Bedarf kann die Gemeinde noch tiefer gruppieren und treffendere Bezeichnungen wählen.

Die Kostenarten werden üblicherweise in die folgenden Hauptgruppen eingeteilt:

- Personalkosten (Hauptgruppe 4)
- Sachkosten (Hauptgruppe 5/6)
- Kalkulatorische Kosten, insbes. für Kapitalverzinsung und Abschreibung (bei Gruppe 68)
- sonstige Kosten (bestimmte Positionen der Hauptgruppe 7).

Der Gruppierungsplan gibt hierfür grundsätzlich verbindliche und brauchbare Vorgaben. Wie detailliert die Kostenarten „untergruppiert" werden, richtet sich nach dem verfolgten Zweck. Eine weiterreichende Gruppierung als im Gruppierungsplan sollte nur in zwingenden Fällen vorgesehen werden. Eine zu weitgehende Detaillierung – etwa beim Bürobedarf – bringt keine zusätzlichen Erkenntnisse, sondern schwächt den Blick für das Wesentliche und erfordert zusätzlich unnötige Mehrarbeit. Auf jeden Fall sollten Haushaltsplan, Sachbuchführung und Kostenartenrechnung synchron aufgebaut sein. Anders gesagt: Haushaltsstellen und Kostenarten sollten übereinstimmen.

Die Kostenart muss klar und eindeutig festgelegt werden, so dass keine Überschneidungen eintreten. Hier liefern die Erläuterungen zum Gruppierungsplan gute Hilfen. Wichtig ist, dass die Kosten vollständig erfasst werden – also einschl. kalkulatorischer Kosten, Erstattungen und Verrechnungen verwaltungsinterner Leistungen.

### 2.5 Kostenverhalten

453 Je nach ihrem Verhalten bei der Änderung der Kapazitätenauslastung oder Mengenproduktion unterscheidet man zwischen fixen und variablen Kosten.

- **Fixe Kosten** sind alle Kosten, die mengenunabhängig anfallen. Sie bleiben also bei steigender oder fallender Auslastung, ja sogar bei Stillstand gleich.

  *Beispiele:* Miete, kalkulatorische Zinsen und Abschreibung, Versicherungen, i.d.R. Reinigungskosten, Unterhaltungskosten.

  Ein Sonderfall sind hier die Sprungfixkosten. Die Kosten bleiben zwar innerhalb einer bestimmten Leistungsmenge (Intervall der Bezugs-

60 VwV IM Gliederung und Gruppierung – VSV 6306.

größe) gleich. Wird jedoch das Intervall überschritten, dann steigen sie innerhalb des nächsten Intervalls sprunghaft an.

*Beispiel:* Bei Leistungsausweitung muss eine zusätzliche Investition getätigt werden oder zusätzliches Personal eingestellt werden.

Allerdings lassen sich auch fixe Kosten langfristig beeinflussen wie z.B. durch Personalabbau infolge Aufgabenkritik.

- **Variable Kosten**
  Diese ändern sich sofort mit der Änderung der Leistungsmenge. Bei fallender Leistungsmenge gehen sie zurück, bei zunehmender steigen sie. Sie sind also beschäftigungsabhängig. Bei Einstellung der Produktion entfallen sie ganz.

  Bei linearem Kostenverlauf steigen die Kosten proportional, bei degressivem Kostenverlauf mit abnehmender Tendenz je Einheit und bei progressivem Kostenverlauf mit zunehmender Tendenz je Leistungsmenge.

  Teilt man die variablen Kosten durch die insgesamt erstellten Mengen, dann ergeben sich die variablen Stückkosten. Bei einem linearen Kostenverlauf sind die variablen Stückkosten konstant, bei einem degressiven fallen sie, bei einem progressiven steigen die variablen Stückkosten.

Als Grenzkosten bezeichnet man die Kosten, die durch die jeweils letzte Ausbringungsmengeneinheit verursacht werden.[61]

Für die KLR ist es wichtig, zwischen den variablen und fixen Kosten zu unterscheiden. Deshalb empfiehlt sich dringend eine entsprechende Codierung in der EDV. Dies ist für Steuerungszwecke äußerst wichtig.

Im kommunalen Bereich sind die fixen Kosten besonders stark ausgeprägt. Sie langfristig zu reduzieren ist ein dringendes Anliegen. Bei überwiegend fixen Kosten muss eine verbesserte Auslastung angestrebt werden. Bei überwiegend variablen Kosten ist eine Verbesserung des Wirtschaftsergebnisses z.B. durch verbesserte Einkaufskonditionen und erhöhte Materialausbeute anzustreben.[62]

### 2.6 Kostenverrechnung

Bei der Kostenerfassung sollte berücksichtigt werden, ob die Kosten einer **454**
bestimmten Kostenart direkt oder nur indirekt auf die Kostenstellen verrechnet werden können. Deshalb ist zu unterscheiden zwischen

- Einzelkosten, die nach dem Verursachungsprinzip direkt den einzelnen Produkten zugerechnet werden können.

  *Beispiel:* Reparaturrechnungen für bestimmte Objekte

61 *Rau*, Betriebswirtschaftslehre für Städte und Gemeinden, 1994, S.339.
62 *Beyer*, a.a.O. (Fn 56) Rdnr.84.

- Gemeinkosten, die einem bestimmten Bezugsobjekt nicht (direkt) verursachungsgerecht zugeordnet werden können. Sie fallen nicht unmittelbar für das einzelne Produkt oder die einzelne Kostenstelle an, sondern betreffen vielmehr eine Gesamtheit oder mehrere Kostenstellen oder die Gesamtverwaltung. Die Gemeinkosten werden dann mit Hilfe eines bestimmten Schlüssels (indirekt) zugeordnet.

  *Beispiel:* Kosten zentraler Dienststellen.

Die Begriffspaare variable und fixe Kosten einerseits und Einzel- sowie Gemeinkosten andererseits sind in der Summe der Kosten identisch.[63] Dies ist ähnlich einer Bilanz, in der zwar die Endsummen von Aktiv- und Passivseite übereinstimmen, aber jede Seite unterschiedliche Aussagen trifft.[64]

## 3. Kostenstellenrechnung

### 3.1 Wesen

455 Die Kostenartenrechnung als erste Stufe der KLR bildet die Grundlage für die zweite Stufe Kostenstellenrechnung und für die dritte Stufe Kostenträgerrechnung. Die Kostenstellenrechnung verbindet Kostenarten- und -trägerrechnung. Sie beantwortet die Frage: **Wo** entstehen die Kosten?

Die Kostenstellenrechnung ist wichtigster Teil der Betriebsabrechnung; sie ordnet die Kosten den Kostenverursachungsbereichen zu. Dadurch ermöglicht sie eine Kostenkontrolle.

### 3.2 Aufgaben

456 Die Kostenstellenrechnung erfasst die Kosten einzelner Teile des Fachbereichs unter Aufgabenaspekten. Dazu wird ein Fachbereich in Kostenbezirke gegliedert.[65]

Die Kostenstellenrechnung beschäftigt sich also mit den Kosten am Ort ihrer Entstehung. Ihre wichtigsten Aufgaben sind:

- Zuordnung der Gemeinkosten auf die Kostenverursachungsbereiche
- Innerbetriebliche Leistungsverrechnung
- Wirtschaftlichkeitskontrolle
  Die Kostenstellenrechnung ermöglicht die Überwachung der Kostenentwicklung in den einzelnen Fachbereichen. Kontrolliert wird dort, wo die Kosten entstehen, und bei den dafür Verantwortlichen. Durch Vergleiche mit ähnlichen Leistungseinheiten – intern und extern – und mit der Entwicklung in Vorjahren ermöglicht sie eine Steuerung des Unternehmens und ist Basis für ein wirksames Controlling.

63 *Rau*, a.a.O. (Fn 61), S. 341.
64 Auf der Aktivseite: Wie viel Vermögen ist vorhanden, auf der Passivseite: Wie ist dieses finanziert.
65 *Beyer*, a.a.O. (Fn 56), Rdnr. 87.

- Schaffung von Grundlagen für die Kalkulation
  Als Vorstufe der Kostenträgerrechnung dient die Kostenstellenrechnung der Erhöhung der Genauigkeit der Kalkulation. Sie belastet alle Kostenträger mit den anteiligen Kosten der Kostenstellen, die sie bei der Leistungserstellung in Anspruch genommen haben.[66]

### 3.3 Begriff der Kostenstellen

Kostenstelle ist der Ort der Kostenentstehung und der Kostenzurechnung. Nach gebräuchlicher Definition sind Kostenstellen „die Orte, an denen die zur Leistungserstellung benötigten Güter verbraucht werden".[67] Sie sind betriebliche Teilbereiche, die selbständig abgerechnet werden. **457**

### 3.4 Bildung von Kostenstellen

#### 3.4.1 Kriterien

Die Bildung von Kostenstellen kann sich an verschiedenen Kriterien orientieren. Üblich sind die Bildung nach **458**

- Verantwortungsbereichen
- Funktionsbereichen
  (z.B. in Industriebetrieben nach Material-, Fertigungs-, Forschungs- und Entwicklungs-, Verwaltungs-, Vertriebs- und allgemeinen Kostenstellen)
- räumlichen Aspekten
  z.B. Filialen
- abrechnungstechnischen Aspekten
  hier wird nach Vor- und Endkostenstellen unterteilt.[68]

Die Praxis kombiniert häufig die einzelnen Elemente.

#### 3.4.2 Besonderheiten

Bevor eine Kommune in die KLR einsteigt, sollte sie sich klar machen, was sie mit der Kostenrechnung erreichen will. Wichtig ist, dass sie ihre Zielsetzung auf eine sinnvolle Produktabgrenzung abstellt. Sie muss einen Kostenstellenplan erarbeiten. Dieser sollte sich weitgehend an der vorgegebenen Gliederung der Haushaltssystematik ausrichten.[69] Die KGSt hat ein Ablaufschema entwickelt, das wertvolle Hilfen gibt.[70] **459**

Die Kostenstellen sollten möglichst als Abbild von Leistungsbereichen mit eigener Verantwortung in Anlehnung an Organisationsstrukturen ge-

66 Ebenda Rdnr. 89.
67 Ebenda Rdnr. 92.
68 Siehe dazu Rdnr. 460–462.
69 Siehe dazu VwV Gliederung und Gruppierung.
70 KGSt-Bericht Kostenrechnung Nr. 7/1982.

bildet werden. Soweit eine Gemeinde ihre Organisation noch nicht produktorientiert aufgebaut hat, sollte sie diese möglichst vorher umstellen.

Als Kostenstellen kommen bei einem organisationsorientierten Aufbau in Frage[71]

- Fachamt bzw. Betriebe
- Abteilungen
- Sachgebiete
- Arbeitsgruppen
- Stabsstellen
- Projekte.

Eine tiefere Untergliederung bis zum einzelnen Arbeitsplatz ist grundsätzlich möglich, aber i.d.R. viel zu arbeitsaufwendig und wirtschaftlich nicht mehr vertretbar.

Für kleinere Leistungseinheiten mit weniger differenzierten Produkten reichen weniger Kostenstellen aus als für große Einheiten mit vielerlei Leistungen.

Eine zu große Tiefergliederung ist dann nicht mehr vertretbar, wenn dadurch immer mehr Kosten nur noch indirekt über Umlagen auf die Kostenstellen zugeordnet werden können und deshalb die Genauigkeit leidet.

Die Kommunalverwaltungen haben eine Fülle von Aufgaben, die nach Umfang, Vielfalt und Besonderheiten weitreichender sind als in privatwirtschaftlichen Unternehmen. Deshalb sind die Kommunen in eine Vielzahl von Leistungs- und Verantwortungsbereichen gegliedert. Dem trägt auch der Aufbau des Haushaltsplans und des Sachbuchs mit der Gliederung in Einzelpläne, Abschnitte und Unterabschnitte Rechnung. Diese aufgabenorientierte Unterabschnitte bilden damit eine Grundlage für die Kostenstellenrechnung. Soweit in einem Unterabschnitt nur ein einheitliches Produkt angeboten wird, braucht er nicht tiefer gegliedert zu werden. Dies wäre z.B. bei einem Freibad (ohne Zusatzeinrichtungen) der Fall. Im Regelfall bietet ein Unterabschnitt aber mehrere Produkte an. Dann wäre entweder eine nochmalige Unterteilung in weitere Unterabschnitte[72] oder aber die Bildung interner Kostenstellen in der KLR denkbar.

*Beispiel:* Freizeitbad mit Schwimmhalle, Sauna, Solarium, Massage, Sportabteilung u.a.m.

Gleiches gilt, wenn eine Gemeinde mehrere Einrichtungen und Betriebe derselben Aufgabenart hat wie z.B. Kindertagesstätten. Der Bildung allzu vieler Unterabschnitte setzt vor allem in größeren Städten der Aspekt

71 Leitlinien zur kommunalen Kostenrechnung in Baden-Württemberg, a.a.O. (Fn 19), S.49.

72 Dies kann entweder durch Einfügung weiterer horizontaler Spalten auf derselben Seite im Haushaltsplan oder durch die Ausweisung auf neuen Seiten dargestellt werden.

Grenzen, dass dann der Haushaltsplan viel zu umfangreich wird. Dann empfiehlt es sich, interne Kostenstellen zu bilden.

Generell sollten die Unterabschnitte im Haushaltsplan und im Sachbuch so gestaltet werden, dass sie organisatorisch und von der Verantwortung für die Durchführung einer Aufgabe klar abgegrenzt und so eine brauchbare Grundlage für Kostenstellen sind.

### 3.5 Arten von Kostenstellen

Die Kostenstellen lassen sich nach der Art der Leistungen bzw. der Wei- **460** terverrechnung der auf ihnen angefallenen Kosten in Vor- und Endkostenstellen unterteilen.

#### 3.5.1 Endkostenstellen

Bei ihnen werden die Kosten direkt auf die Kostenträger und nicht auf **461** weitere Kostenstellen zugeordnet. Es handelt sich meist um Kosten für Leistungen, die an die Abnehmer außerhalb des Leistungsbereichs abgegeben werden. Endkostenstellen lassen sich wiederum einteilen in

- Hauptkostenstellen
  Sie beziehen sich auf den eigentlichen Betriebszweck eines Leistungsbereichs, also z.B. bei der Abwasserbeseitigung auf das Klärwerk und das Kanalnetz, bei Bädern auf die Schwimmhalle oder das Freischwimmbecken u.Ä. Die dort ausgewiesenen Kosten sind diesen „Hauptbetrieben" über die Kostenträgerrechnung unmittelbar zuzurechnen. Kostenstellen sollten möglichst so eingerichtet werden, dass die meisten Kostenarten direkt den Hauptkostenstellen zugeordnet werden können.[73]
- Nebenkostenstellen
  Diese erfassen Kosten, die nicht dem eigentlichen Betriebszweck dienen, also nicht unmittelbar mit der Hauptaufgabe zusammenhängen, aber als Nebenprodukt bei der Leistungserzeugung anfallen. Man spricht deshalb auch von Nebenleistungen. Sie sollen den Hauptbetrieb attraktiver und wirtschaftlicher gestalten. Sie erbringen Leistungen mit Wirkung nach außen und erzielen dabei Erlöse. Ihr Wirtschaftsziel sollte zumindest eine volle Kostendeckung sein.[74]

  *Beispiel:* Kiosk in einem Hallenbad, Gaststätte in einem Freizeitbad, Cafeteria in einem Altenheim oder Krankenhaus.

#### 3.5.2 Vorkostenstellen

Es handelt sich um Kostenstellen, deren Kosten nicht direkt den betrieb- **462** lichen Leistungen, also den Endkostenstellen, zugeordnet werden kön-

73 *Fiebig*, a.a.O. (Fn 20), Rdnr.350.
74 Ebenda Rdnr.351.

nen. Sie wirken nur intern und erbringen keine externen Leistungen. Ihre Kosten werden mit Hilfe eines Umlageverfahrens auf die Endkostenstellen aufgeteilt.

Bei den Vorkostenstellen wird unterschieden:

- Hilfskostenstellen
  Diese erbringen ausschließlich Leistungen differenzierten Umfangs für eine oder mehrere Endkostenstellen. Es handelt sich um Tätigkeiten, die auch ein Dritter für den Betrieb leisten könnte.

  *Beispiele:* Fuhrpark, Lager, Werkstätten, Apotheke im Krankenhaus, Wäscherei.

Die Kosten der Hilfskostenstellen sollten möglichst nach Leistungskriterien abgerechnet und verteilt werden, also z.B. nach gefahrenen km, Arbeitsstunden u.Ä.

- Allgemeine Kostenstellen
  Diese unterscheiden sich von den Hilfskostenstellen dadurch, dass sie nur solche Tätigkeiten ausüben, die grundsätzlich zwingend selbst von der Kommune zu erledigen sind. Sie erbringen Leistungen für alle Haupt-, Neben- und Hilfskostenstellen.

  *Beispiele:* Allgemeine Verwaltung des Fachamtes (Amtsleitung), Personalverwaltung, Buchhaltung.

  Es wird empfohlen, mindestens für die Kosten des allgemeinen Verwaltungsbetriebs und für die gebäudeabhängigen Kosten eine Allgemeine Kostenstelle einzurichten.[75]

Die Kosten der Vorkostenstellen sind in einem Stufenleiterverfahren auf die Endkostenstellen zu verteilen. Zuerst werden alle Kosten der Allgemeinen Kostenstellen, anschließend diejenigen der Hilfskostenstellen verteilt.[76] Zuerst sind die Kostenstellen, die im höheren Maße von anderen beansprucht werden, aufzulösen.[77]

## 4. Kostenträgerrechnung

### 4.1 Wesen

463 Die Kostenträgerrechnung baut auf der Kostenarten- und Kostenstellenrechnung auf und weist nach, in welcher Höhe Kosten für bestimmte betriebliche Leistungen (Produkte) entstanden sind. Sie stellt die Kosten den Leistungen innerhalb einer Abrechnungsperiode gegenüber[78]. Sie beantwortet vor allem die Frage „**Wofür** sind die Kosten entstanden?".

75 So auch Leitlinien zur kommunalen Kostenrechnung in Baden-Württemberg, a.a.O. (Fn 19), S.54–57.
76 Ebenda sowie deren Anl.6.
77 Ebenda S.54. Auf eine Rückverrechnung von Kosten an bereits aufgelöste Kostenstellen sollte zur Vereinfachung verzichtet werden.
78 *Fiebig*, a.a.O. (Fn 20), Rdnr.391.

Bei der Kostenträgerrechnung spielt die Leistung – also die Produkte – eine wichtige Rolle. Denn diese sind letzten Endes die Ursache für das Entstehen der Kosten. Die Leistungen sind daher der Kostenträger.[79]

### 4.2 Aufgaben

Wichtigste Aufgabe der Kostenträgerrechnung ist, die in der Kostenarten- und -stellenrechnung erfassten Kosten verursachergerecht den erbrachten Leistungen/Produkten zuzurechnen. Sie ist auf diese Weise die dritte Stufe der Kostenrechnung. Der Nachweis der Kosten je Leistungseinheit/Produkt ist eine fundamentale Grundlage für das Funktionieren des NSM. Denn die politisch Verantwortlichen müssen wissen, was eine solche Leistung kostet, ob die Erhebung kostendeckender Entgelte möglich ist oder ob bei einer Unterdeckung die Leistung dennoch in dieser Quantität und Qualität angeboten werden soll. **464**

Im Einzelnen erfüllt die Kostenträgerrechnung folgende Aufgaben:[80]

- Erfassung der Einzelkosten je Kostenträger und Festlegung der Zuschlagsbasis für die Zurechnung der Gemeinkosten
- Erfassung der Gesamtkosten
- Ermittlung der Anzahl oder Menge der erzeugten Produkte
- Ermittlung der Kosten und der Anzahl der Leistungen des innerbetrieblichen Verbrauchs; dadurch wird die innerbetriebliche Leistungserrechnung ermöglicht
- Feststellung des Gebühren- oder Entgeltbedarfs
- Kontrolle der Wirtschaftlichkeit
  Bei kommunalen und interkommunalen Vergleichen mit Hilfe von Kennzahlen ist allerdings problematisch, dass sich qualitative Unterschiede in der Aufgabenerfüllung nicht integriert in der Kostenträgerrechnung festhalten lassen. Dies müsste in einem „externen Verfahren" geschehen.
- Ermittlung des Betriebserfolgs durch die Ausweisung von Kosten und Erlösen.

### 4.3 Arten der Kostenträgerrechnung

Die Kostenträgerrechnung ermöglicht eine stück- und periodenbezogene Beurteilung der Kosten und Leistungen. Aus diesem Grunde werden zwei Arten unterschieden: **465**

- die Kostenträger**stück**rechnung
  Diese ermittelt die Selbstkosten, die bei der Erstellung eines Produktes anfallen. Sie ist also auf das einzelne Produkt fixiert. Die Leistungen können in Stückzahlen, Mengen (z.B. cbm, Liter, lfde Meter), Zeitein-

79 *Ebert*, a.a.O. (Fn 26), S.86.
80 In Anlehnung an *Beyer*, a.a.O. (Fn 56), Rdnr.141.

heiten (z.B. Krankenhaustag), Fallzahlen (z.B. bearbeitete Anträge) oder Aufträgen ausgedrückt werden.

- die Kostenträger**zeit**rechnung
  Diese weist die gesamten Kosten einer Rechnungsperiode aus und bezieht die Kosten auf die Kostenträger. Sie stellt also auf den gesamten betrieblichen Zweck ab und ist eine betriebliche Erfolgsrechnung. Das Betriebsergebnis ergibt sich, wenn vom Unternehmensergebnis das neutrale Ergebnis abgezogen wird (Abgrenzung von Kosten zu neutralem Aufwand). Sie informiert, ob und inwieweit die Kosten eines Produkts durch Erlöse gedeckt sind.

### 4.4 Begriff der Kostenträger

**466** Kostenträger sind alle vom Betrieb erstellten kalkulationsfähigen Leistungen in Form von Sachgütern oder Dienstleistungen.[81] Es handelt sich um Leistungseinheiten, die den Güter- und Leistungsverzehr auslösen und demzufolge auch mit den entsprechenden Kosten belastet werden sollen. Nachdem das NSM auf Produkten aufbaut und die Kommunen nunmehr auf einen Produktplan zurückgreifen können, der eine Vergleichbarkeit ermöglicht, sollten sie diesen bei der Festlegung von Kostenträgern möglichst weitgehend zugrunde legen und auch den Haushaltsplan entsprechend aufbauen. Die Produktpläne sollten nach dem NSM in produktorientierten Haushaltsplänen als Kostenträger ausgewiesen werden.[82]

### 4.5 Kostengliederung

**467** Die Aufschlüsselung der Kosten nach Einzel- und Gemeinkosten[83] spielt bei der Kostenträgerrechnung eine wichtige Rolle. **Einzelkosten** können einer einzelnen Kostenstelle und dem Produkt unmittelbar zugerechnet werden. Voraussetzung ist, dass die Werteverzehre für eine Leistung (Produkt) direkt nachweisbar sind – sie gehen dann direkt in die Kostenträgerrechnung ein. Es existiert also ein unmittelbares Verursacherverhältnis zwischen dem Werteverzehr und der Leistung.

**Gemeinkosten** sind dagegen solche Kosten, die nicht unmittelbar für das einzelne Produkt (oder für die einzelne Kostenstelle) anfallen. Sie betreffen mehrere Leistungen/Produkte. Sie lassen sich daher nur mit einem Schlüssel den Kostenträgern zurechnen. Der Wahl eines geeigneten Schlüssels kommt große Bedeutung zu. Die Schlüsselung sollte möglichst verursachergerecht sein. In zahlreichen Fällen ist eine solche technisch nicht exakt möglich oder würde zu hohe Kosten bedingen. Dann aber können die Ergebnisse stark verfälscht werden. Dies ist auch der Grund

81 *Beyer*, a.a.O. (Fn 56), Rdnr. 148.
82 Leitlinien zur Kostenrechnung in Baden-Württemberg, a.a.O. (Fn 19), S. 59.
83 Siehe Fn 454.

dafür, dass die Vollkostenrechnung, die **alle**[84] **Kosten** auf Kostenstellen und Produkte verteilt, nicht für sämtliche betrieblichen Zwecke geeignet ist und für spezielle Zielsetzungen durch die Teilkostenrechnung ergänzt wird.[85] Je mehr Gemeinkosten anfallen, umso ungenauer wird die Kostenrechnung.

Schlüssel können sein

- Werteschlüssel wie Löhne, Materialkosten, Umsatzerlöse, Anlagewerte
- Mengenschlüssel wie Flächen, Rauminhalte, Gewichte, Zeiteinheiten, Anschlussstellen (z. B. Telefonanschlüsse).

Die Leistungsbeziehungen innerhalb der Kernverwaltung sollten möglichst auf der Basis von Bestellungen direkt verrechnet werden, so dass über Gemeinkosten nur noch die unmittelbar nicht zurechenbaren Kosten abgerechnet werden müssen.[86]

### 4.6 Kalkulationsmethode

#### 4.6.1 Alternativen

Für die Errechnung der Kosten je Produkt stellt die BWL mehrere Verfahren zur Wahl. Es handelt sich um **468**

- die Divisionskalkulation
- die Äquivalenzziffernrechnung
- die Zuschlagskalkulation.

#### 4.6.2 Divisionskalkulation

Bei der einstufigen Divisionskalkulation werden die Gesamtkosten durch **469**
die Zahl der Leistungen/Produkte dividiert. Dieses Verfahren ist jedoch nur dann anwendbar, wenn nur eine Leistungsart oder ein einziges Produkt erstellt wird und dabei keine Lagerbestände entstehen.

Die zweistufige Divisionskalkulation ist dann anzuwenden, wenn zwar nur eine Leistungsart erstellt wird, aber zwischen Produktions- und Absatzmengen unterschieden werden muss.

Die mehrstufige Divisionskalkulation ist dann anzuwenden, wenn bis zum Endprodukt unterschiedliche Stufen durchlaufen werden, wobei von Stufe zu Stufe unterschiedliche Leistungseinheiten entstehen, die mengen- und wertmäßig zusammengeführt und durch die Leistungseinheiten der jeweiligen Stufe dividiert werden müssen.[87]

84 Also Einzelkosten und Gemeinkosten.
85 Siehe dazu unten Rdnr. 475.
86 Das sind vor allem die Kosten des Gemeinderats, der Verwaltungsspitze, der Personalräte und der Steuerung, die über Verwaltungskostenbeiträge abgegolten werden. S. dazu *Walther*, in: Boley u. a., a. a. O. (Fn 16), S. 176.
87 *Beyer*, a. a. O. (Fn 56), Rdnr. 56 ff.

Wenn z.B. die umlagefähigen Gesamtkosten der Abwasserbeseitigung 3,6 Mio. Euro betragen und 1,8 Mio. cbm Abwasser anfällt, ergeben sich Kosten nach der einstufigen Divisionskalkulation von 2 Euro je cbm.

#### 4.6.3 Äquivalenzziffernrechnung

470 Hier handelt es sich um eine abgewandelte Form der Divisionskalkulation. Sie wird angewandt, wenn mehrere Leistungsarten zueinander ein paralleles Kostenverhältnis aufweisen. Dies ist z.B. denkbar bei dem Verhältnis normales Abwasser zu stark verschmutztem (z.B. je nach Verschmutzungsgrad Äquivalenzziffer 1:1,3 oder 1,4) oder im Bestattungswesen zwischen Reihen- und Wahlgräbern.

#### 4.6.4 Zuschlagskalkulation

471 Wenn völlig unterschiedliche Produkte erstellt werden, dann kann diesen Unterschieden nur durch die Anwendung der Zuschlagskalkulation entsprochen werden. Bei ihr wird zwischen den direkt zurechenbaren Einzelkosten und den Gemeinkosten, die mit Schlüsseln oder Zuschlägen verrechnet werden, getrennt. Jedes Produkt soll möglichst exakt mit den Kosten belastet werden, die es tatsächlich verursacht hat. Dieses Verfahren ist z.B. bei Bauhof- oder Werkstattleistungen anzuwenden.[88]

## 5. Kostenrechnungssysteme

### 5.1 Nach Zeitpunkt

472 Nach dem zeitlichen Bezug der KLR unterscheidet man zwischen

- Plankostenrechnung
  Sie baut auf Zukunftswerten auf, welche die externen und internen Einflussfaktoren auf die Kosten widerspiegeln sollen.[89] In ihr werden die Kosten für künftige Vorhaben prognostiziert. Die Plankosten dienen dann als Steuerungsgrößen. So soll im NSM der produktorientierte Haushalt als wichtigstes Steuerungsinstrument für Gemeinderat und Verwaltungsspitze Produkt-Plankosten ausweisen. Wenn den Plankosten dann die tatsächlichen Kosten gegenübergestellt werden, ist ein Soll-Ist-Vergleich möglich.[90]
- Ist-Kostenrechnung, die auf die real entstandenen Kosten abstellt.

88 Weitere Unterteilungen mit Beispielen siehe *Beyer*, a.a.O. (Fn 56), Rdnr. 160–165.
89 *Rau*, a.a.O. (Fn 61), S. 437.
90 Leitlinien zur kommunalen Kostenrechnung in Baden-Württemberg, a.a.O. (Fn 19), S. 66.

Nach dem Kalkulationszeitpunkt wird unterschieden zwischen

- Vorkalkulation

  Diese wird vor der Leistungserbringung aufgestellt und stellt auf die im Haushaltsplan enthaltenen Ansätze ab. Sie legt also die Sollkosten zugrunde. Die Vorkalkulation spielt vor allem für die Gebühren- und Entgeltkalkulation eine wichtige Rolle. Sie ist unabdingbar bei den kostenrechnenden Einrichtungen und Hilfsbetrieben.

- Nachkalkulation

  Diese findet nach der Leistungserbringung statt und beruht auf Rechnungsergebnissen. Sie übernimmt eine Kontrollfunktion. Zugleich bildet sie die Grundlage für einen Ausgleich von Kostenüber- und -unterdeckungen für den nach dem KAG zugelassenen Zeitraum.[91]

### 5.2 Nach dem Umfang

Nach ihrem Umfang unterscheiden wir die Vollkosten- und die Teilkostenrechnung. Der Unterschied liegt im sachlichen Umfang der Zurechnung von Kosten auf die Kostenträger. **473**

### 5.3 Vollkostenrechnung

Die Vollkostenrechnung verteilt die gesamten anfallenden Kosten auf die Kostenträger. Dabei werden die Einzelkosten direkt, die Gemeinkosten über die Kostenstellenrechnung den Kostenträgern zugeordnet. Damit trägt jedes einzelne Produkt anteilig die Gemeinkosten der Verwaltung.[92] **474**

Die Vollkostenrechnung dominiert schon bisher in der Kommunalverwaltung, weil nur sie den gesamten Ressourcenverbrauch beinhaltet. Sie ist somit eine unverzichtbare Grundlage des Kostenrechnungssystems. Dies gilt gleichermaßen für Gebühren- und Entgeltkalkulationen wie auch den Nachweisen der Gesamtkosten der Leistungserstellung und der Kontrolle der Wirtschaftlichkeit.

Ihr wird vorgeworfen, dass sie durch die Zurechnung der Gemeinkosten als „geschlüsselte Kosten" den jeweiligen Kostenträgern mehr Kosten zurechnet, als diese verursacht haben.[93] Da die Gemeinkosten meist zugleich fixe Kosten sind, wirkt sich eine auf Schlüsselung beruhende Zurechnung der fixen Kosten auf den Kostenträger mehr oder weniger willkürlich aus.[94]

91 In BW sind Kostenüberdeckungen innerhalb von fünf Jahren auszugleichen; Unterdeckungen können innerhalb dieses Zeitraums ausgeglichen werden. Vgl. dazu § 9 Abs. 2 KAG.
92 Leitlinien zur kommunalen Kostenrechnung in Baden-Württemberg, a. a. O. (Fn 19), S. 67.
93 *Beyer*, a. a. O. (Fn 56), Rdnr. 177.
94 Ebenda.

Dennoch ist die Vollkostenrechnung unentbehrlich und ihr Aufbau in Kostenarten-, Kostenstellen- und Kostenträgerrechnung ein unverzichtbarer (erster) Schritt.

### 5.4 Teilkostenrechnung

475 Während die Vollkostenrechnung alle beim Leistungsprozess in einer Rechnungsperiode anfallenden Kosten enthält, beschränkt sich die Teilkostenrechnung auf die variablen Kosten, die den Kostenträgern direkt zugerechnet werden. Sie wird auch Deckungsbeitragsrechnung genannt. Die Teilkostenrechnung verzichtet bewusst auf die Schlüsselung von Gemeinkosten und trennt zwischen variablen und fixen Kosten. Sie stellt damit gezielt auf das Verursacherprinzip ab. Der Unterschied drückt sich vor allem in der Kostenträgerrechnung aus.

Es gibt verschiedene Teilkostenrechnungssysteme[95]

- auf der Basis variabler Kosten, und zwar mit globaler Behandlung der Fixkosten (auch „direkt-costing" genannt) oder mit differenzierter Fixkostenbehandlung
- auf der Basis von Einzelkosten als Deckungsbeitragsrechnung. Der Deckungsbeitrag gibt an, inwieweit Erlöse nicht nur variable, sondern auch fixe Kosten decken.

Die Teilkostenrechnung eignet sich besonders in folgenden Fällen

- Maßnahmen zur besseren Ausnutzung vorhandener Kapazitäten
- Zusatzaufträge
- Auswertung unter dem Gesichtspunkt der Beeinflussbarkeit der Kostenarten.[96]

## V. Leistungsrechnung und Produkte

### 1. Begriff und Wesen der Produkte

476 Während die Kostenrechnung den Güterverbrauch erfasst, ermittelt die Leistungsrechnung den Wert der Produkte, indem sie diese nach Fallzahlen zählt, bewertet und beurteilt (letztere stellen auf die Qualität der Produkte ab, was schwer in Zahlen umsetzbar ist!).

Traditionell wurde die Kommunalverwaltung über die zentrale Zuteilung von Ressourcen gesteuert. Das Neue Steuerungsmodell will von dieser Input-Steuerung zur Output-Steuerung übergehen und die Verwaltung über Vorgaben von konkreten Leistungszielen steuern. Diese Zielvorgaben geben die von den Fachbereichen zu erbringenden Leistungen nach

95 Siehe detailliert *Beyer*, a.a.O. (Fn 56), Rdnr. 178ff.
96 Ebenda Rdnr. 183.

Art, Quantität und Qualität (= Output) an. Damit steht das Produkt im Mittelpunkt des NSM und wirkt sich auch, wie mehrfach beschrieben, auf die KLR aus.

Als Produkt lassen sich die Leistungen der einzelnen Ämter (es handelt sich vor allem um Dienstleistungen, selten um Sachgüter) bezeichnen. Die Kommunen erbringen im Rahmen ihrer Zuständigkeit für alle öffentlichen Angelegenheiten der örtlichen Gemeinschaft eine große Leistungsvielfalt. Nur bei einer klaren Abgrenzung der Produkte lassen sich eine wirkungsvolle Steuerung, Effizienz und Effektivität sowie kommunale und interkommunale Vergleiche ermöglichen.

Bei Einführung einer konsequenten Budgetierung orientieren sich die den Fachbereichen zugewiesenen Ressourcen an den nach Art, Menge und Qualität der Produkte vereinbarten Leistungen.

## 2. Produktbildung und -beschreibung

Voraussetzung für die Erfassung kommunaler Verwaltungsleistungen ist eine klare Abgrenzung der Produkte. Zu diesem Zweck haben die einzelnen Bundesländer unter Federführung ihrer Innenministerien und der kommunalen Landesverbände „Kommunale Produktpläne" erarbeitet, in denen die wesentlichen kommunalen Leistungen in Form von Produkten beschrieben sind. Sie zielen darauf hin, im Interesse überörtlicher Vergleiche die Produkte einheitlich zu bezeichnen und abzugrenzen. **477**

Der Produktplan ist eine nach fachlichen Gesichtspunkten geordnete Zusammenstellung aller Produkte und Leistungen einer Organisationseinheit. Es handelt sich um eine abgestufte Gliederung der kommunalen Leistungen in den Verdichtungsformen Produktbereich, -gruppe und Produkt.[97]

Obwohl die Produktpläne nicht verbindlich sind, kann allen Gemeinden, unabhängig von ihrer Größe und Organisationsstruktur, nachdrücklich empfohlen werden, diese als Vorgabe für die örtliche Ausgestaltung von Produktplänen zu verwenden. Nur dann können sie verwertbare Kennzahlen gewinnen und mit denen anderer Kommunen vergleichen. Dabei müssen die definierten Produkte in ihrer Summe das gesamte Aufgaben- und Leistungsfeld der Organisationseinheiten abdecken. Es sollten nur so viele Produkte gebildet werden, wie sie zur Steuerung notwendig sind. Dabei sollten die Produktkosten möglichst eindeutig und verursachergerecht zugeordnet werden können. Jedes Produkt sollte möglichst nur zu einem Verantwortungsbereich (z.B. Fachamt) gehören. Produkte für Steuerungszwecke (insbes. Verwal-

97 Ebenda Rdnr. 51.

tungsführung und Politik) sollten zu Produktgruppen und Produktbereichen zusammengefasst werden.[98]

### 3. Gliederung der Produktpläne

478 Ähnlich wie die aufgabenorientierte Gliederung des Haushaltsplans in Einzelpläne, Abschnitte und Unterabschnitte gliedert sich auch der Produktplan in

- Produktbereich
- Produktgruppe
- Produkt

Dies geht auf einen Vorschlag der KGSt zurück.[99]

### 4. Produktbereich

479 Produktbereiche sind die höchste Aggregationsstufe von Steuerungsinformationen; sie sind allerdings nicht so weitreichend wie Einzelpläne bei der Haushaltsgliederung, sondern eher mit Abschnitten vergleichbar.

Ein Produktbereich umfasst die Produktgruppen, die aus inhaltlicher und strategischer Sicht zusammengehören. Er gibt einen Gesamtüberblick über das Leistungsspektrum nachgeordneter Produktgruppen. Jede Produktgruppe ist nur einem Produktbereich zuzuordnen.[100]

### 5. Produktgruppe

480 Eine Produktgruppe fasst alle Produkte zusammen, die aus der Sicht des Bürgers und aus politisch-strategischer Sicht miteinander in Zusammenhang stehen. Jedes Produkt ist nur einer Produktgruppe zuzuordnen.[101] Die Produktgruppe soll i.d.R. mit einem oder mehreren Haushaltsabschnitten deckungsgleich sein.[102]

### 6. Produkt

481 Ein Produkt umfasst eine Leistung oder eine Gruppe von Leistungen, die von Stellen außerhalb der jeweils betrachteten Organisationseinheit intern oder extern benötigt wird und für die in der Regel ein Preis zu zahlen wäre.

Das Produkt ist grundsätzlich der Kostenträger, dem Kosten und Erlöse zugeordnet werden können. Dabei ist jedes Produkt als Einheit zu sehen. Die Produkte werden grundsätzlich aus der Sicht des Bürgers – soweit als möglich – als Dienstleistungen beschrieben.

98 Ebenda Rdnr. 54.
99 Das Neue Steuerungsmodell – Definition und Beschreibung von Produkten, KGSt-Bericht Nr. 8/1994.
100 Kommunaler Produktplan BW, S. 23.
101 Ebenda S. 24.
102 *Bals,* GH 2000, S. 86.

Qualitative Merkmale sind kein Unterscheidungskriterium für die Bildung von Produkten.[103]

## 7. Fallbeispiele

Zwei Beispielsfälle sollen den Aufbau des Produktplans konkretisieren: 482

| Produktbereich | Produktgruppe | Produkt |
|---|---|---|
| 52.1 Bäder | 52.1.1 Bereitstellung und Betrieb | 52.1.1.01 Freibäder<br>52.1.1.02 Hallenbäder |
| 75.1 Friedhof- und Bestattungswesen | 75.1.1 Betrieb von Friedhöfen | 75.1.1.01 Bereitstellung von Reihengräbern |
| | | 75.1.1.02 Bereitstellung von Wahlgräbern |
| | | 75.1.1.03 Pflege und Unterhaltung von Kriegsgräbern, histor. und jüd. Friedhöfen |
| | | 75.1.1.04 Bereitstellung, Pflege und Unterhaltung von öffentlichem Grün an Friedhöfen |
| | 75.1.2 Bestattungen | 75.1.2.01 Bereitstellung von Leichenhallen |
| | | 75.1.2.02 Erdbestattungen |
| | | 75.1.2.03 Einäscherungen |
| | | 75.1.2.04 Urnenbeisetzungen |
| | | 75.1.2.05 Aus- und Umbettungen |
| | 75.1.3 Gewerbliche Leistungen | 75.1.3.01 Leistungen Bestattungsdienst |
| | | 75.1.3.02 Friedhofsgärtner Leistungen |

## 8. Leistungsrechnung

Die Leistungsrechnung erfasst die Produkt- bzw. Leistungsmengen sowie den dazu erforderlichen Arbeitsaufwand. Sie ergänzt auf diese Weise die KLR und liefert Informationen zu Leistungsart und -menge sowie zu den Herstellungskosten der Produkte pro Stück. Für eine verursachergerechte Kostenzuordnung ist ein differenzierter Leistungsnachweis (z.B. geleistete Arbeitsstunden) notwendig.[104] Aus Praktikabilitätsgründen kann dieser in einer vereinfachten Form geführt werden.[105] 483

103 Kommunaler Produktplan BW, S.23.
104 *Walther*, in: Bolay u.a., a.a.O. (Fn 16), S.178.
105 Z.B. aufgrund einer Status-quo-Feststellung mit Berichtigungen, wenn sich zwischenzeitlich wesentliche Änderungen ergeben haben.

# Teil D:
# Vermögen und Rücklagen

*Konrad Faiß*

D

D

# I. Vermögensbegriff

Für den Vermögensbegriff gibt es keine einheitliche, für alle Rechtsgebiete zutreffende Definition. Je nach dem Rechtsgebiet, in dem er angewandt wird, hat er einen unterschiedlichen Inhalt. So ist der zivilrechtliche Vermögensbegriff von dem gemeindewirtschaftsrechtlichen Vermögensbegriff zu unterscheiden, wobei weder das BGB noch die GemO oder die GemHVO eine Definition des Vermögensbegriffs enthalten. Auch der im kaufmännischen Bereich verwendete Vermögensbegriff hat einen anderen Inhalt. 484

Der Vermögensbegriff im Gemeindewirtschaftsrecht umfasst nur die Aktivwerte[1].

Die Kredite (Passivwerte) werden in der Gemeindeordnung besonders behandelt (vgl. § 87 GemO), sodass sie beim Vermögen nicht zu berücksichtigen (nicht von den Aktivwerten abzuziehen) sind. Es wird folglich nicht vom Reinvermögen ausgegangen.

Vermögen i.S. des Zivilrechts sind alle geldwerten Rechte (Eigentum, Forderungen und sonstige Rechte)[2]. Im Unterschied zu diesem zivilrechtlichen Vermögensbegriff gehören Kasseneinnahmereste und Haushaltseinnahmereste, die Forderungen darstellen, derzeit noch nicht zum gemeindewirtschaftsrechtlichen Vermögensbegriff, auch wenn sie in der Vermögensrechnung darzustellen sind[3]. Dasselbe gilt für Besteuerungsrechte einschließlich der Ansprüche auf Abgaben nach dem Kommunalabgabengesetz sowie für Rechte aus Konzessionsverträgen. Diese Rechte sind nicht veräußerbar und besitzen daher keinen „Marktwert": Sie können deshalb in einer Vermögensrechnung (auch nicht in einer doppisch aufgebauten Bilanz) nicht aktiviert werden.

Der gemeindewirtschaftsrechtliche Vermögensbegriff ist nicht einheitlich. Zu unterscheiden ist zwischen dem Vermögensbegriff im weiteren Sinne und dem Vermögensbegriff im engeren Sinne, wobei der Vermögensbegriff im engeren Sinne als haushaltsrechtlicher Vermögensbegriff bezeichnet werden kann.

Unter den Vermögensbegriff im weiteren Sinne fallen alle Vermögensgegenstände, also auch die geringwertigen Wirtschaftsgüter[4], Geldanlagen sowie Vorräte an Verbrauchsmitteln. Dieser Vermögensbegriff ist z.B. nach § 91 GemO beim Erwerb und der Verwaltung von Vermögen und nach § 92 GemO bei der Veräußerung von Vermögen anzuwenden. Dagegen ist der haushaltsrechtliche Vermögensbegriff enger; er umfasst

1 HdKWPr Bd. 6, S. 561.
2 *Soergel/Ehrhard/Eder*, Anm. 13 zu § 1922 BGB.
3 Vgl. Rdnr. 1256.
4 Vgl. § 46 Nr. 2 Buchst. b GemHVO.

das Vermögen, dessen Bewegungen nach § 1 GemHVO über den Vermögenshaushalt abzuwickeln sind.

Gemeindevermögen liegt nur vor, wenn die Gemeinde zivilrechtliche Eigentümerin des Vermögensgegenstandes ist. Ob der Nutzungszweck beschränkt ist, ist unerheblich. Zum Gemeindevermögen gehört deshalb auch das Gemeindegliedervermögen, das Vermögen der rechtlich unselbständigen Stiftungen sowie das Vermögen der Eigenbetriebe[5]. Nicht zum Gemeindevermögen gehören Vermögensmassen, die rechtlich selbständig sind, die also nicht im juristischen Eigentum der Gemeinde stehen, auch wenn der Einfluss der Gemeinde auf die Vermögensmasse erheblich ist (Beispiele: Stiftungsvermögen der rechtsfähigen Stiftungen, Vermögen von Waldgenossenschaften, Realgemeinderechte, Vermögen von Eigengesellschaften). Hat eine Gemeinde solchen rechtlich selbständigen Institutionen Darlehen gegeben, so handelt es sich bei dem Anspruch aus dem Darlehen um Gemeindevermögen. Dies gilt auch für die Eigenkapitalausstattung der Eigengesellschaften oder der Beteiligungsgesellschaften.

## II. Einteilung des Gemeindevermögens

485 Das Gemeindevermögen wird nach bestimmten Ordnungskriterien unterteilt[6]. Die Unterteilungen sind notwendig, um zu Begriffsbildungen zu kommen, die zum Teil in Gesetzen, zum Teil in der Literatur Verwendung finden.

### 1. Unterteilung nach der Zweckbestimmung

486 Zunächst sind zwei Arten von Gemeindevermögen zu unterscheiden: Das im Abschnitt Haushaltswirtschaft (1. Abschnitt des 3. Teils der GemO) geregelte freie Gemeindevermögen und das im 2. Abschnitt des 3. Teils der GemO geregelte Sonder- und Treuhandvermögen.

Die Abgrenzung ergibt sich aus den §§ 96 und 97 GemO; dort ist im Einzelnen festgelegt, was Sondervermögen und was Treuhandvermögen ist. Das dort nicht genannte Vermögen ist freies Gemeindevermögen. Sondervermögen ist nach § 96 Abs. 1 GemO das Gemeindegliedervermögen, das Sondervermögen der rechtlich unselbständigen örtlichen Stiftungen, das Vermögen der Eigenbetriebe und der rechtlich unselbständigen Versorgungs- und Versicherungseinrichtungen für Bedienstete der Gemeinde sowie das Sondervermögen Kameradschaftspflege der Feuerwehr[7].

5 Vgl. Ausführungen in Rdnrn. 575ff., 915ff.
6 HdKWPr Bd. 6, S. 560.
7 Vgl. § 18a Feuerwehrgesetz.

Nach § 12 EigBG ist das Sondervermögen der Eigenbetriebe gesondert zu verwalten und nachzuweisen. Bei dieser Betriebsform eines Unternehmens oder einer Einrichtung handelt es sich also um Sondervermögen; beim Bruttoregiebetrieb[8] ist dagegen freies Gemeindevermögen gegeben, da der Bruttoregiebetrieb keine Sonderrechnung führt. Ebenso gehört das Vermögen der kommunalen Krankenhäuser nicht zum Sondervermögen, auch wenn ein Großteil der Vorschriften des Eigenbetriebsrechts anzuwenden ist.[9]

Das Sondervermögen unterliegt nur teilweise den Vorschriften über die Haushaltswirtschaft der Gemeinde[10] (Geltung kraft Verweisung). Es steht aber juristisch im Eigentum der Gemeinde.

Treuhandvermögen gehört nach der Begriffsdefinition nicht zum Gemeindevermögen. Hier handelt es sich nach § 97 GemO um Vermögen rechtlich selbständiger örtlicher Stiftungen sowie um Vermögen, das die Gemeinde nach besonderem Recht treuhänderisch zu verwalten hat. Auch für dieses Vermögen gelten die Vorschriften über die Haushaltswirtschaft nicht generell, sondern nur kraft besonderer Verweisung.[11]

Die Einteilung des Gemeindevermögens nach der Zweckbestimmung ist mehr durch rechtliche als durch wirtschaftliche Gesichtspunkte bestimmt. Beim freien Gemeindevermögen stehen der Gemeinde nicht nur das Eigentum, sondern im Rahmen der Gesetze auch die Verwaltung, Verfügung und Nutzung der vollen Erträge zu. Beim Gemeindesondervermögen ist die Gemeinde zwar Eigentümerin des Vermögens; die Verfügbarkeit für andere Zwecke ist jedoch eingeschränkt. Beim Treuhandvermögen ist die Gemeinde nicht juristische Eigentümerin.

## 2. Unterteilung nach wirtschaftlichen Gesichtspunkten

Die Unterteilung des Gemeindevermögens nach wirtschaftlichen Gesichtspunkten gibt vor allem Aufschluss darüber, welche Aufgabenziele mit den verschiedenen Vermögensarten verfolgt werden. Hier werden die Vermögenswerte mit der Aufgabenerfüllung in Zusammenhang gebracht. **487**

Im Grundsatz lassen sich drei Gruppen unterscheiden: Vermögenswerte, die unmittelbar der Aufgabenerfüllung der Gemeinde dienen, Vermögenswerte, die mittelbar (mit ihrem Ertrag) der Aufgabenerfüllung dienen, und die Rücklagen. Auch gibt es Vermögenswerte, die beide Elemente vereinigen (z.B. der Wald; er dient bei entsprechenden Holz-

8 Vgl. Rdnr. 911.
9 Vgl. § 1 KrHRVO.
10 Zu Einzelheiten vgl. Rdnr. 574.
11 Zu Einzelheiten vgl. Rdnrn. 584ff.

preisen mit seinem Ertrag der Aufgabenerfüllung, zugleich hat er Schutzfunktionen für Wasser, Klima, Tiere usw. sowie Erholungsfunktionen).

Im Gliederungsplan der Vermögensrechnung[12] wird beim Anlagevermögen nur noch zwischen dem Vermögen der kostenrechnenden Einrichtungen und dem Verwaltungsvermögen unterschieden. Diese Unterteilung des Vermögens ist für die Frage der Verfügbarkeit (Einsatzfähigkeit) nicht aussagefähig, d.h. die Entscheidungsorgane können aus dieser Einteilung nicht ableiten, ob das Vermögen unmittelbar der Aufgabenerfüllung dient oder ob es evtl. veräußert werden könnte, um mit dem Erlös kommunale Aufgaben zu erfüllen. Dies ist ein Mangel der Vermögensrechnung.[13]

Nach wirtschaftlichen Gesichtspunkten lassen sich folgende Vermögensgruppen bilden:

### 2.1 Vermögen zur unmittelbaren Aufgabenerfüllung

#### 2.1.1 Verwaltungsvermögen

488 Zum Verwaltungsvermögen zählen alle Vermögensgegenstände, die nach ihrer Hauptaufgabe und in der Regel mit ihrer Substanz unmittelbar hoheitlichen oder gemeinnützigen Zwecken dienen und keinen oder nur einen unerheblichen finanziellen Ertrag für den Haushalt abwerfen. Auch Beteiligungen an nichtwirtschaftlichen Unternehmen gehören zum Verwaltungsvermögen. Weder in der GemO noch in der GemHVO ist das Verwaltungsvermögen als besondere Vermögensgruppe angesprochen.

#### 2.1.2 Betriebsvermögen

489 Zum Betriebsvermögen gehört das Vermögen, das den wirtschaftlichen Unternehmen gewidmet ist. Auch Beteiligungen zählen zum Betriebsvermögen, wenn sie von der Gemeinde zum Zwecke der wirtschaftlichen Einflussnahme (§§ 103 und 103a GemO) erworben wurden. Zum Betriebsvermögen gehört weiter das Vermögen der kostenrechnenden Einrichtungen, sodass es sich über den Einzelplan 8 hinaus erstreckt. Dies ergibt sich aus dem Gruppierungsplan. Dort lautet die Hauptgruppe 1 „Einnahmen aus Verwaltung und Betrieb" und die Hauptgruppe 5/6 „Sächlicher Verwaltungs- und Betriebsaufwand". Das Wort „Betrieb" bezieht sich hier jeweils auch auf kostenrechnende Einrichtungen.

Das Betriebsvermögen ist in seinem Wert fortzuschreiben.[14]

12 Vgl. Rdnrn. 1255ff.
13 Dieser Mangel soll in der diskutierten Reform des Haushalts- und Rechnungssystems beseitigt werden.
14 Vgl. § 38 GemHVO.

### 2.2 Finanzvermögen

Als weitere Vermögensgruppe ist das Finanzvermögen zu nennen. Hierbei handelt es sich einmal um Grundstücke und grundstücksgleiche Rechte, die keinem speziellen Aufgabenbereich zugeordnet sind und die nach dem Gliederungsplan im Einzelplan 8, Abschnitt 88, des Haushaltsplans nachgewiesen werden, und zum anderen um Geldvermögen, das sich in der Kasse befindet und das zwar deckungsmäßig verplant ist, aber noch nicht ausgegeben wurde (Kassenbestand). Soweit dieses Geldvermögen auch deckungsmäßig verfügbar ist, muss es der allgemeinen Rücklage zugeführt werden,[15] es scheidet aus dem Finanzvermögen aus. Das Finanzvermögen dient in der Regel nur mittelbar (mit seinem Ertrag) der Aufgabenerfüllung (realisierbares Vermögen). So kann z.B. bei einer Veräußerung von Finanzvermögen die Aufgabenerfüllung grundsätzlich nicht beeinträchtigt werden (vgl. §92 Abs.1 GemO). **490**

### 2.3 Rücklagen

Bei den Rücklagen sind zwei Arten zu unterscheiden: die allgemeine Rücklage und die Sonderrücklagen. Die allgemeine Rücklage dient einmal der kassenmäßigen Sicherung der rechtzeitigen Leistung von Ausgaben (Betriebsmittel der Kasse) und zum anderen der Deckung des künftigen Ausgabebedarfs des Vermögenshaushalts. Sonderrücklagen werden nur ausnahmsweise in Frage kommen.[16] **491**

## 3. Unterteilung nach haushaltsrechtlichen Gesichtspunkten

Aus den haushaltsrechtlichen Vorschriften lässt sich folgende Unterteilung des Gemeindevermögens ableiten: **492**

### 3.1 Anlagevermögen

Das Anlagevermögen ist in §46 Nr.2 GemHVO definiert. Danach ist Anlagevermögen der Teil des Vermögens, der der dauernden Aufgabenerfüllung dient. Es lässt sich im Einzelnen einteilen in Sachanlagen und Finanzanlagen. **493**

#### 3.1.1 Sachanlagen

Sachanlagen sind: **494**

a) Unbewegliche Sachen (Grundstücke und grundstücksgleiche Rechte ohne Rücksicht auf die Höhe des Wertes).

b) Bewegliche Sachen mit Ausnahme geringwertiger Wirtschaftsgüter i.S. des Einkommensteuergesetzes. Die Abgrenzung der geringwerti-

15 Vgl. §22 Abs.2 GemHVO.
16 Wegen Einzelheiten zum Rücklagenrecht vgl. Rdnrn. 596ff.

gen Wirtschaftsgüter wird in §6 Abs.2 des Einkommensteuergesetzes vorgenommen. Die Anschaffungs- oder Herstellungskosten für den einzelnen selbständig bewertungs- und nutzungsfähigen Gegenstand müssen danach mehr als 410 Euro betragen (ohne Umsatzsteuer). Übersteigen die Ausgaben für den einzelnen Gegenstand nicht 410 Euro, sind sie dennoch Teil des Anlagevermögens, wenn es sich um die Beschaffung von technisch oder wirtschaftlich miteinander verbundenen Wirtschaftsgütern handelt, die von ihrer Bestimmung her nur in dieser Verbindung genutzt werden, und wenn der Gesamtbetrag über der Grenze von 410 Euro liegt.[17]

c) Dingliche Rechte. Hierunter fallen insbesondere Nutzungsrechte (z.B. Erbbaurechte, Dienstbarkeiten, Dauerwohnrechte), Verwertungsrechte (z.B. Reallasten, Grundpfandrechte) oder Erwerbsrechte (z.B. dingliche Vorkaufsrechte, Aneignungsrechte).[18] Bei den dinglichen Rechten können Überschneidungen mit den Finanzanlagen auftreten, da die dem dinglichen Recht zugrunde liegende Forderung zu den Finanzanlagen gehören kann.

*Beispiel:*
Eine Gemeinde gibt in Erfüllung einer Gemeindeaufgabe ein Darlehen aus Mitteln der Haushaltswirtschaft gegen eine Grundschuld an einen Sportverein. Das dingliche Recht in Form der Grundschuld gehört zu den Sachanlagen, die Forderung zu den Finanzanlagen.

### 3.1.2 Finanzanlagen

**495** Finanzanlagen sind:

**496** a) Beteiligungen sowie Wertpapiere, welche die Gemeinde zum Zwecke der Beteiligung erworben hat.[19]

Erwirbt die Gemeinde aus Kassenmitteln zum Zwecke der Geldanlage Wertpapiere, so fällt dieser Erwerb nicht unter den haushaltsrechtlichen Vermögensbegriff und damit auch nicht unter das Anlagevermögen.

**497** b) Forderungen aus Darlehen, welche die Gemeinde aus Mitteln des Haushalts in Erfüllung einer Aufgabe gewährt hat.

Hier ist wesentlich, dass das Darlehen zur Erfüllung einer Gemeindeaufgabe aus Haushaltsdeckungsmitteln gewährt wurde (Förderungsdarlehen). Sind Kassenmittel nur vorübergehend angelegt (auch formaljuristisch in Form des Darlehens), handelt es sich nicht um Vermögen im haushaltsrechtlichen Sinn, sondern um Geldanlagen. Dabei ist es unerheblich, welche Umstände für den Kassenbestand ursächlich sind. Auch wenn der Kassenbestand auf Haushaltsausgabereste des

17 VwV Gliederung und Gruppierung, Nr.2.4.1 und §6 Abs.2 Satz1 EStG i.d.F. des Gesetzes zur Umrechnung und Glättung steuerlicher Euro-Beträge vom 19.12.2000 (BGBl. I S.1790).
18 *Palandt/Bassenge*, Einl. vor §854, Anm.6ff.
19 Vgl. dazu Rdnr. 998.

Vermögenshaushalts zurückzuführen ist, fällt die Geldanlage nicht unter das Gemeindevermögen i.e. Sinn. Diese Geldanlagen werden planungs- und buchungsmäßig auch nicht über den Vermögenshaushalt abgewickelt, weil sie keinen den Haushalt berührenden Deckungsvorgang darstellen.[20]

c) Kapitaleinlagen der Gemeinde in Zweckverbänden oder anderen kommunalen Zusammenschlüssen. 498

Auch hier handelt es sich um Finanzanlagen. Nach dem GKZ[21] erhebt der Zweckverband, um seinen Finanzbedarf zu decken, von den Verbandsmitgliedern eine Umlage, soweit seine sonstigen Einnahmen nicht ausreichen. Bei dieser Umlage ist zwischen der Betriebskostenumlage und der Kapitalumlage (Kapitaleinlage) zu unterscheiden. Die Kapitaleinlage wird für Investitionen oder Investitionsförderungsmaßnahmen des Zweckverbandes erhoben. Zu den Kapitaleinlagen gehören auch evtl. Tilgungsumlagen, soweit die Tilgung nicht über die Abschreibungen (Betriebskostenumlage) aufgebracht wird. Auch die Kapitalbeteiligungen im Rahmen der öffentlich-rechtlichen Vereinbarung[22] oder eines sonstigen öffentlich-rechtlichen oder privatrechtlichen Vertrags gehören zum Finanzvermögen der Gemeinden. Dies ergibt sich aus den Worten „oder andere kommunale Zusammenschlüsse"[23].

d) Kapital, das von der Gemeinde in ihre Sondervermögen mit Sonderrechnung eingebracht wird. 499

Hierunter fällt das Stammkapital der Eigenbetriebe.[24] Auch gehört dazu das Eigenkapital, das die Gemeinde aus Haushaltsmitteln in rechtlich unselbständige Versorgungs- und Versicherungseinrichtungen für Bedienstete der Gemeinde eingebracht hat.[25]

Die Begriffsabgrenzung des Anlagevermögens hat die haushaltsrechtliche Bedeutung, dass Veränderungen des Anlagevermögens (Einnahmen oder Ausgaben) nach § 1 Abs. 1 Nr. 2 und Nr. 7 GemHVO im Vermögenshaushalt nachzuweisen sind.

### 3.2 Anlagekapital

Neben dem Begriff des Anlagevermögens kennt die GemHVO noch den Begriff des Anlagekapitals. Anlagekapital ist das für das Anlagevermögen von kostenrechnenden Einrichtungen gebundene Kapital (Sachanlagen und Finanzanlagen), wobei unter Kapital die Anschaffungs- und 500

20 Vgl. Rdnr. 501.
21 § 19 GKZ, vgl. Rdnr. 1000.
22 § 25 GKZ.
23 Vgl. § 46 Nr. 2 Buchst. f GemHVO.
24 Vgl. Rdnr. 953.
25 Die Aufstockung des Kapitals (gegen Rückzahlungsverpflichtung) beim Treuhandvermögen (z.B. bei einer rechtlich selbständigen Stiftung) ist ein Darlehen im Sinne von Buchst. b.) in Rdnr. 497.

Herstellungskosten abzüglich der Abschreibungen zu verstehen sind.[26] Die Sachanlagen der kostenrechnenden Einrichtungen ergeben sich aus den nach §38 GemHVO zu führenden Anlagenachweisen. Nicht zum Anlagekapital gehört das Kapital, das bei kostenrechnenden Einrichtungen für geringwertige Wirtschaftsgüter oder für Vorräte an Verbrauchsmitteln aufgewendet wird.

Die Begriffsbestimmung für das Anlagekapital hat die haushaltsrechtliche Bedeutung, dass für das Sachvermögen Anlagenachweise zu führen sind (vgl. §38 GemHVO).

### 3.3 Geldanlagen

501 Bei den Geldanlagen handelt es sich um den Erwerb von Wertpapieren und Forderungen aus Mitteln des Kassenbestandes oder aus den den Rücklagen zugewiesenen Mitteln.[27] Die Gelder sind deckungsmäßig bereits gebunden, werden aber momentan zur Aufrechterhaltung der Kassenliquidität nicht gebraucht und daher zur Erzielung eines höheren Ertrags vorübergehend angelegt. Keine Geldanlage ist der Erwerb von Wertpapieren zum Zwecke der Beteiligung oder die Gewährung von Darlehen, die die Gemeinde aus Mitteln des Haushalts in Erfüllung einer Aufgabe gewährt hat (Förderungsdarlehen). Mit der Geldanlage wird also keine Aufgabe der Gemeinde erfüllt. Die Geldanlage berührt daher die Haushaltsplanung nicht (keine Veranschlagung im Haushalt); sie erscheint lediglich als Aktivbestand in der Vermögensrechnung (§43 Abs. 1 Nr. 2 GemHVO und Nr. 2 Gliederungsplan der Vermögensrechnung[28]). Die Geldanlagen fallen nicht unter den haushaltsrechtlichen Vermögensbegriff (kein Vermögen im engeren Sinn).

## III. Verwaltung des Gemeindevermögens

### 1. Integration der Vermögenswirtschaft in die Haushaltswirtschaft

502 Das kommunale Wirtschaftsrecht kennt, soweit mit der Vermögenswirtschaft Aufgabenerfüllung betrieben wird, keine planungsfreien Vermögensvorgänge. Die gesamten Vermögensveränderungen unterliegen damit der parlamentarischen Kontrolle (durch Festsetzungen im Haushaltsplan, wofür der Gemeinderat zuständig ist) und der Publizitätspflicht (öffentliche Bekanntmachung der Haushaltssatzung und Auslegung des Haushaltsplans). Dies hat zur Folge, dass die Haushaltsgrundsätze voll auf die Vermögenswirtschaft Anwendung finden. Nur Geldanlagen un-

26 Vgl. §46 Nr. 1 GemHVO.
27 Vgl. §46 Nr. 9 GemHVO.
28 Vgl. Rdnrn. 1255ff.

terliegen nicht der Planungspflicht; sie sind deshalb auch nicht in die Haushaltswirtschaft eingegliedert.[29]

## 2. Bestandserhaltung

Das kommunale Wirtschaftsrecht enthält keine ausdrückliche Vorschrift über die Vermögenserhaltung (Werterhaltung oder Substanzerhaltung). Ein solcher Vermögenserhaltungsgrundsatz wäre auch zu wenig an der Aufgabenerfüllung orientiert, die nach §77 Abs. 1 GemO stets im Vordergrund steht. Außerdem wäre eine genaue Bestandserhaltung ohne umfassende Vermögensrechnung, aus der der Zeitwert aller Vermögensgegenstände (z.B. auch des Sachvermögens) hervorgeht, nicht möglich. Sollte ein Vermögenserhaltungsgrundsatz verwirklicht werden, wäre auch die durch Wertverzehr infolge Alters oder Gebrauchs eines Vermögensgegenstandes eintretende Wertminderung zu berücksichtigen (auszugleichen), ebenso eine Veräußerung unter dem Zeitwert. Schließlich gibt es in der kommunalen Praxis Fälle, in denen ein Vermögenserhaltungsgrundsatz zu einer nicht anzustrebenden Umschichtung von Haushaltsmitteln in Vermögenssubstanz führen würde, so z.B. wenn mit Haushaltsmitteln in Sanierungs- oder Umlegungsgebieten Grundstücke erworben werden mit dem Zweck, sie nicht für Gemeindeaufgaben zu verwenden, sondern sie später wieder zu veräußern. **503**

Aus mehreren Bestimmungen der GemO und der GemHVO ergibt sich jedoch, dass die Gemeinden verpflichtet sind, in dem zur Aufgabenerfüllung notwendigen Umfang den Vermögensbestand zu erhalten. Zunächst stehen alle Vermögensvorgänge als Teile der Haushaltswirtschaft unter §77 GemO, wonach die Gemeinde ihre Haushaltswirtschaft so zu planen und zu führen hat, dass die stetige Erfüllung ihrer Aufgaben gesichert ist. Eine stetige Aufgabenerfüllung erfordert einmal einen Vermögensbestand, der unmittelbar der Aufgabenerfüllung dient, zum anderen aber auch Vermögen, das als Reserve für künftige Vorhaben oder zur Stabilisierung der Finanzlage verwendet wird. Außerdem darf eine Gemeinde nach §92 GemO Vermögen nur veräußern, wenn sie es zur Aufgabenerfüllung nicht braucht, wobei Vermögensgegenstände in der Regel nur zu ihrem vollen Wert veräußert werden dürfen.

Formell trägt die Haushaltssystematik in gewissem Umfang zur Erhaltung des Vermögens bei. Einnahmen aus der Veränderung des Anlagevermögens sind nach §1 Abs. 1 Nr. 2 GemHVO im Vermögenshaushalt nachzuweisen. Diese Einnahmen stehen also grundsätzlich nur zur Deckung von vermögenswirksamen Ausgaben einschließlich der Tilgung von Krediten zur Verfügung. Durch diese Ausgestaltung der Haushalts-

29 Zum Begriff der Geldanlagen vgl. Rdnr. 506.

systematik wird automatisch erreicht, dass Einnahmen aus der Veräußerung von Vermögen grundsätzlich nicht für laufende Zwecke des Verwaltungshaushalts verwendet werden dürfen. Weiter soll nach § 22 Abs. 1 letzter Satz GemHVO die Zuführung vom Verwaltungshaushalt an den Vermögenshaushalt mindestens so hoch sein wie die aus Entgelten gedeckten Abschreibungen. Dadurch wird, allerdings nur im Wege einer Sollvorschrift, sichergestellt, dass die als Ausgleich für den Vermögensverlust vorgenommenen Abschreibungen auf jeden Fall insoweit wieder für vermögenswirksame Ausgaben verwendet werden, als sie im Verwaltungshaushalt in Form von Benutzungsentgelten oder Gebühren zur Erhaltung des Vermögens zur Verfügung stehen. Keine entsprechende Vorschrift besteht für die Abschreibungen, die zwar dem Wertverzehr entsprechen, jedoch nicht über Benutzungsgebühren eingehen, soweit keine kostendeckenden Gebühren festgesetzt sind. Dasselbe gilt für Vermögensgegenstände, die nicht zu den kostenrechnenden Einrichtungen zählen und für die schon deshalb keine Abschreibungen in den Haushalt eingestellt werden, obwohl auch sie einem Wertverzehr unterliegen. Auch bei Vermögensveräußerungen unter dem vollen Wert erfolgt kein Ausgleich über den Verwaltungshaushalt. Insoweit kann eine Verringerung der Vermögenssubstanz eintreten. Weiter ist eine Verringerung der Vermögenssubstanz nicht ausgeschlossen, wenn die Voraussetzungen des § 22 Abs. 3 GemHVO für eine Zuführung vom Vermögenshaushalt an den Verwaltungshaushalt erfüllt sind und eine solche Zuführung vorgenommen wird. In diesem Falle ist es möglich, dass Einnahmen aus der Veränderung des Anlagevermögens zum Ausgleich des Verwaltungshaushalts verwendet werden dürfen. Hierdurch soll eine gewisse Flexibilität in der Vermögenswirtschaft der Gemeinde erreicht werden.

Soweit Vermögenserlöse im Vermögenshaushalt vereinnahmt werden oder Abschreibungsbeträge über die Zuführung vom Verwaltungshaushalt an den Vermögenshaushalt fließen, können sie entweder sofort vermögenswirksam ausgegeben oder der allgemeinen Rücklage zugeführt werden. Die allgemeine Rücklage steht später für Neuinvestitionen zur Verfügung.[30] Auch können Vermögenserlöse zur Kredittilgung verwendet werden. Allerdings müssen die ordentliche Kredittilgung und die Kreditbeschaffungskosten über die Zuführung vom Verwaltungshaushalt an den Vermögenshaushalt finanziert werden.

Der Nachweis der Deckung des Gesamtressourcenverbrauchs durch das Gesamtressourcenaufkommen ist nach dem derzeitigen Haushaltsrecht nicht gesichert. Ob das Rechnungswesen der öffentlichen Hand (Bund, Länder und Kommunen) zu einer Ressourcenverbrauchsrechnung weiterentwickelt wird, ist in erster Linie eine Frage des politischen Willens der zuständigen Gesetzgebungsorgane.

30 Sofern es sich nicht um den Sockelbetrag handelt, vgl. Rdnrn. 599ff.

### 3. Verwaltung des Sachvermögens

Nach §91 Abs.1 GemO sind die Vermögensgegenstände pfleglich und wirtschaftlich zu verwalten und ordnungsgemäß nachzuweisen[31]. Pflegliche Verwaltung bedeutet, dass die Gemeinde verpflichtet ist, ihr Vermögen nach Möglichkeit zu erhalten, wobei mit Erhaltung nicht eine art- oder mengenmäßige Erhaltung zu verstehen ist, sondern die sorgsame Behandlung eines jeden Vermögensgegenstandes zur Vermeidung von Schäden und Verlusten. Dazu gehören insbesondere ein sorgfältiger Umgang mit dem Vermögensgegenstand, rechtzeitige Reparaturen zur Vermeidung größerer Schäden sowie ein optimaler Einsatz zur Aufgabenerfüllung. Auch hier ist ein enger Zusammenhang mit den allgemeinen Haushaltsgrundsätzen in §77 GemO zu sehen, denn zur sparsamen und wirtschaftlichen Haushaltswirtschaft gehört auch eine ordnungsgemäße Unterhaltung des Gemeindevermögens. Aus dem Wort „wirtschaftlich" ist auch die Verpflichtung zu einer nutzbringenden Verwaltung zu entnehmen. Der „Nutzen" kann in der Erfüllung einer öffentlichen Aufgabe oder in einem Ertrag für den Haushalt liegen. **504**

Der Gruppierungsplan legt formell fest, was Unterhaltungsaufwand ist. **505** Die Ausgaben für die Unterhaltung sind bei den Gruppen 50, 51 und 52 zu veranschlagen (also im Verwaltungshaushalt), während die Ausgaben für die Investitionen bei den Gruppen 93, 94, 95 und 96 (also im Vermögenshaushalt) nachzuweisen sind. Im Bereich der Baumaßnahmen ist die Veranschlagung der Ausgaben im Vermögenshaushalt vorzunehmen, wenn das Gebäude durch die Baumaßnahmen wesentlich in seiner Substanz vermehrt, in seinem Wesen erheblich verändert oder über seinen bisherigen Zustand hinaus deutlich verbessert wird, z.B. durch Einbau, Ausbau oder Umbau mit besseren Nutzungsmöglichkeiten, durch Einbau einer Fahrstuhlanlage oder bei der Aufteilung von Geschosswohnungen in Kleinwohnungen[32]. Wenn im engen Zusammenhang mit dem Herstellungsaufwand auch Ausgaben anfallen, die in der Regel als Erhaltungsaufwand angesehen werden können, aber unerheblich sind, können sie wegen des wirtschaftlich einheitlichen Vorgangs dem Herstellungsaufwand zugerechnet werden. Zum Herstellungsaufwand zählt, unabhängig von der Größenordnung, nicht der Erhaltungsaufwand. Merkmal des Erhaltungsaufwands ist, dass er dazu dient, den Vermögensgegenstand in einem ordnungsgemäßen Zustand zu erhalten. Dies ist der Fall, wenn der Aufwand durch die gewöhnliche Nutzung des Grundstücks veranlasst wird und in mehr oder weniger großen Zeitabständen regelmäßig wiederkehrt[33]. Aus der Gruppierung ergibt sich, dass das Vermögen der Gemeinde mit Deckungsmitteln, die im Verwaltungshaushalt zu ver-

31 Zum Nachweis des Vermögens vgl. §§37 und 38 GemHVO und Rdnrn. 590ff.
32 Vgl. VwV Gliederung und Gruppierung, Nr.2.4.
33 In Grenzfällen ist grundsätzlich nach Abschn.157 der Einkommensteuer-Richtlinien zu verfahren.

anschlagen sind, zu unterhalten ist. Die Investitionseinnahmen des Vermögenshaushalts dürfen folglich grundsätzlich nicht für Unterhaltungsaufwendungen verwendet werden.

Die Vorschrift der wirtschaftlichen Verwaltung verlangt, das Gemeindevermögen nach den Grundsätzen des ökonomischen Prinzips zu verwalten[34]. Aus dem Wort „wirtschaftlich" ist auch die Verpflichtung zu einer nutzbringenden Verwaltung zu entnehmen. Das Verwaltungsvermögen der Gemeinde dient grundsätzlich einem gemeinnützigen Zweck, nämlich der Erfüllung öffentlicher Aufgaben ohne entsprechende Einnahmen. Hier ist anzustreben, dass die öffentliche Aufgabe mit dem geringsten Aufwand erfüllt wird. Beim Vermögen, das ganz oder zum Teil mit dem Ertrag der Aufgabenerfüllung dient, ist das Schwergewicht auf die Ertragsseite zu legen. Einige Vorschriften des Haushaltsrechts konkretisieren die wirtschaftliche Verwaltung des Vermögens. So soll nach § 10 Abs. 2 GemHVO vor dem Beschluss über Investitionen von erheblicher finanzieller Bedeutung unter mehreren in Betracht kommenden Möglichkeiten durch Vergleich der Anschaffungs- oder Herstellungskosten und der Folgekosten die für die Gemeinde wirtschaftlichste Lösung ermittelt werden. Nach § 10 Abs. 3 GemHVO dürfen Ausgaben und Verpflichtungsermächtigungen wegen der Gefahr der Planüberschreitungen erst veranschlagt werden, wenn ausreichende Bauvorbereitungen erfolgt sind und eine Schätzung der jährlichen Haushaltsbelastung vorliegt.

Zur wirtschaftlichen Verwaltung des Gemeindevermögens gehört weiter, dass marktübliche Kapital-, Miet- und Pachtzinsen sowie marktübliche Erlöse aus der Veräußerung von Erzeugnissen erzielt werden[35].

## 4. Verwaltung des Geldvermögens

### 4.1 Begriff

506 Die Geldanlagen umfassen begrifflich den Erwerb von Wertpapieren und Forderungen aus Mitteln des Kassenbestands oder aus den den Rücklagen zugewiesenen Mitteln. Nicht darunter fallen Darlehen, die zur Erfüllung einer Gemeindeaufgabe gewährt werden. Für eine solche Darlehensgewährung gilt deshalb § 91 Abs. 2 Satz 2 GemO nicht, weil hier die Aufgabenerfüllung im Vordergrund steht. Geldanlagen können aus Mitteln der Haushaltswirtschaft (Verwaltungshaushalt oder Vermögenshaushalt), die zwar im Haushaltsplan (Verwaltungshaushalt oder Vermögenshaushalt) verplant sind, aber noch nicht ausgegeben wurden (insbesondere bei Kassenausgaberesten oder Haushaltsausgaberesten[36]), aus Verwahrgeldern oder fremden Mitteln, die noch nicht ausgegeben

34 Zum ökonomischen Prinzip vgl. Rdnr. 103.
35 Vgl. auch § 92 Abs. 2 GemO.
36 Vgl. § 19 GemHVO.

wurden, oder aus Rücklagen, die zur Aufrechterhaltung der Kassenliquidität nicht benötigt werden, stammen. Auch kann Ursache für eine Geldanlagemöglichkeit sein, dass im laufenden Haushaltsjahr Einnahmen zeitlich früher eingegangen sind, als die dafür vorgesehenen Ausgaben getätigt werden. Die Herkunft ist für die Greifbarkeit der Geldanlage wichtig. Ein Guthaben auf dem Girokonto der Gemeinde ist nicht als Geldanlage anzusehen; vielmehr gehört ein solches Guthaben zu den Kassenmitteln.[37] Nach dem allgemeinen Haushaltgrundsatz (§ 77 GemO) müssen auch solche Guthaben sicher sein.

### 4.2 Rechtsvorschriften

Der allgemeine Haushaltsgrundsatz (§ 77 GemO) sowie die Grundsätze 507
der Einnahmebeschaffung (§ 78 GemO) gebieten aus Gründen der Wirtschaftlichkeit, die nicht benötigten Gelder aus dem Kassenbestand herauszunehmen und sie ertragbringend anzulegen. Eine gleichzeitige Anlage von Geldern und die Aufnahme eines Kassenkredits ist in der Regel unwirtschaftlich und würde § 77 Abs. 2 GemO widersprechen. Nach § 91 Abs. 2 Satz 2 GemO ist bei einer Geldanlage auf eine ausreichende Sicherheit zu achten; auch soll sie einen angemessenen Ertrag abwerfen. Für die Rücklagen ist in § 21 GemHVO speziell bestimmt, dass sie, soweit sie nicht als Betriebsmittel der Kasse benötigt werden, sicher und ertragbringend anzulegen sind und dass sie für ihren Zweck greifbar sein müssen. Durch eine Änderung der GemHVO wurde geregelt, dass unter den in der VO genannten Voraussetzungen Mittel, die nicht in dem Finanzplan aufgenommen sind, in Anteilen an Investmentfonds im Sinne des Gesetzes über Kapitalanlagegesellschaften sowie ausländischen Investmentanteilen, die nach dem Auslandsinvestmentgesetz öffentlich vertrieben werden dürfen, angelegt werden können.[38] Geldanlagen sind in der Vermögensrechnung unter den Aktiva auszuweisen.[39]

### 4.3 Arten der Geldanlagen, Sicherheit, Greifbarkeit

#### 4.3.1 Einlagen bei öffentlichen Sparkassen

Die Einlagen können erfolgen in Form der: 508

*a) Tagesgelder*

Tagesgelder sind im kommunalen Bereich für kurzfristige Geldanlagen 509
weit verbreitet. Es handelt sich hierbei um Geldanlagen mit einer Laufzeit von unter 30 Tagen. Geldanlagen mit einer Laufzeit ab 30 Tagen werden als Depositeinlage (Termingelder) bezeichnet. Der Zinssatz für Tagesgelder

37 Vgl. § 42 Nr. 5 GemKVO.
38 Nach § 144 Nr. 19 GemO könnte das IM durch RechtsVO eine Regelung über die Geldanlagen und ihre Sicherung treffen. Vgl. hierzu VO des IM zur Änderung der GemHVO vom 10.7.2001 (GBl. S. 466).
39 Vgl. Rdnr. 1256.

wird, auch bei einer Anlage für nur wenige Tage, stets höher sein als der Zinssatz für Guthaben auf den Girokonten. Allerdings ist diese Form einer Geldanlage in der Regel nur bei relativ hohen Anlagebeträgen möglich.

*b) Depositeneinlage (Termingelder)*

**510** Hier ist zu unterschieden zwischen den Festgeldern (die Rückzahlung der Einlage erfolgt an einem bereits bei der Einlage bestimmten Tag) und den Kündigungsgeldern (die Rückzahlung der Einlage erfolgt nach Kündigung mit einer bestimmten Frist). Die Verzinsung richtet sich nach der Höhe der Anlage und der Laufzeit. Wegen des bei hohen Anlagebeträgen günstigen Zinssatzes ist die Depositeneinlage im kommunalen Bereich eine häufige Geldanlageart. Da bei der allgemeinen Rücklage keine Objektbindung besteht, wird eine längerfristige Anlage von Rücklagemitteln nicht möglich sein. Auch dies begünstigt die Form der Festgeldanlage.

*c) Spareinlage*

**511** Merkmal der Spareinlage ist die Ausfertigung einer Urkunde, insbesondere eines Sparbuchs, in welchem die Einlage als Spareinlage bezeichnet ist[40]. Werden Geldbeträge für den Zahlungsverkehr bestimmt, erfüllen sie die Voraussetzungen für eine Spareinlage nicht.[40] Geldbeträge, die von vornherein befristet angenommen werden, gelten nicht als Spareinlage. Dies bedeutet, dass Kassenmittel aus der Haushaltswirtschaft oder der für die Aufrechterhaltung der Liquidität erforderliche Sockelbetrag der allgemeinen Rücklage nicht in Form eines Sparguthabens angelegt werden dürfen. In Form eines Sparguthabens können daher nur Rücklagenbestände, die über den Mindestbetrag nach § 20 Abs. 2 GemHVO hinausgehen, Sonderrücklagen sowie Bestände des Sondervermögens (hier insbesondere des Stiftungsvermögens) angelegt werden.

Die gesetzliche Kündigungsfrist für Spareinlagen beträgt mindestens drei Monate. Ohne Kündigung können bei Spareinlagen mit gesetzlicher Kündigungsfrist bis zu 1533,88 Euro[41] pro Sparkonto und Kalendermonat zurückgefordert werden. Für Spareinlagen kann auch eine längere Kündigungsfrist als die gesetzliche vereinbart werden. Bei einer längeren Laufzeit ist ein höherer Zinssatz erzielbar; andererseits nimmt die Gefahr einer mangelnden Kassenliquidität gleichfalls zu. Werden Spareinlagen vorzeitig zurückgezahlt, so ist der zurückgezahlte Betrag in der Regel als Vorschuss zu verzinsen (Vorschusszins).

Da die Zinsen bei Spareinlagen in der Regel nicht attraktiv sind und die genannten Einschränkungen gelten, ist die Spareinlage als kommunale

40 § 21 Abs. 4 Nr. 1 und Nr. 2 der VO über die Rechnungslegung der Kreditinstitute i. d. F. vom 11. 12. 1998 (BGBl. I S. 3658).

41 Im Zeitpunkt der Drucklegung war die Euro-Anpassung noch nicht erfolgt. Deshalb wurde der Betrag i. H. von 3000,– DM mit dem Faktor 1,95583 umgerechnet.

Geldanlageform selten. Rechtlich ist die Spareinlage ein Darlehen nach §607 BGB. Das Sparbuch als solches ist ein so genanntes hinkendes Inhaberpapier nach §808 BGB. Das Sparguthaben kann an jeden Inhaber bezahlt werden mit der Befreiung für die Sparkasse; der Inhaber ist jedoch nicht berechtigt, die Leistung zu verlangen.[42] Aus Sicherheitsgründen soll bei Sparbüchern der Gemeinde ein Sperrvermerk angebracht werden, wonach Abhebungen nur unbar auf das Girokonto der Gemeinde möglich sind.[43]

Jede Sparkasse hat einen Gewährträger.[44] Der Gewährträger haftet für die Verbindlichkeiten der Sparkasse unbeschränkt. Da Gewährträger einer Sparkasse nur eine Körperschaft des öffentlichen Rechts sein kann, ist insoweit eine absolute Sicherheit bei jeder Form von Einlagen bei einer Sparkasse gegeben. Dies gilt auch für die Landesbank Baden-Württemberg. Nach §4 des Gesetzes über die Landesbank Baden-Württemberg vom 11.11. 1998 (GBl. S.589) sind Gewährträger der Landesbank das Land Baden-Württemberg, der Sparkassenverband und die Landeshauptstadt Stuttgart.

#### 4.3.2 Einlagen bei Genossenschaftsbanken, bei Erwerbs- und Wirtschaftsgenossenschaften und bei sonstigen Privatbanken

Auch bei diesen Instituten können Geldanlagen in Form von Termingel- **512**
dern oder Spareinlagen vorgenommen werden. Die Gemeinde hat hierbei auf die Sicherheit besonders zu achten, wobei eine Sicherheit durch die Gewährschaft des Bundesverbandes der Deutschen Volksbanken und Raiffeisenbanken e.V. wohl als ausreichend anzusehen ist. Deshalb wird in der Regel von der Stellung einer besonderen Sicherheit bei Volksbanken und Raiffeisengenossenschaften abgesehen werden können. Bei größeren Einlagen wird die Gemeinde allerdings die jeweiligen örtlichen Verhältnisse des einzelnen Kreditinstituts überprüfen müssen.

Eine Anlage bei sonstigen Privatbanken ist ebenfalls erlaubt. Hier kommt der Sicherheit der Geldanlage eine besondere Bedeutung zu. Die Gemeinde ist verpflichtet, die Sicherheit der Anlage laufend zu prüfen. Es gilt der Grundsatz, dass die Sicherheit den Vorrang vor einem hohen Ertrag hat. Zunächst muss sich die Gemeinde vergewissern, ob das private Kreditinstitut dem Bundesverband des privaten Bankgewerbes angeschlossen ist, ob das Einlagensicherungssystem dieses Verbandes für die Geldanlage der Gemeinde gilt und ob betragsmäßige Begrenzungen bestehen.

Bei der Vermittlung durch einen Finanzmakler ist darauf zu achten, dass die Überweisung nicht auf das Konto des Finanzmaklers oder ein ihm zu-

42 Einzelheiten vgl. *Palandt/Thomas*, Anm. 1 zu §808.
43 Zur Kraftloserklärung von Sparkassenbüchern vgl. §33 Sparkassengesetz.
44 Vgl. §8 Sparkassengesetz.

gängliches Konto erfolgt, sondern direkt auf das Geldanlagekonto der Bank und dass sich die Gemeinde hierbei nicht durch gefälschte Unterlagen oder Angaben täuschen lässt (eigene Ermittlung z.B. der Telefonnummer der Bank, direkte Kontaktaufnahme mit der Bank, schriftliche Bestätigung der Kontonummer, auf die überwiesen werden soll durch die Bank sowie der Konditionen, Abschluss eines entsprechenden Vertrags mit der Bank vor der Überweisung evtl. mittels Fax, unverzügliche Bestätigung des Geldeingangs durch die Bank).

Der Erwerb eines Mitgliedsanteils bei einer Genossenschaftsbank zum Zwecke der Aufnahme von Geschäftsbeziehungen (z.B. bei günstigen Kreditkonditionen dieser Bank) ist gemeindewirtschaftsrechtlich nicht als Beteiligung, sondern als Geldanlage anzusehen.[45]

#### 4.3.3 Erwerb von Wertpapieren

**513** Beim Erwerb von Wertpapieren ist die ausreichende Sicherheit von besonderer Bedeutung. Eine Gemeinde darf mit ihrem Geldvermögen nicht spekulieren; schließlich handelt es sich um Steuergelder. Deshalb darf eine Gemeinde das Geldvermögen in der Regel nicht in solchen Wertpapieren anlegen, die keinen festen Zinssatz haben oder die nicht zum Verkehr an Börsen zugelassen sind. Es müssen beide Voraussetzungen vorliegen. Durch eine Änderung der GemHVO wurde nunmehr ausnahmsweise unter Beachtung konkreter Voraussetzungen zugelassen, dass die Kommunen Mittel, die nicht in den Finanzplan aufgenommen sind, in Anteilen an Investmentfonds im Sinne des Gesetzes über Kapitalanlagegesellschaften sowie ausländischen Investmentanteilen, die nach dem Auslandsinvestmentgesetz öffentlich vertrieben werden dürfen, angelegt werden können.

**514** Festverzinsliche Wertpapiere verbriefen ein Recht auf Rückzahlung einer bestimmten Geldsumme. Rechtsgrundlagen sind die §§ 793 bis 808 BGB, das Hypothekenbankgesetz i.d.F. vom 9.9. 1998 (BGBl. I S. 2674) sowie das Gesetz über die Pfandbriefe und verwandten Schuldverschreibungen öffentlich-rechtlicher Kreditanstalten i.d.F. vom 9.9. 1998 (BGBl. I S. 2772; 2000 S. 440). Zu unterscheiden ist zwischen Namensschuldverschreibungen, Orderschuldverschreibungen und Inhaberschuldverschreibungen. Die Namensschuldverschreibungen (Rektapapiere) lauten auf den Namen einer bestimmten Person; nur der namentlich Genannte ist zur Geltendmachung des Anspruchs befugt. Bei den Orderschuldverschreibungen ist im Papier zwar auch eine bestimmte Person genannt; hier kann das Gläubigerrecht jedoch durch eine laufende Reihe von schriftlichen Übertragungserklärungen und der tatsächlichen Übergabe auf andere übergehen. Der Hauptfall bei dieser Geldanlageart sind die Inhaber-

45 Vgl. Rdnr. 998.

schuldverschreibungen. Diese Papiere lauten nicht auf den Namen einer bestimmten Person; vielmehr ist der Aussteller allein dem Inhaber des Papiers verpflichtet. Hier ist also der Bestand des Rechts an den Besitz des Papiers geknüpft. Zur Übertragung ist lediglich eine nach sachenrechtlichen Grundsätzen durchzuführende Übereignung (Einigung und Übergabe) erforderlich[46].

Die einzelnen zugelassenen Wertpapierarten:

*a) Kommunalobligationen*

Diese werden von Großstädten (selten) oder kommunalen Banken ausgegeben. Ihre Einlösung ist durch die Steuerkraft der Kommunen (Gemeinden und Landkreise) gesichert. Aus ihren Erlösen dürfen nur Darlehen an inländische Körperschaften des öffentlichen Rechts gewährt werden. **515**

*b) Staatsanleihen*

Hier handelt es sich um Anleihen der Bundesrepublik (z.B. Bundesschatzbriefe) oder der einzelnen Bundesländer. Sie sind gesichert durch das Vermögen dieser Institutionen, aber auch durch die Steuerhoheit des Ausstellers. **516**

*c) Pfandbriefe*

Sie werden von privaten Hypothekenbanken oder öffentlich-rechtlichen Realkreditinstituten ausgegeben. Sie sind dinglich gesichert durch Grundpfandrechte. Im Allgemeinen gelten Geldanlagen bei Hypothekenbanken als sicher. **517**

Die Wertpapiere nach Buchst. a) bis c) bestehen aus einem Mantel als der eigentlichen Wertpapierurkunde. Zu ihm gehört der Zinsscheinbogen, der in Coupons eingeteilt ist. Die Coupons begründen den Anspruch auf die Zinszahlung. An jedem Bogen hängt ein Erneuerungsschein (Talon).

Die Wertpapiere werden an den Wertpapierbörsen gehandelt. Der Verkaufspreis richtet sich nach dem jeweiligen Kurs (Prozentsatz, bezogen auf den Nennwert des Papiers). Der Kurs wird stark beeinflusst vom allgemein gültigen Zinsniveau und von den Rückzahlungsterminen. Er wird so abfallen oder ansteigen, dass die Rendite diesem allgemeinen Zinsniveau entspricht. Die Wertpapiere werden entweder durch Auslosung oder an einem festgelegten Rückzahlungstermin eingelöst. Geldanlagen in Form von Wertpapieren sollten von den Kommunen nur vorgenommen werden, wenn eine längerfristige Anlage möglich ist;[47] andernfalls besteht die Gefahr, dass die Gemeinde die Wertpapiere zu einem Zeitpunkt veräußern muss, zu dem der Kurs niedrig ist. Außerdem

46 Vgl. *Palandt/Thomas*, Einf. vor §793, Anm. 1b.
47 Z.B. Anlage von Vermögen fiduziarischer Stiftungen oder von Sonderrücklagen.

schlagen sich in einer kurzen Anlagezeit Kaufs- und Verkaufsprovision negativ nieder und verringern so die Rendite.

Bei der Veräußerung dieser Wertpapiere können Stückzinsen anfallen. Dies ist der Fall, wenn die Wertpapiere zwischen den Fälligkeitszeitpunkten der Zinsen veräußert werden.[48] Die Stückzinsen sind im Verwaltungshaushalt zu veranschlagen und zu buchen.

*d) Anlagen in Aktien besonders strukturierter Aktienfonds*

**518** Die Kommunen haben die Möglichkeit, Geldanlagen auch in Aktien zu tätigen. Dem Grundsatz, wonach bei Geldanlagen auf eine ausreichende Sicherheit zu achten ist, wird dann Rechnung getragen, wenn bei dieser Anlageart

- es sich um langfristige Geldanlagen handelt,
- die Anlagen in Aktien in besonders strukturierten Investmentfonds erfolgen,
- diese Aktienanlagen im Umfang begrenzt sind,
- auf eine breite Mischung und Streuung der Werte geachtet wird und
- die Gemeinde entsprechende Anlagerichtlinien erlässt.

Damit wird einer neueren Entwicklung im Bereich der Kommunalfinanzen Rechnung getragen, die sowohl landes- als auch bundesweit zu beobachten ist: der Frage einer sicheren und wirtschaftlichen Geldvermögensverwaltung unter dem Aspekt der langfristigen Geldanlagemöglichkeiten. Hintergrund ist, dass seit der Liberalisierung des Strommarktes ein Teil der Kommunen und Zweckverbände ihre Beteiligungen an den örtlichen oder regionalen Stromversorgungsunternehmen veräußert hat oder noch veräußern wird. Damit verfügen die Kommunen über Geldvermögensbestände, die erst in späteren Jahren wieder für Haushaltszwecke eingesetzt werden sollen.

Die Erweiterung des Handlungsspielraums der Kommunen in Form der Geldanlage in besonders strukturierten Aktienfonds bezieht sich ausschließlich auf langfristige Geldanlagen, weil nur solche Anlagen dem Erfordernis der ausreichenden Sicherheit gerecht werden können. In der kommunalen Finanzwirtschaft wird unter „langfristiger Geldanlage" ein Anlagezeitraum von fünf bis zehn Jahren angenommen. Davon ist auch bei der Geldanlage in Investmentfonds unter Beimischung von Aktien regelmäßig auszugehen.

Mit der Verpflichtung der Gemeinden, ihre Haushaltswirtschaft so zu führen und zu planen, dass die stetige Aufgabenerfüllung gewährleistet

48 *Beispiel:*
Die Zinstermine für Inhaberschuldverschreibungen sind auf 1.1. und 1.7. festgelegt. Beim Verkauf am 1.10. erhält der bisherige Besitzer die Zinsen vom 1.7. bis 1.10., also 3 Monate vergütet; diese werden dem Erwerber beim Kauf angelastet (der Kaufpreis erhöht sich entsprechend). Der Erwerber erhält dafür am 1.10. den vollen Zins für die zurückliegenden 6 Monate.

ist, wäre es nicht vereinbar, bereits im Haushaltsplan oder in der mehrjährigen Finanzplanung eingestellte Gelder einem Kursrisiko auszusetzen. Der gesetzliche Finanzplanungszeitraum von fünf Jahren stellt nur eine absolute Untergrenze dar, zumal zu bedenken ist, dass es sich nur um einen vierjährigen Planungszeitraum handelt, weil das bereits laufende Haushaltsjahr, in dem der Plan aufgestellt oder fortgeschrieben wird, mitgezählt wird.

Aktien dürfen nicht isoliert, sondern nur als Bestandteil von Investmentfonds erworben werden. Bei den inländischen Investmentanteilen des Fonds darf es sich nur um solche im Sinne des Gesetzes über Kapitalanlagegesellschaften handeln. Die dort geregelten Anlagebestimmungen und Anlagebegrenzungen gewährleisten einen größtmöglichen Anlegerschutz und ermöglichen trotzdem eine große Vielfalt an Anlagemöglichkeiten in Wertpapier-Sondervermögen. Als ausländische Investmentanteile des Fonds sind nur solche zugelassen, die nach dem Auslandsinvestmentgesetz öffentlich vertrieben werden dürfen. Darunter fallen neben dem Vertrieb ausländischer Investmentanteile nach §§ 1ff. AuslandsinvestmentG auch der Vertrieb von EG-Investmentanteilen nach § 15ff. AuslandsinvestmentG, d.h. solchen Anteilen, die der Richtlinie 85/611/EWG des Rates vom 20. Dezember 1985 zur Koordination der Rechts- und Verwaltungsvorschriften betreffend bestimmte Organismen für gemeinsame Anlagen in Wertpapieren, geändert durch die Richtlinie 95/26/EG des Europäischen Parlaments und des Rates vom 29. Juni 1995, unterliegen.

Durch diese Vorgaben soll sichergestellt werden, dass keine Geldanlagen auf dem sog. „grauen Kapitalmarkt" getätigt werden, die hoch risikobehaftet sind und keinerlei Anlegerschutz bieten.

Weitere Einschränkungen:

Die Investmentfonds dürfen nur

1. von Investmentgesellschaften mit Sitz in einem Mitgliedstaat der Europäischen Union verwaltet werden,
2. nur auf Euro lautende und von Emittenten mit Sitz in einem Mitgliedstaat der Europäischen Union ausgegebene Investmentanteile enthalten,
3. nur Standardwerte in angemessener Streuung und Mischung enthalten,
4. keine Wandel- und Optionsanleihen enthalten

und es darf der Anteil der Anlagen in Aktien, Aktienfonds und offenen Immobilienfonds insgesamt 30 vom Hundert des einzelnen Investmentfonds nicht übersteigen.

#### 4.3.4 Haushaltsrechtliche Behandlung von Kursgewinnen und Kursverlusten

519 Soweit Wertpapiere zum Zwecke der Geldanlage erworben wurden, handelt es sich bei einem Kursgewinn oder einem Kursverlust nicht um eine Veränderung des Anlagevermögens im Sinne von §46 Nr.2 GemHVO. Kursverluste sind daher vom Verwaltungshaushalt zu tragen; Kursgewinne kommen gleichfalls dem Verwaltungshaushalt zugute.[49] Sie erscheinen dort beim Einzelplan 9 Abschnitt 91.[50] Nach dem Bruttoprinzip ist es nicht zulässig, die Kursverluste mit den Zinsen so zu verrechnen, dass lediglich der Netto-Betrag veranschlagt und gebucht wird.

#### 4.3.5 Darlehen gegen Hypotheken, Grund- oder Rentenschuld

520 Geldanlagen in Form von Darlehen an Private müssen grundsätzlich dinglich gesichert sein. Eine ausreichende Sicherheit dürfte dann gegeben sein, wenn nach den Grundsätzen für die Bewertung von Sicherheiten für öffentliche Sparkassen verfahren wird.[51] Nicht unter die Geldanlagevorschriften fallen die so genannten Förderungsdarlehen, also Darlehen, mit denen eine Gemeindeaufgabe erfüllt werden soll und die aus Mitteln des Haushalts gegeben werden. Vielmehr ist ein solches Darlehen als Teil des Anlagevermögens anzusehen.[52]

Für die Ermittlung der Beleihungsgrenze nach den Empfehlungen der Sparkassenverbände gelten folgende Grundsätze:

521 a) Beleihungsgegenstand können sein: Grundstücke, Erbbaurechte, Wohnungseigentum und Teileigentum sowie Wohnungserbbaurecht und Teilerbbaurecht.

522 b) Die Beleihung richtet sich nach dem Beleihungswert. Beleihungswert ist der Wert, der dem Grundstück unter Berücksichtigung aller für die Bewertung maßgebenden Umstände beigemessen wird. Dabei dienen als Grundlage für die Festsetzung des Beleihungswerts der Ertragswert, der Bau- und Bodenwert und der Verkehrswert. In erster Linie ist der Ertragswert zugrunde zu legen. Der Ertragswert richtet sich nach dem voraussichtlich nachhaltig erzielbaren Ertrag.[53] Beim Bau- und Bodenwert ist von den angemessenen Herstellungskosten für das Gebäude und von den Grundstückspreisen auszugehen, die für

49 Vgl. §1 GemHVO.
50 Vgl. VwV Gliederung und Gruppierung.
51 Nach dem inzwischen außer Kraft getretenen §4 der 2.DVO zur GemO 1955 mussten Darlehen nach den Beleihungsvorschriften für öffentliche Sparkassen sichergestellt werden. Die Beleihungsvorschriften der öffentlichen Sparkassen enthielten die SparkassenanlagenVO (insbesondere Anlage 1) vom 29.7. 1983 (GBl. S.446), geändert durch VO vom 29.1. 1988 (GBl. S.92). Diese VO sowie die Beleihungsgrundsätze wurden durch die Sparkassengeschäftsverordnung vom 12.2. 1992 aufgehoben. Nunmehr gehört es zu den Aufgaben des Verwaltungsrats der Sparkassen zu bestimmen, welche Mindestanforderungen an Sicherheiten zu stellen sind und über die Grundsätze für die Bewertung von Sicherheiten zu beschließen. Hierfür gibt es Empfehlungen der Sparkassenverbände.
52 Vgl. §46 Nr.2 Buchst.e GemHVO.
53 Die Jahresrohmiete bzw. Eigenmiete gibt den Jahresrohertrag. Davon werden die Bewirtschaftungskosten abgesetzt.

Grundstücke gleicher Art und Lage auf die Dauer voraussichtlich zu erzielen sind.

c) Die Beleihungsgrenze liegt in der Regel bei 60 Prozent des Beleihungswertes. Dabei sind etwaige im Rang vorgehende Rechte zu berücksichtigen.[54] 523

d) Unbebaute, für Wohnungszwecke vorgesehene Grundstücke dürfen nur beliehen werden, wenn sie an anbaufähigen oder im Bebauungsplan ausgewiesenen Straßen liegen. Bei der Beleihung land- und forstwirtschaftlich genutzter Grundstücke ist ausschließlich der Jahresrohertrag maßgebend, wobei bei Waldungen nur der Grund und Boden, nicht auch der Holzbestand beliehen werden darf, es sei denn, dass die Waldungen nach einem amtlich anerkannten Forstwirtschaftsplan bewirtschaftet werden. 524

e) Die dingliche Beleihung hat durch Hypothek, Grundschuld oder Rentenschuld zu erfolgen. Durch die Hypothek wird eine persönliche Forderung in der Weise gesichert, dass an denjenigen, zu dessen Gunsten die Belastung erfolgt ist, eine bestimmte Geldsumme zur Befriedigung der ihm zustehenden Forderungen aus dem Grundstück zu zahlen ist (§ 1113 BGB). 525

Die Grundschuld ist eine Belastung eines Grundstücks in der Weise, dass eine bestimmte Geldsumme aus dem Grundstück zu zahlen ist (§ 1191 BGB). Diese Zahlung braucht nicht der Befriedigung einer Forderung zu dienen, kann es aber. Ihrem dinglichen Inhalt nach ist die Grundschuld von einer bestehenden Forderung unabhängig.[55]

Bei der Rentenschuld (§ 1199 BGB) ist wie bei der Grundschuld aus dem Grundstück eine bestimmte Geldsumme zu zahlen, allerdings nicht in einer Summe, sondern an regelmäßig wiederkehrenden Terminen. Sie wird insbesondere zur Sicherung von Leibrenten in Frage kommen.

f) Über den Darlehensbetrag ist ein Schuldschein auszustellen, der vom Darlehensnehmer und unter Beachtung der Vorschrift des § 54 GemO von der Gemeinde zu unterzeichnen ist. In den Schuldschein sollte eine gesamtschuldnerische Haftung des Ehegatten sowie die Unterwerfung in die sofortige Zwangsvollstreckung aufgenommen werden. Außerdem müssen im Schuldschein die näheren Darlehensbedingungen (Tilgungsraten, Zinssatz usw.) festgelegt werden. 526

54 § 5 der von den Sparkassenverbänden empfohlenen Bewertungsgrundsätze.
55 *Palandt/Bassenge*, Anm. 1 zu § 1191.

### 4.3.6 Geldanlagen bei Körperschaften und Anstalten des öffentlichen Rechts und bei Eigengesellschaften

527 Diese Geldanlagen können gegen einfachen Schuldschein getätigt werden, weil hier die Steuerkraft der Körperschaft (oder der Mitglieder der Körperschaft), bei Eigengesellschaften die Gemeinde selbst, eine ausreichende Sicherheit bieten. Im Schuldschein müssen die Darlehensbedingungen enthalten sein. Das Darlehen darf erst gegeben werden, wenn die Körperschaft oder Anstalt die Genehmigung der Aufsichtsbehörde – soweit sie vorgeschrieben ist – nachgewiesen hat oder, bei Eigengesellschaften die Haftung der Gemeinde (z.B. im Gesellschaftsvertrag) sichergestellt ist.

Bei dieser Art von Geldanlagen sind die Vorschriften des KWG von Bedeutung. Nach §32 Abs.1 KWG bedarf einer Erlaubnis des Bundesaufsichtsamts für das Kreditwesen, wer Bankgeschäfte in dem in §1 Abs.1 KWG bezeichneten Umfang betreiben will. Nach §1 Abs.1 KWG sind Kreditinstitute Unternehmen, die Bankgeschäfte gewerbsmäßig oder in einem Umfang betreiben, der einen in kaufmännischer Weise eingerichteten Geschäftsbetrieb erfordert. Die Bankgeschäfte im Einzelnen ergeben sich aus §1 Abs.1 Nrn.1 bis 12 KWG.

Ein Verstoß gegen §32 KWG ist nach §54 KWG strafbewehrt. Wer Bankgeschäfte ohne die nach §32 KWG erforderliche Erlaubnis betreibt, wird mit einer Freiheitsstrafe bis zu 3 Jahren oder mit einer Geldstrafe bestraft. Bedenklich ist, wenn z.B. mit einer Regelmäßigkeit Geld bei anderen Kommunen angelegt wird, weil darin evtl. das Betreiben von gewerbsmäßigen Bankgeschäften gesehen werden könnte. Dagegen dürfte es zulässig sein, bei Eigengesellschaften der Gemeinde Geld vorübergehend anzulegen. Hier fehlt es wohl an einer gewerbsmäßigen Betätigung (fehlende Teilnahme am allgemeinen Geschäftsverkehr).

### 4.3.7 Bauspareinlagen[56]

528 Das Ansammeln von Bausparguthaben stellt eine besondere Form der Geldanlage dar. Hier steht nicht der Zinsertrag für den Haushalt im Vordergrund, sondern die Möglichkeit, nach Zuteilung des Bausparvertrags ein im Zins günstiges Darlehen zu erhalten. Nur unter diesem Gesichtspunkt ist eine Geldanlage in Form der Bauspareinlage wirtschaftlich.

Bei einer Bauspareinlage ist zu beachten, dass die Mittel erst greifbar werden, wenn ein Zwischenkredit gewährt werden kann oder wenn der Vertrag zugeteilt wird.[57] Ob eine Gemeinde insofern Mittel binden kann, muss nach dem mehrjährigen Finanzplan und der Kassenliquiditätsplanung beurteilt werden.

56 Vgl. Rdnr. 720 sowie *Faiß*, BWVPr 1983, S.35, und *Ruff*, GH 1989, S.101.
57 Wegen der Inanspruchnahme von Sonderrücklagen für innere Darlehen vgl. Rdnr. 606.

Die Sicherheit der Geldanlage ist bei den öffentlich-rechtlichen Bausparkassen gewährleistet, da hier Gewährträger der Sparkassenverband ist.[58] Bei den privatrechtlichen Bausparkassen gilt das bei 4.3.2 Ausgeführte entsprechend.

Ob zum Abschluss des Bausparvertrags ein Gemeinderatsbeschluss erforderlich ist, muss nach kommunalverfassungsrechtlichen Gesichtspunkten beurteilt werden (§24 GemO). Grundsätzlich wird es sich beim Abschluss eines Bausparvertrages nicht um ein Geschäft der laufenden Verwaltung handeln, so dass ein Gemeinderatsbeschluss erforderlich ist. Bei Verpflichtungserklärungen gegenüber der Bausparkasse ist §54 GemO zu beachten. Auch hier ist vor Abschluss des Bausparvertrags zu prüfen, ob der später vorgesehene Kredit durch die Rechtsaufsichtsbehörde genehmigungsfähig ist (§87 Abs. 2 GemO).

Die bei Vertragsabschluss fällige einmalige Abschlussgebühr ist im Verwaltungshaushalt zu veranschlagen, da es sich hierbei nicht um Kreditbeschaffungskosten handelt. Ein Zuteilungszeitpunkt kann von den Bausparkassen nicht garantiert werden, da es hierfür wesentlich auf den Geldeingang ankommt.

### 4.4 Geldanlagen im Ausland

Geldanlagen im Ausland kommen nur ausnahmsweise in Frage, da damit **529**
– außerhalb der Europäischen Währungsunion – immer ein Kursrisiko verbunden ist und meist auch die absolute Sicherheit der Bank von der Gemeinde nicht überprüft werden kann. Dasselbe gilt auch für eine Geldanlage im Inland in einer Fremdwährung.

Innerhalb der Europäischen Währungsunion entfällt zwar das Kursrisiko, doch wird es einer Kommune kaum möglich sein, die absolute Sicherheit der Bank bzw. einer sonstigen Geldanlage (z.B. in Form des Erwerbs von Wertpapieren oder Pfandbriefen) zu überprüfen. Die Haftung für die Rückzahlung der Geldanlage in Höhe des Anlagebetrages einschließlich der Zinsen müsste von einer absolut sicheren inländischen Hausbank der Kommune übernommen werden. Nur unter diesen Voraussetzungen ist wohl eine Geldanlage im Ausland oder in einer Fremdwährung möglich. Hier gilt in ganz besonderem Maße, dass das Geld der „Steuerzahler" nicht verspekuliert werden darf.

### 4.5 Wirtschaftlichkeit der Geldanlage

Nach §91 Abs. 2 GemO soll die Geldanlage einen angemessenen Ertrag **530**
bringen. Oft wird zwischen Ertrag und Sicherheit ein Zusammenhang bestehen: Bei Geldanlagen, die mit gewissen Risiken verbunden sind, lässt sich meist ein höherer Ertrag erzielen. Hier hat die Gemeinde aufgrund

58 Vgl. §46 Sparkassengesetz.

der eindeutigen Priorität bei der Aufgabenerfüllung der größeren Sicherheit den Vorzug zu geben.

Der Grundsatz der wirtschaftlichen und sparsamen Haushaltsführung erfordert, dass die Gemeinde Kassenbestände nicht auf dem Girokonto belassen, sondern unter Beachtung der Sicherheit die ertragbringendste Anlageart wählen muss. Dazu ist eine Kassendisposition erforderlich; außerdem sollte bei der Geldanlage durch Einholung von Angeboten (in der Regel fernmündlich) bei den in Frage kommenden Kreditinstituten die wirtschaftlichste Anlageart ermittelt werden. Die Kassendisposition muss auch ergeben, für welchen Zeitraum Gelder angelegt werden können. Die Zeitdauer der Geldanlage wird in unmittelbarem Zusammenhang mit dem Ertrag stehen.

Die Höhe der Zinssätze wird sich weitgehend an der Höhe des von der EZB festgelegten Basiszinssatzes orientieren.

Beim Ertrag ist von der effektiven Verzinsung auszugehen. Dies ist insbesondere bei Geldanlagen in Form von Wertpapieren von Bedeutung.

Eine Zinsabschlagsteuer ist von den Kommunen nicht zu entrichten. Das Kreditinstitut darf den Steuerabzug nur unterlassen, wenn ihm durch eine Bescheinigung des zuständigen Finanzamts (Nichtveranlagungs-Bescheinigung) nachgewiesen wird, dass es sich bei dem Gläubiger der Kapitalerträge um eine juristische Person des öffentlichen Rechts handelt.[59]

### 4.6 Greifbarkeit der Geldanlage

**531** Die rechtzeitige Greifbarkeit der Geldanlage ist in § 91 Absatz 2 GemO nicht ausdrücklich erwähnt. Wie lange Haushaltsmittel angelegt werden können, muss die Kassendisposition ergeben. Für die Rücklagen ist in § 21 GemHVO gesagt, dass sie für ihren Zweck rechtzeitig greifbar sein müssen. Letztlich ist dies eine Frage der Wirtschaftlichkeit. In Einzelfällen kann eine kurzfristige Inanspruchnahme eines äußeren Kassenkredites wirtschaftlicher sein als die Abhebung einer hochverzinslichen Geldanlage.

### 4.7 Verwahrung der Sparbücher, Wertpapiere und Schuldscheine

**532** Die Sparbücher, Wertpapiere und Schuldscheine sind Wertgegenstände i.S. von § 20 GemKVO.[60] Die Wertpapiere sollen einem Kreditinstitut zur Verwahrung übergeben werden; die Sparkassenbücher sind bei der Gemeindekasse sicher aufzubewahren, ebenso die Schuldscheine. Wird einem Kreditinstitut die Verwahrung von Wertpapieren übertragen, ist die Gemeindekasse für die Ein- und Auslieferung zuständig. Die Depot-

59 Vgl. § 44a Abs. 4 Satz 3 EStG.
60 Vgl. Rdnrn. 1126ff.

scheine, die die Gemeinde für die Übergabe von Wertpapieren erhält, sind von der Gemeindekasse zu verwahren. Die Gemeindekasse kann die Wertpapiere auch selbst verwahren. Sie muss dann die Auslosung und Kündigung sowie die Zinstermine überwachen und die sonstigen Aufgaben des Verwahrers wahrnehmen.[61] Außerdem ist über die Verwahrung von Wertgegenständen Buch zu führen; die Annahme und die Auslieferung ist nur aufgrund entsprechender Anordnungen möglich.

Der Bürgermeister kann eine andere Dienststelle als die Gemeindekasse mit der Verwaltung von Wertgegenständen beauftragen.

### 4.8 Zuständige Gemeindeorgane

Nach § 24 Abs. 1 GemO ist Hauptorgan der Gemeinde der Gemeinderat. **533**
Er entscheidet über alle Angelegenheiten der Gemeinde, soweit nicht der Bürgermeister kraft Gesetzes zuständig ist oder ihm der Gemeinderat bestimmte Angelegenheiten übertragen hat.

Nach § 44 Abs. 2 GemO erledigt der Bürgermeister in eigener Zuständigkeit u. a. die Geschäfte der laufenden Verwaltung. Der Begriff „Geschäfte der laufenden Verwaltung" ist im Gesetz nicht definiert. Zu den Geschäften der laufenden Verwaltung gehören die Angelegenheiten, die für die Gemeinde weder wirtschaftlich noch grundsätzlich von wesentlicher Bedeutung sind und die mit einer gewissen Häufigkeit wiederkehren.

Bei Geldanlagen handelt es sich wohl um solche Geschäfte der laufenden Verwaltung. Es werden keine Deckungsmittel des Haushalts endgültig verwendet, sondern nur vorübergehende Kassenüberschüsse ertragbringender als auf den Girokonten angelegt. Auch besteht kein kommunalpolitischer Entscheidungsspielraum für den Gemeinderat. Im Gesetz ist klar bestimmt, dass Geldanlagen der Gemeinden sicher sein müssen und dass sie einen Ertrag für den Haushalt abwerfen sollen. Im Ergebnis bedeutet dies, dass die Verwaltung Angebote von mehreren sicheren Kreditinstituten einzuholen hat; nach § 77 Abs. 2 GemO hat sie sich dann für das günstigste Angebot zu entscheiden. allerdings hat der Gemeinderat in allen Angelegenheiten der Verwaltung ein Informationsrecht gegenüber dem Bürgermeister. Bereits ein Viertel der Gemeinderäte könnte nach § 24 Abs. 3 GemO vom Bürgermeister verlangen, dass der Gemeinderat z. B. über Geldanlagen unterrichtet und dass diesem oder einem von ihm bestellten Ausschuss Akteneinsicht gewährt wird.

Nach § 43 Abs. 5 GemO hat der Bürgermeister den Gemeinderat über alle wichtigen, die Gemeinde und ihre Verwaltung betreffenden Angelegenheiten zu unterrichten. Im Normalfall sind Geldanlagen nicht Gegenstand einer solchen Unterrichtungspflicht, da sie bei ordnungsgemäßer

61 Vgl. Gesetz über die Verwahrung und Anschaffung von Wertpapieren vom 11. 11. 1995 (BGBl. I S. 34).

Abwicklung nicht zu den wichtigen Gemeindeangelegenheiten im Sinne dieser Vorschrift gehören. Nur wenn einzelne Geldanlagen zu Problemen führen (wenn z.B. die Rückzahlung nicht mehr gesichert erscheint), besteht eine unverzügliche Unterrichtungspflicht des Gemeinderats durch den Bürgermeister.

Ein Geschäft der laufenden Verwaltung würde dann nicht mehr vorliegen, wenn Geldanlagen in atypischer Weise erfolgen und daher für die Gemeinde von grundsätzlicher Bedeutung sind.

Bei Geldanlagen in Investmentfonds sind Anlagerichtlinien zu erlassen. Hierfür ist der Gemeinderat zuständig, da es sich nicht um eine Organisationsentscheidung oder um ein Geschäft der laufenden Verwaltung handeln dürfte. Eine Übertragung der Zuständigkeit auf beschließende Ausschüsse oder den Bürgermeister ist zulässig. In den Anlagerichtlinien könnte eine regelmäßige Berichtspflicht gegenüber dem Gemeinderat eingeführt werden. Auch ist die Einführung des Vier-Augenprinzips für bestimmte Verwaltungsvorgänge sinnvoll.

Nach § 116 Abs. 1 GemO sollen beim **Fachbeamten für das Finanzwesen** die Aufstellung des Haushaltsplans, des Finanzplans und der Jahresrechnung, die Haushaltsüberwachung sowie die **Verwaltung des Geldvermögens** und der Schulden zusammengefasst werden. Nach § 53 Abs. 1 GemO kann der Bürgermeister Beamte und Angestellte mit seiner Vertretung auf bestimmten Aufgabengebieten oder in einzelnen Angelegenheiten der Gemeindeverwaltung beauftragen. Dies gilt auch für den Bereich der Finanzwirtschaft und somit auch für die Geldanlagen. In der Regel werden in einer Zuständigkeitsordnung dem Fachbeamten für das Finanzwesen die Aufgaben der Verwaltung des Geldvermögens übertragen.[62] Bedienstete der Gemeindekasse dürfen die Auszahlungsanordnung nicht unterzeichnen.

Die Aufgaben des **Rechnungsprüfungsamts** ergeben sich aus §§ 109ff. GemO und einer eventuellen Rechnungsprüfungsordnung der Gemeinde. Im Rahmen der örtlichen Prüfung der Jahresrechnung ist nach § 110 Abs. 4 GemO auch zu prüfen, ob das Vermögen der Gemeinde richtig nachgewiesen wurde. Auch die Nachweise selbst sind vom Rechnungsprüfungsamt zu überprüfen (§ 112 Abs. 1 Nr. 3 GemO). Eine sog. Visakontrolle, d.h. eine Prüfung der Vorgänge vor deren Vollzug, ist in der GemO nicht vorgeschrieben und wohl bei Geldanlagen auch nicht üblich. Nach § 109 Abs. 2 GemO ist das Rechnungsprüfungsamt bei der Erfüllung der ihm zugewiesenen Aufgaben unabhängig und an Weisungen nicht gebunden. Das Rechnungsprüfungsamt kann deshalb nicht verpflichtet werden, speziell die Geldanlagen zu überprüfen; im Rahmen

62 Vgl. § 18 GemKVO.

ihres generellen Prüfungsauftrags werden die Rechnungsprüfungsämter (und bei der überörtlichen Prüfung die hierfür zuständigen Einrichtungen) dies aber tun.

## IV. Erwerb von Vermögen

### 1. Allgemeines

Die GemO enthält auch hier keine Definition darüber, was ein Vermö- 534
gensgegenstand i.S. von §91 Abs. 1 ist. Im BGB wird das Wort Gegenstand als ein Oberbegriff verwendet, der sich in vielen Bestimmungen findet. Er umfasst außer Sachen jedenfalls auch technisch beherrschbare Energien, Urheberrechte, Geschäfte und die daran geknüpfte Kundschaft.[63]

Der Begriff Vermögensgegenstand umfasst damit alle Teile des Gemeindevermögens, die zum Aktivvermögen rechnen, also alle beweglichen und unbeweglichen Sachen, ferner die Bezugsrechte, sonstige verwertbare Rechte und Wirtschaftsgüter des freien Gemeindevermögens und des Gemeindesondervermögens. Er geht im Sinne des §91 Abs. 1 GemO somit weiter als der haushaltsrechtliche Vermögensbegriff, weil auch die geringwertigen Wirtschaftsgüter zu den Vermögensgegenständen gehören.[64] Zum Vermögenserwerb gehört auch der Erwerb von Erbbau- und Erbpachtrechten, von Wohnungseigentum sowie die Nutzung im Wege des so genannten Leasing, wenn die Gemeinde juristisch zu einem späteren Zeitpunkt Eigentümerin des Vermögensgegenstandes wird. Geldanlagen sind dagegen nicht als Vermögensgegenstände anzusehen, weil diese nicht unmittelbar der Aufgabenerfüllung dienen. Unerheblich ist, ob der Erwerb entgeltlich oder unentgeltlich erfolgt. Allerdings wird man bei einem unentgeltlichen Erwerb (z.B. Erbschaft, Vermächtnis, Schenkung) einen großzügigeren Maßstab bei der Frage, ob eine Gemeindeaufgabe vorliegt, anwenden können, jedoch müssen auch hier etwaige Folgelasten in Betracht gezogen werden.

Unter Erwerb ist die Übereignung des Vermögensgegenstandes zu verstehen. Eine Nutzungsüberlassung durch Dritte (z.B. durch Miete oder Pacht) ist nach dem Gesetz dem Erwerb nicht gleichgestellt. Nach den Grundsätzen einer sparsamen und wirtschaftlichen Haushaltsführung sind jedoch auch für die Nutzungsüberlassung dieselben Grundsätze anzuwenden wie für den Erwerb.

63 *Palandt/Heinrichs*, Überbl. vor §90, Anm. 2.
64 Zum Vermögensbegriff im Einzelnen vgl. Rdnr. 484.

## 2. Koppelung mit der Aufgabenerfüllung

535 Um unnötige Vermögensansammlungen und Spekulationen seitens der Kommunen zu vermeiden, wird das Recht, Vermögensgegenstände zu erwerben, begrenzt. Die Gemeinde soll Vermögensgegenstände nur erwerben, wenn dies zu ihrer Aufgabenerfüllung erforderlich ist. Die Erforderlichkeit bezieht sich nicht auf den Vermögensgegenstand, sondern auf den Erwerbsvorgang. Dies bedeutet, dass die Gemeinde auch Vermögensgegenstände erwerben kann, die sie nur mittelbar zur Aufgabenerfüllung benötigt. Im Interesse der Abgabepflichtigen ist der Vermögenserwerb auf die Aufgabenerfüllung zu beschränken. Dies bedeutet jedoch nicht, dass die Gemeinde keine Grundstücke auf Vorrat erwerben könnte, wenn die Wahrscheinlichkeit besteht, dass sie die Grundstücke später für eigene Zwecke oder für Tauschzwecke benötigt. Da die Erfüllung von Gemeindeaufgaben in weiten Bereichen vom Bereitstehen geeigneter Grundstücke abhängig ist (Schaffung von öffentlichen Einrichtungen, Straßenbau, Erschließung von Bauland, Aufgaben des Städtebaus und der Stadtsanierung), wird man den Begriff der Erforderlichkeit weit auslegen müssen. Dies gilt insbesondere beim Erwerb von Grundstücken, denn ohne einen gewissen Bestand an Grundstücken lassen sich die Gemeindeaufgaben nicht erfüllen. Der Aufgabenstellung der Gemeinde widerspricht es, wenn die Gemeinde Vermögen erwirbt, nur um den Bestand des Vermögens zu vergrößern und Erträge aus der Nutzung zu ziehen; das Gleiche gilt für Vermögen, das die Gemeinde mit der Absicht der Gewinnerzielung erwirbt. Ein Zusammenhang mit der Aufgabenerfüllung muss bestehen, wobei die Frage, was Aufgaben der Gemeinden sind, nach den §§1 und 2 der GemO sowie nach den einschlägigen Spezialgesetzen (z.B. Schulgesetz) zu beurteilen ist (Pflichtaufgaben, freiwillige Aufgaben). Es ist sicher nicht erforderlich, dass z.B. bei einem Grunderwerb schon konkrete Vorstellungen im mehrjährigen Finanzplan (Investitionsplan) über die Verwendung des Grundstücks vorhanden sind. Vielmehr genügt die Annahme, dass die Gemeinde das Grundstück in absehbarer Zeit zur direkten Aufgabenerfüllung oder zu Tauschzwecken benötigt.

Die Aufsichtsbehörde kann beim Erwerb von Vermögen durch die Gemeinde nur einschreiten, sofern eine Rechtsverletzung vorliegt.[65] Hierbei ist zu beachten, dass es im pflichtgemäßen Ermessen des Gemeinderats liegt zu bestimmen, welche Aufgaben von der Gemeinde in Angriff genommen werden; nur muss es sich eben um eine öffentliche Aufgabe der Gemeinde handeln, wobei der Grundsatz der Allzuständigkeit der Gemeinde zu berücksichtigen ist. Kann der Vermögenserwerb mit der

65 Art.75 LV, §118 Abs.1 GemO. Eine Vorlagepflicht der Beschlüsse besteht nach §126 Abs.2 GemO, wenn Verträge mit einem Gemeinderat oder dem Bürgermeister abgeschlossen werden. Für den Ortsvorsteher und die Ortschaftsräte gilt nach §72 GemO die Regelung in §126 GemO entsprechend.

Wahrnehmung einer Gemeindeaufgabe in Zusammenhang gebracht werden, hat die Rechtsaufsichtsbehörde keine Möglichkeit, den Vermögenserwerb zu verhindern, es sei denn, dass durch den Vermögenserwerb die Gemeinde (z.B. finanziell) nicht mehr in der Lage ist, ihre gesetzlichen Pflichtaufgaben zu erfüllen.

### 3. Zuständige Gemeindeorgane

Die Frage, welches Gemeindeorgan über den Vermögenserwerb entscheidet, ist nach dem Kommunalverfassungsrecht zu beurteilen. Die Zuständigkeitsvermutung liegt beim Gemeinderat. Der Bürgermeister ist zuständig, wenn es sich um Geschäfte der laufenden Verwaltung handelt.[66] Ein Geschäft der laufenden Verwaltung kann z.B. der Erwerb von Straßenflächen zu dem vom Gemeinderat festgesetzten Preis sein. Weiter ist der Bürgermeister zuständig, wenn ihm die Aufgabe vom Gemeinderat übertragen wurde.[67] Auf den Bürgermeister und auf beschließende Ausschüsse kann die Verfügung über Gemeindevermögen dann nicht übertragen werden, wenn das Vermögen für die Gemeinde von erheblicher wirtschaftlicher Bedeutung ist.[68] Solche Verfügungen sind dann von erheblicher wirtschaftlicher Bedeutung, wenn sie unmittelbar oder mittelbar wesentliche und nachhaltige Auswirkungen auf die Aufgabenerfüllung oder auf die wirtschaftliche Lage der Gemeinde haben.[69] Außerdem ist zu beachten, dass in §39 Abs.2 Nr.10 GemO der Begriff Verfügung verwendet wird. Er umfasst nicht nur die Veräußerung von Vermögensgegenständen, sondern auch deren Belastung und entgeltlichen Erwerb. Für den Abschluss der Verträge (Kaufvertrag, Auflassung) ist der Bürgermeister zuständig. Seine Zuständigkeit ergibt sich aus §42 Abs.1 GemO, wonach der Bürgermeister die Gemeinde nach außen vertritt. Setzt sich der Bürgermeister über Beschlüsse des Gemeinderats hinweg oder nimmt er irrtümlich an, ein Beschluss des Gemeinderats sei nicht erforderlich, so sind Rechtshandlungen auf dem Gebiet des bürgerlichen Rechts grundsätzlich voll gültig, d.h. sie berechtigen und verpflichten die Gemeinde.[70] 536

### 4. Formelle Seite

#### 4.1 Allgemeines

Der Erwerb von Vermögensgegenständen ist nach den Vorschriften des bürgerlichen Rechts abzuwickeln. Bewegliche Vermögensgegenstände werden in der Regel durch Kauf erworben. Es können aber auch andere 537

66 Vgl. §24 Abs.1 und §44 Abs.2 GemO.
67 Dauernde Übertragung durch Hauptsatzung oder Einzelübertragung durch Gemeinderatsbeschluss, §44 Abs.2 GemO.
68 §39 Abs.2 Nr.10 GemO, §44 Abs.2 GemO.
69 *Kunze/Bronner/Katz/v. Rotberg*, Rdnr. 17 zu §39 GemO.
70 BGH, Urt. vom 20.4. 1966, BaWüVBl. 1966, S.95.

Formen des bürgerlichen Rechts (z.B. Tausch, Erbschaft, Schenkung) für den Erwerb von Vermögensgegenständen durch die Gemeinde in Frage kommen. Die Gemeinde ist, soweit das BGB oder andere Gesetze Formvorschriften für den Vermögenserwerb vorschreiben, diesen genauso unterworfen wie jede Privatperson. Solche Formvorschriften bestehen z.B. nach §313 BGB (ein Grundstücksveräußerungsvertrag bedarf der notariellen Beurkundung). Eine spezielle Formvorschrift für die Gemeinde enthält §54 GemO. Danach bedürfen Erklärungen, durch welche die Gemeinde verpflichtet werden soll, der Schriftform; sie sind vom Bürgermeister handschriftlich zu unterzeichnen. Der Erwerb von Vermögensgegenständen ist stets mit einer Verpflichtung verbunden (Verpflichtung zur Erfüllung des Vertrags). Die Verletzung der zwingenden Formvorschrift des §54 GemO macht bei privatrechtlichen Rechtsgeschäften eine Erklärung nicht nichtig.[71] Die Formvorschrift des §54 GemO gilt auch für den Erwerb von beweglichen Vermögensgegenständen, es sei denn, dass die abzugebenden Erklärungen in den Bereich der Geschäfte der laufenden Verwaltung[72] fallen.

### 4.2 Besonderheiten beim Grunderwerb

538 – Nach Art.7 Abs.3 des Gesetzes über Maßnahmen auf dem Gebiet des Notarrechts[73] ist es allen Beamten und Behörden verboten, eine Beurkundung vorzunehmen, wenn die Körperschaft oder Anstalt, der sie angehören und die sie zur Beurkundung bestellt hat, bei der den Gegenstand der Beurkundung bildenden Angelegenheit beteiligt ist. Dies bedeutet, dass Ratschreiber Verträge der eigenen Gemeinde nicht beurkunden dürfen.[74] Damit scheiden der Bürgermeister, sein Stellvertreter oder ein sonstiger Gemeindebediensteter[75] für die Beurkundung von Verträgen, an denen die Gemeinde beteiligt ist, aus.
– Nach dem Grundstücksverkehrsgesetz[76] unterliegt die rechtsgeschäftliche Veräußerung von land- und forstwirtschaftlichen Grundstücken gewissen Beschränkungen. In der Regel ist bei solchen Grundstücken eine Genehmigung des schuldrechtlichen Vertrags notwendig. Von dieser Genehmigungspflicht, mit der agrarpolitische Ziele verfolgt werden, sind die Gemeinden nicht generell freigestellt. Von der Genehmigungspflicht beim Erwerb durch die Gemeinde sind lediglich zusammenhängende Grundstücksflächen bis zu 1ha ausgenommen;

71 Bei privatrechtlichen Rechtsgeschäften hat §54 GemO aus Gründen der Kompetenzen des Landesgesetzgebers nur die Bedeutung von Regelungen über die Vertretungsmacht zur rechtswirksamen Vertretung der Gemeinde. Verstöße führen deshalb nicht nach §125 BGB zur Nichtigkeit des Rechtsgeschäfts; vielmehr finden in diesem Fall die Vorschriften der §§177ff. BGB über die Vertretung ohne Vertretungsmacht Anwendung. Vgl. *Kunze/Bronner/Katz/v. Rotberg,* Rdnr. 14 zu §54 GemO und VwV GemO zu §54.
72 Vgl. §54 Abs.4 GemO.
73 Gesetz vom 16.2. 1961 (BGBl. I S.77).
74 Zur Vertragsbeurkundung der Ratschreiber vgl. §32 des Landesgesetzes über die freiwillige Gerichtsbarkeit vom 12.2. 1975 (GBl. S.116) mit Änderungen.
75 Vgl. §58 Abs.2 GemO.
76 Gesetz vom 28.7. 1961 (BGBl. I S.1091, ber. S.1652, 2000) mit Änderungen.

bei der Veräußerung gilt für die Gemeinde die allgemeine Grenze von 30 ar[77]. Weiter unterliegen generell Grundstücke im Geltungsbereich eines Bebauungsplans nicht der Genehmigung. Genehmigungsbehörde in Baden-Württemberg ist das Landwirtschaftsamt.[78]

- Der rechtsgeschäftliche Erwerb von Grundstücken erfolgt durch schuldrechtlichen Kaufvertrag (Verpflichtungsgeschäft), Auflassung und Eintrag ins Grundbuch.[79]

## 5. Finanzierung der Erwerbsvorgänge

Für die Finanzierung des Vermögenserwerbs gelten die allgemeinen Fi- 539
nanzierungsgrundsätze.[80] Haushaltsrechtlich sind die Mittel im Vermögenshaushalt aufzubringen, da es sich um Ausgaben zur Veränderung des Anlagevermögens handelt.[81] Ausgenommen davon sind die geringwertigen Wirtschaftsgüter, die nicht zum Anlagevermögen zu rechnen sind und die deshalb im Verwaltungshaushalt abgewickelt werden.[82]

Die Mittel für den Vermögenserwerb sind planmäßig im Haushaltsplan (Nachtrag) oder beim Vollzug überplanmäßig oder außerplanmäßig[83] bereitzustellen. Auch kann die Verwaltung im Wege der Verpflichtungsermächtigung befugt werden, Verträge über den Erwerb von Vermögen im Planjahr zu Lasten künftiger Haushaltsjahre abzuschließen.[84]

Als Deckungsmittel stehen die gesamten, im Vermögenshaushalt zu veranschlagenden Einnahmen zur Verfügung.[85] Haushaltsansätze können unter den Voraussetzungen des § 19 GemHVO durch die Bildung von Haushaltsausgaberesten ins nächste Jahr übertragen werden. Auch ist es möglich, im Vermögenshaushalt für die Vermögensvorgänge Budgets zu bilden (durch Haushaltsvermerk oder Plandarstellung, vgl. § 16 Abs. 2 GemHVO).

77 § 1 des Ausführungsgesetzes zum Grundstücksverkehrsgesetz vom 8.5. 1989 (GBl. S. 143), geändert durch Gesetz vom 14.3. 1994 (GBl. S. 181).
78 VO vom 16.6. 1986 (GBl. S. 188). Soll die Genehmigung für Rechtsgeschäfte, an denen eine Gemeinde oder ein Gemeindeverband beteiligt ist, versagt oder durch Auflagen oder Bedingungen eingeschränkt werden, entscheidet das Landwirtschaftsamt mit Zustimmung der Rechtsaufsichtsbehörde.
79 §§ 925 und 873 BGB.
80 Vgl. § 78 GemO.
81 Vgl. § 1 Nr. 7 GemHVO.
82 Vgl. § 46 Nr. 2 Buchst. b GemHVO.
83 § 84 GemO.
84 § 86 GemO.
85 Vgl. Rdnrn. 152–159.

# V. Vermögensveräußerung

## 1. Begriff der Vermögensveräußerung und Nutzungsüberlassung

540 Der Begriff der Vermögensveräußerung umfasst die Verfügung über den Vermögensgegenstand mit dem Ziele der Rechtsübertragung, also der Übereignung oder Abtretung, wobei der Charakter des zugrunde liegenden Rechtsgeschäfts (Kauf, Tausch, Schenkung, Einbringung in eine Gesellschaft) unerheblich ist. Keine Veräußerung ist die Umwandlung von freiem Gemeindevermögen in Gemeindesondervermögen (z.B. Einbringen von Sachen in Vermögen eines Eigenbetriebs zur Erhöhung des Stammkapitals). Unter Veräußerung ist nicht die Belastung eines Vermögensgegenstandes durch Begründung eines Rechts zugunsten eines Dritten zu verstehen, weil hier die Gemeinde Eigentümerin des Vermögensgegenstandes bleibt. Allerdings gelten für die Nutzungsüberlassung nach §92 Abs.2 GemO dieselben Voraussetzungen wie für die Veräußerung. Eine Nutzungsüberlassung kann bestehen in einem dinglichen Recht (z.B. Grunddienstbarkeit nach §§1018ff. BGB, Nießbrauch nach §§1030ff. BGB, beschränkt persönliche Dienstbarkeit nach §§1090ff. BGB oder Dauerwohnrechte nach dem Wohnungseigentumsgesetz) oder in schuldrechtlich begründeten Rechten (z.B. Miete nach §§535ff. BGB, Pacht nach §§581ff. BGB, Leihe nach §§598ff. BGB). Auch die Einräumung eines Erbbaurechts[86] wird man zur Nutzungsüberlassung zählen müssen. Keine Nutzungsüberlassung (auch keine Veräußerung) sind die Verpfändung (Bestellung eines Pfandrechts)[87] oder die Einräumung eines Vorkaufsrechts.

Zum Begriff Vermögensgegenstand vgl. die Ausführungen bei Rdnr.534.

## 2. Voraussetzungen

541 Die Vermögensveräußerung oder Nutzungsüberlassung ist nur zulässig, wenn die Gemeinde den Vermögensgegenstand zur Erfüllung ihrer Aufgaben nicht braucht. Eine Verpflichtung zur Veräußerung, auch wenn die Gemeinde die Gegenstände nicht mehr benötigt, ist im Gesetz nicht festgelegt. Allerdings kann sich eine Pflicht zur Veräußerung aus dem allgemeinen Grundsatz der sparsamen und wirtschaftlichen Führung der Haushaltswirtschaft ergeben. Dem Ziel einer sparsamen und wirtschaftlichen Führung der Haushaltswirtschaft könnte ein Horten von Vermögen auf der einen Seite und die Aufnahme von Krediten auf der anderen Seite widersprechen. Auch können Folgelasten für Vermögen die Gemeinde zu einer Veräußerung dann zwingen, wenn die Gemeinde den Vermögens-

86 VO über das Erbbaurecht vom 15.1. 1919 (RGBl. S.72, 122) mit Änderungen.
87 Die Gemeinden dürfen grundsätzlich keine Sicherheiten zugunsten Dritter bestellen (§88 Abs.1 GemO).

gegenstand nicht (mehr) zur Aufgabenerfüllung benötigt. Im Vordergrund steht in jedem Falle die Aufgabenerfüllung. So dürfte es ohne weiteres zulässig sein, dass eine Gemeinde einen gewissen Bestand an Wohnungen für sozial Schwache hält; bedenklich wäre dagegen, wenn eine Gemeinde Komfortwohnungen bauen und behalten würde, für die zwar kostendeckende Mieten festgelegt werden, die aber infolge der hohen Mieten nicht mehr in den sozialen Wohnungsbau eingegliedert werden könnten. Die Entscheidung über eine Vermögensveräußerung steht weitgehend im Ermessen des Gemeinderats; in extremen Fällen kann aber dieses Ermessen so zusammenschrumpfen, dass die Gemeinde zur Veräußerung gezwungen ist und die Rechtsaufsichtsbehörde mit Mitteln der Rechtsaufsicht einschreiten könnte.[88]

Eine Veräußerung ist nur zulässig, wenn der Vermögensgegenstand zur Aufgabenerfüllung nicht mehr erforderlich ist. Bei der Frage der Erforderlichkeit sind nicht nur der gegenwärtige Aufgabenstand, sondern auch die Aufgaben zu berücksichtigen, die auf die Gemeinde in absehbarer Zukunft zukommen. Eine Veräußerung wird daher nur möglich sein, wenn für den zu veräußernden Gegenstand Ersatz beschafft wird und der Vermögensgegenstand (z.B. ein Grundstück) nicht für andere Zwecke im Rahmen der Aufgabenerfüllung benötigt wird, oder wenn die Aufgabe, zu deren Erfüllung der Gegenstand diente, weggefallen ist. Anhaltspunkte dafür, ob ein Vermögensgegenstand noch benötigt wird, können die mehrjährige Finanzplanung (Investitionsprogramm) oder die längerfristige Finanzplanung geben. Unveräußerlich sind vor allem Gegenstände, die z.B. einem Stiftungszweck gewidmet sind und somit nicht zur Disposition der Gemeinde stehen.

### 3. Veräußerung zum vollen Wert

Die Gemeinde darf Vermögensgegenstände in der Regel nur zu ihrem vollen Wert veräußern. **542** Unter dem „vollen Wert" ist der Wert zu verstehen, der sich bei Veräußerung des einzelnen Gegenstandes unter voller Ausnutzung aller Möglichkeiten am Markt erzielen lässt. Anhaltspunkte für den vollen Wert bieten der Schätzwert durch die Gutachterausschüsse nach §§ 192ff. BauGB und die Kaufpreissammlung nach § 195 BauGB. Der volle Wert wird häufig mit dem Verkehrswert identisch sein, doch müsste die Gemeinde die Möglichkeit, einen so genannten Liebhaberpreis zu erzielen, in vernünftigem Rahmen nützen, so dass eine Gleichsetzung des vollen Wertes mit dem Verkehrswert dann nicht möglich ist. Die Ausgestaltung der Vorschrift als Regelbestimmung besagt, dass Ausnahmen zulässig sind. Diese Ausnahmen müssen sich an den Aufgaben der Gemeinde orientieren. Es wird deshalb zulässig sein, z.B. einer Kirchenge-

88 Vgl. §§ 118ff. GemO.

meinde ein Grundstück zum Zwecke der Erstellung eines für alle Gemeindeeinwohner benutzbaren Kindergartens unter dem vollen Wert zur Verfügung zu stellen. Eine Unterschreitung des vollen Wertes ist auch denkbar im Rahmen von Grundstücksveräußerungen zum Zwecke der Förderung des sozialen Wohnungsbaus, der Wirtschaftsförderung oder zur Förderung sonstiger sozialer Bereiche.[89] Bei einer Veräußerung unter dem Verkehrswert zum Zwecke der Wirtschaftsförderung ist das einschränkende EU-Recht zu beachten. Auch ist bei einer Abgabe von Vermögen unter dem vollen Wert stets zu prüfen, ob die Gemeinde die Aufgabe nicht auch durch ein zinsgünstiges Darlehen oder eine zinsgünstige Stundung eines Teils des Kaufpreises erfüllen könnte. Auf alle Fälle muss die Gemeinde bei der Prüfung der Zulässigkeit der Abgabe von Vermögensgegenständen unter dem vollen Wert einen strengen Maßstab anwenden, da sonst ein Verstoß gegen die Grundsätze der sparsamen und wirtschaftlichen Haushaltsführung (§77 Abs.2 GemO) vorliegen würde und zum anderen die Gefahr des Entstehens von Präzedenzfällen bestünde. Bei Kaufpreissubventionen ist aus Gründen der Durchsichtigkeit des Haushalts die Subvention im Haushalt deutlich zu machen oder durch allgemeine Richtlinien offen zu legen.[90] Die Offenlegung im Haushalt geschieht dadurch, dass brutto veranschlagt wird, d.h. dass der subventionierte Betrag im Vermögenshaushalt in Einnahme und Ausgabe verrechnet wird. Auch der Grundsatz der Vollständigkeit des Haushaltsplans,[91] wonach der Haushaltsplan alle zur Aufgabenerfüllung anfallenden Ausgaben enthalten muss, gebietet diese Bruttoveranschlagung. Die Höhe der Subvention hat sich an der Bedeutung und der Wichtigkeit der Aufgabe zu orientieren, die mit der Veräußerung verbunden ist. Subjektive Momente des Käufers dürfen nicht im Vordergrund stehen. Um eine Rechtskontrolle über die Voraussetzungen einer Veräußerung unter dem vollen Wert zu sichern, sind Beschlüsse über solche Veräußerungen nach §92 Abs.3 GemO der Rechtsaufsichtsbehörde vorzulegen.

Überlässt die Gemeinde regelmäßig Vermögensgegenstände unter dem vollen Wert zur Nutzung (z.B. zur Förderung von Vereinen, deren Tätigkeit im gemeindlichen Interesse liegt), empfiehlt sich hierfür der Erlass allgemeiner Richtlinien durch den Gemeinderat.

Bei der Vermögensveräußerung ist der allgemeine Gleichheitssatz des Art.3 Abs.1 GG zu beachten. So dürfen bei der Vergabe gemeindeeigener Baugrundstücke Gemeindebürger aus anderen Ortsteilen nicht von vornherein als Bewerber ausgeschlossen werden.[92]

89 *Gaentzsch*, in: HdKWPr Bd.6, S.604f.
90 Vgl. VwV zu §92 GemO.
91 Vgl. §80 Abs.1 GemO.
92 VGH BW, Beschl. vom 22.11. 1999, DÖV 2000, S.824.

## 4. Mitwirkung der Rechtsaufsichtsbehörde (§ 92 Abs. 3 bis 5 GemO)

### 4.1 Verfassungsrechtliche Grundlage

543 Nach Art. 75 Abs. 1 LV ist die Kommunalaufsicht bei weisungsfreien Aufgaben im Grundsatz auf die Überwachung der Gesetzmäßigkeit beschränkt. Diese verfassungsrechtliche Bestimmung enthält allerdings eine Ermächtigung an den Landesgesetzgeber, für die Veräußerung von Vermögen eine Zustimmung der mit der Rechtsaufsicht betrauten Staatsbehörden einzuführen, wobei die Zustimmung unter dem Gesichtspunkt einer geordneten Wirtschaftsführung erteilt oder versagt werden kann. Diese verfassungsrechtlich festgelegte Möglichkeit einer Überwachung der Veräußerung von Vermögensgegenständen durch eine generelle Zustimmungspflicht der Aufsichtsbehörde für alle Veräußerungsfälle wurde vom Landesgesetzgeber nicht voll ausgeschöpft.

### 4.2 Vorlagepflicht

544 Nach § 92 Abs. 3 GemO ist nur eine Vorlage der Veräußerungsbeschlüsse des Gemeinderats vorgeschrieben mit der Folge, dass die Überprüfung durch die Rechtsaufsichtsbehörde auf die Gesetzmäßigkeit beschränkt ist. Diese Vorlagepflicht (sie umfasst Grundstücksgeschäfte, aber auch grundstücksgleiche Rechte und bewegliche Vermögensgegenstände) der Veräußerungsbeschlüsse besteht nur dann, wenn die Vermögensgegenstände unter ihrem vollen Wert veräußert werden sollen, oder bei Beschlüssen über Verträge mit dem Bürgermeister, dem Ortsvorsteher oder Mitgliedern des Gemeinderats oder des Ortschaftsrats.[93] Durch diese Vorschrift soll eine Kontrolle darüber bestehen, dass sich diese Personen durch ihren Einfluss in der Gemeindeverwaltung keinen unberechtigten Vorteil beschaffen.[94] Nicht vorzulegen sind Beschlüsse über Verträge, die nach feststehendem Tarif abgeschlossen werden oder die für die Gemeinde nicht von erheblicher wirtschaftlicher Bedeutung sind. Eine Veräußerung eines Grundstücks im Bereich eines Bebauungsplans dürfte, auch wenn die Veräußerungsbedingungen in diesem Gebiet generell durch Gemeinderatsbeschluss festgelegt sind und zu diesen Bedingungen veräußert wird, nicht unter diese Befreiungsvorschrift fallen, weil der Standort des Baugrundstücks eine Bevorzugung bedeuten könnte.

Grundstücke im Sinne dieser Vorschrift sind abgegrenzte Teile der Erdoberfläche, die im Bestandsverzeichnis eines Grundbuchblattes unter einer besonderen Nummer eingetragen oder gebucht sind.[95]

93 Vgl. §§ 72 und 126 GemO.
94 Bei der Beschlussfassung über diese Verträge sind die Beteiligten nach § 18 Abs. 1 GemO (§ 52 GemO) wegen Befangenheit ausgeschlossen. Der Bürgermeister kann überdies beim Vertragsabschluss mit der Gemeinde nach § 181 BGB nicht für die Gemeinde handeln.
95 *Palandt/Heinrichs*, Überbl. vor § 90 Anm. 3.

Als grundstücksgleiche Rechte i.S. dieser Vorschrift sind nur die Rechte anzusehen, die materiell und formell wie Grundstücke behandelt werden; hierzu gehören das Erbbaurecht und das Wohnungseigentum,[96] das Teileigentum in nicht zu Wohnzwecken dienenden Räumen eines Gebäudes sowie sonstige auf landesrechtlichen Vorschriften beruhende Rechte, wie z.B. Erbpachtrecht, Weide-, Pferch-, Wasserrechte.[97]

Vorzulegen ist der Beschluss des Gemeinderats, nicht der Veräußerungsvertrag. Nach §121 Abs.2 GemO darf ein vorlagepflichtiger Gemeinderatsbeschluss erst vollzogen werden, wenn die Rechtsaufsichtsbehörde die Gesetzmäßigkeit bestätigt oder den Beschluss nicht innerhalb eines Monats beanstandet hat: Dies bedeutet, dass sowohl das Verpflichtungsgeschäft als auch das Erfüllungsgeschäft erst nach Ablauf der Monatsfrist oder nach Bestätigung der Gesetzmäßigkeit durch die Rechtsaufsichtsbehörde getätigt werden dürfen. Allerdings dürfte es zulässig sein, das Rechtsgeschäft unter der Bedingung zu tätigen, dass der Vertrag gegenstandslos wird, wenn die Rechtsaufsichtsbehörde den Beschluss beanstandet. Hierbei ist die Bedingungsfeindlichkeit der Auflassung von Grundstücken zu beachten.[98] Die Bedingung könnte also nur in den schuldrechtlichen Vertrag aufgenommen werden; die Auflassung wäre zeitlich hinauszuschieben. Bei vorlagepflichtigen Beschlüssen kann die Rechtsaufsichtsbehörde nur eine Kontrolle der Gesetzmäßigkeit und keine Fachaufsicht ausüben. Wird bei einem vorlagepflichtigen Beschluss die Vorlage an die Rechtsaufsichtsbehörde unterlassen, sind aufgrund des Beschlusses abgeschlossene Verträge nach außen voll wirksam.

#### 4.3 Wegfall der Genehmigungspflicht

**545** Die Genehmigungspflicht von Verträgen über die Veräußerung von Waldgrundstücken und Kulturdenkmalen ist mit der Novelle zur GemO vom 19.7. 1999 entfallen.[99]

#### 4.4 Befreiung von der Vorlagepflicht

**546** Das Innenministerium kann von der Vorlagepflicht allgemein freistellen,

- wenn die Rechtsgeschäfte der Erfüllung bestimmter Aufgaben dienen;
- wenn die Rechtsgeschäfte ihrer Natur nach regelmäßig wiederkehren;
- wenn bestimmte Wertgrenzen oder Grundstücksgrößen nicht überschritten werden.

Von dieser Möglichkeit hat das Innenministerium keinen Gebrauch gemacht.[100]

96 Erbbaurechts-VO vom 15.1. 1919 (RGBl. S.72, 122) mit Änderungen, Wohnungseigentumsgesetz vom 15.3. 1951 (BGBl. I S.175) mit Änderungen.
97 Art.63, 65, 196 EGBGB.
98 §925 Abs.2 BGB.
99 GBl. S.292.
100 VwV-Freigrenzen vom 26.11. 1993 (GABl. S.1221), geändert und wieder in Kraft gesetzt durch VwV vom 10.11. 2000 (GABl. S.417).

### 5. Haushaltsrechtliche Seite

Die Veräußerungserlöse fließen dem Vermögenshaushalt zu, soweit es sich um die Veräußerung von Anlagevermögen handelt.[101] Sie stehen dort nach dem Gesamtdeckungsprinzip für die Ausgaben des Vermögenshaushalts (einschließlich der Tilgung von Krediten) zur Verfügung. Unter den Voraussetzungen des §22 Abs.3 GemHVO können sie ausnahmsweise im Verwaltungshaushalt verwendet werden.[102] 547

Bei der Veräußerung von Vermögensgegenständen ist die Bildung von Haushaltseinnahmeresten nicht möglich,[103] wohl aber die Bildung von Kasseneinnahmeresten.[104]

## VI. Kaufpreisforderungen und Kaufpreisschulden[105]

### 1. Begriffe

Kaufpreisforderungen sind Erlöse aus Vermögensveräußerungen, die der Käufer erst in einem der Veräußerung folgenden Haushaltsjahr an die Gemeinde zu zahlen hat. Umgekehrt sind Kaufpreisschulden Aufwendungen für den Erwerb von Vermögensgegenständen durch die Gemeinde, die erst in einem dem Erwerb folgenden Haushaltsjahr fällig werden. Überschreitet das Zahlungsziel die Jahresfrist nicht, so entstehen haushaltsrechtlich keine Kaufpreisforderungen bzw. Kaufpreisschulden; die Beträge sind im Haushaltsplan zu veranschlagen und in den Soll- und Ist-Spalten zu buchen. 548

Eine Unterart der Kaufpreisschuld ist die Rentenschuld. Bei ihr wird der Kaufpreis (oder Teil davon) nicht in einem Betrag oder wenigen Teilbeträgen, sondern als Rente zu den im Kaufvertrag vereinbarten Zeitpunkten zur Zahlung fällig.

### 2. Kaufpreisforderungen

#### 2.1 Kaufpreisforderungen im Kassenbereich

Hat die Gemeinde den Kaufpreis als Soll-Einnahme angeordnet, so berührt die Forderung lediglich den Kassenbereich. Als Soll-Einnahme kann der Kaufpreis nur dann angeordnet werden, wenn er bis zum 31.12. des lfd. Jahres fällig war und über den Abschlusstag hinaus gestundet 549

101 Vgl. Rdnrn. 205, 215.
102 Vgl. Rdnrn. 126–134.
103 Vgl. §41 Abs.2 GemHVO.
104 Vgl. §§42 Abs.1 Satz 1 und 46 Nr.17 GemHVO.
105 Vgl. Rdnr. 732.

wurde.[106] Die Stundung kann von der Gemeinde vor oder nach Eintritt der Fälligkeit unter Beachtung der Grundsätze des § 32 Abs. 1 GemHVO ausgesprochen werden. Die Kaufpreisforderung ist in diesem Falle als Kasseneinnahmerest[107] in das nächste Haushaltsjahr zu übernehmen. Für die Bildung eines Kasseneinnahmerestes ist die planungsrechtliche Seite unerheblich. War der Betrag im Haushaltsplan nicht veranschlagt, so ist er außer- oder überplanmäßig zu vereinnahmen.

### 2.2 Kaufpreisforderungen außerhalb des Kassenbereichs

550 Ist im Zeitpunkt der Aufstellung des Haushaltsplanes bekannt, dass zwar ein Kaufvertrag über die Veräußerung eines Vermögensgegenstandes abgeschlossen wird, die Fälligkeit des Kaufpreises jedoch im laufenden Jahr nicht eintritt, darf der Kaufpreis nach dem Grundsatz der Kassenwirksamkeit[108] nicht in den Haushaltsplan aufgenommen werden. Er ist erst in dem Jahr zu veranschlagen, in dem er voraussichtlich eingehen wird.[109]

Es ist aber auch möglich, dass eine Gemeinde zur Erfüllung einer Gemeindeaufgabe einen Kaufpreis stundet. Eine solche der Aufgabenerfüllung dienende Kaufpreisstundung muss im Haushalt sichtbar gemacht werden.[110] Dies bedeutet, dass die Stundung des Kaufpreises wie eine Darlehenshingabe seitens der Gemeinde anzusehen ist. Entsprechend sind auch die Veranschlagung im Haushalt und die Buchung vorzunehmen.

*Beispiel:*
Eine Gemeinde veräußert zur Schaffung von Arbeitsplätzen ein Grundstück an einen Industriebetrieb. Zur Förderung der Industrieansiedlung wird der Kaufpreis erst nach fünf Jahren zur Zahlung fällig. In diesem Falle ist der gestundete Kaufpreis als Förderungsdarlehen der Gemeinde anzusehen. Es ist deshalb im Haushalt ein Darlehen an den Industriebetrieb in Höhe des Kaufpreises zu veranschlagen (in Ausgabe) und mit diesem Darlehen der Kaufpreis (in Einnahme) zu verrechnen.

### 2.3 Sicherstellung der Kaufpreisforderungen

551 Kaufpreisforderungen sind grundsätzlich wie Geldanlagen zu sichern, auch wenn sie begrifflich nicht unter die Geldanlagen fallen.[111] Die Notwendigkeit der ausreichenden Sicherheit ergibt sich aus dem allgemeinen Haushaltsgrundsatz des § 77 GemO. Als weitere Sicherungsform kann ein Hinausschieben der Auflassung bis zur vollständigen Bezahlung des Kaufpreises, eventuell verbunden mit einer Auflassungsvormerkung nach §§ 883ff. BGB, gewählt werden.

106 § 46 Nr. 22 GemHVO.
107 § 46 Nr. 17 GemHVO i. V. m. § 42 Abs. 1 GemHVO.
108 § 7 Abs. 1 GemHVO.
109 Zur Behandlung in der Vermögensrechnung vgl. Zuordnungstabelle VwV-VmR lfd. Nr. 79.
110 Haushaltsgrundsatz der „Vollständigkeit“, vgl. § 80 Abs. 1 GemO.
111 Ausreichende Sicherheit i. S. von § 91 Abs. 2 Satz 2 GemO, vgl. Rdnr. 520ff.

## 3. Kaufpreisschulden

### 3.1 Kaufpreisschulden im Kassenbereich

Ist ein Kaufpreis für einen Vermögensgegenstand deckungswirksam zu verausgaben (als Soll-Ausgabe zu buchen), berührt das Nichtbezahlen lediglich die Kassenseite (durch Bilden eines Kassenausgaberestes). Als Soll-Ausgabe sind alle Beträge nachzuweisen, die bis zum Ende des Haushaltsjahres fällig geworden oder darüber hinaus gestundet worden sind.[112] Eine Kaufpreisschuld im Kassenbereich kann also entstehen, wenn die Ausgabe fällig wurde (z.B. nach dem Kaufvertrag), aus einem hier nicht näher zu untersuchenden Grund jedoch nicht ausbezahlt wurde. Ob die Ausgabe im Haushaltsplan vorgesehen war oder ob der Betrag über- oder außerplanmäßig bereitgestellt wird, ist unerheblich. 552

In diesem Zusammenhang ist auf §19 GemHVO hinzuweisen, wonach Haushaltsausgabereste auch beim Kauf von Vermögensgegenständen gebildet werden können. Auch bei der Bildung von Haushaltsresten tritt keine Veränderung der Deckungsseite ein. Voraussetzung für die Bildung eines Haushaltsausgaberestes ist ein noch nicht verbrauchter Planansatz im Vermögenshaushalt oder eine über- oder außerplanmäßige Bereitstellung, wenn die Ausgaben bis zum Ende des Haushaltsjahres in Anspruch genommen, jedoch noch nicht geleistet worden sind.[113]

### 3.2 Kaufpreisschulden im Deckungsbereich

Eine Kaufpreisschuld im Deckungsbereich entsteht, wenn der Kaufpreis nicht im Rahmen des Gesamtdeckungsprinzips im Vermögenshaushalt mit anderen Einnahmen gedeckt ist. In einem solchen Fall handelt es sich um ein kreditähnliches Rechtsgeschäft.[114] 553

# VII. Besondere Vermögensarten

## 1. Waldwirtschaft

### 1.1 Rechtsvorschriften

Nach §91 Abs.3 GemO bleiben besondere Rechtsvorschriften für die Bewirtschaftung des Gemeindewaldes von den Bestimmungen der GemO unberührt. Bei diesen Sondervorschriften handelt es sich entweder um allgemeines Forstrecht, das für alle Waldbesitzer gilt, oder um spezielles Recht, dessen Gültigkeit auf den Körperschaftswald begrenzt ist. Nachstehend wird auf die wichtigsten Sondervorschriften verwiesen. 554

112 §46 Nr.21 GemHVO i.V.m. §42 Abs.1 GemHVO.
113 Vgl. §19 Abs.3 GemHVO.
114 Vgl. Rdnr. 731.

### 1.1.1 Bundesrecht

555 Gesetz zur Erhaltung des Waldes und zur Förderung der Forstwirtschaft (Bundeswaldgesetz) vom 2.5. 1975 (BGBl. I S. 1037),[115] zuletzt geändert durch Gesetz vom 26.8. 1998 (BGBl. I S. 2521).

VO über die Durchführung einer zweiten Bundeswaldinventur vom 28.5. 1998 (BGBl. I S. 1180).

Gesetz zum Ausgleich von Schäden infolge besonderer Naturereignisse in der Forstwirtschaft i.d.F. vom 26.8. 1985 (BGBl. I S. 1756) mit Änderungen.

Gesetz über gesetzliche Handelsklassen für Rohholz vom 25.2. 1969 (BGBl. I S. 149) – „Forst-HKlG", dazu Verordnung des BMfELFo über gesetzliche Handelsklassen für Rohholz vom 31.7. 1969 (BGBl. I. S. 1075) – „Forst-KKIV" mit einer Anlage zu § 1 dieser VO, die die Handelsklassensortierung für Rohholz näher bestimmt – „Forst-HKS", Anlage geändert durch VO vom 6.12. 1973 (BGBl. I S. 1913).

Gesetz über forstliches Saat- und Pflanzgut i.d.F. der Bekanntmachung vom 26.7. 1979 (BGBl. I S. 1242) mit Änderungen.

Raumordnungsgesetz (§ 2 Abs. 1 Nr. 8) i.d.F. vom 18.8. 1997 (BGBl. I S. 2081), geändert durch Gesetz vom 15.12. 1997 (BGBl. I S. 2902).

### 1.1.2 Landesrecht

556 Waldgesetz für Baden-Württemberg i.d.F. vom 31.8. 1995 (GBl. S. 685) mit Änderungen.

Gesetz über den Forstverwaltungskostenbeitrag der Gemeinden und sonstiger Körperschaften des öffentlichen Rechts vom 25.1. 1994 (GBl. S. 138), geändert durch Gesetz vom 20.11. 2001 (GBl. S. 605) und VwV vom 14.3. 1994 (GABl. S. 285).

Gesetz zum Schutz der Natur, zur Pflege der Landschaft und über die Erholungsvorsorge in der freien Landschaft (Naturschutzgesetz) i.d.F. vom 29.3. 1995 (GBl. S. 385) mit Änderungen.

Gesetz zum Schutz des Bodens vom 24.6. 1991 (GBl. S. 434) mit Änderungen.

Landwirtschafts- und Landeskulturgesetz vom 14.3. 1972 (GBl. S. 74), zuletzt geändert durch Gesetz vom 20.5. 1994 (GBl. S. 281) – insbesondere § 25a über die Festlegung von Aufforstungsgebieten und Nichtaufforstungsgebieten.

115 Zweck des Bundeswaldgesetzes ist insbesondere, den Wald wegen seines wirtschaftlichen Nutzens und wegen seiner Bedeutung für die Umwelt zu erhalten, erforderlichenfalls zu mehren und seine ordnungsgemäße Bewirtschaftung nachhaltig zu sichern sowie die Forstwirtschaft zu fördern und einen Ausgleich zwischen dem Interesse der Allgemeinheit und den Belangen der Waldbesitzer herbeizuführen (§ 1 Bundeswaldgesetz).

VO über die Grundsätze für die Betriebsplanung und ihren Vollzug im Körperschaftswald (Erste KörperschaftswaldVO) vom 1.12. 1977 (GBl. 1978, S.45) und VwV des MLR vom 20.11. 1989 (GABl. S.1265) und VwV des MLR über die Betriebsleitung und den Revierdienst im Körperschaftswald vom 5.8. 1998 (GABl. S.453).

VwV des MLR vom 7.6. 1999 (GABl. S.488) über die Übernahme der Wirtschaftsverwaltung im Körperschaftswald.

Geschäftsordnung des EM für Körperschaftsforstdirektionen in Baden-Württemberg i.d.F. vom 19.3. 1979 (GABl. S.434), Weitergeltung durch ÄndVwV vom 6.11. 1997 (GABl. S.726).

VO über die Bewirtschaftungsgrundsätze für Bodenschutzwald vom 19.12. 1977 (GBl. S.75), mit Änderung vom 4.10. 1982 (GBl. S.470).

VO über die Walderhaltungsabgabe nach dem Landeswaldgesetz vom 17.7. 1977 (GBl. S.267, ber. S.440), mit Änderung vom 20.11. 2001 (GBl. S.605).

VwV des MLR zur Walderhaltungsabgabe-Verordnung vom 19.12. 1996 (GABl. 1997 S.164).

VO über die Art und Kennzeichnung der Sperrung von Wald vom 24.5. 1978 (GBl. S.332) sowie VwV des MLR vom 1.1. 1998 (GABl. S.212).

VwV des MLR über die Übernahme der Wirtschaftsverwaltung im Körperschaftswald vom 7.6. 1999 (GABl. S.488).

VwV des MLR über eine Dienstanweisung für die Forsteinrichtung im öffentlichen Wald Baden-Württembergs vom 1.1. 2002 (GABl. 2001 S.946).

VwV des MLR über die Kennzeichnung und die baulichen Mindestanforderungen von eingerichteten Feuerstellen im und am Wald vom 1.1. 1998 (GABl. S.213).

Richtlinien des MLR über die Gewährung einer Erstaufforstungsprämie vom 19.4. 1993 (GABl. S.549).

Richtlinie zur Gewährung von Zuwendungen für naturnahe Waldwirtschaft vom 10.4. 2000 (GABl. S.109).

Richtlinie des MLR zur Gewährung von Zuwendungen zum Wiederaufbau von durch Naturkatastrophen zerstörten forstlichen Produktionspotenzial vom 6.11. 2000 (GABl. 2001 S.84).

Richtlinie des MLR für die Gewährung von Zuwendungen für die Aufstellung von periodischen Betriebsplänen und Betriebsgutachten vom 1.1. 1998 (GABl. S.213).

ReitschadenausgleichsVO vom 30.10. 1989 (GBl. S.491) und VwV vom 1.1. 1998 (GABl. S.210).

## 1.2 Bedeutung des Waldes

### 1.2.1 Waldanteil und Besitzverteilung[116]

557 Die Gesamtwaldfläche in Baden-Württemberg beträgt rund 1,35 Mio. ha und nimmt damit ca. 38 % der Landesfläche ein[117] (Bundesdurchschnitt ca. 29 %). Die Gesamtfläche verteilt sich auf die Besitzarten wie folgt:

| | | ha | | % |
|---|---|---|---|---|
| Körperschaftswald | 521 980 | | 38,5 | |
| Privatwald i. S. von § 3 Abs. 3 LWaldG | 500 495 | | 37,0 | |
| davon Kleinprivatwald | | 362 928 | | 26,8 |
| davon Großprivatwald (200 ha) | | 137 567 | | 10,2 |
| Staatswald | 321 625 | | 23,8 | |
| Bundeswald | 8 963 | | 0,7 | |
| | 1 353 063 | | 100,0 | |

### 1.2.2 Rohstofffunktion[118]

558 Der Wald stellt eine große nationale Rohstoffreserve und damit ein wertvolles Volksvermögen dar. Einerseits ist zwar die Bedeutung für Teilbereiche durch Wandlung in den Verbrauchergewohnheiten und durch neuere Entwicklung auf technischem Gebiet zurückgegangen, andererseits ist jedoch der Wald eine Rohstoffreserve auch in Not- und Krisenzeiten. Die Rohstofffunktion des Waldes gebietet heute in erster Linie eine Steigerung weniger der Massen, als vor allem der Wertleistung des Waldes (vermehrte Produktion von Stark- und Wertholz). In gewissem Umfang ist es möglich, bei den Einschlagmengen die Marktsituation zu berücksichtigen. Die eigene Erzeugung deckt nur etwa die Hälfte des gesamten Holzbedarfs in der Bundesrepublik Deutschland, obwohl die Flächenproduktivität der Forstwirtschaft seit 1830 auf das Dreieinhalbfache gestiegen ist. Die andere Hälfte wird durch Importe sowie aus dem inländischen Aufkommen an Altpapier gedeckt.[119]

### 1.2.3 Einnahmen- und Vermögensfunktion

559 Durch den starken Anstieg der Lohn-, Sozial- und Gehaltskosten und das Zurückbleiben der Holzpreise bei dieser Entwicklung wurde die Einkommens- und Vermögensfunktion des Waldes abgeschwächt. Die Holzpreise sind hinter der Steigerungsrate für die Aufbereitungskosten zurückgeblieben. Deshalb ist es notwendig, den forstwirtschaftlichen Betrieb strengen ökonomischen Prinzipien unterzuordnen. Dies bedeutet vor allem eine volle Kapazitätsausnutzung der vorhandenen Maschinen

116 Hier handelt es sich um forstwirtschaftliche Betriebsflächen.
117 *Ott*, BWVP 1995, S. 55.
118 Vgl. amtliche Begründung des Bundeswaldgesetzes, Bundesratsdrucksache 207/73.
119 Amtliche Begründung des Bundeswaldgesetzes, Bundesratsdrucksache 207/73. Veränderungen durch die neuen Bundesländer sind nicht berücksichtigt.

sowie einen optimalen Arbeitseinsatz. Diese Ziele können nur durch eine enge Zusammenarbeit zwischen Gemeinden, Land und Privatwaldbesitzern (überbetrieblicher Arbeiter- und Maschineneinsatz) erreicht werden.

### 1.2.4 Arbeitsfunktion

Die Zahl der im Wald eingesetzten Arbeitskräfte hat in den letzten Jahren 560
stark abgenommen. In früheren Jahren stellten Landwirte, die nebenberuflich als Waldarbeiter beschäftigt waren, den Hauptanteil der im Wald beschäftigten Personen. In den letzten Jahren hat die durchschnittliche Beschäftigungsdauer der Waldarbeiter ständig zugenommen. Eine der Ursachen ist der Strukturwandel in der Landwirtschaft. Auch haben die Waldarbeiter durch eine qualifizierte Berufsausbildung eine nicht unerhebliche qualitative Aufwertung erfahren.

### 1.2.5 Erholungsfunktion, Schutzfunktionen

Die Pflege und Bewirtschaftung des Waldes ist nicht nur ein Mittel zur 561
Holzproduktion, sondern gleichzeitig ein wesentlicher Beitrag zur Erhaltung der Kulturlandschaft und damit der Erholungslandschaft. Als Folge der Erfüllung verschiedener Funktionen auf derselben Fläche kann es jedoch zu Zielkonflikten kommen. Diese Zielkonflikte müssen durch ein sorgfältiges Abwägen der Gewichte der einzelnen Funktionen am jeweiligen Waldort überwunden werden.[120]

Die Erholungsfunktion des Waldes hat in den letzten Jahren an Bedeutung stark zugenommen. Die verkürzte Arbeitszeit, die Motorisierung weiter Bevölkerungsschichten sowie die zunehmende Bedeutung der Naherholung, insbesondere in den Ballungsgebieten, haben dazu geführt, dass der Wald in immer größerem Umfang als Erholungsstätte aufgesucht wird. Einrichtungen wie Kinderspielplätze und ausgebaute Waldwege erhöhen den Freizeitwert des Waldes. Besonders hinzuweisen ist auf das im Bundeswaldgesetz (§ 14) sowie im Gesetz zum Schutz der Natur, zur Pflege der Landschaft und über die Erholungsvorsorge in der freien Landschaft vorgesehene Betretungsrecht des Waldes.[121]

Weiter kommt dem Wald eine wichtige Aufgabe in Bezug auf die natürlichen Lebensgrundlagen (Boden, Wasser, Klima, Luft) zu (sozialökonomische Aufgaben). Die Schutzfunktion des Waldes besteht heute nicht nur in Gebieten, in denen sie schon immer vorhanden war (bei Hanglagen und Trockengebieten), sondern in ganz ausgeprägter Weise in den Verdichtungsgebieten (Immissionsschutzwälder, Wasserschutzwälder usw.).

120 Begründung zum Landeswaldgesetz, S. 58f.

121 Vgl. in diesem Zusammenhang auch das Betretungsrecht nach § 37 NatSchG. Weiter ist in diesem Gesetz der Wald insbesondere in folgenden Bestimmungen angesprochen: § 2 Nr. 10; §§ 3, 15, 25, 45. Vgl. außerdem § 2 Abs. 1 Nr. 8 Raumordnungsgesetz.

Das Übermaß an schädlichen Immissionen führte zu dem sogenannten Waldsterben, das unabsehbare Folgen für unsere natürlichen Lebensgrundlagen befürchten lässt. Mit der Änderung des Bundeswaldgesetzes vom 27.7. 1984 (BGBl. I S. 1034) wurde eine Bundeswaldinventur eingeführt.[122] Sie soll einen Gesamtüberblick über die großräumigen Waldverhältnisse und forstlichen Produktionsmöglichkeiten und damit auch Daten für das Waldsterben liefern.

### 1.3 Einzelheiten zum Körperschaftsforstrecht

#### 1.3.1 Waldbewirtschaftung als Teil der kommunalen Selbstverwaltung

562 Bei der Waldbewirtschaftung handelt es sich um einen Teilbereich der kommunalen Selbstverwaltung. Dies hat zur Folge, dass von Seiten der Aufsichtsbehörden keine Möglichkeit besteht, in Zweckmäßigkeitsfragen den Gemeinden Weisungen zu erteilen. Soweit in den Gesetzen Genehmigungsvorbehalte festgelegt sind, können diese nur unter dem Gesichtspunkt der Überwachung der Gesetzmäßigkeit der Verwaltung der Gemeinden angewendet werden. Ein weitergehender Inhalt kann diesen Genehmigungsvorbehalten im Hinblick auf Art. 75 LV nicht zukommen. Allerdings ist in Art. 75 LV festgelegt, dass die Veräußerung von Vermögen von der Zustimmung der Rechtsaufsichtsbehörde abhängig gemacht werden kann. Durch diese Bestimmung ist die Genehmigung von Mehrnutzungen ohne Wiederausgleich[123] gedeckt, da diese in ihrer Wirkung einer Vermögensveräußerung gleichkommen.

Von Art. 75 LV werden gesetzlich vorgeschriebene Genehmigungen, die für alle Waldbesitzer (nicht nur für den Körperschaftswald) gelten, nicht erfasst, weil es sich hier nicht um Aufsichtsmaßnahmen im Rahmen der Kommunalaufsicht, sondern um staatliche Hoheitsakte, insbesondere im Bereich der Forstaufsicht, handelt. Im Einzelnen sind zu erwähnen: Genehmigung für die Rodung von Waldgrundstücken und die Umwandlung der Nutzungsart (§ 9 Abs. 1 LWaldG), die Beseitigung des Baumbestandes zur Anlage forstbetrieblicher Einrichtungen einschließlich Erholungseinrichtungen sowie die Anlage von Leitungsschneisen (§ 9 Abs. 7 LWaldG), den Kahlhieb mit einer Fläche von mehr als 1 ha[124] (§ 15 Abs. 3 LWaldG), keine Freigrenze bei Schutzwald (§ 29 Abs. 2 LWaldG), die Nutzung hiebsunreifer Bestände (§ 16 Abs. 3 LWaldG), die Teilung von Waldgrundstücken (§ 24 Abs. 1 LWaldG), die Errichtung und die Erweiterung eines Geheges oder einer ähnlichen Einrichtung (§ 34 Abs. 1 LWaldG), ein Betretungsverbot des Waldes (§ 38 Abs. 1 LWaldG), Maßnahmen bei Waldgefährdung durch Feuer (§ 41 LWaldG).

122 § 41a Bundeswaldgesetz.
123 Vgl. § 52 Abs. 2 LWaldG.
124 Vgl. hierzu BodenschutzwaldVO und WaldEAVO.

### 1.3.2 Personal in der Waldwirtschaft

Bei den zu erledigenden Aufgaben ist zwischen der forsttechnischen Betriebsleitung[125] und dem forstlichen Revierdienst[126] zu unterscheiden. 563

Die forsttechnische Betriebsleitung im Gemeindewald wird, wenn kein kommunales Forstamt besteht, kraft Gesetzes vom Land (staatliches Forstamt) ausgeübt. Sie umfasst insbesondere die Planung, Vorbereitung, Organisation, Leitung und Überwachung sämtlicher Forstbetriebsarbeiten. Das staatliche Forstamt ist gegenüber den Organen der Gemeinde für die Einhaltung der gesetzlichen Vorschriften verantwortlich und im Rahmen der Gesetze an die Weisungen der Gemeinde gebunden. Der Leiter des staatlichen Forstamtes ist also insoweit nicht in einer Aufsichts-, sondern in einer kommunalen Funktion tätig (treuhänderische Funktion). Der Gemeinde obliegt insbesondere die Verwertung der Walderzeugnisse, die Begründung und Beendigung von Arbeitsverhältnissen, die Vergabe der Forstbetriebsarbeiten und die Beschaffung der für den Forstbetrieb notwendigen Geräte und Materialien. Auch diese Aufgaben können auf Antrag der Gemeinde gegen Kostenersatz vom Forstamt wahrgenommen werden. Das Forstamt ist verpflichtet, die Gemeinden bei der Durchführung ihrer Aufgaben zu beraten. Im Übrigen lässt das LWaldG[127] grundsätzlich die Bildung eines eigenen gemeindlichen Forstamtes zu.

Zum Leiter eines Forstamtes und zum Sachverständigen für die Aufstellung der forstlichen Rahmenpläne und der periodischen Betriebspläne kann nur bestellt werden, wer die für den höheren Forstdienst vorgeschriebene Ausbildung und Prüfung nachweist.[128]

Der forstliche Revierdienst umfasst den Betriebsvollzug,[129] d.h. die Mitwirkung oder die Handlungsverantwortung bei der Planung, Vorbereitung und Durchführung sämtlicher Forstbetriebsarten. Es entspricht dem Selbstverwaltungsrecht der Gemeinden, dass sie bei ausreichender Betriebsgröße ihres Waldbesitzes ein eigenes Forstrevier bilden können.

Nach §49 LWaldG kann ein körperschaftliches Forstrevier auch Privatwald ohne eigene Fachkräfte einbeziehen. Im Falle der forsttechnischen Betriebsleitung durch das staatliche Forstamt ist der forsttechnische Betriebsleiter (Leiter des Forstamtes) Vorgesetzter des gemeindlichen Revierförsters i.S. von §4 Abs.2 Satz 2 des Landesbeamtengesetzes. Dienstvorgesetzter i.S. von §4 Abs.2 Satz 1 des Landesbeamtengesetzes ist der Bürgermeister als Leiter der Anstellungskörperschaft. Da die beamtenrechtlichen und disziplinären Maßnahmen mit der ordnungsgemäßen

125 §47 LWaldG.
126 §48 LWaldG.
127 §47 Abs.3.
128 §21 Abs.2 LWaldG.
129 §48 Abs.1 LWaldG.

Ausführung des Dienstauftrags zusammenhängen, werden der Bürgermeister und der Leiter des staatlichen Forstamtes eng zusammenarbeiten müssen. An Stelle des eigenen Revierleiters kann die Gemeinde den forstlichen Revierdienst vom Land ausüben lassen. Nach § 48 Abs. 2 LWaldG besteht ein Rechtsanspruch der Gemeinden auf Übernahme des Revierdienstes durch das Land. Für den forstlichen Revierdienst durch das Land sprechen die besseren Abgrenzungsmöglichkeiten bei der Bildung forstlicher Reviere, die leichtere Koordinierung bei der Ausnutzung vorhandener Personal- und Maschinenkapazitäten sowie der relativ geringe Forstverwaltungskostenbeitrag, den die Gemeinden zu entrichten haben.[130] Auch bei einer Übernahme des Revierdienstes durch das Land ist der staatliche Revierleiter im Rahmen der Gesetze an die Entscheidungen der kommunalen Organe gebunden.

Zum Leiter eines Forstreviers soll in der Regel nur bestellt werden, wer die für den gehobenen Forstdienst vorgeschriebene Ausbildung und Prüfung nachweist.[131]

#### 1.3.3 Bewirtschaftungsgrundsätze

*a) Zielsetzung*

564 Nach § 46 LWaldG sind die Gemeinden verpflichtet, ihren Wald nicht nur als wertvolle Rohstoffquelle, sondern auch als Träger von örtlichen und überörtlichen Schutzfunktionen und als Erholungsstätte zu erhalten, zu pflegen und zu verbessern.[132] An erster Stelle soll der Wald dem Allgemeinwohl dienen. Zur Erreichung dieses Zwecks werden die obersten Wirtschaftsziele gesetzlich normiert. Diesen übergeordneten Wirtschaftszielen, die die gleichrangige harmonische Sicherung der Nutz-, Schutz- und Erholungsfunktion des Waldes umfassen, sind die übrigen Ziele unterzuordnen. Von besonderer Bedeutung ist, dass auch die Gemeinde danach grundsätzlich zur Nachhaltigkeit im engeren Sinn, nämlich zur Nachhaltigkeit der Holznutzung verpflichtet ist.[133] Die nachhaltige Nutzung kann in eine ordentliche Jahresnutzung und in eine Einschlagsreserve unter jeweiliger Aufgliederung nach Vor- und Endnutzung unterteilt werden. Die Gemeinde hat dem Forstamt rechtzeitig mitzuteilen, wann sie die Einschlagsreserve nutzen will.[134]

Der Nachhaltigkeit der Nutzung des Waldes dienen vor allem der periodische Betriebsplan sowie der jährliche Betriebsplan.

130 Vgl. Gesetz über den Forstverwaltungskostenbeitrag der Gemeinden und sonstigen Körperschaften des öffentlichen Rechts (vgl. Rdnr. 556).
131 § 21 Abs. LWaldG; Ausnahme bei kleinen Forstrevieren vgl. § 21 Abs. 2 Satz 4 LWaldG.
132 Vgl. auch § 1 Bundeswaldgesetz.
133 § 46 i.V.m. § 45 Abs. 1 LWaldG und § 11 Bundeswaldgesetz.
134 § 6 Abs. 2 1. KWaldVO.

*b) Periodischer Betriebsplan*[135]

Für sämtliche Waldflächen einer Gemeinde ist ein gemeinsamer periodischer Betriebsplan als Forsteinrichtungswerk aufzustellen.[136] Er umfasst einen Zeitraum von 10 Jahren.[137] In ihm ist der gesamte Betriebsablauf im Hinblick auf die langfristigen Zielsetzungen räumlich und zeitlich zu ordnen sowie die Nutz-, Schutz- und Erholungsfunktion des Waldes aufeinander abzustimmen und die nachhaltige Nutzung festzusetzen. Bis zur Erneuerung des Betriebsplanes sind die Grundsätze des laufenden Betriebsplanes maßgebend. Für die Aufstellung des periodischen Betriebsplanes ist die Forstdirektion zuständig, wenn die forsttechnische Betriebsleitung dem staatlichen Forstamt obliegt. Bei der Aufstellung der periodischen Betriebspläne sind die Gemeinden rechtzeitig zu unterrichten und anzuhören.[138] Auch ist der Entwurf des periodischen Betriebsplans nach Abschluss der Planungsarbeiten mit der Gemeinde zu erörtern.[139] Bei der Aufstellung des periodischen Betriebsplans hat die Forstdirektion die Wünsche der Körperschaft zu berücksichtigen, soweit sie nicht den Bestimmungen des LWaldG widersprechen. Über den periodischen Betriebsplan hat der Gemeinderat zu beschließen. Der Beschluss ist mit den erforderlichen Unterlagen der Körperschaftsforstdirektion als höhere Forstbehörde zu übergeben. Er kann innerhalb von 3 Monaten nach Vorlage des Beschlusses beanstandet werden.[140] Die forstaufsichtliche Beanstandung des Beschlusses der Gemeinde ist auf die Rechtmäßigkeitskontrolle beschränkt. Die zulässigen Aufsichtsmittel ergeben sich aus §§ 118ff. GemO. **565**

Der periodische Betriebsplan enthält die Zustandserfassung, einen Rechenschaftsbericht über den abgelaufenen Planungszeitraum und die mittelfristige Planung zur funktionsgerechten Aufgabenerfüllung des Forstbetriebs.[141] Bei einer Waldfläche von mehr als 100 ha wird der Vollzug des periodischen Betriebsplans nach Ablauf von 5 Wirtschaftsjahren durch die Körperschaftsforstdirektion überprüft und erforderlichenfalls geändert (Zwischenprüfung).[142]

*c) Jährlicher Betriebsplan*[143]

Der jährliche Betriebsplan und dessen Vollzug dient der Verwirklichung des 10-jährigen periodischen Betriebsplanes. Er enthält Einzelpläne für **566**

135 § 50 LWaldG.
136 § 2 der 1. KWaldVO und VwV über eine Dienstanweisung für die Forsteinrichtung im öffentlichen Wald vom 6. 11. 1997 (GABl. S. 726).
137 In Forstbetrieben mit einer Waldfläche unter 30 ha kann durch die Körperschaftsforstdirektion im Einvernehmen mit der Gemeinde der Zeitraum auf 20 Jahre verlängert werden, § 4 der 1. KWaldVO.
138 § 2 Abs. 2 der 1. KWaldVO.
139 § 2 Abs. 3 der 1. KWaldVO.
140 § 50 Abs. 3 LWaldG.
141 Zum weiteren Inhalt vgl. § 3 1. KWaldVO.
142 § 5 1. KWaldVO.
143 § 51 LWaldG.

alle wichtigen forstlichen Bereiche (z.B. Holzernte und Nebennutzungen, Kulturen, Forstschutz, Bestandspflege, Wegebau und Wegeunterhaltung, Erholung und Landschaftspflege sowie einen Arbeitsplan). Der jährliche Betriebsplan bestimmt die technische Durchführung aller im Laufe eines Jahres anfallenden Forstbetriebsarbeiten; er weist die geplanten Naturalerträge sowie einen Voranschlag (Bewirtschaftungsplan) über die Einnahmen und Ausgaben aus. Er bildet somit die Grundlage für die Aufstellung des Haushaltsplanes der Gemeinde. Der jährliche Betriebsplan kann während des Forstwirtschaftsjahres nach Abstimmung zwischen Forstamt und Gemeinde geändert werden, wenn dies betriebliche Gründe, insbesondere Katastrophen (z.B. Sturmholz) oder die Holzmarktlage erfordern.

Der jährliche Betriebsplan ist vom Gemeinderat zu beschließen. Der Beschluss ist innerhalb eines Monats dem Forstamt, bei einem gemeindlichen Forstamt der Körperschaftsforstdirektion, vorzulegen. Er kann innerhalb eines Monats nach Vorlage des Beschlusses beanstandet werden.[144] Die forstrechtliche Beanstandung des Beschlusses der Gemeinde ist auf die Rechtmäßigkeitskontrolle beschränkt. Die zulässigen Aufsichtsmittel ergeben sich aus den §§ 118ff. GemO. Bei staatlicher Beförsterung sind vom Forstamt über den Vollzug der Betriebspläne jährliche Betriebsnachweisungen aufzustellen. Zur Kontrolle, ob das eingeschlagene Holz auch tatsächlich veräußert wurde, sind die jährlichen Betriebsnachweisungen mit den Einnahmen der Gemeinde zu vergleichen.[145]

### 1.3.4 Außerordentliche Nutzung[146]

567 Unter einer außerordentlichen Nutzung ist eine Holznutzung zu verstehen, die die im periodischen Betriebsplan festgesetzte nachhaltige Nutzung überschreitet und während der Laufzeit des periodischen Betriebsplanes nicht wieder eingespart wird. Eine solche außerordentliche Holznutzung ohne Wiederausgleich ist ein Substanzeingriff in das Waldvermögen, der den künftigen Ertrag mindert. Haushaltsrechtlich ist der Erlös aus einer solchen außerordentlichen Holznutzung wie ein Erlös aus der Veräußerung von Vermögensgegenständen zu behandeln. Dies bedeutet, dass es sich bei dieser Einnahme um eine Einnahme aus der Veränderung des Anlagevermögens im Sinne von § 1 Abs. 1 und 2 GemHVO handelt mit der Folge, dass der Erlös im Vermögenshaushalt zu veranschlagen und zu buchen ist. Bei der Ermittlung der Einnahmen aus der Veränderung des Anlagevermögens ist zu beachten, dass die mit der Aufbereitung des Holzes verbundenen Kosten am Rohertrag aus der außerordentlichen Holznutzung abzusetzen sind. In den Vermögenshaushalt

144 § 51 Abs. 2 LWaldG.
145 § 10 1. KWaldVO.
146 § 52 LWaldG.

ist deshalb nur der Nettoerlös aus der außerordentlichen Holznutzung aufzunehmen. Wie dieser Vorgang buchungstechnisch abzuwickeln ist, ist in den Rechtsvorschriften nicht festgelegt. Es wird sinnvoll sein, den gesamten Holzerlös zunächst im Verwaltungshaushalt zu buchen und am Ende des Haushaltsjahres durch eine Berichtigungsbuchung (Absetzung) den Nettoerlös in den Vermögenshaushalt zu übertragen.[147] Bei der Aufstellung des Haushaltsplanes ist der Nettoerlös sorgfältig zu schätzen[148] und in den Vermögenshaushalt einzustellen.

Eine außerordentliche Nutzung bedarf der Genehmigung der Körperschaftsforstdirektion.[149] Der Genehmigungsvorbehalt ist aufgrund von Art. 75 Abs. 1 LV zulässig. Eine Versagung der Genehmigung ist nur möglich, wenn die Nachhaltigkeit der Nutz-, Schutz- und Erholungsfunktion des Waldes erheblich beeinträchtigt wird. Hierbei steht der Körperschaftsforstdirektion kein Ermessensspielraum zu.

Eine über den jährlichen Betriebsplan hinausgehende Holznutzung, die innerhalb des 10-jährigen periodischen Betriebsplanes wieder ausgeglichen wird, ist keine außerordentliche Nutzung; der Verkaufserlös ist auch keine Einnahme aus der Veränderung von Anlagevermögen, so dass diese Einnahmen voll im Verwaltungshaushalt zu veranschlagen und zu buchen sind.

#### 1.3.5 Bewirtschaftungsablauf, Handelsklassensortierung, Holzverkauf

Bei der forstwirtschaftlichen Planung und deren Vollzug wirken die Organe und die Verwaltung der Gemeinde mit; allein zuständig sind sie lediglich für die Verwertung des Holzertrags, wobei auch der Holzverkauf auf das staatliche Forstamt übertragen werden kann. Im Übrigen bestehen Zuständigkeiten des fachlich vorgebildeten Wirtschaftsführungs- oder Betriebsdienstpersonals.[150] Die zur Fällung bestimmten Bäume werden vom Forstsachverständigen oder unter seiner Aufsicht vom forstlichen Revierdienst durch Anbringung besonderer Zeichen kenntlich gemacht. Dasselbe gilt für den Umfang von Durchforstungen, Reinigungen und sonstigen Kulturmaßnahmen. Die Ausführung (Holzeinschlag usw.) ist Sache der Gemeinde, wobei die Arbeiten von fachkundigem Forstpersonal überwacht werden. Das liegende Holz wird vom forstlichen Revierdienst „aufgenommen". Die Aufnahme geschieht durch Eingabe in ein Datenaufnahmegerät und Einteilung der einzelnen Stämme in Stärke- und Güteklassen (Handelsklassen).[151] Die Handelsklassen beruhen auf 568

147 Vgl. VwV zu § 91 GemO.
148 § 7 Abs. 1 GemVO.
149 § 52 Abs. 2 i. V. m. § 64 Abs. 2 LWaldG und Abschn. II der VwV des MLR zur 1. KWaldVO vom 20. 11. 1989 (GABl. S. 1265).
150 Vgl. §§ 46 ff. LWaldG.
151 Gesetz über gesetzliche Handelsklassen für Rohholz sowie VO über gesetzliche Handelsklassen für Rohholz (vgl. Rdnr. 556).

EG-Normen.[152] Für die einzelnen Handelsklassen sind Messzahlen (Euro-Beträge je Festmeter) festgelegt.[153] Der Holzpreis wird durch eine Prozentzahl, bezogen auf die Messzahl, gebildet. Einzelne Sortimente werden nach Euro-Beträgen je Einheit – ohne Anwendung einer Messzahl – verkauft.

Der Holzverkauf ist Sache der Gemeinde, wobei das Verkaufsverfahren den Gemeinden freigestellt ist. Nach dem allgemeinen Haushaltsgrundsatz der GemO[154] ist ein möglichst hoher Verkaufspreis anzustreben. Als Verkaufsverfahren kommt die Versteigerung oder die Submission (schriftliches Meistgebot) in Frage. Ein freihändiger Verkauf wird nur bei einer schlechten Marktlage oder kleineren Mengen gerechtfertigt sein. Preisbindungen bestehen nicht. Welches Gemeindeorgan (Bürgermeister oder Gemeinderat) für den Zuschlag zuständig ist, richtet sich nach dem Kommunalverfassungsrecht.[155] Im Regelfall wird dies der Bürgermeister (mit Delegationsmöglichkeit) sein.

#### 1.3.6 Aufsicht über die kommunale Waldwirtschaft

**569** Die Aufsicht über die Bewirtschaftung der kommunalen Waldungen ist Sache der Körperschaftsforstdirektionen[156] und der Rechtsaufsichtsbehörden. Diese Aufsichtsfunktion ist „Überwachung der Gesetzmäßigkeit" i.S. von Art. 75 LV. Dies bedeutet, dass die Genehmigungsvorbehalte im WaldG durch Art. 75 Abs. 1 LV gedeckt sein müssen. Nach Art. 75 Abs. 1 LV kann eine Genehmigungspflicht der Aufsichtsbehörde bei Vermögensäußerungen – wirtschaftlich gleichzustellen ist die außerordentliche Holznutzung ohne Wiederausgleich – eingeführt werden. Eine außerordentliche Holznutzung bedarf der Genehmigung der Körperschaftsforstdirektion. Die Genehmigung kann nur versagt werden, soweit die nachhaltige Bewirtschaftung des Waldes erheblich beeinträchtigt wird oder wenn sie mit einer geordneten Haushaltswirtschaft der Gemeinde unvereinbar wäre.[157]

Soweit allerdings das allgemeine Forstrecht Genehmigungen festlegt, gelten diese auch für die Gemeinden. Sie betreffen nicht die Kommunalaufsicht, sondern sind Ausfluss der Staatsgewalt (Forsthoheit des Staates). Die Genehmigungsvorbehalte sind meist ordnungsrechtlicher Natur.[158]

152 Vgl. Richtlinien zur Angleichung der Rechtsvorschriften der Mitgliedstaaten der EG für die Sortierung von Rohholz. Amtsblatt der Europäischen Gemeinschaft Nr. L 33/12 vom 6.2. 1968.
153 Die Messzahlen sind im Anhang zur Anlage zu § 1 HandelsklassenVO festgelegt.
154 § 77 GemO.
155 Vgl. §§ 24 Abs. 2 und 44 Abs. 2 GemO.
156 Vgl. § 64 Abs. 2 LWaldG.
157 § 52 Abs. 2 WaldG i.V.m. § 64 Abs. 2 WaldG.
158 Vgl. Rdnr. 562.

### 1.3.7 Haushaltsrechtliche Bestimmungen

Das Forstwirtschaftsjahr ist nunmehr grundsätzlich identisch mit dem Haushaltsjahr (Kalenderjahr). Zwar besteht noch die Möglichkeit, das Forstwirtschaftsjahr entsprechend der früheren Regelung auf den Zeitraum vom 1. Oktober bis 30. September festzulegen,[159] doch wird hiervon in der Praxis in der Regel kein Gebrauch gemacht. Die Übereinstimmung mit dem Kalenderjahr dient der Verwaltungsvereinfachung; auch ist eine Abweichung aus forstwirtschaftlicher Sicht nicht mehr erforderlich (ganzjähriger Einsatz der Waldarbeiter und damit gleichmäßige Kostenverteilung während des Jahres). Wird das Forstwirtschaftsjahr auf die Zeit vom 1. Oktober bis 30. September festgelegt, ist es dem Haushaltsjahr zuzurechnen, in dem es endet. Die Einnahmen und Ausgaben, die in der Zeit vom 1.10. bis 31.12. anfallen, sind im Haushaltsplan des neuen Jahres zu veranschlagen und in den Büchern des neuen Jahres nachzuweisen. Buchungstechnisch wird die Abwicklung entweder im Sachbuch für haushaltsfremde Vorgänge des alten Jahres oder in den bereits angelegten Büchern des neuen Jahres vollzogen. Bei einer Buchung im Sachbuch für haushaltsfremde Vorgänge sind die Beträge nach Anlegung der Bücher des neuen Jahres in diese zu übertragen. Solange die Haushaltssatzung für das neue Jahr noch nicht erlassen ist, gelten die Vorschriften über die vorläufige Haushaltsführung.[160] **570**

In der Haushaltsgliederung ist der Wald den wirtschaftlichen Unternehmen (Einzelplan 8) zuzurechnen. Der Wald ist jedoch nicht als wirtschaftliches Unternehmen i.S. der GemO anzusehen und unterliegt damit nicht den Bestimmungen des Eigenbetriebsgesetzes. Für die eingesetzten Maschinen sollten jedoch zur Errechnung der betriebswirtschaftlichen Kosten Abschreibungen und eine Verzinsung des Anlagekapitals i.S. von § 12 GemHVO im Haushalt veranschlagt werden.

Für die waldbesitzenden Gemeinden, die das Land mit der forsttechnischen Betriebsleitung beauftragt haben, besteht die Möglichkeit, die Betriebsbuchführung ihres Forstbetriebes über die EDV-Anlage der Landesforstverwaltung abzuwickeln.[161] Die zentrale Betriebsbuchführung (ZBB) der Landesforstverwaltung kann uneingeschränkt auch von kommunalen und privaten Forstbetrieben übernommen werden. Der Kontenplan der ZBB richtet sich nach den mit allen Waldbesitzern abgestimmten Empfehlungen des Deutschen Forstwirtschaftsrats. Die landeseinheitliche Kostenstellengliederung kann durch zusätzliche Positions- und Objektschlüssel den Anforderungen des einzelnen Forstbetriebs angepasst werden. **571**

159 § 36 GemHVO.
160 Vgl. § 83 GemO.
161 Vgl. *Schäfer/Schorer*, BWGZ 1981, S. 238 und VO über die Gebühren für die Inanspruchnahme von Leistungen der Datenverarbeitungsstelle des MLR, Rdnr. 556.

Die Einrichtung von Hilfskostenstellen (z.B. „Maschinen- und Gerätepark", „Lohnnebenbezüge") ermöglichte den Übergang von der kameralistischen Ausgabenbuchführung zu einer betriebswirtschaftlichen Aufwandsbuchführung. Die in den Hilfskostenstellen gesammelten Ausgaben werden über Durchschnittssätze je Maschinenarbeitsstunde bzw. über Gemeinkostenprozente den einzelnen Kostenstellen zugeordnet.

Die Eingabebelege für die ZBB werden von den Revierleitern bzw. vom Forstamtsbüro geführt. Die kommunalen bzw. privaten Waldbesitzer stellen lediglich die Originale oder Mehrfertigungen der zu Lasten des Forstbetriebs gebuchten Rechnungen zur Verfügung.

Die ZBB nimmt keinen Einfluss auf das für die Waldarbeiter angewandte Entlohnungsverfahren. Für die an die Rechenzentren angeschlossenen Gemeinden wurde ein landeseinheitlicher „Beschäftigungsnachweis Waldarbeiter" entwickelt, der die Waldarbeiter-Entlohnung sehr vereinfacht.

Die ZBB-Ergebnisse dienen der forsttechnischen Betriebsleitung zur laufenden Überwachung des Forstbetriebs, zur Gegenüberstellung von Plan und Vollzug, zum Revier- und Betriebsvergleich und zur Rationalisierung des Betriebsablaufs.

Nach Abschluss des Forstwirtschaftsjahrs wird der mit Hilfe der ZBB ermittelte Aufwand in den „Bewirtschaftungsplänen" – getrennt nach Kostenstellen – den Einnahmen gegenübergestellt und mit der Jahresrechnung der Gemeinde abgestimmt. Für den Verwaltungshaushalt und für den Vermögenshaushalt wird je ein gesonderter Bewirtschaftungsplan gefertigt.

### 1.4 Forstwirtschaftliche Zusammenschlüsse[162]

572 Forstwirtschaftliche Zusammenschlüsse sind insbesondere aus ökonomischen Gründen (volle Kapazitätsausnutzung bei Arbeitskräften und Maschinen) erforderlich. Im Gesetz werden drei Arten von forstwirtschaftlichen Zusammenschlüssen unterschieden:[163]

a) Anerkannte Forstbetriebsgemeinschaften,

b) Forstbetriebsverbände,

c) anerkannte forstwirtschaftliche Vereinigungen.

Forstbetriebsgemeinschaften sind privatrechtliche Zusammenschlüsse von Grundbesitzern, die den Zweck verfolgen, die Bewirtschaftung der angeschlossenen Waldflächen und der zur Aufforstung bestimmten Grundstücke zu verbessern, insbesondere die Nachteile geringer Flächengrößen, ungünstiger Flächengestalt, der Besitzzersplitterung, der Gemen-

162 Die forstwirtschaftlichen Zusammenschlüsse sind in den §§15 bis 40 des Bundeswaldgesetzes geregelt.
163 Vgl. §15 Bundeswaldgesetz.

gelage, des unzureichenden Waldaufschlusses oder anderer Strukturmängel zu überwinden. Sie bedürfen der staatlichen Anerkennung.

Forstbetriebsverbände sind Zusammenschlüsse von Grundstückseigentümern in der Form der Körperschaft des öffentlichen Rechts. Sie verfolgen dieselben Zwecke wie die Forstbetriebsgemeinschaften. Ein Forstbetriebsverband kann nur für forstwirtschaftlich besonders ungünstig strukturierte Gebiete gebildet werden.

Forstwirtschaftliche Vereinigungen sind privatrechtliche Zusammenschlüsse von anerkannten Forstbetriebsgemeinschaften, Forstbetriebsverbänden oder nach Landesrecht gebildeten Waldwirtschaftsgenossenschaften oder ähnlichen Zusammenschlüssen. Solche forstwirtschaftlichen Vereinigungen haben in erster Linie koordinierende Aufgaben (z.B. Koordinierung des Absatzes, marktgerechte Aufbereitung und Lagerung der Erzeugnisse, Beschaffung und Einsatz von Maschinen und Geräten).

## 2. Sondervermögen

### 2.1 Allgemeines

Beim Sondervermögen der Gemeinden handelt es sich um Geld oder **573**
Sachwerte, die der Erfüllung bestimmter Zwecke dienen. Aus dieser Zweckbindung folgt, dass das Sondervermögen vom übrigen Gemeindevermögen abzusondern ist.

Nach § 96 Abs. 1 GemO ist Sondervermögen

a) das Gemeindegliedervermögen,

b) das Vermögen der rechtlich unselbständigen Stiftungen,

c) das Vermögen der Eigenbetriebe,

d) das Vermögen rechtlich unselbständiger Versorgungs- und Versicherungseinrichtungen für Bedienstete der Gemeinde,

e) das Sondervermögen für die Kameradschaftspflege nach § 18a des Feuerwehrgesetzes.

Die Aufzählung ist erschöpfend. Das Vermögen der Krankenhäuser gehört nicht zum Sondervermögen.[164] Fallen Vermögensteile nicht unter § 96 Abs. 1 GemO, sind sie entweder dem freien Gemeindevermögen oder dem Treuhandvermögen zuzurechnen.

Beim Sondervermögen ist die Gemeinde zivilrechtlich Eigentümerin des Vermögensgegenstandes, beim Treuhandvermögen ist zivilrechtlicher Eigentümer ein Dritter.

164 Vgl. § 1 KrHRVO – danach sind allerdings die Vorschriften des Eigenbetriebsrechts auf die Krankenhäuser anzuwenden, soweit sich aus der KrHRVO nichts anderes ergibt.

### 2.2 Haushaltsrechtliche Behandlung

574 Nach der Systematik der GemO ist das Sondervermögen nicht in die Haushaltswirtschaft der Gemeinde integriert. Dies ergibt sich aus der Regelung des Sondervermögens in einem zweiten Abschnitt des dritten Teils der GemO; die Haushaltswirtschaft ist im ersten Abschnitt des dritten Teils der GemO geregelt. Allerdings ist aufgrund der besonderen Bestimmungen in § 96 Abs. 2 und 3 GemO ein Großteil der Vorschriften über die Haushaltswirtschaft auf das Sondervermögen anzuwenden. So gelten für das Gemeindegliedervermögen und das Vermögen der rechtlich unselbständigen örtlichen Stiftungen die Vorschriften über die Haushaltswirtschaft der GemO sowie die Vorschriften der GemHVO mit Ausnahme der Verpflichtung zur Finanzplanung.[165] Dies bedeutet, dass die Einnahmen und Ausgaben sowie die Kreditaufnahmen und die Verpflichtungsermächtigungen für das Gemeindegliedervermögen und das Vermögen der rechtlich unselbständigen örtlichen Stiftungen in die Haushaltssatzung und in den Haushaltsplan der Gemeinde aufgenommen werden müssen. Dieses Sondervermögen ist im Haushalt der Gemeinde (im Haushaltsplan und in der Jahresrechnung) lediglich gesondert nachzuweisen. Der gesonderte Nachweis besteht darin, dass die einzelnen Sondervermögen an einer Stelle des Haushaltsplanes zusammengefasst werden. Nach den VwV Gliederung und Gruppierung ist das allgemeine Sondervermögen beim Abschnitt 89, die Verwaltungsausgaben für das Gemeindegliedervermögen beim Abschnitt 03, Unterabschnitt 035, nachzuweisen; Sondervermögen, das speziellen Aufgaben zuzuordnen ist, muss bei dem betreffenden Einzelplan in einem eigenen Unterabschnitt nachgewiesen werden. Rechtlich unselbständige Stiftungen im Sozialbereich sind bei Unterabschnitt 498 nachzuweisen.

Für das Vermögen der Eigenbetriebe gelten lediglich einige Vorschriften über die Haushaltswirtschaft der Gemeinden.[166]

Auch für das Vermögen der rechtlich unselbständigen Versorgungs- und Versicherungseinrichtungen für Bedienstete der Gemeinde sind besondere Haushaltspläne aufzustellen und Sonderrechnungen zu führen. Auch hier gelten die Vorschriften über die Haushaltswirtschaft entsprechend; allerdings tritt an die Stelle der Haushaltssatzung der Beschluss über den Haushaltsplan.

Die Gemeinden können durch Satzung für die Feuerwehr und für deren aktive Abteilungen Sondervermögen für die Kameradschaftspflege und die Durchführung von Veranstaltungen bilden. Die Vorschriften über die Gemeindewirtschaft sind nach § 18a Feuerwehrgesetz nicht anzuwenden.

165 § 45 Abs. 2 GeHVO.
166 Vgl. § 12 Abs. 1 EigBG und Rdnr. 581.

## 2.3 Gemeindegliedervermögen (§ 100 GemO)

### 2.3.1 Begriff des Gemeindegliedervermögens

Gemeindegliedervermögen ist Vermögen der Gemeinde, dessen Ertrag nach bisherigem Recht nicht der Gemeinde, sondern sonstigen Berechtigten zusteht.[167] „Sonstige Berechtigte" sind die Nutzbürger, die den tatsächlichen Ertrag von Teilen des Gemeindevermögens unter dem Begriff „Gemeindenutzung" (im württembergischen Landesteil) oder „Bürgergenuss" (im badischen Landesteil) erhalten. Die Nutzungsrechte haben ihren Ausgangspunkt in der Regel in altgermanischen markgenossenschaftlichen Rechtsverhältnissen (Gemeine Mark, Allmend, Allmende). Das Gemeindegliedervermögen geht damit nicht auf bürgerlich-rechtliche Beziehungen zurück; vielmehr hat es öffentlichrechtlichen Charakter. 575

Die Nutzungen bestehen in der Regel im Benutzen so genannter Allmendgüter (Äcker, Gärten, Wiesen), in Holzgaben und in Streu-, Torf- und Weidenutzungen.[168] Die Art der Nutzung beruht auf Satzung oder Gemeinderatsbeschluss, oft auch auf Gewohnheitsrecht. Unter Ertrag, der den Nutzungsberechtigten zukommt, ist der Nettoertrag (abzüglich der Entstehungskosten) zu verstehen.

Nicht zu den öffentlich-rechtlichen Nutzungs- oder Allmendrechten gehören die Realgemeinderechte[169] und die Waldgenossenschaften.[170] Bei diesen Institutionen steht das zivilrechtliche Eigentum an den Vermögensgegenständen nicht der Gemeinde zu, sondern den Mark- oder Dorfgenossen (als Vermögen zur gesamten Hand oder zu Bruchteilen). Das Benutzungsverhältnis bei den Realgemeinderechten ist zivilrechtlich ausgestaltet, bei den Waldgenossenschaften meist öffentlich-rechtlich.[171]

### 2.3.2 Verbot der Umwandlung von Gemeindevermögen in Gemeindegliedervermögen sowie der weiteren Aufnahme in das Nutzbürgerrecht

Gemeindegliedervermögen darf nicht in Privatvermögen der Nutzungsberechtigten, Gemeindevermögen nicht in Gemeindegliedervermögen umgewandelt werden. Auch kann Gemeindegliedervermögen nicht ohne weiteres an Dritte veräußert werden. Vielmehr ist eine solche Veräußerung nur möglich, wenn das belastete Gemeindevermögen zuvor von dieser öffentlich-rechtlichen Bindung befreit wird.[172] 576

167 §4 des Gesetzes über das Gemeindegliedervermögen vom 18.11. 1966 (GBl. S.243).
168 Es ist zwischen Eigentumsnutzungen (Vorteile, die den Nutzbürgern unabhängig von ihrem Güterbesitz und ihren Steuerlasten aus dem nutzbaren Eigentum der Gemeinde durch Überlassen des Nießbrauches oder durch Austeilung des Ertrags zufließen) und Dienstbarkeitsnutzungen (hier steht der Gemeinde ein nutzbares Recht zu, das ihrerseits den Nutzbürgern durch Verteilung des Ertrags oder durch Überlassung der Ausübung eines solchen Rechts zukommt) zu unterscheiden.
169 Vgl. *Palandt/Heinrichs*, Anm. zu Art. 164 EGBGB.
170 Vgl. *Palandt/Heinrichs*, Anm. zu Art.83 EGBGB.
171 VGH Freiburg, Urt. vom 12.2. 1958, VRspr. 11 Nr.38.
172 Vgl. Rdnr. 577.

Bei aufgeteilten Nutzungsrechten, die mit dem Eigentum an bestimmten Grundstücken verbunden sind, kann der Nutzungsberechtigte gegen Entgelt die Übereignung des belasteten Grundstücks verlangen. Voraussetzung für den Übereignungsanspruch ist neben der Nutzbürgereigenschaft das Eigentum an bestimmten begünstigten Grundstücken. Historisch gesehen handelt es sich hierbei um einen steckengebliebenen Übereignungsvorgang. Das Motiv für den (öffentlich-rechtlichen) Übereignungsanspruch ist, dass die Berechtigten schon bisher eine gewisse privilegierte Stellung innehatten; sie haben diese Grundstücke häufig seit vielen Jahrzehnten bewirtschaftet. Die gesetzliche Verpflichtung zur Übereignung hat agrarpolitische Gründe. Ein Übereignungsanspruch besteht nicht, wenn die Grundstücke unmittelbar oder mittelbar für öffentliche Aufgaben benötigt werden oder nach der Bauleitplanung der Gemeinde nicht zur landwirtschaftlichen Nutzung bestimmt sind. Ebenso besteht kein Übereignungsanspruch für Waldgrundstücke.

Seit 26. 11. 1966[173] findet eine Aufnahme in das Nutzbürgerrecht und eine Zulassung zur Teilnahme an den Gemeindenutzungen nicht mehr statt. Damit ist auch ein Aufrücken so genannter Wartbürger, die mangels freier Lose noch nicht an den Nutzungen teilnehmen konnten, ausgeschlossen. Das Anwartschaftsrecht des Wartbürgers stellt noch kein subjektiv-öffentliches Recht dar, das als Eigentum im Sinne des Art. 14 GG anzusehen und zu behandeln wäre. Somit bedeutet der gesetzliche Ausschluss der Wartbürger keine Enteignung.[174] Der Wert des einzelnen Nutzungsanteils darf nicht erhöht werden; auch ist ein Vorrücken in höhere Nutzungsklassen nicht mehr möglich. Frei werdende Lose fallen der Gemeinde zu. Dadurch wird das Nutzbürgerrecht nach und nach durch Ausscheiden der noch im Bürgernutzen befindlichen Generation auslaufen mit der Folge, dass das Gemeindegliedervermögen zunehmend in freies Gemeindevermögen umgewandelt wird.[175]

Bei nicht ordnungsgemäßer Nutzung ist ein Einziehen der Nutzungsrechte – nach schriftlicher Mahnung – möglich. Ein solcher Entzug kommt insbesondere in Frage, wenn landwirtschaftliche Grundstücke brachliegen oder sonst vernachlässigt werden.

#### 2.3.3 Umwandlung von Gemeindegliedervermögen in freies Gemeindevermögen

**577** Die Gemeinde kann Gemeindegliedervermögen gegen eine angemessene Entschädigung in Geld in freies Gemeindevermögen umwandeln. Voraussetzung hierfür ist, dass die Umwandlung zum Wohl der Allgemeinheit, insbesondere zur Erfüllung von Aufgaben der Gemeinden oder

173 In-Kraft-Treten des Gesetzes über das Gemeindegliedervermögen vom 18. 11. 1966 (GBl. S. 243).

174 VGH Freiburg, Urt. vom 23. 7. 1958 (BaWaWüVBl. 1959, S. 90); VGH BW, Urt. vom 8. 5. 1962 (BaWüVBl. 1962, S. 153).

175 Zur Ablösung von radizierten Nutzungsrechten aus Gemeindegliedervermögen im Verhältnis zur Eigentumsgarantie vgl. *Seyfried/Rentschler*, BWVPr 1985, S. 29.

zur Verbesserung der Agrarstruktur erforderlich ist. Gemeindeaufgaben im Sinne dieser Bestimmung sind sämtliche Aufgaben des gemeindlichen Wirkungskreises, nicht nur Pflichtaufgaben. Die Entschädigung muss geleistet werden, da es sich bei der Aufhebung der Nutzungsrechte um einen enteignungsgleichen Eingriff handelt.[176] Die Entschädigung ist „unter gerechter Abwägung der Interessen der Allgemeinheit und der Beteiligten zu bestimmen". Im Regelfall wird vom Jahreswert der Nutzungen auszugehen sein, wobei dieser Jahreswert bei Allmendgrundstücken nach dem ortsüblichen Pachtwert ähnlicher Grundstücke abzüglich der Lasten (z.B. Allmendzins) zu bemessen ist. Bei Holznutzungen ist der Holzwert (abzüglich der Aufbereitungskosten, sofern diese vom Nutzbürger getragen werden müssen) maßgebend. Nicht berücksichtigt werden kann die spätere Verwendung solcher Grundstücke z.B. als Bauland, weil dieser Wertzuwachs nicht mit der Nutzung für landwirtschaftliche Zwecke zusammenhängt. Neben diesem jährlichen Nutzungswert kommt es im Einzelfall auf die mutmaßliche Nutzungsdauer seitens des einzelnen Nutzungsberechtigten an, die wesentlich von dessen Lebensalter abhängt. Hierbei kann das steuerrechtliche Bewertungsrecht[177] als Anhalt dienen, wobei die Entschädigung mit einem Mehrfachen des jährlichen Nutzungswertes anzusetzen sein wird.

Die von der Gemeinde zu leistenden Ablösungsbeträge sind im Vermögenshaushalt veranschlagungspflichtig, da es sich um Ausgaben zur Veränderung des Anlagevermögens handelt.[178] Unter Veränderung des Anlagevermögens wird man auch dessen Befreiung von einer Belastung verstehen müssen.[179]

Gemeindegliedervermögen, das bisher landwirtschaftlich genutzt wird und das freies Gemeindevermögen wird (z.B. die frei werdenden Lose infolge Verbots des Nachrückens), muss von der Gemeinde gegen angemessenes Entgelt der privaten landwirtschaftlichen Nutzung überlassen werden. Die Gemeinschaftsweiden, die vor allem im Hochschwarzwald vorkommen, sind als öffentliche Einrichtungen weiter zu führen, solange hierfür ein Bedürfnis besteht. Eine Weiterverwendung für landwirtschaftliche Zwecke entfällt, soweit die Grundstücke unmittelbar oder mittelbar für öffentliche Aufgaben benötigt werden oder ihre landwirtschaftliche Nutzung die Durchführbarkeit der Bauleitplanung der Gemeinde behindert.

176 Nach Art. 14 Abs. 3 GG ist ein enteignungsgleicher Eingriff nur gegen angemessene Entschädigung in Geld zulässig.
177 § 14 Bewertungsgesetz.
178 Vgl. § 1 Nr. 7 GemHVO.
179 Zum Verfahren bei der Umwandlung vgl. § 14 DVO zur GemO.

## 2.4 Vermögen rechtlich unselbständiger Stiftungen[180] (§ 101 GemO)

### 2.4.1 Allgemeines

578 Stiftungen sind Vermögensmassen, die aufgrund eines Rechtsgeschäfts durch den Stifter zur Erfüllung eines bestimmten Zwecks verwendet werden sollen.[181] Sie können entweder in Geld, unbeweglichen Sachen, beweglichen Sachen oder Forderungen und Vermögenswerten bestehen.

Solange ein Stiftungszweck nicht das Allgemeinwohl gefährdet, ist quasi jeder Stiftungszweck im Rahmen unserer freiheitlich demokratischen Grundordnung denkbar. Die Stiftungszwecke sind so vielfältig wie das Leben in unserer Gesellschaft. Häufig verfolgen sie Zwecke aus den Bereichen Wissenschaft und Forschung, Kultur, Jugendförderung, allgemeine soziale Angelegenheiten, Senioren, Ausbildung/Fortbildung, Kunst, Religion, Umwelt- und Naturschutz aber auch Sport oder Tierschutz.

Die Gemeinden sind neben den Religionsgesellschaften seit Jahrhunderten Träger der Verwaltung örtlicher Stiftungen. Die Stiftungen hatten in früheren Jahrhunderten vorwiegend Aufgaben der Armen-, Kranken- und Siechenpflege. Diese Aufgaben oblagen auch den Gemeinden und den Kirchen; es lag daher nahe, dass die Stifter diesen Institutionen die Verwaltung der von ihnen für diese Zwecke zur Verfügung gestellten Vermögensmassen übertrugen.

Vermögen, das einer Gemeinde ohne Zweckbindung oder zur Verwendung für einen bestimmten Zweck zugewendet wird (Spende), ist nicht nach den Vorschriften für örtliche Stiftungen, sondern nach den für die Gemeindewirtschaft allgemein geltenden Vorschriften zu verwalten. Der Unterschied zwischen Spende und Stiftung ist darin zu sehen, dass die Spende zur Verwendung (mit ihrer Substanz) bestimmt ist, während bei einer Stiftung der Ertrag dem Stiftungszweck dient. Bei der Stiftung von Geldmitteln werden diese im Vermögenshaushalt (wenn es sich um Zuschüsse für Investitionen oder Investitionsförderungsmaßnahmen handelt[182]) oder im Verwaltungshaushalt vereinnahmt. Bei der Stiftung wird nicht die zugewendete Vermögensmasse mit ihrer Substanz, sondern es werden die aus der Vermögensmasse fließenden Erträge entsprechend dem Willen des Stifters ausgegeben.

Unselbständige (fiduziarische) Stiftungen liegen vor, wenn jemandem durch Rechtsgeschäft unter Lebenden oder durch Verfügung von Todes wegen Vermögensgegenstände mit der Auflage zugewiesen sind, sie zu einem stiftungsmäßigen Zweck zu verwenden.[183] Die Vermögensgegen-

180 Das Stiftungsgesetz vom 4.10. 1977 (GBl. S.408 mit Änderungen) gilt für die rechtlich unselbständigen Stiftungen nicht.
181 *Eisele*, WGZ 1963 S.333 mit weiterem Schrifttumsnachweis sowie Die Gemeindekasse 1990/62.
182 § 1 Abs. 1 Nr. 4 GemHVO.
183 *Soergel*, Vorbem. 3ff. vor § 80 BGB.

stände gehen in das Eigentum der Gemeinde über. Die Gemeinde ist schuldrechtlich verpflichtet, die Auflage zu erfüllen. Die Gemeinden können Stiftungen oder deren Verwaltung nur übernehmen, wenn dies mit ihrer Aufgabenerfüllung vereinbar ist.[184]

### 2.4.2 Verwaltung des Stiftungsvermögens, Anwendung haushaltsrechtlicher Vorschriften

Welche Gemeindeorgane die Stiftung zu verwalten haben und welche Funktionen diesen Organen zukommen, bestimmt sich zunächst nach dem in der Stiftungsurkunde niedergelegten Stifterwillen. An die Stelle der Stifterurkunde kann auch das Herkommen treten. 579

Besondere Stiftungsorgane (z.B. Stiftungsrat, Kuratorium, Beirat) sind bei einer rechtlich unselbständigen Stiftung, die nach ihrer Rechtsnatur integrierter Bestandteil der Trägergemeinde ist, an sich atypisch, werden aber von den Stiftern (oder kommunalpolitisch von den Gemeinderäten) häufig gewünscht. Dadurch wird ermöglicht, z.B. in die Entscheidung über die Verteilung der Stiftungserträge über die Organe der Gemeinde hinaus Vertreter mit örtlicher sozialer Kompetenz einzubeziehen. Diese Stiftungsorgane sind in das Kommunalverfassungsrecht einzubinden, z.B. durch die Ausgestaltung als beratende[185] oder beschließende Ausschüsse.[186] Hierfür ist eine entsprechende Regelung in der Hauptsatzung erforderlich.[187]

Besteht keine Sonderbestimmung über ein besonderes Verwaltungsorgan (z.B. für einen Stiftungsvorstand oder einen Stiftungsverwalter), dann sind für die Entscheidungen in den Stiftungsangelegenheiten die Organe der Gemeinde zuständig. Die Kosten für die Verwaltung und Unterhaltung der Stiftung sind von der Stiftungsmasse zu tragen. Eine Belastung des Haushalts der Gemeinde ist als Zuschuss zur Stiftung anzusehen. Ein solcher Zuschuss ist nur zulässig, wenn der Stiftungszweck so eng mit der Aufgabenerfüllung der Gemeinde verknüpft ist, dass eine Belastung des Haushalts der Gemeinde gerechtfertigt erscheint.

Sofern die Stiftungsurkunde sowie Sondergesetze nichts anderes bestimmen, sind auf die nichtrechtsfähigen Stiftungen die haushaltsrechtlichen Vorschriften der GemO sowie der GemHVO anzuwenden.[188] Als Sondervermögen ist das Vermögen der rechtlich unselbständigen Stiftungen lediglich von der Finanzplanung freigestellt.[189] Weiter sind die Besonderheiten zu beachten, die sich aus der Natur der Stiftung als eines zweckbestimmten Sondervermögens ergeben. Materiell folgt daraus, dass für das Stiftungsvermögen die allgemeinen Haushaltsgrundsätze des §77

184 Vgl. dazu OVG NW, Urt. vom 23.3. 1984, DÖV 1985, S.983.
185 §41 GemO.
186 §§39, 40 GemO.
187 §39 Abs.1 i.V.m. §4 Abs.2 GemO.
188 §96 Abs.2 GemO.
189 §99 GemO i.V.m. §45 Abs.2 GemHVO.

GemO gelten. Allerdings geht auch hier der Stifterwille, sofern er entsprechend konkretisiert ist, vor.

*Beispiel:*
Der Stifter bestimmt, dass das Stiftungsvermögen vollständig in Aktien anzulegen ist und die Erträge für ein Jugendhaus verwendet werden sollen. Die Gemeinde muss den Stifterwillen erfüllen, auch wenn nach §91 Abs.2 GemO die Gemeinden zum Zwecke der Geldanlage nicht ausschließlich Aktien erwerben dürfen und wenn weiter die Gemeinde auch noch dringendere Pflichtaufgaben als die (freiwillige) Aufgabe der Unterhaltung eines Jugendhauses zu erfüllen hätte.

Bei der Aufnahme von Krediten für Zwecke einer rechtlich unselbständigen Stiftung müssen alle Voraussetzungen erfüllt sein, die für die Aufnahme von Krediten der Gemeinde gelten.[190]

Das Stiftungsvermögen ist als Sondervermögen im Haushalt der Gemeinde gesondert darzustellen. Die gesonderte Darstellung ist im Haushaltsplan, in der Jahresrechnung und evtl. im Bestandsverzeichnis und in den Anlagenachweisen vorzunehmen. Unabhängig davon unterliegt aber auch das „Sondervermögen" den Vorschriften über die Haushaltswirtschaft.[191] Ob eine Veranschlagung im Verwaltungs- oder Vermögenshaushalt zu erfolgen hat, richtet sich nach § 1 GemHVO. Einen planungsfreien Vermögensverkehr kennt das Haushaltsrecht nicht, so dass auch jeder Zufluss oder Rückfluss zum Stiftungsvermögen planungspflichtig ist. In den Vermögens- und Abschlusskonten des Sachbuchs für haushaltsfremde Vorgänge ist das Stiftungsvermögen in Geld unter Gliederungs-Nr. 9530 als Sondervermögen auszuweisen.[192] Soweit Geldbestände unselbständiger Stiftungen nicht angelegt sind und damit der Aufrechterhaltung der Zahlungsbereitschaft der Kasse dienen, müssen sie von der Gemeinde zu marktüblichen Zinsen verzinst werden.

Die Mittel einer unselbständigen Stiftung können auch in der Form des inneren Darlehens vorübergehend als Deckungsmittel im Vermögenshaushalt in Anspruch genommen werden.[193] Auch in diesem Fall ist im Wege der Verrechnung das Stiftungskapital marktüblich zu verzinsen.[194]

Die Zweckbindung der Einnahmen aus Stiftungen ergibt sich aus der Natur der Einnahme; haushaltsrechtlich ist ein Haushaltsvermerk erforderlich.[195] Ferner kann im Haushaltsplan die sogenannte unechte Deckungsfähigkeit[196] durch Haushaltsvermerk eingeführt werden. Die Einbindung des Sondervermögens in den Gesamthaushalt der Gemeinde und der gesonderte Nachweis der Stiftungseinnahmen und -ausgaben nach dem Bruttoprinzip (mit jährlichem Sonderabschluss) ersetzt die Auf-

190 §§87, 78 Abs.3 und 79 Abs.2 Nr.1 Buchst. b GemO.
191 §96 Abs.2 Satz 1 GemO.
192 Vgl. Anlage 5 zu VwV-VmR.
193 §46 Nr.12 GemHVO.
194 Vgl. Rdnr. 719.
195 §17 GemHVO.
196 Vgl. Rdnr.172.

stellung eines Sonderhaushaltsplans und die Führung einer Sonderrechnung. Es ist deshalb nicht zulässig, für das gemeindliche „Sondervermögen" der rechtlich unselbständigen Stiftung[197] – wie bei einer rechtlich selbständigen Stiftung, die von der Gemeinde nur treuhänderisch verwaltet wird[198] – Sonderrechnungen zu führen und im Haushalt (und in der Jahresrechnung) der Gemeinde z.B. nur saldierte „Netto-Jahresergebnisse" nachzuweisen (Grundsatz der Vollständigkeit des Haushalts[199]). Werden Mittel im laufenden Haushaltsjahr nicht verbraucht, so bestehen zwei Möglichkeiten, sie für den Stifterzweck zu binden: Die nicht verbrauchten Mittel werden nach § 14 Abs. 3 Nr. 1 GemHVO abgesetzt und in das nächste Haushaltsjahr übertragen, oder sie werden – wenn sie erst in einigen Jahren Verwendung finden – dem Stiftungskapital (Sondervermögen in Geld) zugeführt. Die Zuführung hat über den Vermögenshaushalt zu erfolgen.[200] Die Mittel können später für Zwecke der Stiftung dem Sondervermögen in Geld entnommen und, wenn es dem Stifterwillen entspricht, im Verwaltungshaushalt verwendet werden. Die Entnahme ist allerdings im Vermögenshaushalt zu vereinnahmen[201] und vom Vermögenshaushalt an den Verwaltungshaushalt weiterzuleiten.[202] Eine direkte Entnahme im Verwaltungshaushalt dürfte nicht möglich sein.

Die Anwendung der Vorschriften über die Haushaltswirtschaft auf die rechtlich unselbständige Stiftung schließt die Erledigung der Stiftungskassengeschäfte ein.[203]

### 2.4.3 Umwandlung des Stiftungszwecks, Aufhebung von Stiftungen

Ist die Erfüllung des Stiftungszwecks unmöglich geworden oder gefähr- **580**
det die Stiftung das Gemeinwohl, ist nach § 87 BGB zu verfahren. Nach dieser Bestimmung kann die zuständige Behörde in einem solchen Fall der Stiftung eine andere Zweckbestimmung geben oder sie aufheben. Bei der Umwandlung des Zwecks ist die Absicht des Stifters soweit als möglich zu berücksichtigen, insbesondere ist dafür Sorge zu tragen, dass die Erträge des Stiftungsvermögens dem Personenkreis, dem sie zustatten kommen sollten, im Sinne des Stifters nach Möglichkeit erhalten bleiben.[204] Über alle Änderungen, also Umwandlung des Stiftungszwecks, Aufhebung der Stiftung und Verwendung des Stiftungsvermögens, hat der Gemeinderat zu beschließen. Diese Zuständigkeit der Gemeinde ergibt sich aus dem Eigentumsrecht, das bei rechtlich unselbständigen Stiftungen der Gemeinde zusteht.

197 § 96 Abs. 1 Nr. 2 GemO.
198 § 97 Abs. 1 GemO.
199 § 80 Abs. 1 GemO, § 7 Abs. 2 GemHVO.
200 § 1 Abs. 1 Nr. 8 GemHVO.
201 § 1 Abs. 1 Nr. 3 GemHVO.
202 § 1 Abs. 1 Nr. 9 GemHVO.
203 § 93 Abs. 1 GemO.
204 OVG Münster, Urt. vom 23.3. 1984, DÖV 1985, S. 983 mit Anmerkungen von *Neuhoff*.

Eine Erfüllung des Stiftungszwecks kann insbesondere unmöglich werden, weil die Stiftungsmittel unzulänglich sind (z.B. infolge hoher persönlicher und sächlicher Verwaltungskosten), weil der Stiftungszweck als unerlaubt anzusehen ist, oder weil sich die maßgeblichen Verhältnisse tatsächlich so verändert haben, dass für die Ausübung des Stiftungszwecks keine Möglichkeit mehr besteht (z.B. weil eine Berufsgruppe, für die die Stiftung gedacht war, weggefallen ist). Ein gesetzlicher Aufgabenübergang auf einen anderen Träger als die Gemeinde wird für die Aufhebung einer Stiftung nicht ausreichen.

Die Gemeinde ist grundsätzlich nicht verpflichtet, Fehlbeträge zur Erfüllung des Stiftungszwecks aus Haushaltsmitteln abzudecken. Sie kann solche Fehlbeträge über entsprechende Zuschüsse abdecken, wenn mit der Stiftung eine Gemeindeaufgabe erfüllt wird.

Eine Umwandlung des Stiftungszwecks bedeutet, dass die bisher für die Erfüllung des Stiftungszwecks bestimmten Mittel für einen anderen Zweck verwendet werden. Hierbei ist der Absicht des Stifters nach Möglichkeit Rechnung zu tragen. Die Erträge des Stiftungsvermögens sollen einem Personenkreis oder einem Sachzweck zugute kommen, der möglichst dem mutmaßlichen Willen des Stifters entspricht. Ob im Einzelfall eine Umwandlung des Stiftungszwecks oder eine Aufhebung der Stiftung vorzunehmen ist, entscheidet die Gemeinde nach pflichtgemäßem Ermessen. In der Regel wird eine Umwandlung des Stiftungszwecks eher dem Willen des Stifters entsprechen als eine Aufhebung der Stiftung. Die Umwandlung ist deshalb, falls noch finanzielle Mittel vorhanden sind, einer Aufhebung vorzuziehen. Bei der Aufhebung der Stiftung verbleiben die aktiven und passiven Bestände des Stiftungsvermögens der Gemeinde, es sei denn, dass der Stifter etwas anderes bestimmt hat. Ob die Erlöse aus dem Stiftungsvermögen im Verwaltungshaushalt oder im Vermögenshaushalt zu veranschlagen sind, richtet sich nach § 1 GemHVO. In der Regel wird es sich um eine Einnahme des Vermögenshaushalts handeln, da sowohl die Auflösung von Sondervermögen in Geld[205] als auch Einnahmen aus der Veränderung des Anlagevermögens[206] im Vermögenshaushalt zu veranschlagen sind.

### 2.5 Vermögen der Eigenbetriebe

581 Zum Sondervermögen ist auch das Vermögen der Eigenbetriebe zu rechnen.[207] Nicht zum Sondervermögen gehört das Vermögen der rechtlich selbständigen wirtschaftlichen Unternehmen (z.B. AG, GmbH), auch wenn die Gemeinde Eigentümerin aller Aktien oder Gesellschaf-

205 Vgl. Anlage 5 zu VwV-VmR.
206 § 1 Abs. 1 Nr. 2 GemHVO.
207 Vgl. § 96 Abs. 1 Nr. 3 GemO.

teranteile (Eigengesellschaft) ist.[208] Ebenso gehört nicht zum Sondervermögen das Vermögen wirtschaftlicher Unternehmen oder öffentlicher Einrichtungen, für das keine Sonderrechnung geführt wird, weil es voll in die Haushaltswirtschaft der Gemeinde integriert ist (Bruttoregiebetrieb).[209]

Nach § 12 EigBG ist der Eigenbetrieb finanzwirtschaftlich als Sondervermögen der Gemeinde gesondert zu verwalten und nachzuweisen. In welchen Fällen das Eigenbetriebsrecht auf die wirtschaftlichen Unternehmen und sonstigen Unternehmen und Einrichtungen der Gemeinde angewendet werden kann, ergibt sich aus § 1 EigBG.[210] Die Wirtschaftsführung und das Rechnungswesen des Eigenbetriebs sind im EigBG und in der EigBVO geregelt. Der aus dem Erfolgsplan, dem Vermögensplan und der Stellenübersicht bestehende Wirtschaftsplan tritt an die Stelle des Haushaltsplanes. Deshalb ist das Haushaltsrecht nur in Teilbereichen auf den Eigenbetrieb anzuwenden.[211]

Nach § 98 GemO ist für Sondervermögen, für das eine Sonderrechnung geführt wird, eine Sonderkasse einzurichten. Das wesentliche Merkmal der Sonderrechnung und der Sonderkasse ist, dass die Einnahmen und Ausgaben nicht in die Jahresrechnung der Gemeinde aufgenommen werden. Daraus ergibt sich die Notwendigkeit einer besonderen Zeit- und Sachbuchführung für jede Sonderkasse. Dagegen ist weder die örtliche Trennung der Sonderkasse von der Gemeindekasse noch die gesonderte Geldverwaltung für den Begriff der Sonderkasse wesentlich. Vielmehr sollen die Sonderkassen mit der Gemeindekasse aus Gründen der Wirtschaftlichkeit verbunden werden.[212]

### 2.6 Vermögen der rechtlich unselbständigen Versorgungs- und Versicherungseinrichtungen für Bedienstete der Gemeinden

In Baden-Württemberg werden die Aufgaben der Versorgung einschließ- **582**
lich der Zusatzversorgung der Gemeindebediensteten grundsätzlich von den kommunalen Versorgungsverbänden wahrgenommen.[213] Rechtlich unselbständige Versorgungs- und Versicherungseinrichtungen sind nur in einigen wenigen Großstädten vorhanden. In Frage kommen – neben der Versorgung der Beamten und der Zusatzversorgung – insbesondere die Eigenunfallversicherung, soweit dies nach dem Sozialversicherungsrecht möglich ist, sowie Krankenversicherungen für freiwillig Versicherte. Nicht unter § 96 Abs. 1 Nr. 4 GemO fallen eventuelle Betriebskranken-

208 Vgl. Rdnrn. 997 ff.
209 Vgl. Rdnr. 911.
210 Vgl. Rdnrn. 915 ff.
211 Zur Frage, welche Teilbereiche des Haushaltsrechts auf den Eigenbetrieb anzuwenden sind, vgl. Rdnrn. 951 ff.
212 § 98 GemO.
213 Vgl. Gesetz über den kommunalen Versorgungsverband i. d. F. vom 16. 4. 1996 (GBl. S. 394) mit Änderungen.

kassen der Gemeinden. Sie sind öffentlich-rechtliche Körperschaften, haben also eine eigene Rechtspersönlichkeit.

Für das Vermögen der rechtlich unselbständigen Versorgungs- und Versicherungseinrichtungen sind besondere Haushaltspläne aufzustellen und Sonderrechnungen[214] zu führen. Die Vorschriften über die Haushaltswirtschaft gelten entsprechend, jedoch tritt an die Stelle der Haushaltssatzung der Beschluss über den Haushaltsplan; von der ortsüblichen Bekanntgabe der Auslegung des Haushaltsplans sowie von der Auslegung selbst kann abgesehen werden, ebenso von der Publizierung der Jahresrechnung. Die Gemeinde kann anstelle eines Haushaltsplanes einen Wirtschaftsplan aufstellen und die für die Wirtschaftsführung und das Rechnungswesen der Eigenbetriebe geltenden Vorschriften entsprechend anwenden. In diesem Falle gilt das zu 2.5 Ausgeführte entsprechend.

### 2.7 Sondervermögen für die Kameradschaftskasse der Feuerwehr[215]

**583** Die Gemeinden können durch Satzung für die Gemeindefeuerwehr und für deren aktive Abteilungen Sondervermögen für die Kameradschaftspflege und die Durchführung von Veranstaltungen bilden. Hierbei finden die Vorschriften über die Gemeindewirtschaft keine Anwendung. Für die Verwaltung des Sondervermögens ist die Feuerwehr weitgehend selbst zuständig. Allerdings bedarf der Wirtschaftsplan der Zustimmung des Bürgermeisters. Es ist eine Sonderkasse einzurichten und eine Sonderrechnung zu führen.

## 3. Treuhandvermögen (§ 97 GemO)

### 3.1 Begriff, Anwendung der haushaltsrechtlichen Vorschriften

**584** Das Treuhandvermögen unterscheidet sich von Sondervermögen durch seine rechtliche Selbständigkeit. Hier ist der Gemeinde lediglich die eigenverantwortliche Verwaltung anvertraut, sie ist jedoch nicht zivilrechtliche Eigentümerin dieses Vermögens. Treuhandvermögen ist das Vermögen rechtlich selbständiger örtlicher Stiftungen sowie sonstiges Vermögen, das die Gemeinde nach besonderem Recht treuhänderisch zu verwalten hat. Sonstiges Vermögen im Sinne dieser Vorschrift ist insbesondere das Mündelvermögen, das die Gemeinden, die Träger der öffentlichen Jugendhilfe sind, sowie die Landkreise zu verwalten haben. Überlässt eine Gemeinde Vermögensgegenstände anderen treuhänderisch (z.B. einem Sanierungsträger nach dem Baugesetzbuch), so handelt es sich hierbei nicht um Treuhandvermögen der Gemeinde, weil hier ein anderer (der Sanierungsträger) und nicht die Gemeinde Treuhänder ist.

214 § 96 Abs. 3 GemO.
215 Vgl. § 18a Feuerwehrgesetz i.d.F. vom 10.2.1987 (GBl. S. 105) mit Änderungen.

Die Eigenart des Treuhandvermögens als rechtlich selbständige Vermögensmasse erfordert eine abgesonderte Haushalts- und Wirtschaftsführung. Deshalb sind für das Treuhandvermögen besondere Haushaltspläne aufzustellen und Sonderrechnungen zu führen. Der Sonderhaushaltsplan (Verwaltungshaushalt und erforderlichenfalls auch Vermögenshaushalt) kann völlig unabhängig (zeitlich und sachlich) vom Haushaltsplan der Gemeinde aufgestellt werden. Außerdem sind für das Treuhandvermögen, für das Sonderrechnungen geführt werden, Sonderkassen zu führen.[216] Soweit erforderlich, sind auch eigene Bestandsverzeichnisse und Anlagenachweise zu fertigen.

Unbedeutendes Treuhandvermögen kann im Haushalt der Gemeinde gesondert nachgewiesen werden. Es ist dann lediglich im Haushaltsplan an einer Stelle zusammengefasst nachzuweisen; im Übrigen gelten in diesem Falle die Vorschriften über die Haushaltswirtschaft.

Aus Vereinfachungsgründen besteht für das Mündelvermögen keine Pflicht, Haushaltspläne und Sonderrechnungen zu führen. Vielmehr ist das Mündelvermögen lediglich in der Jahresrechnung gesondert nachzuweisen; dies geschieht in der Praxis in der Regel durch Aufnahme im Sachbuch für haushaltsfremde Vorgänge.

Im Übrigen gelten für das Treuhandvermögen die Vorschriften über die Haushaltswirtschaft entsprechend,[217], wobei an die Stelle der Haushaltssatzung der Beschluss über den Haushaltsplan tritt und von der ortsüblichen Bekanntgabe des Haushaltsplanes und der Jahresrechnung abgesehen werden kann. Anstelle eines Haushaltsplanes können ein Wirtschaftsplan aufgestellt und die für die Wirtschaftsführung und das Rechnungswesen der Eigenbetriebe geltenden Vorschriften entsprechend angewendet werden. Wird das Recht der Eigenbetriebe angewendet, gelten die haushaltsrechtlichen Vorschriften insoweit, als sie auf Eigenbetriebe Anwendung finden.[218]

Bei den rechtlich selbständigen örtlichen Stiftungen gehen die Bestimmungen des Stifters den Vorschriften über die Haushaltswirtschaft vor. Ebenso bleiben besondere gesetzliche Vorschriften für andere Treuhandvermögen unberührt.

### 3.2 Selbständige örtliche Stiftungen

Das Recht der selbständigen Stiftungen ist im Stiftungsgesetz vom 4.10. 585
1977 (GBl. S. 408) – mit Änderungen – geregelt. Dieses Gesetz unterscheidet rechtsfähige Stiftungen des bürgerlichen Rechts, rechtsfähige Stiftun-

216 Vgl. Rdnr. 581.
217 Z.B. Kreditgenehmigung nach § 87 GemO.
218 Vgl. Rdnr. 581.

gen des öffentlichen Rechts; Familienstiftungen,[219] kirchliche Stiftungen,[220] Fideikommissauflösungsstiftungen[221] und kommunale, insbesondere örtliche Stiftungen.[222]

Kommunale Stiftungen sind Stiftungen, die einen öffentlichen Zweck verfolgen, der im Bereich der Aufgaben derjenigen kommunalen Körperschaften oder Anstalten liegt, bei denen die Stiftungen errichtet sind und die nach dem Willen des Stifters von diesen Körperschaften und Anstalten verwaltet werden. Zu den kommunalen Stiftungen gehören die örtlichen Stiftungen, deren Zweck im Bereich der örtlichen gemeindlichen Aufgaben liegt.[223] Kommunale Stiftungen können Stiftungen des öffentlichen Rechts oder Stiftungen des bürgerlichen Rechts sein.

Stiftungen des öffentlichen Rechts entstehen durch Gesetz und aufgrund eines Gesetzes, durch Stiftungsakt und Verleihung der öffentlichen Rechtsfähigkeit[224] oder Stiftungen des Landes durch Stiftungsakt der Landesregierung.[225] Für die Verleihung der Rechtsfähigkeit ist die Stiftungsbehörde zuständig. Zur Entstehung einer rechtsfähigen Stiftung des bürgerlichen Rechts ist nach §80 Satz 1 BGB außer dem Stiftungsgeschäft die staatliche Genehmigung erforderlich. Nach §5 Stiftungsgesetz wird die Genehmigung durch die Stiftungsbehörde erteilt. Sie darf nur erteilt werden, wenn die dauernde und nachhaltige Erfüllung des Stiftungszwecks gesichert erscheint.

Stiftungsbehörden sind bei Stiftungen des bürgerlichen Rechts und bei Stiftungen des öffentlichen Rechts die Regierungspräsidenten, bei kirchlichen Stiftungen und Stiftungen nach §35 Abs.2 Nr.1 bis 5 Stiftungsgesetz das Wissenschaftsministerium und bei kommunalen Stiftungen des bürgerlichen und des öffentlichen Rechts die Rechtsaufsichtsbehörde.[226]

Jede Stiftung muss eine Satzung mit einem im Gesetz festgelegten Mindestinhalt haben.[227] Bei jedem Regierungspräsidium ist ein Verzeichnis der Stiftungen zu führen, die ihren Sitz im Regierungsbezirk haben.[228] Das Stiftungsverzeichnis soll die Unklarheit über die Existenz von rechtsfähigen Stiftungen beseitigen und Unklarheiten in Zukunft nicht mehr entstehen lassen. Außerdem dient es der Rechtssicherheit und einer verstärkten Publizität.

Welche Organe die Stiftung zu verwalten haben und welche Funktionen diesen Organen zukommen, bestimmt sich zunächst nach dem im Stif-

219 §13 Abs.2 Stiftungsgesetz.
220 §22 Stiftungsgesetz.
221 §32 Stiftungsgesetz.
222 §31 Stiftungsgesetz.
223 Vgl. *von Rotberg*, BWVPr 1978, S.26ff.
224 §18 Satz 1 Stiftungsgesetz.
225 §18 Abs.2 Stiftungsgesetz.
226 §§3, 31 Stiftungsgesetz.
227 §6 Abs.2 Stiftungsgesetz.
228 §4 Stiftungsgesetz.

tungsgeschäft (Stifterurkunde, Satzung) niedergelegten Stifterwillen. An die Stelle der Stifterurkunde kann auch das Herkommen treten. Besteht keine Sonderbestimmung über ein besonderes Verwaltungsorgan, wie z.B. über einen Stiftungsvorstand, dann sind für die sachlichen Entscheidungen in den Stiftungsangelegenheiten die Organe der Gemeinde zuständig. Soweit nach dem Stifterwillen Sondervorschriften für die Verwaltung von Stiftungsvermögen bestehen, sind diese anzuwenden.[229] Dabei ist es nicht erforderlich, die kommunalverfassungsrechtlichen Vorgaben zu beachten.

Häufig wird ein Stiftungsvorstand und ein Beirat bestellt. Dabei hat der Vorstand in der Regel die Aufgabe, die Stiftung zu leiten und nach außen zu vertreten. Der Beirat ist meist als beratende Einrichtung tätig, macht Vorschläge zur Realisierung des Stiftungszwecks und unterstützt die Arbeit des Vorstandes.

*a) Gesetzliche Vertretung*

Bei Rechtsgeschäften zwischen der Gemeinde und einer von ihr verwal- **586**
teten rechtsfähigen Stiftung ist § 181 BGB (Verbot des Selbstkontrahierens) zu beachten. Nach § 42 Abs. 1 GemO vertritt der Bürgermeister die Gemeinde. Wenn keine besondere Stiftungsbestimmung über die Vertretung einer rechtskräftigen Stiftung, deren Verwaltung der Gemeinde obliegt, besteht, ist der Bürgermeister auch rechtsgeschäftlicher Vertreter der Stiftung und damit Vertreter der Gemeinde und der Stiftung. Der Bürgermeister ist also gesetzlich zur Vertretung zweier verschiedener Personen berufen. Deshalb ist es zweifelhaft, ob die Gemeinde ohne die Bestellung eines Sondervertreters für die Stiftung durch die Rechtsaufsichtsbehörde ein Rechtsgeschäft mit der Stiftung abschließen kann. Die überwiegende Auffassung[230] geht dahin, dass es ausreichen wird, in einem solchen Fall für die Stiftung nicht den Bürgermeister, sondern einen gesetzlichen Vertreter handeln zu lassen; der Bürgermeister würde die Gemeinde, sein gesetzlicher Vertreter die Stiftung vertreten. Hinzuweisen ist noch auf das Verbot des Bürgermeisters, in seiner Eigenschaft als Ratschreiber Verträge zu beurkunden, an denen eine Stiftung beteiligt ist, deren Verwaltung der Gemeinde obliegt.[231]

*b) Kosten der Verwaltung, Fehlbeträge, Überschüsse*

Die Kosten der Verwaltung (persönliche und sächliche) hat eine rechtlich **587**
selbständige Stiftung grundsätzlich selbst zu tragen. Soweit der Gemeinde Aufwendungen entstehen, sind ihr diese zu ersetzen, es sei denn, der Stiftungszweck sei so eng mit der Aufgabenerfüllung der Gemeinde

229 Z.B. wenn bei der Verwaltung gemischter Stiftungen der Gemeinderat durch den Ortsgeistlichen verstärkt wird.
230 *Kunze/Bronner/Katz/v. Rotberg*, Rdnr. 58 zu § 101 GemO.
231 Art. 7 Abs. 3 des Gesetzes über Maßnahmen auf dem Gebiet des Notarrechts vom 16. 2. 1961 (BGBl. I S. 77).

verknüpft, dass eine Belastung des Haushalts der Gemeinde gerechtfertigt ist. Die Belastung des Haushalts ist als Zuschuss zur Stiftung anzusehen. Überschüsse, die sich aus der Rechnung der Stiftung beim Jahresabschluss ergeben, sind in späteren Jahren entsprechend dem Stiftungszweck zu verteilen oder dem Stiftungsvermögen zuzuschlagen. Sie fließen der Gemeinde nur dann zu, wenn der Stifter dies ausdrücklich bestimmt hat. Für die Deckung von Fehlbeträgen besteht für die Gemeinde keine Verpflichtung; sie kann solche Fehlbeträge übernehmen, wenn es die Aufgabenerfüllung rechtfertigt.

Die steuerrechtliche Seite (Körperschaftssteuer, Umsatzsteuer, evtl. Grunderwerbsteuer) sollte bei einer Stiftungsgründung im Vorfeld mit der Finanzverwaltung geklärt werden.

*c) Aufsicht*

**588** Nach den §§118ff. GemO unterliegt die Gemeinde der Rechtsaufsicht. In §31 Stiftungsgesetz i.V.m. §101 GemO ist bestimmt, dass die Verwaltung und Wirtschaftsführung der kommunalen Stiftungen nach den Vorschriften der GemO vorzunehmen sind. Daraus ist zu schließen, dass die Verwaltung der rechtlich selbständigen örtlichen Stiftungen grundsätzlich der Aufsicht nach den Vorschriften der GemO unterliegt. Der Stifter kann die Aufsicht jedoch auch einem Kuratorium (Beirat) übertragen. Die Befugnisse einer solchen Instanz sind auf die Prüfung der ordnungsmäßigen Verwaltung und Verwendung des Vermögens und seiner Erträge beschränkt. Beanstandungen hätte sie entsprechend der Stifterurkunde zu vertreten. Die rechtlichen Möglichkeiten der Aufsichtsbehörde (§§120ff. GemO) stehen einer solchen, vom Stifter selbst berufenen Einrichtung nicht zu. Vielmehr bleiben die Rechte der Rechtsaufsichtsbehörde ungeschmälert bestehen.[232]

*d) Zweckänderung, Zusammenlegung, Aufhebung*

**589** Die Zweckänderung, Zusammenlegung und Aufhebung der kommunalen Stiftungen ist in den §§14, 15, 21 und 31 Stiftungsgesetz geregelt. Die Maßnahmen bedürfen der Genehmigung der Stiftungsbehörde. Enthält das Stiftungsgeschäft keine Bestimmung über den Vermögensanfall, fällt das Vermögen mit dem Erlöschen der Stiftung der Gemeinde zu[233]. Die Gemeinde hat bei der Verwendung des Vermögens den Stiftungszweck zu berücksichtigen.

232 Zur Staatsaufsicht über Privatschulen betreibende Stiftungen sowie zur Grundrechtsfähigkeit von Stiftungen vgl. BVerwG, Urt. vom 22.9. 1972, DÖV 1973, S.272.
233 §31 Abs.2 Nr.2 Stiftungsgesetz.

# VIII. Nachweis des Vermögens

## 1. Allgemeines

Das Vermögen der Gemeinde ist nach § 91 Abs. 2 GemO ordnungsgemäß nachzuweisen. Wie und in welchem Umfang Vermögensgegenstände nachgewiesen werden, konkretisieren die §§ 37 und 38 GemHVO.[234] Hiernach sind die unbeweglichen und beweglichen Sachen sowie die grundstücksgleichen Rechte entweder in Bestandsverzeichnisse oder Anlagenachweise aufzunehmen. Der Vermögensnachweis dient einmal der Kontrolle gegen Veruntreuung, zum anderen – in den qualifizierteren Anlagenachweisen – zur Wertfortschreibung (Abschreibungen u. a. Wertveränderungen). 590

In den Bestandsverzeichnissen wird der Wert des Gegenstandes nicht fortgeschrieben. Aus ihnen ergibt sich lediglich die Art und Menge sowie die Lage oder der Standort der Sache. In den Anlagenachweisen sind dagegen die Anschaffungs- oder Herstellungskosten, die Abschreibungen und andere Veränderungen nachzuweisen.

## 2. Bestandsverzeichnisse

### 2.1 Verpflichtung zur Führung von Bestandsverzeichnissen

Bestandsverzeichnisse sind zu führen, soweit sich die Bestände nicht aus den Anlagenachweisen ergeben. Nach § 38 Abs. 1 GemHVO müssen über unbewegliche und bewegliche Sachen und grundstücksgleiche Rechte, die kostenrechnenden Einrichtungen dienen, gesondert für jede Einrichtung Anlagenachweise geführt werden.[235] Durch die Anlagenachweise werden die Vermögensgegenstände in ausreichender Weise nachgewiesen, so dass eine zusätzliche Aufnahme dieser Vermögensgegenstände in das Bestandsverzeichnis nicht notwendig erscheint. In den Bestandsverzeichnissen sind auch die geringwertigen Wirtschaftsgüter, soweit sie kostenrechnenden Einrichtungen dienen und die Grenze von 410 Euro überschreiten, nachzuweisen, weil diese nicht in die Anlagenachweise aufzunehmen sind (vgl. § 38 Abs. 4 GemHVO). 591

Nicht in die Bestandsverzeichnisse aufzunehmen sind bewegliche Sachen, deren Anschaffungs- oder Herstellungskosten nicht mehr als 410 Euro betragen. Die Bagatellgrenze gilt nicht nur für die einzelne Sache, sondern auch für die Sachgesamtheit. Unter Sachgesamtheit sind mehrere Einzelgegenstände zu verstehen, die technisch oder wirtschaftlich so miteinander verbunden sind, dass sie von der Bestimmung her nur in die-

234 In § 144 Nr. 18 GemO wird das IM ermächtigt, Regelungen zur Erfassung, zum Nachweis, zur Bewertung und zur Abschreibung von Vermögensgegenständen zu erlassen.
235 Vgl. Rdnr. 821.

ser Verbindung genutzt werden.[236] Den Gemeinden ist es freigestellt, auch das sogenannte Kleininventar in die Bestandsverzeichnisse aufzunehmen. Außerdem sind Bestände über Vorräte nicht in das Bestandsverzeichnis aufzunehmen, wenn eine ausreichende Kontrolle gewährleistet ist oder wenn die Vorräte zum alsbaldigen Verbrauch bestimmt sind.[237]

### 2.2 Inhalt des Bestandsverzeichnisses

592 Aus dem Bestandsverzeichnis muss Art und Menge sowie Lage oder Standort der Sache ersichtlich sein. Eine Unterscheidung zwischen den Grundstücken einerseits und den beweglichen Gegenständen andererseits ist nicht vorgeschrieben. Trotzdem wird sich aus praktischen Überlegungen eine Aufgliederung des Bestandsverzeichnisses in einen Teil I, bewegliche Sachen und einen Teil II, unbewegliche Sachen und grundstücksgleiche Rechte anbieten. Von der äußeren Gestaltung her kann das Bestandsverzeichnis in Listenform oder in Karteiform geführt werden.[238]

## 3. Anlagenachweise

### 3.1 Verpflichtung zur Führung von Anlagenachweisen

593 Die Anlagenachweise sind über unbewegliche und bewegliche Sachen sowie über die grundstücksgleichen Rechte, die kostenrechnenden Einrichtungen[239] dienen, zu führen. Nicht in die Anlagenachweise aufzunehmen sind die geringwertigen Wirtschaftsgüter im Sinne des Einkommensteuergesetzes.[240] Den Gemeinden ist es freigestellt, über unbewegliche und bewegliche Sachen sowie über grundstücksgleiche Rechte, die nicht kostenrechnenden Einrichtungen dienen, und über sonstige vermögenswerte Rechte ebenfalls Anlagenachweise zu führen. Wenn eine Gemeinde die Vollvermögensrechnung führt, sind solche Anlagenachweise für das gesamte Sachvermögen sinnvoll. In diesem Falle sollte bei der Führung der Anlagenachweise dasselbe Verfahren angewandt werden wie bei den Pflichtnachweisungen.

Im Hinblick auf die Einführung neuer Steuerungsinstrumente, insbesondere der Darstellung des gesamten Ressourcenverbrauchs im Haushalt, sollten Neuinvestitionen auch außerhalb der kostenrechnenden Einrichtungen in Anlagenachweise aufgenommen werden. Dies würde die spätere Bewertung des Sachvermögens erleichtern.

236 Vgl. Nr. 2.4.1 VwV Gliederung und Gruppierung.
237 Z.B. durch eine Lagerbuchhaltung.
238 Der Verlag R. Boorberg hat unter der Bestell-Nr. 60.045/200.9 entsprechende Formulare aufgelegt.
239 Zum Begriff kostenrechnende Einrichtung vgl. Rdnr. 772ff.
240 Vgl. §6 Abs.2 EStG.

### 3.2 Inhalt der Anlagenachweise

Im Gegensatz zu den Bestandsverzeichnissen werden in den Anlagenachweisen die Anschaffungs- oder Herstellungskosten und die Abschreibungen mit ihren Veränderungen erfasst. Der Inhalt der Anlagenachweise kann durch ein Muster des IM verbindlich vorgeschrieben werden.[241] Die VwV Gliederung und Gruppierung[242] enthält ein solches verbindliches Muster.[243] 594

Die Anlagenachweise sind gesondert für jede Einrichtung zu führen. Es wird sinnvoll sein, die Gliederung dem Gliederungsplan für den Haushalt anzugleichen. Außerdem ist es möglich, gleichartige Vermögensgegenstände oder solche, die einem einheitlichen Zweck dienen, zusammengefasst auszuweisen. Nicht verlangt ist eine Gleichwertigkeit sowie eine gleiche Lebensdauer; es ist jedoch darauf hinzuweisen, dass bei einer großzügigen Zusammenfassung die Abschreibungsbeträge nur schwer ermittelt werden können und der Vereinfachungseffekt nicht eintreten wird. Da die Anlagenachweise auch die Funktion der Bestandsnachweise erfüllen, müssen sich bei einer Zusammenfassung Art und Menge der zusammengefassten Gegenstände erkennen lassen. Weiter ist eine Bewertung zu Festwerten zugelassen, wenn der Bestand von Vermögensgegenständen sich in seiner Größe und seinem Wert über längere Zeit nicht erheblich verändert. Es soll von Zu- und Abgängen abgesehen werden können, wenn die Zu- und Abgänge sich regelmäßig ausgleichen, so dass der Bestand nur geringen Schwankungen unterworfen ist.[244]

### 3.3 Anlagenachweise als Grundlage für die Vermögensrechnung

Soweit die Gemeinden ihr Anlagevermögen in die Vermögensrechnung aufnehmen müssen (§ 43 Abs. 1 Nr. 1 GemHVO) oder freiwillig aufnehmen (§ 43 Abs. 2 GemHVO), sind die Anlagenachweise Grundlage und Einzelnachweis für die summarischen Werte in der Vermögensrechnung. Nur bei einer sorgfältigen Führung von Anlagenachweisen erscheint die Vollvermögensrechnung sinnvoll.[245] 595

241 § 144 Nr. 18 GemO.
242 Siehe Anlage 18, abgedruckt auf S. 382.
243 Dieses Muster unterscheidet sich nur geringfügig von dem im Eigenbetriebsrecht vorgeschriebenen Muster (Anlage 2 zur EigBVO).
244 Vgl. hierzu im Einzelnen Rdnr. 821.
245 Vgl. Rdnrn. 1201ff., 1211ff.

**Anlage 18**

(Zu § 38 Abs. 1 GemHVO)

## Anlagenachweis nach § 38 Abs. 1 GemHVO

| | Anschaffungs- oder Herstellungskosten | | | | Abschreibungen/Wertberichtigungen | | | | |
|---|---|---|---|---|---|---|---|---|---|
| Anlagengruppen[1] | Anfangsstand | Zugang[2] zu Anschaffungswerten | Abgang[2] zu Anschaffungswerten | Endstand[3] | Anfangsstand | Zugang, d. h. Abschreibungen im Haushaltsjahr[2] | Abgang, d. h. angesammelte Abschreibungen auf die in Spalte 4 ausgewiesenen Abgänge[2] | Endstand[4] | Restbuchwerte (Endstand)[5] |
| | DM | | | | | | | | |
| 1 | 2 | 3 | 4 | 5 | 6 | 7 | 8 | 9 | 10 |
| | | | | | | | | | |

1 Anlagengruppen:
1. Grundstücke und grundstücksgleiche Rechte mit Bauten
2. Grundstücke und grundstücksgleiche Rechte ohne Bauten
3. Betriebsanlagen und sonstige technische Anlagen
4. Bewegliche Sachen

Die Anlagengruppen können bei Bedarf weiter untergliedert werden.

2 Sind Umbuchungen von einer Anlagengruppe in die andere oder Zuschreibungen vorgenommen worden, so sind sie als solche gesondert aufzuführen und zusammenzuzählen.

3 Spalten 2 + 3 ./. 4.

4 Spalten 6 + 7 ./. 8.

5 Spalten 5 ./. 9.

# IX. Rücklagen

## 1. Allgemeiner Rücklagenbegriff

Rücklagen sind besondere Bestandteile des gemeindlichen Geldvermögens, die durch regelmäßige Zuführungen aus Mitteln der Haushaltswirtschaft angesammelt werden und für künftige bestimmte Zwecke der Haushalts- und Vermögenswirtschaft der Gemeinde zu verwenden sind. Die Rücklagemittel sind aus der Haushaltswirtschaft der Gemeinde ausgeschieden und für die Deckung von Zukunftsausgaben reserviert. Sie können aber auch die Aufgabe der Kassenverstärkung haben. 596

## 2. Wirtschaftlichkeit von Rücklagenansammlungen

Der Schwerpunkt der kommunalen Tätigkeit hat sich immer mehr auf den Investitionsbereich (Schaffung der notwendigen Einrichtungen im Rahmen der Infrastruktur) verlagert. Die Investitionstätigkeit erfordert erhebliche Finanzierungsmittel. Bei der Finanzierung von Investitionen sind drei Finanzierungsarten zu unterscheiden: 597

a) Die Sofortdeckung;

   dies sind Finanzierungsmittel, die vom laufenden Haushalt zur Verfügung gestellt werden, sowie Zuschüsse, Zuweisungen und Beiträge Dritter, Veräußerungserlöse oder sonstige Einnahmen des Vermögenshaushalts, soweit nicht unter Buchstabe b) oder c) fallend;

b) die Vorausdeckung;

   als Vorausdeckung ist die Verwendung von Rücklagen anzusehen;

c) die Nachdeckung;

   hier kommen als Deckungsmittel Kredite, innere Darlehen bei Sonderrücklagen oder Sondervermögen sowie kreditgleiche Rechtsgeschäfte in Frage.

Nach § 90 GemO hat die Gemeinde zur Sicherung der Haushaltswirtschaft und für Zwecke des Vermögenshaushalts Rücklagen in angemessener Höhe zu bilden. Die Gemeinden sind häufig nicht in der Lage, größere Investitionen ganz im Wege der Sofortdeckung und Vorausdeckung zu finanzieren. Deshalb haben nahezu alle Gemeinden Kredite aufgenommen. Es erhebt sich nun die Frage, ob es zweckmäßig ist, neben vorhandenen Krediten Rücklagen anzusammeln.[246]

Für die Rücklagenansammlung spricht, dass die Eigenfinanzierung weniger Aufwand erfordert als die Fremdfinanzierung. Nach überschlägigen

246 Vgl. Rdnrn. 615ff.

Erfahrungswerten muss bei einer Rücklagenansammlung nur etwa 40 Prozent dessen aufgewendet werden, was bei einer Fremdfinanzierung aufgewendet werden müsste.[247]

*Beispiel:*
Bei einem Annuitätsdarlehen in Höhe von 500000 EUR und einem Soll-Zinssatz von 8,5% beträgt die jährliche Leistung – am Ende des Jahres zu zahlen – für zwanzig Jahre (übliche Laufzeit) 53000 EUR. Der Schuldendienst beläuft sich somit insgesamt auf 1060000 EUR. Dieser Betrag muss vom Haushalt bereitgestellt werden. Bei einer Rücklagenansammlung müssten bei einem Haben-Zinssatz von 5,5% zwanzig Jahre jährlich 13592,12 EUR, insgesamt somit 271842,40 EUR (25,64% des Schuldendienstes) vom Haushalt aufgebracht werden, um einen Kapitalbetrag von zirka 500000 EUR zur Verfügung zu haben.[248]

Außerdem sind manche Gemeinden bei größeren Projekten darauf angewiesen, dass sie einen Teil der Deckungsmittel über Rücklagen aufbringen, da sie sonst nicht in der Lage sind, die Gesamtfinanzierung sicherzustellen.

Gegen die Rücklagenansammlung spricht, dass sich die Ausführung einer Maßnahme durch die Ansammlung von Rücklagen zeitlich verzögert. Der Nutzen, den die Investition abwirft, steht bei einer Finanzierung über Kredite der Bevölkerung schneller zur Verfügung. Oft lässt sich infolge der sachlichen und zeitlichen Dringlichkeit der Aufgabe deren Erfüllung nicht so lange aufschieben, bis Rücklagemittel angesammelt sind. Die Geldwertminderung infolge von Preissteigerungen auf dem Bausektor dürfte in den letzten Jahren eher geringer sein als die Zinssätze für Geldanlagen, so dass insoweit eine Rücklagenbildung nicht mehr von Nachteil ist.

Bei der Abwägung, ob Rücklagen angesammelt oder ob davon abgesehen werden soll, wird vor allem die Frage eine Rolle spielen, ob mit der Rücklagenansammlung noch ein sonstiger Zweck (z.B. Einzahlung der Rücklagemittel in einen Bausparvertrag mit der Absicht, zu einem späteren Zeitpunkt ein zinsgünstiges Darlehen zu erlangen) verbunden und ob eine Aufgabe zeitlich aufschiebbar ist. In kleineren und mittleren Gemeinden wird bei Großprojekten die gesamte Finanzkraft einiger Jahre für das Großprojekt eingesetzt werden müssen. Hier wird es sinnvoll oder gar notwendig sein, zunächst einen Teil dieser Finanzkraft anzusammeln, um sie dann konzentriert einzusetzen. In der Regel ist es wirtschaftlich nicht vertretbar, Rücklagen über Jahre hinweg anzusammeln und dann die angesammelten Mittel nach dem Gießkannenprinzip zu verwenden. Zwar fordern die Grundsätze der Einnahmebeschaffung in §78 GemO vorrangig den Einsatz von eigenen Mitteln und weisen der Kreditfinanzierung den letzten Rang zu, doch kann eine Kreditaufnahme im Verhältnis zur Rücklagenfinanzierung kommunalpolitisch sinnvoll sein, weil sich

247 Vgl. HdkWPr Bd.6, S.608.
248 Lt. Tabellen in: Deutscher Sparkassenkalender 1975 S.204 und 178.

bei der Rücklagenfinanzierung der Baubeginn zeitlich verzögern würde und dies im Hinblick auf die Aufgabenerfüllung nicht vertretbar erscheint.

Aus all diesen Gründen werden die Gemeinden häufig nicht in der Lage sein, über den zur Aufrechterhaltung der Kassenliquidität erforderlichen Mindestbetrag und den in § 20 Abs. 3 GemVO vorgeschriebenen Pflichtzuführungen der allgemeinen Rücklage weitere Mittel für eine spätere Investitionsfinanzierung zuzuführen.

## 3. Konjunkturelle Bedeutung von Rücklagenansammlungen

Nach § 77 Abs. 1 GemO haben die Gemeinden bei der Planung und Führung ihrer Haushaltswirtschaft den Erfordernissen des gesamtwirtschaftlichen Gleichgewichts Rechnung zu tragen. Dieses konjunkturgerechte Verhalten der Gemeinde gilt auch für die Rücklagenpolitik. Allerdings wurde von der Einführung einer kommunalen Konjunkturausgleichsrücklage abgesehen, weil zum einen keine exakten Kriterien für die Zuführungspflicht infolge der unterschiedlichen strukturellen und größenmäßigen Verhältnisse der Gemeinden gefunden werden konnten[249] und weil zum andern die Mittel über eine Anlage im europäischen Zentralbanksystem dem Geldumlauf hätten entzogen werden müssen. Eine solche Stilllegung hätte einen erheblichen Verwaltungsaufwand zur Folge gehabt. Die Mittel der gemeindlichen Rücklagen würden dem Wirtschaftskreislauf höchstens teilweise dadurch entzogen, dass eine Anlage bei einer Bank und die Weiterleitung an die EZB vorgeschrieben wird. 598

Eine antizyklische Haushaltsführung bei den Rücklagen liegt dann vor, wenn die Gemeinden in Zeiten der Hochkonjunktur die höheren Steuereinnahmen durch Zuführungen zur allgemeinen Rücklage aus der Haushaltswirtschaft ausscheiden, um auf diese Weise bei einer späteren Rezession finanzielle Mittel bereit zu haben. Allerdings gilt auch hier das bei Abschnitt 2 Ausgeführte entsprechend; die Finanzlage der Gemeinden lässt es nicht immer zu, dass Gemeinden über eine antizyklische Rücklagenpolitik die Konjunktur mitsteuern.

## 4. Rücklagenarten

### 4.1 Allgemeines

Die allgemeine Rücklage hat eine Bündelungsfunktion insoweit, als sie nach § 90 GemO der Sicherung der Haushaltswirtschaft und Zwecken des Vermögenshaushalts dient. Für diese beiden Bereiche können keine Son- 599

249 Vgl. hierzu auch Ausführungen bei Rdnr. 102.

derrücklagen gebildet werden. Die allgemeine Rücklage an Stelle von Rücklagen für spezielle Zwecke ist die Folge des Gesamtdeckungsprinzips. Durch die Zusammenfassung soll vor allem ein flexibler Rücklageneinsatz möglich sein.[250] Ferner hat die Bildung einer allgemeinen Rücklage i.V.m. der mehrjährigen Finanzplanung den Vorteil, dass die mittelfristige Planung der Investitionen flexibel gestaltet werden kann (Schwerpunktverlagerung bei den Investitionen während des Finanzplanungszeitraums ohne Umfinanzierung).

Gegen die Konzentration der Rücklagenmittel in der allgemeinen Rücklage wird geltend gemacht, dass vorhandene Möglichkeiten vorschnell ausgeschöpft werden, ohne den Bedarf der späteren Jahre zu beachten. Weiter kann der Einwand erhoben werden, dass die über die Gebührenhaushalte aufgebrachten Abschreibungen nicht in Form von Erneuerungsrücklagen gebunden werden. Diese Nachteile sind allerdings nicht so gravierend, dass sie die Vorteile, die mit der allgemeinen Rücklage verbunden sind, überwiegen. Der Wegfall einer starren Bindung der Rücklagenmittel für einen im vorhinein festgelegten Zweck vergrößert die Eigenverantwortlichkeit und die Entscheidungsfreiheit der Gemeinden; auch fällt die nicht ohne weiteres durchsichtige Inanspruchnahme durch innere Darlehen bei der allgemeinen Rücklage weg. Auch besteht keine zwingende sachliche Notwendigkeit, die Abschreibungen auf die Anschaffungs- und Herstellungskosten in einer Erneuerungsrücklage anzusammeln; die Gebührenkalkulation (Höhe der Gebühr, Bemessungsmaßstab) ist im KAG[251] unabhängig von der Finanzierung geregelt. Die Abschreibungen und die kalkulatorischen Zinsen bauen, von den zweckbestimmten Zuweisungen und den Beiträgen abgesehen, nicht auf der Finanzierung im Haushalt auf. In diesem Zusammenhang ist auf §12 GemHVO hinzuweisen, der die Veranschlagung angemessener kalkulatorischer Abschreibungen in den Gebührenhaushalten vorschreibt. Die Abschreibungsbeträge sind zwar im Verwaltungshaushalt bei der einzelnen Einrichtung zu verausgaben und im Epl. 9 des Verwaltungshaushalts gesammelt für alle Einrichtungen zu vereinnahmen, doch fließen sie über die Zuführung vom Verwaltungshaushalt an den Vermögenshaushalt in den Vermögenshaushalt.[252]

Nach §22 Abs. 1 GemHVO soll die Zuführung vom Verwaltungshaushalt an den Vermögenshaushalt u.a. insgesamt mindestens so hoch sein wie die aus Entgelten gedeckten Abschreibungen. Im Vermögenshaushalt stehen die erwirtschafteten Abschreibungen somit entweder zur Schuldentilgung oder zur Finanzierung von Investitionen oder Investitionsförderungsmaßnahmen zur Verfügung. Die Gemeinde kann die Beträge, so-

250 Nach der RücklVO vom 5.5. 1936 (RGBl. I S.435) waren eine Vielzahl spezieller Rücklagen zu bilden.
251 Vgl. §9 Abs. 2 KAG.
252 Vgl. Rdnrn. 808ff.

fern sie diese nicht sofort zur Finanzierung im Vermögenshaushalt benötigt, auch der allgemeinen Rücklage zuführen und dann für spätere Investitionsfinanzierungen verwenden. Aus all diesen Gründen ist es nicht notwendig, die Zuführung aus erwirtschafteten Abschreibungen innerhalb der allgemeinen Rücklage gesondert ausweisen. Allerdings dürfen bei kostenrechnenden Einrichtungen Gebührenanteile für später entstehende Kosten in Sonderrücklagen angesammelt werden; die Zuführung vom Verwaltungshaushalt an den Vermögenshaushalt ist insoweit unter einer besonderen Gruppierungsziffer – getrennt von der allgemeinen Zuführung – vorzunehmen.[253]

### 4.2 Allgemeine Rücklage

#### 4.2.1 Betriebsmittel der Kasse

Aus der Haushaltswirtschaft der Gemeinde sind Beträge auszusondern, **600**
um sie zur Aufrechterhaltung der Kassenliquidität – für Zwecke des Verwaltungshaushalts und des Vermögenshaushalts – bereitzustellen. Als Betriebsmittel der Kasse muss in der Regel ein Betrag in Höhe von mindestens 2 v.H. der Ausgaben des Verwaltungshaushalts (Soll-Spalte) nach dem Durchschnitt der drei dem Haushaltsjahr vorangehenden Jahre vorhanden sein.[254] Dieser Betrag wird als Sockel der allgemeinen Rücklage bezeichnet (Pflichtrücklage). Dabei ist von den Ergebnissen der Jahresrechnungen oder, soweit diese noch nicht vorliegen, von den Planansätzen unter Berücksichtigung der Nachtragspläne auszugehen. Durch den Ansatz der Ausgaben mehrerer Haushaltsjahre als Basis werden zufällige Schwankungen abgeschwächt. Bei der Höhe des Mindestbetrags muss beachtet werden, dass die Mittel der allgemeinen Rücklage für Zwecke der Kassenliquidität aus wirtschaftlichen Gründen auf das unabweisbare Maß beschränkt werden müssen. Ein zu hoher Sockel für diese Zwecke würde Deckungsmittel binden, die dann nicht zur eigentlichen Aufgabenerfüllung verwendet werden können. Außerdem stellt § 20 Abs. 2 GemHVO den Gemeinden frei, einen höheren Betrag in der allgemeinen Rücklage als Betriebsmittel der Kasse bereitzuhalten. Wenn es die besondere Situation der Gemeinde erfordert (z.B. bei hohen Haushaltseinnahmeresten im Vermögenshaushalt), kann es wirtschaftlich zweckmäßig und rechtlich geboten sein,[255] den Mindestbetrag zu überschreiten. Eine Unterschreitung ist dagegen nur möglich, wenn konkrete Gründe für eine anhaltend gute Kassenlage vorliegen und deshalb die Liquidität auch mit dem geringeren Betrag gesichert erscheint. Ein solcher Fall könnte bei ständig hohen Kassen- oder Haushaltsausgaberesten oder bei hohen inneren Verrechnungen im Verwaltungshaushalt, die keine Kassenliqui-

253 Vgl. Die Gemeindekasse 1989/79.
254 § 20 Abs. 2 GemHVO.
255 Vgl. § 77 GemO.

dität erfordern, gegeben sein. Mit zunehmendem Haushaltsvolumen nimmt die innere Flexibilität der Kassenführung zu.

Die allgemeine Rücklage kann für Zwecke der Kassenliquidität auch über den Sockelbetrag hinaus in Anspruch genommen werden. Dies ist immer dann der Fall, wenn die allgemeine Rücklage mit dem den Sockel übersteigenden Betrag nicht angelegt ist. Umgekehrt kann, wenn es die Kassenlage erlaubt, auch einmal (vorübergehend) der Sockelbetrag angelegt werden. Mit der Vorschrift über den Mindestbetrag soll nur gewährleistet sein, dass im Bedarfsfall aus der allgemeinen Rücklage ein Bestand zur Aufrechterhaltung der Kassenliquidität vorhanden ist.

#### 4.2.2 Weitere Funktionen der allgemeinen Rücklage

**601** Die allgemeine Rücklage soll mit dem über die Betriebsmittel der Kasse hinausgehenden Betrag die Deckung des Ausgabenbedarfs im Vermögenshaushalt künftiger Jahre erleichtern. Insoweit hat sie den Charakter einer Investitionsrücklage. In §20 Abs.3 GemHVO sind drei Fälle von Pflichtzuführungen genannt.

**602** a) Der allgemeinen Rücklage sind Mittel zuzuführen, wenn die Tilgung von Krediten, die mit dem Gesamtbetrag fällig werden, die voraussichtliche Höhe der Zuführung des Verwaltungshaushalts an den Vermögenshaushalt übersteigt und nicht anders gedeckt werden kann.

Die Bestimmung hat zum Ziel, die Tilgung eines Kredits haushaltsmäßig sicherzustellen, der im Gesamtbetrag zurückzuzahlen ist. Voraussetzung für die Ansammlungspflicht ist deshalb, dass die Gemeinde voraussichtlich nicht in der Lage sein wird, die Tilgungen mit Mitteln des laufenden Haushalts und auch nicht anderweitig zu finanzieren. Anhaltspunkte für die Beurteilung dieser Frage ergeben sich aus dem mehrjährigen Finanzplan der Gemeinde. Als anderweitige Deckung kommt z.B. die Erhebung von Erschließungsbeiträgen für eine Erschließungsmaßnahme, die zunächst mit Krediten finanziert wurde, oder Veräußerungserlöse für Bauplätze, wenn deren Kauf mit Krediten finanziert und deren Verkauf durch Vorverträge gesichert wurde, in Frage. Wenn eine anderweitige Deckung nicht gegeben ist, steht als höchstmöglicher Tilgungsbetrag des Haushalts die Zuführung vom Verwaltungshaushalt an den Vermögenshaushalt zur Verfügung. Allerdings wird nicht der Gesamtbetrag dieser Zuführung für die Tilgung eines Gesamtbetragsdarlehens verwendet werden können, da eine Gemeinde stets auch andere Kredite zu tilgen hat und auch kleinere Investitionen jährlich erforderlich sein werden. Diese Frage ist deshalb aufgrund der gesamten Finanzsituation der Gemeinde zu beurteilen. Auch sollte eine unnötige Bindung von Haushaltsmitteln in der Rücklage vermieden werden. Außerdem wird es für die Gemeinde meist wirtschaftlicher sein, anstelle der Rücklagenbildung Tilgungen vorzunehmen; hierzu ist Voraussetzung, dass nach dem Kreditvertrag eine vorzeitige Tilgung des Gesamtbetragsdarlehens zulässig ist und dass der Zinssatz für den Kredit höher ist als der Zinssatz für Geldanlagen. In der Praxis sind Gesamtbetragsdarlehen selten.

b) Der allgemeinen Rücklage sind Mittel zuzuführen, wenn die Inanspruchnahme aus Bürgschaften, Gewährverträgen und ihnen wirtschaftlich gleichkommenden Rechtsgeschäften[256] die laufende Aufgabenerfüllung erheblich beeinträchtigen würde. **603**

Durch diese Risiken darf die stetige Aufgabenerfüllung der Gemeinde nicht gefährdet werden. Eine derartige Gefährdung besteht nicht, wenn die Bürgschaft, der Gewährvertrag oder ein sonstiges diesen Geschäften wirtschaftlich gleichkommendes Rechtsgeschäft vom Volumen her so gering ist, dass eventuelle Ansprüche an die Gemeinde die Leistungskraft des Haushalts eines Jahres nicht übersteigen würden. Die Gemeinde hat hierüber nach pflichtgemäßem Ermessen zu entscheiden. Die zum Abschluss solcher Rechtsgeschäfte erforderlichen Genehmigungen der Rechtsaufsichtsbehörde[257] können unter der Auflage erteilt werden, dass für besonders risikoreiche Geschäfte Beträge in bestimmter Höhe der allgemeinen Rücklage zuzuführen sind. Für die Gemeinde wie für die Rechtsaufsichtsbehörde ist es im Einzelfall schwierig, das Risiko abzuschätzen. Eine zu hohe Bindung von Rücklagemitteln für diesen Zweck wäre auch hier unwirtschaftlich, da die Mittel insoweit der unmittelbaren Aufgabenerfüllung entzogen sind. Durch das Fehlen einer besonderen Zweckbestimmung für die allgemeine Rücklage könnten z.B. im Falle der Inanspruchnahme aus einer Bürgschaft auch Rücklagemittel verwendet werden, die nach dem mehrjährigen Finanzplan zunächst für einen anderen Zweck vorgesehen waren. Die Möglichkeit des Einsatzes anderweitiger Rücklagemittel kann bereits bei der Prüfung, ob Pflichtzuführungen vorzunehmen sind, in Rechnung gestellt werden.

c) Der allgemeinen Rücklage sind rechtzeitig ausreichende Mittel zuzuführen, wenn sonst für die im Investitionsprogramm der künftigen Jahre vorgesehenen Investitionen und Investitionsförderungsmaßnahmen ein unvertretbar hoher Kreditbedarf entstehen würde. **604**

Insoweit handelt es sich bei der allgemeinen Rücklage um eine Investitionsfinanzierungsrücklage. Als Investitionen sind die Ausgaben für die Veränderung des Anlagevermögens, als Investitionsförderungsmaßnahme Zuweisungen, Zuschüsse und Darlehen für Investitionen

256 Vgl. Rdnrn. 768ff.
257 Vgl. §88 Abs.2 i.V.m. §87 Abs.2 Satz 2 und 3 GemO.

Dritter und für Investitionen der Sondervermögen mit Sonderrechnung anzusehen.[258]

Das Investitionsprogramm ist Grundlage für die mehrjährige Finanzplanung.[259] In ihm sind die im Finanzplanungszeitraum vorgesehenen Investitionen und Investitionsförderungsmaßnahmen nach Jahresabschnitten aufzunehmen. Das Investitionsprogramm gibt also einen Überblick über den künftigen Finanzbedarf für Investitionen und über die Art der Deckung dieses Finanzbedarfs. Nehmen die vorgesehenen Kreditaufnahmen ein unvertretbares Volumen an, so sind der allgemeinen Rücklage entsprechende Mittel zuzuführen. Voraussetzung für die Pflicht, Rücklagenzuführungen vorzunehmen, ist nicht, dass der Haushalt der künftigen Jahre den Schuldendienst nicht mehr tragen kann, sondern dass im Hinblick auf die Haushaltsgrundsätze (Sparsamkeit, Wirtschaftlichkeit) und die Ausgewogenheit der Finanzierung entsprechende Eigenmittel erforderlich sind. Ergibt die Finanzplanung einen unvertretbar hohen Kreditbedarf, so ist die Gemeinde verpflichtet, in den Jahren zuvor zur Senkung des Kreditbedarfs Mittel der allgemeinen Rücklage zuzuführen.

Zwischen Rücklagenzuführung und Finanzplanung ist eine enge Verzahnung gegeben. Deshalb bestimmt § 20 Abs. 3 Satz 3 GemHVO, dass im Übrigen Zuführungen und Entnahmen nach dem Finanzplan ausgerichtet werden sollen. Diese Zuführungen sind im Rahmen einer Sollvorschrift über die Pflichtzuführungen nach Buchstaben a) bis c) hinaus vorzunehmen. Auch hier wird, wenn die Haushaltslage Zuführungen entsprechend der Finanzplanung nicht zulässt, der Finanzplan an die Haushaltssituation angepasst werden müssen. Es dürfte allerdings unzulässig sein, auf der einen Seite im Finanzplan Rücklagenzuführungen und spätere Rücklagenentnahmen vorzusehen, auf der anderen Seite tatsächlich von diesen Zuführungen infolge einer schlechten Haushaltslage abzusehen. In einem solchen Fall müsste der Finanzplan einschließlich Investitionsprogramm der veränderten Situation angepasst werden.

#### 4.2.3 Haushaltssicherung

**605** Nach § 90 GemO haben die Gemeinden Rücklagen auch zum Zwecke der Sicherung der Haushaltswirtschaft zu bilden (neben dem Einsatz im Vermögenshaushalt). Unter Sicherung der Haushaltswirtschaft fällt auch die Funktion der allgemeinen Rücklage als Tilgungsrücklage und Bürgschaftssicherungsrücklage. Darüber hinaus können Mittel der allgemei-

258 § 46 Nr. 13 und 14 GemHVO.
259 § 85 Abs. 3 GemO.

nen Rücklage nach §22 Abs.3 GemHVO in folgenden Fällen zum Ausgleich des Verwaltungshaushalts verwendet werden:

a) wenn sonst der Ausgleich trotz Ausschöpfung aller Einnahmemöglichkeiten und Ausnutzung jeder Sparmöglichkeit nicht erreicht werden kann,

b) wenn die Mittel nicht für die unabweisbare Durchführung bereits begonnener Maßnahmen benötigt werden;

c) wenn die Kassenliquidität unter Berücksichtigung möglicher Kassenkredite nicht beeinträchtigt wird.

In dieser Funktion soll die allgemeine Rücklage bei wirtschaftlichen Schwankungen den Ausgleich des Verwaltungshaushalts ermöglichen. Durch die Beteiligung der Gemeinden an der Einkommensteuer (Lohnsteuer) sowie durch einen Finanzausgleich, bei dem insbesondere das eigene Steueraufkommen der Gemeinde berücksichtigt wird, wirken sich Krisen in der örtlichen Industrie nicht so drastisch auf die gemeindliche Finanzwirtschaft aus. Allerdings werden Steuerausfälle (insbesondere bei der Gewerbesteuer) im kommunalen Finanzausgleich erst im zweitfolgenden Jahr berücksichtigt, so dass, wenn möglich, zunächst auf Rücklagemittel zurückgegriffen werden muss. Zusätzliche Steuereinnahmen (z.B. Gewerbesteuernachzahlungen aufgrund von Betriebsprüfungen oder bei besserer wirtschaftlicher Lage der Betriebe) führen im zweitfolgenden Jahr zu Einnahmeausfällen (Rückgang der Schlüsselzuweisungen) und zu Mehrausgaben (höhere Kreis- und Finanzausgleichsumlage). Dies hat zur Folge, dass Rücklageansammlungen im Jahr der Mehreinnahmen geboten sein können, wenn z.B. nach dem Finanzplan der Verwaltungshaushalt die Belastung im zweitfolgenden Jahr nicht tragen kann.[260]

Die Entnahme aus der allgemeinen Rücklage zum Zwecke des Ausgleichs des Verwaltungshaushalts ist über den Vermögenshaushalt vorzunehmen. Der Entnahmebetrag ist deshalb im Vermögenshaushalt einzunehmen und über eine Zuführung vom Vermögenshaushalt an den Verwaltungshaushalt weiterzugeben.[261]

### 4.3 Sonderrücklagen

Bei den Sonderrücklagen darf es sich weder um eine Rücklage für Zwecke des Vermögenshaushalts noch um eine Rücklage zur Sicherung der **606**
Haushaltswirtschaft handeln. Dies ergibt sich aus §20 Abs.4 GemHVO, wonach Sonderrücklagen für die Funktionen, die der allgemeinen Rück-

260 Vgl. hierzu Gemeindekasse Rdnr. 103/2000.
261 Die Buchung über den Vermögenshaushalt ergibt sich einmal aus §1 Abs.1 Nr.3 GemHVO, zum andern aus der Haushaltsgruppierung. In der Haushaltsgruppierung ist eine Gruppe „Entnahme aus Rücklagen" unter Nr.31 lediglich im Vermögenshaushalt vorgesehen.

lage zukommen, nicht zulässig sind. Weiter dürfen Sonderrücklagen nicht zum Zwecke des Ausgleichs von vorübergehenden Schwankungen der Einnahmen und Ausgaben oder für die Unterhaltung und Erneuerung von Vermögensgegenständen gebildet werden. Dagegen dürfen bei kostenrechnenden Einrichtungen Gebührenanteile für später entstehende Kosten in Sonderrücklagen angesammelt werden.[262] Wenn von dieser Möglichkeit Gebrauch gemacht wird, sind die vorauskalkulierten Gebührenanteile zusätzlich zur Mindestzuführung dem Vermögenshaushalt und dann der Sonderrücklage zuzuführen.

Sonderrücklagen können in der Form von inneren Darlehen vorübergehend als Deckungsmittel im Vermögenshaushalt in Anspruch genommen werden.[263] Im Unterschied zur Geldanlage handelt es sich hierbei um eine deckungsmäßige Inanspruchnahme; das innere Darlehen ist im Vermögenshaushalt als Finanzierungsmittel einzustellen.[264] Bei der Inanspruchnahme der Sonderrücklagen als innere Darlehen ist der Grundsatz der rechtzeitigen Greifbarkeit zu beachten. Die Sonderrücklagen sind nach § 21 Abs. 2 GemHVO aufzulösen, soweit ihr Verwendungszweck entfällt.

## 5. Anlegung von Rücklagen

607 Bei der Anlage von Rücklagemitteln handelt es sich um eine Geldanlage[265] im Sinne der Begriffsbestimmung des § 46 Nr. 9 GemHVO. Die Mittel der Rücklagen (allgemeine Rücklage und Sonderrücklagen) sind, soweit sie nicht als Betriebsmittel der Kasse benötigt werden, sicher und ertragbringend anzulegen.[266] Weiter müssen Rücklagen für ihren Zweck rechtzeitig greifbar sein, denn die Rücklagen können ihre Sicherungs- und Ausgleichsfunktion nur erfüllen, wenn sie im Bedarfsfalle auch zur Verfügung stehen. Für den Zeitpunkt des Einsatzes bietet die mehrjährige Finanzplanung einen Anhalt, weil in ihr die in den kommenden Jahren benötigten Rücklagenentnahmen in Jahresbeträgen festgelegt sind. Zwar wird bei einer längerfristigen Anlegung in der Regel der Ertrag größer sein, doch geht die Greifbarkeit dem Ziel, einen möglichst hohen Ertrag zu erwirtschaften, vor. In der Regel wird als Anlageart die Depositeneinlage[267] in Frage kommen.[268]

Solange Sonderrücklagen für ihren Zweck nicht benötigt werden, können sie als innere Darlehen im Vermögenshaushalt in Anspruch genommen werden.[269]

262 Eingeführt durch Änderung der GemHVO vom 16. 3. 1989 (GBl. S. 125).
263 §§ 21 Abs. 1 und 46 Nr. 12 GemHVO und Rdnr. 719ff.
264 Vgl. § 1 Abs. 1 Nr. 5 GemHVO und Rdnrn. 719ff.
265 Vgl. Rdnrn. 506–532.
266 Zur Sicherheit und zum Ertrag bei Geldanlagen vgl. Rdnrn. 508ff.
267 Vgl. Rdnrn. 508–511.
268 Die in früheren Jahren dominierende Anlageart der Kommunalschuldverschreibung steht nicht mehr im Vordergrund, weil Rücklagemittel in der Regel nicht langfristig angelegt werden können.
269 Vgl. § 21 Abs. 2 GemHVO.

# Teil E:
# Kommunale Kreditwirtschaft

*Peter Giebler*



E

E

E

# I. Geschichte des kommunalen Schuldenwesens

Mit Schulden werden grundsätzlich Investitionen getätigt und Maßnahmen finanziert, für die erst in der Zukunft die zur Rückzahlung notwendigen (häufig noch nicht gesicherten) Einnahmen zur Verfügung stehen. Schulden zählten in der Vergangenheit, zählen in der Gegenwart und mit Sicherheit auch in der Zukunft zu notwendigen Finanzierungsmitteln im Bereich der privaten Haushalte, der privaten Unternehmen und der öffentlichen Hand. Für alle drei Bereiche gilt, dass die Verschuldung nur den Umfang annehmen darf, der mit der künftigen Leistungsfähigkeit (und damit der Rückzahlungsfähigkeit) des Schuldners im Einklang steht. Diese kann nicht mit letzter Sicherheit beurteilt werden. Mayer spricht 1851 von der Schuldaufnahme noch „von einem zu meidenden Übel“,[1] anerkennt aber die Notwendigkeit der Fremdfinanzierung. 608

Die mit Sonderrechten ausgestatteten Städte griffen im frühen Mittelalter in gleicher Weise wie die damaligen Staaten zur Schuldaufnahme als Finanzierungsmittel. Im späten Mittelalter wurden von den größeren Städten Stadtbanken gegründet, die Einlagen der Bürger gegen Verzinsung entgegennahmen, um damit den Kreditbedarf der Stadt zu decken.[2]

Der Bedarf an Kommunalkrediten bei den deutschen Städten trat besonders hervor, als nach der Gründung des Deutschen Reiches im Jahre 1871 die Einwohnerzahl der Städte sprunghaft stieg, die Fortschritte der Technik die Industrialisierung schnell vorwärts trieben und im Zusammenhang mit dieser Entwicklung an die Städte auf den verschiedensten Gebieten neue und nur mit hohem Kapitaleinsatz zu bewältigende Aufgaben herantraten.[3]

Die Wiederaufbauleistungen in Deutschland nach dem Ersten Weltkrieg (ab 1919) und dem Zweiten Weltkrieg (ab 1945) verursachten bei den Gemeinden und Landkreisen einen riesigen Finanzierungsbedarf, der zu ganz erheblichen Teilen nur über Schuldenaufnahmen finanziert werden konnte. Die Entwicklung der Wirtschaft insbesondere nach der Währungsumstellung ab 1948 ermöglichte grundsätzlich, dass die Gemeinden den Kapitaldienst (Zins und Tilgung) leisten konnten. Zum Schutz der Kommunen vor der Überschuldung hat sich der Staat jeweils vorbehalten, die Höhe der jährlichen Kreditaufnahmen zu genehmigen.[4] Über lange Zeiträume hinweg war sogar die Aufnahme des Einzelkredits genehmigungsbedürftig.

1 *Mayer*, Oberamtmann in Göppingen, Die Gemeindewirtschaft nach geläuterten Begriffen und nach den im Königreich Württemberg geltenden Gesetzen, 1851, §311.
2 *Barocka*, Kommunalkredit und kommunale Finanzwirtschaft, 1958, S.44.
3 *Barocka*, a.a.O. (Fn 2), S.56.
4 Auch der Genehmigungsvorbehalt schützt nicht endgültig vor einer Überschuldung bei einer gravierenden Veränderung der Einnahmen- und Ausgabenseite der Gemeinde; er mindert aber die Gefahren erheblich.

Die Verschuldung der Gebietskörperschaften (Bund, Länder und Kommunen) hat Ausmaße angenommen, welche die Einnahmen zu ganz erheblichen Teilen für Zins- und Tilgungsleistungen binden. Die finanziellen Folgen der Deutschen Wiedervereinigung haben zu einer wesentlichen Erhöhung der öffentlichen Verschuldung beigetragen. Vor allem befinden sich viele Gemeinden in den neuen Bundesländern aufgrund hoher Verschuldungen in einer finanzwirtschaftlich besorgniserregenden Verfassung.

## II. Finanzierungsarten und Finanzierungsmöglichkeiten[5]

### 1. Allgemeines

609 Gemeinden und Landkreise haben verschiedene Möglichkeiten, ihre Ausgaben im Verwaltungs- und Vermögenshaushalt zu finanzieren. Dabei ist primär auf die Rechtsordnung zurückzugreifen, die zur Einnahmebeschaffung in §78 Abs.2 und 3 GemO eine Rangordnung der Finanzierungsmittel aufstellt. Danach ist die nachstehende Rangordnung zu beachten:

610 **1.1** (Sonstige) Einnahmen, die nicht Steuern, spezielle Entgelte oder Kredite sind; darunter fallen z.B. die laufenden Finanzzuweisungen, Staatsbeiträge, Spenden, Konzessionsabgaben, Gewinnablieferungen von wirtschaftlichen Unternehmungen, Zinserträge aus Kapitalanlagen, Gemeindeanteil an der Einkommensteuer u.Ä.

§92 Abs.1 GemO verlangt z.B., dass Vermögensgegenstände nur zu ihrem vollen Wert veräußert werden dürfen.[6]

611 **1.2** Einnahmen aus Entgelten für Leistungen der Gemeinde, soweit dies vertretbar und geboten ist. Darunter fallen die privatrechtlichen Preise und die öffentlich-rechtlichen Gebühren und Beiträge (Prinzip der speziellen Entgeltlichkeit).

612 **1.3** Steuern; das sind Geldleistungen, denen eine konkrete Gegenleistung fehlt.

613 **1.4** Kredite nehmen grundsätzlich den letzten Rang ein. Sie dürfen nur aufgenommen werden, wenn eine andere Finanzierung nicht möglich ist; die Gemeinden sind im Durchschnitt hoch verschuldet; dies beweist, dass in vielen Fällen Finanzierungen ohne Kreditaufnahmen einfach nicht möglich sind. Kredite dürfen auch aufgenommen werden, wenn eine andere Finanzierung wirtschaftlich unzweckmäßig wäre (2. Alternative);

5 *Fick* hat die kommunale Kreditwirtschaft, VPr 1975, S.54ff. im Detail abgehandelt und dabei auch die Unterschiede zum bisherigen Recht aufgezeigt.
6 Vermögenserlöse könnten auch bei Ziff. 1.2 aufgeführt werden, da auch hier das Prinzip von Leistung und Gegenleistung gilt.

dies kommt dann in Frage, wenn aus besonderen Programmen unverzinsliche oder niederverzinsliche Kredite gewährt werden und deshalb z.B. der Sollzins für den Kredit niedriger ist als der erzielbare Habenzins.

## 2. Eigen- und Fremdfinanzierung

In sachlicher Hinsicht sind die Eigenfinanzierung und die Fremdfinanzie- 614
rung zu unterscheiden. Die Zuordnung zur einzelnen Finanzierungsart ist teilweise nicht unproblematisch. Der Aussagewert hat nur untergeordnete Bedeutung.

Zur Eigenfinanzierung gehören alle Einnahmen der Gemeinde, die ihr ohne eine Rückzahlungsverpflichtung zufließen. Das können von der Gemeinde selbst erwirtschaftete Einnahmen (z.B. Beiträge nach dem BauGB und KAG, die vom Verwaltungshaushalt kommende Investitionsrate) oder ihr von außen zugewiesene Einnahmen (z.B. Staatsbeiträge, Spenden in erheblichem Umfang) sein.[7]

Zur Fremdfinanzierung im engeren Sinne zählen die Kredite, die der Gemeinde von einem rechtlich selbstständigen Dritten oder von Sondervermögen mit Sonderrechnung unter der Verpflichtung zur Rückzahlung gewährt werden. Sie sind der problematische Teil der kommunalen Finanzierungsmöglichkeiten, denn sie bringen feste Zukunftsbelastungen, die unabhängig von der Entwicklung der kommunalen Einnahmen in der Form von Zins- und Tilgungsleistungen zu erbringen sind.

## 3. Deckungsarten[8]

### 3.1 Vorausdeckung

Im privaten Haushalt werden vor größeren Investitionen (z.B. Bau eines 615
Hauses, Kauf einer Eigentumswohnung, Anschaffung eines Kraftfahrzeugs) über einen längeren Zeitraum hinweg Geldmittel angespart, da die Sofortanschaffung mit einem Kredit schon aus der Sicht des Kreditgebers nicht möglich wäre (Beleihungsgrenze) und zum anderen die Finanzierungsfolgekosten (Zins und Tilgung) je nach Art und Finanzierungsbedarf des Gegenstandes die Leistungskraft des Haushalts übersteigen.

Dieser Grundsatz hat auch in der öffentlichen Finanzwirtschaft seine volle Berechtigung. § 90 GemO verpflichtet die Gemeinden, zur Siche-

7 Die Zuordnung des Staatsbeitrages (z.B. Zuschuss aus dem Ausgleichstock, Staatsbeitrag zum Bau eines Klärwerks) zu den Eigenmitteln ist unbefriedigend, wenn man vom Begriff der Eigenleistung ausgeht, also nur die Beträge betrachtet, welche die Gemeinde aus eigener Kraft (und Zuständigkeit) „erwirtschaftet". Hier könnte auch an folgende Einteilung gedacht werden: Fremdfinanzierung mit Rückzahlungsverpflichtung (Kredite) und Fremdfinanzierung ohne Rückzahlungsverpflichtung (Spenden, Staatszuschüsse). In der Finanzierungsfunktion wären allerdings Eigenfinanzierung und Fremdfinanzierung ohne Rückzahlungsverpflichtung gleich.

8 Auf Rdnr. 597 wird verwiesen.

rung der Haushaltswirtschaft und für Zwecke des Vermögenshaushalts Rücklagen in angemessener Höhe zu bilden. § 20 GemHVO erklärt darüber hinaus, dass die Allgemeine Rücklage die rechtzeitige Leistung von Ausgaben sichern (Liquiditätsfunktion) und die Deckung des Ausgabenbedarfs im Vermögenshaushalt künftiger Jahre erleichtern soll (Deckungsfunktion).

Die Vorausdeckung ist ein sicheres Finanzierungsmittel. Angesichts der angespannten Haushaltslage der meisten Gemeinden und der hohen Verschuldung tritt diese Finanzierungsart leider mehr und mehr in den Hintergrund. Eine Rücklagenansammlung (Zuführung) scheidet grundsätzlich aus, wenn gleichzeitig Kredite aufgenommen werden müssen. Es ist unwirtschaftlich und rechtlich grundsätzlich unzulässig, mittels hochverzinslicher Kredite Rücklagen anzusammeln. Die Situation ist anders zu beurteilen, wenn zinsgünstige Kredite zur Verfügung stehen, deren Zinssatz niedriger ist als der Festgeldzinssatz oder der Anlagezinssatz für Sparguthaben.

### 3.2 Sofortdeckung

**616** Darunter versteht man die Eigenmittel, die während des Haushaltsjahres zur Deckung des Finanzbedarfs der Gemeinde zur Verfügung stehen. Dazu zählen vor allem die Finanzzuweisungen, die Steuern, Gebühren und Beiträge, Staatsbeiträge, Spenden u. Ä. Bezieht man die Sofortdeckung auf den Vermögenshaushalt allein, so ist die vom Verwaltungshaushalt herrührende Investitionsrate (Zuführung) zusammen mit den nicht rückzahlbaren Beträgen des Vermögenshaushalts der Betrag der Sofortdeckung.

Je höher Vorausdeckung und Sofortdeckung sind, desto günstiger ist die Finanzierung, da die Finanzierungsfolgekosten (Zins und Tilgung) entsprechend niedriger sind.

### 3.3 Nachdeckung

**617** Darunter versteht man Kredite, die der Gemeinde von Dritten oder von Sondervermögen mit Sonderrechnung bereitgestellt werden und die zu einem späteren Zeitpunkt auf einmal oder in Raten zurückgezahlt werden müssen. Kredite sind in der Regel verzinslich. Sie belasten die Haushalte der künftigen Jahre mit Finanzierungsfolgekosten. Die Nachfinanzierung wird u. a. mit dem so genannten „Generationenprinzip" begründet, d. h. ein langlebiges Wirtschaftsgut (z. B. Schule, Freibad, Klärwerk) kommt nicht nur der jetzt lebenden Generation zugute; deshalb ist es nicht vertretbar, sie mit dem gesamten Kapitalbedarf unmittelbar zu belasten. An der Einrichtung soll auch noch die Generation bezahlen, die den Nutzen von der Anlage hat; dieses Ziel wird dadurch erreicht, dass der Kapitalbedarf auf einen längeren Zeitraum verteilt wird und Beträge, die zur Finanzierung der Einrichtung im Augenblick benötigt werden, in Raten zu einem späteren Zeitpunkt fällig werden.

Zur Nachdeckung gehören auch die inneren Darlehen, die bei Sonderrücklagen und Sondervermögen ohne Sonderrechnung aufgenommen werden können, solange diese für ihren Verwendungszweck nicht benötigt werden.

## III. Kassen- und Deckungsbereich, Liquiditätsproblem

Bei den kommunalen Schulden ist zwischen den Krediten im Deckungs- **618**
bereich und im Kassenbereich zu unterscheiden. Bei der Aufstellung des Haushaltsplans ist der Finanzbedarf eines Haushaltsjahres entsprechend dem Grundsatz des Haushaltsausgleichs durch Einnahmen zu decken, das heißt, der Summe der Ausgaben muss die entsprechende Summe der Einnahmen im Verwaltungs- und Vermögenshaushalt gegenüberstehen. Im Idealfall müsste beim Rechnungsabschluss den tatsächlich geleisteten Ausgaben der gleich hohe Betrag an tatsächlich eingegangenen Einnahmen gegenüberstehen.

Innerhalb des Haushaltsjahres kommt es aber immer wieder vor, dass der Eingang der Einnahmen vom Abfluss der Ausgaben (zum Teil wesentlich) abweicht.

*Beispiel:*
Die Gemeinde hat zum 1.1. die Bezüge der Beamten und zum 15.1. die Bezüge der Angestellten zu zahlen. Die erste Gewerbesteuerrate ist jedoch erst zum 15.2. fällig. Eine Kreditaufnahme (Kassenkredit) zur Überbrückung des Zeitraums zwischen Fälligkeit der Ausgabe und Fälligkeit der Einnahme zählt zum Kassenbereich.

Kredite im Kassenbereich dienen (soweit nicht die Allgemeine Rücklage **619**
dazu ausreicht – vgl. §20 Abs.2 GemHVO) der Aufrechterhaltung der Zahlungsfähigkeit der Kasse bis zum Eingang der Deckungsmittel; sie haben das Auseinanderklaffen von Einnahmeeingang und Ausgabeanfall innerhalb eines Haushaltsjahres zu überbrücken. Sie sind kurzfristig. Der Höchstbetrag der Kassenkredite wird nur in die Haushaltssatzung aufgenommen (§79 Abs.2 Nr.2 GemO), nicht aber im Haushaltsplan veranschlagt.[9]

Kredite im Deckungsbereich sind die im Haushaltsplan (Vermögenshaus- **620**
halt) als Deckungsmittel eingesetzten Beträge zur Finanzierung des Ausgabenbedarfs; sie sind in der Regel langfristig; sie werden auch – neben der Veranschlagung im Vermögenshaushalt – im Gesamtbetrag in die Haushaltssatzung aufgenommen (§79 Abs.2 Nr.1b GemO).

9 Vgl. auch Rdnrn. 725ff.

# IV. Bedeutung kommunaler Schulden

## 1. Notwendiges Finanzierungsmittel

621 Die laufenden Einnahmen der Gemeinden und die zum Teil gewährten objektbezogenen einmaligen Zuschüsse des Staates reichen bei weitem nicht aus, die notwendigen Investitionen der kommunalen Infrastruktur zu finanzieren. Über die Frage, was an öffentlichen Einrichtungen notwendig ist, hat zum Teil der Bundesgesetzgeber und zum Teil der Landesgesetzgeber entschieden; zum Teil befinden auch die örtlichen Gremien darüber, was notwendige Investitionen sind. Dabei werden bundespolitische, landespolitische und kommunalpolitische Wertungen vollzogen. Über die Frage, was notwendig ist, kann man unterschiedlicher Auffassung sein. Dies bleibt einer besonderen Diskussion überlassen. Wichtig ist aber die Feststellung, dass das Sozialprodukt nur einmal verteilt werden kann und dass die kommunalen Aufgaben nur im Rahmen des finanziell Möglichen erfüllt werden können. Die Verletzung dieses Grundsatzes würde sich auf die Gesamtwirtschaft im Allgemeinen und auf die öffentliche Finanzwirtschaft im Besonderen absolut negativ auswirken.

Die Gemeinden sind darauf angewiesen, einen Teil ihres Finanzbedarfs über Kredite zu decken. Die Verschuldung muss sich jedoch im Rahmen der finanziellen Leistungsfähigkeit der Gemeinde halten.[10]

Kommunale Kreditaufnahmen belasten die künftigen Haushalte mit Finanzierungsfolgekosten. Dadurch wird der Entscheidungsspielraum der künftigen Generationen, insbesondere der künftigen Entscheidungsgremien, je nach dem Grad der Verschuldung eingeengt. Darüber hinaus werden künftige Entscheidungen in erheblichem Umfang präjudiziert, z.B. Entscheidungen über Steuererhöhungen.

## 2. Ergiebigkeit des Kapitalmarktes, konjunkturelles Steuerungsmittel

622 Die öffentliche Hand hat – je nach der allgemeinen Wirtschaftslage und der besonderen Aufgabenstellung im einzelnen Zeitabschnitt – einen erheblichen Kreditbedarf, der auf dem Kapitalmarkt zu befriedigen ist. Im Allgemeinen nehmen die Gemeinden ihre Kredite in der Form des Schuldscheindarlehens auf. Dabei haben die öffentlich-rechtlichen Kreditinstitute, wie z.B. Kreissparkassen, Bezirkssparkassen, Stadtsparkassen, Landeskommunalbanken und ähnliche Einrichtungen, einen erheblichen Anteil an der Kreditversorgung der Gemeinden.

Den Gemeinden ist jedoch freigestellt, ihren Kreditbedarf auch bei anderen Kreditinstituten zu befriedigen. So werden Kredite vielfach bei ande-

10 Zum Generationenprinzip vgl. Rdnr. 617.

ren örtlichen Kreditinstituten aufgenommen, wie z.B. bei Raiffeisenbanken, Volksbanken oder Privatbanken. Auch die Landeskreditbank (vielfach in der Form von Sonderprogrammen), Hypothekenbanken und ähnliche Einrichtungen werden von den Gemeinden für ihren Kreditbedarf in Anspruch genommen. Maßgebendes Kriterium muss die Wirtschaftlichkeit der jeweiligen Kreditaufnahme sein. Daneben ist aber auch zu beachten, dass zu einem Kreditinstitut unter Berücksichtigung sämtlicher Gesichtspunkte solch gute Geschäftsbeziehungen bestehen, dass im Notfall sofort ein Kredit (insbesondere in Form des Kassenkredits) eingeräumt wird oder bei knappem Kapitalangebot die Gemeinde gut bedient wird. Bei der gesamten Kreditsituation ist zu beachten, dass unter Umständen nicht nur Augenblicksvorteile gewertet werden dürfen. Angesichts der Langfristigkeit der meisten Kredite und der sich vielfach ändernden Konditionen ist auch eine langjährige günstige Erfahrung mit einem Kreditinstitut zu einem gewissen Teil zu werten, ein Beurteilungsfaktor, der sich nicht unbedingt in Euro und Cent ausdrücken lässt.

Großstädte treten zum Teil unmittelbar mit Kommunalschuldverschreibungen an den Kapitalmarkt heran.

Beim Kredit ist auch die Konjunktursteuerungsfunktion mit anzusprechen. Bereits §77 GemO verweist auf die Grundsätze des gesamtwirtschaftlichen Gleichgewichts, die im Stabilitätsgesetz konkret ausgeformt sind.

§87 Abs.4 GemO sieht im Interesse einer wirksamen Konjunktursteuerung vor, dass die Rechtsaufsichtsbehörden in der Form des Einzelgenehmigungsvorbehalts für Kredite unmittelbar in diesen Steuerungsmechanismus eingreifen können.[11]

### 3. Überschuldungsgefahr

Nach den bis zum 31.12. 1973 geltenden Vorschriften konnte die Ver- 623
schuldungsobergrenze einer Gemeinde nach fixen Maßstäben berechnet werden, die man weitgehend als feste Größen den Haushalten der Vergangenheit entnehmen konnte. Das jetzige Gemeindewirtschaftsrecht legt für die Beurteilung der Verschuldungsobergrenze die Finanzplanung zugrunde. Die Finanzplanung soll aufzeigen, ob Kreditaufnahmen von den künftigen Haushalten noch verkraftet werden können. Diese Berechnungs- und Beurteilungsart ist gegenüber dem früheren Verfahren im Hinblick auf eine Überschuldung der Gemeinden wesentlich gefährlicher.[12] Wenn sich eine Gemeinde aufgrund einer zu günstigen Finanz-

11 Vgl. dazu Rdnrn. 674ff.
12 Diese neue Berechnungsart ist grundsätzlich gerechter als die bisherige, weil sie die Verhältnisse umfassender berücksichtigt; zu günstige Prognosen in der Finanzplanung stellen aber den Aussagewert der Berechnung in Frage.

planungsprognose stark verschuldet, so bleiben die sich aus den Kreditaufnahmen ergebenden Folgekosten bezüglich der Finanzierung und des Betriebs nach wie vor bestehen.

## 4. Verschuldungsvergleich, Statistik

624 Die allgemeine Entwicklung der kommunalen Verschuldung hängt von einer Vielzahl von Faktoren ab; von Bedeutung ist z.B., welche Aufgaben die Gemeinden freiwillig auf sich nehmen, welche Aufgaben Bund und Land den Gemeinden zur Erledigung übertragen und welche Finanzierung damit verbunden ist, z.B. Finanzierung über spezielle Entgelte oder Finanzierung aus eigenen allgemeinen Deckungsmitteln oder Finanzausgleichsleistungen. Vor allem in Zeiten der Konsolidierung der Haushalte durch Bund und Länder müssen die Gemeinden Reduzierungen der finanziellen Leistungen des Staates hinnehmen, ohne dass ein Rückgang der Aufgaben und somit Ausgaben zu verzeichnen ist. Auch die Übertragung weiterer Aufgaben auf die Gemeinden ohne eine entsprechende finanzielle Ausstattung führt zu einer Verschlechterung der gemeindlichen finanziellen Situation. Die allgemeine Wirtschaftslage spiegelt sich in der Regel im Schuldenstand wider. Eine wesentliche Rolle für die Verschuldung der einzelnen Gemeinden spielen natürlich die örtlichen Verhältnisse (z.B. Steuerkraft, Aufgabenentwicklungsstand, Umlandaufgaben).

Beim Vergleich der Schulden je Einwohner ist besonders darauf zu achten, ob die jeweiligen Beträge vergleichbar sind. Bei kleinen kreisangehörigen Gemeinden werden in der Regel die Kredite für die wirtschaftlichen Unternehmen nicht besonders ausgewiesen. Bei größeren Gemeinden sind die wirtschaftlichen Unternehmen dagegen meist in einem Eigenbetrieb (Strom-, Gas-, Wasserwerk, Verkehrsbetriebe) zusammengefasst; die Kredite werden hier besonders ausgewiesen (Unterscheidung: Kämmereischulden und Schulden der Betriebe). Großstädte und auch ein Teil der Mittelstädte führen ihre Versorgungs- und Verkehrsbetriebe vielfach in der Rechtsform der privatrechtlichen Kapitalgesellschaft (z.B. in der GmbH- oder AG-Form), sodass diese Kredite in den Planungen und Büchern der Stadt nicht oder nur nachrichtlich auftauchen.

Die Gemeinden sind gesetzlich verpflichtet, in regelmäßigen Abständen im Zusammenhang mit anderen Angaben über neue Schuldaufnahmen und die Tilgung ihrer Schulden dem Statistischen Landesamt nach Formblatt zu berichten.

Die Berichte sind vierteljährlich (Vierteljahresstatistik) und nach Ablauf des Haushaltsjahres in einer Jahresstatistik anzufertigen. Das Statistische Landesamt wertet die Zahlen aus und stellt sie der Regierung sowie den sonstigen Stellen, die auf diese Daten angewiesen sind, zur Verfügung (z. B: Beurteilung des kommunalen Kreditstandes, der Kapitalmarktsituation, Folgerungen aus den jeweiligen Daten). Die Ergebnisse werden in gewissen Zeitabständen allgemein veröffentlicht.

## V. Kredite

### 1. Begriff und Wesen

#### 1.1 Darlehensbegriff

Durch den Darlehensvertrag wird der Darlehensgeber verpflichtet, dem **625**
Darlehensnehmer einen Geldbetrag in der vereinbarten Höhe zur Verfügung zu stellen (Gelddarlehen). Der Darlehensnehmer ist verpflichtet, einen geschuldeten Zins zu zahlen und bei Fälligkeit das zur Verfügung gestellte Darlehen zurückzuerstatten (§ 488 Abs. 1 BGB). Das Sachdarlehen (§§ 607 ff. BGB) spielt im Kommunalen Wirtschaftsrecht nur eine untergeordnete Rolle.

Wesensmerkmal des Darlehens ist die Rückzahlungspflicht (Rückerstattungspflicht). Die Verzinsung des Darlehens ist nicht zwingendes Wesensmerkmal;[13] sowohl im privaten wie auch im öffentlichen Bereich gibt es unverzinsliche Darlehen.

Unter den zivilrechtlichen Darlehensbegriff fallen sämtliche Arten von Darlehen, nämlich Darlehen in Form eines Darlehensvertrages, das Schuldscheindarlehen, Anleihen, Schuldverschreibungen; zum Teil gelten bei den einzelnen Darlehensarten noch ergänzende Vorschriften.

Die zivilrechtliche Bezeichnung des Darlehens hat gemeindewirtschaftlich keine Bedeutung; es ist insoweit gleichgültig, ob das Rechtsgeschäft mit Darlehensvertrag, Kreditvertrag, Schuldschein, Schuldanerkenntnis oder mit einem ähnlichen Ausdruck bezeichnet wird. Gemeindewirtschaftlich ist der Vorgang nach §87 GemO und §46 Nr. 18 GemHVO zu beurteilen.

Der zivilrechtliche Darlehensbegriff erfasst sowohl den gemeindewirtschaftlichen Kredit im Deckungsbereich (§87 GemO) als auch den Kassenkredit (§89 GemO – Kredit im Kassenbereich). Das innere Darlehen bei Sonderrücklagen und Sondervermögen ohne Sonderrechnung[14] wird dagegen vom zivilrechtlichen Darlehensbegriff nicht erfasst, weil keine Rechtsbeziehungen nach außen (zu einem Darlehensgeber) begründet werden; es handelt sich hier lediglich um verwaltungsinterne Verrechnungsvorgänge.

13 Vgl. auch §488 Abs. 2 BGB.
14 §21 Abs. 1 und §46 Nr. 12 GemHVO.

## 1.2 Kreditbegriff

### 1.2.1 Allgemeiner Kreditbegriff

626 Der Begriff des Kredits ist der Geldwirtschaft (Betriebswirtschaft, Volkswirtschaft) zuzurechnen. Er stammt von dem lat. Wort credere = vertrauen ab. Man versteht darunter im Allgemeinen die Verleihung von Kaufkraft (Investitionskraft) ohne Geldbesitz. Der Kreditgeber überlässt dem Kreditnehmer zeitweilig Kaufkraft. Der Kreditnehmer verpflichtet sich, das Empfangene zu einem späteren Zeitpunkt auf einmal oder in Teilbeträgen zurückzuzahlen; meist sind für den Kredit Zinsen zu entrichten.

### 1.2.2 Gemeindewirtschaftsrechtlicher Kreditbegriff

627 Unter einem Kredit im Sinne des Gemeindewirtschaftsrechts ist das unter der Verpflichtung zur Rückzahlung von

Dritten oder von
Sondervermögen mit Sonderrechnung

aufgenommene Kapital mit Ausnahme der Kassenkredite zu verstehen (§46 Nr.18 GemHVO); darunter fallen also nur Kredite im Deckungsbereich. Der Dritte im Sinne der vorstehenden Ausführung ist stets ein selbstständiges Rechtssubjekt.

628 Sondervermögen mit Sonderrechnung (vgl. §96 GemO und §45 GemHVO) ist z.B. der rechtlich unselbstständige Eigenbetrieb der Gemeinde (z.B. Stadtwerke, Wasserwerk, Gaswerk). Es handelt sich hier um Unternehmen der Gemeinde ohne eigene Rechtspersönlichkeit (§1 EigBG). Der Eigenbetrieb ist finanzwirtschaftlich als Sondervermögen der Gemeinde gesondert zu verwalten und nachzuweisen.[15]

Zivilrechtlich erfüllt nur der bei einem Dritten aufgenommene Kredit die Merkmale des Darlehensbegriffes im Sinne von §488 BGB.

## 1.3 Schulden

### 1.3.1 Begriff

629 In den Abschnitten I und IV taucht der Begriff der Schulden auf. In vielen Verlautbarungen wird von der öffentlichen oder der privaten Verschuldung gesprochen. Das Gemeindewirtschaftsrecht hat in §46 Nr.20 GemHVO den Begriff der Schulden als Rechtsbegriff fixiert. Danach versteht man unter Schulden Rückzahlungsverpflichtungen aus

Kreditaufnahmen und ihnen wirtschaftlich gleichkommenden Vorgängen sowie aus der Aufnahme von Kassenkrediten.

„Schulden" können somit im Gemeindewirtschaftsrecht als Oberbegriff für Kredite für den Kassen- und Deckungsbereich angesehen werden.

15 Vgl. dazu Rdnrn. 573ff. und Rdnrn. 977ff.

Im Zivilrecht wird ebenfalls der Begriff der Schuld – ebenfalls im Sinne einer Verpflichtung – in diesen Bereichen verwendet. § 362 BGB besagt z.B., dass das Schuldverhältnis erlischt, wenn die geschuldete Leistung an den Gläubiger bewirkt wird.

Die inneren Darlehen (§ 46 Nr. 12 GemHVO) fallen nicht unter die Schulden im Sinne von § 46 Nr. 20 GemHVO, es sei denn, man bewertet sie als „wirtschaftlich gleichkommenden Vorgang"; gleichwohl handelt es sich hier aber um Rückzahlungsverpflichtungen des Haushalts, also um eine so genannte „innere Verschuldung".

#### 1.3.2 Formalvorschriften

1.3.2.1 Nach § 3 GemHVO gibt der Vorbericht zum Haushaltsplan einen Überblick über den Stand und die Entwicklung der Haushaltswirtschaft. Unter anderem ist in diesem Vorbericht insbesondere darzustellen, wie sich die Schulden (mit Ausnahme der Kassenkredite, wohl aber unter besonderer Berücksichtigung der inneren Darlehen) in den beiden dem Haushaltsjahr vorangehenden Jahren entwickelt haben und im Haushaltsjahr entwickeln werden (§ 3 Nr. 1 GemHVO). **630**

1.3.2.2 Angesichts der Bedeutung der Schulden für die kommunale Finanzwirtschaft verlangt § 2 Abs. 2 Nr. 4 GemHVO eine Übersicht über den voraussichtlichen Stand der Schulden zu Beginn des Haushaltsjahres (ohne Kassenkredite). Die Verwaltungsvorschrift Gliederung und Gruppierung sieht in der Anlage 8 ein amtliches Muster für die Schuldenstandsübersicht vor. **631**

1.3.2.3 Nach § 116 Abs. 1 GemO gehört die Verwaltung der Schulden zum Aufgabenbereich des Fachbeamten für das Finanzwesen. **632**

1.3.2.4 Zum Mindestausweis in der Vermögensrechnung gehören nach § 43 Abs. 1 GemHVO die Rückzahlungsverpflichtungen aus Kreditaufnahmen mit dem Stand zu Beginn des Haushaltsjahres den Zu- und Abgängen und dem Stand am Ende des Haushaltsjahres.[16] **633**

## 2. Aufnahmevoraussetzungen

### 2.1 Materielle Voraussetzungen der Kreditaufnahme

#### 2.1.1 Rangfolge der Einnahmen

In Rdnr. 609–613 wurde die Rangordnung der Einnahmen des kommunalen Haushalts angesprochen. Danach gilt für die Kreditfinanzierung der Subsidiaritätsgrundsatz, d.h., dass Kredite grundsätzlich nur als letzte Finanzierungsmöglichkeit in Frage kommen. Eine Ausnahme gilt, wenn **634**

16 Vgl. auch VwV-VmR, Nr. 2.3.8 und Rdnrn. 1255ff.

eine andere Finanzierung als die Kreditfinanzierung wirtschaftlich unzweckmäßig wäre.

#### 2.1.1.1 Unmöglichkeit einer anderen Finanzierung

635 Der Subsidiaritätsgrundsatz verlangt, dass die Gemeinde ihre sonstigen Einnahmequellen im rechtlich vertretbaren und finanzwirtschaftlich gebotenen Rahmen ausschöpft. Dies gilt insbesondere für die kostenrechnenden Einrichtungen (§ 12 GemHVO), bei denen auch die Abschreibung und eine angemessene Kapitalverzinsung zu berücksichtigen sind.[17] Die speziellen Entgelte erlangen als Einnahmeposten im Verwaltungshaushalt eine immer größere Bedeutung. Aber auch die Steuern müssen nach Art und Höhe in einem für den Abgabepflichtigen zumutbaren Rahmen erhoben werden. Etwaige Staatsbeiträge oder sonstige Ansprüche gegenüber Dritten haben ebenfalls Vorrang vor Krediten.[18]

#### 2.1.1.2 Wirtschaftliche Unzweckmäßigkeit einer anderen Finanzierung

636 Die Kreditfinanzierung ist auch zulässig, wenn eine andere Finanzierung wirtschaftlich unzweckmäßig wäre (2. Alternative). Dies kann der Fall sein, wenn zinsgünstige oder gar unverzinsliche Kredite für einen besonderen Zweck bereitgestellt werden. In diesem Fall erscheint es günstiger – je nach der Berechnung im Einzelfall –, etwa vorhandene Eigenmittel der Allgemeinen Rücklage zuzuführen. Die nicht eingesetzten Eigenmittel könnten zinsgünstig angelegt werden. Dies wäre für die Gemeinde wirtschaftlicher, als wenn sie anstelle des unverzinslichen Darlehens Eigenmittel einsetzen würde.

Zinsgünstige Kredite werden gelegentlich z.B. bei Umweltinvestitionen aus Förderprogrammen gewährt. Im sozialen Wohnungsbau, beim landwirtschaftlichen Wegebau und bei anderen speziellen und vom Staat als förderfähig anerkannten Maßnahmen werden ggf. ebenfalls Zinsverbilligungen eingeräumt, die zum Teil im Laufe der Zeit jährlich oder in größeren Zeitabständen sukzessiv abgebaut werden.

637 Bei hohen Kreditzinssätzen kann sich für die Gemeinden in diesen Fällen der Abschluss eines Bausparvertrages mit der Aufnahme eines Bausparkassenkredits als wirtschaftlich zweckmäßig erweisen. Der Effektivzinssatz bei Bausparkassenkrediten liegt gegenwärtig bei ca. 5–6,9 %. Allerdings muss durch die Niederverzinslichkeit der Kapitalansparung (ca. 3 %) in der Ansparphase ein Zinsverlust in Kauf genommen werden, der bei angenommenen hohen Festgeldzinsen ebenfalls erheblich ist.[19]

17 Beispiele: Abwasser-, Wasser-, Kindergarten-, Schlachthof-, Friedhof- u.ä. Gebühren; vgl. Rdnrn. 774ff.
18 Beispiele: Bezuschussung von Abwasseranlagen, Beiträge im Feuerlöschwesen, Staatsbeiträge für den Straßenbau.
19 Zum Bausparvertrag vgl. Rdnrn. 720ff.

### 2.1.2 Finanzierungsgegenstand[20]

Kredite dürfen nach § 87 Abs. 1 GemO nur aufgenommen werden zur Finanzierung von 638

#### 2.1.2.1 Investitionen (§ 46 Nr. 13 GemHVO)

Darunter versteht man Ausgaben für die Veränderung des Anlagevermögens (§ 46 Nr. 2 GemHVO). Gegenstand der Kreditfinanzierung kann demnach u.a. der Kauf von bebauten und unbebauten Grundstücken sein, der Bau von öffentlichen Einrichtungen oder Verwaltungseinrichtungen (z.B. Schulen, Sporthallen, Verwaltungsgebäude, Straßen, öffentliche Parkanlagen), die Beschaffung von sonstigen Wirtschaftsgütern (z.B. Feuerwehrfahrzeug, Lkw für den Bauhof, Buchungsmaschine, Kopiergeräte, teure Büroeinrichtungsgegenstände). 639

Geringwertige Wirtschaftsgüter im Sinne des Einkommensteuerrechts (also Gegenstände bis zu einem Anschaffungswert von 410 Euro) dürfen nicht mit Krediten finanziert werden.[21] 640

Mit Krediten können im Rahmen des Gesamtdeckungsprinzips auch Kapitalbeteiligungen der Gemeinden an wirtschaftlichen Unternehmen oder Zweckverbänden finanziert werden, wenn sich die Gemeinde im Rahmen ihrer Aufgabenstellung an der betreffenden Einrichtung beteiligen darf. So ist z.B. an die Ausstattung des Eigenbetriebs mit Eigenkapital zu denken, den Einkauf von Wasserbezugsrechten bei Zweckverbänden, die Beteiligung an Elektrizitätsunternehmen.

Die Übernahme einer auf einem Grundstück liegenden Schuld beim Grundstückskauf ist als Bestandteil der Investition ebenfalls mit einem Kredit finanzierbar. Dies geschieht in der Regel in der Weise, dass die Gemeinde in das bestehende Darlehensverhältnis eintritt, wenn der Gläubiger dem zustimmt (Schuldübernahme). Die Schuldübernahme ist gemeindewirtschaftlich wie eine Kreditaufnahme zu werten.[22] 641

Die Schuldübernahme ist zivilrechtlich in den §§ 414ff. BGB geregelt.

Wird eine Gemeinde in eine andere Gemeinde eingegliedert, so muss die übernehmende Gemeinde auch die Schulden der bisherigen Gemeinde übernehmen. In diesem Fall liegt keine Schuldübernahme im Sinne der §§ 414ff. BGB vor; vielmehr tritt die neue Gemeinde als Gesamtrechts-

20 Für die Kreditbeschaffung des Bundes besagt Art. 115 Abs. 1 GG, dass Einnahmen aus Krediten die Summe der im Haushaltsplan veranschlagten Ausgaben für Investitionen nicht überschreiten dürfen und Ausnahmen nur zulässig sind zur Abwehr einer Störung des gesamtwirtschaftlichen Gleichgewichts. Art. 84 LV enthält für den Landesbereich eine ähnliche Aussage.

21 Vgl. dazu jedoch Rdnrn. 658, 659.

22 Nr. 4 VwV zu § 87 GemO rechnet die Übernahme der persönlichen Schuld aus Hypotheken beim Erwerb von Grundstücken zu den kreditähnlichen Rechtsgeschäften. Nach dem Freigrenzenerlass (Abschn. A Ziff. 1.4) sind Rechtsgeschäfte allgemein genehmigt, die den Erwerb eines mit einem Grundpfandrecht belasteten Grundstücks zum Gegenstand haben sowie die Übernahme der persönlichen Schuld, für die das Grundstück haftet.

nachfolgerin kraft Gesetzes in die bestehenden Rechte und Pflichten ein. Auch gemeindewirtschaftsrechtlich ist hier nicht der Fall der veranschlagungspflichtigen Schuldübernahme gegeben.

Eine Schuldübernahme liegt vor, wenn die Gemeinde im Rahmen einer Zwangsversteigerung ein Grundstück erwirbt, das gemäß § 53 des Gesetzes über die Zwangsversteigerung und die Zwangsverwaltung mit einer Hypothek oder Grundschuld belastet ist, die bestehen bleibt und für die der Schuldner persönlich haftet.

Vorfinanzierungszinsen (auch Bauzinsen oder Herstellungszinsen genannt) sind Bestandteil der Investition, wenn sie den Herstellungskosten des Anlageguts zugerechnet (aktiviert) werden. Unter Vorfinanzierungszinsen versteht man diejenigen Zinsen, die einer im Bau befindlichen Anlage/Einrichtung bis zum Zeitpunkt der Inbetriebnahme (Herstellungszeitraum) zugeordnet werden können. Damit können sie über Kredite finanziert werden. Dies kann vor allem bei großen und langwierigen Bauvorhaben von Bedeutung sein.[23]

#### 2.1.2.2 Investitionsförderungsmaßnahmen (§ 46 Nr. 14 GemHVO)

**642** Darunter versteht man Zuweisungen, Zuschüsse und Darlehen für Investitionen Dritter und für Investitionen der Sondervermögen mit Sonderrechnung. Voraussetzung für die Gewährung einer Investitionsförderungsmaßnahme ist, dass der zu fördernde Zweck zum Aufgabenbereich der Gemeinde gehört.

*Beispiele:*
Zinslose oder zinsgünstige Darlehen an einen Arzt, der sich in der Gemeinde niederlassen will (Bedarfsfrage).[24]
Verlorene Kapitalzuschüsse an einen Sportverein, der eine Sporthalle baut, Darlehen an eine städtische Wohnungsbaugesellschaft zur Förderung des sozialen Wohnungsbaus.
Darlehen an einen Busunternehmer für die Beschaffung von Bussen für den Stadtverkehr.
Zuweisung des Landkreises an die Gemeinde zum Bau von Kindergärten, Zuweisung an den Eigenbetrieb für eine Investition (Kapitaleinlagen fallen dagegen unter 2.1.2.1).

#### 2.1.2.3 Umschuldungen (§ 46 Nr. 26 GemHVO)

**643** Darunter versteht man die Ablösung von Krediten durch andere Kredite. Hier sind zwei Fälle zu unterscheiden:

a) Der Kreditgeber wird gewechselt. Hier wird der bereits aufgenommene Kredit vom bisherigen Kreditgeber oder vom Kreditnehmer gekündigt. Die Rückzahlung kann nur durch die Aufnahme eines neuen Kredits bei einem Kreditgeber finanziert werden. Mit diesem ist ein neuer Kreditvertrag abzuschließen. Eine solche Umschuldung kann

23 Vgl. *Giebler*, KStZ 1995, S. 21 unter Berücksichtigung gemeindewirtschaftsrechtlicher, steuerlicher, abgaberechtlicher, eigenbetriebsrechtlicher und handelsrechtlicher Kriterien.
24 Dies ist im Blick auf die Wettbewerbssituation und das gegenseitige „Ausspielen" der Gemeinden sowie angesichts weiterer Berufungsfälle nicht unproblematisch.

z.B. vorkommen, wenn bei einem anderen Kreditgeber langfristig günstigere Kreditbedingungen bestehen als beim bisherigen. Einen besonderen (verteuernden) Faktor stellt dabei das Disagio dar, das in der Regel beim Wechsel des Darlehensgläubigers neu zu entrichten ist.

b) Die bisherige Laufzeit wird wesentlich verlängert; der Darlehensgeber bleibt gleich. Bei einer wesentlichen Verlängerung der Laufzeit eines Darlehens wird in der Regel zwischen dem Darlehensnehmer und dem Darlehensgeber ein neuer Kreditvertrag abgeschlossen, wobei u.U. auch ein neues Disagio in Frage kommt. Der Kreditgeber refinanziert sich hier in der Regel aus einer anderen Quelle. Wesensmerkmal ist auch hier der Abschluss eines neuen Darlehensvertrages. Neue Zinskonditionen und unerhebliche Verlängerungen der Laufzeit sind nicht als Umschuldung zu werten.

Die Umschuldung ist gemeindewirtschaftsrechtlich als eine neue Kreditaufnahme zu werten. Allerdings gelten für Umschuldungen die folgenden besonderen Regelungen:

Kreditaufnahmen aus Anlass von Umschuldungen

- müssen nicht in die Haushaltssatzung aufgenommen werden (§79 Abs.2 Satz 1 Nr.1b GemO);
- können ohne Erlass einer Nachtragssatzung vorgenommen werden (§82 Abs.3 Nr.2 GemO);
- können bereits im Rahmen der vorläufigen Haushaltsführung vorgenommen werden (§83 Abs.1 Nr.3 GemO); sie bedürfen in diesem Zusammenhang auch keiner Genehmigung durch die Rechtsaufsichtsbehörde gem. §83 Abs.2 GemO;
- bedürfen keiner Gesamtgenehmigung der Rechtsaufsichtsbehörde nach §87 Abs.2 GemO im Rahmen der Haushaltssatzung.

#### 2.1.2.4 Kreditaufnahme im Eigenbetrieb (§ 12 Abs. 1 EigBG)

Für Eigenbetriebe gelten die Vorschriften über Kreditaufnahmen entsprechend (§12 Abs.1 EigBG): Über die vorstehend genannten Finanzierungsgegenstände hinaus darf der Eigenbetrieb auch Kredite aufnehmen, um an die Gemeinde Eigenkapital zurückzuführen. **644**

Werden im Eigenbetrieb langfristige Investitionen getätigt, deren Abschreibungsdauer über die ursprüngliche Kreditlaufzeit (Regeltilgungszeitraum) hinausreicht, können in Höhe des Unterschieds zwischen der (niedrigeren) Abschreibung und der (höheren) Tilgung Kredite aufgenommen werden. Es muss sichergestellt werden, dass der Umfang eines solchen „erneuten" Kredits auf die tatsächlich noch nicht erfolgte Abschreibung begrenzt und eine indirekte Finanzierung laufender Betriebsausgaben durch Kredite vermieden wird. Die Rechtsaufsichtsbehörden wenden auf diesen Vorgang nicht die Vorschriften über die (eigentlich gegebenen) Umschuldungskredite, sondern diejenigen über Investitionskredite an.[25]

### 2.1.3 Dauernde Leistungsfähigkeit (§ 87 Abs. 2 GemO)[26]

**645** Ziel der Gemeindewirtschaft ist es, dass die stetige Erfüllung der Gemeindeaufgaben gesichert ist (§77 Abs.1 GemO). Die Verschuldung der Gemeinden und Landkreise muss deshalb mit der dauernden Leistungsfähigkeit im Einklang stehen. Die Frage der dauernden Leistungsfähigkeit und somit auch der Verschuldungsfähigkeit wird grundsätzlich anhand des Finanzplanes gemessen. Liegen nun z.B. die Schätzungen des Finanzplanes (auch infolge zu günstiger Orientierungsdaten des Finanzplanungsrates) erheblich über dem, was tatsächlich im fünfjährigen Finanzplanungszeitraum eintritt, so können die Grenzen der Leistungsfähigkeit einer Gemeinde erreicht bzw. überschritten werden. Eine kurzfristige oder mittelfristige Änderung der Konjunkturlage kann erhebliche Steuerausfälle zur Folge haben. Die Zins- und Tilgungsleistungen sind aber trotzdem zu erfüllen.

Die Frage der dauernden Leistungsfähigkeit ist auch im Zusammenhang mit der Aufgabenstellung der Gemeinde und ihrer finanziellen Ausstattung insgesamt zu sehen.

**646** Die Gemeinde darf im Haushalt nur Ausgaben veranschlagen, die zu ihren Aufgaben gehören (B: §§2, 10 Abs.2 und §102 GemO und weitere spezielle Vorschriften). In vielen Bereichen ist die Gemeinde die Vollzugsstelle für bundespolitische oder landespolitische Entscheidungen; das Land bestimmt z.B., dass die Gemeinde kraft Gesetzes Schulträger der allgemein bildenden Schulen ist, oder dass sie für die Abwasserbeseitigung zuständig ist. Diese Einrichtungen müssen mit erheblichen Fremdmitteln finanziert werden, selbst wenn die Gemeinde bereits einen hohen Verschuldungsgrad aufweist. Fehlinvestitionen („Sünden der Vergangenheit") wirken mindestens im Schuldendienst fort.

**647** Bei der Beurteilung der dauernden Leistungsfähigkeit sind nicht nur die Finanzierungsfolgekosten, sondern auch die aus der Investition resultierenden Betriebs- und Unterhaltungskosten zu berücksichtigen, die den künftigen Investitionsspielraum erheblich beeinträchtigen können (B: Schulzentrum).[27] Ergeben sich als Folge der Inbetriebnahme eines kreditfinanzierten Anlagegutes Einnahmen/Erträge, welche die Finanzierungsfolgekosten ganz oder zu wesentlichen Teilen decken (z.B. Abwasserbereich), ist die Frage der dauernden Leistungsfähigkeit anders

25 Vgl. 92. Kommunalreferentenbesprechung am 11.12. 1997 in Stuttgart, TOP 14, AZ 2 – 2262/40.
26 Vgl. dazu auch Nr.2 VwV zu §87 GemO.
27 Vgl. dazu *Fick*, Die Folgekosten kommunaler Investitionen, BWVPr 1976, S.170.

zu beurteilen als bei einer Einrichtung, die keine zusätzlichen Erträge zur Folge hat (z.B. Schule, Straße). Die Unterscheidung in vollrentierliche, teilrentierliche und unrentierliche Schulden ist von Bedeutung. Grundsätzlich hat die Erfüllung von Pflichtaufgaben Vorrang vor den freiwilligen Aufgaben. Es ist jeweils zu prüfen, ob bei der Aufnahme von Krediten, mit denen (auch) freiwillige Aufgaben finanziert werden, noch genügend Finanzierungsspielraum zu einem späteren Zeitpunkt verbleibt, um die Pflichtaufgaben erfüllen zu können.

Die Bedarfsfrage hinsichtlich einer Investition ist von der Gemeinde nach **648** eingehender und gründlicher Prüfung zu beantworten (sachliche und zeitliche Dringlichkeit). Nachdem diese Frage elementar mit der dauernden Leistungsfähigkeit der Gemeinde zusammenhängt, muss auch von Seiten der Rechtsaufsichtsbehörde der jeweilige Aufgabenerfüllungsstand genau untersucht werden. Dabei kann sich die Rechtsaufsichtsbehörde einen Aufgabenerfüllungsplan vorlegen lassen, aus dem der Bestand der erfüllten Aufgaben und der Katalog der noch nicht erfüllten Aufgaben ablesbar ist. Der Aufgabenerfüllungsplan kann über den Zeitraum der mehrjährigen Finanzplanung hinausreichen.

Gemäß §45 des Gesetzes zur Ausführung des Gerichtsverfassungsgeset- **649** zes (AGGVG) findet über das Vermögen der Gemeinde ein Konkursverfahren angesichts der Aufgabenstellung der Gemeinde nicht statt. Dies schließt aber nicht aus, dass die Gemeinde dennoch zahlungsunfähig (illiquide) wird und ihren Zahlungsverpflichtungen nicht mehr nachkommen kann. Die Aufgabenerfüllungsgarantie und die daraus resultierende finanzielle Sorgepflicht des Landes nach Artikel 73 Abs. 1 LV sind in diesem Zusammenhang zu nennen. Die Zuweisung von Aufgaben an die Gemeinden muss sich an den Finanzierungsmöglichkeiten ausrichten. Wird dieser Grundsatz nicht berücksichtigt, kann langfristig die Erfüllung der Aufgaben nicht gewährleistet sein.

Wenn die Kreditverpflichtungen mit der dauernden Leistungsfähigkeit der **650** Gemeinde nicht im Einklang stehen, hat die Rechtsaufsichtsbehörde die Kreditaufnahme in der Regel zu versagen. Die Gemeinde selbst wird schon im eigenen Interesse die Frage der dauernden Leistungsfähigkeit untersuchen. Die Rechtsaufsichtsbehörde ist beim Genehmigungsvorgang ausdrücklich dazu angehalten. Für beide Institutionen kann diese Frage nicht mit letzter Sicherheit beantwortet werden, da die Beantwortung von einer Vielzahl künftiger Faktoren abhängt, die von den beiden Stellen nicht oder absolut unbedeutend beeinflusst werden können (B: gesamtwirtschaftliche Entwicklung, Naturereignisse, Gesetzgebung). Die Beurteilung der dauernden Leistungsfähigkeit ist für Gemeinde und Rechtsaufsichtsbehörde eine „Momentaufnahme" im Zeitpunkt der Entscheidung, bei der das in diesem Zeitpunkt vorhandene (sehr vage) Beurteilungsmaterial sorgfältig zu werten ist; mehr kann nicht verlangt werden.

## 2.2 Formelle Voraussetzungen der Kreditaufnahme

651 Neben den materiellen Voraussetzungen sind auch die formellen Voraussetzungen bei Kreditfinanzierungen zu beachten:

### 2.2.1 Veranschlagungsprinzip

652 Kredite sind vermögenswirksame Einnahmen. Sie sind deshalb im Vermögenshaushalt zu veranschlagen (§ 87 Abs. 1 GemO und § 1 Nr. 5 GemHVO). Gemäß § 16 Ziffer 2 GemHVO gilt auch im Vermögenshaushalt das Gesamtdeckungsprinzip, wonach alle Einnahmen des Vermögenshaushaltes zur Deckung der Ausgaben des Vermögenshaushaltes dienen. Die Kreditfinanzierung ist jedoch gemäß Abschnitt 2.1.2 auf bestimmte Gegenstände beschränkt.

Der Kreditbetrag ist in voller Höhe (brutto) in Einnahme zu veranschlagen (EHSt. 91.37). Die Geldbeschaffungskosten (z. B. Disagio) sind getrennt davon ebenfalls in voller Höhe im Vermögenshaushalt (AHSt. 91.990) in Ausgabe auszuweisen. Das Bruttoprinzip des § 7 Abs. 2 GemHVO findet hier in vollem Umfang Anwendung (vgl. auch §§ 1 Abs. 1 Nr. 6 und 14 Abs. 1 GemHVO).

### 2.2.2 Haushaltssatzung

653 Der Gesamtbetrag der Kredite für Investitionen und Investitionsförderungsmaßnahmen ist in die Haushaltssatzung aufzunehmen (§§ 79 Abs. 2 Nr. 1 b und 87 Abs. 2 GemO). Dabei spielt es keine Rolle, wer Kreditgeber ist. Eine Erhöhung der Kreditermächtigung ist ausschließlich über eine Änderung der Haushaltssatzung durch Nachtragssatzung möglich.

Kreditaufnahmen für Zwecke der Umschuldung bedürfen keiner Aufnahme in die Haushaltssatzung.

### 2.2.3 Gesamtgenehmigung[28]

654 Der Gesamtbetrag der vorgesehenen Kreditaufnahmen für Investitionen und Investitionsförderungsmaßnahmen bedarf gemäß § 87 Abs. 2 GemO im Rahmen der Haushaltssatzung der Genehmigung der Rechtsaufsichtsbehörde (Gesamtgenehmigung). Umschuldungskredite sind von der Genehmigungsbedürftigkeit ausgenommen.

### 2.2.4 Einzelgenehmigung[29]

655 Sobald eine Verordnung nach § 19 des Stabilitätsgesetzes erlassen wurde (so genannte Schuldendeckelverordnung), ist zusätzlich zur Gesamtgenehmigung eine Einzelgenehmigung notwendig (§ 87 Abs. 4 GemO).

28 Vgl. dazu Rdnrn. 665ff.
29 Vgl. dazu Rdnrn. 674ff.

2.2.5 Zuständigkeit

Die Aufnahme von Krediten ist – abgesehen von Kleinbeträgen – keine Angelegenheit der laufenden Verwaltung. Deshalb ist grundsätzlich der Gemeinderat für die Sachentscheidung über Kreditaufnahmen zuständig (§24 Abs.1 GemO). Im Hinblick auf sich rasch verändernde Kreditkonditionen ist häufig eine sehr kurzfristige Entscheidung über ein Kreditangebot notwendig. Der Gemeinderat kann seine Zuständigkeit auf einen beschließenden Ausschuss (§39 Abs.1 GemO) oder auf den Bürgermeister (§44 Abs.2 GemO) übertragen; er kann auch beiden Institutionen Kompetenzen mit gestaffelten Beträgen zuweisen (Hauptsatzung). 656

## 3. Verbot der Kreditfinanzierung

Bei der Darstellung der materiellen Kreditvorausssetzungen (Rdnrn. 634–650) wurde im Einzelnen positiv abgegrenzt, was mit Krediten finanziert werden darf (investiver Bereich). Die folgende Darstellung soll aufzeigen, wo eine Kreditfinanzierung unzulässig ist. 657

### 3.1 Verbrauchsausgaben

Ausgaben für konsumtive Zwecke sind im Verwaltungshaushalt zu veranschlagen und somit mit laufenden Einnahmen zu finanzieren (Personalkosten, Kanzleibedarf, reine Betriebs- und Unterhaltungskosten). Einen Grenzbereich stellen der Erhaltungs- und der Herstellungsaufwand dar. Handelt es sich um einen reinen Erhaltungsaufwand, um den Gegenstand (z.B. das Grundstück) in einem ordnungsgemäßen Zustand zu erhalten, ist der Betrag im Verwaltungshaushalt zu veranschlagen. Wird durch bestimmte Aufwendungen dagegen ein Gegenstand des Anlagevermögens in seiner Substanz vermehrt, in seinem Wesen verändert oder über seinen bisherigen Zustand hinaus wesentlich verbessert, so liegt Herstellungsaufwand vor, der zum Vermögenshaushalt zählt und somit mit Krediten finanziert werden darf.[30] 658

Geringwertige Wirtschaftsgüter im Sinne des Einkommensteuerrechts (§§38 Abs.4 und 46 Nr.2b GemHVO) dürfen grundsätzlich nicht im Vermögenshaushalt ausgewiesen werden (bewegliche Gegenstände bis zu einem Anschaffungswert von 410 Euro ohne Umsatzsteuer).[31] Eine Ausnahme gilt für die notwendige Erstausstattung und die wesentliche Aufstockung des Bestands an beweglichem Vermögen (grundsätzlich Zuordnung zum Vermögenshaushalt). 659

30 Vgl. dazu VwV Gliederung und Gruppierung, Nr.2.4.2, ferner Die Gemeindekasse 1974/125, 126.
31 Vgl. §6 Abs.2 EStG und VwV Gliederung und Gruppierung Nr.2.4.1.

### 3.2 Ordentliche Schuldentilgungen (§ 46 Nr. 23 a GemHVO)

660 Die ordentliche Schuldentilgung[32] darf nicht mit Krediten finanziert werden; dasselbe gilt für die Kreditbeschaffungskosten. Vermögenserlöse dürfen jedoch zur Deckung dieser beiden Ausgabearten verwendet werden (vgl. hierzu auch § 22 Abs. 1 GemHVO).

Für Umschuldungen kommen dagegen Kredite in Frage.

### 3.3 Rücklagenzuführungen und Kredite

661 Rücklagen dürfen nicht aus Krediten angesammelt werden. Die abschließende Aufzählung der Verwendungszwecke von Krediten in § 87 Abs. 1 GemO schließt dies aus. Der Zins aus einer angelegten Rücklage (Sparbuch, Festgeld oder Wertpapier) ist in der Regel auch wesentlich ungünstiger als der Kreditzins. Insoweit verbietet bereits der allgemeine Wirtschaftsgrundsatz (§ 77 Abs. 2 GemO) die Ansammlung von Rücklagen aus Krediten. Gleichwohl dürfte aber die Schonung von bestehenden Rücklagen und die Aufnahme von Krediten zulässig sein, wenn z.B. zinsgünstige Kredite eingesetzt werden oder besondere Ausnahmetatbestände dies rechtfertigen.

### 3.4 Sicherung des Kreditfinanzierungsverbots

662 Zur Einhaltung des Kreditfinanzierungsverbots hinsichtlich 3.2 und 3.3 ist die folgende Berechnung aus dem Vermögenshaushalt vorzunehmen

1. Investitionen
2. + Investitionsfördermaßnahmen
3. + Umschuldungen

---

4. Summe I
5. – zweckgebundene Einnahmen für Ziffern 1 und 2 im Vermögenshaushalt

---

6. = Höchstbetrag der Kredite[33]

Die Mindestzuführung vom Verwaltungshaushalt zum Vermögenshaushalt wird grundsätzlich gemäß § 22 Abs. 1 GemHVO wie folgt berechnet:

1. Ordentliche Tilgungen[34]
2. + Kreditbeschaffungskosten[34]

---

3. = Mindestzuführungsrate

32 Vgl. jedoch die Ausführungen zum Eigenbetrieb in 2.1.2.4.
33 Vgl. auch *Steenbock*, Kommunale Haushaltsreform, 1974 TZ 70.
34 Einnahmen nach § 1 Abs. 1 Nr. 2 bis 4 GemHVO dürfen zur Deckung dieser Ausgaben eingesetzt werden.

## 4. Kreditermächtigungen

### 4.1 Staatlicher Zustimmungsvorbehalt

Der Staat hat ein Interesse daran, dass die kommunalen Körperschaften stets ihre Aufgaben erfüllen können, denn nur dadurch ist ein ordnungsgemäßes Funktionieren des Staatsganzen gewährleistet.[35] Artikel 75 LV verankert deshalb, dass durch Gesetz bestimmt werden kann, dass die Übernahme von Schuldverpflichtungen und Gewährschaften von der Zustimmung der mit der Überwachung betrauten Staatsbehörde abhängig gemacht werden kann, und dass diese Zustimmung unter dem Gesichtspunkt einer geordneten Wirtschaftsführung erteilt oder versagt werden kann. Um jedem Rechtsstreit zwischen der kommunalen Seite und dem Staat über die Grenzen der Selbstverwaltung aus dem Weg zu gehen, hat der Verfassungsgeber diese wichtige Mitsprachefunktion des Staates in der Finanzhoheit der Gemeinden verfassungsrechtlich abgesichert. **663**

§ 87 GemO hat von dieser Ermächtigung in der Landesverfassung Gebrauch gemacht und unterwirft die Kreditaufnahmen für Investitionen und Investitionsförderungsmaßnahmen der Genehmigungspflicht des Staates.

### 4.2 Allgemeine Genehmigungsvoraussetzung

Die Rechtsaufsichtsbehörde darf eine Kreditaufnahme grundsätzlich nur genehmigen, wenn die materiellen[36] und die formellen[37] Kreditvoraussetzungen vorliegen. Die Rechtsaufsichtsbehörde hat diese Gesichtspunkte einer genauen Prüfung zu unterziehen. **664**

### 4.3 Gesamtgenehmigung

#### 4.3.1 Bedeutung

Die Haushaltssatzung ist gemäß § 81 Abs. 3 GemO der Rechtsaufsichtsbehörde vorzulegen; dies bedeutet gemäß § 121 Abs. 2 GemO, dass die Haushaltssatzung erst vollzogen werden darf, wenn die Rechtsaufsichtsbehörde die Gesetzmäßigkeit bestätigt oder den Beschluss nicht innerhalb eines Monats beanstandet hat. Die Genehmigungspflicht für Kreditaufnahmen (für Investitionen und Investitionsförderungsmaßnahmen) nach § 87 GemO hat darüber hinaus zur Folge, dass der Haushaltsplan selbst nach Ablauf der Monatsfrist insoweit nicht vollzogen werden darf, als er Kreditaufnahmen vorsieht, die von der Rechtsaufsichtsbehörde noch nicht genehmigt sind. **665**

35 Vgl. dazu auch Rdnr. 608 „Geschichte“.
36 Vgl. Rdnrn. 634–650.
37 Vgl. Rdnrn. 651–656.

Kreditaufnahmen für Umschuldungen bedürfen keiner Genehmigung; sie können auch bereits im Rahmen der vorläufigen Haushaltsführung getätigt werden. Bei Umschuldungskrediten wird die Gesamtverschuldung der Gemeinde nicht verändert; zudem hat die Umschuldung das Ziel, bessere Konditionen für die Gemeinde zu erhalten. Aus diesen Gründen sind Kredite zur Ablösung anderer Kredite (Umschuldungskredite) nicht der Genehmigungspflicht unterworfen.

**666** Der Gesamtbetrag der vorgesehenen Kreditaufnahmen (für Investitionen und Investitionsförderungsmaßnahmen) bedarf im Rahmen der Haushaltssatzung der Genehmigung der Rechtsaufsichtsbehörde (Gesamtgenehmigung). Diese Genehmigung wird in der Regel im so genannten „Haushaltserlass" ausgesprochen, in dem die Rechtsaufsichtsbehörde für jede Gemeinde zum vorgelegten Haushaltsplan Stellung nimmt.[38] Dies ist allerdings nicht zwingend; es kann auch gesondert geschehen.

Die Gesamtgenehmigung ist ein begünstigender und konstitutiver Verwaltungsakt. Er ist Wirksamkeitsvoraussetzung für die Haushaltssatzung (formelle Rechtsnorm), soweit diese die Kreditaufnahme betrifft. Der Gesamtbetrag der Kreditaufnahmen (für Investitionen und Investitionsförderungsmaßnahmen) in der Haushaltssatzung ist ein genehmigungspflichtiger Bestandteil dieser Rechtsnorm; die Haushaltssatzung darf deshalb erst öffentlich bekannt gemacht werden, wenn die entsprechende Genehmigung vorliegt (§ 81 Abs. 4 GemO).

**667** Wird ein Kredit von der Gemeinde ohne Genehmigung aufgenommen, so ist dieses Rechtsgeschäft nach außen trotzdem wirksam.[39] Kredite dürfen grundsätzlich nicht aufgenommen werden, wenn die Genehmigung noch nicht vorliegt. Ist der Abschluss eines Kreditvertrages aus einem zwingenden Grund (außerordentlich günstiges Angebot) vor der Genehmigung geboten, so ist im entsprechenden Vertrag ein Genehmigungsvorbehalt aufzunehmen, um insoweit beim Vertragspartner bereits klare Verhältnisse zu schaffen und die Gemeinde von etwaigen Ansprüchen freizustellen. Umschuldungskredite sollten ausdrücklich als solche bezeichnet werden; auf die Genehmigungsfreiheit wäre hinzuweisen.

#### 4.3.2 Genehmigungsanspruch

**668** Nach § 87 Abs. 2 GemO soll die Genehmigung unter dem Gesichtspunkt einer geordneten Haushaltswirtschaft erteilt oder versagt werden. Die Soll-Vorschrift hat dieselbe Wirkung wie eine Muss-Vorschrift, es sei denn, wichtige sachliche Gründe rechtfertigen ein Abweichen von der

38 Der im Wirtschaftsplan der Eigenbetriebe ausgewiesene Gesamtbetrag an Kreditaufnahmen für derartige Unternehmen muss nicht (mehr) in die Haushaltssatzung der Gemeinde aufgenommen werden, vgl. dazu im Einzelnen Rdnr. 972 unter c.

39 Die Gesamtgenehmigung wirkt nur zwischen Rechtsaufsichtsbehörde und Gemeinde, also „verwaltungsintern". Das bürgerliche Rechtsgeschäft (§ 117 GemO) – Einzelkreditvertrag – ist von der Genehmigung grds. freigestellt.

Regel. Die Soll-Vorschrift im Zusammenhang mit der oben angeführten Bestimmung ist nicht voll verständlich; wenn die materiellen und formellen Kreditvoraussetzungen vorliegen, hat die Gemeinde grundsätzlich einen Rechtsanspruch auf die Erteilung der Genehmigung. Der Begriff der geordneten Haushaltswirtschaft umfasst zunächst einmal das Vorliegen dieser Voraussetzungen. Dazu kann aber auch eine geordnete und aussagefähige Rechnungsführung sowie der rechtzeitige und vollständige Einzug der Einnahmen gezählt werden. Insoweit besteht für die Rechtsaufsichtsbehörde noch ein gewisser Beurteilungsspielraum.

Die Gemeinde kann durch eine Verpflichtungsklage (§42 Abs. 1 VwGO) die Entscheidung der Rechtsaufsichtsbehörde erzwingen.

#### 4.3.3 Versagung der Genehmigung

Liegt eine geordnete Haushaltswirtschaft nicht vor, so kann die Rechts- **669**
aufsichtsbehörde unter diesem Gesichtspunkt die Genehmigung versagen. Da aber eine Aufsichtspflicht der Rechtsaufsichtsbehörde über die Gemeinden besteht, hat die Rechtsaufsichtsbehörde mit den geeigneten Mitteln darauf hinzuwirken, dass das Ziel einer geordneten Haushaltswirtschaft bei der Gemeinde wieder erreicht wird.

Die Genehmigung ist zu versagen, wenn die materiellen oder formellen Voraussetzungen der Kreditaufnahme nicht vorliegen. §87 Abs. 2 GemO enthält die Verpflichtung, in der Regel die Genehmigung zu versagen, wenn die dauernde Leistungsfähigkeit der Gemeinde nicht gewährleistet ist. Ein Abweichen von dieser Verpflichtung ist auf den extremen Ausnahmefall beschränkt (z.B. Naturereignisse zerstören kommunale Einrichtungen). Die Rechtsaufsichtsbehörde hat aber dann darauf zu achten, dass die Maßnahmen von der Gemeinde ergriffen werden, die die dauernde Leistungsfähikgeit sichern (Einschränkung der Ausgaben, Verbesserung der Einnahmen).

Die Gesamtgenehmigung ist auf die Einzelwirtschaft der jeweiligen Gemeinde abgestellt, d.h. es dürfen nur Faktoren berücksichtigt werden, die sich konkret auf die Verhältnisse der zu beurteilenden Gemeinde beziehen. Gesamtwirtschaftliche Belange können bei der Gesamtgenehmigung nicht verfolgt werden;[40] dafür bestehen besondere Regelungen.[41]

§77 Abs. 1 GemO, der bestimmt, dass bei der Planung und Finanzierung der Haushaltswirtschaft den Erfordernissen des gesamtwirtschaftlichen Gleichgewichts grundsätzlich Rechnung zu tragen ist, kann hier zu keiner grundsätzlich anderen Auffassung führen, da für den Fall der Konjunktursteuerung über Kreditbeschränkungen umfassende bundesrechtliche Regelungen vorhanden sind. Durch diese bundesrechtliche Regelung soll

40 Vgl. *Steenbock*, Kommunale Haushaltsreform, 1974 TZ 75.
41 Vgl. Rdnrn. 674ff.

eine einheitliche und gleichmäßige Berücksichtigung der Kreditbedürfnisse aller Gebietskörperschaften im Bundesgebiet erreicht werden; hier soll nicht die einzelne Rechtsaufsichtsbehörde eine eigene Kreditsteuerung betreiben können.

#### 4.3.4 Bedingungen und Auflagen[42]

**670** Die Gesamtgenehmigung kann unter Bedingungen erteilt und mit Auflagen verbunden werden (§87 Abs. 2 GemO).

Die Bedingung ist Bestandteil des Verwaltungsaktes und macht seine Wirksamkeit von einem in der Zukunft liegenden ungewissen Ereignis abhängig. Die Genehmigung gilt hier nur, wenn dieses Ereignis eingetreten ist (aufschiebende Bedingung). Die Bedingung hängt mit dem Verwaltungsakt, der die Genehmigung ausspricht, so eng zusammen, dass sie nicht selbstständig anfechtbar ist; d.h. im Falle der Anfechtung der Genehmigung tritt der so genannte Suspensiveffekt ein, wonach der Verwaltungsakt insgesamt bis zur rechtskräftigen Entscheidung über das Rechtsmittel nicht vollzogen werden kann. Der Verfasser vertritt die Auffassung, dass eine auflösende Bedingung im Zusammenhang mit einer Gesamtgenehmigung rechtlich nicht möglich ist. Dies würde zu einer großen Rechtsunsicherheit für die Gemeinde und für den Kreditgeber führen. Die rechtlich vertretbare Lösung bestünde darin, die Kreditaufnahme ganz oder teilweise zu versagen, bis der Zustand erreicht ist, den die Rechtsaufsichtsbehörde erreichen will.

**671** Die Auflage ist eine mit dem Verwaltungsakt verbundene Bestimmung, durch die dem Begünstigten ein Tun, Dulden oder Unterlassen vorgeschrieben wird. Die Auflage steht selbstständig neben dem Verwaltungsakt. Bei der Nichterfüllung der Auflage entfallen die Wirkungen des Verwaltungsaktes nicht, wie bei der Bedingung, von selbst. Die Auflage kann selbstständig angefochten werden. Erweist sich die Auflage als rechtswidrig, so bleibt der übrige Verwaltungsakt (also die Begünstigung) grundsätzlich trotzdem bestehen.[43]

Die Frage, wann eine Auflage zu erteilen ist oder wann eine Bedingung notwendig erscheint, ist nicht generell zu beantworten. Dies richtet sich nach den Verhältnissen im Einzelfall. In den Fällen, in denen die Rechtsaufsichtsbehörde im Rahmen ihrer rechtlichen Möglichkeiten ein Ziel durchsetzen will, ist die Bedingung das wirksamere Instrument. Ob Auflage oder Bedingung in Frage kommt, steht grundsätzlich im Ermessen

42 Nr. 2 VwV zu §87 GemO führt dazu Folgendes aus:
Erforderlichenfalls ist die Gesamtgenehmigung betragsmäßig zu beschränken und/oder durch Bedingungen und Auflagen sicherzustellen, dass
a) eine bestimmte Grenze der Schuldendienstbelastung eingehalten wird;
b) die Krediteinnahmen in erster Linie für bestimmte unabweisbare Ausgaben verwendet werden.

43 *Wittern*, Grundriß des Verwaltungsrechts, 9. Aufl., §8 V 4/5; vgl. auch §36 Abs. 2 Ziff. 4 LVwVfG.

der Rechtsaufsichtsbehörde; sie hat dabei insbesondere die Grundsätze einer geordneten Haushaltswirtschaft zu berücksichtigen. Im Interesse der Rechtsklarheit ist es zweckmäßig, wenn Auflage oder Bedingung ausdrücklich als solche im Verwaltungsakt gekennzeichnet werden.

*Beispiele* für Bedingungen:
Diese Gesamtgenehmigung gilt nur,
wenn der Staatszuschuss für das Vorhaben bewilligt wird,
wenn bis zum 1.7. des Haushaltsjahres eine betriebswirtschaftliche Kostenrechnung über die Aufwendungen für die Ortsentwässerung vorgelegt wird und die Gebühren entsprechend festgesetzt sind,
wenn die restlichen Grundstücke im Sanierungsgebiet erworben werden, die im Haushaltsplan veranschlagt sind,
wenn das Rechnungsergebnis des dem Haushaltsjahr vorhergehenden zweiten Jahres mitgeteilt wird.

*Beispiele* für Auflagen:
Die Gesamtgenehmigung wird mit der Auflage verbunden:
Die Gemeinde darf nur Kredite aufnehmen, bei denen die Zins- und Kündigungsbedingungen nicht schlechter sind, als dies bei Krediten aus dem Erlös von Kommunalschuldverschreibungen der Fall ist (Anmerkung: Diese Auflage ist aber sehr stark von der jeweiligen Kapitalmarktsituation abhängig und im Einzelfall schwierig zu beweisen.),
oder:
Der Kredit muss von Seiten der Gemeinde jederzeit kündbar sein,
oder:
Die Gemeinde hat die Gebühren für die Ortsentwässerung entsprechend der betriebswirtschaftlichen Kalkulation kostenecht festzusetzen (vgl. aber auch Bedingungen).

Die Rechtsaufsichtsbehörde kann die Gesamtgenehmigung nicht mit einer Bedingung oder Auflage versehen, wonach der Kredit nur aufgenommen werden darf, wenn die Rechtsaufsichtsbehörde im Einzelfall die Genehmigung erteilt hat. Die Einzelgenehmigung tritt nur unter der Voraussetzung des § 19 des Stabilitätsgesetzes i.V.m. § 87 Abs. 4 GemO ein.

## 5. Inanspruchnahme des Kredits und Weitergeltung der Kreditermächtigung

### 5.1 Inanspruchnahme des Kredits

Im Interesse einer Zinsersparnis sollen Kredite erst im Zeitpunkt des Ausgabenbedarfs aufgenommen werden. **672** Die Kreditaufnahme ist deshalb grundsätzlich soweit wie möglich hinauszuschieben. Zunächst sollen die Eigenmittel in Anspruch genommen werden. Ist die Kreditaufnahme im ablaufenden Jahr nicht mehr notwendig, entsteht aber der Deckungsbedarf, dem der Kredit dienen soll, entgegen den Annahmen bei Aufstellung des Haushaltsplans im nächsten Jahr, so kann für die Kreditaufnahme gemäß § 41 Abs. 2 GemHVO ein Haushaltseinnahmerest gebildet werden, über den im nächsten Jahr verfügt werden kann (siehe Abschnitt 5.2). Auf der Ausgabenseite sollte für die mit dem Kredit zu deckenden Ausgaben ein Haushaltsausgaberest gebildet werden.

Gemäß § 27 GemHVO darf über Ausgabeansätze des Vermögenshaushalts nur verfügt werden, soweit Deckungsmittel rechtzeitig bereitgestellt werden können. Dies bedeutet aber nicht, dass bereits beim Baubeginn die Kredite aufzunehmen sind. Es muss aber sichergestellt sein, dass die Kredite rechtzeitig eingehen.

### 5.2 Weitergeltung

**673** Die Ausgaben des Vermögenshaushalts sind kraft Gesetzes übertragbar. Die Ansätze bleiben gemäß § 19 GemHVO bis zur Fälligkeit der letzten Zahlung für ihren Zweck verfügbar, bei Baumaßnahmen längstens jedoch zwei Jahre nach Schluss des Haushaltsjahres, in dem der Bau oder der Gegenstand in seinen wesentlichen Teilen in Benutzung genommen werden kann. Dies stellt eine relativ flexible Handhabung auf der Ausgabenseite dar. Fließen die Ausgaben langsamer als erwartet ab, so entsteht auf der Einnahmenseite zunächst nicht die Notwendigkeit, Kredite aufzunehmen; eine Kreditaufnahme zu einem zu frühen Zeitpunkt könnte unwirtschaftlich sein.

Diesen Vorgängen auf der Ausgabenseite trägt § 87 Abs. 3 GemO Rechnung. Danach gilt die Kreditermächtigung weiter, bis die Haushaltssatzung für das übernächste Jahr erlassen ist.

*Beispiel:*
Die Kreditermächtigung des Haushaltsjahres 2002 kann bis zum Erlass der Haushaltssatzung 2004 ausgeschöpft werden. Dazu ist die Bildung eines Haushaltseinnahmerestes im Haushaltsjahr 2002 zweckmäßig. Auf der Ausgabenseite wäre entsprechend zu verfahren (Haushaltsausgabereste, soweit die Mittel nicht abgeflossen sind). Soweit nicht mit Haushaltsresten gearbeitet wird, wäre grundsätzlich in der Haushaltssatzung und im Haushaltsplan neu zu veranschlagen. Eine Zustimmung der Rechtsaufsichtsbehörde ist insoweit nicht mehr erforderlich.

## 6. Einzelgenehmigung, Stabilitätsrecht

### 6.1 Allgemeines

**674** Durch das Gesetz zur Förderung der Stabilität und des Wachstums der Wirtschaft[44] wurden auch die Kommunen verpflichtet, die Belange des gesamtwirtschaftlichen Gleichgewichts bei ihrer Finanzwirtschaft zu beachten.[45] § 19 StWG gibt der Bundesregierung die Rechtsgrundlage in die Hand, mit der Zustimmung des Bundesrates eine unmittelbar auch gegen die Gemeinden geltende Rechtsverordnung zu erlassen, wonach die Kreditfinanzierung beschränkt wird.[46] Eine Beschränkung der Kreditaufnahmen der Gemeinden, Landkreise oder Zweckverbände, die zur Finanzierung von Investitionsvorhaben ihrer wirtschaftlichen Unternehmen ohne

44 StWG vom 8. 6. 1967 (BGBl. I S. 582).
45 Vgl. auch § 16 StWG, der allerdings hinsichtlich der unmittelbaren Geltung für die Kommunen umstritten ist; vgl. auch Rdnr. 622.
46 Vgl. dazu auch Rdnrn. 676–677.

eigene Rechtspersönlichkeit vorgesehen sind, ist nicht möglich (§ 19 Satz 2 StWG); deshalb kann der Eigenbetrieb, der die Wasserversorgung, Stromversorgung, Gas- oder Fernwärmeversorgung betreibt, oder auch der Verkehrsbetrieb seinen Kreditbedarf trotz einer Rechtsverordnung über die Beschränkung der Schuldaufnahmen (so genannte SchuldendeckelVO) voll realisieren.

Die Abgrenzung der Kreditaufnahmen des Eigenbetriebs von den übrigen Kreditaufnahmen der Gemeinde ist ohne weiteres möglich, da hier eine Sonderrechnung geführt wird.

Betreibt die Gemeinde im Rahmen des geltenden Rechts die Wasserversorgung als Bruttoregiebetrieb, sind also die Investitionen für die Wasserversorgung im Vermögenshaushalt mit ausgewiesen, so ist eine Aufteilung der auf diese Versorgungseinrichtung entfallenden Kredite außerordentlich schwierig. Im Vermögenshaushalt gilt das Gesamtdeckungsprinzip. Die Zuordnung der Kredite zu den einzelnen Ausgabezwecken ist deshalb grundsätzlich unmöglich. Als Berechnungsmöglichkeit wäre folgende Formel denkbar:

$$\frac{a \times 100 \text{ x } c}{b \times 100} = d$$

a = Summe der Ausgaben für die Wasserversorgung im Vermögenshaushalt;

b = Summe der Ausgaben des Vermögenshaushalts;

c = im Vermögenshaushalt vorgesehene Kreditaufnahmen;

d = absoluter Anteil der Wasserversorgung an den vorgesehenen Kreditaufnahmen im Vermögenshaushalt.

Es handelt sich nicht um eine amtliche Formel, sondern lediglich um eine denkbare Berechnungsmöglichkeit. Im Falle einer SchuldendeckelVO ist nach dieser VO in Verbindung mit den dazu ergehenden weiteren Bestimmungen zu verfahren.

Das IM BW[47] hat zur Frage der Zuordnung von Teilbeträgen der jähr- 675
lichen Gesamtkreditaufnahme zu den körperschaftsteuerpflichtigen Einrichtungen des kommunalen Bereichs (ausgenommen Eigenbetriebe und Einrichtungen mit Sonderrechnung) in steuerrechtlicher Hinsicht (nicht im Blick auf das Stabilitätsrecht) Stellung genommen. Zinsaufwendungen sind bei den genannten Einrichtungen Betriebsausgaben und somit

47 Hinweise des IM zum steuerlichen Nachweis der Kredite und inneren Darlehen sowie der hierfür anfallenden Zinsen und Kreditbeschaffungskosten bei körperschaftsteuerpflichtigen Einrichtungen im kommunalen Bereich vom 4. 1. 1988 (GABl. S. 164). Die Körperschaftsteuerrichtlinien 1985 sehen in Abschnitt 27 a Abs. 3 vor, dass ein Betrieb gewerblicher Art grundsätzlich dann mit einem angemessenen Eigenkapital ausgestattet ist, wenn das Eigenkapital mindestens 30 % des Aktivvermögens beträgt.

steuerlich abzugsfähig. Je höher der auf die körperschaftsteuerpflichtige Einrichtung entfallende Kreditanteil ist, umso höher sind die abzugsfähigen Zinsausgaben, umso geringer wird ein etwaiger Gewinn und umso niedriger werden die Ertragsteuern. Werden im Rahmen der Gesamtdeckung auch Fremdkredite oder innere Darlehen für körperschaftsteuerpflichtige Einrichtungen aufgenommen, kann für Zwecke der steuerlichen Anerkennung bei der Veranschlagung im Haushaltsplan in der Erläuterungsspalte oder unter dem Text der Haushaltsstelle angegeben werden, inwieweit sie auf die genannten Einrichtungen entfallen. Dasselbe gilt für Kreditbeschaffungskosten. Die Zinsaufwendungen für diese Finanzierungsmittel sollten bis zur völligen Tilgung ebenfalls in der Erläuterungsspalte des Haushaltsplans oder unter dem Text der Haushaltsstelle angegeben werden. Nach den Körperschaftsteuerrichtlinien werden für die kommunalen Betriebe gewerblicher Art Zinsen steuerlich nur insoweit anerkannt, als sie auf einen Darlehensanteil von höchstens 70 % des Aktivvermögens entfallen. Ob diese Regelung auch für eine künftige SchuldendeckelVO übernommen wird, ist offen.

Die Kreditbeschränkungen können in der Weise erlassen werden, dass die Kreditaufnahme für einen bestimmten Zeitraum auf einen Höchstbetrag begrenzt wird (Kontingentierung). Zusätzlich zur Kontingentierung kann noch bestimmt werden, dass Kredite im Rahmen der Höchstbeträge nach Art (z.B. Anleihen, Schuldscheindarlehen) oder Höhe nur nach Maßgabe eines Zeitplanes und nur unter Einhaltung von Kreditbedingungen aufgenommen werden dürfen.

### 6.2 Kontingentierung

676 Um in Fällen der Hochkonjunktur die Nachfrage der öffentlichen Hand vom Markt zurückzuhalten, die insbesondere zu einem weiteren Preisauftrieb führen würde, kann die Kreditaufnahme[48] von Bund, Ländern, Gemeinden und Gemeindeverbänden für ein Haushaltsjahr auf höchstens achtzig Prozent der Summe beschränkt werden, die im Durchschnitt der letzten fünf statistisch erfassten Haushaltsjahre vor Erlass der Rechtsverordnung als Kredit aufgenommen wurde. Kassenkredite bleiben dabei unberührt.

*Beispiel:*
Netto-Kreditaufnahme der Stadt
1998–2002 (je einschließlich) ........................................ = 25 Mio. €
Jahresdurchschnitt ........................................ = 5 Mio. €
davon 80 % ........................................ = 4 Mio. €.

48 § 2 Abs. 1 der Schuldendeckelverordnung vom 1.6. 1973 (BGBl. I S. 504) bezeichnete jede Beschaffung von Geldmitteln durch Anleihen, Darlehen oder sonstige Rechtsgeschäfte, die einer Darlehensaufnahme wirtschaftlich gleichkommen, als Kredit, ausgenommen Kredite zur Finanzierung von Investitionen der wirtschaftlichen Unternehmen der Gemeinden (GV) ohne eigene Rechtspersönlichkeit; weiter ausgenommen waren Kassenkredite.

Dieser Betrag darf – falls die Rechtsverordnung dies vorsieht – bei der Realisierung des Kreditbedarfs 2004 nicht überschritten werden.

Für kommunale Körperschaften kann der Höchstbetrag[49,50] auch auf siebzig Prozent durch die SchuldendeckelVO gekürzt werden. Das dadurch frei werdende Kontingent (Differenz zwischen siebzig und achtzig Prozent – je nach der Rechtsverordnung auch mehr) ist von den Ländern den kommunalen Körperschaften zuzuweisen, die besonders dringende Investitionsaufgaben zu erfüllen haben; diese Zuweisung geschieht dadurch, dass die zuständige Rechtsaufsichtsbehörde im Rahmen ihrer Kompetenzen die Einzelgenehmigung für die Kreditaufnahme nach § 87 Abs. 4 GemO erteilt.

Will der Bund sein Kontingent nicht ausschöpfen, so kann er zustimmen, dass die Länder oder die kommunale Seite den nicht ausgeschöpften Kreditbedarf in Anspruch nehmen. Für die Länder und Gemeinden gilt dasselbe (vertikaler Ausgleich). Darüber hinaus können die Länder bestimmen, dass von den Höchstbeträgen der drei genannten kommunalen Körperschaften diejenigen Teilbeträge, welche die Kreditermächtigung in der Haushaltssatzung übersteigen, anderen Gemeinden, Landkreisen oder Zweckverbänden mit einem zusätzlichen Kreditbedarf zugewiesen werden.[51]

*Beispiel:*
Das Limit der Stadt Stuttgart läge bei 100 000 000 €; sie benötigt nur 80 000 000 €. Die nicht ausgeschöpfte Differenz kann anderen Gemeinden usw. zugeteilt werden.

Die SchuldendeckelVO bestimmt auch, inwieweit Kreditaufnahmen Dritter auf den Höchstbetrag angerechnet werden, wenn die Kreditaufnahme wirtschaftlich der Kreditaufnahme einer der drei genannten kommunalen Körperschaften, des Bundes oder des Landes gleichkommt.

### 6.3 Beschränkung nach Zeitplan, Art und Kreditbedingungen

In der SchuldendeckelVO kann zusätzlich zur Kontingentierung eine **677**
weitere Beschränkung vorgesehen werden, wonach einzelne Kredite nach Art (insbesondere Anleihen oder Schuldscheindarlehen) oder Höhe (z. B. Kredite ab 1 000 000 €) nur nach Maßgabe eines Zeitplanes aufgenommen werden dürfen.[52] Der Zeitplan für Kreditaufnahmen wird vom Konjunkturrat längstens für drei Monate aufgestellt (§ 22 a. a. O.). In dem Plan sind die Reihenfolge der Kreditaufnahmen und die Höhe des Betrages festzulegen. Das Bundeswirtschaftsministerium kann den Zeitplan für verbindlich erklären.

49 Der Berechnung der Höchstbeträge waren nach § 2 Abs. 2 der SchuldendeckelVO die Kreditaufnahmen am Kreditmarkt abzüglich der entsprechenden Tilgungsausgaben zugrunde zu legen.
50 In der SchuldendeckelVO 1973 wurde das 1,56fache des genannten Jahresdurchschnitts festgesetzt.
51 § 21 StWG.
52 § 20 Abs. 1 Nr. 2 StWG; vgl. z. B. § 3 der SchuldendeckelVO 1973.

Darüber hinaus kann die SchuldendeckelVO bestimmen, dass Kredite nur unter Einhaltung bestimmter Kreditbedingungen aufgenommen werden dürfen, die ebenfalls vom Konjunkturrat festgelegt werden (z.B. Zinshöhe, Kreditbeschaffungskosten, Laufzeit).

### 6.4 Gleichrangigkeit der Aufgaben, Geltungsdauer

678 Der Verordnungsgeber hat beim Erlass der Rechtsverordnung davon auszugehen, dass die Aufgaben von Bund, Ländern und Gemeinden gleichrangig sind. Keine der genannten Körperschaften darf danach bei der Anwendung der Kreditbeschränkungsvorschriften bevorzugt oder benachteiligt werden.[53] Eine SchuldendeckelVO hat längstens ein Jahr Geltung.[54] Sie tritt dann automatisch außer Kraft. Eine Verlängerung ist nur dadurch möglich, dass eine Rechtsverordnung erlassen wird.

### 6.5 Erteilung der Einzelgenehmigung[55]

679 § 23 StWG verpflichtet die Länder, darüber zu wachen, dass das Land, die Gemeinden, Landkreise und Zweckverbände bei der Beschaffung von Geldmitteln durch Kredit die durch die SchuldendeckelVO angeordneten Beschränkungen beachten. Das Land hat diese Bestimmung teilweise durch § 87 Abs. 4 GemO realisiert. Danach bedarf die Aufnahme des einzelnen Kredites der Genehmigung der Rechtsaufsichtsbehörde (Einzelgenehmigung), sobald eine Verordnung nach § 19 StWG (Schuldendeckelverordnung) erlassen wurde; diese gilt für Kredite, deren Gesamtbetrag nach § 87 Abs. 2 GemO der Genehmigung (Gesamtgenehmigung) der Rechtsaufsichtsbehörde bedarf.

Voraussetzung für die Einzelgenehmigung ist, dass für den aufzunehmenden Kredit die Gesamtgenehmigung durch die Rechtsaufsichtsbehörde bereits vorliegt. Wenn sich die Kreditaufnahme im Rahmen der SchuldendeckelVO hält, hat die Gemeinde einen Rechtsanspruch auf Genehmigung. Widerspricht sie den Kreditbeschränkungen, kann die Rechtsaufsichtsbehörde die Genehmigung versagen.

Zusätzliche Kontingente (vgl. 6.2) werden ebenfalls über die Einzelgenehmigung zugeteilt; darauf besteht aber kein Rechtsanspruch; die Zuteilung liegt im Ermessen der Zuteilungsbehörde (Rechtsaufsichtsbehörde).

Wird ein Kredit ohne die Einzelgenehmigung aufgenommen, obwohl eine SchuldendeckelVO vorliegt, ist der Vertrag zunächst schwebend unwirksam. Wird die Einzelgenehmigung versagt, ist das Rechtsgeschäft nichtig (§ 117 GemO).

53 § 24 StWG.
54 § 20 Abs. 4 StWG.
55 Vgl. dazu Ausführungen in Rdnr. 674.

## 7. Kreditaufnahme während der vorläufigen Haushaltsführung

§ 83 GemO regelt die so genannte haushaltslose Zeit (Interimswirtschaft). 680
Danach dürfen im neuen Haushaltsjahr – bei noch fehlender Haushaltssatzung – die Ausgaben geleistet werden, für die eine rechtliche Verpflichtung besteht; dasselbe gilt für unaufschiebbare Aufgaben; insbesondere dürfen Bauten, Beschaffungen und sonstige Leistungen des Vermögenshaushalts, für die im Haushaltsplan eines Vorjahres Beträge vorgesehen waren, fortgesetzt werden. Durch diese Maßnahmen fallen Ausgaben an, für die in einer Haushaltssatzung (Haushaltsplan) noch keine Finanzierungsmöglichkeit ausgewiesen ist; insbesondere liegt keine Kreditermächtigung vor. Zu beachten ist § 27 Abs. 1 GemHVO, wonach über Ausgabeansätze des Vermögenshaushaltes nur verfügt werden darf, soweit Deckungsmittel rechtzeitig bereitgestellt werden können.

Reichen die Deckungsmittel für die Fortsetzung von Bauten, Beschaffungen und Leistungen des Vermögenshaushaltes, für die eine rechtliche Verpflichtung besteht oder die unaufschiebbar sind, nicht aus, kann der Finanzierungsbedarf auch ohne Haushaltssatzung bis zu einem gewissen Rahmen durch Kredite gedeckt werden. Als Höchstbetrag ist ein Viertel des durchschnittlichen Betrages der Kreditermächtigungen für die beiden Vorjahre festgelegt.

*Beispiel:*
Beim Beginn des Haushaltsjahres 2002 ist die Haushaltssatzung noch nicht erlassen
Kreditermächtigung

2001 = 6 Mio. €
2000 = 4 Mio. €

10 Mio. €: 2 = 5 Mio. €: 4 = 1,25 Mio. € Höchstbetrag

Die Kreditaufnahme bedarf der Genehmigung der Rechtsaufsichtsbehörde (§ 83 Abs. 2 GemO). Liegt die Genehmigung nicht vor, ist das Rechtsgeschäft zunächst schwebend unwirksam, bei endgültiger Versagung nichtig (§ 117 Abs. 1 GemO). Die Genehmigung soll unter dem Gesichtspunkt einer geordneten Haushaltswirtschaft erteilt oder versagt werden; sie kann unter Bedingungen erteilt und mit Auflagen verbunden werden. Die Rechtsaufsichtsbehörde wird hier insbesondere die Auflage in die Genehmigung aufnehmen, innerhalb einer bestimmten Frist die Haushaltssatzung vorzulegen.

Genehmigungsvoraussetzung im Sinne einer geordneten Haushaltswirtschaft wird in der Regel sein, dass die zu finanzierenden Vorhaben im ausgeglichenen Finanzplan für den entsprechenden Zeitraum enthalten sind. Die Rechtsaufsichtsbehörde wird nur in begründeten Ausnahmefällen von dieser Genehmigungsmöglichkeit Gebrauch machen, da der Grundsatz der Vorherigkeit (§ 81 Abs. 3 GemO) verletzt wurde. Die spätere Gesamtgenehmigung hat bezüglich des bereits genehmigten Betrages nur deklaratorische Bedeutung. Es erscheint zweckmäßig, in den Genehmigungserlass aufzunehmen: „Vom Gesamtbetrag der Kreditermächtigung sind bereits ... € durch Einzelgenehmigung gemäß § 83 Abs. 2 GemO beansprucht". Diese Regelung darf nicht mit dem Weitergelten der Kreditermächtigung nach § 87 Abs. 3 GemO verwechselt werden.

Die Gemeinde darf während der vorläufigen Haushaltsführung Kredite zur Ablösung anderer Kredite (Umschuldungskredite) aufnehmen (§ 83 Abs. 1 Nr. 3 GemO). Eine Genehmigung der Rechtsaufsichtsbehörde ist dazu nicht erforderlich.

## 8. Kreditsicherungsverbot

681 Die Hingabe eines Kredites ist für den Kreditgeber stets mit dem Risiko verbunden, die versprochenen Zinsen und Tilgungsleistungen vom Kreditnehmer nicht zu erhalten. Der Kreditgeber versucht deshalb, seine Zins- und Tilgungsansprüche so gut wie möglich abzusichern; bereits bei der Auswahl der Darlehensnehmer muss er auf die Bonität (Adresse), d. h. auf die Kreditwürdigkeit des Kunden achten. Je größer das Risiko für den Kreditgeber ist, desto ungünstiger sind in der Regel für den Kreditnehmer die Darlehensbedingungen (Zinshöhe, Auszahlungskurs, Laufzeit).

Beim Personalkredit wird der Kredit ausschließlich im Hinblick auf die Kreditwürdigkeit des Kreditnehmers gewährt; er ist mit seiner Person für einen bestimmten Betrag gut. Personalkredite sind deshalb im Allgemeinen gegenüber dem Realkredit wesentlich niedriger und haben eine kürzere Laufzeit.

Eine stärkere Sicherung für den Kreditgeber tritt ein, wenn eine oder mehrere kreditwürdige Personen für den Kredit bürgen, entweder als Ausfallbürge (zuerst muss die Zahlungsunfähigkeit des Hauptschuldners nachgewiesen werden) oder als selbstschuldnerischer Bürge (hier kann der Gläubiger, ohne auf den Hauptschuldner zurückzugreifen, vom Bürgen sofort eine Leistung verlangen). Die Zinshöhe und die übrigen Kreditkonditionen richten sich mit in erster Linie nach der „Güte" der Bürgen.

Vielfach werden auch bewegliche Gegenstände dem Kreditgeber zur Sicherung übereignet (Besitzkonstitut). Dabei wird der Kreditgeber formell Eigentümer des beweglichen Gegenstandes, er überlässt ihn aber dem Kreditnehmer zur Benutzung; dies wird praktisch bei der Finanzierung von Kraftfahrzeugen, Maschinen, größeren Geräten; es ist denkbar, dass z. B. der ganze Fuhrpark einer Firma an ein Kreditinstitut übereignet wird.

Der Kredit kann auch durch Verpfändung (§§ 1204, 1273 BGB) von Wertgegenständen gesichert werden.

Der Gläubiger kann das Pfand grundsätzlich verkaufen, sobald die Forderung ganz oder zum Teil fällig ist und der Schuldner sie nicht bezahlt.

Der Lombardkredit ist ein Kredit gegen Verpfändung beweglicher Sachen und Rechte, insbesondere von Wertpapieren, Edelmetallen, Wechseln, Waren und Forderungen. Der Schuldner muss dem Gläubiger demnach eine Sicherheit bestellen. Nach dem Kreditsicherungsverbot für den Kommunalkredit scheidet diese Kreditart aus.

Mit zu den besten Kreditsicherungen zählt die Belastung von Grundstücken mit einer Hypothek oder Grundschuld (jeweils mit oder ohne Brief). **682** Bei diesem Realkredit (im engeren Sinn) haftet das Grundstück mit seinen wesentlichen Bestandteilen (z.B. Gebäude) für die Kreditverpflichtungen; wichtig ist dabei, dass die dingliche Belastung an günstiger Rangstelle innerhalb des Beleihungswertes steht, damit im Falle der Zwangsversteigerung der Kreditbetrag realisiert werden kann.

Auch der Wechselkredit, bei dem die Gemeinde als Bezogener auftritt, **683** scheidet für die Gemeinde aus. Bei der Wechselkreditierung muss der Bezogene insbesondere die Diskontkosten tragen. Die Wechselschuld ist abstrakt, d.h. sie ist losgelöst von dem der Wechselhingabe zugrunde liegenden Rechtsgeschäft. Aus diesem Rechtsgeschäft können daher keine Einwendungen gegen die Wechselschuld hergeleitet werden.

Ein Wesensmerkmal des Kommunalkredits besteht darin, dass für ihn **684** keine Sicherheiten bestellt werden dürfen (§ 87 Abs. 6 GemO). Die Sicherheit des Kommunalkredits wird dadurch begründet, dass der Kreditnehmer, also die Gemeinde, die Steuerhoheit (beim Landkreis = Umlagehoheit) besitzt. Ferner findet über das Vermögen der Gemeinde ein Konkursverfahren nicht statt (§ 45 AGGVG), sodass keine Vernichtung des Anspruchs droht. Zum Dritten soll durch die Staatsaufsicht und das Genehmigungsverfahren bei Kreditaufnahmen durch Gemeinden, Landkreise und Zweckverbände die Gefahr einer Überschuldung oder Zahlungsunfähigkeit gebannt werden. Schließlich besagt Art. 73 LV, dass das Land dafür sorgt, dass die Gemeinden und Gemeindeverbände ihre Aufgaben erfüllen können.

Vom Kreditsicherungsverbot kann die Rechtsaufsichtsbehörde Ausnahmen zulassen, wenn dies der Verkehrsübung entspricht. Dies könnte z.B. beim Bau von Wohnungen zutreffen, wenn der Gläubiger auf einer dinglichen Sicherung bestehen muss (z.B. Hypothekenbankgesetz) und die Gemeinde gerade solche Kredite in Anspruch nehmen muss bzw. will.

Nach Auffassung des IM[56] kommen Ausnahmen vom Kreditsicherungsverbot nur in Frage, wenn der Gläubiger nach den für ihn geltenden gesetzlichen Vorschriften auf eine dingliche Sicherstellung des Kredits angewiesen ist, und wenn die Gemeinde keine anderweitige Möglichkeit

56 Nr. 8 VwV zu § 87 GemO.

hat, Kredite aufzunehmen. Der Vollstreckungsschutz nach § 127 Abs. 1 GemO entfällt dabei.

Wurde dem Gläubiger des Kredits eine Sicherheit bestellt, ohne dass die Rechtsaufsichtsbehörde gemäß § 87 Abs. 6 GemO eine Ausnahme zugelassen hat, ist dieses Rechtsgeschäft der Sicherheitsbestellung gemäß § 117 Abs. 2 GemO nichtig. Ob dadurch das gesamte Rechtsgeschäft, also auch die Kreditaufnahme, nichtig ist, richtet sich nach § 139 BGB; ist ein Teil des Rechtsgeschäftes nichtig, so ist das ganze Rechtsgeschäft nichtig, wenn nicht anzunehmen ist, dass es auch ohne den nichtigen Teil vorgenommen worden sein würde.

## 9. Kreditarten

### 9.1 Schuldscheinkredit

**685** Beim Schuldscheinkredit (Schuldscheindarlehen) bekennt der Kreditnehmer, dass er von einem bestimmten Gläubiger einen bestimmten Betrag zu bestimmten Bedingungen (Kreditkonditionen) erhalten hat. Der Schuldschein enthält die Laufzeit, die Tilgungszeitpunkte, die Zinshöhe und die Zinszahlungstermine, den Auszahlungskurs, die beiderseitigen Kündigungsrechte u. Ä. Der Schuldschein ist grundsätzlich Nachweis (Beweis) für die Kredithingabe.

Die Frage, wie sich der Kreditgeber refinanziert, interessiert die Gemeinde grundsätzlich nicht. Kreissparkassen refinanzieren sich z. B. aus Spareinlagen mit gesetzlicher oder vereinbarter Kündigungsfrist aus Inhaberschuldverschreibungen und aus Sparkassenbriefen, die in der Regel bis zu 5 Jahre Laufzeit haben.

### 9.2 Anleihen (Kommunalschuldverschreibungen)

**686** Hier beschafft sich die Gemeinde auf dem Kapitalmarkt unmittelbar Geld durch die Ausgabe von Wertpapieren (Kommunalschuldverschreibungen – Kommunalobligationen); die Gemeinde ist Schuldner, der Wertpapierinhaber der Gläubiger. Bei den Inhaberkommunalschuldverschreibungen ist der jeweilige Inhaber Gläubiger; das bedeutet, dass der Gemeinde nicht bekannt ist, wer im Einzelnen Forderungen an sie zu stellen hat. Dies ist auch unerheblich, da die Konditionen für das Wertpapier (Zinshöhe, Rückzahlungszeit – Auslosung – Rückzahlungshöhe) nicht verändert werden und der jeweilige Gläubiger vor allem kein Kündigungsrecht hat. Er kann das Wertpapier an einen Dritten verkaufen, was aber wiederum für die Gemeinde ohne Bedeutung ist.

**687** Die Landeskommunalbanken sind die bedeutendsten Ausgeber von Kommunalschuldverschreibungen. Aus dem Erlös stellen sie den Kommunen direkt oder indirekt (über Sparkassen) Kommunalkredite zur Verfügung. Großstädte treten ebenfalls mit eigenen Kommunalschuldverschreibungen an den Kapitalmarkt heran.

Die Kommunalschuldverschreibungen bestehen aus dem Mantel und dem Zinsscheinbogen mit Erneuerungsschein (Talon).[57]

Die Kommunalschuldverschreibungen von Gemeinden, die gestückelt sind (z.B. Wertpapiere über 100, 500, 1000 Euro usw.), müssen hinsichtlich ihrer Laufzeit so ausgestaltet werden, dass die Gemeinde die Tilgungsleistungen zu den Fälligkeitsterminen aufbringen kann. Schuldverschreibungen sind in der Regel langfristig (Laufzeit bis zu zwanzig Jahren); die angespannte Kapitalmarktsituation z.B. im Jahre 1974 hat gezeigt, dass Bundesanleihen teilweise mit einer Laufzeit von fünf Jahren abgesetzt wurden, obwohl damit langfristige Investitionen finanziert wurden.

Die Laufzeit der Schuldverschreibung ist wesentlicher Bestandteil der Ausgabebedingungen. Sie richtet sich im Ausgabezeitpunkt nach der jeweiligen Kapitalmarktsituation und beeinflusst in erheblichem Maße (neben dem Zinssatz) die Absatzchancen. Vielfach werden Kommunalschuldverschreibungen ausgegeben, die z.B. fünf Jahre lang keine Tilgung vorsehen, danach soll die Anleihe in zehn gleichen Jahresraten pari (zum Nennwert) zurückgezahlt werden. Da der Gemeinde als Schuldner die Kreditgläubiger nicht bekannt sind, werden die Jahrestilgungsraten ausgelost; jedes Wertpapier hat eine Nummer. Der Jahrestilgungsbetrag wird dann auf die einzelnen Nummern der einzelnen Stückelungen aufgeteilt und verlost. Die Wertpapiernummern, die ausgelost wurden, werden veröffentlicht.

Die Kommunalschuldverschreibungen werden nach Zulassung zum Börsenverkehr an den Wertpapierbörsen gehandelt. Der jeweilige Kurs, zu dem die Papiere gehandelt werden, spielt für die Gemeinde grundsätzlich keine Rolle, da sie den Kapitalbetrag (Nominalbetrag) bei der Tilgung zurückzuzahlen hat, den das Wertpapier ausweist. **688**

Die Ausgabe der Schuldverschreibungen bedarf der Genehmigung des Bundesfinanzministeriums (im Einvernehmen mit der zuständigen Landesbehörde).

## 10. Kreditkonditionen, Wirtschaftlichkeit von Kreditaufnahmen

### 10.1 Auswahlmöglichkeit

Um das unter Berücksichtigung sämtlicher Bedingungen wirtschaftlichste Kreditangebot zu erhalten, ist es notwendig, verschiedene Kreditgeber zur Abgabe aufzufordern. Dabei sollte auf jeden Fall auch die **689**

57 Vgl. auch Rdnrn. 513–518.

Hausbank mit angeschrieben werden. Die folgenden Faktoren spielen insbesondere eine Rolle:

- Höhe des Zinssatzes und Angleichungsmöglichkeiten,
- Zinstermine,
- Auszahlungsbedingungen,
- Laufzeit und Tilgungstermine,
- Kündigungsrecht,
- Nebenleistungen (Verwaltungskosten).

Diese Faktoren hängen zusammen; sie sind für die Beurteilung der Wirtschaftlichkeit eines Kredites von tragender Bedeutung.

### 10.2 Laufzeit[58]

690 Nach der Laufzeit werden unterschieden:

- kurzfristige Kredite bis zu vier Jahren Laufzeit,[58]
- mittelfristige Kredite mit mehr als vier bis zu zehn Jahren Laufzeit,
- langfristige Kredite mit mehr als zehn Jahren Laufzeit.

Die goldene Bankregel besagt, dass langfristige Ausleihungen nur mit langfristigen Geldanlagen (re)finanziert werden dürfen und kurzfristige Ausleihungen mit kurzfristigen Geldanlagen finanziert werden können. Überträgt man diese Regel auf die kommunale Finanzwirtschaft, so dürfen die meist langfristigen Investitionen der Gemeinden nur mit langfristigen Krediten finanziert werden. Im Vermögenshaushalt gilt das Gesamtdeckungsprinzip, sodass der einzelne Kredit nicht mehr einem bestimmten Objekt zugeordnet werden kann. Die Tilgungsraten insgesamt müssen der finanziellen Leistungsfähigkeit der Gemeinde angepasst sein. Aus wirtschaftlichen Gründen hat die Gemeinde die hochverzinslichen Kredite nach Möglichkeit rascher zurückzuzahlen als die niedriger verzinslichen (vgl. auch § 77 GemO).

Die Tilgungsdauer bei den langfristigen Kommunalkrediten liegt zwischen zehn und dreißig Jahren. Hier ist wiederum das bereits oben erwähnte Generationenprinzip zu nennen, wonach die künftigen Nutznießer einer langfristigen kommunalen Investition auch die Lasten dieser Investition mit tragen sollen.

Hohe Tilgungsraten führen zu einer raschen Rückzahlung des Kredites. Die jährliche Schuldendienstbelastung fällt weg; die Gemeinde hat wieder größere Investitionsmittel frei. Die Gesamtlast an Zinsen ist geringer.

58 Vgl. dazu auch Nr. 3 des formell aufgehobenen RdErl. zu § 87 GemO; eine einheitliche Terminologie der Gliederung der Laufzeit gibt es nicht. Nach den Bilanzierungsvorschriften für Banken sind Kredite mit einer Laufzeit bis zu 3 Monaten, von 3 Monaten bis weniger als 4 Jahren und von 4 Jahren und darüber auszuweisen. Verschiedentlich werden Kredite bis zu 2 Jahren als kurz-, bis weniger als 4 Jahre als mittel- und die übrigen als langfristige Kredite bezeichnet.

Insbesondere beim langfristigen Kredit ist auch der seit Jahren zu beobachtende Geldwertschwund zu berücksichtigen; die Rückzahlungsverpflichtung für den Kredit bleibt gleich, obwohl eine allgemeine Steigerung des Wertes auf Grund des Kaufkraftverlustes eintritt und die Einnahmen in der Regel sich wesentlich erhöht haben.

Tilgungsfreie Jahre zu Beginn der Laufzeit bringen zunächst eine Entlastung für den Gemeindehaushalt, da nur Zinsleistungen, aber keine Tilgungen finanziert werden müssen. Die Zinslast wird aber dadurch größer. Reichen die so genannten Freijahre über den Zeitraum des Finanzplanes hinaus und handelt es sich um erhebliche Beträge, besteht die Gefahr, dass die Gemeinde ihre Leistungsfähigkeit bei der Finanzplanung überschätzt. Freijahre sind insbesondere dann gerechtfertigt, wenn große Investitionen für kostenrechnende Einrichtungen erforderlich sind, die eine mehrjährige Bauzeit haben und erst nach Abschluss der Maßnahme und ab der Inbetriebnahme Abschreibungen erwirtschaften, mit deren Hilfe wiederum Tilgungsleistungen erbracht werden können. **691**

### 10.2.1 Tilgungsformen

#### 10.2.1.1 Gesamtbetragskredit

Hier wird die gesamte Kreditsumme in einem Betrag fällig. Bei kleinen Beträgen ist darin keine Gefahr für den kommunalen Haushalt zu erblicken. Bei Großbeträgen muss die Gemeinde im Zeitpunkt der Fälligkeit den Gesamtbetrag finanzieren, was unter Umständen erhebliche Schwierigkeiten verursachen würde. Nach §90 GemO i.V.m. §20 Abs.3 Nr.1 GemHVO sind der allgemeinen Rücklage für die Tilgung von Krediten, die im Gesamtbetrag fällig werden, rechtzeitig ausreichend Mittel zuzuführen, wenn die Rückzahlungsverpflichtung die voraussichtliche Höhe der Zuführung des Verwaltungshaushalts an den Vermögenshaushalt übersteigt und nicht anders gedeckt werden kann. Der entsprechende Anteil in der allgemeinen Rücklage wäre gesondert zu kennzeichnen. Die Anlage der Rücklage bringt in der Regel weniger Zinsen als die für den Gesamtbetragskredit aufzubringende Summe an Kreditzinsen. Deshalb sollte von einem Gesamtbetragskredit grundsätzlich abgesehen werden. Eine Ausnahme kann dann gelten, wenn größere Einnahmen, die zeitlich und der Höhe nach exakt fixiert sind, fällig werden (z.B. Finanzierung von Grunderwerb, der nach drei Jahren an bereits feststehende Käufer weitergegeben werden kann; Finanzierung von Staatsbeiträgen, die in zwei Jahren fest eingehen). **692**

#### 10.2.1.2 Ratenkredit (Abzahlungskredit)

Hier wird der Kredit in gleich bleibenden Raten (z.B. monatlich, viertel- **693**
jährlich, jährlich) vom Schuldner zurückgezahlt. Bis zum Ende der Lauf-

zeit bleibt die jährliche Tilgungsbelastung gleich. Die jährliche Zinsbelastung geht jedoch – entsprechend dem sinkenden Zinskapital – zurück. Der Haushalt der Gemeinde wird nicht „zementiert", in den Folgejahren tritt eine gewisse Erleichterung hinsichtlich der Zinsbelastung ein. Auch kann an eine angemessene Mischung der beiden Kreditformen Ratenkredit und Annuitätskredit gedacht werden.

10.2.1.3 Annuitätskredit

694 Hier bleibt die jährliche Gesamtbelastung mit Zins und Tilgung während der ganzen Laufzeit gleich. Durch die laufende Tilgung wird der Zinsanteil immer kleiner, der Tilgungsanteil immer größer (progressive Tilgung).

*Beispiel:*

| Jahr | Kreditkapital[59] | Zins 9 %[59] | jährl. Tilgung;[60] ursprünglicher Tilgungsbetrag 5 % | jährl. Zins- und Tilgungsleistung (Annuität) 14 % |
|---|---|---|---|---|
| 1994 | 1 000 000 € | 90 000 € | 50 000 € | 140 000 € |
| 1995 | 950 000 € | 85 500 € | 54 500 € | 140 000 € |
| 1996 | 895 500 € | 80 595 € | 59 405 € | 140 000 € |
| | | | | usw. |

Bei gleicher Anfangsbelastung wird ein Annuitätskredit wesentlich schneller getilgt als ein Ratenkredit. Die Belastung des Haushalts bleibt für die ganze Laufzeit des Annuitätskredits gleich.

Bei einem Tilgungssatz von einem Prozent und einem Zinssatz von neun Prozent hat der Ratenkredit eine Laufzeit von hundert Jahren, der Annuitätskredit bei gleicher Anfangsbelastung eine solche von 26,728 Jahren. Der Zinsballast für diesen letzten Kredit ist dadurch insgesamt erheblich niedriger. Allerdings ist zu berücksichtigen, dass die durch die raschere Tilgung erforderlichen Finanzierungsmittel der Nettoinvestitionsrate der Gemeinde verloren gehen und der jährliche Kreditbedarf insoweit um diesen Betrag in der Regel aufgestockt wird, sodass eine Einsparung häufig nicht eintritt. Es ist ohne weiteres möglich, die Laufzeit eines Annuitätskredites in etwa auf die Laufzeit eines Ratenkredites gleicher Höhe anzulegen. Der ursprüngliche Tilgungssatz liegt dann wesentlich unter dem Tilgungssatz des Ratenkredits. Die Anfangsbelastung durch den Annuitätskredit ist wesentlich niedriger als beim Ratenkredit; dafür bleibt die Belastung bis zum Schluss gleich, wogegen beim Ratenkredit die Belastung immer niedriger wird.

59 Jeweils 1.1.
60 Jeweils 31.12.

### 10.2.2 Kündigung[61]

Für die Gemeinde als Schuldner ist es wichtig, dass die Laufzeit von ihr voll ausgeschöpft werden kann; deshalb ist ein Kündigungsrecht des Gläubigers grundsätzlich auszuschließen (Liquiditätsschwierigkeiten, Umschuldungsschwierigkeiten, mehrmalige Kreditbeschaffungskosten). Das Kündigungsrecht des Gläubigers ist in der Regel auf den Fall des vertragswidrigen Verhaltens der Gemeinde als Schuldner zu beschränken (z.B. Nichtzahlung der fälligen Leistungen trotz wiederholter Mahnung). Ein Kündigungsrecht kann u.U. auch zur angemessenen Zinsanpassung eingeräumt werden. Üblicherweise reicht aber die normale Zinsangleichungsklausel aus. Bei einer Kündigungsmöglichkeit zur Zinsanpassung sollte auf jeden Fall fixiert werden, dass eine Kündigung nicht zulässig ist, wenn das Anpassungsverlangen des Gläubigers den Effektivzins überschreitet, der bei Krediten aus dem Erlös von Kommunalschuldverschreibungen gilt.[62] **695**

Darlehen (Kredite im gemeindewirtschaftsrechtlichen Sinne) mit einem veränderlichen Zinssatz können vom Schuldner jederzeit unter Einhaltung einer Kündigungsfrist von 3 Monaten gekündigt werden (§489 Abs.2 BGB).

Darlehen, für die für einen bestimmten Zeitraum ein fester Zinssatz vereinbart ist, können vom Schuldner ganz oder teilweise gekündigt werden (§489 Abs.1 BGB),

- wenn die Zinsbindung vor der für die Rückzahlung bestimmten Zeit endet und keine neue Vereinbarung über den Zinssatz getroffen ist. Die Kündigungsfrist beträgt einen Monat und kann frühestens für den Ablauf des Tages ausgesprochen werden, an dem die Zinsbindung endet. Ist die Zinsanpassung in bestimmten Zeiträumen bis zu einem Jahr vereinbart, so kann der Schuldner jeweils nur für den Ablauf des Tages, an dem die Zinsbindung endet, kündigen,
- in jedem Fall nach Ablauf von 10 Jahren nach dem vollständigen Empfang des Darlehens unter Einhaltung einer Kündigungsfrist von 6 Monaten.
- Wird nach dem Empfang des Darlehens eine neue Vereinbarung über die Zeit der Rückzahlung oder den Zinssatz getroffen, so tritt der Zeitpunkt dieser Vereinbarung an die Stelle des Zeitpunkts der Auszahlung.

Ist eine Gemeinde oder ein Landkreis Schuldner, können die vorstehenden Kündigungsrechte vertraglich ausgeschlossen oder erschwert werden (§489 Abs.3 BGB). **696**

61 Vgl §§ 488 Abs. 3, 489 und § 491 BGB.
62 Vgl. dazu auch Nr.3c/d des formell aufgehobenen RdErl. zu § 87 GemO.

#### 10.2.3 Tilgungstermine

697 Als Grundsatz ist anzustreben, dass nach Leistung der Tilgung der entsprechende Betrag auch sofort außer Verzinsung tritt. Tritt die Herausnahme aus der Verzinsung des getilgten Kapitalbetrags erst zu einem späteren Zeitpunkt ein, so wirkt sich dies auf die Wirtschaftlichkeit des Kredits aus. Die Gemeinde hat deshalb bei Kreditverträgen insbesondere auf Verweisungen auf die allgemeinen Geschäftsbedingungen zu achten, in denen sich Regelungen über den Wegfall der Verzinsung befinden können.

#### 10.2.4 Haushaltstechnische Behandlung

698 Die Tilgungsleistungen sind im Vermögenshaushalt zentral im Einzelplan 9 zu veranschlagen und zu buchen (vgl. § 1 Abs. 1 Nr. 6 GemHVO). Bereinigt man die vorgesehenen Kreditaufnahmen in einem Haushaltsjahr um die Tilgungen, erhält man den Nettokreditbedarf. Bereinigt man die Zuführungsrate vom Verwaltungshaushalt zum Vermögenshaushalt um die Tilgungen und die Kreditbeschaffungskosten, erhält man die Nettoinvestitionsrate des Verwaltungshaushalts.

### 10.3 Kreditbeschaffungskosten

#### 10.3.1 Disagio

699 Darunter versteht man den Betrag, den der Kreditnehmer an den Kreditgeber außerhalb des Nominalzinses zu entrichten hat. Das Disagio ist üblicherweise eine einmalige Leistung; verschiedentlich behalten sich einzelne Kreditinstitute vor, während der Laufzeit ein weiteres Disagio zu verlangen, wenn sie sich kurzfristig refinanziert haben und sie erneut Geldbeschaffungskosten aufbringen müssen. Darauf ist bei den Kreditkonditionen besonders zu achten. Grundsätzlich sollte versucht werden, Kredite ohne diese Klausel aufzunehmen, da dies die Wirtschaftlichkeit eines Kredits ganz wesentlich negativ beeinflussen kann. Die Kapitalmarktsituation kann jedoch das Eingehen einer solchen Verpflichtung unter Umständen notwendig machen. Es besteht auch die Möglichkeit, die weiteren Kreditbeschaffungskosten des Kreditinstituts im Rahmen der Zinsangleichungsklausel im erhöhten Nominalzins weiterzugeben.

Begriffe:

- Disagio (Abzug, Abschlag) = Spanne, um den der Auszahlungskurs unter dem Nennwert des Kredits liegt (Nennwert 100 %, Auszahlungskurs 96 %, Disagio 4 %)
- Agio (Aufgeld) = Spanne, um den der Rückzahlungskurs über dem Nennwert des Kredits liegt (Nennwert 100 %, Rückzahlungskurs 105 %, Agio 5 %)
- Damnum (Schaden, Verlust) = so viel wie Disagio

Das Disagio/AGIO wird – je nach Vereinbarung – entweder bei der Auszahlung einbehalten (A) oder aber dem nominellen Kreditbetrag zugeschlagen (B).

*Beispiel:*

| | A | B |
|---|---|---|
| Kreditbetrag | 1 000 000 € | 1 000 000 € |
| Einbehalt 2% | 20 000 € | – |
| Zuschlag 2% | – | 20 000 € |
| Auszahlung | 980 000 € | 1 000 000 € |
| Rückzahlungsverpflichtung | 1 000 000 € | 1 020 000 € |

Bei hohem Disagio wird in der Regel ein niedriger Zins geboten; bei niedrigem Disagio ist der Zinssatz im Allgemeinen höher. Das Disagio wirkt sich auf den Effektivzins aus. Es ist grundsätzlich auf die ganze Laufzeit zu verteilen, um den Kreditvergleich anstellen zu können.

Das Disagio ist im Vermögenshaushalt in Ausgabe zu veranschlagen und zu buchen; die Kreditaufnahme ist in Höhe der Rückzahlungsverpflichtung (also brutto) zu veranschlagen und zu buchen (§ 14 Abs. 1 GemHVO).

### 10.3.2 Verwaltungskosten

Einmalige Verwaltungskosten werden verschiedentlich zuzüglich zum **700**
Disagio erhoben. Sie sind rechtlich und buchungstechnisch gleich zu behandeln wie das Disagio. Auch sie erhöhen den Effektivzins. Teilweise werden auch laufende Verwaltungskostenbeiträge berechnet. Hier ist von der Gemeinde insbesondere zu prüfen, ob sie auf die Dauer der Laufzeit fest sind und welche Berechnungsgrundlage gilt; besonders nachteilig sind Verwaltungskostenbeiträge, die sich während der ganzen Laufzeit aus dem ursprünglichen Darlehensbetrag errechnen. Sie sind bei der Prüfung der Wirtschaftlichkeit eines Kredites im Detail zu untersuchen. Der laufende Verwaltungskostenbeitrag ist beim Kreditvergleich in seiner Auswirkung dem Zins zuzurechnen. Er ist rechtlich und buchungstechnisch als Teil des Zinses zu behandeln (Verwaltungshaushalt, Einzelplan 9).

### 10.3.3 Vermittlerprovision

Den Gemeinden gehen immer – zum Teil auf Anforderung, zum Teil un- **701**
aufgefordert – Angebote von Geldmaklern zu. Bei der Realisierung eines Kreditbedarfs über die Makler wird neben dem Disagio häufig eine Courtage (Maklerprovision, Vermittlerprovision) verlangt. Bei den Angeboten ist zu prüfen, ob sie von seriösen Maklern abgegeben werden. Besonders streng sind die Kreditkonditionen zu untersuchen (Kündigungsmög-

lichkeiten, Zinsanpassung, weiteres Disagio). In manchen Fällen tritt der Makler zunächst als erster Kreditgeber auf, behält sich aber im Schuldschein vor, den Kredit an einen Dritten (neuer Gläubiger) abzutreten (Zession).[63] Die Courtage ist bei der Effektivverzinsung mit einzurechnen. Sie ist gemeindewirtschaftsrechtlich und buchungstechnisch wie das Disagio zu behandeln.

## 10.4 Nominalzins

### 10.4.1 Allgemeines

702 Der Zins ist die Vergütung, die der Kreditgeber für die Überlassung von Kapital – und somit von Kaufkraft – vom Kreditnehmer beansprucht. Der Zinssatz wird im Kreditvertrag (Schuldschein) festgelegt. Man spricht vom Nominalzinssatz. Der gesetzliche Zinssatz mit vier Prozent, der gelten würde, wenn die Verzinslichkeit des Darlehens feststehen würde, aber kein Zinssatz festgelegt ist, liegt wesentlich unter den Zinsen, die seit 1948 angesetzt werden.[64] Ist die Darlehensgewährung für beide Seiten ein Handelsgeschäft, beträgt der Zinssatz 5% (z.B. Eigenbetrieb, Stadtwerke).[65]

Bei günstigen Kapitalmarktzinsen werden Kredite mit einer möglichst langen Zinsfestschreibung (Zinsbindung) aufgenommen. Bei hohen Kapitalmarktzinsen wird man aus der Sicht der Gemeinde wesentlich kürzere Zeiten der Festschreibung vereinbaren, um später auf bessere Zinskonditionen umzusteigen. Die Zinsfestschreibung bindet beide Seiten; ist ein Kreditinstitut trotzdem bereit, während der Laufzeit einer Festzinsvereinbarung eine Rückzahlung (Tilgung) zu akzeptieren, verlangt es grundsätzlich eine sog. Vorfälligkeitsentschädigung. Diese ist in der Regel so bemessen, dass der voraussichtliche Zinsverlust des Kreditinstituts ausgeglichen ist.

Kredite mit variablem Zinssatz kommen infrage, wenn die Gemeinde dies selbst will oder andere Angebote nicht zur Verfügung stehen (Kapitalmarktlage). In diesen Fällen sind Zinsgleitklauseln (Zinsanpassungsklauseln, Zinsangleichungsklauseln) zu vereinbaren. Als Bezugsgröße für die höchstmögliche Zinsanpassung sollte vereinbart werden, dass die Zinsen den Betrag nicht übersteigen dürfen, der jeweils für Kommunalkredite aus dem Erlös von Kommunalschuldverschreibungen verlangt wird.[66] Allerdings ist auch darauf zu achten, dass die Zinsgleit-

63 Nr. 3e des formell aufgehobenen RdErl. zu § 87 GemO sah vor,dass der Gläubiger seine Forderung gegenüber der Gemeinde nur mit deren Zustimmung soll abtreten können.
64 Vgl. § 246 BGB. Zur Kündigungsmöglichkeit nach §§ 488 und 489 BGB vgl. auch Rdnrn. 695, 696.
65 Vgl. § 352 HGB; zum Thema Verzugszinsen vgl. §§ 288 und 289 i. V. mit § 247 BGB.

klausel bei sinkendem Zinsniveau auch zugunsten der Gemeinden gilt und überwacht wird, dass sie auch angewandt wird.[66] Kommunalkredite werden in der Regel bezüglich des Zinssatzes zu etwas günstigeren Bedingungen gegeben als Kredite an Privatunternehmen oder an sonstige Privatpersonen. Dies hängt vor allem mit der Sicherheit der Kommunen als Schuldner zusammen. Auch werden in der Regel hohe Beträge gewährt, bei denen die Verwaltungskosten für das Kreditinstitut relativ niedrig sind.

### 10.4.2 Zinstermine

Die Fälligkeitstermine für die Zinszahlungen haben Einfluss auf die Wirtschaftlichkeit eines Kredits. Ein Kredit, der mit zehn Prozent zu verzinsen ist und dessen Zinsen jährlich nachträglich zu entrichten sind (A), ist günstiger als ein Kredit, bei dem die Zinsleistungen vierteljährlich zu erbringen sind (B). **703**

*Beispiel:* Kreditkapital 1 000 000 €

| A | B |
|---|---|
| Zinszahlung jährlich nachträglich | Zinszahlung vierteljährlich nachträglich |
| 100 000 € | 25 000 € |

Beim Fall A kann die erste Vierteljahresrate auf ein Dreivierteljahr als Festgeld angelegt werden mit z.B. acht Prozent Zins, die zweite Rate auf ein halbes Jahr und die dritte Rate auf ein Vierteljahr. Die Zinsersparnis beträgt rund 3000 €. Bei Großkrediten sollten deshalb bei der Berechnung des Effektivzinssatzes auch die Fälligkeitstermine für die Zinsleistungen mit berücksichtigt werden; die Auswirkungen der Zinstermine auf den Effektivzins können aus Tabellen abgelesen werden.

### 10.4.3 Zinsverbilligungen, Zinssubventionen

Land und Bund gewähren bei verschiedenen Investitionen zinsverbilligte Kredite. Die Gemeinden sind zur Vermeidung von Vermögensschäden und Haftungsansprüchen gegen den betroffenen Bediensteten schon im Hinblick auf § 77 GemO verpflichtet, diese Vergünstigungsmaßnahmen in Anspruch zu nehmen. So sind z.B. zinsgünstige Kredite ggf. im sozialen Wohnungsbau, beim Feldwegebau, bei Schaffung von Abfallbeseitigungsanlagen und Klärwerken (ERP-Darlehen und Landesdarlehen), bei Stadtsanierungsmaßnahmen und u.U. für sonstige Maßnahmen zu erhalten. Teilweise werden auch für die genannten Zwecke offene Zinssubventionen gewährt; hier nimmt die Gemeinde bei einem Kreditinstitut zu den **704**

66 Vgl. dazu auch Nr. 3c des formell aufgehobenen RdErl. zu § 87 GemO; bei Kreissparkassen ist z.T. folgende Zinsgleitklausel üblich: „Ändert sich das allgemeine Zinsniveau für langfristige Ausleihungen der Sparkassen, so ist die Sparkasse berechtigt, durch Erklärung gegenüber dem Darlehensnehmer den Zinssatz nach Nr. 1 mit sofortiger Wirkung anzuheben oder zu senken. Der Zinssatz darf den sich aus dem Erlös handelsüblicher Kommunalanleihen ergebenden Zinssatz nicht überschreiten."

üblichen Bedingungen einen Kredit auf und erhält für die auflaufenden Zinsen einen Zuschuss.

#### 10.4.4 Haushaltstechnische Behandlung

705 Zinsen werden als laufende Ausgaben im Verwaltungshaushalt im Einzelplan 9 in Ausgabe veranschlagt. Erhält die Gemeinde eine Schuldendiensthilfe oder einen zinsverbilligten Kredit (vgl. 10.4.3), ist der Betrag, um den der Zins verbilligt wird, in dem Abschnitt des begünstigten Aufgabenbereiches in Einnahme (beim zinsverbilligten Kredit zu Lasten des EPl. 9) zu veranschlagen oder sind nach § 12 Abs. 1 Satz 1 Nr. 2 GemHVO bei der kostenrechnenden Einrichtung entsprechend niedrigere Kapitalzinsen anzusetzen.[67]

Es erscheint zweckmäßig, bei zweckgebundenen Krediten bei der Veranschlagung auf die Zweckbindung hinzuweisen.

Zinsen für eine Investitionsmaßnahme können für den Zeitraum bis zu ihrer Fertigstellung (Inbetriebnahme) entweder im Verwaltungshaushalt als laufender Aufwand oder über eine Verrechnung zwischen Verwaltungshaushalt und Vermögenshaushalt (Einnahme VwH, Untergruppe 158, Ausgabe VmH beim jeweiligen Vorhaben) als Herstellungsaufwand dargestellt werden (Aktivierung von sog. Bauzinsen). Soweit es sich um kostenrechnende Einrichtungen handelt, muss im Hinblick auf das im Gebührenrecht geltende Äquivalenzprinzip bei wesentlichen Beträgen eine Aktivierung im VmH stattfinden.[68]

#### 10.4.5 Zinsen und Gesamtdeckungsprinzip

706 Durch das Gesamtdeckungsprinzip (§ 16 GemHVO) können die Finanzierungsmittel und somit auch die Kredite nicht dem einzelnen Objekt zugerechnet werden.

Die Einteilung der Kredite in vollrentierliche, teilrentierliche oder unrentierliche Kredite ist im Hinblick auf das Gesamtdeckungsprinzip grundsätzlich nicht möglich.[69] Trotzdem müssen aus den auf der Ausgabenseite des Vermögenshaushalts enthaltenen Hauptinvestitionen Schlüsse abgeleitet werden, die in etwa auf die so genannte „Rentierlichkeit" abzielen. Ist ein Schulgebäude oder eine große Straßenbaumaßnahme ausgewiesen, so müssen die Finanzierungsfolgekosten (Zins und Tilgung) und die übrigen Folgekosten (Betriebs- und Unterhaltungskosten) voll aus allgemeinen Deckungsmitteln getragen werden, was zu einer Verringerung der Nettoinvestitionsrate führt. Ist dagegen ein Wasserhochbehälter oder ein

67 Vgl. VwV Gliederung und Gruppierung, Nr. 2.5.4.
68 Zur Behandlung von Vorfinanzierungszinsen (Bauzinsen, Herstellungszinsen) vgl. auch Nr. 2.1.2.1.
69 Die Kapitalfolgekosten (Zins und Abschreibung) können aus den speziellen Entgelten (Einnahmen/Erträge), die aus der Nutzung des mit Krediten finanzierten Gegenstands voll, teilweise oder gar nicht gedeckt werden; vgl. dazu auch 2.1.3.

Klärwerk Hauptausgabeposten, dann können die genannten Kostenarten ganz oder teilweise über entsprechende Entgelte der Benutzer finanziert werden. Die Investitionsrate bleibt ganz oder teilweise erhalten.[70]

Wegen der Zuordnung von Fremdkrediten zu den körperschaftsteuerpflichtigen Einrichtungen im Rahmen des Gesamtdeckungsprinzips wird auf Rdnrn. 674 f. verwiesen.

## 10.5 Effektivzins, Kreditvergleiche[71]

### 10.5.1 Allgemeines

Mehrere Kredite können nur miteinander verglichen werden, wenn der jeweilige Effektivzins festgestellt wurde. Dabei spielen alle jene Faktoren eine Rolle, die mit dem Kredit unmittelbar zusammenhängen und für die Gemeinde Kosten verursachen. Voraussetzung für die exakte Vergleichbarkeit ist, dass die Kreditkonditionen für den vollen zu beurteilenden Zeitraum grundsätzlich gleich bleiben. Hier treten jedoch bereits die ersten Vergleichsschwierigkeiten auf. Der variable Zinssatz ist meist von einer Angleichungsklausel abhängig; es kann nicht mit hinreichender Sicherheit vorausgesagt werden, wie sich diese Angleichungsklausel bei den verschiedenen Kreditangeboten auswirken wird. Hat sich ein Kreditgeber ein weiteres Disagio z. B. nach fünf oder zehn Jahren vorbehalten, so wirkt sich dies im Falle der Realisierung auf den Effektivzins negativ aus. Um bereits bei der Einholung von Kreditangeboten auf die Vergleichbarkeit hinzuwirken, müssten insbesondere Laufzeit, Fälligkeitstermin für Zins- und Tilgungsleistungen und die Tilgungsform angegeben werden. 707

Es sollte angestrebt werden, dass sich der Effektivzins in dem für Kommunalkredite gleicher Laufzeit üblichen Rahmen hält.[72] Ist kurz- oder mittelfristig mit einer Rückzahlung oder Umschuldung zu rechnen, sollen die Kreditbeschaffungskosten möglichst niedrig sein.

Die exakte Berechnung des Effektivzinses muss die Faktoren Nominalzins, Auszahlungskurs (Nominalbetrag abzüglich Disagio), Vermittlungs- und Verwaltungskosten, die Laufzeit und die Termine für den Schuldendienst sowie die Tilgungsformen (Raten- oder Annuitätskredit)

70 Zur Frage der kalkulatorischen Zinsen siehe Rdnrn. 770 ff., insbes. 822 ff., wegen der Aufteilung in Eigenkapital und Fremdkapital bei der Finanzierung von Investitionen körperschaftsteuerpflichtiger Einrichtungen der Gemeinden (i. d. R. Betriebe gewerblicher Art) vgl. Fn 47.

71 § 492 Abs. 2 BGB befasst sich mit dem effektiven Jahreszins bei Verbraucherkrediten. Zum Begriff des Verbrauchers vgl. § 13 BGB. Die Berechnung des effektiven und des anfänglichen effektiven Jahreszinses richtet sich nach § 6 der Preisangabenverordnung.

72 Vgl Nr. 3 a des formell aufgehobenen RdErl. zu § 87 GemO.

berücksichtigen. Die exakte Berechnungsformel, die sämtliche Faktoren berücksichtigt, ist relativ schwierig zu handhaben.[73]

Die Preisangabenverordnung (PAngV) vom 28.7. 2000 (BGBl. I S. 1244) gilt u.a. für Kreditangebote an Letztverbraucher (§ 1). Gem § 6 PreisangabeVO ist bei Krediten der Effektivzins anzugeben; diese Vorschrift enthält die den Effektivzins beeinflussenden Faktoren. Zu den Ausnahmen von der Pflicht zur Angabe des Effektivzinses vgl. § 6 Abs. 9 PAngV. Zur Ermittlung des Effektivzinses werden auch Programme für die elektronische Datenverarbeitung angeboten.

### 10.5.2 Vereinfachte Berechnungsformeln

**708** Im Allgemeinen wird folgende Formel verwendet, deren Aussagewert sich an die Tabellen von *Braeß* annähert:

$$\text{Effektivzins} = \frac{\text{Nominalzins} \times 100}{\text{Auszahlungskurs}} + \frac{\text{Disagio} \times 100}{\text{Laufzeit} \times \text{Auszahlungskurs}}$$

Beim Nominalzins sind laufende Verwaltungskostenbeiträge, beim Disagio einmalige (vorschüssige) Verwaltungskostenbeiträge hinzuzurechnen, während letztere beim Auszahlungskurs abzuziehen sind:

Die folgenden Beispiele zeigen die Berechnung des Effektivzinses auf:

a) Angebot der Bank A
Ratendarlehen mit 9,6 % Nominalzins
Auszahlungskurs 99 %
10 Jahre Tilgung, vorgeschaltet
2 tilgungsfreie Jahre

Effektivzins nach der Faustformel =

$$\frac{9{,}6 \times 100}{99} + \frac{1 \times 100}{12 \times 99} = 9{,}70 + 0{,}08 = 9{,}78\,\%$$

Effektivzins nach Tabellen *Braeß* 9,81 %

b) Angebot der Bank B
Ratendarlehen mit 9,0 % Nominalzins
zuzüglich jährlicher Verwaltungskostenbeitrag 0,2 %
Auszahlungskurs 95 %
Laufzeit 15 Jahre

73 Eine Erleichterung in der Handhabung stellen die Tabellen von *Prof. Dr. Paul Braeß* dar: Effektivzinssatz I für Tilgungsdarlehen/Annuitätsdarlehen (Ausgabe 1967); Effektivzinssatz II für Darlehen und Wertpapiere mit Ratentilgung (Ausgabe 1968);
Effektivzinssatz III für Festdarlehen (fällig im Gesamtbetrag – Ausgabe 1967); herausgegeben von der Deutschen Girozentrale – Deutsche Kommunalbank – im Deutschen Sparkassenverlag Stuttgart. Berechnungsformeln und Tabellen enthält auch der jeweilige Deutsche Sparkassenkalender; vgl. auch *Steppeler*, Effektivzinsen nach der Preisangabeverordnung 1985, 2. Aufl., Deutscher Sparkassenverlag.

Effektivzins nach der Faustformel =

$$\frac{9{,}2 \times 100}{95} + \frac{5 \times 100}{15 \times 95} = 9{,}68 + 0{,}35 = 10{,}03\,\%$$

Effektivzins nach Tabellen *Braeß* 10,23 %

c) Angebot der Bank C
Annuitätsdarlehen mit 9,25 % Nominalzins
Auszahlungskurs 96 %
Laufzeit 15 Jahre

$$\frac{9{,}25 \times 100}{96} + \frac{4 \times 100}{15 \times 96} = 9{,}64 + 0{,}28 = 9{,}92\,\%$$

laut Tabellen *Braeß* 9,95 % Effektivzins

Die vorstehenden Beispiele sind auf der Grundlage jährlicher Zinstermine berechnet. Bei viertel- oder halbjährlicher Zahlung würden sich spürbare Zuschläge (Erhöhung des Effektivzinssatzes) ergeben. Beim Aufbau der Tabellen *Braeß* sind solche unterschiedlichen Fälligkeitstermine berücksichtigt und die abgelesenen Ergebnisse mathematisch exakt.

Bei gleicher Laufzeit und bei sonst gleichen Bedingungen ist der Effektivzins bei einem Ratendarlehen etwas höher als bei einem Annuitätsdarlehen.

## 10.6 Zinsballast

### 10.6.1 Allgemeines

Unter der Zinssumme[74] versteht man die während der gesamten Laufzeit **709**
des Kredits zu zahlenden Zinsen zuzüglich der Nebenkosten in einem absoluten Betrag. Der Zinsballast[75] ist der Prozentsatz, der das Verhältnis zwischen nominellem Kreditbetrag einerseits und während der ganzen Laufzeit des Kredites zu zahlenden Zinsen zuzüglich Nebenkosten andererseits ausdrückt. Die Zinssumme ist der Betrag, der insgesamt den Haushalt belastet und somit die künftige Investitionsrate der Gemeinde einschränkt. Die Aussagefähigkeit des Zinsballastes wird dadurch etwas eingeschränkt, als er den etwaigen Kaufkraftschwund („Inflationsrate") nicht berücksichtigen kann. Je schneller ein Kredit zurückgezahlt wird, umso geringer sind der Zinsballast und die Zinssumme. Daraus könnte man schließen, dass die Kredite möglichst schnell zurückgezahlt werden sollen. Solange aber die Gemeinden jährlich eine neue Nettokreditverschuldung aufweisen, ist diese Anschauung fraglich. Durch hohe Tilgungsleistungen wird die Nettoinvestitionsrate geschmälert und somit

74 Verschiedentlich wird der Begriff Zinsballast auch für den Begriff Zinssumme verwendet.
75 Verschiedentlich wird der Begriff Zinsballast auch für den Begriff Zinssumme verwendet.

der neue Kreditbedarf erhöht. Der Zinsballast beim alten Kredit wird dadurch geringer, er muss aber mit einem Zinsballast für den neuen Kredit (für den auch wieder ein Disagio anfällt) bezahlt werden.

### 10.6.2 Berechnungsformel

710 *Düren*[76] zeigt für die Berechnung der Zinssumme und des Zinsballastes folgende Formeln auf:

Vereinfachtes Beispiel:

Kreditsumme 1000000 €
Auszahlungskurs 98 %
Zins 9 %
Laufzeit 2 Jahre

$$\frac{9}{2} \times (2 + 1) + 2 = 15{,}5\,\%\ \text{Zinsballast}$$

a) Bei Ratenkrediten

$$\text{Zinsballast} = \frac{\text{Zinssatz (\%)}}{2} \times (\text{Laufzeit} + 1) + \text{Disagio (\%)}$$

711 Bei Ratenkrediten werden u.U. Freijahre gewährt. In dieser Zeit sind nur Zinsleistungen zu erbringen, aber keine Tilgungsleistungen (Beispiel: Laufzeit insgesamt zwanzig Jahre, davon die ersten fünf Jahre tilgungsfrei). Dies kann z.B. beim Bau einer Kosten rechnenden Einrichtung der Fall sein, die erst nach Ablauf der mehrjährigen Bauzeit und ab der Benutzungsmöglichkeit (Inbetriebnahme) Einnahmen (und somit Abschreibungen zur Finanzierung der Tilgungen) erwirtschaftet.

Für diesen Fall gilt für die Berechnung des Zinsballastes folgende Formel:

$$\frac{\text{Zinssatz (\%)}}{2} \times (\text{Gesamtlaufzeit - Freijahre} + 1 + 2 \times \text{Freijahre}) + \text{Disagio (\%)}$$

Vereinfachtes Beispiel:

Kreditsumme 1000000 €
Auszahlungskurs 98 %
Zins 9 %
Laufzeit insgesamt 5 Jahre, davon 3 Freijahre

$$\frac{9}{2} \times (5 - 3 + 1 + 2 \times 3) + 2 = 42{,}5\,\%\ \text{Zinsballast}$$

76 GH 1967, S. 279.

$$\text{Zinssumme} = \frac{\text{Kapital (€)} \times \text{Zinsballast (\%)}}{100}$$

Beim ersten vereinfachten Beispiel:

$$\frac{1\,000\,000\,€ \times 15{,}5\,\%}{100} = 155\,000\,€$$

b) Bei Annuitätskrediten

In diesen Fällen nennen die Kreditinstitute in aller Regel die Daten für die Laufzeit, die Zinssätze (%), den (Anfangs-)Tilgungssatz (%) und meist auch die gesamte Zinssumme. Liegen Angaben des Kreditinstituts über die Laufzeit nicht vor, so können diese Werte aus entsprechenden Tabellen (z.B. Braeß) entnommen werden. Der Zinsballast wird nach folgender Formel berechnet: **712**

Annuität × Laufzeit – 100 + Disagio (%) = Zinsballast

Anmerkung: Annuität ist der Zinssatz (%)

+ (Anfangs-)Tilgungssatz (%)

Beispiel:

Kreditkapital 1 000 000 €, Zinssatz 7 %, (Anfangs-)Tilgungssatz 2 %, Disagio 2 %, Laufzeit 22,23 Jahre (laut Tabelle Braeß)

= (7 + 2) × 22,23 – 100 + 2 = 102,07 % Zinsballast

Die Zinssumme wird bei Annuitätskrediten in gleicher Weise ermittelt wie bei a).

*Düren*[77] zeigt u.a. folgende Beispiele auf:

| | ANNUITÄT | | | | | | | |
|---|---|---|---|---|---|---|---|---|
| auszuzahlende Kreditsumme | Zinssatz[78] | Tilgungssatz | Auszahlungskurs | Nominalbetrag des Kredites | Laufzeit des Kredites Jahre | Gesamtleistung | Zinssumme | Zinsballast |
| | % | % | % | € | | € | € | % |
| 1 Mio. € | 9 | 1 | 94 | 1 063 830 | 26,728 | 2 843 405 | 1 843 405 | 173,28 |
| 1 Mio. € | 9 | 2 | 94 | 1 063 830 | 19,789 | 2 315 729 | 1 315 729 | 123,68 |

77 GH 1974, S. 111 ff.; Zinssumme und Zinsballast wurden ergänzt.
78 Eine Erhöhung der Tilgungsleistung bei einem bestimmten Kredit ist in der Regel nur dann wirtschaftlich sinnvoll, wenn der erhöhte Tilgungsbetrag nicht zu einer höheren Neukreditaufnahme führt (Hinweis: Höhere Mindestzuteilungsrate).

### 10.7 Finanzderivate zur Zinssteuerung[79]

713 Das Ziel von Finanzderivaten im kommunalen Bereich ist die Begrenzung von Zinsänderungsrisiken oder die Verbesserung von Kreditkonditionen. Derivate lassen den ursprünglichen Kredit unverändert; sie zielen ausschließlich auf den Zinssatz ab (Zinsoptimierung).[80] Da mit den Derivaten in der Zukunft liegende ungewisse Ereignisse (Zinsentwicklungen) berücksichtigt werden sollen, sind sie mit (grundsätzlich überschaubaren) Chancen und Risiken verbunden. Sie werden nur gegen Entgelt eingeräumt. Die Vereinbarung eines Zinsderivats bedarf einer sorgfältigen Abwägung.[81] Nachstehend sollen nur einige der im Zusammenhang mit Finanzderivaten verwendeten Begriffe dargestellt werden.

Der **Zinsswap** ermöglicht den Wechsel von variablen in feste Zinssätze und umgekehrt. Er kann mit Caps als Zinsobergrenzen und mit Floors als Zinsuntergrenzen gegen zu hohe Zinsausschläge kombiniert werden.

Beim **Cap** vereinbart der Kreditnehmer mit dem Kreditinstitut, dass bei einem Kredit mit einem variablen Zinssatz eine bestimmte Höchstgrenze nicht überschritten wird. Wenn der tatsächliche Zinssatz (z.B. auf der Basis Euribor) über diesem Höchstsatz liegt, erhält der Kreditnehmer die Differenz als Ausgleichsleistung. Auf diese Weise kann sich der Kreditnehmer z.B. den Vorteil niedriger variabler Zinsen sichern.

Beim **Floor** vereinbaren die Vertragspartner bei Krediten mit variablem Zinssatz eine Zinsuntergrenze. Dadurch kann beim variablen Kredit ein günstigerer Ausgangszinssatz erreicht werden. Wird der vereinbarte Mindestzinssatz aufgrund der Marktentwicklung jedoch unterschritten, zahlt der Schuldner den höheren Mindestzinssatz.

Beim **Collar** werden Zinsober- und Zinsuntergrenzen festgelegt (Zinskorridor). Bei Über- oder Unterschreitungen fallen Ausgleichszahlungen an.

## 11. Verpflichtungsermächtigung und Kredit

### 11.1 Allgemeines

714 Verpflichtungen zur Leistung von Ausgaben für Investitionen und Investitionsförderungsmaßnahmen (vgl. §46 Nr.13 und 14 GemHVO) in künftigen Jahren dürfen nur eingegangen werden, wenn der Haushaltsplan hierzu ermächtigt (§86 Abs.1 GemO).

79 Vgl. dazu *Noll*, Einsatz derivater Finanzinstrumente in öffentlichen Haushalten, Finanzwirtschaft (FiWi) 2000, S.245ff. (m.w.N.).

80 Derivate Finanzierungsinstrumente sind nur im Zusammenhang mit Krediten zulässig; spekulative Geschäfte sind ausgeschlossen. Zu den Zinsderivaten vgl. auch *Schwarting*, Kommunales Kreditwesen, 2. Auflage, Rdnr.221.

81 Dabei sind die im Zeitpunkt der Entscheidung absehbaren Entwicklungen zu berücksichtigen. Die Kapitalmarktentwicklung ist bei den vielen und vielfältigen Einflussfaktoren auch hinsichtlich erheblicher Ausschläge letztlich nicht vorauszusehen.

*Beispiel:*
2002 wird mit einem Schulhausbau begonnen, der einem Generalunternehmer zum Festpreis von 20 Mio. € übertragen wird. Die Beträge werden wie folgt fällig: 2002 (laufendes Haushaltsjahr) 5 Mio. €, 2003, 2004 und 2005 ebenfalls je 5 Mio. €. Der Abschluss des Gesamtvertrages, der über 20 Mio. € lautet, ist nur zulässig, wenn der Haushaltsplan 2002 Verpflichtungsermächtigungen für die Jahre 2003–2005 in Höhe von insgesamt 15 Mio. € für den genannten Zweck ausweist.

Verpflichtungsermächtigungen dürfen zu Lasten der dem Haushaltsjahr folgenden drei Jahre veranschlagt werden, u.U. bis zum Abschluss einer Maßnahme. Dabei muss der Haushaltsausgleich künftiger Jahre gewährleistet sein. Die Investitionen und Investitionsförderungsmaßnahmen, für die Verpflichtungsermächtigungen vorgesehen sind und die in den dem Haushaltsjahr folgenden drei Jahren fällig werden sollen, müssen im Finanzplan und im Investitionsprogramm der Gemeinde ausgewiesen werden; aus diesen Grundlagen ist sodann zu entnehmen, wie die Maßnahmen, für die Verpflichtungsermächtigungen eingegangen werden, finanziert werden sollen. Im laufenden Haushaltsjahr sind die Verpflichtungsermächtigungen bei den einzelnen Haushaltsstellen zu veranschlagen; die Belastungsverteilung auf die künftigen Jahre ist auszuweisen (§9 GemHVO).[82]

### 11.2 Genehmigungsvorbehalt

Der Gesamtbetrag der Verpflichtungsermächtigungen bedarf gemäß §86 Abs.4 GemO im Rahmen der Haushaltssatzung insoweit der Genehmigung der Rechtsaufsichtsbehörde, als in den Jahren, in denen voraussichtlich Ausgaben aus den Verpflichtungen zu leisten sind, Kreditaufnahmen vorgesehen sind. Die Frage der Genehmigungsbedürftigkeit ist somit nach dem Finanzplan zu beantworten. Sind im Vermögenshaushalt und im Investitionsprogramm der künftigen Jahre Kredite als Deckungsmittel eingesetzt, ist insoweit Genehmigungsbedürftigkeit für die einzelnen Jahre gegeben. In der Praxis wird dies der Regelfall sein. Die Genehmigung wird von der Rechtsaufsichtsbehörde im Rahmen der Überprüfung des Haushalts- und des Finanzplanes unter dem Gesichtspunkt einer geordneten Haushaltswirtschaft erteilt oder versagt. Dabei haben sowohl Gemeinde als auch Rechtsaufsichtsbehörde zu untersuchen, ob beim Realisieren der Verpflichtungsermächtigung nach dem jeweiligen Erkenntnisstand auch künftig die Leistungsfähigkeit der Gemeinde gegeben sein wird. **715**

Liegt eine Genehmigung der Rechtsaufsichtsbehörde nicht oder noch nicht vor, darf die Gemeinde die oben angeführten Verpflichtungen nicht eingehen. Lassen sich die Verpflichtungen nicht aufschieben, muss die Gemeinde auf die Genehmigungsbedürftigkeit hinweisen und die Ver-

82 Vgl. dazu im Einzelnen Rdnr. 209 und *Fick*, Verpflichtungsermächtigungen im kommunalen Haushalt, BWVPr 1978, S. 54ff.

pflichtung unter der Voraussetzung (Bedingung) übernehmen, dass die Genehmigung der Rechtsaufsichtsbehörde erteilt wird.

Verpflichtungen der Gemeinde, die ohne eine notwendige Genehmigung nach § 86 Abs. 4 GemO eingegangen wurden, sind nach außen gültig. Die Genehmigungsbedürftigkeit der Verpflichtungsermächtigung wirkt nur „verwaltungsintern".

Eine Genehmigung ist dann (und in der Höhe) erforderlich, wenn dem Jahresbetrag der Verpflichtungsermächtigung mindestens gleich hohe Kreditaufnahmen gegenüberstehen. Sind höhere Verpflichtungsermächtigungen als Kreditaufnahmen vorgesehen, so ist nur der geringere Betrag der Verpflichtungsermächtigungen genehmigungsbedürftig.[83]

Hat die Rechtsaufsichtsbehörde den mit Kreditaufnahmen zu finanzierenden Gesamtbetrag der Verpflichtungsermächtigungen genehmigt, so ist damit faktisch grundsätzlich ein Präjudiz geschaffen für die in der Zukunft liegende Gesamtgenehmigung der Kredite.

## 12. Auslandskredite

716 Bei angespanntem Kapitalmarkt oder hohen Zinssätzen geht der Blick der Kreditsuchenden vielfach in das Ausland. Kreditaufnahmen im Ausland (fremde Wirtschaftgebiete) sind grundsätzlich möglich.

Neben verschiedenen anderen Faktoren[84] sind dabei jedoch folgende Punkte zu beachten:

- Vergleichsmöglichkeiten mit inländischen Krediten,
- Art der Währung und mögliche Kursentwicklungen der Währung (unmittelbare Auswirkungen auf den Effektivzins), wer hat das Währungsrisiko? Durch die Einführung des Euro am 1. 1. 2002 sind Kursrisiken bei Kreditaufnahmen in Euro im Ausland weggefallen.[85]
- Art der Rückzahlung,
- Gerichtsstand bei Streitigkeiten.

Die Zuständigkeiten zur Regelung von Währungsangelegenheiten liegen für den Geltungsbereich des Euro bei der Europäischen Union.[86]

Kreditaufnahmen in Ausländischen Währungsgebieten (also außerhalb des Geltungsbereichs des Euro) werden vor allem in Schweizer Franken, US-Dollar und in Englischen Pfund valutiert werden. Ob die Gemeinden im europäischen Ausland, das den Euro eingeführt hat, Kredite aufneh-

83 Vgl. auch *Scheel/Steup*, S. 108.
84 Verhandlungs- und Vertragssprache, gesetzliche Rechtslage, Sitz des Kreditinstituts, Quellensteuer.
85 Durch die Festschreibung der Wechselkurse in der Eurozone gilt dieser Zustand bereits seit 1. 1. 1999.
86 Damit sind die Lenkungsregelungen des Außenwirtschaftsgesetzes in der Währungs- und Konjunkturpolitik im Rahmen der bisherigen und aufgehobenen §§ 6a, 22, 23, 24 und 28a AWG weggefallen (vgl. dazu auch Art. 20 Nr. 2 und 7 des Neunten Euro-Einführungsgesetzes vom 10. 11. 2001, BGBl. I S. 2992).

men, wird primär von den Konditionen für den Kredit abhängen.[87] Auf die Kursrisiken bei Kreditaufnahmen in fremder Währung wird nochmals verwiesen.

Auf die Meldepflichten und ein Meldesystem nach § 26 AWG i.V.m. §§ 59ff. der AußenwirtschaftsVO wird verwiesen.

Die früher nach nationalem Recht vorgesehene Möglichkeit, eine sog. Bardepotpflicht für ausländische Kredite durch Rechtsverordnung einzuführen, ist seit dem 1.1. 2002 weggefallen.[88] 717

### 13. Kredite der Eigenbetriebe

Auf die Ausführungen in Rdnrn. 915ff. wird verwiesen. Das Eigenbetriebsgesetz i.d.F. vom 19.7. 1999 (GBl. S. 292) lässt die Rechtsform des Eigenbetriebs für wirtschaftliche und nichtwirtschaftliche Unternehmen sowie für Einrichtungen und Hilfsbetriebe nach § 102 Abs. 3 Nr. 2 und 3 GemO zu. Die gemeindewirtschaftsrechtlichen Kreditvorschriften gelten gem. § 12 Abs. 1 EigBG auch für Eigenbetriebe entsprechend. Ergänzend dazu darf auch die Rückführung von Eigenkapital an die Gemeinde mit Krediten finanziert werden. 718

Bei der Auslagerung des Unternehmens aus dem gemeindlichen Haushalt in einen Eigenbetrieb werden in aller Regel auch Kreditverpflichtungen in erheblichem Umfang auf den Eigenbetrieb übertragen. Dies führt zu einer erheblichen Absenkung des sog. Kämmerei-Schuldenstandes, ohne dass sich allein dadurch an der gesamtfinanzwirtschaftlichen Situation der Gemeinde etwas ändert. Die Veränderung des Schuldenstandes ist nur optisch. Dieser Gesichtspunkt allein sollte nicht ausschlaggebend sein für eine Ausgliederung in einen Eigenbetrieb.

Die Gewährung von Darlehen des Eigenbetriebs an die Gemeinde bedarf stets der Genehmigung des Gemeinderats (§ 9 Abs. 1 Nr. 1 EigBG).

## VI. Innere Darlehen

Unter einem inneren Darlehen versteht man die vorübergehende Inanspruchnahme von Mitteln der Sonderrücklagen (§ 21 Abs. 2 GemHVO) und der Sondervermögen ohne Sonderrechnung als Deckungsmittel im Vermögenshaushalt („Eigenanleihe"). Bei der allgemeinen Rücklage (§ 20 Abs. 2 GemHVO) ist die Aufnahme eines innneren Darlehens nicht 719

87 Dazu gehören vor allem der Effektivzins, die Laufzeit und Kündigungsmöglichkeiten für den ausländischen Euro-Kredit.

88 Unter Bardepotpflicht versteht man die Verpflichtung des Kreditschuldners, von im Ausland aufgenommenen Krediten den ganzen Betrag oder Teile davon zinslos bei der Bundesbank festzulegen. Damit hätte die ausländische Kreditaufnahme so verteuert werden können, dass sie unwirtschaftlich gewesen wäre.

möglich. Die Inanspruchnahme der allgemeinen Rücklage für Deckungszwecke im Vermögenshaushalt stellt stets eine endgültige Verwendung dar; etwa später eintretende Rückflüsse (z.B. aus Grundstücksverkäufen), die zunächst nicht als Deckungsmittel im Vermögenshaushalt benötigt werden, sind Zuführungen vom Vermögenshaushalt zur allgemeinen Rücklage.

Die Sonderrücklage ist insbesondere bei den kleinen und mittleren Gemeinden in der Regel nicht mehr anzutreffen.[89]

Sondervermögen ohne Sonderrechnung sind z.B. die Vermögen der rechtlich unselbstständigen örtlichen Stiftungen (vgl. §96 Abs. 1 GemO).

Diese angesammelten Mittel stellen in ihrem Sollbestand Vermögenswerte dar, die für den endgültigen Verwendungszweck im Augenblick noch nicht benötigt werden oder die dauernd in ihrem Vermögenswert zu erhalten sind, wobei die Erträge des Vermögens für bestimmte Zwecke auszugeben sind. Aus wirtschaftlichen Gründen ist es geboten, vor der Aufnahme von Krediten mit hohen Zinslasten bei den Kreditinstituten speziell gebundene Vermögensbestände, die in der Verwaltungshoheit der Gemeinde liegen, vorübergehend in Anspruch zu nehmen (Vorrang des inneren Darlehens vor dem Kredit). Dabei wird der Teil der Rücklage bzw. des Sondervermögens, der als inneres Darlehen in Anspruch genommen werden soll, im Vermögenshaushalt in Einnahme veranschlagt.[90] Die später zu erbringenden Tilgungsleistungen werden in Ausgabe im Vermögenshaushalt veranschlagt und stehen dann der Rücklage bzw. dem Sondervermögen „liquiditätsmäßig" wieder zur Verfügung.

Die Tilgungsraten sind so zu bemessen, dass die Mittel für den speziellen Zweck der Sonderrücklage bzw. des Sondervermögens zu dem Zeitpunkt wieder vorhanden sind, zu dem der Bedarf auftritt. Grundsätzlich sind die als inneres Darlehen eingesetzten Mittel zu verzinsen. Dies gilt insbesondere dann, wenn Vermögensmittel aus örtlichen Stiftungen in Anspruch genommen wurden. Bei den örtlichen Stiftungen ist primär der Stifterwille zu berücksichtigen, der in der Stiftungsurkunde dargelegt ist; schließt der Stifter eine Inanspruchnahme als inneres Darlehen aus, ist die Gemeinde daran gebunden.

Auch die inneren Darlehen sind – wie die Kredite – allgemeines Deckungsmittel (vermögenswirksame Einnahmen) im Vermögenshaushalt (vgl. §1 Abs. 1 Nr. 5 GemHVO). Sie bedürfen aber keiner Genehmigung nach §87 GemO.

89 Vgl. jedoch die Nachsorgerücklage bei Abfallwirtschaftsbetrieben bei Landkreisen und Stadtkreisen.
90 Der Sollbestand der Sonderrücklage oder des Sondervermögens bleibt im ShV unverändert.

Wegen der Zuordnung von inneren Darlehen zu den körperschaftsteuerpflichtigen Einrichtungen im Rahmen des Gesamtdeckungsprinzips wird auf Rdnr. 675 verwiesen.

## VII. Bausparverträge[91]

### 1. Begriff

720 Ein Bausparvertrag ist ein Vertrag mit einer Bausparkasse, in dem sich der Bausparer insbesondere verpflichtet, bei der Bausparkasse einen bestimmten Betrag anzusparen, wogegen die Bausparkasse die Verpflichtung übernimmt, sobald eine Mindestansparsumme erbracht und eine Mindestvertragsdauer (z.B. 18 Monate) verstrichen ist, dem Bausparer den eingezahlten Betrag und ein relativ zinsgünstiges Darlehen zur Verfügung zu stellen.

Der Bausparvertrag wird über eine bestimmte (Vertrags-)Summe abgeschlossen. Der Bausparer leistet Einzahlungen, die ihm die Bausparkasse mit einem relativ niedrigen Zinssatz verzinst (zirka drei Prozent). Aus der Höhe der Einzahlungen und der Dauer der Laufzeit des Vertrags ergibt sich der Zuteilungszeitpunkt. Darunter versteht man den Zeitpunkt, zu dem der Bausparer über sein eingezahltes Kapital und zusätzlich über das Bauspardarlehen verfügen kann.

*Beispiel:*
Bausparvertrag über 200 000 €
Einzahlungen innerhalb von vier Jahren = 98 000 € (einschließlich aufgelaufene Habenzinsen).
Bei der Zuteilung hat der Bausparer Anspruch auf

| | |
|---|---|
| eigenes Sparkapital | = 98 000 € |
| + zinsgünstiges Bauspardarlehen | = 102 000 € |
| ergibt wieder Vertragssumme | = 200 000 € |

Im kommunalen Bereich können Bausparverträge zur Finanzierung von Wohnungen und Infrastrukturmaßnahmen im Rahmen des Gesamtdeckungsprinzips des Vermögenshaushalts abgeschlossen werden (Beispiel: Kindergärten, Erschließung von Baugelände, Rathaus, Schulen, Sanierungen u.Ä.).

### 2. Wirtschaftlichkeit des Vertrages

721 Die als Sparsumme auf einmal oder über einen längeren Zeitraum hinweg in Raten erbrachten Beträge werden zu einem grundsätzlich ungünstigen Zinssatz von zirka drei Prozent verzinst. Diese Geldanlage ist im Vergleich zu Spareinlagen mit gesetzlich oder vertraglich festgelegter

91 Vgl. auch Rdnrn. 636f. und Rdnr. 528 sowie *Faiß*, BWVPr 1983, S. 35.

Kündigungsfrist, zu Schuldverschreibungen oder auch Festgeldanlagen vor allem in Zeiten hoher Zinssätze unwirtschaftlich (Zinssatz bei diesen Anlagen zwischen zirka 4 und 10%). Eine günstigere Beurteilung kann sich jedoch dadurch ergeben, dass das Bauspardarlehen zu einem niedrigeren Zinssatz gegeben wird (zirka 5%). Dies wirkt sich insbesondere in den Zeiten auf den Gemeindehaushalt günstig aus, in denen bei Kapitalmarktzinsen 9 bis 12% zu zahlen sind. Der Zinssatz für das Bauspardarlehen ist fest auf die ganze Laufzeit, sodass auch bei einer Änderung des Zinsgefüges auf dem Kapitalmarkt von sicheren Belastungsgrundlagen ausgegangen werden kann; eine Zinsgleitklausel sehen die Verträge nicht vor; der Guthabenzins mit 3% ist allerdings auch stabil, unabhängig von der allgemeinen Kapitalmarktlage. Der Effektivzins für den Bausparkredit liegt unter Berücksichtigung einer evtl. Abschlussgebühr und der Laufzeit bei zirka 5,2 bis 6,2%.

Die Gemeinde sollte grundsätzlich darauf bedacht sein, die Ansparzeit möglichst kurz zu halten. Für den Fall, dass ein Bausparvertrag noch nicht zuteilungsreif ist, aber eine gewisse Mindestlaufzeit zurückgelegt und eine Mindestsparsumme erreicht hat, gewähren die Bausparkassen eine so genannte Zwischenfinanzierung („Zwischenkredit"). Hier wird dem Bausparer die ganze Vertragssumme zur Verfügung gestellt. Er muss die ganze Vertragssumme der Bausparkasse gegenüber verzinsen, der Zinssatz liegt im Allgemeinen über dem Zinssatz für Bauspardarlehen und unter dem allgemeinen Kapitalmarkt-Zinssatz. Das Bausparguthaben (angesparter Betrag) wird dagegen mit zirka 3% zugunsten des Bausparers weiterverzinst.

Im Zeitpunkt der Zuteilung wird das angesparte Bausparguthaben mit dem Zwischenkredit verrechnet. Der Differenzbetrag zwischen Bausparguthaben und Bausparvertragssumme wird dem Bausparer als Bauspardarlehen gewährt.

*Beispiel:*
Vertragssumme 200 000 €
Bausparguthaben 98 000 € zu 3% Zins
Zwischenkredit am 1. 2. 2002 über 200 000 € zu 7,5% Zins
Zuteilung am 1. 2. 2003 = vom Zwischenkredit mit 200 000 € werden 98 000 € (zuzüglich weiter aufgelaufener Guthabenzinsen) durch Verrechnung mit dem Bausparguthaben getilgt; der Rest mit 102 000 € (gegebenenfalls durch Guthabenzinsen etwas weniger) wird als Bauspardarlehen zu 5% Zins gewährt.

Die Bauspardarlehen zählen grundsätzlich zu den mittelfristigen Krediten. Sie sind Annuitätskredite, d.h., die Zins- und Tilgungsrate bleibt auf die Dauer der Laufzeit gleich, wobei während der Laufzeit die Tilgungsrate immer größer (progressive Tilgung) und die Zinsrate immer kleiner wird. Die Laufzeit liegt zwischen zirka zehn und zwölf Jahren. Für diesen Zeitraum ist eine feste Haushaltsbelastung gegeben. Gegen eine Finanzierung des Vermögenshaushalts mit Kapitalmarktkrediten und Bauspardarlehen (Mischung) bestehen grundsätzlich keine Bedenken.

Die Finanzierung von Rücklagezuführungen und somit kassenmäßig der Einzahlungen auf einen Bausparvertrag mittels Kredit scheidet grundsätzlich aus, da es in der Regel unwirtschaftlich ist, mit hochverzinslichen Krediten niederverzinsliche Sparanlagen (Rücklageansammlungen) zu finanzieren.[92]

### 3. Gemeindewirtschaftsrechtliche Beurteilung

Die Anlage von Geldmitteln in einem Bausparvertrag richtet sich nach **722** den allgemeinen Geldanlagevorschriften (vgl. §21 GemHVO). Die Anlage kann grundsätzlich nur insoweit vorgenommen werden, als in der Allgemeinen Rücklage über den Mindestbetrag hinaus Mittel angesammelt sind.

Die Einzahlung der Mittel auf den Bausparvertrag ist kein Deckungsvorgang, sondern lediglich ein Kassenvorgang, dem aber im Deckungsbereich die Zuführung zur Allgemeinen Rücklage im Vermögenshaushalt gegenübersteht (Veranschlagungspflicht). Der Rückfluss des Bausparguthabens nach der Zuteilung an die Gemeinde ist ebenfalls nur ein Kassenvorgang; die Verwendung der Allgemeinen Rücklage im Vermögenshaushalt in Höhe des Bausparguthabens ist als Vorgang im Deckungsbereich dagegen veranschlagungspflichtig.

Das Bauspardarlehen ist ein Kredit im Sinne des Gemeindewirtschaftsrechts. Auf das Bauspardarlehen finden sämtliche Bestimmungen über den Kredit Anwendung (Gesamtgenehmigung, Einzelgenehmigung bei „Schuldendeckelverordnung"). Auf die Ausführungen über den Kredit (Rdnrn. 625ff.) wird verwiesen. Das Bauspardarlehen ist im Vermögenshaushalt brutto in Einnahme zu veranschlagen, die Kreditbeschaffungskosten in Ausgabe.

Wird von der Bausparkasse ein Zwischenkredit gewährt, so ist nur der **723** nicht durch das Bausparguthaben belegte Betrag als Kredit zu behandeln (Differenz zwischen Bausparvertragssumme und Bausparguthaben); d.h., dass nur der Betrag des voraussichtlichen Bauspardarlehens als Kredit im Sinne des Gemeindewirtschaftsrechts behandelt wird.[93] Die Auszahlung des Bausparguthabens wird dagegen zunächst als Kassenkredit behandelt (Kassenvorgang); gleichzeitig wird im Deckungsbereich die Rücklage in entsprechender Höhe verwendet bzw. entnommen (Deckungsvorgang). Nach Zuteilung des Bausparvertrags ist das Bausparguthaben mit dem Kassenkredit zu verrechnen (Kassenvorgang). Durch die für das

92 Das IM erklärt in Nr.7 VwV zu §87 GemO, Kreditaufnahmen zur Ansammlung eines Bausparguthabens seien nicht zulässig.
93 Vgl. dazu auch Nr.7 VwV zu §87 GemO.

Bausparguthaben bis zur Zuteilung anfallenden Zinsen ist im Zeitpunkt der Zuteilung das Bauspardarlehen etwas niedriger, als dies im Zeitpunkt der Einräumung des Zwischenkredits der Fall war. Die noch auflaufenden Guthabenzinsen werden deshalb im Verwaltungshaushalt vereinnahmt und gleichzeitig im Vermögenshaushalt als Tilgung des Bauspardarlehens verausgabt.[94]

Die Umwandlung des Zwischenkredits in ein Bauspardarlehen ist kein Vorgang der veranschlagungspflichtigen Umschuldung.

### 4. Mitwirkung der Rechtsaufsichtsbehörde

**724** Der Abschluss des Bausparvertrags ist eine Verpflichtungserklärung i.S.v. § 54 GemO. Da beim Vertragsabschluss lediglich eine Anwartschaft auf einen Kredit begründet wird, aber ein Kreditvertrag noch nicht abgeschlossen wird, ist eine Mitwirkung der Rechtsaufsichtsbehörde nicht erforderlich; diese ist im Rahmen der Gesamtgenehmigung bzw. der Einzelgenehmigung erst bei der Aufnahme des Bauspardarlehens bzw. des Zwischenkredits notwendig.

Für die Rücklagenzuführungen in den kommenden Haushaltsjahren, mit denen die Einzahlungen auf den Bausparvertrag u.U. kassenwirksam finanziert werden sollen, ist keine Verpflichtungsermächtigung erforderlich, da es sich bei diesem abstrakt zu beurteilenden Vorgang nicht um Ausgaben für Investitionen und Investitionsförderungsmaßnahmen handelt. In der Finanzplanung sind jedoch die Rücklagenzuführungen vorzusehen.

## VIII. Kassenkredite

### 1. Begriff

**725** Der Kassenkredit (§ 89 GemO) hat die Aufgabe, Liquiditätsschwierigkeiten der Gemeindekasse zu überbrücken (Kassenbetriebsmittel, Kassenverstärkungsmittel).[95] Um die Zahlungsbereitschaft der Kasse zu gewährleisten, hat die Gemeinde in der Allgemeinen Rücklage einen Mindestbetrag anzusammeln (in der Regel zwei Prozent der Ausgaben des Verwaltungshaushalts nach dem Durchschnitt der drei dem Haushaltsjahr

94 Am folgenden Beispiel soll eine mögliche Darstellungsform verdeutlicht werden:
Die Bausparsumme beträgt 200000 € (Vertragssumme); davon sind 50 % = 100000 € eingezahlt. Der Bestand der allgemeinen Rücklage beträgt 200000 € (der Mindestbestand 100000 €); im Jahr der Zwischenfinanzierung werden 100000 € der Rücklage endgültig verwendet. Durch die Gutschrift des Bausparzinses mit 2000 € zum Ende des Jahres der Zwischenfinanzierung erhöht sich das Bausparguthaben um diesen Betrag. Der Anspruch auf ein Bauspardarlehen geht um den entsprechenden Betrag zurück. Im Jahr der Zuteilung werden noch 1000 € Zinsen für das Bausparguthaben gutgeschrieben; für den Zwischenkredit sind an die Bausparkasse 4000 € Zinsen zu überweisen.

95 Auf die Ausführungen in Rdnrn. 618–620 wird verwiesen.

Hinweis: Die in der Vermögensrechnung nach §43 GemHVO erforderlichen Buchungen bei den Rücklagen, Krediten, Geldanlagen und Kassenkrediten sind hier nicht dargestellt (vgl. dazu Ziff. 2.1.2.4 und 2.3.8 VwV-VmR).

| RS | LS | I | R | Text | | RS | LS | I | R |
|---|---|---|---|---|---|---|---|---|---|
| | | | | **Jahr der Zwischenfinanzierung** | | | | | |
| | | | | SVw | | | | | |
| | 2,– | 2,– | | ⑤ Bsp. Zins | | | | | |
| | | | | SVm | | | | | |
| | 100,– | 100,– | | ② Entn. Rü. | | | | | |
| | 100,– | 100,– | | ④ Bsp. Kred. – vorl.– | | | | | |
| | | | | ShV | | | | | |
| 100,– | | | | ① Bsp. Gth. | ① Allg. Rü. | 200,– | | | |
| | | | 102,– | ⑤ Zins | ② Ent. Rü. | | | | |
| | 2,– | | | | an SVm | | | 100,– | 100,– |
| | | | | | ③ Bsp. ZwiKr. | | 100,– | | 100,– |
| | 100,– | 100,– | | ③ Bsp. ZwiKr. | (Kassenkr.) | | | | |
| | | | | | ⑤ Bsp. Zins | | 2,– | 2,– | |
| | | | | **Jahr der Zuteilung** | | | | | |
| | | | | SVw | | | | | |
| | 1,– | 1,– | | ⑦ Bsp. Zins | ⑧ ZwiKr.-Zins | | 4,– | 4,– | |
| | | | | SVm | | | | | |
| | | | | | ⑨ Tilg. Bsp. Kr. dch. Zins-verrechng. | | 3,– | 3,– | |
| | | | | ShV | | | | | |
| | | | | | ⑥ Allg. Rü. | 100,– | | | 100,– |
| 100,– | | | | ⑥ Bsp. Guth. | | | | | |
| | 1,– | | | ⑦ Bsp. Zins | | | 1,– | 1,– | |
| | | 103,– | –0– | ⑨ Ausz. (Verr.) | ⑧ Bsp. ZwiKr. (Kassenkr.) | 100,– | | | |
| | | | | | ⑨ Tilg. dch. Verrechnung | | | 100,– | –0– |

Die Zahlen im Kreis stellen die Reihenfolge der Buchungsvorgänge dar. Vorgänge mit derselben Zahl gehören zusammen. Die Buchungsstelle (Einzelplan) ist nicht angegeben.

vorangehenden Jahre). Reichen diese Mittel (Vorrang der Allgemeinen Rücklage) und die angesammelten Kassenmittel etwaiger Sonderrücklagen nicht aus, kann die Gemeinde zur rechtzeitigen Leistung ihrer Ausgaben bei Kreditinstituten Kassenkredite aufnehmen. Sie sind kurzfristige Liquiditätshilfen ohne Deckungsfunktion. Zivilrechtlich handelt es sich um verzinsliche Darlehen im Sinne des BGB. Die Funktion des Kassenkredits soll an folgendem Beispiel dargestellt werden:

*Beispiel:*
Die erste Baurate für den Schulhausneubau mit 5 Mio. € wird am 1.2.2002 fällig. Der im Vermögenshaushalt veranschlagte Staatsbeitrag mit 3 Mio. € wird erst zum 1.11.2002 eingehen. Um diese Liquiditätsspanne zu überbrücken, kann die Gemeinde einen Kassenkredit aufnehmen, wenn nicht andere Kassenmittel zur Überbrückung herangezogen werden können (vgl. §21 Abs.1 GemHVO).

Der Kassenkredit ist generell zur Erhaltung der Zahlungsbereitschaft der Kasse einzusetzen, gleichgültig, ob es sich um Ausgaben des Verwaltungs- oder des Vermögenshaushalts handelt.

## 2. Aufnahmevoraussetzungen

### 2.1 Materielle Voraussetzungen

**726** Ein Kassenkredit kommt aus wirtschaftlichen Gründen nur in Frage, wenn die Gemeinde nicht über andere Mittel verfügt. Hier sind in erster Linie die Rücklagen, und innerhalb der Rücklagen wiederum primär die Allgemeine Rücklage zu nennen. Es ist günstiger, auf Festgeldzinsen zu verzichten und dafür andererseits die wesentlich höheren Kassenkreditzinsen zu ersparen. Es ist selbstverständlich, dass die Gemeindekasse nicht auf einem ihrer Konten für den Zahlungsverkehr wesentliche (niederverzinsliche) Guthaben stehen hat und andererseits auf einem anderen Konto über einen längeren Zeitraum hinweg einen Kassenkredit führt.

### 2.2 Formelle Voraussetzungen, Zuständigkeiten

**727** Die Gemeinde kann einen Kassenkredit nur aufnehmen, wenn sie in der Haushaltssatzung dazu ermächtigt ist (vgl. §89 Abs.1 GemO). In der Haushaltssatzung ist der Höchstbetrag zu nennen (§79 Abs.2 Nr.2 GemO). Die Erhaltung der Zahlungsbereitschaft der Gemeindekasse ist grundsätzlich eine Angelegenheit der laufenden Verwaltung. Dabei hat der Bürgermeister darauf zu achten, dass er das Wirtschaftlichkeitsgebot des §77 Abs.2 GemO beachtet. Im Interesse der Rechtsklarheit empfiehlt es sich, in der Hauptsatzung die Zuständigkeit zur Aufnahme von Kassenkrediten ausdrücklich dem Bürgermeister zuzuweisen.[96] Bei bedeutsamen Vorgängen wird der Bürgermeister den Gemeinderat gemäß §43 Abs.5 GemO zu unterrichten haben.

96 Vgl. auch Rdnr. 729.

Der Höchstbetrag der Kassenkredite bedarf im Rahmen der Haushaltssatzung der Genehmigung der Rechtsaufsichtsbehörde, wenn er ein Fünftel der im Verwaltungshaushalt veranschlagten Einnahmen übersteigt (§ 89 Abs. 2 GemO). Verträge über Kassenkredite, die diesen Höchstbetrag überschreiten, sind nach außen auch ohne Genehmigung trotzdem gültig, da die Genehmigung nur „verwaltungsintern" wirkt.

Die Rechtsaufsichtsbehörde kann die Genehmigung unter dem Gesichtspunkt einer geordneten Haushaltswirtschaft erteilen oder versagen. Eine Versagung wird im Zweifel dann in Betracht kommen, wenn die Gemeinde ihre eigenen Einnahmen nicht rechtzeitig einzieht (vgl. § 25 GemHVO). Die GemO sieht eine Einzelgenehmigung des jeweiligen Kassenkredits für den Fall einer so genannten Schuldendeckelverordnung (im Gegensatz zum Kredit im Deckungsbereich) nicht vor.

Die Kassenkreditermächtigung gilt weiter, bis die Haushaltssatzung für das folgende Jahr erlassen ist (Interimswirtschaft – § 89 Abs. 1 GemO).

## 3. Arten von Kassenkrediten

### 3.1 Festbetragskredit

Beim Festbetragskredit räumt das Kreditinstitut über einen besonderen **728**
(Kassen-)Kreditvertrag (Darlehensvertrag im Sinne des Zivilrechts) der Gemeinde einen festen Betrag zu einem bestimmten Zinssatz ein. Unter Umständen kommt selbst bei einem solch kurzfristigen Kassenkredit ein Disagio in Frage; dies sollte jedoch nach Möglichkeit vermieden werden, es sei denn, dass infolge eines niedrigen Nominalzinssatzes ein günstigerer Effektivzinssatz zu erzielen ist.

Der Festbetragskredit ist nach dem Vertrag auf einmal oder in bestimmten Raten (kurzfristig) zurückzuzahlen.

Der Kreditbetrag wird der Gemeinde auf dem Girokonto gutgeschrieben. Braucht sie den Kredit nicht in vollem Umfang, muss sie trotzdem die hohen Kreditzinsen (z. B. 7 bis 14 %) zahlen, erhält aber andererseits für das Guthaben auf dem Girokonto nur die geringen Guthabenzinsen (0,5 %) oder auf dem sog. Geldmarktkonto ca. 3–5 %. Insoweit ist der Kontokorrentkredit grundsätzlich günstiger. Der Festbetragskredit ist in den Büchern der Gemeinde zu buchen (ShV); er ist als haushaltsneutraler Vorgang in die Vermögensrechnung zu übernehmen (vgl. Ziff. 2.1.2.4 VwV-VmR).

### 3.2 Kontokorrentkredit[97]

729 Beim Kontokorrentkredit wird auf vertraglicher Basis vom Kreditinstitut der Gemeinde das Recht eingeräumt, das Konto für den Zahlungsverkehr (Girokonto) bis zu einem bestimmten Betrag als Kreditkonto in Anspruch zu nehmen. Der Kontokorrentkredit ist insoweit besonders wirtschaftlich, als er sich laufend den jeweiligen Kassenverhältnissen anpasst. Er wird im Sach- und Zeitbuch nicht gebucht; er erscheint als negativer Kassenbestand. Im Rahmen der vom Bürgermeister erteilten Ermächtigung kann der Kassenverwalter den Kontokorrentkredit ausschöpfen. Die Summen der tatsächlich in Anspruch genommenen Kontokorrentkredite und der Festbetragskredite darf zu keinem Zeitpunkt den in der Haushaltssatzung ausgewiesenen Höchstbetrag überschreiten.

## 4. Rückzahlung

730 Jeder Zahlungsvorgang auf dem betreffenden Konto verändert den Stand des Kontokorrentkredits. Jede Einzahlung wirkt als Rückzahlung. Der Festbetragskredit ist entsprechend der Kassenlage so rasch als möglich zurückzuzahlen, um Zinsen zu sparen. Der Kassenkredit kann nach Rückzahlung im Rahmen des Höchstbetrags mehrfach bzw. wiederholt aufgenommen werden; es ist auch denkbar, dass mehrere Kassenkredite bei verschiedenen Kreditinstituten gleichzeitig bestehen; sie dürfen aber in der Summe den Höchstbetrag nicht überschreiten.

Ist beim Erlass der Haushaltssatzung für das nächste Haushaltsjahr ein Kassenkredit noch nicht zurückgezahlt, so wird er auf den Höchstbetrag des neuen Haushaltsjahres angerechnet.

Die Rückzahlung des Kassenkredits ist ein reiner Kassenvorgang.

Die Berechnung des Höchstbetrags des Kassenkredits richtet sich nach dem voraussichtlich zu überbrückenden Kassenbedarf des Haushaltsjahres; dabei sind insbesondere die Einnahmen und Ausgaben des Vermögenshaushalts von Bedeutung. Es ist auf jeden Fall unschädlich, wenn die Gemeinde einen Betrag von einem Fünftel der im Verwaltungshaushalt veranschlagten Einnahmen als Höchstbetrag für den Kassenkredit vorsorglich in die Haushaltssatzung aufnimmt; allerdings darf dies nicht dazu führen, dass die Gemeinde den rechtzeitigen Einzug ihrer Einnahmen vernachlässigt (vgl. § 25 GemHVO).

97 Terminologie: Kontokorrentkredit = Kredit in laufender Rechnung bis zu dem mit der Bank vereinbarten Limit; Überziehungskredit = Überschreitung des Limits.

# IX. Kreditähnliche Rechtsgeschäfte[98]

## 1. Begriff

Neben den Krediten gibt es Rechtsgeschäfte, die in ihrer wirtschaftlichen Auswirkung dem Kredit gleichkommen, aber rechtlich nicht die Begriffsmerkmale des Kredits erfüllen. Wesensmerkmal des Kredits ist, dass von einem Dritten (Geld-)Kapital aufgenommen und eine Verpflichtung zur Rückzahlung eingegangen wird (§46 Nr. 18 GemHVO). In der Regel handelt es sich bei den echten Krediten i. S. d. Gemeindewirtschaftsrechts um Gelddarlehen i. S. d. Zivilrechts (§488 BGB); Wesensmerkmal beim Gelddarlehen i. S. d. BGB ist die Hingabe von Geld mit der Verpflichtung zur Rückerstattung. Der Kreditbegriff des §87 GemO ist nur dann erfüllt, wenn der Gemeinde zunächst Geldkapital zur Verfügung gestellt wurde. Die Abgrenzung vom Kredit zum kreditähnlichen Rechtsgeschäft ist rein rechtlicher Natur; wurde der Gemeinde etwas anderes als Geldkapital zur Verfügung gestellt (z. B. Sachkapital in der Form eines Grundstücks, für das der Kaufpreis gestundet wurde), handelt es sich um ein kreditähnliches Rechtsgeschäft. Dies gilt auch für den Fall der Schuldumwandlung (Novation – früher §607 Abs. 2 BGB). Danach kann derjenige, der Geld aus einem anderen Rechtsgrund (z. B. Werkvertrag, Grundstückskaufvertrag) schuldet, mit dem Gläubiger vereinbaren, dass das Geld als Darlehen geschuldet wird. Dies hat zur Folge, dass sich das Schicksal der Schuld nach den zivilrechtlichen Bestimmungen über das Darlehen richtet und nicht mehr nach den bisherigen anderen Vorschriften. 731

Das zentrale Merkmal des kreditähnlichen Rechtsgeschäfts besteht darin, dass die Gemeinde im laufenden Haushaltsjahr die volle Leistung erhält, die dafür zu erbringende Gegenleistung jedoch ganz oder teilweise erst zu einem nach Ablauf des laufenden Haushaltsjahres liegenden Zeitpunkt zu erbringen hat. Der Verpflichtungsermächtigung liegen dagegen Leistungen an die Gemeinde und Gegenleistungen der Gemeinde oder auch einseitige Leistungen der Gemeinde (z. B. Zuschüsse) nach Ablauf des Haushaltsjahres zugrunde (Investitionen und Investitionsförderungsmaßnahmen in künftigen Jahren).

Die Gemeinde hat darauf zu achten, dass bei kreditähnlichen Rechtsgeschäften nicht ohne zwingenden Grund Belastungen aufgenommen werden, die bei einer reinen Kreditfinanzierung vermeidbar wären.

Nach der einschlägigen Verwaltungsvorschrift (Nr. 4 VwV zu §87 GemO) des IM kann davon ausgegangen werden, dass bei Stundungen oder

98 Die künftig fällig werdenden Leistungen der Gemeinde aus kreditähnlichen Rechtsgeschäften sind in der Finanzplanung auszuweisen.

Ratenzahlungen in Dienst-, Werk- oder Kaufverträgen eine Genehmigung nach §87 Abs.5 GemO nur dann einzuholen ist, wenn der Rahmen der im „Freigrenzenerlass" in diesen Fällen allgemein erteilten Genehmigung überschritten wird. Im Übrigen sind die Umstände jedes einzelnen Falles darauf zu untersuchen, ob ein kreditähnliches Rechtsgeschäft vorliegt.

Verbindlichkeiten aus kreditähnlichen Rechtsgeschäften gehören nach §43 Abs.1 Nr.3 GemHVO zum Mindestinhalt der Vermögensrechnung.

Da das Sachbuch nur die laufenden Zahlungen aus den kreditähnlichen Rechtsgeschäften enthält, muss der Kapitalwert des jeweiligen Anlageguts ab dem Zeitpunkt der wirtschaftlichen Zuordnung zu der Gemeinde, also i.d.R. dem Jahr der ersten laufenden Zahlung in der Vermögensrechnung, passiviert und als Anlagegut zum gleichen Zeitpunkt aktiviert werden.[99]

## 2. Anwendungsfälle[100]

### 2.1 Kaufpreisschulden[101]

732 Es kommt immer wieder vor, dass die Gemeinde ein Grundstück für den Eigenbedarf im Rahmen der Aufgabenerfüllung erwirbt und mit dem Verkäufer vereinbart, dass der Kaufpreis in mehreren Jahresraten zu zahlen ist.

*Beispiel 1:*
Die Gemeinde erwirbt für den Schulhausbau ein großes Grundstück zum Preis von 3 Mio. €. Mit dem Verkäufer wird vereinbart, dass der Kaufpreis in gleich bleibenden Jahresraten in den Jahren 2002, 2003 und 2004 zu zahlen ist. Die Fälligkeitstermine werden also im Voraus festgelegt.

Aus dem Kassenwirksamkeitsprinzip ergibt sich, dass der Betrag von drei Millionen € im vorerwähnten Beispiel 1 nicht im Jahr 2002 voll zu finanzieren und dementsprechend auch nicht im Vermögenshaushalt 2002 voll zu veranschlagen und zu buchen ist. Es ist vielmehr nur erforderlich, 2002 die Kaufpreisrate mit einer Million € vorzusehen und in den Finanzplan im Investitionsprogramm für die Jahre 2003 und 2004 je eine weitere Million € aufzunehmen.

Voraussetzung für den wirksamen Vertragsabschluss ist, dass die Begründung der oben geschilderten Zahlungsverpflichtung gemäß §87 Abs.5 GemO von der Rechtsaufsichtsbehörde genehmigt wird. Eine Ge-

99 Vgl. VwV-VmR, Nr.2.3.9, und Rdnr.1256.
100 Nr.4 VwV zu §87 GemO rechnet die Übernahme der persönlichen Schuld aus Hypotheken beim Erwerb von Grundstücken zu den kreditähnlichen Rechtsgeschäften. Aufgrund des Freigrenzenerlasses (Abschn. A Ziff.4) gelten der Erwerb eines mit einem Grundpfandrecht belasteten Grundstücks sowie die Übernahme der persönlichen Schuld, für die das Grundstück haftet, als allgemein genehmigt.
101 Vgl. dazu auch *Faiß*, BWVPr 1974, S.53. Wegen der Behandlung von Kaufpreisschulden in der Vermögensrechnung wird auf VwV-VmR, Nr.2.3.9.3 verwiesen.

nehmigung wird nur möglich sein, wenn die Finanzplanung für die nächsten Jahre die entsprechenden Ausgaben ausweist oder sich aus anderen Beurteilungskriterien ergibt, dass die Verpflichtung mit der dauernden Leistungsfähigkeit der Gemeinde in Einklang stehen wird.[102]

*Beispiel 2:*
Die Gemeinde kauft 2002 ein Grundstück für 2 Millionen €; der Kaufpreis ist fünf Jahre nach Vertragsabschluss auf einmal zu zahlen.

Auch hier handelt es sich um ein Rechtsgeschäft, das wirtschaftlich einer Kreditaufnahme gleichkommt (vergleichbar dem Gesamtbetragskredit). Der Fälligkeitszeitpunkt (2007) liegt außerhalb des Finanzplanungszeitraums.

Der Kapitalwert der Kaufpreisschuld ist in die Schuldenstandsübersicht an der hierfür vorgesehenen Stelle aufzunehmen.[103] Das Rechtsgeschäft bedarf als kreditähnliches Rechtsgeschäft ebenfalls der Genehmigung der Rechtsaufsichtsbehörde nach § 87 Abs. 5 GemO.

Wegen des Erwerbs eines mit einem Grundpfandrecht belasteten Grundstücks sowie der Übernahme der persönlichen Schuld, für die ein Grundstück haftet, wird auf Rdnrn. 638–641 verwiesen.

### 2.2 Rentenschulden[104]

Beim Verkauf eines Grundstücks verlangt der Verkäufer in manchen Fällen von der Gemeinde, dass ein bestimmter Betrag des Kaufpreises sofort und der Rest in der Form einer Rente zu zahlen ist. Es ist auch möglich, dass „nur" eine (entsprechend höhere) Rente verlangt wird. **733**

Bei der Rente auf Zeit ist der Zeitraum, für den die Rente zu zahlen ist, von vornherein festgelegt (Beispiel: 10 Jahre lang monatlich 1000 Euro). Bei der Rente auf Lebenszeit (Leibrenten) muss der monatliche oder jährliche Rentenbetrag auf die Lebensdauer der begünstigten Personen gezahlt werden (§§ 759 bis 761 BGB). Die Dauer der Laufzeit ist daher im Voraus nicht bestimmt. Die Gemeinde kann den Aufwand, den sie für das Kaufgrundstück zu entrichten hat, deshalb nicht im Voraus feststellen (so genannter „gewagter Vertrag"). Der Kapitalwert dieser Leibrenten kann durch die Anwendung eines Vervielfältigers nach dem Bewertungsgesetz (§ 14 BewG) ermittelt werden, die die voraussichtliche Lebenserwartung des Begünstigten – allerdings nur ganz vergröbert – berücksichtigt. Es können auch die Tabellen der Lebensversicherungsgesellschaften bzw. die Bundessterbetafel verwendet werden.

102 *Kunze/Bronner/Katz v. Rotberg*, Erl. I 3b zu § 86 GemO gehen davon aus, dass für kreditähnliche Rechtsgeschäfte nur § 87 Abs. 5 GemO und nicht daneben noch § 86 GemO gilt.
103 Anlage 8 VwV Gliederung und Gruppierung.
104 Vgl. auch Fn 100–102.

*Beispiel:*
Ein fünfzigjähriger Mann veräußert sein Grundstück um eine monatliche Leibrente von 1000 €. Der Jahreswert dieser Rente beträgt 12000 €. Der Vervielfältiger nach dem BewG beläuft sich auf 12,384. Der Kapitalwert der Leibrente beträgt somit 148608 €. Die Gemeinde hat zu prüfen, ob dies ein realer Gegenwert für das Grundstück ist. Verschiedentlich macht der Verkäufer die Höhe der monatlichen Leibrente von der Entwicklung der Lebenshaltungskosten[105] abhängig.

Die Rentenschuld enthält einen Zins- und einen Tilgungsanteil. Entsprechend dem Kassenwirksamkeitsprinzip (§7 Abs.1 GemHVO) sind die Leibrenten jährlich nach ihrem Zinsanteil im Verwaltungshaushalt und mit ihrem Tilgungsanteil im Vermögenshaushalt (jeweils Einzelplan 9) zu veranschlagen und zu buchen. Der Kapitalwert des Grundstücks bzw. Gebäudes ist für den Anlagenachweis bei kostenrechnenden Einrichtungen (§38 GemHVO) bzw. für die Darstellung in der Vermögensrechnung (§43 Abs.1 Ziff.3 GemHVO, Ziff. 2.3.9.2 VwV-VmR) von Bedeutung. Bei der kostenrechnenden Einrichtung sind kalkulatorische Abschreibungen und kalkulatorische Zinsen zu berechnen. Die Aufteilung in einen (Kapital-)Tilgungs- und einen Zinsanteil dient auch der Haushaltsklarheit.[106] Veränderungen aufgrund von Wertsicherungsklauseln haben nur auf den Kapitalwert in der Vermögensrechnung Einfluss.

Der Abschluss eines Kaufvertrags, bei dem der Kaufpreis in der Form der mehrjährigen bzw. langjährigen Rente zu zahlen ist, bedarf der Genehmigung der Rechtsaufsichtsbehörde nach §87 Abs.5 GemO.

### 2.3 Lieferanten- und Unternehmerstundungen[107]

734 Wird ein Bauauftrag oder eine Lieferung (Werkvertrag/Kaufvertrag), den Vermögenshaushalt betreffend, vergeben, so werden im Vertrag in der Regel die Zahlungstermine fixiert, soweit nicht bereits die für anwendbar erklärte VOB oder VOL entsprechende Aussagen enthält. Der Unternehmer verlangt in der Regel zu den festgelegten Terminen die Begleichung seiner Ansprüche, da auch er auf den Eingang der Forderungen angewiesen ist. Gewährt der Unternehmer, nachdem er seine Leistung erbacht hat, eine Stundung bei der Bezahlung der Rechnung, so ist zu berücksichtigen, ob das Vorhaben im Haushaltsplan voll finanziert ist; ist dies der Fall, so liegt kein kreditähnliches Rechtsgeschäft vor; für den noch nicht ausgezahlten Betrag wäre ein Kassenausgaberest zu bilden (§42 Abs.1 GemHVO). Ist die Stundung bereits vor der Aufstellung des Haushaltsplans bekannt, so darf nur der im jeweiligen Haushaltsjahr fällige Betrag veranschlagt werden (Kassenwirksamkeitsprinzip). Vor dem Abschluss

105 Wertsicherungsklauseln dieser Art bedürfen gem. §3 des Währungsgesetzes der Genehmigung der Bundesbank bzw. der Landeszentralbank; dabei werden die Grundsätze bei der Entscheidung über Genehmigungsanträge nach §3 des Währungsgesetzes (BAnz. 1978 Nr.109) zugrunde gelegt; ist fraglich, ob es sich um eine echte Wertsicherungsklausel handelt, ist es im Hinblick auf die Rechtssicherheit und auf die Gültigkeit des Vertrags zweckmäßig, ein Negativattest der Bundesbank bzw. Landeszentralbank einzuholen.

106 Vgl. auch *Faiß*, BWVPr 1974, S.55.

107 Wegen der Behandlung von Kaufpreisschulden vgl. Rdnr.732.

eines derartigen Vertrags ist die Genehmigung der Rechtsaufsichtsbehörde nach § 87 Abs. 5 GemO einzuholen.

### 2.4 Leasing

Vergleiche dazu unten Rdnrn. 740ff. **735**

## 3. Genehmigungsvorbehalt, Zuständigkeit

### 3.1 Allgemeines

Die Begründung einer Zahlungsverpflichtung, die wirtschaftlich einer **736**
Kreditaufnahme gleichkommt, bedarf – wie bereits oben ausgeführt – gemäß § 87 Abs. 5 GemO der Genehmigung der Rechtsaufsichtsbehörde; dies gilt nicht, soweit es sich um eine Zahlungsverpflichtung handelt, die in den Bereich der laufenden Verwaltung fällt. Unter Geschäften der laufenden Verwaltung werden solche Angelegenheiten des weisungsfreien Wirkungskreises verstanden, die weder nach der grundsätzlichen Seite noch für den Gemeindehaushalt von erheblicher Bedeutung sind und zu den normalerweise anfallenden Geschäften der Gemeinde gehören.[108] Ist ein Rechtsgeschäft nicht eindeutig dem Begriff der laufenden Verwaltung zuzuordnen, empfiehlt sich aus Gründen der Rechtssicherheit, die Genehmigung zu beantragen. Verneint die Rechtsaufsichtsbehörde die Genehmigungspflicht, so stellt die Aussage hierüber zugleich ein Negativattest dar.

Die Genehmigung soll unter dem Gesichtspunkt einer geordneten Haushaltswirtschaft erteilt oder versagt werden; sie kann unter Bedingungen erteilt und mit Auflagen verbunden werden; diese Nebenbestimmungen können u. a. auch zum Ziel haben, die Gemeinde zu veranlassen, ordnungsgemäße Zustände hinsichtlich der Einhaltung gemeindewirtschaftsrechtlicher Formalvorschriften zu schaffen. Die Genehmigung ist zu versagen, wenn die Zahlungsverpflichtung mit der dauernden Leistungsfähigkeit der Gemeinde nicht im Einklang steht.

Wird eine Zahlungsverpflichtung ohne die vorgeschriebene Genehmigung begründet, so ist dieses Rechtsgeschäft gemäß § 117 GemO zunächst schwebend unwirksam; wird die Genehmigung endgültig versagt, tritt Nichtigkeit ein. Will die Gemeinde das Rechtsgeschäft abschließen, bevor die Genehmigung vorliegt, so hat sie in den Vertrag zur eigenen Sicherung und Bewahrung vor Schadenersatzansprüchen den Vorbehalt der Genehmigung ausdrücklich aufzunehmen.

Die Genehmigung ist auf den jeweiligen Einzelfall ausgerichtet; hier ist eine Gesamtgenehmigung der Natur der Sache nach nicht vorgesehen.

108 *Kunze/Bronner/Katz/v. Rotberg*, Erl. II 3 dzu § 44 GemO.

Der Genehmigungsvorbehalt soll die Gemeinde vor Verpflichtungen schützen, die sie unter Umständen nicht oder nur unter Verletzung wichtiger anderer Interessen erfüllen kann.

Für die Zuständigkeit zur Sachentscheidung über ein kreditähnliches Rechtsgeschäft gilt innerhalb der Gemeindeorgane das in Rdnr. 656 Gesagte entsprechend.

### 3.2 Allgemeine Genehmigung

**737** Das IM kann die Genehmigung für Rechtsgeschäfte, die zur Erfüllung bestimmter Aufgaben dienen (generelle Ermächtigung nach Aufgabenart) oder den Haushalt der Gemeinde nicht besonders belasten (generelle Ermächtigung nach Wertgrenzen), allgemein erteilen. Die Gemeinde hat jeweils zu prüfen, ob die Kriterien für die allgemeine Genehmigung vorliegen, und dies im jeweiligen Vertrag entsprechend zum Ausdruck zu bringen.

Das Innenministerium Baden-Württemberg hat in Abschnitt A Ziffer 1 der VwV-Freigrenzen[109] Rechtsgeschäfte i. S. v. § 87 Abs. 5 Satz 1 GemO (kreditähnliche Rechtsgeschäfte) allgemein genehmigt,

3.2.1 wenn das Rechtsgeschäft bei Gemeinden[110] folgende Wertgrenzen nicht übersteigt:

| mehr als Einwohner | nicht mehr als Einwohner | Wertgrenze Euro |
|---:|---:|---:|
| 0 | 3 000 | 70 000 |
| 3 000 | 10 000 | 140 000 |
| 10 000 | 40 000 | 280 000 |
| 40 000 | 100 000 | 700 000 |
| 100 000 | 250 000 | 1 400 000 |
| 250 000 | – | 5 250 000 |

Die Werte entstammen einem Entwurf zu den VwV-Freigrenzen – Stand 29. 11. 2001. Maßgebend sind die Werte, die sich aus der jeweils geltenden Fassung der VwV-Freigrenzen ergeben.

Bei Leibrentenverträgen ist auf den kapitalisierten Wert der Verpflichtungen abzuheben,

3.2.2 wenn die Gemeinde Leasing-Verträge über bewegliche Sachen abschließt;

3.2.3 wenn die Gemeinde Leibrentenverträge im Zusammenhang mit dem Erwerb von Grundstücken abschließt.

109 Freigrenzenerlass über allgemeine Genehmigungen und die Freistellung von der Vorlagepflicht nach dem Gemeindewirtschaftsrecht vom 10. 11. 2000 (GABl. S. 417).
110 Hinsichtlich der Landkreise, Zweckverbände usw. vgl. VwV-Freigrenzen.

Von der allgemeinen Genehmigung sind ausdrücklich Leasing-Verträge und ähnliche Verträge mit Leasing-Gesellschaften oder geschlossenen Immobilienfonds über die Überlassung von Grundstücken ausgenommen.

Bei der Beurteilung der Rechtsgeschäfte sind mehrere sachlich oder wirtschaftlich zusammenhängende Rechtsgeschäfte als Einheit zu behandeln.[111]

Soweit Rechtsgeschäfte allgemein genehmigt sind, ist dies von der Gemeinde dem Verhandlungspartner auf Wunsch schriftlich unter Hinweis auf die Bestimmung zu erklären.[112]

### 3.3 Finanzhilfen nach dem Städtebauförderungsrecht

Trägt die Gemeinde (bzw. zunächst ihr Treuhänder) die Kosten einer Sanierung nach dem Städtebauförderungsrecht, so beteiligen sich Bund und Land an den nach Abschluss der Sanierung nicht gedeckten Kosten. **738**

*Beispiel:*

| | |
|---|---|
| Kosten des Grund- und Gebäudeerwerbs | 1 000 000 € |
| Kosten des Gebäudeabbruchs | 100 000 € |
| Umzugskosten für die Bewohner der Sanierungsgebäude | 40 000 € |
| Kosten der Rechtsvertretung der Sanierungsbetroffenen | 10 000 € |
| Kosten der Erschließung des Sanierungsgebiets | 150 000 € |
| Gesamtkosten der Sanierung | 1 300 000 € |
| Grundstückskaufpreis aus den neu geordneten Flächen | 600 000 € |
| Unrentierliche Kosten | 700 000 € |
| davon Bund, Land und Gemeinde je ein Drittel | |

Die Sanierungsvorhaben dauern – je nach Größe – i.d.R. mehrere Jahre. Dabei kann der Betrag der unrentierlichen Kosten nicht von vornherein festgestellt werden, da z.B. die endgültige Höhe der Kaufpreise erst während bzw. nach Abschluss des Sanierungsverfahrens bekannt wird. Die Sanierungsförderungsmittel des Bundes und des Landes werden deshalb vielfach nur als Vorauszahlung gegeben; erst zu einem späteren Zeitpunkt wird bestimmt, ob sie als Darlehen oder Zuschuss gewährt werden; während der Vorauszahlungszeit sind diese Mittel zins- und tilgungsfrei.

Das IM erklärt, dass diese Vorauszahlungen haushaltsrechtlich als Zuweisung behandelt werden, bis entschieden ist, ob und inwieweit sie als Darlehen gewährt werden. Wenn entschieden wird, dass die Vorauszahlung als Darlehen zurückzuzahlen ist, ist sie haushaltsrechtlich und buchungstechnisch als Kredit darzustellen.

Die Vorauszahlung bedarf keiner Genehmigung nach § 87 Abs. 5 GemO. Für die Umwandlung in einen Kredit ist jedoch die Genehmigung nach

111 Abschn. C Nr. 1 VwV-Freigrenzen.
112 Abschn. C Nr. 2 VwV-Freigrenzen.

§ 87 Abs. 2 der GemO erforderlich. Aus diesem Grund hat sich die Rechtsaufsichtsbehörde beim Antrag auf Bewilligung einer Förderung darüber zu äußern, ob für den Fall der späteren Umwandlung in einen Kredit Bedenken bestehen.[113]

Diese Ausführungen gelten grundsätzlich auch für Maßnahmen im Rahmen des Landessanierungsprogramms.

## 4. Sonstiges, Kritik

739 Kreditähnliche Rechtsgeschäfte i. S. v. § 87 Abs. 5 GemO sind nicht in die Kreditermächtigung in der Haushaltssatzung (§ 79 Abs. 2 Nr. 1b GemO) aufzunehmen; insoweit ist auch keine Gesamtgenehmigung nach § 87 Abs. 2 GemO und im Falle einer so genannten SchuldendeckelVO keine Einzelgenehmigung nach § 87 Abs. 4 GemO erforderlich. Allerdings bleiben die kreditähnlichen Rechtsgeschäfte bei der Ermittlung der jährlichen Nettokreditverschuldung im Durchschnitt der letzten fünf Jahre nach Maßgabe der jeweiligen SchuldendeckelVO nicht außer Betracht (vgl. Rdnr. 676); diese durchschnittliche Nettokreditverschuldung ist für die Höhe der möglichen Kreditaufnahmen maßgebend, wenn eine SchuldendeckelVO erlassen wurde. Das kreditähnliche Rechtsgeschäft wird aber – ebenfalls nach Maßgabe der jeweiligen SchuldendeckelVO – auf den zulässigen Höchstbetrag der Kreditaufnahme im laufenden Haushaltsjahr angerechnet.[114]

Das kreditähnliche Rechtsgeschäft bedarf jedoch einer Genehmigung der Rechtsaufsichtsbehörde nach § 87 Abs. 5 GemO. Entsprechend dem Kassenwirksamkeitsprinzip (§ 7 Abs. 1 GemHVO) und der abschließenden Aufzählung der im Vermögenshaushalt zu veranschlagenden Einnahmen gemäß § 1 Abs. 1 GemHVO ist im Vermögenshaushalt nur der im jeweiligen Jahr fällige Betrag zu veranschlagen; dasselbe gilt für den Verwaltungshaushalt hinsichtlich etwaiger Zinsanteile.

Die kreditähnlichen Rechtsgeschäfte sind Bestandteil der Vermögensrechnung;[115] sie werden dort mit ihrem Kapitalwert ausgewiesen. Aus Gründen der Haushaltsklarheit sind sie auch in der dem Haushaltsplan als Anlage beizufügenden Schuldenstandsübersicht nachrichtlich anzugeben.[116] Im Finanzplanungszeitraum sind diese „Schwebeposten" im Vermögenshaushalt und die Zinsanteile im Verwaltungshaushalt des Finanzplans zu berücksichtigen.

113 Nr. 6 VwV zu § 87 GemO.
114 Vgl. z. B. § 2 Abs. 1 der SchuldendeckelVO 1973 vom 1. 6. 1973 (BGBl. I S. 504) und Abschn. B 5b des Erlasses des IM vom 6. 6. 1973 (StAnZ 1973 Nr. 46); nach diesem Erlass des IM ist bei Kauf-Leasing der Kaufpreis, bei Leibrenten der kapitalisierte Wert abzüglich der tilgungsähnlichen Leistungen, die in Erfüllung kreditgleicher Rechtsgeschäfte im Haushaltsjahr kassenwirksam erbracht werden, anzusetzen.
115 Vgl. Rdnr. 731.
116 Vgl. Anlage 8 VwV Gliederung und Gruppierung.

In vielen Fällen würde die Gleichschaltung des kreditähnlichen Rechtsgeschäfts mit dem Kredit hinsichtlich der Voraussetzung und der Abwicklung zu einer Vereinfachung des Systems führen und den Haushaltsgrundsatz der Vollständigkeit fördern.

Wird eine Zahlungsverpflichtung aus einem kreditähnlichen Rechtsgeschäft im Gesamtbetrag fällig und übersteigt diese Zahlungsverpflichtung die voraussichtliche Höhe der Zuführung des Verwaltungshaushalts zum Vermögenshaushalt und ist eine anderweitige Deckung nicht möglich, so sind der Allgemeinen Rücklage in analoger Anwendung von § 20 Abs. 3 Nr. 1 GemHVO rechtzeitig ausreichende Mittel zuzuführen.

Das kreditähnliche Rechtsgeschäft gehört zum Bereich der Nachdeckung.

## 5. Leasing im kommunalen Bereich[117]

### 5.1 Begriff, Abgrenzung

To lease ist ein englisches Verb und heißt so viel wie mieten, vermieten, **740**
pachten, verpachten.[118] Der typische Mietvertrag bzw. Pachtvertrag ist in den §§ 535 ff. bzw. 581 ff. BGB abgehandelt. Beim Leasing-Vertrag sind über das reine Miet- bzw. Pachtverhältnis hinaus noch weitere Regelungen getroffen, die z. B. die technische Beratung bei der Schaffung eines Vermögensgegenstandes, die Finanzierung, den Reparaturdienst (Wartung), eine Kauf- bzw. Mietverlängerungsoption zum Inhalt haben. Der Leasing-Vertrag ist danach eine Mischung von verschiedenen Vertragstypen.

Leasing ist die mietweise Überlassung beweglicher oder unbeweglicher Vermögensgegenstände zum Gebrauch und zur Nutzung durch den Leasing-Nehmer in Verbindung mit weiteren vertraglichen Leistungen des Leasing-Gebers. Grundsätzliche Wesensmerkmale: Bereitstellung von Sachkapital im Wege der Vermietung; Langfristigkeit und Unkündbarkeit der Verträge; Liquiditätssicherung für den Betrieb; Schonung der Kreditlinien des Betriebs. Der BFH[119] definiert, dass allen Arten von Rechtsverhältnissen, die mit Leasing bezeichnet werden, gemeinsam sei,

117 Leasing-Begriffe, Leasing-Formen, Leasing-Vergleichsberechnungen, Voraussetzungen, rechtliche und steuerliche Behandlung von Leasing werden im Leasing-Handbuch für die öffentliche Hand, *Dr. Michael Kroll* (Hrsg.) abgehandelt; Verlag: heasoft GmbH *Dr. Michael Kroll*, Schillerstraße 1, 96215 Lichtenfels.

118 Leasing-Begriffe (lt. *Kremer*, Sparkasse 1974, S. 253):
Direktes Leasing = Leasing-Vertrag direkt zwischen Leasing-Nehmer und Händler/Hersteller;
Equipment Leasing (plant Leasing) = Leasing der (gesamten) maschinellen Ausstattung;
Short Leasing = Vertragsdauer bis 3 Jahre;
Net Leasing = Vertrag ohne Nebenleistungen (ohne Wartung, Reparatur, Versicherung);
Financial Leasing = während Grundmietzeit keine Kündigung;
Indirektes Leasing = eine Leasing-Gesellschaft wird zwischengeschaltet;
Term Leasing = Leasing eines bestimmten Einzelobjektes;
Long Leasing = Vertragsdauer über 3 Jahre;
Full service Leasing (gross Leasing) = Vertrag einschließlich Nebenleistungen (Wartung, Reparatur, Versicherung);
Operating Leasing = keine bestimmte Grundmietzeit.

119 Urt. vom 26. 1. 1970, BStBl. II 1970 S. 264.

dass es sich um eine entgeltliche Gebrauchs- oder Nutzungsüberlassung von Wirtschaftsgütern handle; zu dieser Gebrauchs- oder Nutzungsüberlassung müssten aber noch weitere Umstände hinzukommen (Leasing-Formen). In Abschnitt CII4 der zitierten Entscheidung werden die Schwierigkeiten aufgezeigt, den Leasing-Vertrag bürgerlich-rechtlich einzuordnen. Hier seien nur einige Beispiele aus der dort zitierten Literatur genannt:

- Miet- und Pachtvertrag mit der Besonderheit, dass die Gefahr des zufälligen Untergangs der Sache auf den Mieter übergeht;
- ein in einen Mietvertrag eingekleideter Teilzahlungsvertrag;
- gemischter Vertrag mit dominierenden Elementen des Mietvertrags;
- Dauerschuldverhältnis mit Elementen des Miet- und Kaufvertrags.

Man unterscheidet das Hersteller-Leasing, bei dem der Hersteller des Wirtschaftsguts als Leasing-Geber auftritt, vom Leasing durch Leasing-Gesellschaften, bei dem spezielle Gesellschaften (meist auf eine bestimmte Branche bezogen) in der Regel in Zusammenarbeit mit einem potenten Kreditgeber (Kreditinstitut) Investitionsgüter zum Leasen bereitstellen.

**741** Des Weiteren wird das Immobilien-Leasing vom Mobilien-Leasing unterschieden. Beim Immobilien-Leasing stellt der Leasing-Geber ein Grundstück mit Gebäude oder technischen Einrichtungen gegen die Zahlung einer Miete und u.U. weiterer Nebenleistungen zur Verfügung. Das Immobilien-Leasing hat vor allem Finanzierungsfunktionen zu erfüllen. Der Leasing-Geber will eine günstige Verzinsung des eingesetzten Kapitals und die Amortisation des Gegenstandes erreichen. Der Leasing-Nehmer will den Gegenstand für seine Zwecke nutzen und u.U. nach einem (in der Regel längeren) Zeitraum erwerben. Der Immobilien-Leasing-Vertrag ist grundsätzlich langfristig angelegt und enthält vielfach eine Kauf- bzw. Mietverlängerungsoption.

Das Mobilien-Leasing tritt in den verschiedensten Bereichen auf; Leasing-Gegenstand können z.B. sein: Personalcomputer, Schreibautomaten, Telefonanlagen, Kopierautomaten, Vervielfältigungsgeräte, Lkw, Pkw, Maschinen für Industriebetriebe, Datenverarbeitungsanlagen. Bei manchen Firmen wurde der ganze Fuhrpark für den Kundendienst (Monteurfahrzeuge, Vertreterfahrzeuge) über einen Leasing-Vertrag angemietet. Gegen eine monatliche, vierteljährliche, halbjährliche oder jährliche Leasing-Rate werden die Fahrzeuge zur Verfügung gestellt, wobei die üblichen Wartungsleistungen für die Fahrzeuge im Mietpreis enthalten sein können und die ausführende Werkstatt unmittelbar mit dem Leasing-Geber abrechnet.

Die Gefahrtragung und Haftung für den Untergang und die Beschädigung des Vertragsgegenstandes werden in der Regel dem Leasing-Nehmer, der die tatsächliche Verfügungsgewalt über den Gegenstand hat, übertragen. Vielfach wird im Rahmen des Leasing-Vertrags eine Versicherung zugunsten des Leasing-Gebers abgeschlossen. Nach Ablauf der Vertragsdauer ist bei manchen Verträgen über das Mobilien-Leasing zugunsten des Leasing-Nehmers ein Optionsrecht eingeräumt (Mietverlängerungsoption oder Kaufoption).

*Beispiele für Leasing-Verträge:*
Vermietung der vollständigen Einrichtung eines SB-Ladens (Registrierkassen, Regale, Bedienungstheken, Kassentische, Kühleinrichtungen); beiderseits unkündbarer Vertrag auf fünf Jahre; Monatsraten in Höhe von 2,10% der Anschaffungskosten, erste Rate 4,30%; Kundendienst, Reparaturen und Pflege gehen zu Lasten des Leasing-Nehmers; Versicherungspflicht zu Lasten des Leasing-Nehmers; Mietverlängerungsoption nach Ablauf der Mietzeit, dafür 5% der bisher gezahlten Miete.
Pkw-Leasing auf Dauer von 60 Monaten (unkündbar); Betriebs- und Erhaltungskosten, Untergangsrisiko zu Lasten des Leasing-Nehmers.[120]

## 5.2 Leasing und Privatwirtschaft, steuerliche Behandlung

### 5.2.1 Leasing im privatwirtschaftlichen Bereich

Leasing wird bei privaten Unternehmen teilweise gewählt, um die Kreditlinien zu schonen. Die über längere Zeiträume hinweg vereinbarten Leasingraten bilden zudem grundsätzlich eine sichere Kalkulationsgrundlage. Ist im Leasing-Vertrag vereinbart, dass jeweils ein Wirtschaftsgut nach dem neuesten Stand der Technik bereitzustellen ist, ist ferner für den Leasing-Nehmer der Einsatz moderner Produktions- bzw. Arbeitsmittel stets gewährleistet. **742**

### 5.2.2 Steuerliche Behandlung[121]

Der BFH[122] hat abgegrenzt, wer bei einem in der Form des Leasings gemieteten Gegenstand wirtschaftlicher (und somit steuerlicher) Eigentümer ist. Diese Frage spielt im hoheitlichen Bereich der Gemeinde keine Rolle, da dieser Bereich nicht körperschaft- und gewerbesteuerpflichtig ist. Bei den Betrieben gewerblicher Art der Gemeinde ist die Frage des so genannten Zurechnungseigentümers (§ 39 AO) von Bedeutung. **743**

Die so genannten Leasing-Erlasse der Finanzverwaltung über die ertragssteuerliche Behandlung von Leasing-Verträgen[123] haben die Zurechnungsmerkmale zum Leasing-Geber oder zum Leasing-Nehmer klar abgegrenzt. Ist ein Leasing-Gut steuerlich dem Leasing-Geber zuzurechnen, so muss der Leasing-Nehmer das Wirtschaftsgut in seiner Bilanz nicht aktivieren und auf der Passivseite keine entsprechende Verpflich-

120 Vgl. hier auch zur Abgrenzung des Auto-Leasing-Vertrags vom Abzahlungskauf OLG Köln, Urt. vom 29.3. 1973, Betriebsberater 1973, S. 1461.
121 Vgl. dazu auch *Kroll*, Leasing-Handbuch für die öffentliche Hand, Abschn. A 3ff. und *Christen*, daselbst, Abschn. B.
122 Urt. vom 26.1.1970, BStBl. II 1970 S. 264.
123 Vom 19.4. 1971 über bewegliche Wirtschaftsgüter, BStBl. I S. 264, und vom 21.3. 1972 über unbewegliche Wirtschaftsgüter, BStBl. I S. 188.

tung an den Leasing-Geber (Dauerschuld) ausweisen; der Leasing-Nehmer kann die von ihm an den Leasing-Geber zu zahlenden Leasing-Raten voll als Betriebsausgaben geltend machen. Wird das Leasing-Gut dagegen steuerlich dem Leasing-Nehmer zugerechnet, muss er es aktivieren und passivieren; die Leasing-Raten an den Leasing-Geber sind einerseits in einen Zins- und Kostenanteil aufzugliedern, der eine sofort absetzbare (abzugsfähige) Betriebsausgabe darstellt, und andererseits in einen Tilgungsanteil, der als Tilgung der „Kaufpreisschuld" erfolgsneutral auszuweisen ist.[124]

Eine Zurechnung zum Leasing-Nehmer kommt grundsätzlich insbesondere dann in Frage, wenn

- die Grundmietzeit weniger als 40 % oder mehr als 90 % der betriebsgewöhnlichen Nutzungsdauer des Wirtschaftsguts (laut AfA-Tabelle) beträgt, oder
- der Leasing-Nehmer eine Kaufoption hat und die Grundmietzeit weniger als 40 % oder mehr als 90 % der betriebsgewöhnlichen Nutzungsdauer beträgt, oder
- der Leasing-Nehmer eine Mietverlängerungsoption hat und bei einer Grundmietzeit von mindestens 40 % und höchstens 90 % der betriebsgewöhnlichen Nutzungsdauer die Anschlussmiete so bemessen ist, dass sie den Wertverzehr für den Leasing-Gegenstand nicht deckt, der sich auf der Basis des unter Berücksichtigung der linearen AfA nach der amtlichen AfA-Tabelle ermittelten Buchwerts oder des niedrigeren gemeinen Werts und der Restnutzungsdauer laut AfA-Tabelle ergibt.

Wegen der übrigen Besonderheiten der ertragsteuerlichen Behandlung wird auf die zitierten Leasing-Erlasse verwiesen.

Nachrichtlich sei darauf verwiesen, dass bei der Zurechnung des Leasing-Guts zum gewerblichen Leasing-Nehmer die in der Leasing-Rate enthaltenen Zinsen als Dauerschuldzinsen behandelt und dem Gewerbeertrag hinzugerechnet werden.[125]

### 5.3 Leasing im kommunalen Hoheitsbereich

**744** Angesichts der Vielfalt der kommunalen Aufgabenstellung und der Knappheit der Finanzierungsmittel stellt sich die Frage, inwieweit die Gemeinde auf das Finanzierungsinstrument „Leasing" zurückgreifen kann, z.B. beim Bau von Schulen, Abwasserbeseitigungsanlagen, Verwaltungsgebäuden, Abfallbeseitigungsanlagen, Straße u.Ä. Bei beweglichen Gegenständen ist das Leasing auch im kommunalen Bereich dann verbreitet,

124 Zur Aufteilung von Leasingraten vgl. auch Schreiben des BFM vom 13.12. 1973, Betriebsberater 1973, S.1616.

125 Vgl. §8 Nr.1 GewStG; gemeindliche Hoheitsbetriebe unterliegen nicht der Gewerbesteuer (vgl. §2 GewStDV).

wenn Geräte bereitgestellt werden müssen, die Spezialkenntnisse im Hinblick auf die Wartung aufweisen (z.B. Kopiergeräte, EDV-Anlagen, Buchungsautomaten). Diese Verträge bewegen sich im Allgemeinen im Rahmen der laufenden Verwaltung und sind deshalb gemäß § 87 Abs. 5 GemO von einer Genehmigung durch die Rechtsaufsichtsbehörde freigestellt. Im Übrigen ist der Abschluss von Leasingverträgen über bewegliche Sachen nach dem Freigrenzenerlass allgemein genehmigt.

Leasing-Verträge über die oben genannten Einrichtungen, wie z.B. Schulen usw., belasten dagegen den Haushalt nachhaltig und langfristig mit festen Beträgen und können sich auf die dauernde Leistungsfähigkeit der Gemeinde erheblich auswirken. Sie sind bis zu einem gewissen Grad mit dem Schuldendienst (Zins und Tilgung) bei der Kreditfinanzierung (Dauerlasten) zu vergleichen. Aus diesem Grund hat der Gesetzgeber die Genehmigungsbedürftigkeit für diese Rechtsgeschäfte eingeführt.

Primär ist aber zu beurteilen, ob Leasing für die Gemeinde wirtschaftlich zweckmäßig ist. Dies ist aufgrund von einschlägigen Berechnungen grundsätzlich zu verneinen. Bei den Gemeinden spielt die Bereitstellung von Sicherheiten bei der Kreditfinanzierung keine Rolle (vgl. auch Abschnitt V 8 – Kreditsicherungsverbot). Der Kommunalkredit wird ohne besondere Sicherheit von den Kreditinstituten gewährt; die Frage der Kreditlinie ist deshalb unerheblich.

Die Hoheitsbetriebe unterliegen weder der Körperschaft- noch der Gewerbesteuer;[126] danach bringt das Leasing im Blick auf diese Steuern für den Hoheitsbereich der Gemeinde keine Vorteile. Die Leistungen des Leasing-Gebers sind dagegen grundsätzlich umsatzsteuerpflichtig. Diese Steuer wird dem Leasing-Nehmer in der Form der Mehrwertsteuer in Rechnung gestellt. Nachdem die Leistungen des Hoheitsbetriebs nicht der Umsatzsteuer unterliegen, findet auch kein Vorsteuerabzug statt. Die Gemeinde muss deshalb grundsätzlich zusätzlich zur Miete auch Mehrwertsteuer entrichten, die sie endgültig zu tragen hat.[127]

126 Vgl. §§ 1 bis 5 (insbes. § 4) KStG, § 2 GewStDV.

127 Gem. § 4 Nr. 8 UStG sind Zinsen, die ein Kreditinstitut für die Gewährung von Krediten erhebt, von der Umsatzsteuer befreit. Werden z.B. bewegliche Leasing-Gegenstände Anlagevermögen des Leasing-Nehmers, sind in der Überlassung der Gegenstände Lieferungen an den Leasing-Nehmer zu sehen, weil er befähigt wird, im eigenen Namen über die Gegenstände zu verfügen. Entgelt ist alles, was der Leasing-Nehmer aufzuwenden hat (Leasing-Raten, Kaufpreis, Leasing-Verlängerungsraten). Der Gesamtbetrag unterliegt der Umsatzsteuer. Eine Aufteilung der Bemessungsgrundlagen in Entgelt für die Lieferung und die steuerfreie Kreditgewährung ist unzulässig (vgl. *Schüle/Teske/Wendt*, Kommentar zur Umsatzsteuer, Erl. 27a zu § 10 UStG).
Die Gemeinde muss in diesem Fall auch für die in den Leasing-Raten enthaltenen Zinsen Umsatzsteuer entrichten, ohne dass sie im hoheitlichen Bereich die Möglichkeit hat, den Vorsteuerabzug geltend zu machen.
*Blödtner*, Neue Wirtschaftsbriefe Nr. 41 vom 8. 10. 1973, Fach 7, S. 2473, führt zu diesem Problem Folgendes aus:
Die Summe aller Leasing-Raten übersteigt den Kaufpreis des Leasing-Gegenstandes. Der überschießende Betrag ist als Finanzierungsentgelt anzusehen. Eine Aufteilung aber der Bemessungsgrundlage in ein Entgelt für eine Lieferung des Leasing-Gegenstandes und in ein Entgelt für eine nach § 4 Nr. 8 UStG steuerfreie Kreditgewährung ist unzulässig. Das als Lieferung zu behandelnde Leasing-Geschäft steht einem Kreditkauf gleich (BFH, Urt. vom 1. 10. 1970, BStBl. II 1971 S. 34).

Des Weiteren ist zu berücksichtigen, dass der Leasing-Geber das Investitionsgut in der Regel voll über Kredite finanziert, er grundsätzlich einen meist höheren Zinssatz entrichten muss, als dies bei der Gemeinde der Fall ist, wenn sie eine volle Fremdfinanzierung zugrunde gelegt hat. Der Leasing-Geber rechnet aber in die Miete über die Fremdzinsen hinaus einen Risikozuschlag sowie die ihm entstehenden Kosten (einschließlich Steuern) ein. Ferner will der Leasing-Geber einen Gewinn erzielen; gegebenenfalls kommt eine Provision hinzu.

Dem Bayerischen Kommunalen Prüfungsverband[128] kommt das Verdienst zu, bereits im Jahre 1965 eine umfassende Untersuchung des Leasings im Blick auf die Gemeinden durchgeführt zu haben; ein wesentlicher Teil der Fragen, die seinerzeit noch offen standen, konnte in der Zwischenzeit geklärt werden, insbesondere im steuerlichen Bereich. Die Grundaussagen haben aber nach wie vor Geltung. Der Verband führt aus, dass die Höhe der Leasing-Raten grundsätzlich von folgenden Faktoren beeinflusst wird:

- Marktkonforme Verzinsung der zu 100 % von Anlagen-Gesellschaften bereitgestellten Fremdmittel,
- Abschreibungen (Amortisationen),
- Geldbeschaffungskosten,
- Steuern und andere Abgaben,
- Verwaltungskosten,
- Gewinn der Gesellschaft (u. U. zusätzlich Provision).

**745** Als kostenverteuernd werden beim Leasing im Vergleich zur vollen Fremdfinanzierung der Gemeinde insbesondere die Gewinnanteile der Leasing-Gesellschaften, die zusätzlichen Verwaltungskosten und u. U. erhebliche Mehrsteuern genannt. Dabei wird – nachdem im Hinblick auf die öffentliche Aufgabenstellung der Gemeinde diese den Leasing-Gegenstand nach Ablauf der Vertragsdauer in der Regel zu erwerben hat – auch auf eine u. U. in Frage kommende Grunderwerbsteuer hingewiesen. Eine Verbilligung der Kosten könnte dann eintreten, wenn sich – ausnahmsweise – positive steuerliche Auswirkungen ergeben oder durch eine rationelle Bauweise Aufwendungen erspart werden können oder die Leasing-Gesellschaft bei der Refinanzierung Vorteile bei der Beschaffung der Fremdmittel (Zinshöhe, Disagio) erhalten kann. Im Allgemeinen überwiegen die verteuernden Momente.

Anhand des Beispiels einer Entwässerungsanlage wird vom Bayerischen Prüfungsverband folgende Berechnung aufgestellt (als Zinssatz wurden 6,5 % angesetzt; die Aussagen verschieben sich je nach der Zinssituation, behalten aber dem Grunde nach ihren Aussagewert) (da es sich um eine Beispielsrechnung handelt, wurden die ursprünglichen DM-Beträge deckungsgleich als Eurobeträge ausgewiesen):

128 München 19, Renatastraße 73; bearbeitet von *Götz*, damals im Bayerischen Prüfungsverband öffentlicher Kassen.

Vertragsdauer 29$^{3}/_{4}$ Jahre; jährliche Leasing-Rate 8,5 %[129] der Herstellungskosten mit 10 000 000 € = 25 287 000 €
+ 2 Jahresraten (-mieten) als Kaufpreis n. Ablauf d. Vertragsdauer = 1 700 000 €

| | |
|---|---|
| Gesamtaufwand bei Leasing | = 26 987 000 € |

nach 31,75 Jahren ist die Anlage finanziert und ins Eigentum der Gemeinde übergegangen.

Bei voller Fremdfinanzierung durch die Gemeinde müsste ein Kredit mit 10 300 000 € aufgenommen werden, um nach Abzug des Disagios über 10 000 000 € verfügen zu können. Würde die Gemeinde diesen Kredit annuitätisch mit 8,5 % (Ausgangslage 6,5 % Zins und 2 % Tilgung) zurückzahlen – entsprechend der jährlichen Leasing-Rate –, wäre der Kredit nach rund 23 Jahren getilgt bei folgender Kostensituation:

| | |
|---|---|
| Tilgung | = 10 300 000 € |
| Zinsen in Höhe von 95,31 % der Kreditsumme | = 9 817 000 € |
| Kosten bei voller Fremdfinanzierung | = 20 117 000 € |
| Zum Vergleich: | |
| Gesamtaufwand bei Leasing | = 26 987 000 € |
| Mehrausgaben bei Leasing | = 6 870 000 € |
| i. v. H. der Ausgaben bei Kreditaufnahme | = 34,2 % |
| i. v. H. der Herstellungskosten | = 68,7 % |

Bei dieser Berechnung sind Beiträge und staatliche Investitionszuschüsse nicht berücksichtigt.

*Remmlinger*[130] weist darauf hin, dass neben privaten Unternehmen auch Gesellschaften das kommunale Leasing betreiben, hinter denen insbesondere Kommunalbanken stehen. Vorteile des Leasings sieht er u. a. darin, dass die Gemeinde das Objekt schlüsselfertig zur Verfügung gestellt bekommt, dass kostensparende Standardpläne unter Ausnutzung modernster Rationalisierungspraktiken verwendet werden und die Verbilligung der Serie bei Gewährleistung eines Höchstpreises ausgenutzt werden kann. Diese Vorteile sind grundsätzlich aber auch bei einer anderen Vertragsform möglich (z. B. Werkvertrag mit Generalunternehmer). Als Nachteile führt er u. a. an, dass nach der Sachentscheidung über die Beauftragung der Leasing-Gesellschaft die unmittelbaren Einflussmöglichkeiten der Gemeinde auf die Planung und Baudurchführung ganz oder zum großen Teil ausgeschlossen sind. Remmlinger geht davon aus, dass bei gleichen Herstellungs- bzw. Anschaffungskosten das Leasing-Verfahren im Allgemeinen teurer sein dürfte als die konventionellen Finanzierungsarten. Er legt dar, dass die Gesamtkosten einer Anlage (also einschließlich der Finanzierungskosten) sich wie folgt entwickeln können (Anschaffungskosten gleich 100 %):[131]

129 Die Leasing-Rate hängt wesentlich von der Zinshöhe ab, die der Leasing-Geber für das eingesetzte Fremdkapital zu zahlen hat. Sie wird von der Leasing-Gesellschaft im Einzelfall nach genauer Kalkulation genannt.

130 GH 1971, S. 31.

131 Vgl. dazu auch Die Gemeindekasse 1969/106 bis 111; bedeutsam ist der jeweilige Kapitalzins; a. a. O. wird von Leasingkosten mit 218 bis 233 % gesprochen.

| | |
|---|---|
| Volle Fremdfinanzierung, 30 Jahre Laufzeit, | |
| Ratenkredit | 201 % |
| Leasing-Finanzierung | = 213–218 % |

Die Gemeinde wird in jedem Fall vor der Inanspruchnahme des Leasings unter genauer Prüfung der Vertragsgestaltung eine sorgfältige Kalkulation darüber anstellen müssen, ob Fremdfinanzierung oder Leasing das wirtschaftlichere und somit das gesetzlich gebotene Finanzierungsmittel (vgl. §77 Abs. 2 GemO) ist. Dabei können bei der Fremdfinanzierung insbesondere in der Zukunft liegende Zinsveränderungen und beim Leasing-Vertrag insbesondere Preisgleitklauseln den Aussagewert der Vorkalkulation beeinträchtigen.[132] Diese exakte Prüfung obliegt der Gemeinde nicht nur im Hoheitsbereich, sondern auch bei der Beurteilung, ob Leasing als geeignetes Finanzierungsmittel im Bereich der wirtschaftlichen Unternehmen bzw. der Betriebe gewerblicher Art in Frage kommt.

**746** Vor allem ist auch in jedem Einzelfall zu prüfen, ob durch das Leasing Staatsbeiträge verloren gehen, die der Gemeinde entsprechend den üblichen Förderungsrichtlinien zufließen würden, wenn sie Träger der Maßnahme wäre. Eine generelle Aussage kann nicht gemacht werden. Nur nachrichtlich sei darauf hingewiesen, dass die Gewährung von staatlichen Investitionshilfen u.a. von der Anwendung der VOB abhängig gemacht wird.

Beim Spezial-Leasing wird das Wirtschaftsgut dem Leasing-Nehmer steuerlich zugerechnet. Spezial-Leasing ist anzunehmen, wenn zur Zeit der Errichtung und erstmaligen Vermietung des Objekts ein Markt für derartige Wirtschaftsgüter nicht besteht und damit ein Wechsel des Leasing-Nehmers ausgeschlossen erscheint. Darüber hinaus ist in Fällen, in denen das Leasing-Objekt einer bestimmten Aufgabe dient, Spezial-Leasing dann anzunehmen, wenn diese Aufgabe entweder rechtlich oder tatsächlich auf einen anderen als den Leasing-Nehmer nicht übertragen werden kann.

Beim Kommunal-Leasing handelt es sich bei den zu finanzierenden Wirtschaftsgütern häufig um Einrichtungen, die für die Gemeinden als Hoheitsträger typisch sind und bei denen eine Nutzung durch andere, die nicht Hoheitsträger sind, nicht denkbar ist. In diesen Fällen wird regelmäßig Spezial-Leasing anzunehmen sein. Kein Spezial-Leasing liegt vor bei allgemeinen Verwaltungsbauten (Bürogebäude), die auch von Dritten für ihre Zwecke genutzt werden können.

132 Führt eine Leasing-Gesellschaft z.B. nur die Finanzierung des Objekts durch, kann es sein, dass auf die Vertragsdauer vom vollen Vertragswert zuzüglich zu den Fremdzinsen 0,25 % Kosten und Gewinnanteile berechnet werden.

### 5.4 Genehmigungsvorbehalt, Zuständigkeiten

Der Leasing-Vertrag bedarf als kreditähnliches Rechtsgeschäft (Zahlungsverpflichtung, die wirtschaftlich einer Kreditaufnahme gleichkommt) gemäß § 87 Abs. 5 GemO der Genehmigung der Rechtsaufsichtsbehörde, soweit es sich nicht um eine Angelegenheit der laufenden Verwaltung oder um einen Vertrag über bewegliche Sachen handelt. Auf die Ausführungen in Abschnitt 3 wird verwiesen. Wegen der allgemeinen Genehmigung von Leasing-Verträgen ist Rdnr. 737 maßgebend. **747**

Bei der Genehmigung solcher Rechtsgeschäfte ist darauf zu achten, dass angeordnete Begrenzungen für Kreditaufnahmen nicht umgangen werden und dass die Gemeinde nicht ohne zwingende Gründe Belastungen auf sich nimmt, die bei einer Kreditaufnahme vermeidbar gewesen wären.[133]

Für die Zuständigkeit zur Sachenentscheidung über einen Leasing-Vertrag innerhalb der Gemeindeorgane gilt das in Rdnr. 656 Gesagte grundsätzlich entsprechend.

### 5.5 Immobilien-Leasing und wirtschaftliche Betätigung[134]

Eine besondere Form des Leasing hat eine Gemeinde praktizieren wollen. Sie hatte beabsichtigt, im Wege des Leasing ein Objekt nicht für sich, sondern für einen ortsansässigen Unternehmer zu beschaffen. Die oberste Rechtsaufsichtsbehörde hat dazu festgestellt, dass in der Zwischenschaltung der Stadt eine wirtschaftliche Betätigung nach § 102 Abs. 1 GemO zu sehen sei. Die Stadt könne nämlich ihre Rolle als Zwischenpächterin rechtlich und tatsächlich nicht auf einen Fall beschränken. Für eine solche Betätigung seien aber die Voraussetzungen des § 102 Abs. 1 – zumindest von Nr. 1 – GemO nicht erfüllt. Den Gemeinden sei zwar die Förderung der Industrie(ansiedlung) auch im Rahmen des § 102 Abs. 1 GemO nicht grundsätzlich verwehrt. Die mietweise Bereitstellung einer Betriebsanlage könne jedoch auch ohne Zwischenschaltung der Stadt geschehen. Die Möglichkeit, dass die Stadt später das Grundstück erwerben könne, rechtfertige ebenfalls keine solche wirtschaftliche Betätigung mit den damit verbundenen Risiken. Das Innenministerium hätte aber nichts dagegen einzuwenden, wenn die Stadt die Nutzung von Grundstücken zu angemessenen Bedingungen einem Leasing-Unternehmen zur Vermietung an anzusiedelnde Betriebe überließe. **748**

133 Vgl. Nr. 4 VwV zu § 87 GemO.
134 Die nachstehende Formulierung stammt aus den Mitteilungen der Gemeindeprüfungsanstalt Baden-Württemberg, GPA-Mitt. 30/1974.

### 5.6 Leasing und kostenrechnende Einrichtungen[135]

749 Wird ein Leasing-Gut nach den ertragsteuerrechtlichen Vorschriften dem Leasing-Geber, also nicht der Gemeinde, zugerechnet, so ist die volle Leasing-Rate als Betriebsausgabe im Verwaltungshaushalt zu veranschlagen und zu buchen. Bei den kostenrechnenden Einrichtungen kann der volle Betrag als Aufwand in die betriebswirtschaftliche Kalkulation eingesetzt werden.

Wird das Leasing-Gut nach den ertragsteuerrechtlichen Vorschriften dem Leasing-Nehmer, also der Gemeinde zugerechnet, ist die Leasing-Rate in einen Tilgungs- bzw. Investitionsanteil einerseits und in einen Zins- und Kostenanteil andererseits aufzuteilen. Der Zins- und Kostenanteil ist im Verwaltungshaushalt zu veranschlagen und zu buchen; er ist Aufwand in der betriebswirtschaftlichen Kalkulation bei der kostenrechnenden Einrichtung. Der Tilgungs- bzw. Investitionsanteil ist im Vermögenshaushalt zu veranschlagen bzw. zu buchen. In der betriebswirtschaftlichen Kalkulation kann lediglich die normale Abschreibung für das Wirtschaftsgut als Aufwand ausgewiesen werden.

### 5.7 US-Lease-in/Lease-out-Finanzierungen

750 Das amerikanische Steuerrecht begünstigt derzeit Leasing-Transaktionen durch Steuerstundungseffekte. Dies gilt auch für Leasing-Geschäfte, an denen ausländische Vertragspartner beteiligt sind.[136] Da es sich um rechtlich und wirtschaftlich sehr komplizierte Vorgänge handelt, unterschiedliche Variationen dieser Geschäfte praktiziert werden und sich die Grundlagen dafür immer wieder verändern, ist es notwendig, rechtzeitig anwaltliche und steuerliche Beratung beizuziehen und die Rechtsaufsichtsbehörde ebenfalls in einem frühen Stadium einzuschalten.[137]

Das US-Lease-in/Lease-out-Geschäft besteht grundsätzlich aus einem Hauptvertragswerk, dem die übrigen Regelungen, insbesondere die nähere Ausgestaltung des Hauptmietvertrags und des Untermietvertrags angeschlossen werden. Die Transaktion ist im Wesentlichen generell von den folgenden Elementen geprägt:

#### 5.7.1 Hauptmietvertrag (Head Lease)

Der deutsche Eigentümer eines langlebigen Wirtschaftsguts schließt einen langfristigen Mietvertrag (Hauptmietvertrag) mit einer amerikanischen Treuhandgesellschaft (US-Trust) ab, die für die spezielle Aktion gegründet wird.

135 Vgl. dazu Rdnrn. 802ff.
136 Sog. Cross-border-Geschäfte.
137 Es entstehen bereits imVorfeld erhebliche Beratungskosten (für die deutsche und amerikanische Beratung), die zunächst im Risikobereich der Gemeinde liegen können. Das Leasing-Handbuch für die öffentliche Hand von *Kroll* – vor allem Abschn. F 3 Nr. 4 – zeigt die mit dem Geschäft verbundenen Risiken auf.

Die amerikanische Treuhandgesellschaft mietet vom deutschen Eigentümer Wirtschaftsgüter, die aus US-Sicht verkehrsfähig sind und unter US-bewertungsrechtlichen Grundsätzen einen Wert von derzeit mindestens 100 000 000 US $ haben. Groß-Mobilien, Betriebsvorrichtungen sowie Immobilien können z.B. Vertragsgegenstand sein (Beispiele: Straßenbahnen, Züge, Waggons, Flugzeuge, Kraftwerke, Müllverbrennungsanlagen, Ausstellungshallen, Wasserversorgungsanlagen, Klärwerke). Es kann sich um neu zu erstellende oder aber um gebrauchte und damit bereits in Betrieb befindliche Wirtschaftsgüter handeln.

Die (Haupt-)Mietzeit beträgt – je nach Wirtschaftsgut – in der Regel zwischen ca. 35 und 55 Jahren (durchgehende Mietzeit oder Grundmietzeit mit Anschlussmietzeit).

Der US-Trust zahlt in der Regel (über zwischengeschaltete Banken) den Barwert der Mietraten (Leasing-Raten) nach dem Hauptmietvertrag insgesamt bei Beginn der Vertragslaufzeit im Voraus. Er refinanziert sich aus dem eingezahlten Eigenkapital der US-Trust-Beteiligten und Bankkrediten. Die (den US-Trust) finanzierenden Banken lassen sich zur Sicherung der Rückzahlung dieser Bankkredite die Ansprüche gegen den deutschen Eigentümer/Untermieter aus dem Untermietverhältnis abtreten (siehe unten).

### 5.7.2 Untermietvertrag (Sub Lease)

Der US-Trust vermietet die mit dem Hauptmietvertrag angemieteten Wirtschaftsgüter aufgrund eines Untermietvertrags langfristig (je nach Struktur und Art des Wirtschaftsguts ca. 15 bis 45 Jahre) zurück an den deutschen Eigentümer und damit zugleich auch Untermieter. Die Mietzeit nach dem Untermietvertrag ist kürzer als die Hauptmietzeit.

Vereinbarungsgegenstand ist auch eine Kaufoption (einschließlich Definition des Optionspreises) des deutschen Eigentümers/Untermieters, nach Beendigung der Mietzeit des Untermietvertrags die beim US-Trust noch vorhandenen Nutzungsrechte im Rahmen des Hauptmietvertrags zu erwerben.

Der Untermietvertrag sieht in der Regel eine laufende Zahlung der Mietraten vor. Der Barwert der vom deutschen Eigentümer über die Mietzeit des Untermietvertrags an den US-Trust zu leistenden Mietzahlungen sowie des für die Option zu zahlenden Preises für den Erwerb der Nutzungsrechte (Optionspreis) wird i.d.R. zu Beginn der Mietzeit vom Eigentümer an zwischengeschaltete Banken (erste Adressen) entrichtet (Refinanzierung über die nach dem Hauptmietvertrag vorausbezahlte Miete des US-Trusts). Diese (erfüllenden) zwischengeschalteten Banken haben dann gegenüber dem US-Trust (bzw. den ihn finanzierenden Banken) die Zahlungspflichten des Eigentümers/Untermieters.

5.7.3 Sonstiges

Die Transaktion ist für den deutschen Eigentümer nach Steuer- und Handelsrecht bilanzneutral. Der deutsche Eigentümer bleibt auch nach dieser Gestaltung rechtlicher und wirtschaftlicher Eigentümer des Wirtschaftsguts.

Der aus dem amerikanischen Steuerstundungseffekt entstehende Barwertvorteil errechnet sich aus dem Unterschied der vom US-Trust vorausbezahlten Mietraten nach dem Hauptmietvertrag und den vom deutschen Eigentümer/Untermieter vorausbezahlten Mietraten einschließlich des vorausbezahlten Optionspreises nach dem Untermietvertrag. Der Barwert-Vorteil wird mit ca. 4–8 % angegeben.

Der Barwertvorteil wird zu passivieren und über die Laufzeit des Untermietvertrags ertragswirksam aufzulösen sein.[138]

## X. Sicherheiten, Bürgschaften, Gewährverträge

### 1. Sicherheiten

751 Das Kreditsicherungsverbot (vgl. Rdnrn. 681ff.) bestimmt, dass zur Sicherung des Kommunalkredits keine Sicherheiten bestellt werden dürfen – Ausnahmen können von der Rechtsaufsichtsbehörde zugelassen werden (§87 Abs.6 GemO). Darüber hinaus bestimmt §88 Abs.1 GemO, dass die Gemeinde keine Sicherheiten zugunsten Dritter bestellen darf. Die Gemeinde soll durch diese Vorschrift zunächst einmal davor bewahrt werden, Sicherheiten anzubieten, die sich für sie nachteilig auswirken können. Zum anderen ist die Gemeinde aufgrund ihrer Eigenschaft als Gebietskörperschaft und des damit verbundenen Steuerhoheitsrechts grundsätzlich in der Lage, eigenen finanziellen Verpflichtungen nachzukommen.

Die Sicherheitsleistung ist im zivilrechtlichen Bereich in den §232ff. BGB geregelt. Eine Sicherheitsleistung kann z.B. durch Hinterlegung von Geld oder Wertpapieren, durch Verpfändung von Forderungen oder beweglichen Sachen oder durch die Bestellung von Hypotheken erfolgen.

Die Bestellung von Sicherheiten zugunsten von Dritten für Aufgaben, die nicht zum Wirkungskreis der Gemeinde gehören, scheidet von vornherein aus. Auch wird die Belastung eines Gemeindegrundstücks mit einer Grundschuld oder einer Hypothek zugunsten eines privaten Betriebs in der Gemeinde ausscheiden.

Die Rechtsaufsichtsbehörde kann zwar Ausnahmen von diesem Sicherungsverbot zulassen, doch wird sie davon nur in ganz besonders gela-

138 Vgl. *Weinand-Härer*, in: Kroll (Hrsg.), Leasing-Handbuch für die öffentliche Hand, Abschn. F.3 Nr.6.3.

gerten Fällen Gebrauch machen. Wurde eine Ausnahme nicht zugelassen, das Rechtsgeschäft (u. U. vorher) trotzdem getätigt, ist es gemäß § 117 Abs. 2 GemO nichtig.

Das IM[139] hat festgelegt, dass eine Ausnahme nur in Betracht kommt, wenn mit der Bestellung der Sicherheit eine gemeindliche Aufgabe wirkungsvoller und wirtschaftlicher erfüllt werden kann und sich das Risiko der Gemeinde in tragbaren Grenzen hält. Für den Fall der Ausnahme genießt die Gemeinde keinen Vollstreckungsschutz nach § 127 Abs. 1 GemO.

## 2. Bürgschaft

### 2.1 Allgemeines

Unter Bürgschaft versteht man das Einstehen für die Schuld eines anderen. Die Bürgschaft ist in § 765 ff. BGB zivilrechtlich geregelt. Danach verpflichtet sich der Bürge im Bürgschaftsvertrag gegenüber dem Gläubiger eines Dritten, für die Erfüllung einer Vebindlichkeit des Dritten einzustehen. **752**

Im Hinblick auf die Bedeutung der Bürgschaft – insbesondere zur Vermeidung unüberlegter Bürgschaftsübernahmen – schreibt § 766 BGB die Schriftform der Bürgschaftserklärung vor. Auch öffentlich-rechtlich ist durch § 54 Abs. 1 GemO die Schriftform bereits zwingend vorgeschrieben.

Der Bürge kann die Befriedigung des Gläubigers verweigern, solange dem Hauptschuldner das Recht zusteht, das seiner Verbindlichkeit zugrunde liegende Rechtsgeschäft anzufechten. Die gleiche Befugnis hat der Bürge, solange sich der Gläubiger durch Aufrechnung gegen eine fällige Forderung des Hauptschuldners befriedigen kann (§ 770 BGB).

### 2.2 Bürgschaftsarten

#### 2.2.1 Ausfallbürgschaft

Dies ist die übliche Form der Bürgschaft. Der Bürge muss hier erst dann für die Hauptschuld eintreten, wenn der Gläubiger eine Zwangsvollstreckung gegen den Hauptschuldner ohne Erfolg versucht hat.[140] Der Bürge kann hier die so genannte Einrede der Vorausklage geltend machen, die ihm bis zum Nachweis der Zwangsvollstreckung ein Leistungsverweigerungsrecht gibt. **753**

Eine Einrede der Vorausklage ist u. a. ausgeschlossen, wenn über das Vermögen des Hauptschuldners der Konkurs eröffnet ist oder wenn anzunehmen ist, dass die Zwangsvollstreckung in das Vermögen des Haupt-

139 Nr. 1 VwV zu § 88 GemO.
140 §§ 771, 772 BGB.

schuldners nicht zur Befriedigung des Gläubigers führen wird.[141] Wenn die Bürgschaft für die Gemeinde ein Handelsgeschäft ist, steht ihr ebenfalls die Einrede der Vorausklage nicht zu.[142]

#### 2.2.2 Selbstschuldnerische Bürgschaft

754 Wenn der Bürge auf die Einrede der Vorausklage in der schriftlichen Bürgschaftserklärung verzichtet hat, insbesondere wenn er sich als Selbstschuldner verbürgt hat, ist die Einrede der Vorausklage ausgeschlossen. Der Gläubiger kann sich dann nach seinem Belieben an den Hauptschuldner oder aber auch sofort an den Bürgen mit dem Anspruch auf Leistung wenden. Die selbstschuldnerische Bürgschaft ist für den Gläubiger insoweit sicherer, als er – ohne ein besonderes Verfahren gegen den Schuldner anstrengen zu müssen – sofort gegen den Bürgen vorgehen kann. Für den Bürgen ist diese Art der Bürgschaft ungünstiger, da er jederzeit damit rechnen muss, aus der Bürgschaft in Anspruch genommen zu werden. Die Gemeinde soll grundsätzlich keine selbstschuldnerische Bürgschaft übernehmen.[143]

#### 2.2.3 Sonstige Bürgschaftsbegriffe[144]

755 Bei der Nachbürgschaft steht der Nachbürge dafür ein, dass der Bürge seine Verpflichtung erfüllt, bürgt aber nicht für die Hauptschuld. Bei der Rückbürgschaft sichert der Rückbürge den Ersatzanspruch des Bürgen gegen den Hauptschuldner; Gläubiger des Rückbürgen ist demnach der Bürge, der sich an den Rückbürgen halten kann, wenn sein Ersatzanspruch gegenüber dem Hauptschuldner nicht erfüllt wird. Bei der Mitbürgschaft haften die Mitbürgen grundsätzlich gesamtschuldnerisch. Bei der Zeitbürgschaft kann z.B. vereinbart werden, dass der Bürge unabhängig vom Zeitpunkt der Begründung der Hauptschuld nur für eine bestimmte Zeit Bürgschaftsverpflichtungen übernimmt.

### 2.3 Übergang der Hauptforderung

756 Die Forderung des Gläubigers gegen den Hauptschuldner geht auf den Bürgen über, soweit der Bürge den Gläubiger befriedigt (§774 BGB). Der Bürge erwirbt danach kraft Gesetzes den Anspruch gegen den Hauptschuldner; die Realisierungsmöglichkeiten des Anspruchs sind aber grundsätzlich gering, zumindest kurzfristig.

Die Gemeinde muss vor der Übernahme der Bürgschaft die Bonität des Schuldners grundsätzlich eingehend prüfen, um das Risko so gering wie möglich zu halten. Sie hat sich insbesondere Bilanzen und Geschäftsbe-

141 Vgl. allerdings §773 Abs. 2 BGB.
142 Z.B. im Handelsregister eingetragene Stadtwerke (vgl. §349 HGB).
143 Vgl. auch Nr. 3 VwV zu §88 GemO.
144 Vgl. dazu Die Fundstelle 1974/867.

richte vorlegen zu lassen und soll in der Regel eine ständige Berichtspflicht und ein Einsichtsrecht in die Bücher verlangen. Der Gläubiger sollte verpflichtet werden, einen Zahlungsverzug des Schuldners unverzüglich der Gemeinde anzuzeigen, damit diese rechtzeitig in der Lage ist, größere Nachteile von vornherein abzuwenden (z.B. Kündigung des Kreditvertrags durch den Gläubiger, auflaufende Zinsen). Das Risiko einer Inanspruchnahme der Gemeinde soll außerdem nach Möglichkeit durch eine Befristung der Bürgschaft gering gehalten werden.

### 2.4 Aufgabenstellung

Die Gemeinde darf eine Bürgschaft nur im Rahmen ihrer Aufgabenstel- **757**
lung übernehmen (§88 Abs.2 GemO). Reine Gefälligkeitsbürgschaften scheiden von vornherein aus. Eine Bürgschaft kommt z.B. in Frage, wenn ein Bauträger eine Schule, ein Krankenhaus oder eine ähnliche Einrichtung auf einem gemeindeeigenen Grundstück schlüsselfertig erstellt und bis zur Übergabe auch die Finanzierung über ein Kreditinstitut besorgt.

Die Förderung der Gewerbeansiedlung im Blick auf die Beschaffung oder **758**
Sicherung von Arbeitsplätzen kann zu den Aufgaben der Gemeinde gehören. Diese Förderung muss sich jedoch im Rahmen der Leistungsfähigkeit der Gemeinde halten und darf das Gleichheitsgebot nicht verletzen. Die Frage, ob die Gemeinde zur Abdeckung des allgemeinen unternehmerischen Risikos im Blick auf die Schaffung oder Erhaltung von Arbeitsplätzen eine Bürgschaft übernehmen kann, ist grundsätzlich zu verneinen. Ausnahmen von diesem Grundsatz bedürften einer sehr gewichtigen Begründung. Durch diese Art der „Subventionierung" können Wettbewerbsverzerrungen eintreten. Vor allem sind auch die sog. Berufungsfälle in die Beurteilung mit einzubeziehen.

Das IM[145] weist darauf hin, dass Bürgschaften zugunsten privater Unternehmen, an denen die Gemeinde nicht beteiligt ist, grundsätzlich nicht zum Aufgabenkreis der Gemeinde gehören. Es sei vor allem nicht Aufgabe der Gemeinde, Bürgschaften zu übernehmen, um Unternehmen der Privatwirtschaft das unternehmerische Risiko abzunehmen oder ihnen bei Liquiditätsschwierigkeiten zu helfen oder ihnen die Aufnahme für sie günstigerer Kredite zu ermöglichen.

Die Übernahme einer Bürgschaft kann auch für Baudarlehen im Wohnungsbau (insbesondere im sozialen Wohnungsbau) in Frage kommen, wenn z.B. die Landeskreditbank einem Bauherrn ein Darlehen gewährt.[146]

Verbürgt sich eine Gemeinde ausnahmsweise für Kredite von Wohnungsbaugesellschaften oder Entwicklungsträgern zum Ankauf von Bauge-

145 Nr. 2 VwV zu §88 GemO.
146 Vgl. Fn 148.

lände, weil die Kredite aus vermessungs- oder grundbuchtechnischen Gründen noch nicht dinglich sichergestellt werden können, ist bei der Genehmigung darauf zu achten, dass

- zwischen dem Kreditnehmer und dem Kreditgeber die dingliche Sicherstellung in bestimmter Weise vereinbart ist,
- die Bürgschaft spätestens zum Zeitpunkt der dinglichen Sicherstellung der Kredite endet und
- sich die Gemeinde den Auflassungsanspruch verpfänden lässt, um ihr Risiko im Falle eines Konkurses des Unternehmens niedrig zu halten.[147]

Die Landeskreditbank verlangt vor der Gewährung eines Baudarlehens an einen Bauherrn grundsätzlich die Zustimmung der Gemeinde zur Gewährung des Darlehens oder die Übernahme einer Ausfallbürgschaft durch die Gemeinde. Wurde diese Zustimmung erteilt und tritt ein Ausfall bei dem Baudarlehen ein, so ist die Gemeinde verpflichtet, der Landeskreditbank ein Drittel des Ausfalls zu ersetzen (§ 88 Abs. 5 GemO). Die Gemeinde hat vor der Zustimmung zur Darlehensgewährung oder vor der Übernahme der Bürgschaft die Risiken sorgfältig zu prüfen. Bestehen in dieser Hinsicht keine erheblichen Bedenken, ist die Gemeinde im Rahmen ihrer Verpflichtung zur Förderung des Wohnungsbaus[148] gehalten, der Darlehensgewährung oder Bürgschaftsübernahme zuzustimmen.[149]

**759** Baudarlehen sind Darlehen, die Bauherren zur Förderung des Wohnungsbaus i. S. von § 2 des II. WoBauG gewährt werden. Sog. Modernisierungsdarlehen fallen nicht darunter.

Den Gemeinden wird vom IM empfohlen, auch bei der Landeskreditbank für den Erwerb gebrauchten Wohnraums die Ausfallhaftung für ein Drittel der Darlehensbeträge, die innerhalb von 75 % der beleihungsfähigen Gesamtkosten liegen, durch Zustimmung zu der Darlehensgewährung zu übernehmen, wenn sich die Landeskreditbank nicht in anderer Weise ausreichende Sicherheit verschaffen kann. Die hierzu erforderliche Genehmigung nach § 88 Abs. 3 GemO wurde vom IM allgemein erteilt.[150]

Es ist darauf hinzuweisen, dass auch die Landeskreditbank eine Haftung zugunsten der Gemeinde übernehmen kann, wenn die Gemeinde Baudarlehen gewährt.

147 Nr. 4 VwV zu § 88 GemO.
148 Gem. § 5 des bad. Gesetzes über die Vereinheitlichung der Wohnungsbauförderung vom 31. 5. 1935 (GVBl. S. 131), geändert durch Gesetz vom 2. 11. 1953 (GBl. S. 170).
149 § 1 des II. WoBauG
150 Vgl. Verwaltungsvorschrift des IM über die Ausfallhaftung der Gemeinden für Baudarlehen und Bürgschaften der Landeskreditbank vom 9. 6. 1992 (GABl. S. 421), dazu auch Abschn. A Nr. 2.1 der VwV Freigrenzen.

## 2.5 Genehmigungsvorbehalt, Zuständigkeiten

Die Bürgschaftsübernahme bedarf der Genehmigung der Rechtsaufsichtsbehörde (§ 88 Abs. 2 GemO). Dieser Genehmigungsvorbehalt ist durch Art. 75 Abs. 1 LV verfassungsrechtlich abgedeckt. Auch hier steht im Vordergrund, die Gemeinde vor Verpflichtungen zu schützen, die nichts mit ihrer Aufgabenstellung zu tun haben und die zum anderen – und hierauf liegt das hauptsächliche Augenmerk – ihre Leistungsfähigkeit überschreiten und somit die stetige Aufgabenerfüllung gefährden würden. Eine Bürgschaftserklärung, die ohne die Genehmigung der Rechtsaufsichtsbehörde abgegeben wird, ist nichtig, wenn die Genehmigung endgültig versagt wird. Wird die Bürgschaftserklärung abgegeben, bevor die Genehmigung vorliegt, ist in die Erklärung der Vorbehalt aufzunehmen, dass sie der Genehmigung durch die Rechtsaufsichtsbehörde bedarf. 760

Die Genehmigung soll unter dem Gesichtspunkt einer geordneten Haushaltswirtschaft erteilt oder versagt werden; sie kann unter Bedingungen erteilt und mit Auflagen verbunden werden. Die Genehmigung ist von der Rechtsaufsichtsbehörde in der Regel zu versagen, wenn die Verpflichtungen aus der Bürgschaft mit der dauernden Leistungsfähigkeit der Gemeinde nicht im Einklang stehen (§ 88 Abs. 2, 3. Satz GemO).

In Zweifelsfällen hat das Landratsamt als Rechtsaufsichtsbehörde vor der Genehmigung die Weisung des Regierungspräsidiums einzuholen.[151]

Die Frage, welcher Betrag als höchstzulässige Gesamtsumme für Bürgschaftsverpflichtungen der Gemeinde anzusehen ist, ist außerordentlich schwierig zu beantworten. Rechtliche Regelungen, die diese Frage exakt beantworten, gibt es nicht. Der Höchstbetrag hängt z. B. davon ab, für welchen Zweck die Bürgschaft übernommen wurde, ob eine breite Streuung nach Schuldnern vorhanden ist (wie z. B. bei den Bürgschaften für den Wohnungsbau), wie sich die wirtschaftliche Situation bei den Schuldnern und die allgemeine wirtschaftliche Entwicklung gestaltet, welche Bürgschaftsart (Ausfallbürgschaft, selbstschuldnerische Bürgschaft) gewählt wurde und wie hoch die einzelnen Bürgschaften und die darin enthaltenen Risiken sind.

*Richter*[152] hat sich mit der Frage der Höchstgrenze von Bürgschaftsverpflichtungen von Gebietskörperschaften eingehend befasst.

Die Genehmigung bzw. die Versagung der Genehmigung ist ein Verwaltungsakt.

Eine Genehmigung ist nicht erforderlich, soweit es sich um Bürgschaftsübernahmen handelt, die im Rahmen der laufenden Verwaltung liegen.

151 Nr. 6 VwV zu § 88 GemO.
152 DStT 1960, S. 107.

Unter Geschäften der laufenden Verwaltung werden solche Angelegenheiten des weisungsfreien Wirkungskreises verstanden, die weder nach der grundsätzlichen Seite noch für den Gemeindehaushalt von erheblicher Bedeutung sind und zu den normalerweise anfallenden Geschäften der Gemeinde gehören.[153]

Das IM kann die Genehmigung für Bürgschaftsübernahmen allgemein erteilen (§ 88 Abs. 4 GemO),

- die von der Gemeinde zur Förderung des Städte- und Wohnungsbaus eingegangen werden, oder
- die den Haushalt der Gemeinde nicht besonders belasten (betragsmäßige generelle Genehmigung; Wertgrenzen).

Das IM hat in der VwV-Freigrenzen[154] die Übernahme folgender Bürgschaften genehmigt:

**761** 2.5.1 Ausfallbürgschaften der Gemeinden zur Förderung des Wohnungsbaus in dem gesetzlich vorgeschriebenen Rahmen sowie in entsprechendem Umfang Ausfallbürgschaften für Darlehen, die zur Förderung des Erwerbs gebrauchten Wohneigentums gewährt werden.

2.5.2 Ausfallbürgschaften der Gemeinden für erst- oder zweitrangige Baudarlehen bis zu deren dinglicher Sicherung (Zwischenbürgschaften),[155] wenn

- das Darlehen für den mit Mitteln aus öffentlichen Haushalten geförderten Wohnungsbau bestimmt ist,
- aus Gründen, die weder vom Darlehensgeber noch vom Darlehensnehmer oder deren Beauftragten zu vertreten sind, nicht innerhalb einer zumutbaren Frist das Grundstück vermessen und das Darlehen dinglich gesichert werden kann und
- die Bürgschaft mit der dinglichen Sicherung des Darlehens an der vereinbarten Rangstelle erlischt.

**762** 2.5.3 Bürgschaften zugunsten rechtlich selbstständiger wirtschaftlicher Unternehmen, an denen kommunale Körperschaften, Anstalten und Stiftungen des öffentlichen Rechts zu mehr als 50 % beteiligt sind, jeweils bis zu dem von der zuständigen Rechtsaufsichtsbehörde in Bezug auf das einzelne Unternehmen festgesetzten Höchstbetrag.

Bei der Beurteilung der Rechtsgeschäfte sind mehrere sachlich oder wirtschaftlich zusammenhängende Rechtsgeschäfte als Einheit zu behandeln.[156]

153 *Kunze/Bronner/Katz/v. Rotberg*, Erl. II 3 zu § 44 GemO.
154 Abschn. A Nr. 2.
155 Abschn. A Nr. 2.2 VwV-Freigrenzen.
156 Abschn. C Nr. 1 VwV-Freigrenzen.

Der Allgemeinen Rücklage sind rechtzeitig ausreichende Mittel zuzuführen, wenn die Inanspruchnahme aus Bürgschaften, Gewährverträgen und ihnen wirtschaftlich gleichkommenden Rechtsgeschäften die laufende Aufgabenerfüllung erheblich beeinträchtigen würde (§20 Abs.3 Nr.2 GemHVO). Die Allgemeine Rücklage hat insoweit auch die Funktion einer „Bürgschaftssicherungsrücklage". Die Zuführung ist insoweit problematisch, als Mittel in der Allgemeinen Rücklage angesammelt werden und auf der anderen Seite hochverzinsliche Kredite im Vermögenshaushalt aufgenommen werden. **763**

Für die Zuständigkeit zur Sachentscheidung über die Bürgschaft innerhalb der Gemeindeorgane gilt das in Rdnr. 656 Gesagte entsprechend.

### 2.6 Inanspruchnahme aus Bürgschaften

Die Inanspruchnahme aus einer Bürgschaft ist für die Gemeinde bei der Aufstellung des Haushaltsplans grundsätzlich nicht voraussehbar. Die Gemeinde muss bei der Inanspruchnahme in der Regel kurzfristig Leistungen erbringen. Die dabei notwendigen Ausgaben sind grundsätzlich unabweisbar i.S.v. §84 GemO; deshalb ist eine außerplanmäßige Ausgabe zulässig. **764**

Für den Fall, dass die Gemeinde eine Nachtragssatzung erlässt, ist der entsprechende Betrag im Nachtragsplan zu berücksichtigen.

## 3. Gewährverträge

### 3.1 Allgemeines

Unter einem Gewährvertrag versteht man die Verpflichtung, für einen bestimmten Erfolg eintreten zu müssen. Gewährvertrag ist der selbstständige Vertrag, durch den jemand einem anderen verspricht, für einen Erfolg einzustehen, insbesondere die Gefahr, die dem anderen aus irgendeiner Unternehmung erwächst, also einen künftigen, noch nicht entstandenen Schaden zu übernehmen.[157] Im Unterschied zur Bürgschaft gibt es beim Gewährvertrag grundsätzlich nur zwei Beteiligte; beim Nichteintritt des auch bzw. insbesondere vom Gewährleistenden gewollten Erfolgs tritt die Zahlungsverpflichtung nach Maßgabe des Gewährvertrags ein. **765**

Die Gemeinde darf eine Verpflichtung in einem Gewährvertrag nur übernehmen, wenn sie der Aufabenerfüllung der Gemeinde dient. Gewährverträge, bei denen Gemeinden als Gewährträger in Frage kommen, können insbesondere in folgenden Fällen praktisch werden:

- Mindesteinnahmegarantie bei der Einrichtung einer Omnibuslinie bzw. beim Befahren einer Linie zu einem gewissen Zeitpunkt.

157 *Palandt/Thomas*, Einführung vor §765.

- Mindesteinnahmegarantie bzw. Umsatzgarantie für eine Theateraufführung, für eine Ausstellung, für ein Gemeindefest (insbesondere, wenn das Fest wetterabhängig ist).
- Mindestabnahmegarantie für die Belieferung mit Strom, Gas und Wasser.
- Nachschusspflicht bei Genossenschaftsanteilen.

Der Gewährvertrag bedarf gemäß § 54 GemO der Schriftform, da die Gemeinde hier eine Verpflichtung übernimmt. Zuständig zur Sachentscheidung ist der Gemeinderat, soweit es sich nicht um eine Angelegenheit der laufenden Verwaltung handelt, für die kraft Gesetzes der Bürgermeister zuständig ist (§ 44 Abs. 2 GemO).

### 3.2 Genehmigungsvorbehalt, Zuständigkeiten

**766** Gewährverträge, die nicht im Rahmen der laufenden Verwaltung abgeschlossen werden, bedürfen der Genehmigung der Rechtsaufsichtsbehörde. Die in Rdnrn. 760f. gemachten Ausführungen gelten für den Gewährvertrag entsprechend.

Das IM hat in der VwV-Freigrenzen die Übernahme von Verpflichtungen aus Gewährverträgen allgemein genehmigt, wenn die Nachschusspflicht anlässlich der Übernahme von Genossenschaftsanteilen gegenüber der einzelnen Genossenschaft ein Fünftel der in Rdnr. 737 genannten Wertgrenzen nicht übersteigt. Bei Mitgliedschaften in Genossenschaften soll sich die Gemeinde jeweils auf die Übernahme eines Anteils beschränken.

Bei der Beurteilung von Rechtsgeschäften sind mehrere sachlich oder wirtschaftlich zusammenhängende Rechtsgeschäfte als Einheit zu behandeln.[158]

Für die Zuständigkeit zur Sachentscheidung über einen Gewährvertrag innerhalb der Gemeindeorgane gilt das in Rdnr. 656 Gesagte entsprechend.

### 3.3 Städtebauförderungsrecht

**767** Nach § 160 Abs. 4 BauGB gewährleistet die Gemeinde kraft Gesetzes die Erfüllung der Verbindlichkeiten, für die der Sanierungsträger mit dem Treuhandvermögen haftet. Insoweit bedürfen Sanierungsverträge der Genehmigung der Rechtsaufsichtsbehörde; das IM kann insbesondere in diesem Fall nach § 88 Abs. 4 GemO durch Allgemeinverfügung eine generelle Genehmigung erteilen. In Abschn. A Ziff. 2.4 wird ausdrücklich festgestellt, dass sich die Allgemeingenehmigung nicht auf den Abschluss von Verträgen mit Sanierungs- und Entwicklungsträgern gem. § 160 Abs. 1 BauGB bezieht.

158 Abschn. C Nr. 1 VwV-Freigrenzen.

## 4. Wirtschaftlich gleichkommende Rechtsgeschäfte

### 4.1 Allgemeines

Rechtsgeschäfte, die einer Bürgschaft oder einem Gewährvertrag wirtschaftlich gleichkommen, sind gemeindewirtschaftsrechtlich denselben Vorschriften wie die Bürgschaft und der Gewährvertrag unterworfen (vgl. Rdnrn. 752–767); sie bedürfen insbesondere der Genehmigung der Rechtsaufsichtsbehörde gemäß § 88 Abs. 3 GemO. Die zitierte Vorschrift spricht insbesondere Rechtsgeschäfte an, denen die Gemeinde zugestimmt hat und aus denen infolge der Zustimmung in künftigen Haushaltsjahren Verpflichtungen zur Leistung von Ausgaben entstehen können. Dazu zählen insbesondere Darlehensaufnahmen durch den als Treuhänder (§ 160 Abs. 4 BauGB) für die Gemeinde tätigen Sanierungs- und Entwicklungsträger, denen die Gemeinde zugestimmt hat. Hier tritt kraft Gesetzes die Haftung der Gemeinde gemäß § 160 Abs. 4 BauGB ein. Bringt der Sanierungsträger eigene Mittel in das Treuhandvermögen ein, dann haftet die Gemeinde auch für diese Mittel, wenn sie der Einbringung zugestimmt hat. 768

Die Gemeinde gewährleistet kraft Gesetzes gemäß § 160 Abs. 4 Satz 1 BauGB die Erfüllung der Verbindlichkeiten, für die der Sanierungsträger als Treuhänder der Gemeinde mit dem Treuhandvermögen haftet. Aus diesem Grund ist bereits der Abschluss des Vertrags mit dem Sanierungsträger genehmigungsbedürftig, weil daraus als gesetzliche Folge eine Gewährverpflichtung eintritt (siehe Rdnr. 767).

Das IM[159] weist darauf hin, dass von den Rechtsaufsichtsbehörden die Genehmigung für die Zustimmung nach § 160 Abs. 4 BauGB jeweils für die einzelne Sanierungs- oder Entwicklungsmaßnahme in einer der einzelnen Maßnahme angemessenen Höhe im Voraus, möglichst in Verbindung mit der Genehmigung des Vertrags mit dem Sanierungsträger, zu erteilen ist. Vor einer Genehmigung ist der für die Bewilligung zuständigen Stelle Gelegenheit zur Stellungnahme zu geben.

Genehmigungsbedürftig ist auch eine Rückkaufverpflichtung, wenn ein höherer als der beim Verkauf vereinbarte Wert gelten soll.[160]

Wesentliche Voraussetzungen für die wirtschaftlich gleichkommenden Rechtsgeschäfte ist, dass sie nur abgeschlossen werden dürfen, wenn dies der Erfüllung der Aufgaben der Gemeinde dient.

159 Vgl. Nr. 5 VwV zu § 88 GemO.
160 Vgl. Nr. 5c VwV zu § 88 GemO.

### 4.2 Genehmigungsvorbehalt, Zuständigkeiten

769 Rechtsgeschäfte, die der Bürgschaft oder dem Gewährvertrag wirtschaftlich gleichkommen, bedürfen ebenfalls der Genehmigung der Rechtsaufsichtsbehörde. Rechtsgeschäfte, bei denen die Genehmigung endgültig versagt wird, sind nichtig (§ 117 Abs. 1 GemO).

Das IM hat in Abschn. A Ziff. 8 der VwV Freigrenzen erklärt, dass das folgende Rechtsgeschäft als allgemein genehmigt gilt:

> Zustimmung zur Aufnahme von Krediten durch Sanierungs- und Entwicklungsträger nach § 160 Abs. 4 und § 167 Abs. 3 BauGB jeweils bis zu dem von der zuständigen Rechtsaufsichtsbehörde in Bezug auf das einzelne Sanierungs- oder Entwicklungsvorhaben festgesetzten Höchstbetrag.

Soweit es sich nicht um Rechtsgeschäfte im Rahmen der laufenden Verwaltung handelt, ist für die Sachentscheidung über das Rechtsgeschäft der Gemeinderat zuständig.

# Teil F:
# Kostenrechnende Einrichtungen

*Hansdieter Schmid*





F

F

F

# I. Bedeutung und Begriff öffentlicher Einrichtungen

## 1. Öffentliche Einrichtungen

Das Schwergewicht der kommunalen Aufgaben hat sich von der Hoheits- auf die Leistungsverwaltung verlagert und Umfang und Bedeutung der öffentlichen Einrichtungen mit wirtschaftlichem Einschlag stark ausgeweitet. Die öffentlichen Einrichtungen dienen der Erfüllung öffentlicher Aufgaben. Sie werden von den Einwohnern oder anderen benutzt. **770**

Die Gemeinde stellt die Einrichtungen der Öffentlichkeit durch ausdrückliche Widmung oder konkludente Handlung gegen Entgelt oder kostenlos zur Verfügung.[1] Ihre Benutzung setzt im Gegensatz zum Gemeingebrauch eine besondere Zulassung voraus, wobei den Einwohnern[2] oder einem Kreis derselben ein (klagbares) Benutzungsrecht zusteht. Eine Satzung zur Regelung der Benutzung lässt zwar regelmäßig darauf schließen, dass es sich um eine öffentliche Einrichtung handelt, jedoch kann eine kommunale Einrichtung auch ohne Satzung eine öffentliche Einrichtung sein, wenn sie deren Merkmale erfüllt. Es kommt entscheidend auf den Zweck an, den die Gemeinde mit der betreffenden Einrichtung verfolgt.

Das allgemeine Verwaltungsrecht verwendet primär den Begriff der öffentlichen Anstalt, während das Kommunalrecht vorrangig auf den Begriff der öffentlichen Einrichtung abhebt.[3] Letzterer schließt den Begriff der öffentlichen Anstalt ein, er geht aber darüber hinaus. Für die öffentliche Anstalt ist wesentlich, dass sie als Organisationseinheit verfasst ist.[4]

## 2. Kostenrechnende Einrichtungen

Die kostenrechnenden Einrichtungen bilden eine besondere Gruppe. **771**
Sie umfassen vor allem den Teil der öffentlichen Einrichtungen, bei denen die Entgelte eine erhebliche Rolle spielen („Gebührenhaushalte"). Im weiteren Sinne lassen sich ihnen auch Hilfsbetriebe sowie andere kommunale „Einrichtungen"[5] zurechnen, bei denen die Entgelte unter Berücksichtigung betriebswirtschaftlicher Grundsätze festgelegt werden.[6] Dazu zählen auch wirtschaftliche Unternehmen.

1 Ein ausdrücklicher Widmungsakt ist nicht erforderlich. Die Widmung kann sich auch aus der tatsächlichen Bereitstellung ergeben.
2 Sowie sonstige natürliche und juristische Personen nach Maßgabe des § 10 Abs. 2 Satz 2, Abs. 3 und 4 GemO.
3 *Pagenkopf*, Kommunalrecht S. 340; *Schweickhardt*, Rdnrn. 75ff.
4 So sind Anschlagtafeln, die von einer Gemeinde anläßlich von Wahlen zur Anbringung von Wahlplakaten zur Verfügung gestellt werden, keine öffentlichen Anstalten, da sie nicht als Organisationseinheit verfasst sind; sie fallen aber unter den weiteren Begriff der öffentlichen Einrichtungen (VGH BW, ESVGH 23, 27).
5 Der Begriff „kommunale Einrichtungen" ist wenig prägnant. *Pagenkopf*, Kommunalrecht, S. 340, versteht darunter „alle Arten von Veranstaltungen, mit denen die Gemeinden (GV) ihrem Recht und ihrer Pflicht nachkommen, die Bedürfnisse der Daseinsvorsorge zu befriedigen".
6 So ausdrücklich im früheren Neuordnungserlass des IM vom 13.4. 1973 (GABl. S. 493); gemeint sind die unter Rdnrn. 777–781 aufgeführten Vorgänge. Zu Hilfsbetrieben s. auch § 12 GemHVO.

In den kommunalen Haushalten haben die kostenrechnenden Einrichtungen ein immer größeres Gewicht erhalten, das allerdings durch Auslagerungen[7] in jüngster Zeit rückläufig ist.

Von den Einnahmen des Verwaltungshaushalts entfallen knapp 15 % auf spezielle Entgelte der kostenrechnenden Einrichtungen im engeren Sinne.[8] Der Anteil der kostenrechnenden Einrichtungen an den Ausgaben ist erheblich höher.[9]

## II. Begriff der kostenrechnenden Einrichtungen

### 1. Allgemeines

**772** Der Begriff der kostenrechnenden Einrichtung (KrE) ist in der GemO nicht definiert; die GemO spricht diese Einrichtungen nur bei den Grundsätzen der Einnahmebeschaffung an.[10] § 12 GemHVO bezeichnet „Einrichtungen, die in der Regel ganz oder zum Teil aus Entgelten finanziert werden", als KrE.[11] Dieser Begriff lässt sich als Oberbegriff werten, der folgende Unterbegriffe umfasst:

a) Nichtwirtschaftliche Unternehmen
   - „Gebührenhaushalte" als KrE im engeren Sinne (nichtwirtschaftliche Unternehmen mit Entgeltfinanzierung),[12]

b) Hilfsbetriebe,

c) andere Einrichtungen, bei denen Grundsätze für KrE analog angewendet werden.[13]

d) Wirtschaftliche Unternehmen in der Form von Regiebetrieben oder Eigenbetrieben. Diese sollen § 102 Abs. 2 GemO einen Gewinn erzielen. Wegen dieser und weiteren Besonderheiten werden die wirtschaftlichen Unternehmen in einem speziellen Kapitel G besprochen.

7 Zahlreiche Gemeinden führen vor allem die Abwasserbeseitigung und (Stadt-) Landkreise die Abfallbeseitigung als Eigenbetrieb.
8 1991 49 Mrd. DM Gebühren an 195,4 Mrd. DM Gesamteinnahmen des VwH = 25,1 %; siehe Gemeindefinanzbericht 1993, DStT 1993, S. 144 (einschl. Krankenhäuser). 2000: 14,5 Mrd. EUR an 106 Mrd. EUR Volumen VwH = rd. 13,7 % (ohne Krankenhäuser), DStT 4/2000, S. 83.
9 Dazu liegen noch keine Angaben vor. Infolge der bei vielen kommunalen Einrichtungen nur teilweise erzielten Kostendeckung sind die Ausgaben wesentlich stärker am Verwaltungshaushalt beteiligt.
10 § 78 Abs. 2 Nr. 1 GemO.
11 Demgegenüber ist der Begriff kostenrechnende Einrichtungen in den anderen Bundesländern enger gefasst, denn § 12 GemHVO begrenzt diese in anderen Ländern auf solche Einrichtungen, die „in der Regel und überwiegend aus Entgelten finanziert werden". Sachsen hat eine gleichlaufende Regelung wie Baden-Württemberg. Siehe Quecke/Schmid, Rdnrn. 49ff. zu § 73. Auf Eigenbetriebe ist allerdings § 12 GemHVO nicht anzuwenden; für sie gelten die speziellen Vorschriften EigBG und EigVO.
12 Siehe unten Abs. 2.
13 Z.B. Verwaltungseinrichtungen, bei denen die Verwaltungsgebühren einen erheblichen Teil der Kosten decken; Grundstücksverwaltung sowie Einrichtungen, die mehrere Gemeinden gemeinsam nutzen.

Nichtwirtschaftliche Unternehmen integrieren die Kommunen überwiegend voll in ihre Finanzwirtschaft. Sie haben dann weder in personeller oder organisatorischer noch in haushaltswirtschaftlicher Sicht eine Sonderstellung. Gleiches gilt für wirtschaftliche Unternehmen in der Form des Regiebetriebs. Nach § 1 EigBG können die Gemeinden auch nichtwirtschaftliche Unternehmen und Einrichtungen sowie Hilfsbetriebe als Eigenbetrieb führen, wenn dies deren Bedeutung rechtfertigt. Eigenbetriebe haben gegenüber der Gemeinde eine größere Eigenständigkeit.[14]

## 2. Einzelne Einrichtungen

### 2.1 Gebührenhaushalte

#### 2.1.1 Begriff

Der weitergehende Begriff der öffentlichen Einrichtungen, der grund- 773
sätzlich auch die wirtschaftlichen Unternehmen der Gemeinde erfasst, muss eingeengt werden, wenn wir zu dem Begriff des Gebührenhaushalts als nichtwirtschaftliche Unternehmen kommen wollen. Hier sind zunächst die wirtschaftlichen Unternehmen nach § 102 GemO auszuscheiden. Zu den Gebührenhaushalten zählen auch nicht die Sachen im Gemeingebrauch[15] und solche öffentliche Einrichtungen, bei denen keine Gebühren anfallen wie z.B. öffentliche Schulen. Auch Einrichtungen, bei denen die Entgelte nur unerheblich sind und primär als Schutzfunktion dienen wie z.B. oft bei Büchereien und Museen, stellen keine KrE dar.[16] Reine Verwaltungseinrichtungen scheiden ebenfalls aus. Es muss hinzukommen, dass diese Einnahmen regelmäßig fließen, wobei Schwankungen in der Höhe des Aufkommens möglich sind. Aus gemeindewirtschaftlicher Sicht lässt sich der Begriff des Gebührenhaushalts so abgrenzen, dass es sich um solche öffentlichen Einrichtungen handelt, bei denen die Erhebung von speziellen Deckungsmitteln eine bedeutende Rolle spielt.

Dem einzelnen Benutzer muss aus der Inanspruchnahme der Einrichtungen ein individueller wirtschaftlicher Vorteil erwachsen. Dabei ist unerheblich, ob das Leistungsentgelt als privatrechtliche Einnahme oder als öffentlich-rechtliche Benutzungsgebühr aufgrund einer Satzung erhoben wird.

14 Siehe dazu die Ausführungen im Teil G, insbes. Rdnrn. 916–919.
15 Z.B. Straßen, Wege, Plätze, Grünanlagen.
16 Als Schwelle wird man die Kostendeckung ab etwa 20 % ansehen können.

### 2.1.2 Einzelne Gebührenhaushalte

774 Gebührenhaushalte sind in der Reihenfolge der Haushaltsgliederung:

**Einzelplan 0:**

Gemeindeeigenes Amtsblatt, sofern Bezugsgebühren erhoben werden.[17]

**Einzelplan 1:**

Feuerwehr, soweit sie gegen Entgelt Leistungen außerhalb des Bereichs Brandschutz (z.B. Kraneinsatz oder Pumparbeiten, Ölunfälle, Hilfe bei entgleisten Straßen- oder Eisenbahnen) erbringt, Rettungsdienst.

**Einzelplan 2:**

Schullandheime, Fachschulen.[18]

**Einzelplan 3:**

Theater, Konzerthallen, Kunstsammlungen und Museen,[19] Zoologische Gärten,[19] Freilichtbühnen, Festspiele, Jugendmusikschulen, Volkshochschulen, Planetarien, kommunale Kinos, Büchereien (mit Entgelten).[19]

**Einzelplan 4:**

Altenheime und Altenpflegeheime, Wohnheime, Übernachtungsheime und Obdachlosenunterkünfte, Kindergärten, Kindertagesheime, Erholungsheime u. a., Einrichtungen der Jugendhilfe und -pflege wie Jugendheime, Jugendherbergen.

**Einzelplan 5:**

Krankenhäuser,[20] Entbindungsheime, bestimmte Sporteinrichtungen wie Kunsteisbahnen und Sporthallen, bei Gemeinden ohne Schlachthöfe Schlachttier- und Fleischbeschau, Freibanken, Badeanstalten (Hallen-, Frei- und Wannenbäder), Campingplätze.

**Einzelplan 6:**

Gehwegreinigung, gebührenpflichtige öffentliche Parkplätze, Parkhäuser und Parkuhren,[21] Fähren.

17 *Katz*, in: *Kunze/Bronner/Katz/v. Rotberg*, Rdnr. 44 zu § 102, sieht ein gemeindeeigenes Amtsblatt mit Anzeigenwerbung als wirtschaftliches Unternehmen an (früher als Hilfsbetrieb). Sofern vom Leserkreis Entgelte erhoben werden und der Anzeigenteil nur eine untergeordnete Rolle spielt (vgl. Erl IM vom 16. 8. 1967, GABl. S. 518), erfüllt ein gemeindliches Amtsblatt m. E. eher den Tatbestand einer kostenrechnenden Einrichtung. Denn bei den periodisch im Selbst- oder Fremdverlag herausgegebenen Amtsblättern steht eindeutig die amtliche Information und nicht die Konkurrenz mit Tageszeitungen oder die Anzeigenwerbung im Vordergrund. Sie sind deshalb eng mit der eigentlichen Verwaltung verbunden und in diese integriert; die Anzeigenwerbung u. dgl. ist lediglich Nebenzweck.

18 Für Fachschulen besteht keine Schulgeldfreiheit.

19 Sofern für diese Einrichtungen nicht nur eine Schutzgebühr erhoben wird.

20 Kommunale Krankenhäuser sind keine wirtschaftlichen Unternehmen (vgl. § 102 Abs. 3 Nr. 2 GemO), wenngleich sich deren Rechnungswesen mit bestimmten Abweichungen am Eigenbetrieb ausrichtet. Vgl. dazu Rdnr. 922.

21 Nach § 6a Abs. 6 StVG sind Parkgebühren Benutzungsgebühren für die Inanspruchnahme von Parkraum. Die Landesregierungen haben ihre Befugnis, Gebührenordnungen zu erlassen, auf die Gemeinden übertragen.

**Einzelplan 7:**

Abwasserbeseitigung,[22] Abfallbeseitigung,[22] Fäkalienabfuhr, Auffüllplätze für Bauschutt und Erdaushub, Tierkörperbeseitigung, Märkte, Vieh- und Schlachthöfe, Bestattungseinrichtungen, Bedürfnisanstalten, Vatertierhaltung und künstliche Besamung, Stadthallen,[22] Ausstellungen,[22] Messewesen,[22] Pfandleihanstalten, öffentliche Waagen, Kelter und Brennereien, Omnibushöfe, Industriegleise und -bahnen sowie Häfen,[22] Fremdenverkehrseinrichtungen, die weder als Eigenbetrieb noch als selbstständiges Unternehmen (wirtschaftliches Unternehmen im Epl. 8) betrieben werden.

**Einzelplan 8:**

Der Gemeindewald zählt weder zu den wirtschaftlichen Unternehmen noch zu den Gebührenhaushalten: Er ist wie die Vermietung oder Verpachtung bebauter und unbebauter Grundstücke reine Vermögensverwaltung. Für wirtschaftliche Unternehmen gilt das besondere Recht.[23]

### 2.2 Wahlmöglichkeiten nach dem Eigenbetriebsrecht

§ 1 EigBG eröffnet der Gemeinde die Wahl, Einrichtungen und Hilfsbetriebe nach dem Eigenbetriebsrecht zu führen. In Frage kommen insbesondere die Abfallbeseitigung und die Abwasserbeseitigung. Die Neuregelung überlässt es der Gemeinde, ob sie einen Eigenbetrieb mit oder ohne Betriebsleitung einrichten will. Die Führung als Eigenbetrieb bewirkt eine Aussonderung aus dem Gemeindehaushalt. Die erwirtschafteten Abschreibungen fließen dann nicht dem Gesamthaushalt zu, sondern verbleiben der betreffenden Einrichtung. Nachteilig ist aber dabei, dass die sachliche Einheit der gemeindlichen Finanzwirtschaft ausgehöhlt wird. Es wäre wenig sinnvoll, die erwirtschafteten Abschreibungen beim Eigenbetrieb zu horten und gleichzeitig im Gemeindehaushalt Kredite aufzunehmen. In diesem Fall müsste dann der Eigenbetrieb der Gemeinde einen Kredit gewähren. Zur Abwägung der Vor- und Nachteile vgl. Rdnr. 919. **775**

### 2.3 Hilfsbetriebe

Hilfsbetriebe dienen ausschließlich[24] zur Deckung des Eigenbedarfs der Gemeinde (vgl. § 102 Abs. 3 Nr. 3 GemO). Sie unterscheiden sich von den Gebührenhaushalten dadurch, dass bei Hilfsbetrieben der Gemeinde keine unmittelbaren Entgelte von Dritten zufließen. Damit deren Leistungen auf die begünstigten Einrichtungen umgelegt werden, sollen **776**

22 Diese Einrichtungen erreichen mehr als 50 % Kostendeckung; sie werden z. T. auch als Eigenbetriebe geführt. Vgl. dazu Rdnrn. 883, 917.
23 S. unten Rdnrn. 872 ff.
24 Eine geringfügige oder gelegentliche Leistung an Dritte sollte (entgegen dem Gesetzeswortlaut) an dem Charakter des Hilfsbetriebs nichts ändern.

kostenorientierte Verrechnungspreise festgesetzt und verursachergerecht von den betr. Einrichtungen erstattet werden (§ 14 Abs. 4 GemHVO). Hilfsbetriebe sollen deshalb wie KrE behandelt werden (§ 12 Abs. 1 Satz 3 und 4 GemHVO).

Hilfsbetriebe sind vor allem:

Kantinen und Werkküchen, gemeindeeigene EDV-Anlagen, Beschaffungsstellen, Druckereien, Kopieranstalten, Wäschereien, Bauhöfe, Fuhrpark, Steinbrüche, Kies- und Sandgruben sowie Stadtgärtnereien.

Diese Hilfsbetriebe stellen keine öffentlichen Einrichtungen dar. Die Gemeinde sollte Hilfsbetriebe nur dann errichten, wenn diese die geforderten Güter oder Dienstleistungen bei gleicher oder besserer Qualität mindestens zu gleichen oder günstigeren Preisen als die Privatwirtschaft erzeugen können. Dies ist in Kosten-Leistungsrechnungen nachzuweisen, zu deren Aufstellung die Kommunen gem. § 12 Abs. 2 GemHVO grundsätzlich verpflichtet sind.[25] Wenn besondere Gründe dies rechtfertigen, wie z. B. Sicherheitsmaßnahmen (eigene Wäscherei für die Krankenhausinfektionswäsche oder Vorräte an Streumaterial für Winterdienst im Bauhof), dann ist die Unterhaltung eines Hilfsbetriebs auch bei höheren Eigenpreisen gerechtfertigt.

Hilfsbetriebe sind grundsätzlich auf den Eigenbedarf zu beschränken. Die Rechtsprechung lässt jedoch ein privatwirtschaftliches Angebot als Annextätigkeit zu, wenn vorübergehend freie Kapazitäten genutzt werden und die Aufgabenwahrnehmung in einem sachlichen Zusammenhang mit der Haupttätigkeit steht. In neuerer Zeit verfolgen die Zivilgerichte eine restriktive Tendenz.[26]

### 2.4 Teilweise Anwendbarkeit der Kostendeckungsgrundsätze

#### 2.4.1 Einrichtungen, die mehreren Gemeinden zur Verfügung stehen

**777** Wenn eine Gemeinde im Wege einer öffentlich-rechtlichen Vereinbarung eine oder mehrere Einrichtungen auch anderen Gemeinden zur Verfügung stellt, so wirft dies die Frage der gerechten Kostenverteilung auf. Dies gilt auch bei der Übernahme von Dienstleistungen im Wege eines privatrechtlichen Vertrages. Außerdem taucht diese Frage bei Zweckverbänden auf, die Aufgaben für die Gemeinden wahrnehmen. Erhebt der Zweckverband unmittelbar kostendeckende Gebühren von den Benutzern, so ist in der Regel ein Ausgleich zwischen den beteiligten Gemeinden nicht mehr erforderlich. Dagegen kommt eine Kostenaufteilung unter den beteiligten Gemeinden in Frage, wenn die Benutzer nicht unmittelbar Entgelte an den Zweckverband entrichten oder wenn der

25 Siehe dazu ausführlich Teil C.
26 S. dazu Teil G IV Rdnr. 897.

Zweckverband von den Benutzern keine kostendeckenden Entgelte erhebt. Die Kosten werden dabei in der Regel nach dem Verursacherprinzip auf die Gemeinden aufgeteilt. Zu einer gerechten Verteilung ist eine exakte Kostenermittlung auf betriebswirtschaftlicher Grundlage erforderlich.

Als derartige Einrichtungen kommen beispielsweise gemeinsam genutzte Schulen und Gruppenklärwerke, bei denen die Kosten auf die angeschlossenen Gemeinden umgelegt werden, sowie Verwaltungsgemeinschaften (in Form eines Gemeindeverwaltungsverbandes oder der vereinbarten Verwaltungsgemeinschaft) für die Erfüllung bzw. Erledigung mehrerer Aufgaben[27] in Betracht.

### 2.4.2 Regiebetriebe

Darunter versteht man solche Einrichtungen der Gemeinde, die nicht als **778**
Eigenbetrieb geführt werden. Die Regiebetriebe sind deshalb organisatorisch, personell und haushaltsmäßig voll in die Gemeinde integriert. Sie erscheinen brutto im Haushaltsplan und im Sachbuch der Gemeinde; ihr Vermögen ist nicht ausgesondert.[28] Regiebetriebe stellen wirtschaftliche oder nichtwirtschaftliche Unternehmen gem. § 102 GemO dar. Sie sind so zu führen, dass der öffentliche Zweck erfüllt wird und sollen (sekundär) einen Ertrag für den Haushalt abwerfen. Die Grundsätze für die KrE werden bei der Kalkulation der Entgelte voll angewendet.[29]

### 2.4.3 Spezielle Verwaltungsleistungen

Nach § 8 Abs. 2 KAG können die Gemeinden (GV) Verwaltungsgebühren **779**
für Amtshandlungen im hoheitlichen Bereich erheben, die sie auf Veranlassung oder im Interesse Einzelner vornehmen. Dieses Interesse drückt sich in einem individuellen wirtschaftlichen Vorteil aus; nach diesem subjektiven Nutzen und dem entstehenden Verwaltungsaufwand wird die Gebühr bemessen (z. B. Sperrzeitverkürzung, Tanzerlaubnis, Baugenehmigungsgebühren). Eine Gebührenerhebung scheidet aus, wenn die Amtshandlung ausschließlich oder vorwiegend im öffentlichen Interesse liegt.[30]

In weisungsfreien Angelegenheiten haben die Gemeinden (GV) im Rahmen des § 8 KAG ein eigenständiges Recht zur Gebührenerhebung und -gestaltung durch Satzung. Bei Weisungsaufgaben sind die bundes- und

27 Vgl. § 59 GemO. Zu den Aufgaben der Verwaltungsgemeinschaft im Einzelnen § 61 GemO.

28 Regiebetriebe sind deshalb auch kein Sondervermögen i. S. von § 96 GemO; Einzelheiten im Teil G Unternehmen und Beteiligungen. Wenn das IM in Nr. 2.3.1.1 VwV-VmR Versorgungs- und Verkehrseinrichtungen als kostenrechnende Einrichtungen bezeichnet, so ändert dies an ihrem Charakter als wirtschaftliche Unternehmen nichts. Gemeint ist, dass die Grundsätze für kostenrechnende Einrichtungen entsprechend anwendbar sind.

29 Dies gilt auch für die Veranschlagung kalkulatorischer Kosten. Solche Regiebetriebe haben wir vor allem bei der Wasserversorgung in kleinen Gemeinden.

30 Zu Einzelheiten siehe *Driehaus*, Kommunalabgabenrecht, und *Faiß*, Kommunalabgabenrecht BW.

landesrechtlichen Gebührenregelungen zu beachten (z.B. im Bereich Pass- und Meldewesen, Fahrerlaubnis nach Bundesrecht, Landesgebührengesetz[31]). Zwar handelt es sich bei solchen Dienstleistungen weder um öffentliche noch um KrE im Sinne des § 12 GemHVO. Kalkulatorische Kosten sind deshalb im Haushalt nicht zwingend;[31] der Gemeinkostenanteil sollte aber Kapitalverzinsung und Abschreibung enthalten.

Bei der Bemessung der Gebühr nach dem Interesse des Gebührenpflichtigen wird das Äquivalenzprinzip, bei Ausrichtung nach dem Verwaltungsaufwand das Kostendeckungsprinzip angewandt. Beide Bemessungsgrundlagen können einander widersprechen; eine Rahmengebühr ermöglicht einen Ausgleich. Bei der Berechnung des Verwaltungsaufwands können für Personalkosten und Räume (Mietwert) Pauschalsätze angesetzt werden; den Abschreibungen sollen einheitliche Sätze zugrunde gelegt werden.[32]

#### 2.4.4 Miet- und Geschäftsgrundstücke

**780** Bei der Vermietung (bzw. Verpachtung) von bebauten Grundstücken als Mietwohnungen oder Geschäftsgrundstücken (einschließlich unbebauter Grundstücke) handelt die Gemeinde ausschließlich privatwirtschaftlich; diese Grundstücke sind keine öffentlichen Einrichtungen. Aber auch bei dieser Vermögensnutzung ist es für die Gemeinde zur Festsetzung der Einnahmen von großer Bedeutung, dass sie ihre Kosten nach betriebswirtschaftlichen Grundsätzen ermittelt. Dabei sollte sie zweckmäßigerweise wie bei KrE verfahren. Bei der Vermietung von Wohnungen stehen allerdings häufig soziale Gesichtspunkte im Vordergrund (z.B. an kinderreiche Familien); dann wird oftmals auf volle Kostendeckung verzichtet (Daseinsvorsorge).[33] Trotzdem erscheint es richtig, die Unterdeckung im Haushaltsplan darzulegen.

### 2.5 Wirtschaftliche Unternehmen

**781** Wirtschaftliche Unternehmen in der Form des Regiebetriebs oder des Eigenbetriebs sollen über die Kapitalverzinsung hinaus einen Gewinn erwirtschaften.[34] Sie zählen ebenfalls zu den KrE, werden aber im Hinblick auf zusätzliche spezielle Bestimmungen gesondert in Kapitel G behandelt.

31 So im früheren Neuordnungserlass des IM vom 13.4. 1973, (GABl. S.493).
32 Vgl. die Richtlinien des Landes für die Berechnung der Verwaltungsgebühren (vgl. auch VwV – Kostenfestlegung, die i.d.R. jährlich erlassen und im GABl. veröffentlicht wird).
33 Bei öffentlich geförderten und steuerbegünstigten Wohnungen gelten besondere Kostenrechnungsvorschriften (z.B. II. Berechnungsverordnung i.d.F. vom 21.2. 1975, BGBl. I S.570).
34 § 102 Abs.2 GemO. § 12 Abs.3 EigBG sagt, dass eine marktübliche Verzinsung des Eigenkapitals erwirtschaftet werden soll.

# III. Wirtschaftsgrundsätze

## 1. Rechtsgrundlage

Wie im gesamten Bereich des Kommunalen Wirtschaftsrechts gelten auch für KrE die allgemeinen Haushaltsgrundsätze des §77 GemO. Danach ist die Gemeinde gehalten, wirtschaftlich und sparsam zu verwalten und auf die stetige Aufgabenerfüllung hinzuwirken. Hinzu kommen die Einnahmebeschaffungsgrundsätze des §78 GemO. Konkret auf KrE bezogen lassen sich daraus zwei Zielsetzungen ableiten: 782

- Für die Ausgaben gilt das ökonomische Prinzip.
- Die Einnahmen aus der Benutzung dieser Einrichtungen sind so zu bemessen, dass sie entsprechend dem Vorteil der Benutzer die entstehenden Kosten voll oder wenigstens zu einem bestimmten Teil decken.

## 2. Vorrang der Aufgabenerfüllung

Vorweg ist festzuhalten, dass der „Erfolg" bei KrE nicht allein nach den Grundsätzen der Erwerbswirtschaft, also nicht unter dem Gesichtspunkt der Gewinnmaximierung, gemessen werden kann. Bei den öffentlichen Einrichtungen geht die Aufgabenerfüllung vor. Ihr Erfolg richtet sich danach, inwieweit der Bedarf nach den gestellten kommunalpolitischen Zielen gedeckt werden kann. Dabei ist entscheidend, ob diese Leistungen effizient erbracht werden. Dies bedeutet, dass der gewünschte Erfolg mit dem geringsten Einsatz an Mitteln erreicht wird (Prinzip des geringsten Mitteleinsatzes – „Minimalprinzip"). Die zweite Variante des ökonomischen Prinzips, nach der mit bestimmten Mitteln der bestmögliche Erfolg erzielt werden soll („Maximalprinzip"), spielt bei öffentlichen Einrichtungen nicht die dominierende Rolle, weil hier das Ziel der Aufgabenerfüllung vorgegeben ist.[35] 783

## 3. Kostendeckung

In welchem Umfang die speziellen Entgelte die Kosten decken sollen, ist vorwiegend kommunalpolitisch zu entscheiden. §78 Abs.2 GemO geht im Grundsatz davon aus, dass die entstehenden Kosten voll über spezielle Entgelte zu bestreiten sind; diese finanzwirtschaftliche Forderung drückt der Begriff „soweit geboten" aus. Eine Überforderung der Benutzer vermeidet die Formulierung „soweit vertretbar"; die Gemeinde kann sich mit einer teilweisen Kostendeckung begnügen, wenn dies soziale Rücksichtnahmen erfordern.[36] KrE können aus allgemeinen Deckungsmitteln, 784

35 Allerdings fordern Planer und Fachämter häufig einen kostspieligen „obersten Standard". Die Rückführung auf ein angemessenes Maß ist Aufgabe des Controllings.
36 Zur Auswirkung dieses unbestimmten Rechtsbegriffs vgl. Rdnr. 97.

d.h. aus Steuermitteln, aus erwirtschafteten Abschreibungen (über Gebühren oder Entgelte als „Preis"), aus staatlichen Zuwendungen oder aus Beiträgen Dritter (vorwiegend der Benutzer) finanziert werden. Dabei wird zugleich festgelegt, ob eine volle Kostendeckung erreicht oder eine Kostenunterdeckung hingenommen werden soll. Allein aus einer nur teilweisen Kostendeckung auf eine ineffiziente Betriebsführung zu schließen, wäre ebenso irrig, wie im Erreichen einer vollen Kostendeckung den Beweis eines optimal wirtschaftlichen Handelns zu sehen. Auch die Haushaltssystematik mit der Einteilung in den Verwaltungshaushalt lässt zwar aus dem Verhältnis zwischen „Ertragseinnahmen" und „Aufwandsausgaben" den Umfang der Kostendeckung erkennen, sagt aber nichts über die Wirtschaftlichkeit der Führung dieser Einrichtung aus. Deshalb sind zumindest für die wichtigsten KrE nach § 12 Abs. 2 GemHVO Kosten- und Leistungsrechnungen zu führen.

### 4. Ergebniskontrolle

**785** Zur Kontrolle der Wirtschaftlichkeit bietet sich der interne Betriebsvergleich[37] und der externe[38] an. Dabei sind die absoluten Ergebniszahlen[39] weniger aussagekräftig als leistungsbezogene Kennzahlen.[40] Dazu ist eine KLR erforderlich.[41]

## IV. Berechnung der Kosten; Gebührenkalkulation

### 1. Integrierte Kostenrechnung

**786** Die Haushaltsreform 1974 verbesserte durch die Trennung in VwH und VmH die Aussagekraft für die KrE, indem die neue Haushaltssystematik eine betriebswirtschaftlich orientierte Gruppierung brachte und so einen (groben) Kontenrahmen für die Kostenrechnung einführte. Haushaltsplan[42] und Sachbuch[43] zeigen unmittelbar den Grad der Kostendeckung für die Gesamteinrichtung auf.

### 2. Rechnungsweise

**787** § 9 KAG (BW) hat sich wie die Kommunalabgabengesetze anderer Bundesländer für die betriebswirtschaftliche Gebührenberechnung entschie-

37 Zum einen als Zeitvergleich, zum anderen mit gleichartigen KrE der Gemeinde.
38 Dieser wird vor allem von der KGSt gepflegt.
39 Z.B. der Zuschussbedarf für eine KrE.
40 Produktbezogene Kennzahlen wie z.B. Kosten je Leistungseinheit (z.B. Kosten pro Pflegetag im Krankenhaus, je gefahrener km). Wichtig sind auch Aussagen über Kapazitätsauslastung, fixe und variable Kosten.
41 Dies schreibt § 12 Abs. 2 GemHVO zwingend für KrE vor. Ausführlich: Teil C KLR.
42 Als Vorauskalkulation.
43 Als Nachkalkulation.

den; dem ist § 12 GemHVO gefolgt. Dieses System rechnet mit den Personalkosten, den laufenden Betriebs- und Unterhaltungskosten sowie den kalkulatorischen Kosten für Kapitalverzinsung und Abschreibung. Eine qualifizierte KLR ist sowohl aus der Kameralistik als auch aus der Doppik erstellbar.[44] Kosten und Leistungen sind verursachergerecht zu erfassen. Die Kosten sind nachprüfbar aus der Buchführung herzuleiten (§ 12 Abs. 2 GemHVO).

## 3. Gebührenkalkulation

### 3.1 Notwendigkeit

Nach § 9 Abs. 2 KAG dürfen die Gebühren höchstens so bemessen werden, dass die Gesamtkosten der Einrichtung gedeckt werden. Das Kostendeckungsprinzip gilt in Form des Kostenüberschreitungsverbots. Maßgeblich sind die Gesamtkosten, nicht die im Einzelfall verursachten Kosten. Zum Nachweis, dass dieses eingehalten wird, ist die Aufstellung einer Gebührenkalkulation (auch Gebührenbedarfsrechnung genannt) notwendig. Auch aus § 2 KAG, wonach eine Abgabensatzung den Abgabensatz festlegen muss, folgt die Notwendigkeit einer solchen Kalkulation. Stellt sich allerdings am Ende der Rechnungsperiode trotz gewissenhafter Veranschlagung eine unbeabsichtigte Kostenüberdeckung heraus (z. B. weil mehr Abwasser eingeleitet wurde als nach den Vorjahresergebnissen zu erwarten oder weil geringere Instandsetzungs- und Unterhaltungskosten anfielen), dann führt eine solche Überschreitung nicht zur Ungültigkeit der Gebührensatzung.[45] Das OVG Lüneburg bezeichnet deshalb das Kostendeckungsprinzip in diesem Zusammenhang als „Veranschlagungsmaxime".[46] **788**

Legt die Verwaltung dem Gemeinderat nicht vor oder zur Beschlussfassung über den Gebührensatz eine schriftliche Gebührenkalkulation als Entscheidungsgrundlage vor, so hat dies die Ungültigkeit des Gebührensatzes zur Folge.[47] Auch für die Berechnung der Höhe privatrechtlicher Entgelte sind die Grundsätze zur Gebührenkalkulation anzuwenden.

Wirtschaftliche Unternehmen sollen grundsätzlich nicht nur eine volle Kostendeckung, sondern darüber hinaus nach § 102 Abs. 2 GemO einen Ertrag für den Haushalt erzielen.

44 Ausführlich Teil C Rdnrn. 434, 448
45 BVerwG, Urt. vom 8. 12. 1961 (VII C 2.61). Das OVG Münster hat konkret Kostenüberschreitungen von 3 % toleriert (Urt. v. 5. 8. 1994, GH 1994, S. 213). In BW entschärft die Möglichkeit des Mehrjahresausgleichs (vgl. unten 3.3 Rdnr. 790) das Problem.
46 OVG Lüneburg, Urt. vom 25. 9. 1980, KStZ 1981, S. 195.
47 VGH BW, Urt. vom 31. 8. 1989 – 2 S 2805/87; B. vom 27. 2. 1996, Urt. vom 13. 5. 1997 (jeweils bei *Faiß*, KAG BW, abgedruckt).

### 3.2 Verfahren

789 Über den Gebührensatz, der in der Satzung festgelegt ist, entscheidet der Gemeinderat, der bei der Beschlussfassung auf die Gebührenkalkulation zurückgreifen muss. Nur auf dieser Grundlage ist eine sachgerechte Ermessensausübung möglich.[48]

Die Aufstellung einer Gebührenkalkulation ist Aufgabe der Verwaltung. Sofern die Kämmerei diese nicht selbst erstellt hat, empfiehlt es sich, dem Kämmerer die Vorlage vor ihrer Beratung im Gemeinderat zuzuleiten. Für die Ausarbeitung durch die Fachämter sollte der Fachbeamte für das Finanzwesen zur Wahrung der Einheitlichkeit Anweisungen z.B. zur Höhe des kalkulatorischen Zinssatzes, zum Zinsberechnungszeitpunkt, zur Frage Restbuch- oder Durchschnittswertmethode, Brutto- oder Nettoabschreibung u.a.m. geben. Die Gebührenkalkulation besteht aus der **Kostenseite** („was kostet die Leistung – das Produkt – insgesamt?") und der **Leistungsseite** („wie hoch ist die Zahl der Leistungseinheiten?" – also z.B. die Summe der „verkauften" Wassermenge oder der in die Entwässerungseinrichtung eingeleiteten Abwassermenge jeweils in cbm). Auf der Kostenseite sind alle voraussichtlich ansatzfähigen Kosten innerhalb des betreffenden Jahres zusammenzutragen; eventuell abzugspflichtige Kosten sind abzusetzen. Nach Abzug der Erlöse ergeben sich die Nettokosten als umlagefähige Kosten. In einem zweiten Schritt ist dann die Zahl der Leistungseinheiten („Maßstabseinheiten", z.B. des eingeleiteten Abwassers) zu ermitteln. Die umlagefähigen Kosten werden dann durch die Zahl der Leistungseinheiten geteilt. Das Ergebnis stellt die Gebührenobergrenze dar. Siehe dazu Rdnr. 793. Sowohl bei der Ermittlung der Kosten als auch der Leistungseinheiten besteht ein Beurteilungsspielraum (z.B. bei der Zahl der Maßstabseinheiten oder der Höhe des kalkulatorischen Zinssatzes).

Sieht eine Gebührensatzung mehrere Gebührensätze vor, so ist für jeden Gebührensatz grundsätzlich eine getrennte Kalkulation erforderlich.[49] In geeigneten Fällen lassen sich artverwandte Leistungen mit Hilfe der Äquivalenzziffernrechnung errechnen.

### 3.3 Zeitlicher Ausgleich von Über- oder Unterdeckungen

790 § 9 Abs. 2 KAG modifiziert den Kostendeckungsgrundsatz in der Form des Kostenüberschreitungsverbotes in der Weise, dass bei der Gebührenbemessung die Kosten in einem mehrjährigen Zeitraum von höchstens fünf Jahren berücksichtigt werden dürfen. Das bedeutet, dass die Gemeinde eine Kalkulation für mehrere Jahre aufstellen darf und z.B. für die Jahre

48 *Scholz* in: Driehaus (Hrsg.), Rdnr. 554 zu § 6 KAG m.w.N.
49 OVG Münster, Urt. vom 29.11.1988, KStZ 1989 S. 211 und VGH BW, Urt. vom 16.2.1989, BWGZ 1990, S. 58 und vom 4.7.1996.

1–3 einen gleich hohen Gebührensatz festlegt, der im 1. Jahr eine Überdeckung, im 2. Jahr eine volle Kostendeckung und im 3. Jahr eine entsprechende Unterdeckung bewirkt. Dieser der erwünschten Gebührenkontinuität dienenden Alternative sind aber in Zeiten mit schwer voraussehbaren Kostenentwicklungen (z.B. Personalkosten, Energiepreise) Grenzen gesetzt. § 9 Abs. 2 KAG fordert von der Gemeinde, Kostenüberdeckungen, die sich am Ende des Bemessungszeitraums ergeben, innerhalb von fünf Jahren auszugleichen. Kostenunterdeckungen **können** innerhalb von fünf Jahren ausgeglichen werden.[50]

### 3.4 Kostenermittlung

Die Gemeinde muss die Kosten sorgfältig und nachprüfbar ermitteln. **791**
Während bei der Nachkalkulation „gesicherte Zahlen" anhand der Rechnungsergebnisse vorliegen, beruht die Vorauskalkulation als maßgebliche Gebührenkalkulation auf den Ansätzen des Haushaltsplans. Letzterer bildet dann die Kostenartenrechnung. Bei unterschiedlichen Produkten mit differenzierten Gebühren oder Entgelten ist eine Aufteilung der Kostenarten auf die einzelnen Kostenstellen und Kostenträger geboten.[51]

Die Kosten sind vollständig zu erfassen. Eine unvollständige Kostenermittlung – etwa durch den Verzicht auf den Ansatz einzelner Kostenarten – ist unzulässig. Ob die Gemeinde dann tatsächlich eine volle Kostendeckung anstrebt oder erzielt, ist eine andere Frage. Auch für Zwecke betrieblicher Organisationsüberlegungen oder Wirtschaftlichkeitsfragen kann die Gemeinde eine andere Kostenzuordnung vornehmen. So kann sie z.B. unter dem Aspekt der Auslastung in fixe und variable Kosten aufteilen und in der Teilkostenrechnung[52] nur die variablen Kosten aufnehmen und danach betriebsorganisatorische Entscheidungen wie längere oder kürzere Öffnungszeiten, Preisnachlässe in wenig frequentierten Zeiten u.a.m. treffen. Für die Gebührenbedarfsberechnung sind aber diese Gesichtspunkte nicht relevant.

Zu einer vollständigen Kostenerfassung gehören auch die kalkulatorischen Kosten und Verwaltungsgemeinkosten. Diese sind bei kommunalen Einrichtungen von gravierender Bedeutung; bei ihrer Zurechnung auf die einzelnen Kostenstellen und -träger (Produkte) bestehen erhebliche Spielräume. Deshalb sollten hier Verteilungsschlüssel gesucht werden, die eine möglichst verursachergerechte Zuteilung ermöglichen. Deren Wahl beeinflusst die Höhe der Kosten für die betreffenden Produkte evident.

Bei der Kostenberechnung sind die direkt zurechenbaren Kosten am wenigsten problematisch. Schwieriger ist die Berechnung der indirekten

50 Dazu ausführlich Faiß, Rdnr. 19 zu § 9 KAG.
51 S. dazu detailliert Teil C Abschn. 8.4 Rdnrn. 458, 459 und 466.
52 Ebenda Rdnr. 475.

Kosten. Der Grundsatz der Vollständigkeit verlangt, dass auch derartige Kosten richtig zugeordnet werden. Es handelt sich hier vor allem um Leistungen der Allgemeinen Verwaltung und der Fachämter, die über Erstattungen gem. §14 Abs.4 GemHVO zu verrechnen sind. Hier ist an Bürgermeister, Gemeinderat und die zentralen Ämter zu denken. Durch Anwendung eines Anteilsschlüssels an den gesamten Sach- und Personalkosten werden die auf die Gebührenkalkulation einzustellenden Beträge ermittelt.[53]

### 3.5 Einheitliche oder getrennte Kostenermittlung für gleichartige Einrichtungen

792 §9 Abs.1 S.2 KAG bestimmt, dass technisch getrennte Anlagen, die der Erfüllung derselben Aufgabe dienen, **eine** Einrichtung bilden, bei der die Gebühren nach einheitlichen Sätzen erhoben werden, sofern die Gemeinde in der Satzung nichts anderes bestimmt. Es steht also in ihrem Ermessen, ob sie mehrere Einrichtungen mit gleicher Aufgabenbestimmung als eine einheitliche Einrichtung führt oder ob sie diese als mehrere („selbstständige") führt. Ohne ausdrückliche Satzungsregelung gilt automatisch ersteres.

Wenn die Gemeinde mehrere Einrichtungen als eine Einheit wertet, dann genügt für alle zugehörigen Einrichtungen eine gemeinsame Gebührenkalkulation, in der die Kosten aller Teileinrichtungen zusammengefasst und mit einer einheitlichen Gebühr unterlegt werden. Voraussetzung für einheitliche Gebührensätze ist, dass die gebotenen Leistungen im Wesentlichen gleich sind.[54] Wenn die Leistungen der Einrichtung nicht mehr vergleichbar sind, darf die Gemeinde keine gleiche Gebühr festsetzen und damit auch nicht die Kostenermittlung gemeinsam vornehmen.[55] Bietet z.B. eine Stadt mehrere Altenwohnheime mit völlig unterschiedlicher Wohnqualität, Ausstattung und Größe an, sind unterschiedliche Kalkulationen und Gebührensätze zwingend geboten.

Die Zusammenfassung hat vor allem bei Friedhöfen, Kindergärten, Altenanlagen, Abwasser- und Abfallbeseitigung u.a. Bedeutung.

Auch bei einer Einrichtung mit unterschiedlichen Leistungsbereichen muss die Gemeinde die Kosten für den jeweiligen Leistungsbereich ermitteln und darf nur diese dem betr. Produkt zuzurechnenden Kosten bei der für den speziellen Leistungsbereich festzusetzenden Gebühr berücksichtigen.[56] Dies folgt aus dem Grundsatz der Leistungsproportionalität.

53 Ein Beispielsfall ist bei *Quecke/Schmid*, Rdnr.199 zu §73 SächsGemO, besprochen.
54 OVG Münster, Urt. vom 29.1. 1979, GH 1979, S.186.
55 So im Ergebnis BVerwG, Beschl. vom 3.7. 1978, DGStZ 1979, S.153.
56 OVG Münster, Urt. vom 17.3. 1998, GH 2000, S.109. Das Gericht erklärt es für nicht zulässig, bei gesonderter Erhebung von Gebühren für Biomüll, Restmüll und Wertstoffe die einem bestimmten Teilleistungsbereich (hier Biomüll) zuordenbaren Kosten einem anderen Teilleistungsbereich zuzuschlagen.

## 4. Beispiel einer Gebührenkalkulation[57]

### 4.1 Betriebskosten

| | | | |
|---|---|---|---|
| Personalkosten | 68000 | | 793 |
| Unterhaltung Grundstück | 13000 | | |
| Ausbesserung schadhafter Kanäle | 17000 | | |
| Reinigung Kanäle | 16000 | | |
| Geräte, Ausstattung | 2000 | | |
| Bewirtschaftung Grundstücke | 5000 | | |
| Energiekosten | 23000 | | |
| Verwaltungskosten | 36000 | | |
| Verrechnung Bauhofleistungen | 11000 | | |
| Ersätze an Eigenbetrieb Wasserversorgung | 22000 | | |
| Betriebskostenumlage Zweckverband Kläranlage | 166000 | | |
| Zwischensumme Betriebskosten | | 379000 | |

### 4.2 Kalkulatorische Kosten

#### 4.2.1 Abschreibung (brutto)

| | | |
|---|---|---|
| Kanalnetz Anschaffungskosten 4000000; davon 2 % = | 80000 | |
| Regenüberlaufbecken Ansch.K. 2000000; davon 2,5 % = | 50000 | |
| Kläranlage: Kapitalumlage an Zweckverband 4000000; davon durchschn. 5,5 % = | 220000 | |
| Zwischensumme Abschreibung | | 350000 |

#### 4.2.2 Kapitalverzinsung

| | | |
|---|---|---|
| a) Restbuchwert Kanäle[a] | 2800000 | |
| Abzugskapital | | |
| b) Restl. Ertragszuschüsse[b] | – 1540000 | |
| c) Kapitalzuschuss[c] | – 140000 | |
| d) verzinsbares Kapital[d] | 1120000 | |
| e) Grundstückswert[e] | 150000 | |
| f) Regenüberlaufbecken[f] | 1050000 | |
| g) Investitionsumlage an ZwV zur Kläranlage[g] | 840000 | |
| h) Summe verzinsbares Kapital | 3160000 | |
| i) daraus 6 % kalkulatoischer Zins | | 189600 |

### 4.3 Gesamtkosten **918600**

a Anschaffungskosten 4000000 abzüglich bisheriger Abschreibungen 1200000.
b Ursprünglich 2200000, davon aufgelöst 660000.
c Ursprungsbetrag bleibt unverändert, da keine Auflösung.
d Restbuchwert Kanäle (a) minus restl. Ertragszuschüsse (b) und minus Kapitalzuschuss (c).
e Zum Zeitpunkt der Bereitstellung; unveränderter Wert.
f Herstellungskosten 2000000, abgeschrieben 500000 = Restbuchwert 1500000. Dazu Ertragszuschüsse von ursprunglich 600000, davon aufgelöst 150000 = 450000. Rstbuchwert 1 500 000 minus restl. Abzugskapital 450 000 = 1 050 000.
g Investitionsumlage ursprünglich 4000000, davon abgeschrieben 1760000 = Restbuchwert 2240000. Abzugskapital: Ertragszuschüsse ursprünglich 2500000, aufgelöst 1100000 = restl. Abzugskapital 1400000. Damit verzinsbares Kapital 840000.

57 Alle Beträge in Euro. Die Kosten schließen diejenigen der Straßenentwässerung ein. S. auch Fn 59.

### 4.4 Erträge

| | | |
|---|---|---|
| Zinsverbilligung[58] Kreditanstalt Wiederaufbau | 6900 | |
| Auflösung Ertragszuschüsse | | |
| Kanalbeiträge 2100000 + 100000 Staatszuweisung | | |
| durchschn. Auflösung 2% aus. 2200000 = | 44000 | |
| Regenüberlaufbecken | | |
| Staatszuweisung 2,5% Auflös. aus 600000 = | 15000 | |
| Kläranlage: Staatszuweisung zum Invest. Zuschuss | | |
| 1000000 + 1500000 Klärbeiträge × 5,5% Aufl. = | 137500 | |
| Erträge insgesamt | | 203400 |

### 4.5 Nettokosten **715200**

### 4.6 Abwassermengen

| | | |
|---|---|---|
| von Privaten | 200000 cbm | |
| von Betrieben | 40000 cbm | |
| Straßenentwässerung | 80000 cbm;[59] | insgesamt 320000 cbm. |

### 4.7 „Produktkosten"

Gesamtkosten (netto) 715200: 320000 cbm = 2,235 Euro/cbm.

Die Gemeinde müsste diesen Betrag zu einer vollen Kostendeckung erheben; in der Praxis wird sie auf 2,24 Euro runden.

### 4.8 Starkverschmutzerzuschlag[60]

Abwandlung des obigen Fallbeispiels:

Die Gemeinde erhebt für 40000 cbm einen Starkverschmutzerzuschlag mit 1,3:

| | |
|---|---|
| „normale Abwassermenge" (Private, Straßenentwässerung) | 280000 cbm |
| Starkverschmutzer 40000 × 1,3 | 52000 cbm |
| rechnerische Gesamtmenge | 332000 cbm |

Nettokosten 715200 : 332000 = 2,154 Euro cbm für Normaleinleiter
2,154 × 1,3 = 2,80 Euro für Starkverschmutzer.

## 5. Genehmigungserfordernisse bei Gebühren

794 Bei den KrE ist nur noch für die Festsetzung der Krankenhauspflegesätze die preisrechtliche Genehmigung nach der Bundespflegesatzverordnung erforderlich.[61]

58 Im Epl. 7 als Einnahme, im Epl. 9 (Zinsen) als Ausgabe verrechnet.

59 Hier wird die mengenorientierte Berechnungsmethode angewandt, bei der die Gemeinde die Gesamtkosten der Abwasserbeseitigung einschl. der für die Straßenentwässerung anfallenden Kosten ansetzt. Die Gesamtkosten werden dann durch die Gesamtabwassermengen (einschl. Straßenentwässerung) geteilt. Dazu ausführlich *Faiß*, KAG BW, §9 Rdnr. 24 mit Berechnungsbeispiel. Eine andere Alternative wäre die Kostenorientierte Berechnungsmethode, bei der die auf die Straßenentwässerung entfallenden Kosten abzuziehen sind. S. *Faiß*, a. a. O. Beide Berechnungsmethoden sind zulässig, über die Alternative entscheidet der Gemeinderat.

60 Die Gemeinde ist dazu nach dem Äquivalenzprinzip und dem Gleichheitssatz berechtigt; auch das Verursacherprinzip und Umweltaspekte sprechen dafür. Ob eine Pflicht besteht, ist umstritten. S. dazu auch *Faiß*, Rdnr. 46 zu §9 KAG.

61 Bundespflegesatzverordnung vom 26.9. 1994 (BGBl. I S. 2750) mit Änderungen. Für ärztliche Wahlleistungen besteht eine Anzeigepflicht der Gebühren bei der Preisbehörde.

Das Selbstverwaltungsrecht und die Finanzhoheit (Einnahmehoheit) räumen der Gemeinde bei der Deckung ihres Finanzbedarfs weites Ermessen ein. Deshalb besteht bei Gebühren- und Entgeltfestsetzungen durch den Gemeinderat keine Genehmigungs- oder Vorlagepflicht. Gebührensatzungen sind der Rechtsaufsichtsbehörde (wie andere Satzungen auch) gem. §4 Abs.3 GemO vorzulegen.

# V. Kostenbegriff und Kostenrechnung

## 1. Betriebswirtschaftlicher Kostenbegriff

§9 Abs.2 S.1 KAG verweist auf „die nach betriebswirtschaftlichen 795
Grundsätzen ansatzfähigen Kosten der Einrichtung". Es gibt jedoch keine bundes- oder landesrechtliche Norm, die den Kostenbegriff im Gebührenrecht regelt.[62] Soweit das KAG keine ausdrücklichen Vorgaben für die Berechnung der gebührenfähigen Kosten enthält, ist auf betriebswirtschaftliche Grundsätze abzustellen. Dabei handelt es sich um einen unbestimmten Rechtsbegriff,[63] der bei den einzelnen Kostenarten verschiedene Alternativen zu ihrer Ermittlung bietet.[64] Kostenermittlung nach betriebswirtschaftlichen Grundsätzen bedeutet die Berechnung des betrieblichen Werteverzehrs zur Leistungserstellung. Anders ausgedrückt: Kosten sind der durch die Leistungserstellung bedingte Werteverzehr von Gütern und eingesetzte Dienstleistungen in einem bestimmten Berechnungs- und Leistungszeitraum, also der in Geld bewertete Verbrauch der für die Erbringung einer Verwaltungsleistung in Anspruch genommenen Ressourcen einschließlich des für die Aufrechterhaltung der Betriebsbereitschaft bedingten Werteverzehrs.[65] Einfacher definiert sind Kosten in Geld ausgedrückter Verbrauch von Gütern und Werte für geleistete Dienste innerhalb einer bestimmten Rechnungsperiode, soweit sie für die betriebliche Leistungserstellung anfallen. Eindeutig ist der wertmäßige (= kalkulatorische) und nicht der pagatorische (geldmäßige) Kostenbegriff maßgeblich.[66] „Nicht das, was es kostet, sind Kosten, sondern nur der leistungsbedingte Faktorverbrauch."[67]

62 BVerwG, Beschl. vom 19.3. 1983, KStZ 1984, S.11 und vom 9.9. 1997, ZKF 1998, S.62/63.
63 So OVG Nordrh.-Westf., Urt. vom 5.8. 1994 (9 A 1248/92) in GH S.233.
64 Z.B. bei der Höhe der kalkulatorischen Zinsen, der Wahl zwischen Restbuchwert- und Durchschnittswertmethode bei der Zinsberechnung oder der Höhe der Abschreibungssätze, wenn unterschiedliche Werte üblich sind.
65 Diese Definition geht auf *Schmalenbach* zurück; über ihre Eignung besteht weitgehend Einigkeit. Unterschiedliche Meinungen bestehen nur im Hinblick auf die mengenmäßige Erfassung und der Bewertung des Werteverzehrs. S. dazu *Friedl*, Zur betriebswirtschaftlichen Problematik kommunaler Leistungsentgelte, 1996, S.140 m.w.N. Zum inhaltsgleichen Begriff kommt der HessVGH im Urt. vom 27.4. 1999 (ZKF 2000, S.11).
66 S. dazu Teil C Rdnrn.438ff.
67 So hat es *Schmalenbach* definiert, zitiert von *Giesen*, KStZ 1995, S.29.

## 2. Merkmale und Abgrenzung gebührenfähiger Kosten

796 Kosten sind gegen Ausgaben als Geldauszahlungen oder Verrechnungsanteile in der Kameralistik sowie gegen Aufwendungen als Bestandteil der Gewinn- und Verlustrechnung[68] abzugrenzen – siehe dazu Teil C Rdnr. 440, 441.

Aus obigem Kostenbegriff ergeben sich folgende zwingende Merkmale für die gebührenfähigen Kosten:
- leistungsbezogener Ressourceneinsatz und -verbrauch,
- Zeitbezogenheit,

Eine wichtige Funktion erfüllt dabei die Rechnungsabgrenzung.

## 3. Rechnungsabgrenzung

### 3.1 Zeitliche Abgrenzung

797 § 14 Abs. 6 GemHVO schreibt für die KrE zwingend die zeitliche Rechnungsabgrenzung vor. Danach sind abweichend vom Kassenwirksamkeitsprinzip nur diejenigen Einnahmen und Ausgaben zu veranschlagen, die wirtschaftlich dem Haushaltsjahr zuzuordnen sind. Ziel ist, den Erfolg exakt jahresbezogen (12 Monate) aufzuzeigen. Die zeitliche Rechnungsabgrenzung unterteilt sich in

a) transitorische Posten
- es handelt sich um eine Ausgabe im alten Jahr, die aber als Kosten (und Aufwand) das neue Jahr betrifft – dann spricht man von aktiver Rechnungsabgrenzung. Als Beispiel wäre die Telefonrechnung oder Energierechnung für Dezember zu nennen, die erst im neuen Jahr eingeht und fällig wird. Während bei Eigenbetrieben und Beteiligungsunternehmen strikt die wirtschaftliche Zuordnung zu beachten ist, kann man bei KrE großzügig verfahren und diese Vorgänge im neuen Jahr abwickeln; anders jedoch bei „echten" Vorratskäufen – S. dazu ausführlich Teil C Rdnr. 444;
- oder eine Einnahme geht im alten Jahr ein, die aber erst im neuen Jahr Erlös darstellt wie z. B. Mietvorauszahlung Ende Dezember für Januar;

b) antizipative Posten
- Erlöse des alten Jahres gehen erst im neuen Jahr ein. Bei KrE wird dann ein KER gebildet;[69]
- die Kosten sind dem alten Jahr zuzuordnen, sie werden aber erst im folgenden Jahr ausgezahlt.[70] Bei KrE werden KAR gebildet.

Diese Beträge gehen in die Gebührenkalkulation ein.

68 Beim Eigenbetrieb stellen die Aufwendungen das Gegenstück zu den Erträgen im Erfolgsplan und in der GuV dar; die Differenz zwischen beiden bilden Gewinn oder Verlust. Vereinfacht sind Aufwendungen des Eigenbetriebs mit den Ausgaben der KrE im VwH vergleichbar.
69 In der Doppik als Sonstige Forderungen dargestellt. Siehe dazu auch Teil C Rdnr. 447.
70 In der Doppik als Sonstige Verbindlichkeiten ausgewiesen. S. Teil C Rdnr. 447.

### 3.2 Sachliche Abgrenzung

Die sachliche Rechnungsabgrenzung trennt die betriebsbedingten Aufwendungen und Erträge von den neutralen Aufwendungen und Erträgen. Nur erstere gehen in die KLR ein; in der Buchführung von Beteiligungsgesellschaften und Eigenbetrieben führen sie zum Betriebsergebnis, letztere zum neutralen Ergebnis. 798

Die neutralen Aufwendungen und Erträge lassen sich unterteilen in periodenfremde, die bereits über die zeitliche Rechnungsabgrenzung erfasst und ausgeschieden werden sowie in betriebsfremde und außerordentliche.

Die sachliche Rechnungsabgrenzung scheidet betriebsfremde Aufwendungen und Erträge (z.B. Spenden für betriebsfremde Zwecke) sowie außerordentliche Erträge und Aufwendungen (z.B. Verluste aus Anlageverkäufen, „Fehlplanungen", Unwetterschäden) aus.[71]

Bei KrE ist die sachliche Abgrenzung schon durch die Veranschlagung im Haushaltsplan vorgegeben. So wird z.B. ein Gebäude, in dem im Erdgeschoss ein Kindergarten untergebracht ist und Wohnungen in den Obergeschossen vermietet sind, entsprechend den Nutzungsanteilen aufgeteilt.[72] Im Übrigen wird man bei KrE nicht kleinlich verfahren. Kosten und Erlöse, die den Betriebszweck fördern, dürfen einbezogen werden. So gehören z.B. Mieteinnahmen und Aufwendungen für die Unterhaltung eines Klärwärterwohnhauses sachlich in die Gebührenkalkulation.[73] Gleiches gilt für die Verpachtung oder den Betrieb einer Gaststätte oder eines Kioskes in einem Bad. Entscheidend ist stets, ob ein ursächlicher Zusammenhang mit der Leistungserstellung bejaht werden kann; vgl. dazu folgende Abschnitte 4 und 5.

## 4. Nicht gebührenfähige Kosten

Kosten sind dann nicht mehr gebührenfähig, wenn die öffentliche Hand Aufgaben für die Allgemeinheit wahrnimmt, wenn also der durch die Inanspruchnahme der Leistung durch den Betroffenen entstandene enge Kontakt nicht hergestellt wird.[74] Dies ist z.B. bei der Straßenentwässerung der Fall, wo nicht der Anlieger, sondern der allgemeine Verkehr Verursacher ist. Deshalb verlangt §9 Abs.3 Satz5 KAG, den Teilaufwand, der auf die Straßenentwässerung entfällt, aus der Kostenberechnung auszuscheiden. Allerdings ist dessen zutreffende Ermittlung in der Praxis schwierig.[75] Nach der Rechtsprechung sind auch die Kosten für die Ent- 799

71 S. dazu ausführlich Teil C Rdnr.441. Dort sind auch Ausnahmen genannt.
72 Anteil für den Kindergarten im Epl.4, Wohnungsanteile im Epl.8.
73 Dies dient der ständigen Einsatzbereitschaft und der Überwachung des Klärwerks. Daher ist es gerechtfertigt, den Benutzer mit den nicht gedeckten Kosten zu belasten.
74 S. dazu Gemeindekasse 1996/93 (S.189).
75 Dazu ausführlich *Faiß*, KAG BW, §9 Rdnrn. 24ff.

leerung der Straßenpapierkörbe betriebsfremd, weil dies eine Aufgabe des Straßenbaulastträgers ist.[76]

Kosten dürfen erst mit der Inbetriebnahme der Anlage geltend gemacht werden. Vorfinanzierungs- und Vorlaufkosten sind als Herstellungsaufwand zu behandeln und dürfen erst nach Inbetriebnahme als kalkulatorische Kosten einbezogen werden.[77] Als Vorfinanzierungskosten gelten alle einmaligen und fortdauernden Ausgaben zur Bereitstellung des für die Anschaffung eines Wirtschaftsguts notwendigen Kapitals. Zeitlich sind diese Kosten auf den Herstellungszeitraum begrenzt. Bedeutendstes Beispiel sind Schuldzinsen. Würden sie im VwH (endgültig) gebucht, dann muss für sie der Steuerzahler und nicht der Benutzer aufkommen. Dies würde gegen das Verursacherprinzip und den Gedanken des Vorteilsausgleichs – somit auch gegen die Einnahmebeschaffungsgrundsätze des §78 Abs. 2 GemO – verstoßen.[78]

## 5. Problemfälle

800 Ausgaben (Kosten), die nicht unmittelbar aus der Leistungserstellung herrühren, stellen keine gebührenfähigen Kosten dar, wenn sie für die Leistungsherstellung der betr. KrE sachfremden Charakter haben (Grundsatz der Zweckbezogenheit). Deshalb sind betriebsfremde Kosten nicht gebührenfähig. Zur Zweckbezogenheit gehört auch, dass die Gemeinde (gerade bei den KrE!) den Grundsatz der Wirtschaftlichkeit und Sparsamkeit des §77 Abs. 2 GemO beachtet. Immer wieder machen einzelne Benutzer geltend, die Gemeinde hätte die Leistung kostengünstiger erbringen können. Aus dem Selbstverwaltungsrecht[79] folgt jedoch, dass die Gemeinde einen weit reichenden Handlungsspielraum hat und diesen erst dann missbraucht, wenn die Kosten völlig unverhältnismäßig sind und damit gegen das Äquivalenzprinzip verstoßen oder wenn die kostenverursachenden Maßnahmen völlig willkürlich sind.[80] Selbst bei Verstößen gegen die Pflicht zur öffentlichen Ausschreibung nach der VOB, VOL (VOF) hat die Rechtsprechung entschieden, dass dies nicht zwingend zur Fehlerhaftigkeit des Gebührenbescheides führt.[81]

Die Rechtsprechung hat folgende Fallgruppen für nicht betriebsbedingt und damit für nicht gebührenfähig erklärt:

76 OVG Münster, Urt. vom 16.6. 1996, GH 1997, S. 258. Der Gesetzgeber in NW hat daraufhin allerdings durch Gesetzesänderung diese Kosten explizit für gebührenfähig erklärt.
77 Dazu ausführlich *Giebler*, Vorfinanzierungskosten als Herstellungsaufwand, KStZ 1995, S. 21ff., sowie OVG Münster, Urt. vom 24.11. 1999 in NVwZ 2000, 708.
78 OVG Münster, Urt. vom 24.11. 1999 in NVwZ 2000, 708.
79 Kommunale Finanzhoheit; hier Einnahmehoheit.
80 *Friedl*, Zur betriebswirtschaftlichen Problematik kommunaler Leistungsentgelte, S. 143 m.w.N.
81 Z.B. OVG Rheinland-Pfalz, Urt. vom 4.2. 1999 (12 C 1391/96 und 12 A 10533/98).

- Kosten für übertriebene Reservehaltung,[82] jedoch eine solche für angemessene Reservehaltung (bei einer Kläranlage von 20 %).[83]
- „Sitzungsgelder des Kreistags und Personalkosten des Landrats sind keine Kosten, die in eine Gebührenkalkulation der Abfallgebühren eingestellt werden dürfen, auch wenn diese Organe sich in nicht unbedeutendem Maß mit der Abfallwirtschaft des Landkreises und den Grundlagen für einen Beschluss über die Abfallwirtschaft beschäftigt haben". Diese Entscheidung des VGH BW[84] verkennt m.E. den betriebswirtschaftlichen Charakter der Kosten, die hier eindeutig betriebsbedingt sind. Der Hinweis des Gerichts, diese würden ja aus der Kreisumlage finanziert, ist schon wegen der Subsidiarität der Kreisumlage und wegen des Verursacherprinzips abwegig. Kein Unternehmen der Privatwirtschaft wird darauf verzichten, die Gehälter der Führungs- und Kontrollorgane mit in die Kalkulation einzubeziehen. Bleibt zu hoffen, dass das Gericht dies in der nächsten Entscheidung revidiert!
- Fiktive Mietkosten,[85] dafür setzen die Kommunen die tatsächlichen und kalkulatorischen Kosten an.
- Kosten der gerichtlichen und außergerichtlichen Rechtsberatung;[86] auch dies ist m.E. im Hinblick auf die betriebliche Verursachung problematisch.
- Veräußerungsgewinne bei Sachvermögensübertragungen auf eine GmbH oder bei Ausgliederung auf einen Eigenbetrieb müssen dem Gebührenzahler gutgeschrieben werden.[87] Dies würde bei „sale- und lease-back-Verträgen" zu erheblichen Gebührenausfällen führen.[88]
- Planungskosten für Fehlplanungen, die in einem Stadium entstehen, in dem nicht einmal absehbar ist, ob eine Einrichtung errichtet wird, sind nicht betriebsbedingt.[89] Dagegen dürften Planungskosten für Alternativplanung und für vertretbare „Fehlplanungen" ansatzfähig sein.[90]

Als betriebsbedingt hat die Rechtsprechung anerkannt:

- künftige Rekultivierungskosten für derzeit betriebene Deponien;[91] diese Gebührenteile können einer Sonderrücklage zugeführt werden.[92]

82 OVG Schleswig-Holstein, Urt. vom 30.1. 1995, GH 1996, S.114.
83 OVG Niedersachsen, Urt. vom 8.8. 1990, DÖV 1991, S.338.
84 Normenkontrollbeschl. vom 27.2. 1996 (2 S 1407/97).
85 VGH BW im selben Beschluss (a.a.O. Fn.84).
86 Normenkontrollbeschl. VGH BW vom 13.5. 1997 (2 S 3246/94).
87 OVG Münster, Urt. vom 15.12. 1994, GH 1995, S.284.
88 Von diesem Verfahren ist ohnehin entschieden abzuraten. Es bringt zwar kurzfristig über die Verkaufserlöse eine Verbesserung, kostet aber langfristig über die Leasingraten enorm mehr!
89 VHG BW, NKB vom 27.2. 1996, a.a.O. (Fn 84).
90 *Faiß*, §9 KAG Rdnr.21. Der HessVGH hat dies für eine Anlage verneint, die im Kalkulationszeitraum dauerhaft nicht genutzt werden kann. Urt. vom 27.4. 1999, ZKF 2000, S.11.
91 *Faiß*, §9 KAG Rdnr.21 m.w.N.
92 §20 Abs.4 GemHVO.

- die Kosten für die Durchführung der Eigenkontrollverordnung sowie die Abwasserabgabe.[93]

### 6. Kostenrechnung

801 Für die KrE und Hilfsbetriebe soll die Gemeinde gem. § 12 Abs. 2 GemHVO[94] Kosten- und Leistungsrechnungen erstellen und die für eine betriebliche Steuerung sowie für die Beurteilung der Wirtschaftlichkeit und Leistungsfähigkeit erforderlichen Unterlagen führen. Diese Arbeit können die ohnehin überlasteten Kämmereien und Fachämter nur dann nach und nach bewältigen, wenn ihnen ein funktionierendes Anwendungsprogramm zur Verfügung steht, das die vorhandenen Daten aufbereitet.[95] Wegen der großen Bedeutung[96] dieses Steuerungs- und Führungsinstrumentes ist der KLR ein besonderes Kapitel – Teil C – gewidmet.

## VI. Berechnung der einzelnen Kosten/Erlöse

### 1. Persönliche Kosten

802 Nachdem die Personalausgaben im Verwaltungshaushalt (Plan und Sachbuch) zeit- und sachbezogen veranschlagt und gebucht werden,[97] ergeben sich für die Einbeziehung in die Kostenrechnung i. d. R. in der Praxis keine Schwierigkeiten. Sie können entweder direkt oder über Erstattungen[98] (Gemeinkosten) angesetzt werden. Sie haben nach dem Gruppierungsplan die Hauptgruppe 4.

### 2. Sächliche Verwaltungskosten

803 Dazu gehören vor allem Bürobedarf, Bücher, Zeitschriften, Reisekosten, Post- und Fernmeldegebühren, öffentliche Bekanntmachungen, Gerichts- und Prüfungskosten u. ä. Geschäftsausgaben (Gruppe 65), geringwertige Verwaltungseinrichtungsgegenstände.[99] Diese Kosten sind grundsätzlich voll einbeziehbar; sie werden entweder direkt oder über Erstattungen[98] angesetzt.

93 *Faiß*, § 9 KAG Rdnr. 21 m. w. N.
94 Eingeführt durch ÄndVO vom 7.12. 1994 (GBl. S. 648).
95 Dies ist seit Mitte 2001 der Fall. Vgl. auch Teil C Rdnr. 434, Fn. 38.
96 Nicht nur für die KrE, sondern auch für Eigenbetriebe, Hilfsbetriebe, Eigen- und Beteiligungsgesellschaften sowie für Verwaltungsdienstleistungen und für die Frage Eigen- oder Fremdproduktion u. a. m.
97 S. § 14 Abs. 5 GemHVO.
98 Vgl. § 14 Abs. 4 GemHVO.
99 Siehe die Abgrenzung in Nr. 2.4.1 VwV Gliederung und Gruppierung.

### 3. Sächliche Betriebskosten

Hierunter fallen die Bewirtschaftungs- und Energiekosten (Reinigung, Heizung, Strom, Gas, Wasser, Versicherung für Gebäude und Anlagen; Gruppe 54), die Aufwendungen für die Haltung von Fahrzeugen (Gruppe 55), Betriebsmittel wie Lebensmittel, Arzneien, Werkstättenbedarf, EDV-Material (Gruppe 57–63), Beschaffung von Verbrauchsmitteln oder geringwertiger beweglicher Einrichtung[100] (Letzteres bis 410 Euro Einzelwert oder bei Sachgemeinschaften ab 410 Euro Gesamtwert). In diesen Fällen kann die Frage der Vorratskäufe eine Rolle spielen. Vorräte, die nicht im betreffenden Jahr verwendet werden, können von den Ausgaben abgesetzt und in das folgende Jahr übertragen werden.[101] Bei KrE werden nur solche Ausgaben veranschlagt (und gebucht), die dem Haushaltsjahr wirtschaftlich zuzurechnen sind (zeitliche Rechnungsbegrenzung).[102] 804

### 4. Unterhaltungs- und Instandsetzungskosten

Die Unterhaltungskosten dienen dazu, die Einrichtungen in einem ordnungsgemäßen Zustand zu erhalten. Merkmal ist, dass dadurch die Substanz nicht verändert und der Wert nicht wesentlich erhöht und dass der regelmäßig in kürzeren oder größeren Zeitabständen wiederkehrende Aufwand durch die gewöhnliche Nutzung verursacht wird (z.B. Wartung, Pflege, regelmäßige Reparaturen – Gruppe 50, 51). In Zweifelsfällen sind die steuerlichen Grundsätze maßgebend.[103] Der Verwaltungshaushalt enthält keine vermögenswirksamen Verbesserungen (z.B. größere Instandsetzungen, die den Wert erhöhen und die Lebensdauer verlängern) oder Substanzvermehrungen (z.B. Erweiterungen), weil diese Ausgaben ohne Rücksicht auf ihre Höhe dem Vermögenshaushalt zuzuordnen sind. Die Unterhaltungskosten können daher direkt dem Verwaltungshaushalt entnommen werden. 805

In Zweifelsfällen wird sich die Gemeinde für die Abwicklung im VmH entscheiden, denn bei einmalig hohen Ausgaben ist zu befürchten, dass sie diese nicht über Entgelte erwirtschaften kann. Auch die Gebührenkontinuität spricht in Zweifelsfällen für den VmH – dann wird der Herstellungsaufwand[104] über kalkulatorische Kosten auf (viele) Nutzungsjahre verteilt und „ratenweise" in die Gebührenbedarfsberechnung einbezogen.

Bei der Abfallbeseitigung sind auch die Rekultivierungskosten gebührenfähig.

100 Siehe die Abgrenzung in Nr. 2.4.1 VwV Gliederung und Gruppierung.
101 § 14 Abs. 3 Nr. 2 GemHVO.
102 § 14 Abs. 6 GemHVO; es handelt sich um eine zwingende Vorschrift, vgl. Rdnrn. 442–447.
103 Vgl. Nr. 2.4.2 VwV Gliederung und Gruppierung.
104 In der Praxis lässt sich die Zuordnung in den VmH auch oftmals mit entsprechender Begründung (z.B. Teil einer Generalsanierung) rechtfertigen.

### 5. Sonstige Kosten

806 Dazu gehören vor allem die Steuern wie Körperschaftsteuer,[105] Gewerbesteuer, Grundsteuer, Kfz-Steuer[106] und die Gebühren (auch wenn sie nur innerhalb der Gemeinde verrechnet werden).

Außerdem zählen Miet- und Pachtaufwand, Leasingaufwendungen sowie Betriebskostenumlagen (z.B. an Zweckverbände) dazu. Angesetzt werden nur die Kosten, die wirtschaftlich dem betreffenden Jahr zuzuordnen sind.[107]

## VII. Kalkulatorische Kosten

### 1. Allgemeines

807 §9 KAG stellt ausdrücklich fest, dass die Gebühren nach betriebswirtschaftlichen Grundsätzen zu bemessen sind. Folgerichtig bezieht diese Bestimmung die kalkulatorischen Kosten für Abschreibungen und für die Verzinsung des aufgewendeten Kapitals ein. §12 GemHVO schreibt in Übereinstimmung mit §9 KAG zwingend vor, dass für KrE auch angemessene Abschreibungen und eine angemessene Verzinsung des Anlagekapitals zu veranschlagen sind. Diese Kosten werden bei der KrE als fiktive Ausgabe und im Einzelplan 9 des Verwaltungshaushalts als fiktive Einnahme veranschlagt. Ersteres bewirkt, dass sich die Gesamtkosten der KrE erhöhen, Letzteres schreibt diese Beträge dem Gesamthaushalt (und damit dem Steuerzahler) gut.

Den kalkulatorischen Kosten stehen entweder überhaupt keine Ausgaben gegenüber (z.B. bei Abschreibungen auf früher finanzierte Investitionen – dann spricht man von Zusatzkosten) oder ihre Höhe stimmt nicht mit den Ausgaben überein (z.B. kalkulatorische Zinsen gegenüber den tatsächlichen Zinsausgaben an Dritte – dann handelt es sich um Anderskosten).

### 2. Abschreibungen

#### 2.1 Zweck und Bedeutung

808 Die Abschreibungen dienen dazu, die tatsächliche Abnutzung von betriebsnotwendigen Anlagen durch den Gebrauch (Verschleiß, Abwertung durch die technische und wirtschaftliche Entwicklung) wertmäßig zu erfassen und sie als Kosten auf die einzelnen Jahre entsprechend der

105 Die Körperschaftsteuer als gewinnabhängige Steuer wird in der Erwerbswirtschaft als neutraler Aufwand gebucht, aber in der Kalkulation als Kosten einbezogen.
106 Die Umsatzsteuer (MWSt) wird dort, wo die Gemeinde Endverbraucher ist, zum Nettopreis zugeschlagen, sie stellt somit keine eigene Kostenart dar.
107 §14 Abs.6 GemHVO; es handelt sich um eine zwingende Vorschrift.

Nutzung aufzuteilen. Sie mindern den Buchwert des Sachvermögens (bilanzielle Wirkung) und gehen als kalkulatorische Kosten in die Kostenrechnung ein, weil sich nur auf diesem Weg vorher geleistete Investitionsausgaben zeit- und nutzungsgerecht verteilen lassen. Würden nämlich die tatsächlichen Investitionsausgaben bei der Kalkulation zugrunde gelegt, so hätte dies zur Folge, dass in Jahren mit erheblichen Investitionen die Entgelte enorm hoch, in Jahren mit geringen Investitionsausgaben die Preise drastisch zu senken wären. Solche Schwankungen würden größte Ungerechtigkeiten hervorrufen und würden für die Benutzer unkalkulierbar. Deshalb verteilt die Abschreibung die einmaligen Investitionsausgaben gleichmäßig auf die Nutzungsjahre. Welches Gewicht den Abschreibungen zukommt, wird besonders am Beispiel der anlageintensiven Abwasserbeseitigung deutlich, wo sie durchschnittlich rd. ein Viertel an den Gesamtkosten ausmachen.[108]

### 2.2 Kalkulatorische Abschreibung

Für Zwecke der Gebührenkalkulation scheidet die bilanzielle oder steuerliche Abschreibung aus, die sich nach den steuerlich günstigsten Möglichkeiten orientiert. Hier ist die kalkulatorische Abschreibung mit dem Ziel anzuwenden, den Werteverzehr aufwandsmäßig auf die Nutzungsdauer zu verteilen. 809

### 2.3 Abschreibungsmethode

Bei den KrE dominiert wegen der gleichmäßigen Belastung der Benutzer die lineare Abschreibung. Bei ihr wird die Abschreibungssumme durch die Jahre der Nutzungsdauer geteilt.[109] Speziell bei vorwiegend leistungsbezogenen Objekten (z.B. Fahrzeuge, Steinbrüche) ist die Abschreibung nach Leistungsmengen (km, abgebaute cbm) denkbar. In Ausnahmefällen, etwa wenn mit der Zeit der Unterhaltungsaufwand stark ansteigt oder mit einem vorzeitigen Verschleiß zu rechnen ist, könnte man auch die degressive Abschreibung anwenden. Diese Methode belastet die Anfangsjahre stark und reduziert dann die jährlichen Abschreibungsbeträge.[110] 810

### 2.4 Bemessungsgrundlage

#### 2.4.1 Ausgangswerte

Abschreibungsfähig sind nur solche Vermögensgegenstände, die durch Gebrauch in ihrem Wert zurückgehen. Deshalb darf von Grund und Boden (einschließlich Anliegerleistungen und Nebenkosten beim Grunder- 811

108 Im Bundesdurchschnitt, s. dazu Kommunalwirtschaft 1/2000, S.30; vereinzelt erreicht sie ein Drittel der Gesamtkosten.
109 Den Schrottwert kann man bei der heutigen Preisentwicklung außer Acht lassen.
110 Die degressive Abschreibung kann mit gleich bleibenden oder fallenden Prozentsätzen vom Restbuchwert angesetzt werden. Da der Restbuchwert abnimmt, sinken auch die jährlichen Abschreibungswerte.

werb) nicht abgeschrieben werden, da dieser nichts von seiner Substanz verliert. Ausnahmsweise kommt eine Abschreibung bei einem Grundstück in Frage, wenn sein Wert maßgeblich durch Bodenschätze bestimmt wird und diese abgebaut werden (Steinbruch, Sand- und Kiesgruben usw.). Wird für ein Grundstück ein höherer Wert wegen der Möglichkeit der Auffüllung (z.B. mit Müll oder Erdaushub) festgestellt, so stellt dieses Auffüllrecht einen selbstständig ansetzbaren und abschreibbaren Wert dar.

§ 9 Abs. 3 KAG verbietet der Gemeinde, die aus Staatszuweisungen, aus Beiträgen nach § 10 KAG oder aus Zuschüssen Dritter aufgebrachten Kapitalanteile bei der Berechnung der Abschreibung den Benutzern der Einrichtung anzulasten. Dabei bleibt der Gemeinde die Wahl, entweder das abschreibungsberechtigte Anlagevermögen um Beiträge und Zuschüsse zu reduzieren und damit auch die Abschreibungsbeträge entsprechend zu verringern – Nettomethode –; oder sie kann die Abschreibung aus dem gesamten Anlagevermögen einschließlich der beitrags- und zuweisungsfinanzierten Kapitalanteile errechnen. Dafür muss sie aber die Beiträge und Zuschüsse Dritter als Ertragszuschüsse passivieren und danach in jährlichen Teilbeträgen auflösen. Diese fließen dann dem betr. (Unter-) Abschnitt im VwH in Einnahme zu und wirken sich so gebührensenkend aus[111] – Bruttomethode.

Die kalkulatorischen Abschreibungen dürfen auch solche Anlagen erfassen, die einer betriebsnotwendigen Reservehaltung dienen.

Welche Werte den Abschreibungen zugrunde zu legen sind, regeln die KAG der einzelnen Länder unterschiedlich. Denkbar sind folgende Wertansätze:

*a) Anschaffungs- oder Herstellungswert*

**812** Die Abschreibung von den Anschaffungs- oder Herstellungskosten[112] ist einfach und unangreifbar, weil hier von rechnerisch feststehenden Zahlen ausgegangen werden kann. Im Regelfall anerkennt die Steuergesetzgebung nur diesen Wert.[113]

*b) Wiederbeschaffungs(end)wert*

**813** Bei den meist langlebigen kommunalen Investitionen reicht der Anschaffungswert in Zeiten steigender Preise bei weitem nicht mehr zur Finanzierung der höheren Wiederbeschaffungskosten aus. Eine Begrenzung der Abschreibungen auf die Anschaffungskosten erbringt – selbst wenn

111 Siehe § 12 Abs. 1 Nr. 1 GemHVO und Rdnr. 817.
112 Vom Anschaffungswert spricht man bei zu Marktpreisen bezogenen, von Herstellungskosten bei eigenproduzierten Vermögensgegenständen.
113 Die bis 1989 nach § 6 EStG und § 74 EStDV anerkannte Preissteigerungsrücklage für Roh-, Hilfs- und Betriebsstoffe sowie für Halbfertigwaren ist ab 1990 durch die „Lifo-Regelung" für Vorratsvermögen ersetzt worden (§ 6 Abs. 1 Nr. 2a EStG).

diese „verdient" sind – immer nur die ursprünglich investierten Mittel ein; deshalb droht bei den teureren Erneuerungen die Gefahr einer Finanzierung mit Krediten. Je länger die Lebensdauer einer kapitalintensiven Anlage ist, desto größer wird die Differenz. So steigt z.B. der Wiederbeschaffungswert für eine Anlage mit 10 Mio. Euro Anschaffungskosten bei einer Lebensdauer von 50 Jahren und einer durchschnittlichen jährlichen Preissteigerung von 3% auf 42,6 Mio. Euro an.[114]

Die Anwendung des Wiederbeschaffungs(end)wertes von Anfang an und in vollem Umfang scheitert aber bereits an der Unsicherheit der künftigen Preisentwicklung. Welche Wiederbeschaffungswerte sollen z.B. für ein 1990 erbautes Altenheim für die Erneuerung im Jahr 2040 angesetzt werden? Eine Schätzung dieser Kosten wäre reine Spekulation; für eine Kostenrechnung zum Zweck einer Gebührenkalkulation ein unzulässiger Wert! Deshalb hebt die Erwerbswirtschaft für Zwecke der Kostenrechnung auf den Wiederbeschaffungszeitwert ab.

*c) Zeitwert*

Der Zeitwert stellt einen Kompromiss zwischen Anschaffungs- und (vol- **814**
len) Wiederbeschaffungswerten dar. Er geht von den Anschaffungskosten aus und passt die Bewertung der Vermögensgegenstände den gegenwärtigen Wertverhältnissen an. Bei Bauten kann ein Indexverfahren angewendet werden, während z.B. Maschinen, Fahrzeuge usw. anhand der Marktpreise bewertet werden. Da die höheren Vermögenswerte der Abschreibung erst nach dem Eintritt der Preissteigerung zugrunde gelegt werden können und rückwirkende Gebührenerhöhungen nicht mehr möglich sind,[115] werden die tatsächlichen Wiederbeschaffungskosten nicht erreicht. Führt man obiges Beispiel einer Anlage mit 10 Mio. Euro Anschaffungskosten mit einer Nutzungsdauer von 50 Jahren und durchschnittlicher jährlicher Preissteigerung von 3% an, so betragen die Abschreibungen nach dem Zeitwert immerhin 22,6 Mio. Euro;[116] sie erreichen so doch wenigstens 53% des Wiederbeschaffungswertes. Bei 5% jährlicher Preissteigerung und 10 Jahren Nutzungsdauer betragen bei 100000 Euro Anschaffungskosten die Abschreibungen aus dem Wiederbeschaffungszeitwert rd. 132000 Euro; sie erreichen damit 81% des Wiederbeschaffungswertes von rd. 163000 Euro. Wegen der erheblichen Mehrarbeit wird man solche Vermögensfortschreibungen nur bei beträchtlichen Preissteigerungen vornehmen, soweit nicht allgemein geltende Indizes zugrunde gelegt werden können.

114 Errechnet von *Bals*, GH 1973, S.78. Bei einer jährlichen Preissteigerungsrate von 5% und einer Lebensdauer von 10 Jahren beträgt der Wiederbeschaffungswert 163%!
115 Die KGSt hält eine Abwälzung zu geringer Abschreibungen infolge nachträglicher Preissteigerungen durch erhöhte Abschreibungen in den nachfolgenden Jahren für zulässig. Dies ist aber schon von den Grundsätzen der Gleichmäßigkeit und Gleichheit her bedenklich. So auch *Bals*, GH 1973, S.78.
116 Berechnung von *Bals*, GH 1973, S.78.

### 2.4.2 Abwägung der Alternativen

815 Sieht man die Abschreibung vorwiegend als Mittel der Substanzerhaltung an, so würde dies wie in der privatwirtschaftlichen Kostenrechnung für die Einführung des Wiederbeschaffungszeitwertes sprechen. Gegen den Wiederbeschaffungs(zeit)wert bringen Literatur und Praxis folgende Bedenken vor:

a) Der Wiederbeschaffungswert bezieht die Geldentwertung in die Kalkulation ein und kommt damit einer verbotenen Geldwertsicherungsklausel gleich. Das Nominalwertprinzip wird verlassen; die öffentliche Hand schüttelt die Lasten der Inflation einseitig von sich ab.[117]

b) Vertreter des pagatorischen Kostenbegriffs sehen Abschreibungen von den Wiederbeschaffungskosten als unzulässig an, weil sich der Wertverzehr nur nach dem tatsächlichen Wertverzehr bemessen kann.[118]

c) Der ständige Fortschritt von Wissenschaft und Technik lässt es fraglich erscheinen, ob im Zeitpunkt der Wiederbeschaffung eine vergleichbare und gleichwertige Anlage geschaffen wird (z.B. durch Organisationsmaßnahmen verringertes Bauvolumen und zugleich erweitertes Leistungsangebot[119]).

d) Erwirtschaftete Abschreibungen erhöhen die Zuführung des Verwaltungshaushalts an den Vermögenshaushalt und dienen so zur Finanzierung neuer Investitionen.[120] Sie kommen in diesem Fall dem Gesamthaushalt zugute und bringen der Gemeinde einen Zinsgewinn, der ein Gegengewicht zu den Preissteigerungen darstellt.[121] Ein größerer Teil wird aber zur Tilgung aufgenommener Kredite benötigt.

e) Der Wiederbeschaffungs(zeit)wert führt zu einer Überforderung des Benutzers und widerspricht der Pflicht zur Rücksichtnahme auf die wirtschaftlichen Kräfte der Abgabepflichtigen.[122] Da es in der Praxis oft nicht gelingt, die auf dieser Grundlage höheren Kosten zu decken, sinkt nur der Anteil der Kostendeckung.[123]

Für den Wiederbeschaffungszeitwert spricht vor allem der Gedanke der Substanzerhaltung, wenngleich auch er nicht den vollen künftigen Wiederbeschaffungspreis erreicht. Bei tatsächlich erwirtschafteten Abschreibungen bildet der Zins für diese Abschreibungsbeträge (aus Geldanlagen

117 So insbes. *Scholl*, KStZ 1973, S.47; dieser Auslegung widerspricht *Sander* in seiner Erwiderung auf S.210. Ablehnend auch *Schwarz*, GH 1976, S.246.
118 *Scholl* mit Nachweisen, KStZ 1973, S.48/49.
119 Ähnlich *Fuchs*, GH 1968, S.147.
120 Siehe dazu die Sollvorschrift des §22 Abs.1 letzter Satz GemHVO.
121 *Bals*, GH 1973, S.78; in Zeiten hoher Kreditzinsen kann die Zinsersparnis die Baukostensteigerungen übertreffen (z.B. 1981).
122 Vgl. §78 Abs.2 GemO und *Notheis*, Rdnr.105.
123 Dieses Argument wird häufig von der Praxis vorgebracht. Es lässt jedoch außer Acht, dass die Einbeziehung in die Kosten noch nicht bedeutet, dass diese Kosten auch voll durch spezielle Entgelte gedeckt werden.

oder Ersparnis für nicht aufgenommene Kredite) einen Ausgleich für die geringere Abschreibungssumme. Solange die Preissteigerungsrate für den abzuschreibenden Vermögensgegenstand nicht höher ist als dieser Zinsgewinn, bleibt die Substanz erhalten. Eine reale Substanzverminderung tritt erst dann ein, wenn die Abschreibungen nicht oder nur teilweise erwirtschaftet werden oder die Preissteigerungen das Zinsniveau überschreiten. Die finanzwirtschaftlich erwünschte Rücklagenansammlung für höhere Wiederbeschaffungszeitwerte zur Vermeidung einer zunehmenden Verschuldung (auch) als Folge nicht ausreichender oder nicht erwirtschafteter Abschreibungen lässt sich in der Praxis in Anbetracht der Diskrepanz zwischen Ausgabenbedarf und Finanzausstattung nicht mehr realisieren.

### 2.4.3 Festlegung auf Anschaffungskosten

**816** Seit 1978 schreibt § 9 Abs. 3 KAG den Kommunen in BW zwingend die Bemessung der Abschreibungen nach den Anschaffungs- (oder Herstellungs-)kosten vor. In der Mehrzahl erlauben die anderen Bundesländer[124] ihren Kommunen wahlweise den Ansatz des Wiederbeschaffungszeitwerts.[125] In der Literatur überwiegt das Votum für den Zeitwert.[126] Dies schöpfen die Gemeinden weitgehend aus. Vor allem im Hinblick auf den ernormen Sanierungsbedarf und notwendige Erweiterungen und Erneuerungen, der auf die Gemeinden zukommt,[127] ist die Beschränkung auf die Herstellungskosten bei stark steigenden Wiederbeschaffungswerten problematisch. Die Gesetzesbegründung,[128] dass die Wiederbeschaffungskosten weitgehend auf Schätzungen beruhten und betriebswirtschaftlich umstritten seien, trifft nicht zu. Denn der Wiederbeschaffungszeitwert basiert auf zwischenzeitlich eingetretenen und somit nachweisbaren Preissteigerungen.[129] Der (heutige) Gebührenpflichtige wird dabei auch nicht „mit der Bezahlung erst künftig anfallender, ggf. inflationierter Kosten" belastet,[130] sondern ausschließlich mit nachweisbaren Preissteigerungen, die in der betreffenden Benutzungszeit entstanden sind. Die Bemessung nach Wiederbeschaffungszeitwerten steht auch im Einklang mit dem

124 Mit Ausnahme von Bayern, BW und Rheinland-Pfalz sowie Brandenburg und Sachsen-Anhalt erlauben die Verwaltungsvorschriften zu § 12 GemHVO den Gemeinden ausdrücklich die Wahl zwischen Anschaffungskosten und Wiederbeschaffungs(zeit)werten. In Sachsen räumt § 13 Abs. 1 Satz 1 KAG dieses Wahlrecht ausdrücklich ein.

125 Z. B. OVG Münster mit Urt. vom 26. 2. 1982 – 2 A 1671/79; OVG Lüneburg, Urt. vom 25.9. 1980 (KStZ 1981, S. 103). Das BVerwG hat mit Beschluss vom 25.3. 1985 – 8 B 11.84 – diese Rechtsprechung bestätigt. Zuletzt OVG Münster, Urt. vom 5.8. 1994, GH S. 233.

126 *Sander* und *Bals*, KStZ 1973, S. 206–213; *Brauckmann*, GH 1973, S. 252; *Koglin*, GH 1973, S. 226, KGSt, Gutachten „Kostenrechnung" I 7 Nr. 5.3; *Schild*, KStZ 1973, S. 89; *Geyer*, GH 1973, S. 203; *Eichhorn*, KStZ 1971, S. 209; *Knobloch*, KStZ 1975, S. 186; *Fromme*, GH 1975, S. 203.

127 Ausführlich dargelegt in: *Kölz/Schmid*, Kommunale Investitionen.

128 Landtagsdrucksache 7/2340; Begründung zu § 9 Abs. 3 KAG-Novelle.

129 Siehe dazu die Indexwerte, *Schmidt/Faiß/Giebler*, Gemeindewirtschaftsrecht, XVIIb.

130 § 47 GemHVO. Art. 5 Abs. 2 KAG-Novelle erweiterte diese Übergangsvorschrift insoweit, als Gemeinden, die vorhandene Einrichtungen noch 1977 nach Wiederbeschaffungszeitwerten angesetzt hatten – in der Praxis die überwiegende Zahl –, diese höheren Werte für die künftigen Berechnungen „einfrieren" durften.

Äquivalenzprinzip: Obwohl der Benutzer nur die „alte" Anlage benutzt, hat diese Leistung durch die eingetretene Teuerung einen höheren Geldwert. Nur bei der erstmaligen Erfassung des vorhandenen Anlagevermögens durften die Gemeinden in Baden-Württemberg wahlweise die ursprünglichen Anschaffungskosten oder den (höheren) Zeitwert nach Erfahrungs- oder Durchschnittssätzen ansetzen.

### 2.5 Abschreibung beitragsfinanzierter Investitionen

817 Nach § 9 Abs. 3 Satz 3 KAG sind den Abschreibungen die um Beiträge, Zuweisungen und Zuschüsse Dritter gekürzten Anschaffungs- oder Herstellungskosten zugrunde zu legen, soweit Beiträge, Zuweisungen und Zuschüsse Dritter nicht als Ertragszuschüsse passiviert und jährlich mit einem durchschnittlichen Abschreibungssatz aufgelöst werden. Nur in Ausnahmefällen kann bei der Gewährung von Zuweisungen und Zuschüssen auf Antrag der Gemeinde bestimmt werden, dass die Kürzung der Anschaffungs- oder Herstellungskosten bzw. die Auflösung als Ertragszuschuss ganz oder teilweise entfällt; es handelt sich dann nicht um Ertrags-, sondern um Kapitalzuschüsse. Kapitalzuschüsse wirken sich wegen der zulässigen Abschreibung von den gesamten Anschaffungskosten vorteilhaft für die Gemeinden aus, denn die Abschreibungen sind höher als bei den Ertragszuschüssen, die den Benutzern zugute kommen, weil sie bei der Abschreibung abzusetzen sind („Nettoverfahren") oder als Auflösung (Bruttoverfahren) der betreffenden Einrichtung gutzuschreiben sind. Allerdings verringern sich diese Vorteile bei der Berechnung der kalkulatorischen Zinsen.[131]

Im Hinblick auf die Refinanzierungsfunktion der Abschreibung ist eine Absetzung der beitragsfinanzierten Investitionen nur dann gerechtfertigt, wenn diese Beiträge auch bei der Erneuerung wieder anfallen. Dieses Problem erlangt bei den KrE besondere Bedeutung, vor allem bei Abwasserbeseitigungsanlagen. Früher erhielten die Gemeinden i. d. R. Staatszuschüsse nur zu Neubaumaßnahmen, nicht zu Erneuerungen. Seit 1977 hat hier das Land Baden-Württemberg seine Förderpraxis im Hinblick auf die KAG-Novelle zur Förderung von Wasserversorgungs- und Abwasserbeseitigungsanlagen umgestellt und gewährt nunmehr Zuschüsse auch zu Ersatzinvestitionen.[132] Für diese Zuschüsse ist daher betriebswirtschaftlich die Absetzungspflicht gerechtfertigt. Bedenken müssen allerdings deshalb angemeldet werden, weil diese Förderungspraxis keinesfalls auf Dauer gewährleistet ist. Dies gilt auch für Zuschüsse zur Erneuerung anderer KrE.

Die Absetzungspflicht für Ertragszuschüsse wäre dann konsequent, wenn der Gesetzgeber gleichzeitig auch Erneuerungsinvestitionen für

131 Vgl. dazu Rdnr. 824.
132 Förderrichtlinien Wasserwirtschaft vom 30. 1. 1995 (GABl. S. 130); mit Änderungen.

beitragspflichtig erklärt hätte. Da dies weiterhin ausgeschlossen bleibt, stehen den reduzierten Abschreibungen die vollen Ausgaben für Ersatzinvestitionen gegenüber, welche die Gemeinden dann letzten Endes über verstärkte Kreditaufnahmen finanzieren müssen.

Bei Ertragszuschüssen hat die Gemeinde die Wahl zwischen

a) der **Nettomethode,** bei der sie die Zuweisungen und Beiträge direkt von den Anschaffungskosten absetzt.

*Beispiel:* 1 Mio. Anschaffungskosten abzüglich 300000 Euro Zuweisung = 700000 Euro; bei 2% Abschreibungssatz = 14000 Euro Nettoabschreibung.

b) der **Bruttomethode,** bei der sie zunächst von den vollen Anschaffungskosten abschreibt und die eingegangenen Ertragszuschüsse passiviert. Letztere löst sie dann parallel zur Abschreibung mit gleichem Prozentsatz auf.

| | |
|---|---|
| *Beispiel:* 1 Mio. Euro Anschaffungskosten x 2% Bruttoabschreibung = | 20000 Euro |
| Auflösung Ertragszuschuss 300000 Euro x 2% = | 6000 Euro |
| Nettoergebnis wie oben | 14000 Euro. |

Die Bruttoabschreibung wird im Epl. der betreffenden KrE als Ausgabe gebucht und geht damit in die Gebührenkalkulation als Kosten ein; zum Ausgleich wird der Abschreibungsbetrag im Epl. 9 vereinnahmt. Die Auflösung des Ertragszuschusses stellt eine „Abschreibung der Vermögenseinnahme" und ihre zeitanteilige Verteilung auf den VwH dar; sie wird gerade umgekehrt wie die Abschreibung gebucht, also im Epl. der KrE vereinnahmt (sie entlastet damit als Erlös den Gebührenzahler) und im Epl. 9 verausgabt.

Wird ein gemeinsamer Ertragszuschuss für Vermögensgegenstände mit unterschiedlichen Abschreibungssätzen gewährt, dann ist der Ertragszuschuss entweder im Verhältnis der Anschaffungswerte auf diese Wirtschaftsgüter aufzuteilen und entsprechend den dort angesetzten Abschreibungssätzen aufzulösen oder die Gemeinde errechnet den durchschnittlichen Abschreibungssatz nach der Formel

$$\frac{\text{jährl. Gesamtabschreibung} \times 100}{\text{Gesamte Anschaffungskosten.}}$$

Sie löst dann den (einheitlichen) Ertragszuschuss mit diesem Prozentsatz auf.

Brutto- und Nettomethode führen wirtschaftlich zum gleichen Ergebnis. Für die Bruttomethode spricht, dass sie stets die ursprünglichen Herstellungskosten aufzeigt.[133]

133 Das Innenministerium empfiehlt in Nr. 2.3.1.4 VwV-VmR die Bruttomethode. Sie stimmt auch mit dem Anlagenachweis und der Vermögensrechnung überein.

Die Gemeinde könnte die Ertragszuschüsse zwar im Sachbuch festhalten; wegen des erheblichen Buchungsaufwands und weil dies nicht zum Mindestinhalt der Vermögensrechnung nach §43 GemHVO zählt, wird sie die Ertragszuschüsse als Teil oder als Beilage zum Anlagenachweis führen. Im Sachbuch für den VwH ist die Einnahme aus der Auflösung des Ertragszuschusses in den Einzelplan der KrE in Einnahme, im Einzelplan 9 in Ausgabe jeweils in den Spalten LS und Ist zu buchen.[134] In der Vermögensrechnung bewirkt die Auflösung der Beiträge einen Passivtausch als Abgang bei der Position „Beiträge/Zuschüsse" und einen Zugang beim „Sonstigen Deckungskapital".[135]

**818** Für die Abwicklung von „Altfällen" gilt Folgendes:

Alle früher gewährten Ausgleichsstockzuweisungen (ohne Rücksicht auf den Zuschusszweck) und die bis 31.12. 1977 gewährten Zuschüsse zu Wasserversorgungsanlagen sind als Kapitalzuschüsse zu behandeln.

Dagegen muss die Gemeinde früher eingegangene Anliegerbeiträge bei den KrE stets als Ertragszuschüsse behandeln (Bruttomethode) oder bei der Abschreibung entsprechend niedrigere Anlagewerte (Nettomethode) zugrunde legen. Im ersten Falle ist (wie auch bei früheren Staatszuschüssen, die als Ertragszuschüsse zu behandeln sind) der zu passivierende Ertragszuschuss entsprechend der Reduzierung des Anlagevermögens um die aufgelaufenen Abschreibungen (= Restbuchwert) zu kürzen.

*Beispiel:*
Vom Anlagevermögen mit ursprünglich 1 Mio. Euro sind inzwischen 400000 Euro (= 40%) abgeschrieben; der Restbuchwert beträgt somit 600000 Euro (= 60%). Zu den Herstellungskosten hatte die Gemeinde 500000 Euro Anliegerbeiträge und Staatszuschüsse (Annahme: als Ertragszuschuss zu behandeln) erhalten. Von den Beiträgen und Zuschüssen sind dann ebenfalls 40% = 200000 Euro abzusetzen, sodass nur noch 300000 Euro (60% des ursprünglichen Betrags) als passivierte Ertragszuschüsse zu behandeln sind. Nur diese 300000 Euro gelten als Abzugskapital; sie sind dann im Laufe der restlichen Nutzungsjahre als Ertragszuschuss über den VwH aufzulösen.

### 2.6 Abschreibungssätze

**819** Die Lebensdauer der einzelnen Vermögensgegenstände drückt sich in den Abschreibungssätzen aus. Die wirtschaftliche Nutzungsdauer ist so genau wie möglich zu schätzen. Bei der linearen Abschreibung, die im Regelfall bei KrE angewendet wird, bleiben die Abschreibungssätze während der gesamten Nutzungsdauer unverändert.

Die Praxis kann sich an die veröffentlichten Erfahrungswerte halten.[136] Die tatsächliche technische Abnutzung kann davon im Einzelfall abwei-

134 Z.B. für Abwasserbeseitigung bei EHSt. 70.276 in Einnahme und bei AHSt. 91.686 in Ausgabe.
135 Gilt bei Führung der Teil- und Vollvermögensrechnung; vgl. Nr.2.3.1.4 VwV-VmR und Zuordnungstabelle Nr.75/76; zum Nettoverfahren Nr.77/78.
136 Insbes. Veröffentlichungen der KGSt, Empfehlungen der Deutschen Krankenhausgesellschaft, AfA-Tabellen des BFM mit steuerlich anerkannten Sätzen. S. auch *Schmid/Faiß/Giebler*, Gemeindewirtschaftsrecht Baden-Württemberg, XVIIa.

chen; meist ist die Nutzungsdauer in der Praxis länger. Ob nach dem Auslaufen der buchmäßigen Abschreibung, also beim Restbuchwert Null (oder Erinnerungsposten 1 Euro) kalkulatorisch noch weiter abgeschrieben werden darf, ist umstritten.[137] In der privatwirtschaftlichen Kalkulation wird dies bejaht; in der Kommunalverwaltung wird man schon im Hinblick auf die Rechtsprechung davon absehen. Den als Folge der Vollabschreibung fallenden kalkulatorischen Kosten werden i.d.R. höhere Unterhaltungs- und Betriebskosten gegenüberstehen, sodass die Gleichmäßigkeit der Gebührenkalkulation gewahrt bleibt. Eine Abschreibung über den Restbuchwert hinaus verliert den Kostencharakter und würde zu einer unzulässigen Rücklagenbildung führen.

Erweisen sich die bisherigen Abschreibungssätze als zu nieder, dann sind sie in den Restnutzungsjahren entsprechend zu erhöhen.[138]

### 2.7 Beginn und Dauer der Abschreibung

Grundsätzlich beginnt die Abschreibung erstmals mit dem Zeitpunkt der **820**
Anschaffung oder Herstellung des betreffenden Wirtschaftsguts. Bei einer erst späteren Benutzung kann auch dieser Zeitpunkt gewährt werden.[139]

Beschafft die Gemeinde ein Wirtschaftsgut im Laufe eines Jahres, so kann sie dieses entweder zeitanteilig oder mit dem hälftigen Jahressatz abschreiben. Entsprechend der steuerlichen Regelung wäre es auch zulässig, für die in der ersten Jahreshälfte angeschafften beweglichen Wirtschaftsgüter den vollen und für die in der zweiten Jahreshälfte beschafften Vermögensgegenstände den hälftigen Jahresbetrag der Abschreibung anzusetzen.[140]

Die Verrechnung von Abschreibungen endet in dem Jahr, in dem das Vermögen nicht mehr genutzt wird (beim Untergang des Vermögensgegenstandes wäre in dem betr. Jahr eine außerordentliche Abschreibung vorzunehmen), spätestens aber wenn der Gegenstand voll abgeschrieben ist.[141]

137 Ablehnend OVG Münster, Urt. vom 5.8. 1994 u. 20.9. 1991. Siehe dazu *Friedl*, Zur Problematik kommunalen Leistungsentgelte, S. 186.

138 Die GPA lehnt dies unter Hinweis auf das Urt. des OVG Münster vom 6. 6. 1997 ab (GPA-Geschäftsbericht 1997/98 S. 19). Dabei bestimmt jedoch § 9 Abs. 2 KAG NW zwingend, dass dort die Abschreibung gleichmäßig zu bemessen ist. Deshalb ist dieses Urteil in BW nicht relevant.

139 *Zeiß*, Erl. zu § 11. Folglich zählen auch die für die bis zur Inbetriebnahme notwendigen Anlauf- und Vorfinanzierungskosten zu den Anschaffungskosten. Dazu *Giebler*, KStZ 1995, S. 21–23.

140 Vgl. EStR vom 15. 12. 1998 (BStBl. I S. 1518) R 44.

141 *Westerkowsky*, Kalkulatorische Kosten, S. 6. Das OVG Lüneburg hat in seinem Urteil vom 12. 7. 1984 (KStZ 1985, S. 195) erlaubt, kalkulatorische Abschreibungen in den Gebührenhaushalt auch dann einzubeziehen, wenn das Anlagegut entgegen der zunächst angenommenen Nutzungsdauer noch vorhanden ist. Dies gilt aber nur dann, wenn die Summe der erzielten Abschreibungen den Wiederbeschaffungszeitwert noch nicht überschritten hat.

### 2.8 Anlagenachweis

821 Die Berechnung der Abschreibungen setzt eine vollständige und exakte Erfassung und Bewertung derjenigen Vermögensgegenstände voraus, die wegen der durch die Abnutzung bedingten Wertminderung abgeschrieben werden müssen. Gem. §38 GemHVO sind Grundstücke (einschließlich grundstücksgleicher Rechte) und bewegliche Sachen (ausgenommen geringwertige Wirtschaftsgüter), soweit sie KrE dienen, in Anlagenachweisen zu führen. Dort sind die Anschaffungs- oder Herstellungskosten und die Abschreibungen mit ihren Veränderungen nachzuweisen. Gleichartige oder zweckgleiche Vermögensgegenstände können zusammengefasst werden. Für den Anlagenachweis schreibt Anlage 18 zu VwV Gliederung und Gruppierung ein verbindliches Muster vor.[142] Auszuweisen sind die Anschaffungskosten, die Zugänge und Abgänge sowie die Abschreibungen und die Restbuchwerte. Vermögensgegenstände, deren Größe und Wert sich über längere Zeit nicht erheblich verändern, können mit Festwerten, die immer wieder zu überprüfen sind, ausgewiesen werden.

Das Anlagevermögen der KrE ist entweder in einer besonderen Vermögensübersicht als Anlage zur Jahresrechnung oder in der Vermögensrechnung selbst auszuweisen.[143] Bei der erstmaligen Aufstellung der Anlagenachweise konnten bewegliche und unbewegliche Sachen mit nach Erfahrungs- oder Durchschnittssätzen ermittelten Zeiten angesetzt werden.[144]

## 3. Kalkulatorische Zinsen

### 3.1 Berechtigung der kalkulatorischen Zinsen

822 Die kalkulatorischen Zinsen stellen einen enorm bedeutenden Faktor bei den Gesamtkosten dar.[145] Die Berechtigung des Ansatzes von Zinsen für Eigenkapital war lange heftig umstritten, während die Einbeziehung der tatsächlichen Zinsen für das Fremdkapital in die Gebührenrechnung stets als gerechtfertigt angesehen wurde. Als Hauptargument gegen die Eigenkapitalverzinsung wurde vorgebracht, der Bürger müsse dann das von ihm über Steuern aufgebrachte Kapital auch noch verzinsen. Diese Auffassung läßt sich schon mit der Veranschlagung und Buchung der kalkulatorischen Zinsen widerlegen: Der dem Benutzer angelastete Betrag (bei der KrE als Ausgabe) wird gleichzeitig dem Steuerzahler (Epl. 9 in Einnahme) gutgeschrieben. Außerdem decken sich Benutzerkreis und

142 Vgl. dazu auch die Ausführungen in Rdnrn. 593–595.
143 §39 Abs.2 und §44 GemHVO und Nr.2.1 VwV-VmR.
144 §47 GemHVO. Nach §51 GemHVO mussten die Gemeinden das Anlagevermögen der KrE spätestens vom Haushaltsjahr 1976 an bewerten und fortschreiben.
145 Bei der besonders anlageintensiven Abwasserbeseitigung machen sie im Bundesdurchschnitt gut 22% der Gesamtkosten aus. S. Kommunalwirtschaft 1/2000, S.30.

Steuerzahler in der Regel nicht[146] (selbst bei Identität von Benutzer und Steuerzahler steht der Umfang der Benutzung und die Höhe der Steuer in keinem ausgewogenen Verhältnis). Die tatsächliche Finanzierung einer KrE ist subjektiv und manipulierbar. Maßgeblich ist der objektive Kapitalbedarf. Gerade bei dem hohen Kapitalbedarf öffentlicher Einrichtungen könnte der Ausschluss der Eigenkapitalverzinsung zu erheblichen Verzerrungen führen und Vergleiche mit gleichartigen Einrichtungen erschweren. Sofern die anfallenden Gebühren die Kosten voll decken, stehen über die erwirtschaftete Eigenkapitalverzinsung – die buchhalterisch einen Gewinn darstellt – eigene Mittel zur Selbstfinanzierung zur Verfügung. Das Gemeindewirtschaftsrecht kehrte sich 1974 vom Einzeldeckungsprinzip im aoH ab und führte im Vermögenshaushalt ebenfalls das Gesamtdeckungsprinzip ein. Dies hat zur Folge, dass auch der Schuldendienst zentral ausgewiesen und nicht mehr auf die einzelnen Aufgabenbereiche aufgeschlüsselt wird.[147] Deshalb lässt sich nicht mehr ablesen, in welchem Umfang einzelne Einrichtungen mit Eigen- oder Fremdkapital finanziert wurden und welcher tatsächliche Fremdkapitalzins anfällt. § 12 Abs. 1 GemHVO fordert konsequent die Veranschlagung kalkulatorischer Kosten und damit übereinstimmend mit § 9 Abs. 3 KAG eine angemessene Verzinsung des Anlagekapitals ohne Rücksicht darauf, wie dieses finanziert wurde.[148]

Die kalkulatorischen Zinsen haben Kostencharakter, weil der Inhaber des betriebsnotwendigen Kapitals bei andersartigem Einsatz der Geldmittel Zinsen erhalten oder Kreditzinsen ersparen würde.

### 3.2 Ansetzbares Kapital

Bei der Verzinsung darf nur das betriebsnotwendige Kapital, das für die Erstellung und Werterhöhung (z. B. Erweiterung) der Anlagen aufgewendet wurde, angesetzt werden (Anlagekapital). Anlagekapital ist das für Anlagevermögen von KrE gebundene Kapital, bezogen auf die Anschaffungs- oder Herstellungskosten abzüglich der Abschreibungen.[149] Damit ist die früher umstrittene Frage, ob während der gesamten Nutzungsdauer unverändert von dem bei der Herstellung aufgewendeten Kapital ausgegangen werden darf oder ob davon die Abschreibungen abgesetzt werden müssen („Bilanzverkürzung"), eindeutig im letzteren Sinne entschieden worden, was auch der betriebswirtschaftlichen Betrachtungsweise entspricht. Es ist also von den Restbuchwerten auszugehen, die **823**

146 Ganz deutlich z. B. beim Schlachthof aber auch bei Bädern, der Abwasserbeseitigung u. a. m.

147 Die Zinsen für Kredite werden unaufgeteilt im Verwaltungshaushalt, die Tilgungen unaufgeteilt im Vermögenshaushalt, jeweils im Epl. 9 in Ausgaben veranschlagt und gebucht.

148 Die Rechtmäßigkeit der Einbeziehung von Eigenkapitalzinsen hat die Rechtsprechung ständig bestätigt (vgl. BVerwG, Beschl. vom 19. 9. 1983 – 8 B 117.82 – und VGH BW, Urt. vom 27. 10. 1983 – 2 S 199/80). S. auch *Friedl*, a. a. O., S. 189 m. w. N.

149 § 46 Nr. 1 GemHVO; die Absetzungen für Abschreibungen bemessen sich nach § 38 Abs. 3 Satz 1 GemHVO bzw. nach § 9 Abs. 3 KAG.

sich aus den Anlagenachweisen ergeben. Das Anlagekapital entspricht voll dem Restbuchwert des Anlagevermögens. Zu- und Abgänge beim Anlagevermögen ändern zugleich auch das Anlagekapital.

In der Kapitalverzinsung sind – anders als bei den Abschreibungen – auch die Werte für die betriebsnotwendigen Grundstücke einzubeziehen.[150] Denn ohne diese Grundstücke könnte die betreffende Einrichtung nicht erstellt und betrieben werden. Im Gegensatz zu den Gebäuden mit ihren Bestandteilen und zum beweglichen Vermögen reduziert sich aber bei den unbebauten Grundstücken der Kapitalwert nicht, weil von den Grundstücken nicht abgeschrieben werden darf.

Die Basis für das verzinsbare Kapital ist somit dieselbe wie für die Abschreibungen (Beiträge und Zuschüsse sind bei der Abschreibung nach der Nettomethode schon als Abzugskapital abgesetzt, bei der Bruttomethode sind sie noch abzuziehen), allerdings zuzüglich der Grundstückswerte.

Das Umlaufvermögen spielt i.d.R. bei den KrE keine wesentliche Rolle. Es wird deshalb bei der Kapitalverzinsung grundsätzlich nicht berücksichtigt.[151]

### 3.3 Nicht verzinsbares Kapital (Abzugskapital)

**824** §9 Abs.3 Satz 2 KAG schreibt vor, dass den Kapitalzinsen das um Beiträge, Zuweisungen und Zuschüsse Dritter gekürzte Anlagekapital nach Anschaffungs- bzw. Herstellungskosten abzüglich der aufgelaufenen Abschreibungen zugrunde zu legen ist. Als nicht zinsfähiges Kapital (Abzugskapital) sind öffentlich-rechtliche Baukostenbeiträge und Folgekostenbeiträge[152] sowie aus Zuweisungen und Zuschüssen Dritter aufgebrachte Kapitalanteile wie Staatszuweisungen[153] und Spenden anzusehen. Das Gebot der Nichtverzinsung dieses „Abzugskapitals" liegt darin begründet, dass die Gemeinde diese Gelder nicht selbst aufbringen muss, sondern dass ihr dieses Geld zinslos zur Verfügung steht. Denn andernfalls müsste z.B. der Grundstückseigentümer Entwässerungsbeiträge entrichten und dieses Kapital, mit dem die Gemeinde die Herstellung von Entwässerungseinrichtungen finanziert hat, ab dem Beginn der Benutzung noch zusätzlich über die in den Benutzungsgebühren enthaltenen kalkulatorischen Zinsen verzinsen. Dies gilt auch für Staatszuweisungen, denn mit derartigen Leistungen will der Staat eine übermäßige Beanspruchung der Benutzer vermeiden. Trotz des Gesamtdeckungsprinzips

150 Maßgeblich ist der Wert im Zeitpunkt der Bereitstellung. Hinzu kommen verrechnete Anliegerbeiträge u. Erwerbskosten wie Notar- und Grundbuchkosten.

151 Empfehlung der KGSt; erläutert bei *Fuchs/Zentgraf*, S.78. Geringwertige Wirtschaftsgüter werden auch rechtlich nicht unter dem Begriff des Anlagevermögens erfasst (§46 Nr.2 GemHVO); somit scheidet die Verzinsung des dafür aufgewandten Kapitals aus.

152 §9 Abs.3 KAG umschreibt dies mit dem Begriff „Beiträge".

153 Im Gegensatz zur Abschreibung sind bei der Verzinsung stets auch Kapitalzuschüsse abzusetzen.

sind diese Beiträge und Zuweisungen Dritter haushaltsrechtlich als spezielle Einnahmen im Vermögenshaushalt den betreffenden (Unter-)Abschnitten zuzuordnen.[154]

Bei dem Abzugskapital spielt es keine Rolle, ob die Gemeinde die empfangenen Beiträge und Zuschüsse nach dem Nettoverfahren behandelt – also vom Restbuchwert direkt die Beiträge und Zuschüsse absetzt –,[155] oder ob sie brutto vom Restbuchwert ausgeht und gesondert das Abzugskapital, das sich entsprechend der jährlichen Auflösung der Ertragszuschüsse im gleichen Rhythmus wie die Abschreibungen verringert, abzieht. Allerdings besteht hier ein wesentlicher Unterschied zwischen Ertrags- und Kapitalzuschüssen. Bei letzteren bleibt das Abzugskapital stets gleich, weil sie im Gegensatz zu passivierten Ertragszuschüssen nicht aufgelöst werden. Folglich nehmen bei den Kapitalzuschüssen die kalkulatorischen Zinsen viel schneller ab. Ist das Abzugskapital höher als der Restbuchwert, dann muss die Gemeinde dem Benutzer sogar Zinsen gutschreiben. Der Kapitalzuschuss ist zwar „abschreibungsfreundlich", jedoch „zinsfeindlich" – der Ertragszuschuss gerade umgekehrt. Der Kapitalzuschuss entlastet den Benutzer im Endergebnis stärker als ein Ertragszuschuss.[156]

Im gerichtlichen Verfahren muss die Gemeinde die Berechtigung des Ansatzes für das verzinsbare Kapital und die Höhe des Abzugskapitals nachweisen können. Deshalb empfiehlt sich dafür eine gesonderte Darstellung im Anlagenachweis.

### 3.4 Beschränkung auf die Anschaffungskosten

In Baden-Württemberg beschränkt § 9 Abs. 3 KAG das ansetzbare Kapital **825**
ausdrücklich auf das Anlagekapital zu Anschaffungs- bzw. Herstellungskosten; der Ansatz der Wiederbeschaffungszeitwerte für die kalkulatorische Kapitalverzinsung ist somit gesetzlich ausgeschlossen.[157] Das ist sachlich richtig, weil die Gemeinde nur das ursprüngliche Kapital und nicht den durch Preiserhöhungen angestiegenen Wiederbeschaffungszeitwert aufgebracht hat; bei der Verzinsung des Wiederbeschaffungs-

154 Geregelt in Nr. 2.5.3 VwV Gliederung und Gruppierung. Zur Regelung für Schuldendienstbeihilfen und für zinsverbilligte Kredite siehe Rdnr. 833.

155 Dies wäre auch nach dem „Prozentverfahren" denkbar, bei dem die Gemeinde nach Abrechnung der Herstellungskosten feststellt, welcher Prozentsatz der Herstellungskosten aus Beiträgen und Zuschüssen gedeckt ist. Erhält sie z. B. zu den Investitionsausgaben für ihr Klärwerk von 10 Mio. Euro 2 Mio. Euro Staatszuschüsse und 4 Mio. Euro Entwässerungsbeiträge, also zusammen 60 % Abzugskapital, so kann sie direkt vom jeweiligen Restbuchwert der Anlage 40 % zinspflichtiges Kapital ansetzen.

156 Bei 1 Mio. Euro Anschaffungskosten und 50 Jahren Nutzungsdauer (2 % Afa) sowie einem Zinssatz von 6 v. H. errechnet sich bei einem Kapitalzuschuss von einem Drittel zu den Investitionen die Abschreibungssumme auf die volle 1 Mio. Euro, die kalkulatorischen Zinsen betragen 480000 Euro; zusammen 1480000 Euro kalkulatorische Kosten. Bei einem Ertragszuschuss beträgt dagegen die Abschreibungssumme 667000 Euro, die kalk. Zinsen 984000 Euro, zus. 1651000 Euro kalk. Kosten.

157 Ausnahme nur bei der erstmaligen Erfassung des Anlagevermögens gem. § 47 GemHVO mit dem Zeitwert.

zeitwerts wird Geld verzinst, das der Haushalt der Gemeinde und damit letzten Endes der Steuerzahler nicht aufgebracht hat. Auch bei Geldanlagen erhält die Gemeinde keine Zinsen unter dem Aspekt des Ausgleichs für Geldwertschwund. Die Gemeinde muss ihrerseits aufgenommene Kredite auch nur zum Nominalrestwert verzinsen.

In Baden-Württemberg besteht somit sowohl bezüglich der Absetzpflicht für Beiträge und Zuschüsse Dritter als auch bei der Beschränkung der Bemessungsgrundlage auf die Anschaffungs- bzw. Herstellungskosten eine für Abschreibungen und Kapitalverzinsung gleich lautende Regelung.

Einzelne Bundesländer haben zwar den Gemeinden auch bei der Kapitalverzinsung (wie bei der Abschreibung) ein Wahlrecht zwischen dem Anschaffungswert und dem Wiederbeschaffungszeitwert eingeräumt. Das OVG Münster hat jedoch letzteren überzeugend abgelehnt und die Gemeinden auf die Anschaffungs- bzw. Herstellungskosten festgelegt.[158]

### 3.5 Verfahren

**826** Die maßgeblichen Restbuchwerte für die Kapitalverzinsung ergeben sich aus den Anlagenachweisen.[159] Im Falle von absetzungspflichtigen Beiträgen und Zuschüssen muss die Gemeinde das jeweilige Abzugskapital von den Restbuchwerten absetzen und diese Werte nachweisen.[160] Der kalkulatorische Zins wird jährlich aus den jeweiligen Restbuchwerten mit Hilfe der „Anlagenkartei" berechnet.

Die Zinsen können entweder nach der Restbuchwertmethode oder der Durchschnittswertverzinsung berechnet werden.

**827** a) Die **Restbuchwertmethode** legt entsprechend dem Wortlaut von § 46 Nr. 1 GemHVO die jeweiligen Restbuchwerte, also die Anschaffungs- bzw. Herstellungskosten, vermindert um die aufgelaufenen kalkulatorischen Abschreibungen, zugrunde. Sofern die Investitionen konstant bleiben, nehmen die kalkulatorischen Zinsen ständig ab, weil die Abschreibungen den Restbuchwert von Jahr zu Jahr verringern. Das bedeutet, dass die Zinsanteile an den einzelnen Leistungseinheiten im Verlauf der Jahre nicht gleich bleiben, sondern einen abfallenden Verlauf nehmen.

**828** b) Demgegenüber führt die **Durchschnittswertverzinsung,** bezogen auf einen einzeln bewerteten Vermögensstand, zu einer gleich bleibenden Zinsbelastung über die Jahre hinweg, weil die kalkulatorischen Zinsen auf der Grundlage der halbierten Anschaffungskosten (reduziert um das

158 Urt. vom 5.8. 1994 (GH S 233).
159 S. § 38 GemHVO.
160 Dazu empfiehlt sich ein gesonderter Nachweis des Abzugskapitals im Anlagenachweis.

Abzugskapital) errechnet werden. Im Ergebnis verteilt diese Methode die Abschreibungen im hälftigen Schnitt von vornherein gleichmäßig auf die Nutzungsdauer. Dabei ist allerdings der Grundstückswert stets voll anzusetzen, weil er keine Wertminderung durch Abnutzung erfährt.

Auf eine Formel gebracht ergibt sich folgendes Berechnungsschema:

$$\text{Kalk. Zinsen} = \left\{\text{Grundstückswert} + \frac{\text{Anschaffungskosten}^{161}}{2}\right\} \times \frac{\text{Zins}}{100}$$

Diese Berechnung geht vom mittleren Durchschnittskapitalwert aller Jahre aus. Will man jedoch den Wert des durchschnittlich gebundenen Anlagekapitals jeweils mit dem Jahresanfangsbestand erfassen, so wäre die Formel folgendermaßen anzuwenden:

$$\begin{matrix}\text{Kalk.}\\ \text{Zinsen}\end{matrix} = \left[\begin{matrix}\text{Grund-}\\ \text{stücks-}\\ \text{wert}\end{matrix} + \frac{\text{Anschaffungskosten}}{2}\right] \times \frac{\text{Nutzungsjahre} + 1^{162}}{\text{Nutzungsjahre}} \times \frac{\text{Zins}}{100}$$

Die OVG Lüneburg und Münster haben diese Methode mit wenig überzeugender Begründung beanstandet, weil sie die künftigen Gebührenschuldner in der zweiten Hälfte der Nutzung unzulässig belaste.[163]

c) **Abwägung:** Die Durchschnittswertmethode entspricht für sich allein 829
gesehen dem im Abgabenrecht herrschenden Grundsatz der Kontinuität; hier bleiben die kalkulatorischen Zinskosten über die gesamte Nutzungsdauer unverändert.[164] Die Durchschnittswertmethode ist deshalb bei Einzelvorhaben wie bestimmten Gebäuden denkbar. Verändert sich jedoch das Anlagevermögen ständig durch Zu- und Abgänge, wie z.B. beim Kanalnetz, so ist die Restwertmethode vorteilhafter. Zumal die Unterhaltungs- und Instandsetzungskosten mit zunehmendem Alter der Anlagen stark ansteigen, ist auch aus dieser Sicht die Restbuchwertmethode günstiger.[165] Sie entspricht zugleich besser der Wertabnahme im Zeitverlauf. Da bei den meisten KrE viele Kostenarten (vor allem Personal-, Bewirtschaftungs- und Energiekosten) steigende Tendenz haben, ist die Restbuchwertmethode mit den von Jahr zu Jahr fallenden kalkulatorischen Zinsen ein willkommenes Gegengewicht zu der allgemeinen

161 Reduziert um das Abzugskapital, zuzüglich Werterhöhungen, abzüglich Abgänge. Da sich jedoch bei Kapitalzuschüssen das Abzugskapital im Zeitverlauf nicht reduziert, gilt diese Formel nur für das Abzugskapital für Ertragszuschüsse.

162 Bei der Verzinsung jeweils zum Jahresende wäre in der Formel statt der Zahl + 1 die Zahl – 1 einzusetzen.

163 OVG Lüneburg, Urt. vom 9.10.1990, GH 1991, S.237 und OVG Münster, Urt. vom 18.3.1996 (9 A 274/93).

164 Dies gilt allerdings bei Einrichtungen, die aus mehreren Vermögensgegenständen mit jeweils unterschiedlicher Nutzungsdauer bestehen, nur während der Abschreibungszeit für die Vermögensgegenstände mit kürzerer Nutzungsdauer. Danach erscheint in der Formel der Anschaffungswert für deren Ersatzbeschaffung – bei Weiternutzung nach deren Vollabschreibung der Wert 0 oder 1 Euro –, wodurch sich auch bei Anwendung der Durchschnittswertmethode eine Veränderung der kalkulatorischen Zinsen für die kostenrechnende Einrichtung insgesamt ergeben kann.

165 So auch *Münch*, GH 1976, S.229.

Kostensteigerung und dient so langfristig der Gesamtpreisstabilisierung bei dieser Einrichtung. Für die Restbuchwertmethode spricht auch noch das finanzwirtschaftliche Moment, dass die anfänglich höheren Zinsen bei voller Kostendeckung die Mittel zur Bestreitung der hohen Anfangszinsen bei weitgehender Kreditfinanzierung teurer Investitionen einbringen. Wenn sich allerdings durch die Restbuchwertmethode so hohe Gebühren ergeben, dass sie politisch nicht durchsetzbar sind, ist finanzwirtschaftlich die Durchschnittswertmethode günstiger.

### 3.6 Angemessener Zinssatz

#### 3.6.1 Vorschriften

**830** § 9 Abs. 3 KAG und § 12 Abs. 1 GemHVO schreiben übereinstimmend eine angemessene Verzinsung des Anlagekapitals vor. Der Gesetzgeber hat bewusst keinen festen Zinssatz genannt, um der Entwicklung Raum zu geben.

Andererseits wollte er aber keine willkürlichen Entscheidungen hinnehmen und verwendete deshalb einen unbestimmten Rechtsbegriff, der einen Beurteilungsspielraum einräumt. Der VGH Baden-Württemberg spricht vom Beurteilungsermessen, das nur beschränkt gerichtlich nachprüfbar ist.[166]

Als Verfahren für die Zinsberechnung kommen in Betracht

- der „gespaltene Zinssatz"
- der einheitliche Mischzins.

#### 3.6.2 Gespaltener Zinssatz[167]

**831** Diese Berechnung stellt auf das tatsächliche Verhältnis der Finanzierung aller Investitionen im VmH ab[168] und gewichtet dementsprechend die Zinssätze für Eigen- und Fremdkapital.

Zunächst ist der Betrag aller Investitionsausgaben im VmH zu ermitteln; ihm ist gegenüberzustellen, zu welchen Teilen er aus Eigen- und Fremdmitteln finanziert wurde. Zur Ausschaltung zufallsbedingter Schwankungen sollte man den Durchschnitt der letzten drei bis fünf Jahre ansetzen.

166 VGH BW, Urt. vom 31.8. 1989 – 2 S 2805/87.

167 Dieses Verfahren hat der VGH BW im Urteil vom 27.10. 1983 (VBlBW 1984, S.346) als geeignet anerkannt. Das IM empfahl die gespaltene Zinsberechnung im früheren Neuordnungserlass vom 13.4. 1973 (GABl. S.493). In Nr. 2.2 zu § 9 RdErl.-KAG vom 17.7. 1979 (GABl. S.861) ist es davon abgerückt und bevorzugt nunmehr einen einheitlichen Mischzins.

168 Wegen des Gesamtdeckungsprinzips im VmH wäre auch die einzelvorhabensbezogene Finanzierung nicht feststellbar. Die Anwendung des Einzeldeckungsprinzips würde ohnehin die zufallsabhängige oder manipulierte Zuordnung der Deckungsmittel provozieren.

*Berechnungsbeispiel (Mehrjähriger Durchschnitt)*

| | |
|---|---|
| Gesamte Ausgaben im VmH | 100 Mio. Euro |
| abzüglich Ausgaben für Tilgungen[169] | 10 Mio. Euro |
| Investitionsausgaben | 90 Mio. Euro |
| Gesamte Einnahmen des VmH | 100 Mio. Euro |
| davon finanziert durch | |
| a) Kreditaufnahmen | 40 Mio. Euro |
| b) Staatszuweisungen, Anliegerbeiträge | 30 Mio. Euro |
| c) Eigenmittel (Veräußerungserlöse, Rücklagenentnahmen, Zuführ. vom VwH) | 30 Mio. Euro |
| davon für Tilgung zu verwenden[169] | – 10 Mio. Euro |
| bereinigte Eigenmittel netto | 20 Mio. Euro |
| Nach Abzug von 30 Mio. Euro Staatsbeiträgen und Anliegerbeiträgen verbleiben netto[170] | 60 Mio. Euro |

als eigenfinanzierte Investitionsausgaben, die zu $^1/_3$ aus Eigenmitteln (20 Mio. Euro) und zu $^2/_3$ aus Fremdmitteln (40 Mio. Euro) finanziert wurden.

Der gespaltene Zinssatz errechnet sich wie folgt:
a) Kreditmarktzinsen für Kommunalkredite mit durchschnittlicher Laufzeit;[171]
b) Anlagezins z.B. für Inhaberschuldverschreibungen.[172]

Bei obigem Finanzierungsverhältnis wären die Werte wie folgt zu gewichten:

| | | |
|---|---|---|
| a) Fremdkapital 2 ($^2/_3$), angen. Zinssatz 7 % = Zahlenwert | 14 | Summe |
| b) Eigenkapital 1 ($^1/_3$), angen. Zinssatz 5,0 % = Zahlenwert | 5,0 | 19,0 : 3 = 6,33 |

Mischzins = 7,2 %.

In einer Formel lässt sich dies wie folgt ausdrücken:

$$\frac{(\text{Bereinigte Eigenmittel x Eigenkapitalzins}) + (\text{Kredite} \times \text{Fremdkapitalzins})}{\text{bereinigte Eigenmittel} + \text{Kredite}}$$

Das Innenministerium lässt als Alternative zu, generell von einer 40 %igen Eigenkapitalquote und einer 60 %igen Kreditfinanzierung auszugehen.[173] Nachdem diese Regelung dem Körperschaftsteuerrecht entnommen ist, wäre heute von einer Eigenkapitalquote mit 30 % und einer Fremdkapitalquote von 70 % auszugehen.[174]

### 3.6.3 Einheitlicher Mischzins

Anstelle eines „gespaltenen" Zinssatzes für Eigen- und Fremdmittel **832**
kann die Gemeinde von vornherein einen einheitlichen Zinssatz für das gesamte betriebsnotwendige Kapital der betreffenden KrE ansetzen.[175] Betriebswirtschaftlich gesehen haben die kalkulatorischen Zinsen als

169 Nach § 22 Abs. 1 GemHVO ist die Zuführung primär zur Schuldentilgung einzusetzen.
170 Die nach § 9 Abs. 3 KAG abzusetzenden Mittel (= „Abzugskapital") müssen außer Betracht bleiben, weil sich bei ihrer Zurechnung zum Eigenkapital ein falsches Bild ergeben würde.
171 Zur Ermittlung dieser Werte liefert die Tabelle VI in den Monatsberichten der DB gute Hilfe.
172 Quelle: Monatsberichte DB. Der im früheren Neuordnungserlass IM vom 13.4. 1973 (GABl. S. 493) empfohlene Zinssatz von 4 % nach der Gemeinnützigkeitsverordnung ist sachfremd.
173 RdErl.-KAG (Nr. 2.2 zu § 9) vom 17.7. 1979 (GABl. S. 861).
174 Siehe KStR i. d. F. vom 20.12. 1985 (BStBl. I 1986 S. 3). Diese Frage spielt bei der Abzugsfähigkeit von Zinsen für Gemeindedarlehen an Betriebe gewerblicher Art eine wichtige Rolle. Vgl. dazu Rdnr. 956.
175 Vgl. Nr. 2.2 zu § 9 RdErl.-KAG vom 17.7. 1979 (GABl. S. 861). Auch in Nordrhein-Westfalen entsprechend in Verwaltungsverordnung zu § 6 KAG NW.

Ausgleich für die Kapitalnutzung einen einheitlichen Charakter. Sie sind Kosten für die Bereitstellung des betriebsnotwendigen Kapitals ohne Rücksicht darauf, ob es sich um Eigen- oder Fremdkapital handelt. Da auch das Haushaltsrecht als Folge des Gesamtdeckungsprinzips nicht mehr auf die konkrete Finanzierung eines bestimmten Objekts mit Eigen- und Fremdmitteln abhebt, ist die Methode des einheitlichen Zinssatzes zu empfehlen.[176] Bei diesem einfachen Verfahren bildet der gewählte Zinssatz selbst einen Mittelwert zwischen den Zinssätzen für Anlagen und Kreditaufnahmen; Eigen- und Fremdkapital wird gleich gewichtet.[177]

Im Hinblick auf eine kontinuierliche Gebührenpolitik sollte die Gemeinde als Zinssatz einen langfristigen Mittelwert wählen, den sie nur bei ganz erheblichen Veränderungen im Zinsniveau anpassen müsste. Eine ständige Anpassung an die Zinsbewegung auf dem Kapitalmarkt würde die Stetigkeit der Kostenrechnung stören. Die Vergangenheit hat gezeigt, welch großes Zinsgefälle eintreten kann;[178] ein mehrjähriger Durchschnitt fängt die Extreme auf. Höchstzulässige Obergrenze ist der langjährige Durchschnittszins (Effektivzins) für Kommunalkredite.[179] Unter Wert wäre ein bei sicherer Anlage zu erzielender Zinssatz für langfristige Anlagen. Da die Kommunen stets einen Teil ihrer Investitionen aus Eigenmitteln finanzieren, empfiehlt sich ein „mittlerer" Zinssatz, der zwischen dem Effektivzins für Kommunalkredite und dem Anlagezins für langfristige, risikofreie Anlagen liegt. Die meisten Städte und Gemeinden setzen eine Einheitszinssatz zwischen 6 und 6,5 % an. In Anlehnung an die Vorschriften über die Preisermittlung aufgrund von Selbstkosten für die Kalkulation öffentlicher Aufträge[180] ist es vertretbar, einen einheitlichen Zinssatz von 6,5 % anzusetzen.[181] Das OVG Münster hält einen Mischzinssatz bis zu 8 % für gerechtfertigt.[182] Die Festsetzung der Höhe des Zinssatzes ist eine finanzpolitische Entscheidung des Gemeinderats.

### 3.7 Behandlung zinsverbilligter Kredite und Schuldendienstbeihilfen

**833** Erhält die Gemeinde einen zinsverbilligten Kredit oder eine Schuldendienstbeihilfe, so muss sie diese Vergünstigung den Gebührenschuldnern gutbringen. Dies kann entweder in der Weise geschehen, dass die Gemeinde von vornherein bei der betreffenden KrE entsprechend niedri-

176 Dafür sprechen sich *Giesen* (S. 125), *Gornas* (S. 94) und der *Verfasser*, KKZ 1977, S. 190, *Katz*, Kommunalabgabengesetz, S. 120 und *Scholz*, in: *Driehaus*, Rdnr. 562 aus.

177 Bei obigem Beispiel: 7 % Fremdkapital- und 5 % Eigenkapitalzins = 6 %.

178 Im Jan. 1997 waren für Kommunalkredite mit 5 Jahren Zinsbindung 4,7 %, im April 1980 dagegen gut 10 % Effektivzinsen zu zahlen. Für Sparbriefe mit fünfjähriger Laufzeit erhielt man im Sept. 1981 9,7 %, im März 1986 5,7 %, im August 1999 3,7 %!

179 So auch KGSt-Gutachten „Kostenrechnung" I 7 S. 71.

180 Bei solchen öffentlichen Aufträgen, bei denen eine Erstattung der Selbstkosten vereinbart ist. Diese Regelung entspricht sachlich durchaus der Kostenkalkulation bei kostenrechnenden Einrichtungen.

181 In BW verwenden die meisten Gemeinden Zinssätze von 6 % oder 6,5 %. In anderen Ländern legen die Kommunen Zinssätze bis zu 8 % zugrunde; die Zinssätze weisen eine breite Streuung auf. Vgl. dazu KGSt-Mitteilungen 1993, S. 87 und *Friedl*, a.a.O., S. 203.

182 Urt. vom 5.8. 1994, GH 1994, S. 233.

gere kalkulatorische Zinsen ansetzt.[183] Dieses Verfahren hat aber den Nachteil, dass die Gemeinde bei den einzelnen KrE unterschiedliche Zinssätze anwendet und sie nach einigen Jahren den Überblick verliert. Deshalb ist die „Bruttomethode" zweckmäßiger, bei der die Gemeinde den Betrag der Zinsverbilligung bei der KrE in Einnahme (damit wird der Gebührenbedarf reduziert) und im Einzelplan 9 in Ausgabe (damit wird der ermäßigte tatsächliche Zins aufgestockt) veranschlagt und bucht. Der Vorteil liegt darin, dass die Gemeinde dann für alle kostenrechnenden Einrichtungen den gleichen kalkulatorischen Zins ansetzt. Ein Zinszuschuss[184] ist stets bei der betreffenden KrE als Einnahme zu veranschlagen und zu buchen; dies führt zu niedrigeren Gebühren.

### 3.8 Zeitliche Zinsberechnung

Die genaueste Zinsberechnung bei der Restbuchwertmethode ergibt **834**
sich, wenn man vom mittleren Restbuchwert eines Jahres ausgeht. Dabei wäre der Mittelwert des im Laufe des betreffenden Jahres eingesetzten zinspflichtigen Kapitals so zu errechnen, dass der Anfangswert zum 1.1. und der Endwert zum 31.12 addiert und dann durch 2 geteilt wird (= das durchschnittlich im betr. Jahr gebundene Anlagekapital). Dies ist aber umständlich.

Denkbar wäre auch der Ansatz des jeweiligen Restbuchwerts zum Ende des Jahres, bei demjedoch dann die Zinsen um die hälftige Abschreibungsquote zu gering wären.[185]

Aus der Sicht der kommunalen Praxis, die ihre Gebührenkalkulation[186] schon vor Beginn des betreffenden Jahres aufstellt, bietet sich der Jahresanfangswert des Restbuchwerts an. Dieser Wert ist am leichtesten zu ermitteln; er ist auch am zutreffendsten, weil er die (oft ungewissen) Zu- und Abgänge des kommenden Jahres noch nicht berücksichtigt. Streng genommen ist der Anfangswert hier um die hälftige Abschreibungsquote zu hoch. Im Hinblick auf Praktikabilität und Genauigkeit des angesetzten Kapitals dürfte diese „vorschüssige" Zinsberechnungsmethode auch vom Wesen des Anlagekapitals der kostenrechnenden Einrichtung her vertretbar sein.

## 4. Sonstige kalkulatorische Kosten

Die sonstigen kalkulatorischen Kosten spielen im Bereich der KrE keine **835**
wesentliche Rolle. Ein kalkulatorischer Gewinn zur Abgeltung des Unternehmerwagnisses scheidet aus. In Ausnahmefällen kann für besondere

183 Vgl. dazu die beiden Alternativen in Nr. 2.5.4 VwV Gliederung und Gruppierung.
184 Zinszuschuss bedeutet (im Gegensatz zur Zinsverbilligung) eine kassenmäßige Einnahme.
185 *Westerkowsky*, Verwaltungskostenbeiträge, S. 29.
186 Als Vorauskalkulation im Gegensatz zur Nachkalkulation nach Ende des Jahres zur Ermittlung der tatsächlichen Kostendeckung.

Wagnisse die Einbeziehung kalkulatorischer Wagniskosten in Frage kommen (z.B. Mietausfallwagnis, Zahlungsausfälle).[187] Anstelle einer kalkulatorischen Miete ist die kostenorientierte Belastung der betr. kostenrechnenden Einrichtung mit Unterhaltungs- und Bewirtschaftungskosten zu bevorzugen. Für die sonstigen kalkulatorischen Kosten gilt § 12 GemHVO nicht.

## 5. Haushaltsrechtliche Behandlung

836 Die kalkulatorischen Kosten (Abschreibung und Kapitalverzinsung) werden bei der betreffenden KrE im Verwaltungshaushalt in Ausgabe[188] und als Gegengewicht – weil es sich um keine kassenwirksame Ausgabe handelt – im VwH Epl. 9 (Allgemeine Finanzwirtschaft, Abschnitt 91) in Einnahme[189] gebucht. Sofern die kalkulatorischen Kosten erwirtschaftet werden, stehen sie dem Verwaltungshaushalt als allgemeine Deckungsmittel zu. Davon sollen mindestens die erwirtschafteten Abschreibungen dem Vermögenshaushalt zugeführt werden.[190] Dies schafft ein Gegengewicht zu den im Vermögenshaushalt zentral veranschlagten tatsächlichen Ausgaben für Kredittilgungen.[191] Sofern auch die kalkulatorischen Zinsen durch die speziellen Entgelte gedeckt werden, stellen sie als Einnahme im Epl. 9 im VwH ein Gegengewicht zu den dort zentral in Ausgabe zu leistenden tatsächlichen Ausgaben für Zinsen aus Krediten[192] dar.

## 6. Erlöse

837 Der Verwaltungshaushalt enthält für die KrE keine vermögenswirksamen Einnahmen. Zu veranschlagen sind – in Abweichung vom Kassenwirksamkeitsprinzip – nur die wirtschaftlich dem betreffenden Haushaltsjahr zuzurechnenden Einnahmen.[193] Sie stellen Erlöse i.S. der Kostenrechnung dar. Neben den speziellen Leistungsentgelten können als Erlöse betriebsbedingte Miete, Pacht, Ersatz persönlicher und sächlicher Kosten, die Auflösung von Ertragszuschüssen, Zinszuschüsse[194] sowie Verkaufserlöse für Verbrauchsgüter und geringwertige Wirtschaftsgüter anfallen. Praktische Abgrenzungsschwierigkeiten werden sich dabei kaum ergeben.

187 In Übereinstimmung mit *Fröhner*, GH 1958, S. 126.
188 Abschreibungen unter Gruppierungsziffer 680, Verzinsung des Anlagekapitals bei Gruppierungsziffer 685.
189 Abschreibungen bei EHSt 91.270, Verzinsung des Anlagekapitals bei EHSt 91.275.
190 § 22 Abs. 1 Satz 3 GemHVO; vgl. dazu auch die in Satz 2 vorgeschriebene Mindestzuführung vom VwH, die grundsätzlich mindestens die ordentliche Tilgung erbringen muss.
191 Infolge der Globalfinanzierung sind die Tilgungen unaufgeteilt bei AHSt 91.97 zu veranschlagen.
192 Zinsausgaben sind ohne Rücksicht auf den Zweck der Kreditaufnahme (Globalfinanzierung) zentral bei AHSt 91.80 zu veranschlagen.
193 Gem. § 14 Abs. 6 GemHVO; so dürfen z.B. Gebühren- oder Mietvorauszahlungen für künftige Jahre nicht in dem Zahlungsjahr veranschlagt werden.
194 Sowie verrechnete Einnahmen aus Zinsverbilligungen.

# VIII. Haushaltsrechtliche Vorschriften

Die (Unter-)Abschnitte für KrE können im Haushaltsplan und in der Buchführung als Grundlage für Gebührenrechnungen dienen. Für eine größere Beweglichkeit beim Haushaltsvollzug sollten folgende Instrumente genutzt werden: 838

- Bildung von Budgets für Einnahmen und Ausgaben gem. § 16 Abs. 2 GemHVO[195]
- unechte Deckungsvermerke gem. § 17 GemHVO[196]
- echte Deckungsvermerke gem. § 18 GemHVO[197]
- Übertragbarkeitsvermerke gem. § 19 Abs. 2 GemHVO

Die Praxis sollte davon – unabhängig von der Budgetierung – reichlich Gebrauch machen.

Ein Sonderabschluss für die KrE ist weder bei Kostenunterdeckung noch -überdeckung durchzuführen; Teilabschlüsse für jeden (Unter-)Abschnitt schreibt § 5 Abs. 1 Satz 1 GemHVO ohnehin vor.

Zum Nachweis des Ausgleichs von Kostenüber- oder -unterdeckungen nach § 9 Abs. 2 Satz 4 KAG sind die Jahresergebnisse einzeln zu dokumentieren. Zum Ausgleich ist ein Beschluss des Gemeinderats erforderlich.[198]

Zur sachlichen und zeitlichen Rechnungsabgrenzung siehe oben Rdnrn. 797 und 798.

# IX. Beiträge im Verhältnis zu den Gebühren

## 1. Rechtsgrundlage

Nach § 10 Abs. 1 KAG können die Gemeinden (Landkreise) zur teilweisen Deckung der Kosten, die für die erstmalige Anschaffung oder Herstellung und den Ausbau öffentlicher Einrichtungen entstehen, Beiträge von Grundstückseigentümern erheben, denen dadurch nicht nur vorübergehende Vorteile erwachsen. Im Gegensatz zu den Gebühren kommt es nicht auf die tatsächliche Benutzung an; maßgeblich ist die Anschlussmöglichkeit. Die Beiträge werden nach den wirtschaftlichen Vorteilen bemessen. Beiträge dienen zur Finanzierung der Herstellungskosten und belasten den Grundstückseigentümer als einmalige „Umlage". In Baden- 839

195 I. d. F. der ÄnderungsVO vom 20. 11. 2000 (GABl. S. 764).
196 Ebenda; bei Zweckbindung von Einnahmen besteht nach § 17 Abs. 1 GemHVO die unechte Deckungsfähigkeit kraft Gesetz, im Übrigen durch Planvermerk (Abs. 2). Durch Planvermerk kann auch bestimmt werden, dass Mindereinnahmen die Ausgabeansätze entsprechend reduzieren.
197 Ebenda. Bei Budgetbildung sind die zugehörigen Ausgaben gem. § 18 GemHVO automatisch gd, andernfalls ist ein Planvermerk erforderlich (Abs. 2).
198 S. GPA-Geschäftsbericht 2000, S. 19. Der Beschluss kann m. E. auch zusammen mit der Gebührenfestlegung getroffen werden.

Württemberg dürfen Beiträge nur für die erstmalige Herstellung, grundsätzlich nicht für Erneuerungen von bestehenden Anlagen[199] erhoben werden. Zahlreiche andere Länder wie z.B. Hessen und Sachsen erlauben ausdrücklich Beiträge zur Erneuerung; dann reduzieren sich aber die Abschreibungen entsprechend.

Die Veranlagung von Beiträgen ist schwierig und prozessanfällig.[200] Die Gemeinden versuchen, dem über städtebauliche Verträge und Ablösungen abzuhelfen.[201]

## 2. Finanzwirtschaftliche Auswirkung

**840** Soweit Gemeinden ihre Herstellungskosten über Beiträge decken, dürfen sie für diese Teile des Anlagevermögens weder kalkulatorische Zinsen noch kalkulatorische Abschreibungen berechnen.[202] Das Verbot der Verzinsung der über Beiträge und Zuschüsse aufgebrachten Kapitalanteile ist unbestritten richtig. Bei der Bemessung der Abschreibungen aus den Bruttoanlagewerten – also einschließlich der beitragsfinanzierten Anlagen – würde dieselbe Generation doppelt belastet. Denn sie müsste die Mittel für die erstmalige Herstellung (teilweise) über Beiträge und ab der Benutzung die spätere Erneuerung über Abschreibungen als Bestandteil der Benutzungsgebühren aufbringen. Das Gebot des § 9 Abs. 3 KAG, entweder die Anschaffungskosten um Beiträge zu reduzieren oder aber den Abschreibungen aus den Bruttoinvestitionen im VwH die Auflösung der passivierten Ertragszuschüsse gegenüberzustellen und auf diese Weise den Gebührenbedarf zu verringern, schränkt die Refinanzierungsfunktion der Abschreibung, insbes. bei der Abwasserbeseitigung mit hohem Beitragsaufkommen, drastisch ein. Denn der Gesetzgeber hat den finanzwirtschaftlich konsequenten zweiten Schritt nicht vollzogen, den Gemeinden (GV) das Beitragsrecht auch für die Erneuerung des Anlagevermögens der Abwasserbeseitigungs- und Wasserversorgungsanlagen zuzugestehen.[203] Bei dieser Lösung hätte jede Generation den auf sie entfallenden Investitionsaufwand (teilweise) über Beiträge aufzubringen gehabt und wäre dann entsprechend durch niedrigere Benutzungsgebühren entlastet worden. Zugleich hätte dies die Gefahr einer Überschuldung der Kommunen zum Zeitpunkt der Refinanzierung ausgeräumt. So besteht die Gefahr, dass Erneuerungen nur über Kreditaufnahmen finan-

199 Eine Ausnahme bei Erneuerungen besteht nur dann, soweit die Anschaffung oder Herstellung eines weiteren Teils der Einrichtung die Erneuerung voraussetzt (§ 10 Abs. 1 Satz 3 KAG).

200 Die von der Rechtsprechung geforderte Globalabrechnung hat das Ziel, frühere, derzeitige und künftige Beitragspflichtige gleichmäßig zu den Gesamtkosten heranzuziehen. Vgl. dazu *Birk*, Die Globalrechnung, 1980.

201 Dazu *Birk*, Städtebauliche Verträge nach BauGB 98, und *Schmid*, A–Z Kommunaler Gebühren und Beiträge, 2002.

202 Dies hat die KAG-Novelle 1978 in § 9 Abs. 3 KAG für Baden-Württemberg eindeutig auch zu Abschreibungen festgelegt. In NW und Hessen dürfen die Gemeinden die Abschreibungen aus den Bruttoanlagewerten errechnen.

203 So z.B. ausdrücklich § 17 Abs. 2 SächsKAG.

zierbar sind. Die Finanzierungsprobleme werden so auf die nachfolgenden Generationen verschoben, auf die absehbar ein erheblicher Erneuerungsbedarf zukommt.[204]

Im Hinblick auf ihre begrenzten Finanzmittel, auf ihren hohen Verschuldungsgrad sowie auf den Berg unerledigter Aufgaben haben die Gemeinden die Möglichkeit zu einer sofortigen Finanzierungserleichterung über Beiträge weitgehend ausgeschöpft. Bei KrE haben im gemeindlichen Bereich nur die Entwässerungsbeiträge Bedeutung. Beiträge für die Abfallbeseitigung sind zwar theoretisch möglich, scheiden aber aus praktischen Gründen i.d.R. aus.[205] Wasser- und Fernheizanschlussbeiträge fallen in den Bereich der wirtschaftlichen Betätigung.[206]

### 3. Höhe der Beiträge

Die Höhe des vom Grundstückseigentümer zu entrichtenden Beitrags richtet sich nach dessen entstandenen wirtschaftlichen Vorteil. Die Bemessungsgrundlage ist in der Beitragssatzung nach pauschalierten Vorteilsmerkmalen festzusetzen, weil eine Einzelvorteilsbemessung zu aufwändig wäre. Insgesamt darf aber das Beitragsaufkommen die Investitionsausgaben nicht voll decken; § 10 Abs. 1 KAG verpflichtet die Kommunen, einen (gesetzlich nicht fixierten) Eigenanteil zu tragen.[207] **841**

### 4. Auswirkung auf die Gebührenfestsetzung

Die Gemeinden dürfen auch im Hinblick auf die Einnahmebeschaffungsgrundsätze des § 78 GemO zwischen der Möglichkeit, Investition sofort über Beiträge oder später über Gebühren zu finanzieren, frei wählen.[208] Allerdings hat das BVerwG entschieden, dass im Hinblick auf den Gleichheitssatz eine Beitragserhebung zwingend geboten ist, wenn die unbebauten, aber bebaubaren Grundstücke (für die i. d. R. keine Gebühren anfallen) einen Anteil von 20 % aller erschlossenen Grundstücke überschreiten.[209] **842**

Vor allem bei den kapitalintensiven Entwässerungsanlagen reduziert die Beitragserhebung die kalkulatorischen Zinsen und die Abschreibungen (niedrigere Wertbasis oder Auflösung der Ertragszuschüsse als Gegengewicht zu den Abschreibungen aus Bruttoinvestitionen). Einige Städte beschreiten einen Mittelweg, indem sie für die Kanalherstellung Beiträge erheben, aber Kläranlagen und Hauptsammler ausschließlich in die Kal-

204 *Kölz/Schmid*, Kommunaler Investitionsbedarf.
205 Vor allem auch wegen der kurzen Lebensdauer der Müllfahrzeuge. Diese werden jedoch über Abschreibungen durch Benutzungsgebühren finanziert.
206 Sie können entweder nach § 10 KAG als öffentlich-rechtlicher Beitrag oder aber auf privatrechtlicher Basis erhoben werden.
207 Dazu ausführlich *Faiß*, a.a.O., und *Scholz* in: Driehaus (Hrsg.) (jeweils § 10).
208 Sog. „Auswahlermessen". Auch eine Mischfinanzierung, bei der ein Teil der Investitionsausgaben über Beiträge, der Rest über Gebühren gedeckt wird, ist zulässig. S. dazu *Driehaus*, Rdnr. 663 zu § 6.
209 Urt. vom 16.9. 1991 (KStZ 1982, S. 69).

kulation der Benutzungsgebühren einbeziehen. Laufende Beiträge (etwa zur Bestreitung der Unterhaltskosten) dürfen nicht erhoben werden. Als nachteilig hat sich die Regelung des Steuerrechts erwiesen, dass die Beitragszahler die entrichteten Beiträge nicht abschreiben dürfen. Die Erhebung von Beiträgen verwirklicht m.E. das Verursacherprinzip sehr viel deutlicher als höhere Gebühren bei Beitragsverzicht. Dies wird am Beispiel eines (mehrfachen) Grundeigentümers in einem Neubaugebiet deutlich. Auch wenn er seine Baugrundstücke nicht bebauen will, zahlt er Anliegerbeiträge sofort nach Fertigstellung der Anlagen.[210] Benutzungsgebühren darf die Gemeinde dagegen erst für die tatsächliche Benutzung erheben.

## X. Umfang der Kostendeckung

### 1. Allgemeines

843 Der Umfang der Kostendeckung bei KrE durch spezielle Entgelte ist gesetzlich nicht vorgeschrieben. § 9 KAG legt nur die zulässige Gebührenobergrenze fest.[211] Die Grundsätze der Einnahmebeschaffung nach § 78 GemO stellen bei den speziellen Entgelten auf das Spannungsverhältnis zwischen sozialen Gesichtspunkten („soweit vertretbar") und finanziellen Notwendigkeiten („soweit geboten") ab und belassen einen beträchtlichen Raum für eigenverantwortliche Entscheidungen.[212] Über den Umfang der Kostendeckung entscheidet der Gemeinderat. Dessen („Beurteilungs-")Ermessen ist lediglich durch die Einnahmebeschaffungsgrundsätze des § 78 Abs. 2 GemO eingeschränkt, die wegen des den Gemeinden hierbei eingeräumten Beurteilungsspielraums nur eine beschränkte gerichtliche Überprüfung ermöglichen.[213] § 78 Abs. 2 GemO verpflichtet die Gemeinde zur sorgfältigen Abwägung der Rangfolge der Deckungsmittel, wobei spezielle Deckungsmittel den Vorrang vor den allgemeinen haben. Vorrangig sollen KrE von den Benutzern entsprechend ihrem subjektiven wirtschaftlichen Vorteil finanziert werden und nicht oder erst in zweiter Linie von den Steuerpflichtigen, wenn dies das öffentliche Interesse rechtfertigt.

### 2. Abwägung des Umfangs der Kostendeckung

844 Für die Festsetzung des Umfangs der Kostendeckung gibt § 78 GemO mit den unbestimmten Rechtsbegriffen „vertretbar" und „geboten" einen Rahmen, aber keine konkret verbindlichen Richtlinien. Die Entscheidung

210 Oder schon Vorauszahlungen beim Baubeginn der Anlagen.
211 Volle Kostendeckung unter Einbeziehung der kalkulatorischen Kosten.
212 Dies ist ein Ausdruck der kommunalen Finanzhoheit (Einnahmehoheit). Vgl. auch LT-Drucksache 6/510 S. 25.
213 VGH BW, Urt. vom 31.8.1989 – 2 S 2805/87.

trifft der Gemeinderat nach kommunalpolitischen Gesichtspunkten. Eine wichtige Rolle spielt dabei die Frage, bis zu welcher Höhe die Gebühren dem Benutzer zumutbar sind. Dafür gibt es keine verbindlichen Richtwerte.[214] Die meisten Gemeinden orientieren sich an der Höhe in anderen Gemeinden mit vergleichbaren Einrichtungen. Die Erfahrung der letzten Jahre hat gezeigt, dass die Kommunen aus ihrer Finanznot heraus gezwungen waren, einen größeren Anteil an den Kosten auf den Benutzerkreis abzuwälzen, und das neben preissteigerungsbedingten Gebührenanpassungen. Vor allem die kommunalen Umweltschutzaufgaben, besonders die Beseitigung fester und flüssiger Abfallstoffe, erfordern erhebliche Investitionen, zu deren Finanzierung die Gemeinden Gebühren und Beiträge als spezielle Deckungsmittel einsetzen müssen.[215] Der Finanzierung über den Preis kommt umso größere Bedeutung zu, je mehr die gemeindliche Leistung für den Empfänger ein wirtschaftlicher Faktor ist. Bei der Abwägung des Umfangs der Kostendeckung spielt auch der Benutzerkreis eine Rolle. In der Regel kann man davon ausgehen, dass eine stärkere Kostenunterdeckung vertretbar ist, wenn die Einrichtung überwiegend wirtschaftlich schwachen Bevölkerungsgruppen gewidmet ist.[216] Sofern eine Einrichtung dem überwiegenden Interesse eines eng abgegrenzten Benutzerkreises dient, sollte die Gemeinde in der Tendenz eine höhere Kostendeckung anstreben,[217] als wenn öffentliche Einrichtungen zur Benutzung für alle Gemeindeeinwohner dienen.[218]

Für die Höhe der tatsächlich erreichbaren Kostendeckung spielen auch noch weitere Gegebenheiten eine Rolle, die örtlich unterschiedlich sein können. Wenn eine Gemeinde einen vorhandenen See als Freibad nutzen kann, hat sie wesentlich weniger Investitionsausgaben und nur einen Teil der Betriebskosten als eine andere Gemeinde, die alle Anlagen selbst schaffen muss. Erstere könnte bei gleicher Gebührenhöhe volle Kostendeckung erzielen, die andere vielleicht nur eine hälftige erreichen. Dieser Standortvorteil erleichtert den Entschluss, ein solches Bad zu erstellen. Gerade bei Einrichtungen mit nur geringer oder teilweiser Kostendeckung muss die Gemeinde sorgfältig prüfen, ob sie die Folgekosten verkraften kann.[219]

214 So schrieben die früheren Ausgleichstockrichtlinien vor, dass die Gemeinden bei Abwasser und Wasser voll kostendeckende Gebühren erheben mussten, um Einbußen bei der Förderung zu vermeiden; es galt ein Schwellenwert von 4 DM/m³. Die neuen Ausgleichstockrichtlinien sehen keine Investitionshilfen für die Wasserversorgung und Abwasserbeseitigung vor. Für die Fachförderung nach den Förderrichtlinien Wasserwirtschaft ist eine volle Kostendeckung vorgeschrieben; die „Zumutbarkeitsschwelle" liegt bei 4,35 Euro (8,51 DM) je m³ Wasser und Abwasser.

215 *Kölz/Schmid*, Kommunaler Investitionsbedarf, S. 27.

216 Z.B. Reinigungsbäder in älteren Stadtteilen.

217 Z.B. bei Schlachthöfen.

218 Z.B. Kindergärten, Bäder. Wegen des überwiegenden individuellen Vorteils bilden hierbei Abfallbeseitigung und Entwässerung eine Ausnahme.

219 Zum Problem der Folgekosten kommunaler Investitionen siehe die Ausführungen des Verfassers, GH 1982, S. 82 ff.

In begrenztem Rahmen unterliegen auch KrE dem Einfluss des Marktes (Angebot und Nachfrage). Sofern solche Einrichtungen mit ausreichendem Angebot von privater Seite betrieben werden (z.B. Bäder), bildet der Marktpreis die obere Grenze für Gebühren. Weiterhin muss eine Gemeinde bei der Festsetzung von Gebühren die Preise benachbarter Gemeinden, vor allem bei unbedeutenden Entfernungen oder bei günstiger Verkehrslage, berücksichtigen. Ein starkes Preisgefälle fördert eine Abwanderung der Besucher.

Mit der Anhebung von Gebühren bei Einrichtungen, auf deren Benutzung die Einwohner nicht zwingend angewiesen sind, gehen nach den Erfahrungen oftmals die Besucherzahlen vorübergehend als Folge der Preiserhöhung zurück.[220] Diese Preisempfindlichkeit ist in ihrem Umfang von der prozentualen Anhebung der Gebühren abhängig. Aus diesem Grund und im Hinblick auf eine möglichst große Gleichmäßigkeit sollten die Gebühren in nicht zu großen Zeitabständen angepasst werden – besser häufiger (allerdings auch nicht in kürzeren Zeitabständen als einem Jahr) und weniger stark als umgekehrt.

## 3. Deckungsquoten

845 Bisher liegt noch keine umfassende Statistik über die Kostendeckungsgrade vor. GPA und DStT veröffentlichen immer wieder Durchschnittswerte wichtiger KrE, die verkürzt wiedergegeben werden:

### 3.1 Kostendeckung bei KrE im Bundesdurchschnitt „alte Bundesländer“[221]

| Einrichtungen | über Gebühren % | insgesamt % |
|---|---|---|
| Abwasserbeseitigung | 86,5 | 99,5 |
| Abfallbeseitigung | 85,1 | 98,9 |
| Friedhöfe | 71,3 | 90,7 |
| Tageseinrichtungen für Kinder | 11,1 | 37,5 |
| Rettungsdienst | 88,8 | 94,9 |
| Straßenreinigung | 55,8 | 70,2 |
| Theater | 11,0 | 29,6 |
| Bäder | 19,1 | 40,2 |
| Volkshochschulen | 24,5 | 51,8 |
| Museen | 9,1 | 20,5 |
| Büchereien | 4,3 | 10,4 |
| Musikschulen | 31,7 | 41,2 |

220 Z.B. bei Bädern.
221 Gemeindefinanzbericht 1998, DStT 1998, S.180; Basisjahr 1996.

### 3.2 Kostendeckung wichtiger KrE in Baden-Württemberg[222]

| | 1993 | 1998 |
|---|---|---|
| **Freibäder*** | 22,2 | 23,9 |
| 4000–10000 | 23,1 | 23,8 |
| 10000–25000 | 22,5 | 25,2 |
| 25000–50000 | 21,8 | 24,7 |
| über 50000 Einw. | 21,5 | 20,2 |
| **Hallenbäder*** | 25,7 | 23,9 |
| 4000–10000 | 21,7 | 27,8 |
| 10000–25000 | 24,6 | 26,4 |
| 25000–50000 | 23,3 | 28,0 |
| über 50000 Einw. | 27,9 | 21,8 |
| **Abwasserbeseitigung*** | 93,6 | 102,0 |
| 4000–10000 | 90,0 | 102,2 |
| 10000–25000 | 92,6 | 100,1 |
| 25000–50000 | 91,7 | 100,2 |
| über 50000 Einw. | 98,1 | 111,0 |
| **Abfallentsorgung*** | 102,7 | 99,5 |
| 4000–10000 | 101,1 | 97,4 |
| 10000–25000 | 101,0 | 95,7 |
| 25000–50000 | 101,4 | 97,7 |
| über 50000 Einw. | 110,2 | 99,6 |
| Landkreise | 95,1 | 101,0 |
| **Bestattungswesen*** | 58,4 | 60,8 |
| 4000–10000 | 37,0 | 45,4 |
| 10000–25000 | 45,2 | 54,5 |
| 25000–50000 | 52,1 | 64,4 |
| über 50000 Einw. | 79,4 | 79,9 |
| **kalkulatorischer Zinssatz (v.H.)** | 6,3 | 6,0 |

# XI. Gebührenmaßstäbe

## 1. Äquivalenzprinzip und Gleichheitssatz

Erhebt die Gemeinde ihre Benutzungsgebühren in öffentlich-rechtlicher Form, dann muss sie die Gebührenmaßstäbe in einer Satzung festlegen.[223] Die Maßstäbe müssen klar und bestimmt, nach festen und verwaltungsgerichtlich nachprüfbaren Merkmalen festgelegt werden. So wäre 846

222 GPA-Geschäftsbericht 2001, S. 47. Erfasst sind Regie- und Eigenbetriebe jeweils mit den Gesamt-Durchschnittswerten (= *) und Durchschnittswerten nach Gemeindegrößengruppen. Hallenbad 25 000–50 000 = 1997.

223 § 9 i. V. m. § 2 KAG.

ein Vorbehalt, der eine von der Satzung abweichende Festsetzung höherer Gebühren nach freiem Ermessen einräumt, rechtswidrig.[224] Der Gebührenmaßstab muss im Verhältnis von Leistung und Gegenleistung ausgewogen sein („Äquivalenzprinzip"). Dem unterschiedlichen Ausmaß der Vorteile des einzelnen Benutzers sind die Kosten der Gemeinde gegenüberzustellen. Der Gebührenmaßstab muss berücksichtigen, in welchem Umfang der einzelne Benutzer die Einrichtung beansprucht und in welchem Ausmaß ihm die Benutzung Vorteile bringt.[225] Der Gleichheitsgrundsatz des Art. 3 GG ist dann eingehalten, wenn alle Benutzer bei Berücksichtigung des Umfangs der Benutzung gleichmäßig belastet werden.

Bei wesentlich unterschiedlicher Benutzung sind die Gebühren zu differenzieren (Differenzierungsgebot), während bei einer im Wesentlichen gleichen Benutzung auch gleich hohe Gebühren anzusetzen sind.

Der Gleichheitsgrundsatz betrifft das Verhältnis der Benutzer untereinander, das Äquivalenzprinzip Gemeinde zu Benutzer.

## 2. Mögliche Maßstäbe

**847** Weder KAG noch Einzelgesetze schreiben die Anwendung bestimmter Maßstäbe vor. Deshalb ergibt sich ein gewisser Spielraum für die eigenverantwortliche Festlegung der Gebührenmaßstäbe.

Literatur und Rechtsprechung teilen die Gebührenmaßstäbe in zwei Gruppen ein:

- Wirklichkeitsmaßstäbe und (als Alternative)
- Wahrscheinlichkeitsmaßstäbe.

Die Rechtsprechung verlangt, den Wirklichkeitsmaßstab immer dann anzuwenden, wenn die Leistung messbar ist. Dies folgt aus dem Äquivalenzprinzip. Der Wirklichkeitsmaßstab bemisst die Gebühren nach einer genauen Feststellung der Leistung im Einzelfall. Nur wenn dies nicht möglich ist oder einen unverhältnismäßigen Aufwand erfordern würde, darf ein Wahrscheinlichkeitsmaßstab angesetzt werden. Letzterer schätzt den Wert der Benutzung nach bestimmten Anhaltspunkten. Auch bei diesem Maßstab muss nach den allgemeinen Erfahrungen damit gerechnet werden können, dass die Gebühr im Großen und Ganzen der Leistung der Gemeinde wie auch dem Verhältnis der Benutzer untereinander entspricht.[226]

224 Urteil des BayVGH (BayVGHE n.F. 54, 106). Dasselbe gilt für Beiträge.
225 Ständige Rechtsprechung; z.B. VGH BW, Beschl. v. 19.2. 1990 (VBl. BW S.352).
226 BVerwG, Urt. vom 24.3. 1961 (KStZ 1961, S.138) und vom 1.8.1986 (KStZ 1987, S.11).

### 3. Wirklichkeitsmaßstab

Bei einzelnen Gebührenhaushalten lässt sich der Umfang der Leistungsbeanspruchung exakt ausdrücken. Dies ist z.B. möglich bei Wassergebühren (Wasseruhren) sowie bei Kindergärten, Altenheimen, Krankenhäusern und ähnlichen Einrichtungen, bei denen sich die Bemessungsgrundlage auf einen bestimmten Zeitraum (Tag, Monat) der Benutzung durch die einzelne Person richtet. Dabei kann die Gebühr noch nach der Qualität der Einrichtung gegenüber anderen Einrichtungen gestaffelt sein. Ähnliches gilt für Hallen- und Freibäder. Auch bei Schlachthöfen und Bestattungseinrichtungen bietet sich ein Wirklichkeitsmaßstab ohne besonderen Verwaltungsaufwand an. **848**

### 4. Wahrscheinlichkeitsmaßstab

Nicht immer lässt sich der von der Rechtsprechung mit Vorrang bedachte Wirklichkeitsmaßstab anwenden. In diesen Fällen haben die Verwaltungsgerichte Wahrscheinlichkeitsmaßstäbe zugelassen. Dies gilt insbesondere dann, wenn die Feststellung der tatsächlichen Leistung unverhältnismäßig schwierig oder wirtschaftlich nicht vertretbar ist. Der festgelegte Maßstab muss dem Leistungsverhältnis gerecht werden, das im Regelfall wahrscheinlich gegeben ist. Nach der ständigen Rechtsprechung haben die Gemeinden bei Auswahl und Gestaltung der Wahrscheinlichkeitsmaßstäbe einen weiten Ermessensspielraum. Das Gericht darf diesen nur dann verwerfen, wenn er willkürlich ist, also in keinem Verhältnis zu Art und Umfang der Benutzung steht.[227] So hat der VGH Baden-Württemberg bei den „Hausgebühren" (Müllabfuhr-, Abwasser- und Gehwegreinigungsgebühren) den Brandversicherungsanschlag oder Steuerwert als unzulässig verworfen.[228] **849**

Als Wahrscheinlichkeitsmaßstab haben sich eingebürgert[229]

- bei der Abfallbeseitigung: Größe und Zahl der Müllgefäße[230] (Gebührenmarken und Kontrollstreifen, Einheitstonnensystem), Personen-, Haushalts- oder Raumzahltarife und neuerdings auch gewichtsabhängig;
- bei den Abwassergebühren: „Frischwassermenge" (parallel Wasserzins bei Messung mit Zählern), mit Abschlägen etwa bei Landwirtschaft, Brauereien, Gärtnereien oder Zuschlägen für besonderen Reinigungsaufwand für Starkverschmutzer (z.B. chemische Industrie). Die Grundstücksfläche als alleinige Bemessungsgrundlage ist unzulässig;[231]

227 BVerwG, Urt. vom 3.11. 1988 (BVerwGE 80, 370) m.w.N.
228 Urt. vom 12.10. 1961 (BWVBl. 1962, S.60).
229 Zu Einzelheiten der Verfasser, GH 1978, S.78ff. und *Scholz*, in: Driehaus (Hrsg.), Rdnrn. 582ff.
230 Ausführlich behandelt von *Faiß* §9 KAG Rdnr.39 und *Scholz*, in: Driehaus (Hrsg.), Rdnrn. 599–607.
231 Näheres bei *Faiß*, Praxis der Gemeindeverwaltung (Öffentliche Entwässerung) S.77 und *Scholz*, in: Driehaus (Hrsg.), Rdnrn. 588–598.

- bei der Gehwegreinigung: Frontmeter in Verbindung mit der Einteilung nach Straßenkategorien (unter Berücksichtigung des Verschmutzungsgrades). Zahlreiche Gemeinden haben die Gehwegreinigungspflicht auf Anlieger abgewälzt.[232]

### 5. Soziale Gesichtspunkte

850 Die Berücksichtigung sozialer Gesichtspunkte bei Benutzungsgebühren widerspricht dem Äquivalenzprinzip und dem Gleichheitsgrundsatz. Dies ist nur dann zulässig, wenn spezielle Gesetze das ausdrücklich zulassen – so etwa bei Kindergartengebühren mit einer Staffelung nach dem Einkommen der Eltern und der Kinderzahl.

## XII. Besteuerung von Betrieben gewerblicher Art

### 1. Besteuerung öffentlich-rechtlicher Körperschaften

#### 1.1 Grundsatz der Gleichheit

851 Die Grundsätze der Gleichmäßigkeit der Besteuerung, der Wettbewerbsneutralität und der rechtsformneutralen Besteuerung haben den Gesetzgeber veranlasst, solche Einrichtungen der Gebietskörperschaften, die das äußere Bild eines Gewerbebetriebs haben, der Steuerpflicht zu unterwerfen. Wenn sich die Kommunen wie privatwirtschaftliche Unternehmen betätigen, sollen sie nach dem Willen des Steuergesetzgebers auch steuerlich grundsätzlich wie Letztere behandelt werden. Steuerpflichtig werden die Kommunen aber nur mit ihren Betrieben gewerblicher Art (BgA), nicht mit ihren Hoheitsbetrieben. Um eine klare Trennlinie zu schaffen, hat das Steuerrecht eine Positivabgrenzung für die Steuerpflicht mit dem Begriff „Betrieb gewerblicher Art" und eine Negativabgrenzung mit dem Begriff „Hoheitsbetrieb" begründet.[233] Die Auffassung, die Besteuerung der Kommunen könne unter dem Aspekt „es bleibt ja innerhalb der öffentlichen Hand" großzügig behandelt werden, gehört längst der Vergangenheit an. Die Finanzämter, vor allem die Außenprüfung, steigen bei der Prüfung möglicher Steuerpflichten der Kommunen tief ein und prüfen Zweifelsfälle äußerst kritisch. Deshalb ist es wichtig, dass die Gemeinde hoch qualifizierte Mitarbeiter in dem Bereich „Gemeinde als Steuerschuldner" einsetzt. Am besten wird diese Funktion in die Kämmerei integriert.

232 *Scholz*, in: Driehaus (Hrsg.), Rdnrn. 613, 614.
233 Siehe dazu auch *Giebler*, Die wirtschaftliche Betätigung der Gemeinden – gemeindewirtschaftsrechtliche und steuerliche Betrachtung, KStZ 1991, S. 185ff., 189.

### 1.2 Keine Steuerpflicht für Hoheitsbetriebe

Der Begriff Hoheitsbetrieb ist gesetzlich nicht definiert. Er grenzt den steuerlich nicht relevanten Hoheitsbetrieb vom BgA ab. Letzterer unterliegt den Ertragsteuern (KSt und GewSt) und der Umsatzsteuer. **852**

Hoheitsbetriebe dienen überwiegend der Ausübung der öffentlichen Gewalt, die öffentlich-rechtlichen Körperschaften vorbehalten und für sie eigentümlich ist. Zwangs- und Monopolrechte wie Anschluss- und Benutzungszwang reichen dafür nicht aus.[234] Kennzeichnend für die Ausübung öffentlicher Gewalt ist die Erfüllung öffentlich-rechtlicher Aufgaben, die aus der Staatsgewalt abgeleitet sind und staatlichen Zwecken dienen. Pflichtaufgaben fallen allerdings nicht automatisch darunter. Ausübung öffentlicher Gewalt liegt nicht vor, wenn sich die Körperschaft durch ihre Einrichtungen in den wirtschaftlichen Verkehr einschaltet und eine Tätigkeit ausübt, die sich ihrem Inhalt nach nicht von der Tätigkeit privatgewerblicher Unternehmen unterscheidet. Eine ihrem Inhalt nach wirtschaftliche Betätigung wird auch nicht dadurch hoheitlich, dass sie als Amtshilfe für einen anderen Hoheitsträger wahrgenommen wird.[235] Die Finanzverwaltung unterstellt Ausübung öffentlicher Gewalt dann, wenn es sich um Leistungen handelt, zu deren Annahme die Leistungsempfänger aufgrund gesetzlicher oder behördlicher Anordnungen verpflichtet sind. Bei der Auslegung dieser Grundsätze geben oftmals Grenzfälle Anlass zu Streitigkeiten zwischen Gemeinde und Finanzamt.[236]

Besteht jedoch im Rahmen eines Hoheitsbetriebs zugleich ein BgA,[237] dann ist die Körperschaft insoweit steuerpflichtig.

Hoheitsbetriebe sind z.B. alle rein verwaltungsorientierten Bereiche wie Standesamt, Ordnungsamt, Baugenehmigungsbehörde, auch wenn dabei Gebühren und Entgelte anfallen. Grundsätzlich zählen auch (reine) Amtsblätter, Feuerwehr, Kindergärten, Gehweg- und Straßenreinigung, Straßenbeleuchtung sowie der Betrieb von Parkuhren oder -automaten, die im Rahmen der StVO durchgeführt werden,[238] zum Hoheitsbereich. Dies gilt auch für den hoheitlichen Teil des Bestattungswesens und grundsätzlich für Schlachthöfe. Der BFH hat die Hausmüllentsorgung[239] und die Abwasserbeseitigung[240] als Hoheitsbetriebe eingestuft. Im Hin-

234 So bereits BFH, Urt. vom 18.2. 1970, BStBl. II S.519.
235 Vgl. KStR 1995 zu §4 KStG mit Rechtsprechungsnachweisen BFH.
236 So etwa bei der Frage, ob die aus der Abfallverwertung oder -lagerung gewonnene Energie steuerfrei dem Hoheitsbereich zuzurechnen ist oder aber ob der Verkauf einen BgA begründet. S. *Giebler*, KStZ 1991, S.189.
237 Z.B. Kantine, Verkaufsstelle, vgl. BFH-Urt. vom 26.5. 1977 (BStBl. II S.813).
238 Anders bewachte Parkplätze, Parkhäuser; vgl. dazu Abschn. 5 Nr.21 KStR zu §4 KStG.
239 Urt. vom 23.10. 1996, BStBl. II 1997, S.139; dazu ausführlich *Krautter*, in: Ade (Hrsg.), Handbuch kommunales Beteiligungsmanagement, 1997, S.317–319. Der Europ. Gerichtshof hat in seinem Urt. vom 6.2. 1997 zugestanden, dies auch auf die Umsatzsteuerpflicht anzuwenden, obwohl das EU-Recht bei der USt-Freiheit darauf abstellt, dass keine Wettbewerbsverzerrungen eintreten.
240 BFH-Urteil vom 8.1. 1998, vgl. auch KStR Abschn. 5 Nr.14.

blick auf die jetzt zugelassene Möglichkeit der materiellen Privatisierung dieser Aufgabe ist zu befürchten, dass diese beiden Entsorgungsbereiche durch Gesetz oder Rechtsprechung zu BgA erklärt werden.

## 2. Begriff Betrieb gewerblicher Art (BgA)

### 2.1 Legaldefinition

853 Der Begriff BgA ist rein steuerlicher Natur und hat nichts mit dem Gemeindewirtschaftsrecht zu tun. Sowohl wirtschaftliche Unternehmen als auch nicht wirtschaftliche können steuerlich ein BgA sein. Dabei spielt es keine Rolle, ob diese Unternehmen in der Form des Regiebetriebs oder des Eigenbetriebs geführt werden. So ist z.B. der Regiebetrieb Hallenbad in gleicher Weise ein BgA wie der Eigenbetrieb Wasser- und Gasversorgung. Dagegen unterliegen privatrechtliche Betriebsformen wie AG, GmbH dem für diese Gesellschaften geltenden Steuerrecht.

Nach der Legaldefinition des §4 Abs.1 KStG sind BgA alle Einrichtungen, die einer nachhaltigen wirtschaftlichen Tätigkeit zur Erzielung von Einnahmen außerhalb der Land- und Forstwirtschaft dienen und die sich innerhalb der Gesamtbetätigung der juristischen Person wirtschaftlich herausheben. Die Absicht, Gewinn zu erzielen und sich am allgemeinen wirtschaftlichen Verkehr zu beteiligen, sind – anders als bei der Gewerbesteuer – keine zwingenden Voraussetzungen. §4 Abs.1 KStG stellt einen fünf Voraussetzungen umfassenden Katalog auf, die kumulativ erfüllt sein müssen. Das KStG bestimmt, dass Betriebe der Land- und Forstwirtschaft nicht als BgA gelten. Gleiches gilt für die reine Vermögensverwaltung.[241]

### 2.2 Einzelne Voraussetzungen

#### 2.2.1 Einrichtung

854 Der BFH hat festgelegt, dass ein BgA eine Einrichtung der öffentlichen Hand sein muss, die das äußere Bild eines Gewerbebetriebs hat. Ihre Aufgaben können auch innerhalb des allgemeinen Betriebs miterledigt werden.[242]

#### 2.2.2 Nachhaltigkeit

855 Eine einmalige Tätigkeit, wie z.B. der Verkauf von Altpapier der Hoheitsverwaltung, genügt nicht. Es muss die Absicht der Wiederholung gegeben sein.

241 Vgl. §4 Abs.1 KStG und §14 AO.
242 Vgl. KStR Abschn. 5 Nr.4.

### 2.2.3 Wirtschaftliche Tätigkeit

Es darf sich nicht um reine Vermögensverwaltung i.S.v. §14 Abs.1 AO handeln. Erforderlich ist eine selbstständige nachhaltige Tätigkeit mit dem Ziel, Einnahmen oder andere Vorteile zu erzielen. Eine Beteiligung am allgemeinen wirtschaftlichen Verkehr ist zwar die Regel, aber nicht zwingend. Die Tätigkeit muss auch ein Privater nach kaufmännischen Grundsätzen ausüben können. 856

Der Aspekt „selbstständige Tätigkeit" führt zu dem Problem der Zusammenfassung von BgA; dazu wird auf das Kapitel G VI, 7 (Querverbund beim Eigenbetrieb) verwiesen. Die zur steuerlichen Anerkennung gemachten Ausführungen gelten hier entsprechend.

### 2.2.4 Einnahmeerzielung

Der BgA muss auf die Erzielung von Einnahmen oder (und) anderen wirtschaftlichen Vorteilen ausgerichtet sein; Gewinnerzielungsabsicht ist nicht erforderlich. Deshalb können auch chronische Verlustbetriebe BgA darstellen, wie z.B. Nahverkehrsbetriebe oder Badeanstalten. 857

### 2.2.5 Wirtschaftliche Heraushebung

Die Tätigkeit muss innerhalb der Gesamtbetätigung der Gemeinde von einigem Gewicht sein. Dies unterstellt die Finanzverwaltung stets, wenn der Jahresumsatz im Dreijahresdurchschnitt über 30 678 Euro liegt.[243] Für die Kommunen gilt ein „weicher" Grenzwert von 6 136 Euro. 858

## 2.3 Wichtigste BgA

Die Aufgaben der Kommunen sind so vielschichtig und unterschiedlich, dass eine abschließende Gesamtauflistung der BgA nicht möglich ist. Hier sollen nur die wichtigsten in der Reihenfolge der Haushaltsgliederung genannt werden: 859

**Einzelplan 0**

Amtsblatt mit Anzeigenwerbung

EDV-Anlage, die für BgA (eigene[244] oder fremde) genutzt wird

**Einzelplan 1**

Verkauf von KfZ-Zeichen bei der KfZ-Zulassungsstelle

243 Nach dem KStR Abschn. 5 Nr.5.

244 Ob man die EDV-Anlage für Zwecke eines eigenen BgA nach dem UStR 2000 Abschn. 23 Abs.16 wie die Personalstellung als nicht steuerbare Innenleistung behandeln kann, erscheint zweifelhaft.

**Einzelplan 3**

Konzerthäuser, Theater, Orchester, Museen, Musikschulen, Volkshochschulen, Büchereien. Hier bringt allerdings das UStG weitgehende Befreiung von der USt-Pflicht.

Ausstellungen

**Einzelplan 4**

Altenheime,[245] Jugendheim, Erholungsheime

**Einzelplan 5**

Krankenhäuser,[245] Bäder, Sportanlagen, Stadtgärtnerei, Campingplatz mit Einrichtungen, Mehrzweckhallen, Sporthallen

**Einzelplan 6**

Parkhäuser und bewachte Parkplätze

**Einzelplan 7**

Märkte und Markthallen, Vermietung von Anschlagtafeln, Waagen, Kureinrichtungen, Zusatzleistungen im Bestattungswesen wie Bestattungsordner, Grabpflege, Blumenverkauf, Friedhofsgärtnerei

Hilfsbetriebe wie Bauhof, Fuhrpark gelten als Hoheitsbetriebe, wenn sie ausschließlich in Ausübung öffentlicher Gewalt tätig sind. Anders z. B. bei Verkauf von Baumaterial an Dritte.

**Einzelplan 8**

Ratskeller, Gaststätten in eigener Regie betrieben oder mit Inventar verpachtet[246]. Der Gemeindewald und die Grundstücksverwaltung sowie -verkäufe stellen Vermögensverwaltung dar.

Kraft ausdrücklicher Regelung in § 4 Abs. 3 KStG:

- Wasserversorgung
- Energieversorgung (Strom, Gas, Wärme)
- Verkehrsbetriebe
- Hafenbetriebe.

245 Mit weitreichenden steuerfreien Umsätzen bei der USt nach § 4 UStG, womit allerdings der Vorsteuerabzug ausgeschlossen wird.
246 Bei Verpachtung ohne Inventar handelt es sich um Vermögensverwaltung.

## 3. Verpachtung von BgA

Aus wirtschaftlichen Gründen kann es sinnvoll sein, dass eine Gemeinde einen BgA nicht selbst betreibt, sondern verpachtet. Dies trifft man z.B. bei Ratskellern u.a. gastronomischen Betrieben, bei Parkhäusern, Campingplätzen, Sauna, Massage u.ä. Einrichtungen in städt. Bädern sowie bei Stadthallen usw. an. Verpachtet die Gemeinde lediglich das Grundstück mit Gebäude langfristig, dann ist dies steuerlich als Vermögensverwaltung zu werten und damit steuerfrei. Stellt die Gemeinde allerdings dazuhin das zur Betriebsführung unabdingbar benötigte Inventar bereit,[247] dann führt dies zu einem BgA. Auch ein Verpachtungsbetrieb muss sich wirtschaftlich aus der Gesamtbetätigung der Gemeinde herausheben. Nach der Rechtsprechung des BFH ist dabei auf den Umsatz des Pächters abzustellen; dafür gilt ebenfalls die Grenze von 30678 Euro. **860**

Die Gemeinde darf mit steuerlicher Wirkung mehrere Verpachtungsbetriebe zusammenfassen, wenn diese gleichartig sind.[248]

## 4. Steuerliche Rechtsfolgen

### 4.1 Hoheitsbetriebe

Hoheitsbetriebe unterliegen nicht den Ertragsteuern (KSt, GewSt) und auch nicht der Umsatzsteuer. Dies hat allerdings bei der Umsatzsteuer (USt) zur Folge, dass die der Gemeinde in Rechnung gestellte USt nicht als Vorsteuer abgesetzt werden darf. **861**

### 4.2 BgA

Wenn die Merkmale für BgA erfüllt sind, ist die Gemeinde steuerpflichtig. Bei der KSt ist jeder BgA ein selbständiges Steuerobjekt, bei der USt werden alle BgA einschließlich solche der Land- und Forstwirtschaft zusammengefasst.[249] **862**

Die Eigenschaft als BgA bleibt auch dann bestehen, wenn keine steuerliche Zahllast für die Gemeinde entsteht. Dies kann der Fall sein, weil es sich um einen Verlustbetrieb handelt (bei der KSt), ein Befreiungstatbestand nach § 5 KStG vorliegt[250] oder die Freibetragsregelung nach § 24 KStG greift.[251]

Die Umsatzsteuerpflicht für derartige BgA besteht auch dann, wenn keine KSt zu zahlen ist. Die in Rechnung gestellte USt darf die Gemeinde als Vorsteuer absetzen.

247 Die Rechtsprechung fordert, dass das Inventar die Führung eines bescheidenen Betriebs ermöglicht, es muss nicht vollständig sein. S. dazu *Giebler*, a.a.O., S.201.
248 Z.B. mehrere Gaststätten. Haushaltsführung, Verwaltung und Überwachung der Gemeinde müssen die Zusammenfassung dokumentieren. Vgl. *Giebler*, a.a.O., S.201.
249 Es ist sinnvoll, dies bei der Kämmerei zusammenzufassen („Aufgaben Gemeinden als Steuerschuldner").
250 Z.B. bei Anerkennung als gemeinnützige Körperschaft gem. § 5 Abs. 1 Nr. 9 KStG.
251 7500 DM = 3835 Euro.

### 4.3 Körperschaftsteuer

863 Bei einem BgA ist der Gewinn nach den Vorschriften des KStG zu ermitteln, das seinerseits wieder auf diejenigen des EStG zurückgreift. Dabei prüfen die Finanzämter kritisch die Gewinnermittlung vor allem unter dem Aspekt der verdeckten Gewinnausschüttung.[252] Der maßgebliche Gewinn unterliegt ab dem Veranlagungszeitraum 2000 nach dem Steuerentlastungsgesetz 2000 dem einheitlichen Steuersatz von 25 %.[253] Zuvor ist der Freibetrag nach § 24 KStG mit 3 835 Euro abzuziehen.

Seit 1995 wird zur KSt ergänzend ein Solidaritätszuschlag erhoben, der z. Zt. 5,5 % der festgesetzten KSt beträgt.[254]

### 4.4 Kapitalertragsteuer

864 Wenn ein BgA Gewinn an die Gemeinde abführt, werden 75 v.H. des Ausschüttungsbetrags mit 20 % Kapitalertragsteuer belastet. Auf Antrag erstattet das Bundesamt für Finanzen wiederum die Hälfte an die Gemeinde, sodass sich eine effektive Belastung mit 7,5 % der Ausschüttung ergibt.

Zusammen mit der KSt beträgt die Ausschüttungsbelastung 32,5 %.

### 4.5 Gewerbesteuer

865 Ein BgA wird nur dann gewerbesteuerpflichtig, wenn er sich zusätzlich zu den unter 2.2 genannten Voraussetzungen am allgemeinen wirtschaftlichen Verkehr beteiligt und zugleich Gewinnerzielungsabsicht hat. Besteuert wird dann der Gewerbeertrag, der auf der Basis des Gewinns nach dem EStG oder KStG ermittelt und um Hinzurechnungen und Kürzungen objektiviert wird. Kapitalgesellschaften unterliegen der Gewerbesteuerpflicht kraft Rechtsform.

### 4.6 Umsatzsteuer

#### 4.6.1 Steuerpflicht

866 § 2 Abs. 3 UStG bestimmt, dass die Gemeinde Unternehmer i. S. d. UStG ist, wenn sie einen BgA unterhält. Im hoheitlichen Bereich oder bei der Vermögensverwaltung ist die Gemeinde nicht steuerpflichtig mit dem Nachteil, dass hier ein Vorsteuerabzug ausscheidet. Dies ist besonders bei hohen Investitionen schmerzlich. Wird ein BgA nach dem KStG be-

252 So hat der BFH am 10. 7. 1996 (BStBl. II 1997 S. 230) entschieden, dass eine verdeckte Gewinnausschüttung dann vorliegt, wenn Mitarbeiter des BgA Wasserversorgung Messeinrichtungen ablesen und diese Daten der Gemeinde für die Berechnung der Abwassergebühr übermitteln, ohne dafür eine Vergütung zu verlangen. Gleiches gilt für Wasserzähler.

253 Das alte Recht differenzierte bei Kapitalgesellschaften zwischen ausgeschütteten und nicht ausgeschütteten Gewinnen. Für die BgA betrug der Körperschaftsteuersatz noch vor kurzem 42 %, bei Kapitalgesellschaften 45 %, im Ausschüttungsfall einschl. der Kapitalertragsteuer 38,75 %.

254 Ursprünglich 7,5 %.

jaht, ist damit nach dem deutschen Steuerrecht zugleich die Anwendung des UStG gegeben. Als Besonderheit ist aufzuführen, dass die Gemeinde auch mit ihren land- und forstwirtschaftlichen Betrieben der USt unterliegt, für die allerdings ermäßigte Steuersätze gelten.[255] Versorgungs- und Verkehrsbetriebe unterliegen der USt, weil sie kraft Gesetzes BgA sind.

### 4.6.2 Steuersatz

Der Regelsteuersatz beträgt 16 %.[256] **867**

Bei BgA spielt auch der ermäßigte Steuersatz von 7 % eine Rolle: er gilt vor allem für Schwimmbadumsätze,[257] Kureinrichtungen mit Kurtaxe, Personenbeförderung, Wasserversorgung,[258] Bücher, Zeitschriften, Kunstgegenstände, Sammlergegenstände, Orchester, Museen und Lebensmittel sowie Leistungen für anerkannte gemeinnützige oder mildtätige Zwecke (§ 12 Abs. 2 Nr. 8 UStG).

Auch wenn für Einnahmen der BgA der ermäßigte Steuersatz gilt, ist die Gemeinde dennoch zum vollen Vorsteuerabzug berechtigt.

### 4.6.3 Bemessungsgrundlage

Bemessungsgrundlage ist das Entgelt. Entgelt ist die Summe, die der **868**
Leistungsempfänger aufwendet, ohne Mehrwertsteuer.

Beim Eigenverbrauch ist der Einkaufspreis im Zeitpunkt des Verbrauchs maßgebend. Eigenverbrauch liegt insbes. dann vor, wenn ein für den BgA erworbener Gegenstand ganz oder teilweise für andere Zwecke – also vor allem für den Hoheitsbereich – genutzt wird.

### 4.6.4 Vorsteuer

Für juristische Personen des öffentlichen Rechts schließen steuerfreie **869**
Umsätze nach § 4 Nr. 9–27 UStG den Vorsteuerabzug grundsätzlich aus. Darunter fallen z. B. die mit dem Betrieb von Krankenhäusern, Altenheimen und Pflegeheimen eng verbundenen Umsätze sowie die „typischen Umsätze" der Orchester, Theater, Museen, Tierparks, Büchereien, Vermietung und Verpachtung von Grundstücken.

Als Besonderheit bietet § 9 UStG für einige, abschließend aufgeführte steuerfreie Umsätze die Option an. Das bedeutet, dass die Gemeinde in diesen Fällen auf die gesetzliche Steuerfreiheit verzichten und diese Umsätze der Steuerpflicht unterwerfen kann. Dieses Optionsrecht besteht vor allem bei der Vermietung und Verpachtung von Grundstücken der

255 Vgl. § 24 UStG.
256 Bis 31.3. 1998 15 %. Die Erhöhung um 1 % dient der Senkung der Lohnnebenkosten. Vgl. § 12 UStG.
257 Nicht jedoch für Zusatzleistungen wie Verkauf von Badeartikeln usw.
258 Die Finanzverwaltung unterwirft seit August 2000 Wasserversorgungsbeiträge nach dem KAG dem Regelsteuersatz von 16 %. Siehe BMF-Erlass vom 4.7. 2000 (BStBl. I S. 1188).

BgA. Voraussetzung ist aber, dass das Grundstück an einen Unternehmer (nicht Privatperson) zu gewerblichen Zwecken vermietet oder verpachtet wird. Die Option ist vor allem dann lohnend, wenn im Zusammenhang mit Investitionen hohe Vorsteuern anfallen, niedrige Umsätze erzielt werden und es sich um Verlustbetriebe handelt. Ändern sich bei einem Wirtschaftsgut die Verhältnisse, die im Kalenderjahr der erstmaligen Verwendung für den Vorsteuerabzug maßgebend waren, so sind nach § 15a UStG Berichtigungen des Vorsteuerabzugs vorzunehmen (Berichtigungszeitraum 10 Jahre für Gebäude u.Ä., für bewegliche Wirtschaftsgüter 5 Jahre). Der Vorsteuerabzug bedeutet, dass die Gemeinde die für Lieferungen und Leistungen an den BgA in Rechnung gestellte USt als Vorsteuer von ihrer (gesamten) Umsatzsteuerschuld abziehen darf.[259] Erbringt der BgA gleichzeitig steuerfreie und steuerpflichtige Leistungen, dann ist der Vorsteuerbetrag entsprechend aufzuteilen.[260] Übersteigen die Vorsteuerabzugsbeträge die Steuerschuld der Gemeinde, dann entsteht ein Erstattungsanspruch an das Finanzamt. Der Vorsteuerabzug ist jedoch ausgeschlossen, wenn der BgA steuerfreie Umsätze ohne Optionsmöglichkeit bringt. Dies gilt z.B. für Krankenhäuser oder Theater, weil Pflegesätze und Eintrittsgelder steuerfrei sind und keine Optionsmöglichkeit besteht.

#### 4.6.5 Ausweis

**870** § 14 UStG verpflichtet die Gemeinden, die USt grundsätzlich offen auszuweisen. Dabei ist auch der anzuwendende Steuersatz zu nennen. Eine Ausnahme besteht nur für Beträge bis 100 Euro.

#### 4.6.6 Verhältnis KStG zum UStG

**871** Erfreulicherweise hat das Urteil des Europ. Gerichtshofs von 1997 nicht die befürchtete Zweiteilung gebracht, wonach zwischen KSt- und USt-Pflicht eine unterschiedliche Wertung stattfindet. Das deutsche Steuerrecht sieht (neben den gemeindlichen land- und forstwirtschaftlichen Betrieben) die Umsatzsteuerpflicht nur vor, wenn ein Betrieb gewerblicher Art im Sinne des KStG vorliegt. Es wird davon auszugehen sein, dass Art. 4 der 6. USt-Richtl. EWG (77/388/EWG) darauf keine Rücksicht nimmt, vielmehr auch Umsatzsteuerpflicht gegeben sein kann, wenn die Voraussetzungen für einen BgA nach den KStG nicht vorliegen.

259 § 15 UStG.

260 Z.B. in einer Stadthalle werden zu 80 % Messen, Ausstellungen, Musicals u.Ä. unternehmerische Veranstaltungen, zu 20 % Bürgerversammlungen, Gemeinderatssitzungen u.Ä. durchgeführt, dann darf die Gemeinde 80 % der bezahlten USt als Vorsteuer abziehen. Auch bei Schwimmbädern, die sowohl dem allgemeinen Badebetrieb als auch dem Schulschwimmen dienen, ist entsprechend zu verfahren. Dazu im Einzelnen *Raudzus/Weimann*, Umsatzbesteuerung jur. Personen des öffentl. Rechts, Berlin 1999, Rdnr. 380. Vgl. § 15 UStG. Bei Änderungen ist der Vorsteuerabzug gem. § 15a innerhalb 10 Jahren zu berichtigen.

Teil G:

# Unternehmen und Beteiligungen

*Hansdieter Schmid*





G

G

G

G

# I. Allgemeines[1]

## 1. Rechtfertigung der wirtschaftlichen Betätigung

### 1.1 Verfassungsrecht

Art. 28 Abs. 2 GG gewährleistet den Gemeinden das Recht auf Selbstverwaltung. Dieses beinhaltet auch die wirtschaftliche Betätigung.[2] Dagegen können sich die Gemeinden bei der Wahrnehmung der wirtschaftlichen Betätigung nicht auf das Grundrecht der Berufs- und Gewerbefreiheit nach Art. 12 GG berufen.[3] Dies hätte eine nahezu unbeschränkte Betätigungsmöglichkeit zur Folge. **872**

Weil den Gemeinden das Grundrecht der Gewerbefreiheit nicht zusteht, dürfen sie sich nicht uneingeschränkt und beliebig am Wirtschaftsverkehr beteiligen. Aus der Ableitung des Rechts zur wirtschaftlichen Betätigung aus dem Selbstverwaltungsrecht ergeben sich Einschränkungen, die in der GemO präzisiert werden.

### 1.2 Zuordnung aus verwaltungsrechtlicher Sicht

Wie alle anderen Gemeindeordnungen legt auch § 1 Abs. 2 GemO BW fest, dass die Gemeinden das gemeinsame Wohl ihrer Einwohner fördern. Die dazu erforderlichen gemeindlichen Aktivitäten und die zu erfüllenden Aufgaben sind einem zeitlichen Wandel unterworfen, der sich aus technischen, sozialen, kulturellen, wirtschaftlichen und politischen Veränderungen in Staat und Gesellschaft sowie im Zeitalter der Globalisierung ergibt. Die Zusammenballung der Einwohner auf engem Raum schafft Massenbedürfnisse, die auch die Aufgaben der Gemeinden prägen. Es handelt sich entweder um Aufgaben der Eingriffsverwaltung oder um solche der Leistungsverwaltung. Bei Ersterer ist das Rechtsverhältnis zwischen öffentlicher Körperschaft und dem Einzelnen stets öffentlich-rechtlicher Natur, bei Letzerer öffentlich-rechtlich („schlichte Hoheitsverwaltung") oder privatrechtlich. Die wirtschaftliche Betätigung der Gemeinden gehört zur Leistungsverwaltung; die Rechtsbeziehungen sind vorwiegend privatrechtlich.[4] **873**

### 1.3 Daseinsvorsorge

Die Versorgung mit Wasser und Energie sowie die Verkehrsbedienung sind unabdingbare Voraussetzungen für ein geordnetes Zusammenleben in der Gemeinschaft. Sie werden damit zu öffentlichen Aufgaben im Rah- **874**

1 Aus Platzgründen muss auf die Darstellung der geschichtlichen Entwicklung verzichtet werden. S. dazu 6. Aufl. Rdnr. 861 m. w. N.
2 *Stern/Püttner*, S. 129–186 und *Burmeister*, in: HdKWPr. Bd. 5, 2. Aufl., S. 2ff. m. w. N.
3 Über Art. 19 Abs. 3 GG; *Stern/Püttner*, a. a. O. (Fn 2).
4 Z. B. Versorgungs- und Verkehrsbetriebe. Anders bei der Wasserversorgung mit Anschluss- und Benutzungszwang sowie Benutzungsgebühren und Beiträge.

men der Daseinsvorsorge. Diese Infrastrukturmaßnahmen erfordern erhebliche Investitionen, ihr Betrieb ist enorm teuer. Einwohner und Gewerbe sind darauf in hohem Maße angewiesen; sie bestimmen den Lebensstandard und die Lebensqualität sowie die Attraktivität als Industriestandort. Der Dienst am Einwohner, nicht die Rendite, steht im Vordergrund. Die Sorgepflicht der Gemeinde reicht aber keinesfalls so weit, dass sie ihren Einwohnern alle lebensnotwendigen Güter und Dienstleistungen beschaffen müssen. Wo die marktwirtschaftlichen Verhältnisse in geordneter Weise eine ausreichende Versorgung der Bevölkerung mit dem notwendigen Lebensbedarf gewährleisten, ist dies im Rahmen der marktwirtschaftlichen Ordnung eine Aufgabe der Privatwirtschaft.[5] Kein privates Unternehmen kann auf Dauer Kapital bereitstellen, dessen Einsatz sich nicht rentiert. Dies ist jedoch z.B. beim öffentlichen Personennahverkehr der Fall. Wegen des hohen Kapitaleinsatzes für die Versorgung mit Energie, Wasser und Fernwärme und der Leitungsgebundenheit kann eine unkontrollierte Wahrnehmung dieser Aufgaben nicht funktionieren oder es würde wegen unrationeller Doppelinvestitionen konkurrierender Unternehmen generell zu überhöhten Preisen führen. Gleichzeitig würden private Monopole entstehen, die zu Lasten der Bevölkerung und der örtlichen Wirtschaft ihre Machtposition ausnützen könnten.

### 1.4 Koordinierung

875 Versorgungs- und Verkehrsbetriebe greifen wegen der Leitungsgebundenheit von Strom, Gas, Wasser und Fernwärme in starkem Umfang auf Gemeindeeinrichtungen zurück. Stromleitungen werden zunehmend unterirdisch verlegt, wie dies bei den anderen Versorgungsarten unumgänglich ist. Das erfordert erhebliche Eingriffe in Straßen, für die überwiegend die Gemeinden Eigentümer und Baulastträger sind. Auch beim Schienenverkehr und selbst bei Busbetrieben[6] ist dies der Fall. Die Gemeinden haben dafür zu sorgen, dass den Unternehmen die notwendigen Flächen zur Leitungsverlegung und zum Befahren zur Verfügung stehen. Dabei ist darauf hinzuwirken, dass die Betriebe ihre Aufgabe zum Wohl der Einwohner erfüllen und die öffentlichen Straßen nicht mehr als unumgänglich in ihrer eigentlichen Aufgabe beeinträchtigen. Das ist am ehesten erreichbar, wenn die Gemeinde dies alles koordiniert und dabei die gemeindliche Entwicklung berücksichtigt. Zugleich sind die Belange des Umweltschutzes zu beachten. Entscheidungen aus einer Hand sichern am ehesten, dass die z.T. widersprechenden Zielsetzungen aus der Kenntnis der Gesamtzusammenhänge richtig getroffen werden.

5 So auch *Stern/Püttner*, a.a.O. (Fn 2), S.57.
6 Z.B. Haltebuchten, Unterstehgebäude.

### 1.5 Kommunales Selbstverwaltungsrecht

Die wirtschaftliche Betätigung ist damit ein notwendiger und unabdingbarer Bestandteil der kommunalen Selbstverwaltung und ein unentbehrliches Instrument zur Ausführung der Kommunalpolitik. Versorgung und Verkehr stehen in einem engen Zusammenhang mit der Stadtentwicklung, sie sind deren notwendige Ergänzung. Die Zuordnung der örtlichen Daseinsvorsorge an die Kommunen sichert am wirksamsten die ortsnahe Aufgabenerfüllung. Die Wahrnehmung dieser öffentlichen Aufgaben im Rahmen des kommunalen Selbstverwaltungsrechts ist nicht nur das Recht, sondern zugleich eine Pflicht der Kommune. Sie können sich dabei der Dienste eines Privatunternehmens bedienen, wobei aber auch in diesem Fall die Verantwortung der Gemeinde für eine ordnungsgemäße Aufgabenerfüllung gegenüber ihren Einwohnern verbleibt. 876

Das BVerwG hat dies im Urteil vom 18.5. 1995 (7 C 58.94) treffend in folgenden Leitsätzen formuliert:
„1. Die örtliche Energieversorgung gehört zu den durch Art. 28 Abs. 2 S. 1 GG gewährleisteten Selbstverwaltungsangelegenheiten örtlich relevanten Charakters und obliegt damit den Gemeinden. Örtliche Energieversorgung ist in diesem Zusammenhang die Energieerzeugung für den örtlichen Bedarf und die kleinräumige Energieverteilung.
2. Nach ihrer historischen Entwicklung, ihrer Bedeutung für das wirtschaftliche und soziale Wohl der Einwohner sowie ihrem spezifischen Bezug zum kommunalen Wegeeigentum, zur kleinräumigen Siedlungsstruktur und Bauleitplanung ist die kommunale Energieversorgung als in der örtlichen Gemeinschaft wurzelnde Angelegenheit der Daseinsvorsorge zu bewerten.
3. Zu trennen ist zwischen der originären gemeindlichen Verwantwortung für die Versorgung der Bevölkerung mit Energie und damit der Entscheidungs- bzw. Regelungskompetenz und der jeweiligen Erfüllungskompetenz, d.h. wie die Aufgabe der Energieversorgung im Einzelfall durchzuführen ist. Dazu zählt die Entscheidung der Fremd- oder Eigenversorgung. Wie immer auch die örtliche Stromversorgung durchgeführt wird, so unterfällt jedenfalls die Entscheidung hierüber der gemeindlichen Selbstverwaltung ..."

## 2. Privatisierung

Seit Jahren wird (tw. undifferenziert) gefordert, öffentliche Dienstleistungen zu privatisieren. Dabei wird häufig unterstellt, dass private Unternehmen stets wirtschaftlich, die öffentliche Hand dagegen unwirtschaftlich arbeiten würde. Die Vergangenheit hat gezeigt, dass z.T. erhebliche Fehler in der Unternehmensführung zu finanziellen Schieflagen privater Unternehmen führten. Andererseits werden viele öffentliche Unternehmen optimal wirtschaftlich geführt. 877

Das Sozialstaatsprinzip verpflichtet die öffentlichen Auftraggeber zur Gewährleistung der für den Bürger notwendigen Daseinsvorsorge. Eine Privatisierung kann nur dann in Frage kommen, wenn die Privatwirtschaft oder freie Träger lebensnotwendige Leistungen etwa auf dem Gebiet der

Energie- und Wasserversorgung sowie des Nahverkehrs zuverlässig, gleichmäßig, ununterbrochen und zu angemessenen Preise anbieten. Diese Leistungen müssen auch dann erbracht werden, wenn sich etwaige Gewinnvorstellungen nicht erfüllen. Führt ein privates Unternehmen solche Aufgaben nur dann weiter, wenn die öffentliche Hand den Verlust ersetzt oder wenn es durch Reduzierung oder Einstellung bestimmter Leistungen eine Renditechance sieht, dann können auch die Kommunen selbst solche Maßnahmen treffen – die allerdings politisch nur schwer realisierbar sind – oder gleich den Verlust selbst tragen. Klammert man aber nur die wenigen gewinnträchtigen Teilbereiche („Tafelsilber") aus und belässt der Kommune nur die unrentablen, dann verschlechtert dies nachhaltig deren Haushaltsstruktur. In bestimmten Einzelfällen kann es durchaus sinnvoll sein, eine konkrete Leistung der Privatwirtschaft zu übertragen, wenn die Marktsituation und andere Gegebenheiten eine sichere, ausreichende und preiswerte Versorgung der Bevölkerung dauerhaft gewährleisten. Dies bedarf zuvor einer sorgfältigen Einzelfalluntersuchung. Die Gemeinden haben bereits zahlreiche Bereiche privatisiert.[7]

Die Rechtsprechung der Verwaltungsgerichte weist neuerdings restriktive Tendenzen bei der Gestaltung von Entgelten als Folge von (formalen) Privatisierungen auf. So hat das OVG Niedersachsen[8] einer Stadt untersagt, die wegen der Privatisierung der Abfallbeseitigung mit einer neuen Technologie entstandenen Mehrkosten in ihre Gebührenkalkulation einzubeziehen. Dies folge aus dem Gebührengrundsatz der Erforderlichkeit, wonach eine sparsame und wirtschaftliche Haushaltsführung besonders dort geboten sei, wo das kommunale Handeln Gebührenpflichten auslöst. Das OVG Münster[9] hat einem Landkreis untersagt, in seiner Gebührenkalkulation einen Mehrwertsteueraufschlag anzusetzen. Es handelt sich um die Umsatzsteuer, die dadurch anfiel, dass ein öffentlicher Aufgabenträger die Durchführung einer Aufgabe, die er besser selbst wahrnehmen kann, zunächst einer privaten GmbH überträgt, die anschließend wieder die Kommune als Unterbeauftragten beschäftigt. Diese Zusatzkosten seien keine betriebsnotwendigen Aufwendungen.

### 3. Rechtsgrundlagen

878 Die grundlegenden Bestimmungen für Unternehmen und Beteiligungen enthalten die §§ 102 bis 108 GemO. Sie gelten für die eigene Aufgabenwahrnehmung wie auch für deren Übertragung auf Dritte. Die §§ 96 und

7 Wegen aller Einzelheiten wird auf die zahlreiche Spezialliteratur verwiesen, insbes. *Grabbe*, Verfassungsrechtliche Grenzen der Privatisierung kommunaler Aufgaben, 1979; *Graf Vitzthum*, Archiv des öffentlichen Rechts 1979, S. 380; DStT-Beiträge Heft 2/1976.
8 Urt. vom 11.5. 2000 (Az L 5646/98), Gemeindekasse 2000/126.
9 Urt. vom 24.11. 1999 (Az 9 A 606596), NVwZ-RR 2000, S. 708.

98 regeln die finanzwirtschaftliche Stellung von Eigenbetrieben, das EigBG und die EigBVO die Einzelheiten dazu.

### 4. Verbindung zu anderen Rechtsgebieten

Dem Gesetzgeber war es nicht möglich, in der GemO, dem EigBG und der EigBVO alle geltenden Vorschriften in einem Gesetzeswerk zusammenzufassen. Deshalb bestehen hier eine Fülle von Querverbindungen aller Art. So gilt in weiteren Bereichen das Privatrecht, insbes. das Vertragswesen, das GWB und das UWG. Das Handelsrecht (HGB) hat vor allem für privatrechtliche Unternehmen, aber auch durch Verweise der EigBVO für Eigenbetriebe große Bedeutung. BgA unterliegen dem Steuerrecht. Das EnWG, das Preisrecht (KAV, KAE) und spezielle Vorschriften für einzelne Bereiche wie z.B. das PBefG, das StrG, AktG oder GmbHG bringen eine Fülle zu beachtender Regelungen.[10] **879**

## II. Begriff und Arten der wirtschaftlichen Betätigung

### 1. Gesetzliche Bestimmungen

Weder GemO noch EigBG definieren den Begriff wirtschaftliche Betätigung. Die Interpretation „als wirtschaftliche Unternehmen sind vor allem solche Einrichtungen anzusehen, die grundsätzlich auch von einem Privatunternehmen mit der Absicht der Gewinnerzielung betrieben werden können"[11] ist heute nicht mehr voll zutreffend. **880**

### 2. Begriffsmerkmale

Die Gewinnerzielungsabsicht bei der Gemeinde ist nicht ausschlaggebend, zumal auch im privaten Bereich einzelne gemeinnützige Unternehmen ohne diese Absicht arbeiten. Die Gleichsetzung mit der Daseinsvorsorge ist auch nicht zutreffend, weil diese keinesfalls auf die wirtschaftliche Betätigung beschränkt ist.[12] Es muss sich um eine Teilnahme der Gemeinde am allgemeinen Wirtschaftsleben handeln. Dazu gehört die Beteiligung am Wettbewerb zur Erzielung wirtschaftlicher Vorteile, wobei ein geschäftlicher Leistungsaustausch stattfindet und die Gemeinde ihrerseits i.d.R. materielle Bedürfnisse ihrer Einwohner erfüllt. Dabei sind, eingeschränkt durch die Aufgabenerfüllung, auch erwerbswirtschaftliche Gesichtspunkte zu beachten. Es wäre aber unzulässig, allein aus Gewinn- **881**

10 Aus Platzgründen muss auf eine ausführliche Darstellung – wie noch in der 6. Aufl. Rdnrn. 871–878 – verzichtet werden.
11 VwV des IM zu § 102; dies entspricht der Ausführungsanweisung zu § 67 DGO.
12 Dies wird deutlich am Beispiel der Abwasser- und Abfallbeseitigung, die Musterbeispiele der Daseinsvorsorge sind, aber keine wirtschaftliche Betätigung darstellen.

absicht eine wirtschaftliche Betätigung auszuüben; der öffentliche Zweck muss dies rechtfertigen. Dabei kommt es wesentlich auf die Art der erbrachten Leistungen an und wem diese zugute kommen.

Nach anderer Definition liegt eine wirtschaftliche Betätigung vor, wenn sich die Gemeinde auf dem Gebiet von Güterproduktion und -verteilung oder entsprechender Dienstleistung wertschöpfend mit kaufmännischer Arbeitsweise unter Beteiligung am geschäftlichen Verkehr betätigt, oder „... wenn eine Gemeinde als Unternehmer nach erwerbswirtschaftlichen Grundsätzen Lieferungen oder Leistungen für Dritte am Markt bewirkt und die hierfür erforderlichen Anlagen vorhält".[13]

Der Begriff „Wirtschaftliche Unternehmen" (WU) ist historisch gewachsen.[14] Vereinfacht könnte man ihn so charakterisieren, dass es sich weniger um verwaltungsorientierte, sondern mehr um leistungsorientierte unternehmerische Aufgaben handelt.

Eine klare Abgrenzung für alle denkbaren Fälle lässt sich als Folge des Wandels und der Vielfalt kommunaler Aufgaben nicht finden. Die Regelung des Entgelts (privat- oder öffentlich-rechtlich) und die Frage des Benutzungsverhältnisses sind für die Begriffsbestimmung ebensowenig maßgebend wie die Rechtsform des Unternehmens. Verwaltungsrechtlich zählen WU dann zu dem verwaltungsrechtlichen Begriff der öffentlichen Einrichtung, wenn sie im öffentlichen Interesse betrieben und allen oder einem bestimmten Kreis der Gemeindeeinwohner zur Nutzung gewidmet werden.[15] Auf die konkrete Absicht der Gewinnerzielung oder eines tatsächlichen Gewinns kommt es nicht an; eine dauerhafte Gewinnerzielung ist jedoch im Gegensatz zu den nichtwirtschaftlichen Unternehmen nicht nur zulässig, sondern sie soll nach § 102 Abs. 2 GemO angestrebt werden.

## 3. Negativabgrenzung

**882** § 102 Abs. 3 GemO gibt eine wichtige Abgrenzung in der Weise, dass folgende Tätigkeiten keine wirtschaftlichen Unternehmen sind

- Einrichtungen, zu denen die Gemeinde gesetzlich verpflichtet ist

  (z. B. Abwasser- und Abfallbeseitigung, Bestattungswesen)

- schulische oder kulturelle sowie Einrichtungen der körperlichen Ertüchtigung, der Gesundheits- und Wohlfahrtspflege u. ä. Einrichtungen

  *Beispiele:* Alteneinrichtungen, Museen, Theater, Volkshochschulen, Krankenhäuser

13 Ersteres *Stern/Püttner*, a. a. O. (Fn 2), S. 64, Letzteres *Schauwecker/Münch*, S. 15.
14 Dies lässt sich am Beispiel Wasserversorgung = Wirtschaftliche Unternehmen und Abwasserbeseitigung = nichtwirtschaftliche Unternehmen verdeutlichen.
15 *Scholz*, in: Driehaus (Hrsg.), Rdrn. 534 ff. zu § 6 KAG.

- Hilfsbetriebe, die ausschließlich der Eigenbedarfsdeckung dienen

(z.B. Bauhof, Beschaffungsstellen, Druckereien, Gärtnereien, Kantinen, Steinbrüche). Sofern Hilfsbetriebe mit WU eine Einheit bilden, sind sie als Teil derselben zu behandeln.[16]

Einige dieser Einrichtungen wäre ohne die Negativabgrenzung als WU einzustufen, weil z.B. Krankenhäuser, Sanatorien, Druckereien, Gärtnereien u.a. durchaus von Privaten mit der Absicht der Gewinnerzielung betrieben werden können.

## 4. Nichtwirtschaftliche Unternehmen

Die Verpachtung von Betrieben und die reine Vermögensverwaltung 883
sowie der Gemeindewald stellen keine WU dar. Gleiches gilt für die Hoheitsverwaltung. Auch KrE i.e.S. mit voller oder teilweiser Kostendeckung zählen nicht zu den WU; dies gilt z.B. für die im Negativkatalog erfassten, aber auch für Kindergärten, Märkte, Bestattungswesen, Schlachthöfe und Bäder.

In der Praxis gibt es immer wieder Grenzfälle, die nur nach Lage des Einzelfalls zugeordnet werden können. So stellt ein „normales" Hallenbad ein nichtwirtschaftliches Unternehmen (nwU) dar. Handelt es sich jedoch um ein Freizeit- und Spaßbad, dann ist dieses eine WU. Eine Stadthalle, die überwiegend kulturellen oder sportlichen Zwecken dient, ist ein nwU. Dient sie jedoch dagegen verstärkt Tagungen, Kongressen und Ausstellungen, dann liegt ein WU vor.[17] Bei einem Hafenbetrieb ist ausschlaggebend, ob die Gemeinde die Einrichtung nur bereistellt (dann nwU) oder aber sich selbst unternehmerisch betätigt. Dies gilt auch für andere Tätigkeiten wie Gemeindebackhäuser, Waschküchen, Gemeinschaftskühlanlagen, Ratskeller.[18] Weitere Kriterien können die organisatorische Selbständigkeit und die Bedeutung der Aufgaben darstellen. Je stärker diese ausgeprägt sind, desto eher lässt dies auf ein WU schließen.

## 5. Betätigungsbereiche und Problematik

### 5.1 Schwerpunkte

Schwerpunkt bei den Kommunen ist die wirtschaftliche Betätigung im 884
Bereich Versorgung und Nahverkehr, bei Land- und Stadtkreisen auch Sparkassen. Mit Abstand folgen Kurbetriebe und Wohnungsunternehmen.

16 VwV zu § 102 GemO.
17 Dazu ausführlich der *Verfasser*, ZKF 1983, S. 204–207 und 226–230.
18 Die Bedeutung solcher Einrichtungen ist in der Praxis rückläufig. Sie werden zu Recht der Privatinitiative überlassen.

## 5.2 Energieversorgung

### 5.2.1 Vom Monopol zum Wettbewerb

885 Die Energieversorgung ist nur über ein Leitungsnetz möglich, dessen Herstellung und Unterhaltung äußerst kapital- und kostenintensiv ist. Dadurch entstehen hohe Fixkosten. Etwa die Hälfte aller Kosten entfallen auf die Verteilungsanlagen. Dies führt zu einer Verfestigung der Märkte, denn aus wirtschaftlichen Gründen können nicht beliebig viele Leitungen verlegt werden. Hinzu kommt, dass Strom überhaupt nicht und Gas nur begrenzt speicherbar ist. Aus diesem Grunde hatten die Versorgungsunternehmen früher eine Monopolstellung. Das GWG gewährte den Unternehmen Gebietsschutz und damit regionale Monopole. Diese grenzten ihre Versorgungsgebiete gegeneinander in sog. Demarkationsverträgen ab. Die Gemeinden schlossen Konzessionsverträge ab, in denen sie ausschließlich einem Unternehmen das alleinige Wegbenutzungsrecht und das Versorgungsmonopol übertrugen.

Mit ihren Richtlinien hat die EU[19] ihren Mitgliedsländern zwingende Vorgaben für eine Öffnung der Energiemärkte gegeben, die 1998 das neue EnWG vom 28.8. 1998 und das geänderte GWB in nationales Recht umsetzte. Danach müssen sowohl die Stromerzeugung (Kraftwerke) als auch die Verteilung (Netzbetreiber) und der Verkauf (Groß- und Einzelhandel) organisatorisch und kaufmännisch getrennt werden. Zugleich sind Stromerzeugung und -vermarktung für den Wettbewerb zu öffnen. Gleiches gilt für die Gasversorgung. Alle Marktteilnehmer müssen einen ungehinderten und gleichberechtigten Zugang zu den Strom-(Gas-)netzen haben. Beim Netzzugang wird zwischen zwei Alternativen unterschieden[20]

- dem **vertraglich vereinbarten Netzzugang** (Durchleitungssystem) – bei diesem muss der Netzbetreiber anderen Unternehmen sein Netz zu angemessenen und gleichen Bedingungen zur Verfügung stellen, damit das Drittunternehmen einen Kunden bedienen kann. Dafür ist ein Durchgangsentgelt zu zahlen. Hier besteht zwischen Kunde und Anbieter ein direktes Lieferverhältnis. Dieser „verhandelte Netzzugang" soll der Regelfall sein.
- Das **Alleinabnehmersystem,** bei dem der Kunde einen Vertrag über die Lieferung mit einem fremden Lieferanten, der ihm die günstigsten Konditionen bietet, abschließt. Der Netzinhaber muss den Strom vom betr. Unternehmen abnehmen, den ein Kunde seines Gebiets bei dem Dritten gekauft hat. Dieser Dritte liefert den Strom an den Alleinabnehmer, der diesen dann ins eigene Netz übernimmt. Der Kunde hat

19 Richtlinie vom 19.12. 1996 für den Elektrizitätsbinnenmarkt und vom 22.6. 1998 für den Erdgasbinnenmarkt – im Einzelnen s. *Quecke/Schmid*, Rdnr. 18 zu § 101 SächsGemO.
20 Ausführlich in *Quecke/Schmid*, Rdnrn. 25–32 zu § 101 SächsGemO.

Anspruch auf die vereinbarte Lieferung; dieser Anspruch wird an den Alleinabnehmer abgetreten. Der Kunde zahlt an den Fremdlieferer den vereinbarten Preis. Von diesem Betrag muss der Fremdlieferer ein Entgelt für die Einleitung zahlen. Die Netzbenutzungsentgelte sind von der Energieaufsichtsbehörde zu genehmigen und von den Unternehmen zu veröffentlichen. Dieses System ist zunächst bis zum Jahr 2005 befristet.

§ 11 EnWG begründet eine weitreichende Anschluss- und Versorgungspflicht des Energieversorgungsunternehmens (EVU). In Gemeindegebieten, in denen sie die Letztverbraucher versorgen, müssen die EVU jedermann zu den allgemeinen Bedingungen und Tarifen anschließen und versorgen. Nur wenn der Anschluss oder die Versorgung für das EVU aus wirtschaftlichen Gründen unzumutbar ist, entfällt diese Pflicht. Die Anschlussbedingungen und die allgemeinen Tarife müssen die EVU öffentlich bekannt machen. Grundsätzlich müssen die allgemeinen Tarife für verschiedene Gemeindegebiete gleich sein.

Das BMW kann durch Rechtsverordnung für die Gestaltung der Allgemeinen Tarife Vorgaben machen und diese von einer Genehmigung abhängig machen. Dies regeln die Bundestarifordnung Elektrizität und Gas. Der Bundesrat fordert als Folge der Liberalisierung, die Genehmigungspflicht für die Tarifstrompreise (§ 12 Bundestarifordnung) aufzuheben.

### 5.2.2 Stromversorgung

Wegen der fehlenden Speichermöglichkeiten haben die Unternehmen ei- **886**
nen ausgedehnten Stromverbund geschaffen. Die eigene Erzeugung hat bei kommunalen Unternehmen stark abgenommen; nur noch größere Stadtwerke erzeugen Strom selbst. Große Regionalunternehmen erzeugen Elektrizität in Großanlagen und beliefern über eigene Fernleitungen zahlreiche Städte, die dann die Verteilung selbst durchführen („A-Gemeinden"). Regionalunternehmen versorgen dagegen kleinere Gemeinden bis zum Hausanschluss („B-Gemeinden"). Die Einräumung eines Versorgungsmonopols ist nicht mehr zulässig.

In diesem Bereich konnten die EVU lange Zeit satte Gewinne erzielen. Kommunale Unternehmen nutzten diese, um im Querverbund die Verluste ihrer Verkehrsbetriebe auszugleichen. Die Strompreise sind inzwischen drastisch zurückgegangen, und zwar auch im Bereich der Privatkunden, was in diesem Umfang nicht erwartet wurde. Obwohl industrielle Großverbraucher schon immer als Sondervertragskunden mit ihren jeweiligen Stromversorgern Sondertarife aushandelten, konnten sie wegen des harten Preiskampfs Preisreduzierungen von einem Drittel erzielen.[21]

21 Präs. *Klingler*, VDEW nannte 11 Mrd. DM (StZ vom 22.3. 2000).

Die Liberalisierung des Strommarktes führt zu einer Stromvermarktung – Strom wird wie andere Wirtschaftsgüter gehandelt. Stromproduzenten, große Stromverbraucher und Energiehändler können, wie an anderen Terminbörsen auch, zu einem bestimmten Zeitpunkt Strom kaufen oder verkaufen. In Westeuropa vorhandene Überkapazitäten werden die Preise niedrig halten. Der Strombedarf nimmt nicht mehr wie in früheren Jahren zu.

Die gesunkenen Erträge zwingen EVU zu Rationalisierungen und zum Zusammenschluss in größeren Einheiten. Die kommunale Eigenerzeugung auf der Basis ökonomisch und ökologisch sinnvoller Kraft-Wärme-Koppelung muss ausgebaut werden. Der VKU fordert entsprechende Regelungen.

#### 5.2.3 Gasversorgung

**887** Der Gasverbrauch wird heute weitgehend über Erdgas befriedigt, das z. T. von weit entfernten Gebieten (z. B. Russland) zugeleitet wird. Die örtlichen Gasunternehmen schlossen sich wegen des kostengünstigeren Einkaufs zu regionalen Unternehmen zusammen, die eigene Transport- und Speicheranlagen unterhalten.[22] Wegen ihrer Umweltfreundlichkeit und längerfristig wegen der Stilllegung von Atomkraftwerken wird die Gasversorgung in Zukunft vor allem in Ballungsgebieten noch mehr Bedeutung erlangen. Abgelegene Wohngebiete werden aber nur selten mit Gas versorgt, um „Doppelleitungen" von Strom und Gas zu vermeiden. Auch bei den Gastarifen haben die Bezugskosten entscheidendes Gewicht.

Die EU hat für den Energiemarkt Gas gleichermaßen wie bei Strom Vorgaben für die Liberalisierung gegeben, die die Mitgliedsstaaten in nationales Recht umsetzen mussten. Verbände der Industrie und der Gaswirtschaft haben eine Verbändevereinbarung abgeschlossen, nach der sich die Kunden das für sie günstigste Lieferangebot aussuchen können. Danach werden für die überregionale Ferngasversorgung entfernungsabhängige Entgelte, für die regionale und lokale Versorgung entfernungsunabhängige Entgelte festgesetzt. Diese gelten den Netzzugang ab.

#### 5.2.4 Fernwärmeversorgung

**888** Die Fernwärmeversorgung ist zwar kapitalintensiv, aber besonders umweltfreundlich. Insbes. die Kraft-Wärme-Koppelung mit gemeinsamer Erzeugung von Strom und Wärme im örtlichen Heizkraftwerken bewirkt eine rationelle Energieverwendung. Problematisch ist, dass die Fernwärme nur verbrauchsnahe erzeugt werden kann, sodass überregionale

22 Vor allem in Zweckverbänden wie z. B. Gasversorgung Süddeutschland.

Verbundbetriebe nicht möglich sind. Vor allem in Ballungsgebieten wird ihre Bedeutung zunehmen.[23]

### 5.3 Wasserversorgung

Die örtlichen Wasservorkommen reichen vor allem in Ballungsgebieten und Industriezentren nicht aus, um den Bedarf zu decken. Deshalb muss Wasser aus immer weiter entfernten Gebieten gewonnen und zugeleitet werden. Die überregionale Wasserbeschaffung übernehmen große Unternehmen – meist in Form von Zweckverbänden.[24] Daraus folgen hohe Bezugskosten. Die örtliche Versorgung führen örtliche Unternehmen[25] durch. Die Anforderungen des Gesetzgebers an die Wasserqualität sind in den letzten Jahren verschärft worden und haben auf Kosten und Preise durchgeschlagen. 889

Deutschland hat die höchsten Wasserpreise im internationalen Vergleich,[26] aber auch die höchste Qualität und Sicherheit. Die hohen Preise bewirken ihrerseits einen Verbrauchsrückgang;[27] wegen des hohen Fixkostenanteils von 75 % führt dies wiederum zu steigenden Entgelten.[28]

Die EU plant auch eine (gemäßigte) Liberalisierung der Wasserversorgung.

### 5.4 Verkehrsbetriebe

Städtische Nahverkehrsbetriebe werden als U-Bahnen, Straßenbahnen und Omnibusbetriebe geführt. Vereinzelt spielen auch Bergbahnen und Fähren eine Rolle. Zur Industrieförderung betreiben einzelne Städte Industriebahnen und Häfen. Verschiedene Großstädte sind an Verkehrsflughäfen beteiligt.[29] 890

Der öffentliche Personennahverkehr (ÖPNV) ist eine freiwillige Aufgabe der Kommunen. Ballungsräume drohen in der Flut der PKW zu ersticken. Stadtentwicklung, Umlandschutz und Wirtschaftspolitik erfordern einen funktionierenden ÖPNV. Lohnintensität und Spitzenbelastungen sowie verkehrsarme Zeiten ermöglichen keine kostendeckenden Tarife, die zu einer weiteren Zunahme des Individualverkehrs führen würden. Die „Empfehlung für die Gestaltung von Tarifen des ÖPNV"[30] will einerseits die Kostenunterdeckung in tragbaren Grenzen halten, andererseits die sozialen und gesamtpolitischen Vorteile des ÖPNV berücksichtigen. Je nach

23 Dabei wird die Kraft-Wärme-Koppelung, bei der die bei der Stromerzeugung anfallende Abwärme in Turbinen zu Nutzwärme umgewandelt wird, eine besondere Rolle spielen.
24 Z.B. Bodenseewasserversorgungszweckverband, Landeswasserzweckverband.
25 In größeren Gemeinden i.d.R. Eigenbetriebe, in kleineren auch Regiebetriebe.
26 Im Bundesdurchschnitt (2001) 1,77 Euro (Kommunalwirtschaft 2001, S.665). Der Abwasserpreis liegt noch höher.
27 Rückgang von 1995 bis 1998 um rd. 20 % (StZ Nr. 68/2000).
28 Dies gilt in gleicher Weise für die Abwassergebühr.
29 Meist gemeinsam mit dem Land, bei internationalen Flughäfen z.T. auch mit dem Bund.
30 Erarbeitet vom Deutschen Städtetag und VÖV 1976; s. *Fromm*, in: HdKWPr Bd.V S.352.

Struktur des Verkehrsgebiets und Art des Leistungsangebots soll im ländlichen Raum mit Omnibusbetrieben der Kostendeckungsgrad nicht unter 80 v.H., in kleinen und mittleren Städten nicht unter 70 v.H und in Großstädten und Verdichtungsräumen nicht unter 60 v.H absinken.[31] Die Tarife sollen ständig der Kostenentwicklung angepasst werden. Wenn und soweit den Unternehmen aus sozialen oder bildungspolitischen Gründen Rabatte auferlegt werden, seien diese auszugleichen.[32] Dann würden nach Verrechnung der Kosten, die dem volkswirtschaftlichen Nutzung des ÖPNV zuzurechnen sind, Fahrgeldeinnahmen und Ausgleichskosten zu einer Gesamtkostendeckung führen. Zur Zeit erreichen die Verkehrsbetriebe im Bundesdurchschnitt eine Kostendeckung von rd. zwei Drittel.[33]

Die EU plant, auch den ÖPNV durch Marktöffnung zu liberalisieren. Erste Schritte sind durch eine erweiterte Ausschreibungspflicht eingeleitet.[34]

In die Verkehrsbetriebe können auch Parkhäuser und Tiefgaragen einbezogen werden.[35]

### 5.5 Sparkassen

**891** Nach § 102 Abs. 4 GemO darf die Gemeinde keine Banken errichten und betreiben, weil diese Betätigung außerhalb der Daseinsvorsorge liegt und hohe Risiken beinhaltet. Stadt- und Landkreise sowie in Baden Zweckverbände dürfen nach Maßgabe des Sparkassengesetzes öffentliche Sparkassen errichten. Diese sind öffentlich-rechtliche Anstalten mit eigener Rechtspersönlichkeit, für die spezielles Recht gilt. Dieses geht den §§ 102ff. GemO vor. Danach sind die Stadt- und Landkreise sowie Zweckverbände deren Gewährträger[36]. Die Gemeinden erhalten zwar keine Gewinnausschüttung, der Gewährträger kann jedoch Überschüsse für einen öffentlichen und gemeinnützigen Zweck bereitstellen.

### 5.6 Kurbetriebe

**892** Dazu gehören die Bereitstellung von Kuranlagen, Bäder, Mineralbrunnenerzeugnisse, Kurkonzerte und sonstige Veranstaltungen.

### 5.7 Kommunale Wohnungsvermittlung und Baugesellschaften

**893** Die kommunale Wohnungsvermittlung ist dann als wirtschaftliches Unternehmen anzusehen, wenn sie allen Einwohnern und nicht nur solchen mit geringem Einkommen bereitsteht.[37] Dann tritt die Gemeinde bewusst

31 Obwohl die Studie von Gesamtdeckung spricht, meint sie nur die Personal- und Sachkosten; nicht dagegen die hohen kalkulatorischen Kosten!
32 Z.B. Behindertenrabatte, Schülerbeförderung. Die bestehenden Regelungen in § 45a PBrfG bringen keinen angemessenen Ausgleich.
33 Stand 1998 lt. Süddeutsche Zeitung vom 24.5. 2000.
34 S. dazu *Portz*, Anwendung des Vergaberechts auf kommunale Unternehmen, SLK 1999, S. 414.
35 Mit steuerlicher Wirkung; s. BFH, Urt. v. 8.11. 1989 (BStBl. II 1990 S. 242).
36 Die EU hat die Abschaffung der Anstaltslast und Gewährträgerhaftung bis Mitte 2005 durchgesetzt (mit Übergangsfristen). Ausführlich *Quecke/Schmid*, Rdnr. 152 ff. zu § 97.
37 *Zumpe*, Rechtliche Grenzen der kommunalen Wohnungsvermittlung, 1976, S. 26.

in Konkurrenz zu privaten Maklern. Diese Tätigkeit wird durch den öffentlichen Zweck gerechtfertigt, wenn die Gemeinde insbes. sozial schwachen Personen hilft, rasch eine Wohnung zu angemessenen Bedingungen zu finden, und darüber hinaus die Versorgung der Einwohner mit (knappem) Wohnraum gewährleisten will.[38] Zu diesem Zweck ist auch die Subventionierung einer städtischen Wohnungsbaugesellschaft zulässig.[39] Zahlreiche Groß- und Mittelstädte haben solche Vermittlungen eingerichtet. Vereinzelt übernehmen diese sogar Maklerdienste für „Luxuswohnungen" und gewerblich/industrielle Projekte.

Auch Wohnungsbaugesellschaften, die Häuser und Wohnungen bauen und vermieten, stellen WU dar. Sie werden oftmals gemeindeübergreifend tätig. Im Hinblick auf die erfolgreichen privatwirtschaftlichen Initiativen wird jedoch der öffentliche Zweck solcher gemeindlicher Unternehmen nur in größeren Städten bejaht werden können.[40]

Gesellschaften, die zur Stadtsanierung gegründet werden, zählen ebenfalls zu den WU. Ihr öffentlicher Zweck kann in der Unterstützung der kommunalen Siedlungspolitik gesehen werden.

### 5.8 Sonstige wirtschaftliche Unternehmen

Ein WU liegt auch dann vor, wenn die Gemeinde mit einem (bisherigen) Hilfsbetrieb wie Stadtgärtnerei, Druckerei, Wäscherei, Kiesgrube, Steinbruch oder dem Bauhof regelmäßig in erheblichem Umfang Leistungen oder Waren an Dritte veräußert. Hier prüft die Rechtsprechung kritisch, ob die Voraussetzungen in § 102 Abs. 1 Nr. 1 und 3 GemO erfüllt sind.[41] **894**

Auch beim Betrieb von Keltern[42] oder Ratskellern[43] sowie bei Obst- und Weinbaubetrieben liegt ein WU vor.

Gründet die Stadt oder ein Landkreis eine Wirtschaftsförderungsgesellschaft in Form einer GmbH, so handelt es sich ebenfalls um ein WU. Gleiches gilt für die Errichtung eines Technologieparks. Wird dagegen lediglich ein Beauftragter für die Wirtschaftsförderung bestellt, dann fehlt das Merkmal der Beteiligung am allgemeinen wirtschaftlichen Verkehr.[44]

Zahlreiche Städte betätigen sich auf dem Telekommunikationsmarkt und stellen dafür ihre bisher nur intern genutzten Sprach- und Datenkommunikationswege auch Dritten gegen Entgelt zur Verfügung. Ihre Aktivitäten reichen von der Vermittlung einzelner Kabeltrassen oder der Herstellung

38 *Zumpe*, a.a.O. (Fn 37), S.38/40; VG Stuttgart, Urt. vom 27.4. 1973 (BWGZ 1975, S.491).
39 BVerwG, Beschl. vom 1.3. 1973, DÖV S.857; VGH BW, Beschl. vom 21.7. 1982, BWVBl. 1983, S.28.
40 Etwa bei 20000 Einwohnern; vgl. VGH BW, VBl BW 1983, S.78.
41 Vgl. dazu Abschn. III Rdnr. 897, 901.
42 Sofern die Gemeinde nur die Einrichtung bereitstellt, aber nicht selbst betreibt, liegt ein nwU vor.
43 Bei einer Verpachtung handelt es sich um Vermögensverwaltung, hier fehlt die unternehmerische Tätigkeit.
44 Dann ist diese Institution eng in die Verwaltung eingegliedert und deren Bestandteil. Zur kommunalen Wirtschaftsförderung s. auch den *Verfasser*, ZKF 1986 Hefte 6/7, Möglichkeiten und Grenzen der kommunalen Wirtschaftsförderung.

von Punkt-zu-Punkt-Verbindungen bis zum Anbieten von Telefondiensten als Konkurrenz zur Telekom.[45] Im Hinblick auf den öffentlichen Zweck ist dies wohl problematisch.[46]

Das BVerwG vertritt die Auffassung, dass auch bestimmte privatwirtschaftliche Leistungen im Bestattungswesen zur wirtschaftlichen Betätigung gehören. Es hat den Verkauf von Bestattungsartikeln sowie die Ausführung von Aufträgen zur Leichenbesorgung und Erledigung anderer Dienstleistungen (z.B. Grabpflege) als WU in der Form eines Regiebetriebs angesehen, die von den Bediensteten mit hoheitlichem Funktionsbereich mitverwaltet werden. Das Gericht hat diese Art der wirtschaftlichen Betätigung für rechtlich zulässig erklärt und den öffentlichen Zweck bejaht.[47] In der Praxis werden solche Leistungen als „Annextätigkeiten" behandelt, die der KrE Bestattungswesen zugeordnet werden.

## III. Voraussetzung für die wirtschaftliche Betätigung

### 1. Gesetzliche Regelung

895 §102 Abs.1 GemO lässt die wirtschaftliche Betätigung der Kommunen nur unter bestimmten Voraussetzungen zu, weil jede unternehmerische Tätigkeit mit einem mehr oder weniger großen finanziellen Risiko verbunden ist und weil dafür nicht unbesehen Steuermittel eingesetzt werden dürfen. Diese Voraussetzungen müssen gemeinsam erfüllt sein. Sie gelten gleichermaßen für die Errichtung (also Neugründung), Übernahme (Erwerb oder Pacht eines vorhandenen Unternehmens), wesentliche Erweiterung oder für Beteiligung an einem rechtlich selbständigen wirtschaftlichen Unternehmen. Die Rechtsform (Regiebetrieb, Eigenbetrieb, Beteiligungsunternehmen) ist dabei unerheblich. Als wesentliche Erweiterung wird man die Betätigung auf neuen Gebieten oder bei einer erheblichen Ausweitung des Betriebsvermögens – Schwelle etwa ab 20% – ansehen müssen.[48]

### 2. Öffentlicher Zweck

#### 2.1 Aufgabenbezug

896 §102 Abs.1 GemO verlangt zwingend, dass der öffentliche Zweck das Unternehmen rechtfertigt. Es handelt sich um einen unbestimmten Rechtsbegriff mit Beurteilungsspielraum. Bei seiner Auslegung spielen

45 Der Gemeinderat 1996, S.20ff.
46 Nordrhein-Westfalen hat dafür eine spezielle Ermächtigung geschaffen.
47 BVerwG, Urt. vom 22.2. 1972 (DStT 1973, S.265). Auch der BGH hat mit Urt. vom 19.6. 1986 der Gemeinde die Führung eines „Bestattungswirtschaftsbetriebs" erlaubt, wenn sie dabei nicht ihre hoheitliche Stellung missbraucht.
48 Analog der früheren Regelung in §15 DVO zur GemO.

der Gedanke des Sozialstaats und das Selbstverwaltungsrecht eine wichtige Rolle. Die wirtschaftliche Betätigung der Gemeinde muss sich entsprechend dem Selbstverwaltungsrecht im Rahmen ihrer sachlichen und örtlichen Zuständigkeit bewegen. Sie darf sich daher nicht auf Gebieten wirtschaftlich betätigen, die außerhalb ihrer Aufgaben liegen oder keinen Bezug zum Gemeindegebiet und ihren Einwohnern aufweisen.[49] Im Zeichen der Liberalisierung der Energiemärkte kann diese örtliche Begrenzung problematisch werden und die Tätigkeitsfelder einengen. VKU und Kommunale Verbände fordern deshalb für die wirtschaftliche Betätigung die örtlichen Begrenzungen aufzuheben, damit die Stadtwerke auch gemeindeübergreifend agieren können.[50]

### 2.2 Rechtsprechung

Der BGH sieht das Ziel der Beschränkung zum einen darin, die Ge- **897**
meinde vor der Übernahme wirtschaftlicher Risiken zu bewahren, zum andern, um die Privatwirtschaft vor einer drohenden Beeinträchtigung ihrer Interessen zu schützen. So kann es nach Auffassung des Gerichts nicht Aufgabe der Gemeinde sein, einem Privatunternehmen Fabrikgebäude oder andere Investitionen gegen Entgelt zur Verfügung zu stellen und dem Unternehmen damit das mit der Finanzierung solcher Anlagen verbundene Risiko abzunehmen und auf den kommunalen Haushalt zu verlagern.[51] § 102 Abs. 1 Nr. 1 GemO stellt aber andererseits keine Schutznorm für wirtschaftliche Konkurrenten einer Gemeinde dar.[52] Der VGH BW hat z. B. die Errichtung eines gemeindlichen Wohnungsbauunternehmens für zulässig erklärt, auch wenn es für Zwecke des sozialen Wohnungsbaus subventioniert wird.[53]

Die Verwaltungsrechtsprechung sieht den Normzweck des § 102 GemO ausschließlich auf die Wahrung öffentlicher Belange ausgerichtet.[54] So hat das BVerwG entschieden, dass die Gemeinde sich auf dem Gebiet des Bestattungswesens auch dann wirtschaftlich betätigen darf, wenn die Bedürfnisse der Bevölkerung durch private Bestattungsinstitute befriedigt werden.[55] Auch der Inhaber eines Saunabetriebs hat i. d. R. keinen Anspruch darauf, dass die Gemeinde keine derartige Anlage betreibt.[56]

49 *Scheel/Steup*, S. 194.
50 Die neuere Literatur hält dies schon bei der derzeitigen Rechtslage für zulässig. Eine Verbotsnorm, nach der Stadtwerke keinen Strom über ihre Grenzen hinaus liefern dürfen, existiere nicht. Die Stadtwerke könnten im Rahmen vertraglicher Vereinbarungen fremde Anlagen außerhalb des Gemeindegebiets benutzen, ohne gegen das Territorialprinzip zu verstoßen. Solche Lieferungen würden durch den Wegfall des Gebietsschutzes im Kartellrecht möglich. Auch bei Energielieferungen über die Gemeindegrenzen hinaus würde der örtliche Bezug gewahrt und eine erlaubte Annextätigkeit ausgeübt. *Braun*, Tätigwerden von Stadtwerken außerhalb ihrer Gemeindegrenzen, SächsVBl. 1999, S. 25ff.
51 Urt. vom 26.5. 1961, DVBl. 1962, S. 102.
52 BVerwG, Urt. vom 23.3. 1982, VBlBW S. 331.
53 Beschl. vom 21.7. 1982, VBlBW 1983, S. 78.
54 BVerwG, Beschl. vom 13.3. 1978, DVBl. S. 269. Anders dagegen die Zivilgerichte, s. schon Urteil des BGH vom 26.5. 1961, a. a. O. (Fn 51). Das BVerwG erkennt der Subsidiaritätsklausel keine Drittschutzwirkung zu (NJW 1995, S. 2938).
55 Urt. vom 22.2. 1972, BVerwG 39, 329.
56 OVG Münster, Urt. vom 2.12. 1985, DÖV 1986, S. 339. Die Gemeinde verstößt dabei weder gegen das GWG noch das GG.

Außerhalb der Daseinsvorsorge haben sich die Voraussetzungen durch die Neufassung des § 102 Abs. 1 Nr. 2 GemO verschärft; die Rechtsprechung reagiert entsprechend.[57]

Nachdem das GG kein Wirtschaftsmonopol zugunsten der Privatwirtschaft begründet, müssen private Unternehmer eine erwerbswirtschaftliche Betätigung der öffentlichen Hand grundsätzlich hinnehmen. Dies gilt insbes. dann, wenn mit dieser erwerbswirtschaftlichen Betätigung ein öffentlicher Zweck erfüllt wird, der seine Rechtfertigung im Sozialstaatsprinzip findet. Die Gewinnerzielungsabsicht allein ist jedoch kein Rechtfertigungsgrund. Leistungen und Lieferungen des gemeindlichen Unternehmens müssen selbst einem öffentlichen Zweck dienen.

Die Gemeinden müssen vor Aufnahme einer wirtschaftlichen Betätigung unabhängig von deren Rechtsform eingehend prüfen, ob dafür ein öffentliches Bedürfnis – in Form des öffentlichen Zwecks – besteht.[58]

### 2.3 Öffentlicher Zweck bei der Daseinsvorsorge

**898** Bei den klassischen Aufgaben der Daseinsvorsorge, vor allem bei Versorgung und ÖPNV, kann der öffentliche Zweck als gegeben angesehen werden.[59]

Für Angelegenheiten, die nicht dazu rechnen, hat § 102 Abs. 1 Nr. 3 in Form der neuen Subsidiaritätsklausel eine Hürde aufgebaut.[60]

### 2.4 Kriterien zum öffentlichen Zweck

**899** Die Literatur hat für die Beurteilung der Frage, ob ein öffentlicher Zweck vorliegt, folgende Merkmale erarbeitet:[61]

a) Berücksichtigung sozialer Gesichtspunkte der Leistungsempfänger, insbes. durch Kontrolle örtlicher Monopole zur Verhinderung von Missbräuchen durch überhöhte Preise und ungünstige Bedingungen;

b) Realisierung der Daseinsvorsorge durch vorrangige Erfüllung des öffentlichen Zwecks;

c) zweckmäßige Verwaltung der Gemeindestraßen und deren Benutzung für Versorgungsleitungen und Schienenwege;

d) Sicherung des Bedarfs der Gemeinde mitsamt ihrer Einwohner und ortsansässiger Industrie;

57 Siehe unten Abschn. 3 Rdnr. 901.
58 Gesetzesbegründung LT-Drs. 12 4055 S. 24.
59 Auf S. 54 der Gesetzesbegründung werden als weitere Beispiele der Daseinsvorsorge, die jedoch nicht unmittelbar der wirtschaftlichen Betätigung zuzurechnen sind, aufgeführt: Stadtplanung und -entwicklung, sozialer Wohnungsbau, kommunale Wirtschaftsförderung in Form Bereitstellung notwendiger Infrastruktur, Maßnahmen im Zusammenhang mit der kommunalen Sozial- und Jugendhilfe, Krankenhäuser, Förderung von Kultur, Bildung, Sport sowie die kommunale Entsorgungswirtschaft.
60 S. dazu nachfolgenden Abschn. 3 Rdnr. 901.
61 Inbes. *Püttner*, S. 37 ff. und *Quecke/Schmid*, Rdnr. 59 zu § 97 SächsGemO.

e) Unterstützung der gemeindlichen Siedlungspolitik und der Wirtschaftsförderung;

f) Abstimmung der Verkehrs- und Versorgungsplanung mit der kommunalen Gesamtentwicklungsplanung;

g) Erhaltung des örtlichen Einflusses auf die Versorgung gegenüber Großunternehmen;

h) Bemühen um ein angemessenes Tarifgefüge zwischen Kleinverbrauchern und Großabnehmern (Industrie), ohne Rücksicht auf die Marktstellung der Abnehmer nach kommunalpolitischen Gesichtspunkten;

i) Transparenz der Kalkulation von Gebühren und Entgelten kommunaler Einrichtungen für die von ihnen produzierten Güter und Dienstleistungen. Die Entgeltkalkulation ist grundsätzlich für jedermann nachprüfbar, weil über diese und die Entgelthöhe in öffentlicher Gemeinderatssitzung entschieden wird. Jeder Benutzer kann die Gebühren/Entgelte gerichtlich überprüfen lassen. Dies ist bei privatwirtschaftlichen Unternehmen gänzlich anders;

k) abgestimmte Aufgabenerfüllung aus einer Hand und Verantwortlichkeit des Gemeinderats;

l) Sorge für umweltfreundliche Aufgabenerfüllung;

m) kommunale Unternehmen unterliegen der parlamentarischen Kontrolle des Gemeinderats und der Rechtsaufsicht;

n) Entscheidungen über Art, Umfang und Bedingungen der Aufgabenerfüllung auf diesem Gebiet trifft der Gemeinderat als demokratisch legitimiertes Gemeindeorgan in grundsätzlich öffentlicher Sitzung und nicht ein der Öffentlichkeit nicht verantwortliches Organ einer Gesellschaft „hinter verschlossenen Türen".

### 2.5 Einwohner im Mittelpunkt

Grundlage für das Vorliegen eines öffentlichen Zwecks ist § 1 Abs. 2 **900**
GemO, wonach die Gemeinde das gemeinsame Wohl ihrer Einwohner fördert. Worin die Gemeinde eine Förderung des allgemeinen Wohls erblickt, ist den Anschauungen und Entschließungen ihrer maßgeblichen Organe überlassen und hängt von den örtlichen Verhältnissen, ihren finanziellen Möglichkeiten, den Bedürfnissen von Einwohnern, Gewerbe und Industrie u.a. ab. Die Nachprüfbarkeit des öffentlichen Zwecks ist zumindest im Bereich der Daseinsvorsorge weitgehend der richterlichen Beurteilung entzogen.[62] Es handelt sich um eine Frage sachgerechter Kommunalpolitik, die wie jedes wirtschaftliches Handeln in starkem Maße von Zweckmäßigkeitsüberlegungen bestimmt wird.

62 BVerwG, Urt. vom 22.2. 1972 (DStT 1973, S. 265).

Die gesetzliche Voraussetzung „öffentlicher Zweck" und die Subsidiaritätsklausel in § 102 Abs. 1 Nr. 3 GemO stehen in einem engen sachlichen Zusammenhang.

### 3. Subsidiaritätsklausel für Aufgaben außerhalb der Daseinsvorsorge

901 Subsidiaritätsklauseln bezwecken, dass eine Kommune nicht nach völlig freiem Ermessen entscheiden darf, ob sie eine Aufgabe der örtlichen Gemeinschaft selbst durchführt oder dies der Privatwirtschaft überlässt. Die Gemeindeordnungen enthalten für die wirtschaftlichen Betätigung solche Klauseln in unterschiedlichen Ausgestaltungen.

Die „echte Subsidiaritätsklausel" lässt eine wirtschaftliche Betätigung der Kommunen nur dann zu, wenn der Zweck nicht ebenso gut und wirtschaftlich durch einen Dritten erfüllt werden kann.[63] Weniger streng sind die Anforderungen bei der „unechten Subsidiaritätsklausel", wie sie in den meisten Bundesländern gilt.[64] Hier muss die Privatwirtschaft „besser" sein. Die Änderungsnovelle 1999[65] führte erstmals in BW mit der Neufassung des § 102 Abs. 1 Nr. 3 GemO eine Subsidiaritätsklausel bei wirtschaftlicher Betätigung außerhalb der kommunalen Daseinsvorsorge ein. Danach ist die kommunale wirtschaftliche Bestätigung außerhalb der kommunalen Daseinsvorsorge nur dann zulässig, wenn der Zweck nicht besser und wirtschaftlicher durch einen anderen erfüllt wird oder erfüllt werden kann. Der Gesetzgeber hielt diese Einschränkung wegen der zunehmenden Tendenz vor allem größeren Kommunen, ihre wirtschaftliche Betätigung auf neue Geschäftsfelder auszudehnen, für notwendig.[66] Die Subsidiaritätsklausel bedeutet, dass Leistungsparität im Verhältnis zu privaten Anbietern als Voraussetzung für die kommunale Wirtschaftstätigkeit notwendig, aber auch ausreichend ist. Vor Aufnahme einer solchen erwerbswirtschaftlichen Tätigkeit muss die Gemeinde die relevanten Marktgegebenheiten in Hinsicht auf die vorhandene Leistungsfähigkeit und Effizenz privater Anbieter werten. Sie muss eingehend prüfen, ob für ihre Tätigkeit außerhalb der Daseinsvorsorge ein öffentliches Bedürfnis besteht. Wenn ein quantitativ wie qualitativ ausreichendes Angebot der Privatwirtschaft, vor allem des Mittelstandes, besteht, kann ein solches Bedürfnis nicht bejaht werden. Die Gemeinde muss die Leistungserbringung durch ihr Unternehmen mit derjenigen eines privaten Anbieters vergleichen. Neben dem

63 Solche restriktiven Klauseln haben Bayern, Rheinland-Pfalz (dessen Verfassungsgerichtshof hat die Klausel im Urt. vom 28.3. 2000 – VGH N 12/98 – für verfassungsgemäß erklärt), Thüringen und MV.

64 Z.B. § 97 Abs. 1 Nr. 3 SächsGemO; dazu ausführlich *Quecke/Schmid*, Rdnrn. 67–69 zu § 97 SächsGemO.

65 Gesetz zur Änderung gemeindewirtschaftsrechtlicher Vorschriften vom 19.7. 1999 (GBl. S. 292).

66 Neue Tätigkeitsfelder sind z.B. Telekommunikation, Consulting der Stadtwerke bei Planung und Betrieb von Energieversorgungsnetzen, Energiedienstleistungen, Technologie- und Existenzgründungszentren, Beschäftigungsgesellschaften, Auslastungen von Hilfsbetrieben wie Werkstattleistungen für KfZ, Planung und Ausführung von Garten- und Landschaftsbauarbeiten, Gebäudemanagement. Annextätigkeiten von Hilfsbetrieben sind jedoch enge Grenzen gesetzt. Sie sind nur zulässig, wenn vorübergehend freie Kapazitäten genutzt werden und die Aufgabenwahrnehmung in einem sachlichen Zusammenhang mit der Haupttätigkeit steht. S. dazu *Leimkühler*, SLK 6/2000, S. 267.

Wirtschaftlichkeitsaspekt ist dabei auch die Güte der Leistung zu berücksichtigen, also z. B. die dabei erreichte Versorgungsleistung und Dauerhaftigkeit sowie soziale und ökologische Komponenten. Darüber hinaus hat die Gemeinde bei ihrer Entscheidung die im Interesse der Sicherung einer ausgewogenen Wirtschaftsstruktur des Landes liegenden Ziele nach §§ 1 und 2 MFG zu beachten. Mit dieser Subsidiaritätsklausel folgt das Gesetz einer mittleren Linie, die einerseits der Tatsache Rechnung tragen soll, dass die Kommunalwirtschaft eine wichtige Säule der kommunalen Selbstverwaltung darstellt, die aber andererseits auch die Belange der privaten Wirtschaft berücksichtigt.[67]

Maßgebend sind zwei Kriterien von gleichem Gewicht

- die Wirtschaftlichkeit der betr. Leistung,
- ihre Qualität oder Güte.

Fällt die Bewertung nur bei **einem** dieser beiden Merkmale gleich oder zugunsten der Kommune aus, dann darf sich die Gemeinde selbst auch außerhalb der Daseinsvorsorge wirtschaftlich betätigen. Bei dieser Bewertung hat sie einen erheblichen Beurteilungsspielraum, der sich vor allem auch auf die Qualität oder Güte bezieht. Damit ist die Nachhaltigkeit der Leistung, also ihre Dauerhaftigkeit und Zuverlässigkeit, gemeint. Je wichtiger eine durch den öffentlichen Zweck gerechtfertigte Leistung für die Einwohner ist, desto größer ist das Bedürfnis nach einem krisenfesten, stetigen und möglichst ungestörten Angebot zu sozial gerechtfertigten Bedingungen. Diese Kontinuität der Aufgabenerfüllung kann von Fall zu Fall den Ausschlag dafür geben, dass ein Privater den öffentlichen Zweck nach Einschätzung des Gemeinderats nicht ebenso gut erfüllt wie die Gemeinde selbst. Denn der Private steht noch stärker als die Gemeinde unter dem betriebswirtschaftlichen Erfolgszwang, der eine mögliche Einschränkung oder gar Einstellung des Betriebs einschließt.[68]

Zu beantworten ist auch die Frage, wie ein Eigenbetrieb mit mehreren Aufgabenbereichen („Querverbund") den Vergleich anzustellen hat. Hier ist bei einem Wirtschaftlichkeits- und Qualitätsvergleich, den die Gemeinde gegenüber einem Drittunternehmen anzustellen hat, das gesamte Unternehmen, nicht die einzelnen Sparten des Eigenbetriebs maßgeblicher Bezugspunkt.[68]

Bei der (eingeschränkten) Subsidiaritätsklausel hat die Gemeinde einen erheblichen Beurteilungsspielraum bei der Frage der wirtschaftlichen und besseren Aufgabenerfüllung – eine überzeugende Begründung kann den Ausschlag geben. Dennoch sollten die Kommunen schon im Hinblick auf den Grundsatz der Wirtschaftlichkeit und Sparsamkeit sorgfältig und

67 Gesetzesbegründung S. 24. Die Kommunalen Landesverbände lehnten die Subsidiaritätsklausel mit guten Gründen nachdrücklich ab, die Wirtschaft verlangte eine verschärfte Klausel.
68 Verfassungsgerichtshof Rheinland-Pfalz, Urt. vom 8.5. 2000 (VGH N 12/98).

umfassend prüfen, ob eine dauerhafte und ausreichende Aufgabenerfüllung in eigener Regie für sie langfristig kostengünstiger ist. Wenn dies ohne Nachteil für Einwohner, Gewerbe und Industrie zu verneinen ist, sollte sie die Aufgabe privatisieren. Allerdings ist kritisch zu hinterfragen, ob es sich nicht nur um ein günstiges „Einstiegsangebot" handelt, dem später bei einer starken Monopolstellung des beauftragten Privatunternehmens bei einer Verlängerung das „dicke Ende" nachfolgt. Solche Erfahrungen mussten einige Gemeinden in anderen Ländern bei der Abwasserbeseitigung machen. Im Übrigen kann niemand ernsthaft verlangen, dass die Gemeinde alle gewinnbringenden wirtschaftlichen Betätigungen privatisiert und nur die zuschussbedürftigen Bereiche selbst betreibt. Die Zeche für den entgangenen Gewinn-/Verlustausgleich müsste dann der Steuerzahler begleichen.

In neuester Zeit beurteilt die Rechtsprechung diese Subsidiaritätsklausel bei Aufgaben außerhalb der Daseinsvorsorge unterschiedlich. Einige Zivilgerichte treten Bestrebungen einzelner Kommunen, ihre bisher auf Hilfsbetriebe ausgerichteten Tätigkeiten durch Fremdangebote wirtschaftlicher oder gar rentierlich zu gestalten, strikt entgegen. Das Landgericht Offenburg hatte zunächst in seinem Urteil vom 3.12. 1999[69] einer Stadt untersagt, durch ihren Eigenbetrieb landschaftsgärtnerische Arbeiten für Dritte zu planen und durchzuführen. Die neue Subsidiaritätsklausel schränke auch im Interesse privater Mitbewerber die erwerbswirtschaftliche Betätigung der Gemeinden ein und sei deshalb ein Schutzgesetz. Wenn die öffentliche Hand sich erwerbswirtschaftlich betätige und deshalb im Privatrechtsverkehr am Wirtschaftsleben teilnehme, unterliege sie wie jeder andere Teilnehmer am Wettbwerb den Regelungen des UWG. Wenn gesetzliche Voraussetzungen nicht erfüllt sind, könne bereits die Aufnahme einer solchen Betätigung ein Verstoß gegen dieses Gesetz sein. Im Übrigen liege im Bereich Garten- und Landschaftspflege ein quantitativ und qualitativ ausreichendes Angebot der Privatwirtschaft vor. Deshalb sei eine entsprechende kommunale Tätigkeit unzulässig, zumal auch der öffentliche Zweck hier nicht gegeben wäre. In gleicher Weise hat das OLG Hamm[70] im Fall „Gelsengrün" einer städt. Eigengesellschaft untersagt, landschaftsgärtnerische Arbeiten privaten Auftraggebern anzubieten und auszuführen. Auf derselben Linie liegt ein Urteil des LG München,[71] das die Ausführung von Elektroarbeiten durch eine kommunale Eigengesellschaft verneint hat. Mit überzeugender Begründung hat dann das OLG Karlsruhe mit Urteil vom 16.11. 2000 (4 U 171/99) die Entscheidung des LG Offenburg aufgehoben. Weder aus § 102 GemO (n.F.) noch aus der Gesetzesbegründung ergebe sich, dass der private

69 AZ 50183/98 KfH, Die Gemeindekasse 2000 Nr.27.
70 Fall Gelsengrün, Urt. vom 23.9. 1997, NJW 1998, S.3504.
71 Urt. vom 19.5. (IHK 03922/99), Die Gemeindekasse, 2000/27.

Dritte einen rechtlich geschützten Anspruch gegen die Aufnahme einer kommunalen wirtschaftlichen Betätigung habe. Das Gericht bezieht sich auch auf die Rechtsprechung des VGH BW und des BVerwG,[72] nach der diese Vorschrift keine Drittwirkung hat. Ein Unterlassungsanspruch wäre nur begründet, wenn sich die Stadt im Wettbewerb sittenwidriger Mittel bedienen würde (z.B. Missbrauch ihrer hoheitlichen Stellung). Demgegenüber hat das OLG Düsseldorf zwar die Schutzfunktion einer entsprechenden Bestimmung in der GO NW bejaht, aber dennoch einer Tochtergesellschaft von Stadtwerken das Recycling von Altautos mit der Begründung gestattet, es handle sich um eine „privilegierte", nichtwirtschaftliche Betätigung.[73] Das LG Kassel hat entschieden, dass die wirtschaftliche Betätigung eines Eigenbetriebs auf dem Gebiet der privaten Grundstücksreinigung nicht wettbwerbswidrig und damit zulässig ist.[74]

Für die Kommunen ist die Aufsplitterung des Rechtswegs in Zivilgerichte, die vereinzelt diesen gemeindewirtschaftlichen Vorschriften eine Schutzfunktion zuerkennen, und den Verwaltungsgerichten, die hier primär Tätigkeitsschranken der Gemeinden sehen, irritierend. Der Gesetzgeber sollte ausdrücklich die von der Kommunalmaterie her prädestinierten Verwaltungsgerichte für zuständig erklären.[75]

## 4. Leistungsfähigkeit und Bedarf

Nach § 102 Abs. 1 Nr. 2 GemO muss ein WU nach Art und Umfang in einem angemessenen Verhältnis zur Leistungsfähigkeit der Gemeinde und zum voraussichtlichen Bedarf stehen. Es dürfen weder Über- noch Unterkapazitäten geschaffen werden, weil sich Fehlinvestitionen bei diesen kapitalintensiven Anlagen langfristig negativ auswirken. Für größere Städte stellt sich die Frage, ob sich ein eigenes Unternehmen lohnt. Wenn die optimale Betriebsgröße nicht erreicht wird, ist die Frage der überörtlichen Aufgabenerfüllung zu prüfen. Der unwirtschaftliche Einsatz von Mitteln ist ebenso unzulässig wie die finanzielle Überbeanspruchung. Zur Beurteilung der Leistungsfähigkeit ist der langfristige Gemeindeentwicklungsplan und die mehrjährige Finanzplanung beizuziehen. Die wirtschaftliche Betätigung hat keinen Vorrang vor anderen kommunalen Aufgaben, aber auch keinen Nachrang. Diese Abwägung ist Aufgabe des Gemeinderats. Die Kommunen können im Rahmen ihres Selbstverwaltungsrechts unter Abwägung des Bedarfs mit ihren finanziellen Möglichkeiten unter Beachtung der Leistungsfähigkeit frei entscheiden, ob und in welcher Form sie sich wirtschaftlich betätigen.[76] 902

72 VGH BW, Urt. vom 21.7. 1994; BVerwG Beschl., v. 21.3. 1995.
73 Urt. vom 28.10. 1999 (AZ 2 U 7/99) s. SSG-Mitt. 2/2000 S.29. Das LG Wuppertal hatte zuvor diese Tätigkeit untersagt. S. Kommunalwirtschaft 1999, S.330.
74 Urt. vom 19.3. 1999 (AZ 11 0 4033/99), VKU-Nachr. 616, S.13.
75 So auch mit überzeugender Begründung *Leimkühler*, SLK 6/2000 S.264.
76 So BVerwG; Urt. vom 18.5. 1995 (7 C 58.98).

### 5. Ausreichende Betriebsgröße

903 Die Gewinnung von Wasser und die Energieerzeugung durch eigene Unternehmen können die finanziellen Möglichkeiten in einer Gemeinde übersteigen oder bewirken, dass das WU wegen mangelnder Größe unwirtschaftlich arbeitet. Ab wann eine optimale wirtschaftliche Betriebsgröße erreicht wird, lässt sich nicht generell anhand von Einwohnerzahlen oder Erzeugungs- bzw. Verteilungsmengen festlegen. Eine zu geringe Betriebsgröße liegt i.d.R. vor, wenn ein WU nicht in der Lage ist, ein ausreichendes Angebot zu Preisen zu bieten, die im Vergleich mit benachbarten Unternehmen noch annehmbar sind. Die Eigenversorgung durch WU mit optimaler Betriebsgröße kann aus kommunalpolitischer, finanzwirtschaftlicher und umweltpolitischer Sicht erhebliche Vorteile bringen.[77]

In der Energie- und Wassergewinnung bringt die technische Konzentration die Vorteile der Kostendegression, weil größere technische Einheiten kleineren im Kosten-Leistungs-Vergleich überlegen sind. Dagegen können auch kleinere Unternehmen Energie und Wasser wirtschaftlich verteilen, weil sich die örtlichen Verteilungsanlagen nicht konzentrieren lassen. Aber auch reine Verteilungsunternehmen unterliegen einer unteren Grenze.[78] Durch den Querverbund und überörtliche Zusammenarbeit mit anderen WU lässt sich eine Kostensenkung und Aufgabenoptimierung erreichen. Wenn trotz Ausschöpfung dieser Möglichkeiten die optimale Betriebsgröße nicht erreicht wird, dann scheidet die Führung eines eigenen Unternehmens aus. Dennoch bleibt die Kommune für die Aufgabe verantwortlich; dem kann sie durch Abschluss eines Konzessionsvertrags und/oder Erwerb von Anteilen an einem rechtlich selbständigen Unternehmen (= Beteiligung) nachkommen.

## IV. Zielsetzung

### 1. Erwerbswirtschaftliche Ziele

904 Die Betriebsziele in der Erwerbswirtschaft und in der kommunalen Wirtschaft weisen erhebliche Unterschiede auf. Im kommunalen Bereich dienen die Unternehmen der Bedarfsdeckung. Erwerbswirtschaftliche Unternehmen erfüllen ebenfalls diese Aufgabe, aber nicht primär um dieses Zieles willen, sondern in erster Linie, um andere Ziele zu erreichen. Sie werden ausschließlich oder vorwiegend tätig, um eine möglichst hohe Rendite zu erreichen. Aus diesem Grunde wählen sie solche Tätigkeitsbereiche, in denen sie langfristig auf Grund der marktwirtschaftlichen und betrieblichen Gegebenheiten eine Gewinnchance sehen. In der

77 Ausführlich *Quecke/Schmid*, Rdnr. 31–50 zu § 97 SächsGemO m.w.N.
78 Schon allein wegen der Leitung und Verwaltung der WU, s. auch VKU-Heft 48, S. 38.

Wahl der Betätigung sind sie frei; das Prinzip der Gewinnmaximierung lenkt das Kapital in die lohnendsten Teilbereiche.

## 2. Kommunalwirtschaftliche Ziele

Die kommunale wirtschaftliche Betätigung wird nicht primär mit Gewinn- 905
erzielungsabsicht betrieben, sondern um des öffentlichen Zweckes willen. Sie findet innerhalb der marktwirtschaftlichen Ordnung statt. Aus dem Versorgungsmonopol ist ein Wettbewerbsmarkt geworden, dem sich auch die kommunalen WU stellen müssen. Ziel gemeindlicher WU ist die Aufgabenerfüllung; danach richten sich die erbrachte Leistung und die Entgelte.

Oettle unterscheidet zwischen Leistungszielen, Bedarfslenkungszielen und Belastungszielen[79]. Die Leistungsziele befassen sich mit der Bedarfsdeckung. Sie bestimmen, welche Art der Leistung, in welcher Menge und Qualität und in welcher Zeit und wo sie angeboten werden soll. Die Bedarfslenkung steuert die Nachfrage; hier kommt vor allem die Preispolitik, die gebotene Qualität oder die zwangsweise Beeinflussung durch Anschlusszwang oder Beschränkung (z.B. bei Wassermangel) in Betracht. Bei den Belastungszielen geht es um die Lastenverteilung (z.B. nach dem Äquivalenzprinzip).

Vor allem bei der Bedarfslenkung können sich Konflikte mit finanzwirtschaftlichen Zielen ergeben. Z.B. wird der ÖPNV umso attraktiver, je niedriger die Tarife sind und je besser das Leistungsangebot (Bequemlichkeit, Schnelligkeit, Häufigkeit) ist; dies schließt aber Gewinnerzielung als finanzpolitisches Ziel aus. Andererseits ist ein attraktiver Nahverkehr das einzige Mittel für große Städte, um ein Verkehrschaos und unangemessene Investitionen für den Individualverkehr zu verhindern. Hier wird die enge Einbeziehung der kommunalen Unternehmen in die gesamte Kommunalpolitik und der Zwang zur Rücksichtnahme auf die allgemeinen kommunalen Bedürfnisse deutlich. Dies gilt vor allem für die Versorgungs- und Verkehrsbetriebe, zu deren wichtigsten Aufgaben es gehört, die kommunale Umwelt-, Wohn- und Siedlungspolitik zu unterstützen. Dabei müssen häufig anfängliche oder dauernde Verluste (unrentable Linien) in Kauf genommen werden. Dieses Problem wirft die Frage der Abgeltung „gemeinwirtschaftlicher Lasten" auf. Der Versuch, den Erfolg eines Betriebes insgesamt zu messen, ist deshalb sehr problematisch, weil das Unternehmen nicht nur einem Ziel, sondern mehreren zu dienen hat.

79 Zeitschrift für betriebswirtschaftliche Forschung, 18. Jahrgang 1966, S. 241 und in Sonderdruck KGSt Okt. 1972.

## 3. Der Betriebserfolg

906 Jeder einzelne Betrieb hat Zielsetzungen, die seinen speziellen Aufgaben und regionalen Besonderheiten entsprechen. Bei der Messung des Erfolgs sind diese Ziele zu berücksichtigen. Der Erfolg ist also zielbezogen zu werten; er ist eine Aussage, inwieweit die gesetzten Ziele erreicht werden konnten. Dabei kommt der Bedarfsdeckung im gemeindlichen Bereich besondere Bedeutung zu, wodurch andere Ziele z.B. finanzwirtschaftliche, maßgeblich beeinträchtigt werden. Die erwerbswirtschaftliche Erfolgsmessung in der Ermittlung des Gewinns als wichtigste Aussage scheidet hier aus. Als Ersatz wird im öffentlichen Bereich die Kosten-Nutzen-Analyse angepriesen, die allerdings den Nachteil hat, dass sie immaterielle Vorteile (Freizeitgewinn, Gesundheit u..a.) zwangsweise in Geldwerten ausdrücken muss.[80] Das kaufmännische Rechnungswesen bietet in den kommunalen Betrieben zwar exakte Aussagen über den Rentabilitätserfolg (auch den negativen!), nicht aber den Gesamterfolg. Denn in welchem Umfang der Betrieb kommunalpolitische Ziele erfüllt hat, lässt sich dabei nicht erfassen. So kann aus einem Betriebsverlust nicht auf eine unwirtschaftliche Betriebsführung, aus einem erwirtschafteten Gewinn nicht auf eine optimale Aufgabenerfüllung geschlossen werden. Deshalb ist die Kontrolle des rationalen innerbetrieblichen Leistungsvollzugs von größter Bedeutung, wozu sich vor allem der Betriebsvergleich eignet. Dazu sind Kosten- und Leistungsrechnungen erforderlich, die qualifizierte Kennzahlen liefern.[81]

## 4. Rentabilität

907 Rentabilität und Wirtschaftlichkeit sind grundverschiedene Begriffe. Rentabilität ist dann gegeben, wenn das eingesetzte Kapital in seinem Wert erhalten wird und wenn es darüber hinaus einen Gewinn abwirft. Während die Rentabilität regelmäßig in der Erwerbswirtschaft das primäre Ziel ist, kommt der Gewinnerzielungsabsicht im öffentlichen Bereich sekundäre Bedeutung zu. Dies geht schon aus der Beschränkung des § 102 GemO hervor, wonach sich die Gemeinde nur bei Vorliegen eines öffentlichen Zwecks wirtschaftlich betätigen darf.

Nach § 102 Abs. 2 GemO sind wirtschaftliche Unternehmen so zu führen, dass der öffentliche Zweck erfüllt wird; sie sollen einen Ertrag für den Haushalt der Gemeinde abwerfen. Diese Bestimmung gilt für eigene Unternehmen der Gemeinden wie auch für solche, an denen sie beteiligt ist. Vorrang hat die Erfüllung des öffentlichen Zwecks (Mussvorschrift); im Konfliktfall hat die Gewinnerzielung (Sollvorschrift) zurückzustehen. Allerdings darf die Gemeinde nicht nach freiem Ermessen entscheiden, ob

80 *Oettle*, Fn 79. Diese Werte sind manipulierbar.
81 Siehe dazu Teil C.

sie einen Ertrag erzielen will. Der Sollgrundsatz verlangt dies dann, wenn es mit dem vorrangigen Grundsatz des öffentlichen Zwecks vereinbar ist. Nicht die Gewinnmaximierung, sondern die Erfüllung des öffentlichen Zwecks mit möglichst gleichzeitiger Erzielung eines angemessenen Ertrags ist anzustreben.[82] Hier spielt die Überlegung herein, dass es Aufgabe der kommunalen Wirtschaft ist, die Einwohner preiswert, ausreichend und zuverlässig vor allem auf dem Gebiet der Versorgung und des Verkehrs zu bedienen. In diesen Bereichen bestehen auch gesetzliche Anschluss- und Beförderungspflichten. Allerdings ist es keine Aufgabe der Unternehmen, anstelle der oder für die Gemeinde soziale Leistungen zu erbringen. Über die Höhe des Ertrags für den Haushalt sagt die GemO selbst nichts aus; analog der für Eigenbetriebe geltenden Regelung kann von einer marktüblichen Verzinsung des Eigenkapitals ausgegangen werden.[83]

## 5. Wirtschaftlichkeit

Der Grundsatz der Wirtschaftlichkeit gilt uneingeschränkt für alle kom- 908
munalen Betriebe – auch für solche, die mit Verlust arbeiten. Wirtschaftlichkeit bedeutet, mit dem gegebenen Aufwand den bestmöglichen Erfolg zu erreichen (Maximalprinzip) oder mit geringstem Mitteleinsatz einen bestimmten Erfolg zu erzielen (Minimalprinzip).[84]

Da bei der wirtschaftlichen Betätigung die Bedarfsdeckung als Ziel vorgegeben ist, wird in diesem Bereich (wie überwiegend bei der Erfüllung öffentlicher Aufgaben) vorherrschend das Minimalprinzip anzuwenden sein. Im Bereich der wirtschaftlichen Betätigung muss bei der Beurteilung der Wirtschaftlichkeit auch das Verhältnis von Aufwand und Ertrag gesehen werden; ertragssteigernde Aufwendungen beeinflussen bei überproportionaler Ertragssteigerung die Wirtschaftlichkeit positiv.[85] Deshalb ist bei wirtschaftlichen Unternehmen der Betätigungsbereich nicht eng auf die eigentliche Aufgabenerfüllung begrenzt. Die Unternehmen dürfen und sollen alle im Wettbewerb gegebenen wirtschaftlichen Chancen wahrnehmen.

Wirtschaftlichkeit lässt sich also nicht ausschließlich mit erwerbswirtschaftlichen Maßstäben messen; es muss zugleich die besondere Aufgabenstellung und die Auswirkung auf die Kommunalpolitik im Hinblick auf die Daseinsvorsorge berücksichtigt werden.

82 Die Grundsätze für die Einnahmebeschaffung nach § 78 Abs. 2 GemO räumen den speziellen Entgelten den Vorrang ein. Der Benutzer soll stärker belastet, der Steuerzahler soll für diesen Bereich entlastet werden (Vorteilsausgleich). Das Gebot der Kostendeckung wird durch soziale Gesichtspunkte eingeschränkt.
83 Eine marktübliche erwirtschaftete Kapitalverzinsung stellt betriebswirtschaftlich nur eine volle Kostendeckung dar. Sie gibt aber die Möglichkeit, den Zinsertrag an den Kapitaleigner auszuzahlen, sofern er nicht dem Unternehmen zur Finanzierung verbleibt. Allerdings hat es ein WU wesentlich schwerer, eine volle Kostendeckung zu erreichen, als ein Hoheitsbetrieb, weil es die Eigenkapitalverzinsung zuvor als Gewinn versteuern muss.
84 Vgl. Rdnr. 103.
85 Ebenso *Schauwecker/Münch*, S. 14.

Bei der Errichtung, Übernahme oder wesentlichen Erweiterung wirtschaftlicher Unternehmen muss die Gemeinde die wirtschaftliche Betätigung ihren Aufgaben und ihrer Leistungsfähigkeit sowie dem voraussichtlichen Bedarf anpassen.

### 6. Verbot des Monopolmissbrauchs

**909** Nach § 102 Abs. 5 GemO dürfen Monopolbetriebe den Anschluss oder die Belieferung (vor allem bei Wasser, Strom, Gas) nicht davon abhängig machen, dass andere Leistungen oder Lieferungen von dem Betrieb abgenommen werden („Koppelungsverbot"). Die Belieferung mit Gas oder Strom darf also z. B. nicht mit einer Abnahmepflicht für Herde oder andere Geräte verknüpft werden. Ein Verstoß dagegen hätte die Nichtigkeit[86] zur Folge. Die Lieferung darf dann von der Vornahme der Anschlussarbeiten abhängig gemacht werden, wenn dies aus sachlichen Gründen notwendig ist (z. B. Zähler, Gasanschluss). Dabei kann das Unternehmen die notwendigen Arbeiten auf konzessionierte Installateure übertragen. Der Vertrieb von Geräten ist den Unternehmen erlaubt, nicht aber in der Form, dass der Anschluss vom Kauf von Geräten abhängig gemacht wird (unzulässiges „Koppelungsgeschäft"!).

Die Gemeinde darf auch ihre hoheitliche Funktion nicht dazu ausnutzen, um sich erwerbswirtschaftliche Wettbewerbsvorteile zu verschaffen. Die „Werbung" im Standesamt für städt. Bestattungsordner oder im Einwohneramt für die städt. Wohnungsvermittlung wäre als unlauterer Wettbewerb nach dem UWG unzulässig.

## V. Rechtsformen wirtschaftlicher und nichtwirtschaftlicher Unternehmen

### 1. Einteilung nach dem Rechtsträger[87]

**910** **1.1** Öffentliche Unternehmen,

die zumindest 75 % im Eigentum öffentlicher Gebietskörperschaften stehen;

**1.2** gemischtwirtschaftliche Unternehmen,

die sowohl in privaten wie auch im Eigentum der öffentlichen Gebietskörperschaften stehen, bei denen aber keine Seite 75 % oder höhere Anteile besitzt („Sperrminderheit");

**1.3** private Unternehmen,

wenn mindestens 75 % der Anteile in privatem Eigentum stehen.

86 Nach dem BGB oder der GemO (§ 117).
87 Van *Aubel*, in: HdKWPr, Bd. 3 (1. Aufl.) S. 877.

Vor allem in der Energieversorgung spielen die gemischtwirtschaftlichen und zunehmend die privatwirtschaftlichen Unternehmen eine bedeutende Rolle, wenn auch die öffentlichen Unternehmen überwiegen. Im städtischen Nahverkehr dominieren dagegen eindeutig die öffentlichen Unternehmen.

## 2. Rechtlich unselbstständige Unternehmen

### 2.1 Regiebetrieb

Der Bruttoregiebetrieb ist die einfachste und älteste Form der wirtschaftlichen Betätigung. Er ist in haushaltsrechtlicher, rechnungstechnischer, organisatorischer und personeller Hinsicht ein unselbstständiger Bestandteil der Gemeindeverwaltung. Die selbstständige Willensbildung fehlt ebenso wie eine eigene Haushaltsführung. Sein Vermögen ist unausgegliederter Bestandteil des übrigen Gemeindevermögens; das Personal wird meist auch noch für andere kommunale Aufgabenbereiche eingesetzt. Er unterliegt in vollem Umfang den allgemeinen kommunalrechtlichen und -wirtschaftlichen Bestimmungen. Durch Einbeziehung kalkulatorischer Kosten (§ 12 GemHVO), Leistungsverrechnungen und Ausscheidung vermögenswirksamer Einnahmen und Ausgaben (Übernahme in den VmH) sowie durch die zeitliche Rechnungsabgrenzung (Abweichung vom Kassenwirksamkeitsprinzip gem. § 14 Abs. 6 GemHVO) ist auch in diesem Bereich eine grobe Kostenrechnung eingeführt. 911

Die alte Fassung des § 2 EigVBO hatte die Gemeinden bis 31.12. 1991 gezwungen, unabhängig von der Gemeindegröße beim Erreichen bestimmter Bilanzsummen und zugleich bestimmter Umsatzerlöse ihre wirtschaftlichen Unternehmen als Nettoregiebetriebe zu führen.[88] Auf diese mussten die Kommunen die Vorschriften des Eigenbetriebsrechts über die Wirtschaftsführung und das Rechnungswesen sinngemäß anwenden. Der Begriff „Nettoregiebetrieb" ist formal entfallen, der Begriff Bruttoregiebetrieb ist im Begriff „Regiebetrieb" aufgegangen.

Der Gemeinde steht es nach dem EigBG frei, ob sie ihre rechtlich unselbstständigen wirtschaftlichen Unternehmen als Regiebetrieb oder als Eigenbetrieb führen will. In beiden Fällen muss die Gemeinde ein WU in das Handelsregister eintragen lassen.[89]

### 2.2 Eigenbetrieb

Der Eigenbetrieb spielt seit 1932, insbesondere seit seiner gesetzlichen Verankerung in der DGO 1935 und nach der ausführlichen Regelung in der Eigenbetriebsverordnung von 1938 eine entscheidende Rolle bei der 912

88 Vgl. die Ausführungen in der 5. Auflage dieses Lehrbuchs, Rdnr. 912.
89 Art. 38 Abs. 3 Einführungsgesetz zum HGB i. d. F. vom 19.12. 1998 (BGBl. I S. 3836).

wirtschaftlichen Betätigung der Gemeinden. Er besitzt zwar keine eigene Rechtsfähigkeit, aber doch eine organisatorische und wirtschaftliche Selbstständigkeit gegenüber der Gemeinde (siehe unten VI).

### 3. Rechtlich selbstständige Unternehmen

#### 3.1 Privatrechtliche Unternehmen

913 Als rechtlich selbstständige Unternehmen, an denen sich die Kommunen zur Aufgabenerfüllung beteiligen, haben sich Kapitalgesellschaften, und zwar primär die GmbH, in Ausnahmefällen die AG durchgesetzt. Selten sind Beteiligungen an Erwerbs- und Wirtschaftsgenossenschaften. Eine Beteiligung an BGB-Gesellschaften oder OHG scheidet i.d.R. wegen fehlender Haftungsbegrenzung aus (siehe unten VIII).

#### 3.2 Rechtsform des öffentlichen Rechts

914 Für die Wahrnehmung der Aufgaben auf dem Gebiet der wirtschaftlichen Betätigung kommt als selbstständiger Rechtsträger die Form des Zweckverbands in Betracht. Dieser stellt eine öffentlich-rechtliche Körperschaft dar; die Rechtsverhältnisse sind im GKZ geregelt. Ein Zweckverband wird vor allem zum Zweck der kommunalen Zusammenarbeit gebildet; auf dem Gebiet der wirtschaftlichen Betätigung ergänzt er das Eigenbetriebsrecht, weil dieses keine derartigen Zusammenschlüsse kennt. Für Zweckverbände, die ein WU betreiben, kann gem. § 20 GKZ die Verbandssatzung bestimmen, dass modifiziert das Eigenbetriebsrecht anzuwenden ist.

## VI. Das Recht der Eigenbetriebe

### 1. Rechtsgrundlage

915 Das Eigenbetriebsgesetz – EigBG[90] – regelt die Verwaltung und Wirtschaftsführung der WU ohne eigene Rechtspersönlichkeit; die Eigenbetriebsverordnung – EigBVO[91] – bringt Details zur Wirtschaftsführung und zum Rechnungswesen.

Für die Errichtung oder wesentliche Erweiterung von Eigenbetrieben, die sich wirtschaftlich betätigen, gelten die Vorschriften des § 102 GemO unmittelbar.

90 Gesetz über die Eigenbetriebe der Gemeinden i.d.F. vom 8.1. 1992 (GBl. S.22), zuletzt geändert durch Gesetz vom 19.7. 1999 (GBl. S.292) – VSV 6413.
91 Vom 7.12. 1992 (GBl. S.776) – VSV 6413–2.

## 2. Anwendungsbereich

### 2.1 Entwicklung

916 Bis 1991 galten starre Anwendungsregeln. Das Eigenbetriebsrecht galt grundsätzlich nur für WU. Gemeinden mit mehr als 10000 Einwohnern mussten ihre WU grundsätzlich als Eigenbetrieb führen; für weniger bedeutsame Unternehmen war dies freigestellt.[92] Gemeinden bis zu 10000 Einwohner waren generell befreit. WU mit einer bestimmten wirtschaftlichen Größenordnung mussten als Nettoregiebetriebe geführt werden.[93]

Ab 1992 konnten die Gemeinden frei entscheiden, ob sie ihre WU als Eigenbetrieb oder Regiebetrieb führen wollten; sie durften auch KrE mit einer Kostendeckung von mehr als 50% als Eigenbetrieb führen.[94]

### 2.2 Organisationshoheit gestärkt

917 Die Novellierung des EigBG 1995[95] stärkte die kommunale Organisationshoheit. Die Gemeinden können gem. § 1 EigBG nach freiem Ermessen folgende Einrichtungen als Eigenbetriebe führen:

- wirtschaftliche Unternehmen,
- nichtwirtschaftliche Unternehmen und Einrichtungen (und zwar ohne Rücksicht auf den Umfang der Kostendeckung),
- Hilfsbetriebe.

Voraussetzung ist lediglich, dass Art und Umfang eine selbstständige Wirtschaftsführung rechtfertigen. Einrichtungen, die nur eine bescheidene finanzielle Größenordnung erreichen oder nur eine geringe personelle und sachliche Ausstattung aufweisen, dürfen nicht als Eigenbetriebe geführt werden.[96]

Zahlreiche Kommunen haben sich entschieden, ihre Theater, die Abwasserbeseitigung, die Abfallbeseitigung, Altenheime und den Bauhof – in Aussnahmefällen das Bestattungswesen – als Eigenbetrieb zu führen.

### 2.3 Subjektiver Anwendungsbereich

918 Das Eigenbetriebsrecht gilt für Gemeinden und Landkreise[97] sowie für Zweckverbände.[98] Es kann auch auf Krankenhäuser angewendet werden.[99]

92 Bilanzsumme unter 7,5 Mio. DM und zugleich Umsatzerlöse unter 2,5 Mio. DM.
93 § 2 EigBG i.d.F. vom 22.7. 1987 (GBl. S.306). S. dazu oben Rdnr. 911.
94 Änderungsgesetz vom 18.12. 1995 (GBl. S.875).
95 Vom 19.12. 1995 (GBl. S.875).
96 Vergleich mit dem Haushaltsvolumen der Gemeinde und deren sonstige Ausstattung mit Ressourcen. Auch der aufgabenpolitische Stellenwert, die Vorteile eines geschlossenen Finanzsystems mit der umweltpolitischen Auswirkung können herangezogen werden.
97 § 48 LKrO.
98 § 20 GKZ, vgl. dazu unten Rdnr. 1000.
99 Siehe dazu unten 2.5 Rdnr. 920–922.

### 2.4 Entscheidung über die Rechtsform

919 Nachdem die Gemeinde bei zahlreichen Einrichtungen frei über die Anwendung des Eigenbetriebsrechts entscheiden können, ist es notwendig, dass sie zuvor gründlich die Vor- und Nachteile der beiden Organisationsformen Regiebetrieb und Eigenbetrieb gegeneinander abwägen. Optische Aspekte wie etwa die Reduzierung des Schuldenstandes bei der Gemeinde oder geringe Personalausgaben dürfen nicht ausschlaggebend sein![100] Die Entscheidung ist zwingend dem Gemeinderat vorbehalten; wählt er den Eigenbetrieb, dann muss er dazu eine Betriebssatzung mit der Mehrheit der Stimmen aller Mitglieder beschließen. Die Verwaltung ist verpflichtet, dem Gemeinderat die maßgeblichen Entscheidungskriterien zur Abwägung vorzutragen. Dafür soll das folgende Schema Anhaltspunkte bieten:[101]

| *Regiebetrieb* — *Abwägung* | *Eigenbetrieb* |
|---|---|
| Vorteile | |
| Wahrung der Haushaltsgrundsätze<br>a) Vollständigkeit,<br>b) Bruttoprinzip,<br>c) Gesamtdeckung,<br>d) Einheitlichkeit. | Herausnahme aus dem Haushalt bewirkt, dass auch bei schlechter Finanzlage der Gemeinde wichtige Aufgaben bei dieser Einrichtung zum „richtigen" Zeitpunkt ausgeführt werden (technische, ökologische, wirtschaftliche Investitionen u. Instandsetzung). |
| Einbeziehung der KrE in „Prioritätenwettbewerb". | flexible Bewirtschaftung der Mittel in Erfolgs- und Vermögensplan (Grundsatz der sachlichen Bindung entfällt). |
| Gesamtüberblick über Verschuldung. | |
| Kalkulatorische Zinsen erscheinen im HPl. u. in Kalkulation als Kosten. | Abschreibungen sind für den EigB gebunden (nicht zweckfremd für andere Einrichtungen). |
| Volle Kostendeckung (Obergrenze) möglich (§ 9 KAG, § 12 GemHVO). | Gewinn- und Verlustausgleich unter den Jahren. |
| Zuständigkeit bleibt bei GR (Ausschuss) und BM, die auch für alle anderen Bereiche verantwortlich sind. | Organisatorische Flexibilität (Betriebsleitung, Betriebsausschuss), GR nur für grundlegende Fragen). |
| Öffentlichkeitsgrundsatz optimal gewahrt. | Möglichkeiten des Querverbundes (z.B. Wasser, Abwasser). |
| Vereinfachtes Rechnungswesen. | |

100 Derartige globale Vergleiche sagen auch wenig aus. Beim Schuldenstand wird ohnehin derjenige der Eigenbetriebe mit einbezogen. Künftig werden leistungsbezogene Kennzahlen bestimmend sein.
101 Argumente unter Verwendung eines Gutachtens des Mitautors *Giebler* für die Stadt Heilbronn.

| Nachteile: | |
|---|---|
| Erwirtschaftete Abschreibungen werden (Gesamtdeckungsprinzip) als Deckungsmittel für zweckfremde Investitionen oder zur Tilgungsfinanzierung* eingesetzt oder bei mangelhafter Zuführung im VwH verbraucht.<br><br>Einrichtung teilt Schicksal der übrigen (Unter-)Abschnitte im VwH + VmH – also in „schlechten Jahren" wenig Geld für Investitionen, Unterhaltung, Instandsetzung usw. | Einheitlichkeit des HPl. durchbrochen; finanzwirtschaftl. Kennzahlen unvollständig = „Skelettierung" des Haushalts.<br><br>Erschwerte Vergleichbarkeit.<br><br>Aufgabenspektrum unvollständig.<br><br>Kalkulat. Zins wirkt als Gewinn. Dies kann GR von Entgelterhöhungen abhalten.<br><br>Mehrarbeit durch Rechnungsabgrenzung.<br><br>„Hortung" erwirtschafteter Afa beim EigB (sofern nicht für Tilgung oder neue Investitionen benötigt). |

* Über die Zuführung zum Vermögenshaushalt primär zur Tilgungsfinanzierung (§22 Abs. 1 GemHVO). Die rasche Tilgung der meist hochverzinslichen Kredite ist jedoch ein großer Vorteil für den Gesamthaushalt, da sie erhebliche Zinsen einspart. Der für die Tilgung nicht aufgebrauchte Finanzierungsanteil ermöglicht die Eigenfinanzierung von Investitionen und erspart so teure Kreditaufnahmen.

## 2.5 Besonderheiten des Krankenhausrechnungswesens

### 2.5.1 Rechtsformen

Die kommunalen Krankenhäuser fallen nach der Negativabgrenzung des 920
§102 Abs. 3 Nr. 2 GemO nicht unter den Begriff der wirtschaftlichen, sondern der nichtwirtschaftlichen Unternehmen. Gemeinden und Landkreise können ihre Krankenhäuser gem. §38 LKHG in folgenden Rechtsformen betreiben:

- Als Eigenbetrieb unter Anwendung der Vorschriften der KrHRVO.
- Als Eigenbetrieb nach dem Eigenbetriebsrecht ohne die Besonderheiten der KrHRVO.
- In privatrechtlicher Rechtsform.

Ein Krankenhaus darf nicht als „Regiebetrieb" in einem besonderen (Unter-)Abschnitt im Haushaltsplan der Gemeinde geführt werden. Zum einen schreibt §3 KHBV zwingend vor, dass die Bücher nach den Regeln der kaufmännischen doppelten Buchführung geführt werden müssen, zum andern fordert §38 Abs. 1 LKHG deren Führung als wirtschaftlich eigenständigen Betrieb.

Die Wahl der Rechtsform stellt eine kommunalpolitische Entscheidung dar, die das zuständige Organ (Gemeinderat, Kreistag) nach Abwägung der Vor- und Nachteile zu treffen hat. Das Krankenhaus nimmt im Vergleich zu den sonstigen Einrichtungen eine Sonderstellung ein, weil es aus gesundheits- und sozialpolitischen Gründen starken Reglementierungen unterliegt.[102] Dies spricht für die Wahl des Eigenbetriebs, wenn sich Dritte beteiligen für die GmbH.

Für das Krankenhaus ist eine eigene Betriebsleitung zu bilden, in der sowohl der ärztliche und pflegerische wie auch der Verwaltungsbereich vertreten sein müssen.

Diese Regelungen gelten für die Krankenhäuser der Gemeinden, Landkreise und Zweckverbände sowie Landeswohlfahrtsverbände. Sie können auch auf die organisatorisch und wirtschaftlich mit dem Krankenhaus verbundenen Einrichtungen angewendet werden.[103]

### 2.5.2 Eigenbetrieb nach der Krankenhausrechnungsverordnung

**921** In dieser Rechtsform sind die Krankenhäuser am stärksten mit der Gemeinde verbunden. Sie stellen rechtlich kein Sondervermögen i.S.v. §96 GemO dar, nähern sich aber diesem in wirtschaftlicher Hinsicht an. Die Vorschriften der KrHRVO[104] gehen als spezialrecht dem Eigenbetriebsrecht vor. Es ergeben sich folgende Besonderheiten:

- Von der Festsetzung eines Stammkapitals kann abgesehen werden (§2 Abs.2 KrHRVO).
- Der Wirtschaftsplan ist Bestandteil des gemeindlichen Haushaltsplans und erlangt daher Satzungsqualität (§3 Abs.1 KrHRVO). Die Summe des Wirtschaftsplans, der Gesamtbetrag der Kredite und der Verpflichtungsermächtigungen sowie der Höchstbetrag der Kassenkredite sind in die Haushaltssatzung der Gemeinde aufzunehmen und dort gesondert auszuweisen (§3 Abs.2 KrHRVO).
- Von der Einbeziehung des Wirtschaftsplans in den Gesamthaushalt des Haushaltsplans kann abgesehen werden (§3 Abs.3 KrHRVO).
- Für den Wirtschaftsplan gilt ein verbindliches Muster.[105]
- Wegen der Qualifizierung des Wirtschaftsplans als Bestandteil des gemeindlichen Haushaltsplans gelten für Abweichungen von den Ausgabensätzen im Vermögensplan die strengeren Vorschriften für Nachtragssatzung und apl. Ausgaben[106] (§4 KrHRVO).
- Für das Krankenhaus ist ein besonderer Finanzplan mit Investitionsprogramm[107] aufzustellen (§5 KrHRVO). Hierfür ist das Muster nach Anlage 20 zur VwV Gliederung und Gruppierung verbindlich.

102 So verpflichtet §3 Abs.1 LKHG Stadt- und Landkreise, die nach dem Krankenhausplan notwendigen Krankenhäuser betreiben, wenn dies nicht Dritte erfüllen. Die Krankenhausplanung obliegt dem Land; die Pflegesätze sind vereinbarungspflichtig.
103 Z.B. angeschlossene Pflegeheime, Altenheime, Behindertenheime, Rehabilitationszentren.
104 Verordnung des Innenministeriums über die Wirtschaftsführung und das Rechnungswesen der Krankenhäuser der Gemeinden – Krankenhausrechnungsverordnung – vom 2.9. 1988 (GBl. S.323 mit Änderung – VSV 6414).
105 Hier ist das Muster in Anl. 19 zur VwV Gliederung und Gruppierung maßgeblich.
106 §82 Abs.2 Nrn. 1–3 sowie §84 GemO.
107 Diese sind Bestandteile der gemeindlichen Finanzplanung.

- Die Gemeindekasse kann die Kassengeschäfte für das Krankenhaus nach dem 7. Abschnitt der GemKVO abwickeln; die Gemeinde kann auch eine Sonderkasse einrichten (§ 6 KrHRVO).
- Die BPflV schreibt die kaufmännische Buchführung vor. Die KHBV präzisiert dies auf die Doppik und bringt detaillierte Einzelregelungen. Jahresabschluss und Lagebericht sind Bestandteile der gemeindlichen Jahresrechnung und des Rechenschaftsberichts (§ 7 KrHRVO).
- Ein Gewinn kann dem VwH der Gemeinde zugeführt werden, soweit er nicht für Zwecke des Krankenhauses gebunden ist. Ein Verlust ist vom VwH der Gemeinde auszugleichen, sobald erkennbar ist, dass sich ein anderer Ausgleich nicht erzielen lässt (§ 8 KrHRVO).
- An die Stelle des Betriebsausschusses tritt der Gemeinderat (Kreistag), ein beschließender Ausschuss (Krankenhausausschuss) oder der Bürgermeister (Landrat).
  Der Betriebsleitung gehört das Krankenhausdirektorium an.[108]

#### 2.5.3 Führung als Eigenbetrieb

§ 38 Abs. 2 LKHG, § 1 EigBG schaffen die Rechtsgrundlage dafür, das Krankenhaus als Eigenbetrieb zu führen. Ohne Anwendung der KrHRVO stellt dann das Krankenhaus Sondervermögen i.S.v. § 96 GemO dar; der Wirtschaftsplan ist nicht Bestandteil, sondern nur Anlage zum Haushaltsplan der Gemeinde. Für den Wirtschaftsplan gilt das verbindliche Muster nach § 5 EigBVO – Anlage 7 –. Für den Finanzplan mit Investitionsprogramm ist gem. § 5 EigBVO das Formblatt Anlage 8 zu verwenden. Das Krankenhausdirektorium muss der Betriebsleitung angehören oder diese bilden. 922

#### 2.5.4 Führung in Privatrechtsform

Bei dieser Rechtsform gelten die auf kommunale Eigen- und Beteiligungsgesellschaften anzuwendenden §§ 103 ff. Zahlreiche Kommunen gründeten in den letzten Jahren eine GmbH. 923

## 3. Begriff und Wesen des Eigenbetriebs

### 3.1 Begriff

Der Begriff des Eigenbetriebs beinhaltet seit 1. 1. 1992 auch den früheren Nettoregiebetrieb. Die Neufassung des EigBG lässt den Kommunen großen Spielraum bei der Ausgestaltung der Organisation und Verwaltung 924

108 Dieses besteht nach § 33 LKHG aus einem leitenden Arzt, dem Leiter des Wirtschafts- und Verwaltungsbereichs sowie der leitenden Pflegschaft. Dem Krankenhausdirektorium kann die Betriebsleitung allein übertragen werden. Einzelheiten regelt der Krankenhausträger. Der Bürgermeister kann nicht gem. § 10 Abs. 3 EigBG Aufgaben der Betriebsleitung wahrnehmen.

der Eigenbetriebe. So ist nicht mehr zwingend vorgeschrieben, dass jeder Eigenbetrieb eine Betriebsleitung haben muss.

Eigenbetriebe sind die von einer Kommune nach dem Eigenbetriebsrecht geführten wirtschaftlichen und nichtwirtschaftlichen Unternehmen ohne eigene Rechtspersönlichkeit. Sie sind aus dem Haushalt der Gemeinde ausgesondert und haben eine selbstständige finanzwirtschaftliche Planung, also einen eigenen Wirtschaftsplan, selbstständige Buchführung mit eigenständigem Abschluss und getrennter Vermögensverwaltung. Sie stellen Sondervermögen i.S.v. §96 Abs.1 Nr.3 GemO dar.

I.d.R. sind Eigenbetriebe öffentliche Einrichtungen.[109] Verwaltungsrechtlich stellen sie nichtrechtsfähige öffentliche Anstalten dar.[110]

### 3.2 Wesen des Eigenbetriebs

**925** Das Eigenbetriebsrecht hat eine Organisationsform geschaffen, die den Eigenbetrieb in besonderem Maße zur Erfüllung wirtschaftlicher Aufgaben befähigt. Im Rahmen der kommunalen Gesamtverwaltung erhielten die Eigenbetriebe eine Sonderstellung, die ihrem Charakter und ihrer Aufgabenstellung entspricht. Das Eigenbetriebsrecht ist den Anforderungen an die kommunale Wirtschaft angepasst und ermöglicht es, ein kommunales Unternehmen in Abwägung des Verhältnisses Wirtschaftlichkeit und öffentliches Interesse optimal zu führen. Herausragende Unterschiede gegenüber den Regiebetrieben oder anderen Verwaltungseinrichtungen sind:

- Ausweitung der Zuständigkeiten der Betriebsleitung, wobei der Gemeinderat als oberstes Organ die Einheitlichkeit der Gemeindeverwaltung gewährleistet;
- Aussonderung des Betriebsvermögens;
- Berücksichtigung der in einem solchen Unternehmen besonders gelagerten personellen Verhältnisse.

### 3.3 Rechtliche Unselbstständigkeit

**926** Trotz seiner weitgehenden organisatorischen und wirtschaftlichen Selbstständigkeit ist der Eigenbetrieb juristisch nicht selbstständig. Die Gemeinde haftet nach außen für den Eigenbetrieb; auch prozessrechtlich muss sie für den Eigenbetrieb auftreten.[111]

Nach Art.38 Abs.3 EGHGB müssen Eigenbetriebe in das Handelsregister eingetragen werden. Dies gilt auch für bestehende Betriebe.

109 Nicht jedoch, wenn Hilfsbetriebe als Eigenbetriebe geführt werden.
110 *Wolff*, Verwaltungsrecht II, §98 II b3.
111 Die Gemeinde darf ihre Steuerrückzahlungsverpflichtungen gegen Forderungen des Eigenbetriebs aufrechnen. Zur Haftung: *Püttner*, Die öffentlichen Unternehmen, S.186.

### 3.4 Zielsetzung

Für Eigenbetriebe, die sich wirtschaftlich betätigen, gelten die Voraussetzungen und Zielsetzungen des § 102 GemO.[112] Besonders bedeutsam ist der Grundsatz, dass der öffentliche Zweck das Unternehmen rechtfertigen muss. Konkret bedeutet dies, dass der Eigenbetrieb als Aufgabe der Daseinsvorsorge für eine gesicherte und ausreichende Versorgung der Einwohner mit Energie, Wasser und Verkehrsleistungen u. ä. Massenbedürfnisse zu sorgen hat, und zwar zu angemessenen Preisen. Diese Leistungen sind auch bei ungünstiger Ertragslage zu erbringen. Das im öffentlichen Interesse liegende Ziel geht dem erwerbswirtschaftlichen Sollgrundsatz vor, wonach der Eigenbetrieb einen Ertrag für den Haushalt abwerfen soll. Letzteres würde erfordern, dass über den Preis alle Kosten, also einschließlich kalkulatorischer Kosten, zu decken sind. Eine erwirtschaftete Kapitalverzinsung bietet die Möglichkeit zur Gewinnablieferung an die Gemeinde. In weiten Bereichen ist jedoch die Erzielung einer Rendite in Anbetracht der zu erfüllenden Aufgaben nicht möglich (z. B. Verkehrsbetriebe). 927

Der Grundsatz des § 78 Abs. 2 GemO, wonach für Leistungen der Gemeinde vorrangig kostendeckende Entgelte zu erheben sind, gilt auch für den Eigenbetrieb. Er steht häufig im Spannungsverhältnis mit sozialpolitischen Notwendigkeiten.

In jedem Fall muss der Eigenbetrieb nach § 77 GemO wirtschaftlich arbeiten[113]. Das bedeutet vor allem, dass er seine Leistungen lang- wie kurzfristig mit den geringsten Kosten erreichen muss.

Von Abnehmern und Benutzern ist ein angemessener Preis für die Kosten gebotener Leistungen anzusetzen. Dabei ist in vertretbarem Maße auch die Leistungsfähigkeit der Abnehmer zu berücksichtigen.[114] Die Ausnutzung einer Marktstellung zur Durchsetzung von Monopolpreisen scheidet als ein Extrem ebenso aus wie das andere, dass der Eigenbetrieb über völlig unzureichende Preise faktisch Sozialhilfeleistungen erbringt.

## 4. Verfassung und Verwaltung des Eigenbetriebs

### 4.1 Allgemeines

Die Vorschriften des EigBG über Verfassung und Verwaltung des Eigenbetriebs weichen zwangsläufig von den Regelungen des Kommunalverfassungsrechts ab, weil sie den Besonderheiten eines wirtschaftlichen Unternehmens Rechnung tragen. Zwar ist der Gemeinderat auch beim Eigenbetrieb oberstes Organ. Jedoch wird bereits die Stellung des Bür- 928

112 S. dazu oben Abschn. III Nr. 2, 3 Rdnrn. 896–901 und IV Rdnrn. 904–908.
113 Auf die Ausführungen bei Rdnr. 103 wird verwiesen.
114 So als zwingende Vorschrift der auch für Eigenbetriebe geltende § 78 Abs. 2 GemO.

germeisters zugunsten der Betriebsleitung eingeengt. Nur wenn das Eigenbetriebsrecht keine speziellen Regelungen enthält, die dann als Sonderbestimmungen vorgehen, gelten nach §3 Abs. 1 EigBG die Vorschriften der GemO und andere Regelungen.[115]

Die organisatorische und verwaltungsmäßige Selbstständigkeit des Eigenbetriebs könnte die Gefahr des „Betriebsegoismus" in sich bergen, nämlich in der Weise, dass sich der Eigenbetrieb nicht mehr als Teil der Gemeinde und den öffentlichen Interessen dienend, sondern vorrangig als erwerbswirtschaftlich ausgerichteter Betrieb sieht. Das Eigenbetriebsrecht hat hier in sinnvoller Weise eine Abstimmung mit den Gemeindeinteressen erzielt, ohne den Eigenbetrieb zu sehr einzuengen. Diese Kooperation wird vor allem dadurch erreicht, dass der Gemeinderat als oberstes Organ die entscheidenden Beschlüsse trifft und der Bürgermeister nur begrenzt Weisungen zur Wahrung der Einheitlichkeit der Gemeindeverwaltung erteilen kann.[116]

### 4.2 Betriebssatzung

#### 4.2.1 Charakter

929 Nach §3 Abs. 2 EigBG muss der Gemeinderat für jeden Eigenbetrieb eine Betriebssatzung erlassen. Dazu ist damit die Mehrheit der Stimmen aller Mitglieder des Gemeinderats erforderlich. Die Betriebssatzung ist eine Ortssatzung mit interner Bindungswirkung. Durch sie wird der Eigenbetrieb gegründet.

#### 4.2.2 Pflichtinhalte[117]

930 a) Name und Zweck, exakte Beschreibung der Aufgaben (sachlich und räumlich),

b) Bildung und Zusammensetzung der Betriebsleitung (nur wenn vorhanden; vgl. §4),

c) Verfahren bei Meinungsverschiedenheiten, wenn kein Erster Betriebsleiter bestellt ist (§4 Abs. 3),

d) Inhalt und Umfang der Informationspflicht der Betriebsleitung (§5 Abs. 3),

e) Bildung und Zusammensetzung, Funktion und Zuständigkeiten des Betriebsausschusses (§§7, 8),

f) Höhe des Stammkapitals zumindest für WU (§12 Abs. 2),

g) Zusammenschluss mehrerer Einrichtungen im Querverbund (§2).

115 Z.B. öffentliches Dienstrecht, Personalvertretungsgesetz u..a.
116 Siehe Rdnr. 945.

#### 4.2.3 Freiwillige Inhalte[117]

a) generelle Wertgrenzen für die Zuständigkeit der verschiedenen Organe, um die Kompetenzen eindeutig und unstrittig festzulegen (also z.B. die Konkretisierung, was unter „laufender Betriebsführung" zu verstehen ist), 931

b) Übertragung von Aufgaben auf den Betriebsausschuss §§7 Abs.1, 8 Abs.2 und 3 Nr.1 (mit Inhalten und Wertgrenzen), auf den Bürgermeister oder die Betriebsleitung (§8 Abs.3 Nr.2),

c) „Rückübertragung" von Aufgaben des Betriebsausschusses auf den Gemeinde (§8 Abs.3 Nr.3),

d) Beteiligung anderer Ausschüsse (§8 Abs.3 Nr.4),

e) wenn kein Betriebsausschuss besteht, die Übertragung dessen Aufgaben auf andere beschließende Ausschüsse oder auf Bürgermeister bzw. Betriebsleitung nach Maßgabe von §9 Abs.2,

f) Vertretungsberechtigung der Betriebsleiter (§6 Abs.1 S.2),

g) Vorbehalt der Zustimmung des Bürgermeisters zur Erteilung rechtsgeschäftlicher Vollmachten (§6 Abs.2 S.2),

h) Regelung von Meinungsverschiedenheiten, wenn nicht der Erste Betriebsleiter allein bestimmen soll (§4 Abs.3 S.1),

i) Festsetzung eines vom Kalenderjahr abweichenden Wirtschaftsjahres (§13),

k) Wertgrenzen, ab wann eine Verschlechterung des Jahresergebnisses als erheblich gilt und damit zu einer Änderung des Erfolgsplans führt (§15 Abs.1 Nr.1),

l) Änderung der Bezeichnungen Betriebsleitung (§4 Abs.1 S.2) und Betriebsausschuss (§7 Abs.1 S.2).

Weitere Inhalte sind möglich.

### 4.3 Die Betriebsleitung

#### 4.3.1 Rechtsstellung

Die Betriebsleitung ist ein eigenständiges, spezifisches Organ des Eigenbetriebs. Ihre Stellung ist – mit Einschränkungen – mit der des Bürgermeisters für die Gesamtverwaltung vergleichbar. Ihre Bezeichnung kann in der Betriebssatzung geändert werden.[118] 932

117 Alle Paragraphenangaben beziehen sich auf das EigBG.
118 Z.B.Werkleitung nach früherem Recht, Geschäftsführung(-leitung), Direktion.

Ihre Bestellung ist freiwillig.[119] Wenn sich aber die Gemeinde für die Gründung eines Eigenbetriebs entscheidet, dann sollte sie auch eine schlagkräftige Betriebsleitung bestellen – andernfalls bleibt sie besser beim Regiebetrieb!

Besteht keine Betriebsleitung, dann nimmt gem. § 10 Abs. 3 EigBG der Bürgermeister deren Aufgaben wahr; er kann diese delegieren.

#### 4.3.2 Bestellung

**933** Im Rahmen der Festlegung in der Betriebssatzung wählt der Gemeinderat die Betriebsleiter; dementsprechend kann die Betriebsleitung aus einer oder mehreren Personen bestehen. Maßgebend sind Aufgaben und Größe des Eigenbetriebs. Eine bestimmte Vorbildung ist nicht vorgeschrieben. Sie ergibt sich aus den Aufgaben und liegt im pflichtgemäßen Ermessen des Gemeinderats. Wie in der Erwerbswirtschaft ist die „richtige Auswahl der richtigen Personen" von entscheidender Bedeutung. Es ist auch möglich, Mitarbeiter wie den FfdF und den Bauamtsleiter als Betriebsleitung zu bestellen.[120] Der Gemeinderat kann einen der Betriebsleiter zum Ersten Betriebsleiter wählen. Dieser entscheidet dann bei Meinungsverschiedenheiten, sofern dies nicht die Betriebssatzung anders regelt.

Die Betriebsleiter können in ein Beamtenverhältnis auf Zeit oder Lebenszeit oder als Angestellte bestellt werden. Die Stellen sind sachgerecht zu bewerten.[121]

Bei mehreren Betriebsleitern regelt der Bürgermeister die Geschäftsverteilung durch Geschäftsordnung, die der Zustimmung des Betriebsausschusses bedarf.[122]

#### 4.3.3 Aufgaben

##### 4.3.3.1 Laufende Betriebsführung

**934** § 5 EigBG erkennt der Betriebsleitung als maßgeblichem Organ des Eigenbetriebs erhebliche Selbstständigkeit und Verantwortung zu. Sie ist allein für die laufende Betriebsführung verantwortlich. Diese Aufgabe kann ihr nicht, auch nicht durch Betriebssatzung, entzogen werden. Der Begriff laufende Betriebsführung ist mit den Geschäften der laufenden Verwaltung gem. § 44 Abs. 2 GemO vergleichbar. Er beinhaltet alle Ge-

119 Bis 31. 12. 1991 musste die Gemeinde zwingend für jeden Eigenbetrieb eine Werkleitung bestellen. Im Rahmen ihrer Organisationshoheit können die Gemeinden frei entscheiden, ob sie auch eine organisatorische Selbstständigkeit einräumen oder nur die Vorschriften über Wirtschaftsführung und Rechnungswesen (früher Nettoregiebetrieb) anwenden wollen.
120 Dazu ausführlich *Schmid*, Kommunalpraxis BW, Heft 1/1997.
121 Die WerkleiterbesoldungsVO des Bundes gilt in BW nicht, weil das Land dieses Amt nicht eingerichtet hat. Die Stellenbewertung ist an Bestimmungen des Bundesgesetzes und an die tarifvertraglichen Regeln gebunden.
122 § 4 Abs. 4 EigBG; die Geschäftsordnung hat nur innerdienstliche Wirkung.

schäfte, die nach Art und Ausmaß regelmäßig wiederkehren und sachlich von nicht grundlegender Bedeutung sind. Die Festlegung von Wertgrenzen in der Betriebssatzung schafft klare Verhältnisse.

#### 4.3.3.2 Leitung des Eigenbetriebs

Die Betriebsleitung leitet den Eigenbetrieb selbstständig und eigenver- **935**
antwortlich, sofern nicht spezielle Vorschriften des EigBG oder die Betriebssatzung den Gemeinderat oder Betriebsausschuss für zuständig erklären. Es besteht eine Zuständigkeitsvermutung zugunsten der Betriebsleitung.

Im Rahmen ihrer Zuständigkeiten ist sie für die wirtschaftliche Führung des Eigenbetriebs (§102 Abs.1 GemO) verantwortlich; dies gilt für verwaltungsmäßige wie auch technische Maßnahmen.

#### 4.3.3.3 Vorbereitung und Vollzug von Beschlüssen

§5 Abs.2 EigBG räumt der Betriebsleitung das Recht ein, die den Eigen- **936**
betrieb betreffenden Sitzungen des Gemeinderats und seiner Ausschüsse mitwirkend vorzubereiten und die gefassten Beschlüsse zu vollziehen.[123] Über die Mitwirkung bei Gemeinderatsvorlagen hat die Betriebsleitung eine nicht zu unterschätzende Einflussmöglichkeit auf die Entscheidungen. Sie nimmt an den Sitzungen mit beratender Stimme teil; auch dies sichert ihr einen Einfluss. Auf Verlangen ist sie verpflichtet, zu den Beratungsgegenständen Stellung zu nehmen und Auskünfte zu erteilen (§7 Abs.3 EigBG).

#### 4.3.3.4 Personalangelegenheiten

Nach §11 Abs.2 EigBG ist zu Personalangelegenheiten, die der Betriebs- **937**
ausschuss entscheidet, das Einvernehmen der Betriebsleitung erforderlich.[124]

Wenn sie nicht selbst (bei Vorgängen der laufenden Betriebsführung) zuständig ist, hat die Betriebsleitung ein Vorschlagsrecht für die Ernennung, Einstellung und Entlastung der Beschäftigten des Eigenbetriebs. Beim Abweichen davon ist ihre vorherige Anhörung zwingend (§11 Abs.3 EigBG). Dies gilt auch für dauernde Übertragungen anderer Tätigkeiten und Lohnfestsetzungen, sofern diese nicht tarifvertraglich fixiert sind. Damit hat die Betriebsleitung in Personalentscheidungen eine starke Stellung.

123 Nach der a.F. konnte der BM noch für Einzelfälle oder für einen bestimmten Kreis von Aufgaben etwas anderes bestimmen, also z.B. dass er dies selbst übernimmt.

124 Wenn der Gemeinderat zuständig ist, bleibt es beim Einvernehmen des Bürgermeisters (§24 Abs.2 GemO).

#### 4.3.3.5 Informationspflicht

938 § 5 Abs. 3 EigBG verpflichtet die Betriebsleitung, den Bürgermeister rechtzeitig und vollständig über alle wichtigen Angelegenheiten des Eigenbetriebs zu unterrichten. Dies ist im Hinblick auf die Gesamtverantwortung des Bürgermeisters für die Gemeinde als Ganzes geboten. Die Betriebssatzung kann regelmäßig Berichte (z. B. vierteljährlich) und deren Inhalte (z. B. wichtige Kennzahlen) vorschreiben.

Die Betriebsleitung ist weiterhin verpflichtet, dem FfdF alle Maßnahmen mitzuteilen, die das Finanzwesen der Gemeinde berühren, also z. B. Gewinnablieferungen, größere Abweichungen vom Wirtschaftsplan, Konzessionsabgaben, Verlustabdeckungen. Außerdem sollte festgelegt werden, zu welchem Zeitpunkt der Entwurf des Wirtschaftsplans und der Jahresabschluss mit Lagebericht dem FfdF vorzulegen ist.

#### 4.3.3.6 Vertretung des Eigenbetriebs

939 Nach § 6 Abs. 1 EigBG vertritt die Betriebsleitung die Gemeinde im Rahmen ihrer Aufgaben nach außen. Bei mehreren Betriebsleitern sind zwei von ihnen gemeinsam vertretungsberechtigt; die Betriebssatzung kann jedoch im Blick auf eine flexible Handhabung auch einen Einzelnen für vertretungsberechtigt erklären.

Die Betriebsleitung kann Beamte und Angestellte in festzulegendem Umfang mit ihrer Vertretung nach außen beauftragen. In Einzelfällen kann die Betriebsleitung rechtsgeschäftliche Vollmacht erteilen.[125] Die Betriebssatzung kann bestimmen, dass zu beiden Vorgängen die Zustimmung des Bürgermeister einzuholen ist.[126]

Unterzeichnet wird mit dem Namen des Eigenbetriebs.

Für Verpflichtungserklärungen gilt § 54 GemO. Besteht die Betriebsleitung aus nur einem Betriebsleiter, ist dieser allein unterzeichnungsbefugt. Andernfalls müssen sie handschriftlich von zwei Vertretungsberechtigten unterzeichnet werden. Von diesen Formvorschriften sind Geschäfte der laufenden Betriebsführung freigestellt. Für den rechtmäßigen Zugang von Willenserklärungen Dritter genügt die Abgabe gegenüber einem Betriebsleiter.

### 4.4 Betriebsausschuss

#### 4.4.1 Motive

940 Der Gemeinderat ist Hauptorgan der Gemeinde (einschl. Eigenbetrieb) und für die gesamte Kommunalpolitik verantwortlich. Er ist vor allem in

125 Diese lautet auf eine bestimmte Person und kann auch Dritten – z. B. einem Rechtsanwalt – erteilt werden. Es gelten die Vorschriften des BGB – §§ 164 ff.

126 § 6 Abs. 2 EigBG.

größeren Gemeinden nach Zahl, Zusammensetzung und Aufgabenvielfalt überfordert, sich mit allen wichtigeren Fragen des Eigenbetriebs zu befassen. Deshalb ermöglicht §7 EigBG, für spezielle Probleme des Eigenbetriebs einen Betriebsausschuss zu bilden. Dieser kann sich zu einem rasch und unbürokratisch entscheidenden Beschlussorgan entwickeln und sich mit dem Betrieb identifizieren.

Der Betriebsausschuss ist fakultativ; seine Bildung steht ebenso im Ermessen wie die Ausgestaltung als beratender und/oder beschließender Ausschuss.[127]

### 4.4.2 Bildung

Der Betriebsausschuss und die Zahl der Mitglieder ist in der Betriebssat- **941**
zung zu verankern. Der Gemeinderat bestellt dessen Mitglieder und eine gleiche Zahl von Stellvertretern aus seiner Mitte. Das Verfahren regelt §40 Abs.2 GemO. Den Vorsitz führt der Bürgermeister, der seinen Stellvertreter oder einen Beigeordneten damit beauftragen kann.[128] Neben dem Vorsitzenden müssen mindestens vier Mitglieder bestellt werden.

Als beratende Mitglieder können sachkundige Einwohner berufen werden. Aus der Mitte des Gemeinderats sollten solche Personen berufen werden, die sich in besonderem Maße in die speziellen Angelegenheiten des Eigenbetriebs einarbeiten können.

Die Betriebsleitung wirkt an der Vorbereitung der Sitzungen mit und nimmt mit beratender Stimme teil. Sie ist auf Verlangen verpflichtet, Auskünfte zu erteilen und Stellung zu nehmen (§5 Abs.2, §7 Abs.3 EigBG). Mit ihrer Sachkenntnis vermag sie wichtige Entscheidungshilfen zu vermitteln.

Für mehrere Eigenbetriebe kann ein gemeinsamer Betriebsausschuss gebildet werden. Dies ist dann sinnvoll, wenn es sich um verwandte Aufgaben handelt.

Besteht kein Betriebsausschuss, dann können die Aufgaben auf einen anderen beschließenden Ausschuss übertragen werden.[129]

### 4.4.3 Aufgaben

Der Betriebsausschuss berät alle Angelegenheiten des Eigenbetriebs vor, **942**
für die der Gemeinderat entscheidungsbefugt ist (§8 Abs.1 EigBG). Damit hat er die Möglichkeit, das Beschlussergebnis des Gemeinderats zu beeinflussen.

127 Er kann auch eine andere Bezeichnung z.B. Werksausschuss erhalten (§7 Abs.1 S.2 EigBG). Bis 1991 mussten die Gemeinden mit mehr als 40000 Einwohner zwingend einen Werksausschuss bilden.

128 Im Fall der Verhinderung der Stellvertreter kann ein Gemeinderatsmitglied, das dem Betriebsausschuss angehört, mit der Vertretung beauftragt werden.

129 Z.B. Technischer Ausschuss, Verwaltungsausschuss. Dazu ist eine Regelung in der Betriebssatzung erforderlich. Vgl. §9 Abs.2 Satz 1 EigBG. Bestimmte Aufgaben können nach S.2 durch Betriebssatzung ganz oder teilweise auf den Bürgermeister oder die Betriebsleitung übertragen werden.

In seiner Funktion als beschließender Ausschuss überträgt §8 Abs.2 EigBG dem Betriebsausschuss solche Entscheidungen, die wegen ihrer für die gesamte Gemeinde grundlegenden Bedeutung nicht ausdrücklich dem Gemeinderat vorbehalten sind oder die wegen ihres „normalen Charakters" von der Betriebsleitung entschieden werden. Der Betriebsausschuss hat somit eine „Mittelfunktion" für solche Dinge, die aus der Sicht des Eigenbetriebs wichtig sind. §8 Abs.2 EigBG gibt ihm folgende Entscheidungsfunktionen:

- Personalwirtschaft: Einstellung und Entlassung der beim Eigenbetrieb beschäftigen Angestellten und Arbeiter,[130]
- Verfügungen über das Vermögen des Eigenbetriebs.

Hier sollte die Betriebssatzung abgrenzen, bis zu welchem Betrag die Betriebsleitung (= laufende Betriebsführung) und ab welchem der Gemeinderat (Vorbehalt des §39 Abs.2 Nr.2 GemO) zuständig ist.

- Abschluss von Verträgen

Delegationsmöglichkeit durch Betriebssatzung auf BM oder Betriebsleitung (Der Vorbehalt des §39 Abs.2 GemO ist dabei zu beachten).

- Festsetzung von Tarifen

Die Zuständigkeit des Betriebsausschuss entpolitisiert und flexibilisiert die Tarifpolitik des Eigenbetriebs. Die Gemeinde sollte von der Möglichkeit, die Entscheidung dem Gemeinderat vorzubehalten (§8 Abs.3 Nr.3 EigBG), keinen Gebrauch machen.

Öffentlich-rechtliche Benutzungsgebühren und Beiträge darf nur der Gemeinderat durch Satzung beschließen (§39 Abs.2 Nr.3 GemO).

- Allgemeine Lieferbedingungen

Der Betriebsausschuss ist kraft Gesetzes für deren Festlegung zuständig, soweit sie nicht durch höherrangiges Recht abschließend festgesetzt sind.[131] I.d.R. handelt es sich um ortsbezogene Ergänzungen. Diese Befugnis darf nicht auf Bürgermeister oder Betriebsleitung übertragen werden. Bei Satzungsregelungen ist der Gemeinderat (zwingend) zuständig. Von der Übertragungsmöglichkeit nach §8 Abs.3 Nr.3 EigBG sollte i.d.R. kein Gebrauch gemacht werden.

- Sonstige wichtige Angelegenheiten des Eigenbetriebs

Diese sind dem Betriebsausschuss durch die Betriebssatzung zuzuweisen. Es handelt sich dabei um Angelegenheiten, die so wichtig für den Betrieb sind, dass sie nicht der Betriebsleitung überlassen werden sollen. Es könnte sich z.B. um Mitgliedschaft in Verbänden u.Ä. handeln. Auch diese Zuständigkeit könnte dem Gemeinderat vorbehalten werden (§8 Abs.3 Nr.3 EigBG); davon sollte jedoch nicht

130 Für leitende Angestellte ist der Gemeinderat zuständig. Im Rahmen der laufenden Betriebsführung sollte die Betriebsleitung zumindest bis zu bestimmten Merkmalen für Angestellte und Arbeiter zuständig sein – Abgrenzung durch die Betriebssatzung ist empfehlenswert. Gleiches gilt für die nicht nur vorübergehende Übertragung einer anders bewerteten Tätigkeit bei einem Angestellten oder Arbeiter sowie für die Festsetzung der Vergütung nicht tariflich festgelegter Löhne. Vgl. §8 Abs.2 Nr.1 EigBG. Hierzu ist gem. §11 EigBG grundsätzlich das Einvernehmen der Betriebsleitung erforderlich.

131 Z.B. durch EnWG, PBefG, Trinkwasserverordnung, Bundesverordnungen für Tarifkunden Strom, Gas, Wasser, Fernwärme.

Gebrauch gemacht werden. Die Übertragung auf den BM oder die Betriebsleitung scheidet aus.

Nach §15 Abs.2 EigBG muss der Betriebsausschuss erfolgsgefährdende Mehraufwendungen im Erfolgsplan, sofern sie nicht nachweisbar sind, und erheblichen Mehrausgaben im Vermögensplan zustimmen.

### 4.5 Gemeinderat

Der Gemeinderat ist nicht nur für die gesamte Gemeinde, sondern zu- **943**
gleich für den Eigenbetrieb das oberste Organ. Er ist für die grundlegenden existentiellen Entscheidungen zuständig, die für die Gemeinde – nicht nur allein für den Eigenbetrieb – von erheblicher wirtschaftlicher Bedeutung sind.

Die Zuständigkeiten des Gemeinderats ergeben sich zum einem aus §9 EigBG, zum andern aus dem Vorbehaltskatalog des §39 Abs.2 GemO. Von Letzterem sind für den Eigenbetrieb von besonderer Bedeutung:

- die Bestellung von Ausschussmitgliedern (Betriebsausschuss),
- die Ernennung, Anstellung und Entlassung von leitenden Beamten und Angestellten, zu denen mindestens die Betriebsleiter des Eigenbetriebs zählen,[132]
- der Erlass von Satzungen (Betriebssatzung, Satzungen zur Regelung des Benutzungsverhältnisses),
- Verfügung über Gemeindevermögen, wenn dies für die Gemeinde von erheblicher wirtschaftlicher Bedeutung ist,[133]
- Errichtung, wesentliche Erweiterung und Aufhebung öffentlicher Einrichtungen und Unternehmen sowie Beteiligungen im Zusammenhang mit dem Eigenbetrieb,
- Umwandlung der Rechtsform von WU der Gemeinde und von Beteiligungsunternehmen,
- Bestellung von Sicherheiten, Übernahme von Bürgschaften und Gewährschaften, soweit sie für die Gemeinde von erheblicher wirtschaftlicher Bedeutung sind,[134]
- Festsetzung von Abgaben,
- Verzicht auf erhebliche Ansprüche,
- Beitritt und Austritt bei Zweckverbänden.

Darüber hinaus behält §9 Abs.1 EigBG dem Gemeinderat folgende Zuständigkeiten vor:[135]

- Gewährung von Darlehen des Eigenbetriebs an die Gemeinde,

132 Nach §24 Abs.2 GemO ist dazu das Einvernehmen des Bürgermeisters erforderlich.
133 Festlegung von Wertgrenzen in der Betriebssatzung, damit klare Kompetenzregelung gegenüber Betriebsleitung und Betriebsausschuss. Vgl. oben 4.4.3.
134 Hier sollte die Betriebssatzung konkrete Wertgrenzen festlegen.
135 Diese Aufgaben dürfen weder auf den Betriebsausschuss, einen anderen Ausschuss, noch auf die Betriebsleitung oder den BM übertragen werden.

- Entlastung der Betriebsleitung und Behandlung Jahresgewinn bzw. -verlust,
- Bestimmung Abschlussprüfer, falls eine freiwillige Jahresabschlussprüfung stattfinden soll.

Weiterhin entscheidet der Gemeinderat gem. §§ 14 bis 16 EigBG über

- die Festsetzung des Wirtschaftsplans,
- Änderungen des Wirtschaftsplans,
- Feststellung des Jahresabschlusses.

Sofern kein Betriebsausschuss besteht, entscheidet der Gemeinderat über dessen Aufgaben.[136] Von der „Rückübertragung" von Aufgaben des Betriebsausschusses gem. § 8 Abs. 3 Nr. 3 durch die Betriebssatzung sollte im Hinblick auf die Flexibilität kein Gebrauch gemacht werden.

### 4.6 Bürgermeister

#### 4.6.1 Stellung

944 Die Betriebsleitung hat kraft Gesetzes eine starke Stellung, die durch die Betriebssatzung noch verstärkt werden kann. Es wäre ein Widerspruch, wenn gleichzeitig der Bürgermeister wie in allen anderen Bereichen ein unbegrenztes Weisungsrecht gegenüber der Betriebsleitung hätte. Andererseits muss er als Gesamtverantwortlicher über wichtige Vorgänge informiert sein[137] und über ein begrenztes Weisungsrecht die Einheitlichkeit der Gemeindeverwaltung sichern können.

#### 4.6.2 Weisungsrecht

945 § 10 Abs. 1 EigBG gibt dem Bürgermeister gegenüber der Betriebsleitung nur in drei Fallgruppen ein Weisungsrecht

a) zur Wahrung der Einheitlichkeit der Gemeindeverwaltung

Er darf nur in die Zuständigkeit der Betriebsleitung eingreifen, um die Gesamtbelange der Gemeinde zu wahren.

b) zur Sicherung der Aufgabenerfüllung

Für die Erfüllung der Aufgaben des Eigenbetriebs ist die Betriebsleitung zuständig. Bei Vernachlässigung hat der Bürgermeister ein Weisungsrecht. I. d. R. wird er dieses wahrnehmen, um gemeinsame Aufgaben wie Wohnungs- und Siedlungspolitik, Infrastruktur und Umweltschutz zu koordinieren. Dies wird sich oftmals mit dem Fall a) decken.

136 Vgl. § 9 Abs. 2 EigBG. Die Betriebssatzung kann diese Aufgaben einem beschließenden Ausschuss, tw. auch auf Betriebsleitung oder Bürgermeister übertragen (9 Abs. 2 Satz 2 EigBG).

137 Dem dient Unterrichtungspflicht der Betriebsleitung nach § 5 Abs. 3 EigBG; s. dazu oben 4.3.3.5, Rdnr. 938.

c) Beseitigung von Missständen

Diese können sich vor allem aus mangelhafter Aufgabenerfüllung ergeben. Die Weisungen enthalten Anordnungen, welche Maßnahmen die Betriebsleitung zu ergreifen hat.

#### 4.6.3 Widerspruchsrecht und -pflicht

Das Widerspruchsrecht und die -pflicht des Bürgermeisters gegenüber Gemeinderat und Ausschüssen regelt §43 Abs.2 GemO. §10 Abs.2 EigBG weitet dieses Instrument auch auf Entscheidungen der Betriebsleitung aus. Bei gesetzwidrigen Entscheidungen muss der Bürgermeister, bei nachteiligen kann er verlangen, diese rückgängig zu machen. 946

#### 4.6.4 Eilentscheidungsrecht

In dringenden Angelegenheiten, deren Erledigung auch nicht bis zu einer frist- und formlos einberufenen Sitzung des zuständigen Organs aufgeschoben werden kann, hat der Bürgermeister gem. §43 Abs.4 GemO i.V.m. §3 Abs.1 EigBG ein Eilentscheidungsrecht. 947

#### 4.6.5 Wahrnehmung weiterer Funktionen

Wenn für den Eigenbetrieb keine Betriebsleitung bestellt ist, dann nimmt der Bürgermeister deren Aufgaben wahr. Er kann sie delegieren. Die Betriebssatzung kann vorsehen, dass bei nicht vorhandenem Betriebsausschuss der Bürgermeister bestimmte Aufgaben desselben wahrnimmt.[138] 948

Der Bürgermeister ist Dienstvorgesetzter und oberste Dienstbehörde aller Beschäftigter beim Eigenbetrieb (§11 Abs.5 EigBG). Kraft Gesetzes ist er Vorsitzender des Betriebsausschusses (§40 Abs.3 GemO).

### 4.7 Bedienstete des Eigenbetriebs

§11 EigBG räumt der Betriebsleitung in Personalangelegenheiten eine starke Stellung ein. Soweit sie nicht selbst zuständig ist, hat sie ein Vorschlagsrecht oder zumindest ein Anhörungsrecht.[139] Sofern der Betriebsausschuss entscheidet, ist das Einvernehmen der Betriebsleitung erforderlich.[140] 949

Der Eigenbetrieb kann Beamte anstellen; die Zuständigkeit richtet sich nach den Vorschriften der GemO, insbes. nach §24 Abs.2. Für Einstellung u..a. Personalentscheidungen für Angestellte – soweit es sich nicht um Führungskräfte handelt – und für Arbeiter sollte die Betriebssatzung die Betriebsleitung für zuständig erklären.

138 Gem. §9 Abs.2 unter Hinweis auf §8 Abs.3 Nrn.1–3 EigBG. S. dazu oben 4.4.3 Rdnr.942.
139 Gem. §11 Abs.3 EigBG; s. dazu oben 4.3.3.4 Rdnr. 937.
140 Gem. §11 Abs.2 EigBG; s. dazu oben 4.3.3.4, Rdnr. 937.

Die Mitbestimmungsrechte der Bediensteten richten sich nach dem Personalvertretungsgesetz. Ihre weiteren Rechte und Pflichten ergeben sich aus den für die Gemeindebediensteten geltenden Vorschriften. Wenn die Gemeinde Mitglied der KAV ist, ergeben sich Bindungen aus Tarifverträgen für den öffentlichen Dienst.

### 4.8 Schlagkräftige Organe schaffen

950 Wenn sich die Gemeinde schon für die Gründung eines Eigenbetriebs entscheidet, dann sollte sie eine Betriebsleitung bilden und dieser in der Betriebssatzung weitreichende Kompetenzen einräumen. Darüber hinaus sollte sie den Gemeinderat entlasten und dem Betriebsausschuss in gleicher Weise Zuständigkeiten für wichtige Entscheidungen zuerkennen. Gelingt es dann der Gemeinde, qualifizierte Persönlichkeiten für die Betriebsleitung zu gewinnen, dann kann ein solcher Eigenbetrieb jederzeit mit einer GmbH konkurrieren! Ist die Gemeinde zu solch weitreichenden Konsequenzen nicht bereit, dann sollte sie besser die betr. Einrichtung unausgegliedert als Regiebetrieb im Gemeindehaushalt belassen.

## 5. Wirtschaftsführung

951 Der Eigenbetrieb ist zwar rechtlich unselbstständig, hat aber neben den genannten organisatorischen Zuständigkeiten auch im wirtschaftlichen Bereich ein Eigenleben, dem der vorrangige öffentlichen Zweck gewisse Schranken setzt.

### 5.1 Sondervermögen

952 Der Eigenbetrieb ist nach § 96 Abs. 1 Nr. 3 GemO und § 12 Abs. 1 EigBG finanzwirtschaftlich als Sondervermögen auszuweisen, das für sich zu verwalten und nachzuweisen ist. Dies unterscheidet den Eigenbetrieb vom Regiebetrieb.

Ein Eigenbetrieb gehört rechtlich zum Vermögen der Gemeinde; die Gemeinde haftet unbegrenzt für dessen Schulden. Aus der Rechtsstellung als Sondervermögen ergeben sich keine Außen-, dagegen erhebliche Innenwirkungen. Verwaltungsmäßig wird das Vermögen des Eigenbetriebs gegenüber der Gemeinde abgegrenzt. Dies geschieht durch eine eigenständige Planung (Wirtschaftsplan), eigene Buchführung mit Rechnungslegung und eine Sonderkasse des Eigenbetriebs. Vermögen und Schulden des Eigenbetriebs werden gesondert von denen der Gemeinde ausgewiesen und laufend aufgezeichnet; dies gilt auch für alle Vorgänge, die letzten Endes den Gewinn oder Verlust beeinflussen.

## 5.2 Stammkapital

### 5.2.1 Allgemeines

Die grundsätzliche Pflicht der Gemeinde, den Eigenbetrieb mit einem angemessenen Stammkapital auszustatten, drückt deutlich dessen Sonderstellung aus. Stammkapital ist vom Eigentümer bereitgestelltes Kapital, das als „Startkapital" den Betrieb in die Lage versetzt, eine wirtschaftliche Tätigkeit aufzunehmen. Es kann als Geldeinzahlung (Geldkapital) oder als Sachvermögen (Sachkapital, z.B. Grundstücke, Werksanlagen) eingebracht werden. Letzteres ist nach § 12 Abs. 2 EigBG angemessen zu bewerten, wobei der Zeitwert anzusetzen ist.[141] **953**

Das Stammkapital ist mit dem Grundkapital einer AG vergleichbar, weil es satzungsmäßig festgelegt und als Eigentümerkapital auf der Passivseite ausgewiesen wird. Es hat allerdings für einen Kreditgeber nicht die schwerwiegende Bedeutung wie bei einer Kapitalgesellschaft das Grundkapital, weil die Gemeinde für alle Schulden des Eigenbetriebs unbeschränkt haftet.

Die Gemeinde darf bei nichtwirtschaftlichen Unternehmen und Einrichtungen auf die Festsetzung eines Stammkapitals verzichten;[142] ebenso bei Krankenhäusern.[143]

### 5.2.2 Finanzierung von Eigenbetrieben

Die Gestaltung der Eigen-Fremdkapital-Relation hat bei den öffentlichen Betrieben ähnlich wie bei privaten Unternehmen eine zentral finanzwirtschaftliche Bedeutung.[144] Für die Finanzierung kommunaler Unternehmen gelten die allgemeinen Grundsätze, die von der BWL zur Finanzierungsproblematik erarbeitet wurden. Anders als bei privatwirtschaftlichen Unternehmen spielt beim Eigenbetrieb die Kreditabsicherung zugunsten des Kreditgebers wegen der unbegrenzten Haftung der Gemeinde für die Schulden des Eigenbetriebs keine Rolle. Bei bestimmten öffentlichen Unternehmen scheidet allerdings wegen der Aufgabenerfüllung die Erzielung einer Rendite aus. Die Finanzierung muss wirtschaftlich sein. Das bedeutet zum einen, dass die Möglichkeiten zur Senkung der Zinsbelastung, zum anderen der Steuerersparnis voll genutzt werden.[145] Bei körperschaftsteuerpflichtigen Betrieben begünstigt das Steuerrecht die Fremd- **954**

141 Aus der Sicht der Gemeinde ist dies eine Finanzanlage gem. § 46 Nr. 2g GemHVO. Zeitwert ist der Wiederbeschaffungswert unter Berücksichtigung des Alters und Zustandes der Anlage. Bei der Ausgliederung von Regiebetrieben darf jedoch bei der Gebührenkalkulation nur der bisherige Restbuchwert angesetzt werden. Andernfalls würde die Umwandlung unzulässigerweise zur Umgehung von § 9 Abs. 3 Satz 1 KAG missbraucht werden.

142 § 12 Abs. 2 Satz 2 EigBG.

143 § 2 Abs. 2 KrHRVO.

144 *Oettle*, Kriterien der Finanzierung öffentlicher Betriebe.

145 *Münch*, in: HdKWPr Bd. 5 S. 90.

finanzierung, weil die dafür zu zahlenden Zinsen den zu versteuernden Gewinn mindern.

Eine ausreichende Eigenkapitalausstattung ist auch für kommunale wirtschaftliche Unternehmen unerlässlich. Sie sollte in etwa gleicher Höhe liegen wie bei artgleichen privaten oder gemischtwirtschaftlichen Unternehmen.[146]

Ein neu zu gründendes Unternehmen kann durch Kapital finanziert werden, das der Eigentümer dem Unternehmen zur Verfügung stellt oder das von Dritten als Kredit oder Zuschuss gegeben wird. Der Eigentümer kann das Kapital als Stammkapital oder als (offene) Rücklagen bereitstellen. Beide zusammen bilden das Eigenkapital (i. e. S.).

Das Eigenkapital unterliegt in besonderem Maße dem unternehmerischen Risiko. Es wirft nur im Falle einer Gewinnerzielung eine Verzinsung ab. Im weiteren Sinne kann man zum Eigenkapital auch noch Kapitalzuschüsse[147] und Bilanzgewinne[148] hinzurechnen.

Der Eigentümer kann dem Unternehmen neben dem Eigenkapital auch Darlehen gewähren. Nach § 12 Abs. 1 Satz 3 EigBG i. V. m. § 87 GemO gilt dies als Kreditaufnahme durch den Eigenbetrieb. Das Fremdkapital nimmt nicht am Risiko teil, weil ein fester Zinsanspruch besteht.[149]

Bestehende Betriebe können über erwirtschaftete Abschreibungen und Gewinne ihre Investitionen selbst finanzieren.[150] In der Versorgungswirtschaft konnten knapp zwei Drittel der Investitionen aus Abschreibungen und aus Baukostenzuschüssen finanziert werden.

Der Begriff „Cash-flow" drückt als wichtige Kennzahl die Mittel aus, die zur Gewinnausschüttung, Schuldentilgung und zur Investitionsfinanzierung bereitstehen. Er setzt sich aus Gewinn, Rücklagenzuführung und Abschreibungen zusammen. Der Cash-flow errechnet sich aus dem Saldo von Erträgen und Aufwendungen, die in der gleichen Periode zu Einzahlungen bzw. Auszahlungen führen.

#### 5.2.3 Ausstattungsgrundsätze

**955** Bei der Ausstattung mit Stammkapital ist zu unterscheiden

a) nach dem Eigenbetriebsrecht zwischen

146 *Münch*, in: HdKWPr Bd. 5 S. 93.

147 Nach *Zeiß*, § 11 Anm. 2h, sind passivierte Ertragszuschüsse mit zwei Dritteln (bei sinkenden Beiträgen nur zur Hälfte) anzusetzen. Nach den Urteilen des BFH vom 24. 6. 1970 (BStBl. II S. 694) und 1. 9. 1982 (BStBl. II 1983 S. 147) können Bauzuschüsse am Anlagevermögen abgesetzt werden.

148 Vermindert um Bilanzverluste. Pensionsrückstellungen zählen nicht zum Eigenkapital (Erl. FM NW vom 17. 11. 1964, zitiert in: *Zeiß*, § 11 Anm. 2h).

149 Eine Darlehensforderung könnte allerdings in ihrer Substanz bei Zahlungsunfähigkeit eines Unternehmens gefährdet sein; bei Eigenbetrieben scheidet dies praktisch wegen der Haftung der Gemeinde aus.

150 Aus den Abschreibungen müssen aber primär die Tilgungen geleistet werden. Gewinne werden i. d. R. Rücklagen zugeführt. Eine Zuführung von Gewinn zum Stammkapital ist möglich, wird aber praktisch wegen der dann notwendigen Änderungen der Betriebssatzung selten vorkommen.

aa) Eigenbetrieben, die sich wirtschaftlich betätigen. In steuerrechtlicher Hinsicht sind dies Betriebe gewerblicher Art (BgA),

bb) dem Eigenbetrieb als nichtwirtschaftliches Unternehmen; dieser kann steuerrechtlich gesehen BgA oder Hoheitsbetrieb sein;

b) nach dem Steuerrecht zwischen dem

aa) BgA, der den betrieblichen Steuern unterliegt und deshalb steuerliche Voraussetzungen bei der Eigenkapitalausstattung beachten muss,

bb) Hoheitsbetrieb, für den keine steuerlichen Besonderheiten gelten.

Für die Zuordnung zum einen oder anderen Bereich spielt die gemeindewirtschaftsrechtliche Organisationsform Eigenbetrieb oder Regiebetrieb keine Rolle.

Aus steuerlicher Sicht hat die Organisationsform des Eigenbetriebs – völlig anders als z.B. bei der Gründung einer Kapitalgesellschaft, die kraft Rechtsform steuerpflichtig ist – keine direkte Auswirkung. Entscheidend ist vielmehr, ob der Eigenbetrieb nach den Grundsätzen des Körperschaftssteuerrechts als (steuerfreier) Hoheitsbetrieb oder aber als BgA gilt. Nur im letzten Fall entsteht die Steuerpflicht für die Körperschaftsteuer, die Umsatzsteuer[151] und bei Gewinnabsicht für die Gewerbesteuer.[152]

### 5.2.4 Anforderungen an Betriebe gewerblicher Art

956 Bei Eigenbetrieben, die als WU einen BgA darstellen, ist bei der Eigenkapitalausstattung darauf zu achten, dass die Möglichkeiten zur Zinsersparnis einerseits und zum anderen der Steuerersparnis voll genutzt werden.[153] Das Steuerrecht begünstigt die Fremdfinanzierung, weil die zu zahlenden Zinsen vom steuerpflichtigen Gewinn abgesetzt werden. Die Eigenkapitalfinanzierung ist wesentlich schlechter gestellt, weil die Gewinnausschüttungen erheblich mit Steuern belastet werden. Für Eigenbetriebe gilt der „normale" Körperschaftsteuersatz von 25%. Das bedeutet, dass der Gewinn des Eigenbetriebs mit einem Viertel durch betriebliche Ertragsteuern abgeschöpft wird.[154] Zur Eigenkapitalbildung oder zur Ausschüttung an die Gemeinde verbleiben demnach drei Viertel. Denn die „Entschädigung" an den Eigentümer für sein auf Dauer bereitgestelltes Kapital darf den nach steuerlichen Gesichtspunkten zu versteuernden Gewinn nicht mindern. Zinsen für fremdes Kapital sind dagegen als Betriebsausgaben steuerlich abziehbar und damit leichter

151 Die allgemeinen Befreiungstatbestände des §4 UStG gelten auch für Eigenbetriebe.

152 Die Absicht, Einnahmen zu erzielen, genügt nicht. Maßgebend ist die Gewinnabsicht, nicht ein tatsächlicher Gewinn. Zugleich muss eine Beteiligung am allgemeinen wirtschaftlichen Verkehr vorliegen. Siehe *Heidmann*, ZKF 1989, S.57, 83, 107, 152.

153 *Münch*, in: HdKWPr, Bd. 5, S.90.

154 Bis 1993 noch 42%, bis 1999 40 v.H., ab 2001 25%. Hinzu kommt ggf. noch die Gewerbesteuer.

zu erwirtschaften. Allerdings ist ein Unternehmen krisenfester, wenn es einen hohen Eigenkapitalanteil hat. Bei Versorgungsunternehmen sind die Ertragsschwankungen weniger groß als bei Verkehrsbetrieben. Für beide Arten fällt der hohe Anteil der langlebigen Anlagegüter (ca. 80%) und der geringe Anteil des Umlaufvermögens (knapp 20% gegenüber 40% bei der Industrie) an der Bilanzsumme ins Gewicht. Dies bedeutet, dass vor allem langfristige Finanzierungsmittel bereitgestellt werden müssen.

§12 Abs.2 Satz 1 EigBG fordert zwingend, Eigenbetriebe, die wirtschaftliche Unternehmen beinhalten, mit einem angemessenen Stammkapital auszustatten. Was als angemessen gilt, legen weder EigBG noch EigBVO fest. Bei der Auslegung dieses unbestimmten Rechtsbegriffs ist auf die Erkenntnis der Betriebswirtschaft zurückzugreifen. Wegen der branchenspezifischen und einzelbetrieblichen Unterschiede kann auch die BWL keine allgemeingültige Formel aufstellen oder einen konkreten Prozentsatz festlegen. Die Kapitalstruktur gleichartiger Unternehmen in privatrechtlicher oder öffentlich-rechtlicher Form kann dabei Anhaltspunkte geben.[155] Das Stammkapital hat als dauerhaftes Eigentümerkapital die Aufgabe, das Unternehmen in gewissem Umfang von den Entwicklungen des Kapitalmarktes unabhängig zu machen und die wirtschaftliche Leistungsfähigkeit des Betriebs zu gewährleisten. Neben dem Stammkapital bilden Rücklagen und andere Passivposten der Bilanz[156] (z.B. Bauzuschüsse) das Eigenkapital.

Die Eigenmittel müssen in Relation zum Anlagevermögen und zum Fremdkapital gesehen werden, wobei die Aufgabe des Eigenbetriebs, seine Größe und Wettbewerbslage bedeutsam sind.[157] Es gilt also, das Eigenkapital in ein befriedigendes Verhältnis sowohl zum Fremdkapital wie auch zum Anlagevermögen zu bringen.[158] Aus mehreren Urteilen des BFH geht hervor, dass es in der eigenverantwortlichen Entscheidung der Gemeinde liegt, wie sie ihre Betriebe betriebswirtschaftlich ausgestalten will, und dass dies auch steuerlich anzuerkennen ist. Ein fester Maßstab als Verhältnis des Eigenkapitals zum Fremdkapital kann daher nicht gebildet werden. Eine Eigenkapitalausstattung ist so lange als ausreichend anzusehen, wie der Geschäftsbetrieb ohne Schwierigkeiten geführt werden kann.[158] In Abwandlung seiner früheren Rechtsprechung[159] hat der

155 Das BFH-Urteil vom 1.9. 1982 (BStBl. 1983 II S.147) stellt für die steuerliche Beurteilung auf private Unternehmen ab.

156 Einschließlich der passivierten Bauzuschüsse, die betriebswirtschaftlichen Rechnungsabgrenzungsposten für vorausempfangene Erträge darstellen (Zeiß, 2. Aufl., S.305). Zur Höhe der Anrechnung (bei gleichbleibender Auflösung ⅔) vgl. *Zeiß*, 3. Aufl., Anm. 2h zu §11. Sonderposten mit Rücklagenanteil sind mit 50% anzusetzen.

157 So inhaltlich *Zeiß*, S.172 und *Münch*, in: HdKWPr Bd. 5 (2. Aufl.), S.93ff.

158 Urteile des BFH vom 10.5. 1955 (BStBl. III S.210) und vom 3.7. 1956 (BStBl. III S.238).

159 Urteile vom 6.8. 1962 (BStBl. III S.450), vom 17.1. 1964 (BStBl. III S.154) und vom 24.6. 1970 (BStBl. III S.694). Der BFH hatte die Umwandlung vom Stammkapital in ein verzinsliches Darlehen steuerlich nur dann anerkannt, wenn der Eigenkapitalanteil bei Versorgungsbetrieben 40% nicht unterschritt.

BFH[160] entschieden, dass Zinsen für ein Gemeindedarlehen dann als verdeckte Gewinnausschüttung zu werten sind, wenn das Eigenkapital des Betriebs nicht einen bestimmten Vomhundertsatz des Aktivvermögens erreicht. Dieser bestimme sich nach der Kapitalstruktur gleichartiger Privatunternehmen im maßgebenden Zeitraum.

Die KStR[161] legen bei der Frage der Abzugsfähigkeit von Zinsen für Gemeindedarlehen beim BgA eine Eigenkapitalquote in Höhe von 30 % des Aktivvermögens zugrunde: „Ein Betrieb gewerblicher Art ist grundsätzlich mit einem angemessenen Eigenkapital ausgestattet, wenn das Eigenkapital mindestens 30 % des Aktivvermögens beträgt. Für die Berechnung der Eigenkapitalquote ist von den Buchwerten in der Steuerbilanz am Anfang des Wirtschaftsjahres auszugehen. Das Aktivvermögen ist um die Baukostenzuschüsse und die passiven Wertberichtigungsposten zu kürzen."[162]

Von der juristischen Person des öffentlichen Rechts gewährte unverzinsliche Darlehen sind steuerlich als Eigenkapital zu behandeln. Pensionsrückstellungen rechnen als echte Verpflichtungen nicht zum Eigenkapital. Soweit das zur Verfügung gestellte Eigenkapital unter der Grenze von 30 v.H. liegt, ist ein von der juristischen Person des öffentlichen Rechts ihrem Betrieb gewerblicher Art gewährtes Darlehen als Eigenkapital zu behandeln mit der Folge, dass die insoweit angefallenen Zinsen als verdeckte Gewinnausschüttung anzusehen sind. Die Angemessenheit des Eigenkapitals ist für jeden Veranlagungszeitraum neu zu prüfen. Unternehmen, die regelmäßig mit Verlust arbeiten, können ohne steuerliche Nachteile mit einer höheren Eigenkapitalquote ausgestattet werden.

Bei Eigenbetrieben, deren Aufgabe die gemeindliche Wasserversorgung ist, ergeben sich bei der Kapitalausstattung Zielkonflikte. Hier handelt es sich um ein WU, für das zwingend Stammkapital in angemessener Höhe bereitzustellen ist. Wenn aber dieser Eigenbetrieb einen Gewinn erzielt, was nach § 102 Abs. GemO bei Vereinbarkeit mit dem öffentlichen Zweck anzustreben ist, unterliegt der erzielte Gewinn der Körperschaftsteuer, der Gewerbeertragsteuer und dem Solidaritätszuschlag. Im Endergebnis reduziert sich dadurch der verbleibende Gewinn auf etwas mehr als die Hälfte des ursprünglichen Betrags. Deshalb bedarf hier die Forderung des § 12 Abs. 2 Satz 1 EigBG nach angemessener Kapitalausstattung im Hinblick auf den vorrangigen Wirtschaftlichkeitsgrundsatz (§ 77 Abs. 2 GemO) einer differenzierten Betrachtung. Man wird sich in diesem Fall mit einer Eigenkapitalausstattung begnügen, die weit unter den üblichen

160 Urteil vom 1.9. 1982 – IR 57/78 – FR 2/1983, S. 47.
161 Abschn. 27a. Bis 1982 hatte der BFH sogar eine Eigenkapitalquote von 40 v.H. verlangt (Urt. vom 6.8. 1982, BStBl. III S. 50).
162 Siehe der *Verfasser*, Verdeckte Gewinnausschüttung bei Konzessionsabgaben und Zinsen für Stadtdarlehen der Eigenbetriebe, ZKF 1983, S. 182ff.

betriebswirtschaftlichen Anforderungen bleibt und zwischen 1–5 % liegen kann. Der Rest wäre dann durch Fremdkapital zu belegen, dessen Zinskosten steuermindernd wirken. Allerdings würde dann das Finanzamt die Verzinsung eines Stadtdarlehens gegenüber der Gemeinde nicht anerkennen; deshalb wäre stattdessen ein Bankkredit aufzunehmen.

#### 5.2.5 Nichtwirtschaftliche Unternehmen

**957** Die Gemeinde darf bei ihren nichtwirtschaftlichen Unternehmen, die sie als Eigenbetrieb führt, von der Festsetzung eines Stammkapitals absehen.[163] Dies ist dann sinnvoll, wenn es sich nicht um BgA, sondern um Hoheitsbetriebe handelt. Denn dann kann die Gemeinde einen hohen Anteil an den Kämmereischulden und damit auch des Schuldendienstes auf den Eigenbetrieb übertragen. Dies entlastet den kommunalen Haushalt und stellt so ein Gegengewicht zu den Verschlechterungen wegen der Herausnahme erwirtschafteter Abschreibungen und kalkulatorischer Zinsen der Einrichtung aus dem Haushalt dar. Zugleich bewirkt dann der hohe Fremdkapitalzins, dass bei einer vollen Kostendeckung der Einrichtung die kalkulatorischen Zinsen nicht als Gewinn erscheinen. Die hohen Fremdkapitalzinsen lassen sich unter Umständen auch über Entgelte wieder hereinholen.

Die Grenze für eine hohe Fremdkapitalausstattung ist dann überschritten, wenn ein Verzicht auf Eigenkapital dazu führt, dass die Abschreibungen niedriger sind als die Tilgung von Krediten. Im Hinblick auf die lange Lebensdauer zahlreicher Einrichtungen, vor allem bei Wasser und Abwasser, und der wesentlich kürzeren Kreditlaufzeit ist das ein schwerwiegendes Problem der Praxis. Lösbar ist dies, solange der Eigenbetrieb über Ersatzdeckungsmittel i. S. v. § 22 Abs. 1 S. 2 GemHVO (z. B. Veräußerungserlöse) verfügt, mit denen er diese Differenz ausgleichen kann. Wenn er aber die fehlenden Mittel für die Kredittilgung durch neue Kredite finanzieren muss, verstößt dies gegen das Kreditfinanzierungsverbot des § 87 Abs. 1 GemO, das gem. § 12 Abs. 1 Satz 3 EigBG auch für den Eigenbetrieb gilt. Die Alternative, die Kreditlaufzeit auf 50–100 Jahre auszuweiten, würde die Zinssumme dramatisch erhöhen, was unwirtschaftlich wäre. Um diesem Dilemma zu entgehen, könnte man den Teil der Tilgungen, die höher sind als die Abschreibungen, i. w. S. als „außerordentliche Tilgung zur Umschuldung" ansehen. Dieser Kreditteil dient nicht unmittelbar der Investitionsfinanzierung, sondern füllt die Lücke zwischen Tilgung und Abschreibung. Wirtschaftlich kommt er einer Investitionsfinanzierung früherer Investitionen gleich. Deshalb fordert das IM insoweit seine Genehmigung.[164]

163 § 12 Abs. 2 Satz 2 EigBG. Die Befreiung gilt auch für Krankenhäuser und Hilfsbetriebe.
164 Siehe Gemeindekasse 1998/62. Diese dogmatisch nicht befriedigende, aber pragmatische Lösung wird von der RAB und der GPA geduldet.

### 5.2.6 Verhältnis von Eigen- und Fremdkapital aus betriebswirtschaftlicher Sicht

Bei der Auslegung des unbestimmten Rechtsbegriffs „angemessenes Stammkapital" muss die Gemeinde auf das Verhältnis Eigen- und Fremdkapital abstellen. Nach einer „Faustregel" gilt für kommunale Versorgungs- und Verkehrsbetriebe als angemessenes Eigenkapital ein Anteil von einem Drittel und höchstens zwei Drittel Fremdkapital. Diese These ist aber nicht allgemein verbindlich; es kommt vielmehr auf die Verhältnisse des einzelnen Betriebs an.[165] **958**

Die Eigenkapitalquote deutscher Unternehmen ist im internationalen Vergleich nieder und liegt mit enormer Streubreite knapp unter 20 %.[166]

Je höher das Eigenkapital, desto weniger sind die Unternehmen durch den Schuldendienst belastet. Eine hohe Verschuldung führt zwangsläufig dazu, dass ein Unternehmen den größten Teil seiner Abschreibungen zur Leistung von Tilgungen verwenden muss und damit in seinem finanziellen Spielraum sehr eingeengt wird. Die hohen Zinsen verschlechtern die Ergebnisse des Erfolgsplans und erschweren so eine Gewinnerzielung. Es gilt ein ausgewogenes Verhältnis zu finden, das die Möglichkeiten der Steuerersparnis ausschöpft, zugleich aber ein ausreichendes Risiko-, Liquiditäts- und Finanzierungspolster schafft.

Auch andere betriebswirtschaftliche Bilanzgrundsätze müssen beachtet werden. Vor allem muss das langfristige Anlagevermögen durch langfristiges Kapital (Eigenkapital und langfristiges Fremdkapital) finanziert sein. Dies ist jedoch im Hinblick auf das langlebige Anlagevermögen in der kommunalen Praxis nicht immer realisierbar.[167] Das Umlaufvermögen soll das kurzfristige Fremdkapital (besonders wichtig ist ein ausgewogenes Verhältnis zwischen kurzfristigen Forderungen und kurzfristigen Verbindlichkeiten) überdecken.[168] Das Verhältnis der Finanzierung wirkt sich auf die Preisgestaltung aus, weil die Kredite auch bei einem Betriebsverlust verzinst werden müssen, während Gewinne auf das vorhandene Grund- oder Stammkapital nur bei einem entsprechenden Betriebserfolg ausgeschüttet werden können.

Bei der Entscheidung über die Kapitalausschüttung spielen die Absatz- und Ertragslage, die Risiken und Chancen am Markt eine Rolle, die bei

165 *Koch*, GH 1962, S. 265. Das Institut der Wirtschaftsprüfer hält in der Versorgungswirtschaft eine Eigenkapitalquote von 30–40 % der Bilanzsumme (abzügl. passivierte Ertragszuschüsse) für wünschenswert (*Zeiß*, 3. Aufl. Anm. 2h zu § 11). *Janson*, in: HdKWPr Bd. 3 S. 211 ff.

166 Monatsbericht Deutsche Bundesbank, 3/2000: 1998 18,5 %. 1997 hatten Unternehmen mit mehr als 500 Arbeitnehmern 30 %, solche zwischen 100 und 500 knapp 20 % und kleinere Unternehmen nur 10 % Eigenkapital (DBB 10/1999, S. 32).

167 Lebensdauer der Abwasserkanäle und Wasserleitungen u. U. zwischen 50 bis 100 Jahre. Vgl. auch oben 5.2.5, Rdnr. 957.

168 Dieser Grundsatz wird als „goldene Bilanzregel" bezeichnet. Zeiß vertritt die Auffassung, dass dies bei Versorgungs- und Verkehrsbetrieben nur bedingt gilt, weil ihre Leistungen lebenswichtig und deshalb geringeren Konjunkturschwankungen unterworfen sind als andere Zweige der Wirtschaft. Deshalb sei bei diesen Betrieben ein höherer Anteil an Fremdmitteln vertretbar (Anm. 29 zu § 11). *Winter*, GH 1975, S. 34, stellt die Einhaltung dieser Regeln in den Mittelpunkt der Prüfung kommunaler WU.

verschiedenen Wirtschaftszweigen sehr unterschiedlich sind und auch deshalb unterschiedliche Quoten erfordern. Bei Versorgungsunternehmen sind diese Abhängigkeiten wegen der Monopolstellung weniger stark als z.B. bei Verkehrsbetrieben. Umgekehrt folgt aber aus der Versorgungspflicht der Zwang, die dafür erforderlichen Investitionen vorzunehmen. Andere Unternehmen können dagegen Zeitpunkt, Höhe und Ausmaß der Investitionen frei bestimmen.[169] Außerdem ist die Eigenkapitalquote so zu bemessen, dass sich ein ausreichender innerer Kapitalkreislauf von Abschreibungen und Re-Investitionen aufrechterhalten lässt, auch wenn sich die Konditionen für Fremdkapital verschlechtern.[170]

#### 5.2.7 Haushaltsmäßige und satzungsmäßige Behandlung des Stammkapitals

959 Wenn die Gemeinde ihrem Eigenbetrieb Stammkapital zur Verfügung stellt, so zählt dieses bei der Gemeinde gem. § 46 Nr. 2g GemHVO zum Anlagevermögen (Finanzanlage). Gleiches gilt für von ihr bereitgestellte Rücklagen. Darlehen der Gemeinde an den Eigenbetrieb rechnen ebenfalls zum Anlagevermögen (§ 46 Nr. 2e GemHVO), stellen aber beim Eigenbetrieb Fremdmittel dar.

Die Hingabe von Stammkapital, Rücklagen und die Gewährung von Darlehen ist im Gemeindehaushalt als Ausgabe im VmH zu veranschlagen und zu buchen (Rückflüsse in Einnahme).

In der Vermögensrechnung werden diese Forderungen auf der Aktivseite nachgewiesen.[171]

Das Stammkapital ist in der Betriebssatzung festzusetzen; deshalb erfordert jede Erhöhung oder Verringerung eine Änderung der Betriebssatzung.[172] Diese strenge Formalfestsetzung dient dem Schutz des Eigenbetriebs, weil die Gemeinde nicht ohne weiteres zur Behebung momentaner Schwierigkeiten Kapitalrückzahlungen fordern kann. Auch dürfen entstandene Verluste nicht formlos zu Lasten des Stammkapitals abgebucht werden.

### 5.3 Erhaltung des Sondervermögens

#### 5.3.1 Einzelmaßnahmen zur Vermögenserhaltung

960 Nach § 12 Abs. 3 EigBG ist auf die Erhaltung des Sondervermögens zu achten.[173] Der Eigenbetrieb muss alle notwendigen Instandsetzungsarbeiten rechtzeitig durchführen. Dies folgt aus der Pflicht zur pfleglichen

169 *Münch*, in: HdKWPr Bd. 5 (2. Aufl.) S. 90.
170 *Münch*, zitiert von Oettle, Grundfragen öffentlicher Betriebe II, S. 14.
171 Zuordnungstabelle VmR lfd. Nrn. 19 und 21.
172 Vgl. § 12 Abs. 2 EigBG.
173 Im Gegensatz zu früher regelt die neue EigBG nur noch die Abgeltung gegenseitiger Leistungen zwischen Eigenbetrieb und Gemeinde (§ 13), nicht mehr ausdrücklich die Instandsetzungspflicht, die Bildung von Rücklagen, die Kapitalrückzahlungen, die Verlustdeckung und die Gewinnverwendung.

und wirtschaftlichen Verwaltung des Vermögens gem. §91 Abs. 2 GemO. Diese Maßnahmen dienen der Vermögenserhaltung und zugleich der Sicherheit der Versorgung.

Eine ausdrückliche Vorschrift, die den Eigenbetrieb zur Ansammlung von Rücklagen verpflichtet, besteht nicht mehr.[174] Steuermindernde Rücklagenzuführungen kennt das Steuerrecht derzeit grundsätzlich nicht. Dennoch sollte der Eigenbetrieb über den Jahresgewinn Rücklagenzuführungen erwirtschaften, um einen Ausgleich für die wegen gestiegener Preise unzureichenden Abschreibungen[175] zu schaffen. Bei nichtwirtschaftlichen Unternehmen ist dies nicht zulässig, weil §9 Abs. 3 KAG eine Gewinnerzielung ausschließt. Für die Rekultivierung von Abfallanlagen u. a. sind Rücklagensammlungen zulässig.[176]

### 5.3.2 Kapitalrückzahlungen, Gewinne und Verluste

Aus §12 EigBG folgt, dass die Gemeinde dem Eigenbetrieb Eigenkapital nur dann entziehen darf, wenn dadurch die dauernde Erfüllung seiner Aufgaben nicht gefährdet wird. Ein angemessenes Verhältnis Eigenkapital zu Fremdkapital muss auch nach der Entnahme noch gewährleistet sein. Eine Entnahme wäre z. B. unzulässig, wenn der Eigenbetrieb diese Mittel für notwendige Investitionen benötigt. §12 Abs. 1 Satz 2 EigBG fordert, bei der Kapitalausstattung die Belange der gesamten Gemeindewirtschaft zu berücksichtigen. Zwischen den Interessen des Gemeindehaushalts und denen des Eigenbetriebs ist auf einen sachgerechten Ausgleich zu achten. Bei nichtwirtschaftlichen Unternehmen hat die Gemeinde bei der Wahl der Kapitalausstattung weites Ermessen. Sie kann sogar eine volle Fremdkapitalausstattung wählen.[177] **961**

Die frühere Verpflichtung der Gemeinde, einen Verlust spätestens nach fünf Jahren aus Haushaltsmitteln zu decken, wenn er nicht aus den Rücklagen beseitigt werden kann, besteht nicht mehr. Das Steuerreformgesetz 1990[178] hat die zeitliche Begrenzung des Verlustvortrags aufgehoben.

Verluste können zeitlich unbegrenzt mit Gewinnen der Folgejahre aufgerechnet werden. Nach §16 Abs. 3 Satz 2 EigBG entscheidet der Gemeinderat bei der Feststellung des Jahresabschlusses über die Behandlung eines Jahresverlustes. Allerdings bewirken unbeschränkte Verlustvorträge des Eigenbetriebs Liquiditätsengpässe und führen zu einer Überschuldung. Die Rechtaufsichtsbehörde wird dann Kreditaufnahmen des Eigenbetriebs nicht mehr genehmigen.

174 Früher ausdrücklich in §4 Abs. 1 EigBVO i. d. F. vom 22. 7. 1987.
175 In der Buchführung und in steuerrechtlicher Hinsicht sind die Abschreibungen auf die Anschaffungs- oder Herstellungskosten beschränkt.
176 §8 Abs. 2 LAbfG: treffender wäre hier „Rückstellungen". Vgl. auch §20 Abs. 4 Satz 1 GemHVO.
177 Siehe oben Rdnr. 957.
178 §10d EStG, §8 KStG – jeweils ab 1985.

Zugleich kann der Gemeinderat bei der Beschlussfassung über den Wirtschaftsplan entscheiden, ob und inwieweit der Eigenbetrieb seine nicht benötigten Abschreibungen der Gemeinde als Finanzierungsmittel (aus der Sicht der Gemeinde als Kredit) bereitstellt (§ 14 Abs. 3 i.V.m. § 16 Abs. 3 Nr. 2 EigBG).

#### 5.3.3 Leistungsvergütung

**962** Nach § 13 EigBVO sind sämtliche Lieferungen (also z.B. Strom, Gas, Wasser und Material), Leistungen (z.B. Wartung der Straßenbeleuchtung, Reparaturen) und Kredite zwischen der Gemeinde und dem Eigenbetrieb angemessen zu vergüten. Dies gilt auch im Verhältnis von einem Eigenbetrieb zu einem anderen oder zu einem Beteiligungsunternehmen.

Unter angemessener Vergütung sind die marktüblichen Preise – also die gegenüber Dritten angesetzten Entgelte – zu verstehen. Bestimmte Leistungen für den gemeindlichen Hoheitsbereich darf der Eigenbetrieb entgeltlich oder verbilligt erbringen, nämlich

- Lieferung von Wasser für den Brandschutz, für Straßenreinigung und Reinigung der Abwasseranlagen sowie für öffentliche Zier- und Straßenbrunnen;
- die Bereitstellung von Anlagen für die Löschwasserversorgung.

Außerdem darf er im Rahmen des steuerrechtlich Zulässigen auf die Tarifpreise für die Lieferung Strom, Gas, Wasser und Wärme einen Preisnachlass gewähren. Die Konzessionsabgabenverordnung[179] erlaubt hier Preisnachlässe für den nach Tarifpreisen abgerechneten Eigenverbrauch der Gemeinde bis zu 10 %.

Für Kassenkredite und Kredite, die der Eigenbetrieb der Gemeinde gewährt und ungekehrt, sind angemessene Zinsen zu verrechnen. Als Zinsobergrenze kann hier der Zinssatz für Kommunalkredite, als Untergrenze derjenige für entsprechend terminierte Geldanlagen angesetzt werden. Auch Leistungen, die die Gemeinde für den Eigenbetrieb erbringt,[180] sind angemessen zu vergüten. Ebenfalls zu der Leistungsabgeltung zählt die Konzessionsabgabe, deren Höhe allerdings preisrechtlich und steuerlich begrenzt ist.[181] Zinsen aus gemeinsamer Geldanlage sind betragsanteilig auf Gemeinde und Eigenbetrieb aufzuteilen.

Der Eigenbetrieb hat auch für die Kosten der örtlichen und überörtlichen Prüfung aufzukommen.[182]

179 § 3 der Konzessionsabgabenverordnung vom 9. 1. 1992 – VSV 6113-3.
180 Z.B. bei Abwicklung des Zahlungsverkehrs und der Buchführung.
181 Vgl. Rdnrn. 1055 ff.
182 § 20 GemPrO (vgl. BFH, Urt. vom 13. 3. 1987, BStBl. II S. 435).

### 5.4 Sonderkasse

§ 93 GemO geht von der Gemeindekasse als Einheitskasse aus. Sonderkassen sind nur noch in den Fällen des § 98 GemO zu führen. Darunter fallen auch die Eigenbetriebe. Die Sonderkassen bilden einen selbstständigen Teil der Kassenorganisation der Gemeinde.[183] Dem Wesen des Sondervermögens entsprechend werden die Bücher gesondert geführt und ein von der übrigen Gemeindeverwaltung getrennter Jahresabschluss für den Eigenbetrieb gefertigt. 963

Die Trennung der Sonderkasse des Eigenbetriebs von der übrigen Gemeindewirtschaft bezieht sich unabdingbar auf die Buchführung und den Jahresabschluss. Es ist aber nicht verboten, dass die Kassengeschäfte gemeinsam mit der Gemeinde abgewickelt werden. Nach § 98 GemO soll die Sonderkasse mit der Gemeindekasse verbunden werden. Ob die Kassengeschäfte gemeinsam oder getrennt geführt werden, ist eine reine Zweckmäßigkeitsfrage. Je größer der Eigenbetrieb ist, desto mehr dürfte sich die getrennte Kassenführung und auch die Errichtung eines besonderen Girokontos für den Eigenbetrieb empfehlen. Die eigene Kasse untersteht dann der Betriebsleitung. Soweit nicht die Art der Buchführung und des Geschäftsbetriebs Abweichungen bedingen,[184] gelten die Vorschriften der GemKVO sinngemäß. Die Prüfung der Kasse richtet sich nach der Gemeindeprüfungsordnung.[185]

Führt der Eigenbetrieb keine eigene Kasse, dann nimmt die Gemeindekasse nach den für sie geltenden Vorschriften die Kassengeschäfte für den Eigenbetrieb wahr. Der Bestand der Sonderkasse muss aber jederzeit getrennt ermittelt werden können. Er ist zum Jahresabschluss in der Bilanz auszuweisen.[186]

Die Kassenbestände aller Kassen (einschließlich der Sonderkassen) sollen möglichst wirtschaftlich eingesetzt werden. Gemäß § 14 EigBVO bestimmt der Bürgermeister nach Anhörung der Betriebsleitung, inwieweit der Eigenbetrieb seine vorübergehend nicht benötigten Kassenmittel selbst (als Termingeld) anlegt oder wie weit sie durch die Gemeindekasse zusammen mit deren Kassenmitteln bewirtschaftet werden. Bei einer gemeinsamen Anlage lässt sich eine höhere Verzinsung erreichen; bei mangelnder Liquidität kann ein Austausch der Mittel die Aufnahme von Kassenkrediten vermeiden.[187] In jedem Fall hat die Gemeinde dafür dem Eigenbetrieb angemessene Zinsen zu zahlen. Bei gemeinsamer Anlage

183 Anders als bei Zahlstellen; sofern diese eigene Bücher führen, werden deren Endergebnisse in das Zeitbuch und das Sachbuch der Gemeinde übernommen. Die Sonderkasse führt dagegen einen selbstständigen Abschluss ihrer Bücher durch; diese Ergebnisse werden nicht in die Bücher der Gemeinde übertragen.
184 § 39 GemKVO enthält Sonderregelungen für Annahme und Ausstellung von Wechseln in § 41 GemKVO.
185 Vgl. § 1 GemPrO.
186 Vgl. Anlage 1 EigBVO (Bilanz).
187 Dann nimmt die Gemeinde beim Eigenbetrieb einen Kassenkredit auf.

sind dies die der Gemeinde gewährten Zinsen, bei einer Inanspruchnahme als Kassenverstärkungsmittel wenigstens die bei einer Anlage üblichen Zinsen. Bei allen Vorgängen ist auf die Zahlungsbereitschaft des Eigenbetriebs zu achten.

### 5.5 Wirtschaftsjahr

**964** Wirtschaftjahr des Eigenbetriebs ist das Haushaltsjahr der Gemeinde (§ 13 EigBG), also das Kalenderjahr. Wenn die Art des Betriebs es erfordert,[188] kann die Betriebssatzung ein abweichendes Wirtschaftsjahr festlegen. Von dieser Möglichkeit sollte aber aus Gründen der Einheitlichkeit nur in besonderen Ausnahmefällen Gebrauch gemacht werden.

### 5.6 Wirtschaftsplan

#### 5.6.1 Allgemeines

**965** Der Wirtschaftplan tritt an die Stelle des Haushaltsplans. Er ist nach § 2 Abs. 2 Nr. 5 GemHVO eine Pflichtanlage zum Haushaltsplan der Gemeinde. Entsprechend der Stellung des Eigenbetriebs als Sondervermögen haben die Eigenbetriebe eine eigenständige Planung. Der Wirtschaftsplan wird unabhängig vom Haushaltsplan der Gemeinde aufgestellt.

#### 5.6.2 Aufstellung

**966** Nach § 14 Abs. 1 EigBG ist der Wirtschaftsplan für jedes Wirtschaftsjahr vor dessen Beginn aufzustellen. Die Aufstellung des Entwurfs ist Aufgabe der Betriebsleitung,[189] die diesen so rechtzeitig dem FfdF zuleitet, dass er als (Pflicht-)Anlage dem Haushaltsplanentwurf beigefügt werden kann.[190]

Nach Vorberatung durch den Betriebsausschuss beschließt der Gemeinderat über den Entwurf und stellt den endgültigen Wirtschaftsplan fest. Zusammen mit ihrer Haushaltssatzung soll die Gemeinde den Beschluss über den Wirtschaftsplan der Rechtaufsichtsbehörde spätestens einen Monat vor Beginn des Wirtschaftsjahres vorlegen. Der Beschluss kann mit der Haushaltssatzung der Gemeinde oder davon unabhängig vorgelegt werden. Eine getrennte Vorlage empfiehlt sich insbesondere dann, wenn der Beschluss über den Wirtschaftsplan genehmigungspflichtige Tatbestände enthält (Gesamtbetrag der Kredite, Gesamtbetrag der Verpflichtungsermächtigungen nach Maßgabe des § 86 Abs. 4 GemO und Höchstbetrag der Kassenkredite gemäß § 89 Abs. 2 GemO) oder wenn das Wirtschaftsjahr des Betriebs vom Haushaltsjahr der Gemeinde abweicht.

188 Z.B. bei einem Wintersportbetrieb.
189 Aufgabe des kaufmännischen Betriebsleiters.
190 § 2 Abs. 2 Nr. 5 GemHVO.

### 5.6.3 Anwendung des Gemeindehaushaltsrechts

Das Eigenbetriebsrecht schafft im Bereich des „Haushaltsrechts für den Eigenbetrieb" spezielle Vorschriften, die den allgemeinen Haushaltsvorschriften vorgehen, soweit diese nicht in § 12 Abs. 1 EigBG als verbindlich erklärt sind. Die allgemeinen Haushaltsgrundsätze (§ 77 GemO), die Grundsätze der Einnahmebeschaffung (§ 78), die Bestimmungen über die Finanzplanung,[191] über Verpflichtungsermächtigungen (§ 86), über Kreditaufnahmen (§ 87), über Sicherheiten und Gewährleistungen (§ 88), über Kassenkredite (§ 89), über Erwerb und Erhaltung von Vermögen (§ 91) sowie über Vermögensveräußerungen (§ 92) gelten für Eigenbetriebe entsprechend. **967**

### 5.6.4 Beziehungen Wirtschaftsplan/Haushaltsplan

Im Haushaltsplan der Gemeinde sind die Gewinnablieferungen oder Verlustabdeckungen im VwH zu veranschlagen, soweit sie nicht auf das nächste Rechnungsjahr vorgetragen werden.[192] Außerdem sind dort auch die wechselseitigen Vergütungen für Lieferungen oder Leistungen sowie die Konzessionsabgabe zu veranschlagen. Kredite für Zwecke des Eigenbetriebs sind nicht in die Haushaltssatzung aufzunehmen und auch nicht durch den Vermögenshaushalt der Gemeinde zu schleusen.[193] Stammkapitalerhöhungen werden im VmH der Gemeinde in Ausgabe, Rückflüsse in Einnahme veranschlagt.[194] Der Eigenbetrieb kann der Gemeinde seine nicht verwendeten Abschreibungsmittel als Darlehen überlassen (§ 14 Abs. 3, § 16 Abs. 3 Nr. 2 EigBG). **968**

### 5.6.5 Inhalt des Wirtschaftsplans

Der Wirtschaftsplan besteht nach § 14 EigBG aus **969**

a) dem Erfolgsplan (§ 1 EigBVO),

b) dem Vermögensplan (§ 2 EigBVO),

c) der Stellenübersicht (§ 3 EigBVO).

Er wird nicht wie der gemeindliche Haushaltsplan in die Form einer Satzung gekleidet; jedoch setzt der Gemeinderat mit dem Beschluss über den Wirtschaftsplan den Gesamtbetrag der Kredite (genehmigungspflichtig nach § 87 Abs. 2 GemO) und der Verpflichtungsermächtigungen (bedingt genehmigungspflichtig nach Maßgabe § 86 Abs. 4 GemO) sowie den Höchstbetrag der Kassenkredite (bedingt genehmigungspflichtig nach Maßgabe § 89 Abs. 2 GemO) fest.

191 § 85 GemO, allerdings in modifizierter Form, vgl. Rdnr. 976.
192 § 14 Abs. 2 EigBG.
193 Dies folgt aus der Stellung als Sondervermögen (§ 96 GemO).
194 Zinsen vom/an den Eigenbetrieb erscheinen als Einnahmen/Ausgabe im VwH der Gemeinde.

### 5.6.6 Erfolgsplan

970 Der Erfolgsplan ist mit dem VwH der Gemeinde vergleichbar. Er dient der Kontrolle der Wirtschaftsführung und schätzt das Betriebsergebnis voraus. Insoweit ist er „eine Vorausplanung der Gewinn- und Verlustrechnung". In ihm müssen alle voraussehbaren Erträge und Aufwendungen enthalten sein. Diese sind zu begründen, vor allem wenn sie erheblich von den Vorjahreszahlen abweichen. Zum Vergleich sind die Ansätze des laufenden Jahres und das Rechnungsergebnis des Vorjahres anzugeben.

Die Begriffe Ertrag und Aufwand sind nach der betriebswirtschaftlichen Definition auszulegen. Danach sind Abgrenzungen zu den Einnahmen und Ausgaben als Geldvorgänge und zu Erlöse/Kosten als Maßstab für die Kostenrechnung zu beachten.[195] Als Erträge sind diejenigen Einnahmen anzusehen, die den Bestand des Vermögens nicht beeinflussen und die als Werte für die erstellten Güter und geleisteten Dienste einer Rechnungsperiode zuzurechnen sind (einschl. ao. Erträge). Aufwand ist jeder erfolgswirksame Güterverzehr (einschließlich ao. Aufwand), soweit er einer bestimmten Rechnungsperiode zugerechnet wird. Bei Erträgen und Aufwendungen spielt es keine Rolle, ob kassenmäßig Geld eingenommen oder ausgegeben wird oder ob der Vorgang betriebsnotwendig ist.[196]

Zu den Aufwendungen gehören auch angemessene Abschreibungen. Aufwendungen sind aber vor allem gegen die vermögenswirksamen Ausgaben abzugrenzen, die im Vermögensplan aufzuführen sind. Tilgungen stellen deshalb keinen Aufwand dar.

Der Erfolgsplan ist mindestens wie die Gewinn- und Verlustrechnung zu gliedern. Letztere ist als Anlage 4 zur EigBVO veröffentlicht.

Die Betriebsleitung ist für die Ausführung des Erfolgsplans verantwortlich. Da der Grundsatz der sachlichen Bindung bei der Ausführung des Wirtschaftsplans nicht gilt, hat die Betriebsleitung große Handlungsfreiheit. Die Ansätze sind gegenseitig deckungsfähig und im Rahmen von Mehrerträgen überschreitbar. Die mit der Budgetierung angestrebten Effekte stellen sich beim Eigenbetrieb „automatisch" ein.

Der Erfolgsplan ist nach § 15 Abs. 1 EigBG zu ändern, wenn sich im Laufe des Jahres zeigt, dass sich das Jahresergebnis trotz Ausnutzung von Sparmöglichkeiten erheblich verschlechtern wird. Dies kann eintreten durch erfolgsgefährdende Mehraufwendungen oder Mindererträge.[197] Für diesen Fall sollte die Betriebssatzung eine unverzügliche Unterrichtung des Bürgermeisters und des FfdF vorschreiben.[198] Erfolgsgefähr-

195 Siehe dazu Rdnrn. 438 ff. und der *Verfasser*, BWVPr 1973, S. 79–82 und S. 102–107.
196 Ausführlich Teil C Rdnr. 440.
197 Erfolgsgefährdende Mindereinnahmen liegen nur dann vor, wenn sie nicht durch Mehrerträge oder Wenigeraufwand ausgeglichen werden. Erfolgsgefährdende Mehraufwendungen liegen dann nicht vor, wenn sie durch entsprechende Mehrerträge oder Einsparungen bei anderen Aufwendungen aufgefangen werden können.
198 S. oben VI 4.3.3.5 Rdnr. 938. Die Betriebssatzung sollte dafür Wertgrenzen festsetzen.

dende Mehraufwendungen bedürfen darüber hinaus nach § 15 Abs. 2 EigBG der Zustimmung des Betriebsausschusses, sofern sie nicht unabweisbar sind.[199] Für die Einhaltung des Erfolgsplans ist die Betriebsleitung verantwortlich. Nicht beanspruchte Ansätze für Aufwendungen führen ebenso wie höhere Erträge zu einem (höheren) Gewinn oder reduzieren den Verlust.

### 5.6.7 Vermögensplan

#### 5.6.7.1 Allgemeines

Der Vermögensplan ist mit dem Vermögenshaushalt der Gemeinde vergleichbar. Nach § 2 Abs. 1 EigBVO muss er auf der Einnahmenseite alle vorhandenen und voraussehbaren Finanzierungsmittel enthalten.[200] Auf der Ausgabenseite sind der Finanzierungsbedarf[201] und in besonderer Spalte die Verpflichtungsermächtigungen auszuweisen. **971**

Diese Einnahmen und Ausgaben wirken sich in der Bilanz als Vermögensänderungen aus; die Gewinn- und Verlustrechnung berühren sie i. d. R. nicht.[202] Der Vermögensplan lässt sich vereinfacht als jahresbezogene „Investitions- und Kapitalrechnung" bezeichnen – also eine Art „Vorausplanung für die Bilanz". Anders ausgedrückt ist er im Ergebnis eine „Mittelherkunfts- und Mittelverwendungsplanung".

#### 5.6.7.2 Einnahmen

Auf der Einnahmenseite sind die Finanzierungsmittel nach Einnahmearten aufzuschlüsseln. Anlage 6 zur EigBVO gibt hierfür ein verbindliches Muster vor. **972**

Nach ihrer Herkunft kann es sich um folgende Einnahmearten handeln:

a) Eigene Mittel des Betriebs,
   - erwirtschaftete Abschreibungen (diese erscheinen in der Gewinn- und Verlustrechnung als Aufwand),
   - Veräußerungserlöse (Veräußerung von Sachvermögen einschl. Grundstücke und Beteiligungen),[203]
   - Darlehensrückflüsse,
   - Jahresgewinn (aus der Gewinn- und Verlustrechnung, der als Finanzierungsmittel dem Vermögensplan übergeben wird),

199 Unabweisbar sind z. B. Mehrausgaben beim Personal wegen Tarifverträgen oder bei Energiebezugskosten.
200 Als vorhanden gelten auch die aus Vorjahren zur Verfügung stehenden Mittel, die dem neuen Jahr, z. B. durch Wenigerausgaben bei einzelnen Vorhaben oder durch zusätzliche Mittel gutgebracht werden.
201 Einschl. Nachfinanzierung etwaiger Finanzierungsfehlbeträge aus Vorjahren wegen Mehrausgaben oder Wenigereinnahmen.
202 Allerdings bestehen Querverbindungen wie z. B. bei Abschreibungen oder aufzulösenden Ertragszuschüssen.
203 Dies führt in der Bilanz zu einem Abgang auf der Aktivseite (jedoch nur bis zur Höhe des Restbuchwerts).

- Zuführungen zu Rücklagen[204] und zu langfristigen Rückstellungen sowie zu Sonderposten mit Rücklagenanteil (jeweils abzüglich Einnahmen),
- erübrigte Mittel aus Vorjahren.[205]

b) Mittel von Dritten (ohne Rückzahlungsverpflichtung),
- Kapitalzuschüsse,[206]
- Ertragszuschüsse.[206]

c) Mittel der Gemeinde,
- Zuführung von Stammkapital[207] (als verrechnete Sacheinlage oder Finanzmittel),
- „Stadtdarlehen"[207] (der Eigenbetrieb muss diese wie Kreditaufnahmen bei Dritten behandeln).

Die Veranschlagung muss mit dem Haushaltsplan der Gemeinde übereinstimmen.

d) Kreditaufnahmen.

Aus der Stellung als Sondervermögen (§96 GemO, §12 Abs.1 EigBG) folgt, dass Kredite nur beim Eigenbetrieb und nicht in der Haushaltssatzung der Gemeinde oder in deren VmH zu veranschlagen sind. Die Kredite werden im Namen der Gemeinde für Zwecke des Eigenbetriebs aufgenommen. Die Gemeinde haftet unbegrenzt. Der Gesamtbetrag der vorgesehenen Kreditaufnahme bedarf im Rahmen des Beschlusses des Gemeinderats über die Festlegung des Wirtschaftsplans der Genehmigung der Rechtsaufsichtsbehörde. Die Voraussetzung für Kreditaufnahmen, das Verbot der Sicherheitsleistung u.a. Vorschriften des §87 GemO gelten entsprechend. Nach §19 StWG sind für Eigenbetriebe Kreditrestriktionen unzulässig.

#### 5.6.7.3 Ausgaben

**973** Auf der Ausgabenseite des Vermögensplans ist der Finanzierungsbedarf des Wirtschaftsjahres zu veranschlagen. Maßgeblich ist der verbindliche Vordruck – Anlage 6 zu EigBVO.

Der Finanzierungsbedarf und die Verpflichtungsermächtigungen für Anlageänderungen sind nach Vorhaben getrennt zu veranschlagen und zu erläutern.[208] Die Ausgaben und Verpflichtungsermächtigungen sind

204 Die Rücklagenzuführung stellt im Gegensatz zur Gemeinde (dort in Ausgabe) eine Einnahme dar, weil die Mittel hierfür entweder als Gewinn von der G u V oder von der Gemeinde stammen. Die Zuführung erscheint dann als Passivzugang in der Bilanz. Der Bestand der Rücklage ist auf der Aktivseite entweder durch eine Geldanlage oder durch Anlagevermögen gebunden.

205 Es handelt sich um eine Art „pauschale Haushaltsreste".

206 Staatliche Zuweisungen zu Investitionen, die ausdrücklich als Kapitalzuschüsse gewährt wurden. Sie führen in der Bilanz zu einer Passivzunahme. Ertragszuschüsse sind Staatszuweisungen, Baukostenzuschüsse (soweit beide nach dem Bruttoverfahren behandelt werden).

207 Passivzugang in der Bilanz.

208 Anlage 3 zur EigBVO. Zum Begriff des Vorhabens s. *Giebler*, KomPrSW 1999, S.228.

dabei detailliert nach den einzelnen Aufgabenbereichen (Strom, Gas, Wasser, Verkehrsbetriebe) und hier nach Anlagearten (z.B. bebaute und unbebaute Grundstücke, Erzeugungs- und Bezugsanlagen, Verteilungsanlagen) aufzuschlüsseln.[208] Bei Investitionen sind nachrichtlich die Gesamtkosten und die bisher bereitgestellten Mittel aufzuführen. Die Verpflichtungsermächtigungen sind in einer besonderen Spalte aufzunehmen. Deren Gesamtbetrag ist mit dem Beschluss über den Wirtschaftsplan festzusetzen. Er bedarf der Maßgabe des §86 Abs.4 GemO der Genehmigung der RAB.

Es folgen die Ausgaben für die Finanzanlagen[209] (z.B. Beteiligungen), Tilgung von Krediten,[210] Rückzahlungen von Stammkapital,[210] Rücklagenentnahme,[210] der Jahresverlust[210] und der Finanzierungsfehlbetrag aus Vorjahren.[209]

Die für die einzelnen Vorhaben veranschlagten Mittel sind ohne zeitliche Beschränkung übertragbar.[211] Die Ansätze für die verschiedenen Vorhaben sind gegenseitig deckungsfähig; dies schafft eine große Flexibilität. Diese Deckungsfähigkeit kann durch Vermerk ausgeschlossen werden.

Wie im Erfolgsplan treten auch im Vermögensplan des Eigenbetriebs die mit der Budgetierung angestrebten Wirkungen automatisch ein.

#### 5.6.7.4 Änderungen

Für die Einhaltung des Vermögensplans ist die Betriebsleitung verant- **974**
wortlich. Wegen der generellen gegenseitigen Deckungsfähigkeit nach §2 Abs.4 EigBVO hat sie allerdings bei den Ausgaben einen weiten Spielraum.[212]

Der Vermögensplan ist gem. §15 Abs.1 EigBG dann zu ändern, wenn

a) zum Ausgleich höhere Zuschüsse der Gemeinde oder höhere Kredite erforderlich werden;

b) im Vermögensplan weitere Verpflichtungsermächtigungen vorgesehen werden sollen. Dies gilt im Hinblick auf §86 Abs.5 GemO aber nicht für apl. und üpl. Verpflichtungen, wenn an anderer Stelle veranschlagte Verpflichtungsermächtigungen eingespart werden und so der Gesamtbetrag nicht überschritten wird.

In diesen Fällen muss die Betriebsleitung den Bürgermeister und den FfdF rechtzeitig unterrichten (§5 Abs.3 EigBG).

209 In der Bilanz bewirkt dies einen Aktivzugang.
210 In der Bilanz bewirkt dies einen Passivabgang.
211 Es dürfen also „Haushaltsreste" (in pauschaler Weise) gebildet werden.
212 Siehe dazu *Giebler*, KomPr SW 1999, S.229.

Mehrausgaben, die für das einzelne Vorhaben erheblich sind, bedürfen gem. § 15 Abs. 2 Satz 2 EigBG der Zustimmung des Betriebsausschusses.[213]

#### 5.6.8 Stellenübersicht

975 Diese entspricht dem Stellenplan der Gemeinde (§ 57 GemO, § 6 GemHVO). Ihre Aufgabe ist es, eine sparsame Personalwirtschaft zu fördern. Beamte des Eigenbetriebs sind im gemeindlichen Stellenplan zu führen und in der Stellenübersicht nachrichtlich anzugeben. Die Stellenübersicht muss die im Wirtschaftsjahr erforderlichen Stellen für Arbeiter und Angestellte enthalten (§ 3 Abs. 1 EigBVO).

Die Stellenübersicht soll nach Betriebszweigen gegliedert werden. Zum Vergleich sind die Soll- und Istzahlen des laufenden Jahres anzugeben. Erhebliche Abweichungen sind zu begründen.

Nach § 15 Abs. 1 Nr. 4 EigBG ist sie formal zu ändern, wenn eine erhebliche Vermehrung oder Hebung von Stellen erforderlich wird;[214] dies gilt nicht für die vorübergehende Einstellung von Aushilfskräften.

### 5.7 Finanzplanung

976 Gemäß § 45 Abs. 2 GemHVO i. V. m. § 4 EigBVO sind die Eigenbetriebe zur Aufstellung eines fünfjährigen Finanzplans verpflichtet, der aber gegenüber der gemeindlichen Finanzplanung reduziert ist. Der Finanzplan des Eigenbetriebs besteht aus

a) einer Übersicht über die Entwicklung der Finanzierungsmittel und des Finanzierungsbedarfs des Vermögensplans,

b) einer Übersicht über die für den Gemeindehaushalt erheblichen korrespondierenden Ausgaben des Eigenbetriebs.

Der Finanzplan ist von der Betriebsleitung zusammen mit dem Wirtschaftsplan aufzustellen und jährlich fortzuschreiben. Das Investitionsprogramm des Eigenbetriebs ist mit dem der Gemeinde abzustimmen.

## 6. Rechnungswesen

977 Das Eigenbetriebsrecht regelt die Rechnungslegung der Eigenbetriebe weitgehend entsprechend den Vorschriften für große Kapitalgesellschaften im Dritten Buch des Handelsgesetzbuchs.

213 Dazu sollte die Betriebssatzung nähere Regelungen treffen wie z. B. „Mehrausgaben sind dann erheblich, wenn sie 10 % über dem Ansatz für das Vorhaben liegen und mind. 100 000 DM oder mehr als 200 000 DM betragen". S. *Giebler*, a. a. O. (Fn 212), S. 230.

214 Es empfiehlt sich, dies in der Betriebssatzung zu konkretisieren.

### 6.1 Aufbau des Rechnungswesens

Das Rechnungswesen umfasst 978

a) den Wirtschaftsplan
(Aufstellung, Ausführung),

b) die Buchführung,

c) die Kostenrechnung,

d) den Jahresabschluss,

e) den Lagebericht,

f) die Betriebsstatistik.

Das Rechnungswesen erfasst nicht nur alle wert- und zahlenmäßigen Vorgänge im Betrieb, sondern schafft die Grundlagen für die Entscheidungen der Betriebsführung, vor allem auch im Bereich der Markt- und Absatzpolitik. Seine Aufsplitterung und Zuordnung auf verschiedene Unternehmensabteilungen wäre nachteilig. Deshalb fordert § 17 EigBG, dass alle Zweige des Rechnungswesens zusammengefasst verwaltet werden sollen. Bei mehreren Betriebsleitern soll das gesamte Rechnungswesen dem Geschäftskreis eines Betriebsleiters zugeteilt werden. Wenn der Betrieb einen kaufmännischen Betriebsleiter bestellt, was sich für größere Eigenbetriebe empfiehlt, dann ist ihm das Rechnungswesen zu unterstellen. Daneben wird er für weitere Aufgaben wie Lohnabrechnung, Personalwesen, Steuern, Lagerbuchführung, Hebedienst und zweckmäßigerweise auch für Einkauf und Werbung zuständig sein. Sein Wirkungskreis reicht in alle Abteilungen des Eigenbetriebs.

### 6.2 Buchführung

979 Jede Buchführung ist auf das Wirtschaftsziel ausgerichtet. Die Buchführung des Eigenbetriebs kann sich daher nicht allein auf den Nachweis der Aufgabenerfüllung oder auf die Einhaltung der Planansätze und die Ermittlung des Deckungserfolgs beschränken. Ihr Ziel ist vielmehr die Errechnung des Gewinns oder Verlustes, zugleich die Fortschreibung der Vermögens- und Schuldenseite (§ 6 EigBVO).

Als Rechnungsform kann die Gemeinde entweder die kaufmännische doppelte Buchführung (Doppik) oder eine ihr entsprechende Verwaltungsbuchführung (Betriebskameralistik) wählen. Dabei muss die Art der Buchungen die Vermögensbestände und Schulden zwangsläufig fortschreiben, die Buchführung muss zusammen mit der Inventur einen ordnungsgemäßen Jahresabschluss ergeben und regelmäßige Zwischenabschlüsse gestatten. Da vor allem Versorgungs- und Verkehrsbetriebe beträchtliche Werte in das Anlagevermögen einzubringen haben, schreibt die EigBVO auch eine besondere Anlagenbuchhaltung vor. Diese liefert die Grundlage für die Berechnung der Abschreibungen und weist die Anschaffungswerte, Art und Höhe der Abschreibungen sowie die Restbuchwerte nach. Die Doppik erfüllt diese Anforderungen ohne weiteres. Die Betriebskameralistik ist eine Vollverbundrechnung mit einer zwangsläufigen Fortschreibung von Vermögen und Schulden.

Die Vorgänge werden nach ihrer Wirkung auf das Vermögen oder auf den Erfolg auf Bestands- oder Erfolgskonten gebucht. Einheitskontenrahmen, die für verbindlich erklärt wurden, müssen angewendet werden.[215]

Es ist auch Aufgabe der Buchführung, die Unterlagen für Kostenrechnungen zu liefern. Bei Bedarf sind Kostenrechnungen zu erstellen (§ 6 Abs. 4 EigBVO). Diese ermöglichen die Betriebsüberwachung und Betriebsvergleiche, die Kalkulation der Kosten und ergeben Beurteilungskriterien für Betriebserweiterungen und für die Tarifpolitik sowie für unternehmerisch wichtige Entscheidungen anderer Art. Die Kosten/Erlöse werden aus den buchhalterischen Begriffen Aufwand/Ertrag ermittelt.[216] Nicht alle Aufwendungen sind zugleich Kosten; sind die Ersteren höher, so spricht man von neutralem Aufwand. Es gibt aber auch Kosten, die keinen Aufwand darstellen; sie werden als Zusatzkosten bezeichnet. Aufwendungen und Erträge betreffen den Erfolgsplan und die Erfolgsrechnung.

Die Buchführung liefert auch die Unterlagen für die Steuerbilanz.

Auf die Buchführung sind die Vorschriften des Dritten Buches des Handelsgesetzbuches (HGB) anzuwenden (§ 6 Abs. 2 EigBVO).

### 6.3 Jahresabschluss

**980** Nach § 16 EigBG hat die Betriebsleitung den Jahresabschluss innerhalb von sechs Monaten nach Ende des Wirtschaftsjahres aufzustellen und dem Bürgermeister vorzulegen. Der Bürgermeister leitet die Unterlagen unverzüglich der örtlichen Prüfungseinrichtung (§ 111 GemO) zu. Nach Vorberatung durch den Betriebsausschuss stellt der Gemeinderat innerhalb eines Jahres nach Ende des Wirtschaftsjahres den Abschluss fest und entscheidet über die Verwendung des Jahresgewinns oder über die Behandlung des Jahresverlusts. Der Feststellungsbeschluss muss die Angaben nach Anlage 9 zur EigBVO enthalten (§ 12 EigBVO). Zugleich beschließt der GR über die Entlastung der Betriebsleitung. Verweigert er diese, so sind die Gründe hierfür anzugeben.[217] Der festgestellte Jahresabschluss ist ortsüblich bekannt zu geben. Größere Betriebe unterliegen

215 Einheitskontenrahmen wurden für verschiedene Arten der Versorgungsbetriebe erarbeitet. Vgl. dazu § 6 Abs. 3 EigBVO.
216 Dazu nähere Ausführungen im Teil C Rdnrn. 440, 441.
217 § 16 Abs. 3 EigBG.

der Jahresabschlussprüfung; in diesem Fall muss der Jahresabschluss mit dem Prüfungsvermerk des Prüfers und der GPA versehen sein.[218]

Der Jahresabschluss umfasst nach § 16 Abs. 1 EigBG

a) die Gewinn- und Verlustrechnung (GuV), die alle Erträge und Aufwendungen nach Herkunft und Höhe erfasst; die Differenz ergibt den Gewinn oder Verlust,

b) die Bilanz, die als Bestandsrechnung alle Vermögens- und Schuldenposten gegenüberstellt; der Ausgleich zwischen Aktiv- und Passivseite ergibt ebenfalls das Ergebnis des Wirtschaftsjahres,

c) den Anhang, in dem die wichtigsten Positionen a) und b) zu erläutern sind,[219]

d) den Lagebericht.

Der Jahresabschluss gibt Aufschluss über die Ertragslage (a) und über den Stand des Vermögens und der Schulden (b).

Auf den Jahresabschluss sind die allgemeinen Vorschriften, diejenigen über Ansatz und Bewertung sowie über Bilanz, Gewinn- und Verlustrechnung über den Anhang für den Jahresabschluss der großen Kapitalgesellschaften im Dritten Buch des HGB sinngemäß anzuwenden.[220] Die Bilanz ist nach Anlage 1, die Gewinn- und Verlustrechnung nach Anlage 4 EigBVO aufzustellen. Die Sachanlagen sind nach detaillierten Mustern (Anlagen 2 und 3) darzustellen.[221]

### 6.4 Einzelvorschriften für den Jahresabschluss

#### 6.4.1 Abgrenzung

Der Eigenbetrieb muss zum Jahresabschluss die gesamten Erträge und **981**
Aufwendungen ordnungsgemäß und stichtagsgerecht ansetzen. Soweit Erträge oder Aufwendungen spätere Wirtschaftsjahre betreffen, sind sie abzugrenzen (aktive und passive Rechnungsabgrenzung). Zur Rechnungsperiode gehörende, aber noch nicht angefallene Erträge oder Aufwendungen sind als sonstige Forderungen oder Verbindlichkeiten festzuhalten.[222]

Die Stichtagsabgrenzung bedeutet, dass die Bücher zum Abschluss des Wirtschaftsjahres zu schließen sind. Erträge und Aufwendungen sind

218 Anstelle der aufwendigen öffentlichen Bekanntmachung genügt die einfachere ortsübliche Bekanntgabe. Jahresabschluss und Lagebericht sind an sieben Tagen öffentlich auszulegen; vgl. § 16 Abs. 4 EigBG. Zu den Einzelheiten siehe Erlass des IM vom 25.3. 1979 (GABl. S. 500).
219 §§ 284 und 285 HGB.
220 § 7 EigBVO.
221 § 10 Abs. 2 EigBVO.
222 Dazu Teil C Rdnr. 447.

nach ihrer wirtschaftlichen Zugehörigkeit zu buchen. Das Kassenwirksamkeitsprinzip ist hier nicht ausschlaggebend.[223]

### 6.4.2 Abschreibungen

**982** Zu den Aufwendungen gehören auch angemessene Abschreibungen, die zwar keine Ausgaben, aber notwendig sind, um die Herstellungskosten entsprechend ihrer Abnutzung auf die Nutzungsjahre zu verteilen,[224] den Wert des Anlagevermögens um die Wertminderung zu reduzieren und bei der Entgeltkalkulation die Kosten entsprechend des eingetretenen Werteverzehrs zu erhöhen. Die Abschreibungen müssen verursachergerecht auf die einzelnen Güter- oder Anlagegruppen aufgeteilt werden. Maßgeblich sind grundsätzlich die Vorschriften des HGB.[225] Sofern die Gemeinde jedoch bei ihrem Eigenbetrieb aufgrund einer Satzung öffentlich-rechtliche Benutzungsgebühren erhebt, ist sie an die zwingenden Regelungen des §9 Abs.3 KAG gebunden. Als Bemessungsgrundlage darf sie dann lediglich die Anschaffungs- bzw. Herstellungskosten ansetzen und muss die Abschreibungen entweder nach der Nettomethode um Ertragszuschüsse reduzieren oder nach der Bruttomethode dem Benutzer die Auflösung der Ertragszuschüsse gutschreiben.[226]

### 6.4.3 Nachweis des Stammkapitals

**983** Das Stammkapital ist nach §8 Abs.2 EigBVO mit dem in der Betriebssatzung festgelegten Betrag anzusetzen.

### 6.4.4 Behandlung von Zuschüssen

**984** Die Verordnungen über Allgemeine Bedingungen für Strom, Gas und Wasser erlauben den Versorgungsunternehmen, zu den stark unterschiedlichen Anschlusskosten von den Abnehmern Zuschüsse zu erheben, die mit den Anliegerbeiträgen vergleichbar sind. Sie decken die individuellen Hausanschlusskosten und tragen zu den Kosten des örtlichen Verteilungsnetzes bei.

Zuschüsse, die der Eigenbetrieb zum Bau von Anlagen erhält, können entweder vom Anlagevermögen abgesetzt oder als besonderer Posten[227] auf der Passivseite behandelt werden. Die Einzelheiten regelt §8 Abs.3 EigBVO.[228]

223 Eine vergleichbare Regelung bringt §14 Abs.6 GemHVO für kostenrechnende Einrichtungen.

224 AfA-Tabellen, abgedruckt in: *Schmid/Faiß/Giebler*, Gemeindewirtschaftsrecht.

225 §§279–282 HGB.

226 In Betracht kommen vor allem Wasser-, Abwasser- und Abfallgebühren. S. dazu ausführlich Teil F Rdnr. 817.

227 Der Begriff Rückstellung trifft die Sache nicht, weil in diesem Fall die künftige ungewisse Verbindlichkeit fehlt. Der BFH spricht in seinem Urteil vom 24.6. 1970 (BStBl. II S.694) von einer betriebswirtschaftlich bestimmten Rechnungsabgrenzung, die bei der Berechnung eines angemessenen Eigenkapitals außer Betracht bleibt. S. Anl. 1 zur EigBVO, Passivseite C.

228 Eine ausführliche Darstellung der Wirkung von Zuschüssen auf Finanzierung, Liquidität und Ertragslage von Versorgungsunternehmen, insbesondere von kommunalen Eigenbetrieben, enthält die Veröffentlichung von *Schauwecker*, GH 1972, S.169ff. und ZKF 1989, S.258. Vgl. auch Rdnrn. 817 und 824.

6.4.4.1 Bauzuschüsse aufgrund allgemeiner Lieferbedingungen gelten als Ertragszuschüsse. Sie sollen die Rentabilität von Neuanlagen und Erweiterungen des Betriebs durch verlorene Zuschüsse verbessern, wenn dies nicht oder nicht voll durch die laufenden Entgelte gewährleistet ist (z.B. für Verteilungsanlagen).

Wenn sie als „empfangene Ertragszuschüsse" passiviert werden, so sind sie jährlich mit 5 % aufzulösen. Andernfalls sind sie von den Herstellungskosten der bezuschussten Anlage abzusetzen; dann kann aber nur von dem reduzierten Anlagevermögen abgeschrieben werden.

Für öffentlich-rechtliche Beiträge, die der Eigenbetrieb aufgrund einer Satzung erhebt, gilt § 9 Abs. 3 Satz 3 KAG als Spezialvorschrift. In diesem Falle sind die Ertragszuschüsse mit einem durchschnittlichen Abschreibungssatz aufzulösen, der sich an der Lebensdauer der abzuschreibenden Anlagen orientiert.[229]

6.4.4.2 Andere Ertragszuschüsse können ebenfalls von den Herstellungskosten abgesetzt oder als „empfangene Ertragszuschüsse" passiviert werden. Im letzten Fall sind sie jährlich mit den Teilbeträgen in die GuV zu übernehmen, die an der Wirtschaftlichkeit der bezuschussten Betriebsleistung jeweils fehlen.

6.4.4.3 Kapitalzuschüsse der öffentlichen Hand sind grundsätzlich dem Eigenkapital zuzuführen; sie verbessern damit das Verhältnis von Eigen- und Fremdkapital.

Wenn der Zuschussgeber eine andere Bilanzierungsart vorschreibt, ist danach zu verfahren.

#### 6.4.5 Stille Rücklagen

Stille Rücklagen sollen aus Gründen der Bilanzwahrheit nur in un- **985**
umgänglichen Fällen gebildet werden.[230] Überhöhte Abschreibungen oder Überbewertung von Verbindlichkeiten sind unzulässig.

#### 6.4.6 Differenzierter Ergebnisausweis

Eigenbetriebe mit mehreren Betriebszweigen haben entsprechend § 9 **986**
Abs. 3 EigBVO detaillierte Erfolgsübersichten aufzustellen, damit der Erfolg der einzelnen Sparten ersichtlich ist.

### 6.5 Lagebericht

Der Lagebericht soll den Gemeinderat, den Betriebsausschuss und den **987**
Bürgermeister detailliert über alle wichtigen Ergebnisse des Eigenbetriebs unterrichten.

229 Wasser-, Abwasser-und Fernheizungsanschlussbeiträge. S. dazu ausführlich Teil F Rdnr. 817.
230 Sie entstehen z.B. bei Grundstücken durch die Wertsteigerungen.

Der Lagebericht legt die Gesamtverhältnisse des Eigenbetriebs dar – vgl. im Einzelnen § 11 EigBVO.

Der von der Betriebsleitung aufzustellende Lagebericht muss nicht wie der Jahresabschluss ortsüblich bekannt gemacht werden. Er ist über den Bürgermeister dem Gemeinderat vorzulegen.

### 6.6 Prüfung des Eigenbetriebs

988 Grundsätzlich unterliegen Versorgungs- und Verkehrsbetriebe als Wirtschaftsbetriebe der öffentlichen Hand der Bilanzprüfung.[231] Das Bilanzrichtlinien-Gesetz vom 19. 12. 1985 erklärt für die Prüfung des Jahresabschlusses und des Lageberichts die §§ 316 bis 324 HGB für maßgebend. Alle anderen Eigenbetriebe unterliegen dagegen nur der örtlichen Prüfung der Jahresabschlüsse nach § 111 und der überörtlichen Prüfung nach § 114 Abs. 1 GemO.[232]

## 7. Querverbund

### 7.1 Rechtslage

989 § 2 EigBG erlaubt der Gemeinde die Zusammenfassung mehrerer Unternehmen und Einrichtungen, die als Eigenbetriebe geführt werden können, zu einem Eigenbetrieb. Eine Pflicht dazu besteht nicht.[233]

Anfängliche Bedenken der EU gegen den bewährten Querverbund sind ausgeräumt.[234] Schon aus dem Selbstverwaltungsrecht folgt, dass die Zuständigkeit der Kommunen für die Angelegenheiten der örtlichen Gemeinschaft die Entscheidungskompetenz über Art und Weise der Aufgabenerfüllung mit umfasst.[235]

### 7.2 Bedeutung

990 Die Zusammenfassung verschiedener Betriebszweige zu einem Unternehmen ist in der Privatwirtschaft weit verbreitet und auch in öffentlichen Unternehmen seit 100 Jahren anzutreffen. Vor allem die Zusammenfassung aller Versorgungsunternehmen wie Strom-, Gas-, Wasserversorgung, Heizkraftwerke und der Verkehrsbetriebe wie U-Bahn, Straßenbahn, Busbetrieb, Parkhäuser hat sich bestens bewährt. Die Einbeziehung weiterer Betriebe (z.B. Kurbetrieb) und Einrichtungen, welche die Gemeinde nach § 1 EigBG als Eigenbetrieb führt, ist anhand der tatsächlichen Gegebenheiten zu prüfen. Das Eigenbetriebsrecht setzt hier keine Schranken; auch Hilfsbetriebe dürfen in den Querverbund einbezogen werden. Die Schwelle sollte dort gesetzt werden, wo die Einbeziehung

231 Vgl. dazu Rdnr. 1249 sowie *Bolsenkötter*, in: HdKWPr, Bd. 5, S. 228 ff.
232 Siehe Teil K Rdnrn. 1311 ff..
233 So in § 17 Abs. 1 EigBG a.F. als Sollvorschrift; für ungleiche Betriebe als Kannbestimmung.
234 Bericht der Deregulierungskommission vom März 1991 und der EG-Kommission.
235 Sog. Rastede-Beschluss des BVerfG vom 23. 11. 1988 (DÖV 1989, S. 349).

weiterer Betriebszweige keine organisatorischen, wirtschaftlichen oder steuerlichen Vorteile bringt.

Die Zusammenschlüsse mehrerer Betriebe zu einem Eigenbetrieb bezeichnet man als Querverbund.

Das Eigenbetriebsrecht gewährleistet, dass die Ergebnisse der einzelnen Sparten differenziert auszuweisen sind[236] und so die Wirtschaftlichkeit überprüfbar ist.

### 7.3 Vorteile

Die Zusammenfassung von Betrieben wirkt sich in vielen Bereichen vorteilhaft aus, vor allem in organisatorischer und betriebswirtschaftlicher Hinsicht. Durch eine gemeinsame Verwaltung, zentrale Werkstätten, gemeinsamen Wagen- und Maschinenpark, gemeinsamer Netzausbauplanung und Netzauslastung, durch gemeinsame Lagerhaltung und zentralen Einkauf (Mengennachlass), zusammengefasste Tariferhebung (Hebedienst), gemeinsame Werbung, Abstimmung der Angebote (Strom, Gas), optimale Nutzung technischer Anlagen u.a. ergeben sich erhebliche Kostenersparnisse und andere Vorteile.[237] Finanzwirtschaftlich wird eine bessere Kapitalausnutzung erreicht und die Kapitalbeschaffung[238] erleichtert, weil hier in ihrer Struktur unterschiedliche Betriebe zusammengefasst werden und sich dadurch ein Ausgleich ergeben kann. Außerdem können Gewinne eines Betriebsteils mit Verlusten des anderen ausgeglichen werden.[239] Im Ergebnis führt der Querverbund zu einer rationellen Gestaltung der Verwaltungs- und Betriebsabläufe und damit zu Kosteneinsparungen (Synergieeffekte). **991**

### 7.4 Änderung der Betriebssatzung

Die erstmalige Zusammenfassung bisher organisatorisch selbstständiger Betriebszweige in einen einheitlichen Eigenbetrieb bedarf einer Änderung der Betriebssatzung, weil sich dadurch die Aufgaben des einen Eigenbetriebs erweitern und die des andern entfallen und weil sich auch im Regelfall das Stammkapital des gemeinsamen Betriebs erhöhen wird. **992**

### 7.5 Steuerliche Gesichtspunkte

Der Querverbund wirkt sich auf das Wirtschaftsergebnis des zusammengefassten Eigenbetriebs aus, weil im Endergebnis nur ein gemeinsames Jahresergebnis erscheint. Gewinne eines oder mehrerer Betriebszweige werden gegen Verluste anderer aufgerechnet, wenn auch intern eine ge- **993**

236 Durch eine in die einzelnen Sparten aufgeschlüsselte Erfolgsübersicht gem. §9 Abs.3 EigBVO; vgl. oben Rdnr. 986.
237 Der *Verfasser*, Der Querverbund kommunaler Unternehmen, ZKF 1980, S.34ff.
238 Beim Eigenbetrieb spielt dies allerdings keine Rolle, weil die Haftung der Gemeinde ohnehin die Kreditbeschaffung erleichtert.
239 Es bestehen allerdings steuerliche Einschränkungen, die unten bei Abschn. 7.5 dargelegt werden.

sonderte Erfolgsermittlung für die einzelnen Betriebszweige innerhalb des gemeinsamen Jahresabschlusses vorgeschrieben ist. Die Unternehmen werden als ein Steuersubjekt behandelt. Nach § 1 KStG sind Betriebe gewerblicher Art von Körperschaften des öffentlichen Rechts unbeschränkt steuerpflichtig. Für Eigenbetriebe beträgt der Steuersatz 25 %. Die Zusammenfassung von gewinnträchtigen Betrieben mit Verlustbetrieben zu einem gemeinsamen Eigenbetrieb ist deshalb höchst aktuell und kann sich finanziell vorteilhaft auswirken. Allerdings wird die Zusammenfassung von Betrieben in steuerlicher Hinsicht sehr kritisch geprüft. Die Finanzverwaltung will dem Ausgleich von Gewinnen mit Verlusten und daraus resultierenden Steuerausfällen Grenzen setzen. Sie fordert deshalb bestimmte Voraussetzungen.

Hier lassen sich drei Fallgruppen unterscheiden:

a) Versorgungs- und Verkehrsbetriebe (einschl. Hafenbetriebe) dürfen ohne weitere steuerliche Prüfung zusammengefasst werden.[240] Als Verkehrsbetriebe in diesem Sinne gelten auch die von einer Gemeinde betriebenen Einrichtungen des ruhenden Verkehrs, also z.B. öffentliche Tiefgaragen und Parkhäuser.[241]

   Die steuerliche Anerkennung der Zusammenfassung von Versorgungs- und Verkehrsbetrieben hat große praktische Bedeutung, weil die Verkehrsbetriebe überwiegend mit beträchtlichen Verlusten, die Versorgungsunternehmen zum Teil mit Gewinnen arbeiten. Ohne diesen Verlustausgleich könnten zahlreiche Städte den defizitären Personennahverkehr nicht mehr ausreichend wahrnehmen.[242]

b) Zusammenfassung mehrerer gleichartiger Betriebe gewerblicher Art, z.B. Frei- und Hallenbäder oder mehrere Gaststätten. Diese wird steuerlich anerkannt.

c) Zusammenfassung sonstiger BgA.

   Voraussetzung ist, dass zwischen diesen Betrieben nach dem Gesamtbild der tatsächlichen Verhältnisse objektiv eine enge wechselseitig technisch-wirtschaftliche Verflechtung besteht.[243] So hat der BFH die geforderte enge Verflechtung durch den technisch wirtschaftlichen Verbund eines Hallenbads mit der gemeindlichen Stromversorgung durch die Errichtung eines Blockheizkraftwerks (BHK) bejaht,[244] denn das BHK versorgt einerseits das Bad mit Fernwärme und speist andererseits überschüssigen Strom in das kommunale Stromnetz ein. Dies

240 Abschn. 5 Abs. 9 KStR 1995.
241 BFH, Urt. vom 8.11. 1989 (BStBl. II 1990 S. 242). Dies gilt selbst dann, wenn die Stadtwerke keinen Verkehrsbetrieb, sondern nur Gas- und Wasserversorgung betreiben.
242 Wegen der Liberalisierung bei Strom u. Gas sind allerdings die Gewinne der Versorgungsunternehmen z.T. deutlich zurückgegangen.
243 Die enge technisch-wirtschaftliche Verflechtung muss tatsächlich bestehen, eine geplante und erst später verwirklichte reicht nicht aus (BFH, Urt. vom 4.12. 1991, BStBl. II 1992 S. 433).
244 BFH, Urt. vom 17.10. und 22.10. 1984 (nicht veröffentlicht).

reduziert die Stromspitzen und die Bezugskosten. Ohne eine solche enge wechselseitige technisch-wirtschaftliche Verflechtung anerkennt die Finanzverwaltung den Zusammenschluss von Stadtbad und Versorgungsunternehmen (auch für Wasserversorgung) nicht.[245]

Dagegen wird die Vereinigung von Hoheitsbetrieben mit Betrieben gewerblicher Art steuerrechtlich grundsätzlich nicht anerkannt, weil es sich um grundverschiedene Vorgänge handelt. Die Zusammenfassung wird steuerlich nur akzeptiert, wenn die gewerbliche Tätigkeit unlösbar mit der hoheitlichen verbunden ist; ein enger wirtschaftlicher Zusammenhang reicht hier nicht aus. Bei einer Friedhofgärtnerei hat der BfH die Körperschaftsteuer- und Umsatzsteuerpflicht des BgA bejaht, auch wenn die Gärtnerei mit dem Hoheitsbetrieb Friedhof organisatorisch verbunden ist.[246]

Die einengende steuerliche Handhabung wird in der Literatur angegriffen, weil sie die Konzeption des Querverbunds nach dem Eigenbetriebsrecht beeinträchtigt.[247]

### 7.6 Andere Formen der Zusammenarbeit

Wenn die Zusammenfassung mehrerer Betriebe insbesondere aus steu- **994**
erlichen Gründen ausscheidet, lassen sich noch andere Formen der Zusammenarbeit finden. So kann z.B. der Eigenbetrieb mit der Gesamtverantwortung für die Straßenbeleuchtung gegen Kostenersatz beauftragt werden (Unterhaltung, Wartung, Betrieb). Diese Leistungen muss die Gemeinde gem. § 13 EigBVO angemessen vergüten.

Eigenbetriebe mehrerer Städte können sich zum gemeinsamen Einkauf vor allem von Energie zusammentun. Ein Eigenbetrieb könnte auch Gebiete anderer Gemeinden im Wege einer öffentlich-rechtlichen Vereinbarung oder durch Regelung im Konzessionsvertrag mitversorgen.

## 8. Das Rechtsverhältnis zum Benutzer

Bei Eigenbetrieben, die öffentliche Einrichtungen i.S.v. § 10 Abs. 2 Satz 1 **995**
GemO sind, unterscheidet die h.M. beim Rechtsverhältnis zum Benutzer die Zulassung zur Benutzung und das nach der Zulassung begründete Benutzungsverhältnis.

Richtet sich die Zulassung zur Benutzung nach § 10 Abs. 2 Satz 2, Abs. 3 und Abs. 4 GemO, so handelt es sich bei der Zulassung zur Benutzung um eine öffentlich-rechtliche Maßnahme, denn diese Rechtssätze gehören dem öffentlichen Recht an. Sofern sich die Zulassung zur Benutzung nach

245 BFH, Urt. vom 10.7. 1962 (BStBl. III S. 448 und vom 6.8. 1962, BStBl. III S. 450). Ein reines Lieferverhältnis reicht zur Anerkennung nicht aus.
246 BFH, Urt. vom 26.5. 1977 (DGStZ 1978, S. 71).
247 *Barth*, Gemeindewirtschaft und Unternehmen, S. 306ff. und der *Verfasser*, ZKF 1980, S. 37.

einem anderen Rechtssatz richtet (z.B. nach §10 Abs.1 EnWG, §22 PBefG), ist jeweils zu prüfen, ob der Rechtssatz dem öffentlichen oder dem privaten Recht angehört; je nach dem Ergebnis dieser Prüfung ist die Zulassung zur Benutzung eine öffentlich-rechtliche oder eine privatrechtliche Maßnahme.

Bei der Ausgestaltung des nach der Zulassung zur Benutzung begründeten Benutzungsverhältnisses kann sich die Gemeinde nach ihrer Wahl sowohl des öffentlichen Rechts wie auch des privaten Rechts bedienen,[248] es sei denn, dass der Wahlmöglichkeit zwingendes Recht entgegensteht.

Den Einwohnern steht unabhängig von ihrer Rechtsform ein subjektiv öffentliches Recht auf die Benutzung der öffentlichen Einrichtungen, also auch der Eigenbetriebe, zu. Für die Benutzung ist eine Zulassung (auch stillschweigend) erforderlich. Das Personenbeförderungsgesetz räumt den Benutzern das Recht zur Beförderung mit öffentlichen Verkehrsmitteln ein, ebenso das EnWG für den Bezug von Energie, wobei Letzteres eine Ablehnung der Belieferung mit Strom oder Gas nur ausnahmsweise zulässt, vor allem, wenn dies wirtschaftlich unzumutbar wäre.[249] Dieser Kontrahierungszwang ist ein Gegengewicht zu der faktischen Monopolstellung. Die kommunalen Unternehmen müssen die Benutzung bei gleichen Tatbeständen zu den allgemeinen Bedingungen und Tarifen zulassen. Zur Vereinheitlichung wurden für die Versorgung mit Strom und Gas allgemeine Bedingungen und Tarifordnungen erlassen, die das Verhältnis von Unternehmen und Benutzern regeln.[250] Die Höhe der Entgelte ist jedoch konkret nicht vorgeschrieben; auch können Zusatzbestimmungen (z.B. über Baukostenzuschüsse, Hausanschlüsse usw.) aufgenommen werden. Sonderabnehmerverträge werden frei vereinbart.

Die Eigenbetriebe erheben die Entgelte meist in privatrechtlicher Form (Nahverkehr, Strom, Gas, Fernwärme). Die öffentlich-rechtliche Abgabenerhebung kommt in erster Linie im Bereich der Wasserversorgung vor, bei der auch durch Satzung der Anschluss- und Benutzungszwang eingeführt werden kann (wie z.B. bei Fernwärme).[251]

## 9. Steuerpflicht von Eigenbetrieben

**996** Eigenbetriebe unterliegen nicht wie Kapitalgesellschaften automatisch der Steuerpflicht; entscheidend ist vielmehr die Frage, ob sie steuerfreie Hoheitsbetriebe oder BgA darstellen.[252]

248 Vgl. z.B. BVerwG (BVerwGE 31, 368) und BGH (NJW 1975, S.106). Gegen diese bisher fast einmütig vertretene Theorie der Wahlmöglichkeit erheben sich kritische Stimmen; vgl. die Nachweise bei Ossenbühl, in: DVBl. 1974, S.541; *Püttner*, Die öffentlichen Unternehmen, bejaht die grundsätzliche Wahlfreiheit und zeigt deren Grenzen auf (S.83ff.).
249 §10 Abs.1 EnWG.
250 §11 EnWG.
251 S. der Verfasser, Dürfen kommunale Unternehmen Gebührenbescheide erlassen?, ZKF 1980, S.178.
252 S. dazu Teil F Abschn. XII, Rdnrn. 852ff.

# VII. Beteiligungen

## 1. Rechtsgrundlagen

Bereits 1992 wurden die Vorschriften über die Unternehmen der Gemeinde in Privatrechtsform wesentlich geändert.[253] § 102 Abs. 1 GemO nannte die materiellen Voraussetzungen für die wirtschaftliche Betätigung ohne Rücksicht auf deren Rechts- und Organisationsform. § 103 GemO brachte zusätzliche Anforderungen für wirtschaftliche Unternehmen in Privatrechtsform, und § 104 GemO verschärfte die Voraussetzungen für die Führung nichtwirtschaftlicher Unternehmen in Privatrechtsform.[254] **997**

Das Gemeindewirtschaftsrechts-Änderungsgesetz 1999[255] hat vor allem den gesetzlichen Vorrang des Eigenbetriebs vor einer Beteiligung an wirtschaftlichen Unternehmen in Privatrechtsform aufgehoben und die bisher unterschiedlichen Zulässigkeitsvoraussetzungen für WU[256] und für nichtwirtschaftliche Unternehmen und Einrichtungen[257] in § 103 Abs. 1 GemO vereinheitlicht.[258] Bei der privaten Rechtsform ist die AG gegenüber der GmbH nachrangig.[259]

Parallel zur Liberalisierung der Wahlmöglichkeit der Privatrechtsform werden die Anforderungen und Möglichkeiten zur Steuerung und Überwachung dieser Unternehmen durch die kommunalen Organe verbessert und verstärkt.

## 2. Begriff und Motive der Beteiligung

### 2.1 Begriff

Im gemeindewirtschaftsrechtlichen Sinne liegt eine Beteiligung vor, wenn eine Gemeinde Anteile an einem rechtlich selbstständigen Unternehmen mit der Absicht erwirbt, einen dauerhaften Einfluss auf die Betriebsführung des Unternehmens zur Aufgabenerfüllung auszuüben. Zielsetzung ist, Teilhaber des Unternehmens zu werden (= **Miteigentum**), um dessen Geschäftspolitik und seine Wirtschaftsführung zu beeinflussen (= **Mitbestimmung**). **998**

Instrument ist der Besitz oder der Erwerb von Geschäftsanteilen, mit denen eine kapitalanteilige mitgliedschaftliche Dauerbeziehung zu einem

253 Gesetz zur Neuordnung des Gemeindewirtschaftsrechts vom 12.12. 1991 (GBl. S. 860).
254 Dies sollte eine Flucht in die Privatrechtsform verhindern, nachdem das OVG Lüneburg in seinem Urteil vom 21.2. 1984 den Kommunen aufgrund ihrer umfassenden Organisationshoheit einen weiten Spielraum für eine Betätigung in Privatrechtsform zugestanden hatte.
255 Vom 19.7. 1999 (GBl. S. 292).
256 § 103 GemO a. F.
257 § 104 GemO a. F.
258 Gleichzeitig wurden die spezialgesetzlichen Ermächtigungen für die Wahl der Privatrechtsform in § 6 Abs. 5 LAbfG und für die Abwasserbeseitigung in § 45 Abs. 3 WG aufgehoben. § 38 Abs. Nr. 3 LKHG (n. F.) verweist jetzt nur noch auf die Neuregelung in § 103 GemO.
259 § 103 Abs. 2 GemO.

rechtlich selbstständigen Unternehmen geschaffen wird, um die Erfüllung kommunaler Aufgaben mit angemessener gemeindlichen Einflussmöglichkeit zu sichern.

Die Mitgliedschaft bei einer Genossenschaftsbank mit einem unbedeutenden Anteil gilt nicht als Beteiligung im gemeindewirtschaftsrechtlichen Sinne, wenn sie nur die satzungsgemäße Voraussetzung schaffen soll, um mit dieser Bank in Geschäftsverbindung zu treten (z.B. Kreditgewährung, Eröffnung eines Kontos für laufenden Zahlungsverkehr). Hier fehlt der Wille zur Einflussnahme. Diese Einlage wird als Geldanlage behandelt. Gleiches gilt für den Erwerb von Schuldverschreibungen. Auch die Gewährung von Darlehen und Zuschüssen an Dritte stellen keine Beteiligung dar, da die Merkmale Miteigentum und Mitbestimmung fehlen.

### 2.2 Motive

**999** Mehrere Gemeinden können nicht einen gemeinsamen Eigenbetrieb gründen.[260] Der Fortschritt in Wirtschaft und Technik, die Globalisierung und die Liberalisierung der Märkte fordern aus Gründen der Rationalisierung oftmals größere Betriebseinheiten, die die Grenzen der einzelnen Gemeinden überschreiten. Dann kommt nur der Zusammenschluss in einem rechtlich selbstständigen Unternehmen in Frage. Wenn es sich um mehr verwaltungsorientierte Aufgaben und um die Zusammenarbeit mehrerer Gemeinden handelt, dann kann der Zweckverband eine geeignete Form sein. Bei überwiegend wirtschaftlich orientierten Unternehmen bietet sich die Rechtsform der Kapitalgesellschaft (vor allem GmbH, ausnahmsweise AG) an, die gleichzeitig Privatunternehmen oder natürlichen Personen eine Beteiligung ermöglicht. Größere Unternehmen sind kapitalkräftiger, können Synergieeffekte stärker nutzen und mit modernsten Anlagen bei optimaler Betriebsgröße wirtschaftlicher arbeiten.

Allerdings nimmt der gemeindliche Einfluss auf die Unternehmensziele und Betriebsführung mit zunehmender Zahl der Beteiligten ab. Auf ein Beteiligungsunternehmen kann die Gemeinde nicht denselben Einfluss ausüben wie auf einen eigenen Betrieb. Von der Struktur und Größe der Gemeinde hängt es ab, ob sich ein eigenes Unternehmen für die Erzeugung oder aber nur für die Verteilung oder für keines von beiden lohnt. Die wirtschaftlich vertretbare Betriebsgröße und der Grenzbereich für eigene Anlagen lassen sich nicht nach festen Zahlen wie z.B. Einwohner, Abnahmemenge u.a. festlegen, weil dies von den örtlichen Standortbedingungen, der Lage im Energienetz, vom jeweiligen Entwicklungsstand von Wissenschaft und Technik und anderen Faktoren abhängt. Ein Verzicht auf die Erfüllung wirtschaftlicher Aufgaben durch einen eigenen Betrieb kann auch wegen fehlender finanzieller Mittel erzwungen sein.

260 Bayern und NW haben das Institut des Kommunalunternehmens geschaffen.

Vor allem auf dem Gebiet der Versorgung und des Nahverkehrs erfordern die Anlagen vom Eigentümer einen hohen Kapitaleinsatz. Eine Beteiligung anstelle einer eigenen Betätigung kann die Gemeinde zwar finanziell erheblich entlasten, wird aber mit einem geringeren Einfluss erkauft.

## 3. Zweckverband als Sonderfall

Die §§ 103ff. GemO erfassen nicht die Mitgliedschaft in einem Zweckver- **1000**
band; hier gehen die Vorschriften des GKZ als lex spezialis vor.

Der Zweckverband erfüllt als öffentlich-rechtliche Körperschaft die ihm gestellten Aufgaben für seine Mitglieder in eigener Verantwortung. Nach § 18 GKZ sind die Vorschriften des Gemeindewirtschaftsrechts entsprechend anzuwenden.

Nach § 20 GKZ kann die Verbandssatzung eines Zweckverbandes, dessen Hauptzweck der Betrieb eines WU oder einer Einrichtung i.S.v. § 1 EigBG ist, bestimmen, dass der Zweckverband als Eigenbetrieb geführt wird. Von der Festsetzung eines Stammkapitals darf abgesehen werden. An die Stelle des Gemeinderats tritt die Verbandsversammlung, an diejenige des Bürgermeisters der Verbandsvorsitzende.

Vor allem bei den Wasserversorgern haben sich „große"[261] und „kleine" Zweckverbände bestens bewährt.

Der Zweckverband beschafft sich die erforderlichen Mittel im Umlageverfahren. In der Verbandssatzung kann er die Umlagen in eine solche für Betriebskosten und für Investitionen aufspalten. Umlagen werden erhoben, soweit der Zweckverband nicht unmittelbar in der Zweckverbandssatzung zur Erhebung von Beiträgen, Gebühren oder privatrechtlichen Entgelten ermächtigt ist oder wenn diese nicht ausreichen.

Die „Beteiligung" an einem Zweckverband wird als Teil des Anlagevermögens nach § 46 Nr. 2f. GemHVO ausgewiesen.

## 4. Beteiligungen an Unternehmen in Privatrechtsform

### 4.1 Gesetzliche Regelung

§ 103 GemO vereinheitlicht die Zulassungsvoraussetzungen für wirt- **1001**
schaftliche und nichtwirtschaftliche Unternehmen.[262] Anstelle unterschiedlicher Voraussetzungen für wirtschaftliche und nichtwirtschaftli-

261 In BW Landeswasserzweckverband, Bodenseewasserzweckverband zur Wassergewinnung und Fernlieferung.

262 Für WU bisher in § 103 GemO a.F., für nichtwirtschaftliche mit verstärkten Anforderungen in § 104 GemO a.F. Die Sonderregelungen im Landeskrankenhausgesetz und im Landesabfallgesetz wurden aufgehoben.

che Unternehmen tritt ein gemeinsames Zulassungssystem. Nach Abs. 1 Nr. 1–4 müssen vier Voraussetzungen (kumulativ) erfüllt sein, wenn die Gemeinde ein Privatrechtsunternehmen errichten, übernehmen oder wesentlich erweitern will. Diese Voraussetzungen gelten auch für Beteiligungen an Privatrechtsunternehmen, und zwar unabhängig von der Höhe der Beteiligung.

Bei Mehrheitsbeteiligungen stellt Nr. 5 weitere Anforderungen.

Für die Beteiligung an einer GmbH sind zusätzlich die Sonderbestimmungen des § 103 a zu beachten; ihr gegenüber ist die Beteiligung an einer AG nach § 103 Abs. 2 nachrangig. § 106 a erstreckt die Beteiligungsbestimmungen auch auf die Einrichtungen i. S. v. § 102 Abs. 3 S. 1 Nr. 2 GemO.

### 4.2 Anwendungsbereich

1002 Zwar spricht § 103 GemO nicht ausdrücklich von der Gründung oder Beteiligung an Kapitalgesellschaften. Nachdem jedoch Abs. 1 Nr. 4 zwingend eine Haftungsbegrenzung fordert, scheidet die Beteiligung an Personengesellschaften aus. In Frage kommt vor allem die Beteiligung an Kapitalgesellschaften, vorrangig der GmbH und (nachrangig) AG. Weniger bedeutsam sind solche an Erwerbs- und Wirtschaftsgenossenschaften, Versicherungsvereinen aG. und rechtsfähigen Vereinen.[263]

Hilfsbetriebe darf die Gemeinde nicht als Unternehmen in Privatrechtsform betreiben.

Die Mitgliedschaft in einem Zweckverband fällt nicht unter diese Vorschrift; hier gilt das GKZ (s. oben Rdnr. 1000).

### 4.3 Beteiligungsvoraussetzungen

1003 Eine Beteiligung an einem wirtschaftlichen oder nichtwirtschaftlichen Unternehmen – ohne Rücksicht auf die Beteiligungsquote – ist der Gemeinde nur erlaubt, wenn folgende Voraussetzungen erfüllt sind:

#### 4.3.1 Aufwandsdeckung

1004 Das Unternehmen muss seine Aufwendungen nachhaltig zu mindestens einem Viertel aus Umsatzerlösen decken können.

Der Begriff Umsatzerlöse stellt auf Erlöse aus dem Verkauf und Vermietung oder Verpachtung von für die gewöhnliche Geschäftstätigkeit des Unternehmens typischen Erzeugnisse und Waren sowie aus von für die gewöhnliche Geschäftstätigkeit der Kapitalgesellschaft typischen Dienstleistungen nach Abzug von Erlösschmälerungen und der Umsatzsteuer

263 Nur zulässig bei Haftungsbeschränkung.

ab.[264] Die Auflösung von Ertragszuschüssen rechnet dazu. Zuschüsse Dritter, die keinen Entgeltcharakter haben (z.B. Zinszuschüsse), stellen keine Umsatzerlöse dar.[265] Nachhaltig bedeutet dauerhaft; eine gelegentlich auftretende geringfügigere Aufwandsdeckung ist nicht maßgebend. Obwohl diese Schwelle m.E. äußerst niedrig angesetzt ist, kann das Regierungspräsidium als oberste Rechtsaufsichtsbehörde in besonderen Fällen von der Mindestaufwandsdeckung Ausnahmen zulassen. Welche Umstände dies rechtfertigen, sagt die GemO nicht. Eine Ausnahmegenehmigung darf nur erteilt werden, wenn sich deshalb die Belastung der Gemeinde durch Verlustausgleiche nicht erhöht.[266]

Der Gesetzgeber will damit sicherstellen, dass solche Aufgabenbereiche, die ganz überwiegend aus Steuermitteln bezuschusst werden, nicht als rechtlich selbstständige Unternehmen ausgegliedert werden können. In diesem Falle sollen die Organe der Gemeinde im Hinblick auf das Selbstverwaltungsrecht die unmittelbare Verantwortung für diese Aufgabe und Ausgaben behalten.[267] Aus dieser Sicht wäre aber eine Aufwandsdeckungsgrenze von 50 v.H. einleuchtender gewesen.

Im Bereich der wirtschaftlichen Betätigung überschreiten die meisten Einrichtungen, insbes. im Bereich der Versorgung und des Nahverkehrs, diese niedrige Hürde. Aber auch bei zahlreichen nichtwirtschaftlichen Unternehmen ist dies der Fall wie z.B. bei der Abwasserbeseitigung, Abfallbeseitigung, Bestattungswesen, Alteneinrichtungen, Märkten, Musikschulen, Volkshochschulen; in Einzelfällen sogar bei Theatern, Konzerthallen, Frei- und Hallenbädern. Bei nichtwirtschaftlichen Unternehmen handelt es sich um „klassische Gemeindeaufgaben", für die grundsätzlich die Zuständigkeit des Gemeinderats erhalten werden sollte.

Die kommunalrechtlichen und -politischen sowie finanzwirtschaftlichen Auswirkungen möglicher Ausgliederungen sind eklatant und können sich auf große Teile des Haushalts und der Aufgabenpalette beziehen. Die Einheitlichkeit der Kommunalpolitik und Aufgabenerfüllung sowie der Durchsichtigkeit kann darunter leiden. Fragen, die für die Gemeinde von wesentlicher Bedeutung sind, werden dann nicht mehr vom Gemeinderat als demokratisch legitimierten Organ entschieden. Durch die Entscheidung nichtöffentlich tagender Gesellschaftsorgane tritt ein Transparenzverlust ein. Der gemeindliche Haushaltsplan wird „skelettiert", aber die finanzielle Belastung des Haushalts durch Subventionierung bleibt. Deshalb empfiehlt sich eine verantwortungsvolle Abwägung der Vor- und Nachteile, bei der auch Aspekte optimaler Aufgabenerfüllung,

264 Siehe §277 Abs.1 HGB.
265 Bei Verkehrsunternehmen zählen Ausgleichsabgaben z.B. nach §45a des Personenbeförderungsgesetzes oder nach §62 Schwerbeschädigtengesetz zu den Umsatzerlösen.
266 Gesetzesbegründung LT-Drs. 12/4055.
267 Ebenda.

Bürgerfreundlichkeit, Umweltpolitik, Öffentlichkeit und Transparenz, Legitimation der Aufgabenerfüllung u.a. einzubeziehen sind.[268]

### 4.3.2 Erfüllung des öffentlichen Zwecks

1005 Die Gemeinde muss die Erfüllung des öffentlichen Zwecks im Gesellschaftsvertrag oder in der Satzung festlegen. Denn andernfalls dominiert als alleiniges Unternehmensziel die Gewinnmaximierung. Die Erfüllung des öffentlichen Zwecks lässt sich nicht allein durch die Vertretung der Gemeinde in den Organen der Gesellschaft durchsetzen. Zwar kann die Gemeinde ihren Vertretern in der Gesellschafter- oder Hauptversammlung Weisungen erteilen. Aber diese Organe haben zumindest bei einer AG nur wenige grundlegende Befugnisse.[269] Das Weisungsrecht gegenüber Aufsichtsratsmitgliedern ist bestritten, beim Vorstand einer AG nach dem AktG grundsätzlich ausgeschlossen.[270] Erklärt dagegen der Gesellschaftsvertrag (Satzung) die Erfüllung der öffentlichen Aufgaben zum Wirtschaftsziel, dann muss der Vorstand bzw. die Geschäftsführung des Unternehmens den öffentlichen Zweck vorrangig gegenüber rein erwerbswirtschaftlichen Zielen wahrnehmen.

Unabhängig von ihrer Rechtsform sind wirtschaftliche Unternehmen so zu führen, dass vorrangig und unmittelbar der öffentliche Zweck erfüllt wird. Wenn es mit dieser Zielsetzung vereinbar ist, soll das Unternehmen einen Ertrag für den Haushalt der Gemeinde erzielen.[271]

### 4.3.3 Angemessener Einfluss im Aufsichtsrat

1006 Die Gemeinde muss einen angemessenen Einfluss, insbes. im Aufsichtsrat oder einem entspr. Überwachungsorgan erhalten. Diese Organe überwachen die Geschäftsführung des Unternehmens. Die Gemeinde sollte in ihnen mindestens entsprechend ihrer Beteiligungsquote vertreten sein. Nach § 101 Abs. 2 AktG kann sich die Gemeinde in der Satzung ein Entsendungsrecht einräumen lassen. Bei einer AG ist dies höchstens auf ein Drittel der Aktionärsvertreter begrenzt, bei einer GmbH kann der Gesellschaftsvertrag eine höhere Quote vorsehen. Da dies der Sicherung der Gemeindeinteressen dient, sollte die Gemeinde darauf bei ihren Beteiligungsunternehmen hinwirken.[272] Durch Satzung oder Gesellschaftsvertrag kann festgelegt werden, dass bestimmte wichtige Entscheidungen der Geschäftsleitung bzw. des Vorstands von der Zustimmung das Aufsichtsrats abhängig sind. Deshalb genügt es nicht, dass die Gemeinde lediglich einen ihrer Beteiligungsquote entsprechenden Stimmenanteil in

268 Ähnlich *Kölz*, Unternehmen und Beteiligungen der Kommunen in BW, Praxis der Kommunalverwaltung, S. 32.
269 Vgl. dazu unten Abschn. 6.3 und 8.3.
270 Ausnahme bei Beherrschungsvertrag. Bei einer GmbH ist eine verstärkte Einflussnahme möglich.
271 § 102 Abs. 2 GemO.
272 S. dazu *Ade* (Hrsg.), Handbuch Kommunales Beteiligungsmanagement, S. 119.

der Haupt- oder Gesellschafterversammlung erhält. Nur über den Aufsichtsrat kann sie verstärkt Einfluss nehmen.

#### 4.3.4 Haftungsbeschränkung

Die Haftung der Gemeinde muss auf einen ihrer Leistungsfähigkeit entsprechenden Betrag begrenzt sein. Eine Beteiligung an Gesellschaften mit unbegrenzter Haftung (z.B. OHG, BGB-Gesellschaft, nichtrechtsfähiger Vereine, als persönlich haftender Gesellschafter an KG oder KG auf Aktien) scheidet aus. Denn bei einer unbegrenzten Haftung der Gemeinde würde ein solches Unternehmen unbegrenzt Kredite erhalten, und bei Zahlungsunfähigkeit müsste die Gemeinde einspringen; dies könnte ihre Aufgabenerfüllung gefährden. 1007

Bei der in der Praxis dominierenden Beteiligungen an einer GmbH ist die Haftung ebenso wie bei einer AG auf den Beteiligungsbetrag begrenzt. Bei der GmbH könnte ebenso wie bei einer Erwerbs- oder Wirtschaftsgenossenschaft eine begrenzte Nachschusspflicht vereinbart werden.

Welcher Beteiligungsbetrag vertretbar ist, richtet sich zum einen nach dem Interesse der Gemeinde an der Aufgabenerfüllung, zum anderen nach ihren finanziellen Möglichkeiten. Zur Beurteilung letzterer ist die mehrjährige Finanzplanung heranzuziehen.

#### 4.3.5 Mehrheitsbeteiligung

§ 103 Abs. 1 Nr. 5 GemO entspricht weitgehend der bisherigen Regelung in § 105a GemO a. F. Wenn eine Gemeinde an einem Unternehmen in Privatrechtsform die Mehrheit der Anteile erwerben will oder wenn ihr mindestens ein Viertel der Anteile gehören und ihr zusammen mit anderen Gebietskörperschaften die Mehrheit der Anteile zustehen,[273] dann muss sich die Gemeinde im Gesellschaftsvertrag oder in der Satzung bestimmte Rechte und Informationsmöglichkeiten ausbedingen. Nur so kann sie gezielt darauf hinwirken, dass die Beteiligungsgesellschaften ordnungsgemäß wirtschaften und sie deren Tätigkeit im Hinblick auf die Erfüllung des öffentlichen Zwecks steuern und kontrollieren kann. 1008

Sie muss auf diesem Wege sicherstellen, dass

a) in sinngemäßer Anwendung der für Eigenbetriebe geltenden Vorschriften jährlich ein Wirtschaftsplan aufgestellt und der Wirtschaftsführung eine fünfjährige Finanzplanung zugrunde gelegt wird.
   - Eine sorgfältige und vollständige Planung ist unverzichtbare Voraussetzung für eine ordnungsgemäße Wirtschaftsführung und Aufgabenerfüllung. Maßgeblich für die Planaufstellung sind die Vorschriften des EigBG und der EigBVO;

273 Siehe § 53 HGrG. Einschl. der Anteile von Sondervermögen der Gebietskörperschaften sowie Anteile, die Unternehmen gehören, an denen die Gebietskörperschaften in dem genannten Umfang beteiligt sind.

b) der Jahresabschluss und der Lagebericht in entsprechender Anwendung der Vorschriften des Dritten Buchs der HGB für große Kapitalgesellschaften aufgestellt und entsprechend diesen Vorschriften geprüft werden.[274] Das Regierungspräsidium als obere Rechtsaufsichtsbehörde kann Unternehmen mit einfachen Verhältnissen von dem handelsrechtlichen Prüfungserfordernis freistellen, wenn andere geeignete Prüfungsmaßnahmen gewährleistet sind. Dies wäre z.B. der Fall, wenn sich die Gemeinde Buch-, Betriebs- und Kassenprüfungen i.S.v. § 112 Abs. 2 Nr. 4 GemO vorbehält;

c) der Gemeinde der Wirtschaftsplan und Finanzplan des Unternehmens, der Jahresabschluss und der Lagebericht sowie der Prüfungsbericht des Abschlussprüfers übersandt werden, soweit nicht dazu das Unternehmen schon gesetzlich verpflichtet ist.
   - Dies ist auch im Hinblick auf § 2 Abs. 2 Nr. 5 GemHVO geboten, weil die Wirtschaftspläne und neuesten Jahresabschlüsse von Mehrheitsunternehmen eine Pflichtanlage zum Gemeindehaushalt sind. Deshalb ist ein frühzeitiger Termin für die Übergabe dieser Unterlagen zu bestimmen;

d) für die Prüfung der Betätigung der Gemeinde bei dem Unternehmen dem Rechnungsprüfungsamt und der für die überörtliche Prüfung zuständigen Prüfungsbehörde die in § 54 HGrG vorgesehenen Befugnisse eingeräumt sind.
   - Nach § 54 HGrG kann in den Fällen des § 53 HGrG in der Satzung oder im Gesellschaftsvertrag mit einer Dreiviertelmehrheit des vertretenen Kapitals bestimmt werden, dass sich die Rechnungsprüfungsbehörde der Gebietskörperschaft zur Klärung von Fragen, die bei der Betätigungsprüfung auftreten, unmittelbar beim Unternehmen unterrichten und zu diesem Zweck den Betrieb, die Bücher und die Schriften des Unternehmens einsehen kann. Die GemO verpflichtet die Gemeinden, dieses Recht auf die überörtliche Prüfung auszuweiten;

e) das Recht zur überörtlichen Prüfung der Haushalts- und Wirtschaftsführung des Unternehmens nach Maßgabe des § 114 Abs. 1 eingeräumt ist.
   Es soll gewährleistet werden, dass das Ausmaß der öffentlichen Finanzkontrolle bei der Wahrnehmung kommunaler Aufgaben nicht durch die Flucht in die Privatrechtsform reduzierbar ist. Dieses Anliegen ist deshalb eklatant, weil das Änderungsgesetz von 1999 den Vorrang des Eigenbetriebs aufgegeben und die Privatrechtsform für die Aufgabenerfüllung weitgehend freigegeben hat. Damit bei Unterneh-

274 Eine Ausnahme ist nur dann gegeben, wenn Vorschriften des HGB unmittelbar gelten oder weitgehende gesetzliche Vorschriften gelten oder andere gesetzliche Vorschriften entgegenstehen.

men und Einrichtungen in Privatrechtsform kein unvertretbares Defizit bei der Kontrolle der Verwendung öffentlicher Mittel eintritt, muss der überörtlichen Prüfung das weitreichende Prüfungsrecht nach § 114 Abs. 1 GemO eingeräumt werden.[275]

### 4.4 Rechtscharakter der Vorschrift

Obwohl die Voraussetzungen des § 103 Abs. 1 GemO zwingenden Charakter haben, stellen sie unbestimmte Rechtsbegriffe dar, die nach h.M. einen Beurteilungsspielraum einräumen.[276] 1009

### 4.5 Beteiligungsverbot

Die genannten Voraussetzungen für die Beteiligung müssen nach Inkrafttreten der betr. Bestimmung der GemO erfüllt sein. Zeitlich zuvor erworbene Beteiligungen darf die Gemeinde auch dann beibehalten, wenn sie die neueren Voraussetzungen nicht mehr erfüllen. Diese Besitzstandswahrung gilt jedoch nur für den status quo; Ausweitungen etwa als Folge von Kapitalerhöhungen sind unzulässig. Die Anpassungsvorschriften nach Art. 8 § 1 des Gemeindewirtschaftsrechtsänderungsgesetzes 1999[277] sind zu beachten. 1010

Bankunternehmen darf die Gemeinde nicht betreiben; sie darf sich auch nicht beteiligen (vgl. § 102 Abs. 4 GemO). Für die öffentlichen Sparkassen gilt Sonderrecht.[278]

### 4.6 Steuerung von Beteiligungsunternehmen

Nach § 103 Abs. 3 GemO hat die Gemeinde ein Unternehmen in Privatrechtsform, an dem sie mit mehr als zur Hälfte beteiligt ist, so zu steuern und zu überwachen, dass 1011

- der öffentliche Zweck nachhaltig erfüllt wird,
- das Unternehmen wirtschaftlich geführt wird,
- Zuschüsse zum Ausgleich von Verlusten so gering wie möglich zu halten sind. Bei kritischer Haushaltslage ist es denkbar, dass die Gemeinde dem Unternehmen Grenzen für die Höhe der Verlustübernahme vorgibt.

Bei dem öffentlichen Zweck geht es um die bürger- und wirtschaftsorientierte Aufgabenerfüllung,[279] bei der Wirtschaftlichkeit um das ökonomische Prinzip.[280] Die Verpflichtung zu einer aktiven Beteiligungspolitik durch entsprechende Steuerung und Überwachung bedeutet, dass die

275 Im Einzelnen s. Teil K VI Rdnr. 1290.
276 *Kunze* u.a., Rdnr. 13 zu § 104 GemO BW unter Hinweis auf BVerwGE 39, 329.
277 Vom 19.7. 1999 (GBl. S. 292). S. dazu GPA-Geschäftsbericht 2000, S. 52ff.
278 S. dazu oben Rdnr. 891.
279 Auf die Ausführungen in Abschn. III Rdnrn. 896–900 wird verwiesen.
280 Siehe dazu Teil A V Rdnr. 103 und Teil G Abschn. G IV 5 Rdnr. 908.

Gemeinde alle ihr zustehenden gesellschafts- und satzungsrechtlichen Einwirkungsmöglichkeiten ausübt. Dazu ist ein funktionierendes Beteiligungscontrolling notwendig. Dieses ist wiederum auf ein wirkungsvolles Berichtswesen und auf eine aussagefähige Kosten- und Leistungsrechnung des Unternehmens angewiesen. Die Ergebnisse der Steuerung und Überwachung sind im Beteiligungsbericht (§ 105 Abs. 2 GemO) darzulegen.[281]

## 5. Beteiligung an einer GmbH

### 5.1 Rechtscharakter GmbH

1012 Die GmbH ist eine Kapitalgesellschaft mit eigener Rechtspersönlichkeit und damit eine juristische Person. An ihr beteiligen sich die Gesellschafter mit Einlagen auf das Stammkapital; sie haften nur mit ihrer Einlage, nicht aber persönlich für die Verbindlichkeiten der GmbH. Der Gesellschaftsvertrag kann eine Nachschusspflicht begründen; die Gemeinde darf sich jedoch nur dann beteiligen, wenn diese auf eine mit ihrer Leistungsfähigkeit vereinbare Höhe begrenzt ist.

Eine GmbH kann bereits von einer Person begründet werden. Das Mindestkapital beträgt mindestens 25000 Euro. Die Gründungsanforderungen sind somit geringer als bei einer AG. Eine GmbH kommt regelmäßig für kleinere und größere Unternehmen in Betracht, während für große und international agierende Unternehmen die AG bevorzugt wird. Die GmbH ist die heute dominierende Form kommunaler Beteiligungen an Unternehmen in Privatrechtsform.

### 5.2 Gesellschaftsvertrag

1013 Grundlage für Gründung, Aufbau, Organe und Aufgaben der GmbH ist der Gesellschaftsvertrag. Er enthält u. a. die Einigung über die Errichtung der GmbH, die Anteile der Gesellschafter, das Stammkapital, Gegenstand und Zweck des Unternehmens. Bei einer kommunalen Beteiligung muss die Gemeinde dort auch den öffentlichen Zweck verankern, sich eine ausreichende Einflussmöglichkeit im Aufsichtsrat einräumen lassen und im Falle einer Mehrheitsbeteiligung die in § 103 Abs. 1 Nr. 5 GemO genannten Interessen[282] sichern. Ohne Rücksicht auf ihre Beteiligungsquote an der GmbH muss sie nach der Sonderregelung des § 103a GemO im Gesellschaftsvertrag festlegen, dass der Gesellschafterversammlung ein weiterreichendes Beschlussrecht in grundlegenden Fragen zusteht.[283] Kann sie diese Forderungen nicht durchsetzen, dann darf sie auch keine GmbH gründen oder sich an ihr beteiligen.

281 Einzelheiten weiter unten bei Rdnr. 1032.
282 S. oben Rdnrn. 1005, 1006, 1008.
283 Vgl. dazu unten 5.4 Rdnr. 1015.

Der Gesellschaftsvertrag wird auch als Satzung (nicht im kommunalverfassungsrechtlichen Sinne) bezeichnet. Er lässt sich mit der Betriebssatzung des Eigenbetriebs vergleichen.

### 5.3 Organe

Die Verfassung der GmbH ist einfacher und freier gestaltbar als bei der AG. Das GmbHG schreibt als Organe nur die Geschäftsführung und die Gesellschafterversammlung vor. Die Bestellung eines Aufsichtsrats ist nur für große GmbH durch Sondergesetze vorgeschrieben.[284] **1014**

Die **Geschäftsführung** führt die Geschäfte der Gesellschaft und vertritt sie nach außen. Die Zahl ihrer Mitglieder wird im Gesellschaftsvertrag festgelegt. Die Geschäftsführer werden durch Gesellschaftsvertrag oder von der Gesellschafterversammlung bestellt; sie können jederzeit abberufen werden.[285] Die Gesellschafter haben ein umfassendes Weisungsrecht, das im Gesellschaftsvertrag auf den Aufsichtsrat übertragen werden kann.[286] In der Praxis bestehen i.d.R. zahlreiche Zustimmungsvorbehalte des Aufsichtsrats.[287] Die Einschränkungen können insges. so weitreichend sein, dass sie den Geschäftsführer zu einem reinen Ausführungsorgan degradieren.[288]

Der **Aufsichtsrat** überwacht die Geschäftsführung. Er kann wichtige Entscheidungen der Geschäftsführung seiner Zustimmung unterwerfen. Ein fakultativer Aufsichtsrat wird durch Beschluss der Gesellschafterversammlung bestellt, sofern nicht durch Gesellschaftsvertrag ein Dritter ein spezielles Bestellungsrecht hat. Dieses direkte Bestellungsrecht sollte sich die Gemeinde vorbehalten.

Die **Gesellschafterversammlung** ist das oberste Organ. Der Gesellschaftsvertrag kann ihr grundlegende Entscheidungen zuerkennen. Ihr obliegt i.d.R. durch entsprechende Vorbehalte in dem Gesellschaftsvertrag die Bestellung, Abberufung und Entlastung von Geschäftsführern, die Feststellung des Jahresabschlusses und die Behandlung des Jahresergebnisses.

### 5.4 Sonderregelungen für die GmbH

§ 103a trifft erstmals für die GmbH Sonderregelungen, die zu den in § 103 Abs. 1 GemO aufgeführten Voraussetzungen für Errichtung oder Beteiligung hinzukommen müssen. Danach muss die Kompetenz für bestimmte **1015**

284 Für Unternehmen mit mehr als 500 Arbeitnehmern mit drittelparitätischer Besetzung (BetriebsverfassungsG), bei mehr als 2000 Arbeitnehmern paritätisch nach dem MitbestimmungsG. Siehe *Cronauge*, Rdnr. 383.
285 Für Großbetriebe gelten nach dem Mitbestimmungsgesetz Sonderregelungen.
286 Ausführlich *Ade* (Hrsg.), Handbuch Kommunales Beteiligungsmanagement, S. 57.
287 GPA-Gutachten S. 34. Insbes. bei Feststellung des Wirtschaftsplans, Grundstücksgeschäften, Darlehensaufnahmen, Tariffestsetzungen, Bezugsverträgen, Dienstverträgen mit Prokuristen.
288 *Quecke/Schmid*, Rdnr. 55 zu § 98 SächsGemO.

grundsätzliche und z.T. wiederkehrende Angelegenheiten einer GmbH der Gesellschafterversammlung vorbehalten werden. Nur so können die gemeindlichen Vertreter in der Gesellschafterversammlung in diesen zentralen Angelegenheiten kommunalrechtlich an eine vorherige Beschlussfassung der Gemeinde gebunden werden. Verbindliche Weisungen an von der Gemeinde entsandte oder auf ihren Vorschlag gewählte Vertreter im Aufsichtsrat sind zumindest dann nicht möglich, wenn der Aufsichtsrat obligatorisch ist. Dann gilt das AktG.

Im Gesellschaftsvertrag muss die Gemeinde sicherstellen, dass die Gesellschafterversammlung beschließt über

a) den Abschluss und die Änderung von Beherrschungs- und Ergebnisabführungsverträgen nach §§ 291 und 292 Abs. 1 AktG,

b) die Übernahme neuer Aufgaben von besonderer Bedeutung im Rahmen des Unternehmensgegenstandes;

   hier sollten im Gesellschaftsvertrag die Kriterien exakt festgelegt werden, denn nach § 39 Abs. 2 Nr. 11 GemO fällt dies in die dem Gemeinderat vorbehaltenen Entscheidungen,

c) die Errichtung, den Erwerb und die Veräußerung von Unternehmen und Beteiligungen, sofern dies im Verhältnis zum Geschäftsumfang der GmbH wesentlich ist;

   hier ist die Festlegung von Wertgrenzen im Gesellschaftsvertrag zu empfehlen; auch für diese Maßnahmen legt § 39 Abs. 2 Nr. 11 GemO zwingend die Zuständigkeit des Gemeinderats fest,

d) die Feststellung des Jahresabschlusses und die Verwendung des Ergebnisses.

Für Entscheidung über die Ausübung des gemeindlichen Stimmrechts in der Gesellschafterversammlung gelten die Regeln des kommunalen Verfassungsrechts. Das bedeutet, dass der Bürgermeister die Entscheidungen für die Stimmabgabe der gemeindlichen Vertreter in der Gesellschafterversammlung über diese grundlegenden Fragen zuvor dem Gemeinderat vorzulegen hat. Der Gemeinderat kann dann gem. § 104 Abs. 1 Satz 3 GemO den Vertretern Weisungen erteilen.

Weitere wichtige Angelegenheiten, bei denen die Übertragung der Entscheidung auf die Gesellschafterversammlung zur Stärkung des kommunalen Einflusses denkbar gewesen wären, hat § 103a GemO nicht zwingend der Gesellschafterversammlung vorbehalten, so etwa die Festsetzung des Wirtschaftsplans und die Bestellung und Abberufung der Geschäftsführer oder die Ausübung der Gesellschafterrechte bei Unterbeteiligungen.[289] Die Gemeinde kann aber darauf hinwirken, dass dies so vorgesehen wird.

289 So Vorschlag der GPA. – Geschäftsbericht 1998/99, S. 52.

### 5.5 Vorrang der GmbH vor der AG

Im Gegensatz zur AG mit ihren zwingenden gesetzlichen Vorgaben können die Gesellschafter die Organisation einer GmbH nach ihren Vorstellungen gestalten und von gesetzlichen Vorgaben abweichen. Die Möglichkeiten, auf die Erfüllung des öffentlichen Zwecks hinzuwirken, sind für eine Gemeinde bei Beteiligung an einer GmbH ungleich stärker als bei einer AG. Deshalb hat § 103 Abs. 2 GemO der kommunalen Beteiligung an einer GmbH den Vorrang von einer solchen an einer AG eingeräumt. **1016**

### 5.6 Vergleich mit dem Eigenbetrieb

Das EigBG ermöglicht der Gemeinde, der Betriebsleitung eine so starke Stellung einzuräumen, dass dieses Organ ein weitreichendes Entscheidungsrecht hat und den Eigenbetrieb flexibel führen kann. Wenn sie dann noch dem Betriebsausschuss grundlegende Entscheidungen zuerkennt, kann der Eigenbetrieb mindestens so schlagkräftig wie eine GmbH ausgestaltet werden.[290] **1017**

## 6. Aktiengesellschaft

### 6.1 Rechtscharakter

Wie die GmbH stellt auch die AG eine Kapitalgesellschaft mit eigener Rechtspersönlichkeit (juristische Person) dar. Die AG haftet nur mit ihrem Gesellschaftsvermögen, die Aktionäre jedoch nicht mit ihrem Privatvermögen. Insoweit kann die Haftung von AG und GmbH als gleichwertig bezeichnet werden. Eine Nachschusspflicht bei auftretenden Verlusten besteht nicht. **1018**

Für die Gründung einer AG sind mindestens fünf Personen erforderlich. Bei Eigengesellschaften führt dies zum Bestellen von „Strohmännern", die im eigenen Namen auf Rechnung der Gemeinde Aktien übernehmen. Zwar ist die Rechtmäßigkeit solcher Scheingeschäfte bestritten; die Eintragung ins Handelsregister heilt jedoch ev. Mängel. Das Grundkapital beträgt mindestens 50000 Euro.

### 6.2 Satzung

Zur Gründung der AG ist der Abschluss eines Vertrags erforderlich, der als Satzung (oder Gesellschaftsvertrag) bezeichnet wird. Die Satzung regelt die Rechtsverhältnisse der AG und individualisiert deren Organisation, soweit das (strenge) AG-Gesetz Spielräume lässt. Die Gemeinde muss vor allem sicherstellen, dass das Unternehmen vorrangig den öffentlichen Zweck erfüllt und sich im Falle einer Mehrheitsbeteiligung die in § 103 Abs. 1 Nr. 5 GemO vorgesehenen Rechte einräumen lassen. **1019**

290 So auch GPA-Gutachten S. 35.

### 6.3 Organe

1020 Das AktG schreibt zwingend Vorstand, Aufsichtsrat (AR) und Hauptversammlung als Pflichtorgane vor. Es hat die Befugnisse der Organe weitgehend „zementiert".

Die **Hauptversammlung** (HV) ist zwar das offizielle Beschlussorgan der AG. Sie lässt sich aber von ihrem Gewicht her nicht als das allein maßgebliche Organ der AG charakterisieren – dies geht schon daraus hervor, dass sie i. d. R. nur einmal im Jahr zusammentritt. Die Aktionäre üben in der HV ihre Rechte aus. Das AktG legt ausdrücklich die Zuständigkeiten der HV fest; es handelt sich um Rechte, die die wirtschaftlichen Grundlagen der Gesellschaft, also z. B. die Verfassung, Organisation und Kapitalausstattung, betreffen.[291] Die HV bestellt vor allem den AR,[292] den Abschlussprüfer, entlastet den Vorstand und AR, beschließt über Verwendung des Bilanzgewinns, Satzungsänderungen, Kapitalbeschaffung, Feststellung des Jahresabschlusses und gibt Zustimmungen zu Maßnahmen der Geschäftsführung.[293]

Die HV darf nicht in die Eigenverantwortlichkeit des Vorstands und in die Überwachungspflicht des AR eingreifen.

Der **Aufsichtsrat** ist das Kontroll- und Überwachungsorgan der AG. Er darf zwar nicht in die Geschäftsführung eingreifen, hat diese aber laufend rechtlich und wirtschaftlich zu kontrollieren. Dabei hat er festzustellen, ob sich die Interessen der Gemeinde mit denen der Gesellschaft decken. Er muss das Gleichgewicht zwischen Gemeinde und Unternehmen garantieren. Problematisch ist, dass dabei in Konfliktsituationen dem Interesse der AG Vorrang einzuräumen ist.[294] Der AR kann durch die Satzung ermächtigt werden oder selbst beschließen, dass bestimmte bedeutsame Geschäfte seiner Zustimmung bedürfen.[295] Er entscheidet u. a. über den vom Vorstand aufgestellten Jahresabschluss, bestellt Vorstandsmitglieder, ruft diese ab und kann der HV die Wahl der Mitglieder des AR vorschlagen.

Die Mitglieder des AR werden von der HV auf Vorschlag des AR gewählt. Alternativ kann die Satzung der Gemeinde Entsendungsrechte einräumen. Im ersten Fall schlägt der Gemeinderat die gemeindlichen Mitglieder der HV zur Wahl vor, im zweiten Fall wählt er sie unmittelbar.[296]

291 *Ade* (Hrsg.), a. a. O. (Fn 286), S. 28 m. w. N.
292 Soweit die Mitglieder nicht zu entsenden sind oder nach dem MitbestG durch die Arbeitnehmer gewählt werden.
293 Zum vollständigen Katalog siehe *Ade* (Hrsg.), a. a. O. (Fn 286), S. 83.
294 *Ade* (Hrsg.), a. a. O. (Fn 286), S. 77.
295 Z. B. Investitionen, Beteiligungen, Großkredite. Siehe dazu Ade (Hrsg.), a. a. O. (Fn 286), S. 78, 79.
296 In einer AG bis zu 2000 Arbeitnehmern muss aber ein Drittel der Mitglieder des AR aus Belegschaftsvertretern bestehen, in einer großen AG die Hälfte.

Der **Vorstand** wird vom AR berufen und abberufen. Er leitet das Unternehmen und führt dessen Geschäfte und vertritt die AG. Er entscheidet praktisch über die wesentlichen Fragen und lenkt das Unternehmen. Die Geschäftsführung darf ihm nicht entzogen werden. Er muss dem AR regelmäßig Bericht erstatten.

### 6.4 Nachrang der AG

§ 103 Abs. 2 GemO (n. F.) enthält erstmals eine Sonderbestimmung für die Beteiligung der Gemeinde an einer AG. Durch die herausgehobene Stellung des Vorstands und des AR, die wegen des zwingenden Aktienrechts nicht zu Gunsten der HV geändert werden kann, sind die rechtlichen Möglichkeiten der Gemeinde, eine AG im Sinne der Erfüllung des öffentlichen Zwecks des Unternehmens zu steuern, begrenzt. I. d. R. ist deshalb davon auszugehen, dass die AG nicht als geeignete Rechtsform eines kommunalen Unternehmens in Betracht kommt. Wenn die Gemeinde eine AG errichten oder sich daran beteiligen will, hat sie den Nachweis zu führen, dass der öffentliche Zweck dieses Unternehmens nicht ebenso gut in einer anderen Rechtsform, etwa der einer GmbH, erfüllt werden kann.[297] 1021

Diese Einschränkung berührt jedoch nicht den status quo. Sie gilt nicht für die wesentliche Erweiterung einer AG, an der die Gemeinde bereits 1999 beteiligt war.

## 7. Sonstige Beteiligungsformen

Eine kommunale Beteiligung an einer Personengesellschaft (z. B. OHG, KG und BGB-Gesellschaft) scheidet i. d. R. aus, weil dort die Gesellschafter mit ihrem gesamten Vermögen für die Verbindlichkeiten der Gesellschaft haften. Beim Vorliegen der gesetzlichen Voraussetzungen können sich die Gemeinden an Erwerbs- und Wirtschaftsgenossenschaften sowie bei Versicherungsvereinen auf Gegenseitigkeit beteiligen. Voraussetzung ist stets eine Haftungsbeschränkung. 1022

Vereinzelt beteiligen sich Kommunen an Wohnungsunternehmen in Genossenschaftsform. Die Genossenschaft besteht i. d. R. aus einer Vielzahl von gleichberechtigten Mitgliedern, die gleiche Interessen verfolgen. Da diese Rechtsform primär auf die Erfüllung privatwirtschaftlicher Interessen zugeschnitten ist, hat sie sich zur Erfüllung öffentlicher Aufgaben nicht durchgesetzt.

Die Beteiligung an einer Genossenschaftsbank zur Ausübung von Einflüssen auf die Geschäftsführung ist der Gemeinde verboten. Der Er-

297 Gesetzesbegründung LT-Drs. 12/4055 S. 29.

werb eines Anteils zur Herstellung von Geschäftsverbindungen dient nicht der Beteiligung und wird als Geldanlage behandelt.[298]

## 8. Vertretung der Gemeinde und Einflussnahme

### 8.1 Gesetzliche Regelung

1023 Während § 104 GemO die Vertretung der Gemeinde in Privatrechtsform regelt, ergibt sich die Palette ihrer Einflussmöglichkeiten aus der Verbindung mit den §§ 103 und 103a. § 104 strebt an, dass die Gemeinde zur Wahrung ihrer aufgabenpolitischen und haushaltswirtschaftlichen Anliegen bewusst darauf hinwirkt, dass die von ihr entsandten Vertreter in der Eigentümerversammlung und im Aufsichtsrat eines Unternehmens in Privatrechtsform gezielt die besonderen Interessen ihrer Gemeinden wahrnehmen. § 104 gilt gleichermaßen für die wirtschaftliche wie nichtwirtschaftliche Betätigung.

### 8.2 Zielsetzung

1024 Je umfassender sich die Gemeinde rechtlich selbstständiger Unternehmen bedienen, umso bedeutungsvoller wird die Sicherung einer an den Gemeindeaufgaben orientierten Einflussnahme der Gemeinde auf die maßgebenden Entscheidungsgremien des Unternehmens. § 104 will i. V. m. den vorangehenden Regelungen erreichen, dass die Gemeinde ihr Mitspracherecht gezielt im Interesse der gemeindlichen Aufgabenverantwortung wahrnimmt. Mit der rechtlichen und wirtschaftlichen Selbstständigkeit eines Unternehmens entwickeln sich erfahrungsgemäß Zielsetzungen, die keinesfalls immer mit denen der beteiligten Gemeinden übereinstimmen. So kann bei einem Unternehmen die Erzielung einer möglichst hohen Rendite oder die Verlustminderung aus der Sicht der Unternehmensleitung den Vorrang vor der Erfüllung öffentlicher Aufgaben haben. Deshalb muss die Gemeinde klare Vorgaben mit dem Vorrang des öffentlichen Zwecks geben, der nicht nur vorübergehend beim Erwerb der Beteiligung, sondern dauerhaft gilt. Erschwert wird dies durch erhebliche Unterschiede zwischen dem privatrechtlichen Gesellschaftsrecht, das Bundesrecht ist, und dem öffentlichen Kommunalrecht, das Landesrecht ist.[299]

Die Gemeinde ist verpflichtet, alle Möglichkeiten der Einflussnahme zur Aufgabenerfüllung auszuschöpfen. Denn bei Kapitalgesellschaften liegt die Entscheidung über Art, Umfang und Zielsetzung der Aufgabenerfüllung in diesem Bereich nicht mehr beim Gemeinderat, sondern bei autar-

298 Vgl. Rdnr. 998.
299 *Quecke/Schmid* m. w. N., Rdnr. 6 zu § 98 SächsGemO.

ken Organen des Unternehmens. Der Gemeinderat hat in diesem Fall nur einen Einfluss über die entsandten Vertreter.

### 8.3 Vertretung in der Gesellschafter-/Hauptversammlung

§ 104 Abs. 1 GemO regelt die Vertretung der Gemeinde in der Gesell- **1025**
schafterversammlung einer GmbH und in der Hauptversammlung einer AG.[300] Die Entscheidungen in diesen Organen fallen durch Mehrheitsbeschlüsse in nichtöffentlicher Sitzung. Das Gewicht der Stimmen richtet sich nicht nach der Zahl der anwesenden Vertreter, sondern nach den Anteilen der Eigentümer. Die Einflussmöglichkeit einer Gemeinde steigt daher mit zunehmender Beteiligungsquote an; sie ist am höchsten bei Eigengesellschaften. Der Bürgermeister vertritt die Gemeinde kraft Amtes in der Gesellschafterversammlung.[301] Der Gemeinderat kann dieses Mandat nicht entziehen. Bei Verhinderung vertritt ihn sein ständiger allgemeiner Vertreter. Der Bürgermeister kann einen Beamten oder Angestellten befristet oder auf Dauer mit seiner Vertretung beauftragen.

Wenn die Gemeinde nach Satzung oder Gesellschaftsvertrag weitere Vertreter entsenden darf, entscheidet hierüber der Gemeinderat. Bei nur einem weiteren Vertreter entscheidet er durch Wahl mit einfacher Stimmenmehrheit. Sind zwei oder mehrere Vertreter zu entsenden, dann gelten die Grundsätze für die Wahl der Mitglieder beschließender Ausschüsse, sofern nicht eine Einigung zustande kommt.

Der Gemeinderat kann den Vertretern **Weisungen** erteilen, die für die Vertreter bindend sind. Dieses kommunalverfassungsrechtliche Weisungsrecht ist auch nach dem Gesellschaftsrecht sowohl bei einer GmbH als auch bei einer AG unproblematisch.[302] Deshalb verlangt § 103a GemO, dass der Gesellschafterversammlung wichtige Entscheidungen vorbehalten werden. Weil dies so bei einer AG nicht möglich ist, erklärt § 103 Abs. 2 GemO die AG für nachrangig.

Der Bürgermeister hat sicherzustellen, dass der Gemeinderat rechtzeitig die Möglichkeit zur Beschlussfassung über die Erteilung von Weisungen und die dazu notwendigen Informationen erhält. Weicht ein gemeindlicher Vertreter von den ihm auferlegten Weisungen ab, dann kann er kommunalrechtlich und -politisch[303] zur Verantwortung gezogen werden.

Das AktG schreibt nicht vor, dass mehrere Vertreter der Gemeinde ihre Stimmen einheitlich abgeben müssen. Dies ist jedoch sinnvoll, um die kommunalpolitischen Interessen durchzusetzen. Der Gemeinderat kann

300 Bei einer Genossenschaft Generalversammlung.
301 Oder in der Hauptversammlung einer AG.
302 Anders als bei Aufsichtsratsmitgliedern. S. unten Rdnr. 1026.
303 Beamte, Angestellte und Gemeinderäte z.B. durch Abberufung. Beamte müssen dann mit Disziplinarmaßnahmen rechnen. Die Stimmabgabe bleibt jedoch nach außen voll bestehen.

durch seine Weisungsbefugnis eine einheitliche Stimmabgabe erzwingen. Bei einer GmbH ist ohnehin nur eine einheitliche Stimmabgabe wirksam.[304]

Wenn die Gemeinde alleiniger Gesellschafter einer GmbH ist („Eigengesellschaft"), dann kann sie nach h.M. den Gemeinderat mittelbar als Gesellschafterversammlung einsetzen. Die neue Rechtsprechung verneint allerdings, dass dies durch eine entsprechende Regelung im Gesellschaftsvertrag möglich ist, denn Zuständigkeiten der Gesellschafterversammlung dürfen nicht auf Dritte verlagert werden.[305] Der Gemeinderat kann aber beschließen, dass alle Gemeinderatsmitglieder als weitere Vertreter in die Gesellschafterversammlung entsandt werden. Dies hat den Vorteil, dass der Gemeinderat ein direktes Mitwirkungsrecht in diesem Organ hat.

### 8.4 Vertretung im Aufsichtsrat

**1026** Ob und wie viele Sitze der Gemeinde im Aufsichtsrat (AR) einer Kapitalgesellschaft zustehen, bestimmt der Gesellschaftsvertrag oder die Satzung. Die Gemeinde ist verpflichtet, sich einen möglichst weitreichenden Einfluss zu verschaffen (§ 103 Abs. 1 Nr. 3 GemO). Sie soll sich mindestens so viele Mandate sichern, wie dies ihrer Beteiligungsquote entspricht.

Anders als bei der Eigentümerversammlung ist der Bürgermeister nicht kraft Gesetzes Mitglied des AR. Der Gemeinderat kann ihn, den Kämmerer, einen anderen Mitarbeiter oder Gemeinderäte als Vertreter bestimmen. Beim Kämmerer ist dies im Hinblick auf die Abstimmung mit den Belangen der Gemeinde empfehlenswert.[306] Sofern die Gemeinde ein direktes Entsendungsrecht hat, entscheidet der Gemeinderat unmittelbar,[307] bei Wahl durch die Hauptversammlung kann der Gemeinderat einen Vorschlag unterbreiten.

Bei dem obligatorischen AR einer GmbH wie bei einer AG besteht nach h.M. kein Weisungsrecht der Gemeinde. Dies lässt sich damit begründen, dass der Gesetzgeber trotz Sonderregelungen für Gebietskörperschaften kein entsprechendes Weisungsrecht begründet hat und die Kontrollfunktion keine Einflüsse von außen verträgt.[308] Besteht jedoch zwischen Gemeinde und der AG ein Beherrschungsvertrag nach §308 Abs.3 AktG, dann kann der AR (ausnahmsweise) Weisungen der Gemeinde unterwor-

304 §18 Abs.1 GmbHG. Eine getrennte Stimmabgabe wirkt als Enthaltung. S. *Ade* (Hrsg.), a.a.O. (Fn 286), S.129.

305 OLG Karlsruhe, Beschl. vom 18.12. 1995 (Wx 104/95; nicht veröffentlicht), besprochen in *Quecke/Schmid*, Rdnr. 19 zu §98 SächsGemO.

306 Dazu ausführlich *Schmid*, Der Kämmerer als Vertreter im Aufsichtsrat von Beteiligungsgesellschaften, ZKF 2002, S. 2–8.

307 Bei direktem Entsendungsrecht eines Vertreters genügt einfache Mehrheit bei der Wahl, bei mehr als einem Vertreter gilt das Ergebnis einer Einigung über die Entsendung, andernfalls finden die Vorschriften über die Wahl der Mitglieder beschließender Ausschüsse Anwendung (§104 Abs.2 GemO).

308 *Ade* (Hrsg.), a.a.O. (Fn 286), S.125.

fen werden.[309] Bei einer GmbH mit fakultativem AR kann ein Weisungsrecht im Gesellschaftsvertrag vorgesehen werden.[310]

Jedes Aufsichtsratsmitglied ist berechtigt, bei seinen Entscheidungen die Interessen der Gemeinde mitzuberücksichtigen.[311] § 104 Abs. 3 GemO verpflichtet dazu die gemeindlichen Vertreter ausdrücklich. Daraus können Konflikte entstehen, denn handelsrechtlich sind die Aufsichtsräte primär dem Gesellschaftsinteresse verantwortlich.[312] Eine einheitliche Stimmabgabe ist nicht zwingend, aber im kommunalen Interesse zu empfehlen. Der Gemeinderat kann Empfehlungen für die Stimmabgabe beschließen, bei entsprechenden Beherrschungsverträgen sogar Weisungen erteilen.

Sowohl bei einer AG als auch bei einer größeren GmbH setzt sich der AR zu einem Drittel (bei einer AG mit mehr als 2000 Arbeitnehmern sogar zur Hälfte) aus Arbeitnehmervertretern zusammen, auf deren Haltung die Gemeinde keinen Einfluss hat.

### 8.5 Einwirkung auf Geschäftsführung und Vorstand

§ 104 GemO erfasst nicht die Vertretung der Gemeinde im Vorstand einer **1027**
AG bzw. der Geschäftsführung einer GmbH; hierfür gelten die grundsätzlich zwingenden Rechte des (als Bundesrecht vorrangigen) Handelsrechts. Die Berufung des Bürgermeisters in ein solches Organ wäre im Hinblick auf seine Arbeitsbelastung ohnehin undenkbar.

Bei einer **GmbH** sind die Einflussmöglichkeiten gegenüber dem Geschäftsführer weitreichend. Da dieser jederzeit abberufbar ist, wird er versuchen, diese Gefahr durch Beachtung der Gemeindeinteressen zu bannen. Die Gesellschafterversammlung hat ihm gegenüber ein unmittelbares Weisungsrecht.[313] Wenn ein Beherrschungsvertrag besteht, kann die Gemeinde sogar unmittelbar selbst Weisungen erteilen.[314] Bei einer Eigengesellschaft kann sich die Gemeinde durch den Gesellschaftsvertrag in allen Fragen umfassende Weisungen vorbehalten, so dass sich die Aufgaben der Geschäftsleitung praktisch nur noch auf die Ausführung von Gemeinderatsbeschlüssen beschränkt. Bei einer solchen „Knebelung" ist aber die Frage aufzuwerfen, ob nicht die Rechtsform des Eigenbetriebs sinnvoller wäre.

Bei einer **AG** hat die Gemeinde gegenüber dem Vorstand grundsätzlich kein Weisungsrecht. Das AktG erkennt dem Vorstand eine weitgehende Unabhängigkeit und Selbstständigkeit zu. Daher besteht die Gefahr, dass

309 *Ade* (Hrsg.), a. a. O. (Fn 286), S. 126.
310 *Ade* (Hrsg.), a. a. O. (Fn 286), S. 129.
311 *Ade* (Hrsg.), a. a. O. (Fn 286), S. 124.
312 *Ade* (Hrsg.), a. a. O. (Fn 286), S. 125 m. w. N.
313 § 37 GmbHG. Das Weisungsrecht besitzt die Gemeinde nicht unmittelbar selbst.
314 § 308 AktG.

bei Beteiligungsunternehmen die Gemeindeinteressen in den Hintergrund geraten. Denn der Vorstand legt vor allem auch die Ziele der Unternehmensführung fest und fühlt sich in erster Linie der Erzielung einer hohen Rendite verpflichtet. Ein Weisungsrecht kann die Gemeinde nur durch einen Beherrschungsvertrag gem. §308 Abs.1 AktG begründen. Die Gemeinde ist dann als herrschendes Unternehmen berechtigt, dem Vorstand der abhängigen AG Weisungen für die Leitung der Gesellschaft zu erteilen, die für die abhängige Gesellschaft auch nachteilig sein können, sofern sie den Belangen der Gemeinde dienlich sind. Dabei muss jedoch die Gemeinde die Sorgfalt eines ordentlichen und gewissenhaften Geschäftsführers beachten.[315]

Auch wenn die Gemeinde keinen solchen Vertrag abgeschlossen hat, aber faktisch einen beherrschenden Einfluss hat,[316] darf sie „Weisungen"[317] erteilen. Allerdings dürfen diese Weisungen nicht nachteilig für das beherrschte Unternehmen sein. Ausnahmen sind nur zulässig, wenn die Gemeinde die Nachteile ausgleicht.

Beherrschungsverträge stellen grundsätzlich Rechtsgeschäfte dar, die in ihrer wirtschaftlichen Auswirkung Gewährverträgen gleichkommen und daher gem. §88 GemO der Einzelgenehmigung der RAB bedürfen.[318]

### 8.6 Haftung der Gemeindevertreter

**1028** Nach §104 Abs.4 GemO muss die Gemeinde ihren Vertretern in Organen von Privatrechtsunternehmen den Schaden aus der Inanspruchnahme einer Haftung ersetzen. Das gilt nicht, wenn die Vertreter ohne entsprechende Weisung der Gemeinde vorsätzlich oder grobfahrlässig einen Schaden herbeigeführt haben.[319]

## 9. Mittelbare Beteiligung

**1029** Eine mittelbare Beteiligung liegt vor, wenn ein gemeindliches Beteiligungsunternehmen sich selbst wieder an einem anderen Unternehmen beteiligt („Unterbeteiligung"). §105a GemO dehnt die Regelung für die Zulässigkeit von Unternehmen in Privatrechtsform weitgehend auf mittelbare Beteiligungen aus. Die Sicherung der kommunalen Selbstverwaltung erfordert dies, weil immer mehr Gemeinden eine Holding-Gesellschaft gründen und dieser operative Tochtergesellschaften, die ihrerseits weitere Unterbeteiligungen haben, zuordnen. Die Gemeinde muss ihre Vertreter in der Gesellschaft (soweit gesellschaftsrechtlich zulässig) ver-

315 §309 AktG. S. dazu *Ade* (Hrsg.), a.a.O. (Fn 286), S.132, der auch Konfliktfälle und ihre Folgen darstellt.
316 §17 Abs.2 AktG stellt bei einem Mehrheitsbesitz (über 50%) die gesetzliche Vermutung auf, dass dann das Unternehmen von dem mehrheitlichen Aktienbesitzer abhängig ist.
317 Das AktG verwendet diesen Begriff nicht, sondern spricht von Einfluss. Dieser Begriff ist noch weiterreichend, umfasst aber Weisungen.
318 So auch *Ade* (Hrsg.), a.a.O. (Fn 286), S.122 m.w.N.
319 Vertiefte Ausführungen bei *Quecke/Schmid*, Rdnrn. 64–69 zu §98 SächsGemO.

bindlich anweisen, der Beteiligung einer Gesellschaft, an der sie unmittelbar beteiligt ist, an einem anderen Unternehmen nur zuzustimmen, wenn die gesetzlichen Voraussetzungen erfüllt sind.[320] Nach § 105a GemO darf die Gemeinde der Beteiligung ihres Unternehmens, an dem sie mit mehr als der Hälfte beteiligt ist, an einem anderen Unternehmen nur zustimmen, wenn

- der öffentliche Zweck das betreffende Unternehmen rechtfertigt,
- bei Betätigung außerhalb der Daseinsvorsorge der Zweck nicht besser und wirtschaftlicher durch einen Dritten erfüllt werden kann,
- bei einer Unterbeteiligung von mehr als 50 % die Beteiligungsvoraussetzungen für Unternehmen in Privatrechtsform erfüllt sind (§ 103 Abs. 1 S. 1 Nr. 2–4 GemO). Die Verpflichtung der Gemeinde, sich einen angemessenen Einfluss im AR zu verschaffen, wird i. d. R. durch Einräumung von Entsendungsrechten erfüllt. Die Voraussetzungen des § 103 Abs. 1 S. 1 Nr. 5 GemO müssen bei mittelbaren Beteiligungen ohnehin nach den Vorschriften im HGrG gegeben sein,
- unmittelbares und mittelbares Beteiligungsunternehmen jeweils eine GmbH sind, Letzteres die Beteiligungsvoraussetzungen für die direkte Beteiligung an einer GmbH nach § 103a erfüllt,
- das mittelbare Beteiligungsunternehmen eine AG ist, die Ausnahmetatbestände des § 103 Abs. 2 GemO zutreffen, also wenn der öffentliche Zweck dieses mittelbaren Beteiligungsunternehmens nicht ebenso gut in einer anderen Rechtsform erfüllt werden kann.

Als Beteiligungen i. d. S. gelten auch mittelbare Beteiligungen, bei denen die mittelbare Beteiligungsquote der Gemeinde oder jene zusammen mit einer zusätzlichen unmittelbaren Beteiligung mehr als 50 % beträgt. Bei der Beteiligungsquote sind die Anteile mehrerer Gemeinden zusammenzurechnen.

§ 105a Abs. 2 GemO erstreckt die Pflicht der Gemeinde zur Beteiligungsverwaltung auch auf mittelbare Beteiligungen. Für die in die mittelbaren Beteiligungsunternehmen entsandten Vertreter der Gemeinde gelten die Rechte und Pflichten des § 104 Abs. 2 bis 4 entsprechend.

## 10. Prüfung, Offenlegung, Beteiligungsbericht

### 10.1 Prüfung

Gehört der Gemeinde die Mehrheit der Anteile eines Privatrechtsunter- **1030**
nehmens oder mindestens 25 % und steht ihr zusammen mit anderen Gebietskörperschaften die Mehrheit der Anteile zu, dann muss sie nach § 105 Abs. 1 Nr. 1 GemO verlangen, dass

320 S. auch Gesetzesbegründung LT-Drucksache 12/4055 S. 31. Der Beschluss ist aber keine Gültigkeitsvoraussetzung.

a) das Unternehmen im Rahmen der Abschlussprüfung auch die Ordnungsmäßigkeit der Geschäftsführung prüfen lässt,

b) die Abschlussprüfer in ihrem Prüfungsrecht Folgendes darstellen
   - Entwicklung der Vermögens- und Ertragslage, Liquidität und Rentabilität,
   - verlustbringende Geschäfte und ihre Ursachen, wenn dies für die Vermögens- und Ertragslage bedeutungsvoll war,
   - Ursachen eines in der GuV ausgewiesenen Jahresfehlbetrags.

Die Rechtsaufsichtsbehörde kann verlangen, dass ihr die Gemeinde den Prüfungsbericht mitteilt.[321]

### 10.2 Offenlegung

1031 Außerdem hat die Gemeinde gem. § 105 Abs. 1 Nr. 2 GemO dafür zu sorgen, dass der Beschluss über die Feststellung des Jahresabschlusses zusammen mit dessen Ergebnis, das Ergebnis der Prüfung des Jahresabschlusses und des Lageberichts[322] sowie die beschlossene Verwendung des Jahresüberschusses oder die Behandlung des Jahresfehlbetrags ortsüblich bekannt gegeben werden. Mit der Bekanntgabe ist gleichzeitig Jahresabschluss und Lagebericht an 7 Tagen öffentlich auszulegen und auf die Auslegung hinzuweisen.

### 10.3 Beteiligungsbericht

1032 § 105 Abs. 2 GemO fordert erstmals von der Gemeinde die jährliche Erstellung eines Beteiligungsberichts, in dem sie Gemeinderat und Öffentlichkeit Rechenschaft über die Entwicklung der Unternehmen in Privatrechtsform gibt. Mit diesem Bericht soll ein Beitrag zur größeren Transparenz der Gemeindeverwaltung erreicht werden, um die Nachteile von Ausgliederungen von Aufgaben aus dem Gemeindehaushalt abzumildern. Denn bei Ausgliederungen werden die Grundsätze der Vollständigkeit und Einheit ausgehöhlt. Die Möglichkeiten der Steuerung durch den Gemeinderat als politischen Hauptorgan sind eng begrenzt. Dieses ist u. a. auf die fehlende Informationsvermittlung durch die Aufsichtsräte zurückzuführen. Der Beteiligungsbericht soll dem Gemeinderat und der Öffentlichkeit umfangreiche Informationen bringen.[323] Die Vorlage und Beratung von Beteiligungsberichten gibt dem Gemeinderat die Möglichkeit, sich über wichtige Entwicklungen zu informieren und vom Vorstand (AG) oder der Geschäftsführung (GmbH) Auskünfte zu erbitten.

321 § 105 Abs. 4 GemO.
322 Sofern von dem Prüfungserfordernis keine Ausnahme gem. § 103 Abs. 1 S. 2 GemO zugelassen wurde.
323 *G. Beyer*, in: Ade (Hrsg.), a. a. O. (Fn 268), S. 213.

Zwingend ist dieser Bericht dann, wenn die Gemeinde an – ggf. auch nur einem – Unternehmen in Privatrechtsform unmittelbar (unabhängig von der Beteiligungsquote) oder mittelbar mit mehr als 50 % beteiligt ist.

Im Hinblick auf die Transparenz und Einheitlichkeit der Aufgabenerfüllung empfiehlt sich, den Bericht auch auf Eigenbetriebe und Zweckverbände auszudehnen.

Die Beteiligungsübersicht fasst die einzelnen Beteiligungen der Gemeinde zusammen. Die GemO schreibt folgenden Mindestinhalt vor:

- Gegenstand des Unternehmens,
- Beteiligungsverhältnisse (wo und in welcher Höhe ist die Gemeinde beteiligt),
- Besetzungen der Organe,
- Beteiligungen des Unternehmens,
- Stand der Erfüllung des öffentlichen Zwecks,
- wesentliche Ergebnisse und Entwicklungen für das letzte Jahr mit Vergleich zum Vorjahr. Darzustellen sind die Grundzüge des Geschäftsverlaufs, Kapitalzuführungen und -entnahmen durch die Gemeinde, die durchschnittliche Zahl der Beschäftigten sowie die wichtigsten Kennzahlen – diese vermitteln bei einem solchen Unternehmen bessere Kenntnisse für die Kontrolle über die Erfüllung des öffentlichen Zwecks als Bilanz oder GuV – und Gesamtbezüge der Mitglieder der Geschäftsführung bzw. von Vorstand und Aufsichtsratsmitgliedern.[324]

Daneben können weitere Angaben wie etwa wichtige Plandaten, Bürgschaftsübernahmen durch die Stadt für die Gesellschaften, zusammengefasste Bilanzen sowie GuV aufgenommen werden.[325]

Ist die Gemeinde unmittelbar mit weniger als 25 % beteiligt, kann sie den Bericht auf den Gegenstand des Unternehmens, die Beteiligungsverhältnisse und auf den Stand der Erfüllung des öffentlichen Zwecks beschränken.

Der Beteiligungsbericht ist ortsüblich bekannt zu geben; mit der Bekanntgabe ist er an 7 Tagen öffentlich auszulegen.[326] In der Bekanntgabe ist auf die Auslegung hinzuweisen.

Die Rechtsaufsichtsbehörde kann verlangen, dass ihr die Gemeinde den Beteiligungsbericht vorlegt.[327]

324 Entfällt, wenn sich anhand dieser Angaben die Bezüge eines Mitglieds diese Organe feststellen lassen.
325 *Beyer*, in: Ade (Hrsg.), a.a.O. (Fn 268), S.215ff.
326 § 105 Abs.3 GemO.
327 § 105 Abs.4 GemO.

### 10.4 Beteiligungsverwaltung

1033 § 103 Abs. 3 GemO verpflichtet die Gemeinde erstmals ausdrücklich zu einer aktiven Beteiligungsverwaltung mit einer Steuerung und Überwachung ihrer Eigen- und Beteiligungsgesellschaften. Ziel ist dabei, das Unternehmen auf die Erfüllung des öffentlichen Zwecks unter Beachtung des ökonomischen Prinzips auszurichten und entsprechend zu kontrollieren.

Im Interesse besserer Einflussmöglichkeiten verpflichtet § 104 Abs. 3 GemO die von der Gemeinde entsandten oder auf ihren Vorschlag gewählten Mitglieder des Aufsichtsrats auf die besonderen Interessen ihrer Kommune. Die GPA schlägt vor, dass sich darüber hinaus die Kommunen bei den im Regelfall fakultativen Aufsichtsräten von GmbHs im Gesellschaftsvertrag oder in der Satzung ein ausdrückliches Weisungsrecht auch gegenüber ihren Vertretern im Aufsichtsrat ausbedingen können und dass dieses im Gesellschaftsvertrag oder in der Satzung ebenso festgehalten wird wie eine Verpflichtung der Aufsichtsratsmitglieder zur frühzeitigen Unterrichtung der Kommune über alle wichtigen Angelegenheiten der Gesellschaften einschließlich eines entsprechenden Auskunftsrechts der Kommune.[328] Die Nutzung dieser Einflussmöglichkeiten ist Aufgabe der Beteiligungsverwaltung.

Größere Städte richten entweder bei der Kämmerei zentral oder bei einer Vielzahl von Beteiligungen fachamtsbezogen eine Beteiligungsverwaltung ein. Für Grundsatzfragen sollte die Kämmerei zuständig sein. Bei kleineren Gemeinden kommt ohnehin nur diese in Frage. Aufgaben der Beteiligungsverwaltung ist die Benennung von Beteiligungszielen (= Beteiligungszweck) und deren Abstimmung mit anderen Aufgabenbereichen, die Vertreter der Gemeinde in den Organen auf die Sitzungen und Beschlussfassungen vorzubereiten, Kontakte zwischen Beteiligungsunternehmen und Gemeinde zu vermitteln und ggf. finanzielle Vorgaben zu erarbeiten, über die der Gemeinderat beschließt.[329]

Die Beteiligungsverwaltung prüft, ob die Gemeindevertreter in den Überwachungsorganen der Gesellschaften ausreichend ihre Überwachungspflichten erfüllen und die Interessen der Gemeinde wahrgenommen haben.[330] Dazu bedient sie sich der Geschäftsberichte und weiterer Unterlagen, die die Gemeinde als Kapitaleigner erhält, sowie der Prüfungsberichte der Wirtschaftsprüfer.

328 GPA-Geschäftsbericht 1998/99, S. 53 mit Hinweis auf die Regelung in Bayern und Rh.-Pf. Weitere wichtige Anregungen im GPA-Geschäftsbericht 2000, S. 55.
329 Dazu ausführlich *Quecke/Schmid*, Rdnrn. 73, 74 zu § 98 SächsGemO.
330 S. dazu *Roloff*, in: Ade (Hrsg). a. a. O. (Fn 268), S. 252.

# 11. Steuerpflicht von Beteiligungsunternehmen

## 11.1 Entscheidung über die Steuerpflicht

Zwar sind Gebietskörperschaften bei der Ausübung öffentlicher Gewalt nicht steuerpflichtig. Soweit sich aber Körperschaften der öffentlichen Hand privatwirtschaftlich betätigen, unterliegen sie schon aus Gründen der Wettbewerbsneutralität der Besteuerung. 1034

Die Entscheidung, ob und inwieweit ein BgA vorliegt, wird bei der Veranlagung zur Körperschaftsteuer (KSt) getroffen. Dies ist dann zugleich für die Umsatzsteuerpflicht (USt) maßgebend.[331] Nach §1 Abs. 1 KStG sind GmbH und AG kraft ihrer Rechtsform unbeschränkt steuerpflichtig.

## 11.2 Körperschaftsteuer

Kapitalgesellschaften unterliegen mit ihren gesamten Einkünften der KSt. Das Einkommen wird im Wege der Gewinnermittlung festgestellt. Ausgehend vom Gewinn nach der Handelsbilanz wird der steuerliche Gewinn ermittelt. Dies geschieht im Wege von Hinzurechnungen und Kürzungen.[332] 1035

Der Steuersatz wurde zum 1. 1. 2001 auf 25% gesenkt (§23 Abs. 1 KStG). Er ist nunmehr für einbehaltene und ausgeschüttete Gewinne einheitlich.[333] Zuvor ist gem. §24 KStG ein Freibetrag von 3835 Euro abzusetzen.

Eine tatsächliche Steuerzahllast entsteht bei Verlustbetrieben nicht.[334]

## 11.3 Kapitalertragsteuer

Gewinnausschüttungen von Beteiligungsunternehmen an die Kommunen werden im Ergebnis noch zusätzlich mit 7,5% Kapitalertragsteuern belastet. Zwar beträgt die Kapitalertragsteuer 20% aus 75% des Ausschüttungsbetrags; auf Antrag der Kommune erstattet das Bundesamt für Finanzen die Hälfte. Die effektive Kapitalertragsteuer von 7,5% kommt zu der KSt hinzu, so dass die Gesamtbelastung aus beiden Steuern 32,5% beträgt. 1036

Bei Ausschüttung in einen BgA wird die Kapitalertragsteuer bei der KSt-Veranlagung angerechnet.

331 Auf eine gegebenenfalls eigenständige Steuerpflicht für die Umsatzsteuer nach Art. 4 der 6. EU-Richtlinie wird verwiesen.

332 Hinzurechnungen z.B. bei nicht abziehbaren Aufwendungen; bei höheren handelsrechtlichen Abschreibungen; Kürzungen z.B. bei steuerfreien Betriebseinnahmen wie Investitionszulage.

333 Bis 2000 betrug der Regelsteuersatz 40% für die einbehaltenen und 30% für die ausgeschütteten Gewinne. Die Neuregelung begünstigt damit gegenüber bisher eingehaltene Gewinne gegenüber den entnommenen. Dies soll einen Anreiz für Investitionen und zur Schaffung von Arbeitsplätzen bilden. Eigenbetriebe unterlagen generell einem Steuersatz von 40%.

334 Z.B. Parkhaus-GmbH, Bus- oder Straßenbahnbetrieb (AG, GmbH).

### 11.4 Anrechnungsverfahren

1037 Die Abschaffung des Anrechnungsverfahrens bei der KSt durch das am 1.1. 2001 in Kraft getretene Steuersenkungsgesetz[335] wirkt sich auf die kommunalen Beteiligungen äußerst nachteilig aus, wenn keine Holdingkonstruktion besteht. Deshalb versuchen Kommunen, über die Gründung von Personengesellschaften (GbR, GmbH & Co KG) und ggf. über die Begründung von Organschaften (einfache oder Mehrmütterorganschaften) i. V. m. Ergebnisabführungsverträgen mit einer Mindestlaufzeit von fünf Jahren die steuerlichen Nachteile zu kompensieren. Bei dieser Konstruktion wird körperschaftsteuerrechtlich das Einkommen z. B. einer Versorgungskapitalgesellschaft unmittelbar den Gesellschaftern bzw. den Organträgern zugerechnet.[336]

### 11.5 Gewerbesteuer

1038 Nach dem Wegfall der Gewerbekapitalsteuer wird nur noch der Gewerbeertrag besteuert. Wenn die Gemeinde Kapitalgesellschaften gründen oder sich an solchen beteiligen, sind diese stets kraft ihrer Rechtsform ohne Rücksicht auf deren Tätigkeit gewerbesteuerpflichtig.[337] Der Gewerbeertrag wird anhand des Gewinns nach dem EStG oder KStG zuzüglich Hinzurechnungen abzüglich Kürzungen errechnet.[338] AG und GmbH erhalten weder Freibeträge noch die gestaffelten ermäßigten Steuermesszahlen. Angewandt wird die Steuermesszahl von 5 Prozent.[339]

Für Verlustbetriebe („negatives Einkommen“) kann dennoch eine Gewerbesteuerzahllast entstehen, wenn die Hinzurechnungen nach § 8 GewStG – vor allem der hälftigen Zinsen für Dauerschulden – zu einem positiven Ergebnis führen.[340]

### 11.6 Umsatzsteuer

1039 Kapitalgesellschaften unterliegen mit ihren steuerbaren Umsätzen, zu denen insbesondere Lieferungen und sonstige Leistungen gegen Entgelt zählen, der Umsatzsteuer.[341] Die Steuerpflicht entfällt auch dann nicht, wenn die Umsätze aufgrund gesetzlicher oder behördlicher Anordnung ausgeführt werden. Die Absicht auf Gewinnerzielung ist nicht maßgebend.

Die Kommunen sind dagegen nur mit ihren BgA sowie den land- und forstwirtschaftlichen Betrieben umsatzsteuerpflichtig. §2 Abs.3 UStG

335 Vom 23.10. 2000, BGBl. I S.1433.
336 Siehe VKU-Nachr. 624/2000, S.14/15.
337 §2 Abs.2 GewStG.
338 §§7–10 GewStG, ggf. noch gekürzt um Gewerbeverlust bei Unternehmer- und Unternehmensgleichheit.
339 §11 GewStG.
340 S. dazu ausführlich die speziellen Gewerbesteuerkommentare.
341 §1 UStG.

zählt dazuhin abschließend Tätigkeiten auf, die stets unternehmerisch und damit umsatzsteuerpflichtig sind. Sie unterliegen selbst dann der Umsatzsteuer, wenn sie keinen BgA darstellen. Dazu zählen z.B. Leistungen der Vermessungsbehörde und notarielle Tätigkeiten.

Der Regelsteuersatz beträgt 16 v.H.[342]

Der ermäßigte Steuersatz von 7 v.H. spielt bei Beteiligungsunternehmen eine bedeutende Rolle; er gilt z.B. für die Personenbeförderung im Nahverkehr, für Wasser, Druckerzeugnisse, Schwimmbäder.[343]

Wenn jedoch das Unternehmen umsatzsteuerpflichtig ist, dann darf es auch die beim Kauf von Waren oder beim Bezug von Dienstleistungen gezahlte Umsatzsteuer als Vorsteuer abziehen.

Umsätze im Rahmen einer Geschäftsveräußerung an einen anderen Unternehmer für dessen Unternehmen unterliegen nicht der Steuerpflicht.[344]

Die Einschaltung einer GmbH, die anstelle einer diese GmbH beherrschenden Kommune Abwasseranlagen baut und anschließend an die Gemeinde vermietet, ist rechtsmissbräuchlich, wenn die privatrechtliche Gestaltung allein der Erlangung der Vorsteuerabzugsberechtigung dient.[345] Vorschaltgesellschaften sind jedoch dann zum Vorsteuerabzug berechtigt, wenn sie z.B. durch Bankkredite und nicht mit zinslosen Stadtdarlehen ausgestattet sind oder auf Dauer einen Gewinn erwirtschaften. Bei Betreibergesellschaften kommt hinzu, dass sie zusätzliche Leistungen über die bloße Verpachtung hinaus erbringen.[346]

### 11.7 Holding

Die Möglichkeit des Querverbundes besteht nicht nur für Eigenbetriebe, **1040**
sondern auch für eine Zusammenfassung in Kapitalgesellschaften. Dies ist steuerlich grundsätzlich anzuerkennen, sofern nicht die Zusammenfassung von Gewinn- und Verlustbetriebe als Missbrauch rechtlicher Gestaltungsmöglichkeiten i.S.v. §42 AO anzusehen ist. Oftmals wird das Versorgungsunternehmen, in dem Strom, Gas, Wasser, Wärme in einer Gesellschaft und der öffentliche Personennahverkehr in einer besonderen Gesellschaft geführt werden, in einer „Obergesellschaft" = Holding zusammengefasst. Die Überschüsse des Versorgungsunternehmens dienen dann der Verlustabdeckung des Verkehrsbetriebs. Die beiden Tochtergesellschaften führen danach ihre Ergebnisse (Gewinn/Verlust)

342 Z.B. für Strom, Gas, Fernwärme.
343 §12 UStG. Auch für Lebensmittel. Bei Schwimmbädern gilt jedoch der Satz von 7% nicht für den Verkauf von Badeartikeln u.a.m. (16%).
344 Z.B. dann, wenn ein bisher als Eigenbetrieb geführtes Wasserversorgungsunternehmen in eine GmbH umgewandelt wird.
345 FG Rheinland-Pfalz, Urt. vom 12.2. 1998 (VKU Nachr. Nr. 604/1999, S.18).
346 S. VKU-Nachrichten 1999 Nr.604, S.11, 12.

aufgrund von Ergebnisabführungsverträgen an die Holding ab. Solche Zusammenschlüsse werden steuerlich anerkannt, sofern sie auch im eigenbetrieblichen Querverbund mit steuerlicher Wirkung zusammenfassbar wären.[347]

## 12. Rechtsverhältnis zum Benutzer

1041 Bei Beteiligungsgesellschaften in Privatrechtsform, die öffentliche Einrichtungen i.S.v. §10 Abs.2 S.1 GemO betreiben,[348] unterscheidet die h.M. beim Rechtsverhältnis zum Benutzer die Zulassung zur Benutzung und das nach der Zulassung zur Benutzung begründete Benutzungsverhältnis.[349] Richtet sich die Zulassung zur Benutzung nach §10 GemO, dann handelt es sich um eine öffentlich-rechtliche Maßnahme.[350] Bei anderen Rechtsgrundlagen[351] ist jeweils zu prüfen, ob der Rechtssatz dem öffentlichen oder privaten Recht angehört; je nachdem ist die Zulassung zur Benutzung öffentlich-rechtlich oder privatrechtlich.

Anders als beim Eigenbetrieb besteht jedoch bei der Ausgestaltung des Benutzungsverhältnisses kein Wahlrecht: hier kommt nur das private Recht in Betracht.[352] Dies kann ein spürbarer Nachteil gegenüber dem Eigenbetrieb sein.[353]

## 13. Haushaltsrechtliche Behandlung von Beteiligungen

1042 Beteiligungen stellen nach §46 Nr.2d GemHVO Teile des Anlagevermögens dar. Als Finanzanlagen sind sie (anders als Geldanlagen) langfristig gebunden. Deshalb sind Erwerb und Veräußerungen über den VmH abzuwickeln; Dividende und Gewinnanteile oder Verlustabdeckungen werden im VwH dargestellt. Nach §43 GemHVO sind Beteiligungen in der Vermögensrechnung nachzuweisen.

347 BFH, Urt. vom 8.11. 1989 (BStBl. II 1990 S.242). Siehe auch oben Rdnr. 993.

348 Sog. „mittelbar-gemeindliche" öffentliche Einrichtungen. S. dazu VGH BW, BWVBl. 1969, S.10 und *Pappermann*, JZ 1969, S.485; *Ossenbühl*, DVBl. 1973, S.289. Nicht hierher gehört der Fall, dass die Gemeinde unmittelbar eine öffentliche Einrichtung betreibt, indem sie sich lediglich im Innenverhältnis einer privaten Beteiligungsgesellschaft oder Privatperson bedient.

349 Sog. Zweistufentheorie.

350 Diese Rechtssätze verpflichten nicht die Beteiligungsgesellschaft, sondern die Gemeinde. In dem auf Zulassung nach diesen Rechtssätzen gerichteten Rechtsschutzverfahren ist daher nicht die Gesellschaft, sondern nur die Gemeinde passiv legitimiert. Vgl. VGH BW, BWVBl. 1969, S.10. Kritisch *Ossenbühl*, DVBl. 1973, S.289.

351 Z.B. EnWG, PBefG.

352 BGH, DVBl. 1974, S.558; kritisch *Ossenbühl*, DVBl. 1974, S.541. Der Fall des beliehenen Unternehmers soll hier ausgeklammert werden; dazu VGH BW, BWBVl. 1969, S.10.

353 Z.B. wegen der erleichterten Beitreibungsmöglichkeit bei Benutzungsgebühren, Anschluss- und Benutzungszwang.

# VIII. Konzessions- und Energieverträge

## 1. Begriffe

Unter Energieverträgen sind Konzessionsverträge und Energielieferungsverträge zu verstehen. Es ist denkbar, dass eine Gemeinde jeweils selbstständig einen Konzessions- und Energielieferungsvertrag abschließt. Dies ist der Fall, wenn eine Gemeinde die Energie ganz oder teilweise bezieht – Energielieferungsvertrag – und über ein eigenes Unternehmen verteilt (sog. „A-Gemeinden"). Überträgt die Gemeinde die gesamte Energieversorgung einschließlich der Belieferung des Letztverbrauchers einem fremden Unternehmen, so kann auch die Energielieferung in dem Konzessionsvertrag selbst geregelt werden (sog. „B-Gemeinden"). **1043**

## 2. Konzessionsvertrag

### 2.1 Rechtscharakter

Konzessionsverträge sind privatrechtliche Verträge, die einem rechtlich selbstständigen Unternehmen die Benutzung öffentlicher Verkehrsräume zur Einlegung von Leitungen oder zur Errichtung sonstiger Einrichtungen erlauben. Sie übertragen zugleich das Recht und die Pflicht, die Abnehmer in einer Gemeinde mit Energie oder Wasser zu versorgen. Die Gemeinde verzichtet damit auf das Recht der eigenen wirtschaftlichen Betätigung. Der Konzessionsvertrag sichert dem Versorgungsunternehmen weitgehend sein Versorgungsgebiet und schafft die Voraussetzungen für eine rationelle und technisch gut funktionierende Versorgung. **1044**

Mit den Verkehrsbetrieben werden Straßenbenutzungsverträge abgeschlossen, die ihrem Wesen nach den Konzessionsverträgen entsprechen. Dabei handelt es sich aber nicht um Energieverträge im Sinne des § 107 GemO.

Mit einem Eigenbetrieb kann die Gemeinde wegen seiner mangelnden Rechtspersönlichkeit keinen Vertrag abschließen. In diesem Fall legt der Gemeinderat die Bedingungen durch Beschluss fest. Diese verwaltungsinterne Regelung hat steuerliche Auswirkung, weil die Eigenbetriebe als Betriebe gewerblicher Art bei der Körperschaft- und Gewerbesteuer als selbstständige Steuersubjekte anzusehen sind.[354]

354 Vgl. Rdnrn. 996 und 852 ff.; BFH, Urt. vom 11.9.1968 (BStBl. 1969 S. 17).

## 2.2 Inhalt der Konzessionsverträge

### 2.2.1 Allgemeines

1045 Da die Gemeinde beim Abschluss eines Konzessionsvertrags die Durchführung der Aufgabe auf längere Zeit hinaus einem Dritten überträgt, muss sie im Konzessionsvertrag ihre Interessen sichern und sich nach Möglichkeit einen weitgehenden Einfluss vorbehalten. Dabei ist zu berücksichtigen, dass die Abwägung der Interessen beider Vertragspartner das Vertragsergebnis bestimmen soll. So werden kleinere Gemeinden, vor allem wenn sie noch außerhalb von vorhandenen Trassen von Versorgungsleitungen liegen, keine starke Stellung bei den Verhandlungen mit einem Versorgungsunternehmen haben. Bei Gemeinden mit großem Energieverbrauch kann sich die Interessenlage ganz anders darstellen.

### 2.2.2 Wegenutzungsrecht und Konzessionsabgabe

1046 § 13 Abs. 1 EnWG verpflichtet die Gemeinde, ihre öffentlichen Verkehrswege für die Verlegung und den Betrieb von Leitungen diskriminierungsfrei durch Vertrag zur Verfügung zu stellen. Die Nutzung von Straßen zur Einlegung von Versorgungsleitungen geht über den Gemeingebrauch hinaus und stellt eine Sondernutzung dar. Die Gemeinden haben das Recht, die Vergabe von Wegerechten solange zu verweigern, wie das EVU die Zahlung von Konzessionsabgaben in Höhe der Höchstsätze ablehnt und eine Einigung über eine andere Höhe nicht zustande gekommen ist. Das neue EnWG ermöglicht die Vereinbarung einer Konzessionsabgabe auch für das „einfache" Wegerecht.[355] Die Gemeinde sollte auf die Vereinbarung der Höchstbeträge hinwirken.

### 2.2.3 Einflussrecht der Gemeinde

1047 In aller Regel lassen sich die überörtlichen Versorgungsunternehmen in ihrer Gestaltungsfreiheit nicht einengen. Die Liberalisierung des Energiemarkts ermöglicht dem Kunden ohnehin die Wahl des Versorgers.[356]

Grundsätzlich müssen die allgemeinen Tarife für verschiedene Gemeindegebiete gleich sein.[357]

Soweit die Gemeinde selbst Energie nach den allgemeinen Tarifen bezieht, sollte ein Rabatt von 10 % vereinbart werden.[358]

355 Die Gewährung des Versorgungsmonopols ist nicht mehr Voraussetzung.
356 Dazu ausführlich *Schmid*, Versorgungs- und Wegerechte nach dem neuen EnWG, KomPr Bayern Nr. 41/2000, S. 128 ff.
357 Eine Ausnahme ist nur zulässig, wenn hierfür ein sachlich rechtfertigender Grund nachgewiesen wird, dadurch für andere Kunden keine Preiserhöhung entsteht und wenn die Preisunterschiede für die Kunden zumutbar sind.
358 Dies ist gem. § 3 Abs. 1 Nr. 1 KAV zulässig.

### 2.2.4 Anschluss- und Versorgungspflicht

§ 11 EnWG begründet eine weitreichende Anschluss- und Versorgungspflicht der EVU. In Gemeindegebieten, in denen sie die allgemeine Versorgung von Letztverbrauchern durchführen, müssen sie jedermann zu den allgemeinen Bedingungen und Tarifen für die Versorgung in Niederspannung oder Niederdruck an ihr Versorgungsnetz anschließen und versorgen. Nur wenn der Anschluss oder die Versorgung für das EVU aus wirtschaftlichen Gründen unzumutbar ist, entfällt diese Pflicht. Die Anschlussbedingungen und allgemeinen Tarife müssen die EVU öffentlich bekanntmachen. Sie können einer Genehmigung unterworfen werden.[359] Die allgemeine Versorgungspflicht einschließlich derjenigen für Neubaugebiete sollte im Konzessionsvertrag ausdrücklich festgelegt werden. **1048**

### 2.2.5 Folgepflicht

Die Gemeinde muss als Straßenbaulastträger immer wieder Baumaßnahmen durchführen, die eine Verlegung von Versorgungsleitungen und/oder Straßenbahnschienen erforderlich machen. Wenn die Kostentragung nicht ausdrücklich geregelt wird, gilt das Veranlassungsprinzip mit Vorteilsausgleich. Danach hat die Gemeinde als Veranlasser die Verlegungskosten abzüglich des Mehrwerts der neuen Leitungen zu tragen. Deshalb wird in den Konzessionsverträgen mit „fremden" Unternehmen häufig vereinbart, dass das Versorgungsunternehmen die Kosten solcher Verlegungen zu tragen hat. In den letzten Jahren machen die Städte ihren eigenen Versorgungsunternehmen (Eigenbetriebe, Eigengesellschaften) Zugeständnisse. So übernehmen sie zunächst die Kosten für Leitungsverlegungen infolge Straßenverlegungen. Für den Vorteil aus den neu eingelegten Leitungen müssen die Unternehmen eine Pauschale an die Stadt entrichten.[360] Soweit Straßenänderungen von den Unternehmen wegen Leitungsarbeiten veranlasst werden, müssen sie diese Kosten und die der Leitungsverlegungen tragen. Im Hinblick auf die schlechte Ertragslage der Verkehrsunternehmen und wegen der Zuschussregelungen übernehmen einzelne Städte die von ihnen verursachten Kosten der Verlegung von Gleisanlagen (ohne Vorteilsausgleich); werden die Änderungen von dem Verkehrsunternehmen veranlasst, so hat dieses auch die Kosten für dadurch notwendige Straßenumbaumaßnahmen zu tragen.[361] **1049**

Wichtig ist auch eine Haftungsregelung, wonach die Vertragspartner bei Beschädigung von Anlagen gegenseitig im Rahmen der gesetzlichen Bestimmungen haften.[362] Soweit das Unternehmen Anlagen der Gemeinden

359 Dies ist derzeit der Fall; der Bundesrat fordert jedoch wegen der funktionierenden Wettbewerbssituation die Abschaffung der Tarifgenehmigung Strom.
360 Z.B. Konzessionsvertrag der Stadt Stuttgart mit einer Abgeltung von 40%.
361 Z.B. Straßenbenutzungsvertrag der Stadt Stuttgart mit der SSB-AG.
362 Meist geschieht dies durch Hinweis auf die Allgemeinen Versorgungsbedingungen und auf Normverträge mit Sonderabnehmern; vgl. *Ludwig*, in: HdKWPr, Bd. 5, S. 256.

beschädigt, ist es zur Wiederherstellung oder Nachbesserung zu verpflichten.

#### 2.2.6 Erneuerungen und Erweiterungen

**1050** Die Gemeinde hat aus Gründen der Sicherheit der Versorgung ein berechtigtes Interesse an rechtzeitigen Erneuerungen sowie an angemessenen Erweiterungen und notwendigen Modernisierungen der Anlagen. Auch für den Übergang zu einer eigenen Versorgung oder die Übertragung auf ein anderes Unternehmen nach Ablauf des Konzessionsvertrags ist dies wichtig. Die Gemeinde sollte sich deshalb möglichst im Konzessionsvertrag ein entsprechendes Mitspracherecht sichern.

#### 2.2.7 Rückkaufsrecht und weitere Rechte

**1051** Nach Ablauf des Konzessionsvertrags sollten sich die größeren Gemeinden das Rückkaufsrecht für solche Anlagen vorbehalten, die zu einer Eigenversorgung notwendig sind (örtliches Verteilungsnetz). Zweckmäßigerweise empfiehlt es sich festzulegen, dass die Entschädigung von einem neutralen Sachverständigen auf Basis des Zeitsachwertes[363] zu ermitteln ist. Der BGH hält die Berechnung des Übernahmepreises nach dem Sachzeitwert dann für unzulässig, wenn der geforderte Preis den Ertragswert übersteigt und dadurch die Übernahme des Stromnetzes durch einen anderen Versorger praktisch ausschließt.[364]

Die Gemeinde sollte sich auch ein „Einspeisungsrecht" für eigenerzeugte Energie zu annehmbaren Konditionen ausbedingen (wichtig insbesondere für Blockheizkraftwerke).

Das EVU kann durch Regelung im Konzessionsvertrag mit der Errichtung, Unterhaltung und dem Betrieb der Straßenbeleuchtung gegen Kostenersatz beauftragt werden.

#### 2.2.8 Auskunftspflicht

**1052** Damit sich die Gemeinde ein exaktes Bild über die für die Einflussausübung wichtigen Fragen verschaffen kann, sollte sie sich ein ausreichendes Informationsrecht sichern (z.B. Umfang, Wert, Erneuerung der Anlagen, Ertragsverhältnisse u.a.). Außerdem muss das Unternehmen die Gemeinde frühzeitig von Planungen und Arbeiten an Straßen unterrichten ggf. bei stärkeren Eingriffen die Zustimmung einholen.

#### 2.2.9 Laufzeit

**1053** Im Hinblick auf die hohen Investitionen werden meist lange Laufzeiten (zwanzig Jahre) vereinbart.[365] Auch die Gemeinde selbst hat Interesse an

363 Dazu ausführlich *Lenz*, Energieversorgung der Kommunen, 1999.
364 AZ KZR 12/97, Stuttgarter Zeitung vom 17.11. 1999.
365 § 13 Abs. 2 EnWG beschränkt die Laufzeit auf höchstens 20 Jahre.

einer kontinuierlichen Versorgung. Zeitlich unbegrenzte Verträge dürfen nicht abgeschlossen werden.

Spätestens zwei Jahre vor Vertragsablauf muss die Gemeinde das Vertragsende bekannt geben. Sofern sich mehrere EVU um den Vertragsabschluss bewerben, muss die Gemeinde ihre Entscheidung über den Neuabschluss oder die Vertragsverlängerung öffentlich bekannt machen (§ 13 Abs. 3 EnWG).

### 2.3 Abschluss von Konzessionsverträgen

Für den Abschluss und für die Verlängerung oder wesentliche Änderung **1054**
von Konzessionsverträgen ist der Gemeinderat zuständig.[366] Vor der Beschlussfassung soll dem Gemeinderat nach § 107 GemO das Gutachten eines unabhängigen Sachverständigen vorgelegt werden. Diese Bestimmung hat ihre Berechtigung in der langen Laufzeit solcher Verträge. Wegen der Seltenheit dieser Vorgänge ist bei der Gemeinde kein Spezialist vorhanden, auch fehlen ihr die Vergleichsmöglichkeiten, während das Versorgungsunternehmen dafür Sachbearbeiter mit ausgesprochenen Fachkenntnissen hat. Das Gutachten muss insbesondere auf die versorgungspolitischen, wirtschaftlichen und kommunalpolitischen Gesichtspunkte eingehen. Der Gutachter muss von dem Versorgungsunternehmen und der Gemeinde selbst unabhängig sein.[367]

Der Beschluss des Gemeinderats ist nach § 108 GemO der Rechtsaufsichtsbehörde vorzulegen. Bei Verträgen von grundsätzlicher Bedeutung, die in wesentlichen Punkten von den Musterverträgen abweichen, oder wenn die Gemeinde wesentliche Rechte auf einen anderen Rechtsträger überträgt, hat die Rechtsaufsichtsbehörde die Weisung der oberen (bzw. obersten) Rechtsaufsichtsbehörde einzuholen, die dabei die zuständige Fachaufsichtsbehörde beteiligt.[368]

## 3. Konzessionsabgaben

### 3.1 Rechtscharakter und Zweck

Konzessionsabgaben sind privatrechtliche Entgelte, die ein Eigenbetrieb **1055**
aufgrund eines Gemeinderatsbeschlusses oder ein Versorgungsbetrieb in privater Rechtsform aufgrund eines privatrechtlichen Konzessionsvertrags an die Gemeinde (GV) zu zahlen hat

a) für das Recht zur Einlegung von Versorgungsleitungen (Strom, Gas, Fernwärme) in öffentliche Straßenräume und Plätze;

366 Dies ergibt sich aus § 24 und § 107 GemO.
367 Solche Gutachter benennt u. a. die Gemeindeprüfungsanstalt. Der Gemeindetag hat Musterentwürfe erarbeitet, deren Übernahme nachdrücklich empfohlen wird.
368 *Kunze* u. a., Rdnr. 31 zu § 107 GemO.

b) für das Recht, das Gemeindegebiet mit Energie zu versorgen. Dem steht der Verzicht der Gemeinde auf eine andere Erfüllung der Aufgabe gegenüber. Das Unternehmen hat daraus einen (erwerbswirtschaftlichen) Vorteil.

Die Gemeinde kann gem. § 14 Abs. 3 EnWG für die Durchleitung von Strom und Gas die vereinbarte Konzessionsabgabe vom Netzbetreiber verlangen. Letzterer kann diesen Betrag wiederum dem Durchleitungsentgelt zuschlagen. Damit soll ein fremder Anbieter dieselbe Konzessionsabgabe zahlen, wie sie auch vom bisherigen Lieferanten zu leisten wäre.[369] Konzessionsabgaben für durchgeleiteten Strom sind auch ohne ausdrückliche Vereinbarung im Konzessionsvertrag wie bei einer entsprechenden Lieferung durch das EVU als Vertragspartner des Konzessionsvertrags zu zahlen.[370] Stromlieferungen im Niederspannungsnetz sollen unabhängig von der vertraglichen Gestaltung der Lieferbeziehungen mit der „normalen Konzessionsabgabe" belastet werden. Außerdem soll derjenige, der den Strombedarf mehrerer Abnehmer bündelt oder als Zwischenhändler den Strom, den er über das öffentliche Netz bezogen hat und ohne weitere Benutzung öffentlicher Wege an seine Kunden (z. B. in Hochhäusern) liefert, gleichwertig mit diesem Entgelt belastet werden.

§ 15 EnWG erlaubt ausdrücklich die Erhebung von Konzessionsabgaben für die Wasserversorgung.

Bei Verkehrsunternehmen (Nahverkehrsmittel) spricht man nicht von einer Konzessionsabgabe, sondern von Wegeentgelten. Auf Konzessionsabgaben und Wegeentgelte besteht kein gesetzlicher Rechtsanspruch. Sie müssen in jedem Einzelfall im Konzessionsvertrag vereinbart werden. Beim Eigenbetrieb wird die Konzessionsabgabe durch Gemeinderatsbeschluss festgesetzt. Sie ist ein Bestandteil der wechselseitigen Leistungsabgeltung zwischen Gemeinde und Eigenbetrieb.[371]

Für die Gemeinde stellt die Konzessionsabgabe ein allgemeines Deckungsmittel im Verwaltungshaushalt dar, für das Unternehmen ist sie betrieblicher Aufwand. Die Höhe der Konzessionsabgabe ist preisrechtlich begrenzt und ihre steuerliche Anerkennung als Betriebsausgabe eingeschränkt.

### 3.2 Preisrechtliche Begrenzungen

**1056** Wegen ihrer Auswirkungen auf die Tarife begrenzt die aufgrund des EnWG erlassene Verordnung über Konzessionsabgaben für Strom und Gas – Konzessionsabgabenverordnung (KAV)[372] – die zulässige Höhe der

369 § 2 Abs. 6 KAV, geändert durch VO vom 22. 7. 1999 (BGBl. I S. 1669).
370 S. die Auslegungsregeln des BWT vom 5. 4. 2000, SSG-Mitt. 2000 Nr. 43, S. 25.
371 § 13 EigBVO.
372 I. d. F. vom 9. 1. 1992 (BGBl. I S. 12 ber. S. 407 mit Änderung – VSV 6413-3).

Konzessionsabgaben. Für die Wasserversorgung gilt übergangsweise noch die KAE.[373] Die Wegeentgelte von Verkehrsunternehmen unterliegen keinen preisrechtlichen Einschränkungen.

Die Konzessionsabgaben für Strom und Gas dürfen nur in absoluten Beträgen = Cents (C) je gelieferter Kilowattstunde vereinbart werden.[374] Diese Beträge sind an die Stelle der früheren Höchstsätze nach der KAE[375] getreten. Letztere gelten übergangsweise noch für die Wasserversorgung.[376] Mit der Umstellung auf festgelegte Centbeträge soll das preissteigerungsbedingte Anwachsen der Konzessionsabgabe vermieden werden. Die Höchstbeträge sind differenziert nach Energiearten (Strom und Gas) sowie nach Tarifkunden und Sonderabnehmern. Bei den Tarifabnehmern sind die Höchstbeträge nach Gemeindegrößen gestaffelt – je höher die Einwohnerzahl, desto höher auch die Höchstbeträge.[377] So beträgt z.B. der Höchstbetrag für Strom, der auch als Schwachlasttarif geliefert wird, in Gemeinden bis 25000 Einwohner 1,32 C, in Gemeinden über 500000 Einwohnern 2,39 C (bei Gas für Kochen und Warmwasser 51 bzw. 93 C).

Die Höhe dieser absoluten Beträge soll in regelmäßigen Zeitabständen überprüft werden und ggf. in der KAV neu festgesetzt werden.

Für Sondervertragskunden legt § 2 Abs. 3 KAV unabhängig von der Gemeindegröße Höchstbeträge je kWh fest, und zwar für Strom 0,11 C, für Gas 0,03 C. Abs. 4 und 5 verbieten die Zahlung von Konzessionsabgabe für solche Sonderabnehmer, deren Durchschnittserlöse im Kalenderjahr unter dem Durchschnittserlös je kWh aus Strom- und Gaslieferungen an alle Sondervertragskunden liegt.[378] Diese Grenzpreisregelung will die energieintensive Großindustrie im Interesse einer billigen Energieversorgung und der Standortsicherung von anteiligen Konzessionsabgaben freistellen. Die Grenzpreise sind wegen der rückläufigen Preise in den letzten Jahren um gut 20% gesunken.

Konzessionsabgaben sind gem. § 4 KAV gesondert auszuweisen. Vorauszahlungen sind unzulässig. Abschlagszahlungen dürfen nur für abgelaufene Zeitabschnitte vereinbart werden.[379]

Nach § 3 KAV darf die Gemeinde für das Leitungseinlegungsrecht andere Leistungen nur in folgenden Fällen vereinbaren:

373 Anordnung über die Zulässigkeit von Konzessionsabgaben zur Versorgung mit Elektrizität, Gas und Wasser an Gemeinden (GV) vom 4.3. 1941 i.d.F. vom 24.12. 1956 (BGBl. I S. 1076), geändert durch VO vom 7.3. 1975 (Bundesanzeiger 49). Weitere Einzelheiten regelt die Ausführungsanweisung vom 27.2. 1943 (KAE – A). Diese Rechtsgrundlagen wurden als preisrechtliche Vorschriften Bundesrecht (BVerwG, Urt. vom 12.10. 1965, BVerwG 23, 203).

374 § 2 Abs. 1 KAV.

375 Prozentsätze, bemessen nach Roheinnahmen und gestaffelt nach Einwohnerzahl, differenziert nach Sonder- und Tarifabnehmer.

376 Vgl. dazu Rdnr. 1047 in der 5. Auflage dieses Lehrbuchs.

377 Dies trägt dem Umstand Rechnung, dass große Gemeinden kostengünstiger als kleinere versorgt werden können.

378 Der Grenzpreis für 2001 beträgt für Strom 11,93 Pfg/kWh = 6,10 C, für Gas 1,5 C/kWh (3,52 Pfg. = 1,80 C ohne Sondervertragskunden); VKU-Nachr. 2000/624, S. 2.

379 § 5 KAV.

a) Preisnachlässe für den nach Tarifpreisen abgerechneten Eigenverbrauch der Gemeinde bis zu 10 %,

b) Folgepflicht, wonach das EVU notwendige Kosten für Bau- und Unterhaltungskosten an Straßen zu tragen hat, die wegen der Versorgungsleitungen entstehen,

c) Verwaltungskosten für gemeindliche Leistungen.

Auf Verlangen des Bundesrates hat die KAV bei Strom und Gas die frühere Mindestgewinnregelung (§ 5 KAE) aufgegeben. Danach war die Zahlung von Konzessionsabgaben nur zulässig, wenn zuvor eine Mindestverzinsung des Eigenkapitals in Höhe von 4 % erzielt wurde. Dies widersprach dem Kostencharakter der Konzessionsabgabe.[380]

Für die Wasserversorgung gilt nicht die KAV, sondern noch die KAE. Diese sieht neben nach Gemeindegrößenklassen gestaffelten Höchstsätzen von 10 bis 18 % der Roheinnahmen (für Sonderabnehmer einheitlich 1,5 %) noch immer zwingend eine Mindestverzinsung vor. § 5 KAE erlaubt die Zahlung einer Konzessionsabgabe nur, wenn dem Versorgungsunternehmen nach Abzug der Konzessionsabgabe und der Körperschaftsteuer ein Mindestgewinn von 4 % des Eigenkapitals verbleibt. Eine Nachzahlung ist bei entsprechender Ertragslage des Unternehmens in den folgenden fünf Jahren zulässig. Diese ungerechtfertigten Restriktionen sollten endlich aufgehoben werden!

Für Konzessionsabgaben auf Fernwärme bestehen keine preisrechtlichen Vorschriften. Gleiches gilt für die Wegeentgelte.

### 3.3 Steuerliche Anerkennung

#### 3.3.1 Rechtsgrundlage

**1057** KAV und KAE enthalten ausschließlich preisrechtliche Begrenzungen. Steuerrechtlich beurteilt sich die Zulässigkeit des Abzugs von Konzessionsabgaben nach den Grundsätzen über die Abgrenzung der Betriebsausgaben von verdeckten Gewinnausschüttungen. Früher regelten dies die KStR, seit 1. 1. 1998 ein gesondertes BMF-Schreiben vom 9. 2. 1998.[381] Dieses unterscheidet zwischen der Zahlung an Fremdunternehmen und an Beteiligungsunternehmen.

#### 3.3.2 Fremdunternehmen

**1058** Konzessionsabgaben von Versorgungs- oder Verkehrsunternehmen akzeptiert die Finanzverwaltung steuerlich immer in vollem Umfang als Betriebsausgaben, wenn es sich um ein fremdes Unternehmen handelt, an

380 Dazu ausführlich *Quecke/Schmid*, Rdnr. 94 zu § 101.
381 BStBl. I 1998 S. 209.

dem die Gemeinde weder mittelbar noch unmittelbar beteiligt ist. Eine Prüfung im Einzelfall findet dann nicht statt.

### 3.3.3 Beteiligungsunternehmen

Als Beteiligungsfälle gelten **1059**

- alle rechtlich unselbstständigen Unternehmen der Gemeinde, also Regiebetriebe und Eigenbetriebe,
- rechtlich unselbstständige Unternehmen, bei denen die Gemeinde am Grund- oder Stammkapital beteiligt ist. Entgegen den Forderungen des VKU nimmt das BMF-Schreiben Minderheitsbeteiligungen nicht ausdrücklich aus. Immer wieder vertritt die Finanzverwaltung die Auffassung, auf die Höhe der Beteiligung komme es nicht an. Die Beteiligung kann unmittelbar im Namen der Gemeinde oder mittelbar wie z.B. über einen Eigenbetrieb oder eine Eigengesellschaft begründet sein.

Die Finanzverwaltung unterzieht die Zahlung der Konzessionsabgaben von Beteiligungsunternehmen einer kritischen Prüfung und anerkennt ihre steuerliche Abzugsfähigkeit nur insoweit, als es sich nicht um verdeckte Gewinnausschüttungen handelt. Letztere setzen voraus, dass der Empfänger der Ausschüttungen ein mitgliedschaftliches (oder ähnliches) Verhältnis zu dem ausschüttenden Unternehmen hat.

Wenn die folgenden Voraussetzungen zutreffen, ist ohne nähere Nachprüfung von der Beanstandung des Abzugs der Konzessionsabgabe abzusehen:

*a) Einhaltung der Höchstbeträge*

Die in der KAV für Strom und Gas vorgesehenen Höchstbeträge dürfen nicht überschritten werden. Für Wasser sind die preisrechtlichen Höchstsätze der KAE maßgeblich. Die KAE gilt auch für Fernwärme.

*b) Mindestgewinn*

Auch nach dem Wegfall der preisrechtlichen Mindestgewinnregelung in der KAV für Strom und Gas hält die Finanzverwaltung (leider) noch immer an der steuerlichen Mindestgewinnregelung fest. Danach ist die Zahlung einer Konzessionsabgabe steuerlich stets anzuerkennen, wenn nach deren Abzug dem Versorgungsbetrieb ein angemessener handelsrechtlicher Jahresüberschuss verbleibt. Als angemessen gilt ein Mindestgewinn in Höhe von 1,5 v.H. des Sachanlagevermögens, das am Anfang des Wirtschaftsjahres in der Handelsbilanz ausgewiesen ist.[382]

382 Bis 1997 wurde ein Mindestgewinn von 1,6 % verlangt. Bei dem Prozentsatz von 1,5 % ist eine Eigenkapitalquote von 30 % und ein Zinssatz von 5 % unterstellt.

Die Finanzverwaltung fordert diese Mindestverzinsung in gleicher Weise für Wasser und Fernwärme.

Wird durch den Abzug der Konzessionsabgabe der Mindestgewinn von 1,5 % unterschritten, dann prüft die Finanzverwaltung in jedem Einzelfall, ob eine verdeckte Gewinnausschüttung vorliegt. Sie geht davon aus, dass ein „ordentlicher und gewissenhafter Geschäftsführer einer Kapitalgesellschaft dafür zu sorgen hat, dass der Kapitalgesellschaft ein angemessener Gewinn verbleibt". Leider ist das BMF seit 1998 von dem „Fremdvergleich im Einzelfall" abgegangen, nach dem die Zahlung einer Konzessionsabgabe auch ohne Erzielung des Mindestgewinns anerkannt wurde, wenn nachweisbar ist, dass ein Regionalversorgungsunternehmen unter vergleichbaren Umständen an eine andere Gemeinde eine entsprechend hohe Konzessionsabgabe entrichtet hat. Der nunmehr angewendete „typisierte Fremdvergleich" unterstellt eine verdeckte Gewinnausschüttung dann, wenn das Unternehmen im Abzugsjahr und in den folgenden fünf Jahren im Durchschnitt den Mindestgewinnsatz von 1,5 v.H. unterschreitet. Im Hinblick auf die wegen der Liberalisierung des Energiemarktes deutlich gesunkenen Erlöse und die hohen Anlagekosten führt diese restriktive Handhabung wohl zu deutlichen Rückgängen bei der Konzessionsabgabe. Dies ist m.E. sachlich nicht gerechtfertigt, weil die Mindestgewinnregelung dieses Entgelt zu „Kosten zweiten Grades" degradiert. Die ungleiche Behandlung von Fremd- und Beteiligungsunternehmen sollte aufgehoben werden. Weiterhin ist zu beklagen, dass die früher zulässige Nachholungsregelung für die Konzessionsabgabe seit 1998 entfallen ist. Statt dessen wird zwar die steuerliche Abzugsfähigkeit auch bei Nichterzielung des steuerlichen Mindestgewinns *vorläufig* anerkannt. Wenn aber in dem Veranlagungszeitraum und in den folgenden fünf Jahren der geforderte Gesamtgewinn nicht erreicht wird, dann anerkennt das Finanzamt im jeweiligen Veranlagungszeitraum die Konzessionsabgabenzahlung steuerlich nur insoweit, als der Mindestgewinn im Veranlagungszeitraum nicht unterschritten wird. Diese Regelung, die vertraglich geschuldete und preisrechtlich zulässige Konzessionsabgabe zunächst steuerlich anzuerkennen, um sie dann aber bei Verfehlung des Mindestgewinns nach sechs Jahren nachträglich als verdeckte Gewinnausschüttung zu klassifizieren, passt auch nicht mit dem Gesellschaftsrecht zusammen.[383] Daher ist nachdrücklich zu fordern, dass die diffamierende steuerliche Handhabung der vernünftigeren preisrechtlichen Regelung in der KAV angepasst wird.

Bei Verkehrsbetrieben, die dem öffentlichen Personennahverkehr dienen, anerkennt die Finanzverwaltung die Zahlung von Konzessionsabgaben ohne Prüfung dann mit steuerlicher Wirkung an, wenn diese die

383 VKU-Stellungnahme vom 1.12. 1997, VKU-Nachrichten 1997 Nr.577, S.12.

Hälfte der Höchstsätze der KAE nicht übersteigt. Bei O-Busbetrieben ist dies auf ein Viertel der Höchstsätze begrenzt.

## 3.4 Berechnungsbeispiele Konzessionsabgabe

### 3.4.1 Wasserversorgung

Eine Stadt mit knapp 25000 Einwohnern hat in ihrem Eigenbetrieb Stadtwerke die Wasser- und Fernwärmeversorgung im Querverbund zusammengefasst. 1060

Für das ausgewählte Jahr ergeben sich folgende Zahlen (in Euro):

| Vorgang | Wasser | Wärme | Insgesamt |
|---|---|---|---|
| **1. Ergebnisermittlung** | | | |
| Vorl. Ergebnis lt. GuV | 425356 | 39006 | 464362 |
| Gewerbesteuervorauszahl. | 50868 | 0 | 50868 |
| Vorauszahl. Körperschaftsteuer | 78813 | 0 | 78813 |
| „Rohüberschuss" | 555037 | 39006 | 594043 |
| Konzessionsabgabe (s. 4/5) | 392436 | 0 | 392436 |
| Gewerbeertragsteuer | 30395 | 6899 | 37294 |
| Körperschaftsteuer und Soli | 55921 | 13562 | 69483 |
| verbleiben als Handelsbilanzgewinn | 76285 | 18545 | 94829 |
| **2. Mindesthandelsbilanzgewinn** | | | |
| Restbuchwert Wasser | 5332177 | | |
| An- u. Abschlagszahlungen | 194481 | | |
| zusammen | 5137696 | | |
| davon 1,5 % | | | 77065 |
| **3. Mindestertragsteuern** | | | |
| Körperschaftsteuer und Soli | 73420 | | |
| Freibetrag | 3855 | | |
| Zwischensumme | | 69565 | 55349 |
| davon 79,565 % | | 55349 | |
| Gewerbeertragsteuer | | | |
| 50 % für Dauerschuldzinsen | 50467 | | |
| ab 1,2 % von 140 % | | | |
| EW Betriebsgrundstück | – 370 | 50097 | |
| Zwischensumme | | 175011 | |

| **Vorgang** | **Wasser** | **Wärme** | **Insgesamt** |
|---|---|---|---|
| abgerundet auf 175000; Messbetrag 5% | | | |
| = 8750 × örtlicher Hebesatz 345% | | | 30187 |
| (Zwischensumme 3) | | | (162601) |
| **4. Erwirtschaftete Konzessionsabgabe** | | | |
| zu erwirtschaftende Steuern (s. oben 3) | | | 162601 |
| Rohüberschuss Wasserversorgung (s. oben 1) | | | 555037 |
| Frei für Konzessionsabgabe | | | 392436 |
| **5. Höchstmögliche Konzessionsabgabe** | | | |
| Höchstsätze nach KAE: | | | |
| Erlöse aus Wasserverkauf | 3083600 | | |
| davon Großabnehmer | 426903 | | |
| (über 6000 cbm) | | | |
| verbleiben | 2656697 | | |
| daraus 10% | | | 265670 |
| 1,5% aus Sonderabnehmer | 436903 | | 6404 |
| Summe | | | 272074 |
| – Dieser Betrag wurde voll erwirtschaftet. | | | |

### 3.4.2 Konzessionsvertrag mit Regionalversorgungsunternehmen

**1061** Ein großes Regionalversorgungsunternehmen versorgt unmittelbar eine große Kreisstadt (ca. 27000 Einwohner) mit Strom. Im Konzessionsvertrag ist vereinbart, dass das Unternehmen der Stadt die Höchstbeträge nach der KAV als Konzessionsabgabe zahlt.

Die Abrechnung für das betr. Jahr lautet wie folgt:

| | |
|---|---|
| Stromeinnahmen von Tarifkunden<br>21500000 Kilowattstunden à 1,60 C | 344000 Euro |
| Stromeinnahmen von Sondervertragskunden<br>17556000 Kilowattstunden à 0,11 C | 19312 Euro |
| Stromeinnahmen aus Schwachlasttarifen<br>2324500 Kilowattstunden à 0,61 C | 14179 Euro |
| Konzessionsabgabe für die Stadt insgesamt | 377491 Euro |

### 3.4.3 Eigengesellschaft einer Großstadt beliefert Nachbarstadt

**1062** Eine Stadt mit 14000 Einwohnern hat mit der Eigengesellschaft einer Großstadt im Konzessionsvertrag festgelegt, dass Letztere die Stadt mit Strom versorgt und diesen an Einwohner, Gewerbe und Industrie liefert.

Die Konzessionsabgabe errechnet sich aus den zulässigen Höchstbeträgen nach der KAV.

Es ergibt sich folgende Abrechnung:

| | |
|---|---|
| Stromlieferungen an Tarifabnehmer<br>22100000 Kilowattstunden à 1,33 C | 293 930 Euro |
| Stromlieferungen an Sonderabnehmer<br>9040000 Kilowattstunden (nach Abzug der gem. §2 Abs.5 KAV nicht abgabeberechtigten Mengen) à 0,11 C | 9 944 Euro |
| Stromlieferungen an Tarifabnehmer mit Schwachlasttarif<br>1450000 Kilowattstunden à 0,61 C | 8 845 Euro |
| Konzessionsabgabe für die Stadt insgesamt | 312 719 Euro |

### 3.5 Problematik der Konzessionsabgaben

In den letzten Jahren wird die Berechtigung der Konzessionsabgaben und 1063
Wegeentgelte in der Öffentlichkeit und vereinzelt auch von den betroffenen Unternehmen angezweifelt. Im EU-Raum lassen nur wenige Länder die Erhebung solcher oder ähnlicher Entgelte durch die Gemeinden zu.

Da Städte und Gemeinden durch die aufwendige Erfüllung öffentlicher Aufgaben erst überhaupt einen Wirtschaftsraum geschaffen haben, der eine Energieversorgung mit Ertragschancen ermöglicht, ist es gesamtwirtschaftlich vertretbar und finanzwirtschaftlich sinnvoll, dass sie einen Anteil an den Erträgen der Unternehmen erhalten.

Bei den Eigenbetrieben fällt die Konzessionsabgabe in den Bereich der gegenseitigen Abgeltung von Leistungen. Nur bei angemessener Vergütung des Leistungsaustausches wird der Betriebserfolg exakt ermittelt. Dies gilt noch mehr bei rechtlich selbstständigen Unternehmen. Steuer- und Preisrecht sollten die Konzessionsabgaben als notwendige Betriebsausgaben für das wirtschaftliche Unternehmen ansehen und damit auch in diesem Bereich die Vertragsfreiheit wiederherstellen. Für das belastete Unternehmen würde dadurch unbegrenzt eine Steuerminderung eintreten. Bei Eigenbetrieben und Beteiligungsunternehmen ist dies für die Gemeinde ungleich günstiger als eine höhere Gewinnablieferung oder -ausschüttung, weil sie im letzten Fall einen erheblichen Anteil dem Finanzamt abführen müsste. Wann und wo es notwendig wird, kann die Gemeinde im Einzelfall dem Unternehmen durch Überlassung der Konzessionsabgabe als Darlehen oder durch die Verwendung zur Finanzierung einer Kapitalerhöhung helfen. Zu bedenken ist auch, dass die Gemeinden zuvor mit erheblichen Aufwendungen zum Ausbau der Infrastruktur (z.B. Erschließung, Wohnungsbauförderung, Schulen, Nahverkehr) überhaupt die Voraussetzungen dafür geschaffen haben, dass ein Versorgungsbedarf für

Energie entstanden ist, der für das Unternehmen eine Ertragschance eröffnet. Aus den im Konzessionsvertrag begründeten Rechten der Unternehmen entstehen den Kommunen z.B. als Folge von Aufgrabungen, Verkehrsbehinderungen u.a. erhebliche Nachteile. Dies rechtfertigt ebenfalls die Zahlung von Konzessionsabgaben, die für die Kommunen von erheblicher finanzwirtschaftlicher Bedeutung sind.[384]

## 4. Energielieferungsverträge

### 4.1 Wesen und Inhalt

1064 Wenn eine Gemeinde Energie nicht selbst erzeugt und verteilt, muss sie mit einem dritten Unternehmen einen Energielieferungsvertrag abschließen. Sie kann gleichzeitig an dem Lieferungsunternehmen beteiligt sein, sofern die gesetzlichen Voraussetzungen erfüllt sind. In diesem Fall hat sie über eine „doppelte Verbindung" erhöhten Einfluss auf das Unternehmen. Die Gemeinde kann auch mit einem Fremdunternehmen, an dem sie nicht beteiligt ist oder sich z.B. wegen unbegrenzter Haftung nicht beteiligen darf, Lieferungen vereinbaren. Mit einem Energielieferungsvertrag kann zugleich ein Konzessionsvertrag verbunden sein; dies ist vor allem dann der Fall, wenn die Gemeinde sowohl Erzeugung als auch Verteilung einem anderen Unternehmen überlässt (sog. „B-Gemeinde"). Die Gemeinde kann sich den gesamten Strom- und Gasbedarf von einem fremden Unternehmen liefern lassen oder nur Teile davon; bei Letzterem kommt vor allem die Deckung des Spitzenbedarfs in Betracht.

Bei regelmäßigem Bezug wird in der Literatur auch von Bezugsverträgen gesprochen, während Verträge zum wechselseitigen Spitzenbedarfsausgleich als Verbundverträge bezeichnet werden.[385] Energielieferungsverträge sind privatrechtliche Verträge.

### 4.2 Abschluss

1065 Für den Abschluss oder die Verlängerung solcher Verträge ist der Gemeinderat zuständig.[386] Wenn es sich um Lieferungsverträge für einen Eigenbetrieb handelt, ist der Betriebsausschuss zuständig, sofern der Vertrag nicht für die Gemeinde selbst, wohl aber für den Eigenbetrieb von erheblicher Bedeutung ist.[387]

Der Energielieferungsvertrag darf die Aufgabenerfüllung nicht beeinträchtigen; die Gemeinde muss ihre wirtschaftlichen Interessen und die ihrer Einwohner wahren.

384 Allein für Strom und Gas dürfte es sich um eine Größenordnung von 3 Mrd. Euro handeln.
385 HdKWPr, Bd. 5 (2. Aufl.) S. 253.
386 Dies ergibt sich aus § 107 GemO.
387 Vgl. § 8 Abs. 2 Nr. 3 EigBG.

Vor der Beschlussfassung soll die Gemeinde regelmäßig das Gutachten eines unabhängigen Sachverständigen einholen.[388] Der Beschluss ist der Rechtsaufsichtsbehörde vorzulegen.[389]

### 4.3 Ausschreibungspflicht

Als öffentliche Auftraggeber müssen die Kommunen grundsätzlich Ener- 1066
gielieferungen öffentlich ausschreiben.[390] Nach der Rechtsprechung des Europäischen Gerichtshofs gilt dies nicht, wenn die Kommune Energie zum eigenen Bedarf von einem Eigenbetrieb, einer Eigengesellschaft oder von einem von ihr beherrschten Beteiligungsunternehmen erwirbt.[391]

## IX. Veräußerung von wirtschaftlichen Unternehmen und Beteiligungen

### 1. Zulässigkeit von Veräußerungen

Die Gemeinde darf gemäß §106 GemO Unternehmen sowie Einrichtun- 1067
gen und Teile von diesen sowie Beteiligungen an Gesellschaften und anderen privatrechtlichen Vereinigungen nur veräußern, wenn dadurch die Erfüllung ihrer Aufgaben nicht gefährdet wird. Bei der erforderlichen Beschlussvorlage an die Rechtsaufsichtsbehörde[392] muss die Gemeinde nachweisen, dass die gesetzlichen Voraussetzungen erfüllt sind. Im Regelfall, vor allem bei Einrichtungen der Infrastruktur (z.B. Wasser- und Energieversorgung, Nahverkehr), wird nachzuweisen sein, dass auch nach der Veräußerung eine ausreichende und sichere Versorgung gewährleistet ist.

Nach §92 Abs.1 GemO muss sie grundsätzlich den vollen Wert als Kaufpreis ansetzen.

Der Veräußerung kommt auch die Verpachtung eines Eigenbetriebs an einen Dritten gleich.

### 2. Andere Einschränkungen

Auch andere Rechtsgeschäfte, die den Einfluss der Gemeinde auf Gesell- 1068
schaften oder andere privatrechtliche Vereinigungen mindern, sind nur zulässig, wenn sie die Aufgabenerfüllung nicht beeinträchtigen. Darun-

388 Vgl. Rdnr. 1054.
389 Gem. §108 GemO. Zur Auswirkung der Vorlagepflicht vgl. §126 Abs.2 GemO und Rdnr.1069.
390 Gem. §97 GWB. Bei Überschreiten des Schwellenwertes von 400 000 Euro europaweit, Aufträge bis 400 000 Euro nach dem nationalen Verfahren.
391 Voraussetzung ist aber, dass das Unternehmen mind. 80% seines Umsatzes im Bereich der Energieversorgung mit Leistungen für die Gemeinde und deren Einwohner erbringt. Vgl. ZKF 2000, S.40 und VKU-Nachrichten 621/2000, S.3.
392 Vgl. Rdnr. 1069.

ter fällt z.B. der Verzicht auf Mitgliedschaft in den Organen. Im Hinblick auf die Aufgabenerfüllung sind solche Maßnahmen i.d.R. unzulässig.

## X. Mitwirkung der Rechtsaufsicht

1069 Im Hinblick auf die große Bedeutung für die Aufgabenerfüllung schreibt § 108 GemO die Vorlage wichtiger Gemeinderatsbeschlüsse an die RAB in folgenden Fällen vor:

1. Errichtung, Übernahme und wesentliche Erweiterung von Einrichtungen und Unternehmen in Privatrechtsform gem. § 103 Abs. 1 GemO;
2. Beteiligungen an Unternehmen und Einrichtungen in Privatrechtsform (§ 103 Abs. 1);
3. Errichtung, Übernahme oder Beteiligung an einer AG (§ 103 Abs. 2);
4. Errichtung, Übernahme, wesentliche Erweiterung oder Beteiligung an einer GmbH (§ 103 a);
5. mittelbare Beteiligung an Unternehmen und Einrichtungen in Privatrechtsform (§ 105 a);
6. Beschlüsse über Veräußerung von Unternehmen und Einrichtungen (§ 106);
7. Beschlüsse über Veräußerung von Beteiligungen (§ 106) und andere Rechtsgeschäfte, die den gemeindlichen Einfluss mindern;
8. Abschluss, Verlängerung, Ablehnung und wichtige Änderungen von Konzessionsverträgen und Energielieferungsverträgen (§ 107).

Bei der Vorlage von Beschlüssen über direkte und indirekte Beteiligungen[393] muss die Rechtsaufsichtsbehörde die Weisung des IM einholen, soweit dem Vorgang grundsätzliche Bedeutung zukommt.[394] Dies gilt auch beim Abschluss von Energieverträgen, sofern diese von den Musterverträgen abweichen oder wenn die Gemeinde wesentliche Rechte auf einen anderen überträgt.[395]

Bei der Vorlage muss die Gemeinde bzw. der Landkreis nachweisen, dass die gesetzlichen Voraussetzungen erfüllt sind. Sie dürfen den Beschluss erst vollziehen, wenn die Rechtsaufsichtsbehörde entweder ausdrücklich die Gesetzmäßigkeit bestätigt oder den Beschluss nicht innerhalb eines Monats nach Vorlage beanstandet hat (§ 121 Abs. 2 GemO). Die Vorlagepflicht hat nur Innenwirkung. Bei der Vorlage darf die RAB nicht die Zweckmäßigkeit, sondern nur die Rechtmäßigkeit der Vorgänge prüfen.

393 Vgl. § 104 Abs. 1 und 2 GemO.
394 Dienstordnung für Landesverwaltung BW (GABl. 1998 S. 248) Nr. 3.4.2. Früher im VwV GemO zu § 108 geregelt.
395 § 107 GemO.

# Teil H:
# Kommunales Kassenwesen

*Manfred Lang*



H

H

H

# I. Allgemeines

## 1. Begriff, Ziele

Im „Kassenwesen“ sind alle Vorschriften zusammengefasst, die sich auf die Organisation der Gemeindekasse, ihre personelle und sächliche Ausstattung sowie auf ihre Tätigkeit im Zahlungsverkehr, bei der Verwaltung der Kassenbestände und bei der Verwahrung von Wertgegenständen und anderen Gegenständen beziehen. **1070**

Aufgabe des Kassenwesens ist es, den Haushaltsplan kassenmäßig zu vollziehen, aber auch Zahlungen entgegenzunehmen und Ausgaben zu leisten, die den Haushaltsplan der Gemeinde nicht berühren (z.B. durchlaufende Gelder[1], fremde Mittel[2] sowie Vorschüsse und Verwahrgelder[3]).

Nicht zum Kassenwesen gehört die Vorbereitung und Aufstellung der Jahresrechnung; dies ist Sache des gemeindlichen Rechnungswesens. Grundlage für die Aufstellung der Jahresrechnung ist die Buchführung über alle Kassenvorgänge in zeitlicher und sachlicher Ordnung. Die Buchführung wird deshalb im Rahmen des Rechnungswesens abgehandelt.[4]

Ziel der für das Kassenwesen geltenden Bestimmungen ist es, die Kassengeschäfte sicher, dabei aber auch wirtschaftlich abzuwickeln.

Kassensicherheit soll erreicht werden durch Vorschriften, die die Organisation der Gemeindekasse, den Einsatz ihres Personals und ihre sachliche Ausstattung betreffen. Der wirtschaftlichen Kassenführung dienen die gesetzlich eingeräumten Möglichkeiten, sich fortschrittlicher Zahlungsverfahren (z.B. des Lastschrifteneinzugsverfahrens, der elektronischen Geldbörse, der Kreditkarte) und moderner technischer Arbeitsmethoden (z.B. von Datenverarbeitungssystemen) zu bedienen; aber auch die Möglichkeit, Kassengeschäfte ganz oder zum Teil von Stellen außerhalb der Gemeindeverwaltung abwickeln zu lassen.

## 2. Rechtsquellen

Die Vorschriften über das Kassenwesen gelten nicht nur für die Gemeinden, sondern nach § 48 LKrO[5] auch für die Landkreise, nach § 18 GKZ[6] für die Zweckverbände und nach den §§ 96 und 101 GemO[7] grundsätzlich auch für die örtlichen Stiftungen. **1071**

1 § 46 Nr. 5 GemHVO.
2 § 13 Nr. 2 GemHVO.
3 § 46 Nr. 29 GemHVO.
4 Vgl. Rdnrn. 1132ff.
5 VSV 2022.
6 VSV 2023.
7 VSV 2021.

**2.1** Grundlegende Bestimmungen über die Gemeindekasse und die Sonderkassen enthalten die §§93, 94, 98 und 116 Abs.3 der Gemeindeordnung für Baden-Württemberg vom 24.7. 2000 (GBl. S.582), zuletzt geändert durch Gesetz vom 19. 12. 2000 (GBl. S. 745).

Nach §144 Nr.23 GemO erlässt das Innenministerium die Rechtsverordnungen zur Regelung des Kassenwesens. Im Einzelnen sollen die Aufgaben, die Organisation und die Beaufsichtigung der Gemeindekasse und der Sonderkassen sowie die Abwicklung des Zahlungsverkehrs und die Buchführung geregelt werden; ferner können Vorschriften über die Einrichtung von Gebühren- und Portokassen bei einzelnen Dienststellen sowie über die Gewährung von Handvorschüssen erlassen werden.

Nach §145 Nr.5 GemO könnte das Innenministerium auch Muster für Zahlungsanordnungen bekannt geben.

**2.2** Die Verordnung des Innenministeriums über die Kassenführung der Gemeinden (Gemeindekassenverordnung – GemKVO) wurde am 26.8. 1991 erlassen (GBl. S.598, ber. 1992 S.111).[8] Sie ist am 19.10. 1991 in Kraft getreten. Eine Änderung des §41 GemKVO erfolgte durch VO vom 15.4. 1994 (GBl. S.238). Wegen der Euro-Umstellung und der Zulassung elektronischer Zahlungsverfahren wurde die GemKVO durch VO vom 23.8. 2001 (GBl. S.532) erneut geändert. Die das Kassenwesen betreffenden Vorschriften sind in den Abschnitten 1 bis 4 und teilweise auch in den Abschnitten 6 bis 8 der GemKVO zusammengefasst worden.

Ergänzt werden sie durch eine Anlage mit Bestimmungen über die Entgegennahme von Schecks und Wechseln sowie über Zahlungen mittels Debitkarten und Kreditkarten.[9]

Der Abschnitt 5 der GemKVO betrifft die Buchführung, die in Rdnr. 1132ff. dieses Buches abgehandelt ist.

**2.3** Aus §1 Abs.1 Satz 2 der GemKVO ergeben sich auch Zuständigkeiten bei der Beitreibung öffentlich-rechtlicher Forderungen, die im Verwaltungsvollstreckungsgesetz für Baden-Württemberg (Landesverwaltungsvollstreckungsgesetz – LVwVG –) vom 12.3. 1974 (GBl. S.93)[10], zuletzt geändert durch Gesetz vom 18.12. 1995 (GBl. 1996 S.29), geregelt ist.

8 VSV 6322.
9 Anlage zu §13 Abs.1 GemKVO.
10 VSV 2006.

# II. Organisation der Gemeindekasse

## 1. Kassenpersonal, Kassenaufsicht

### 1.1 Das Kassenpersonal

#### 1.1.1 Der Kassenverwalter

Nach §93 Abs.2 GemO hat jede Gemeinde, die ihre Kassengeschäfte **1072**
selbst besorgt,[11] einen Kassenverwalter und einen Stellvertreter zu bestellen. Der Kassenverwalter wird in der Regel zum Beamten ernannt, da er öffentliche Aufgaben wahrnimmt;[12] eine Verpflichtung hierzu besteht allerdings nicht. Besondere laufbahnrechtliche Vorschriften und besondere Ausbildungsgänge gibt es für Kassenverwalter nicht. In der Praxis wird ihre Funktion sowohl von Beamten des gehobenen und mittleren Dienstes als auch von qualifizierten Angestellten wahrgenommen.[13] Praktische Erfahrungen auf dem Gebiete des Kassenwesens und besondere Zuverlässigkeit werden für die Tätigkeit als Kassenverwalter von Vorteil sein. Auch sollten seine wirtschaftlichen Verhältnisse geordnet sein.

Der Leiter und die Prüfer des Rechungsprüfungsamtes sowie ein Rechnungsprüfer können nicht gleichzeitig zum Kassenverwalter oder zu dessen Stellvertreter bestellt werden. Der Kassenverwalter, sein Stellvertreter und andere Bedienstete der Gemeindekassen dürfen weder untereinander noch zum Bürgermeister, zu Beigeordneten, zu Stellvertretern des Bürgermeisters, zum Fachbeamten für das Finanzwesen, zum Leiter und zu den Prüfern des Rechnungsprüfungsamtes sowie zu einem Rechnungsprüfer in einem Befangenheitsverhältnis nach §18 Abs.1 Nrn.1 bis 3 GemO (Ehe, Verwandtschaft, Schwägerschaft) stehen (§93 Abs.3 GemO).

Ausnahmen können bei Vorliegen besonderer Umstände lediglich in Gemeinden mit nicht mehr als 2000 Einwohnern zugelassen werden. Dazu ist ein Beschluss des Gemeinderates erforderlich, der mit den Stimmen aller nicht befangenen Mitglieder gefasst werden muss.

Der Kassenverwalter führt die Geschäfte der Gemeindekasse. Er regelt ihren Geschäftsablauf nach Maßgabe der für sie vom Bürgermeister erlassenen Dienstanweisungen, teilt die anfallenden Geschäfte auf die weiteren Bediensteten auf und überwacht deren Tätigkeit.

Falls der Kassenverwalter die räumliche, sachliche und personelle Ausstattung der Gemeindekasse oder die organisatorischen Gegebenheiten

11 Besorgung durch eine Stelle außerhalb der Gemeindeverwaltung: vgl. Rdnr.1083.
12 §5 LBG (VSV 2030-1).
13 §56 Abs.1 GemO spricht von „geeigneten" Bediensteten.

für unzureichend hält, unterrichtet er den Bürgermeister und eventuell den besonderen Kassenaufsichtsbeamten, damit Abhilfe geschaffen werden kann.

Im Rahmen der Kassengeschäfte vertritt der Kassenverwalter den Bürgermeister (auch nach außen); einer ausdrücklichen Beauftragung nach § 53 Abs. 1 GemO bedarf es dazu nicht mehr.

Vorgesetzter des Kassenverwalters ist der für die Besorgung des Finanzwesens bestellte Beamte (§ 116 Abs. 3 GemO). Dienstvorgesetzter und oberste Dienstbehörde ist für den Kassenverwalter – wie für alle Bediensteten der Gemeinde – nach § 44 Abs. 4 GemO der Bürgermeister.

#### 1.1.2 Das übrige Kassenpersonal (§ 5 GemKVO)

**1073** Soweit es der Geschäftsumfang erfordert, werden dem Kassenverwalter weitere Beamte und Angestellte (Buchhalter, Kassierer, eigener Vollstreckungsbeamter, Hilfspersonal) beigegeben.

Die weiteren Bediensteten der Gemeindekasse dürfen weder untereinander noch zum Kassenverwalter, seinem Stellvertreter, zum Bürgermeister, den Beigeordneten, den Stellvertretern des Bürgermeisters, zum Fachbeamten für das Finanzwesen, zum Leiter, den Prüfern des Rechnungsprüfungsamts sowie zu einem Rechnungsprüfer in einem die Befangenheit begründenden Verhältnis nach § 18 Abs. 1 Nr. 1 bis 3 GemO[14] stehen. Für die Zulässigkeit von Ausnahmen gilt das für den Kassenverwalter Ausgeführte entsprechend.[15]

Bei der Auswahl des Kassenpersonals ist darauf zu achten, dass der Kasse nur zuverlässige Bedienstete mit ausreichender Vorbildung zugeteilt werden. In der Dienstanweisung für die Gemeindekasse sollte von den Kassierern eine Erklärung darüber verlangt werden, dass ihre wirtschaftlichen Verhältnisse geordnet sind.

Vorgesetzter des Kassenpersonals ist der Kassenverwalter; Dienstvorgesetzter und oberste Dienstbehörde ist der Bürgermeister.

### 1.2 Die Kassenaufsicht

**1074** Der Bürgermeister ist in der Regel auch Kassenaufsichtsbeamter. Diese Aufgabe kann er aber auch auf einen Beigeordneten oder auf einen sonstigen Gemeindebeamtem – der nicht Beamter der Gemeindekasse sein darf – (Kassenaufsichtsbeamter) übertragen. In Gemeinden mit einem Fachbeamten für das Finanzwesen (§ 116 Abs. 1 GemO) empfiehlt es sich, diesem die Kassenaufsicht zu übertragen.

14 Ehe, Verwandtschaft, Schwägerschaft.
15 Vgl. Rdnr. 1072.

Aufgabe des Kassenaufsichtsbeamten ist es insbesondere, sich laufend über den Zustand und die Führung der Gemeindekasse zu informieren, die Kassenprüfungen vorzunehmen[16] und Unregelmäßigkeiten in der Gemeindekasse durch geeignete Maßnahmen auszuräumen.

In Gemeinden, die ein Rechnungsprüfungsamt besitzen, obliegt diesem nach § 112 Abs. 1 Nr. 2 GemO[17] die „Kassenüberwachung" (insbesondere die Vornahme der regelmäßigen und der unvermuteten Kassenprüfungen). Maßnahmen bei Unregelmäßigkeiten trifft allerdings auch hier der Kassenaufsichtsbeamte.

## 2. Aufbau der Gemeindekasse

### 2.1 Einordnung in die Organisation der Gemeindeverwaltung

Die Gemeindekasse ist eine Organisationseinheit (Dienststelle) innerhalb **1075**
der Gemeindeverwaltung. Wie sie in die Verwaltungsorganisation eingebaut wird – insbesondere welchem Dezernat oder Amt sie angegliedert ist, oder ob sie ein selbstständiges Amt bildet – entscheidet der Bürgermeister im Rahmen seiner Organisationsgewalt nach § 44 Abs. 1 GemO.

Die Gemeindekasse unterscheidet sich vom Großteil der übrigen Gemeindedienststellen aber dadurch, dass sie einen genau festgelegten Aufgabenbereich hat.[18]

### 2.2 Grundsatz der Einheitskasse

In einer Gemeinde gibt es nach § 93 Abs. 1 GemO grundsätzlich nur eine **1076**
einzige Gemeindekasse (Einheitskasse); bei ihr sind alle Kassengeschäfte zusammengefasst. Dadurch ist eine zentrale und damit wirtschaftliche Verwaltung der Zahlungsmittel (Möglichkeit, Kassenbestände zinsgünstig anzulegen; Beschränkung der Aufnahme von Kassenkrediten) sichergestellt.

Aus organisatorischen Gründen kann die Gemeindekasse in die Hauptkasse und in Zahlstellen gegliedert sein (§ 3 GemKVO). Dadurch wird der Grundsatz der „Einheitskasse" nicht verletzt, da die Zahlstellen nur Hilfseinrichtungen der Gemeindekasse sind und die Gemeindekasse somit auch für die ordnungsmäßige Erledigung der Geschäfte der Zahlstellen verantwortlich ist.

### 2.3 Sonderkassen

Die Gemeinde kann allerdings gesetzlich verpflichtet sein, neben der Ge- **1077**
meindekasse noch Sonderkassen einzurichten.

16 Näheres in Rdnrn. 1277f.
17 Vgl. Rdnrn. 1263ff.
18 Zu diesen Aufgaben vgl. Rdnr. 1080.

So müssen nach § 98 GemO für Sondervermögen und Treuhandvermögen, die Sonderrechnungen führen (z.B. Eigenbetriebe und rechtlich selbstständige örtliche Stiftungen), auch Sonderkassen eingerichtet werden.

Für Krankenhäuser besteht nach § 6 der Krankenhausrechnungsverordnung[19] die Möglichkeit, eine Sonderkasse einzurichten.

Für die Sonderkasse gelten nach § 37 GemKVO grundsätzlich[20] die Vorschriften über die Gemeindekasse entsprechend.

Führung einer Sonderkasse bedeutet besondere Zeitbuch- und Sachbuchführung sowie besonderer Abschluss für jede Sonderkasse. Dagegen ist die räumliche und organisatorische Trennung von der Gemeindekasse sowie die getrennte Verwaltung der Geldbestände nicht notwendig. Nach dem Willen des Gesetzgebers (§ 98 GemO) sollen Sonderkassen sogar mit der Gemeindekasse verbunden werden, d.h., es soll ein gemeinsamer Kassenbestand für die Gemeindekasse und die Sonderkasse geführt werden. Die Kassengeschäfte können dadurch rationeller erledigt werden; die gemeinsame Verwaltung der Kassenbestände auf gemeinsamen Girokonten kann z.B. bei der Anlage größerer Geldbestände von Vorteil sein.

Auch für die Sonderkassen können Zahlstellen eingerichtet werden; ebenso können in ihrem Bereich Handvorschüsse gewährt werden.

### 2.4 Zahlstellen (§ 3 GemKVO)

1078 Soweit und solange zwingende sachliche Gründe vorliegen, können vom Bürgermeister zur Erledigung von Kassengeschäften Zahlstellen eingerichtet werden. Diese Zahlstellen sind Teile der Gemeindekasse oder der Sonderkassen, auch wenn sie organisatorisch einer anderen Dienststelle als der Gemeindekasse oder einer Stelle außerhalb der Gemeindeverwaltung (z.B. einer Schule) zugeordnet sein sollten; sie haben die Vorschriften der GemKVO zu beachten und unterstehen fachlich dem Kassenverwalter. Der Leiter der anderen Dienststelle hat folglich die vom Kassenverwalter für die Zahlstelle für erforderlich gehaltenen Regelungen zu treffen oder zu veranlassen.

Den Zahlstellen können in ihrem Zuständigkeitsbereich alle oder aber nur einzelne Aufgaben der Gemeindekasse übertragen werden. Der Bürgermeister bestimmt die konkrete Aufgabenstellung in einer Dienstanweisung.

Die Notwendigkeit, Zahlstellen einzurichten, kann bestehen bei öffentlichen Einrichtungen mit Zahlungsverkehr, die räumlich von der Gemein-

19 VSV 6414.
20 Ausnahmen z.B. durch § 38 GemKVO (Sonderregelungen bei kaufmännischer Buchführung oder einer entsprechenden Verwaltungsbuchführung).

dekasse getrennt sind (z.B. Krankenhäuser,[21] Bäder, Schlachthöfe), oder bei Dienststellen mit bedeutendem Verwaltungsgebühren-Aufkommen. Bei weiterem Fortschreiten des bargeldlosen Zahlungsverkehrs wird diese Notwendigkeit allerdings immer weniger gegeben sein.

Alle Einnahmen und Ausgaben der Zahlstellen sind regelmäßig – spätestens aber zum Jahresabschluss – einzeln oder zusammengefasst in die Bücher der Gemeindekasse zu übernehmen.

Die Regelung des Abrechnungsverfahrens, aber auch die Ausstattung der Zahlstellen mit Zahlungsmitteln und die buchungstechnische Abwicklung der anfallenden Zahlungsvorgänge wird der Bürgermeister in der Dienstanweisung vornehmen. Bei der Errichtung von Zahlstellen in Schulen empfiehlt es sich ebenfalls, die notwendigen Einzelheiten in einer Dienstanweisung zu regeln.

Besondere Konten dürfen für Zahlstellen zur in Ausnahmefällen eingerichtet werden.

Zahlungsautomaten (z.B. im Bäderbereich) sind keine eigenständigen Zahlstellen. Als Teile der Gemeindekasse oder einer ihrer Zahlstellen werden sie – entsprechend der Entscheidung des Bürgermeisters – unmittelbar von der Gemeindekasse oder aber von einer Zahlstelle betreut.

### 2.5 Handvorschüsse (§ 4 GemKVO)

Auf Grund einer Auszahlungsanordnung können einzelnen Dienststel- 1079
len, einzelnen Bediensteten oder Stellen außerhalb der Gemeindeverwaltung (z.B. einer Schule) Handvorschüsse in bar oder mittels elektronischer Geldbörse[22] zur Leistung regelmäßig anfallender geringfügiger Zahlungen (z.B. Porti, Zeitungsgelder) oder als Wechselgeld (z.B. für Bedienstete, die außerhalb der Gemeindekasse Barzahlungen annehmen oder leisten dürfen[23]) zur Verfügung gestellt werden. Auch der Bestand von Geldwechselautomaten ist wie ein Handvorschuss zu behandeln.

Der Bürgermeister bestimmt, wem und in welcher Höhe Handvorschüsse gewährt werden, wie sie ordnungsgemäß zu verwalten sind und wann – in der Regel monatlich, spätestens zum Ende des Haushaltsjahres – mit der Gemeindekasse abzurechnen ist (Abrechnung bedeutet: der Handvorschuss wird wieder bis zu seiner ursprünglichen Höhe aufgefüllt).

Bedienstete, die einen Handvorschuss verwalten, unterstehen organisatorisch regelmäßig nicht der Gemeindekasse, sondern ihrer Dienststelle. Aufgabe des zuständigen Dienststellenleiters ist es, die ordnungsmäßige Abwicklung des Handvorschusses zu überwachen.

21 Falls nicht nach § 6 KrHRVO eine Sonderkasse geführt wird.
22 Ein auf einer Karte installierter Mikrochip, der das Auf- und Abbuchen sowie die Speicherung von elektronischen Geldeinheiten als Guthaben, das im Voraus bezahlt wurde, ermöglicht.
23 Näheres in Rdnr. 1094.

# III. Aufgaben der Gemeindekasse

## 1. Kassengeschäfte der Gemeindekasse

### 1.1 Umfang (§ 1 Abs. 1 Satz 1 GemKVO)

1080 Zu den Kassengeschäften der Gemeindekasse gehören[24]

- die Annahme der Einnahmen und die Leistung der Ausgaben,[25]
- die Verwaltung der Kassenmittel,[26]
- die Verwahrung von Wertgegenständen,[27]
- die Buchführung einschließlich der Sammlung der Belege. Die Buchführung umfasst alle Aufzeichnungen, die zur Erstellung der Jahresrechnung erforderlich sind, und in der Regel auch den kassenmäßigen Abschluss nach §40 GemHVO sowie die Vorbereitung der Haushaltsrechnung nach §41 GemHVO.

Im Bereich gemeindlicher Schulen gehören zu den Kassengeschäften der Gemeindekasse alle Kassenangelegenheiten im Zusammenhang mit der Schulträgerschaft („äußere Schulangelegenheiten"). Dazu gehören z.B. die Kassengeschäfte

- bei der Bewirtschaftung der Schuleinrichtungen, bei der Beschaffung von Lehr- und Lernmitteln, bei Stiftungen oder Schenkungen, bei der Erhebung von Schulgeld,
- bei der Abwicklung der Schülerbeförderungskosten,
- bei Aufwendungen der Gemeinde für Schulveranstaltungen außerhalb des Lehrplans (Sportfeste, Ausstellungen, Theater- und Konzertaufführungen).

### 1.2 Zuständigkeitsvermutung

1081 Nach §93 Abs.1 GemO erledigt die Gemeindekasse grundsätzlich[28] alle Kassengeschäfte der Gemeinde; sie können ihr in der Regel nicht entzogen werden. Beim Anfall irgendwelcher Kassengeschäfte ist also immer die Kompetenzvermutung für die Gemeindekasse gegeben.

### 1.3 Ausnahmen

#### 1.3.1 Trennung der Buchführung von den Kassengeschäften

1082 Nach §93 Abs.1 Satz 2 GemO und §1 Abs.1 Nr.4 GemKVO kann der Bürgermeister die Buchung nach der sachlichen Ordnung (Sachbuchfüh-

24 Nach vorherrschender Meinung handelt es sich hierbei nicht um eine abschließende Aufzählung der Kassengeschäfte; weitere Kassengeschäfte können also durchaus dazukommen.
25 Vgl. Rdnrn. 1112 und 1116.
26 Vgl. Rdnr. 1121.
27 Vgl. Rdnr. 1126.
28 Zu den Sonderkassen vgl. Rdnr. 1077.

rung) und die Sammlung der Belege von den Kassengeschäften abtrennen und damit der Zuständigkeit der Gemeindekasse entziehen.

Dies wird vor allem bei größeren Gemeinden und bei Landkreisen in Frage kommen, wo eine besondere Dienststelle (die „Buchhaltung") mit der Anlegung, Führung und mit dem Abschluss der Sachbücher sowie mit der Sammlung der Belege ausgelastet ist.

In kleinen Gemeinden, in denen der Kassenverwalter nicht die Befähigung zum Gemeindefachbeamten hat,[29] könnte die Sachbuchführung vom Fachbeamten für das Finanzwesen oder vom Bürgermeister erledigt werden.

Werden die Buchführungsgeschäfte von einer anderen Stelle als der Gemeindekasse selbstständig erledigt, gelten für diese Stelle insoweit die Vorschriften der GemKVO. Handelt es sich um Speicherbuchführung, hat sich die Gemeindekasse entsprechend §23 Abs.2 GemKVO die Ordnungsmäßigkeit des automatisierten Verfahrens bescheinigen zu lassen und sich hiervon durch stichprobenweise Überprüfung der Rechengrundlagen und der Rechenergebnisse zu überzeugen.

### 1.3.2 Übertragung der Kassengeschäfte (§ 94 Abs. 1 GemO)

Die Kassengeschäfte der Gemeinde können ganz oder teilweise von einer **1083**
Stelle außerhalb der Gemeindeverwaltung besorgt werden, wenn ihre ordnungsmäßige Erledigung und Prüfung nach den für die Gemeinde geltenden Vorschriften gewährleistet ist. In diesen Fällen müssen die §§35 und 36 der GemKVO beachtet werden.[30] Der Gemeinderatsbeschluss über eine solche Aufgabenübertragung ist der Rechtsaufsichtsbehörde anzuzeigen.

Es ist denkbar (§94 Satz 3 GemO), dass sich verschiedene Gemeinden zur Erfüllung ihrer Kassengeschäfte eines Zweckverbandes bedienen. Ebenso kann eine Gemeinde ihre Kassengeschäfte durch öffentlichrechtliche Vereinbarung, z.B. einer anderen Gemeinde, übertragen.

Die Übertragung von Kassengeschäften wird häufig praktiziert im Rahmen von Verwaltungsgemeinschaften[31] nach §59 GemO. In diesem Falle sind die §§35 und 36 GemKVO nicht anzuwenden. Die Kassengeschäfte gehören nach §61 Abs.3 Nr.4 GemO regelmäßig zu den Aufgaben, die die Verwaltungsgemeinschaft für ihre Mitgliedsgemeinden in deren Namen nach den Beschlüssen und Anordnungen der Gemeindeorgane erledigt (Erledigungsaufgaben). Für die einzelnen Mitgliedsgemeinden werden getrennte Bücher (zumindest aber getrennte Spalten in gemein-

29 §58 GemO.
30 Einzelheiten vgl. Rdnrn. 1119 und 1231.
31 Als Gemeindeverwaltungsverbände oder als vereinbarte Verwaltungsgemeinschaften.

samen Büchern) geführt. Dabei wird es wirtschaftlich zweckmäßig sein, einen gemeinsamen Kassenbestand auszuweisen.

Weiter ist es denkbar, den Zahlungsverkehr einer anderen Stelle (z.B. einem öffentlich-rechtlichen oder privaten Kreditinstitut) zu übertragen (§35 GemKVO). Dabei ist allerdings zu beachten, dass diese Stelle aus dem Bereich der zwangsweisen Einziehung[32] nur die Mahnung durchführen kann. Dagegen ist es nicht möglich, ihr vertraglich die hoheitliche Aufgabe der Einleitung und Durchführung der Beitreibung zu übertragen. Eine solche Stelle kann hier nur vorbereitende Aufgaben übernehmen.

Werden die Kassengeschäfte ganz auf eine Stelle außerhalb der Gemeindeverwaltung übertragen, benötigt die Gemeinde selbst keinen Kassenverwalter und kein Kassenpersonal mehr.

## 2. Sonstige Geschäfte der Gemeindekasse

### 2.1 Zwangsweise Einziehung (§ 1 Abs. 1 Satz 2 GemKVO)

1084 Der Gemeindekasse obliegt in der Regel auch die Mahnung, die Beitreibung und die Einleitung der Zwangsvollstreckung gemeindlicher Geldforderungen.

Rechtsgrundlage für die Vollstreckung von Verwaltungsakten, die zu einer Geldleistung verpflichten, also für die Beitreibung öffentlich-rechtlicher Geldforderungen (z.B. Steuern, Gebühren und Beiträgen) ist das Landesverwaltungsvollstreckungsgesetz – LVwVG.[33]

Die Zwangsvollstreckung privatrechtlicher Geldforderungen (z.B. Mieten, Pachten, Holzerlöse; Benutzungsentgelte, die nicht aufgrund einer Abgabensatzung, sondern privatrechtlich erhoben werden) richtet sich nach dem 7. und 8. Buch der Zivilprozessordnung – ZPO.[34]

Bei der Beitreibung bzw. bei der Zwangsvollstreckung werden jeweils drei Verfahrensstufen unterschieden, nämlich die Vorbereitung (oder Veranlassung), die Anordnung und die Durchführung der Beitreibung bzw. der Zwangsvollstreckung.

#### 2.1.1 Beitreibung öffentlich-rechtlicher Geldforderungen

1085 a) Nach §14 LVwVG muss der Zahlungspflichtige vor der Beitreibung schriftlich – die Zahlung wiederkehrender Geldleistungen kann auch durch ortsübliche Bekanntmachung gemahnt werden – zur Zahlung aufgefordert werden; zur Zahlung ist ihm eine Frist von mindestens ei-

32 Vgl. Rdnrn. 1084ff.
33 VSV 2006.
34 VSV 3104.

ner Woche einzuräumen (förmliche Mahnung). Nach §1 Abs.1 Satz 2 GemKVO ist für das Mahnverfahren regelmäßig die Gemeindekasse zuständig. Vor der förmlichen Mahnung wird die Gemeindekasse die Zahlungspflichtigen eventuell noch formlos zur Zahlung auffordern.

Obwohl in der GemKVO nicht mehr ausdrücklich geregelt, liegt es im Ermessen der Gemeindekasse, die Einziehung im Wege der Postnachnahme zu versuchen, falls die Forderung für dieses Einzugsverfahren geeignet ist und die Einziehung voraussichtlich Aussicht auf Erfolg hat. Dieser Einziehungs-Versuch ersetzt aber nicht die förmliche Mahnung.

Voraussetzung für das Mahnverfahren ist, dass ein Zahlungsgebot ergangen ist (z.B. der Steuerbescheid des Steueramtes) und die Forderung danach fällig geworden ist.

b) Die Anordnung der Beitreibung obliegt nach §4 LVwVG dem Bürgermeisteramt als Vollstreckungsbehörde. Innerhalb der Gemeindeverwaltung ist nach §1 Abs.1 Satz 2 GemKVO die Gemeindekasse zuständig; lediglich in großen Städten und bei Landkreisen kann auch ein eigenes Vollstreckungsamt eingerichtet sein.

In dieser internen Anordnung der Beitreibung wird festgelegt, in welche Vermögensteile (Forderungen, bewegliches Vermögen, unbewegliches Vermögen) vollstreckt werden soll. Regelmäßig wird dem Schuldner die Anordnung der Beitreibung mit einer letzten Zahlungsfrist mitgeteilt.

c) Die Pfändung von Forderungen wird von der Gemeinde (und innerhalb der Gemeinde regelmäßig von der Gemeindekasse – siehe oben b –) selbst vorgenommen, indem sie eine Pfändungs- und Überweisungsverfügung erlässt.

Bei der Vollstreckung in das bewegliche Vermögen bedient sich die Gemeinde in der Regel des staatlichen Gerichtsvollziehers. Lediglich große Städte und Landkreise besitzen eigene Vollstreckungsbeamte, die dann entweder Bedienstete der Gemeindekasse oder eines besonderen Vollstreckungsamtes sind.

Die Vollstreckung in das unbewegliche Vermögen schließlich ist Sache des Grundbuchamtes (z.B. Eintragung einer Sicherungshypothek) oder des Amtsgerichtes (Zwangsversteigerung oder Zwangsverwaltung).

### 2.1.2 Zwangsvollstreckung privatrechtlicher Geldforderungen

a) Zur Einleitung der Zwangsvollstreckung (§§688 bis 698 ZPO) erlässt **1086**
auf schriftlichen Antrag der Gemeindekasse (§1 Abs.1 Satz 2 GemKVO) – in Ausnahmefällen des eigenen Vollstreckungsamtes –

das Amtsgericht Stuttgart (gemäß VO des Justizministeriums vom 20.11. 1998, GBl. S.680) einen Mahnbescheid gegen den Schuldner. Regelmäßig wird darin eine Zahlungsfrist von zwei Wochen gesetzt. Vor diesem „gerichtlichen Mahnverfahren" wird die Gemeindekasse die Zahlungspflichtigen in der Regel formlos mahnen. Voraussetzung für das Mahnverfahren ist, dass die vertragliche Fälligkeit der Forderung (z.B. die Miete nach dem Mietvertrag) eingetreten ist.

b) Zur Anordnung der Zwangsvollstreckung (§§699 bis 703d ZPO) stellt das Amtsgericht spätestens 6 Monate nach Zustellung des Mahnbescheids auf Antrag der Gemeindekasse dem Schuldner einen Vollstreckungsbescheid zu. Die Gemeinde erhält davon eine mit der Zustellungsbescheinigung versehene Ausfertigung.

   Diese wird – sofern der Schuldner keinen Einspruch einlegt – zum Vollstreckungstitel für die Zwangsvollstreckung.

c) Die Durchführung der Zwangsvollstreckung (§§704 bis 882a ZPO) wird unter Vorlage des Vollstreckungstitels von der Gemeinde betrieben.

   Zuständig ist für die Zwangsvollstreckung
   - in Forderungen das Amtsgericht, in dessen Bezirk die Forderung zu pfänden ist.
   - in das bewegliche Vermögen der Gerichtsvollzieher beim Amtsgericht.
   - in das unbewegliche Vermögen das Grundbuchamt (Eintragung einer Sicherungshypothek) oder das Amtsgericht (Zwangsversteigerung und Zwangsverwaltung).

### 2.2 Festsetzung, Stundung, Niederschlagung und Erlass von Mahngebühren usw. (§ 1 Abs. 1 Satz 2 GemKVO)

**1087** Der Gemeindekasse obliegt in der Regel auch die Festsetzung,[35] Stundung[36], Niederschlagung[37] und der Erlass[38] von Mahngebühren und Vollstreckungskosten im Zusammenhang mit der Beitreibung öffentlich-rechtlicher Forderungen[39] sowie von Nebenforderungen (Zinsen[40] und Säumniszuschlägen[41]) zu öffentlich-rechtlichen Forderungen der Gemeinde. Dasselbe gilt für privatrechtlich geregelte Stundungs- oder Ver-

35 Festsetzung: Begründung eines Zahlungsgebots in bestimmter Höhe.
36 Stundung: Hinausschieben des Fälligkeitszeitpunktes (vgl. auch §222 AO).
37 Nach §46 Nr.19 GemHVO: Die befristete oder unbefristete Zurückstellung der Weiterverfolgung eines fälligen Anspruchs der Gemeinde ohne Verzicht auf den Anspruch selbst (vgl. auch §261 AO).
38 Nach §46 Nr.6 GemHVO: Verzicht auf einen Anspruch (vgl. auch §227 AO).
39 Vgl. §§1 und 2 der Vollstreckungskostenordnung zum Landesverwaltungsvollstreckungsgesetz (LVwVGKO) vom 2.7. 1974 (GBl. S.229), zuletzt geändert durch Gesetz vom 18.12. 1995 (GBl. 1996 S.29); siehe VSV 2006-3.
40 Zinsen können festgesetzt werden nach den §§233 bis 239 AO; in der Praxis werden davon die Stundungszinsen von besonderer Bedeutung sein.
41 Vgl. §240 AO.

zugszinsen. Die Zuständigkeit der Gemeindekasse kann allerdings über die Geschäfte der laufenden Verwaltung i.S. des §44 Abs.2 GemO oder, falls eine entsprechende Hauptsatzungsregelung besteht, über die in der Hauptsatzung festgesetzten Beträge nicht hinausgehen.

Aus Sicherheitsgründen dürfen mit Festsetzungsaufgaben aber nur Bedienstete der Gemeindekasse beauftragt werden, die nicht später selbst den Einzug dieser Einnahmen wahrnehmen. Allerdings fällt lediglich die Buchung überwiesener Beträge nicht unter den Begriff „Annahme von Einzahlungen".

Ob die Mahngebühren, Vollstreckungskosten und Nebenforderungen gestundet, niedergeschlagen oder erlassen werden dürfen, richtet sich bei privatrechtlichen Forderungen nach den Absätzen 1 bis 3 des §32 GemHVO, bei öffentlich-rechtlichen Forderungen über die Verweisungen in §32 Abs.4 GemHVO und in §3 Abs.1 Nr.5 und 6 KAG nach den §§222, 261 und 227 AO. Für die Realsteuern gilt die AO unmittelbar (§1 Abs.2 AO).

## 3. Weitere Aufgaben der Gemeindekasse (§ 1 Abs. 2 GemKVO)

Der Gemeindekasse können vom Bürgermeister weitere Aufgaben zur **1088**
Erledigung übertragen werden, wenn sie dazu von ihrer sachlichen, personellen und organisatorischen Ausstattung her in der Lage ist. Es kann sich dabei beispielsweise um die Führung der Anlagenachweise nach §38 GemHVO und der Bestandsverzeichnisse nach §37 GemHVO sowie um die Fertigung der Vermögensübersicht nach §44 Abs.1 GemHVO handeln; auch die Erstellung der Finanzstatistik kommt in Frage.

Allerdings darf durch die Übernahme dieser übertragenen Aufgaben die Erledigung der eigentlichen Aufgaben der Gemeindekasse (Kassengeschäfte und sonstige Geschäfte der Gemeindekasse[42]) nicht beeinträchtigt werden. Außerdem dürfen der Aufgabenübertragung keine Vorschriften der GemO[43] oder der GemKVO[44] entgegenstehen. Insbesondere ist darauf zu achten, dass die in §6 Abs.3 GemKVO vorgeschriebene Trennung der Erteilung und der Ausführung der Kassenanordnungen eingehalten wird.

## 4. Erledigung fremder Kassengeschäfte (§ 2 GemKVO)

Die Gemeindekasse darf Kassengeschäfte (§1 Abs.1 Satz 1 GemKVO) **1089**
und sonstige Geschäfte (§1 Abs.1 Satz 2 GemKVO) für Dritte nur erledi-

42 Vgl. Rdnrn. 1080 und 1084 bis 1087.
43 Z.B. §116 Abs.1 GemO, wonach die Aufstellung des Haushaltsplanes, des Finanzplans und der Jahresrechnung, die Haushaltsüberwachung sowie die Verwaltung des Geldvermögens und der Schulden beim Fachbeamten für das Finanzwesen zusammengefasst werden sollen.
44 Nach §21 GemKVO dürfen beispielsweise andere Gegenstände als Wertgegenstände nur in geeigneten Fällen von der Gemeindekasse verwahrt werden; zu Einzelheiten vgl. Rdnr. 1131.

gen, wenn dies durch Gesetz oder aufgrund eines Gesetzes bestimmt ist oder durch den Bürgermeister angeordnet wird.

Beispielsweise ist in § 98 GemO bestimmt, dass Sonderkassen, die nach gesetzlicher Vorschrift einzurichten sind, mit der Gemeindekasse – räumlich, personell und organisatorisch – verbunden werden sollen.

In § 14 der Verordnung des IM über die Wirtschaftsführung und das Rechnungswesen der Eigenbetriebe (Eigenbetriebsverordnung – EigBVO)[45] wird die Möglichkeit eröffnet, die vom Eigenbetrieb vorübergehend nicht benötigten Kassenmittel von der Gemeindekasse zusammen mit deren Kassenmitteln bewirtschaften zu lassen.

Der Bürgermeister könnte z.B. anordnen, dass die Kassengeschäfte eines Zweckverbandes, eines Verkehrsvereins, einer Messe- und Ausstellungs-GmbH oder einer Jagdgenossenschaft von der Gemeindekasse miterledigt werden. Voraussetzung dafür ist allerdings, dass dies im Interesse der Gemeinde liegt, d.h., ein enger sachlicher Zusammenhang mit den Aufgaben der Gemeinde besteht und die gemeinsame Erledigung der Verwaltungsvereinfachung dient. Außerdem muss gewährleistet sein, dass die fremden Kassengeschäfte bei der Prüfung der Gemeindekasse mitgeprüft werden können.[46]

Im Einvernehmen mit dem Schulleiter kann die Gemeindekasse auch Kassengeschäfte erledigen, die im Zusammenhang mit „inneren Schulangelegenheiten" stehen (z.B. bei Exkursionen, Studienfahrten oder Schullandheimaufenthalten). Üblicherweise werden diese Kassengeschäfte allerdings vom Schulleiter oder von Lehrern über Konten der Schule abgewickelt. Mit einer Erledigung durch die Gemeindekasse sind aber keine über die Bestimmungen der GemKVO hinausgehenden Verpflichtungen der Gemeinde verbunden (z.B. die Abdeckung von Fehlbeträgen).

Werden von der Gemeindekasse fremde Kassengeschäfte miterledigt, sind dabei in der Regel die Vorschriften der GemKVO entsprechend anzuwenden.

Die kassenmäßige Abwicklung von Weisungsaufgaben der Gemeinden (z.B. Leistungen nach dem Unterhaltssicherungsgesetz) oder die Besorgung einzelner Kassengeschäfte für andere Stellen im Rahmen der Amtshilfe (z.B. Einzug von Beiträgen für Berufsgenossenschaften) gehören nicht zu den fremden Kassengeschäften im Sinne des § 2 GemKVO. Solche Kassengeschäfte gehören zu den eigenen Aufgaben der Gemeindekasse (§ 93 Abs. 1 GemO).

45 VSV 6413-2.
46 Vgl. Rdnrn. 1277 ff.

# IV. Geschäftsgang bei der Gemeindekasse

## 1. Allgemeines

Die Gemeindekasse ist eine Dienststelle der Gemeinde. Deshalb richtet 1090
sich ihr Geschäftsgang grundsätzlich nach der allgemeinen Dienstanweisung für die Gemeindeverwaltung. Diese wird vom Bürgermeister – in Ausfluss seines Organisationsrechts nach § 44 Abs. 1 GemO – erlassen und regelt beispielsweise die innere Organisation der Gemeindeverwaltung, die Vertretung der Gemeinde nach außen, die Vertretung der Gemeindebediensteten untereinander und die Unterschriftsbefugnis.

Allerdings wird diese allgemeine Dienstanweisung den speziellen Belangen der Gemeindekasse nicht immer gerecht werden. Deshalb lässt es sich in der Praxis nicht umgehen, eine besondere Dienstanweisung für die Gemeindekasse zu erlassen.

## 2. Dienstanweisung für die Gemeindekasse

**2.1** Die GemKVO enthält keine ausdrückliche Rechtsgrundlage zum Er- 1091
lass einer Dienstanweisung für die Gemeindekasse; die Befugnis dazu ist dem Bürgermeister bereits durch § 44 Abs. 1 GemO eingeräumt. § 40 GemKVO bestimmt lediglich, dass allgemeine Regelungen im Bereich der Gemeindekasse der Schriftform bedürfen, was schon deshalb geboten ist, weil sich aus Dienstanweisungen oder aus Einzelanweisungen Haftungsfragen ergeben können.

Mit § 5 GemKVO, der den Geschäftsgang der Gemeindekasse regelt, ist – vor allem im Absatz 1 – eine Rahmenvorschrift gegeben, die der Auffüllung entsprechend den örtlichen Gegebenheiten bedarf, um eine sichere, ordnungsgemäße, zweckmäßige und wirtschaftliche Erledigung der Kassengeschäfte zu gewährleisten.

In zahlreichen anderen Bestimmungen der GemKVO sind „Anordnungen", „Regelungen" oder „Anweisungen an die Gemeindekasse" angesprochen, durch welche die Mindestvorschriften der Verordnung zu ergänzen sind oder ergänzt werden können.

Es ist deshalb zu empfehlen, alle ständigen und wiederkehrenden Angelegenheiten in einer umfassenden Dienstanweisung für die Gemeindekasse zu regeln; lediglich einmalige Vorgänge sollten von Fall zu Fall in (schriftlichen) Einzelanweisungen geregelt werden.

**2.2** Zuständig zum Erlass der Dienstanweisung und der Einzelanweisungen ist, wie oben ausgeführt, der Bürgermeister. Diese Befugnisse können allerdings auch zum Geschäftskreis eines Beigeordneten gehören oder nach § 53 Abs. 1 GemO auf einen Gemeindebediensteten übertragen werden. In erster Linie bietet sich die Beauftragung des Fachbeamten für das Finanzwesen an, der nach § 116 Abs. 3 GemO ohnehin die Aufgabe hat, die ordnungsmäßige Erfüllung der Kassengeschäfte und der sonst auf die Gemeindekasse übertragenen Aufgaben zu überwachen. Eine Beauftragung des Kassenverwalters kann nur in Einzelfällen in Frage kommen, wenn keine Sicherheitsgründe entgegenstehen, die Verantwortungsbereiche klar abgegrenzt bleiben und die Möglichkeiten der Kassenkontrolle nicht beeinträchtigt werden.

In Gemeinden mit eigenem Rechnungsprüfungsamt empfiehlt es sich, dieses Amt an der Ausarbeitung der Anweisungen für die Gemeindekasse zu beteiligen.

**2.3** Der Inhalt[47] einer Dienstanweisung für die Gemeindekasse kann nicht allgemein gültig beschrieben werden, da je nach personeller, räumlicher und organisatorischer Ausstattung einer Gemeindekasse unterschiedliche Regelungen notwendig und sinnvoll sind.

Als wesentliche Punkte wären aber insbesondere zu regeln:

- Die Aufgaben des Kassenverwalters und des übrigen Kassenpersonals (§ 93 GemO),
- die Übertragung weiterer Aufgaben auf die Gemeindekasse (§ 1 Abs. 2 GemKVO),
- die Übernahme fremder Kassengeschäfte (§ 2 GemKVO),
- die Einrichtung von Zahlstellen und deren Aufgabenkreis (§ 3 GemKVO),
- die Ausstattung einzelner Dienststellen oder Bediensteter mit Handvorschüssen (§ 4 GemKVO),
- Einzelheiten zur Einrichtung und zum Geschäftsgang der Gemeindekasse sowie zur Kassensicherheit (§ 5 GemKVO),
- Näheres zum Zahlungsverkehr (§ 12 GemKVO), vor allem zur Einzahlungsquittung (§ 14 GemKVO) und zu den Auszahlungsnachweisen (§ 17 GemKVO),
- die Einrichtung von Bankkonten, die Verwaltung der Kassenmittel und die Aufnahme von Kassenkrediten (§ 18 GemKVO),
- die Verwahrung von Wertgegenständen (§ 20 GemKVO) und anderen Gegenständen (§ 21 GemKVO),
- die Form und Sicherung der Bücher der Gemeindekasse (§ 23 GemKVO),
- die Führung weiterer Bücher (§ 29 Abs. 4 GemKVO),
- die Aufbewahrung der Bücher und Belege (§ 34 GemKVO).

Durch den Erlass der Dienstanweisung für die Gemeindekasse darf der eigenverantwortliche Wirkungsbereich des Kassenverwalters allerdings

47 In BWGZ 1993, S. 41 ff. wurde das Muster einer Dienstanweisung für Gemeindekassen veröffentlicht.

nicht eingeschränkt werden. Nach wie vor muss er für die ordnungsgemäße Erledigung der Kassengeschäfte verantwortlich bleiben.

## 3. Einrichtung der Gemeindekasse (§ 5 Abs. 1 GemKVO)[48]

Diese Grundsätze beziehen sich auf die räumliche, sachliche und perso- 1092
nelle Ausstattung sowie auf die Regelung des Geschäftsablaufs.

Die Gemeindekasse ist so einzurichten, dass sie ihre Aufgaben ordnungsgemäß und wirtschaftlich erledigen kann. Auf Grund dieser sehr allgemein gefassten Vorschrift der GemKVO sind z.B. Kassenstunden für die Gemeindekasse festzusetzen und der Bevölkerung bekannt zu geben (Hinweis durch Anschlag und auf dem Schriftverkehr der Gemeindekasse). Nur so können die Bediensteten der Kasse während der übrigen Zeit die sonstigen Geschäfte der Gemeindekasse ungestört erledigen.

Um den Barzahlungs-Verkehr einzudämmen (§ 12 GemKVO), sind die Zahlungspflichtigen immer wieder auf die Möglichkeiten und Vorteile der unbaren Zahlung hinzuweisen oder aufzufordern, sich des Lastschrifteneinzugsverfahrens zu bedienen.

Die Kassenbediensteten müssen in die Lage versetzt werden, eingehendes Falschgeld zu erkennen und auszusondern. Deshalb müssen sie mit den Hinweisen der Bundesbank, betreffend umlaufenden Falschgelds und außer Kurs gesetzter Banknoten und Münzen, vertraut gemacht werden.

Weiter ist durch geeignete Maßnahmen dafür zu sorgen, dass die Bediensteten gegen Überfälle angemessen gesichert sind. Hier empfiehlt es sich, die entsprechenden Beratungsstellen der Polizei in Anspruch zu nehmen. Dasselbe gilt, wenn es um organisatorische Maßnahmen geht, durch welche die Zahlungsmittel, die zu verwahrenden Gegenstände sowie die Bücher und Belege vor Diebstahl gesichert werden sollen.

## 4. Einsatz von Datenverarbeitungssystemen und technischen Hilfsmitteln

Sofern Umfang und Art der Kassengeschäfte es wirtschaftlich und 1093
zweckmäßig erscheinen lassen, sollen die Kassengeschäfte mit Hilfe von Datenverarbeitungssystemen und sonstigen technischen Hilfsmitteln (z.B. Buchungsmaschinen, Registrierkassen, Geldzählmaschinen) erledigt werden.

Werden die Kassengeschäfte oder andere Arbeiten im Bereich des Finanzwesens ganz oder zum Teil automatisiert, sind die Programme und ihre wesentlichen Änderungen von der Gemeindeprüfungsanstalt zu

48 Zum erforderlichen Kassenpersonal vgl. Rdnrn. 1072, 1073.

prüfen. Die Einzelheiten der Prüfung und die Zuständigkeits-Regelungen werden in Rdnrn. 1306ff. behandelt.

Beim Einsatz von Datenverarbeitungssystemen und anderen technischen Hilfsmitteln ist dafür zu sorgen, dass diese nicht unbefugt benutzt werden können (§5 Abs. 1 Nr. 3 GemKVO). Es ist auch darauf zu achten, dass urkundengeeignete Farbbänder verwendet werden, die unbemerktes Radieren und Verbessern ausschließen (vielmehr muss bei Änderungen oder Streichungen die ursprüngliche Angabe lesbar bleiben).

### 5. Bindung des Zahlungsverkehrs an Kassenraum und Kassenpersonal (§ 12 Abs. 2 und 3 GemKVO)

1094 Zahlungsmittel[49] dürfen nur in den Räumen der Gemeindekasse und nur von den damit beauftragten Bediensteten angenommen oder ausgehändigt werden. Der Bürgermeister kann bestimmte Personen (z.B. den eigenen Vollstreckungsbeamten) ermächtigen, Zahlungsmittel auch außerhalb der Kassenräume anzunehmen oder auszuhändigen. Die Notwendigkeit und Art der Ausnahmeregelungen ist aus Gründen der Kassensicherheit allerdings jeweils sorgfältig zu prüfen. Auch durch ausreichend gesicherte Automaten (z.B. Geldwechsel-Automaten, Eintrittskarten-Automaten) können Zahlungsmittel außerhalb der Kassenräume angenommen oder ausgehändigt werden.

Die Möglichkeit, den Zahlungsverkehr nach §94 Abs. 1 GemO i.V.m. §35 GemKVO ganz oder zum Teil auf eine Stelle außerhalb der Gemeindeverwaltung zu übertragen, wird durch obige Vorschriften nicht berührt.

Zur Weitergabe an Dritte dürfen Bediensteten der Gemeinde Zahlungsmittel nur ausgehändigt werden, wenn es zum Dienstauftrag des Bediensteten gehört (z.B. Aushändigung eines Geldgeschenkes, Auszahlung von Sitzungstagegeldern) oder wenn dieser die Zahlungsmittel als gesetzlicher Vertreter oder als Bevollmächtigter eines Dritten in Empfang nimmt.

### 6. Trennung von Zahlungsverkehr und Buchführung

1095 Aus Gründen der Kassensicherheit empfiehlt es sich, Zahlungsverkehr[50] und Buchführung[51] von unterschiedlichen Bediensteten der Gemeindekasse wahrnehmen zu lassen und die Verantwortungsbereiche entsprechend abzugrenzen (besonders wichtig ist dies bei barem Zahlungsverkehr). Dadurch wird im organisatorischen Ablauf der Gemeindekasse

49 Nach §42 Nr. 6 GemKVO Bargeld, Schecks, Wechsel, Zahlungen mittels elektronischer Geldbörse, Debitkarte, Kreditkarte.
50 Nach §42 Nr. 10 GemKVO die Abwicklung der unbaren und baren Zahlungen und der Verrechnungen.
51 Vgl. Rdnr. 1140.

eine weitere Kontrollmöglichkeit eingebaut, die Unterschlagungen vorbeugt.

Bei der Festlegung der Vertretungsbefugnisse ist darauf zu achten, dass sich Buchhalter und Kassierer nicht gegenseitig vertreten.

## 7. Regelung der Zeichnungsbefugnis (§ 5 Abs. 2 GemKVO)

Ebenfalls der gegenseitigen Kontrolle und damit der Kassensicherheit 1096
dient die Doppelunterschrift auf Überweisungsaufträgen, Abbuchungsaufträgen und -vollmachten sowie Schecks. Sie ist immer dann zu verlangen, wenn eine Gemeindekasse ständig mit mehr als einem Bediensteten besetzt ist.

Beim Einsatz elektronischer Zahlungsverfahren[52] kann die Unterschrift der Kassenbediensteten durch elektronische Signaturen ersetzt werden, die die Verfügungsberechtigung auf andere Weise eindeutig und unverwechselbar nachweisen.

Die übrigen schriftlichen Mitteilungen der Gemeindekasse unterzeichnet der Kassenverwalter; im Falle seiner Vertretung der stellvertretende Kassenverwalter. Soweit sonstige Bedienstete beauftragt sind, zeichnen sie „Im Auftrag".

## 8. Sendungen an die Gemeindekasse; Schriftverkehr der Gemeindekasse

Da Sendungen, die an die Gemeindekasse gerichtet sind, nicht selten Zah- 1097
lungsmittel enthalten, sind sie ihr ungeöffnet zuzuleiten.[53] Dies schließt allerdings nicht aus, dass solche Sendungen im Rahmen der Kassenaufsicht (z.B. bei Kassenprüfungen) zu Kontrollzwecken geöffnet werden. Auch dem Bürgermeister ist es unbenommen, sich über die Posteingänge bei der Gemeindekasse zu informieren. Zahlungsmittel und Wertsendungen, die bei anderen Dienststellen der Gemeinde (z.B. beim Steueramt) eingehen, sind der Gemeindekasse unverzüglich weiterzuleiten.

Ihren Schriftwechsel führt die Gemeindekasse unter der Bezeichnung „Bürgermeisteramt ..., Gemeindekasse bzw. Stadtkasse oder auch Zahlstelle ...". Die Empfänger von Schriftstücken sollten gebeten werden, Mitteilungen in Kassenangelegenheiten unmittelbar an die zuständige Kasse zu adressieren.

Zur Erleichterung des Kassenverkehrs werden die Schreiben der Gemeindekasse regelmäßig die örtliche Lage der Gemeindekasse (Straße, Hausnummer), ihre Telefonnummer (Durchwahl), eventuell ihre Fax-

52 Elektronische Geldbörse, Debitkarte, Kreditkarte.
53 Dies ist durch entsprechende Anweisung (des Bürgermeisters) an die Posteingangsstelle sicherzustellen.

Nummer, die E-Mail-Adresse und die Kassenstunden sowie die Konten der Gemeindekasse enthalten.

## V. Kassenanordnungen

### 1. Allgemeines

1098 **1.1** In der Regel darf die Gemeindekasse Einnahmen nur annehmen und Ausgaben nur leisten sowie die damit verbundenen Buchungen nur vornehmen, wenn dafür eine Anordnung vorliegt (§ 6 Abs. 1 GemKVO).

Sinn dieser Regelung ist es, an allen Kassenvorgängen aus Sicherheits- und Kontrollgründen zwei voneinander unabhängige Personen, nämlich den Anordnungsbefugten und den die Anordnung Ausführenden, zu beteiligen („Trennung von Anordnung und Vollzug").

Die Anordnung bedarf der Schriftform.

Die Kassenanordnung wird entweder ganz allgemein als „Zahlungsanordnung" bezeichnet oder – konkreter – als „Annahmeanordnung", wenn sie Einnahmen betrifft, bzw. als „Auszahlungsanordnung", wenn es um Ausgaben geht.

Hinsichtlich der Form der Kassenanordnung wird zwischen Anordnungen für Einzelfälle[54] und allgemeinen Anordnungen[55] unterschieden.

Entspricht die Form einer Kassenanordnung nicht den Vorschriften der §§ 7 und 8 GemKVO, darf sie erst ausgeführt werden, wenn sie durch die anordnende Stelle berichtigt wurde. Hat die Gemeindekasse Bedenken gegen den Inhalt einer Kassenanordnung, darf diese erst nach schriftlicher Bestätigung durch die anordnende Stelle ausgeführt werden.

Eine spezielle Kassenanordnung – die Buchungsanordnung – ist erforderlich, wenn Buchungen vorzunehmen sind, die das Ergebnis in den Büchern ändern, sich aber nicht in Verbindung mit einer Zahlung (Einnahme oder Ausgabe bzw. Aufrechnung oder Verrechnung) ergeben.[56]

Zum Erfordernis von Einlieferungs- oder Auslieferungsanordnungen für verwahrte Wertgegenstände und andere Gegenstände sind Einzelheiten im Sachzusammenhang in den Rdnrn. 1126 ff. und 1131 dargestellt.

**1.2** Die Erteilung von Kassenanordnungen gehört zu den Geschäften der laufenden Verwaltung, für die der Bürgermeister zuständig ist (§ 44 Abs. 1 GemO). Er wird diese Befugnis – im Rahmen seines Organisationsrechts – aber regelmäßig delegieren (§ 6 Abs. 2 GemKO). Die Delegation erfolgt

54 Zu Einzelheiten vgl. Rdnr. 1099.
55 Zu Einzelheiten vgl. Rdnr. 1100.
56 Zu Einzelheiten vgl. Rdnr. 1104.

in der Regel in einer besonderen Dienstanweisung (nicht in der Dienstanweisung für die Gemeindekasse), da sie sich nicht an Kassenbedienstete richtet. In größeren Gemeinden kann die Dienstanweisung bestimmen, dass die Anordnungsbefugnis für die einzelnen Ämter im Haushaltsplan geregelt wird.

Der Gemeindekasse werden Namen und Unterschriften der Anordnungsberechtigten sowie der Umfang ihrer Anordnungsbefugnis mitgeteilt.

Bedienstete der Gemeindekasse (Kassenverwalter und sonstige Bedienstete) dürfen aus Gründen der Kassensicherheit (Schutz gegen Veruntreuung) keine Kassenanordnungen erteilen. Sie sollen grundsätzlich auch nicht an der sachlichen und förmlichen Vorbereitung von Anordnungen beteiligt werden (§6 Abs.3 GemKVO).

Das Anordnungsverbot gilt wegen deren überwachenden Funktion auch für die Bediensteten des Rechnungsprüfungsamts (§109 Abs.5 GemO).

Diejenigen Bediensteten der Gemeindeverwaltung, die – meist im Rahmen der Bewirtschaftung von Haushaltsmitteln[57] – Ansprüche und Zahlungsverpflichtungen dem Grund und der Höhe nach prüfen (sachliche und rechnerische Feststellung), sollen nicht auch die Kassenanordnung erteilen. Nur in besonders begründeten Einzelfällen (z.B. weil es die Personalausstattung erforderlich macht) sind Ausnahmen zulässig.

## 2. Zahlungsanordnung

### 2.1 Zahlungsanordnung für Einzelfälle (§ 7 GemKVO)

Diese Zahlungsanordnungen (Annahme- oder Auszahlungsanordnungen einschließlich Anordnung zur Vornahme der anfallenden Buchungen) können entweder als Einzelanordnung für nur einen Zahlungsfall (Annahme einer Spende; Auszahlung eines Vereins-Zuschusses) oder als Sammelanordnung (für Erschließungsbeiträge; für die Erstattung von Reisekosten an verschiedene Bedienstete) erteilt werden. Auch Anordnungen, die für ein ganzes Jahr gelten (für die wiederkehrenden, von vornherein feststehenden Einnahmen und Ausgaben, wie Steuern, Gebühren oder Löhne, Gehälter) oder sogar mehrere Haushaltsjahre Gültigkeit haben (für Pachten; für Jahresbeiträge an Vereine) sind möglich. **1099**

Neben der Bezeichnung der annehmenden oder leistenden Kasse bzw. Zahlstelle und der Anordnung, anzunehmen oder zu leisten, muss eine Zahlungsanordnung für Einzelfälle nach §7 Abs.1 GemKVO mindestens enthalten:

57 Vgl. Rdnr. 243.

- den anzunehmenden oder auszuzahlenden Betrag in Euro.[58] Um Fälschungen vorzubeugen, empfiehlt es sich, den Euro-Betrag in Buchstaben zu wiederholen oder vor die erste Zahl beispielsweise ein X zu setzen;
- den Zahlungsgrund, d.h. Zweck bzw. Anlass der Einnahme oder Ausgabe;
- die zweifelsfreie Bezeichnung des Zahlungspflichtigen oder des Empfangsberechtigten mit Namen und Adresse. Ist der Zahlungspflichtige nicht zugleich Schuldner (z.B. bei Gehaltspfändungen) oder der Empfangsberechtigte nicht zugleich Forderungsberechtigter (ausnahmsweise Auszahlung an einen Gemeindebediensteten zur Weitergabe an Dritte[59]), muss dies aus der Zahlungsanordnung ersichtlich sein;
- den Fälligkeitstag, der sich nach den für die Einnahme oder Ausgabe maßgeblichen öffentlich-rechtlichen oder zivilrechtlichen Vorschriften bestimmt. Freiwillige Leistungen der Gemeinde sollen in der Regel zeitlich erst dann ausbezahlt werden, wenn es die Kassenlage der Gemeinde erlaubt;
- die Buchungsstelle (Haushaltsstelle, evtl. dazu die Kontonummer; Gliederungsziffer des Sachbuches für haushaltsfremde Vorgänge) und das Haushaltsjahr;
- die Bestätigung, dass die sachliche und rechnerische Feststellung[60] vorliegt. Diese Bestätigung entfällt, wenn die genannte Feststellung mit der Zahlungsanordnung verbunden ist. Dies ist z.B. dann der Fall, wenn die sachlich und rechnerisch geprüfte Rechnung als Anlage zur Zahlungsanordnung beigefügt ist oder der Anordnende – entsprechend §6 Abs.2 Satz 3 GemKVO ausnahmsweise – die sachliche und rechnerische Feststellung zusammen mit der Zahlungsanordnung selbst trifft;
- das Datum und die Unterschrift des Anordnungsberechtigten. Die Unterschrift des Anordnungsberechtigten kann bei automatisierten Anordnungsverfahren durch eine elektronische Signatur ersetzt werden, die die Anordnungsberechtigung auf andere Weise eindeutig und unverwechselbar nachweist.

Falls oben aufgeführte Angaben in Anlagen enthalten sind, die der Zahlungsanordnung beigefügt werden, brauchen sie nicht auch noch in die Zahlungsanordnung übernommen zu werden.

Auf Zahlungsanordnungen an Sonderkassen, die die kaufmännische Buchführung oder eine entsprechende Verwaltungsbuchführung anwenden, müssen nach §38 GemKVO Buchungsstelle und Haushaltsjahr

58 Bei Zahlungsanordnungen in fremder Währung ist zu bestimmen, dass der sich aus der Valutierung ergebende Betrag zu buchen ist.
59 Rdnr. 1094.
60 Näheres in Rdnr. 1102.

(Wirtschaftsjahr) nicht angegeben werden. Einnahmen können sogar ohne Zahlungsanordnung angenommen werden.

Der Bürgermeister kann bestimmen, dass über den Mindestinhalt hinaus beispielsweise folgende Angaben in die Zahlungsanordnung aufgenommen werden:

- der Hinweis auf die Eintragung in die Haushaltsüberwachungsliste;
- die Bestätigung, dass die Mittel haushaltsrechtlich zur Verfügung stehen;
- in begründeten Ausnahmefällen den Zahlungsweg (die Angabe des Zahlungswegs in jedem Einzelfall würde den Zahlungsverkehr zu sehr erschweren);
- die Anzahl und Art der beigefügten Anlagen;
- der Hinweis auf den Eintrag im Bestandsverzeichnis nach § 37 GemHVO.

Die Zahlungsanordnungen sind unverzüglich zu erteilen, sobald die Verpflichtung zur Leistung, der Zahlungspflichtige bzw. Empfangsberechtigte, der Betrag und die Fälligkeit feststehen (§ 7 Abs. 2 GemKVO).

Bevor Auszahlungen zu Lasten des Haushalts (SVw und SVm) angeordnet werden, hat der Anordnungsberechtigte nach § 7 Abs. 3 GemKVO zu prüfen, ob die haushaltsrechtlichen Voraussetzungen zur Leistung dieser Ausgaben vorliegen. Durch diese Prüfung darf die Zahlung allerdings nicht zum Nachteil der Gemeinde oder eines Dritten verzögert werden. Die haushaltsrechtlichen Voraussetzungen zur Leistung liegen dann vor, wenn noch Haushalts-Ausgabereste vorhanden sind, Mittel im Haushaltsplan oder Nachtragshaushaltsplan bereitgestellt sind, die Ausgabe nach § 18 GemHVO möglich ist (Deckungsfähigkeit) oder eine Ausgabe über- oder außerplanmäßig ohne Nachtragshaushaltssatzung zulässig ist. Bei über- oder außerplanmäßigen Ausgaben ist die Einhaltung der haushaltsrechtlichen Voraussetzungen – für Zwecke der späteren Prüfung – auf der Auszahlungsanordnung zu vermerken.

### 2.2 Allgemeine Zahlungsanordnung (§ 8 GemKVO)

Zur Vereinfachung des Geschäftsablaufes können allgemeine Zahlungs- **1100**
anordnungen erteilt werden, die nur den Grund der Zahlung, die Buchungsstelle und das Haushaltsjahr, das Datum der Anordnung sowie die Unterschrift des Anordnungsberechtigten[61] enthalten müssen. Der Bürgermeister kann auch für die allgemeine Zahlungsanordnung weitere Angaben verlangen.

61 Zur Unterschrift bei automatisierten Anordungsverfahren vgl. Rdnr. 1099.

Der anzuordnende Betrag ist in die allgemeine Zahlungsanordnung nicht aufzunehmen; in der Regel wird der konkrete Betrag zu diesem Zeitpunkt auch noch nicht feststehen.

Allgemeine Zahlungsanordnungen sind zulässig für

- Einnahmen, die dem Grund nach häufig anfallen, ohne dass die Zahlungspflichtigen oder die Höhe vorher feststehen. Hierzu gehören z.B. die Einnahmen aus dem Verkauf von Gebührenmarken, die Einnahmen aus Eintrittsgeldern, aber auch die Erhebung von Mahngebühren, Vollstreckungskosten und Nebenforderungen, soweit die Gemeindekasse zur Erhebung dieser Einnahmen nach § 1 Abs. 1 Satz 2 GemKVO nicht ohnehin zuständig ist und damit eine Annahmeanordnung ganz entfällt;
- regelmäßig wiederkehrende Ausgaben, für die zwar der Zahlungsgrund und die Empfangsberechtigten, nicht aber die Höhe der Zahlung zu den einzelnen Fälligkeitsterminen feststehen. Solche Ausgaben fallen bei der Lieferung von Strom, Gas und Wasser an, aber auch bei der Begleichung von Fernsprech- und Rundfunkgebühren oder von Rechnungen für Zeitungen und Zeitschriften;
- geringfügige Ausgaben, für die sofortige Bezahlung üblich ist (z.B. Frachtkosten oder Zustellgebühren);
- Ausgaben für Mahn- und Nachnahmegebühren, Zinsen und ähnliche Kosten, die bei der Erledigung der Aufgaben der Gemeindekasse anfallen. Beispielsweise Kontoführungsgebühren sowie Zinsen aus den gemeindlichen Konten; Kosten der Beitreibung;
- Einnahmen, die nach Rechtsvorschriften oder nach allgemeinen Tarifen erhoben werden, wenn der Bürgermeister dies zulässt und gewährleistet ist, dass die Gemeindekasse rechtzeitig vor den Fälligkeitstagen die Unterlagen über die anzunehmenden Beträge erhält. Dies ist z.B. dann gegeben, wenn eine veranlagende Dienststelle der Gemeinde Bescheide über Steuern, Gebühren und sonstige Abgaben an die Zahlungspflichtigen versendet und der Gemeindekasse eine Bescheiddurchschrift übergibt.

Werden Einnahmen oder Ausgaben auf Grund einer allgemeinen Zahlungsanordnung angenommen oder ausgezahlt, ist die sachliche und rechnerische Feststellung – die sich jeweils auf einen konkreten Betrag bezieht – unverzüglich nachzuholen. Zu diesem Zweck muss die Gemeindekasse der anordnenden Stelle die Annahme oder Auszahlung mitteilen. Diese veranlasst die zuständige Stelle, die Feststellung zu treffen, oder trifft die Feststellung – nach § 6 Abs. 2 Satz 3 GemKVO ausnahmsweise – selbst.

### 2.3 Ausnahmen vom Erfordernis der Zahlungsanordnung (§ 9 GemKVO)

Vom Grundsatz des § 6 GemKVO, dass Zahlungen nur auf Grund einer schriftlichen Anordnung vorgenommen und gebucht werden dürfen, gibt es einige wenige Ausnahmen. So darf die Gemeindekasse Einnahmen auch ohne Annahmeanordnung annehmen und buchen, wenn sie nach gewissenhafter Prüfung erkennen kann, dass die Kasse empfangsberechtigt ist. Dies ist immer dann gegeben, wenn Forderungen der Gemeinde (Kommunalabgaben, privatrechtliche Forderungen) beglichen werden sollen. **1101**

Auch wenn Zahlungen für Dritte eingehen, deren Kassengeschäfte die Gemeindekasse wahrnimmt,[62] ist sie empfangsberechtigt.

Die nachträgliche Annahmeanordnung des dazu Berechtigten ist aber unverzüglich einzuholen.

Falls sich die endgültige Buchungsstelle im SVw oder SVm nicht schon bei Eingang feststellen lässt, ist die Einnahme bis zur Erteilung der Annahmeanordnung nach § 30 Abs. 2 GemHVO als Verwahrgeld zu behandeln, d.h., im Sachbuch für haushaltsfremde Vorgänge zu buchen.

Ohne jegliche Annahmeanordnung dürfen angenommen und gebucht werden:

- Kassenmittel, die die Gemeindekasse von einer anderen Stelle für Auszahlungen für Rechnung dieser Stelle erhält. Dabei handelt es sich um die Einnahme von Betriebsmitteln, die bei der Wahrnehmung fremder Kassengeschäfte[62] benötigt werden, um Auszahlungen für diese Stelle zu leisten. Der Kassenbestand der Gemeindekasse soll durch solche Zahlungen nicht in Anspruch genommen werden (§ 16 Abs. 3 GemKVO).
- Einnahmen (vor allem bei Barzahlung und Übersendung von Bargeld), die irrtümlich bei der Gemeindekasse eingezahlt werden (z.B. Kfz-Steuern) und die bis zu ihrer Zurückzahlung an den Einzahler oder Weiterleitung an den Berechtigten als Verwahrgelder (§ 46 Nr. 29 GemHVO) behandelt werden. Zu diesen irrtümlich eingezahlten Beträgen gehören auch Zuvielzahlungen, die über die fällige Forderung der Gemeinde hinausgehen.
- Einnahmen, die die Gemeindekasse im Rahmen ihrer Zuständigkeiten bei der Mahnung, Beitreibung und Einleitung der Zwangsvollstreckung[63] selbst festsetzt. Dies sind Mahngebühren, Vollstreckungskosten und Nebenforderungen (Zinsen und Säumniszuschläge).
- Einnahmen einer Sonderkasse, die die kaufmännische Buchführung oder eine entsprechende Verwaltungsbuchführung anwendet (§ 38 GemKVO).

62 Vgl. Rdnr. 1089.
63 Vgl. Rdnrn. 184ff.

Ohne Auszahlungsanordnung dürfen ausgezahlt und gebucht werden:

- Die an eine andere Stelle abzuführenden Mittel, die für deren Rechnung angenommen wurden. Zum einen handelt es sich hier um durchlaufende Gelder i.S. des § 13 GemHVO, die zwar ohne Auszahlungsanordnung an den Zahlungsempfänger weitergeleitet werden dürfen, zu deren Einnahme aber eine ordnungsgemäße Annahmeordnung erforderlich ist. Zum anderen sind die Mittel angesprochen, die an eine Stelle weitergeleitet werden, deren Kassengeschäfte die Gemeindekasse wahrnimmt. Hier ist – wie oben ausgeführt – auch keine Annahmeanordnung notwendig.
- Die irrtümlich eingegangenen Beträge, die an den Einzahler zurückgezahlt oder an den Empfangsberechtigten weitergeleitet werden. Dazu gehören auch Zuvielzahlungen.

Rückzahlungen, die sich ergeben, weil der Zahlungsgrund weggefallen ist oder der Betrag erlassen worden ist, gehören allerdings nicht dazu. Sie sind auf Grund einer Berichtigung der – ursprünglich höheren – Annahmeanordnung zurückzuzahlen.

Buchungen, die ohne Anordnung vorgenommen werden, müssen aber durch Buchungsbelege belegt sein.

### 3. Sachliche und rechnerische Feststellung (§ 10 GemKVO)

**1102** Jeder Anspruch und jede Zahlungsverpflichtung der Gemeinde ist dem Grund und der Höhe nach zu prüfen. Die sachliche und rechnerische Richtigkeit ist schriftlich zu bescheinigen. Dies gilt für alle Ansprüche und Zahlungen, für die eine Zahlungsanordnung erforderlich ist, sowie für die von der Gemeindekasse festgesetzten Mahngebühren, Vollstreckungskosten und Nebenforderungen (für die eine Zahlungsanordnung nicht nötig ist). Keine sachliche und rechnerische Feststellung ist erforderlich bei den übrigen Einnahmen und Ausgaben, die ohne Zahlungsanordnung angenommen bzw. ausgezahlt werden können[64], sowie bei Buchungsanordnungen[65].

Bezüglich des Inhalts der sachlichen und rechnerischen Feststellung sollten die für Landesbehörden geltenden Regelungen[66] entsprechend angewandt werden. Danach trägt der für die Feststellung Zuständige die Verantwortung vor allem dafür, dass

- die für die Zahlung maßgebenden Angaben richtig sind und die Zahlungsanordnung die sonst erforderlichen Angaben enthält,

64 Vgl. Rdnr. 1101.
65 Näheres in Rdnr. 1104.
66 Nrn. 11 bis 19 der Verwaltungsvorschriften zu Teil IV der Landeshaushaltsordnung (VV-LHO Teil IV – § 70); siehe VSV 6302-2.

- die Lieferung oder Leistung sowohl dem Grunde nach als auch hinsichtlich der Art ihrer Ausführung geboten war,
- nach den geltenden Bestimmungen und den Grundsätzen der Wirtschaftlichkeit und Sparsamkeit verfahren wurde,
- die Lieferung oder Leistung tatsächlich geboten war und entsprechend der Bestellung oder Vereinbarung ausgeführt wurde,
- Abschlags- oder Vorauszahlungen vollständig und richtig berücksichtigt wurden und
- der anzunehmende oder auszuzahlende Betrag sowie alle auf Berechnungen beruhenden Angaben richtig sind.

Die sachliche Feststellung schließt eine etwa erforderliche fachtechnische Feststellung (Richtigkeitsbestätigung) mit ein.

Alle Feststellungen sind – falls eine Zahlungsanordnung für Einzelfälle erforderlich ist[67] – vor Erteilung der Anordnung zu treffen.

Bei allgemeinen Zahlungsanordnungen[68] ist die Feststellung nach Eingang oder Leistung der Zahlung unverzüglich nachzuholen. Deshalb muss die Gemeindekasse solche Einnahmen oder Ausgaben der anordnenden Stelle mitteilen. Diese wiederum teilt der Gemeindekasse schriftlich mit, dass die sachliche und rechnerische Feststellung vorliegt.

Die sachliche und rechnerische Feststellung hat grundsätzlich der Bürgermeister zu treffen (§44 Abs. 1 GemO); wollte er dieser Verpflichtung immer selbst nachkommen, wäre er schon in kleineren Gemeinden überfordert. Deshalb bestimmt §10 Abs. 3 GemKVO, dass er die sachliche und rechnerische Feststellung auf andere Personen oder Stellen übertragen kann. Er wird damit nur Bedienstete (Beamte, Angestellte und Arbeiter) der Gemeindeverwaltung betrauen, welche die Sachverhalte, deren Richtigkeit sie zu bescheinigen haben, auch überblicken und beurteilen können. Es ist aber auch möglich, dass Bedienstete, welche die Sachverhalte nicht vollständig beurteilen können, nur die Richtigkeit der Lieferung bestätigen und die sachliche und rechnerische Feststellung von einer anderen Stelle vorgenommen wird. Allerdings soll derjenige, der die sachliche und rechnerische Feststellung trifft, aus Gründen der Kassensicherheit nicht auch die Zahlungsanordnung erteilen (§6 Abs. 2 Satz 3 GemKVO). Im Hinblick auf die technische Entwicklung, durch die bisher trennbare Tätigkeits- und Verantwortungsbereiche sich vermischen, ist die Trennung von Feststellung und Anordnung besonders wichtig.

Die sachliche und rechnerische Feststellung kann auch von einem Dritten (z.B. einem Architekten, einem Schulleiter) getroffen werden.

67 Vgl. Rdnr. 1099.
68 Vgl. Rdnr. 1100.

Bedienstete der Gemeindekasse dürfen die sachliche und rechnerische Feststellung nur treffen, wenn und soweit Sachverhalte nur von ihnen beurteilt werden können. Dies ist beispielsweise der Fall beim Ansatz von Säumniszuschlägen, Stundungs- und Verzugszinsen, von Mahn- und Pfändungsgebühren oder bei der Begleichung von Buchungs- und Überweisungsgebühren sowie von Zinsen, die der Gemeinde von den kontoführenden Stellen in Rechnung gestellt werden.

## 4. Automatisiertes Anordnungs- und Feststellungsverfahren (§ 11 GemKVO)

**1103** Nicht nur in großen, sondern auch in kleinen Gemeinden werden Ansprüche und Zahlungsverpflichtungen immer häufiger in automatisierten Verfahren ermittelt. Bevor dies geschieht, müssen gewisse Mindestanforderungen an das Programm und die Kassenorganisation erfüllt sein:

- Es dürfen nur gültige Programme verwendet werden, die sich auf die in Auftrag gegebenen Arbeiten beziehen. Bei der Bearbeitung müssen die für die Sachverhalte geltenden speziellen rechtlichen und sachlichen Grundlagen beachtet werden.
- Die Programme müssen so dokumentiert sein, dass sie bei später auftretenden Fehlern oder notwendigen Programmänderungen kurzfristig berichtigt oder ergänzt werden können.
- Auch muss die Prüfung des Programms durch die Gemeindeprüfungsanstalt, das Rechnungsprüfungsamt oder die vom Bürgermeister bestimmte Stelle abgeschlossen sein[69]. Erst dann kann der Bürgermeister das Programm zur Anwendung freigeben, wobei er sich natürlich auf die Ergebnisse der Prüfung des Programms oder dessen Freigabe durch eine andere verantwortliche Stelle (z.B. die Gemeindeprüfungsanstalt) oder auf das Ergebnis der Prüfung nach §114a GemO stützen kann. Wenn nach §114a Abs.1 Satz 2 GemO bei einfachen Programmen von geringer finanzwirtschaftlicher Bedeutung eine Prüfungspflicht entfällt, wird die ordnungsgemäße Abwicklung des Programms im Rahmen der Anwendungsfreigabe festgestellt.
- Es muss durch organisatorische und programmierte Kontrollen, wie Kontrollsummen, Plausibilitätskontrollen oder Prüfziffern gewährleistet sein, dass die Daten vollständig und richtig erfasst, eingegeben, verarbeitet, gespeichert und ausgegeben werden. Bedient sich die Gemeinde der EDV-Anlage einer anderen Stelle, muss dafür gesorgt sein – erforderlichenfalls wird dies von der Gemeinde und der für die überörtliche Prüfung zuständigen Stelle an Ort und Stelle nachgeprüft –, dass auch dort die erforderlichen Sicherheitsvorkehrungen eingehalten werden.

69 §114a GemO.

- In das automatisierte Verfahren darf nicht unbefugt eingegriffen werden können.
- Es muss gewährleistet sein, dass die gespeicherten Daten nicht verloren gehen und nicht unbefugt verändert werden können. Dies gilt nicht für Daten, die als Grundlagen für Forderungen oder Zahlungsverpflichtungen nicht mehr benötigt werden und die deshalb nach Ausdruck oder Verwertung programmgemäß gelöscht werden.
- Alle Unterlagen, die für den Nachweis der richtigen und vollständigen Ermittlung der Ansprüche oder Zahlungsverpflichtungen erforderlich sind, müssen bis zum Ablauf der Aufbewahrungsfrist für Belege[70] verfügbar sein und jederzeit binnen angemessener Frist lesbar gemacht werden können. Dasselbe gilt für die Dokumentation der Programme, die Protokolle über die vorgenommenen Verfahrensänderungen und das Verzeichnis über den Aufbau der Datensätze.

Soweit erforderlich, regelt der Bürgermeister die näheren Einzelheiten über die Sicherung des automatisierten Verfahrens.

Eine sachliche und rechnerische Feststellung[71] ist beim automatisierten Anordnungs- und Feststellungsverfahren nicht erforderlich. Vielmehr ist hier je nach Art des automatisierten Verfahrens festzustellen, dass die dem Verfahren zugrunde gelegten Daten

a) sachlich und rechnerisch richtig und vollständig ermittelt und erfasst wurden,

b) mit den gültigen Programmen ordnungsgemäß verarbeitet wurden und

c) die Datenausgabe vollständig und richtig ist.

Sind für die Ermittlung, Erfassung und Verarbeitung der Daten verschiedene Stellen verantwortlich, hat jede Stelle für ihren Tätigkeitsbereich die entsprechende Teilbescheinigung zu a), b) oder c) auszustellen.

Die Feststellungen im automatisierten Verfahren sind, wenn eine Annahme- oder Auszahlungsanordnung erforderlich ist, vor Erteilung der Anordnung zu treffen; andernfalls sind sie nach Eingang oder Leistung der Zahlung unverzüglich nachzuholen.

Die Befugnis, solche Feststellungen zu treffen, wird vom Bürgermeister schriftlich geregelt. Auch hier ist eine Übertragung auf Bedienstete der Gemeindekasse nur zulässig, wenn und soweit der Sachverhalt nur von ihnen beurteilt werden kann.

70 Nach § 34 Abs. 2 GemKVO sechs Jahre lang.
71 Vgl. Rdnr. 1102.

## 5. Buchungsanordnung (§ 6 Abs. 1 Ziff. 2 GemKVO)

1104 Nach der GemKVO bedürfen nicht nur die Annahme von Einnahmen und die Leistung von Ausgaben sowie die Aufrechnungen und Verrechnungen, sondern auch alle Buchungen einer schriftlichen Anordnung.

Buchungen in Verbindung mit Zahlungen, Aufrechnungen und Verrechnungen können auf Grund der Zahlungsanordnungen nach §6 Abs.1 Nr.1 GemKVO[72] durchgeführt werden; ist eine Zahlungsanordnung ausnahmsweise nicht erforderlich,[73] so kann in diesen Fällen auch ohne Anordnung gebucht werden (§9 Abs.2 und 3 GemKVO).

Spezielle Buchungsanordnungen sind nötig, wenn Buchungen vorgenommen werden sollen, die zwar das Ergebnis in den Büchern ändern, sich aber nicht in Verbindung mit einer Zahlung ergeben. Dies ist zum Beispiel der Fall bei der Sollstellung von Haushaltsresten und bei Buchungen im Zusammenhang mit dem Jahresabschluss (z.B. Ausweisen von Fehlbeträgen).

Über den Inhalt der Buchungsanordnungen ist – im Gegensatz zu den Zahlungsanordnungen – in der GemKVO nichts geregelt. Buchungsanordnungen können somit in sinngemäßer Anwendung der Vorschriften über die Zahlungsanordnungen als Einzelanordnungen, Sammelanordnungen oder allgemeine Anordnungen erteilt werden.

Es ist also dem Bürgermeister überlassen, die Art und den Inhalt der Buchungsanordnungen – durch Dienstanweisung – zu regeln.

Einzelanordnungen werden für die Vornahme einer einzelnen Buchung (z.B. bei der Sollstellung eines Fehlbetrages) erteilt. Sammelanordnungen kommen in Frage für mehrere gleichartige Buchungen (z.B. für die Sollstellungen aller Haushaltsreste eines Haushaltsjahres).

Die Buchungsanordnungen für Einzelfälle (Einzelanordnungen, Sammelanordnungen) sollten neben der eigentlichen Buchungsanordnung und der Bezeichnung der angewiesenen Kasse mindestens enthalten:

- den oder die zu buchenden Beträge,
- den Grund der Buchungen,
- die Buchungsstellen,
- das Haushaltsjahr und
- das Datum der Anordnung sowie die Unterschrift des Anordnungsberechtigten.

Falls obige Angaben in Unterlagen enthalten sind, die der Buchungsanordnung beigefügt werden, brauchen sie nicht auch noch in die Buchungsanordnung übernommen zu werden.

72 Vgl. Rdnrn. 1099 bis 1103.
73 Vgl. Rdnr. 1101.

Im Hinblick auf eine vereinfachte Geschäftsabwicklung können allgemeine Buchungsanordnungen erteilt werden, die neben der Bezeichnung der angewiesenen Kasse und der Anordnung, zu buchen, nur die Buchungsgründe, die Buchungsstellen, das Haushaltsjahr sowie das Datum der Anordnung und die Unterschrift des Anordnungsberechtigten enthalten. Die zu buchenden Beträge können hierbei regelmäßig nicht genannt werden, da sie noch nicht bekannt sind. Allgemeine Buchungsanordnungen sind beispielsweise denkbar für alle im Zusammenhang mit dem Jahresabschluss notwendig werdenden Buchungen.

Die Buchungsanordnungen sind zu erteilen, bevor die jeweiligen Buchungen vorgenommen werden. Ausnahmen vom Erfordernis, Buchungsanordnungen zu erteilen, sind in der GemKVO nicht vorgesehen.

Wegen der Zuständigkeit zur Erteilung von Buchungsanordnungen wird auf die allgemeinen Ausführungen zu den Kassenanordnungen[74] verwiesen.

Eine sachliche und rechnerische Feststellung ist im Zusammenhang mit Buchungsanordnungen nicht erforderlich; § 10 GemKVO bezieht sich nur auf die Zahlungsanordnungen.

## VI. Zahlungsverkehr

### 1. Allgemeines

#### 1.1 Zahlungsarten (§ 42 Nr. 10 und §12 Abs. 1 GemKVO)

1.1.1 Die Einzahlungen an die Gemeindekasse können bar (Übergabe oder Übersendung von Bargeld[75], Übergabe von Schecks und Wechseln sowie Bezahlen mittels elektronischer Geldbörse) oder unbar (Überweisungen oder Einzahlungen – auch mittels Debitkarten oder Kreditkarten elektronisch bewirkt – auf ein Konto der Gemeindekasse bei einem Kreditinstitut; ausnahmsweise auch die Hereinnahme übersandter Wechsel) erfolgen. 1105

1.1.2 Die Auszahlungen leistet die Gemeindekasse bar (Übergabe oder Übersendung von Bargeld,[75] Übergabe von Schecks sowie Zahlungen mittels elektronischer Geldbörse) oder unbar (Überweisungen oder Auszahlungen von einem Konto der Gemeindekasse bei einem Kreditinstitut).

1.1.3 Neben barer und unbarer Zahlung besteht auch im Gemeindebereich die Möglichkeit, Geldschulden im Wege der Verrechnung zwischen

74 Vgl. Rdnr. 1098.
75 Nach § 42 Nr. 3 GemKVO Euro-Münzen, Euro-Banknoten und fremde Geldsorten.

verschiedenen Buchungsstellen sowie im Wege der Aufrechnung zu begleichen. Dabei handelt es sich um den buchmäßigen Ausgleich zwischen Einnahmen und Ausgaben, ohne dass die Höhe des Kassensollbestandes[76] verändert wird.

Eine Verrechnung kommt in Frage zum Ausgleich von Zuvielzahlungen (eine Gewerbesteuer-Rückzahlung wird mit fälliger Gewerbesteuer-Vorauszahlung verrechnet), aber auch bei der Rückzahlung gewährter Lohn- oder Gehaltsvorschüsse (fällige Löhne oder Gehälter werden durch Verrechnung mit gewährten Vorschüssen ausbezahlt).

Für die Aufrechnung aus Abgaben-Schuldverhältnissen gilt § 226 AO in Verbindung mit den §§ 387 ff. BGB. Durch die Aufrechnung werden zwei gleichartige Forderungen (im Gemeindebereich wohl immer Geldforderungen) auf Grund einseitiger Erklärung eines der Beteiligten (Gemeinde, Abgabepflichtiger, Vertragspartner) getilgt. Beispielsweise kann die Gemeindekasse gegen die Forderung eines Bauunternehmers ihre Gewerbesteuer- oder Grundsteueransprüche aufrechnen.

Voraussetzungen für die Aufrechnung sind nach bürgerlichem Recht Gleichartigkeit, Gegenseitigkeit, Gültigkeit und Fälligkeit der Forderungen (nach Vertrag bzw. auf Grund gesetzlicher oder satzungsrechtlicher Bestimmungen). Außerdem muss für Forderung und Gegenforderung die gleiche Kasse zuständig sein. Gemeindekasse und Zahlstellen sind hierbei als eine Kasse anzusehen. Nach Steuerrecht wird außerdem verlangt, dass Ansprüche nicht durch Verjährung oder Ablauf einer Ausschlussfrist erloschen sind. Steuerpflichtige dagegen können nur mit unbestrittenen oder rechtskräftig festgestellten Gegenansprüchen aufrechnen.

### 1.2 Vorrang der unbaren Zahlung

1106 Nach § 12 Abs. 1 GemKVO ist der Zahlungsverkehr möglichst unbar abzuwickeln. Die Gemeinde hat also in jeder geeigneten Weise auf den Übergang zum unbaren Zahlungsverkehr hinzuwirken, durch den nicht nur Arbeitserleichterungen, sondern auch eine größere Sicherheit für die Gemeindekasse zu erreichen sind.

Auszahlungen sind grundsätzlich durch Überweisung auf ein Konto des Empfangsberechtigten zu leisten, falls nicht aufgerechnet werden kann. Für die Leistung regelmäßig wiederkehrender Auszahlungen eignet sich besonders die Teilnahme am Lastschrifteneinzugsverfahren[77]. Unterhält der Empfangsberechtigte kein Konto, kann über die Deutsche Post (Postgiroverkehr) eine Barpostanweisung vorgenommen werden. Müssen aus zwingenden Gründen Barzahlungen geleistet werden, kann dem Zah-

76 Als Kassensollbestand wird – vereinfacht – der Saldo zwischen den Einnahmen und Ausgaben des Zeitbuches bezeichnet.
77 Vgl. Rdnr. 1117.

lungsempfänger eine Zahlungsanweisung (Auszahlungsanordnung i.S. von § 7 GemKVO) ausgehändigt werden, auf die er bei Vorlage bei einem vorher bestimmten Kreditinstitut eine Barauszahlung erhält. Kleine bare Auszahlungen können auch über Handvorschüsse oder mittels elektronischer Geldbörse abgewickelt werden.

Bei den Einzahlungspflichtigen hat die Gemeindekasse in geeigneter Weise darauf hinzuwirken, dass sie sich des unbaren Zahlungsverkehrs bedienen. Sie sollten auf Konten der Gemeindekasse überweisen oder einzahlen (auch elektronisch bewirkt mittels Debitkarten oder Kreditkarten) und – vor allem bei wiederkehrenden Einzahlungen – vom Lastschrifteneinzugsverfahren Gebrauch machen. Als „geeignete Maßnahmen", auf unbare Zahlungen hinzuwirken, kommen Hinweise in den Kassenräumen sowie auf dem Schriftverkehr der Gemeinde in Betracht; den Zahlungsaufforderungen können Überweisungsvordrucke oder Zahlscheine zur Bareinzahlung beigefügt werden. Insbesondere aber auch Aktionen, die die Zahlungspflichtigen zur Teilnahme am Lastschrifteneinzugsverfahren einladen, dienen der Förderung des unbaren Zahlungsverkehrs.

Welche Konten die Gemeinde bei welchen Kreditinstituten unterhält, bestimmt nach § 18 Abs. 2 GemKVO der Bürgermeister.

Zahlungen an die Gemeindekasse sind Geldschulden im Sinne des § 270 BGB; der Schuldner hat sie auf seine Kosten und Gefahr der Gemeindekasse zu übermitteln. Wählt der Schuldner die Bareinzahlung, muss die Gemeindekasse diese Zahlung entgegennehmen. Sie kann ihm den Zahlungsweg (unbare Zahlung) nicht vorschreiben.

Lediglich wenn ihre Gläubiger und Schuldner mit der unbaren Zahlung einverstanden sind oder wenn die Gemeinde ohne Nachteile für ihre Gläubiger und Schuldner den Zahlungsverkehr einer anderen Stelle (z.B. einem Kreditinstitut) überträgt, kann die Gemeinde auf eine Barkasse verzichten.

Bezüglich der Realsteuern enthält § 224 Abs. 4 i.V..m. § 1 Abs. 2 Nr. 5 der AO[78] eine Sonderregelung. Danach müssen Realsteuern nicht mehr bar angenommen werden, wenn die Kasse für die Übergabe von Zahlungsmitteln gegen Quittung geschlossen wird.

### 1.3 Prüfung von Zahlungsmitteln und Wertsendungen

Den Gemeinden ist zu empfehlen, sich bei der Prüfung von Zahlungsmitteln und Wertsendungen an den Regelungen für die Landesbehörden[79] zu orientieren. 1107

78 VSV 6101.
79 Nr. 38 der Verwaltungsvorschrift zu Teil IV der Landeshaushaltsordnung (VV-LHO Teil IV – § 70); siehe VSV 6302-2.

Danach sind die Zahlungsmittel (Bargeld, Schecks, Wechsel), die der Gemeindekasse übergeben werden, in Gegenwart des Einzahlers auf Echtheit, Vollzähligkeit und Vollständigkeit zu prüfen.

Wertsendungen, die der Kasse zugehen, sollen in Gegenwart eines Zeugen geöffnet und geprüft werden. Sich ergebende Unstimmigkeiten sind aktenkundig zu machen; der zugezogene Zeuge hat den Aktenvermerk mit zu unterzeichnen.

Enthalten andere Sendungen Bargeld, soll zu deren Entnahme und Prüfung ebenfalls ein Zeuge hinzugezogen werden.

Über die Prüfung, Zurückweisung und Weitergabe von versiegelten oder verplombten Geldbeuteln sowie von Wertsendungen enthalten die Regelungen für die Landesbehörden detaillierte Vorschriften.

Bei der Prüfung von Bargeld gilt Folgendes:

Die als nachgemacht oder verfälscht erkannten Euro-Münzen, Euro-Banknoten oder Bargeld in fremden Geldsorten, sind anzuhalten, dem Einzahler ist darüber eine Bescheinigung zu erteilen. Die Personalien des Einzahlers sowie weitere zweckdienliche Feststellungen (z.B. über die Herkunft der Falschstücke) sind in einer Niederschrift festzuhalten, die samt den angehaltenen Falschstücken der zuständigen Polizeidienststelle übersandt wird.

Euro-Münzen, Euro-Banknoten oder Bargeld in fremden Geldsorten sind, wenn deren Echtheit zweifelhaft ist, anzuhalten und der zuständigen Stelle der Deutschen Bundesbank zur Prüfung zu übersenden; auch darüber erhält der Einzahler eine entsprechende Bescheinigung.

Auch für den Umgang mit fehlerhaft hergestellten oder abgenutzten und beschädigten Münzen und Banknoten enthalten die Regelungen für die Landesbehörden konkrete Bestimmungen.

Andere Zahlungsmittel, deren Echtheit zweifelhaft ist, sind zurückzuweisen. Liegt der Verdacht einer strafbaren Handlung vor, so ist die zuständige Polizeidienststelle zu verständigen.

### 1.4 Behandlung von Schecks, Wechseln, Debitkarten und Kreditkarten (§ 13 GemKVO samt Anlage)

#### 1.4.1 Schecks

1108 Ein bei der Gemeindekasse eingehender Scheck[80] kann, da er Zahlungsmittel ist, grundsätzlich nicht zurückgewiesen werden. Lediglich wenn der Scheck innerhalb der Vorlagefrist von acht Tagen ab Ausstellungsda-

80 Scheck: Urkunde mit der Anweisung des Ausstellers an die bezogene Geldanstalt, aus seinem Guthaben bei Vorlage an den Inhaber des Schecks eine bestimmte Geldsumme auszubezahlen.

tum dem bezogenen Kreditinstitut nicht vorgelegt werden kann, soll er nicht angenommen werden.

Die bei der Gemeinde eingehenden Schecks sind fast ausschließlich Inhaberschecks, d.h., sie können von jedem Inhaber eingelöst werden. Schecks müssen bei der Annahme wie die übrigen Zahlungsmittel auf Echtheit und Vollständigkeit geprüft werden.[81] Dabei wird geprüft, ob der Scheck die sechs nach dem Scheckgesetz vom 14.8. 1933 (RGBl. I S.597), zuletzt geändert durch Gesetz vom 26. 11. 2001 (BGBl. I S. 3138), notwendigen Formerfordernisse enthält, nämlich die Bezeichnung als Scheck, die unbedingte Anweisung, eine bestimmte Geldsumme zu zahlen, den Namen des bezogenen Kreditinstituts, die Angabe des Zahlungsorts, Datum und Ort der Ausstellung sowie die Unterschrift des Ausstellers.

Der angenommene Scheck ist unverzüglich mit „Nur zur Verrechnung" quer zu schreiben bzw. zu stempeln, so dass der Scheckbetrag nur noch dem Konto der Gemeinde gutgeschrieben werden kann. Die Scheckzahlung wird mit „Eingang vorbehalten" quittiert. Auf Schecks dürfen Geldbeträge grundsätzlich nicht bar ausgezahlt werden. Der Bürgermeister könnte z.B. bei den sogenannten Bedienstetenschecks Ausnahmen zulassen; allerdings gehört die Annahme solcher Schecks nicht zu den Aufgaben der Gemeindekasse.

Eingehende Schecks müssen unverzüglich (auch wenn sie vordatiert sind) einem Kreditinstitut, bei dem die Gemeinde ein Konto in laufender Rechnung unterhält, zur Einlösung weitergeleitet werden; eine Weitergabe des Schecks an Dritte zur Leistung gemeindlicher Ausgaben ist nicht erlaubt. Zuvor sind die wichtigsten Angaben, die der Scheck enthält, sowie der Tag der Annahme und der Tag der Vorlage beim Kreditinstitut in ein Schecküberwachungsbuch[82] einzutragen, damit seine Einlösung überwacht werden kann. Wenn diese Angaben auf andere Weise festgehalten und die Einlösung des Schecks überwacht wird (z.B. durch Sammlung der Scheckeinlieferungsbelege und Eintragung der Einlösung auf diesen Belegen), kann von der Führung des Schecküberwachungsbuches abgesehen werden.

Sollte ein Scheck bei der Gemeindekasse abhanden kommen, muss das bezogene Kreditinstitut (unabhängig von der Einleitung eines Aufgebotsverfahrens) sofort benachrichtigt werden.

Wird ein Scheck nicht eingelöst, gilt die Zahlung als nicht erfolgt.

Bei privatrechtlichen Zug-um-Zug-Geschäften (z.B. bei Holzverkäufen) darf die Gegenleistung der Gemeinde (Aushändigung des Holzabfuhr-

81 Vgl. Rdnr. 1107.
82 Näheres in Rdnr. 1169.

scheines und damit Übergabe des Holzes) erst erfolgen, wenn der übergebene Scheck eingelöst ist. Davon darf nur abgewichen werden, wenn der Scheck unter Vorlage einer Scheckkarte übergeben wurde und er den darin enthaltenen Bedingungen des Kreditinstituts entspricht oder der Aussteller und das bezogene Kreditinstitut als vertrauenswürdig bekannt sind.

### 1.4.2 Wechsel

**1109** Wechsel[83] dürfen von der Gemeindekasse in der Regel nur zum Zwecke der Sicherheitsleistung (z.B. zur Sicherung einer gestundeten Gewerbesteuerschuld oder zur Sicherstellung der vertragsgemäßen Ausführung oder der Gewährleistung einer Bauleistung i.S. der VOB) angenommen werden.

Solche Wechsel sind in ein Wechselüberwachungsbuch einzutragen und zu verwahren oder einem Kreditinstitut zur Verwahrung zu übergeben. Rechtzeitig vor der Fälligkeit des Wechsels ist die Weisung des Bürgermeisters einzuholen, ob der Wechsel zurückzugeben oder einzulösen ist.

Der Bürgermeister kann zulassen, dass Wechsel ausnahmsweise zahlungshalber entgegengenommen werden, wenn es im Interesse der Gemeinde liegt (z.B. für Steuerforderungen, für die die Betreibung vorübergehend aussichtslos erscheint) oder verkehrsüblich ist (z.B. bei Holzverkäufen) und wenn der Anspruch der Gemeinde dadurch nicht gefährdet wird. Es ist darauf zu achten, dass der Wechsel noch rechtzeitig zum Einzug vorgelegt werden kann. Die Laufzeit soll nicht länger als drei Monate sein. Der Bezogene und weitere Verpflichtete (Indossanten) sollen als vertrauenswürdig bekannt sein. Die Wechselzahlung wird mit „Eingang vorbehalten" quittiert.

Die zahlungshalber angenommenen Wechsel gehören zu den Zahlungsmitteln und sind deshalb auf Echtheit und Vollständigkeit zu prüfen. Insbesondere ist zu prüfen, ob der – gezogene – Wechsel die nach dem Wechselgesetz vom 21.6. 1933 (RGBl. I S.399), zuletzt geändert durch Gesetz vom 26.11.2001 (BGBl. I S.3138), notwendigen acht Bestandteile enthält (Bezeichnung als Wechsel, unbedingte Anweisung, eine bestimmte Geldsumme zu zahlen, Name dessen, der zahlen soll – Bezogener –, Angabe der Verfallzeit, Angabe des Zahlungsorts, Name dessen, an den oder an dessen Order gezahlt werden soll – Wechselnehmer –, Datum und Ort der Ausstellung, Unterschrift des Ausstellers). Der „gezogene"

83 Wechsel: Urkunde mit der unbedingten Anweisung des Ausstellers an den Bezogenen, eine bestimmte Geldsumme an eine im Wechsel genannte Person oder an deren Order (Wechselnehmer) zu einem bestimmten Zeitpunkt zu bezahlen.

Wechsel wird durch den Bezogenen angenommen, indem er ihn auf der Vorderseite unterzeichnet.

Beim „eigenen" Wechsel entfällt die Angabe des Bezogenen, da hier der Aussteller selbst ein unbedingtes Zahlungsversprechen gibt, an den Wechselnehmer zu einem festgelegten Termin eine bestimmte Geldsumme zu bezahlen.

Ein zahlungshalber entgegengenommener Wechsel ist unverzüglich in ein Wechselüberwachungsbuch (Ausgestaltung entsprechend dem Schecküberwachungsbuch) einzutragen. Dann ist er einem Kreditinstitut, bei dem die Gemeinde ein Konto unterhält, zum Einzug zuzuleiten oder, sofern es der Bürgermeister zulässt, diskontieren[84] zu lassen. Der Gemeinde dabei entstehende Kosten sind wie Zinsen für Kassenkredite zu behandeln.

Wird ein Wechsel zum Fälligkeitszeitpunkt nicht eingelöst, gilt Folgendes:

- Bei Wechseln, die zur Begleichung einer öffentlich-rechtlichen Forderung hereingenommen wurden:
  Da die Schuld nur vorbehaltlich der Einlösung des Wechsels getilgt wurde, wird der gutgeschriebene Betrag dem Abgabenkonto nun wieder belastet. Die weiterbestehende Abgabenschuld wird im öffentlich-rechtlichen Verfahren beigetrieben;
- Bei Wechseln, die zur Tilgung privatrechtlicher Forderungen (z.B. bei Holzverkäufen) angenommen wurden:
  Die Gemeinde muss den Wechselprotest erheben und danach im Rahmen eines Urkundenprozesses einen vollstreckbaren Titel gegen den Bezogenen oder einen sonstigen Wechselverpflichteten (einen Indossanten) erstreiten.
  Deshalb muss in diesen Fällen vor der Erbringung der Gegenleistung der Gemeinde einwandfrei klargestellt sein, dass der Bezogene für die Zahlung der Wechselschuld „sicher" ist.

Von der Führung eines Wechselüberwachungsbuches kann abgesehen werden, wenn die Überwachung der Wechsel in anderer Weise gewährleistet ist.

Auszahlungen dürfen von der Gemeindekasse nicht durch Wechsel geleistet werden.

Für wirtschaftliche Unternehmen, die Sonderrechnungen führen (Eigenbetriebe), gelten nach § 39 GemKVO Sonderregelungen für die Behandlung von Wechseln.

Hier kann es der Bürgermeister gestatten – wenn es verkehrsüblich ist –, Wechsel zahlungshalber entgegenzunehmen und diskontieren zu lassen.

84 Diskontierung: Der Wechsel wird von einem Kreditinstitut – unter Abzug des Diskont-Zinssatzes – vor dem angegebenen Zahlungstermin angekauft.

Die Entgegennahme darf allerdings nur erfolgen, wenn der Anspruch der Gemeinde dadurch nicht gefährdet wird.

Außerdem ist es möglich, dass solche wirtschaftliche Unternehmen zur Begleichung von Forderungen Wechsel ausstellen oder akzeptieren.[85] Die dadurch entstehenden Wechselverbindlichkeiten müssen auf den Höchstbetrag der Kassenkredite für das Unternehmen angerechnet werden.

#### 1.4.3 Debitkarten und Kreditkarten

**1110** Zahlungen mittels Debitkarten[86] können entgegengenommen werden, wenn eine Einlösungsgarantie des Kartenherausgebers besteht. Geräte, die Zahlungen mittels Debitkarte zulassen, könnten beispielsweise in kommunalen Bädern, Büchereien oder Fremdenverkehrs-Büros aufgestellt werden. Zahlungen mittels Debitkarten ohne Einlösungsgarantie dürfen nur dann entgegengenommen werden, wenn der Bürgermeister die erforderlichen organisatorischen Maßnahmen trifft, durch die sichergestellt wird, dass die Forderung anderweitig verfolgt werden kann. Die Zahlung wird – nach näherer Regelung durch den Bürgermeister – mit „Eingang vorbehalten"quittiert; der Zahlungseingang ist zu überwachen. Die Gegenleistung der Gemeinde darf in solchen Fällen nur sofort erbracht werden, wenn der Inhaber der Debitkarte und das ausstellende Kreditinstitut als vertrauenswürdig bekannt sind.

Zahlungen mittels Kreditkarten[87] dürfen nur zur Begleichung privatrechtlicher Forderungen entgegengenommen werden. Wegen des von der Gemeinde zu zahlenden Disagios soll das Bezahlen öffentlich-rechtlicher Forderungen (Kommunalabgaben wie Steuern, Gebühren und Beiträge) mittels Kreditkarte ausgeschlossen bleiben.

Auf Debitkarten und Kreditkarten dürfen Geldbeträge grundsätzlich nicht bar ausbezahlt werden.

Auszahlungen dürfen nicht mittels Debitkarten und Kreditkarten geleistet werden.

### 1.5 Zahlungen in fremden Geldsorten

**1111** Barzahlungen können auch durch Übergabe oder Übersendung fremder Geldsorten geleistet werden (§ 42 Nr. 10 b i. V. m. Nr. 3 GemKVO).

Vor allem in grenznahen Gemeinden könnte es erforderlich werden, fremde Geldsorten anzunehmen oder auszugeben. In diesen Fällen emp-

85 Wechselakzept: Die Gemeinde geht durch "Querschreiben" verbindlicher Unterschriften auf dem Wechsel die unbedingte Verpflichtung ein, die auf dem Wechsel genannte Summe am genannten Fälligkeitstag an den Inhaber des Wechsels zu bezahlen.

86 Ein auf einer Karte der Banken oder Sparkassen installierter Mikrochip, der Möglichkeiten des bargeldlosen Zahlungsverkehrs eröffnet, wobei das Konto des Verwenders sofort belastet wird.

87 Ein auf einer Karte eines Kreditkartenunternehmens installierter Magnetstreifen, der Zahlungen ermöglicht, bei denen der verfügte Wert erst verzögert (in der Regel nach vier Wochen) vom Konto des Karteninhabers eingezogen wird.

fiehlt es sich (die GemKVO trifft dazu keine näheren Bestimmungen), in die Bücher der Gemeinde den Gegenwert in Euro zu dem Tageskurs einzutragen, der sich beim Verkauf oder Ankauf bei einem Kreditinstitut ergibt. Verkauf oder Ankauf sollten möglichst am Tage der Einnahme bzw. Auszahlung der fremden Geldsorten erfolgen, um Unterschiede zwischen dem verbuchten Gegenwert und dem tatsächlichen Umrechnungskurs gering zu halten.[88]

## 2. Einzahlungen

### 2.1 Allgemeines

Einzahlungen sind alle bei der Gemeindekasse oder bei Sonderkassen **1112**
eingehenden Beträge einschließlich der Einnahmen im Zusammenhang mit Verrechnungen (Aufrechnungen und Verrechnungen zwischen verschiedenen Buchungsstellen). Sie dürfen in der Regel nur bei Vorliegen einer Annahmeanordnung eingenommen werden[89]. Liegt eine ordnungsmäßige Annahmeanordnung vor, hat die Gemeindekasse für den rechtzeitigen und vollständigen Einzug – erforderlichenfalls mittels zwangsweiser Einziehung[90] – zu sorgen.

Eventuelle Mehrbeträge (es wurde mehr einbezahlt, als die Gemeinde zu fordern hatte) sind an den Einzahler zurückzuzahlen oder mit anderen fälligen Forderungen der Gemeinde zu verrechnen. Nach §4 KAG kann bei Kommunalabgaben von der Erstattung abgesehen werden, wenn der Betrag weniger als 3 Euro beträgt. Dies gilt nicht, wenn die Erstattung ausdrücklich beantragt wird. Da für sonstige Einnahmen keine Regelungen getroffen sind, könnte §4 KAG entsprechend angewandt werden.

Minderbeträge (die tatsächliche Einzahlung hat die fällige Forderung nicht vollständig getilgt) sind unverzüglich nachzufordern. Dabei kann allerdings die Kleinbetragsregelung des §33 GemHVO (für privatrechtliche Forderungen und öffentlich-rechtliche Forderungen) greifen, wonach die Gemeinde (ganz allgemein) davon absehen kann, Ansprüche von weniger als 10 Euro geltend zu machen, es sei denn, die Einziehung ist aus grundsätzlichen Erwägungen geboten (z.B. bei Gebühren).

Forderungen der Gemeinde können, wenn die Einziehung der Gesamtsumme nicht aus grundsätzlichen Erwägungen geboten ist, auf volle Euro nach unten abgerundet werden (§33 GemHVO).

88 Behandlung von Unterschiedsbeträgen: Wird beim Verkauf mehr erlöst oder ist beim Ankauf der fremden Geldsorte mehr aufzuwenden, so sind die Mehrbeträge zusätzlich (im LS und Ist) zu vereinnahmen bzw. auszugeben. Wenigererlöse und Wenigerausgaben gegenüber der Buchung sind durch Rot-Absetzungen im LS und Ist auszugleichen.
89 Näheres in Rdnr. 1098.
90 Vgl. Rdnr. 1084.

### 2.2 Einzahlungsquittung (§ 14 GemKVO)

1113 Über jede durch Übergabe von Zahlungsmitteln (Bargeld, Schecks und ausnahmsweise Wechsel, Bezahlen mittels elektronischer Geldbörse) entrichtete Einzahlung hat die Gemeindekasse dem Einzahler eine Quittung zu erteilen.

Der Bürgermeister regelt die Form der Quittung. Diese muss in der Regel das Empfangsbekenntnis, den Zahlungspflichtigen, den Betrag (bei größeren Beträgen auch in Buchstaben), den Grund der Einzahlung, Ort und Tag der Einzahlung, die annehmende Kasse sowie die Unterschrift des Quittungsberechtigten enthalten. Bei Zahlungen durch Schecks oder Wechsel wird „Eingang vorbehalten" quittiert. Bei Quittungen auf einem die Zahlung betreffenden Schriftstück kann auf die Angaben verzichtet werden, die sich schon aus dem Schriftstück ergeben. Bei maschineller Quittung genügt das Handzeichen des annehmenden Kassenbediensteten. Für bestimmte, häufig anfallende Zahlungen kann auch durch den Abdruck eines Gebührenstemplers oder durch Aushändigung von Kassenbons quittiert werden; aber auch hier ist darauf zu achten, dass der Einzahler beweiskräftige Unterlagen über die Zahlung erhält.

Bei Übersendung von Zahlungsmitteln, Überweisungen – auch mittels Debitkarten oder Kreditkarten –, Einzahlungen auf ein Konto der Gemeinde sowie bei Aufrechnungen hat die Gemeindekasse nur auf Verlangen eine Quittung, die die Angabe des Zahlungswegs enthält, zu erteilen. Im Regelfall wird dies nicht notwendig sein, da in diesen Fällen Quittungen durch das Kreditinstitut, bei dem überwiesen bzw. eingezahlt wird, ausgestellt werden; bei Kreditkarten übersendet das Kreditkartenunternehmen dem Karteninhaber eine Abrechnung.

Auch die Befugnis, Quittungen auszustellen, wird vom Bürgermeister erteilt. Es empfiehlt sich, durch Aushang im Kassenraum die Namen und die Schriftzüge der zur Quittungsleistung durch Unterschrift oder Handzeichen berechtigten Bediensteten bekannt zu geben.

Die Durchschriften der Quittungen müssen wie Einnahmebelege sechs Jahre lang aufbewahrt werden.

Ohne Quittung für das empfangene Entgelt dürfen beispielsweise Wertzeichen, Vordrucke, Müllsäcke, Theaterprogramme und andere geldwerte Drucksachen abgegeben werden, wenn die Einnahmen aufgrund der Stückzahl dennoch ordnungsgemäß erfasst werden.

### 2.3 Verfahren bei Stundungen (§ 15 Abs. 1 GemKVO)

1114 Grundsätzlich darf die Gemeindekasse Stundungen nicht aussprechen. Ausnahmen gelten nach § 1 Abs. 1 Satz 2 GemKVO für die Stundung von Mahngebühren, Vollstreckungskosten, Zinsen und Säumniszuschlägen. Der Bürgermeister kann der Gemeindekasse allerdings auch die Stundung anderer Forderungen übertragen, wenn dies der Verwaltungsvereinfachung dient und die ordnungsgemäße Erledigung gewährleistet ist.

Sonstige Dienststellen der Gemeinde, die Stundungen erteilen, haben diese Änderung der Annahmeanordnung unverzüglich und schriftlich der Gemeindekasse mitzuteilen. Falls die Gemeindekasse bereits die zwangsweise Einziehung einer Forderung eingeleitet hat, sollen Stundungen nur im Benehmen mit der Gemeindekasse erteilt werden. Dabei sind die Belange der Gemeindekasse und der bisherige Erfolg der Einziehungsmaßnahmen zu berücksichtigen.

#### 2.4 Verfahren bei zwangsweiser Einziehung (§ 15 Abs. 2 GemKVO)

Die Gemeindekasse hat alle Einnahmen, die nach den für das zu Grunde **1115** liegende Schuldverhältnis geltenden Vorschriften (KAG, AO, BGB) nicht rechtzeitig eingegangen sind, unverzüglich zwangsweise einzuziehen oder die zwangsweise Einziehung zu veranlassen.[91] Sie kann davon nur dann zunächst absehen, wenn zu erkennen ist, dass die Vollziehung des der Annahmeanordnung zugrunde liegenden Bescheids ausgesetzt wird oder dass eine Stundung, Niederschlagung oder ein Erlass in Betracht kommt. In diesen Fällen muss jedoch unverzüglich die Entscheidung der zuständigen Dienststelle herbeigeführt werden.

### 3. Auszahlungen (§ 16 GemKVO)

#### 3.1 Allgemeines

Auszahlungen sind nach § 42 Nr. 2 GemKVO alle aus der Gemeindekasse **1116** oder aus Sonderkassen hinausgehenden Beträge einschließlich der Ausgaben im Rahmen von Verrechnungen. Sie dürfen in der Regel nur bei Vorliegen einer Auszahlungsanordnung geleistet werden.[92]

Die Ausgaben müssen zu den in den Anordnungen enthaltenen Fälligkeitstagen geleistet werden. Dabei sollen Forderungen des Empfangsberechtigten soweit zulässig[93] gegen Forderungen der Gemeinde aufgerechnet werden. Davon ist nur abzusehen, wenn dies mit unverhältnismäßig hohem Aufwand verbunden ist oder besondere Umstände dagegen sprechen. Aufzurechnen ist in jedem Fall dann, wenn zu befürchten ist, dass die Forderung der Gemeinde sonst nicht erfüllt wird.

Da ein verbindlicher Zahlungsweg nur nach entsprechender Ausnahmeregelung durch den Bürgermeister in der Zahlungsanordnung enthalten sein wird,[94] ist es Sache der Gemeindekasse, den zweckmäßigsten Weg (nach § 12 Abs. 1 GemKVO möglichst unbar) zu wählen. Bestimmt die

91 Vgl. Rdnr. 1084.
92 Vgl. Rdnr. 1098.
93 Vgl. Rdnr. 1105.
94 Vgl. Rdnr. 1099.

Auszahlungsanordnung einen Zahlungsweg, ist die Gemeindekasse daran gebunden; es sei denn, ihr sind Umstände bekannt, die zu Bedenken Anlass geben.

Grundsätzlich müssen bei Zahlungsfällen mit Fälligkeitstermin die Zahlungsaufträge erst am Fälligkeitstag an das Bankinstitut übermittelt werden (so die Rechtsprechung zu § 270 BGB). Die Zahlung gilt damit als rechtzeitig bewirkt. Wenn Auszahlungen allerdings – nach besonderer Vereinbarung – zu einem bestimmten Zeitpunkt gutgeschrieben sein müssen, ist dies in der Auszahlungsanordnung zu vermerken („Gutschrift auf Empfängerkonto am ..."). Die Gemeindekasse hat dies bei der Wahl des Auszahlungsweges zu beachten.

Nimmt eine Gemeindekasse fremde Kassengeschäfte wahr,[95] soll sie Ausgaben für Rechnung dieser Stellen nur insoweit leisten, als Kassenmittel aus Einzahlungen für diese Stellen oder aus deren Beständen zur Verfügung stehen. Eine begründete Ausnahme kann nur dann angenommen werden, wenn es sich um nicht erhebliche Zahlungen handelt und die Gemeindekasse als sicher annehmen kann, dass die vorgeleisteten Beträge unverzüglich erstattet werden oder wenn für die Vorleistungen ein Zinsersatz gewährt wird.

### 3.2 Lastschrifteneinzugsverfahren (§ 16 Abs. 2 GemKVO)

**1117** Nach § 12 GemKVO ist der Zahlungsverkehr möglichst unbar abzuwickeln. Die Gemeindekasse (als Schuldnerin) wird sich also des Überweisungsauftrages und der Übergabe von Bar-Schecks bedienen, aber auch des Lastschrifteneinzugsverfahrens,[96] das den Geschäftsablauf bei der Leistung regelmäßig wiederkehrender Ausgaben bedeutend vereinfacht. In der Praxis kommt dieses Verfahren vor allem bei Mieten, Strom, Gas, Wasser, Fernsprech- und Rundfunkgebühren sowie bei Zeitungsgeldern zur Anwendung.

Die Ermächtigung an den Empfangsberechtigten oder den Auftrag an ein Kreditinstitut (auch an das Postgiroamt), Forderungen bestimmter Art vom Konto der Gemeinde abbuchen zu lassen oder abzubuchen, erteilt die Gemeindekasse.

Eine solche Anweisung darf nur erteilt werden, wenn

- zu erwarten ist, dass der Empfangsberechtigte ordnungsgemäß mit der Gemeindekasse abrechnet (d.h., er lässt fristgerecht – nicht zu früh – abbuchen, er stellt Unterlagen zur Verfügung, aus denen der abgebuchte Betrag errechnet werden kann);

95 Vgl. Rdnr. 1089.
96 Zur Zeit existieren zwei Verfahren:
a) Abbuchungsauftrag (die Gemeinde erteilt ihrem Kreditinstitut den Abbuchungsauftrag für die vom Gläubiger zu Lasten ihres Kontos ausgestellten Lastschriften),
b) Einzugsermächtigung (die Gemeinde erteilt dem Gläubiger die widerrufliche Ermächtigung, fällige Forderungen zu Lasten ihres Kontos einzuziehen).

- die Forderungen des Empfangsberechtigten zeitlich und der Höhe nach abzuschätzen sind, damit ein entsprechendes Guthaben auf dem Konto der Gemeindekasse vorhanden ist, und
- gewährleistet ist, dass das Kreditinstitut den abgebuchten Betrag auf dem Konto der Gemeindekasse wieder gutschreibt, wenn die Gemeindekasse der Abbuchung binnen angemessener Frist widerspricht.[97]

Von der letztgenannten Voraussetzung kann abgesehen werden, wenn der Empfangsberechtigte eine juristische Person des öffentlichen Rechts ist (z.B. ein Zweckverband, von dem die Gemeinde Wasser bezieht), da hier gewährleistet ist, dass zu Unrecht abgebuchte Beträge rasch wieder erstattet werden.

Wenn der Gemeindekasse Umstände bekannt sind, die zu Bedenken Anlass geben, ob obige Voraussetzungen vorliegen, wird sie die Anweisung im Lastschrifteneinzugsverfahren nicht erteilen.

### 3.3 Auszahlungsnachweise (§ 17 Abs. 2 GemKVO)

3.3.1 Bevor die Gemeindekasse bar auszahlt (durch Übergabe von Bargeld und Schecks, durch Zahlung mittels elektronischer Geldbörse) muss sie sich z.B. durch Vorlage eines Ausweises über die Person des Empfängers, Bevollmächtigten oder Überbringers einer Quittung vergewissern. Bevollmächtigte oder Überbringer von Quittungen haben auf ihrem Empfangsbekenntnis den Nachweis der Empfangsberechtigung anzugeben. Sind Überbringer und Aussteller der Quittung verschiedene Personen, muss der Überbringer den Empfang auf der Quittung bestätigen. **1118**

Bar auszahlen darf die Gemeindekasse nur gegen eine Quittung, die das Empfangsbekenntnis, den Empfangsberechtigten, den Betrag (bei größeren Beträgen auch in Buchstaben), den Grund der Auszahlung, den Ort und Tag der Auszahlung, die Bezeichnung der auszahlenden Kasse und die eigenhändige Unterschrift des Empfängers enthält. Auf einzelne dieser Angaben kann verzichtet werden, wenn auf einem Kassenbeleg (Auszahlungsanordnung, Rechnung) quittiert wird, der diese Angaben schon enthält.

Der Bürgermeister kann in besonderen Ausnahmefällen einen anderen Auszahlungsnachweis zulassen, wenn dem Empfänger die Ausstellung einer Quittung nicht zugemutet werden kann oder nicht möglich ist. Zum

97 Nach der derzeitigen Rechtslage ist ein Widerspruch nur beim Einzugsermächtigungsverfahren möglich, und zwar ohne zeitliche Befristung. Zwischen den am Einzugsermächtigungsverfahren beteiligten Kreditinstituten besteht allerdings ein internes Abkommen, nach dem eine Rückgabe und Rückrechnung der Lastschriften nur erfolgt, wenn der Zahlungspflichtige innerhalb von sechs Wochen nach der Belastung widerspricht. Diese interne Vereinbarung hat zwar keine unmittelbaren Auswirkungen auf das Rechtsverhältnis zur Gemeinde. Trotzdem sollte die kontoführende Gemeindekasse vor der Erteilung einer Einzugsermächtigung im Benehmen mit den anordnungs- und feststellungsberechtigten Dienststellen sicherstellen, dass ein eventueller Widerspruch der Gemeinde gegen die Abbuchung einer Zahlungsverpflichtung innerhalb von sechs Wochen nach der Belastung erhoben wird.

Beispiel wird es bei der Aushändigung von Geldgeschenken im Rahmen von Ehrungen genügen, wenn ein Bediensteter der Gemeinde die Übergabe des Geschenkes bescheinigt.

Bei Quittungen durch Empfänger, die des Schreibens unkundig sind oder z.B. wegen körperlicher Behinderung keine Unterschrift leisten können, genügt an ihrer Stelle ein Handzeichen, das von einem Zeugen bescheinigt wird. Auszahlungen an Blinde müssen durch einen Zeugen bescheinigt werden. Die Zeugen sollen nicht Bedienstete der Gemeindekasse sein.

3.3.2 Bei unbaren Auszahlungen genügt es, wenn auf der Auszahlungsanordnung mindestens der Tag der Erteilung des Überweisungsauftrags und das beauftragte Kreditinstitut angegeben wird. Falls eine Auszahlungsanordnung nicht vorgeschrieben ist oder allgemein erteilt wurde, sind diese Angaben auf der sachlichen und rechnerischen Feststellung oder auf besonderem Beleg zu vermerken.

Über alle in das automatisierte Verfahren[98] einbezogenen Auszahlungen ist eine Liste auszudrucken. Deren Richtigkeit und Vollständigkeit ist zu bescheinigen. Das heißt, es ist festzustellen, dass die zugrundegelegten Daten vollständig und richtig erfasst, mit gültigen Programmen ordnungsgemäß verarbeitet und vollständig und richtig ausgegeben wurden.

Zur Verhütung von Doppelzahlungen empfiehlt es sich, die Auszahlungsanordnung samt Anlagen sofort nach der Zahlung mit „bezahlt" zu kennzeichnen.

## 4. Besorgung des Zahlungsverkehrs durch Stellen außerhalb der Gemeindeverwaltung (§ 35 GemKVO)

**1119** Nach §94 GemO kann die Gemeinde ihre Kassengeschäfte ganz oder zum Teil (z.B. nur den Zahlungsverkehr) von Stellen außerhalb der Gemeindeverwaltung besorgen lassen.[99]

Bei der Übertragung des Zahlungsverkehrs[100] auf Verwaltungsgemeinschaften[101] gelten die Vorschriften des GKZ.[102] Dabei muss gewährleistet sein, dass die übertragenen Geschäfte nach den für die Gemeinde geltenden Vorschriften ordnungsmäßig erledigt und geprüft werden.

In §35 GemKVO sind Regelungen für den Fall vorgesehen, dass der Zahlungsverkehr aufgrund privatrechtlichen Vertrags z.B. von einer Sparkasse oder einer Gesellschaft für EDV erledigt wird. Diese Stellen handeln zwar nach Weisung und für Rechnung der Gemeinde, ansonsten wickeln

98 Vgl. Rdnr. 1103.
99 Vgl. auch Rdnr. 1083.
100 Nach §42 Nr.10 GemKVO die Abwicklung der unbaren und baren Zahlungen sowie der Verrechnungen.
101 §§59 bis 62 GemO.
102 VSV 2023.

sie den Zahlungsverkehr aber selbstständig und eigenverantwortlich ab. Sie treten selbst nach außen in Erscheinung, indem sie eigene Girokonten führen und selbstständig Überweisungsaufträge erteilen. Der Zahlungsverkehr soll nur dann auf eine Stelle außerhalb der Gemeindeverwaltung übertragen werden, wenn dies wirtschaftlicher und zweckmäßiger ist und die Aufgabenerfüllung der Gemeinde nicht beeinträchtigt wird. Es dürfen nur solche Stellen beauftragt werden, die Gewähr für eine ordnungsmäßige Abwicklung bieten. Die Gemeinde muss durch schriftlichen Vertrag sicherstellen, dass die für den Zahlungsverkehr geltenden Bestimmungen von der beauftragten Stelle ebenso beachtet werden, wie wenn ihn die Gemeinde selbst erledigt. Auch die Vorschriften über den Datenschutz müssen von der erledigenden Stelle beachtet werden.

Im Einzelnen muss bei einer Übertragung des Zahlungsverkehrs auf eine Stelle außerhalb der Gemeindeverwaltung Folgendes gewährleistet sein:

- Die Zahlungsanordnungen sind – falls die Beträge nicht vorher im Sachbuch zum Soll gestellt werden – vor Übersendung an die erledigende Stelle zu registrieren. Damit wird zweckmäßigerweise eine einzige Dienststelle zentral für die gesamte Gemeindeverwaltung beauftragt. Es genügt allerdings auch, wenn die Zahlungsanordnungen in den Haushaltsüberwachungslisten[103] vermerkt werden.
- Alle Zahlungsanordnungen müssen so abgefasst werden, dass sie nicht unbefugt geändert werden können.
- Die Auszahlungsnachweise für die einzelnen geleisteten Auszahlungen sind der Gemeinde als Belege zu überlassen. Statt dessen kann auch schriftlich bestätigt werden, dass die Zahlungen auftragsgemäß geleistet worden sind. Alle Auszahlungsnachweise sind dann aber nach den für die Gemeinde geltenden Vorschriften aufzubewahren und zur Prüfung durch die Gemeinde bereitzuhalten.
- Wenn nicht eine unmittelbare Abrechnung mit einer anderen Stelle angeordnet ist (z.B. bei der Auszahlung von Wohngeld an Berechtigte, die kein Girokonto besitzen – durchlaufende Gelder –), hat die beauftragte Stelle mindestens monatlich mit der Gemeindekasse abzurechnen.

  Die erledigende Stelle führt über die von ihr angenommenen Einnahmen oder geleisteten Ausgaben Nachweise in der Form von Vorbüchern zum Zeitbuch.[104] Bei der Abrechnung werden die Einnahmen bzw. Ausgaben zusammengefasst in das Zeitbuch der Gemeinde übernommen. Zu buchen ist an dem Tag, an dem abgerechnet wird.

  Die Abrechnung entfällt, wenn die Stelle außerhalb der Gemeindeverwaltung auch die Zeitbuchung erledigt. Dann müssen allerdings die Tagesabschlüsse rechtzeitig der Gemeinde zugeleitet werden.

103 Vgl. Rdnrn. 268 bis 270.
104 Vgl. Rdnr. 1166.

- Die Gemeinde muss vertraglich sichern, dass die ordnungsmäßige Abwicklung des Zahlungsverkehrs an Ort und Stelle von den für die Prüfung bei der Gemeinde zuständigen Stellen[105] geprüft werden kann.
- Alle Angelegenheiten, die der beauftragten Stelle bei der Erledigung des Zahlungsverkehrs zur Kenntnis gelangen, dürfen nicht unbefugt verwertet oder weitergegeben werden. Außerdem muss gewährleistet sein, dass sie bei Verschulden für alle dabei der Gemeinde oder Dritten entstandenen Schäden eintritt.

### 5. Abtrennung des unbaren Zahlungsverkehrs bei Sonderkassen mit kaufmännischer Buchführung oder entsprechender Verwaltungsbuchführung (§ 38 GemKVO)

**1120** Bei Sonderkassen, die die kaufmännische Buchführung oder eine entsprechende Verwaltungsbuchführung anwenden, kann der unbare Zahlungsverkehr[106] (und die Buchführung) abgetrennt und einer anderen Stelle des für das Rechnungswesen zuständigen Geschäftsbereichs (meist der Buchhaltung) übertragen werden.

## VII. Verwaltung der Kassenmittel (§ 18 GemKVO)

### 1. Allgemeines

**1121** Nach § 1 Abs. 1 Nr. 2 GemKVO gehört zu den Kassengeschäften, die nur von der Gemeindekasse erledigt werden dürfen, auch die Verwaltung der Kassenmittel. Kassenmittel sind alle Zahlungsmittel (Bargeld, Schecks, zahlungshalber angenommene Wechsel und die Bestände elektronischer Geldbörsen) sowie die Bestände auf den Konten der Gemeindekasse mit Ausnahme der Geldanlagen.[107]

Die Gemeindekasse hat einerseits darauf zu achten, dass die für die Auszahlungen erforderlichen Kassenmittel rechtzeitig verfügbar sind. Andererseits müssen der Bestand an Bargeld und die Guthaben auf den Konten bei den Kreditinstituten auf den für Zahlungen notwendigen Umfang beschränkt werden. Von der Gemeindekasse wird also eine den Bedürfnissen der Gemeinde entsprechende sorgfältige Liquiditätsplanung verlangt. Dabei sind die zu erwartenden Einzahlungen und Auszahlungen zu ermitteln und einander gegenüberzustellen, was bei regelmäßig wiederkehrenden Zahlungen ohne Schwierigkeiten möglich ist. Größere einmalige Ein- bzw. Auszahlungen allerdings könnten die gesamte Liquiditätsplanung gefährden. Deshalb bestimmt § 18 Abs. 2 GemKVO, dass alle

105 Vgl. Rdnrn. 1262ff.
106 § 42 Nr. 10a GemKVO.
107 § 42 Nr. 5 GemKVO.

anordnenden Dienststellen die Gemeindekasse unverzüglich zu unterrichten haben, wenn mit solchen größeren einmaligen Zahlungen zu rechnen ist.

Anlässlich der Liquiditätsplanung ist auch zu prüfen, welche vorübergehend entbehrlichen Kassenmittel angelegt werden können. Diese Liquiditätsplanung sollte mindestens einen Zeitraum von einem Monat umfassen.

Bei der Beschränkung des Barbestandes auf den notwendigen Mindestbetrag ist zu berücksichtigen, inwieweit eine Barkasse noch besteht und welche Barzahlungen erfahrungsgemäß täglich zu leisten sind. Alle entbehrlichen Barbestände sind, vor allem auch zur Verminderung des Sicherheitsrisikos, das eine Aufbewahrung in den Räumen der Gemeindekasse in sich birgt, unverzüglich auf ein Konto einzuzahlen. Die Guthaben auf den Girokonten der Gemeindekasse, die regelmäßig nicht oder nur geringfügig verzinst werden, dürfen ihrerseits die Beträge nicht übersteigen, die voraussichtlich für unbare Auszahlungen benötigt werden.

Einzelheiten über die Bewirtschaftung der Kassenmittel regelt der Bürgermeister. Er bestimmt auch, welche Konten für den Zahlungsverkehr bei welchen Kreditinstituten eingerichtet werden. Sie sollen im Interesse einer straffen und wirtschaftlichen Liquiditätsplanung auf den für die Abwicklung des Zahlungsverkehrs notwendigen Umfang beschränkt werden. Vor allem die Einrichtung besonderer Konten für Zahlstellen[108] ist sehr sorgfältig abzuwägen.

## 2. Anlegung von Kassenbeständen

Die vorübergehend nicht benötigten Kassenmittel sind anzulegen. Diese 1122
Geldanlagen[109] müssen nach § 91 Abs. 2 GemO ausreichend sicher angelegt werden; sie sollen einen angemessenen Ertrag bringen. Bei der Anlage ist darauf zu achten, dass sie bei Bedarf verfügbar sind (§ 18 Abs. 1 GemKVO). Die vorrangig sichere Anlage ist bei einer Einlage bei öffentlichen Sparkassen, regelmäßig aber auch bei Genossenschaftsbanken und Privatbanken gewährleistet. Als ertragbringende Anlage kommen neben Tagesgeldern Depositeneinlagen (Termingelder) in Form von Festgeldern (bestimmte Laufzeit) oder Kündigungsgeldern (bestimmte Kündigungsfrist) in Betracht. Als Spareinlagen dürfen Kassenmittel nicht angelegt werden.[110] Wegen der langen Laufzeiten und des damit verbundenen Kursrisikos kommt eine Anlage der Kassenmittel in Wertpapieren nicht in Frage.[111]

108 Vgl. Rdnr. 1078.
109 Nach § 46 Nr. 9 GemHVO der Erwerb von Wertpapieren und Forderungen aus Mitteln des Kassenbestandes oder aus den den Rücklagen zugewiesenen Mitteln.
110 Vgl. Rdnr. 511.
111 Vgl. Rdnrn. 506 ff.

Mit der Entscheidung über Geldanlagen und deren Auflösung wird der Bürgermeister zweckmäßigerweise den Fachbeamten für das Finanzwesen beauftragen (§ 116 Abs. 1 GemO). Dabei wird er aber auch Bestimmungen darüber treffen, wie er selbst weiterhin in geeigneter Weise über die Geldanlage-Politik der Gemeinde zu unterrichten ist.

Eigenbetriebe einer Gemeinde müssen eine Sonderkasse einrichten. Deren Girokonten sollten nach § 98 GemO aber mit denen der Gemeindekasse verbunden werden; eventuell mögliche Geldanlagen werden dann für beide Kassen gemeinsam vorgenommen.

Werden die Girokonten getrennt geführt, bestimmt der Bürgermeister nach Anhörung der Betriebsleitung, inwieweit der Eigenbetrieb nicht benötigte Kassenmittel selbst anlegt oder bei Geldanlagen mit der Gemeindekasse zusammenarbeitet (§ 14 EigBVO). Dabei muss allerdings auch auf die Zahlungsbereitschaft des Eigenbetriebs Rücksicht genommen werden.

### 3. Kassenbestandsverstärkungen

1123 Auch bei sorgfältiger Liquiditätsplanung wird immer wieder die Notwendigkeit bestehen, den Kassenbestand vorübergehend durch Kassenkredite zu verstärken.[112] Die Aufnahme von Kassenkrediten zur Kassenbestandsverstärkung ist allerdings erst zulässig, wenn und soweit der Gemeindekasse keine anderen Mittel zur Verfügung stehen (§ 89 GemO). Es wird also vor allem erforderlich sein, den als Liquiditätsvorsorge erforderlichen Mindestbetrag der allgemeinen Rücklage anzusammeln (§ 20 Abs. 2 GemHVO) und, da er in der Regel nicht angelegt ist, diesen Betrag als Kassenbestandsverstärkung heranzuziehen. Auch ist es wirtschaftlich zweckmäßig (Zinsersparnis), eventuell bestehende Geldanlagen aufzulösen, bevor Kassenkredite in Anspruch genommen werden. Wenn sich deren Aufnahme aber nicht abwenden lässt, wird sich die Gemeinde in der Regel einen Kontokorrentkredit (das Girokonto kann bis zu einem bestimmten Betrag überzogen werden) einräumen lassen, der sich der jeweiligen Liquiditätslage anpasst. Festbetrags-Kassenkredite werden dann eingesetzt, wenn ein konstanter Liquiditätsengpass über längere Zeit bestehen bleiben wird.

Für den Fall, dass zur Kassenbestandsverstärkung Kassenkredite eingesetzt werden müssen, ist unverzüglich die Weisung des Bürgermeisters über Art und Umfang der Verstärkung einzuholen.

112 Zu Einzelheiten vgl. Rdnr. 725.

## 4. Aufbewahrung von Zahlungsmitteln

Bei der Einrichtung der Gemeindekasse werden nach § 5 Abs. 1 Nr. 4 GemKVO Sicherheitsvorkehrungen (organisatorische Maßnahmen) verlangt, die eine sichere Aufbewahrung der Zahlungsmittel ermöglichen.[113] 1124

Nach § 19 GemKVO bestimmt der Bürgermeister, welche Vorkehrungen für die sichere Aufbewahrung von Zahlungsmitteln und Scheckvordrucken zu treffen sind. Diese Vorkehrungen erstrecken sich nach den §§ 20 und 21 GemKVO auch auf die verwahrten Wertgegenstände und die sonst zu verwahrenden Gegenstände.

Der Gemeinde ist zu empfehlen, sich dabei an den für die Landesbehörden bestehenden Richtlinien[114] zu orientieren. Die Art und der Umfang der Sicherheitsvorkehrungen richten sich zwar nach dem Wert der aufbewahrten Zahlungsmittel, Wertgegenstände und sonst verwahrten Gegenstände; folgende Mindestvorkehrungen sollten aber getroffen werden:

- Für die Aufbewahrung muss ein feuer-, diebes- und einbruchsicherer Kassenbehälter (Geldschrank, Tresor) vorhanden sein. Den Schlüssel dafür besitzt der Kassenverwalter oder – sofern bei der Gemeindekasse vorhanden – der Kassierer. Der Verantwortliche hat den Schlüssel sorgfältig und gegen den Zugriff Unberechtigter geschützt aufzubewahren; nach Dienstschluss darf der Schlüssel nicht im Dienstgebäude belassen werden.
- Alle Zahlungsmittel, die nicht unmittelbar zur Auszahlung am Schalter benötigt werden, sowie Scheckvordrucke und Überweisungsaufträge sind im Kassenbehälter aufzubewahren.
- Am Schalter selbst sollte ebenfalls die Möglichkeit gegeben sein, Zahlungsmittel in einem verschließbaren Behälter unterzubringen.
- Es sind Regelungen zu treffen über die Verwahrung und Herausgabe eines Zweitschlüssels, über die verwendeten Zahlen- und Buchstabenkombinationen bei entsprechenden Schlössern sowie das Verfahren bei Verlust von Schlüsseln der Kassenbehälter und beim ungewollten Offenbaren der Zahlen- und Buchstaben-Kombinationen.
- Es sollte eine ausreichende Versicherung gegen Einbruch, Feuer und Beraubung bestehen.

Der Bürgermeister wird, bevor er entsprechende Sicherheitsvorkehrungen bestimmt, den kriminalpolizeilichen Beratungsdienst zuziehen und die Sicherheitsregeln der Unfallversicherungsträger in seine Überlegungen miteinbeziehen.

113 Vgl. Rdnr. 1092.
114 Nr. 62 der Verwaltungsvorschriften zu Teil IV der Landeshaushaltsordnung (VV zu Teil IV LHO); siehe VSV 6302-2.

Aus Gründen der Kassensicherheit dürfen im Kassenbehälter keine Zahlungsmittel aufbewahrt werden, die nicht zum Kassenbestand gehören. Dasselbe gilt für Gegenstände, die der Gemeindekasse nicht zu Verwahrung zugewiesen wurden (§ 19 Abs. 2 GemKVO).

### 5. Beförderung von Zahlungsmitteln

1125 Auch bei der Regelung der Sicherheitsvorkehrungen beim Befördern von Zahlungsmitteln sollte sich der Bürgermeister an den Unfallverhütungsvorschriften und Sicherheitsregeln der Unfallversicherungsträger orientieren.

## VIII. Verwahrung von Wertgegenständen

### 1. Allgemeines

1126 Zu den Aufgaben der Gemeindekasse gehört regelmäßig auch die Verwahrung der Wertgegenstände (§ 1 Abs. 1 Nr. 3 GemKVO). Die Verwaltung dieser Gegenstände allerdings, also die Anordnung darüber, was mit ihnen zu geschehen hat, ob und wie sie zu verwenden sind, ist Sache der jeweils zuständigen Dienststelle der Gemeinde.

Zu den Wertgegenständen gehören in erster Linie die eigentlichen Wertpapiere (Schuldverschreibungen wie Pfandbriefe, Kommunalobligationen, öffentliche Anleihen, Aktien und Kuxen; Investmentzertifikate; Wechsel) samt Zins-, Gewinnanteils- und Erneuerungsscheinen, aber auch andere Urkunden, die Vermögensrechte verbriefen oder nachweisen (Sparkassenbücher, Hypotheken-, Grund- und Rentenschuldbriefe, Verpfändungserklärungen, Depotscheine).

Weiter sind zu nennen Wertzeichen, wie Gebührenmarken, Steuer- und Stempelmarken oder Kraftfahrzeugplaketten. Schließlich zählen geldwerte Drucksachen dazu, die ohne Einzahlungsquittungen abgegeben werden,[115] wie Theaterprogramme, verkäufliche Vordrucke oder Warenbezugsgutscheine.

Postwertzeichen gehören nicht zu den Wertgegenständen im obigen Sinne, da diese Wertzeichen zweckmäßigerweise von anderen Dienststellen der Gemeinde (z. B. von der Postversandstelle im Bereich des Hauptamtes) verwaltet werden.

Ebenfalls nicht zu den Wertgegenständen gehören Bürgschaftsurkunden und Versicherungsscheine. Diese Urkunden können aber als „andere Gegenstände" auch von der Gemeindekasse verwahrt werden.[116]

115 Vgl. Rdnr. 1113.
116 Vgl. Rdnr. 1131.

## 2. Verwahrung außerhalb der Gemeinde

Alle eigentlichen Wertpapiere sollen einem Kreditinstitut gegen Depotschein zur Verwahrung übergeben werden (§ 20 Abs. 1 Satz 1 GemKVO). Ein Abweichen von diesem Grundsatz ist nur dann unbedenklich, wenn es für die Gemeinde auch unter Berücksichtigung der dann erforderlichen Sicherheitsvorkehrungen wirtschaftlicher ist, die Wertpapiere selbst zu verwahren. 1127

Bei der Verwahrung durch ein Kreditinstitut wird die Gemeinde von der Überwachung der Auslosung und Kündigung sowie der Zinstermine entlastet. Ihr obliegt aber weiterhin die Ein- und Auslieferung der Wertpapiere[117] sowie die Buchführung darüber. Auch sind die Depotscheine, die die Gemeinde bei der Übergabe der Wertpapiere vom Kreditinstitut erhält, als Wertgegenstände von der Gemeindekasse zu verwahren.

Bei welchem Kreditinstitut Wertpapiere ins Depot gegeben werden, bestimmt der Bürgermeister; er muss bei der Auswahl vor allem darauf achten, dass eine sichere Verwahrung gewährleistet ist.

## 3. Verwahrung bei der Gemeinde

### 3.1 Verwahrung durch die Gemeindekasse (§ 1 Abs. 1 Ziff. 3 und § 20 Abs. 1 Satz 2 GemKVO)

Die Verwahrung der Wertgegenstände einer Gemeinde (einschließlich der Wertpapiere, die ausnahmsweise selbst verwahrt werden) gehört regelmäßig zu den Aufgaben der Gemeindekasse. 1128

Die Wertgegenstände müssen wie die Zahlungsmittel der Gemeinde[118] sicher aufbewahrt werden. Sie sind also in einem feuer-, diebes- und einbruchsicheren Kassenbehälter (Geldschrank, Tresor) unterzubringen (§ 20 Abs. 2 i. V. m. § 19 Abs. 1 GemKVO). Zur Annahme oder Aushändigung der Wertgegenstände sind nach § 20 Abs. 2 i. V. m. § 12 Abs. 2 GemKVO nur die damit beauftragten Bediensteten der Gemeindekasse befugt; regelmäßig hat dies in den Räumen der Gemeindekasse zu geschehen. Andere Personen dürfen Wertgegenstände nur aufgrund spezieller Ermächtigung durch den Bürgermeister annehmen oder aushändigen. Auch dürfen Wertgegenstände nur in Ausnahmefällen einem Bediensteten der Gemeindekasse zur Weitergabe an Dritte ausgehändigt werden (§ 20 Abs. 2 i. V. m. § 12 Abs. 3 GemKVO).

Zur Verwahrung von Wertgegenständen gehört die Buchführung über die Annahme und Auslieferung sowie bei Wertpapieren auch die Überwachung der Auslosung und Kündigung sowie der Zinstermine.

117 Vgl. Rdnr. 1130.
118 Zu Einzelheiten vgl. Rdnr. 1124.

### 3.2 Verwahrung durch andere Dienststellen der Gemeinde (§ 20 Abs. 1 Satz 4 GemKVO)

1129 Der Bürgermeister kann eine andere Dienststelle mit der Verwahrung aller Wertgegenstände der Gemeinde oder bestimmter Arten von Wertgegenständen (z.B. der Kfz-Plaketten durch die Kfz-Zulassungsstelle) beauftragen. Dies wird allerdings nur dann in Frage kommen, wenn die Verwahrung durch diese Dienststelle – unter Berücksichtigung notwendiger Sicherheitsvorkehrungen – wirtschaftlicher erfolgen kann als durch die Gemeindekasse. Wird eine andere Dienststelle beauftragt, obliegt ihr auch die Buchführung über die verwahrten Wertgegenstände.

## 4. Annahme und Auslieferung von Wertgegenständen

1130 Nach § 6 Abs. 1 Nr. 3 GemKVO darf die Gemeindekasse Wertgegenstände nur annehmen oder ausliefern, wenn ihr eine schriftliche Anordnung der zuständigen Dienststelle der Gemeinde vorliegt. Da diese Einlieferungs- bzw. Auslieferungsanordnungen eine Form der Kassenanordung sind, gilt für sie das in Abschnitt V Ausgeführte entsprechend.

Die Gemeindekasse hat die Annahme von Wertgegenständen zu quittieren (§ 20 Abs. 2 GemKVO). In der GemKVO sind allerdings weder Form noch Inhalt der Quittung bestimmt. Es empfiehlt sich daher, die Vorschriften über Einzahlungsquittungen entsprechend anzuwenden.[119]

Für die bei der Auslieferung vorgeschriebene Quittung werden zweckmäßigerweise die Bestimmungen über die Auszahlungsnachweise entsprechend angewandt.[120]

Schließlich hat die Gemeindekasse über die Annahme und Auslieferung der zu verwahrenden Wertgegenstände Buch zu führen. Dabei sind die Grundsätze für die Buchführung (§ 22 GemKVO) und die Vorschriften über die Form und Sicherung der Bücher (§ 23 GemKVO) zu beachten.[121]

Eine getrennte zeitliche und sachliche Erfassung der Vorgänge ist nicht vorgeschrieben. Durch die Buchführung muss jedoch jederzeit ein geordneter Nachweis der verwahrten Wertgegenstände gewährleistet sein.

Deshalb sollten in den entsprechenden Büchern (üblich sind Wertesachbücher oder Verzeichnisse – Karteien – über Wertgegenstände) mindestens folgende Angaben enthalten sein:

- der Tag der Annahme oder der Auslieferung;
- die Bezeichnung des Einlieferers oder des Empfängers der Wertgegenstände;

119 Zu Einzelheiten vgl. Rdnr. 1113.
120 Zu Einzelheiten vgl. Rdnr. 1118.
121 Zu Einzelheiten vgl. Rdnrn. 1141 und 1142ff.

- die Art und die Zahl der angenommenen oder ausgelieferten Gegenstände; gegebenenfalls auch ihr Wert in Euro.

## IX. Verwahrung anderer Gegenstände

Der Bürgermeister kann die Gemeindekasse in geeigneten Fällen auch mit der Verwahrung anderer Gegenstände als Wertgegenstände beauftragen (§ 21 i. V. m. § 1 Abs. 2 GemKVO). **1131**

Zu diesen Gegenständen, die der Gemeinde gehören oder von ihr zu verwahren sind, zählen:

- Bürgschaftsurkunden und Versicherungsscheine,
- wertvolle Geschichtsurkunden,
- Kostbarkeiten wie Edelsteine oder Schmuck,
- wertvolle Fundsachen,
- gepfändete Wertsachen.

Die Gemeindekasse darf allerdings nur mit der Verwahrung beauftragt werden, wenn sie sich mit ihrer personellen und sachlichen Ausstattung für diese weitere Aufgabe eignet und die Erfüllung der eigentlichen Aufgaben der Gemeindekasse nicht beeinträchtigt wird. Deshalb hat der Bürgermeister vor seiner Entscheidung jeweils zu prüfen, ob nicht eine zweckmäßigere Lösung (Verwahrung durch eine andere Dienststelle der Gemeinde; Verwahrung im Depot eines Kreditinstituts) möglich ist.

Falls die Verwahrung anderer Gegenstände der Gemeindekasse zugewiesen wird, hat sie über deren Annahme und Auslieferung wie bei Wertgegenständen Buch zu führen.[122] Für die notwendigen Einlieferungs- bzw. Auslieferungsanordnungen sowie für die Quittungen bei Annahme und Auslieferung gilt das für Wertgegenstände Ausgeführte[122] entsprechend.

Die verwahrten anderen Gegenstände müssen wie die Zahlungsmittel der Gemeinde in einem feuer-, diebes- und einbruchsicheren Kassenbehälter untergebracht werden.[123] Die Gegenstände dürfen regelmäßig nur von den damit beauftragten Bediensteten der Gemeindekasse und nur in den Räumen der Gemeindekasse angenommen oder ausgehändigt werden. Der Bürgermeister kann andere Personen mit der Annahme oder Aushändigung betrauen (§ 21 i. V. m. § 12 Abs. 2 GemKVO). Auch ist es nur in Ausnahmefällen (z. B. wenn es zum Dienstauftrag eines Bediensteten gehört) gestattet, andere verwahrte Gegenstände einem Gemeindebediensteten zur Weitergabe an Dritte auszuhändigen (§ 21 i. V. m. § 12 Abs. 3 GemKVO).

122 Näheres in Rdnr. 1130.
123 Zu Einzelheiten vgl. Rdnr. 1124.

Teil J:

# Kommunales Rechnungswesen

*Konrad Faiß*



J

# I. Allgemeines

## 1. Begriff, Ziele

Das Rechnungswesen umfasst die Buchführung und den Abschluss der Bücher. Im Rechnungswesen wird Rechenschaft über die Abwicklung des Haushaltsplanes sowie über die Kassen-, Vermögens- und Schuldenverwaltung abgelegt. Ausgangspunkt für das Rechnungswesen ist das Kassenwesen; es ordnet die kassenmäßigen Vorgänge in zeitlicher und sachlicher Hinsicht und belegt die Buchungen mit den erforderlichen Unterlagen (Rechnungsbelegen). Den Abschluss bildet die Jahresrechnung. **1132**

Die Verwaltung ist grundsätzlich an die Haushaltssatzung und an die Veranschlagungen des Haushaltsplanes gebunden.[1] Die Jahresrechnung[2] ist das formale und inhaltliche Gegenstück zum Haushaltsplan. Die Jahresrechnung weist nach, inwieweit der Haushaltsplan eingehalten und welche haushaltsfremden Vorgänge abgewickelt wurden. Außerdem ermöglicht die Rechnungslegung eine wirksame Kontrolle der Gemeindeverwaltung durch den Gemeinderat und durch die Prüfungsorgane. Die Rechnungsführung der Gemeinden wird in Form der örtlichen oder überörtlichen Prüfung überwacht.[3]

## 2. Rechtsquellen

### 2.1 Anwendung der Rechtsvorschriften

Die Vorschriften über das Rechnungswesen gelten nicht nur für die Gemeinden, sondern auch für die Landkreise,[4] für die Zweckverbände[5] und grundsätzlich auch für die örtlichen Stiftungen.[6] **1133**

### 2.2 Die einzelnen Rechtsquellen

Die grundlegenden Bestimmungen über das Rechnungswesen enthält §95 GemO. Nach §144 Nr. 24 GemO regelt das Innenministerium durch Rechtsverordnung Inhalt und Gestaltung der Jahresrechnung sowie die Abdeckung von Fehlbeträgen. Das Innenministerium kann dabei bestimmen, dass vom Nachweis des Sachvermögens in der Jahresrechnung abgesehen werden kann. **1134**

Die §§39 bis 44 GemHVO regeln die Aufstellung der Jahresrechnung. Die das Rechnungswesen betreffenden Vorschriften werden durch die VwV Gliederung und Gruppierung[7] ergänzt. Für das Rechnungswesen

1 §80 Abs. 3 GemO.
2 Zum Inhalt der Jahresrechnung vgl. §95 GemO sowie §§39 bis 44 GemHVO.
3 Näheres in Rdnrn. 1259ff.
4 Vgl. §48 LKrO.
5 §18 GKZ.
6 §101 GemO.
7 VSV 6306.

ist vor allem die Anlage 16 von Bedeutung. Diese Anlage enthält ein verbindliches Muster für die Aufstellung der Haushaltsrechnung. Die Anlage 17 enthält ein verbindliches Muster für die Feststellung und Aufgliederung des Ergebnisses der Haushaltsrechnung. Des Weiteren ist bei der Buchführung die Gliederung und Gruppierung (Anlage 1 und 2 zu VwV Gliederung und Gruppierung) mit den Zuordnungsvorschriften zu beachten. Auf die VwV zur Vermögensrechnung ist ebenfalls hinzuweisen.[8]

Die GemKVO[9] regelt die Buchführung.[10] Durch VO vom 23. 8. 2001 wurde die GemKVO der neueren Entwicklung angepasst.[11]

Die Gemeinden können durch eine Dienstanweisung die Vorschriften der GemKVO noch ergänzen.[12]

## 3. Fortentwicklung der Buchführung zur Darstellung des Ressourcenverbrauchs

### 3.1 Allgemeines

1135 Ein Kernpunkt der gegenwärtig diskutierten Reform des kommunalen Haushalts- und Rechnungswesens und des kommunalen Haushaltsrechts ist der Übergang von einer Geldverbrauchsrechnung zur Ressourcenverbrauchsrechnung, nicht nur bei den Gebührenhaushalten, sondern flächendeckend. Während bei der Geldverbrauchsrechnung in erster Linie die Bewirtschaftung der Einnahmen und Ausgaben (der Geldvorgänge) nachgewiesen wird, wird bei der Ressourcenverbrauchsrechnung der zur Werterstellung der Verwaltungsleistung notwendige Ressourcenverbrauch (Aufwand) und das anfallende Ressourcenaufkommen (Ertrag) periodengerecht dargestellt.

Die haushaltsrechtliche Umsetzung eines Ressourcenverbrauchskonzeptes ist bei der Kameralistik durch eine Weiterentwicklung des geltenden kommunale Haushaltsrechtes ohne weiteres möglich, beim doppischen Lösungsweg muss ein entsprechendes haushaltsrechtliches Regelwerk geschaffen werden.

### 3.2 Ressourcenverbrauchsrechnung als Instrument der politischen Steuerung

1136 Für die politischen Entscheidungsträger (Gemeinderat, Kreistag, Bürgermeister, Landrat) ist nicht nur von Bedeutung, wie hoch der geldmäßige Planansatz im Haushaltsplan ist und später, bei der Aufstellung der Jahresrechnung auf der Grundlage der Buchführung, was eine kommunale

8 VSV 6307.
9 VSV 6322.
10 Vgl. §§ 22 bis 34 GemKVO.
11 GBl. S. 532 und Gemeindekasse 2002/3.
12 Muster einer Dienstanweisung in BWGZ 1993, S. 41.

Aufgabe den Steuerzahler, beschränkt auf den reinen Zahlungsvorgang, kostet. Vielmehr ist für die politische Steuerung von entscheidender Bedeutung, welchen Aufwand das kommunale Produkt, unter Einbeziehung von Abschreibungen, kalkulatorischen Zinsen und internen Leistungsverrechnungen, verursacht. Es muss dann, soweit es sich nicht um Pflichtaufgaben der Kommune handelt, politisch entschieden werden, ob dem Steuerzahler der Gesamtaufwand (der Ressourcenverbrauch) zugemutet werden kann, ob qualitätsmäßige Abstriche mit dem Ziel einer Aufwandsreduzierung politisch vertretbar sind oder ob die Wahrnehmung dieser Aufgabe, auch im Hinblick auf das Wählerverhalten, politisch überhaupt noch akzeptiert werden kann. Eine solche politische Steuerung ist aber nur möglich, wenn der betriebswirtschaftliche Aufwand (Ressourcenverbrauch) bekannt ist. Die kommunalpolitisch verantwortlichen Organe sollen auf der Grundlage einer vollständigen Kosteninformation darüber entscheiden können, ob die zu erbringende Leistung unter Gemeinwohlgesichtspunkten „ihren Preis wert ist"! Grundlage für diese Kosteninformation ist die Buchführung.

### 3.3 Kameralistik

Die Kameralistik orientiert sich an den Wirtschaftszielen der öffentlichen **1137**
Verwaltung. Ihr Wirtschaftsziel ist insbesondere die ökonomische Erfüllung der öffentlichen Aufgaben. Die öffentliche Verwaltung muss mit den im Haushaltsplan bereitgestellten Mitteln auskommen. Die Buchführung der öffentlichen Verwaltung muss daher die Herkunft der Mittel und ihre Verwendung entsprechend den Haushaltsansätzen und außerdem die Rückwirkung auf das Vermögen und die Schulden nachweisen. Hinzu kommt die buchungsmäßige Darstellung des leistungsbezogenen Wertverzehrs (die betriebswirtschaftlichen Kosten oder, mit anderen Worten, des Ressourcenverbrauchs) bei den kostenrechnenden Einrichtungen (Gebührenhaushalten) durch die Aufnahme von kalkulatorischen Abschreibungen, kalkulatorischen Zinsen sowie den internen Leistungsverrechnungen. Festzuhalten ist, dass der Ressourcenverbrauch bei den kostenrechnenden Einrichtungen auch bei dem Buchführungssystem „Kameralistik" ausgewiesen wird. Die Darstellung des Ressourcenverbrauchs ist somit kein Problem der Buchungssystematik. Um eine flächendeckende „Ressourcenverbrauchsrechnung" zu verwirklichen, muss folglich nicht das Buchführungssystem geändert werden. Vielmehr wäre eine Ausdehnung der haushaltsrechtlichen Vorschriften, die bisher nur für die kostenrechnenden Einrichtungen gelten, auf den gesamten Verwaltungsbereich erforderlich. Durch eine **Vollvermögensrechnung,** wie sie in Baden-Württemberg empfohlen wird, würden die Ergebnisse in eine kaufmännische Bilanz übergeleitet.[13]

13 Vgl. Rdnrn. 1211ff.

### 3.4 Doppik

1138 Ein privatwirtschaftliches Unternehmen verfolgt das Ziel der Gewinnmaximierung. Entsprechend muss die Buchführung ausgerichtet sein und den Wirtschaftserfolg (Gewinn oder Verlust) ausweisen. Die Doppik zielt mit ihren Rechnungsgrößen „Aufwand" und „Ertrag" traditionell auf die Abbildung des Ressourcenverbrauchs einer Periode ab. Durch die Verknüpfung von Erfolgsrechnung und Bestandsrechnung stellt die Doppik ein geschlossenes System mit einem Zwang zur Vollständigkeit dar. Dieser Zwang zur Vollständigkeit ist allerdings auch bei der Vollvermögensrechnung, die ihre Grundlage in der Kameralistik hat, gegeben.

Nach dem von Prof. Dr. Lüder vorgeschlagenen Modell[14] soll das Rechnungssystem aus einer Vermögensrechnung, einer Ergebnisrechnung und einer Finanzrechnung bestehen, die im doppischen Verbund geführt werden (die Kostenrechnung soll wohl außerhalb der Doppik statistisch geführt werden). Die als Vermögensrechnung und als Ergebnisrechnung bezeichneten Komponenten entsprechen in etwa der Bilanz und der Gewinn- und Verlustrechnung im Sinne der kaufmännischen Buchführung. Neu ist die Finanzrechnung, deren buchungstechnische Anbindung an das Rechnungssystem mit der Verknüpfung zwischen Vermögens- und Ergebnisrechnung vergleichbar ist. Sämtliche Veränderungen der liquiden Mittel werden in der Finanzrechnung gebucht; der Saldo geht dann am Ende der Rechnungsperiode in das Bestandskonto „liquide Mittel" in die Vermögensrechnung.

### 3.5 Fazit

1139 Die Darstellung des Ressourcenverbrauchs ist sowohl bei der kameralistischen als auch bei der doppischen Buchführungsform möglich. Ob das Rechnungswesen der öffentlichen Hand (Bund, Länder und Kommunen) zu einer Ressourcenverbrauchsrechnung weiterentwickelt wird, ist in erster Linie eine Frage des politischen Willens der zuständigen Gesetzgebungsorgane. Das Haushalts- und Rechnungswesen von Bund, Ländern und Kommunen müsste dann eine entsprechende Verpflichtung vorsehen. Ein weiteres Problem ist, ob die vorhandenen Personalressourcen ausreichen und, falls notwendig, diese aufgestockt werden. Allein die unabdingbare detaillierte Erfassung und Bewertung des gesamten Sachvermögens sowie dessen Fortschreibung und die genaue Zuordnung der Kosten zu den Produkten erfordert einen zusätzlichen Verwaltungsaufwand. Trotzdem ist an der Forderung festzuhalten, im Rahmen des gegenwärtigen Reformprozesses einen Schwerpunkt auf die Darstellung des Ressourcenverbrauchs insgesamt, aber auch für das einzelne Verwaltungsprodukt, zu legen. Die Ermittlungen des Ressourcenverbrauchs je Produkt und Fach-

14 *Lüder*, Konzeptionelle Grundlagen des Neuen Kommunalen Rechnungswesen (Speyerer Verfahren).

bereich sowie des Ressourcenverbrauchs insgesamt und des Ressourcenaufkommens in mindestens gleicher Höhe wird künftig wohl der Kristallisations- und Ausgangspunkt im gesamten Steuerungsprozess sein.

Die haushaltsrechtliche und buchungstechnische Umsetzung ist beim kameralistischen Lösungsansatz durch die Weiterentwicklung des geltenden Haushaltsrechtes und Rechnungswesens möglich, beim doppischen Lösungsweg muss ein entsprechendes Regelwerk geschaffen werden. Langfristig wird die doppische Lösung vorzuziehen sein. Dafür spricht, dass die Kommunen in erheblichem Maße Auslagerungen in Eigenbetriebe und Eigengesellschaften vorgenommen haben und diese in der kaufmännischen Rechnungsweise führen. Es wird sich nicht lohnen, auf die Dauer zwei Buchführungssysteme aufrechtzuerhalten (Vorhalten von Fachwissen und Software für zwei Systeme). Die Reihenfolge müsste aber wohl sein: zunächst schrittweise Einführung des Ressourcenverbrauchskonzepts (bei der Aufstellung des Haushaltsplans und der Jahresrechnung) nach vorausgegangener Bewertung des Sachvermögens und später die Vereinheitlichung der Buchführungssysteme auf der Grundlage der Doppik. Baden-Württemberg hat durch die bilanzmäßige Darstellung der Vermögensrechnung bereits einen Vorsprung gegenüber den anderen Bundesländern. Für Kommunen, die die Vollvermögensrechnung praktizieren, wird die Umstellung einfacher sein.

## II. Buchführung

### 1. Zweck der Buchführung

Für die öffentliche Verwaltung wurde eine besondere Verwaltungsbuchführung (Kameralistik) entwickelt. Durch die Buchführung der öffentlichen Verwaltung muss die Herkunft der Mittel und die Einhaltung der Haushaltsansätze nachgewiesen werden. Außerdem müssen alle kassenmäßigen Vorgänge festgehalten werden. Hierzu dienen insbesondere das Zeitbuch, hilfsweise die Kontogegenbücher und das Tagesabschlussbuch. Mit Hilfe dieser Bücher kann jederzeit nachgewiesen werden, wie hoch der Kassenbestand ist. Auch muss aus der Buchführung ersichtlich sein, inwieweit die Kasse die ihr zugegangenen Kassenanordnungen ausgeführt hat und in welchem Umfang Kassenreste bestehen. Im Bereich der Verwahrgelder und Vorschüsse hat die Buchführung aufzuzeigen, inwieweit diese Vorgänge kassenmäßig abgewickelt wurden. Dasselbe gilt für die Abwicklung sonstiger haushaltsfremder Vorgänge.[15] Schließlich ist die Buchführung die Grundlage für die Jahresrechnung; die Buchführung muss so eingerichtet sein, dass sie die Daten für die Jahresrechnung liefern kann. 1140

15 Z.B. Geldanlagen, Aufnahme von Kassenkrediten.

Außerdem sind die Ergebnisse der Buchführung die Grundlage für die Kosten- und Leistungsrechnungen.[16] Wegen der erforderlichen Stärkung des Kostenbewusstseins in der öffentlichen Verwaltung gewinnt diese Funktion der Buchführung zunehmend an Bedeutung.

## 2. Grundsätze für die Buchführung

1141 Die Buchführung muss ordnungsmäßig, sicher und wirtschaftlich sein. Ordnungsgemäße Buchführung bedeutet, dass die Buchungen und die sonst erforderlichen Aufzeichnungen vollständig, richtig, zeitgerecht, geordnet und nachprüfbar vorzunehmen sind.[17] Eine Buchführung ist dann geordnet, wenn sie einen sachverständigen Dritten in den Stand setzt, sich in angemessener Zeit einen Überblick über die Geschäftsvorfälle und über die Vermögenslage zu verschaffen.[18] Da die Gemeinden in Teilbereichen auch steuerpflichtig sind,[19] muss die Buchführung insoweit den Anforderungen des Steuerrechts entsprechen.

Besonders wirtschaftlich sind solche Buchführungstechniken, die die zeitliche und sachliche Buchung auf Grund gleicher Datenträger erledigen. Dies ist allgemein üblich. Die Wirtschaftlichkeit der Buchführung ist dann gegeben, wenn die genannten Grundsätze (ordnungsmäßig, sicher) mit möglichst geringem Aufwand erreicht werden. Die Buchführung kann von der Gemeindekasse abgetrennt werden.[20] In diesem Fall muss sichergestellt werden, dass das Zeit- und Sachbuch rechtzeitig und ordnungsmäßig für den Jahresabschluss abgestimmt werden. Von einer solchen Abtrennung ist aus Gründen der Wirtschaftlichkeit abzuraten. Sie ist bei den landesüblichen EDV-Verfahren nicht möglich.

Die Sicherung der Buchführung ist vor allem in § 23 GemHVO geregelt. Die personellen und organisatorischen Regelungen sind so zu treffen, dass fahrlässige oder beabsichtigte Verfälschungen und Änderungen an den Eintragungen in den Büchern unmöglich oder zumindest erschwert sind.[21] Zu erwähnen ist auch der Belegzwang,[22] d.h., jede Buchung muss ordnungsgemäß durch schriftliche Unterlagen belegt sein. Auch muss jeder Beleg zu einer Buchung führen. Unter einer zeitgerechten Buchung ist zu verstehen, dass die Buchungen möglichst gleichzeitig mit dem Anfall der Zahlungen vorgenommen werden. Dies ist schon wegen der Erstellung des Tagesabschlusses[23] erforderlich.

16 Vgl. § 12 Abs. 2 und 3 GemHVO.
17 Vgl. auch § 146 AO.
18 Vgl. Anwendungserlass zur AO – zu § 146 AO.
19 Z.B. Betriebe gewerblicher Art.
20 Vgl. § 93 Abs. 1 Satz 2 GemO.
21 Zu Einzelheiten vgl. Rdnrn. 1145ff.
22 § 33 GemKVO und Rdnr. 1226.
23 § 31 GemKVO.

Die Grundsätze für die Buchführung gelten für alle von der Gemeinde zu führenden Bücher, so vor allem für das Zeitbuch, für das Sachbuch und für die sonstigen Bücher (z.B. Tagesabschlussbuch, Scheck- und Wechselüberwachungsbuch, Kontogegenbücher), aber auch für den buchungsmäßigen Nachweis der zu verwahrenden Gegenstände sowie für die Vermögensführung (Bestandsverzeichnisse, Anlagenachweise).[24]

## 3. Form und Sicherung der Bücher

### 3.1 Form der Bücher

In § 24 Abs. 1 GemKVO werden bei der Buchführung zwei Techniken unterschieden: **1142**

- die Speicherbuchführung und
- die visuell lesbare Buchführung.

Welche Buchführungsform gewählt wird, hat die Gemeinde zu entscheiden. Die Zuständigkeit innerhalb der Gemeindeorgane richtet sich nach dem Kommunalverfassungsrecht.[25]

#### 3.1.1 Speicherbuchführung

Bei der Speicherbuchführung werden die Bücher auf von Menschen nicht lesbaren Speichern geführt. Zu Recht stellt die GemKVO die Speicherbuchführung an die erste Stelle, denn diese Form ist dominierend. **1143**

Werden in Form von magnetischen Speichern oder sonstigen visuell nicht lesbaren Speichern geführte Bücher vollständig ausgedruckt oder auf Bildträger (z.B. durch Mikroverfilmung) dauerhaft übernommen, gelten die Ausdrucke oder die Bildträger als Bücher in visuell lesbarer Form.

#### 3.1.2 Visuell lesbare Buchführung

Hierbei handelt es sich um die herkömmliche Art der Buchführung. Die Bücher können in gebundener, gehefteter, in Loseblatt- oder Karteiform geführt werden. Dabei ist es unerheblich, ob die Eintragungen handschriftlich oder maschinell vorgenommen wurden. **1144**

### 3.2 Sicherung der Bücher[26]

#### 3.2.1 Speicherbuchführung

Bei der Speicherbuchführung müssen gültige Programme verwendet werden, die dokumentiert und von der vom Bürgermeister bestimmten Stelle für die jeweilige Anwendung freigegeben sind. **1145**

24 § 20 GemKVO.
25 Für die Erledigung von Verwaltungsangelegenheiten ist nach § 44 GemO der Bürgermeister zuständig. Die erstmalige Anwendung der Speicherbuchführung (z.B. Übernahme landeseinheitlicher Programme) oder grundlegende Veränderungen (z.B. Einführung neuer EDV-Systeme) dürfte aber eine Grundsatzentscheidung sein, für die nach § 24 Abs. 1 GemO der Gemeinderat zuständig ist.
26 § 23 Abs. 2 bis 4 GemKVO.

Die Programme sehen bei der Speicherbuchführung häufig eine besondere Zuordnung der gebuchten Beträge nach verschlüsselten Angaben vor. Ohne Kenntnis des Schlüssels ist dann selbst nach Ausdruck der Buchungen nicht ersichtlich, ob der Buchungsvorgang auch ordnungsgemäß abgewickelt worden ist. Um die Speicherbuchführung nachvollziehbar und nachprüfbar zu machen, ist es daher notwendig, nicht nur die Datenträger selbst aufzubewahren, sondern auch eine genaue Beschreibung der Programme, mit deren Hilfe die Buchung seinerzeit bewirkt wurde.

Sofern Softwarehäuser zur Übergabe detaillierter und nachvollziehbarer Programmbeschreibungen, insbesondere des Quell-Codes, an die Gemeinde nicht bereit sind, sollte die Hinterlegung bei einer öffentlichen Stelle (z.B. bei einem Notar) erfolgen. Auf jeden Fall muss sichergestellt werden, dass beim Ausstieg eines Softwarehauses aus der Programmentwicklung oder -betreuung die Buchführung weitergeführt und die verwendeten Programme von Dritten nachvollzogen werden können.

Die Programmprüfung ist bei Programmen, die von der Datenzentrale und den Zusammenschlüssen für kommunale Datenverarbeitung oder von Unternehmen, an denen diese beteiligt sind, angeboten werden, Aufgabe der Gemeindeprüfungsanstalt. Auf Ersuchen der Gemeindeprüfungsanstalt kann das Rechnungsprüfungsamt einer beteiligten Gemeinde vom Bürgermeister mit der Mitwirkung an der Prüfung oder mit der Durchführung beauftragt werden. Es können mehrere Rechnungsprüfungsämter gemeinsam an einer Programmprüfung mitwirken oder diese durchführen. Für die Prüfung der übrigen Programme ist in Gemeinden mit einem Rechnungsprüfungsamt dieses und in anderen Gemeinden der Bürgermeister oder die von ihm bestimmte Stelle der Gemeinde zuständig. Nach der Entscheidung des Bürgermeisters können sich die zuständigen Stellen bei der Durchführung der Prüfung Dritter bedienen. Auch ist über die Prüfung ein Prüfungsbericht zu fertigen, der dem Bürgermeister vorzulegen ist, wenn dieser nicht selbst geprüft hat.

Die Prüfungspflicht entfällt bei einfachen Programmen von geringer finanzwirtschaftlicher Bedeutung, wenn die ordnungsgemäße Abwicklung bereits im Rahmen der Freigabe ihrer Anwendung festgestellt wird.[27]

Juristisch betrachtet wird wohl nur der Bürgermeister selbst die Programmfreigabe für seine Gemeinde durchführen können.

Bei der Speicherbuchführung muss weiter sichergestellt sein, dass die Daten vollständig und richtig erfasst, eingegeben, verarbeitet, gespeichert und ausgegeben werden. Weiter müssen Vorkehrungen getroffen werden, dass in das automatisierte Verfahren nicht unbefugt eingegriffen werden kann, die gespeicherten Daten nicht verloren gehen und nicht unbefugt verändert werden können. Diese Anforderungen sind durch pro-

27 Zu weiteren Einzelheiten vgl. § 114a GemO und Rdnrn. 1259ff.

grammtechnische Maßnahmen (z.B. Prüfziffern, Plausibilitätsprüfungen, Abstimmungen) sowie durch organisatorische und personelle Maßnahmen der Datensicherung bei allen beteiligten Stellen zu gewährleisten. Es muss möglich sein, die Buchungen bis zum Ablauf der Aufbewahrungsfrist der Bücher[28] jederzeit in angemessener Frist auszudrucken. Die Unterlagen, die für den Nachweis der ordnungsmäßigen maschinellen Abwicklung der Buchungsvorgänge erforderlich sind, einschließlich der Dokumentation der verwendeten Programme und eines Verzeichnisses über den Aufbau der Datensätze, müssen bis zum Ablauf der Aufbewahrungsfrist der Bücher verfügbar sein und jederzeit in angemessener Frist lesbar gemacht werden können. Sind Berichtigungen in den Büchern erforderlich, so müssen diese protokolliert werden; die Protokolle sind wie Belege aufzubewahren.

Die Dialogverfahren lassen eine eindeutige Abgrenzung der Tätigkeitsbereiche Erfassen, Verarbeiten, Speichern und Ausgeben nicht mehr zu. Im Hinblick auf diese Technikentwicklung und die damit einhergehende Vermischung früher trennbarer Tätigkeits- und Verantwortungsbereiche kommt dem Grundsatz der Trennung von Feststellung und Anordnung als regelmäßig erforderliche Sicherungsmaßnahme besondere Bedeutung zu. Eine weitere Sicherungsmaßnahme wäre, dass zuvor von einer anderen Person die Richtigkeit der Lieferung bzw. der Dienstleistung bestätigt wird (sog. Sechs-Augen-Prinzip).

Einzelheiten über die Sicherungen bei der Speicherbuchführung sind in der Dienstanweisung für die Gemeindekasse zu regeln.

### 3.2.2 Visuell lesbare Buchführung

Die Eintragungen sind urkundenecht vorzunehmen. Buchungen können **1146**
also nur mit Tinte, Kugelschreiber, Schreibmaschine oder Buchungsmaschine durchgeführt werden. Die Eintragungen dürfen nur zur Berichtigung von Schreib- und Rechenfehlern und sonstigen offensichtlichen Unrichtigkeiten geändert werden. Dabei sind die Änderungen so vorzunehmen, dass die ursprüngliche Eintragung lesbar bleibt. Werden die visuell lesbaren Buchungen in einem automatisierten Verfahren vorgenommen, sind einige Sicherungen, die bei der Speicherbuchführung vorgeschrieben sind, gleichfalls zu beachten.[29] Auch in diesem Fall dürfen nur gültige Programme verwendet werden, die dokumentiert und von der vom Bürgermeister bestimmten Stelle freigegeben sind. Es muss sichergestellt sein, dass die Daten vollständig und richtig erfasst, eingegeben, verarbeitet, gespeichert und ausgegeben werden und dass in das automatisierte Verfahren nicht unbefugt eingegriffen werden kann. Weiter

28 Vgl. §34 GemKVO.
29 §23 Abs.3 letzter Satz GemKVO.

müssen die Unterlagen, die für den Nachweis der ordnungsmäßigen maschinellen Abwicklung der Buchungsvorgänge erforderlich sind, einschließlich der Dokumentation der verwendeten Programme und eines Verzeichnisses über den Aufbau der Datensätze bis zum Ablauf der Aufbewahrungsfrist der Bücher verfügbar sein. Ferner müssen diese Unterlagen jederzeit in angemessener Frist lesbar gemacht werden können.

Bei der visuell lesbaren Buchführung gehört u.a. zur Sicherung des Buchungsverfahrens, dass ein Verzeichnis über die geführten Bücher angelegt wird, Vorkehrungen gegen unbefugten Austausch von Blättern getroffen sowie Fehlerberichtigungen vom Ändernden mit seinem Namenszug bescheinigt werden.

Einzelheiten sind in der Dienstanweisung für die Gemeindekasse zu regeln.

#### 3.2.3 Mikroverfilmung

**1147** Es ist möglich, vor Ablauf der Aufbewahrungsfrist Bücher und Belege auf Bildträger dauerhaft zu übernehmen (Mikroverfilmung), wenn sichergestellt ist, dass die Daten innerhalb der Aufbewahrungsfrist jederzeit in ausgedruckter Form lesbar gemacht werden können.[30] Die Verfilmung von Fremdbelegen muss farbecht (urkundenecht) erfolgen. Werden in Form von magnetischen Speichern oder sonstigen visuell nicht lesbaren Speichern geführte Bücher vollständig auf Bildträger dauerhaft übernommen, gelten die Bildträger als Bücher in visuell lesbarer Form. Bei einer solchen Mikroverfilmung ist durch geeignete organisatorische Maßnahmen sicherzustellen, dass die Aufzeichnungen auf den Bildträgern mit dem Original oder dem Inhalt von magnetischen oder sonstigen visuell nicht lesbaren Datenträgern übereinstimmen und das angewandte Verfahren den an eine ordnungsmäßige und sichere Buchführung zu stellenden Anforderungen entspricht. Dabei sind insbesondere die Verfilmungs- und Folgearbeiten (entwickeln, kopieren, schneiden usw.) von einem sachverständigen Bediensteten zu überwachen und die Bildträger nach der Aufzeichnung auf etwaige technische Mängel zu überprüfen; etwaige fehlerhafte Aufzeichnungen sind durch richtige zu ersetzen.

Über die Aufzeichnungen sollen Nachweise geführt werden, die z.B. die folgende Angaben enthalten müssen:[31]

- Art und Umfang des aufgezeichneten Schriftguts oder des Datenträgerinhalts,
- Bezeichnung der Stelle und der Bediensteten, die die Aufzeichnung vorgenommen und überwacht haben,
- Datum der Aufzeichnung,

30 § 34 Abs. 3 GemKVO.
31 Vgl. § 23 GemKVO.

- Bescheinigung der aufzeichnenden Stelle und des überwachenden Bediensteten, dass das Schriftgut oder der Datenträger ungeändert und vollständig auf Bildträger übernommen worden ist.

Zur Erleichterung einer späteren Nachprüfbarkeit sind die Bücher und Belege jeweils in ihren Zusammenhängen und in der für sie vorgeschriebenen Ordnung auf die Bildträger zu übernehmen. Um Fälschungen zu vermeiden, müssen Riss- und Klebestellen an Bildträgern erkennbar bleiben.

## 4. Die Bücher im Einzelnen

### 4.1 Allgemeines

Die Einnahmen und Ausgaben sind in zeitlicher Reihenfolge und in sach- **1148**
licher Ordnung zu buchen. Die zeitliche Reihenfolge richtet sich nach dem Buchungstag,[32] die Buchung in sachlicher Ordnung nach der Gliederung und Gruppierung des Haushaltsplans, wobei haushaltsfremde Vorgänge in einem besonderen Sachbuchteil darzustellen sind.

Es ist möglich, die Bücher so rechtzeitig vor Beginn des Haushaltsjahres anzulegen, dass die im vorausgehenden Haushaltsjahr eingehenden oder zu zahlenden Beträge, die nach speziellen Vorschriften[33] in die Haushaltsrechnung des neuen Jahres gehören, unmittelbar in den Büchern des neuen Jahres gebucht werden können. Werden die Bücher erst zu Beginn des neuen Jahres eröffnet, können solche Beträge zunächst im Sachbuch für haushaltsfremde Vorgänge des alten Jahres gebucht und nach Eröffnung der Bücher für das neue Jahr in diese übertragen werden.

Die Bücher sind grundsätzlich für ein Haushaltsjahr zu führen. Dies gilt auch dann, wenn die Haushaltssatzung und der Haushaltsplan Festsetzungen für zwei Jahre enthält. Eine Ausnahme besteht für die Kontogegenbücher und das Tagesabschlussbuch; diese Bücher können für mehrere Jahre geführt werden, weil in ihnen kein Jahresergebnis festzuhalten ist.

Die von den Gemeinden zu führenden Bücher lassen sich entsprechend ihrer Zweckbestimmung wie folgt einteilen:

a) Bücher, in denen die Buchungen in zeitlicher Reihenfolge vorgenommen werden. Dies sind:
   - das Zeitbuch – evtl. mit Vorbüchern,[34]
   - das Tagesabschlussbuch,[35]
   - die Kontogegenbücher sowie

32 § 26 GemKVO.
33 Einnahmen und Ausgaben bei abweichendem Wirtschaftsjahr nach § 36 GemHVO, Rechnungsabgrenzung nach § 42 Abs. 2 und 3 GemHVO.
34 § 25 GemKVO.
35 § 31 GemKVO.

- das Schecküberwachungsbuch und das Wechselüberwachungsbuch;[36]

b) Bücher, in denen die Buchungen nach der sachlichen Ordnung vorzunehmen sind:
- das Sachbuch[37] – evtl. mit Vorbüchern –,
- das in folgende Teile zu gliedern ist:
- das Sachbuch für den Verwaltungshaushalt,
- das Sachbuch für den Vermögenshaushalt,
- das Sachbuch für haushaltsfremde Vorgänge.

Die haushaltsfremden Vorgänge betreffen die durchlaufenden Gelder und fremden Mittel, die Verwahrgelder und Vorschüsse sowie Vorgänge des Geldvermögens.

### 4.2 Zeitbuch

**1149** Die Ein- und Auszahlungen sind getrennt voneinander im Zeitbuch nach der Zeitfolge zu buchen. Für die Festlegung der Zeitfolge ist der Buchungstag[38] maßgebend. Die Buchungen im Zeitbuch können einzeln oder zusammengefasst vorgenommen werden. Eine Zusammenfassung ist dann möglich, wenn einzelne Einnahme- oder Ausgabearten zunächst in Vorbüchern gebucht und die Ergebnisse dann in das Zeitbuch übertragen werden.

Die Buchung im Zeitbuch umfasst mindestens:

- die laufende Nummer der Eintragung;
- den Buchungstag;
- einen Hinweis, der die Verbindung mit der sachlichen Buchung herstellt, sodass die Eintragungen im Zeitbuch ohne weiteres mit den Eintragungen im Sachbuch verglichen werden können (dabei genügt es, wenn im Zeitbuch ohne Vorbuch die Buchungsstelle des Sachbuchs vermerkt wird);
- den Betrag.

Es ist zu empfehlen, bei visuell lesbarer Buchführung im Zeitbuch auch den Zahlungspflichtigen (bei Einnahmen) oder den Empfangsberechtigten (bei Ausgaben) und den Zahlungsgrund anzugeben. Bei der Speicherbuchführung ist dies wegen der dafür erforderlichen und im Einzelfall stark unterschiedlichen Speicherkapazität meist nicht zweckmäßig.

Die gebuchten Beträge können nach dem Tagesabschluss nicht mehr geändert werden, da sonst auch der Tagesabschluss (Kassen-Sollbestand) geändert werden müßte. Werden nach Fertigung des Tagesabschlusses

36 § 29 Abs. 1 GemKVO und die Anlage zu § 13 GemKVO.
37 § 27 GemKVO.
38 § 26 GemKVO.

Fehler festgestellt, so sind diese Fehler nicht durch Änderung der falschen Eintragungen zu berichtigen, sondern durch entsprechende Stornierungen mit Verweis auf die falschen Eintragungen. Dies ist erforderlich, um den Tagesabschluss nachprüfbar zu machen.

Werden zum Zeitbuch Vorbücher geführt, so muss sich der oben dargestellte Buchungsinhalt aus den Vorbüchern ergeben. Auch die in den Vorbüchern gebuchten Beträge dürfen nach dem Tagesabschluss nicht mehr geändert werden.

Sonderspalten im Zeitbuch sind dann erforderlich, wenn die Gemeindekasse fremde Kassengeschäfte[39] ohne Kassenbestandstrennung mitverwaltet. Von solchen Sonderspalten kann abgesehen werden, wenn sich die Einzahlungen und Auszahlungen täglich aus anderen Aufzeichnungen ergeben. Wenn durch das Zeitbuch der Bestand und die Veränderungen der Konten überwacht werden können, entfällt die Pflicht zur Führung eines Kontogegenbuches.

Im Zeitbuch und in den Vorbüchern dürfen nach den Grundsätzen ordnungsmäßiger Buchführung keine Zeilen freigelassen und mit Ausnahme von Berichtigungen keine Eintragungen zwischen den Zeilen vorgenommen werden. Fehlerberichtigungen sind vom Ändernden mit seinem Namenszug zu bescheinigen. Im automatisierten Verfahren müssen die Zeilen mit Eintragungen fortlaufend nummeriert werden oder ein anderes Ordnungsmerkmal tragen.

Aus Gründen der Verwaltungsvereinfachung können im Zeitbuch mehrere Beträge aufgrund von Zusammenstellungen von Belegen zusammengefasst gebucht werden. Um eine spätere Nachprüfung der Zusammensetzung der Beträge zu ermöglichen, sind die Zusammenstellungen als Belege zum Zeitbuch aufzubewahren.

Bei der Speicherbuchführung muss das Zeitbuch für jeden Buchungstag ausgedruckt werden. Die Buchung ist bei der Speicherbuchführung mit der Aufnahme in den Speicher vollzogen. Nach dem Ausdruck des Zeitbuches gilt dann der Ausdruck als Buch in visuell lesbarer Form, so dass dann eine weitere Aufbewahrung des in Speicherform geführten Zeitbuchs nicht mehr notwendig ist.

### 4.3 Sachbuch

#### 4.3.1 Allgemeines

Das Sachbuch ist so einzurichten, dass aus ihm der kassenmäßige Abschluss und die Haushaltsrechnung entwickelt werden können. Aus dieser Zielsetzung ergibt sich die Notwendigkeit, das Sachbuch in Teilbereiche zu gliedern, und zwar in **1150**

39 § 2 GemKVO.

- das Sachbuch für den Verwaltungshaushalt,
- das Sachbuch für den Vermögenshaushalt,
- das Sachbuch für haushaltsfremde Vorgänge.

Das Sachbuch für den Verwaltungshaushalt und das Sachbuch für den Vermögenshaushalt ermöglichen die Aufstellung der Haushaltsrechnung. Wird das Sachbuch für haushaltsfremde Vorgänge hinzugenommen, so ist die Entwicklung des kassenmäßigen Abschlusses möglich. Die Zuordnung einzelner Einnahmen oder Ausgaben zum Verwaltungshaushalt oder zum Vermögenshaushalt richtet sich nach der Veranschlagungspflicht.[40]

Zwischen den an sich getrennten Sachbüchern für den Verwaltungshaushalt und den Vermögenshaushalt bestehen enge Wechselwirkungen: das Ergebnis des Verwaltungshaushalts wird mit dem Vermögenshaushalt bereinigt, d.h., übrige Mittel des Verwaltungshaushalts werden dem Vermögenshaushalt zugeführt oder bei einem Abmangel im Verwaltungshaushalt werden dem Vermögenshaushalt zum Ausgleich des Verwaltungshaushalts Mittel entnommen. Im Verwaltungshaushalt gibt es also weder einen „Überschuss" noch einen „Fehlbetrag" – denn sein „Deckungserfolg" wird in den Vermögenshaushalt verlagert. Der Ausweis des Ergebnisses in einer Summe trägt auch dem Grundsatz Rechnung, dass der Haushalt in deckungswirtschaftlicher Hinsicht eine Einheit ist.[41]

Die sachliche Buchung muss mindestens umfassen:

a) die zur Sollstellung angeordneten Beträge,

b) die Einzahlungen und die Auszahlungen,

c) den Buchungstag der Einzahlungen oder Auszahlungen,

d) Hinweise, die die Verbindung mit der zeitlichen Buchung und dem Beleg herstellen.

Bei staatlichen Zuwendungen für eine Baumaßnahme kann die Gemeinde verpflichtet sein, ein Bauausgabebuch zu führen. Will die Gemeinde dieses Bauausgabebuch durch einen Auszug aus dem Sachbuch ersetzen, muss die sachliche Buchung außer den Angaben über den Empfänger der Auszahlung das Datum der zugrunde liegenden Rechnung und deren Gegenstand enthalten.

Ähnlich wie zum Zeitbuch können auch zum Sachbuch Vorbücher geführt werden, deren Ergebnisse in das Sachbuch zu übernehmen sind. Diese Vorbücher müssen denselben Inhalt haben wie das Sachbuch. Vor-

40 Vgl. hierzu § 1 GemHVO und Rdnrn. 205ff.

41 Vgl. Nr. 3 der VwV zu § 95 GemO. Dies ergibt sich auch aus dem verbindlichen Gruppierungsplan des Innenministeriums. Dort ist nur bei den Ausgaben des Vermögenshaushalts eine Gruppierungsziffer (992) für die Deckung von Fehlbeträgen vorgesehen. Bei den Ausgaben des Verwaltungshaushalts ist keine entsprechende Gruppierungsziffer festgelegt.

bücher können insbesondere bei gleichartigen Einnahmen in Form sogenannter Hebelisten geführt werden.

### 4.3.2 Sachbuch für den Verwaltungshaushalt und für den Vermögenshaushalt

Aus dem Sachbuch für den Verwaltungshaushalt und aus dem Sachbuch für den Vermögenshaushalt wird die Haushaltsrechnung[42] entwickelt. Deshalb ist es notwendig, die Buchung in diesen Sachbuchteilen nach der Ordnung des Haushaltsplans vorzunehmen und mit allen Angaben zu versehen, die für die Aufstellung der Haushaltsrechnung erforderlich sind. Für jede im Haushaltsplan aufgeführte Haushaltsstelle muss das Sachbuch eine Buchungsstelle (mit Ausnahme der Deckungsreserve) ausweisen, außerdem für die außerplanmäßigen Einnahmen und Ausgaben. 1151

Für die Haushaltsrechnung ist in Anlage 16 zur VwV Gliederung und Gruppierung das nachstehende Muster verbindlich vorgeschrieben:

**Haushaltsrechnung**

Beträge: In Euro* / Spalte 2 bis 5 in DM, Spalte 6 bis 8 in 1000 Euro*

| Haushaltsstelle | Reste vom Vorjahr (K) = Kassenreste (H) = Haushaltsreste | Soll | Ist | Neue Reste (K) = Kassenreste (H) = Haushaltsreste | Planvergleich | | |
|---|---|---|---|---|---|---|---|
| | | Soll = Einnahmen<br>= Ausgaben ./. Haushaltsreste vom Vorjahr (H) + neue Haushaltsreste (H) | | | Haushaltsansatz | Soll (Sp. 3) mehr (+) weniger (–) als Ansatz (Sp. 6) | Zulässige Mehrausgaben<br>üpl. oder apl. bewilligte oder nach § 17 GemHVO gedeckte Ausgaben |
| 1 | 2 | 3 | 4 | 5 | 6 | 7 | 8 |
| | | | | | | | |

*Nichtzutreffendes streichen.

Aufgrund dieser zwingenden Vorschrift über den Inhalt der Haushaltsrechnung ist für das Sachbuch für den Verwaltungshaushalt, für das Sachbuch für den Vermögenshaushalt und für das Sachbuch für haushaltsfremde Vorgänge folgende Spalteneinteilung sinnvoll:

*a) Restesoll (Reste aus Vorjahren)*

In diese Spalte sind die Kassenreste und die Haushaltsreste vom Vorjahr zu übernehmen. Der Unterschied zwischen Kassenresten (zu bezeichnen mit „K") und Haushaltsresten (zu bezeichnen mit „H") ist folgender: Kas- 1152

42 Vgl. § 41 GemHVO i. V. m. den Mustern für die Haushaltsrechnung nach Anlage 16 der VwV Gliederung und Gruppierung.

senreste sind Beträge, um die die Solleinnahmen höher sind als die Isteinnahmen (Kasseneinnahmereste) oder die Sollausgaben höher sind als die Istausgaben (Kassenausgabereste) und die in einem späteren Haushaltsjahr kassenmäßig abgewickelt (bezahlt) werden. Solleinnahmen[43] sind die bis zum Abschlusstag fälligen oder über den Abschlusstag hinaus gestundeten, auf Grund von Annahmeanordnungen zum Soll des Haushaltsjahres gestellten Einnahmen, ohne die erlassenen und niedergeschlagenen Beträge und abzüglich der Abgänge an Kassenresten vom Vorjahr. Sollausgaben[44] sind die bis zum Abschlusstag zu leistenden und auf Grund von Auszahlungsanordnungen zum Soll des Haushaltsjahres gestellten Ausgaben, abzüglich der Abgänge an Kassenresten vom Vorjahr.

Haushaltsreste sind dagegen Einnahme- und Ausgabemittel, die in das folgende Jahr übertragen werden.[45] Bei der Bildung von Haushaltseinnahmeresten werden noch nicht fällige Einnahmen in die Deckungsrechnung des laufenden Jahres einbezogen (Deckungsvorgriff); im neuen Jahr ist der Mitteleingang „deckungsneutral". Bei der Bildung von Haushaltsausgabenresten werden noch nicht fällige Ausgaben deckungswirksam als Ausgabe des laufenden Jahres gebucht; im neuen Jahr erfolgt der Mittelabfluss gleichfalls „deckungsneutral". Der wesentliche formale Unterschied zwischen Kassenresten und Haushaltsresten liegt darin, dass bei Kassenresten infolge der bereits eingetretenen Fälligkeit der jeweiligen Einnahmen und Ausgaben eine Zahlungsanordnung vorliegt, während bei Haushaltsresten mangels eingetretener Fälligkeiten eine Zahlungsanordnung noch nicht ergangen ist.

*b) Laufendes Soll (Anordnungssoll des laufenden Jahres)*

**1153** Die Spalte laufendes Soll ist die Zugangsspalte. In ihr werden die zur Annahme oder zur Ausgabe angeordneten Beträge (Anordnungssoll) des laufenden Jahres eingetragen. Außerdem sind in der Spalte laufendes Soll die Haushaltsreste vom Vorjahr abzusetzen, weil diese im Vorjahr durch die Aufnahme in die laufende Sollspalte gebildet wurden und das damalige Rechnungsergebnis beeinflussten. Anordnungen auf Haushaltsreste sind in das Anordnungssoll des laufenden Jahres aufzunehmen. Weiter sind in die Spalte laufendes Soll die neuen Haushaltsreste aufzunehmen, weil aus dem Vergleich der Gesamtsummen des laufenden Solls in Einnahme und Ausgabe das Rechnungsergebnis (z.B. Zuführung an den Vermögenshaushalt, Zuführung zur allgemeinen Rücklage, Fehlbetrag) ermittelt wird und sich die Haushaltsreste auf dieses Gesamtergebnis auswirken müssen.[46] Die Spalte laufendes Soll weist somit das finanzwirt-

43 § 44 Nr. 22 GemHVO.
44 § 46 Nr. 21 GemHVO.
45 § 46 Nr. 10 GemHVO.
46 Durch die Bildung von Haushaltsresten ist im neuen Haushaltsjahr ein Planansatz insoweit nicht erforderlich.

schaftliche Ergebnis der Haushaltsrechnung aus. In ihr sind auch die Absetzungen von den Einnahmen und Ausgaben vorzunehmen.[47]

*c) Ist*

Die Istspalte ist die „Vollzugsspalte" (horizontale Funktion). Sie zeigt, inwieweit die Ansprüche und Verbindlichkeiten des laufenden Jahres und der früheren Jahre im laufenden Jahr kassenmäßig erfüllt worden sind. Der Vollzug bezieht sich sowohl auf die Kassenreste vom Vorjahr als auch auf das laufende Soll. **1154**

Istausgaben sind Ausgaben der Kasse, Isteinnahmen sind Einnahmen der Kasse.[48] Damit ist die Istspalte zugleich Kassenkonto (vertikale Funktion), d.h., die Differenz zwischen der Summe der Isteinnahmen und der Summe der Istausgaben muss sich in der Kasse befinden. Weiter müssen die Summe der Istspalten des Sachbuchs (Einnahmen bzw. Ausgaben) mit der Summe des Zeitbuchs (Einnahmen bzw. Ausgaben) übereinstimmen. In der Regel werden die Eintragungen in die Istspalte des Sachbuchs und die Eintragungen in das Zeitbuch in einem Arbeitsgang (auf der Grundlage eines Erfassungsvorganges) vorgenommen, so dass die Übereinstimmung gewährleistet ist. Der Kassensaldo wird am Schluss des Jahres in das nächste Jahr übertragen.

*d) Rest*

Hier ist die Differenz zwischen dem Soll (Spalten Reste-Soll + laufendes Soll) und der Ist-Spalte aufzunehmen. Die Summe der Restesollspalte + der Spalte laufendes Soll muss stets identisch sein mit der Summe der Spalte Ist + der Spalte Rest. Die Restespalte weist bei der Aufstellung der Jahresrechnung die kassenmäßig noch nicht abgewickelten Ansprüche und Verbindlichkeiten sowie die Haushaltsreste aus; die Beträge in dieser Spalte erscheinen, wie oben dargestellt, im nächsten Jahr in gleicher Höhe in der Spalte Restesoll. **1155**

Auf das Sachbuchblatt für den Verwaltungshaushalt (Einnahmen und Ausgaben), das auf der Seite 776 abgedruckt ist, wird verwiesen. Bei Anwendung des landeseinheitlichen EDV-Verfahrens „FIWES classic" können für die unechte Deckungsfähigkeit (§ 17 GemHVO) und für die echte (gegenseitige) Deckungsfähigkeit (§ 18 GemHVO) automatisiert überwachbare Deckungskreise gebildet werden (vgl. Felder 08 und 61). Der Planvergleich im Rahmen der Haushaltsüberwachung (HÜL) erfolgt dann unter Einbeziehung der aufgrund der Deckungsfähigkeit zur Verfügung stehenden Mittel.

Entsprechend den örtlichen Bedürfnissen können die Angaben in den Sachbuchblättern auch anders angeordnet werden.

47 Vgl. Rdnrn. 1180ff.
48 § 46 Nrn. 15 und 16 GemHVO.

Haushaltsjahr | Blatt | vom

| 01 OKZ | 02 Haushaltsstelle | 03 VKZ | 04 Bem. | 05 Hinweis | 06 Kontenart | 07 verfügbar auf UKto. | 08 autom. Deckungskreis | 09 Fin. St. | 10 Sonst. St. | 11 Bew.-St. | 12 Anf. St. |
|---|---|---|---|---|---|---|---|---|---|---|---|
| 13 Bezeichnung der Haushalte | | | | | 14 Erg. | 17 Bezeichnung der UA (VwH) oder Vorhabens (VmH) | | | | 18 Verg. | 19 Einzeleinn. |

| | | HH | | Lfd. HJ | | | | |
|---|---|---|---|---|---|---|---|---|
| 20 Kassenreste schw. | 21 Haushaltsreste | | 22 Gesamtsumme | | 23 Ansatz lt. Hpl. | 24 Freigabe | 25 Mittel aus GD/ED | 26 Summe MwSt. |
| 30 Kassenreste rot | 31 Haushaltsreste neu | | 32 Rechnungsergeb. bis Vj. | | 33 Veränderung lt. Npl. | 34 Sperre | 35 Mittel aus UD | 36 üpl/apl Bewilligung |

| 40 Auftrag | 41 Belegnr. | 42 Erfassdatum | 43 Buchschl. | 44 Verfügungen = noch offen | 45 Anordnungssoll Dar. MwSt./RV.-Berl. | 46 Ist. Fällig.-Datum | 47 Zahlungsempfänger Korrespondierendes Sachkonto | 48 Ergänzungen Rechn.-Datum.-Nr. |
|---|---|---|---|---|---|---|---|---|
| | | | | | | | | |

| HÜL | | | | | | | | |
|---|---|---|---|---|---|---|---|---|
| | 50 Verpflichtungsermächtigung | 51 offene Verfügungen | 52 Su. Anordnungssoll | 53 Ist gesamt | 54 Ansatz Vorjahr | 56 Rg. bis Vj. + AS lfd. Hj. | | 57 Ges. Su VmH noch verfügb. |
| | 60 verfügbar insgesamt | 61 Mittel Deckungskreis | 62 darin autom. Deckg. | 63 noch verfügbar | 64 Mittelüberschreitg. | 65 % | 66 noch nicht fälliges AS | 67 Hinweis |
| Sachkonten-auszug | 70 Haushaltssoll | | 72 Rechnungsergebnis | 73 Planvergleich | 74 üpl. Inanspruchnahme | | 76 fälliges Anordnungssoll | 77 Kassenreste |

### 4.3.3 Sachbuch für haushaltsfremde Vorgänge

Im Sachbuch für haushaltsfremde Vorgänge sind alle Einnahmen und Ausgaben nachzuweisen, die sich nicht auf den Haushalt auswirken. Dies sind Vorschüsse und Verwahrgelder, aber auch andere haushaltsfremde Vorgänge. Im Einzelnen handelt es sich um die nachfolgend genannten Vorgänge. 1156

*a) Durchlaufende Gelder und fremde Mittel*[49]

Diese werden im Haushalt der Gemeinde nicht veranschlagt. Zu den fremden Mitteln gehören Beträge, die die Gemeinde auf Grund eines Gesetzes unmittelbar für den Haushalt eines anderen öffentlichen Aufgabenträgers einnimmt oder ausgibt, einschl. der ihr zur Selbstbewirtschaftung zugewiesenen Mittel sowie Beträge, die die Kasse des endgültigen Kostenträgers oder eine andere Kasse, die unmittelbar mit dem endgültigen Kostenträger abrechnet, an Stelle der Gemeindekasse einnimmt oder ausgibt. 1157

*b) Vorschüsse und Verwahrgelder*[50]

Als Vorschuss darf eine Ausgabe, die sich auf den Haushalt auswirkt, nur behandelt werden, wenn die Verpflichtung zur Leistung feststeht und die Deckung gewährleistet ist, die Ausgabe aber noch nicht endgültig im Haushalt gebucht werden kann. Dazu gehören auch Gehaltsvorschüsse, die gleichfalls im Sachbuch für haushaltsfremde Vorgänge abzuwickeln sind. Eine Einnahme, die sich auf den Haushalt auswirkt, darf als Verwahrgeld nur behandelt werden, solange sie noch nicht endgültig im Haushalt gebucht werden kann. 1158

*c) Einnahmen und Ausgaben*

Hier sind nur solche Einnahmen und Ausgaben nachzuweisen, die vor Eröffnung der Bücher für das neue Jahr anfallen.[51] 1159

*d) Handvorschüsse*[52] 1160

*e) Fremde Kassengeschäfte*[53]

Nachzuweisen sind solche Kassengeschäfte ohne gesonderte Zeit- und Sachbuchführung. 1161

*f) Zunächst unaufgeklärte Kassenüberschüsse oder Kassenfehlbeträge*

Bei den durchlaufenden Geldern und fremden Mitteln soll darauf geachtet werden, dass sich Einnahmen und Ausgaben für die einzelne Stelle, mit der abzurechnen ist, jeweils leicht zusammenfassen lassen. 1162

49 § 13 GemHVO.
50 § 30 GemHVO.
51 Vgl. § 36 und § 42 Abs. 2 und 3 GemHVO.
52 Vgl. § 4 GemKVO und Rdnr. 1079.
53 Vgl. § 2 GemKVO.

*g) Vermögens- und Abschlusskosten*

1163 Zu den haushaltsfremden Vorgängen gehören auch solche Vorgänge, die sich zwar auf die Kasse und die Vermögensrechnung, nicht aber auf den Haushalt auswirken. Im Einzelnen sind dies:

- Geldanlagen,
- Innere Darlehen,
- Rücklagen,
- Sondervermögen in Geld,
- Kassenkredite.

In einem Abschlusskonto ist der buchmäßige Kassenbestand (Kassenistbestand/Kassenvorgriff) vom Vorjahr in das laufende Jahr und vom laufenden Jahr in das folgende Jahr zu übertragen.[54]

Im württembergischen Landesteil wurden diese Vorgänge früher unmittelbar im Geldvermögenssachbuch abgewickelt. Das Geldvermögenssachbuch war so aufgebaut, dass es dem Mindestinhalt der Vermögensrechnung[55] entsprach. Soweit im früher badischen Landesteil die sogenannte Vollrechnung bestand, ergab sich der Inhalt der Vermögensrechnung aus dem Sachbuch für das Vermögen.

Nach der VwV-VmR ist es möglich, die Vermögensrechnung nach den früheren Regelungen darzustellen.[56] Die Bestandskonten sind dabei im Sachbuch für haushaltsfremde Vorgänge zu führen. Dies bedeutet, dass das bisher geführte Geldvermögenssachbuch bzw. Vermögenssachbuch als besondere Abteilung des Sachbuchs für haushaltsfremde Vorgänge weitergeführt werden könnte. Die Weiterführung hat den Vorteil, dass damit auch die Vermögensrechnung[57] aufgestellt ist, d.h., der Inhalt der Vermögensrechnung ergibt sich unmittelbar aus dem Abschluss dieses Teils des Sachbuchs für haushaltsfremde Vorgänge. Es ist aber auch möglich, die Vermögensrechnung in statistischer Form zu erstellen und in das Sachbuch für haushaltsfremde Vorgänge nur die Bewegungen aufzunehmen, die sich unmittelbar auf den Kassenstand auswirken.[58]

#### 4.3.4 Buchungen im Sachbuch[59]

1164 Die Einnahmen und Ausgaben sind aufgrund von Kassenanordnungen[60] zum Soll zu stellen. Die Kassenanordnungen sind von der Gemeindekasse zu prüfen. Kassenanordnungen, die in der Form den Vorschriften

54 Vgl. Anlage 5 zur VwV-VmR, abgedruckt bei Rdnr. 1241.
55 §43 Abs.1 GemHVO.
56 Vgl. Rdnrn. 1201ff.
57 Nach §43 Abs.1 GemHVO sind die Gemeinden verpflichtet, eine Vermögensrechnung mit dem dort festgelegten Mindestinhalt aufzustellen.
58 Zu der vom IM empfohlenen Vermögensrechnung vgl. Rdnrn. 1201ff.
59 §28 GemKVO.
60 §§6 bis 11 GemKVO, zu Ausnahmen vom Erfordernis der Zahlungsanordnung vgl. §9 GemKVO; vgl. hierzu auch Rdnr. 1101.

nicht entsprechen, dürfen erst ausgeführt werden, wenn die anordnende Stelle sie berichtigt. Gibt der Inhalt einer Kassenanordnung zu Bedenken Anlass, darf sie nur ausgeführt werden, wenn die anordnende Stelle sie schriftlich aufrechterhält.[61] Bei Kassenanordnungen ohne Ausweisung des Betrags[62] kann die Sollstellung erst vorgenommen werden, wenn die Höhe des Betrags feststeht und der Feststellungsvermerk (sachliche und rechnerische Feststellung) vorliegt.

Die Haushaltsrechnung ist eine Sollrechnung. Deshalb ist die ordnungsgemäße Sollstellung Voraussetzung für eine richtige Rechnungslegung. **1165** Weiter gibt die Sollstellung an, welche Einzahlungen von der Gemeindekasse anzunehmen und welche Auszahlungen von der Gemeindekasse zu leisten sind. Auch gibt ein Vergleich zwischen Soll und Ist einen Anhaltspunkt, inwieweit die Kasse ihre Aufgaben ordnungsgemäß durchgeführt hat. Für die Haushaltsüberwachung[63] reicht ein Vergleich zwischen Sollstellung und Haushaltsansatz nicht aus, weil von der Sollstellung sogenannte Schwebeposten (bereits eingegangene Verpflichtungen, die augenblicklich noch keine Zahlungsvorgänge auslösen) nicht erfasst werden. Vielmehr sind in die Haushaltsüberwachung auch diese Schwebeposten mit einzubeziehen.

Grundsätzlich ist die Sollstellung unverzüglich nach Vorlage der Kassenanordnung vorzunehmen. Bei Auszahlungen kann die Sollstellung bis zur Zeitbuchung aufgeschoben werden. Dies wird in der Praxis die Regel sein. Auch dürften keine Bedenken dagegen bestehen, bei den Einnahmen und Ausgaben während des Jahres nur eine Istbuchung vorzunehmen und diese Buchung auch zur Sollbuchung zu erklären. Allerdings ist in einem solchen Fall spätestens zum Schluss des Haushaltsjahres festzustellen, inwieweit Sollbuchungen vorzunehmen sind, die die Istbuchungen übersteigen. Die Differenz, d.h. die Beträge, um die die Solleinnahmen höher sind als die Isteinnahmen oder die Sollausgaben höher sind als die Istausgaben, sind Kassenreste.[64] Zu beachten ist, dass sich der Abschlusstag[65] nur auf die Istbuchungen bezieht; Sollbuchungen folglich auch noch im neuen Jahr vorgenommen werden dürfen. Sollbuchungen, denen keine Istbuchungen gegenüberstehen, weil dies z.B. wegen Ablauf des alten Jahres nicht mehr möglich ist, führen dann regelmäßig zu Kassenresten; sie wirken sich damit auf das Rechnungsergebnis aus. Die Istbuchungen im Sachbuch soll mit der Zeitbuchung vorgenommen werden. Dies ist immer dann der Fall, wenn die zeitlichen und sachlichen Buchungen in einem Arbeitsgang oder auf Grund gleicher Datenträger

61 § 6 Abs. 1 GemKVO und Rdnr. 1098.
62 Z.B. allgemeine Zahlungsanordnungen nach § 8 GemKVO oder Auszahlungsanordnungen für das Lastschrifteneinzugsverfahren nach § 16 GemKVO.
63 § 26 Abs. 2 GemHVO.
64 § 46 Nr. 17 GemHVO.
65 § 32 Abs. 1 GemKVO.

erledigt werden (z.B. bei Anwendung der landeseinheitlichen EDV-Verfahren).

Die Gemeinde muss dafür sorgen, dass die ihr zustehenden Einnahmen rechtzeitig und vollständig zum Soll gestellt werden. Zur Überwachung von vertraglichen Ansprüchen und Verbindlichkeiten, die auch in folgenden Haushaltsjahren zu einer Sollstellung führen können, empfiehlt es sich, die begründenden Unterlagen (Dauerbelege) zu sammeln und nach der Ordnung des Haushaltsplans abzulegen oder ein Vormerkbuch[66] zu führen. Bei Naturalerzeugnissen ist besonders darauf zu achten, dass die Vollständigkeit der Sollstellung anhand begründender Unterlagen (Verzeichnis über Naturalerzeugnisse) nachprüfbar ist.

### 4.4 Weitere Bücher

#### 4.4.1 Vorbücher[67]

1166 Die Führung von Vorbüchern dient der Verwaltungsvereinfachung. Vorbücher können sowohl zum Zeitbuch als auch zum Sachbuch geführt werden. Die Ergebnisse der Vorbücher sind in das Zeitbuch bzw. das Sachbuch zu übernehmen; sie entlasten diese von einer Vielzahl von Buchungen. Es ist zweckmäßig, die Ergebnisse bei der Fertigung des Tagesabschlusses in das Zeitbuch und in das Sachbuch zu übernehmen, so dass der Tagesabschluss auf Grund der Eintragungen im Zeitbuch gefertigt werden kann. Für den Umfang der Eintragungen sowie für die Sicherung der Eintragungen gelten die Vorschriften für das Zeitbuch bzw. das Sachbuch entsprechend.

#### 4.4.2 Kontogegenbücher[68]

1167 Kontogegenbücher weisen den Bestand und die Veränderungen auf den für den Zahlungsverkehr bei Kreditinstituten errichteten Konten der Gemeindekasse nach. Die Kontogegenbücher sind so einzurichten, dass der Bestand jedes einzelnen Kontos für sich getrennt ersehen werden kann. Von der Führung eines Kontogegenbuchs kann abgesehen werden, wenn durch das Zeitbuch oder auf andere Weise der Bestand und die Veränderungen der Konten überwacht werden können.

Für die Kontogegenbücher empfiehlt sich folgender Inhalt:

a) Nummer und Bezeichnung des Kontos,

b) fortlaufende Nummer,

c) Buchungsdatum (das ist der Tag, an dem die Gemeindekasse von der Gutschrift Kenntnis erhielt; bei Auszahlungen der Tag vor der Hingabe des Auftrags an das Kreditinstitut),

66 Vgl. Rdnr. 1172.
67 §§25 Abs.2, 27 Abs.4 GemKVO.
68 §29 Abs.1 GemKVO.

d) Text, d.h. Name des Zahlenden oder des Empfängers,

e) Betrag,

f) Bestand.

Das Kontogegenbuch ist täglich mit dem Kontoauszug des Kreditinstituts abzustimmen (Vergleich des Bestands laut Kontogegenbuch zuzüglich oder abzüglich der Schwebeposten mit dem Bestand gemäß Kontoauszug). Es ist nicht erforderlich, die Eintragungen in die Kontogegenbücher nach Haushaltsjahren zu trennen. Die Bücher können daher für mehrere Jahre geführt werden. Bei der Speicherbuchführung sind die Kontogegenbücher für jeden Tag auszudrucken.

#### 4.4.3 Tagesabschlussbuch[69]

Zum Nachweis der Tagesabschlüsse ist ein Tagesabschlussbuch zu führen. Der Tagesabschluss hat das Ziel, die Zeitbuchergebnisse mit dem Kassenbestand zu vergleichen. Deshalb ist das Tagesabschlussbuch so einzurichten, dass der Kassensollbestand entwickelt und dem Kassenistbestand gegenübergestellt werden kann. Das Tagesabschlussbuch kann für mehrere Jahre geführt werden. Bei der Speicherbuchführung ist es für jeden Buchungstag auszudrucken. **1168**

#### 4.4.4 Schecküberwachungsbuch, Wechselüberwachungsbuch[70]

Aus Gründen der Kassensicherheit sind die eingegangenen Schecks in das Schecküberwachungsbuch einzutragen. Dabei ist die Nummer des Schecks, das bezogene Kreditinstitut, die Kontonummer des Ausstellers, der Betrag und ein Hinweis, durch den die Verbindung mit der Buchführung hergestellt werden kann, in das Schecküberwachungsbuch einzutragen. Von der Führung eines Schecküberwachungsbuches kann abgesehen werden, wenn in anderer Weise die Angaben festgehalten werden und die Einlösung der Schecks überwacht wird. **1169**

Schecks sind zur Vorlage an das Kreditinstitut in einen Scheckeinlieferungsbeleg einzeln einzutragen. Aus diesem Scheckeinlieferungsbeleg ergeben sich die Angaben, die auch im Schecküberwachungsbuch enthalten sein müssten. Die Durchschrift dieses Belegs kann daher als Ersatz für das Schecküberwachungsbuch dienen. Schecküberwachungsbücher werden deshalb nur noch selten geführt.

Da Schecks am Tage des Eingangs im Zeitbuch (Vorbuch) zu buchen sind,[71] müssen sie auch beim Tagesabschluss im Kassenistbestand nachgewiesen werden. Dies geschieht dadurch, dass die Schecks am Tage ih-

69 § 31 Abs. 1 GemKVO und Rdnrn. 1185ff.
70 § 13 GemKVO (Anlage); wegen der kassenmäßigen Behandlung von Wechsel, Schecks, Debitkarten und Kreditkarten vgl. Rdnrn. 1108ff.
71 Vgl. § 26 GemKVO.

res Eingangs in das Kontogegenbuch eingetragen werden. Dadurch werden die Schecks mit dem Bestand laut Kontogegenbuch Teil des Kassenistbestands. Im Vergleich zum Kontoauszug handelt es sich bis zur Gutschrift um einen Schwebeposten.

Ähnlich wie bei den Schecks verhält es sich bei von der Gemeinde ausnahmsweise zahlungshalber entgegengenommenen Wechseln.[72] Wechsel, die nicht zahlungshalber, sondern nur sicherheitshalber angenommen werden, zählen nicht zum Kassenbestand. Auch diese Wechsel sind in ein Wechselüberwachungsbuch einzutragen und von der Gemeindekasse zu verwahren oder einem Kreditinstitut zur Verwahrung zu übergeben.

#### 4.4.5 Niederschlagungsverzeichnis, Gewährleistungsverzeichnis, Vormerkbuch, Bestandsverzeichnis, Anlagenachweise, Verzeichnis über Wertgegenstände

*a) Niederschlagungsverzeichnis*[73]

**1170** Unter Niederschlagung wird die befristete oder unbefristete Zurückstellung der Weiterverfolgung eines fälligen Anspruchs der Gemeinde ohne Verzicht auf den Anspruch selbst verstanden. Die Gemeinden sind verpflichtet, durch geeignete Maßnahmen sicherzustellen, dass die der Gemeinde zustehenden Einnahmen vollständig erfasst und rechtzeitig eingezogen werden.[74] Die niedergeschlagenen Beträge sind, soweit mit einem späteren Einzug gerechnet werden kann, in ein Niederschlagungsverzeichnis einzutragen, weil sonst deren Überwachung nicht möglich wäre. Bei der Überwachung ist insbesondere auf die Unterbrechung der Verjährungsfristen zu achten. Niedergeschlagene Forderungen, mit deren Eingang nicht mehr zu rechnen ist, müssen nicht mehr weiter überwacht werden. Deren Eintrag in das Niederschlagungsverzeichnis ist deshalb nicht erforderlich. Wann dies der Fall ist, ist eine Tatfrage.

Die Niederschlagungsliste kann für mehrere Jahre geführt werden.

*b) Gewährleistungsverzeichnis*

**1171** Im Gewährleistungsverzeichnis werden Garantieleistungen für Arbeiten und Lieferungen vorgemerkt. Die Gewährleistungsverzeichnisse werden in größeren Gemeinden zweckmäßigerweise nicht von der Gemeindekasse, sondern von den Dienststellen geführt, für welche die Arbeiten oder Lieferungen erbracht wurden. Auch ist es möglich, die Gewährleis-

72 Vgl. Rdnr. 1109.
73 Rechtsgrundlagen für die Niederschlagung: a) von öffentlich-rechtlichen Abgaben § 3 Abs. 1 Nr. 4 Buchst. c KAG, §§ 156 Abs. 2 und 261 AO; b) von privatrechtlichen Forderungen § 32 Abs. 2 GemHVO; vgl. hierzu auch § 46 Nr. 19 GemHVO.
74 Vgl. § 25 GemHVO.

tungen im Zusammenhang mit dem Bestandsverzeichnis zu überwachen (Eintrag der Garantien in das Bestandsverzeichnis).

*c) Vormerkbuch*[75]

Zur Überwachung vertraglicher Ansprüche und Verbindlichkeiten, die auch in den folgenden Haushaltsjahren zu einer Sollstellung führen können, empfiehlt es sich, die begründenden Unterlagen nach der Ordnung des Haushaltsplans in einem Vormerkbuch zu sammeln. Dabei ist es sinnvoll, jeweils Kopien (die Originale verbleiben bei den Sachakten) dieser Unterlagen – bei umfangreichen Unterlagen Auszüge mit dem wesentlichen Inhalt – im Vormerkbuch abzulegen. **1172**

*d) Bestandsverzeichnis*[76]

Die Gemeinden haben über die unbeweglichen und beweglichen Sachen und grundstücksgleichen Rechte, die ihr Eigentum sind oder ihr zustehen, Bestandsverzeichnisse zu führen. Die Bestandsverzeichnisse dienen der Überwachung und Kontrolle des Gemeindevermögens. Sie können in Kartei- oder Listenform geführt werden. Auch ist es möglich, dass sie von der Gemeindekasse zentral oder dezentral von den einzelnen Ämtern geführt werden. Aus den Bestandsverzeichnissen müssen Art und Menge sowie Lage oder Standort der Sache ersichtlich sein. **1173**

*e) Anlagenachweise*[77]

Über unbewegliche und bewegliche Sachen und grundstücksgleiche Rechte, die kostenrechnenden Einrichtungen dienen, sind von den Gemeinden gesondert für jede Einrichtung Anlagenachweise zu führen. Im Gegensatz zu den Bestandsverzeichnissen sind in den Anlagenachweisen die Anschaffungs- oder Herstellungskosten und die Abschreibungen mit ihren Veränderungen auszuweisen. Die Anlagenachweise sind damit Grundlage für die Ermittlung der kalkulatorischen Kosten.[78] **1174**

*f) Verzeichnis (Kartei) über Wertgegenstände*

Über die Annahme und Auslieferung der zu verwahrenden Wertgegenstände ist Buch zu führen; ebenso über die Gegenstände, die der Gemeindekasse zur Verwahrung zugewiesen werden.[79] Für die Buchführung gelten die allgemeinen Grundsätze[80] sowie die Vorschriften über die Form und Sicherung der Bücher entsprechend. Die Buchführung ist so einzurichten, dass ein geordneter Nachweis der Gegenstände gewährleistet ist. Aus der Buchführung müssen vor allem die Einlieferungen und Auslieferungen sowie die Bestände ersichtlich sein. Eine getrennte zeitliche **1175**

75 Früher Vortragsbuch (Baden) und Amtsgrundbuch (Württemberg).
76 § 37 GemHVO und Rdnrn. 591 f.
77 § 38 GemHVO.
78 Vgl. Rdnr. 807.
79 §§ 20 Abs. 2 und 21 GemKVO, vgl. Rdnrn. 1126 ff.
80 § 22 GemKVO und Rdnrn. 1141 ff.

und sachliche Erfassung der Vorgänge ist nicht vorgeschrieben, bei einer hohen Anzahl von zu verwahrenden Wertgegenständen jedoch sinnvoll.

## 5. Buchungsvorgang

### 5.1 Allgemeines

1176 Buchungsvorgänge werden ausgelöst: durch Einzahlungen, Auszahlungen oder Verrechnungen. Von Verrechnungen[81] spricht man, wenn sich das Ergebnis in den Büchern ändert, die Änderung sich jedoch nicht in Verbindung mit einer Zahlung ergibt. Für einen Buchungsvorgang ist formelle Voraussetzung grundsätzlich das Vorliegen einer Kassenanordnung.[82]

### 5.2 Buchungstag für die zeitlichen Buchungen[83]

#### 5.2.1 Allgemeines

1177 Den Gemeinden ist es nicht freigestellt, Kassenvorgänge irgendwann zeitlich zu buchen. Vielmehr müssen die Buchungen an dem Tag vorgenommen werden, an welchem die Kasse vom Vorgang Kenntnis erhält oder selbst tätig geworden ist. Alle Buchungen eines Buchungstages sind in den Tagesabschluss für diesen Buchungstag einzubeziehen. Damit stellt die Regelung über den Buchungstag eine Ordnungsvorschrift dar, die vor allem der Abgrenzung der Tagesabschlüsse dient.

Die Vorschriften über den Buchungstag sind jeweils aus der Sicht der buchenden Stelle (Gemeindekasse, Zahlstelle, Gelderheber einschließlich Vollstreckungsbeamten) zu sehen. Die Gemeindekasse bucht deshalb z.B. den von einer Zahlstelle abzuliefernden Betrag an dem Tag der Einzahlung bei ihr.

Im automatisierten Verfahren wird es häufig nicht möglich sein, die Buchungen auch technisch am Buchungstag vorzunehmen. Deshalb können in diesen Fällen die Buchungen auch noch nach dem Buchungstag vorgenommen werden. Sie sind aber unverzüglich und stets unter dem Datum des sich aus den Ausführungen bei 5.2.2 und 5.2.3 ergebenden Buchungstages vorzunehmen.

#### 5.2.2 Buchungstag bei Einzahlungen

1178 – Bei unbaren Zahlungen der Tag, an dem die Gemeindekasse von der Gutschrift Kenntnis erhält oder ein übersandter Scheck bei ihr eingeht. Damit ist nicht der Tag der Gutschrift auf dem Girokonto der Gemeinde maßgebend, sondern der Tag der Kenntnisnahme des Geldeingangs;

81 Vgl. § 42 Nr. 10 Buchst. c) GemKVO.
82 Ausnahmen vgl. § 9 GemKVO und Rdnr. 1101.
83 Vgl. § 26 GemKVO.

- bei Barzahlungen der Tag des Eingangs des Zahlungsmittels, bei Zahlungen mittels elektronischer Geldbörse am Tag des Eingangs der Gutschriftsanzeige;
- bei Aufrechnungen der Tag, an dem die Aufrechnungserklärung der Gemeindekasse bekannt wird;
- bei außerhalb der Räume der Gemeindekasse angenommenen Einzahlungen der Tag, an dem die mit der Annahme beauftragte Stelle mit der Gemeindekasse abrechnet.

Werden Einnahmen im Wege des Lastschrifteinzugsverfahrens eingezogen, so ist an dem Tag zu buchen, an dem die Kasse den Kontoauszug mit der Gutschrift erhält. Können die Barzahlungen nicht sofort gebucht werden, müssen sie bis zur Buchung in sicherer Weise aufgezeichnet werden.

Der Buchungstag ist nicht in jedem Fall mit dem Tag identisch, an dem die Zahlung nach öffentlich-rechtlichen oder zivilrechtlichen Vorschriften als bewirkt gilt. So gilt beispielsweise nach der Abgabenordnung[84] eine wirksam geleistete Zahlung bei Überweisung oder Einzahlung auf ein Konto der Finanzbehörde und bei Einzahlung mit Zahlschein oder Postanweisung an dem Tag, an dem der Betrag der Finanzbehörde gutgeschrieben wird, als entrichtet.

#### 5.2.3 Buchungstag bei Auszahlungen

- Bei unbaren Zahlungen der Tag vor der Hingabe des Auftrags an das **1179**
  Kreditinstitut oder der Übersendung eines Schecks, bei Abbuchungen im Lastschrifteinzugsverfahren der Tag, an dem die Gemeindekasse von der Abbuchung Kenntnis erhält;
- bei Barzahlungen der Tag der Übergabe oder Übersendung von Bargeld oder der Übergabe von Schecks, bei Auszahlungen mittels elektronischer Geldbörse am Tag, an dem das Kartenguthaben abgerechnet wird;
- bei Aufrechnungen der Tag, an dem die Einnahmebuchung vorgenommen wird;
- bei Verrechnungen zwischen verschiedenen Buchungsstellen sind die Einnahmen und Ausgaben am gleichen Tag zu buchen, sonst würde der Tagesabschluss nicht stimmen.

### 5.3 Absetzungen von Einnahmen und Ausgaben

Entsprechend dem Bruttoprinzip sind die Einnahmen und Ausgaben ge- **1180**
trennt voneinander nachzuweisen.[85] Es dürfen daher grundsätzlich von den Einnahmen keine Ausgaben und von den Ausgaben keine Einnahmen vorweg abgezogen werden. Vielmehr sind Rückzahlungen zu viel

84 § 224 Abs. 2 AO i. V. m. § 3 Nr. 56 Buchst. a) KAG; die Unterscheidung ist wegen der Berechnung von Säumniszuschlägen wichtig. Vgl. auch § 26 Abs. 5 GemKVO.
85 § 7 Abs. 2 GemHVO und Rdnrn. 148 f.

eingegangener Beträge als Ausgaben und Rückzahlungen zu viel ausgezahlter Beträge als Einnahmen zu veranschlagen und zu buchen. Von diesem Grundsatz sind Ausnahmen zugelassen. Bei den Ausnahmen handelt es sich im Einzelnen um:

a) die Rückzahlung zu viel eingegangener Beträge, wenn die Rückzahlung im selben Jahr vorgenommen wird, in dem der Betrag eingegangen ist;
b) die Rückzahlung zu viel ausgezahlter Beträge, wenn die Rückzahlung im selben Jahr vorgenommen wird, in dem der Betrag ausgezahlt worden ist;
c) die Rückzahlung bei periodisch wiederkehrenden Ausgaben, auch wenn die Rückzahlung erst im folgenden Jahr vorgenommen wird (z.B. bei Rückzahlungen infolge überhöhter Abschlagszahlungen bei Strom-, Gas- oder Wasserlieferungen für gemeindeeigene Grundstücke);
d) Umbuchungen zwischen dem Sachbuch für haushaltsfremde Vorgänge und anderen Sachbuchteilen sind im Sachbuch für haushaltsfremde Vorgänge nicht durch Absetzung, sondern als Ausgabe- und Einnahmebuchung vorzunehmen;
e) die Rückzahlung von Abgaben, abgabeähnlichen Entgelten und allgemeinen Zuweisungen;
f) die im Haushaltsjahr nicht benötigten zweckgebundenen Einnahmen;
g) Ausgaben für Vorräte, soweit diese im Haushaltsjahr nicht verwendet werden.

Die Ausnahmen Buchst. a) bis d) sind in der GemKVO,[86] die Ausnahmen Buchst. e) bis g) in der GemHVO[87] geregelt. Die Vorschriften über die Absetzung nach der GemHVO gehen als spezielle Vorschriften für die dort genannten Einnahme- und Ausgabearten den allgemeinen Bestimmungen der GemKVO vor.

Zu a)

1181 Die Absetzung muss bis zum Abschlusstag, also bis zum 31.12. des Haushaltsjahres, durchgeführt werden. Die Absetzungsanordnungen sollten der Gemeindekasse so rechtzeitig übersandt werden, dass eine Auszahlung im alten Jahr noch vorgenommen werden kann. Nötigenfalls kann eine Umbuchung in das Sachbuch für haushaltsfremde Vorgänge erfolgen, da die ursprüngliche Einzahlung sich nicht mehr auf den Haushalt bezieht und nach der GemHVO[88] nicht mehr im Sachbuch für den Haushalt nachzuweisen ist. Die Einschränkung, dass die Auszahlung bis zum 31.12. erfolgt sein muss, gilt für die Fälle des Buchst. e) – Rückzahlung

86 § 30 GemKVO.
87 § 14 Abs. 2 und 3 GemHVO.
88 §§ 13 und 46 Nr. 5 und 8 GemHVO.

von Abgaben, abgabenähnlichen Entgelten und allgemeinen Zuweisungen – nicht.[89]

Zu b)

Auch hier ist für die Absetzung Voraussetzung, dass die Rückzahlung des zu viel gezahlten Betrags bis zum Abschlusstag, also bis zum 31.12. des Haushaltsjahres, vorgenommen wird. **1182**

Zu c)

Die Überzahlungen werden in der Regel mit den Abschlagszahlungen des folgenden Jahres verrechnet; es ist dann im folgenden Jahr die Überzahlung nicht in Einnahme zu veranschlagen und zu buchen, sondern die um die Überzahlung gekürzten Abschlagszahlungen in Ausgabe. **1183**

Zu d)

Durch diese Regelung wird auch im Sachbuch für haushaltsfremde Vorgänge eine Trennung der Einnahmen und Ausgaben entsprechend einer ordnungsgemäßen Verwaltungsbuchführung vorgeschrieben.

Zu e) bis g)

Diese Fälle sind im Haushaltsrecht geregelt.[90] Sie bleiben von der Regelung in der GemKVO unberührt. **1184**

In den Kassenbüchern muss buchungstechnisch die Möglichkeit eröffnet werden, Absetzungsbuchungen vorzunehmen. Die Beträge werden in rot gebucht oder mit einem Minuszeichen oder einem sonstigen Absetzungsmerkmal versehen. Sind die abzusetzenden Beträge höher als die bei dieser Haushaltsstelle angefallenen Jahresbeträge, so ist in der Haushaltsrechnung ein negatives Ergebnis auszuweisen. Ist bereits bei der Aufstellung des Haushaltsplans ein negatives Ergebnis abzusehen, ist dieses zu veranschlagen. Ein solches negatives Ergebnis könnte bei der Rückzahlung von Abgaben, abgabeähnlichen Entgelten und allgemeinen Zuweisungen eintreten, weil hier auch die Rückzahlungen, die auf vergangene Jahre entfallen, im Jahr der Rückzahlung durch Absetzung an den Einnahmen auszuweisen sind.[91]

In den Fällen der Buchst. f) und g) können die abgesetzten Beträge zunächst in das Sachbuch für haushaltsfremde Vorgänge oder, wenn die Absetzungen erst am Schluss des Jahres vorgenommen werden,[92] sofort in die neuen Bücher übertragen werden. Ist eine Übertragung in die Bücher des neuen Jahres nicht möglich, weil dies z.B. in den EDV-Programmen nicht vorgesehen ist, kann eine Umbuchung in das Sachbuch für haushaltsfremde Vorgänge vorgenommen werden.

89 Vgl. §30 Abs.3 GemKVO.
90 Vgl. Rdnrn. 148f.
91 In der Praxis wohl sehr selten, weil es sich um regelmäßig wiederkehrende Einnahmen handelt.
92 Sofern es sich um Abschlussbuchungen handelt, nach §32 Abs.1 GemKVO auch noch nach dem Abschlusstag.

# 6. Abschlüsse während des Jahres

## 6.1 Tagesabschluss

### 6.1.1 Zweck

1185 Der Tagesabschluss dient Kontrollzwecken. Mit Hilfe des Tagesabschlusses ist festzustellen, ob die Buchungen eines Buchungstages vollständig und richtig vorgenommen wurden. Zu diesem Zweck wird ein sich aus der Buchführung ergebender Kassensollbestand (Differenz zwischen Isteinnahmen und Istausgaben des Zeitbuchs) mit dem Kassenistbestand (tatsächlichen Kassenbestand laut Kontoauszügen plus Barbestand) verglichen und eine Übereinstimmung herbeigeführt. Eine solche Kontrolle ist nicht nur wichtig für die Barkasse, sondern auch für den bargeldlosen Zahlungsverkehr. Auch beim bargeldlosen Zahlungsverkehr sind fehlerhafte Buchungen im Zeitbuch oder in den Kontogegenbüchern möglich. Diese Fehlermöglichkeiten erfordern insbesondere bei größeren Kassen eine ständige Kontrolle.

Wenn die Kontogegenbücher und das Zeitbuch in einem automatisierten Verfahren geführt werden, sind insoweit Differenzen nicht möglich. Deshalb sind in diesem Falle nur der Barkassenbestand und der Bestand aus den Kontogegenbüchern zu ermitteln und dem Bestand an Zahlungsmitteln sowie dem Bestand auf den für den Zahlungsverkehr bei den Kreditinstituten errichteten Konten (Kontoauszügen) gegenüberzustellen.

### 6.1.2 Zeitpunkt

1186 Ein Tagesabschluss ist grundsätzlich für jeden Buchungstag zu erstellen. Der Kassenistbestand ist an jedem Tag, an dem Zahlungen bewirkt worden sind, die sich auf den Kassenbestand ausgewirkt haben, am Schluss der Kassenstunden zu ermitteln. Der Kassensollbestand ist grundsätzlich gleichfalls nach Abschluss der Zeitbuchungen festzustellen. Der Bürgermeister kann allerdings zulassen, dass der Kassensollbestand vor Beginn der Kassenstunden des folgenden Tages ermittelt wird. Dadurch ist es möglich, die Abstimmung des Tagesabschlusses erst am folgenden Tag vorzunehmen. Bei Kassen mit geringem Zahlungsverkehr kann der Bürgermeister zulassen, dass wöchentlich nur ein Abschluss vorgenommen wird. Es ist auch möglich, dass der Bürgermeister kürzere Zeiträume als eine Woche festlegt. Allerdings ist es nicht möglich, über den einwöchigen Zeitraum hinauszugehen. Bei der Formulierung „Kassen mit geringem Zahlungsverkehr" handelt es sich um einen unbestimmten Rechtsbegriff. Gering wird der Zahlungsverkehr dann sein, wenn es ohne weiteres möglich ist, die dem Tagesabschluss zugrunde liegenden Buchungen im Zeitbuch (samt Vorbüchern) und in den Kontogegenbüchern nachzukontrollieren. In welchen Fällen diese Voraussetzung zutrifft, muss auf Grund des konkreten Sachverhaltes und der gegebenen Kassenorganisation beurteilt werden.

Der Tagesabschluss ist von den beteiligten Bediensteten und vom Kassenverwalter zu unterschreiben. Als beteiligte Bedienstete kommen in erster Linie der Kassierer sowie der für die Zeitbuchführung Verantwortliche in Frage.

### 6.1.3 Kassensollbestand

Der Kassensollbestand ergibt sich aus dem Unterschied der Summe der **1187**
Einzahlungen und der Summe der Auszahlungen des Buchungstages[93] unter Berücksichtigung des letzten Kassensollbestandes.

Ein Auszug aus dem Tagesabschlussbuch ist auf Seite 790 abgedruckt. Dabei wird wegen der besseren Verständlichkeit von einer manuellen Erstellung des Tagesabschlusses ausgegangen.

### 6.1.4 Kassenistbestand

Der Kassenistbestand ergibt sich aus dem Bestand an Zahlungsmitteln **1188**
und den Beständen aus den Kontogegenbüchern. Zu den Zahlungsmitteln zählen Bargeld, Schecks und Wechsel, soweit die Wechsel ausnahmsweise zahlungshalber angenommen wurden, sowie Zahlungen mittels elektronischer Geldbörse, Debitkarte und Kreditkarte.[94] Nicht dazu zählen Wertzeichen und Wertmarken. Auch gehören Überweisungsaufträge nicht zu den Zahlungsmitteln. Die Bestände auf den Girokonten sind mit dem Betrag bei der Ermittlung des Kassenistbestandes zu berücksichtigen, der sich als Bestand im Kontogegenbuch am Schluss des Buchungstages ergibt. Hierbei ist unter Berücksichtigung der sogenannten Schwebeposten eine Übereinstimmung mit den Kontoauszügen herbeizuführen. Schwebeposten sind z.B. der Bank zugeleitete Überweisungsaufträge oder Schecks, die zwar im Kontogegenbuch bereits eingetragen, aber noch nicht auf dem neuesten Kontoauszug berücksichtigt sind.

### 6.1.5 Kassendifferenzen

Bei der Gegenüberstellung des Kassensollbestandes und des Kassenist- **1189**
bestandes können sich Differenzen ergeben. Diese Differenzen sind unverzüglich aufzuklären. Hat eine Gemeinde die Barkasse abgeschafft, so müssen sich diese Differenzen aufklären lassen, da über jede Kontenbewegung Aufzeichnungen vorliegen. Hier können Ursache der Differenzen nur Fehlbuchungen bei der Gemeindekasse oder bei den Kreditinstituten sein. Diese Buchungen können gegenseitig verglichen werden, so

93 Rdnrn. 1176ff.
94 §42 Nr.6 GemKVO.

Blatt ________

| Tag | Kassensollbestand nach dem Zeitbuch | | | Kassenbestands- | | | | | | | |
|---|---|---|---|---|---|---|---|---|---|---|---|
| 20 ____ | Erläuterung | Betrag | | Zahlungsmittel | | | | Konto bei | | Konto bei | |
| | | Euro | Cent | Euro | Cent | Euro | Cent | Euro | Cent | Euro | Cent |
| 1 | 2 | 3 | | 4 | | 5 | | 6 | | 7 | |
| | Übertrag | | | | | | | | | | |
| | Einzahlungen | | | | | | | | | | |
| | Zwischensumme | | | | | | | | | | |
| | Auszahlungen | | | | | | | | | | |
| | **Neuer** Bestand | | | | | | | | | | |

| aufnahme | | | | | | Gegenüberstellung | | | | |
|---|---|---|---|---|---|---|---|---|---|---|
| Konto bei | | Konto bei | | Summe (Sp. 4–9) | | Kassenfehlbetrag | | Kassenüberschuss | | Beurkundung |
| Euro | Cent | Euro | Cent | Euro | Cent | Euro | Cent | Euro | Cent | |
| 8 | | 9 | | 10 | | 11 | | 12 | | 13 |
| | | | | | | | | | | |
| | | | | | | | | | | |
| | | | | | | | | | | |
| | | | | | | | | | | |
| | | | | | | | | | | |

dass eine Aufdeckung der Fehler möglich ist. Werden Kontogegenbücher und das Zeitbuch in einem automatisierten Verfahren geführt, können insoweit keine Differenzen auftreten.

Ursache für einen Kassenfehlbetrag kann z.B. eine doppelte Einnahmebuchung oder eine unterlassene Ausgabebuchung, für einen Kassenüberschuss eine doppelte Ausgabebuchung oder eine unterlassene Einnahmebuchung sein. Bei einer Barkasse können sich allerdings Differenzen ergeben, die nicht mehr aufklärbar sind, so z.B., wenn bei der Abwicklung des Barverkehrs Fehler gemacht wurden. Sind trotz aller vorgenommenen Abstimmungen Kassensollbestand und Kassenistbestand nicht in Übereinstimmung zu bringen, ist der entstandene Kassenfehlbetrag oder Kassenüberschuss im Tagesabschluss auszuweisen.

Ein Kassenfehlbetrag ist zunächst im Sachbuch für haushaltsfremde Vorgänge zu buchen. Er ist bei der Aufstellung der Jahresrechnung, wenn er länger als sechs Monate unaufgeklärt geblieben ist und Bedienstete nicht haften, im Verwaltungshaushalt als Ausgabe zu buchen. Nach §96 des Landesbeamtengesetzes[95] brauchen Kassenfehlbeträge nur noch insoweit ersetzt werden, als dem Bediensteten Vorsatz oder grobe Fahrlässigkeit nachzuweisen ist. Bei leichter Fahrlässigkeit entfällt die Ersatzpflicht. Ein Kassenfehlbetrag wird in der Regel auf leicht fahrlässiges Handeln des verantwortlichen Bediensteten zurückzuführen sein. Es ist daher davon auszugehen, dass ein Kassenfehlbetrag grundsätzlich vom verantwortlichen Bediensteten nicht mehr zu ersetzen ist. Die Gewährung einer Kassenverlustentschädigung ist daher nicht mehr gerechtfertigt.[96,97]

Ein Kassenüberschuss ist zunächst als Verwahrgeld zu buchen.[98] Bei der Aufstellung der Jahresrechnung ist er, wenn er länger als sechs Monate unaufgeklärt geblieben ist, im Verwaltungshaushalt zu vereinnahmen. Die Auszahlung eines Kassenüberschusses kommt nur für den Fall in Frage, dass der Kassenverwalter (Kassierer) nachweisen[99] kann, dass er zuvor einen Kassenfehlbetrag ersetzt hat, der nunmehr aufgeklärt werden konnte, und deshalb ein Kassenüberschuss entstanden ist.

95 I.d.F. des Gesetzes vom 19.3. 1996 (GBl. S.286) mit zahlreichen Änderungen.
96 Für den staatlichen Bereich wurden die Vorschriften über Kassenverlustentschädigungen durch VwV vom 9.3. 1994 (GABl. S.251) aufgehoben.
97 Nr.4 VwV-GemKVO zu §31 ist am 31. 12. 1999 außer Kraft getreten.
98 Vgl. §31 Abs.2 GemKVO.
99 Der Nachweis erfolgt in der Regel durch einen entsprechenden Vermerk im Tagesabschluss.

## III. Jahresrechnung

### 1. Allgemeines, Sollrechnung[100]

1190 In der Jahresrechnung ist das Ergebnis der Haushaltswirtschaft einschließlich des Standes des Vermögens und der Schulden zu Beginn und am Ende des Haushaltsjahres nachzuweisen. Sie ist das formelle und inhaltliche Gegenstück zur Haushaltssatzung und zum Haushaltsplan. In der Jahresrechnung ist Rechenschaft darüber abzulegen, inwieweit die Haushaltssatzung einschließlich des Haushaltsplans von der Verwaltung eingehalten worden ist und ob bei einer Abweichung die hierfür festgelegten rechtlichen Voraussetzungen erfüllt sind.

Rechenschaft ist einmal abzulegen gegenüber dem Gemeinderat, der die Jahresrechnung festzustellen hat,[101] zum andern auch gegenüber der Öffentlichkeit, weil der Beschluss über die Feststellung der Jahresrechnung ortsüblich bekannt zu geben und die Jahresrechnung mit dem Rechenschaftsbericht an sieben Tagen öffentlich auszulegen ist.[102]

Die Vorschriften für die Jahresrechnung gelten grundsätzlich auch für das Sondervermögen der Gemeinde.[103] Sie gelten aber nicht für die Eigenbetriebe der Gemeinde.[104]

1191 Die Jahresrechnung setzt sich aus dem kassenmäßigen Abschluss, der Haushaltsrechnung, der Vermögensrechnung und den Anlagen zur Jahresrechnung zusammen. Sowohl der kassenmäßige Abschluss als auch die Haushaltsrechnung legen den Schwerpunkt auf den Sollabschluss, d.h., bei der Ermittlung des Jahresergebnisses und beim Haushaltsvergleich werden Sollbeträge zugrunde gelegt. Im Gegensatz dazu geht das staatliche Haushaltsrecht von einer Art modifizierter Istrechnung aus.[105]

Bei der Sollrechnung werden zugrunde gelegt:

a) auf der Einnahmenseite die bis zum Abschlusstag fälligen oder über den Abschlusstag hinaus gestundeten, zur Annahme angeordneten Einnahmen, ohne die erlassenen und niedergeschlagenen Beträge und abzüglich der Abgänge an Kassenresten vom Vorjahr;[106]

b) auf der Ausgabenseite die bis zum Abschlusstag zu leistenden und zur Auszahlung angeordneten Ausgaben, abzüglich der Abgänge an Kassenresten vom Vorjahr.[107]

100 §95 GemO. §§39 bis 44 GemHVO, Anlagen 16 und 17 zu VwV Gliederung und Gruppierung.
101 §95 Abs.2 GemO.
102 §95 Abs.3 GemO.
103 Weitere Ausführungen zum Sondervermögen vgl. Rdnrn. 573–583.
104 §12 EigBG; zu den rechtlich unselbstständigen Versorgungs- und Versicherungseinrichtungen vgl. §96 Abs.3 GemO.
105 Vgl. §§72 und 82 BHO, §§72 und 82 LHO.
106 §46 Nr.22 GemHVO.
107 §46 Nr.21 GemHVO.

In der Haushaltsrechnung werden darüber hinaus auch die Haushaltsreste, d.h. Einnahme- und Ausgabeansätze, einbezogen, die in das folgende Jahr übertragen werden. Die Sollrechnung geht damit von den haushaltsmäßigen Vorgängen des Haushaltsjahres aus; sie beschränkt sich nicht auf die Tätigkeit der Kasse und die Abwicklung der Kassenvorgänge. Es ist aber nicht zu verkennen, dass bei einer Vielzahl von Haushaltsresten die Übersichtlichkeit beeinträchtigt werden kann. Vor allem aber wird die Kontrollfunktion der Beschlussorgane erschwert, denn die übertragenen Planansätze sind in den folgenden Jahren nicht mehr in den Haushaltsplan aufzunehmen,[108] weil sie ja bereits in den Büchern des Vorjahres „erfolgswirksam" gebucht wurden.

## 2. Aufstellungsverfahren

Im Interesse einer sachgemäßen Erledigung soll das Finanzwesen der 1192
Gemeinde zusammengefasst und vom Fachbeamten für das Finanzwesen erledigt werden.[109] Zum Finanzwesen gehört neben der Aufstellung des Haushaltsplans und des Finanzplans, der Haushaltsüberwachung und der Verwaltung des Geldvermögens und der Schulden auch die Aufstellung der Jahresrechnung. Für den kassenmäßigen Abschluss und die Vorbereitung der Haushaltsrechnung ist, wenn örtlich nichts anderes bestimmt ist, die Gemeindekasse zuständig.[110] Da der Kassenverwalter dem Fachbeamten für das Finanzwesen untersteht,[111] wird es keine Koordinierungsprobleme geben. Die Organisationsbefugnis des Bürgermeisters ist insoweit eingeschränkt, als er die Aufstellung der Jahresrechnung dem Fachbeamten für das Finanzwesen grundsätzlich nicht entziehen kann, ebensowenig die Aufsichtsfunktion über den Kassenverwalter.

Die Jahresrechnung ist innerhalb von sechs Monaten nach Ende des Haushaltsjahres aufzustellen. Damit müssen bis zu diesem Zeitpunkt die Ergebnisse der Jahresrechnung[112] vorliegen. Die Frist ist im Zusammenhang mit dem Abschlusstag zu sehen. Abschlusstag ist der 31.12. Nach diesem Zeitpunkt dürfen keine Einzahlungen und Auszahlungen von Dritten oder an Dritte einschließlich der Sondervermögen mit Sonderrechnung gebucht werden. Die Einhaltung der Frist ist zur Vermeidung von Unsicherheiten in der Haushaltswirtschaft des dann schon laufenden neuen Haushaltsjahres von besonderer Bedeutung.

Der Gemeinderat stellt die Jahresrechnung innerhalb eines Jahres nach Ende des Haushaltsjahres fest. In den Beschluss sollten die Abschluss-

108 Durch die strikte Einhaltung des Haushaltsgrundsatzes der Veranschlagung nach dem Kassenwirksamkeitsprinzip kann einem Wildwuchs bei den Haushaltsresten entgegengewirkt werden.
109 § 116 Abs. 1 GemO.
110 § 1 GemKVO und Rdnrn. 1080–1089.
111 § 116 Abs. 3 GemO.
112 Beispiele: Fehlbetrag, Zuführung zur Allgemeinen Rücklage, Haushaltsreste.

summen des kassenmäßigen Abschlusses, das Kassenergebnis, die Abschlusssummen der Haushaltsrechnung, die Zuführung zur allgemeinen Rücklage bzw. der Fehlbetrag sowie die Haushaltsreste aufgenommen werden.[113] Damit ist der Gemeinderat für die sachliche Entscheidung über die Bildung von Haushaltsresten zuständig. Diese Entscheidung des Gemeinderats wird in der Regel zeitlich vorgezogen werden müssen, weil die Verwaltung schon früher wissen muss, in welchen Fällen Haushaltsreste gebildet werden sollen. Die Entscheidung erfolgt zweckmäßigerweise bereits zusammen mit der Aufstellung des Haushaltsplanes für das neue Jahr, weil hier entschieden werden muss, inwieweit Planansätze in den neuen Haushaltsplan aufzunehmen sind. Wenn der neue Haushalt rechtzeitig vor Beginn des Jahres aufgestellt wird, kann die Höhe der Haushaltsreste zu diesem Zeitpunkt allerdings nur geschätzt werden. Dem Gemeinderat sollte bei der Beratung des Haushaltsplans für das neue Jahr eine Liste mit den voraussichtlichen Haushaltsresten des alten Jahres vorgelegt werden.

Die Feststellung der Jahresrechnung beinhaltet keine Entlastung der Verwaltung. Eventuelle Rechtswidrigkeiten in der Haushalts- und Rechnungsführung werden durch den Beschluss nicht beseitigt. Eine Entlastung durch den Gemeinderat wäre auch nicht sinnvoll, weil die Mitglieder des Gemeinderats in der Regel nicht über die hierfür erforderliche Sachkenntnis verfügen. Der Beschluss über die Feststellung der Jahresrechnung ist der Rechtsaufsichtsbehörde unverzüglich mitzuteilen. Gleichzeitig ist dieser Beschluss ortsüblich bekannt zu geben. Die Jahresrechnung mit dem Rechenschaftsbericht ist an sieben Tagen öffentlich auszulegen. Es ist nicht erforderlich, dass die Auslegung an sieben zusammenhängenden Tagen vorgenommen wird. Vielmehr sind Unterbrechungen möglich; nur muss eben insgesamt an sieben Tagen ausgelegt sein. In der Bekanntgabe ist auf die Auslegung hinzuweisen. Auszulegen ist die Jahresrechnung mit dem Rechenschaftsbericht.[114]

Die Jahresrechnung unterliegt bei Gemeinden mit einem eigenen Rechnungsprüfungsamt der örtlichen Prüfung; sie unterliegt auch der überörtlichen Prüfung.[115]

### 3. Kassenmäßiger Abschluss[116]

1193 Der kassenmäßige Abschluss ist der Nachweis über die kassenmäßigen Vorgänge im Laufe des Haushaltsjahres. Er beinhaltet die Haushaltsvorgänge sowie die haushaltsfremden Vorgänge. In diesem Abschluss weist die Kasse nach, welche Einnahme- und Ausgabeanordnungen (auch Bu-

113 Vgl. hierzu VGH BW, Urt. vom 14.12. 1987, Die Gemeindekasse 1988/101.
114 §95 Abs.3 GemO.
115 Zu Einzelheiten zum Prüfungswesen vgl. Rdnrn. 1259ff.
116 §40 GemHVO.

chungsanordnungen) ihr erteilt wurden, welche Beträge daraufhin eingezogen oder gezahlt wurden und in welcher Höhe die tatsächlichen Einnahmen und Ausgaben hinter den Anordnungen zurückgeblieben sind (Kassenreste). Für die Fertigung des kassenmäßigen Abschlusses ist, soweit örtlich nichts anderes bestimmt wird, der Kassenverwalter zuständig.

Das Zeitbuch und das Sachbuch sind zum Ende des Haushaltsjahres abzuschließen. Dies bedeutet, dass der kassenmäßige Abschluss zum 31.12. zu fertigen ist. Nach dem Abschlusstag dürfen nur noch Abschlussbuchungen vorgenommen werden.[117] Die Vorschrift über den Abschlusstag bezieht sich nur auf die Istbuchungen. Nach dem Abschlusstag dürfen in den Büchern des abgelaufenen Jahres Istbuchungen, die den Kassenbestand des alten Jahres verändern, nicht mehr vorgenommen werden. Ausgenommen sind nur Istbuchungen, die im Zusammenhang mit Abschlussbuchungen (z.B. Umbuchungen innerhalb des Sachbuchs, Buchung kalkulatorischer Kosten, Auflösung von Sammelnachweisen, Zuführung zur Rücklage und Übertragungen in das folgende Jahr) erforderlich sind. Nicht mehr zulässig sind dagegen Istbuchungen von Ein- und Auszahlungen von und an Dritte. Sollstellungen können dagegen noch nach dem Abschlusstag vorgenommen werden. Solche Sollstellungen führen dann regelmäßig zu Kassenresten.

Der Wegfall der Auslaufperiode von einem Monat[118] kann vor allem im Bereich solcher Einnahmen und Ausgaben zu Schwierigkeiten führen, die auf den 31.12. fällig werden, deren Höhe aber erst nach diesem Zeitpunkt bekannt wird.[119] Hier ist von besonderer Bedeutung, dass bei der Veranschlagung solcher Beträge im Haushaltsplan der Grundsatz der Kassenwirksamkeit zu beachten ist, d.h., die Einnahmen und Ausgaben sind nur in Höhe der im Haushaltsjahr voraussichtlich eingehenden oder zu leistenden Beträge zu veranschlagen.[120] Wird die Gemeindekasse erst nach dem 31.12. mit einer Ausgabe kassenmäßig belastet und ist dies bereits bei der Aufstellung des Haushaltsplans bekannt, dann ist die Veranschlagung im folgenden Jahr vorzunehmen. Auf die Fälligkeit zum 31.12. kommt es nicht an, weil bei der Aufstellung des Haushaltsplans nicht das Fälligkeitsprinzip, sondern das Kassenwirksamkeitsprinzip als Veranschlagungsgrundsatz gilt. Allerdings ist nicht ausgeschlossen, nach dem Abschlusstag in den Büchern noch Sollstellungen vorzunehmen, um dann entsprechende Kassenreste zu bilden. Dieses Verfahren ist aufwendig. Es sollte deshalb versucht werden, bereits bei der Veranschlagung das Kassenwirksamkeitsprinzip einzuhalten und nur solche Beträge im

117 §32 Abs.1 und 42 Nr.1 GemKVO.
118 §67 KuRVO, §62 Abs.1 Bad. KuRVO.
119 Z.B. Kreditzinsen oder Guthabenzinsen beim Zinstermin 31.12.; für den Stichtag ist jeweils der Buchungstag maßgebend.
120 §7 Abs.1 GemHVO.

Haushaltsplan zu veranschlagen, die voraussichtlich auch tatsächlich kassenwirksam werden.

Der kassenmäßige Abschluss enthält die Solleinnahmen und Sollausgaben, die Isteinnahmen und die Istausgaben bis zum Abschlusstag sowie die Kasseneinnahme- und Kassenausgabereste.[121] Es sind jeweils Gesamtsummen zu bilden; außerdem sind die Summen getrennt für den Verwaltungshaushalt und den Vermögenshaushalt sowie für das Sachbuch für haushaltsfremde Vorgänge zu ermitteln.

Die Differenz zwischen den gesamten Isteinnahmen und den gesamten Istausgaben ist das buchungsmäßige Kassenergebnis. Dieses Kassenergebnis kann positiv oder negativ sein, d.h. es kann sich um einen Kassenbestand oder um einen Kassenvorgriff handeln. Ein Kassenbestand entsteht immer dann, wenn die Gesamtsumme der Isteinnahmen höher ist als die Gesamtsumme der Istausgaben. Dagegen entsteht ein Kassenvorgriff, wenn die Istausgaben höher sind als die Isteinnahmen. Das Kassenergebnis ist in das Zeit- und Sachbuch des folgenden Haushaltsjahres zu übertragen.[122]

Zur Buchungstechnik im Sachbuch vgl. Rdnrn. 1254ff.

Im Zeitbuch ist ein Kassenbestand im laufenden Jahr zu verausgaben und sofort im neuen Jahr zu vereinnahmen; ein Kassenvorgriff ist im laufenden Jahr zu vereinnahmen und sofort im neuen Jahr zu verausgaben. Diese Buchungen sind als Abschlussbuchungen nach dem Abschlusstag (31.12.) vorzunehmen.[123]

## 4. Haushaltsrechnung[124]

1194 Die Haushaltsrechnung ist der Nachweis über die haushaltsmäßigen Vorgänge im Laufe des Haushaltsjahres. Sie bezieht sich auf die Haushaltsvorgänge; haushaltsfremde Vorgänge werden, auch wenn sie von der Gemeindekasse abgewickelt werden, von ihr nicht erfasst. In der Haushaltsrechnung wird ersichtlich, inwieweit der Haushaltsplan tatsächlich vollzogen und inwieweit von ihm abgewichen wurde. Grundlage für die Haushaltsrechnung ist der kassenmäßige Abschluss.

Die beim kassenmäßigen Abschluss ermittelten Soll- und Istbeträge sowie die Kassenreste sind auch Gegenstand der Haushaltsrechnung. Deshalb sind die Haushaltsrechnung und der kassenmäßige Abschluss technisch als eine Einheit zu sehen, wobei der kassenmäßige Abschluss auch das Sachbuch für haushaltsfremde Vorgänge erfasst. Die Haushaltsrech-

121 Vgl. §46 Nrn.22, 21, 16, 15 und 17 GemHVO.
122 §32 Abs.2 GemKVO.
123 §32 Abs.1 Satz 2 GemKVO.
124 §41 GemHVO, Anlage 16 zur VwV Gliederung und Gruppierung Rdnr.1151.

nung enthält zusätzlich die in das folgende Jahr zu übertragenden Haushaltsreste für die einzelnen Haushaltsstellen nach der Ordnung des Haushaltsplanes.

In der Haushaltsrechnung sind den Solleinnahmen und den Sollausgaben zuzüglich der Haushaltsreste die entsprechenden Haushaltsansätze, die über- und außerplanmäßig bewilligten und die im Rahmen der unechten Deckungsfähigkeit[125] gedeckten Ausgaben gegenüberzustellen. Für die Haushaltsrechnung enthält Anlage 16 zur VwV Gliederung und Gruppierung ein verbindliches Muster des Innenministeriums. In der Haushaltsrechnung ist jede Haushaltsstelle aufzuführen, für die der Haushaltsplan einen Ansatz enthält oder für die ein Haushaltsrest vom Vorjahr übertragen wurde. Bei außerplanmäßigen Ausgaben ist die Haushaltsstelle gleichfalls aufzuführen, weil hier nachzuweisen ist, inwieweit die rechtlichen Voraussetzungen für die Leistung der außerplanmäßigen Ausgaben vorliegen. Nach § 16 Abs. 2 GemHVO können die Einnahmen und Ausgaben des Verwaltungshaushalts entsprechend der Bewirtschaftung in Organisationseinheiten durch Haushaltsvermerk zu Budgets verbunden werden. Dies ist auch für die Einnahmen und Ausgaben des Vermögenshaushalts möglich. Wenn alle Einnahmen und Ausgaben Budgets zugeordnet werden, ist die Budgetbildung auch durch Plandarstellung möglich. In diesem Fall erstreckt sich die Haushaltsüberwachung auf die Einhaltung des Budgets.

Zu beachten ist, dass sich der Haushaltsansatz im Laufe eines Jahres mehrfach ändern kann. Die wichtigste dieser Änderungen ist die Änderung durch einen Nachtragsplan, durch den Einnahme- und Ausgabeansätze erhöht oder ermäßigt werden. Eine weitere Beeinflussung festgesetzter Haushaltsansätze kann sich durch die echte Deckungsfähigkeit oder durch die unechte Deckungsfähigkeit ergeben.[126]

*a) Haushaltsreste*

Die in der Haushaltsrechnung nachzuweisenden Haushaltsreste[127] sind **1195**
im Sachbuch des laufenden Jahres in den Spalten Soll und Rest mit dem Vorzeichen „H" bei der jeweiligen Haushaltsstelle auszuweisen. Eine Zusammenfassung mit dem Anordnungssoll ist nicht zulässig. Im Sachbuch des neuen Jahres erscheinen diese Beträge in der Spalte Restesoll (wieder mit der Bezeichnung „H"). Sie werden im laufenden Soll abgesetzt. Die auf die Haushaltsreste angeordneten Beträge sind sodann wieder zum laufenden Soll zu stellen und beim kassenmäßigen Vollzug im Ist abzuwickeln. Durch diesen Buchungsvorgang wird erreicht, dass die Anordnungen auf Haushaltsreste sich im neuen Jahr haushaltsneutral

125 § 17 GemHVO und Rdnrn. 157f.
126 Vgl. §§ 17, 18 GemHVO.
127 §§ 19 und 41 Abs. 2 GemHVO und Rdnrn. 178ff.

auswirken. Außerdem werden die Haushaltsreste zumeist nicht identisch mit dem Anordnungssoll sein, weil im Zeitpunkt der Bildung der Haushaltsreste die später fällig werdenden Beträge noch nicht konkret feststehen.

*b) Deckungsreserve*

1196 Die veranschlagten Mittel einer Deckungsreserve[128] sind in der Haushaltsrechnung in voller Höhe in die für den Haushaltsansatz vorgesehene Spalte aufzunehmen. Dies gilt auch für die Beträge, die zur Deckung über- und außerplanmäßiger Ausgaben in Anspruch genommen worden sind. Da die Deckungsreserve ausschließlich der Deckung von Mehrausgaben dient, die bei einer anderen Haushaltsstelle nachgewiesen werden, wird sich für den Haushaltsvergleich stets ergeben, dass der Haushaltsansatz „Deckungsreserve" in voller Höhe das Ausgabesoll übersteigt.

*c) Verpflichtungsermächtigung*

1197 Die Verpflichtungsermächtigungen werden in der Haushaltsrechnung nicht nachgewiesen. Die Haushaltsrechnung enthält nur die eigentlichen rechnungsmäßigen Vorgänge. Auch der Haushaltsvergleich beschränkt sich auf die Haushaltsansätze und die ihnen gegenüberstehenden Anordnungen für Einnahmen und Ausgaben. Verpflichtungsermächtigungen haben jedoch in dem Jahr, in dem sie veranschlagt und in Anspruch genommen werden, noch keine unmittelbare Auswirkung auf die rechnungsmäßige Abwicklung des Haushaltsplanes. Ihre Veranschlagung und ihre Inanspruchnahme braucht deshalb in der Haushaltsrechnung nicht nachgewiesen zu werden. Verpflichtungsermächtigungen unterliegen der Haushaltsüberwachung.[129]

*d) Feststellung des Ergebnisses der Haushaltsrechnung*

1198 Neben dem Vergleich zwischen den Haushaltsansätzen und deren Vollzug wird in der Haushaltsrechnung auch der Deckungserfolg insgesamt ermittelt. Zur Feststellung des Ergebnisses der Haushaltsrechnung sind deshalb die Solleinnahmen des Haushaltsjahres den Sollausgaben des Haushaltsjahres, jeweils zuzüglich der neu gebildeten Haushaltsreste und abzüglich abgängiger Haushaltsreste vom Vorjahr, gegenüberzustellen.

*e) Überschuss*

1199 Entsteht dabei ein Überschuss, d.h., sind die Solleinnahmen höher als die Sollausgaben, so ist dieser Überschuss beim Abschluss der allgemeinen Rücklage zuzuführen. Fehlt ein entsprechender Planansatz im Haushalts-

128 § 11 GemHVO.
129 Vgl. § 26 Abs. 3 GemHVO.

plan für die Zuführung oder ist dieser niedriger als der Überschuss aufgrund des Rechnungsergebnisses, so ist die Zuführung außerplanmäßig bzw. überplanmäßig vorzunehmen.[130] Eine Zustimmung des Gemeinderats zur Leistung der Ausgaben nach §84 Abs.1 GemO wird auch dann als nicht notwendig anzusehen sein, wenn die Mehrausgabe erheblich ist. Die Zuführung an die Rücklage ergibt sich zwingend aus den gesetzlichen Vorschriften, so dass der Gemeinderat hiervon nicht abweichen könnte.

*f) Fehlbetrag*

Entsteht bei der Ermittlung des Rechnungsergebnisses ein Fehlbetrag, **1200**
d.h., sind die Sollausgaben höher als die Solleinnahmen, so ist dieser Fehlbetrag als solcher auszuweisen.[131] Der Fehlbetrag soll unverzüglich gedeckt werden.[132] Die Deckung kann durch eine außerplanmäßige Rücklagenentnahme in dem Jahr, das auf das abgeschlossene Haushaltsjahr folgt, vorgenommen werden. Zwingend ist dies aber nicht, so dass eine Deckung auch noch in den folgenden Jahren, allerdings spätestens im dritten dem Haushaltsjahr folgenden Jahr, möglich ist. Eine unverzügliche Deckung des Fehlbetrags bedeutet, dass die Deckung schon vor Ablauf der Dreijahresfrist vorzunehmen ist, wenn es die Haushaltslage erlaubt. Fehlbeträge infolge von überplanmäßigen Ausgaben für Fortsetzungsmaßnahmen bei Investitionen sind im folgenden Jahr zu decken.[133] Ein Fehlbetrag kann nur im Vermögenshaushalt entstehen, weil der Haushalt in deckungswirtschaftlicher Hinsicht eine Einheit ist. Sind die Sollausgaben des Verwaltungshaushalts höher als die Solleinnahmen, ist ein Ausgleich über eine Zuführung vom Vermögenshaushalt an den Verwaltungshaushalt zu schaffen.[134] Eine Zuführung vom Vermögenshaushalt an den Verwaltungshaushalt ist auch notwendig, wenn die Mindestzuführung[135] zum Vermögenshaushalt nicht aus Mitteln des Verwaltungshaushalts gedeckt werden kann. Allerdings dürfen nach §87 Abs.1 GemO niemals Krediteinnahmen des Vermögenshaushalts über eine solche Zuführung in den Verwaltungshaushalt fließen. Ist eine Zuführung aus den in §22 Abs.3 GemHVO genannten Mitteln (Rücklagenentnahmen, Einnahmen aus der Veränderung des Anlagevermögens) nicht möglich, muss im Vermögenshaushalt insoweit ein Fehlbetrag ausgewiesen werden, der in den folgenden Jahren auszugleichen ist. Dieser Ausgleich in den folgenden Jahren ist gleichfalls entweder durch Zuführungen aus dem Verwaltungshaushalt oder aus den in §22 Abs.3 GemHVO genannten Mitteln vorzunehmen.

130 Zur buchungstechnischen Darstellung vgl. Rdnr. 1253.
131 Zur buchungstechnischen Darstellung vgl. Rdnr. 1253.
132 §23 GemHVO.
133 §84 Abs.2 GemO i.V.m. §23 Satz 2 GemHVO.
134 §22 Abs.3 GemHVO sowie Anlage 17 zur VwV Gliederung und Gruppierung; Nr.3 der VwV zu §95 GemO und Rdnrn. 127ff.
135 §22 Abs.1 Satz 2 GemHVO und Nr.3 der VwV zu §95 GemO.

Für die Feststellung und Aufgliederung des Ergebnisses der Haushaltsrechnung enthält die Anlage 17 zur VwV Gliederung und Gruppierung ein verbindliches Muster des Innenministeriums.

Zur Grundstruktur einer Ergebnisrechnung sowie zur Grundstruktur einer Finanzrechnung im Rahmen der Fortentwicklung des Haushaltsrechts vgl. Klaus Lüder, Konzeptionelle Grundlagen des Neuen Kommunalen Rechnungswesen (Speyerer Verfahren) 2., überarbeitete und ergänzte Auflage; Heft 6 der Heftenreihe des Innenministeriums Baden-Württemberg zum kommunalen Haushalts- und Rechnungswesen; Verlag Staatsanzeiger für Baden-Württemberg, Stuttgart Abb. 3 S. 11 und Abb. 6 S. 23.

## 5. Vermögensrechnung

### 5.1 Allgemeines

1201 Eine Vermögensrechnung soll einmal Aufschluss über die wertmäßige Entwicklung und Erhaltung des Gemeindevermögens geben und zum anderen Informationen für Wirtschaftlichkeitsrechnungen liefern.[136] Sie hat die Vermögensbestände (Aktiv- und Passivwerte) zu Beginn und am Ende des Jahres sowie die Veränderungen und den Deckungsverlauf nachzuweisen. Ein besonderer Nachweis für das Geldvermögen und für die Schulden ist unabdingbar, weil sich der Nachweis dieser Bestände weder aus dem kassenmäßigen Abschluss noch aus der Haushaltsrechnung ergeben. Deshalb schreibt das Haushaltsrecht zumindest eine Geldvermögensrechnung vor.[137]

Die Vermögensrechnung könnte jedoch um Sachwerte erweitert werden.[138] Eine Vermögensrechnung unter Einbeziehung des gesamten Sachvermögens stellt den Ressourcenverbrauch dar. Es wird ersichtlich, ob dieser periodengerecht durch das Ressourcenaufkommen finanziert wird (Realisierung der sog. intergenerativen Gerechtigkeit). Voraussetzung hierfür ist eine entsprechende Bewertung des Sachvermögens mit einer Wertfortschreibung (Abgänge insbesondere durch Abschreibungen, aber auch Ermittlung des Wertzuwachses).

Zur Grundstruktur einer Vermögensrechnung vgl. *Klaus Lüder*, Konzeptionelle Grundlagen des Neuen Rechnungswesens (Speyerer Verfahren), 2., überarbeitete und ergänzte Auflage; Heft 6 der Schriftenreihe des Innenministeriums Baden-Württemberg zum kommunalen Haushalts- und Rechnungswesen; Verlag Staatsanzeiger für Baden-Württemberg, Stuttgart (Abb. 5b, S. 18).

136 *Buchholz*, in: HdKWPr. Bd. 6, S. 524.
137 § 43 Abs. 1 GemHVO.
138 § 43 Abs. 2 GemHVO und VwV-VmR sowie Ausführungen bei Rdnrn. 1210ff.

## 5.2 Geldvermögensrechnung

In die Geldvermögensrechnung müssen folgende Vorgänge aufgenommen werden:[139]

*a) Beteiligungen sowie Wertpapiere, die die Gemeinde zum Zwecke der Beteiligung erworben hat*

Eine Beteiligung liegt dann vor, wenn eine Gemeinde Anteile an einem **1202**
rechtlich selbstständigen Unternehmen mit der Absicht erwirbt, zur Aufgabenerfüllung einen dauernden Einfluss auf die Betriebsführung eines Unternehmens auszuüben und Miteigentümer zu werden.[140] Soweit Wertpapiere zum Zwecke der Geldeinlage erworben werden (vom Kassenbestand oder aus den den Rücklagen zugewiesenen Mitteln), sind diese Bestände nach Buchst. e) in der Vermögensrechnung auszuweisen;

*b) Forderungen aus Darlehen, die die Gemeinde aus Mitteln des Haushalts in Erfüllung einer Aufgabe gewährt hat*

Hierunter fallen Darlehen, die aus Haushaltsmitteln gewährt wurden und **1203**
die deshalb im Vermögenshaushalt als Ausgabe zu veranschlagen waren;

*c) Kapitaleinlagen der Gemeinde in Zweckverbänden oder anderen kommunalen Zusammenschlüssen*

Die Höhe der Kapitaleinlage richtet sich nach der Satzung des Zweckver- **1204**
bandes.[141] Andere kommunale Zusammenschlüsse sind insbesondere die öffentlich-rechtlichen Vereinbarungen nach dem Gesetz über die kommunale Zusammenarbeit. Die Kapitaleinlagen dienen zur Finanzierung des Investitionsaufwands. Umlagen für die laufenden Betriebskosten gehören nicht dazu; sie sind deshalb in der Vermögensrechnung nicht nachzuweisen (Veranschlagung und Buchung im Verwaltungshaushalt);

*d) Das von der Gemeinde in ihr Sondervermögen mit Sonderrechnung eingebrachte Eigenkapital*

Hierunter fällt insbesondere das Stammkapital bei Eigenbetrieben;[142] **1205**

*e) Forderungen aus Geldanlagen*

Die Geldanlagen umfassen begrifflich den Erwerb von Wertpapieren und **1206**
Forderungen aus Mitteln des Kassenbestandes.[143] Nicht darunter fallen Darlehen, die zur Erfüllung einer Gemeindeaufgabe aus Mitteln des Haushalts gewährt werden. Diese gehören zu Buchst. b);

139 §43 Abs.1 GemHVO.
140 Vgl. Rdnr. 997.
141 §6 GKZ.
142 Vgl. Rdnrn. 953ff.
143 Vgl. Rdnrn. 506ff.

*f) Rückzahlungsverpflichtungen aus Kreditaufnahmen und ihnen wirtschaftlich gleichkommenden Vorgängen*

**1207** Unter einem Kredit im Sinne des Gemeindewirtschaftsrechtes ist das unter der Verpflichtung zur Rückzahlung von Dritten oder von Sondervermögen mit Sonderrechnung aufgenommene Kapital mit Ausnahme der Kassenkredite zu verstehen.[144] Neben den Krediten gibt es Rechtsgeschäfte, die in ihrer wirtschaftlichen Auswirkung dem Kredit gleichkommen, aber rechtlich nicht die Begriffsmerkmale des Kredits erfüllen.[145] Auch die Rückzahlungsverpflichtungen (Kapitalwert) hieraus sind in die Vermögensrechnung aufzunehmen;

*g) Rücklagen*

**1208** Rücklagen sind besondere Bestandteile des gemeindlichen Geldvermögens, die durch regelmäßige Zuführungen aus Mitteln der Haushaltswirtschaft angesammelt werden und für künftige bestimmte Zwecke der Haushaltswirtschaft der Gemeinde zu verwenden sind, soweit sie nicht der Kassenverstärkung dienen.

*h) Fortschreibung der Vermögensrechnung*

**1209** Es sind jeweils der Stand zu Beginn des Haushaltsjahres, die Zu- und Abgänge und der Stand am Ende des Haushaltsjahres in der Vermögensrechnung auszuweisen.

Die Zu- und Abgänge in der Geldvermögensrechnung bestimmen sich nach den Solleinnahmen und den Sollausgaben. Haushaltsreste müssen somit in der Geldvermögensrechnung nicht berücksichtigt werden. Von Bedeutung ist dies insbesondere bei den Kreditaufnahmen, weil dort die Bildung von Haushaltseinnahmeresten möglich ist.[146] Die VwV-VmR empfehlen allerdings auch die Aufnahme der Haushaltsreste in die Vermögensrechnung.[147]

Die Geldvermögensrechnung kann am Ende des Jahres in der Form einer Auflistung aus den Sachbüchern entwickelt werden. Es ist auch möglich, die Geldvermögensrechnung in verbundener Form (über Bestandskonten)[148] oder aber der Empfehlung in der VwV-VmR folgend, sie ohne direkten Verbund mit den Sachbüchern zu führen und in Aktiva und Passiva zu gliedern. Auf der Aktiv-Seite ist dann ein Ausgleichsposten für „nicht erfasste Sachanlagen" (Füllposten) und auf der Passivseite ein Deckungskapital (Beiträge u.ä. Entgelte, Zuweisungen und Zuschüsse, Kredite, innere Darlehen, Kapitalwert der kreditähnlichen Rechtsge-

144 §46 Nr.18 GemHVO und Rdnrn. 625ff.
145 §87 Abs.5 GemO und Rdnr. 731.
146 §41 Abs.2 GemHVO.
147 Vgl. Anlage 1 zur VwV-VmR, abgedruckt bei Rdnr. 1256.
148 In der Form der sog. Verbundrechnung (vgl. 3. Aufl. dieses Lehrbuchs S.720) oder über Bestandskonten des ShV, vgl. Rdnrn. 1156ff.

schäfte und als Füllposten ein „sonstiges Deckungskapital") zu bilden. Für die Berechnung dieser Füllposten gibt es keinerlei sachliche Anhaltspunkte; es handelt sich um rechnungstechnische Ausgleichsposten. Dies müßte zur Vermeidung von Fehlschlüssen in einer Anmerkung deutlich gemacht werden. Eine solche Verdeutlichung erfordert schon der Haushaltsgrundsatz der Klarheit und der Verständlichkeit.

Die einfachste Form der Darstellung der Geldvermögensrechnung ist wohl eine Auflistung der Bestände entsprechend dem sich aus § 43 Abs. 1 GemHVO ergebenden Mindestinhalt. Hierbei ist der Anfangsbestand identisch mit dem Endbestand des Vorjahres; die Zu- und Abgänge nach den Solleinnahmen und den Sollausgaben der Sachbücher führen zum Bestand am Ende des Jahres.

Ein Beispiel für eine Geldvermögensrechnung in Listenform[149] ist auf der Seite 804 abgedruckt.

### 5.3 Teil-Vollvermögensrechnung

In der VwV-VmR gibt das IM Hinweise auf eine „Teil-Vollvermögen- **1210**
srechnung".[150] Gemeint ist eine Vermögensrechnung, die das Geldvermögen und Teile des Sachvermögens umfasst. Bei dieser Art der Vermögensrechnung wird nur das Sachvermögen der kostenrechnenden Einrichtungen in die Vermögensrechnung einbezogen; das übrige Sachvermögen (z.B. Verwaltungsvermögen) ist nicht Gegenstand der Vermögensrechnung. Deshalb sind infolge des Summenausgleichs die Aktiva und Passiva auch hier Füllposten (nicht bewertetes Sachvermögen auf der Aktiv-Seite und sonstiges Dekkungskapital auf der Passiv-Seite) erforderlich. Diese Füllposten haben keinen Aussagewert. Zur Vermeidung von Fehlschlüssen müßte in einer Anmerkung hierauf verwiesen werden.

Für die Kommunen dürfte sich eine Teil-Vollvermögensrechnung als Vorstufe zur Vollvermögensrechnung lohnen, insbesondere wenn sie über EDV-Programme ohne zusätzlichen Arbeitsaufwand erstellt wird.

### 5.4 Vollvermögensrechnung

#### 5.4.1 Begriff, Ziele

Unter einer Vollvermögensrechnung wird eine Vermögensrechnung ver- **1211**
standen, die das Geldvermögen sowie das gesamte Sachvermögen einer Kommune ausweist. Der Sinn und Zweck einer umfassenden kommunalen Vermögensrechnung ist seit Jahrzehnten umstritten.[151] Deshalb hat wohl der Gesetzgeber bei der Neuordnung des kommunalen Wirtschafts-

149 Der vom IM empfohlene Gliederungsplan einer Vermögensrechnung ist bei Rdnr. 1241 abgedruckt.
150 Vgl. 2.1.1 der VwV-VmR (VSV 6307).
151 Statt vieler Literaturhinweise *Söllner*, Nürnberger Vermögensrechnung, GemHH 1976, S. 11 und *Kölz*, BWPr 1985, S. 242.

| Verweisungen | Vermögensrechnung | Stand zu Beginn des Haushaltsjahres | | Zugang | | Abgang | | Stand am Ende des Haushaltsjahres | |
|---|---|---|---|---|---|---|---|---|---|
| | | Euro | Cent | Euro | Cent | Euro | Cent | Euro | Cent |
| | **1. Anlagevermögen** | | | | | | | | |
| | 1.1 Beteiligungen sowie Wertpapiere, die die Gemeinde zum Zwecke der Beteiligung erworben hat (§46 Nr. 2 Buchst. d GemHVO) | | | | | | | | |
| | 1.2 Forderungen aus Darlehen, die die Gemeinde aus Mitteln des Haushalts in Erfüllung einer Aufgabe gewährt hat (§46 Nr. 2 Buchst. e GemHVO) | | | | | | | | |
| | 1.3 Kapitaleinlagen der Gemeinde in Zweckverbänden oder anderen kommunalen Zusammenschlüssen (§46 Nr. 2 Buchst. f GemHVO) | | | | | | | | |
| | 1.4 Von der Gemeinde in ihre Sondervermögen mit Sonderrechnung eingebrachte Eigenkapital (z.B. Stammkapital der Eigenbetriebe) (§46 Nr. 2 Buchst. g GemHVO) | | | | | | | | |
| | **2. Forderungen aus Geldanlagen** (§43 Abs. 1 Nr. 2 GemHVO) | | | | | | | | |
| | **3. Rückzahlungsverpflichtungen aus den Kreditaufnahmen und ihnen wirtschaftlich gleichkommenden Vorgängen** (§43 Abs. 1 Nr. 3 GemHVO) | | | | | | | | |
| | **4. Rücklagen** (§43 Abs. 1 Nr. 4 GemHVO) | | | | | | | | |
| | Summe | | | | | | | | |

rechts im Jahre 1974 von verbindlichen Vorschriften über eine Vermögensrechnung, in die auch das Sachvermögen einbezogen wird, abgesehen und sich für eine Minimallösung (nur Geldvermögensrechnung) entschieden. Der Bund und die Länder erstellen gleichfalls keine umfassende Vermögensrechnung. Auch werden in der VwV-VmR nur Empfehlungen ausgesprochen und keine verbindlichen Muster vorgeschrieben. Für eine solche Verpflichtung der Kommunen würde es derzeit an einer Rechtsgrundlage fehlen.[152]

Eine Vollvermögensrechnung müßte, soll sie sinnvoll sein, Ziele erreichen, die über die Ergebnisse einer Geldvermögensrechnung hinausgehen. Dabei wären denkbar:

a) Aussagen über den Stand der Aufgabenerfüllung und interkommunaler Vergleich;

b) Nachweis der Substanzerhaltung und Substanzveränderung, seien es Vermögenszugänge, Vermögensabgänge oder Substanzverzehr durch Zeitablauf oder Gebrauch, Letzteres in Verbindung mit einer Kosten-/Leistungsrechnung (Ressourcenverbrauchsrechnung);

c) Aufzeigen der Eigenkapitalquote/Fremdkapitalquote bei der Finanzierung des Vermögens;

d) Liefern von Planungs- und Entscheidungshilfen für den künftigen Erneuerungsbedarf;

e) Hinweise auf Vermögenskapital, das nicht für die Aufgabenerfüllung verwendet wird und somit zur Disposition der kommunalen Entscheidungsträger steht;

f) Nachweis der Sicherung der stetigen Aufgabenerfüllung.

Diese Ziele sind mit einer Vermögensrechnung sicher nicht alle vollkommen erreichbar.

Zu a)

Aussagen über den Stand der Aufgabenerfüllung sind nicht ohne weite- **1212**
res möglich, weil auf Grund der örtlichen Situation sehr unterschiedliche Investitionsaufwendungen zur Wahrnehmung der kommunalen Aufgaben notwendig sind oder waren. Hat eine Gemeinde z.B. 1985 ein Schulhaus für 2 Mio. Euro erstellt, so konnte eine andere Gemeinde für ein Schulhaus derselben Größe 15 Jahre später 3 Mio. Euro aufwenden müssen, ohne dass sich im Vergleich der beiden Gemeinden ein Unterschied im Stand der Aufgabenerfüllung ergibt. Ähnliche Unterschiede dürften

152 § 95 Abs. 1 GemO sieht vor, dass in der Jahresrechnung das Ergebnis der Haushaltswirtschaft einschließlich des Stands des Vermögens und der Schulden zu Beginn und am Ende des Haushaltsjahres nachzuweisen ist. Damit könnte der Verordnungsgeber eine Vollvermögensrechnung vorschreiben (vgl. § 144 Nr. 24 GemO). Dies ist aber nicht geschehen (vgl. § 43 Abs. 1 GemHVO).

bei einer Flächenkanalisation in einer Gemeinde mit vielen Teilorten und einer Gemeinde im Ballungsgebiet vorhanden sein. Die Höhe der Investitionsaufwendungen ist daher nur sehr eingeschränkt für den Stand der Aufgabenerfüllung aussagefähig. Für die örtlichen Entscheidungsträger ist es aber sicher von Interesse zu erfahren, welche Investitionen für die einzelnen Aufgabenbereiche bisher anfielen. Bei einem interkommunalen Vergleich müßten Gemeinden mit derselben Struktur in dem betreffenden Aufgabenbereich herangezogen werden. Falsch wäre, aus dem Geldwert einer Investition einen Leistungswert für die Aufgabenerfüllung abzuleiten, da eine Bezifferbarkeit und Bewertbarkeit der Leistungskraft des öffentlichen Vermögens nicht erreichbar ist.[153]

*Beispiel:*
Ein Hallenbad, dessen Kapazität infolge des Besucherrückgangs nur noch zu 40% ausgelastet ist, hat trotz evtl. hohem Investitionswert nur noch einen geringen Leistungswert für die Aufgabenerfüllung. Ursache hierfür kann der Bau eines anspruchsvollen Hallenbades in einer Nachbargemeinde sein.

Zu b)

**1213** Der Nachweis einer Substanzerhaltung wäre mit einer Vollvermögensrechnung zahlenmäßig möglich. Sicher besteht auch für eine Gemeinde ein Interesse daran, nachzuweisen, dass sie nicht von der Substanz lebt, d.h. dass der Ressourcenverbrauch durch das Ressourcenaufkommen periodengerecht gedeckt wird. Es müssten dann die Abschreibungen auf das Verwaltungsvermögen vom Verwaltungshaushalt – ähnlich wie die Abschreibungen bei den kostenrechnenden Einrichtungen[154] – aufgebracht werden. Dem muss entgegengehalten werden, dass das Vermögen der öffentlichen Hand der jeweils gestellten Aufgabe zu entsprechen hat und in diesem Zustand aus Mitteln des Verwaltungshaushalts unterhalten werden muss. Wenn eine Gemeinde aus ihren laufenden Einnahmen ihren Unterhaltungs- und Erneuerungsaufwand für ihre Einrichtungen nachhaltig decken kann, hat sie den Nachweis der Substanzerhaltung weitgehend erbracht. Eine Vermögensrechnung liefert insoweit keine zusätzlichen Informationen. Auch ist die Ermittlung des Gesamtwerts des Vermögens nicht besonders aussagefähig. Dagegen ist die Darstellung der Substanzveränderungen (Vermögenszugang = Schwerpunkt der Investitionsfähigkeit) für die Öffentlichkeit von Interesse, insbesondere wenn die Veränderungen für mehrere Jahre zusammengefasst und die Entwicklungstendenzen aufgezeigt werden. Außerdem könnte eine Bewertung des Sachvermögens – auch im Bereich des Verwaltungsvermögens – dazu führen, dass Abschreibungen auf das Verwaltungsvermögen ermittelt und diese in eine Kosten- und Leistungsrechnung eingebracht werden. Dies könnte zu einer Steigerung des Kostenbewusstseins in der

153 *Leimich*, S. 233.
154 Vgl. § 22 Abs. 1 Satz 3 GemHVO.

öffentlichen Verwaltung führen, weil dann die Kosten pro Leistungseinheit (Produkt) erkennbar werden würden. Über die Vermögensrechnung wäre sicher eine exakte Erfassung – bei Anwendung der EDV ohne wesentlichen Mehraufwand – dieser Veränderungen einschließlich der Abschreibungen möglich.

Zu c)

Bei einer Vollvermögensrechnung lässt sich rechnerisch die Eigenkapi- **1214**
talquote/Fremdkapitalquote feststellen, da auf der Passivseite die Finanzierungsquellen darzustellen sind.[155] Die Eigenkapitalquote ist für eine Gemeinde sicher eine interessante Zahl, da sich für die kommunalen Entscheidungsträger (Bürgermeister, Gemeinderat) daraus Erfolge ihrer Tätigkeit ableiten lassen. Allerdings wäre es falsch, aus der Eigenkapitalquote/Fremdkapitalquote Schlüsse auf die Leistungsfähigkeit einer Gemeinde zu ziehen. Gerade Gemeinden mit einer geringen eigenen Leistungsfähigkeit werden infolge höherer staatlicher Zuweisungen eine relativ geringe Fremdkapitalquote ausweisen. Diese Gemeinden waren nicht in der Lage, zur Schaffung ihrer Einrichtungen ohne Gefährdung der Sicherstellung der stetigen Aufgabenerfüllung höhere Kredite aufzunehmen. Auch muss hier ein Vergleich mit der Privatwirtschaft ausscheiden, da die Eigenkapitalquote nicht aus dem Gewinn bringenden Verkauf von Produkten entstanden ist, sondern aus Steuermitteln (evtl. in nicht unerheblichem Umfang aus staatlichen Zuweisungen) und hohe Investitionskosten in der Regel auch hohe Folgekosten verursachen, die in der Regel den Steuerzahler belasten. Bei einem interkommunalen Vergleich müssten andere Daten (z.B. Steuerkraftsumme je Einwohner, Stand der Aufgabenerfüllung) mit berücksichtigt werden.

Zu d)

Bei einer sorgfältigen Bewertung des Sachvermögens und der Verwen- **1215**
dung realistischer Abschreibungssätze kann eine Vollvermögensrechnung Planungs- und Entscheidungshilfen für den künftigen Erneuerungsbedarf liefern, wobei Veränderungen der Kollektivbedürfnisse auf örtlicher Ebene mit berücksichtigt werden müssten (z.B. Erhöhung/Rückgang der Schülerzahl und teilweise auch der Einwohnerzahl, höhere Ansprüche im Bereich des Umweltschutzes und der Freizeiteinrichtungen). Dies trifft aber nur auf Einrichtungen zu, bei denen der Erneuerungsbedarf nicht permanent entsteht und aus dem Verwaltungshaushalt abgedeckt wird (insbesondere im Bereich des Hochbaus).

Zu e)

Bei einer Vollvermögensrechnung ist es möglich, die Vermögenswerte, **1216**
die nicht unmittelbar der Aufgabenerfüllung dienen und damit zur Dis-

155 Vgl. Anlage 1, Gliederungsplan der VmR zur VwV-VmR, abgedruckt bei Rdnr. 1256.

position der Gemeinde stehen, besonders zu erfassen (realisierbares Gemeindevermögen). Dazu gehören z.B. baureife Grundstücke, die veräußert werden könnten. Auch ist der Wandel in der Aufgabenstellung zu berücksichtigen. So waren z.B. vor Jahren kleinere Gemeinden verpflichtet, Lehrerdienstwohnungen bereit zu halten. Die Verpflichtung ist inzwischen weggefallen, so dass Lehrerwohnhäuser zu Vermögensgegenständen wurden, die nicht mehr direkt der Aufgabenerfüllung dienen und deshalb grundsätzlich veräußert werden könnten. Mit dem besonderen Ausweis der nicht (mehr) der Aufgabenerfüllung dienenden Vermögensgegenstände könnte auch ein Nachweis der Ersatzdeckungsmittel i.S. von §22 Abs.1 Satz 2 und Abs.3 Satz 2 GemHVO erbracht werden. Auch für die Gewährung von Staatszuweisungen (Bedarfszuweisungen) dürften die erzielbaren Vermögenserlöse von Bedeutung sein.[156] Allerdings muss die kommunale Grundstückspolitik langfristig angelegt werden. Es besteht die Gefahr, dass ein wertmäßiger Ausweis des frei verfügbaren Gemeindevermögens sehr rasch zu dessen Abbau führen könnte.

Zu f)

**1217** Dem obersten gemeindewirtschaftsrechtlichen Ziel, der Sicherung der stetigen Aufgabenerfüllung, kann eine Vollvermögensrechnung nicht dienen. Es wäre geradezu gefährlich, z.B. aus einem günstigen Verhältnis zwischen Eigenkapital und Fremdkapital zu schließen, dass die Gemeinde dieses Verhältnis zu Lasten der Eigenkapitalquote verändern und neue Kredite aufnehmen kann. Die geschaffenen Einrichtungen werfen in der Regel für den Gemeindehaushalt keinen Ertrag ab, sondern verursachen Folgekosten, die aus Steuermitteln zu bestreiten sind. Eine Erhöhung des Sachvermögens wird – im Gegensatz zu der Privatwirtschaft – die Einnahmen, die für Zinsen und Kredittilgung zur Verfügung stehen, nicht steigern, sondern eher senken. Deshalb stehen auch nicht mehr Deckungsmittel für den Schuldendienst zur Verfügung. Das entscheidende Kriterium für die Verschuldungsobergrenze einer Gemeinde ist, inwieweit der Schuldendienst (einschließlich der Folgekosten) aus den Einnahmen des Verwaltungshaushalts bestritten werden kann.[157] Jede andere Finanzpolitik ist unseriös und muss zwangsläufig zu einer stärkeren Inanspruchnahme der Abgabenpflichtigen oder zur Beeinträchtigung der Aufgabenerfüllung an anderer Stelle führen.

### 5.4.2 Bewertung des Sachvermögens

**1218** Bisher weitgehend ungelöste Probleme bei einer Vollvermögensrechnung sind die Bewertung des Sachvermögens und die Ermittlung der Abschreibungen. Als Bewertungsmethode werden die Anschaffungs- oder

156 Z.B. VwV-Ausgleichstock, Nr.5.2.1, GABl. 1994 S.98.

157 Vgl. Mindestzuführung vom Verwaltungshaushalt an den Vermögenshaushalt nach §22 Abs.1 Satz 2 GemHVO.

Herstellungskosten in Frage kommen.[158] Bei der Ersterfassung sollte im Hinblick auf die im Anlagevermögen gebundenen Beiträge und ähnlichen Entgelte sowie Zuweisungen und Zuschüsse gleichfalls von den Anschaffungs- und Herstellungskosten abzüglich der Abschreibungen für die Abnutzung ausgegangen werden. Die Beiräge und Zuweisungen wären um die Auflösungsbeträge zu kürzen. Sofern der Anschaffungswert nicht mehr festgestellt werden kann, ist er zu schätzen.[159] Durch den Ansatz der Anschaffungs- und Herstellungskosten entstehen infolge der Geldentwertung „stille Reserven".

Im Handels- und Steuerrecht wird die Bildung dieser stillen Reserven zunächst bewusst in Kauf genommen. Sie führen zu einer nicht sichtbaren besseren Eigenkapitalausstattung und werden zu einem späteren Zeitpunkt erfolgswirksam aufgelöst, also insoweit dem Kapitaleigner gutgebracht. In der Kommunalwirtschaft bleiben die stillen Reserven stets unsichtbar, es sei denn, das Vermögen wird zur Aufgabenerfüllung nicht (mehr) benötigt und deshalb veräußert. Die stillen Reserven würden dann dem Vermögenshaushalt zufließen und dort der Aufgabenerfüllung zur Verfügung stehen. Diese stillen Reserven bereits zuvor als außerordentliche Erträge zu behandeln und im Haushalt als Deckungsmittel zum Haushaltsausgleich zu veranschlagen ist riskant und entspräche nicht einer vorsichtigen Haushaltspolitik; es ist in keinem Fall gewährleistet, dass später tatsächlich eine Realisierung möglich ist. Falls eine Gemeinde für Zwecke der Aufgabenerfüllung Vermögensgegenstände unter dem Verkehrswert veräußert, ist dies im Haushalt durch Beachten des Bruttoprinzips sichtbar zu machen.[160] Es wird auch Fälle geben, in denen Gemeindevermögen nicht veräußert werden kann, weil sich dafür kein Käufer findet. In diesem Fall müsste der Restbuchwert zu Lasten des Verwaltungshaushalts entsprechend reduziert werden. Vermögensveränderungen außerhalb des Haushalts sind abzulehnen, weil sie dem Haushaltsgrundsatz der Vollständigkeit widersprechen.[161]

### 5.4.3 Ermittlung der Abschreibungen

Die Höhe der Abschreibungen richtet sich nach der voraussichtlichen Lebensdauer (Nutzungsdauer) des Wirtschaftsguts. Nach der Konzeption der Vermögensrechnung des IM[162] sind Abschreibungen beim Sachvermögen der kostenrechnenden Einrichtungen vorzunehmen;[163] in den anderen Fällen kann von jährlichen Abschreibungen abgesehen werden. Die Anfangsbestände wären dann im letzteren Fall in bestimmten Zeit- **1219**

158 Ausführlich Rdnr. 812, vgl. auch § 9 KAG.
159 VwV-VmR, 2.3.1.1.
160 Nr. 2 der VwV zu § 92 GemO.
161 Solche Vermögensveränderungen sind leider in der VwV-VmR, Zuordnungstabelle Nrn. 57 bis 80 vorgesehen, vgl. auch Rdnr. 1258.
162 VwV-VmR, Nr. 2.3.3.2.
163 Entsprechend § 12 GemHVO und § 9 KAG.

abständen entsprechend den geänderten Wertverhältnissen zu berichtigen. Dieses Vorgehen kann z.B. bei Straßen und sonstigen Tiefbauten ohne weiteres akzeptiert werden, da hier die Gemeinde verpflichtet ist, diese aus Mitteln des Verwaltungshaushalts ständig in einem Zustand zu erhalten, der den Erfordernissen der Aufgabenerfüllung entspricht. Dagegen sollten bei Hochbauten die üblichen Abschreibungen auch beim Verwaltungsvermögen vorgenommen werden, da nur dann die Vermögensrechnung die Werte zutreffend wiedergibt.

#### 5.4.4 Darstellung des Deckungsverlaufs (Verhältnis Investitionen/Kredite)

1220 Eine Vollvermögensrechnung kann interessante Informationen liefern, wenn in ihr die über den Vermögenshaushalt vollzogenen Vermögensveränderungen (z.B. durch Investitionen, Vermögensveräußerungen usw.) und die Schuldenveränderungen (Kreditaufnahmen, Tilgungen) im Zusammenhang aufgezeigt und der Deckungsverlauf über mehrere Jahre dargestellt wird.[164] Es wäre möglich, über Jahre zurück zu erkennen, was in etwa jährlich im Verhältnis zum Gesamthaushalt investiert und inwieweit die Investitionen mit Krediten finanziert wurden. Auch der Schwerpunkt der Investitionen (Aufgabenbereich) und die Veränderung dieser Schwerpunkte könnte dargestellt werden. Für den Gemeinderat und die Öffentlichkeit wäre sicherlich dieser Investitionsverlauf und dessen Finanzierung interessant. Dazu müssten qualifizierte Vermögensnachweise in Form von Anlagenachweisen[165] für jedes Wirtschaftsgut geführt werden. Auch könnte in den Anlagenachweisen das nicht der Aufgabenerfüllung dienende Sachvermögen aufgezeigt werden. Dazu wäre die Gliederung der Vermögensrechnung nach dem Muster des IM[166] entsprechend auszuweiten. Lediglich Sammelposten wie „Verwaltungsvermögen, Sachanlagen“ oder „Kostenrechnende Einrichtungen, Sachanlagen“ genügen diesen Anforderungen nicht.[167] Auch die Probleme der Erstbewertung verlieren an Bedeutung, wenn die Vermögensrechnung weniger auf die Darstellung des Zustands als vielmehr auf die Veränderungen gerichtet ist.

## 6. Anlagen zur Jahresrechnung

### 6.1 Vermögensübersicht

1221 Eine Vermögensübersicht ist nur erforderlich, soweit das Sachvermögen nicht in die Vermögensrechnung aufgenommen wird. Aus der Vermögensübersicht muss der Stand des Anlagevermögens zum Beginn und zum Ende des Haushaltsjahres ersichtlich sein, gegliedert nach Arten und

164 So auch *Mühlhaupt*, Der öffentliche Haushalt, Jahrgang 11, S. 117.
165 *Kölz*, BWVPr 1985, S. 242 Ziff. I, 2.4.2.
166 Anlage 1 zur VwV-VmR, abgedruckt bei Rdnr. 1256.
167 Anlage 1 zur VwV-VmR.

Aufgabenbereichen. Es ist aber nur das Anlagevermögen nachzuweisen, für das nach § 38 Abs. 1 GemHVO Anlagenachweise zu führen sind. Hierbei handelt es sich um unbewegliche und bewegliche Sachen und grundstücksgleiche Rechte, die kostenrechnenden Einrichtungen[168] dienen. Dieses Sachvermögen ist aus den Anlagenachweisen in die Vermögensübersicht zu übertragen.

### 6.2 Rechnungsquerschnitt

Der Rechnungsquerschnitt stellt eine Übersicht über die Einnahmen, die 1222
Ausgaben und die Verpflichtungsermächtigungen, geordnet nach Aufgabenbereichen und Arten, dar. Er ist entsprechend dem Haushaltsquerschnitt[169] aufzustellen.

### 6.3 Gruppierungsübersicht

Die Gruppierungsübersicht ist eine Übersicht über die Einnahmen und 1223
Ausgaben, geordnet nach Arten. Aus der Gruppierungsübersicht sind z.B. der gesamte Personalaufwand einer Gemeinde oder die gesamten Gebäudeunterhaltungskosten ersichtlich. Eine Gruppierungsübersicht ist auch bei der Aufstellung des Haushaltsplans zu fertigen.[170]

### 6.4 Rechenschaftsbericht

Der Rechenschaftsbericht ist das Gegenstück zum Vorbericht bei der 1224
Haushaltsplanaufstellung. Im Rechenschaftsbericht sind insbesondere die wichtigsten Ergebnisse der Jahresrechnung und erhebliche Abweichungen der Jahresergebnisse von den Haushaltsansätzen zu erläutern. Außerdem soll der Rechenschaftsbericht einen Überblick über die Haushaltswirtschaft im abgelaufenen Jahr geben. Bei Führen einer Vollvermögensrechnung könnten deren Ergebnisse erläutert werden.

## 7. Rechnungsabgrenzung

Die Grundsätze für die Veranschlagung und den rechnungsmäßigen 1225
Nachweis der Einnahmen und Ausgaben bedürfen noch einer Regelung über die zeitliche Abgrenzung. Bei der Veranschlagung gilt der Grundsatz, dass die Einnahmen und Ausgaben in Höhe der im Haushaltsjahr voraussichtlich eingehenden oder zu leistenden Beträge zu veranschlagen sind (Kassenwirksamkeitsprinzip)[171] Für die zeitliche Abgrenzung der Einnahmen und Ausgaben im Rahmen der Buchführung ist festgelegt, dass als Solleinnahmen und Sollausgaben des Haushaltsjahres alle

168 Vgl. § 12 GemHVO, Anlage 4 zur VwV-VmR, und Rdnr. 771.
169 Der Haushaltsquerschnitt ist nach § 4 Nr. 2 GemHVO Teil des Gesamtplans; Muster vgl. Anlage 10 zur VwV Gliederung und Gruppierung.
170 Die Gruppierungsübersicht ist nach § 4 Nr. 3 GemHVO Teil des Gesamtplans; Muster vgl. Anlage 11 zur VwV Gliederung und Gruppierung.
171 Vgl. § 7 GemHVO.

Beträge nachzuweisen sind, die bis zum Ende des Haushaltsjahres fällig geworden oder darüber hinaus gestundet worden sind (Fälligkeitsprinzip).[172] Bei der rechnungsmäßigen Abgrenzung wird also auf die Fälligkeit abgestellt. Das Nichtübereinstimmen der beiden Prinzipien kann in der Praxis zu Schwierigkeiten führen, wenn z.B. bereits bei der Aufstellung des Haushaltsplans bekannt ist, dass die Kassenwirksamkeit erfahrungsgemäß erst im neuen Jahr eintritt, der Betrag aber bereits im alten Jahr zur Zahlung fällig sein wird. Die Lösung wird sein, dass bei Fälligkeit noch im alten Jahr die Sollstellung und auch die Veranschlagung im alten Jahr vorgenommen wird. Wenn der Vorgang dann kassenmäßig nicht mehr bis zum Abschlusstag abgewickelt wird, so entstehen Kassenreste.

Da die Sollbeträge die Grundlage für die Berechnung der Abschlussergebnisse bilden, können nur Beträge nachgewiesen werden, die auch tatsächlich eingehen werden. Deshalb dürfen niedergeschlagene oder erlassene Beträge nicht als Solleinnahmen ausgewiesen werden. Gehen niedergeschlagene Beträge später doch ein, sind sie erneut zum Soll zu stellen. Dagegen sind die gestundeten Beträge als Solleinnahmen auszuweisen. Dies ist gerechtfertigt, da die gestundeten Beträge voraussichtlich auch kassenmäßig vollzogen werden.

Die Auslaufperiode ist weggefallen.[173] Istbuchungen sind nach dem 31.12. nicht mehr zulässig. Möglich wäre es, die Beträge nach dem 31.12. noch in das Soll des Vorjahres zu stellen und einen Kassenrest zu bilden. Dies erscheint jedoch wegen des Verwaltungsaufwands wenig sinnvoll.[174]

Zahlungen, die vor dem 31.12. eingehen oder geleistet, jedoch erst im folgenden Jahr fällig werden, sind in der Haushaltsrechnng für das neue Haushaltsjahr auszuweisen.[175] Die Bücher für das neue Jahr können so rechtzeitig angelegt werden, dass diese Zahlungen sofort in den Büchern des neuen Jahres nachgewiesen werden können. Es ist auch möglich, die Einnahmen oder Ausgaben zunächst im Sachbuch für haushaltsfremde Vorgänge zu buchen. Personalausgaben, die für den ersten Monat des Haushaltsjahres bei dessen Beginn gezahlt werden,[176] sind in der Haushaltsrechnung für das neue Jahr auszuweisen.

Für die kostenrechnenden Einrichtungen sind nur die Einnahmen und Ausgaben in der Haushaltsrechnung nachzuweisen, die wirtschaftlich dem Haushaltsjahr zuzurechnen sind. Diese Regelung ist erforderlich, um

172 Vgl. §42 Abs. 1 GemHVO.
173 Vgl. §67 Abs. 1 KuRVO, §62 Abs. 1 Bad. KuRVO sowie §32 Abs. 1 GemKVO.
174 Diese Art der Darstellung könnte evtl. bei Zins und Tilgungsbeträgen mit dem Abrechnungstermin 31.12. erforderlich sein.
175 §42 Abs. 2 GemHVO.
176 Januargehälter, die bereits im Dezember ausgezahlt werden (§§14 Abs. 5 und 42 Abs. 3 GemHVO).

bei der Gebührenkalkulation die Kosten periodengerecht abgrenzen zu können.[177]

In der Vermögensrechnung bedarf es keiner besonderen Abgrenzungsposten, weil die Abgrenzung im Sachbuch zu buchen ist und sich dadurch unmittelbar in der VmR niederschlägt.[178]

## IV. Belege

Nach den Grundsätzen einer ordnungsmäßigen Buchführung muss jede **1226**
einzelne Buchung belegt sein.[179] Auch muss die Verbindung von Buchung und Beleg so gestaltet sein, dass sich aufgrund der Buchung der dazugehörige Beleg auffinden lässt und aus dem Beleg erischtlich ist, wo der Betrag gebucht ist. Ein Beleg kann zu mehreren Buchungen führen.[180] In diesem Falle sind die Belege grundsätzlich bei der ersten sich aus der Nummernfolge des Gliederungs- und Gruppierungsplanes ergebenden Buchungsstelle einzuordnen. Bei den anderen Buchungsstellen ist zu vermerken, wo sich der Beleg befindet. Auf jeden Fall muss anhand der Einzelbuchungen auf den Beleg, anhand des Beleges auf die Einzelbuchung einwandfrei und unverwechselbar geschlossen werden können. Dies gilt auch für Belege bei programmgesteuerten Buchungen.

Inhalt der Belege:

a) Kassenanordnung;

b) Auszahlungsnachweis, wobei bei unbaren Auszahlungen eine Angabe auf dem Beleg genügt, aus der hervorgeht, an welchem Tag und auf welchem Weg die Zahlung geleistet worden ist;

c) Hinweis auf die Buchung;

d) Betrag;

e) Zahlungsgrund.[181]

Begründende Unterlagen, die nicht mit der Kassenanordnung zusammengefasst werden, sind so zu ordnen, dass sie anhand der Kassenanordnung ohne Schwierigkeiten zur Prüfung bereitgestellt werden können. In der Kassenanordnung ist auf die Fundstelle der begründenden Unterlagen, in diesen auf die Fundstelle der Kassenanordnung, hinzuweisen. Es gibt Fälle, in denen eine Kassenanordnung nicht vorgeschrie-

177 § 14 Abs. 6 GemHVO.
178 VwV-VmR, Nr. 2.3.1.3.
179 § 33 GemKVO.
180 Es ist z.B. üblich, den Schuldendienst mit einer Auszahlungsanordnung anzuweisen. Die hierin enthaltenen Zinsen und Tilgungen sind aber bei 2 Haushaltsstellen zu buchen.
181 Begründende Unterlagen dürfen der Gemeindekasse nur zugeleitet werden, soweit datenschutzrechtliche Vorschriften nicht entgegenstehen (§ 33 Abs. 1 Satz 2 GemKVO).

ben ist.[182] In diesen Fällen empfiehlt es sich, einen kasseninternen Beleg zu fertigen.

Die Kassenanordnungen und die Auszahlungsnachweise sind nach der sachlichen Buchung zu ordnen.[183] Der nach der sachlichen Ordnung abgelegte Beleg ist gleichzeitig auf der Beleg für die Zeitbuchung. Da bei jeder Zeitbuchung der Hinweis auf die sachliche Buchung enthalten ist, sind die Belege auch aufgrund der Zeitbuchung leicht auffindbar.

## V. Aufbewahrung der Bücher und Belege

### 1. Allgemeines

1227 Die Aufbewahrung der Bücher und Belege ist grundsätzlich Aufgabe der Gemeindekasse. Falls begründende Unterlagen (z.B. Baurechnungen, Sozialhilfebescheide, Mietlisten usw. einschließlich der sachlichen und rechnerischen Feststellung) von den anordnenden Stellen aufbewahrt werden, müssen sie ohne Schwierigkeiten zur Prüfung bereitgestellt werden können. Die Bücher und Belege sind sicher aufzubewahren. Dies bedeutet, dass sie gegen äußere Einflüsse zu sichern sind.

Die Jahresrechnung ist dauernd aufzubewahren. Soweit sie sich aus der Speicherbuchführung ergibt, muss sie in ausgedruckter Form aufbewahrt werden. Alle übrigen Bücher sind mindestens 10 Jahre, die Belege mindestens 6 Jahre, aufzubewahren. Falls sich Zahlungsgrund und Zahlungspflichtige oder Empfangsberechtigte nicht aus den Büchern ergeben, sind die Belege gleichfalls 10 Jahre aufzubewahren. Der Grund für diese Vorschrift liegt darin, dass die Aufbewahrung der textlos geführten Bücher ohne die zugehörigen Belege weitgehend nutzlos ist. Gutschriften, Lastschriften und Kontoauszüge der Kreditinstitute sind wie Belege aufzubewahren. Soweit anstelle von Kontogegenbüchern, Schecküberwachungsbücher und dgl. andere Nachweise geführt werden, dürften für diese Unterlagen die Aufbewahrungsfristen für die Bücher gelten.

Die Aufbewahrungsfristen beginnen am 1. Januar des der Feststellung[184] der Jahresrechnung folgenden Haushaltsjahres. Soweit Unterlagen archivwürdig sind (für die Geschichtsschreibung der Gemeinde von Bedeutung), müssen sie im Archiv der Gemeinde auf Dauer aufbewahrt werden. Die Aufbewahrungsfristen können nicht dazu führen, das Schriftgut unbesehen und ohne ausdrückliches Einverständnis des verantwortlichen Bediensteten zu vernichten. Hier ist auf das Landesarchivgesetz zu

182 § 9 Abs. 2 und 3 GemKVO, Rdnr. 1101.
183 § 33 Abs. 2 GemKVO.
184 Nach § 95 Abs. 2 GemO stellt der Gemeinderat die Jahresrechnung innerhalb eines Jahres nach Ende des Haushaltsjahres fest.

verweisen. Die Gemeinden und Landkreise haben eine Archivordnung als Satzung zu erlassen.[185]

## 2. Mikroverfilmung

Nach Abschluss der überörtlichen Prüfung, frühestens nach Ablauf von 3 Jahren seit Beginn der Aufbewahrungsfrist, können die Bücher und Belege auf Bildträgern aufbewahrt werden (Mikroverfilmung). Hierbei muss sichergestellt sein, dass der Inhalt der Bildträger mit den Originalen übereinstimmt, und dass dieser Inhalt jederzeit bis zum Ablauf der Aufbewahrungsfrist lesbar gemacht werden kann.[186] Die Bildträger sind dann anstelle der Originale aufzubewahren. Der Bürgermeister kann zulassen, dass der Inhalt von Büchern und Belegen vor Ablauf der obigen Frist auf Bildträger übertragen wird. Hierbei muss sichergestellt werden, dass die Daten innerhalb der Frist jederzeit in ausgedruckter Form lesbar gemacht werden können. Die Verfilmung von Fremdbelegen muss farbecht (urkundenecht) erfolgen. Auch muss, bevor eine solche Regelung zugelassen wird, die für die überörtliche Prüfung zuständige Stelle gehört werden. **1228**

Weiter hat die Gemeinde bei der Mikroverfilmung sicherzustellen, dass der Inhalt von Bildträgern für die Prüfung im notwendigen und nach den Prüfungsmöglichkeiten vertretbaren Umfang jederzeit in angemessener Frist ausgedruckt werden kann. Der Inhalt von Bildträgern muss auch anschließend bis zum Ablauf der Aufbewahrungsfrist jederzeit in lesbarer Schriftgröße wiedergegeben werden können.

# VI. Sonstiges

## 1. Buchführung bei Sonderkassen

Im Grundsatz gelten die Vorschriften über die Buchführung auch für Sonderkassen.[187] Das Wesen der Sonderkasse liegt in ihrer eigenständigen Buchführung. Die Sonderkassen sollen mit der Gemeindekasse verbunden werden. Dies bedeutet, dass sie organisatorisch mit der Gemeindekasse eine Einheit bilden sollen. Die Vorschriften der GemKVO gelten für die Sonderkassen aber nur, soweit in der GemKVO selbst oder in anderen gesetzlichen Vorschriften nichts anderes bestimmt ist.[188] Andere Vorschriften gelten insbesondere für die Eigenbetriebe. So hat z.B. die Be- **1229**

185 Gesetz vom 27.7. 1987 (GBl. S.230); §7 Abs.3 LArchG.
186 Vgl. hierzu Rdnr. 1147.
187 Nach §98 GemO sind für Sondervermögen und Treuhandvermögen Sonderkassen einzurichten, wenn für diese Vermögen Sonderrechnungen geführt werden. Dies ist insbesondere bei Eigenbetrieben der Fall (vgl. Rdnr.963).
188 Vgl. §37 GemKVO und Rdnrn. 977ff.

triebsleitung die Aufsicht über die Sonderkasse des Eigenbetriebs, es sei denn, die Gemeindekasse erledige die Geschäfte dieser Sonderkasse. Weiter hat der Eigenbetrieb seine Rechnung nach den Regeln der kaufmännischen doppelten Buchführung oder einer entsprechenden Verwaltungsbuchführung zu führen. Auch die Belegordnung bestimmt sich nach den sich aus der kaufmännischen Buchführung ergebenden Erfordernissen und nur subsidiär nach §33 Abs.2 GemKVO. Bei Anwendung der kaufmännischen Buchführung oder einer entsprechenden Verwaltungsbuchführung können der unbare Zahlungsverkehr und die Buchführung einer anderen Stelle des für das Rechnungswesen zuständigen Geschäftsbereichs übertragen werden, d.h. sie können von der Sonderkasse abgetrennt werden. Die Sonderkassen können dann auch Einnahmen ohne Zahlungsanordnung annehmen; soweit Zahlungsanordnungen erforderlich sind, müssen Buchungsstelle und Haushaltsjahr (Wirtschaftsjahr) nicht angegeben werden.

Bei Anwendung der kaufmännischen Buchführung oder einer entsprechenden Verwaltungsbuchführung gelten die Vorschriften über die Zeitbuchführung, die Sachbuchführung, die weiteren Bücher, die Absetzungen von Einnahmen und Ausgaben, den Tagesabschluss, den Jahresabschluss sowie über die Belegordnung nicht.

### 2. Einführung der kaufmännischen Buchführung

**1230** Die Gemeinden können nach §41 GemKVO ausnahmsweise die Bücher für die Jahresrechnung ingesamt nach den Regeln der kaufmännischen doppelten Buchführung führen. Voraussetzung hierfür ist, dass dies für die Verbindung von Sonderkassen mit der Gemeindekasse zweckmäßig ist, die Buchführungsgeschäfte insgesamt sich vereinfachen lassen und die an die Verwaltungsbuchführung gestellten Anforderungen erfüllt werden. Eine Umstellung des Rechnungswesens auf die kaufmännische doppelte Buchführung wird nur dann in Frage kommen, wenn die Sonderkassen, für die bereits diese Buchführungsform eingeführt ist, insgesamt dominieren. Vor einer solchen Umstellung der Buchführung ist der Rechtsaufsichtsbehörde Gelegenheit zur Stellungnahme zu geben.

### 3. Buchführung durch Stellen außerhalb der Gemeindeverwaltung

**1231** Die Gemeinde kann die Buchung der Einnahmen und Ausgaben ganz oder zum Teil von Stellen außerhalb der Gemeindeverwaltung besorgen lassen.[189] Dabei muss insbesondere gewährleistet sein, dass

- die Belege vor der Übersendung an die erledigende Stelle registriert werden,

189 Vgl. §94 Abs.1 Satz 1 GemO, §36 GemKVO und Rdnr.1083.

- die Gemeinde sich durch Stichproben der ordnungsmäßigen Erledigung der Buchungen vergewissert,
- der Gemeinde rechtzeitig der Tagesabschluss[190] und der Jahresabschluss[191] übermittelt werden.

Außerdem muss sichergestellt sein, dass die Zahlungsanordnungen nicht unbefugt geändert und die Angelegenheiten, die der erledigenden Stelle bei der Besorgung der Buchführungsgeschäfte zur Kenntnis gelangen, von dieser nicht unbefugt verwertet oder weitergegeben werden können und dass diese Stelle im Falle eines Verschuldens für Schäden der Gemeinde oder Dritter eintritt. Weiter muss gewährleistet sein, dass die erledigende Stelle den für die Prüfungen bei der Gemeinde zuständigen Prüfungsstellen Gelegenheit gibt, die ordnungsgemäße Abwicklung des Zahlungsverkehrs an Ort und Stelle zu prüfen.

Der Gemeinderatsbeschluss über eine solche Aufgabenübertragung ist der Rechtsaufsichtsbehörde anzuzeigen.[192]

Von dieser Regelung sind nur die Fälle betroffen, in denen die Buchführung einer anderen Stelle zur selbständigen Erledigung nach Weisung der Gemeinde übertragen wird.[193] Die Vorschrift gilt nicht, wenn sich die Gemeindekasse für die Vornahme von Buchungen lediglich der technischen Dienste einer anderen Stelle (z.B. einer EDV-Anlage bei Anwendung der landeseinheitlichen Verfahren) bedient. In diesem Fall bleibt die Gemeindekasse für die Buchführung verantwortlich; die Tagesabschlüsse und der Jahresabschluss sind dann weiterhin vom Kassenverwalter zu unterschreiben.

## VII. Erläuterung der Buchungssystematik mit Buchungsbeispielen

### 1. Allgemeines

Die Buchungen werden durch Einzahlungen, Auszahlungen oder Verrechnungen ausgelöst. Verrechnungen werden durch einen buchmäßigen Ausgleich zwischen Einnahmen und Ausgaben bewirkt, ohne dass die Höhe des Kassen-Sollbestandes verändert wird (Aufrechnung z.B. einer Gewerbesteuerforderung der Gemeinde mit einer Handwerkerrechnung, die von der Gemeinde zu bezahlen ist, oder interne Umbuchung zwischen verschiedenen Buchungsstellen). 1232

190 §31 GemKVO.
191 §32 GemKVO.
192 §94 GemO.
193 §36 GemKVO; vgl. die Beispiele bei Rdnr. 1083.

Die Einnahmen und Ausgaben sind in zeitlicher Reihenfolge (Zeitbuch) und in sachlicher Ordnung entsprechend der Gliederung und Gruppierung des Haushaltsplans zu buchen.[194] Die Buchungen im Zeitbuch werden hier nicht erläutert, da diese Buchungsvorgänge unproblematisch sind.[195] Die Buchungen im Sachbuch sind so vorzunehmen, dass aus dem Sachbuch die Haushaltsrechnung[196] entwickelt werden kann. Dies bedeutet, dass das Sachbuch einzuteilen ist in:

- Sachbuch für den Verwaltungshaushalt (SVw),
- Sachbuch für den Vermögenshaushalt (SVm),
- Sachbuch für haushaltsfremde Vorgänge (ShV).

Die Sachbücher haben die Spalten Reste-Soll, laufendes Soll, Ist und Rest.[197] Die nachstehenden Erläuterungen befassen sich mit den Buchungen in den Sachbüchern. Die Systematik für eine Vermögensrechnung ist in Rdnrn. 1255–1258 dargestellt.

Auf den in der Haushaltsrechnung vorgeschriebenen Planvergleich (Vergleich des Haushaltsansatzes mit der Spalte „laufendes Soll" und Feststellung der Mehrausgaben/Wenigerausgaben) wird bei der Darstellung der nachfolgenden Beispiele verzichtet, weil dieser Vergleich lediglich durch Übertragung der Haushaltsansätze nach dem Haushaltsplan (einschließlich Nachtragspläne) und der Soll-Spalte der Sachbücher für den Verwaltungshaushalt und den Vermögenshaushalt vorzunehmen ist.[198] Hierzu sind weitere Erläuterungen nicht erforderlich.

Bei den einzelnen Buchungen ist zwischen dem „Deckungsbereich" und dem „Kassenbereich" zu unterscheiden. Betrifft eine Buchung den Deckungsbereich, so ist sie im SVw oder im SVm zumindest in der Spalte „laufendes Soll" zu vollziehen. Soweit dieser Vorgang auch kassenmäßige Auswirkungen hat, ist auch in der Spalte „Ist" zu buchen.

Buchungen, die nur den Kassenbereich betreffen, sind Buchungen im Zusammenhang mit Geldanlagen oder Kassenkrediten; sie sind im ShV vorzunehmen.

Geldanlagen sind möglich, wenn z.B. der allgemeinen Rücklage vom Vermögenshaushalt Mittel zugeführt wurden, die schon kassenmäßig eingegangen sind; denn mit der Rücklagenzuführung ist noch keine kassenmäßige Ausgabe verbunden. Erst die Geldanlage bewirkt die kassenmäßige Ausgabe (z.B. Festgeldanlage). Allerdings macht nicht jeder Rücklagenbestand eine Geldanlage möglich. Es ist notwendig, dass Rücklagemittel zur Aufrechterhaltung der Kassenliquidität angesammelt

194 Vgl. Rdnrn. 1148ff.
195 Vgl. Rdnr. 1149.
196 Vgl. Rdnrn. 1151ff. und §27 Abs.1 GemKVO.
197 Zur Spaltenfunktion vgl. Rdnrn. 1151ff.
198 Siehe abgedrucktes Muster einer Haushaltsrechnung, Spalte 6 bis 8, Rdnr. 1151.

werden,[199] weil z.B. Ausgaben getätigt werden, bevor die dafür vorgesehenen Deckungsmittel eingehen oder weil ein Fehlbetrag entstanden ist. Geldanlagen sind auch möglich, wenn im SVw, SVm oder ShV Ausgaben vorgesehen, diese aber kassenmäßig noch nicht vollzogen sind, obwohl die dafür vorgesehenen Einnahmen bereits eingingen. Aus Gründen der Wirtschaftlichkeit ist dann das Geld vom Girokonto wegzunehmen und zinsbringend anzulegen.

Kassenkredite werden erforderlich, wenn Ausgaben bereits in einem Zeitpunkt geleistet werden müssen, zu dem die veranschlagten Einnahmen noch nicht in gleicher Höhe eingegangen sind (z.B. auch bei Kasseneinnahmeresten oder Haushaltseinnahmeresten) und die Mittel der allgemeinen Rücklage zur Überbrückung nicht ausreichen. Gehen später die Deckungsmittel ein, so kann der Kassenkredit zurückgezahlt werden. Nur die Deckungsmittel sind im SVw oder im SVm zu buchen; der Kassenkredit dient zur kassenmäßigen Überbrückung, bis die Deckungsmittel eingegangen sind.

## 2. Buchungen in den Sachbüchern

### 2.1 Sachbuch für den Verwaltungshaushalt (SVw) und Sachbuch für den Vermögenshaushalt (SVm)

Die Buchungen in den Sachbüchern sind auf Grund der Kassenan- **1233**
ordnungen in den Spalten „laufendes Soll" und beim kassenmäßigen Vollzug in der Spalte „Ist" auszuführen. Unterbleibt der kassenmäßige Vollzug im laufenden Jahr, ist eine Übernahme in der Spalte „Rest" erforderlich.

Die im vorangegangenen Jahr in die Restespalte eingetragenen Beträge sind im neuen Jahr in die Spalte „Reste-Soll" zu übertragen. Die Spalten „Rest" und „Reste-Soll" müssen übereinstimmen.[200]

Buchungsbeispiele für den Verwaltungshaushalt und den Vermögenshaushalt

**Sachverhalt:**

Bei der Gewerbesteuer besteht ein Anordnungs-Soll des lfd. Jahres von **1234**
500000 Euro. Die Reste vom Vorjahr betragen 30000 Euro. Eingegangen sind im lfd. Jahr 510000 Euro. Die Kasseneinnahmereste am Ende des Jahres betragen 20000 Euro.[201]

199 Vgl. §20 Abs. 2 GemHVO und Rdnr. 600.
200 Vgl. Abschlussbuchungen bei Rdnr. 1253.
201 Im Kassenrest sind auch die über das Haushaltsjahr hinaus gestundeten Beträge enthalten, vgl. §42 Abs. 1 GemHVO.

Buchung:

**SVw**

| RS | LS | Ist | Rest | Einnahmen | Ausgaben | RS | LS | Ist | Rest |
|---|---|---|---|---|---|---|---|---|---|
| (K) 30000 | 500000 | 510000 | (K) 20000 | 90.003 Gewerbesteuer | | | | | |

**Sachverhalt:**

1235 Das Anordnungs-Soll bei der Gewerbesteuer beträgt 600000 Euro. Davon werden im Laufe des Jahres 2000 Euro erlassen und 1000 Euro niedergeschlagen; 580000 Euro gehen ein. Außerdem gehen 1000 Euro ein, die im Vorjahr niedergeschlagen wurden.

Buchung:

**SVw**

| RS | LS | Ist | Rest | Einnahmen | Ausgaben | RS | LS | Ist | Rest |
|---|---|---|---|---|---|---|---|---|---|
| | 600000 | | | 90.003 Gewerbesteuer | | | | | |
| | -2000 | | | erlassen | | | | | |
| | -1000 | | | niedergeschlagen | | | | | |
| | | 580000 | (K) 17000 | Kasseneinnahmerest | | | | | |
| | 1000 | 1000 | | Eingang niedergeschlagene Gewerbesteuer | | | | | |

**Anmerkung:**

Der Erlass oder die Niederschlagung sind durch Absetzungen im laufenden Soll darzustellen.[202] War der später erlassene Betrag bereits bezahlt, so ist dieser auch in der Ist-Spalte abzusetzen (Erstattung). Dies gilt z.B. auch für Rückzahlungen von Abgaben und ähnlichen Entgelten[203] (z.B. infolge eines von der Gemeinde verlorenen Rechtsstreits).

**Sachverhalt:**

1236 Die Gemeinde hat am 5.12. Heizöl für ihr Hallenbad gekauft und dafür 200000 Euro bezahlt. Am Ende des Jahres befindet sich im Öltank noch Heizöl im Wert von 80000 Euro. Die Gemeinde überträgt diesen Betrag in das nächste Jahr.[204]

202 § 42 Abs. 1 GemHVO.
203 § 14 Abs. 2 GemHVO, § 30 Abs. 3 GemKVO.
204 Dazu ist die Gemeinde nach § 42 Abs. 3 GemHVO i.V.m. § 14 Abs. 6 GemHVO verpflichtet.

Buchung:

**SVw**

| RS | LS | Ist | Rest | Einnahmen | Ausgaben | RS | LS | Ist | Rest |
|---|---|---|---|---|---|---|---|---|---|
| | | | | | 572.54 Hallenbad, für Heizöl | | 200000<br>−80000 | 200000<br>−80000 | |
| | | | | Folgejahr[205] | | | | | |
| | | | | | 572.54 Hallenbad, für Heizöl | | 80000 | 80000 | |

**Sachverhalt:**

Der Bauunternehmer X erhält für die Erstellung eines Rohbaus (Kinder- 1237
garten) eine Abschlagszahlung von 100000 Euro. Die Gemeindekasse verrechnet damit 20000 Euro rückständige Gewerbesteuer des Bauunternehmers X.

Buchung:

**SVm**

| RS | LS | Ist | Rest | Einnahmen | Ausgaben | RS | LS | Ist | Rest |
|---|---|---|---|---|---|---|---|---|---|
| | | | | | 465.94 Kindergarten, Abschlagszahlung an Fa. X verrechnet mit Gewerbesteuer | | 100000 | 80000<br>20000 | |

**SVw**

| RS | LS | Ist | Rest | Einnahmen | Ausgaben | RS | LS | Ist | Rest |
|---|---|---|---|---|---|---|---|---|---|
| | 20000 | 20000 | (K)<br>20000 | 90.003 Gewerbesteuer (verrechnet) | | | | | |

**Sachverhalt:**

Die Gemeinde nimmt einen Kredit in Höhe von 1000000 Euro auf. Davon 1238
werden 3 % Disagio von der Bank einbehalten.

205 Die Buchung im Folgejahr muss am Tag der Absetzung vorgenommen werden, da sonst beim Tagesabschluss eine Differenz entstünde.

Buchung:

**SVm**

| RS | LS | Ist | Rest | Einnahmen | Ausgaben | RS | LS | Ist | Rest |
|---|---|---|---|---|---|---|---|---|---|
| | 1000000 | 970000<br>30000 | | 91.375<br>Kredit<br>Disagio<br>(verrechnet) | 91.990<br>Disagio<br>(verrechnet) | | 30000 | 30000 | |

**Anmerkung:**

Zur buchungstechnischen Darstellung zwischenfinanzierter Bausparverträge vgl. Rdnr. 723 (Fn 95).

### 2.2 Haushaltsreste[206]

**Sachverhalt:**

1239 Der Planansatz für Investitionsaufwendungen für eine Grundschule beträgt 500000 Euro. Im laufenden Jahr werden 400000 Euro ausgegeben. Der nicht verbrauchte Planansatz wird in das nächste Jahr übertragen. Im nächsten Jahr wird noch eine Schlusszahlung von 80000 Euro getätigt. Weitere Ausgaben fallen für dieses Vorhaben nicht mehr an.

Von einer veranschlagten und zugesagten Staatszuweisung in Höhe von 200000 Euro gehen im laufenden Jahr 150000 Euro ein; die restlichen 50000 Euro werden in das nächste Jahr übertragen. Tatsächlich gehen im nächsten Jahr 48000 Euro ein. Weitere Einnahmen sind nicht mehr zu erwarten.

Buchung:

**SVm**

| RS | LS | Ist | Rest | Einnahmen | Ausgaben | RS | LS | Ist | Rest |
|---|---|---|---|---|---|---|---|---|---|
| | 150000<br>H<br>50000 | 150000 | H<br>50000 | 210.361<br>Zuweisung<br>für die<br>Grund-<br>schule | 210.94<br>Bau einer<br>Grund-<br>schule | | 400000<br>H<br>100000 | 400000 | H<br>100000 |
| | | | | Folgejahr | | | | | |
| H<br>50000 | –50000<br>48000 | 48000 | | 210.361<br>Zuweisung<br>für die<br>Grund-<br>schule<br>einge-<br>gangen | 210.94<br>Bau einer<br>Grund-<br>schule<br>Schluss-<br>zahlung | H<br>100000 | –100000<br>80000 | 80000 | |

206 Vgl. Ausführungen bei Rdnrn. 178–183 und §§ 19, 41 Abs. 2 und 46 Nr. 10 GemHVO sowie Anlage 16 zur VwV Gliederung und Gruppierung.

## 2.3 Sachbuch für haushaltsfremde Vorgänge (ShV)

Im ShV sind alle Einnahmen und Ausgaben nachzuweisen, die sich nicht **1240**
auf den Haushalt auswirken und für die nicht (wie z.B. für Sonderkassen) besondere Bücher geführt werden. Dazu gehören durchlaufende Gelder (Beträge, die für einen Dritten lediglich vereinnahmt und verausgabt werden)[207] sowie Vorschüsse und Verwahrgelder. Vorschüsse sind Ausgaben, die noch nicht endgültig im Haushalt gebucht werden können; Verwahrgelder sind Einnahmen, die gleichfalls noch nicht endgültig im Haushalt gebucht werden können.[208]

Außerdem gehören zu den Vorgängen, die im ShV darzustellen sind, auch die kassenwirksamen, aber haushaltsneutralen Vermögensveränderungen.[209] Im Einzelnen handelt es sich um

- Geldanlagen,
- Aufnahme und Rückzahlungen von Kassenkrediten mit Ausnahme von Kontokorrentkrediten, deren Höhe sich aus dem Tagesabschluss ergibt,
- die mit dem Sachbuch für den Vermögenshaushalt korrespondierenden Zuführungen zu Rücklagen und Entnahme von Rücklagen einschließlich Sondervermögen in Geld (z.B. Stiftungen) sowie der Forderungen aus inneren Darlehen.

Das ShV enthält weiter die Abschluss- und Übertragungsbuchungen für die Jahresrechnung.

Im ShV kann kein Überschuss oder Fehlbetrag entstehen. Ausgaben sind jeweils zur Einnahme im laufenden Soll vorzumerken; umgekehrt sind Einnahmen stets zur Ausgabe im laufenden Soll vorzumerken. Die Abschlusssummen der Spalten laufendes Soll müssen daher auf der Einnahmenseite und auf der Ausgabenseite immer gleich hoch sein.

207 § 46 Nr. 5 GemHVO.
208 § 30 GemHVO.
209 Verbindliche Mindestgliederung vgl. Anlage 5 zu VwV-VmR, abgedruckt auf Seite 824.

**1241**

**Anlage 5**
(zu § 28 GemKVO)

## Vermögens- und Abschlusskonten im ShV

| RS | LS | Ist | Rest | Einnahmen | Ausgaben | RS | LS | Ist | Rest |
|---|---|---|---|---|---|---|---|---|---|
| 1 | 2 | 3 | 4 | 5 | 6 | 7 | 8 | 9 | 10 |
| | | | | *Abschnitt 9200 – Geldanlagen –* | *Abschnitt 9200 – Geldanlagen –* | | | | |
| | | | | 9210 Einlagen bei Kreditinstituten | 9210 Einlagen bei Kreditinstituten | –0– | | | –0– |
| | | | | 9220 Bauspareinlagen | 9220 Bauspareinlagen | –0– | | | –0– |
| | | | | 9230 Wertpapiere | 9230 Wertpapiere | –0– | | | –0– |
| | | | | 9240 Darlehensforderungen | 9240 Darlehensforderungen | –0– | | | –0– |
| | | | | 9270 Sonstige | 9270 Sonstige | –0– | | | –0– |
| | | | | *Abschnitt 9400* | *Abschnitt 9400* | | | | |
| | | | | 9490 Forderung aus inneren Darlehen | 9490 Innere Darlehen | –0– | | | –0– |
| | | | | *Abschnitt 9500 – Rücklagen –* | *Abschnitt 9500 – Rücklagen –* | | | | |
| –0– | | | –0– | 9510 Allgemeine Rücklage | 9510 Allgemeine Rücklage | | | | |
| –0– | | | –0– | 9520 Sonderrücklage | 9520 Sonderrücklagen | | | | |
| –0– | | | –0– | 9521 ..................................................... | 9521 ..................................................... | | | | |
| –0– | | | –0– | 9522 ..................................................... | 9522 ..................................................... | | | | |
| –0– | | | –0– | 9530 Sondervermögen in Geld | 9530 Sondervermögen in Geld | | | | |
| –0– | | | –0– | 9531 ..................................................... | 9531 ..................................................... | | | | |
| –0– | | | –0– | 9532 ..................................................... | 9532 ..................................................... | | | | |
| | | | | *Abschnitt 9700 – Kassenkredite –* | *Abschnitt 9700 – Kassenkredite –* | | | | |
| –0– | | | –0– | Aufnahme eines Kassenkredits | Kassenkredite | | | | |
| | | | | *Abschnitt 9900 – Buchmäßiger Kassenbestand –* | *Abschnitt 9900 – Buchmäßiger Kassenbestand –* | | | | |
| | | | | 9910 Kassenbestand | 9910 Kassenbestand (Weitergabe des Kassenbestandes des lfd. HJ an das folgende HJ) | –0– | | | –0– |
| –0– | | | –0– | 9920 Kassenvorgriff (Übernahme des Kassenvorgriffs vom folgenden HJ) | 9920 Kassenvorgriff | | | | |

a) Buchungsbeispiele für durchlaufende Gelder, Vorschüsse und Verwahrgelder

**Sachverhalt:**

Die Gemeinde behält am Ende des Monats von ihren Arbeitnehmern 1242
25000 Euro Lohnsteuer ein und führt diese am 8. des folgenden Monats an das Finanzamt ab.

Buchung:

**ShV**

| RS | LS | Ist | Rest | Einnahmen | Ausgaben | RS | LS | Ist | Rest |
|---|---|---|---|---|---|---|---|---|---|
| | 25000 | 25000 | | Einbehaltene Lohnsteuer | Vormerkung zur Auszahlung | | 25000 | | |
| | | | | | Überweisung an das Finanzamt | | | 25000 | |

**Sachverhalt:**

Herr A erhält im Mai einen Gehaltsvorschuss von 500 Euro. Dieser wird 1243
mit den Gehältern Juni und Juli des Herrn A (je 250 Euro) verrechnet. Das Monatsgehalt des Herrn A beträgt 3500 Euro.

Buchung:

**ShV**

| RS | LS | Ist | Rest | Einnahmen | Ausgaben | RS | LS | Ist | Rest |
|---|---|---|---|---|---|---|---|---|---|
| | 500 | | | Vorbemerkung zum Einbehalt | Gehaltsvorschuss | | 500 | 500 | |
| | | 250 | | verrechnet mit SVw | | | | | |
| | | 250 | | SVw | | | | | |

**SVw**

| RS | LS | Ist | Rest | Einnahmen | Ausgaben | RS | LS | Ist | Rest |
|---|---|---|---|---|---|---|---|---|---|
| | | | | | Gehalt des Herrn A. Juni | | 3500 | 3250 | |
| | | | | | verrechnet mit ShV | | | 250 | |
| | | | | | Gehalt des Herrn A. Juli | | 3500 | 3250 | |
| | | | | | verrechnet mit ShV | | | 250 | |

**Sachverhalt:**

1244 Beim Rektorat der Grundschule wird ein Handvorschuss (§ 4 GemKVO) eingerichtet. Die Gemeindekasse zahlt auf Grund einer Zahlungsanordnung am 5.1. 200 Euro an die Rektoratsangestellte A aus. Am 1.6. legt die Rektoratsangestellte für bezahlte Rechnungen (Bürobedarf) Belege (einschließlich einer Kassenanordnung) über 180 Euro vor. Daraufhin erhält sie vom Kassenverwalter 180 Euro bar ausgehändigt.

Buchung:

**ShV**

| RS | LS | Ist | Rest | Einnahmen | Ausgaben | RS | LS | Ist | Rest |
|---|---|---|---|---|---|---|---|---|---|
| | 200 | | 200 | Handvorschuss, Vormerkung zum Ersatz | Handvorschuss an Rektorat | | 200 | 200 | |

**SVw**

| RS | LS | Ist | Rest | Einnahmen | Ausgaben | RS | LS | Ist | Rest |
|---|---|---|---|---|---|---|---|---|---|
| | | | | | 210.650 Bürobedarf für die Grundschule | | 180 | 180 | |

**Sachverhalt:**

1245 Beim Tagesabschluss am 5.12. entsteht ein Kassenüberschuss von 80 Euro. Der Kassenüberschuss wird am 20.2. des folgenden Jahres aufgeklärt (versehentlich nicht gebuchte Bareinnahme bei der Grundsteuer B).

Buchung:

**ShV (altes Jahr)**

| RS | LS | Ist | Rest | Einnahmen | Ausgaben | RS | LS | Ist | Rest |
|---|---|---|---|---|---|---|---|---|---|
| | 80 | 80 | | Kassenüberschuss | Kassenüberschuss Vormerkung zur Verrechnung | | 80 | | 80 |

**ShV (neues Jahr)**

| RS | LS | Ist | Rest | Einnahmen | Ausgaben | RS | LS | Ist | Rest |
|---|---|---|---|---|---|---|---|---|---|
| | | | | | Kassenüberschuss vom Vorjahr | 80 | | | |
| | | | | | Aufklärung (verr. mit SVw) | | | 80 | |

**SVw (neues Jahr)**

| RS | LS | Ist | Rest | Einnahmen | Ausgaben | RS | LS | Ist | Rest |
|---|---|---|---|---|---|---|---|---|---|
| | 80 | 80 | | 90.001 Grundsteuer B | | | | | |

b) Buchungsbeispiele für haushaltsneutrale Vermögensveränderungen

Geldanlagen[210]

**Sachverhalt:**

Die Gemeinde legt bei einem Kreditinstitut am 1.5. 100000 Euro an (Festgeldanlage). Am 1.7. desselben Jahres werden davon 60000 Euro abgehoben und dem Girokonto der Gemeinde gutgeschrieben. Bis zum Jahresende wird nichts mehr abgehoben. 1246

Buchung:

**ShV**

| RS | LS | Ist | Rest | Einnahmen | Ausgaben | RS | LS | Ist | Rest |
|---|---|---|---|---|---|---|---|---|---|
| | | | | 9210 Einlagen bei Kreditinstituten | 9210 Einlagen bei Kreditinstituten | | | | |
| | 100000 | | | Forderung | Einzahlung | | 100000 | 100000 | |
| | | 60000 | 40000 | Abhebung | | | | | |

210 Zum Begriff „Geldanlage" vgl. Rdnr. 506.

**Sachverhalt:**

1247 Die Gemeinde erwirbt zum Zwecke der Geldanlage Wertpapiere mit einem Nennwert von 200000 Euro zu einem Kurs von 110%. Sie veräußert diese Wertpapiere 9 Monate später (in demselben Jahr) zu einem Kurs von 108%.

Buchung:

**ShV**

| RS | LS | Ist | Rest | Einnahmen | Ausgaben | RS | LS | Ist | Rest |
|---|---|---|---|---|---|---|---|---|---|
| | | | | 9230 Wertpapiere | 9230 Wertpapiere | | | | |
| | 220000 | | | Forderung | Erwerb | | 220000 | 220000 | |
| | | 216000 | | Veräus-serung | | | | | |
| | | 4000 | | Verrechnet mit SVw (Kursverlust) | | | | | |

**SVw**

| RS | LS | Ist | Rest | Einnahmen | Ausgaben | RS | LS | Ist | Rest |
|---|---|---|---|---|---|---|---|---|---|
| | | | | | 91.842 Kursverlust, verrechnet mit ShV | | 4000 | 4000 | |

**Sachverhalt:**

1248 Die Gemeinde erwirbt Wertpapiere zum Zwecke der Geldanlage mit einem Nennwert von 100000 Euro zu einem Kurs von 98%. Sie veräußert diese Wertpapiere 5 Monate später (in demselben Jahr) zu einem Kurs von 100%.

Buchung:

**ShV**

| RS | LS | Ist | Rest | Einnahmen | Ausgaben | RS | LS | Ist | Rest |
|---|---|---|---|---|---|---|---|---|---|
| | | | | 9230 Wertpapiere | 9230 Wertpapiere | | | | |
| | 98000 | | | Forderung | Erwerb | | 98000 | 98000 | |
| | | 98000 | | Veräuße-rung | | | | | |

**SVw**

| RS | LS | Ist | Rest | Einnahmen | Ausgaben | RS | LS | Ist | Rest |
|---|---|---|---|---|---|---|---|---|---|
| | 2000 | 2000 | | 91.20<br>Kursgewinn | | | | | |

Innere Darlehen

**Sachverhalt:**

Die Gemeinde nimmt ein inneres Darlehen bei einem Sondervermögen in **1249**
Geld (z.B. Stiftung, Sonderrücklage) in Höhe von 300000 Euro auf und tilgt am Ende des Jahres 10000 Euro.

Buchung:

**ShV**

| RS | LS | Ist | Rest | Einnahmen | Ausgaben | RS | LS | Ist | Rest |
|---|---|---|---|---|---|---|---|---|---|
| | | | | 9400<br>Innere<br>Darlehen | 9400<br>Innere<br>Darlehen | | | | |
| | 300000 | | | Aufnahme | Aufnahme<br>(d. Verr. an<br>den SVm) | | 300000 | 300000 | |
| | | 10000 | 290000 | Tilgung<br>(d. Verr.<br>vom SVm) | | | | | |

**SVm**

| RS | LS | Ist | Rest | Einnahmen | Ausgaben | RS | LS | Ist | Rest |
|---|---|---|---|---|---|---|---|---|---|
| | | | | 91.379<br>Innere<br>Darlehen | 91.979<br>Innere<br>Darlehen | | | | |
| | 300000 | 300000 | | Aufnahme<br>(d. Verr.<br>vom ShV) | Tilgung<br>(d. Verr.<br>an ShV) | | 10000 | 10000 | |

R ü c k l a g e n

**Sachverhalt:**

1250 Der Bestand der allgemeinen Rücklage betrug zu Beginn des Jahres 800000 Euro. Die Gemeinde führt der allgemeinen Rücklage am Ende des Jahres 500000 Euro zu.

Buchung:

**ShV**

| RS | LS | Ist | Rest | Einnahmen | Ausgaben | RS | LS | Ist | Rest |
|---|---|---|---|---|---|---|---|---|---|
| | 500000 | 500000 | | 9510<br>Allgemeine<br>Rücklage<br>Zuführung | 9510<br>Allgemeine<br>Rücklage<br>Zuführung | 80000 | 500000 | | 1300000 |

**SVm**

| RS | LS | Ist | Rest | Einnahmen | Ausgaben | RS | LS | Ist | Rest |
|---|---|---|---|---|---|---|---|---|---|
| | | | | | 91.91<br>Zuführung<br>zur allge-<br>meinen<br>Rücklage | | 500000 | 500000 | |

**Sachverhalt:**

1251 Der Bestand der allgmeinen Rücklage betrug zu Beginn des Jahres 1300000 Euro. Die Gemeinde entnimmt der allgemeinen Rücklage im laufenden Jahr 600000 Euro.

Buchung:

**ShV**

| RS | LS | Ist | Rest | Einnahmen | Ausgaben | RS | LS | Ist | Rest |
|---|---|---|---|---|---|---|---|---|---|
| | | | | | 9510<br>Allgemeine<br>Rücklage<br>Entnahme | 1300000 | | 600000 | 700000 |

**SVm**

| RS | LS | Ist | Rest | Einnahmen | Ausgaben | RS | LS | Ist | Rest |
|---|---|---|---|---|---|---|---|---|---|
| | 600000 | 600000 | | 91.31<br>Rücklagen-entnahme | | | | | |

Kassenkredite

**Sachverhalt:**

Die Gemeinde nimmt am 1.6. einen Kassenkredit (Festbetragskredit) in 1252
Höhe von 250000 Euro auf. Zwei Monate später zahlt sie 80000 Euro zurück. Am 20.12. hat sie ihr Girokonto um 45000 Euro überzogen (Konto-Korrentkredit).

Buchung:

| RS | LS | Ist | Rest | Einnahmen | Ausgaben | RS | LS | Ist | Rest |
|---|---|---|---|---|---|---|---|---|---|
| | 250000 | 250000 | | 9700<br>Kassen-kredite<br>Aufnahme | 9700<br>Kassen-kredite<br>Aufnahme<br>Rück-zahlung | | 250000 | 80000 | 170000 |

**Anmerkung:**

Der Konto-Korrentkredit wird nicht gebucht. Er wird beim Tagesabschluss als negativer Kontostand ausgewiesen.

## 3. Abschlussbuchungen

### 3.1 Ermittlung des Deckungsergebnisses

Die im Verwaltungshaushalt zur Deckung der Ausgaben nicht benötigten 1253
Einnahmen sind dem Vermögenshaushalt zuzuführen.[211] Die Zuführung muss in jedem Fall mindestens so hoch sein, dass damit die Kreditbeschaffungskosten und die ordentliche Tilgung der Kredite gedeckt wer-

211 § 22 Abs. 1 GemHVO.

den können, soweit dafür keine Ersatzdeckungsmittel zur Verfügung stehen.[212] In dieser Mindesthöhe muss die Zuführung auch dann durchgeführt werden, wenn dabei die Ausgaben des Verwaltungshaushalts seine Einnahmen übersteigen.[213]

Umgekehrt können Mittel der allgemeinen Rücklage oder Einnahmen aus der Veränderung des Anlagevermögens unter bestimmten Voraussetzungen zum Ausgleich des Verwaltungshaushalts verwendet werden.[214] Die Rücklagenentnahme oder auch eine Einnahme aus der Veränderung des Anlagevermögens sind im Vermögenshaushalt einzunehmen und von diesem an den Verwaltungshaushalt weiterzuleiten. Im Verwaltungshaushalt darf kein Fehlbetrag ausgewiesen werden. Der zum Ausgleich evtl. erforderliche Betrag ist stets dem Vermögenshaushalt zu entnehmen.

Ein „Überschuss" des Vermögenshaushalts ist in der abzuschließenden Jahresrechnung der allgemeinen Rücklage zuzuführen.[215]

Beim Abschluss des Vermögenshaushalts entsteht ein Fehlbetrag, wenn die Sollausgaben höher sind als die Solleinnahmen. Der Fehlbetrag ist nicht automatisch durch eine Rücklagenentnahme zu decken, sondern in das neue Jahr zu übertragen.[216] Der Fehlbetrag ist auf der Einnahmenseite des lfd. Jahre im laufenden Soll und im Rest als Anspruch auf Deckung, im neuen Jahr im Reste-Soll und bei einer Deckung im Ist durch Verrechnung mit der Ausgabenseite laufendes Soll und Ist zu buchen. Damit ist das neue Jahr (durch die Ausgabebuchung im laufenden Soll) mit dem Fehlbetrag belastet und das alte Jahr durch die Einnahmebuchung im laufenden Soll entlastet. Im neuen Jahr müssen entsprechende Deckungsmittel zur Verfügung stehen; andernfalls würde erneut ein Fehlbetrag entstehen. Wird der Fehlbetrag im neuen Jahr nicht gedeckt, ist er auf der Einnahmenseite durch eine Reststellung in das nächste Jahr zu übertragen.[217]

212 § 1 Abs. 1 Nr. 2 GemHVO; Ersatzdeckungsmittel sind Einnahmen aus der Veränderung von Anlagevermögen (z. B. Grundstückserlöse, Tilgungen von Darlehen, die die Gemeinde in Erfüllung einer Aufgabe gewährt hat), Entnahmen aus Rücklagen, Zuweisungen und Zuschüsse für Investitionen und für die Förderung von Investitionen Dritter sowie Beiträge (z. B. KAG-Beiträge, Erschließungsbeiträge) und ähnliche Entgelte, soweit diese tatsächlich zur Finanzierung der ordentlichen Tilgung und Kreditbeschaffungskosten verfügbar sind.

213 Nr. 3 der VwV zu § 95 GemO. Da im Verwaltungshaushalt kein Fehlbetrag ausgewiesen werden darf, ist der zum Ausgleich erforderliche Betrag dem Vermögenshaushalt zu entnehmen und dort entsprechend nachzuweisen (Bruttoprinzip).

214 § 22 Abs. 3 GemHVO.

215 § 41 Abs. 3 GemHVO.

216 Zur Deckung von Fehlbeträgen vgl. § 23 GemHVO.

217 Der späteste Zeitpunkt für die Deckung eines Fehlbetrags, der nicht auf § 84 Abs. 2 GemO zurückzuführen ist, ist das dritte dem Haushaltsjahr folgende Jahr (§ 23 GemHVO).

*Beispiel 1:*

Zuführung vom Verwaltungshaushalt an den Vermögenshaushalt (1). Der Überschuss des Vermögenshaushalts wird der allgemeinen Rücklage zugeführt (2). Eine Geldanlage wird nicht vorgenommen. Der Bestand der allgemeinen Rücklage beträgt zu Beginn des Jahres 800000 Euro (3).

## Buchung:

### SVw

| RS | LS | Ist | Rest | Einnahmen | Ausgaben | RS | LS | Ist | Rest |
|---|---|---|---|---|---|---|---|---|---|
| 100000 | 8000000 | 7300000 | 800000 | Unausgeschieden | Unausgeschieden | | 6800000 | 6800000 | |
| | | | | | 91.86 Zuführung zum Vermögenshaushalt (d. Verr.) | | (1) 1200000 | (1) 1200000 | |
| 100000 | 8000000 | 7300000 | 800000 | Abschlusssumme | Abschlusssumme | | 8000000 | 8000000 | |

### SVm

| RS | LS | Ist | Rest | Einnahmen | Ausgaben | RS | LS | Ist | Rest |
|---|---|---|---|---|---|---|---|---|---|
| | 2800000 | 2500000 | 300000 | Unausgeschieden | Unausgeschieden | | 3500000 | 3500000 | |
| | (1) 1200000 | (1) 1200000 | | 91.30 Zuführung vom Verwaltungshaushalt (d. Verr.) | 91.91 Zuführung zur allg. Rücklage (d. Verr.) | | (2) 500000 | (2) 500000 | |
| | 4000000 | 3700000 | 300000 | Abschlusssumme | Abschlusssumme | | 4000000 | 4000000 | |

### ShV

| RS | LS | Ist | Rest | Einnahmen | Ausgaben | RS | LS | Ist | Rest |
|---|---|---|---|---|---|---|---|---|---|
| | (2) 500000 | (2) 500000 | | 9510 Zuführung vom Vermögenshaushalt (d. Verr.) | 9510 Bestand der allg. Rücklage | (3) 800000 | | | |
| | | | | | Zuführung (d. Verr.) | | (2) 500000 | | 1300000 |

*Beispiel 2:*

Zuführung vom Vermögenshaushalt an den Verwaltungshaushalt. Der Fehlbetrag im Vermögenshaushalt wird im folgenden Jahr nicht abgedeckt.

Buchung:

**SVw**

| RS | LS | Ist | Rest | Einnahmen | Ausgaben | RS | LS | Ist | Rest |
|---|---|---|---|---|---|---|---|---|---|
| 40000 | 9000000 | 9010000 | 30000 | Unausgeschieden | Unausgeschieden | | 9500000 | 9500000 | |
| | 500000 | 500000 | | 91.28 Zuführung vom Vermögenshaushalt (d. Verr.) | | | | | |
| 40000 | 9500000 | 9510000 | 30000 | Abschlusssumme | Abschlusssumme | | 9500000 | 9500000 | |

**SVm**

| RS | LS | Ist | Rest | Einnahmen | Ausgaben | RS | LS | Ist | Rest |
|---|---|---|---|---|---|---|---|---|---|
| | 3000000 | 3000000 | 600000 | Unausgeschieden | Unausgeschieden | | 3100000 | 3100000 | |
| | | | | | 91.90 Zuführung an Verwaltungshaushalt | | 500000 | 500000 | |
| | 600000 | | 600000 | 92.39 Fehlbetrag | | | | | |
| | 3600000 | 3000000 | 600000 | Abschlusssumme | Abschlusssumme | | 3600000 | 3600000 | |
| | | | | Folgejahr | | | | | |
| 600000 | | | 600000 | 92.39 Fehlbetrag vom Vorjahr | | | | | |

*Beispiel 3:*

Fehlbetrag mit Deckung im folgenden Jahr.

Buchung:

**SVm**

| RS | LS | Ist | Rest | Einnahmen | Ausgaben | RS | LS | Ist | Rest |
|---|---|---|---|---|---|---|---|---|---|
| | 5000000 | 5000000 | | Unausgeschieden | Unausgeschieden | | 5600000 | 5600000 | |
| | 600000 | | 600000 | 92.39 Fehlbetrag | | | | | |
| | 5600000 | 5000000 | 600000 | Abschlusssumme | Abschlusssumme | | 5600000 | 5600000 | |
| | | | | Folgejahr | | | | | |
| 600000 | | | | 92.39 Fehlbetrag vom Vorjahr | 92.992 Deckung des Fehlbetrags vom Vorjahr | | | | |
| | | 600000 | | Deckung | | | 600000 | 600000 | |

### 3.2 Ermittlung des Kassenergebnisses

Der kassenmäßige Abschluss enthält die Soll-Einnahmen und die Soll-Ausgaben, die Ist-Einnahmen und die Ist-Ausgaben bis zum Abschlusstag sowie die Kasseneinnahme- und die Kassenausgabereste insgesamt und je gesondert für den Verwaltungshaushalt und den Vermögenshaushalt sowie für die Vorschüsse und Verwahrgelder (einschließlich der im ShV gebuchten haushaltsneutralen Vermögensveränderungen).[218] Als buchmäßiger Kassenbestand ist der Unterschied zwischen der Summe der Ist-Einnahmen und der Summe der Ist-Ausgaben auszuweisen. Hierbei kann es sich um einen Kassenbestand (Istmehreinnahme) oder um einen Kassenvorgriff (Istmehrausgabe) handeln. Ein Kassenbestand wird im abzuschließenden Jahr verausgabt und im neuen Jahr vereinnahmt; damit sind im abzuschließenden Jahr die Ist-Spalten ausgeglichen. Beim 1254

218 Kassenmäßiger Abschluss nach §40 GemHVO.

Kassenvorgriff ist es umgekehrt: Dieser wird im abzuschließenden Jahr zum Ausgleich der Ist-Spalten vereinnahmt und im neuen Jahr ausgegeben. Diese Buchungen sind als Abschlussbuchungen nach dem Abschlusstag (31.12.) vorzunehmen.[219]

In der Haushaltsrechnung für den Verwaltungs- und den Vermögenshaushalt sind die beim kassenmäßigen Abschluss ausgewiesenen Beträge (Soll-Einnahmen und Soll-Ausgaben, Ist-Einnahmen und Ist-Ausgaben, Kasseneinnahme- und Kassenausgabereste) sowie die in das folgende Jahr zu übertragenden Haushaltsreste auszuweisen. Aus Vereinfachungsgründen werden der kassenmäßige Abschluss und der Abschluss der Haushaltsrechnung zusammengefasst.[220]

219 § 32 Abs. 1 GemKVO.
220 Nach Anlage 5 zur VwV-VmR ist der buchmäßige Kassenbestand als Abschlusskonto im ShV darzustellen, vgl. Rdnr. 1241.

*Beispiel 1:*

Kassenbestand vom Vorjahr, Kassenvorgriff im laufenden Jahr.

**Gesamtabschluss**

| RS | LS | Ist | Rest | Einnahmen | Ausgaben | RS | LS | Ist | Rest |
|---|---|---|---|---|---|---|---|---|---|
| 100000 | 8000000 | 7900000 | 200000 | SVw | SVw | | 8000000 | 8000000 | |
| | 4000000 | 3700000 | 300000 | SVm | SVm | | 4000000 | 4000000 | |
| | 300000 | 300000 | | ShV | ShV | 200000 | 300000 | 300000 | 200000 |
| 100000 | | | | | | 200000 | | | |
| 100000 | | 100000 | | 9910 Kassenbestand (Übernahme vom Vorjahr | | | | | |
| | | 12000000 | | | | | | 12300000 | |
| | ① 300000 | ① 300000 | | 9920 Kassenvorgriff (Kassenvorgriff auf das folgende HJ) | 9920 Kassenvorgriff | | 300000 | | 300000 |
| 200000 | 12600000 | 12300000 | 500000 | Abschlusssumme | Abschlusssumme | 200000 | 12600000 | 12300000 | 500000 |
| | | | | Folgejahr | | | | | |
| | | | | | 9920 Übernahme des Kassenvorgriffs des Vorjahres | ① 300000 | | ① 300000 | |

**Anmerkung:**

Der Kassenvorgriff ① ist am gleichen Tag im Vorjahr und im Folgejahr zu buchen, da sonst der Tagesabschluss nicht stimmt.

*Beispiel 2:*

Kassenvorgriff vom Vorjahr, Kassenbestand im laufenden Jahr.

**Gesamtabschluss**

| RS | LS | Ist | Rest | Einnahmen | Ausgaben | RS | LS | Ist | Rest |
|---|---|---|---|---|---|---|---|---|---|
| 150000 | 6000000 | 6100000 | 50000 | SVw | SVw | | 6000000 | 6000000 | |
| 120000 | 3000000 | 3100000 | 20000 | SVm | SVm | | 3000000 | 2700000 | 300000 |
| | 200000 | 200000 | | ShV | ShV | 150000 | 200000 | 200000 | 150000 |
| 270000 | | | | | | 150000 | | | |
| | | | | | 9920 Kassenvorgriff (Übernahme vom Vorjahr) | 120000 | | 120000 | |
| | | | | | | | | 9020000 | |
| | | 9400000 | | | | | | | |
| | 380000 | | 380000 | 9910 Kassenbestand | 9910 Kassenbestand (Weitergabe an das Folgejahr) | | ① 380000 | ① 380000 | |
| 270000 | 9580000 | 9400000 | 450000 | | | 270000 | 9580000 | 9400000 | 450000 |
| | | | | Folgejahr | | | | | |
| ① 380000 | | ① 380000 | | 9910 Kassenbestand (Übernahme vom Vorjahr) | | | | | |

## Anmerkung:

Der Kassenbestand ① ist am gleichen Tag im Vorjahr und im Folgejahr zu buchen, da sonst der Tagesabschluss nicht stimmt.

# VIII. Systematik einer Vermögensrechnung[221]

## 1. Statistische Form

Das IM empfiehlt die Führung einer Vermögensrechnung in statistischer Form.[222] Die Daten aus den Sachbüchern sowie die Vermögensänderungen außerhalb der Sachbücher werden in die Vermögensrechnung übertragen. Durch eine automatisierte Erstellung der VmR kann programmgesteuert eine zwingende Verbindung mit den Buchungen in den Sachbüchern hergestellt werden, so dass ohne weitere Erfassungsarbeiten – ausgenommen die Vermögensänderungen außerhalb der Sachbücher – die Vermögensrechnung erstellt werden kann.[223] Es genügt auch ein jährlicher Ausdruck der Vermögensrechnung, zusammen mit der Erstellung der Haushaltsrechnung. Allerdings wäre es auch möglich, während des Jahres die Vermögensrechnung – ohne die Vermögensänderungen außerhalb der Sachbücher – nach dem jeweiligen Stand auszudrucken. Das Vermögensrechnungsmodell ist Grundlage eines landeseinheitlichen EDV-Programmes. 1255

## 2. Gliederungsplan

Nachstehend werden der Gliederungsplan entsprechend der VwV-VmR für eine Vermögensrechnung sowie die Einteilung der Kopfspalten abgedruckt: 1256

**Kopfspalteneinteilung**

| AKTIVA | | | | | PASSIVA | | | | |
|---|---|---|---|---|---|---|---|---|---|
| Anfangsbestand Euro | Zugang Euro | Abgang Euro | Endbestand Euro | Gliederung | Gliederung | Anfangsbestand Euro | Zugang Euro | Abgang Euro | Endbestand Euro |
| 1 | 2 | 3 | 4 | 5 | 6 | 7 | 8 | 9 | 10 |
| | | | | | | | | | |
| | | | | Summen | | | | | |

221 Allgemeine Ausführungen zur VmR in Rdnrn. 1211ff. Den Ausführungen wird das vom IM empfohlene Modell einer Vollvermögensrechnung zugrunde gelegt.
222 VwV-VmR, 1.1.
223 *Kölz*, BWVPr 1985, S.242.

**Anlage 1**
(zu § 43 GemHVO)

## Gliederungsplan der VmR

| AKTIVA | | PASSIVA | |
|---|---|---|---|
| 0 | **Anlagevermögen** | 5 | **Deckungskapital** |
| 01 | Kostenrechnende Einrichtungen | 51 | Objektbezogenes Deckungskapital für kostenrechnende Einrichtungen |
| 011 | Sachanlagen | 511 | Beiträge u. ä. Entgelte |
| 012 | Finanzanlagen | 512 | Zuweisungen und Zuschüsse |
| 02 | Verwaltungsvermögen | 52 | Objektbezogenes Deckungskapital für Verwaltungsvermögen |
| 021 | Sachanlagen | 521 | Beiträge u. ä. Entgelte |
| 022 | Finanzanlagen | 522 | Zuweisungen und Zuschüsse |
| 05 | Ausgleichsposten für nicht erfasste Sachanlagen | 53 | Kredite |
| | | 54 | Innere Darlehen |
| | | 55 | Kreditähnliche Rechtsgeschäfte |
| | | 56 | Sonstiges Deckungskapital |
| 1 | **Abgrenzung zum Anlagevermögen** | 7 | **Abgrenzung zum Deckungskapital** |
| | Haushaltsausgabereste (noch nicht verwendetes Deckungskapital) | 71 | Haushaltseinnahmereste (noch nicht eingegangenes Deckungskapital) |
| | | 72 | Fehlbeträge (Vorjahre und lfd. Jahr) |
| 2 | **Geldanlagen** | 8 | **Rücklagen/sonstige Geldvermögensbindungen** |
| 21 | Einlagen bei Kreditinstituten | 81 | Allgemeine Rücklage |
| 22 | Bauspareinlagen | 82 | Sonderrücklagen |
| 23 | Wertpapiere als Geldanlage | 83 | Sondervermögen in Geld |
| 24 | Darlehensforderungen als Geldanlage | | |
| 29 | Sonstige Geldanlagen | | |
| 3 | **Forderungen aus inneren Darlehen** | | |
| 4 | **Forderungen aus laufender Rechnung** | 9 | **Verpflichtungen aus laufender Rechnung** |
| 41 | Kasseneinnahmereste einschließlich Abgrenzungsreste | 91 | Kassenausgabereste einschließlich Abgrenzungsreste |
| 42 | Haushaltseinnahmereste | 92 | Haushaltsausgabereste |
| 43 | Fehlbeträge (Vorjahre und lfd. Jahr) | 93 | Kassenkredite |
| 44 | Kassenbestand | 94 | Kassenvorgriff |

Der Gliederungsplan besitzt Gültigkeit für alle drei Ausbaustufen einer Vermögensrechnung (Geldvermögensrechnung, Teil-Vollvermögensrechnung, Vollvermögensrechnung). Die folgenden Ausführungen beschränken sich auf die Vollvermögensrechnung.

Die Vermögensrechnung muss in ihren Anfangsbeständen und Endbeständen bei den Aktiva und Passiva ausgeglichen sein.[224] Dies ist die Folge der bilanzmäßigen Darstellungsform. Diese bilanzmäßige Darstellungsform wird erreicht, weil jede Veränderung der Vermögensrechnung „doppelseitig" wirkt. Soweit mit den Veränderungen Kasseneinnahmen oder Kassenausgaben verbunden sind, bewirken sie jeweils eine Veränderung des Kassenbestands, über den dann der Ausgleich hergestellt wird; soweit mit den Veränderungen kein Kassenvorgang verbunden ist, wirken diese sich gleichfalls auf zwei Positionen der Vermögensrechnung aus.

Bei Veränderungen der Positionen der Vermögensrechnung gibt es folgende Möglichkeiten:

a) Zugang bei den Aktiva und Zugang bei den Passiva (Bilanzverlängerung),

b) Abgang bei den Aktiva und Abgang bei den Passiva (Bilanzverkürzung),

c) Zugang und Abgang bei den Aktiva (Aktivtausch),

d) Zugang und Abgang bei den Passiva (Passivtausch).

*Beispiele:*

Zu a) Aufnahme eines Kassenkredits
Zugang bei den Aktiva, Position 44, Kassenbestand,[225]
Zugang bei den Passiva, Position 93, Kassenkredite.

Zu b) Abschreibungen
Abgang bei den Aktiva, Position 011/021, Sachanlagen,
Abgang bei den Passiva, Position 56, sonstiges Deckungskapital.

Zu c) Geldanlage
Zugang bei den Aktiva, Position 21–29, Geldanlagen,
Abgang bei den Aktiva, Position 44, Kassenbestand.[226]

Zu d) Auflösung von Beiträgen:
Zugang bei den Passiva, Position 56, sonstiges Deckungskapital,
Abgang bei den Passiva, Position 511/521, Beiträge u.ä. Entgelte.

224 VwV-VmR, Nr. 2.1.2.
225 Bei einem Kassenvorgriff Abgang bei diesem und damit Passivtausch.
226 Bei einem Kassenvorgriff Zugang bei diesem und damit Bilanzverlängerung.

### 3. Deckungskreise

1257 Die Vermögensrechnung wird in zwei Deckungskreise eingeteilt. Diese gleichen sich in den Anfangsbeständen und in den Endbeständen jeweils aus (Aktiva und Passiva).

Der Deckungskreis 1 umfasst die Position 0 und 1 und 5 bis 7.[227] Diese Positionen enthalten die bereits haushaltswirksamen Einnahmen und Ausgaben einschließlich der Haushaltsreste; die Zahlen korrespondieren grundsätzlich mit dem SVm.[228] Dieser Deckungskreis weist auf der Aktiva den Bestand und die Veränderungen des Anlagevermögens, auf der Passiva die Finanzierung dieses Anlagevermögens aus. Die Zahlen der Vermögensrechnung im Deckungskreis 1 werden auf einem vorgeschriebenen Abstimmungsblatt[229] mit dem Vermögenshaushalt abgestimmt.

Der Deckungskreis 2 enthält die Positionen 2 bis 4 sowie 8 und 9.[230] Dieser Deckungskreis weist die noch nicht als finanzwirtschaftliche Deckungsmittel in Anspruch genommenen Geldvermögensbindungen (Rücklagen, sonstige Vermögensbindungen), ihre Anlage (Geldanlagen, Forderungen aus inneren Darlehen), die im Kassenbereich bestehenden kurzfristigen Forderungen und Verbindlichkeiten (Kasseneinnahme- und Kassenausgabereste, Haushaltseinnahme- und Haushaltsausgabereste Kassenkredite), Fehlbeträge sowie den buchmäßigen Kassenbestand (Kassenvorgriff) aus. Die Fehlbeträge stellen noch nicht aufgebrachtes Deckungskapital dar (Position 72, Passiva); gleichzeitig handelt es sich auch um eine Forderung aus laufender Rechnung an die künftigen Haushaltsjahre auf Deckung durch diese (Position 43, Aktiva). Den buchmäßigen Kassenbestand beeinflussen die Haushaltsreste und die Fehlbeträge nicht. Die Positionen bei den Anfangs- und Endbeständen des Deckungskreises 2 sind auf der Aktivseite identisch mit den Einnahmespalten Restesoll und Rest des SVw, SVm, ShV, die Positionen der Passivseite mit den entsprechenden Spalten auf der Ausgabenseite. Dies bedeutet: Stimmen die Summen in den Restesollspalten und den Restespalten auf der Einnahmenseite und Ausgabenseite beim Gesamtabschluss überein, so ist diese Übereinstimmung auch beim Deckungskreis 2 gegeben.

Die Aufnahme von Haushaltsresten in eine bilanzmäßige Darstellung einer Vermögensrechnung ist problematisch. Hier wird der Unterschied zwischen einer Deckungsbilanz und einer kaufmännischen Erfolgsbilanz sehr deutlich. In eine Deckungsbilanz müssen – soll sie vollständig sein – Haushaltsreste aufgenommen werden, da die Mittel „deckungsmäßig"

227 VwV-VmR, Nr. 2.1.2.1.
228 Die Abschreibungen und die Auflösung von Beiträgen mit dem SVw.
229 Anlage 3 zur VwV-VmR.
230 VwV-VmR, Nr. 2.1.2.2.

aufgebracht (Haushaltseinnahmereste) oder verwendet (Haushaltsausgabereste) sind. Bei den Haushaltseinnahmeresten handelt es sich um eine „Vorstufe“ zum Deckungskapital bzw. bei der Bildung für Kredite zu diesen, bei den Haushaltsausgaberesten um eine „Vorstufe“ zum Anlagevermögen. Daher sind die Haushaltsreste folgerichtig auch im Deckungskreis 1 darzustellen.[231]

## 4. Zuordnung

In einer Zuordnungstabelle[232] werden die Vorgänge in den Sachbüchern sowie die Vermögensänderungen außerhalb der Sachbücher den Positionen der Vermögensrechnung konkret zugeordnet. Bei Gemeinden, die die Sachbuchführung automatisiert haben, kann die Zuordnung programmgesteuert vorgenommen werden. **1258**

Nachstehend werden für das Sachbuch für den Vermögenshaushalt, das Sachbuch für haushaltsfremde Vorgänge, das Sachbuch für den Verwaltungshaushalt sowie für die Vermögensänderungen außerhalb des Sachbuchs jeweils zwei Vorgänge als Beispiele dargestellt. Eine weitergehende Erläuterung erübrigt sich, da die Zuordnung aller Vorgänge aus der Tabelle abgelesen werden kann.

a) Sachbuch für den Vermögenshaushalt
   - Einnahme aus einer Kreditaufnahme:
     Zugang bei den Krediten, Position 53.
   - Ausgabe für eine Baumaßnahme:
     Zugang bei Sachanlagen, Position 011/021.

b) Sachbuch für haushaltsfremde Vorgänge
   - Geldanlage bei einem Kreditinstitut:
     Zugang bei Geldanlagen, Position 21.
   - Aufnahme eines Kassenkredits:
     Zugang bei den Kassenkrediten, Position 93.

Der entsprechende Ausgleich erfolgt jeweils beim Kassenkonto.

c) Sachbuch für den Verwaltungshaushalt
   - Abschreibungen für ein Gebäude, das einer kostenrechnenden Einrichtung dient:
     Abgang bei den Sachanlagen, Position 011 und Abgang beim sonstigen Deckungskapital, Position 56.
   - Auflösung von Beiträgen:
     Abgang bei Beiträge u.ä. Entgelte, Position 511/521
     und Zugang beim sonstigen Deckungskapital, Position 56.

231 VwV-VmR, Nr. 2.1.2.1. und Gliederungsplan der VmR.
232 Anlage 2 zur VwV-VmR.

d) Vermögensveränderungen außerhalb des Sachbuchs[233]

- Erwerb eines Grundstücks gegen Leibrente:

  Anmerkung: Da das Sachbuch nur die laufenden Zahlungen enthält, muss der Kapitalwert[234] des jeweiligen Anlageguts ab dem Zeitpunkt der wirtschaftlichen Zuordnung zu der Gemeinde, also in der Regel im Jahr der ersten laufenden Zahlung, bei Position 55 passiviert und als Anlagegut zum gleichen Zeitpunkt bei Position 011/021 aktiviert werden.

  Zugang des Kapitalwerts bei den Sacheinlagen, Position 011/021 und Zugang beim Deckungskapital, kreditähnliche Rechtsgeschäfte, Position 55.

  Der Tilgungsanteil[235] wird wie eine Kredittilgung behandelt.[236]

- Kursverlust bei der Beteiligung:
  Abgang bei den Finanzanlagen, Position 012/022 und Abgang beim sonstigen Deckungskapital, Position 56.

233 Vgl. Anlage 2 zur VwV-VmR (Zuordnungstabelle) Abschnitt IV.
234 Zur Berechnung des Kapitalwerts vgl. Rdnr. 733.
235 Vgl. Rdnr. 733.
236 Abgang bei Position 55, kreditähnliches Rechtsgeschäft.

Teil K:

# Kommunales Prüfungswesen

*Manfred Lang*

# I. Allgemeines

## 1. Prüfungszweck, Prüfungsformen

### 1.1 Prüfungszweck

Zu den wichtigsten Grundsätzen in der öffentlichen Finanzwirtschaft gehört die Gesetzmäßigkeit und die Ordnungsmäßigkeit, die „Sauberkeit" der Verwaltung. **1259**

Um diesem Grundsatz zu entsprechen, wurden nicht nur die zahlreichen Vorschriften über die Ordnungsmäßigkeit und Sicherheit im Bereich des Kassenwesens und der Rechnungsführung geschaffen, sondern insbesondere auch die Vorschriften über das Prüfungswesen.

Durch die laufende Überwachung der Kassen- und Rechnungsvorgänge sollen aber nicht allein Fehler und Unregelmäßigkeiten aufgedeckt und beseitigt werden. Vielmehr soll schon allein die Existenz der Prüfungsorgane, die zur Vornahme der verschiedensten Prüfungen gesetzlich verpflichtet sind, eine gewisse vorbeugende Wirkung haben. Deshalb ist es auch nicht zulässig, von weiteren Prüfungen abzusehen, wenn eine Prüfung einmal keine Beanstandung erbracht hat. Andererseits sind bei Prüfungen häufig Stichproben von vornherein erlaubt, weil der Zweck der Prüfung nicht in erster Linie darin besteht, alle Fehler zu finden, sondern Mängel zu entdecken, die im Grundsätzlichen liegen.

### 1.2 Prüfungsformen

Es wird unterschieden zwischen Kassenprüfungen[1] (nur die Kasse wird geprüft), Prüfung der Jahresrechnung der Gemeinde[2] (Prüfung der gesamten Bücher und Unterlagen, die das Haushalts-, Kassen- und Rechnungswesen sowie die Vermögensverwaltung betreffen), Prüfung der Jahresabschlüsse der Eigenbetriebe,[3] überörtliche Prüfung der Haushalts- und Wirtschaftsführung von Unternehmen und Einrichtungen in Privatrechtsform,[4] Prüfung der Vermögensbestände und der Vorräte,[5] Programmprüfung[6] und Jahresabschlussprüfung.[7] **1260**

Daneben gibt es noch Organisations- und Wirtschaftlichkeitsprüfungen bzw. -beratungen.[8]

Prüfungsorganisatorisch wird zwischen der örtlichen Prüfung[9] und der überörtlichen Prüfung[10] unterschieden.

1 Vgl. Rdnrn. 1277ff.
2 Vgl. Rdnrn. 1284ff.
3 Vgl. Rdnrn. 1294ff.
4 Vgl. Rdnrn. 1301ff.
5 Vgl. Rdnrn. 1281ff.
6 Vgl. Rdnrn. 1306ff.
7 Vgl. Rdnrn. 1311ff.
8 Vgl. Rdnrn. 1321ff.
9 Vgl. Rdnrn. 1263–1267.
10 Vgl. Rdnrn. 1268ff.

### 2. Rechtsquellen

1261 Die Vorschriften über das Prüfungswesen sind nicht nur auf Gemeinden anzuwenden, sie gelten nach § 48 LKrO auch für die Landkreise, nach § 18 GKZ – mit Ausnahme der Vorschriften über das Rechnungsprüfungsamt – für die Zweckverbände und nach § 101 der Gemeindeordnung grundsätzlich auch für die örtlichen Stiftungen.

**2.1** Die Gemeindeordung für Baden-Württemberg (GemO)[11] vom 24. 7. 2000 (GBl S. 581), zuletzt geändert durch Gesetz vom 19. 12. 2000 (GBl. S. 745), enthält in den §§ 94, 103, 105 und 109 bis 114 Bestimmungen über die örtliche Prüfung, die überörtliche Prüfung und die Programmprüfung. Nach § 144 Nr. 21 GemO erlässt das Innenministerium die Rechtsverordnungen zur Regelung des Prüfungswesens.

**2.2** Auf Grund der Ermächtigung in der GemO hat das Innenministerium am 14. 6. 1993 (GBl. S. 494)[12] die Verordnung über das kommunale Prüfungswesen (Gemeindeprüfungsordnung – GemPrO) erlassen; sie wurde durch Verordnung vom 19. 4. 2000 (GBl. S. 445) zuletzt geändert.

**2.3** Das Gesetz über die Gemeindeprüfungsanstalt (Gemeindeprüfungsanstaltsgesetz – GPAG)[13] in der Fassung vom 14. 7. 1983 (GBl. S. 394), zuletzt geändert durch Gesetz vom 19. 7. 1999 (GBl. S. 292), weist der Gemeindeprüfungsanstalt in § 2 wichtige Aufgaben auf dem Gebiet des Prüfungswesens zu.

**2.4** Über die Prüfung der Eigenbetriebe sind Bestimmungen auch in den §§ 9 und 16 des Eigenbetriebsgesetzes – EigBG[14] – enthalten.

**2.5** Schließlich werden auch in der Verwaltungsvorschrift des Innenministeriums zur GemO (VwV GemO) vom 1. 12. 1985 (GABl. S. 1276), zuletzt geändert durch VwV vom 24. 11. 1989 (GABl. S. 1276), Hinweise und Empfehlungen zum Prüfungswesen (§ 94, 112 bis 114) gegeben.

## II. Prüfungsorgane

### 1. Allgemeines

1262 Im Prüfungswesen wird zwischen örtlicher und überörtlicher Prüfung unterschieden.

Örtliche Prüfung bedeutet dabei die Prüfung der Angelegenheiten der Gemeinde durch örtliche Prüfungseinrichtungen oder durch andere eigene Bedienstete; die Kassen- und Rechnungsvorgänge werden also ei-

11 VSV 2021.
12 VSV 6331.
13 VSV 6332.
14 VSV 6413; dazu auch Rdnr. 988.

ner internen Revision unterworfen. Durch die örtlichen Detailkenntnisse und die permanente Beratung der Verwaltung leistet die örtliche Prüfung einen wichtigen Beitrag zur Ordnungsmäßigkeit, Sparsamkeit und Wirtschaftlichkeit der Verwaltung. Es handelt sich dabei um eine Aufgabe im Rahmen des Selbstverwaltungsrechts.

Mit der Einführung und Durchführung der überörtlichen Prüfung erfüllt der Staat seinen verfassungsrechtlichen Auftrag,[15] die Gesetzmäßigkeit der Verwaltung der Gemeinden und Gemeindeverbände zu überwachen. Die überörtliche Prüfung baut dabei auf den Ergebnissen der örtlichen Prüfung auf.

## 2. Prüfungsorgane der örtlichen Prüfung

### 2.1 Örtliche Prüfungseinrichtungen

#### 2.1.1 Das Rechnungsprüfungsamt

Nach § 109 GemO müssen die Stadtkreise und die Großen Kreisstädte für 1263
die örtliche Prüfung ein Rechnungsprüfungsamt als besonderes Amt einrichten.[16]

Alle anderen Gemeinden können ein eigenes Rechnungsprüfungsamt einrichten. Da dieses Amt den verantwortlichen Organen der Gemeinde wichtige Daten für die Entscheidungsfindung liefert, ist die – freiwillige – Einrichtung grundsätzlich zu begrüßen. Allerdings müssen auch die Kosten eines eigenen Rechnungsprüfungsamts (Aufwand für den Amtsleiter, für Hilfskräfte, eventuell für Baufachleute zur Prüfung der Bauabrechnungen) bedacht werden. Bei kleinen Gemeinden wird daher ein eigenes Rechnungsprüfungsamt wohl nur in Betracht kommen, wenn umfangreiches Vermögen oder größere wirtschaftliche Unternehmen vorhanden sind.

2.1.1.1 Das Rechnungsprüfungsamt ist bei der Erfüllung der ihm durch Gesetz[17] und vom Gemeinderat[18] zugewiesenen Aufgaben unabhängig und an Weisungen nicht gebunden (§ 109 Abs. 2 GemO). Im Übrigen untersteht es unmittelbar dem Bürgermeister. Nur so ist gewährleistet, dass die zu prüfenden Stellen keinen Einfluss auf das Rechnungsprüfungsamt ausüben, dass aber auch der Gemeinderat nicht in dessen Meinungsbildung eingreift.

2.1.1.2 Der Leiter des Rechnungsprüfungsamts muss nach § 109 Abs. 3 GemO hauptamtlicher Beamter sein, die Befähigung zum Gemeindefach-

15 Art. 75 Abs. 1 LV (VSV 1001).
16 Für die Landkreise besteht diese Pflicht nach § 48 LKrO (VSV 2022).
17 Vgl. §§ 110, 111, 112 Abs. 1 und 114 a GemO.
18 § 112 Abs. 2 GemO; vgl. auch Rdnr. 1321.

beamten besitzen[19] oder eine abgeschlossene wirtschaftswissenschaftliche Vorbildung nachweisen. Er muss die für dieses Amt erforderliche Erfahrung und Eignung besitzen; muss also neben besonderen Fähigkeiten auf dem Gebiet des Gemeindewirtschaftsrechts auch über Takt und Einfühlungsvermögen verfügen.

Die Unabhängigkeit des Leiters und der Prüfer des Rechnungsprüfungsamts soll auch dadurch gewährleistet sein, dass sie zum Bürgermeister, zu einem Stellvertreter des Bürgermeisters, zu den Beigeordneten, zum Fachbeamten für das Finanzwesen, zum Kassenverwalter, zu dessen Stellvertreter und zu anderen Bediensteten der Gemeindekasse nicht in einem Befangenheitsverhältnis nach § 18 Abs. 1 bis 3 GemO – Ehegatte, Verwandtschaft, Schwägerschaft – stehen dürfen (§ 109 Abs. 5 GemO).

Die besonders starke Stellung des Leiters des Rechnungsprüfungsamts kommt darin zum Ausdruck, dass ihm sein Amt nicht ohne weiteres entzogen werden kann. Gegen unsachliche Versetzung, Zwangsbeurlaubung oder Entlassung des Beamten sind in § 109 Abs. 4 GemO drei Sicherungen eingebaut:

Die Entziehung der Amtsleitung ist danach nur zulässig, wenn

- die ordnungsmäßige Erfüllung der Aufgaben nicht mehr gewährleistet ist,
- dies vom Gemeinderat mit der Mehrheit von zwei Dritteln der Stimmen aller Mitglieder beschlossen wird und
- der Beschluss der Rechtsaufsichtsbehörde vorgelegt wird.[20]

2.1.1.3 Entsprechend dem in der gemeindlichen Finanzwirtschaft geltenden Grundsatz der Trennung von Anordnung, Vollziehung und Überprüfung von Zahlungen dürfen der Leiter und die Prüfer des Rechnungsprüfungsamts keine Zahlung anordnen, Anordnungen nicht vorbereiten und Zahlungen nicht ausführen. Sie dürfen eine andere Stellung in der Gemeinde nur innehaben, wenn dies mit der Unabhängigkeit und den Aufgaben des Rechnungsprüfungsamts zu vereinbaren ist.

#### 2.1.2 Inanspruchnahme eines anderen Kommunalen Rechnungsprüfungsamts

**1264** Gemeinden, die ein eigenes Rechnungsprüfungsamt weder einrichten müssen noch freiwillig einrichten, können sich nach § 109 Abs. 1 GemO eines anderen kommunalen Rechnungsprüfungsamts bedienen. Dies kann geschehen durch Bildung eines gemeinsamen Rechnungsprüfungsamts mit anderen Gemeinden und durch Inanspruchnahme eines fremden Rechnungsprüfungsamts im Rahmen eines Zweckverbandes, einer

19 § 58 GemO.
20 Wirkungen der Vorlagepflicht: § 121 Abs. 2 GemO (Hemmen des Vollzugs).

öffentlich-rechtlichen Vereinbarung nach §25 GKZ oder einer Verwaltungsgemeinschaft.

### 2.1.3 Der Rechnungsprüfer (§ 109 Abs.1 GemO)

Gemeinden ohne Rechnungsprüfungsamt können einen geeigneten Bediensteten (Beamte und Angestellte der Gemeinde oder auch z.B. einen durch Dienstvertrag verpflichteten sachkundigen Ruhestandsbeamten) als Rechnungsprüfer bestellen oder sich eines anderen kommunalen Rechnungsprüfers bedienen. **1265**

Diese Rechnungsprüfer haben im Rahmen der örtlichen Prüfung dieselben Zuständigkeiten wie die Rechnungsprüfungsämter.

Für die Rechnungsprüfer gilt das für das Rechnungsprüfungsamt und für dessen Leiter Ausgeführte entsprechend (Unabhängigkeit; keine Weisungsgebundenheit; untersteht unmittelbar dem Bürgermeister; erschwerter Entzug seiner Aufgaben; keine Bestellung, wenn Befangenheitsverhältnisse vorhanden sind; Verbot, im Zahlungsverkehr tätig zu sein; andere Stellung in der Gemeinde nur, wenn mit seinem Prüfungsamt zu vereinbaren).

### 2.1.4 Die Aufgaben der örtlichen Prüfungseinrichtungen (§§ 112 und 109 Abs. 1 Satz 3 GemO)

Neben der örtlichen Prüfung des Jahresrechnung nach §110 GemO,[21] der örtlichen Prüfung der Jahresabschlüsse von Eigenbetrieben nach §111GemO[22] und der Durchführung oder Mitwirkung bei der Programmprüfung nach §114a[23] GemO obliegt den örtlichen Prüfungseinrichtungen (Rechnungsprüfungsämtern, Rechnungsprüfern) als Pflichtaufgabe auch **1266**

- die laufende Prüfung der Kassenvorgänge (bare und unbare Zahlungsvorgänge sowie Verrechnungen) bei der Gemeinde und bei den Eigenbetrieben zur Vorbereitung der Prüfung der Jahresrechnung und der Jahresabschlüsse (die einzelnen Kassenvorgänge sind nicht erst nach der Aufstellung der Jahresrechnung, sondern in einer „begleitenden" Prüfung im sachlichen Zusammenhang in bestimmten Zeitabständen zu prüfen, im Einzelfall auch schon unmittelbar vor oder nach ihrem kassenmäßigen Vollzug),
- die Kassenüberwachung bei der Gemeindekasse und den Sonderkassen der Eigenbetriebe (neben der Vornahme der Kassenprüfungen[24] gehört dazu eine allgemeine Kontrolle der Kassen, um die ordnungsmäßige Erledigung ihrer Aufgaben zu gewährleisten),

21 Vgl. Rdnrn. 1284ff.
22 Vgl. Rdnrn. 1294ff.
23 Vgl. Rdnrn. 1306ff.
24 Vgl. Rdnrn. 1277ff.

- die Prüfung des Nachweises der Vorräte und Vermögensbestände der Gemeinde und der Eigenbetriebe.[25]

Die Übertragung von weiteren Aufgaben auf die örtlichen Prüfungseinrichtungen durch den Gemeinderat nach § 112 Abs. 2 GemO ist in Rdnr. 1321 abgehandelt.

### 2.2 Gemeinden ohne örtliche Prüfungseinrichtungen

**1267** In Gemeinden, die kein eigenes Rechnungsprüfungsamt und keinen Rechnungsprüfer haben und die sich nicht eines anderen Rechnungsprüfungsamts bedienen, sind nach § 4 GemPrO für die örtliche Prüfung der Kassen der Gemeinde sowie der Vermögensbestände und der Vorräte zuständig:

- der Bürgermeister,
- der Fachbeamte für das Finanzwesen (§ 116 GemO)
- oder ein vom Bürgermeister beauftragter geeigneter Bediensteter.

Prüft der Bürgermeister selbst, fertigt er eine Prüfungsniederschrift, für die die Vorschriften über den Prüfungsbericht (§ 17 GemPrO) entsprechend anzuwenden sind. In den anderen Fällen ist der Prüfungsbericht dem Bürgermeister vorzulegen, der bei wesentlichen Anständen die erforderlichen Maßnahmen durchführt bzw. veranlasst.

Eine örtliche Prüfung der Jahresrechnung der Gemeinde und der Jahresabschlüsse der Eigenbetriebe gibt es in diesen Gemeinden nicht.

## 3. Prüfungsorgane der überörtlichen Prüfung

### 3.1 Die Rechtsaufsichtsbehörden

**1268** Prüfungsbehörde für die überörtliche Prüfung ist nach § 113 Abs. 1 GemO die Rechtsaufsichtsbehörde. Bei Gemeinden mit mehr als 4000 Einwohnern ist die Gemeindeprüfungsanstalt Prüfungsbehörde. Sie handelt im Auftrag der Rechtsaufsichtsbehörde unter eigener Verantwortung. Bei den Landratsämtern verbleibt nur noch die überörtliche Prüfung der Gemeinden bis zu 4000 Einwohnern, der Gemeindeverwaltungsverbände und Zweckverbände, die nur Gemeinden mit bis zu 4000 Einwohnern als Mitglieder haben, und der kommunalen Stiftungen und Anstalten, die von Gemeinden oder Zweckverbänden mit bis zu 4000 Einwohnern verwaltet werden.

25 Vgl. Rdnr. 1281.

### 3.2 Die Gemeindeprüfungsanstalt

3.2.1 Nach § 113 Abs. 1 GemO, § 2 des Gesetzes über die Gemeindeprüfungsanstalt (GPAG), § 13 der GemPrO i. V. m. § 28 GKZ[26] und § 12a GemPrO führt die Gemeindeprüfungsanstalt die überörtliche Prüfung durch bei 1269

a) Landkreisen,

b) Stadtkreisen, Großen Kreisstädten und den übrigen Gemeinden mit mehr als 4000 Einwohnern,

c) Gemeindeverwaltungsverbänden und Zweckverbänden, denen Gemeinden mit mehr als 4000 Einwohnern angehören oder die Landkreise als Mitglieder haben,

d) Zweckverbänden, die der Aufsicht der Regierungspräsidien oder des Innenministeriums unterstehen,

e) kommunalen Stiftungen und Anstalten, die von einer Körperschaft verwaltet werden, bei der die Gemeindeprüfungsanstalt die überörtliche Prüfung durchführt,

f) weiteren Anstalten und Verbänden (kommunaler Versorgungsverband, Landeswohlfahrtsverbände, Regionalverbände, Nachbarschaftsverbände, Verband Region Stuttgart),

g) Unternehmen und Einrichtungen in Privatrechtsform, an denen die unter a) bis f) genannten Körperschaften und Stiftungen beteiligt sind.

3.2.2 Weitere Zuständigkeiten ergeben sich aus § 114a GemO. Danach hat sie die Programme und ihre wesentlichen Änderungen zu prüfen bzw. an ihrer Prüfung mitzuwirken, wenn Vorgänge der Haushalts-, Kassen- und Rechnungsführung, der Wirtschaftsführung und des Rechnungswesens sowie der Vermögensverwaltung der Gemeinden und ihrer Sonder- und Treuhandvermögen in automatisierten Verfahren abgewickelt werden.

3.2.3 Bei Beteiligungen der Gemeinden an kleinen Kapitalgesellschaften kann eine Pflicht zur Jahresabschlussprüfung bestehen;[27] bei Eigenbetrieben für wirtschaftliche Unternehmen und bei Eigenbetrieben im nichtwirtschaftlichen Bereich werden zum Teil freiwillige Jahresabschlussprüfungen durchgeführt. Diese Prüfungen werden von der Gemeindeprüfungsanstalt auf Antrag der Gemeinde vorgenommen (§ 2 Abs. 1 Satz 4 GPAG).[28]

3.2.4 Die Gemeindeprüfungsanstalt Baden-Württemberg ist eine rechtsfähige Anstalt des öffentlichen Rechts mit Sitz in Karlsruhe. Sie kann ihre

26 VSV 2023.
27 Vgl. Rdnr. 1314.
28 Vgl. Rdnrn. 1311, 1312, 1317.

Angelegenheiten durch Satzung regeln, kann Zweigstellen errichten (eine Zweigstelle besteht in Stuttgart) und besitzt die Dienstherrneigenschaft. Der Verwaltungsrat der Gemeineprüfungsanstalt ist mit neun kommunalen Vertretern besetzt, die von den drei Kommunalen Landesverbänden gewählt werden. Der Präsident der Gemeindeprüfungsanstalt wird vom Innenministerium im Benehmen mit dem Verwaltungsrat ernannt. Die Anstalt deckt ihren Aufwand durch Gebühren, kostendeckende Entgelte sowie durch eine Umlage von den Landkreisen und von den Gemeinden, bei denen sie für die überörtliche Prüfung zuständig ist.

Die Gemeindeprüfungsanstalt nimmt die Prüfungen im Auftrag der Rechtsaufsichtsbehörden unter eigener Verantwortung nach den gesetzlichen Bestimmungen vor. Sie erstattet ihre Prüfungsberichte der jeweiligen Rechtsaufsichtsbehörde.[29]

## III. Gemeinsames für die örtliche und die überörtliche Prüfung

1270 **1.** Die §§ 14 bis 18 der GemPrO enthalten allgemeine Vorschriften, die für die Prüfung der Kassen der Gemeinde, der Vermögensbestände und der Vorräte, der Jahresrechnung und der Jahresabschlüsse der Eigenbetriebe sowie für die Prüfung der Haushalts- und Wirtschaftsführung von Unternehmen und Einrichtungen in Privatrechtsform gleichermaßen gelten.

Nach § 20 Abs. 1 gelten für die Programmprüfung nur die §§ 14 (Pflichten und Rechte des Prüfers) und 17 (Prüfungsbericht) GemPrO entsprechend.

1271 **2.** Der Prüfer ist für die sachgemäße Prüfung selbst verantwortlich, da nur er selbst die zu prüfenden Vorgänge vor sich hat bzw. die Auskünfte, Nachweise und Unterlagen verlangen kann, die er zur Erfüllung seiner Aufgabe benötigt (§ 14 GemPrO). Es ist ihm jedoch nicht freigestellt, ob er über vorgefundene Anstände und Unregelmäßigkeiten berichten soll oder nicht. Vielmehr muss er alle Anstände und Unregelmäßigkeiten aufgreifen, es sei denn, es handelt sich um unwesentliche Verstöße, Mängel oder Fehler, die im Verlauf der Prüfung ohne Aufnahme in den Prüfungsbericht bereinigt werden können.

1272 **3.** Soweit nicht vollständige Prüfung vorgeschrieben ist (z. B. bei der Kassenbestandsaufnahme), kann die Prüfung auf Stichproben beschränkt werden, weil eine lückenlose Prüfung der Vielzahl von Vorgängen, die z. B. in einer Jahresrechnung ihren Niederschlag gefunden hat, nicht praktikabel wäre (§ 15 GemPrO).

29 §§ 113 Abs. 1 i. V. m. 114 Abs. 4 GemO.

Dabei hat der Prüfer die Stichproben besonders sorgfältig auszuwählen, um Fehler im Grundsätzlichen, grobe Verstöße und Unregelmäßigkeiten dennoch aufdecken zu können. Die Stichproben sollen sich über den ganzen Prüfungsstoff verteilen und jeweils in einem zeitlich und sachlich größeren Zusammenhang ausgewählt werden. Ihre Auswahl soll so getroffen werden, dass sie nach dem Prüfungsstoff und den Prüfungserfahrungen den größten Prüfungserfolg versprechen.

Beispielsweise wird der Bau einer Erschließungsstraße von der Ausschreibung der Bauarbeiten bis hin zur Berechnung der Erschließungsbeiträge nachgeprüft.

Ergeben sich bei stichprobenweiser Prüfung wesentliche Anstände, ist die Prüfung entsprechend zu erweitern; erforderlichenfalls ist vollständig zu prüfen.

**4.** Bei der Prüfung können Schwerpunkte gebildet werden. Sie sollen so ausgewählt werden, dass jedes Prüfungsgebiet (z.B. Bauausgaben, Sozialhilfeausgaben, Geldanlagen) je nach Schwierigkeitsgrad und wirtschaftlicher Bedeutung in angemessenen Zeitabständen eingehend geprüft wird (§ 15 Abs. 2 GemPrO). **1273**

**5.** Nach § 16 GemPrO ist Tag und Art der Prüfung vom Prüfer in den herangezogenen Büchern genau zu vermerken; in den Sachbüchern auf dem ersten Sachbuchblatt,[30] bei Kassenprüfungen außerdem im Zeitbuch und in den Vorbüchern neben der letzten Eintragung. Bei Speicherbuchführung sind die Vermerke auf den entsprechenden Ausdrucken anzubringen. **1274**

Alle geprüften Buchungen, Belege, Zahlenangaben und Unterlagen sind, soweit eine Kennzeichnung möglich ist, im Rahmen der örtlichen Prüfung grün, im Rahmen der überörtlichen Prüfung braun – jeweils urkundenecht – zu kennzeichnen. Auch die Prüfungsvermerke sind in der entsprechenden Farbe anzubringen.

**6.** Der Prüfungsbericht über jede Prüfung muss nach § 17 GemPrO Art und Umfang der Prüfung sowie den Namen des Prüfers enthalten. Ferner ist die Vornahme von Stichproben und die Bildung von Schwerpunkten darzustellen. **1275**

Er soll sich auf die wesentlichen Feststellungen der Prüfung einschließlich der dazu notwendigen Schilderung der finanziellen und wirtschaftlichen Verhältnisse der Gemeinde und ihrer Sonder- und Treuhandvermögen beschränken. Feststellungen über Anstände sind nur aufzunehmen, wenn diese wesentlich sind und nicht im Prüfungsverfahren ausgeräumt

30 Sofern Sachbücher in Loseblattform geführt werden, empfiehlt es sich, vor den einzelnen Sachbuchteilen (SVw, SVm, ShV) ein besonderes Blatt für die Prüfungsvermerke einzulegen.

wurden. Nur zu diesen hat die Gemeinde nach § 14 Abs. 5 GemPrO Stellung zu nehmen. Im Prüfungsbericht soll eine Zusammenfassung der wesentlichen Ergebnisse der Prüfung enthalten sein.[31]

Bei Kassenprüfungen ist die Niederschrift über die Kassenprüfung samt Kassenbestandsausweis (unterzeichnet vom Kassenverwalter und von den mit dem Zahlungsverkehr beauftragten Bediensteten) meist zugleich als Prüfungsniederschrift ausgestaltet.

Die unverbindlichen Vorschläge und Anregungen (z.B. zur Geschäftsvereinfachung), die sich insbesondere bei einer überörtlichen Prüfung ergeben, sollen der Gemeinde nicht im Prüfungsbericht selbst, sondern gesondert mitgeteilt werden.

Enthält der Prüfungsbericht Feststellungen über fremde Kassengeschäfte,[32] über die bestimmungsgemäße Verwendung von Staatszuwendungen sowie über Vorgänge, bei denen die Gemeinde Einnahmen oder Ausgaben gegenüber anderen öffentlichen Kassen anordnet, ist er insoweit auch den hierfür zuständigen Stellen mitzuteilen (§ 17 Abs. 4 GemPrO). Dies geschieht bei örtlichen Prüfungen durch den Bürgermeister, bei überörtlichen durch die Rechtsaufsichtsbehörde.

1276 7. Die Kosten der örtlichen und der überörtlichen Prüfung bei Sonder- und Treuhandvermögen tragen die Eigenbetriebe bzw. die anderen Sondervermögen und die Treuhandvermögen, bei denen geprüft worden ist (§ 18 GemPrO).

## IV. Kassenprüfungen

### 1. Örtliche Prüfung der Kassen der Gemeinde[33]

#### 1.1 Umfang der Kassenprüfung (§ 2 GemPrO)

1277 Jede unvermutete Kassenprüfung beginnt mit einer Kassenbestandsaufnahme, durch die ermittelt wird, ob der Kassenistbestand mit dem Kassensollbestand nach den Zeitbüchern[34] übereinstimmt.

Dabei empfiehlt sich folgende Vorgehensweise:

- Der Prüfer kennzeichnet in allen von der Kasse geführten Büchern (Zeitbücher, Vorbücher, letzte Ausdrucke bei automatisierten Buchführungsverfahren) die letzten Eintragungen, damit während der Bestandsaufnahme nichts unbemerkt nachgetragen werden kann.

31 Zur „Schlussbesprechung" bei überörtlichen Prüfungen vgl. Rdnr. 1293.
32 Vgl. Rdnr. 1089.
33 Zur Zuständigkeit vergl. Rdnrn. 1263ff.
34 Saldo aus den Einnahmen und Ausgaben des Zeitbuches.

- Danach wird der Kassenistbestand durch den Kassenverwalter oder Kassierer ermittelt und – aufgegliedert nach Bargeld, Schecks, Wechseln, Konten der Kasse bei Kreditinstituten – in den „Kassenbestandsausweis" übernommen.
- Zur Ermittlung des Kassensollbestandes durch den Kassenverwalter oder Kassierer werden die noch nicht gebuchten Zahlungen nachgetragen und die Zeitbücher abgeschlossen (die dann wiederum gekennzeichnet bzw. ausgedruckt[35] werden). Der Sollbestand wird ebenfalls in den Kassenbestandsausweis eingetragen.
- Ergibt sich ein Unterschied zwischen dem Kassenistbestand und dem Kassensollbestand oder werden sonstige Unstimmigkeiten oder Unregelmäßigkeiten festgestellt, müssen der Kassenverwalter und die anderen beteiligten Bediensteten der Kasse dazu gehört werden. Unstimmigkeiten sind – soweit möglich – unverzüglich aufzuklären.
- Der Kassenbestandsausweis ist vom Kassenverwalter und vom Kassierer zu unterzeichnen und dem Prüfungsbericht beizufügen.

Der Prüfer überzeugt sich dann, ob der Kassensollbestand richtig ermittelt worden ist, ob die Zeitbücher und Vorbücher richtig aufgerechnet oder übernommen worden sind, ob die nach dem Abschluss der Bücher zu übertragenden Buchungen richtig übernommen worden sind, ob das Sachbuch mit dem vorangegangenen Abschluss richtig aufgerechnet war und mit dem Ergebnis des Zeitbuchs übereingestimmt hat und ob die „Schwebeposten" mit dem Abschluss übereinstimmen, sobald ein neuer Ausdruck vorliegt.

Werden die Kontogegenbücher und das Zeitbuch in einem automatisierten Verfahren geführt, können Differenzen zwischen dem Kassenistbestand und dem Kassensollbestand nur durch eine Gegenüberstellung des Bestandes an Zahlungsmitteln mit dem buchmäßigen Barbestand und der Kontoauszüge der Kreditinstitute mit den Kontogegenbüchern festgestellt werden (§ 31 Abs. 1 Satz 3 GemKVO).

Im Anschluss an die Kassenbestandsaufnahme wird die ordnungsmäßige Erledigung der gesamten Kassengeschäfte überprüft.

Dazu gehört nach § 2 GemPrO die Feststellung, ob

- der Zahlungsverkehr ordnungsmäßig abgewickelt wird (Einnahmen und Ausgaben werden rechtzeitig und vollständig eingezogen bzw. geleistet, Verwahrgelder und Vorschüsse unverzüglich abgewickelt),
- die Bücher entsprechend der GemKVO geführt werden,
- alle Belege in der richtigen Form und mit dem richtigen Inhalt vorhanden sind,

35 Falls ein Ausdruck am selben Tag nicht möglich ist, sind die „Schwebeposten" (veranlasste, aber im Zeitbuch noch nicht enthaltene Buchungen) mit zu berücksichtigen.

- die Kassenmittel so bewirtschaftet werden, dass die Zahlungsbereitschaft der Kasse ständig gewährleistet ist und der tägliche Bestand an Bargeld und der Bestand auf den Konten den notwendigen Umfang nicht überschreitet,
- die von der Kasse verwahrten Wertgegenstände[36] und die sonstigen ihr zur Verwaltung zugewiesenen Gegenstände vorhanden und ordnungsmäßig aufbewahrt werden,
- die Kassengeschäfte im Übrigen ordnungsgemäß erledigt werden,
- bei den Kasseneinnahmeresten die nötigen Sicherungs-, Überwachungs- und Beitreibungsmaßnahmen getroffen werden und
- die Kassensicherheit gewährleistet ist.

- Weiter sollte geprüft werden, ob
- die Bestimmungen über die Entgegennahme von Schecks und Wechseln sowie von Zahlungen mittels Debitkarten und Kreditkarten (§ 13 GemKVO) beachtet werden,
- die Zahlstellen und Handvorschüsse rechtzeitig und ordnungsgemäß abgerechnet werden und
- über die verwahrten Wertgegenstände und die anderen von der Kasse verwahrten oder verwalteten Gegenstände ordnungsgemäß Buch geführt wird.

Dem Prüfungsbericht – falls der Bürgermeister prüft, der Niederschrift über die Kassenprüfung – ist der vom Kassenverwalter und von den mit dem Zahlungsverkehr beauftragten Bediensteten unterschriebene Kassenbestandsausweis beizufügen.

### 1.2 Zahl der Prüfungen (§ 1 GemPrO)

1278 Bei der Gemeindekasse und bei den Sonderkasen ist jährlich mindestens eine unvermutete Kassenprüfung vorzunehmen;[37] Zahlstellen sind mindestens alle zwei Jahre zu prüfen. Bei Verdach auf Unregelmäßigkeiten, bei wiederholten größeren Kassenunstimmigkeiten oder wenn sich aus anderen Umständen die Notwendigkeit dazu ergibt, wird man es nicht bei der Mindestzahl an Prüfungen belassen, sondern deren Zahl entsprechend erhöhen.

Bei der Bestellung eines neuen Kassenverwalters muss immer eine Kassenprüfung durchgeführt werden.

Die Gemeindekasse kann natürlich auch regelmäßig geprüft werden. Diesen Prüfungen fehlt allerdings das Überraschungsmoment – ihr Wert ist daher umstritten.

Von der unvermuteten Kassenprüfung kann nur dann abgesehen werden, wenn im selben Jahr eine Kassenprüfung beim Wechsel des Kas-

36 Vgl. Rdnr. 1126.
37 Hinsichtlich der Zuständigkeiten vgl. Rdnrn. 1263ff. und § 112 Abs. 1 Nr. 2 GemO.

senverwalters oder eine überörtliche Kassenprüfung[38] stattgefunden hat.[39]

Die Kassenprüfung umfasst den Zeitraum seit der letzten Kassenprüfung. Die Bücher und Belege einer abgeschlossenen Jahresrechnung können dabei von der Prüfung ausgenommen werden (§2 Abs.2 GemPrO).

## 2. Prüfung der Handvorschüsse (§ 1 Abs. 3 GemPrO)

Bei Handvorschüssen von mehr als 500 Euro ist in angemessenen Zeitab- **1279**
ständen eine unvermutete Prüfung vorzunehmen.

## 3. Überörtliche Prüfung der Kassen der Gemeinde (§ 10 GemPrO)

Während der überörtlichen Prüfung der Jahresrechnung[40] sollen auch die **1280**
Gemeindekasse und die Sonderkassen geprüft werden.

Dabei wird nachgeprüft, ob die folgenden Bereiche den gesetzlichen Vorschriften entsprechen:

- die Aufgabe der Gemeindekasse, wie sie in §1 der GemKVO beschrieben sind (Abwicklung der Einnahmen und Ausgaben, Verwaltung der Kassenmittel, Verwahrung der Wertgegenstände, Buchführung, zwangsweise Einziehung),
- ihre Organisation („Grundsatz der Einheitskasse", Sonderkassen, Zahlstellen; personelle Ausstattung, Datenverarbeitungssysteme, technische Hilfsmittel),
- die Geschäftsführung (Dienstanweisung, Bindung des Zahlungsverkehrs an Kassenraum und Kassenpersonal, Trennung von Zahlungsverkehr und Buchführung, Zeichnungsbefugnis, Kassenanordnungen) und
- die Überwachung der Gemeindekasse durch das Rechnungsprüfungsamt, den Kassenaufsichtsbeamten oder den Bürgermeister.

Außerdem soll geprüft werden, ob die Gemeinde ihren Verpflichtungen zur Prüfung der Vermögensbestände und Vorräte[41] genügt hat.

Auch die überörtliche Prüfung wird nach den Vorschriften über die örtliche Prüfung der Gemeindekasse[42] abgewickelt. Auch sie beginnt mit einer unvermuteten Kassenbestandsaufnahme; Prüfungsberichte der örtlichen Prüfung sind beizuziehen und zu berücksichtigen, um Doppelprüfungen zu vermeiden.

38 Vgl. Rdnr. 1280.
39 Der Verzicht bei vorangegangener überörtlicher Prüfung wird aber nur dann möglich sein, wenn in deren Verlauf auch eine Kassenbestandsaufnahme vorgenommen wurde.
40 Zur Zuständigkeit vgl. Rdnr. 1268.
41 Vgl. Rdnrn. 1281 ff.
42 Vgl. Rdnrn. 1277 ff.

Zu Beginn der Prüfung ist dem Bürgermeister anzubieten, an dieser teilzunehmen oder den Fachbeamten für das Finanzwesen oder den mit der örtlichen Kassenprüfung beauftragten Bediensteten teilnehmen zu lassen. Auch einer vorhandenen örtlichen Prüfungseinrichtung ist Gelegenheit zu geben, an der Prüfung teilzunehmen. Von der überörtlichen Kassenprüfung kann insoweit[43] abgesehen werden, als sich die Prüfungsbehörde von der Wirksamkeit der örtlichen Prüfungen überzeugt hat.

## V. Prüfung der Vermögensbestände und der Vorräte

### 1. Örtliche Prüfung der Vermögensbestände und der Vorräte (§ 3 GemPrO)

#### 1.1 Nachweisprüfung

1281 Die zur örtlichen Prüfung zuständige Stelle[44] hat in angemessenen Zeitabständen zu prüfen, ob die Bestandsverzeichnisse (§37 GemHVO) ordnungsmäßig geführt sind.

In den Bestandsverzeichnissen werden alle der Gemeinde gehörenden bzw. ihr zustehenden unbeweglichen und beweglichen Sachen sowie die grundstücksgleichen Rechte aufgeführt. Aus ihnen gehen Art und Menge sowie Lage oder Standort der Sachen hervor. Der Zu- oder Abgang ergibt sich aus der Sachbuchführung.

Dienen die Sachen und grundstücksgleichen Rechte kostenrechnenden Einrichtungen, müssen ihre Bestände sowie die Zu- und Abgänge in Anlagenachweisen (§38 GemHVO) – für jede Einrichtung gesondert – dargestellt werden.[45] Ob die Anlagenachweise ordnungsmäßig geführt werden, wird im Rahmen der Prüfung der Jahresrechnung festgestellt.

Bestandsverzeichnisse müssen nicht geführt werden, soweit

- sich der Bestand aus Anlagenachweisen ergibt,
- es sich um bewegliche Sachen handelt, deren Anschaffungs- oder Herstellungskosten im Einzelfall oder für die Sachgesamtheit nicht mehr als 410 Euro ohne Umsatzsteuer betragen haben,
- Vorräte zum alsbaldigen Verbrauch bestimmt sind,
- über den Bestand anderer Vorräte eine ausreichende Kontrolle gewährleistet ist.

43 Z.B. könnte auf die Vornahme der Kassenbestandsaufnahme verzichtet werden.
44 Vgl. Rdnrn. 1263ff. und §112 Abs.1 Nr.3 GemO.
45 Vgl. §12 GemHVO und Rdnr.821.

### 1.2 Bestandsprüfung

In angemessenen Zeitabständen (z.B. alle fünf oder zehn Jahre) ist zu überprüfen, ob die in den Bestandsverzeichnissen verzeichneten beweglichen Sachen auch vorhanden sind. 1282

Desgleichen ist in angemessenen Zeitabständen festzustellen, ob die Kontrolle über den Bestand von nicht in Bestandsverzeichnissen zu führenden Vorräten und sonstigen beweglichen Sachen ausreichend ist.

## 2. Überörtliche Prüfung der Vermögensbestände und der Vorräte (§ 10 Abs. 1 GemPrO)

Während der überörtlichen Prüfung der Gemeindekasse[46] soll geprüft 1283
werden, ob die Gemeinde ihren Verpflichtungen zur Prüfung der Vermögensbestände und Vorräte genügt hat.

Für die Berücksichtigung vorhandener Prüfungsberichte der örtlichen Prüfung sowie für die Teilnahme des Bürgermeisters oder anderer Gemeindebediensteter und anderer Stellen gilt das im Abschnitt „Überörtliche Prüfung der Kassen der Gemeinden" Ausgeführte entsprechend.

# VI. Prüfung der Jahresrechnung

## 1. Prüfung der Jahresrechnung der Gemeinde

### 1.1 Art und Inhalt der Prüfung

1.1.1 Nach §5 der GemPrO ist die Jahresrechnung der Gemeinde von 1284
der örtlichen Prüfungseinrichtung zu prüfen; in Gemeinden ohne örtliche Prüfungseinrichtungen entfällt diese Prüfung.[47] Die Jahresrechnung umfasst nach §39 GemHVO den kassenmäßigen Abschluss, die Haushaltsrechnung und die Vermögensrechnung; der Jahresrechnung sind eine Vermögensübersicht, ein Rechnungsquerschnitt und eine Gruppierungsübersicht sowie ein Rechenschaftsbericht beizufügen.

In die Prüfung werden mit einbezogen

- die Unterlagen des Haushaltswesens (insbesondere der Haushaltsplan mit Nachtragsplänen; die Zustimmungen des Gemeinderats bzw. des Bürgermeisters zu überplanmäßigen und außerplanmäßigen Ausgaben; alle Gemeinderatsbeschlüsse, die die Ausführung des Haushaltsplans betreffen; Bauunterlagen nach §10 Abs.3 GemHVO; Vergabeakten sowie Satzungen und Gebührenordnungen);

46 Vgl. Rdnr. 1280.
47 Vgl. Rdnr. 1267.

- die Unterlagen des Kassen- und Rechnungswesens (insbesondere die Zeit-[48] und die Sachbücher,[49] die Dauer- und die Einzelbelege sowie das Niederschlagungsverzeichnis[50]);
- die Unterlagen der Vermögensverwaltung (insbesondere die Bestandsverzeichnisse[51] und die Anlagenachweise[52] sowie die Vermögensübersicht[53]);
- sonstige Gemeindeakten (z.B. Personalakten, Niederschriften über die Sitzungen des Gemeinderats) können vom Prüfer beigezogen werden, wenn es der Prüfungszweck erfordert.

Vorgänge, in denen die Gemeinde für einen anderen kommunalen Aufgabenträger unmittelbar für dessen Haushalt Beträge einnimmt oder ausgibt oder Einnahmen oder Ausgaben gegenüber dessen Kasse anordnet (z.B. im Rahmen übertragener Sozial- und Jugendhilfeaufgaben), unterliegen insoweit der Prüfung, als die Gemeinde die sachliche und rechnerische Feststellung nach §10 GemKVO trifft.

1.1.2 Der Inhalt der Prüfung gemeindlicher Jahresrechnungen wird in den §§6 bis 8 GemPrO näher bestimmt; es wird unterschieden zwischen der Prüfung in sachlicher, rechnerischer und förmlicher Hinsicht.

#### 1.1.2.1 Sachliche Prüfung (§ 6 GemPrO)

**1285** Die sachliche Prüfung hat Vorrang vor der rechnerischen und förmlichen Prüfung.

Dabei wird festgestellt, ob die einzelnen Maßnahmen der Haushalts-, Kassen- und Rechnungsführung und der Vermögensverwaltung mit den von der Gemeinde zu beachtenden Rechts- und Verwaltungsvorschriften, den abgeschlossenen Verträgen sowie den Dienstanweisungen der Gemeinde in Einklang stehen (Einzelheiten werden im folgenden Abschnitt „Örtliche Prüfung der Jahresrechnung" behandelt). Weiter wird überprüft, ob die Maßnahmen bei zweckgebundenen staatlichen Zuwendungen und Darlehen den Bewilligungsbescheiden entsprechen. Schließlich wird festgestellt, ob sich der Inhalt der von der Gemeinde abgeschlossenen Verträge im Rahmen der geltenden Rechtsvorschriften hält.

#### 1.1.2.2 Rechnerische Prüfung (§ 7 GemPrO)

**1286** Hierunter ist nicht nur das richtige Errechnen der Beträge in den Büchern und den Belegen zu verstehen, sondern auch ihre ordnungsgemäße Übertragung (z.B. im Rahmen der Aufstellung der Jahresrechnung aus

48 §25 GemKVO.
49 §27 GemKVO.
50 Zur Überwachung befristet niedergeschlagener Ansprüche der Gemeinde (§32 Abs.2 GemHVO).
51 §37 GemHVO.
52 §38 GemHVO.
53 §39 Abs.2 Nr.1 GemHVO.

dem abgeschlossenen Sachbuch in das Sachbuch des folgenden Haushaltsjahres). Ferner wird überprüft, ob die Abschlags- oder Vorauszahlungen vollständig berücksichtigt worden sind.

Von einer rechnerischen Prüfung kann abgesehen werden, soweit

- Ansprüche und Zahlungsverpflichtungen in automatisierten Verfahren ermittelt und entsprechende Bücher (Speicherbuchführung) geführt werden (§§ 11 Abs. 1 und 23 Abs. 2 GemKVO) oder
- Buchungsmaschinen verwendet werden, die zeitliche und sachliche Buchungen in einem Arbeitsgang erledigen und die mit einer nachweislich nicht beeinflussbaren Kontrolleinrichtung versehen sind.

#### 1.1.2.3 Förmliche Prüfung (§ 8 GemPrO)

Hierbei wird geprüft, ob die Jahresrechnung[54] mit ihren Bestandteilen und Anlagen vollständig ist und den Formvorschriften der GemHVO und der GemKVO entspricht. **1287**

Weiter ist zu ermitteln, ob die Kassen- und Rechnungsgeschäfte vorschriftsmäßig erledigt werden. Dabei ist insbesondere darauf zu achten, dass die Bücher richtig angelegt, geführt und abgeschlossen werden, dass Ein- und Auszahlungen ordnungsgemäß angeordnet, ausgeführt, belegt sowie in der richtigen zeitlichen und sachlichen Ordnung gebucht werden.

## 1.2 Örtliche Prüfung der Jahresrechnung

### 1.2.1 Umfang der Prüfung (§ 110 Abs. 1 GemO, § 6 Abs. 2 GemPrO)

Die Jahresrechnung ist daraufhin zu prüfen, ob **1288**

- bei den Einnahmen und Ausgaben und bei der Vermögensverwaltung nach dem Gesetz und den bestehenden Vorschriften verfahren worden ist,
- die einzelnen Rechnungsbeträge sachlich und rechnerisch in vorschriftsmäßiger Weise begründet und belegt sind,
- der Haushaltsplan eingehalten und
- das Vermögen und die Schulden richtig nachgewiesen worden sind.

Im Einzelnen gehören dazu – beispielsweise – die Feststellung, ob Einnahmen und Ausgaben rechtzeitig und vollständig abgewickelt worden sind, ob Abweichungen von den Haushaltsplanansätzen zulässig waren, ob Genehmigungs-, Zustimmungs- oder Vorlagepflichten beachtet worden sind; ferner die Prüfung, ob die Voraussetzungen für Stundung, Niederschlagung und Erlass vorlagen, ob Haushaltsreste aus Vorjahren ordnungsmäßig verwendet worden sind und die Bildung neuer Haushaltsreste zulässig war und ob Vorschüsse und Verwahrgelder, durchlaufende Gelder, fremde

54 §§ 39ff. GemHVO.

Mittel, Kassenkredite sowie Fehlbeträge aus Vorjahren ordnungsmäßig abgewickelt worden sind. Auch ist festzustellen, ob bei Ausgaben und Verpflichtungsermächtigungen für Investitionen die Unterlagen nach § 10 Abs. 2 und 3 GemHVO vorlagen, ob die Vergabegrundsätze nach § 31 GemHVO beachtet worden sind und ob die Kostenrechnungen, Anlagenachweise und Entgeltkalkulationen ordnungsmäßig geführt werden. Schließlich wird überprüft, ob Feststellungen früherer Prüfungsberichte noch unerledigt sind. Die Prüfung der Einnahmen erstreckt sich auch auf die Meldungen der Gemeinde über die Berechnungsgrundlagen der Steuerkraftmesszahl, der Gewerbesteuerumlage und des Fremdenverkehrslastenausgleichs. Abweichungen zwischen den Berechnungsgrundlagen und den Meldungen sind vorab dem Bürgermeister und von diesem den Stellen mitzuteilen, die die Meldungen erhalten.

Bei automatisierten Verfahren im Finanzwesen ist festzustellen, ob der zuständigen Stelle Gelegenheit zur Programmprüfung gegeben wurde und ob die Programme gültig, dokumentiert und freigegeben sind (sog. „Anwendungsprüfung").

### 1.2.2 Zeitpunkt der Prüfung

**1289** Nach § 95 Abs. 2 GemO ist die Jahresrechnung innerhalb von sechs Monaten nach Ende des Haushaltsjahres aufzustellen (also spätestens bis zum 30. 6.).

Die zuständige örtliche Prüfungseinrichtung muss die Jahresrechnung gemäß § 110 Abs. 2 GemO innerhalb von vier Monaten nach ihrer Aufstellung prüfen (also spätestens bis zum 31. 10.). Der Bürgermeister veranlasst die Aufklärung der im vorgelegten Bericht über die Prüfung enthaltenen Beanstandungen. Diese werden von der prüfenden Stelle im Schlussbericht zusammengefasst, der vom Leiter der prüfenden Stelle dem Gemeinderat erläutert wird.

Falls dieser Termin nicht eingehalten werden kann, muss die Prüfung aber spätestens noch vor der Feststellung der Jahresrechnung durch den Gemeinderat[55] durchgeführt sein (also spätestens bis zum 31. 12.).

Die zur örtlichen Prüfung zuständigen Stellen wären allerdings kaum in der Lage, die gesamte Jahresrechnung in vier Monaten zu prüfen. Deshalb ist in § 5 Abs. 2 GemPrO geregelt, dass die einzelnen Vorgänge – zur Vorbereitung der Prüfung der Jahresrechnung – in der Regel im sachlichen Zusammenhang in bestimmten Zeitabständen oder direkt nach dem Jahresabschluss der Bücher (zum 31. 12.) geprüft werden sollen.

Im Einzelfall können Vorgänge aber auch unmittelbar vor oder nach ihrem kassenmäßigen Vollzug geprüft werden.

55 Nach § 95 Abs. 2 GemO innerhalb eines Jahres nach Ende des Haushaltsjahres.

## 1.3 Überörtliche Prüfung der Jahresrechnung[56]

### 1.3.1 Inhalt und Umfang der Prüfung (§ 114 GemO, § 11 GemPrO)

1.3.1.1 Im Rahmen der überörtlichen Prüfung der Jahresrechnung ist nach § 114 Abs. 1 GemO nachzuprüfen, ob bei der Haushalts-, Kassen- und Rechnungsführung sowie bei der Vermögensverwaltung der Gemeinde sowie ihrer Sonder- und Treuhandvermögen die gesetzlichen Vorschriften eingehalten wurden. Da nach § 11 GemPrO für die überörtliche Prüfung die Vorschriften für die örtliche Prüfung der Jahresrechnung sinngemäß gelten, ist auch hier die Jahresrechnung sachlich, rechnerisch und förmlich zu prüfen. 1290

Allerdings wird die überörtliche Prüfung – wie die Aufsicht insgesamt – so auszuüben sein, dass die Entschlusskraft und die Verantwortungsfreudigkeit der Gemeinde nicht beeinträchtigt werden.[57] Da der Prüfungsauftrag auf die Rechtsaufsicht beschränkt ist, kann die Zweckmäßigkeit der Vorgänge, die ihren Niederschlag in der Haushalts-, Kassen- und Rechnungsführung gefunden haben, nicht überprüft werden. Eine aufgeschlossene Verwaltung wird jedoch dafür empfänglich sein, wenn die für die überörtliche Prüfung zuständige Stelle aus ihrer umfassenderen Schau Anregungen in wirtschaftlicher und organisatorischer Hinsicht gibt, auf bessere Lösungen oder rationellere Verfahren hinweist.

1.3.1.2 Im Rahmen ihrer Aufgabenerfüllung beteiligen sich Gemeinden immer häufiger unmittelbar (§§ 103, 103a GemO) oder mittelbar (§ 105a GemO) an Unternehmen in privater Rechtsform.[58] Voraussetzung dafür ist unter anderem, dass die Gesellschaftsverträge und Unternehmenssatzungen kommunalorientiert ausgestaltet werden müssen, damit diese Beteiligungsunternehmen im Sinne der Gemeinde gesteuert und überwacht werden können (sog. Beteiligungsverwaltung). Bei Mehrheitsbeteiligungen ist die Beteiligungsverwaltung sogar in einem Beteiligungsbericht offen zu legen (§ 105 Abs. 2 GemO).[59]

Die örtliche Prüfung dieser Beteiligungen kann der Gemeinderat nach § 112 Abs. 2 Ziff. 3 GemO als weitere Aufgabe auf das Rechnungsprüfungsamt übertragen (sog. Betätigungsprüfung).[60]

56 Im Gutachten E zum 53. Deutschen Juristentag (1980) hat von Mutius „überörtliche Rechnungsprüfung" definiert als eine Prüfung, die sich über die Kontrolle des einzelnen Finanzvorgangs auf eine Überprüfung der gesamten Verwaltungs- und Wirtschaftsführung der kommunalen Körperschaft erstreckt, durch größeren Überblick, breitere Erfahrungen, andere Vergleichsmaßstäbe und Spezialkenntnisse durch besonders qualifizierte Prüfer vermittelt, nicht beim Einzelfall einsetzt, sondern in größeren Zeitabständen schwerpunktmäßig, stichprobenartig oder Aufgaben bezogen vorgeht und insgesamt nicht nur der Überwachung, sondern auch der umfassenden Information der kommunalen Körperschaft selbst dient.
57 § 118 Abs. 3 GemO.
58 Vgl. Rdnrn. 997 ff.
59 Vgl. Rdnr. 1032.
60 Vgl. Rdnr. 1321.

Diese Betätigungsprüfung gehört nach §114 Abs.1 GemO auch zu den Aufgaben der überörtlichen Prüfung. Entsprechend der großen kommunalpolitischen Bedeutung der Beteiligungen hat die Gemeindeprüfungsanstalt die gemeindliche Beteiligungsverwaltung (Prüfung der Zulässigkeitsvoraussetzungen für die Beteiligung und Prüfung der Steuerung und Überwachung der Beteiligungsunternehmen) zu einem Prüfungsschwerpunkt gemacht.

1.3.1.3 Im Rahmen der überörtlichen Prüfung der Jahresrechnung wird nach §114 Abs.1 Satz 1 GemO weiter geprüft, ob die staatlichen Zuwendungen bestimmungsgemäß (entsprechend den gesetzlichen Vorschriften, den Zuweisungs-Richtlinien, den Festlegungen des Bewilligungsbescheides) verwendet wurden.

1.3.1.4 Bei der überörtlichen Prüfung sind vorhandene Ergebnisse der örtlichen Prüfung zu berücksichtigen (§114 Abs.1 Satz 2 GemO). Damit sollen Doppelprüfungen vermieden werden; es wird damit aber auch – im Interesse der Stärkung der kommunalen Selbstverwaltung – die örtliche Prüfung gegenüber der überörtlichen Prüfung betont.

Von der Prüfung kann nach §11 Abs.2 GemPrO sogar insoweit abgesehen werden, als bestimmte Bücher und Belege bereits im Rahmen einer überörtlichen Prüfung der Gemeindekasse geprüft worden sind.[61] Weiter kann davon insoweit abgesehen werden, als die zuständige örtliche Prüfungseinrichtung Vorgänge bereits geprüft hat oder Vorgänge Gegenstand einer Jahresabschlussprüfung waren und die für die überörtliche Prüfung zuständige Prüfungsbehörde sich – nach Beurteilung der Arbeitsweise der anderen Prüfungseinrichtungen und eventuell nach Vornahme von Stichproben – von der Wirksamkeit der vorhergehenden Prüfung überzeugt hat.

### 1.3.2 Gang der Prüfung (§ 12 Abs. 1 GemPrO)

**1291** 1.3.2.1 Die überörtliche Prüfung der Jahresrechnung wird grundsätzlich an Ort und Stelle vorgenommen; die Gemeinde hat dazu einen geeigneten Raum zur Verfügung zu stellen.

1.3.2.2 Werden bei der Prüfung der Meldungen über die Berechnungsgrundlagen der Steuerkraftmesszahl, der Gewerbesteuerumlage und des Fremdenverkehrslastenausgleichs Abweichungen festgestellt, sind diese vorab der Gemeinde und den Stellen mitzuteilen, denen die Meldungen zu machen sind (§11 Abs.1 i.V.m. §6 Abs.3 GemPrO).

61 Vgl. Rdnr. 1280.

### 1.3.3 Zeitpunkt der Prüfung (§ 114 Abs. 3 GemO)

Die überörtliche Prüfung der Jahresrechnung soll innerhalb von vier Jahren nach Ende des Haushaltsjahres vorgenommen werden. Im Interesse einer möglichst rationellen Abwicklung des Prüfungsgeschäfts werden in die jeweilige überörtliche Prüfung alle vorliegenden Jahresrechnungen einbezogen. **1292**

### 1.3.4 Abschluss der Prüfung (§ 114 Abs. 4 und 5 GemO, § 12 GemPrO)

Bei Prüfungen größeren Umfangs oder bei wesentlichen Anständen soll ihr Ergebnis vor der Ausfertigung des konzipierten Prüfungsberichts[62] in einer Schlussbesprechung zwischen der Prüfungsbehörde und der Gemeinde erörtert werden. Wenn die Gemeindeprüfungsanstalt geprüft hat, ist dazu auch die zuständige Rechtsaufsichtsbehörde einzuladen. Die Schlussbesprechung ist mit angemessener Frist unter Mitteilung der wesentlichen Besprechungspunkte anzuberaumen. Bei der Schlussbesprechung ist eine weitere Aufklärung der aufgegriffenen Vorgänge und die Bereinigung von Anständen anzustreben. **1293**

Die Prüfungsbehörde teilt der Gemeinde dann das Ergebnis der Prüfung mit, indem sie ihr den Prüfungsbericht übersendet. Falls die Gemeindeprüfungsanstalt Prüfungsbehörde ist, wird das Ergebnis auch der Rechtsaufsichtsbehörde mitgeteilt.

Über den wesentlichen Inhalt des Prüfungsberichts ist der Gemeinderat zu unterrichten (§ 43 Abs. 5 GemO); jedem Gemeinderat ist auf Verlangen Einsicht in den Prüfungsbericht zu gewähren.

Zu den Feststellungen des Prüfungsberichts über wesentliche Anstände hat die Gemeinde gegenüber der Rechtsaufsichtsbehörde und, wenn die Gemeindeprüfungsanstalt Prüfungsbehörde war, auch ihr gegenüber Stellung zu nehmen. Dies hat innerhalb einer dafür bestimmten Frist zu geschehen. Dabei ist mitzuteilen, ob den Feststellungen Rechnung getragen ist.

Hat die überörtliche Prüfung keine wesentlichen Anstände ergeben oder sind diese erledigt, wird dies der Gemeinde zum Abschluss der Prüfung von der Rechtsaufsichtsbehörde bestätigt. Soweit wesentliche Anstände noch unerledigt sind, wird die Bestätigung entsprechend eingeschränkt. Falls deren Erledigung noch möglich ist, veranlasst die Rechtsaufsichtsbehörde die Gemeinde gleichzeitig, die erforderlichen Maßnahmen durchzuführen. Ob dies geschieht, wird dann außerhalb des Prüfungsverfahrens im Rechtsaufsichtswege überwacht und spätestens bei der nächsten überörtlichen Prüfung nachgeprüft.

62 Vgl. Rdnr. 1275.

## 2. Örtliche Prüfung der Jahresabschlüsse der Eigenbetriebe

### 2.1 Allgemeines

1294 Eine örtliche Prüfung der Jahresabschlüsse von Eigenbetrieben findet nur in den Gemeinden statt, die örtliche Prüfungseinrichtungen im Sinne des § 109 GemO[63] haben (§ 111 GemO und § 9 GemPrO).

Die Bestimmungen des § 111 GemO und des § 9 GemPrO gelten für die Eigenbetriebe im Sinne des EigBG.[64]

Allerdings bestimmt § 111 Abs. 2 GemO und § 6 Abs. 2 GemPrO, dass diese Vorschriften auch entsprechend anzuwenden sind auf rechtlich unselbstständige Vorsorgungs- und Versicherungseinrichtungen für Bedienstete der Gemeinde (§ 96 Abs. 1 Nr. 4 GemO) und auf rechtlich selbstständige örtliche Stiftungen sowie von der Gemeinde treuhänderisch verwaltete Vermögen (§ 97 Abs. 1 Satz 1 GemO), sofern für diese die für die Wirtschaftsführung und das Rechnungswesen (§§ 12 bis 17 EigBG) der Eigenbetriebe geltenden Vorschriften entsprechend angewendet werden.

### 2.2 Gegenstand und Inhalt der Prüfung (§ 111 GemO und § 9 GemPrO)

1295 Bei dieser Prüfung wird nicht der Jahresabschluss selbst geprüft. Dies ist Aufgabe einer eventuellen Jahresabschlussprüfung.[65] Vielmehr wird anhand der von der Betriebsleitung aufgestellten Jahresbilanz,[66] der Gewinn- und Verlustrechnung[66] und des Lageberichts[67] sowie der Unterlagen über die Wirtschaftsführung, das Rechnungswesen, die Vermögensverwaltung und erforderlichenfalls anderer Akten eine sachliche, rechnerische und förmliche Prüfung vorgenommen. Zu den genannten Unterlagen gehören insbesondere Dienstanweisungen, Betriebsabrechnungen, Kostenrechnungen, Unterlagen über die Bewertung des Vermögens sowie über die Berechnung der Abschreibungen und Konzessionsabgaben, ferner die Konzessionsverträge und andere Energieverträge sowie – gegebenenfalls – der Bericht über eine Jahresabschlussprüfung.

Für Inhalt und Umfang dieser sachlichen, rechnerischen und förmlichen Prüfung gilt das bei der Prüfung der Jahresrechnung der Gemeinde Ausgeführte entsprechend.[68]

Die Prüfung hat insbesondere auch den Zweck, für den Gemeinderat vor seiner Beschlussfassung über den Jahresabschluss[69] des Eigenbetriebes festzustellen,

63 Vgl. Rdnr. 1263.
64 VSV 6413.
65 Vgl. Rdnrn. 1311 ff.
66 § 16 EigBG; §§ 7 bis 9 EigBVO.
67 § 16 EigBG; § 11 EigBVO.
68 Vgl. Rdnrn. 1285 bis 1288.
69 § 39 Abs. 2 Nr. 14 GemO.

- ob die für die Verwaltung der Gemeinde geltenden, auf die Eigenbetriebe anzuwendenden gesetzlichen Vorschriften,[70] die Beschlüsse des Gemeinderates[71] und die Anordnungen des Bürgermeisters[72] eingehalten worden sind;
- ob die Leistungen und Lieferungen, die Kredite und Kassenkredite der Gemeinde an den Eigenbetrieb, die des Eigenbetriebs an die Gemeinde[73] (z.B. Strom-, Gas- und Wasserlieferungen) und die der Eigenbetriebe untereinander angemessen vergütet werden (z.B. marktübliche Zinsen bei Krediten und Kassenkrediten). Soweit möglich, sollen hierbei überörtliche Vergleiche mitverwertet werden;
- ob das von der Gemeinde eingebrachte Eigenkapital[74] (= Stammkapital und offene Rücklagen) angemessen, d.h. in der Regel marktüblich verzinst wird.

### 2.3 Vermeidung von Doppelprüfungen (§ 111 Abs. 1 Satz 2 GemO)

Um Doppelprüfungen zu vermeiden, sind bei der örtlichen Prüfung der Jahresabschlüsse der Eigenbetriebe vorhandene Ergebnisse einer eventuellen Jahresabschlussprüfung und die Ergebnisse von Kassenprüfungen zu berücksichtigen. 1296

### 2.4 Zeitpunkt der Prüfung (§ 16 EigBG, § 111 GemO und § 9 Abs. 3 GemPrO)

Die Jahresbilanz und die Gewinn- und Verlustrechnung sowie der Lagebericht sind von der Betriebsleitung gemäß § 16 Abs. 2 EigBG innerhalb von sechs Monaten nach Ende des Wirtschaftsjahres aufzustellen und dem Bürgermeister vorzulegen. Dieser leitet die Unterlagen unverzüglich an die örtliche Prüfungseinrichtung weiter. Ist der Eigenbetrieb zur Jahresabschlussprüfung verpflichtet oder wird freiwillig eine Jahresabschlussprüfung durchgeführt,[75] übermittelt die Betriebsleitung die Unterlagen unverzüglich auch dem Abschlussprüfer bzw. der Gemeindeprüfungsanstalt. 1297

Die Prüfung des Jahresabschlusses hat dann innerhalb von 4 Monaten nach seiner Aufstellung zu erfolgen.

Zur Vorbereitung der Prüfung des Jahresabschlusses ist es allerdings auch möglich, einzelne Vorgänge im Rahmen der laufenden Prüfung der Kassenvorgänge des Eigenbetriebes (§ 112 Abs. 1 Nr. 1 GemO) vorab zu prüfen. Weiter können zur Entlastung der örtlichen Prüfungseinrichtung im Benehmen mit der Betriebsleitung Teile des Rechnungswesens (ins-

70 Alle Vorschriften der GemO und die sonstigen für die Gemeinden geltenden Vorschriften, soweit im EigBG und in der EigBVO nicht Abweichungen vorgesehen sind.
71 § 9 EigBG; § 24 i.V.m. § 39 Abs. 2 GemO.
72 § 10 EigBG.
73 § 13 EigBVO; vgl. Rdnr. 962.
74 § 12 EigBG.
75 Vg. Rdnrn. 1311ff.

besondere bei der Fertigung von Zwischenabschlüssen) auch schon vor der Aufstellung des Jahresabschlusses geprüft werden (§ 9 Abs. 3 GemPrO).

Wichtig ist, dass der Prüfungsbericht mit den Feststellungen nach Rdnr. 1295 dem Gemeinderat dann vorliegt, wenn er den Jahresabschluss (nach § 16 Abs. 3 Satz 3 innerhalb eines Jahres nach Ende der Wirtschaftsjahres) feststellt.

### 2.5 Abschluss der örtlichen Prüfung der Jahresabschlüsse

**1298** Nach § 16 Abs. 3 EigBG leitet der Bürgermeister den Jahresabschluss und den Lagebericht samt den Berichten über die örtliche Prüfung und eine eventuelle Jahresabschlussprüfung – nach Vorberatung im Betriebsausschuss – dem Gemeinderat zu. Dieser stellt den Jahresabschluss innerhalb eines Jahres nach Ende des Wirtschaftsjahres fest. Zugleich beschließt er über die Entlastung der Betriebsleitung. Falls der Gemeinderat die Entlastung versagt, hat er dafür Gründe anzugeben. Der Beschluss über die Feststellung des Jahresabschlusses ist ortsüblich bekannt zu geben (§ 16 Abs. 4 EigBG).

### 2.6 Kosten der Prüfung

**1299** Die Kosten der Prüfung tragen nach § 18 GemPrO die geprüften Eigenbetriebe, die anderen Sondervermögen oder die Treuhandvermögen, bei denen geprüft worden ist.

## 3. Überörtliche Prüfung der Jahresabschlüsse der Eigenbetriebe (§ 11 GemPrO, § 114 GemO)

**1300** Die überörtliche Prüfung der Jahresabschlüsse der Eigenbetriebe und gegebenenfalls anderer Sondervermögen und Treuhandvermögen der Gemeinde wird in sinngemäßer Anwendung der Vorschriften über die örtliche Prüfung durchgeführt. Es wird deshalb auf die Ausführungen in Rdnrn. 1294–1299 verwiesen. Von der Prüfung kann insoweit abgesehen werden, als Bücher und Belege im Rahmen einer überörtlichen Kassenprüfung[76] geprüft wurden. Ebenso kann von der Prüfung insoweit abgesehen werden, als eine örtliche Prüfung der Jahresrechnung oder eine eventuelle Jahresabschlussprüfung stattgefunden hat und sich die für die überörtliche Prüfung zuständige Prüfungsbehörde von der Wirksamkeit der vorhergehenden Prüfung überzeugt hat.

Den Zeitpunkt für die Prüfung bestimmt § 114 Abs. 3 GemO. Danach soll der Jahresabschluss eines Eigenbetriebs innerhalb von vier Jahren nach

76 Vgl. Rdnr. 1280.

Ende des Wirtschaftsjahres unter Einbeziehung sämtlicher vorliegender Jahresabschlüsse geprüft werden.

Die Kosten der Prüfung tragen nach § 18 GemPrO die geprüften Eigenbetriebe (gegebenenfalls die anderen Sondervermögen oder die Treuhandvermögen).

## 4. Überörtliche Prüfung der Haushalts- und Wirtschaftsführung von Unternehmen und Einrichtungen in Privatrechtsform (§ 12 a GemPrO)

### 4.1 Allgemeines

Nach § 103 GemO darf die Gemeinde wirtschaftliche Unternehmen unter **1301**
bestimmten Voraussetzungen in einer Rechtsform des privaten Rechts errichten, übernehmen, wesentlich erweitern oder sich daran beteiligen.[77] Dies gilt nach § 106a GemO auch für Einrichtungen des Unterrichts-, Erziehungs- und Bildungswesens, der Kunstpflege, der körperlichen Ertüchtigung, der Gesundheits- und Wohlfahrtspflege sowie öffentliche Einrichtungen ähnlicher Art.[78]

Wenn eine Gemeinde an solchen Unternehmen und Einrichtungen

- die Mehrheit der Anteile besitzt
- oder wenn ihr mindestens der vierte Teil der Anteile gehört und ihr zusammen mit anderen Gebietskörperschaften die Mehrheit der Anteile zusteht (§ 53 Haushaltsgrundsätzegesetz),

muss im Gesellschaftsvertrag oder in der Satzung sichergestellt werden, dass die überörtliche Prüfung der Haushalts- und Wirtschaftsführung des Unternehmens oder der Einrichtung nach Maßgabe des § 114 Abs. 1 GemPrO erfolgt.

### 4.2 Gegenstand und Inhalt der Prüfung

Im Rahmen dieser überörtlichen Prüfung ist nach § 114 Abs. 1 GemO **1302**
nachzuprüfen, ob bei der Haushalts- und Wirtschaftsführung der Unternehmen und Einrichtungen die geltenden gesetzlichen Vorschriften eingehalten wurden. Da nach § 12a i. V. m. § 11 GemPrO die Vorschriften für die örtliche Prüfung der Jahresrechnung der Gemeinde und der Jahresabschlüsse ihrer Sondervermögen (§§ 5 Abs. 1 und 6 bis 9 GemPrO) sinngemäß gelten, ist auch hier eine sachliche, rechnerische und förmliche Prüfung durchzuführen,[79] die sich auf die Jahresbilanz, die Gewinn- und Verlustrechnung sowie weitere Unterlagen (z. B. Betriebsabrechnungen,

77 Vgl. Rdnrn. 997 ff.
78 Vgl. Rdnr. 1001.
79 Vgl. Rdnrn. 1285–1287.

Kostenrechnungen, Vermögensbewertungen, Abschreibungs-Berechnungen) stützt.[80]

Außerdem wird geprüft, ob die staatlichen Zuwendungen von den Unternehmen und Einrichtungen bestimmungsgemäß verwendet wurden.

### 4.3 Prüfungs-Zuständigkeit

1303 Für diese Prüfung ist nach § 113 GemO das Landratsamt als Rechtsaufsichtsbehörde nur noch zuständig, wenn die Mehrheit der Anteile an Unternehmen und Einrichtungen in Privatrechtsform in der Hand von Gemeinden bis zu 4000 Einwohnern liegt; bei größeren Gemeinden ist die Gemeindeprüfungsanstalt Prüfungsbehörde (siehe auch § 2 Abs. 1 Satz 2 GPAG). Nach § 13 Abs. 1 GemPrO ist die Gemeindeprüfungsanstalt auch bei Unternehmen und Einrichtungen zuständig, an denen Körperschaften und Stiftungen im Sinne des § 13 Abs. 1 GemPrO (z.B. Landkreise, Zweckverbände, Kommunale Stiftungen, Landeswohlfahrtsverbände)[81] beteiligt sind.

### 4.4 Verfahren

1304 Die überörtliche Prüfung wird grundsätzlich an Ort und Stelle vorgenommen (§ 12 GemPrO). Für die Pflichten und Rechte des Prüfers (§ 14 GemPrO), Stichproben und Schwerpunkt-Prüfungen (§ 15 GemPrO), Prüfungsvermerk und Prüfungszeichen (§ 16 GemPrO) sowie für den Prüfungsbericht (§ 17 GemPrO) gilt das in den Randnummern 1271 bis 1275 Ausgeführte entsprechend.

Bei der Schlussbesprechung (§ 12 Abs. 2 GemPrO) ist auch die Gemeinde hinzuzuziehen; prüft die Gemeindeprüfungsanstalt, ist der Rechtsaufsichtsbehörde Gelegenheit zur Teilnahme zu geben.

Der Prüfungsbericht ist der Gemeinde und, falls die Gemeindeprüfungsanstalt prüft, auch der Rechtsaufsichtsbehörde mitzuteilen.

Die Gemeinde wirkt darauf hin, dass die bei der Prüfung festgestellten Anstände erledigt werden und teilt dies der Prüfungsbehörde (Landratsamt oder Gemeindeprüfungsanstalt) mit.

Die Kosten der überörtlichen Prüfung tragen die an dem Unternehmen oder an der Einrichtung beteiligten Körperschaften oder Stiftungen.

### 4.5 Ausnahmen von der Prüfungspflicht

1305 Von der Prüfung kann nach § 11 Abs. 2 GemPrO insoweit abgesehen werden, als sich die Prüfungsbehörde von der Wirksamkeit einer eventuell durchgeführten Jahresabschlussprüfung überzeugt hat.

80 Vgl. Rdnr. 1295.
81 Vgl. Rdnr. 1269.

# VII. Programmprüfung

## 1. Allgemeines (§ 114 a GemO, § 19 GemPrO)

Alle Programme – und deren wesentliche Änderung – für automatisierte Verfahren zur Abwicklung von Vorgängen 1306

- der Haushalts-, Kassen- und Rechnungsführung,
- der Wirtschaftsführung und des Rechnungswesens sowie
- der Vermögensverwaltung

der Gemeinde sowie ihrer Sonder- und Treuhandvermögen sind darauf zu prüfen, ob sie eine ordnungsgemäße Abwicklung (sachlich, rechnerisch und förmlich richtig) dieser Finanzvorgänge gewährleisten.

Diese Prüfungspflicht entfällt nur bei einfachen Programmen von geringer finanzwirtschaftlicher Bedeutung (z.B. zur Telefongebührenabrechnung oder zur Verwaltung einer Gemeindehalle), wenn die ordnungsmäßige Abwicklung (anhand von Testfällen) im Rahmen der Freigabe der Programme (durch den Bürgermeister) bereits festgestellt wurde.

## 2. Inhalt und Umfang der Prüfung (§ 19 GemPrO)

Bei der Programmprüfung ist festzustellen, ob die Programme unter Be- 1307
rücksichtigung ihrer Einsatzbedingungen hinsichtlich der Programmdokumentation, der Erfassung, Eingabe, Verarbeitung, Speicherung, Ausgabe der Daten und Sicherung des Programms so gestaltet sind, dass alle Daten erfasst und bearbeitet werden, dass sie nicht verloren gehen und nicht unbefugt geändert werden können und dass in das automatisierte Verfahren nicht unbefugt eingegriffen werden kann. Ferner ist festzustellen, ob die Buchungen jederzeit in angemessener Frist ausgedruckt und die Programmdokumentation jederzeit in angemessener Frist lesbar gemacht werden können.

Bei automatisierten Anordnungs- und Feststellungsverfahren ist zu prüfen, ob die nach der GemKVO vorgeschriebene Trennung der Verantwortungsbereiche (zwischen sachlicher, rechnerischer Feststellung und Zahlungsanordnung; zwischen Erteilung von Kassenanordnungen und Ausführung von Kassenanordnungen) sichergestellt ist.

Die Prüfung der Programme ist mit den dafür geeigneten besonderen Verfahren so zu vertiefen, dass mit hinreichender Sicherheit festgestellt werden kann, ob sie den genannten Anforderungen entsprechen.

Den zuständigen Stellen ist – in einer begleitenden Prüfung – Gelegenheit zu geben, Prüfungshandlungen bereits bei der Entwicklung und Änderung von Programmen vorzunehmen.

Programme geringeren Umfangs können anhand der Ergebnisse ihrer Anwendung geprüft werden, wenn dabei mit hinreichender Sicherheit festgestellt werden kann, ob sie den Anforderungen entsprechen.

### 3. Prüfungs-Zuständigkeit (§ 114 a GemO, § 20 GemPrO)

1308 Die Gemeindeprüfungsanstalt prüft die Programme, die von der Datenzentrale und den Zusammenschlüssen für Kommunale Datenverarbeitung (z.B. Regionale Rechenzentren) oder von Unternehmen, an denen diese beteiligt sind (z.B. Entwicklungs- und Vertriebs-GmbH für Software – EVG), angeboten werden. Der Bürgermeister einer beteiligten Gemeinde kann – auf Ersuchen der Gemeindeprüfungsanstalt – das Rechnungsprüfungsamt seiner Gemeinde mit der Mitwirkung an der Prüfung oder mit deren Durchführung beauftragen; es können auch mehrere Rechnungsprüfungsämter gemeinsam tätig werden.

Die Gemeindeprüfungsanstalt leitet den Prüfungsbericht dem Anbieter zu. Dieser räumt die festgestellten Anstände aus.

Alle übrigen Programme sind zu prüfen

- vom Rechnungsprüfungsamt (wenn ein solches vorhanden ist),
- sonst vom Bürgermeister oder
- von der vom Bürgermeister bestimmten Stelle der Gemeinde.

Allerdings können sich die in der Gemeinde Zuständigen bei der Durchführung der Prüfung Dritter bedienen. Die prüfenden Stellen übermitteln dem Bürgermeister einen Prüfungsbericht; er lässt die festgestellten Anstände ausräumen.

Nur in begründeten Einzelfällen kann die Gemeindeprüfungsanstalt auf Antrag der Gemeinde an der Prüfung solcher Programme mitwirken oder die Prüfung sogar selbst durchführen. Kommt den Programmen allerdings erhebliche überörtliche Bedeutung zu, soll die Gemeindeprüfungsanstalt (auf Antrag der Gemeinde) an der Prüfung mitwirken oder sie selbst durchführen.

Auf die oben dargestellte Prüfung der Programme kann nur verzichtet werden, wenn sie von einer anderen amtlichen Stelle, einem Wirtschaftsprüfer oder einer Wirtschaftsprüfungsgesellschaft geprüft wurden und diese in einem abschließenden Vermerk bestätigt haben, dass das Programm eine ordnungsgemäße Abwicklung der Finanzvorgänge gewährleistet.

Eine besondere Zuständigkeit der Gemeindeprüfungsanstalt zur Programmprüfung ist in § 22 GemPrO enthalten. Bei Programmen von erheblicher überörtlicher Bedeutung führt sie die Prüfung selbst durch oder wirkt dabei mit, wenn es um Programme von Landkreisen und von den in § 13 Abs. 1 GemPrO genannten Körperschaften, Anstalten und Stiftungen (z.B. Zweckverbände, Landeswohlfahrtsverbände, Regionalverbände) geht.

### 4. Verfahren (§ 114 a GemO, § 20 GemPrO)

Für die Programmprüfung gelten die §§ 14 GemPrO (Pflichten und Rechte des Prüfers) und 17 GemPrO (Prüfungsbericht) entsprechend. **1309**

Den zuständigen Stellen ist Gelegenheit zu geben, die Programme und die Programmänderungen vor ihrer Anwendung zu prüfen; sollen die Programme für mehrere Gemeinden gelten, genügt eine Prüfung.

Außerdem ist es den zuständigen Stellen auch zu ermöglichen, die Ordnungsmäßigkeit der Programmanwendung an Ort und Stelle zu überprüfen.

### 5. Kosten der Programmprüfung (§ 21 GemPrO)

Die Kosten der Programmprüfung trägt bei originärer Zuständigkeit der Gemeindeprüfungsanstalt der Anbieter des Programms. Wird die Gemeindeprüfungsanstalt auf Antrag tätig, trägt die antragstellende Gemeinde die Kosten. Mehrere Anbieter oder Antragsteller sind Gesamtschuldner. **1310**

## VIII. Jahresabschlussprüfung bei Eigenbetrieben und bei Eigen- und Beteiligungsgesellschaften

### 1. Freiwillige Prüfung, Prüfungspflicht

**1.1** Eine besondere Jahresabschlussprüfung für wirtschaftliche Unternehmen, die als Eigenbetriebe geführt werden, ist nach der Gemeindeordnung nicht mehr vorgeschrieben. Dafür besteht neben der laufenden Prüfung der Kassenvorgänge,[82] der Kassenprüfung,[83] der örtlichen Prüfung der Jahresabschlüsse[84] und deren überörtlichen Prüfung[85] wohl kein Bedarf mehr. **1311**

**1.2** Auch wenn der Eigenbetrieb die Elektrizitätsversorgung zum Unternehmensgegenstand hat, ist eine Jahresabschlussprüfung nicht vorgeschrieben (§9 Abs.1 des Gesetzes zur Neuregelung des Energiewirtschaftsrechts vom 24.4. 1998, BGBl. I S.730, i.V.m. §316 Abs.1 und §267 Abs.1 HGB), wenn es sich um einen kleinen Elektrizitätsversorgungs-Ei- **1312**

82 Vgl. Rdnr. 1297.
83 Vgl. Rdnrn. 1277–1280.
84 Vgl. Rdnrn. 1294–1299.
85 Vgl. Rdnr. 1300.

genbetrieb im Sinne von § 267 Abs. 1 HGB handelt. Klein ist der Eigenbetrieb dann, wenn er mindestens zwei der folgenden drei Merkmale nicht überschreitet

- 3438000 Euro Bilanzsumme nach Abzug eines auf der Aktivseite ausgewiesenen Fehlbetrags,
- 6875000 Euro Umsatzerlöse in den zwölf Monaten vor dem Abschlussstichtag,
- im Jahresdurchschnitt fünfzig Arbeitnehmer.

Der Gemeinde bleibt es aber unbenommen, bei den in den Abschnitten 1.1 und 1.2 genannten Eigenbetrieben zusätzlich zu den gesetzlich vorgeschriebenen Prüfungen freiwillig eine Jahresabschlussprüfung durchzuführen. Eine solche freiwillige Jahresabschlussprüfung wird teilweise schon bisher bei Eigenbetrieben im nichtwirtschaftlichen Bereich praktiziert.

1313 **1.3** Für mittelgroße Eigenbetriebe (sie überschreiten mindestens zwei der drei für kleine Eigenbetrieben oben genannten Merkmale und überschreiten mindestens zwei der folgenden drei Merkmale nicht

- 13750000 Euro Bilanzsumme nach Abzug eines auf der Aktivseite ausgewiesenen Fehlbetrags,
- 27500000 Euro Umsatzerlöse in den zwölf Monaten vor dem Abschlussstichtag,
- im Jahresdurchschnitt zweihundertfünfzig Arbeitnehmer),

deren Unternehmensgegenstand die Elektrizitätsversorgung ist, sowie für große Eigenbetriebe (sie überschreiten mindestens zwei der drei für mittelgroße Betriebe oben genannten Merkmale), deren Unternehmensgegenstand die Elektrizitätsversorgung ist, muss eine Jahresabschlussprüfung nach § 9 Abs. 1 des Gesetzes zur Neuregelung des Energiewirtschaftsrechts i. V. m. § 316 Abs. 1 und § 267 HGB durchgeführt werden.

1314 **1.4** Kleine Kapitalgesellschaften (zu den Größenmerkmalen siehe oben 1.2),

a) deren Anteile sich ganz in der Hand einer Gemeinde befinden (Eigengesellschaften) oder

b) bei denen eine Gemeinde die Mehrheit der Anteile besitzt oder wenn einer Gemeinde mindestens der vierte Teil der Anteile gehört und ihr zusammen mit anderen Gebietskörperschaften die Mehrheit der Anteile zusteht (Beteiligungsgesellschaften nach Maßgabe des § 53 Haushaltsgrundsätzegesetz),

müssen nach § 103 Abs. 1 Satz 1 Ziff. 5b GemO im Gesellschaftsvertrag oder in der Satzung sicherstellen, dass der Jahresabschluss und der Lagebericht im Rahmen einer Jahresabschlussprüfung geprüft wird.

Hier kann die obere Rechtsaufsichtsbehörde allerdings eine Ausnahme zulassen, wenn andere geeignete Prüfungsmaßnahmen gewährleistet sind (§ 103 Abs. 1 Satz 2 GemO).

Das oben Ausgeführte gilt auch für Gesellschaften, deren Unternehmensgegenstand die Elektrizitätsversorgung ist.

**1.5** Für mittelgroße und große Kapitalgesellschaften (zu den Größen- **1315**
merkmalen siehe oben 1.3), an denen Gemeinden beteiligt sind, ergibt sich die Pflicht zur Jahresabschlussprüfung unmittelbar aus § 316 Abs. 1 i. V. m. § 267 Abs. 2 und 3 HGB.

## 2. Gegenstand und Inhalt der Jahresabschlussprüfung

### 2.1 Allgemeines

Der Jahresabschluss besteht **1316**

- bei Eigenbetrieben (nach § 16 Abs. 1 EigBG i. V. m. den §§ 7 bis 11 EigBVO) aus der Bilanz, der Gewinn- und Verlustrechnung und dem dazu gehörenden Anhang sowie aus einem Lagebericht,
- bei Kapitalgesellschaften (nach den §§ 242 Abs. 3, 264 Abs. 1, 284 und 285 HGB) aus der Bilanz, der Gewinn- und Verlustrechnung und dem Anhang sowie – bei mittelgroßen und großen Kapitalgesellschaften – aus einem Lagebericht.

### 2.2 Inhalt der Prüfung

Bei der Jahresabschlussprüfung, in die die Buchführung mit einzubeziehen ist, wird nach § 317 HGB überprüft, ob die für den Jahresabschluss geltenden gesetzlichen Vorschriften und sie ergänzende Bestimmungen des Gesellschaftsvertrags oder der Satzung beachtet worden sind und ob der Jahresabschluss ein den tatsächlichen Verhältnissen entsprechendes Bild der Vermögens-, Finanz- und Ertragslage des Unternehmens vermittelt; es ist auch zu prüfen, ob die Risiken der künftigen Entwicklung zutreffend dargestellt sind.

Die freiwillige Jahresabschlussprüfung bei Eigenbetrieben der Gemeinde wird in entsprechender Anwendung obiger Vorschriften des HGB durchgeführt.

### 2.3 Abgrenzung zur überörtlichen Prüfung der Jahresabschlüsse der Eigenbetriebe

Bei der überörtlichen Prüfung der Jahresabschlüsse von Eigenbetrieben der Gemeinde wird in erster Linie die Gesetz- und Ordnungsmäßigkeit der Wirtschaftsführung des Betriebes nach den Vorschriften des Gemeindewirtschaftsrechts (GemO, GemHVO, EigBG, EigBVO) überprüft.

Dagegen befasst sich die Jahresabschlussprüfung mit der Vollständigkeit und Ordnungsmäßigkeit des Jahresabschlusses, mit den wirtschaftlichen Verhältnissen des Betriebes vorrangig unter kaufmännischen und betriebswirtschaftlichen Gesichtspunkten.

Auch in der zeitlichen Durchführung der beiden Prüfungen gibt es einen Unterschied. Die überörtliche Prüfung der Jahresabschlüsse findet nur in mehrjährigen Abständen statt; die Jahresabschlussprüfung wird jährlich durchgeführt.

## 3. Prüfungs-Zuständigkeit

### 3.1 Gemeindeprüfungsanstalt

**1317** Die Gemeindeprüfungsanstalt kann nach § 2 Abs. 1 Satz 4 GPAG auf Antrag der Gemeinde die freiwilligen Jahresabschlussprüfungen bei ihren Eigenbetrieben (siehe oben 1.1 und 1.2) und die vorgeschriebenen oder eventuell freiwilligen Jahresabschlussprüfungen bei kleinen Kapitalgesellschaften (siehe oben 1.4) vornehmen. Diese Prüfung lässt die Gemeindeprüfungsanstalt von Wirtschaftsprüfern durchführen, mit denen sie Kooperationsverträge abgeschlossen hat.

Die Beauftragung der Gemeindeprüfungsanstalt wird sich empfehlen, da dann die überörtliche Prüfung der Jahresrechnung der Gemeinde und der Jahresabschlüsse ihrer Eigenbetriebe sowie die Jahresabschlussprüfung bei einer Prüfungseinrichtung zusammengefasst sind und damit eine ganzheitliche wirtschaftliche Zusammenschau der Gemeinde und ihrer Unternehmen ermöglicht wird.

Zudem wird die Gemeinde einen gewissen Kostenvorteil erzielen können, weil die mit der Gemeindeprüfungsanstalt kooperierenden Wirtschaftsprüfer nach den vom Arbeitskreis III „Kommunale Angelegenheiten" der Innenministerkonferenz empfohlenen Vergütungsregelungen für die Prüfung kommunaler Wirtschaftsbetriebe abrechnen.

Bei Eigenbetrieben ist für die Bestimmung des Abschlussprüfers der Gemeinderat zuständig (§ 9 Abs. 1 Ziff. 3 EigBG). Bei Kapitalgesellschaften wird der Abschlussprüfer in der Regel von den Gesellschaftern gewählt (§ 318 Abs. 1 HGB); bei einer AG ist nach § 119 Abs. 1 Ziff. 4 Aktiengesetz die Hauptversammlung, bei einer GmbH nach § 52 Abs. 1 GmbHG in der Regel der Aufsichtsrat zuständig.

### 3.2 Abschlussprüfer

**1318** Die Jahresabschlussprüfungen nach den obigen Abschnitten 1.3 und 1.5 sind nach § 319 Abs. 1 HGB von Wirtschaftsprüfern oder Wirtschaftsprüfungsgesellschaften vorzunehmen; bei mittelgroßen GmbHs können auch Buchprüfer oder Buchprüfungsgesellschaften Abschlussprüfer sein.

Die Absätze 2 und 3 des § 319 HGB nennen die Ausschlussgründe bei der Auswahl der Abschlussprüfer.

## 4. Zeitpunkt der Prüfung

Die Jahresabschlussprüfung erfolgt vor der Feststellung des Jahresabschlusses durch die zuständigen Gremien. Deshalb muss der Jahresabschluss samt Lagebericht unverzüglich nach seiner Aufstellung der Gemeindeprüfungsanstalt bzw. dem Abschlussprüfer vorgelegt werden. **1319**

Der Jahresabschluss ist

- bei Eigenbetrieben nach § 16 Abs. 1 und 2 EigBG innerhalb von sechs Monaten nach Ende des Wirtschaftsjahres aufzustellen (und vom Gemeinderat innerhalb eines Jahres nach Ende des Wirtschaftsjahres festzustellen),
- bei Kapitalgesellschaften nach § 264 HGB innerhalb von drei Monaten (bis zu sechs Monaten bei kleinen Kapitalgesellschaften) nach Ende des Geschäftsjahres aufzustellen.

Die für die Jahresabschlussprüfung Zuständigen werden die Prüfung so zügig durchführen, dass die weiteren Verfahrensschritte bis zur Feststellung des Jahresabschlusses noch termingerecht möglich sind.

Bei Eigenbetrieben ist der Jahresabschluss samt Lagebericht und der Bericht über die Jahresabschlussprüfung sowie der Bericht über die örtliche Prüfung – nach einer Vorberatung im Betriebsausschuss – vom Bürgermeister so rechtzeitig dem Gemeinderat zuzuleiten, dass dieser den Jahresabschluss noch innerhalb eines Jahres nach Ende des Wirtschaftsjahres feststellen kann (§ 16 Abs. 3 EigBG).

Bei Kapitalgesellschaften ist der Jahresabschluss samt Lagebericht vom gesetzlichen Vertreter der Gesellschaft (Vorstand bzw. Geschäftsführer) unverzüglich dem Abschlussprüfer vorzulegen (§ 320 Abs. 1 HGB). Dessen Prüfungsbericht samt Bestätigungsvermerk ist der Gesellschaft innerhalb der in der Beauftragung des Abschlussprüfers festgelegten Frist zu übermitteln (§§ 321, 322 HGB). Im Anschluss daran wird der Jahresabschluss festgestellt:

- bei der AG vom Aufsichtsrat oder der Hauptversammlung (§§ 172 und 173 Aktiengesetz),
- bei der GmbH von der Gesellschafterversammlung (§ 46 Ziff. 1 GmbHG i.V.m. § 103 a Ziff. 4 GemO).

## 5. Gang der Prüfung, Prüfungsergebnis

### 5.1 Allgemeines

1320 Der konkrete Ablauf einer Jahresabschlussprüfung ist weder in der GemO noch in der GemPrO oder dem EigBG geregelt.

Bei wirtschaftlichen Unternehmen und anderen Einrichtungen in Privatrechtsform wird allerdings verlangt, dass im Gesellschaftsvertrag oder in der Satzung der Gesellschaften sichergestellt ist, dass der Jahresabschluss und der Lagebericht in entsprechender Anwendung der Vorschriften des HGB für große Kapitalgesellschaften aufgestellt und geprüft wird (§ 103 Abs. 1 Ziff. 5b und § 106a GemO).

Für die Jahresabschlussprüfung bei Eigenbetrieben gibt es keine gesetzlichen Grundlagen. Es wird sich deshalb anbieten, die Jahresabschlussprüfung auch hier in entsprechender Anwendung der Vorschriften des HGB durchzuführen.

### 5.2 Vornahme der Prüfung (§§ 320 und 323 HGB)

Den prüfenden Stellen (Gemeindeprüfungsanstalt bzw. Abschlussprüfer) ist zu gestatten, alle Bücher und Schriften des Unternehmens, die Vermögensgegenstände und Schulden, die Kasse sowie die Bestände an Wertpapieren und Waren zu prüfen. Sie können alle Aufklärungen und Nachweise verlangen, die für die sorgfältige Prüfung notwendig sind. Falls erforderlich, können diese Rechte auch schon vor Aufstellung des Jahresabschlusses eingefordert werden. Alle an der Prüfung Beteiligten sind zur gewissenhaften, unparteiischen Prüfung und zur Verschwiegenheit verpflichtet.

### 5.3 Prüfungsergebnis (§§ 321 und 322 HGB)

In einem schriftlichen Bericht ist über die Art und den Umfang der Prüfung sowie über deren Ergebnisse zu berichten. Es ist zur Beurteilung der Lage des Unternehmens durch die Vertreter der Unternehmens selbst Stellung zu nehmen und aufzuzeigen, ob Verstöße gegen gesetzliche Vorschriften oder gegen die Bestimmungen der Satzung bzw. des Gesellschaftsvertrags vorliegen; dies vor allem bezüglich des Jahresabschlusses selbst, der Buchführung und der weiter geprüften Unterlagen. Weiter ist darzustellen, ob der Abschluss ein den tatsächlichen Verhältnissen entsprechendes Bild des Unternehmens vermittelt.

Das Ergebnis der Prüfung, das im Prüfungsbericht – wie oben beschrieben – ausführlich dargestellt werden muss, ist in einem Bestätigungsvermerk zum Jahresabschluss zusammenzufassen. Die Gemeindeprüfungsanstalt bzw. der Abschlussprüfer hat zu erklären, dass die Prüfung zu keinen Einwendungen geführt hat; falls Einwendungen zu erheben sind, die zu einer Einschränkung des Bestätigungsvermerks oder gar zur Versagung des Vermerks führen, ist dies zu begründen.

Der Prüfungsbericht samt Bestätigungsvermerk wird dann den für die Feststellung des Jahresergebnisses Zuständigen übermittelt.[86]

Bei gemeindlichen Mehrheitsbeteiligungen muss sichergestellt werden, dass diese Unterlagen auch der Gemeinde übersandt werden (§§103 Abs.1 Ziff. 5c und 106 a GemO). Diese hat gemäß §105 Abs.1 Ziff. 2a GemO nach erfolgter Feststellung des Jahresabschlusses dafür zu sorgen, dass der entsprechende Beschluss zusammen mit dem Ergebnis der Jahresabschlussprüfung ortsüblich bekannt gegeben wird und der Jahresabschluss samt Lagebericht an sieben Tagen öffentlich ausgelegt wird. Die Rechtsaufsichtsbehörde kann nach §105 Abs.4 GemO verlangen, dass ihr der Prüfungsbericht mitgeteilt wird.

## IX. Erweiterte Prüfungen

### 1. Weitere auf die örtliche Prüfungseinrichtung übertragene Prüfungsaufgaben (§ 112 Abs. 2 GemPrO)

Neben den Pflichtprüfungen, welche die örtliche Prüfungseinrichtung **1321**
nach den §§110, 111 und 112 Abs.1 GemO wahrzunehmen hat, muss sie auch die Prüfungsaufgaben wahrnehmen, die ihr der Gemeinderat[87] nach §112 Abs.2 GemO durch Gemeinderatsbeschluss überträgt.

Auch bei diesen Prüfungen ist die örtliche Prüfungseinrichtung unabhängig und nicht an Weisungen gebunden (§109 Abs.2 GemO); der Gemeinderat könnte allerdings gewisse Richtlinien für ihre Durchführung erteilen.

Welche Prüfungsaufgaben der örtlichen Prüfungseinrichtung zusätzlich übertragen werden, liegt im pflichtgemäßen Ermessen des Gemeinderates. In §112 Abs.2 GemO sind lediglich einige wichtige Prüfungsgebiete aufgeführt, die für die Übertragung im Betracht kommen können:

- Ziel der Prüfung der Organisation und Wirtschaftlichkeit der Verwaltung ist es, für die gesamte Gemeindeverwaltung oder für Teilbereiche festzustellen, ob die Gliederung der Verwaltung zweckmäßig gestaltet ist, ob der Personalbestand dem Geschäftsanfall angemessen ist, ob der Geschäftsgang reibungslos abläuft und ob automatisierte Verfahren und technische Hilfsmittel richtig eingesetzt werden.
- Bei der Prüfung der Ausschreibungsunterlagen und des Vergabeverfahrens soll die örtliche Prüfungseinrichtung schon vor der Zuschlagserteilung das gesamte Vergabeverfahren in einer begleitenden Prü-

86 Vgl. Rdnr. 1319.
87 §39 Abs.2 Nr.18 GemO.

fung überwachen können, die Ausschreibungsunterlagen kontrollieren können, zur Angemessenheit der Angebotspreise Stellung nehmen können und die Einhaltung der geltenden haushaltsrechtlichen Bestimmungen überprüfen können.
- Bei der sog. „Betätigungsprüfung" wird überwacht, ob die Gemeinde bei ihren Beteiligungen an Unternehmen und Einrichtungen in privater Rechtsform die gesetzlichen Voraussetzungen einhält, ob Gesellschaftsverträge und Unternehmenssatzungen kommunalorientiert ausgestaltet werden (§ 103 Abs. 1 Ziff. 5 GemO), ob das Unternehmen im Sinne der Gemeinde gesteuert und überwacht wird (§ 103 Abs. 3 GemO) und ob der Beteiligungsbericht (§ 105 Abs. 2 GemO) die erforderlichen Informationen enthält. Außerdem werden die Handlungen der gemeindlichen Vertreter in den Organen der Gesellschaften (§ 104 GemO) überprüft.
- Bei der Übernahme von Bürgschaften, beim Abschluss von Gewährverträgen, bei der Gewährung erheblicher Zuschüsse oder Darlehen an Dritte kann sich die Gemeinde das Recht einräumen lassen, die Kasse, die Buchführung und die Betriebsführung der betroffenen Unternehmen, Vereine oder Privatpersonen durch ihre örtliche Prüfungseinrichtung überprüfen zu lassen, um Einblick in ihre Wirtschaftsführung oder Vermögenslage zu bekommen.

Bei der Übertragung dieser Aufgaben auf die örtliche Prüfungseinrichtung muss berücksichtigt werden, ob sie über das für diese zusätzlichen Prüfungen geeignete Fachpersonal verfügt.

## 2. Organisations- und Wirtschaftlichkeitsberatung (§ 114 Abs. 2 GemO, § 23 GemPrO und § 2 Abs. 4 Satz 1 Ziff. 1 GPAG)

**1322** Auf Antrag einer Gemeinde wird diese von der Prüfungsbehörde[88] auch in Fragen der Organisation und der Wirtschaftlichkeit der Verwaltung beraten (§ 114 Abs. 2 GemO). Dabei handelt es sich um eine gutachtliche Tätigkeit außerhalb der überörtlichen Prüfung.

Gegenstand der Untersuchung und der Beratung wird vor allem die Verwaltungsorganisation, die Personalwirtschaft, die Datenverarbeitung sein; aber auch die aktuellen Probleme im Zusammenhang mit Aufgabenkritik, Neuem Steuerungsmodell, Wahl der Rechtsform und Betriebsführung kommunaler Unternehmen und Einrichtungen werden ein weiteres Beratungsfeld sein. Auch bei der Einführung der Kosten- und Leistungsrechnung, beim Einsatz neuer Finanzierungsmodelle und beim Abschluss von Konzessionsverträgen kann Beratungsbedarf bestehen.

Umfang und Ziel der Beratung werden im Einvernehmen zwischen der Gemeinde und der Prüfungsbehörde festgelegt. Es kann z. B. die gesamte

88 Vgl. Rdnrn. 1268, 1269.

Gemeindeverwaltung untersucht werden oder nur die Personalwirtschaft, ein bestimmtes Amt oder eine bestimmte öffentliche Einrichtung.

Ziel der Beratung ist es, der Gemeinde Verbesserungsvorschläge für rationelles Verwaltungshandeln oder für den wirtschaftlichen Betrieb ihrer Einrichtungen zu unterbreiten, bei der Umsetzung von Neuerungen Fehlentwicklungen von vornherein zu vermeiden.

Falls die Organisations- und Wirtschaftlichkeitsberatung mit einer überörtlichen Prüfung verbunden wird, ist über die Beratung ein gesonderter Bericht zu fertigen.

Zuständig für eine Organisations- und Wirtschaftlichkeitsberatung ist die Stelle, die auch die überörtliche Prüfung vorzunehmen hat. Ist die Gemeindeprüfungsanstalt zuständig, hat die Gemeinde ihre Rechtsaufsichtsbehörde über den Beratungsantrag zu unterrichten. Wenn die Rechtsaufsichtsbehörde zuständig ist, kann sie im Einvernehmen mit der Gemeinde und der Gemeindeprüfungsanstalt diese mit der Beratung beauftragen (die Kosten trägt die Gemeinde). Diese Beauftragung wird sich immer empfehlen, da die Gemeindeprüfungsanstalt über besonders geeignete Fachkräfte verfügt und außerdem breite Vergleichsmöglichkeiten mit ähnlich strukturierten Gemeinden und mit öffentlichen Einrichtungen anderer Gemeinden hat.

Auf Antrag kann die Gemeindeprüfungsanstalt auch andere im öffentlichen Interesse tätige juristische Personen in Fragen der Organisation und Wirtschaftlichkeit ihrer Verwaltung beraten (§2 Abs.4 Satz 2 GPAG).

## 3. Prüfung der Bauausgaben (§ 2 Abs. 3 Satz 3 GPAG)

Wenn die Rechtsaufsichtsbehörde (Landratsamt) Prüfungsbehörde ist, **1323**
kann sie in begründeten Einzelfällen die Gemeindeprüfungsanstalt mit der Durchführung der Prüfung der Bauausgaben (von der Vergabe bis zur Abrechnung) als Teil der überörtlichen Prüfung beauftragen. Die Gebühren für diese Prüfung werden je zur Hälfte vom Landkreis und von der Gemeinde getragen.

## 4. Beratungen durch die Gemeindeprüfungsanstalt in bautechnischen Fragen (§ 2 Abs. 4 Satz 1 Ziff. 2 GPAG)

Auf Antrag soll die Gemeindeprüfungsanstalt Körperschaften, Anstalten **1324**
und Stiftungen des öffentlichen Rechts auch beraten in allen bautechnischen Fragen, die mit der Ausschreibung, Vergabe und Abrechnung von baulichen Maßnahmen zusammenhängen.

Auch andere im öffentlichen Interesse tätige juristische Personen kann sie in diesen Fragen auf Antrag beraten.

# Stichwortverzeichnis

(Die Zahlen verweisen auf die Randnummern)

## E

## L

## O



## P

## S

## Z